2006 内蒙古统计年鉴

（总第19期　No.19）

INNER MONGOLIA STATISTICAL YEARBOOK

内蒙古自治区统计局·编
Compiled by Inner Mongolia Autonomous Regional Bureau of Statistics

中国统计出版社
China Statistics Press

(京)新登字 041 号

图书在版编目(CIP)数据

内蒙古统计年鉴. 2006/内蒙古统计局编.
-北京:中国统计出版社，2006. 6
ISBN 7-5037-4891-5

Ⅰ.内…

Ⅱ.内…

Ⅲ.统计资料-内蒙古-2006-年鉴

Ⅳ.C832.26-54

中国版本图书馆 CIP 数据核字(2006)第 026184 号

内蒙古统计年鉴—2006

作　　者/内蒙古自治区统计局
责任编辑/蔡启新、刘金成
E-mail / yearbook@stats.gov.cn
责任校对/包利军、崔京英
封面设计/张晶、赵贵新
出版发行/中国统计出版社
通信地址/北京市西城区三里河月坛南街 75 号　中国统计出版社
邮　　编/100826
电　　话/(010)63376907
印　　刷/内蒙古星雅彩印包装制品有限公司
经　　销/新华书店
开　　本/890×1240 毫米　1/16
字　　数/180 万字
印　　张/59
印　　数/1—2000 册
版　　别/2006 年 7 月第 1 版
版　　次/2006 年 7 月第 1 次印刷
书　　号/ISBN 7-5037-4891-5/F·2238
定　　价/260.00 元

序

内蒙古自治区主席　杨晶

国民经济和社会发展第十个五年计划是进入新世纪我区实施的第一个中长期规划，其胜利完成为我区实现全面建设小康社会宏伟目标奠定了坚实基础。《内蒙古统计年鉴-2006》不仅翔实地记录了2005年内蒙古经济社会发展现状，也如实反映了“十五”时期内蒙古经济发展取得的成就。

回顾过去的五年，内蒙古各族人民紧紧把握难得的发展机遇，围绕经济建设这个中心环节，牢固树立和落实科学发展观，实现了经济社会的跨越式发展。“十五”时期，各项主要经济指标运行结果好于预期目标，增速位居全国前列。2005年全区生产总值达到3895.55亿元，比“九五”期末增长了1.2倍，“十五”年均增长17.1%，增速位居全国首位。人均生产总值达到16331元，折合2024美元，超过全国平均水平。人民生活得到明显的改善，城镇居民人均可支配收入达到9137元，农牧民人均纯收入达到2989元，与全国平均水平的差距进一步缩小。在经济快速增长的同时，全区经济运行的质量和效益也明显提高，发展活力和后劲明显增强，为自治区“十一五”的发展奠定了良好的基础。

近年来，为满足各级领导和社会各界对统计信息的需求，内蒙古各级统计部门加大了统计体制和统计方法制度的改革力度，统计数据的真实性、可靠性和公信力有了明显提高；围绕自治区中心工作和经济社会发展重大问题，加强了统计监测和分析的前瞻性和针对性，统计服务水平显著提升，为各级党政领导科学决策提供了可靠依据。《内蒙古统计年鉴》也伴随统计改革和发展，内容不断更新，制作更加精美，富有时代感。

《内蒙古统计年鉴》内容丰富，内涵深刻，它用数据来描述内蒙古经济和社会发展全貌，不仅是内蒙古统计工作的集中体现，也是反映内蒙古经济社会发展的重要工具书。认真研究《内蒙古统计年鉴》，可以帮助我们更加准确地把握自治区经济社会运行状况，更加深刻地认识自治区经济发展中存在的问题和不足。因此，我希望各级领导要认真研究，充分利用《内蒙古统计年鉴》，客观分析经济形势，以便更好地指导我们的工作，促进自治区经济和社会发展。我也希望关心、支持内蒙古发展的社会各界人士，通过《内蒙古统计年鉴》来认识内蒙古，感知内蒙古，热爱内蒙古，建设内蒙古。

《内蒙古统计年鉴》指导委员会名录

顾　问	岳福洪	自治区政府常务副主席
主　任	李　斌	自治区统计局局长
副主任	李春光	自治区政府办公厅副主任
委　员	呼尔查	自治区发展和改革委员会主任
	王玉明	自治区财政厅厅长
	牙萨宁	自治区经济委员会主任
	陶　克	自治区农牧业厅厅长
	李振东	自治区建设厅厅长
	郝继业	自治区交通厅厅长
	高延青	自治区文化厅厅长
	杨成旺	自治区卫生厅厅长
	徐凤君	自治区科技厅厅长
	吕二喜	自治区商务厅厅长
	刘永欣	自治区广播电视局局长
	郑世成	国家统计局内蒙古调查总队总队长

《内蒙古统计年鉴》编辑委员会

Editorial Board and Staff

内蒙古统计年鉴

编辑说明

一、《内蒙古统计年鉴》是一部按年度连续出版的大型统计资料书。本《年鉴》通过大量的统计数据，全面反映了2005年内蒙古社会、经济和科技发展变化情况，是国内外各界人士了解内蒙古、认识内蒙古的重要统计资料工具书。

二、《内蒙古统计年鉴》以不断适应形势发展和满足各方面读者的需要，在内容上增加了城市发展、利用外资、旅游、社会保障、股票上市公司和西部地区经济社会主要指标对比等方面的统计资料。为了便于读者查阅，每个细目编排了主要统计指标解释。

三、年鉴全书分为两部分。第一部分为特载，载入了自治区党政部门重要文件和2005年国民经济和社会发展统计公报。第二部分为统计资料，分为25个细目。即，1.行政区划和自然资源；2.综合；3.国民经济核算；4.人口；5.就业人员和职工工资；6.固定资产投资；7.能源生产和消费；8.财政；9.物价指数；10.人民生活；11.城市概况；12.农业；13.工业；14.建筑业；15.运输和邮电；16.国内贸易；17.对外经济贸易；18.旅游；19.金融和保险；20.教育、科技和文化；21.体育、卫生、社会福利、环境保护和其他；22.盟市资料；23.旗县区资料；24.企业资料；25.附录。

四、本年鉴的统计数据大部分来自政府统计部门和业务部门年度统计报表，一部分来自抽样调查。

五、与2005年版《内蒙古统计年鉴》相比较，本年鉴增加了如下内容：

1. 在综合部分，增加了"九五"时期和"十五"时期的对比统计资料。

2. 在工业部分，增加了主要工业产品生产能力统计资料。

3. 在能源生产和消费部分，增加了万元生产总值能耗等指标。

六、根据全国第一次经济普查资料，本年鉴对1993年以后的部分指标的历史数据重新进行了调整和修订，读者在使用历史数据时，如数据有出入，请以本年鉴为准。

七、资料中所使用的数量单位均采用国际统一标准计量单位。

八、本年鉴部分数据合计数或相对数由于单位取舍不同而产生的计算误差均未作机械调整。

九、本年鉴各表式中，有关对全表的注解均在该表上方，对表中部分指标的注解则在该表下方。

十、本年鉴表中的符号使用说明：空格表示该项统计指标数据不足本表最小单位数、不详或无该项数据；"#"表示其中的主要项。

Preface

Ⅰ.Inner Mongolia Statistical Year book is a regular large scale statistical reference book published yearly. With a vast amount of statistical data, the yearbook reflects various aspects of Inner Mongolia′s socio economic, science and technology development. It is really an important and efficient statistical reference book for people of various circles in and outside China to know and understand Inner Mongolia.

Ⅱ. To support the opening to outside of Inner Mongolia and meet the foreigners′ needs for the business and investment in Inner Mongolia, The content of Inner Mongolia Statistical Yearbook 2004 is enriched by additions on the statistics for development of cities, utilization of foreign capital, tourism, social security, listed stock enterprises and Comparision of main economic and social Indicators of West China. For the convenience of consulting, explanatory of main indicators are added to every chapter.

Ⅲ. The yearbook has two parts: Special articles and Statistics. The first part consists of important documents of the Party and the government and Statistical Bulletin of the National Economic and Social Development in Inner Mongolia for 2004. The second part consists of all the 25 chapters as follow: 1.Division of Administrative Areas and Natural Resources; 2.General Survey; 3.National Accounts; 4. Population; 5.Employment and Wages; 6.Investment in Fixed Assets; 7.Production and Consumption of Energy; 8. Government Finance; 9. Prices Indices; 10. People′s Livelihood; 11. General Survey of Cities; 12. Agriculture; 13. Industry; 14. Construction; 15. Transport, Postal and Tele communications Services; 16. Domestic Trade; 17. Foreign Trade and Economic Cooperation; 18. Tourism; 19. Banking and Insurance; 20. Education, Science and Culture; 21. Sports, Public Health, Social Welfare, Environmental Protection and Other; 22. Information of Leagues and Cities; 23.Information of Banners and Counties (Districts and Cities); 24. Information of Enterprises; 25. Appendix

Ⅳ. Most of the data in this yearbook sources are from annual statistical reports of government agencies, a small part sources from sample survey.

Ⅴ. Comparing with the content of Inner Mongolia Statistical Yearbook-2005, we added the content as follow:

1.the comparison between 10th five-year-plan and 9th five-year-plan in the part of general survey;

2.the production capacities of main industrial products in the part of Industry;

3.the energy consumption per 10 000 yuan of GDP in the part of production and consumption of energy;

Ⅵ. Some of the published data since 1993 are changed in this yearbook according to the first national economic census, therefore, data in this yearbook are reliable whenever you find different data in other publications.

Ⅶ. The units of measurement used in this yearbook are internationally standard measurement units.

Ⅷ. Statistical discrepancies due to rounding are not adjusted in this yearbook

Ⅸ. The notes concerning the whole table are placed at the upper part of table, while the notes concerning individual indicators are placed at the lower part.

Ⅹ. Notations used in this yearbook: blank space indicates that the figure is not large enough to be measured with the smallest unit in the table, or data are unknown or are not available;"#" indicates a major breakdown of the total.

中国共产党内蒙古自治区委员会

2006 年 4 月 19 日，内蒙古自治区党委书记储波在会议处党支部专题组织生活会上发言

自治区党委办公厅召开 2005 年第 14 次中心组学习会，研讨保持共产党员先进性教育活动具体要求

1 月 17 日，自治区党委办公厅召开干部大会，对全厅开展保持共产党员先进性教育活动进行动员和部署

储波、韩志然视察内蒙古合谦电子有限公司生产线

内蒙古自治区人民代表大会常务委员会

内蒙古自治区党委书记储波在自治区人民代表大会分组会上作重要讲话

内蒙古自治区第九届人民代表大会第四次会议

内蒙古自治区第九届人民代表大会第四次会议闭幕式

全国人大内蒙古代表团参加全国人民代表大会步入会场

内蒙古自治区人民代表投票选举

内蒙古自治区人大代表身着民族服装参加全国人民代表大会

内蒙古自治区人民政府

内蒙古自治区政府主席杨晶

内蒙古自治区政府主席杨晶、副主席赵双连参加伊泰煤制油奠基活动

内蒙古自治区政府主席杨晶、政府顾问周德海、副主席余德辉和中国银监会合作部主任张功平为自治区联社揭牌

内蒙古自治区政府副主席连辑、自治区科技厅厅长徐凤君在科博会参观泰尔力图纳米防水材料

中国人民政治协商会议内蒙古自治区委员会

王占主席参加自治区政协九届三次会议

2005年2月自治区政协成立50周年庆祝大会

王占主席深入牧区基层调研

王占主席在基层政协扶贫点调研

2005年1月自治区政协九届三次全体委员会议开幕大会

2005年2月庆祝自治区政协成立50周年文艺演出

自治区政协举办中国共产党成立80周年书画笔会

内蒙古自治

自治区统计局局长李斌

2006 年 2 月 20 日全区统计工作会议在呼和浩特召开

《内蒙古统计年鉴》系列版本

2005 年，是自治区经济建设和社会发展取得长足进步，圆满完成“十五”规划的胜利之年，也是我区统计改革和建设取得丰硕成果的一年。在自治区党委、政府和国家统计局的正确领导下，全区各级统计部门和广大统计工作者紧密围绕自治区经济建设和社会发展的中心工作，进一步解放思想，求真务实，励精图治，开拓创新，按照科学发展观的要求，把提高统计数据质量作为统计工作的第一要务，把提高统计服务水平作为统计工作的出发点和立足点，积极拓展统计服务领域，为党政领导和社会各界提供客观、真实快捷的统计信息和优质高效的统计咨询服务，为保障我区经济社会的可持续全面发展作出了积极的贡献，全区各项统计改革和建设都得到了长足的进步。

2006 年全区统计工作的主要任务：

一、提高统计数据质量，全面准确反映自治区经济社会发展状况。二、大力开发统计信息资源，切实提高统计服务水平。三、积极推进统计制度方法改革。四、进一步强化统计管理职能，大力提高依法统计水平。五、进一步提高统计信息化应用水平。六、切实抓好经济普查资料的应用开发工作和全区 1%人口抽样调查后续工作。七、认真做好第二次全区农牧业普查的各项准备工作。八、加强统计队伍建设和基层基础建设。

区统计局

用统计数据说话服务经济建设

建党 85 周年，党、团员来到革命圣地延安，缅怀革命前辈。庄严宣誓："继承和发扬光荣优良传统......"

"一心为民、科学发展"培训教育动员暨建党 85 周年知识竞赛颁奖大会

在革命圣地延安听取讲解革命历史

建党 85 周年知识竞赛获奖集体

内蒙古自治区接待办公室

内蒙古自治区接待办公室是自治区党委、人大、政府、政协和纪委执行副省部级以上领导干部接待任务的职能机构，也是党委政府的公共关系部门和对外联系的重要窗口。主要负责党和国家领导人及各省区市、中央国家机关副省部级以上领导和其他重要宾客来内蒙古视察、考察、调研活动的接待安排、协调运转等服务工作。自治区接待办公室为副厅级建制，隶属内蒙古党委办公厅领导。内设三个处:综合处、接待一处、接待二处。

自治区党委办公厅副秘书长接待办主任包广林

自治区接待办参加内蒙古党委办公厅 2005 新年联欢合影

全区接待工作办公会议

自治区接待办认真做好接待工作

内蒙古自治区人口和计划生育委员会

自治区人口计生委
党组书记、主任王苏布道

自治区领导储波、杨晶为受奖扶助
群众发放了首批奖扶金

自治区人口和计划生育委员会是内蒙古自治区政府的组成部门，2003年由内蒙古自治区计划生育委员会更名为内蒙古自治区人口和计划生育委员会。多年来，在自治区党委、政府的正确领导和社会各界的大力支持下，坚持以“三个代表”重要思想为指导，牢固树立以人为本，全面、协调、可持续的科学发展观，紧紧围绕全区经济社会发展的总体战略目标，坚持以综合改革统揽全局。以稳定低生育水平为工作重点，加快建立“依法管理、村(居)民自治、优质服务、政策推动、综合治理”的新机制，团结拼搏，无私奉献，开拓进取，使我区的人口和计划生育工作保持了持续健康发展的良好势头。

我区的人口和计划生育工作取得了巨大成就，据初步测算，自二十世纪70年代推行计划生育以来，全区累计少生了790多万人，按每人成长到16周岁需要社会抚养费5.8万元计算，共节约社会抚养费4582亿元。据此推算，到2004年末，少生人口使全区人均GDP提高了2760元，不仅有效地缓解了人口对资源环境和社会事业发展的压力，而且为全区如期实现经济翻两番的奋斗目标做出了贡献。

2005年是“十五”计划的最后一年。据自治区统计局公报，2005年全区总人口2386.40万人，全年出生24.04万人，出生率为10.08‰，人口自增率为4.62‰。自治区人口计生委年终检查验收结果表明，全区符合政策生育率达到95‰以上。“十一五”时期，是我区承上启下、加快发展的重要历史时期做好“十一五”时期的人口和计划生育工作，对于实现自治区党委、政府提出的2010年全区经济总量进入全国中等行列、城乡居民人均收入达到全国平均水平的奋斗目标，具有十分重要的意义。

全区“十一五”时期人口和计划生育工作的总体思路是：以邓小平理论和“三个代表”重要思想为指导，全面落实科学发展观.紧紧抓住稳定低生育水平，提高出生人口素质这个关键，以宣传教育为先导，坚持改革创新，坚持以人为本，关注人口安全，全面推进新机制建设，紧紧抓住未来十几年“人口红利期”(抚养比低、储蓄率高)机遇，优先投资于人的全面发展，优先开发人力资源，改善人口结构，引导人口合理分布，促进人口与经济社会资源环境的协调发展和可持续发展，促进人与自然的和谐发展，为全面建设小康社会和构建社会主义和谐社会创造一个较为宽松的人口环境。

自治区副主席乌兰为“婚育新风进万家”活动的先进集体和先进个人代表颁奖

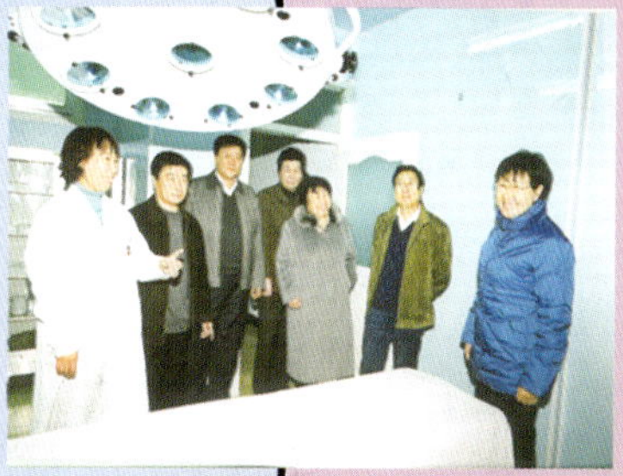

自治区人口计生委主任王苏布道在通辽市调研人口计生工作

国家人口计生委副主任潘贵玉2005年在我区调研

自治区人口计生委研讨新时期的人口计生工作

内蒙古自治区国土资源厅

2005年，自治区国土资源厅坚持以科学发展观统领工作全局，积极参与宏观调控，加大地质勘查开发工作力度，全面整顿和规范矿产资源开发秩序，积极推进国土资源市场化配置，严格耕地保护和土地整理复垦，有力地保障了自治区新型工业化、城镇化和农牧业产业化发展，圆满完成了"十五"规划的各项任务。

全力保障自治区经济社会发展，加大了资源优势转变为经济优势的步伐，为181个自治区盟市重点建设项目匹配煤炭资源近150亿吨。在赤峰地区新发现的拜仁达坝和拉托维斯两处特大型银多金属矿床，有力地推动了大兴安岭有色金属基地的建设。在节约、集约利用土地的同时，对国家和自治区确定的能源、重化工项目和交通、水利等基础设施建设和自治区六十周年庆典项目，提供了最便捷的用地服务。

地质勘查呈现新形势。2005年是全区历史上地质勘查投入最多的一年，达到28.25亿元，占"十五"期间总投入的51.6%，其中落实政府勘查资金7.31亿元。共有到期商业性勘查项目2748个，实施勘查面积6万多平方公里，发现一批新的矿产地，重要矿产资源储量明显增加。

市场进程实现新跨越。全区实现矿业权收益12亿元，自治区本级征收国土资源各类规费超过10亿元，比2004年增长195%。全区以有偿出让方式提供土地使用权面积1982.59公顷，总价款20.93亿元，比2004年增长66%，实现土地收益16亿元。

土地管理迈上新台阶。全区依法批准用地9044公顷，占用耕地2366公顷，已补充耕地2378公顷，做到了基本农田总量不减少、质量不降低、用途不改变。积极开展了土地利用总体规划修编前期工作。土地整理和收储投资规模是历史上最高的一年，投入33.32亿元，收储土地5997.73公顷，整理土地5000公顷。筹备组建了地矿、有色和煤田三个集团公司，地勘经济实现跨越式发展。2005年完成总收入20.7亿元，同比增长142%；经营性收入实现17亿元，同比增长239%；实现利润1.6亿元，同比增长22倍。

基础工作扎实推进。基础图件与数据更新有了新的进展，全区开展土地登记资料公开查询的旗县达92个，占全区旗县总数的92%。储量统计和评审等工作日益完善，征收矿产资源补偿费突破1.83亿元，比2004年增长107%。投入基础测绘经费1300.8万元，占"十五"期间的39%，提供平面控制点成果1011个、水准点成果381个、各种比例尺地形图8179幅、地形数据108幅，编制完成了《自治区公路图集》，与民政厅共同编制了《自治区行政区划地图集》，为自治区各项工程建设项目及时提供了测绘服务。

内蒙古自治区国土资源厅党组书记、厅长白盾

认真开展市场治理整顿

副厅长孔燕燕（右一）陪同自治区领导参加“地球日”宣传活动

全区整顿规范矿产资源开发秩序电视电话会议

副厅长赵保胜接受记者采访

副厅长元重举陪同自治区人大常委会副主任陈瑞清视察内蒙古测绘局

保护耕地,人人有责

副厅长王富友（左一）在农村了解耕地补偿费落实情况

内蒙古自治区财政厅

财政部金人庆部长在自治区党委书记储波、自治区主席杨晶陪同下在我区考察调研工作

自治区副主席岳福洪在自治区财政厅调研指导工作

自治区财政厅党组书记厅长王玉明

内蒙古财政厅为贫困地区捐资助学

自治区主席杨晶与全区十佳会计工作者、优秀会计工作者合影

内蒙古 交通厅

自治区党委书记储波(中),副书记杨利民(右一)、党委常委、秘书长任亚平(右二)、自治区人大常委会副主任王凤岐(左二)等自治区领导在参加呼和浩特市至城壕高速公路奠基时,听取郝继业厅长公路交通建设情况汇报

2005年9月3日,自治区党委副书记杨利民(右一)、自治区政府副主席郭子明在郝继业厅长陪同下视察正在建设的乌兰花—红格尔神舟系列飞船回收专用公路

2000年8月18日至23日,时任交通部部长黄镇东(左一)在我区视察,与时任自治区党委书记刘明祖在一起

2003年9月19日,交通厅厅长郝继业与北京军区副司令员粟戎生中将参加朱日和军事训练基地专用公路通车庆典仪式

自治区党委书记储波为农村公路通车剪彩

自治区政府原主席云布龙(已故)在了解公路交通情况

便捷旅客运输

"九五"以后,内蒙古的公路交通有了长足的发展,1996年至2005年间共完成建设投资153亿元,是"九五"期间的5.6倍,新增公路里程22593公里,全区公里总里程达到72673公里,位列全国第8位,公路好路率达到72%,位列全国第11位,实现了乡乡通公路。"十五"以来,内蒙古公路交通以更快、更坚实的步伐向前迈进。"十五"期间共完成投资783亿元,完成投资水平进入全国前列,内蒙古公路建设进入历史上发展最快时期。2005年全区公路总里程列全国第9位,公路密度达到每百平方公里6.69公里,比"九五"末提高15%,比"八五"末提高77.5%,新增2等级以上高等级公路7730公里,到2005年达到1.2万公里,是"九末的2.8倍,是"八五"末的五"9.9倍,全区高级、次高级路面里程2005年底达到3.1万公里,是"九五"末2.2倍,是"八五"末3.9倍,公路好路率达到81.5%,位居全国第4位,内蒙古公路建设由"普及"进入到"提高"的新阶段,横贯全区12盟市,东连首都北京,京、津、塘地区,西接陕甘宁,西部省区的内蒙古高级公路骨架网络基本构建完成,一个面向21世纪的公路建设格局在内蒙古已经形成。

自治区利用世行贷款建设的第二条高速公路——110国道集宁至老爷庙段。

内蒙古自治区水利厅

内蒙古自治区水利厅是自治区人民政府水行政主管部门。2005年，按照自治区党委、政府统一部署，积极探索、大胆实践，在节水型社会建设、水权转换探索、水利投融资渠道拓宽等方面迈出了重要步伐。全社会完成水利固定资产投资约55亿元。在国家水利投资较去年减少近1/6，且主要用于南水北调和治淮这两项国家重点项目的情况下，争取国家水利建设投资达14.3亿元，位居全国前列。年初确定的各项任务指标全面超额完成：2005年全区新增灌溉面积14.13万hm2，是年度计划任务的106%；新增节水灌溉面积23.40万hm2，是年度计划任务的117%；新增灌溉饲草料地面积3.13hm2，治理水土流失面积57.13万hm2，是年度计划任务的132%，解决了62万人、97万头(只)牲畜的饮水困难问题，分别是年度计划任务的124%和131%。水利发展思路实现了重大调整。根据形势发展的变化，提出了以不断拓宽水利的社会公共管理职能，提升水利服务于形势社会发展的能力为核心，以水资源优化配置和可持续利用为目标，以管好资源权、放开建设权、搞活经营权为手段的新的发展思路，有力地推动了水利工作发展定位、目标和重点的调整。为2005年乃至“十一五”工作奠定了坚实的基础。

自治区水利厅厅长戈锋

全区水利工作座谈会

海拉苏水利枢纽

自治区党委副书记巴特尔视察内蒙古水利水电勘测设计院

内蒙古自治区林业厅

自治区党委书记储波，自治区政府主席杨晶等领导参加植树造林活动

自治区副主席雷.额尔德尼视察和林县林业建设

赤峰龙潭退耕还林工程

赤峰克旗天然林保护工程

森林覆盖贺兰山

内蒙古自治

自治区司法厅长徐呼和

全区司法行政基层建设工作会议

近年来，全区司法行政机关坚持以邓小平理论和“三个代表”重要思想为指导，认真贯彻落实科学发展观和构建社会主义和谐社会的重大战略思想，紧紧围绕自治区的中心工作，积极履行司法行政职能，切实发挥法治保障、法律服务和普法依法治理的职能作用，全区司法行政工作迈上新台阶。高度重视监狱劳教工作，始终把维护安全稳定放在首位，严格各项措施，实现监所持续安全稳定。稳步推进监狱工作法制化、科学化、社会化和劳教办特色工作进程，努力探索罪犯教育改造和劳教人员教育挽救新途径，教育改造水平显著提高；扎实推进普法依法治理工作，精心组织宪法、民族区域自治法、行政许可法和有关市场经济及与人民群众生产、生活密切相关的法律法规宣传教育，认真开展青少年、公务员和企业经营管理人员等重点对象学法用法工作，深入推进地方、行业、基层依法治理，普法依法治理工作取得明显成效；大力拓展和规范法律服务，律师、公证、基层法律服务工作为社会提供了多层次、多方位、多形式的法律服务，法律服务体系逐步健全，服务水平全面提升。法律援助面不断扩大，办案数量逐年增加；切实加强基层基础建设;司法所建设、人民调解、刑释解教人员安置帮教工作取得新的突破和进展；努力推进司法行政体制和工作机制改革，司法考试遴选了大批法律职业后备人材，司法鉴定统一管理有力地促进了司法公正、社区矫正,为罪犯教育改造提供了新的方法和途径；不断加强司法行政机关公务员、监狱劳教人民警察和法律服务工作者三支队伍建设和反腐倡廉工作，司法行政队伍整体素质进一步提高。这些成绩的取得，为今后司法行政工作发展奠定了良好基础。随着民主法制建设的不断加强和依法治国基本方略的深入实施，我们充分相信，司法行政事业的前景会更加辉煌！

区司法厅

内蒙古劳教系统规范化管理会操演示

自治区领导在基层检查工作

警察干警会操表演

女子劳教所女警官风姿

女子劳教人员进行规范化训练

内蒙古自治区团委

中国共产主义青年团是中国共产党领导的先进青年的群众组织，是广大青年在实践中学习中国特色社会主义和共产主义的学校，是党的助手和后备军。中国共产主义青年团内蒙古治区委员会是内蒙古自治区各级团组织的领导机关。近年来，内蒙古团委在内蒙古党委的正确领导下，以邓小平理论和“三个代表”重要思想为指导，牢固树立和落实科学发展观，紧紧围绕自治区党政中心工作，团结带领各族团员青年积极投身经济建设主战场和“民族文化大区”建设，竭诚服务青少年建功成才，积极维护青少年权益，大力开展青年交流，不断加强自身建设，为自治区的物质文明、政治文明、精神文明建设和和谐社会建设作出了积极贡献。

内蒙古自治区妇女联合会

“草原母亲河”艺术团在演出

自治区党委副书记陈光林参加自治区妇联组织的“三下乡活动”并深入到乡村学校

自治区妇女联合会成立于1947年1月12日，是中国共产党领导下的社会群众团体，是党和政府联系妇女群众的桥梁和纽带。其基本职能是：代表和维护妇女权益，促进男女平等。主要任务是：团结、动员妇女投身改革开放和社会主义现代化建设，促进经济发展和社会全面进步。教育、引导广大妇女发扬自尊、自信、自立、自强的精神，提高综合素质，促进全面发展。代表妇女参与国家和社会事务的民主决策、民主管理、民主监督，参与有关妇女儿童法律、法规、规章和政策的制定，推动中国妇女、儿童发展纲要的实施，维护妇女儿童合法权益。为妇女儿童服务，加强与社会各界的联系，协调和推动社会各界为妇女儿童办实事。

内蒙古自治区民政厅

自治区民政厅厅长庞启

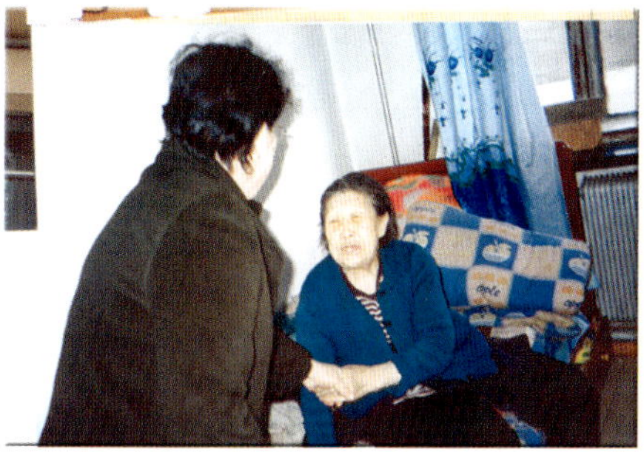

走访慰问低保群众

接待上访群众

深入灾区了解灾情

厅领导关怀再就业

“十五”时期，是我区改革开放以来经济社会发展最快最好综合实力大幅度提升、人民得到实惠最多的时期。截至到 2005 年底，已基本建立了以城市低保、自然灾害救助和农村五保供养制度为基础，以医疗、住房、教育、临时救助等制度为辅助，以经常性社会捐助、结对帮扶等为补充的城乡社会救助体系的框架，切实维护和保障了各类困难群众的基本生活权益。一是城市低保。通过扩大覆盖面、加大匹配资金力度、提高补差标准、推行分类施保、加强规范管理等工作，实现了动态管理下的应保尽保。保障人数由“九五”末的 12.5 万人增加到“十五”末的 70 万人，保障资金由 7106 万元增加到 6.7 亿元，人均月补差标准由 47.4 元增加到 80.6 元。特别是住房、子女上学、取暖等一系列低保配套政策的出台，使城低保制度更加规范和完善。同时，在部分盟市开展了农村牧区低保试点，为 2006 年全面启动这项工作积累了宝贵经验。二是城乡医疗救助工作。从 2004 年部分旗县开展农村牧区医疗救助试点到 2005 年全面推开的两年间，全区共筹集救助资金 5609.7 万元，对 139636 名困难群众实施了医疗救助，为新型合作医疗试点地区的 92620 名困难群众代缴了合作医疗的个人参合费，共支出医疗救助资金 3419.6 万元，并在 30 个市区开展城市医疗救助试点工作，下拨资金 1100 万元，各盟市旗县自筹 271.9 万元，已救助 38260 人，发放救助资金 1190.64 万元，有效地缓解了城乡困难群众的医疗难问题。三是农村牧区五保供养和敬老院建设。2004 年，自治区针对农村牧区五保户面临的生活困难，以民政、财政、发改委三家名义联合下发文件，用转移支付资金确保分散供养人员年均生活费 800 元、集中供养人员 1200 元；同时，自治区政府作出了用 3 年时间实施“敬老工程”的决定。两年来，这项工程进展顺利，成果显著。全区共投入资金 8000 万元，新建敬老院 71 所，改扩建 193 所，新增院民 6718 人，集中供达到 74%。2005 年，全区各级财政从转移支付资金中列支五保供养经费达 23866 万元，极大地改善和提高了五保对象的生活条件和水平，大多数敬老院从破破烂烂的低矮平房搬入窗明几净、设施齐备的房舍，实现了历史性的突破。四是贫困大学生救助。2005 年，按照自治区党委、政府的要求，筹集救助资金 2149.9 万元，其中各级财政安排了 1255 万元，社会各界捐赠了 662.8 万元，福利彩票公益金 232.1 万元。救助贫困大学生 36791 人，确保了新录取的大学生如期入学。这项工作受到自治区党委、政府的高度赞誉和社会各界的广泛好评。

内蒙古自治区

科技厅厅长徐凤君

自治区党委书记储波、自治区主席杨晶同国家知识产权局局长田力普参观科技创新成果展览

自治区主席杨晶接见国家、治区科技进步奖获奖代表

自治区人大副主任陈瑞清在赤峰农博会上参观赤峰市畜牧兽医科学研究院展位

自治区副主席雷. 额尔德尼陪同原科技部副部长邓楠考察京津风沙源治理情况

自治区人大副主任哈斯巴根击开通锡盟农牧业科技96048服热线

“十五”期间，自治区深入实施“科教兴区”战略，全面落实科学发展观，进行了科技基础结构的战略性调整和创新资源的深度整合，科技总体运行保持快速发展，科技体制改革稳妥推进，自主创新能力得到增强，依靠科技进步促进产业升级明显加快，取得了一大批瞩目的科技成果。

2005年全区综合科技进步水平指数居全国第19位，较“九五”末期显著提高。科技经费投入总量连续几年保持了年均30%的增速，引导社会科技投入比例为1:14。截至2005年底，全区高新技术企业累计突破300家，年收入亿元以上的企业达51家，全区高新技术产业工业总产值达622亿元，占全区工业总产值的23%，较“九五”末期增长了10倍。

“十五”期间自治区取得重大科技成果1600项，获国家和自治区科技进步奖460项，企业自主创新成果比例达65.4%，同期获国家专利批准量3914件，50多项重大发明和科技创新成果已在全区广泛推广应用，其中生态建设、家畜繁育、能源、冶金、化工、装备制造和以乳绒制品为主的农畜产品深加工、以新材料、生物制药、新能源为重点的高新技术等领域的25项国际、国内领先的重大科技成果在我区六大支柱优势产业持续发展中提供了强有力的科技支撑。

科学技术厅

①自治区党委副书记、自治区常务副主席岳福洪在第二届满洲里中俄科技展上参观内蒙古赛科星生物技术有限责任公司展台

②自治区党委书记储波接见国家自治区科技进步奖获奖代表

③自治区党委副书记陈光林、自治区人大副主任宝音德力格尔为内蒙古科技厅与伊利集团共建的全国首家乳业研究院—内蒙古乳业研究院揭匾

④自治区党委副书记杨利民来科技厅视察时参观地源热泵项目

⑤连辑副主席、徐凤君厅长在深圳高交会观看鹤声薯业新产品

⑥自治区副主席乌兰考察托电高新技术工业园区

⑦自治区组织部部长陈朋山陪同中科院院士考察蒙牛集团澳亚牧场园区

⑧自治区统战部部长伏来旺在科技厅调研党员先进性教育进展情况时参观内蒙古科技“十五”成就展

⑨自治区党委书记储波视察内蒙古科技城金山奥特奇蒙药生产基地

内蒙古自治区劳动和社会保障厅

自治区劳动和社会保障厅厅长冀秉峰

劳动和社会保障部王东进副部长在自治区人民政府郭子明副主席和劳动保障厅领导的陪同下，在内蒙古劳动力市场大厦内视察，对“金保工程”建设给予充分肯定

内蒙古自治区人民政府郭子明副主席等领导给受表彰的高级技师们颁奖。2005 年全区加快落实高技能人才培养规划

劳动和社会保障厅冀秉峰厅长组织厅机关处室负责人学习《劳动保障监察条例》，提高维护劳动者合法权益的认识，在 2005 年中加大了监察执法力度

内蒙古自治区人民政府召开全区劳动和社会保障工作会议。会上总结了 2005 年全区劳动保障工作，坚持以邓小平理论和“三个代表”重要思想为指导，坚持以人为本，全面落实科学发展观，推进全区劳动保障事业实现了新跨越

内蒙古自治区卫生厅

内蒙古自治区卫生工作会议

“十五”期间，内蒙古自治区卫生厅紧紧围绕保障人民群众健康权益这个中心，解放思想，开拓创新，抢抓机遇，求真务实，全区公共卫生体系建设、重大疾病预防控制、农村牧区卫生等方面发生显著变化。

内蒙古自治区卫生厅厅长杨成旺为万名医师支援农村牧区活动医疗队授旗

一是加强公共卫生体系建设。“十五”期间，国家投入我区 8.98 亿元，自治区配套 1.73 亿元，强化公共卫生基础建设。其中，自治区本级及 11 个盟市中心血站、27 个旗县中心血库国债建设项目已全部完工并投入使用；68 个疾病预防控制机构建设项目、104 个医疗救治体系建设项目的基础建设任务已基本完成。同时，自治区政府启动实施了“农牧民健康工程”。五年间累计投资 3.2 亿元，对 300 所中心卫生院、90 个县级卫生防疫站、90 个妇幼保健所、部分贫困旗县综合医院和 200 所边境旗市一般卫生院进行强化建设。通过项目建设，城乡公共卫生服务体系逐步完善，突发公共卫生事件应急能力显著提高。

卫生部、自治区检查组检查呼伦贝尔市禽流感防控工作

二是预防控制传染病、地方病等重大疾病。始终坚持以计划免疫为中心、重大疾病防治为重点、爱国卫生运动和健康教育为手段，切实落实各项防治措施。全区“五苗”接种率持续保持在 85%以上，实现了无脊髓灰质炎目标，各种传染病发病率趋于平稳。启动实施了内蒙古自治区艾滋病防治十年规划，制定出台了《内蒙古自治区预防和控制艾滋病工作方案》及 5 个技术方案，专项推进艾滋病防控工作。紧紧围绕提高发现率和治愈率，大力推行现代结核病防治策略，全区现代结核病控制策略覆盖率达 100%。始终以鼠疫、布鲁氏菌病、碘缺乏病、氟砷中毒等重点地方病防治工作为重点，不断完善防控方案，全面落实防治措施。全区 54 个鼠疫疫源旗县中已有 29 个达到控制标准；94 个布鲁氏菌病区旗县有 81 个达到控制标准；88 个碘缺乏病区旗县实现了阶段性消除目标；570 万氟病区人口中有 238 万人、50 万砷病区人口中有 11 万人用上了安全水。

内蒙古自治区党委副书记陈光林视察医疗卫生工作

三是加强农村牧区卫生工作。以初级卫生保健为龙头，以新型农村牧区合作医疗为重点，不断加强农村牧区卫生工作。全面落实自治区初级卫生保健发展纲要。加强农牧民医疗保障制度建设，2005 年底，新启动了 27 个旗县的试点工作，全区试点旗县达到了 39 个，农牧民人口覆盖率达 47%。2006 年，全区共落实新农合资金 7120 万元。目前，全区试点旗县参合农牧民为 161.77 万人，参合率为 80.5%，报销医药费 3058.9 万元，受益人次达 59.3 万次，受益率为 36.7%。

社区义诊

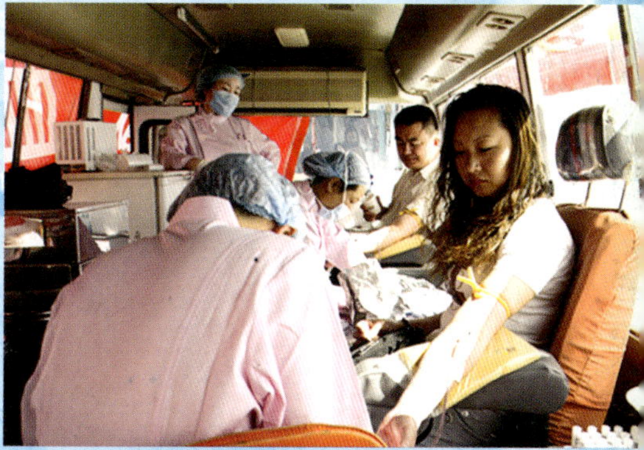

义务献血

内蒙古自治区公安厅

内蒙古自治区党委书记储波、公安厅赵黎平厅长接见内蒙古警察职业学院学员

自治区公安厅厅长赵黎平亲自接待上访群众

2005年，全区公安机关以"三个代表"重要思想为指导，树立和落实以人为本的科学发展观，大力弘扬求真务实的作风，推进创建安全稳定地区、建设平安内蒙古的各项工作，努力提高维护国家安全的能力、驾驭社会治安局势的能力、处置突发事件的能力、为经济社会发展服务的能力和正规化水平、执法水平，公安工作和队伍建设取得显著成绩。深入扎实开展开门大接访工作，化解了社会矛盾，密切了警民关系，进一步推进了公安法制建设。切实维护了国家安全和社会稳定。坚持情报信息主导警务，治安防控体系建设逐步深入。进一步加强和改进行政管理工作。以正规化建设为重点，加强了队伍建设。

自治区公安厅厅长赵黎平为基层民警发放个人防护器材

内蒙古公安消防总队

公安部部长周永康在内蒙古调研工作

内蒙古公安消防总队总队长徐永华

消防官兵临危受命　勇救车祸被困群众

内蒙古消防官兵正在扑救化工类火灾演练

消防部队正在进行实战演练

内蒙古公安消防总队于1973年正式成立，履行消防监督和灭火及抢险救援任务。各盟市设公安消防支队。1995年5月，内蒙古公安消防总队升格为正师级建制，内设办公室(司令部)、政治部、后勤部、防火监督部等四个部门，均为副师级建制。各盟市公安消防支队，为正团级建制，呼和浩特市、包头市和呼伦贝尔市支队各设特勤大队，其他盟市分别设置特勤班，进一步增强扑救特殊火灾及跨区域紧急救援的能力。随着内蒙古自治区各项事业的发展，内蒙古消防组织逐步健全，消防队伍不断扩大。截至2005年，全区共有公安消防支队12个支队、1个教导大队、3个特勤大队、106个大队(科)、81个中队。实有3287人，全区部队共有执勤消防车421辆。全区有公安专职消防支队2个，大队9个，中队89个，消防队员1751名，消防车102辆；有企业专职消防大队9个，中队90个，人员1766人，消防车198辆。

多年来，在内蒙古自治区党委、政府、公安厅以及公安部消防局关心和支持下，内蒙古自治区公安消防部队不断发展壮大，现已成为一支装备有水罐消防车、泡沫灭火车、干粉灭火车、云梯消防车、曲臂登高车、消防坦克、多功能指挥车、火场照明车、火场通信指挥车、后援保障车、防化救援洗消车，毒气体探测仪、可燃气体检测仪、生命探测仪等各种抢险救援器材装备和现代化火场指挥系统，能够扑救各类复杂火灾，完成多种急难险重救援任务的正规化、现代化、信息化、专业化消防部队。

前进中的内蒙古煤

内蒙古自治区煤炭工作会议

内蒙古自治区经济委员会副主任、煤炭工业局局长王旺旺

自治区领导亲临指导工作

检查煤矿规范化管理

建国以来，内蒙古自治区煤炭工业在党和政府高度重视下，在煤炭行业各级干部、专业技术人员和全区几十万煤炭职工的共同努力下，由小到大，迅速发展，发生了翻天覆地的变化，已形成了以煤炭为主，洗选加工、多种经营、综合利用和地质勘探、设计、科研、施工等配套的，较为完整的煤炭工业体系。煤炭工业已成为内蒙古自治区经济发展的重要支柱产业之一，为自治区社会经济发展做出了重大贡献。

我区煤炭资源丰富，煤种齐全，煤质优良。已探明含煤面积 12 万平方公里，约占全区国土面积的十分之一，累计探明储量 2460 亿吨，保有储量约 2232 亿吨，占全国保有储量的 22.3%，预测远景储量 12250 亿吨，预测储量、保有储量均居全国第二位。全区 101 个旗县中有 67 个旗县赋存煤炭资源，主要分布在呼伦贝尔市、赤峰市、通辽市、锡林郭勒盟、鄂尔多斯市、乌海市和阿拉善盟。近年来，自治区煤炭工业按照自治区党委、政府确定的健康发展方向，坚持“科学规划布局、有序协调发展”的原则，全力推进发展大产业、培育大集团、建设大基地、形成大集群的发展战略，促进我区煤炭工业走资源利用率高、安全有保障、经济效益好、环境污染少、可持续发展之路。

自治区通过产业结构调整、整合优化资源、安全专项整治，我区煤炭工业得以快速发展。“十五”期间，全区地方煤矿矿井数量由“九五”期末的 2009 处减少到“十五”期末的 824 处，到 2006 年 6 月底，将压减至 500 处以内。矿井单井生产能力由“九五”期末的平均约 2 万

炭工业

现代化矿区

吨增加到“十五”期末的约12万吨，增加6倍。煤炭产量由“九五”时期的3.65亿吨增长到“十五”时期的8.04亿吨，增加4.39亿吨，是“九五”时期的2.2倍，2005年原煤产量2.55亿吨，居全国第二位。煤炭工业总产值由“九五”期末的58.4亿元增加到“十五”期末的419.19亿元。“十五”期间，全区煤炭生产百万吨死亡率持续下降，比“九五”期间的4.81人，减少了3.94人，下降了5.5倍。2005年全区煤炭百万吨死亡率为0.51人，安全生产水平居全国先进行列（全国平均水平为2.87人）。“十五”期间，全区煤炭转化、深加工产业蓬勃发展，除传统煤电项目外，一大批煤制油、煤制甲醇、煤制烯烃等上规模、上水平的煤化工项目相继落地，将极大地提高我区煤炭的就地转化增值能力，延伸了煤炭产业链条，迅速推动我区煤炭资源优势向经济优势的转化。回顾过去，内蒙古自治区煤炭工业成就辉煌。展望未来，自治区煤炭工业前景更加广阔。到2010年，我区将建成2个年产亿吨以上、4个年产5000万吨以上的煤炭生产基地；建设重组4个5千万吨级、7个1千万吨级以上的大型煤炭企业集团。全区煤炭生产能力将达到5亿吨，煤炭洗选比重达到60%以上，煤炭就地转化率达到50%左右。重点构建鄂尔多斯、乌海—棋盘井—乌斯太、锡林郭勒、霍林河、呼伦贝尔5个大型煤化工基地。全区煤制甲醇及下游系列产品产能达到1000万吨以上。其中，二甲醚200万吨、煤制油1000万吨、煤焦化1000万吨、煤气化合成氨300万吨、电力装机容量6000万千瓦。光辉的业绩，发展的历史，内蒙古煤炭工业发展必将走向更加灿烂的明天。

煤电联营

机械开采

环保型企业

内蒙古自治区审计厅

自治区党委副书记、自治区主席杨晶出席庆祝审计机关成立20周年

自治区党委副书记杨利民在审计厅视察机关党建工作

自治区党委副书记、自治区常务副主席岳福洪，自治区党委常委、组织部长陈朋山，人大副主任哈斯巴根出席全区审计工作会议

自治区审计厅厅长陪同审计署投资司席晟司长赴国华准格尔二期建设项目现场指导工作

自治区审计厅召开特约审计员会议

1983年12月24日，内蒙古自治区审计局正式成立，随后全区各级审计机关相继组建成立。20多年来，自治区审计工作从无到有，从小到大。经过组建、发展、规范、深化等几个阶段，逐步走向成熟，近几年，审计监督力度进一步加大，审计质量提高，成果明显，威慑力增强。自2001年至现在的5年间，全区审计机关共审计28920个单位(项目)，查出违规金额300.6亿元，已收缴财政金额23.79亿元，向各级党委、政府和上级审计机关上报审计报告、信息27848篇，被批示采纳23000篇。向纪检监察、司法机关移送案件361件。

审计业务工作的健康发展为机关党建工作、廉政建设和精神文明建设拓展了空间，达到了相互促进、相互提高的效果。自治区审计厅已连续被自治区评为“实绩突出单位”。2003年厅机关由市级文明单位晋升为自治区级文明单位。2004年被自治区评为“公民道德建设先进单位”、“自治区优化环境、加快发展先进单位”和获得“固定资产投资优质服务奖”。2005年在包头召开的全区两个文明建设经验交流会上，被评为自治区级文明单位标兵。

在开展保持共产党员先进性教育活动中，审计厅被自治区直属机关工委评为创建党建工作先进厅(局)，厅机关党委被评为先进基层党组织。

内蒙古信息化办公室

前进中的内蒙古信息化事业内蒙古自治区人民政府信息化工作办公室成立于2002年7月，是内蒙古信息化领导小组的常设办事机构(简称自治区信息办)，是自治区人民政府负责全区信息化建设和信息产业发展的正厅级工作部门。近年来，自治区信息办在自治区党委、政府的正确领导下，紧紧围绕贯彻落实《内蒙古党委、政府关于大力推进信息化的决定》精神，结合我区实际，并提出内蒙古信息化建设和信息化产业发展“一个园区、两个基地、五大工程”战略，(包头国家级软件园区，呼市电子信息产品制造业基地、信息化技术技能人才培训基地，电子政务工程、企业信息化工程、农牧业信息化工程、城市信息化工程、信息网络安全工程)，全区信息化建设和信息产业发展呈现前所未有的良好发展势头。

2005年，全区信息产业总销售收入突破280亿元，同比增长60%。其中：电子信息产品制造业完成销售收入101亿元，同比增长61.3%：软件业完成销售收入15亿元，同比增长15%；信息服务业销售收入165亿元，同比增长65%，电子政务建设取得重要进展。2005年10月，自治区电子政务网络统一平台正式开通运行，政务城域网接入自治区四大班子和80多家委办厅局。政务广域网接入全区12个盟市和2个计划单列市。着力推进以呼和浩特市为试点的全程办事代理制；信息化带动工业化步伐明显加快，信息技术在改造传统产业中正发挥着越来越重要的作用；以五原县为试点在全区开展农牧业信息综合服务体系工程建设；社会各领域信息化建设成就显著。

“十一五”期间，内蒙古信息化建设和信息产业发展要紧紧围绕党中央“以信息化带动工业化，以工业化促进信息化”的战略方针和自治区“新型工业化、城镇化、农牧业产业化”这一工作重心，开拓进取，与时俱进，以“建设一个园区、打造两个基地、实施五个工程”为目标，充分发挥我区的资源和区位优势，大力推进信息产业发展，尽快使其成为自治区重要的支柱产业之一。全区电话普及率、广播电视覆盖率、互联网普及达到或超过全国平均水平。信息技术覆盖社会各个领域，应用水平不断提高，为建设全面协调可持续发展的“和谐内蒙古”做出更大贡献。

内蒙古自治区气象局

蓬勃发展的内蒙古气象事业

气象事业是科技型、基础性社会公益事业。截至2005年底，全区有124个气象台站(包括91个自动站)，承担地面观测、生态与农业气象业务、高空观测、气象辐射观测、酸雨特种观测、沙尘暴观测、大气成分试验、农牧业气象试验工作。有223个自动雨量站、5部多普勒天气雷达、11部各种功能的天气雷达、4个dvbs数字卫星广播接收系统。全区有116个气象台站开展了气候生态环境监测系统工作。全区部署7架增雨飞机、244部增雨火箭发射架、741门防雹高炮开展人工影响天气工作。

自治区气象部门已建成立体气象探测网、计算机通信网、卫星遥感监测网和气象服务网，初步建立了天气、气候业务和科研体系，提高了气象监测、预报、预测、预警和服务水平，在防灾减灾、经济建设、社会发展和国防建设中发挥了重要作用。

自治区气象局先后获得“创建文明行业先进系统”、“自治区级文明单位标兵”和“全国文明单位”等荣誉称号

自治区气象局局长乌兰

正待起飞进行增雨作业

呼市多普勒雷达

观测场与业务楼一角

为农业生产服务

内蒙古自治区价格监督检查局

为庆祝12358开通五周年局长接受记者采访

内蒙古自治区价格监督检查局成立于1984年，隶属于自治区发展和改革委员会。工作职责为：依法对自治区境内的商品和服务价格进行监督检查，对各类价格违法行为实施行政处罚，规范价格行为，维护正常的市场价格秩序，并负责组织和指导全区价格监督检查工作。

内蒙古自治区价格监督检查局自成立以来，充分发挥自身职能，围绕各个时期党委和政府的中心工作，积极组织全区开展价格专项和重点检查，加强市场价格监管，在自治区改革开放中发挥了积极作用。成立二十多年来，自治区价格监督检查局共查处各类价格违法案件5千余件，实行经济制裁约2亿元，其中，退还消费者8千余万元，上缴财政约1.2亿元，有力维护了市场价格秩序，保护了国家及广大经营者和消费者的合法权益。由于在抗击非典过程中工作成效显著，被自治区党委和政府授予“全区防治非典型肺炎工作先进基层党组织”和“自治区抗击非典先进集体”荣誉称号；2004年5月，被国家发展和改革委员会命名为“全国价格举报工作先进集体”；2005年1月，在自治区党委宣传部和自治区政府法制办联合举办的首届自治区“人民满意的行政执法单位”评选活动中被评为“人民满意的行政执法标兵单位”。

市场检查

内蒙古自治区广播电视局

内蒙古自治区广播电视局局长刘永欣

2005 年 7 月 29 日，刘永欣局长在宁夏召开的全国广播电视村村通工作现场会上作典型发言

自 1950 年 11 月 1 日内蒙古人民广播电台开播至今，内蒙古广播影视业已走过了 50 多年风雨历程。

目前，全区共有盟市级以上广播电台 13 座，电视台 14 座，旗县级广播电视台 76 座。全区广播节目达 114 套，对外广播节目一套，全年播出 497669 小时 21 分钟；电视节目达 119 套，全年播出时间 536338 小时 4 分。内蒙古电台已形成 6 个频率播出的专业化布局，全天播出 107 小时 25 分。内蒙古电视台已形成 7 个频道播出的专业化格局，全天播出 139 小时。内蒙古电影制片厂是国内生产。故事片和译制影片的重点厂家之一，已形成年产影片 20 部、译制片 45 部、电视剧 60 集的生产能力。四十年多来，该厂共拍摄电影故事片 132 部，记录片 153 部，电视剧 434 集，并获多个国家级奖项。

内蒙古自治区电视台夜景

内蒙古也是全国唯一规模生产译制蒙古语广播电视节目的基地。目前，内蒙古电台蒙古语广播节目每天播出 18 小时 16 分钟，年生产能力达 5930 小时。内蒙古电视台蒙古语卫视每天播出 17 小时 45 分钟，已具备年译制电视剧 1100 集、动画片 365 集、专题译制片 365 期、自办栏目 2500 期的生产能力。蒙古语广播电视卫星节目已分别在蒙古国首都乌兰巴托和俄罗斯乌兰乌德等城市落地入户，实际上发挥着“国家蒙古语台”的独特外宣作用。

内蒙古蒙汉语广播电视节目通过亚太 1A 卫星传输，覆盖我国全境及亚太 53 个国家和地区。全区有 5814.2 公里的广播电视微波干线，是全国省区范围内最长的微波干线；全长 3.97 万公里的广播电视光缆网建成开通；全区有中短波广播发射台 57 座，调频发射台 742 座，电视发射台和转播台站 2316 座，卫星电视地面接收站 42741 座，有线电视用户 212.4 万多户(其中，模拟电视用户近 212 万户，数字电视用户 1082 户)，构建了“天上一颗星，地下一张网，干线贯东西，台站遍全区”的传输覆盖体系。目前，全区广播电视综合覆盖率分别达到 92.64%和 90.15%，有线电视入户率达到 29.76%。通过实施人才工程，内蒙古广播影视培养了一大批名编辑、记者、名播音员、主持人、名编剧、名导演、名制片和高级技术人才。目前，全区广播影视系统从业人员 1.54 万人(不含乡级广播站)，其中编辑、记者 3550 人，播音员、主持人 722 人，工程技术人员 3133 人，高级职称 977 人。有 2 人获“韬奋奖”，5 人获“全国百佳记者”称号，7 人获全国百佳电视艺术家称号。

内蒙古通信管理局

内蒙古通信管理局党组书记、局长敖大明

组织召开全区电信行业情况通报会

下社区送温暖

向锡盟希望小学捐款

组织举办全区电信行业（电信服务规范）知识竞赛活动

内蒙古通信管理局自2000年11月15日成立以来，在信息产业部和自治区党委、政府的领导下，认真贯彻落实“三个代表”重要思想，坚持监管为民、依法行政、保护竞争、促进发展的指导思想，克服电信法规不完善、机构不健全、手段不完备等困难，从实际出发创造性地开展工作，充分履行规范、引导、监督、服务职能，有效运用法律的、经济的、技术的、行政的多种手段，大力规范电信市场秩序，切实加大电信服务监管力度，积极加强网络信息安全管理，有力促进了全区电信业的健康快速发展，切实维护了国家、企业和社会利益。

“十五”期间，全区基础电信企业累计建设投资192.61亿元，年均投资38.52亿元；累计完成电信业务总量566.74亿元，年均增长27.6%；完成电信业务收入327.8亿元，年均增长18.3%；电话用户规模呈加速度、跳跃式增长态势，2002年3月电话用户总数超过500万户，2004年4月份突破1000万户，提前20个月完成“十五”预期目标，成为西部地区第六个超千万的省区；农村通信发展取得历史性突破，村村通电话工程的深入推进结束了3556个行政村不通电话的历史，截止2005年底，原统计口径内的行政村全部实现了村村通电话。

内蒙古地质矿产勘查开发局

杨永宽局长安排部署工作

杨永宽局长在赤峰市领导的陪同下到拜仁达坝银矿选厂考察

鄂尔多斯水源地勘探现场

2006年4月4日，达茂旗白彦花煤田勘探开钻仪式

内蒙古地矿局是自治区境内从事地质勘查、矿业开发、工程勘察施工以及岩矿测试鉴定、国土资源测量的一支最大的专业地质勘查队伍，有专业技术人员2339人。“十五”以来，在自治区党委、政府和国土资源厅领导下，全局各项工作取得了重要进展。形成了地质勘查、矿业开发和工勘施工三大产业共同发展的产业格局。“十五”期间，发现大型金属矿床2处，中型金属矿床4处，小型金属矿床及矿点30余处。其中，乌海电石灰岩、四子王旗煤田、拜仁达坝西区银多金属矿、道伦达坝铜矿、鄂尔多斯水资源等一大批勘查项目取得重要突破。依托地质勘查成果，拜仁达坝、花敖包特、黄花沟等一批中、大、特大型矿山先后投入开发，这些成果为自治区经济发展，提供了资源支撑。“十一五”，将以创建全国一流地勘队伍为目标，坚持走地质勘查开发一体化路子，力争实现地质找矿重大突破，为自治区经济社会发展提供矿产资源保障。

目　　录
CONTENTS

第一部分 特载
PART ONE SPECIAL ARTICLES

第二部分 统计资料
PART TWO STATISTICS

一、行政区划和自然资源
Divisions of Administrative Areas and Natural Resources

二、综合
General Survey

三、国民经济核算
National Accounts

四、人口
Population

五、就业人员和职工工资
Employment and Wages

六、固定资产投资
Investment in Fixed Assets

七、能源生产和消费
Production and Consumption of Energy

八、财政
Government Finance

九、物价指数
Price Indices

十、人民生活
People's Livelihood

十一、城市概况
General Survey of Cities

十二、农业
Agriculture

十三、工业
Industry

十四、建筑业
Construction

十五、运输和邮电
Transportation, Postal and Telecommunications Services

十六、国内贸易
Domestic Trade

十七、对外经济贸易
Foreign Trade and Economic Cooperation

十八、旅游
Tourism

十九、金融和保险
Banking and Insurance

二十、教育、科技和文化
Education, Science and Culture

二十二、盟市资料
Statistics of Leagues and Cities

二十三、旗县区资料
Statistics of Banners, Counties and Districts

二十四、企业资料
Statistics of Enterprises

二十五、附录
Appendix

第一部分　特载

PART ONE SPECIAL ARTICLES

在自治区党委七届十一次全委会议上的讲话

Report by Comrade Chu Bo on the Eleventh Plenary session of the Seventh Regional Committee of the Communist Party of China

内蒙古自治区党委书记 储波

(2005年11月11日)

这次全委会的主要任务是，认真学习贯彻党的十六届五中全会精神，审议通过《内蒙古党委关于制定自治区国民经济和社会发展第十一个五年规划的建议》。

下面，我讲三个问题。

一、认真学习贯彻党的十六届五中全会精神

党的十六届五中全会是在新世纪新阶段召开的一次非常重要的会议。胡锦涛总书记的重要讲话、温家宝总理的《建议》说明和全会审议通过的《中共中央关于制定国民经济和社会发展第十一个五年规划的建议》，以邓小平理论和“三个代表”重要思想为指导，以科学发展观统领经济社会发展全局，站在新的历史高度，认真总结“十五”时期我国改革和发展的实践经验，深刻分析我国经济社会发展面临的国际国内形势，明确了实现我国经济社会又快又好发展的指导思想、主要任务和基本要求，描绘出了新世纪新阶段在新的历史起点上全面建设小康社会的宏伟蓝图。认真学习、深入贯彻五中全会精神，对于我们进一步统一思想、认清形势、坚定信心、开拓进取，开创内蒙古改革开放和现代化建设新局面、实现全面建设小康社会宏伟目标，具有十分重大的现实意义和深远的历史意义。全区各级党组织和广大党员、干部，要认真学习领会五中全会精神，切实把思想统一到五中全会精神上来，统一到中央的要求和部署上来。

*一是要切实把思想统一到党中央对国内外形势和我国发展阶段性特征的分析判断上来。*全会指出，“十一五”时期是全面建设小康社会的关键时期，具有承上启下的重要历史地位。“十一五”的发展环境，“是一个机遇和挑战并存、机遇大于挑战的环境，一个总体上有利于我们促进经济社会发展、但不利因素也可能增多的环境”。从国际上看，和平、发展、合作是当今时代的潮流，经济全球化趋势深入发展，科技进步日新月异，国际产业重组和生产要素转移加快，区域经济一体化蓬勃发展，世界经济正处于新一轮恢复和增长期，但影响和平与发展的不稳定、不确定因素也在增多。从国内看，经过改革开放二十多年特别是“十五”时期的发展，我国经济社会发展进入新的历史阶段，国民经济平稳较快增长，社会主义市场经济体制初步建立，拥有丰富的劳动力资源和巨大的国内市场需求，居民储蓄率高，基础设施不断完善，科技教育具有一定基础，社会政治保持长期稳定，已经站在一个新的历史起点上。国际社会也普遍看好我国的发展前景。同时也要清醒地看到，我国经济社会发展正处于人均国内生产总值从1000美元向3000美元过渡的关键时期，这既是一个发展机遇期，也是一个矛盾凸显期，当前和今后相当长一段时间内我国经济社会发展面临的矛盾和问题可能更复杂、更突出，主要表现是胡锦涛总书记指出的体制、结构、“三农”、科技、人民生活、协调发展、对外开放、民主政治、社会结构和组织形式、社会稳定与和谐十个方面的阶段性特征。学习贯彻好十六届五中全会精神，首先要把思想认识统一到中央对国内外发展环境和我国发展阶段性特征的分析判断上来。这是我们抓住机遇，应对挑战，推进经济社会又快又好发展的重要前提。

*二是要切实把思想统一到党中央提出的推动科学发展的指导思想和重大原则上来。*坚持以科学发展观统领经济社会发展全局，是全会最鲜明的特点。全会指出，制定“十一五”规划，全面贯彻落实科学发展观，必须做到坚持发展是硬道理，坚持抓好发展这个党执政兴国的第一要务，坚持以经济建设为中心，坚持用发展和改革的办法解决前进中的问题。同时，必须坚持科学发展，坚持以人为本，转变发展观念、创新发展模式、提高发展质量，落实“五个统筹”，切实把经济社会发展转入全面协调可持续发展的轨道。为了保证科学发展观的全面贯彻落实，全会提出了“六个必须的原则”，即必须保持经济平稳较快发展，必须加快转变经济增长方式，必须提高自主创新能力，必须促进城乡区域协调发展，必须加强和谐社会建设，必须不断深化改革开放。我们一定要以科学发展观为统领，切实把科学发展观贯穿到经济社会发展的全过程。

*三是要切实把思想统一到党中央作出的“十一五”发展的战略部署上来。*在科学发展观指导下，全会对“十一五”发展作出全面部署。在发展目标上，提出了包括经济增长、资源环境、自主创新、社会发展、改革开放、人民生活和民主法制等七个方面的要求，并对经济增长和能源消耗作了量化要求，即实现2010年人均国内生产总值比2000年翻一番，“十一五”期末单位国内生产总值能源消耗比“十五”期末降低20%左右。在发展重点上，提出要着力抓好建设社会主义新农村、推进产业结构优化升级、促进区域协调发展、建设资源节约型和环境友好型社会、深化体制改革和提高对外开放水平、深入实施科教兴国战略和人才强国战略、推进社

会主义和谐社会建设等关系发展全局的重大问题。在发展保障上，提出要加强和改进党对经济社会发展的领导，增强机遇、发展、大局、责任、忧患五种意识，提高贯彻科学发展观、驾驭全局、处理利益关系、务实创新四种能力，正确处理好内需和外需、市场机制和宏观调控、中央和地方、经济发展和社会发展四个重大关系。这些要求，符合我国国情，顺应时代要求，反映人民愿望。

认真学习贯彻党的十六届五中全会精神，是当前和今后一个时期全区各级党组织和广大干部群众的重要政治任务。各级要以高度的政治责任感，精心组织，周密部署，采取有效措施，切实把五中全会精神落到实处。要坚持理论联系实际的学风，紧密联系自治区改革开放和现代化建设的实际，紧密联系本地区、本部门、本单位的实际，认真总结"十五"时期的成绩和经验，深入思考和研究解决关系发展全局的重大问题，在领会精神、解决问题、推动工作上下功夫。

二、制定和实施"十一五"规划需要着力解决的重大问题

"十五"以来，在党中央、国务院的正确领导下，我区坚持以邓小平理论和"三个代表"重要思想为指导，认真贯彻落实科学发展观，紧紧围绕贯穿结构调整"一条主线"，加快思想观念和经济增长方式"两个转变"，强化改革、开放和科技进步"三大动力"，推进农牧业产业化、工业化、城镇化"三化"进程，加强生态和基础设施"两项建设"的总体要求，抓住西部大开发等战略机遇，团结奋斗，艰苦创业，经济社会发展取得新的重大成就。优势特色产业快速发展，产业结构进一步优化，经济自主增长机制开始形成，"十五"计划任务超额完成，主要指标实现翻番；固定资产投资快速增长，重点项目建设成效显著，生态环境和基础设施明显改善，经济社会发展的基础和后劲显著增强；财政收入增长较快，人民生活水平稳步提高，社会事业全面发展，政治文明和精神文明建设有新的进步。经过"十五"期间的实践，我区的发展思路进一步完善，发展环境进一步优化，发展基础进一步巩固，发展后劲进一步增强，已经站在一个新的历史起点上。

在新的起点上，如何巩固发展来势、提高发展质量、扩大发展成果，这是摆在全区各级党组织和广大干部群众面前的新的重要课题。关于"十一五"时期自治区经济社会发展的指导思想、奋斗目标和主要任务，提交全会审议的《建议》已经提出明确要求。落实《建议》部署，在工作指导上必须牢牢把握以下几点：

一立足科学发展。突出发展主题，坚持发展是硬道理、能快就不要慢，聚精会神搞建设，一心一意谋发展。把加快发展与科学发展统一起来，抓住机遇，把握来势，保持较长增长周期，努力做大经济总量；更加注重统筹协调，实现速度和结构、质量、效益相统一，经济发展和社会、人口、资源、环境相协调。

一坚持"三化"互动。继续大力推进农牧业产业化、新型工业化和城镇化，以新型工业化为主攻方向，大力发展农牧业产业化经营，稳步推进城镇化进程，在新的更高层次上实现"三化"互动。大力加强生态和基础设施建设，为持续发展创造良好的环境和条件。

一转变增长方式。紧紧抓住结构调整这条主线，切实转变增长方式，提高集约经营水平，大力发展循环经济，加快建立资源节约型、环境友好型社会。通过深化改革、扩大开放、科技进步，增强发展动力、提高自主创新能力。

一实现强区富民。优化经济结构，做大经济总量，提高综合实力、市场竞争力和抗风险能力。坚持以人为本，把实现好、维护好、发展好最广大人民群众的根本利益作为出发点和落脚点，在发展经济的同时不断提高城乡居民收入水平和生活质量。

同时，要在推进"十一五"发展过程中，着力研究和解决好以下几个关系发展全局的重大问题：

（一）按照建设社会主义新农村的要求，不断加强新形势下的"三农三牧"工作。党的十六届五中全会提出的关于建设社会主义新农村的一个鲜明特点是，要在积极推进城乡统筹发展的前提下建设社会主义新农村。我国现阶段统筹城乡发展，就是要实行"工业反哺农业，城市支持农村"的方针。当前，我区正处在工业化加速发展阶段，这为实现统筹城乡协调发展创造了一些基础条件。我们要顺应这一趋势，坚持解决农牧业问题从非农牧产业上找出路、解决农村牧区问题从加快推进城镇化上找出路、解决农牧民问题从减少和转移农牧民上找出路的发展方向。在具体工作中，一是要抓好产业发展这一关键。因地制宜发展农村牧区产业，是繁荣农村牧区经济、富裕农牧民的基础和关键。要把大力推进产业化经营作为发展农村牧区产业的突破口，积极调整农牧业结构，大力发展农村牧区二、三产业，着力培育壮大龙头企业，建设好规模化、集约化生产基地，创新龙头企业与农牧民的利益分配机制，充分发挥产业化联结城乡、壮大产业、整合利益、富裕群众的重要功能。二是要抓好增加农牧民收入这一核心。"十五"以来，我区农牧民收入虽然增长较快，但与全国平均水平仍有一定差距。要切实贯彻"多予、少取、放活"的方针，采取综合措施，广泛开辟农牧民增收渠道，把农牧民产业增收、减负增收与转移增收有机结合起来，引导农村牧区富余劳动力向非农产业和城镇有序转移。同时，要加大扶贫开发力度，加大整村推进扶贫力度，对缺乏生存条件的贫困人口实行易地扶贫，对丧失劳动能力的贫困人口建立救助制度。三是要抓好公共服务这一难点。目前，我区约80%的公共服务资源集中在城镇。一方面要加快农牧民的转移，使其享受城镇的公共服务资源，同时要切实加大政府对农牧业和农村牧区的投入，加强水、电、路、通信等基础设施建设，努力扩大公共财政覆盖农村牧区的范围，不断改善农村牧区生产生活条件。农村牧区发展的滞后还突出地反映在教育、卫生、文化等公共事业方面，各级要把促进农村牧区社会事业发展作为建设社会主义新农村的重要内容，突出重点，集中攻坚，逐步改变农村牧区社会事业落后状况。四是在着力解决直接关系农民切身利益的各类生产生活问题的基础上，要切实加强乡村的规划。农村各地的发展差异很大，改善村容村貌的工作也必然是起点有差距、过程有快慢、水平有高低，一定要从实际出发，统一规划，分步实施，因地制宜，稳步推进。五是要加强对农牧民的职业教育和技能培训。采取各种有效措施，全面提高农牧民的整体素质，使农牧民成为建设社会主义新农村的主体。

（二）加快推进新型工业化，做大做强优势特色产业。党的十六大把基本实现工业化作为我国本世纪头20年全面建设小康社会的重要任务，同时提出了走新型工业化道路的具体要求。“十五”以来，我区工业化长足发展，全区工业经济年均增长20%，工业已成为我区经济持续快速健康发展的主要动力。“十一五”期间，要进一步发挥优势，做大工业经济总量，提高工业经济素质和竞争能力，努力走出一条具有我区特色的新型工业化道路。

推进我区新型工业化，必须把工作着力点放在做大做强优势特色产业上。我区现有的能源、化工、冶金、装备制造、农畜产品加工、高科技六大优势特色产业已有一定的产业基础。目前，国家已把产业开发作为新一轮西部大开发的工作重点，西部城镇密集区、重点资源开发区和边境经济合作区有望得到更多支持。我们要因势利导，抓住有利时机，推动现有的优势特色产业优化升级、做大做强。同时，由于全球产业结构调整转移步伐加快，沿海发达地区资源、环境和劳动用工方面的约束日益突出，有利于我们在承接先进生产力转移过程中，培育新的优势特色产业，形成新的经济增长点。在加快工业发展重点上，要充分发挥我区资源优势，提高资源的综合开发利用水平，延伸产业链条，形成产业集群。同时，有条件的地区，要加大非资源型产业的引进，逐步提高非资源加工业的比重。在项目选择上，坚持大规模、高起点，发挥后发优势，走技术跨越的路子，新上的项目要有经济规模，其技术和技术装备水平要一步达到国际、国内的先进水平。在发展主体上，要坚持培育大企业、大集团，走大产业的路子，不断提高企业和产业的竞争能力。在空间布局上，要坚持走基地化、园区化的路子，进一步提高产业集聚程度，降低产业发展成本。在产业形态上，要大力发展循环经济，走资源节约、环境友好的路子，实现资源永续利用和产业持续发展。

（三）调整优化产业结构，推动第三产业快速健康发展。加速发展第三产业，是我区调整优化产业结构、转变经济增长方式、降低单位产值能耗物耗的需要，是适应消费转型、满足人民群众日益增长的服务需求的需要，也是转移农牧业人口、安置城镇待业人员、解决就业难题的需要。去年5月，自治区召开了第三产业工作会议，各地要认真抓好落实。在工作中，要突出抓好“三个结合”：

一是要把发展服务业和发展非公有制经济结合起来。改革开放以来，我区与全国一样，首先对民营资本开放的是制造业，服务业中除商业、餐饮业、公路运输等少数领域外，基本上处于垄断经营、管制经营和限制经营状态，投资来源和经济成分比较单一，难以满足经济社会发展对服务业的需求，也在一定程度上抑制了服务业发展的活力。要尽快取消不合理的行业限制，打破行政垄断，全面放宽市场准入条件，鼓励民营资本和外资进入服务业，形成多元投资主体和多种经济成分共同发展的格局。

二是要把改造提升传统服务业与发展新兴现代服务业结合起来。目前，国际上第三产业包含150多个行业，我国仅有80多个行业，其余行业尤其是一些知识含量高、附加值大的行业，都未达到一定规模。在我区第三产业中，商贸餐饮、交通运输和仓储业等传统服务业比重占一半以上，金融保险、房地产、信息服务、社会中介等新兴服务业和现代服务业比重低于全国平均水平。低端服务业比重高，高端服务业发展慢，是影响我区第三产业发展的重要原因。随着我区经济社会事业加快发展和人民生活水平的提高，新兴和现代服务业面临着良好的发展机遇。要学习借鉴发达地区的经验，拓宽服务业发展领域，在改造提升传统服务业的同时，以旅游、房地产和社区服务业为重点，大力发展新兴服务业；以金融保险、信息服务、中介服务、会展业为重点，积极发展现代服务业。进一步提高服务业的规模化、专业化和现代化水平。

三是要把发展服务业与优化发展环境结合起来。第三产业点多面广，多数是中小企业和民营经济，对发展环境的敏感程度超过其它行业。近年来，我区把优化发展环境作为促进第三产业发展的关键环节来抓，出台了不少优惠政策和改革措施，第三产业发展步伐明显加快，2004年第三产业对地税的贡献首次超过工业。要继续把环境建设放在重要位置来抓，进一步贯彻落实自治区加快发展第三产业若干政策的规定，努力创造有利于第三产业发展的环境和氛围，不断开创我区第三产业发展的新局面。

（四）调整优化生产力布局，加快推进城镇化进程。要结合生产力布局调整，加快城镇化步伐，优化城镇布局，完善城镇体系，逐步形成以城带乡、以工促农、城乡互动、协调发展的体制和机制，实现人口进城，工业入园、产业集中和要素集聚。突出发展大城市，加快发展中小城市，重点发展县城，走出一条具有我区特色的城镇化路子。

一要加快构建科学合理的城镇体系。城镇发展水平越高，辐射带动能力就越强。同发达地区相比，我区大城市综合实力不强、辐射带动能力弱；中等城市规模不大、功能不全；县城发展滞后，发挥不了县域中心的作用。提高城镇的辐射带动能力，必须坚持大中小城市和小城镇协调发展的方针，加快构建科学合理的城镇体系，充分发挥不同类型城镇在促进区域发展中的领跑和带动作用。要突出发展大城市。呼和浩特市要进一步强化自治区政治、经济、文化、科技、教育和金融中心功能，努力建设现代化首府城市。包头市要充分发挥工业基础较好的优势，发挥全国文明城市的品牌效应，努力建设我国中西部地区经济强市。赤峰市要进一步加快经济发展和人口集聚步伐，力争尽早形成百万人口城市。要大力发展中小城市，重点发展盟市所在地市（区）和满洲里、二连浩特市，着力打造辐射带动能力较强的区域中心城市和边境口岸城市。要高度重视县城建设。县城是发展县域经济的主要载体，各旗县要全力抓好县城建设。在抓好县城建设的同时，有条件的旗县要抓好一两个有特色、有优势的中心集镇的发展。

二要提高城镇的产业支撑能力。城市是经济发展的重要依托，产业是城市发展的基础和条件。城市化外在表现是人口聚集，而实质是产业发展。各地在推进城镇化进程中，一定要把发展城市产业作为关键来抓。要大力推进新型工业化进程，根据各自基础和条件，发挥比较优势，发展各具特色的优势产业。要加快服务业发展。服务业是加快城镇化的助推器，也是衡量城镇化水平的重要标识，要在积极改造提升传统服务业的同时，大力发展新型和现代服务业。

三要强化城镇规划与管理。要加快全区城镇体系规划编制，统筹做好区域规划、城市规划、集镇规划和村庄规划。要把城镇布局规划与吸纳人口转移、促进产业发展、加强基础设施、保护生态环境有机结合起来。要创新管理体制，加强城镇管理。要加快城镇及近郊区无地、少地农民的“村改居”和城中村改造步伐，全面提高城镇文明程度，打造良好的城市品牌。

（五）坚持非均衡和均衡发展的统一，促进区域协调发展。统筹区域协调发展，是落实科学发展观、发挥区域优势、增强发展合力的重大任务。当前，我国已进入工业化中期阶段，沿海发达地区有的已接近中等发达国家水平，综合国力和经济实力明显提升，初步具备了统筹协调区域发展的能力。我区属于西部欠发达省区，能够用于协调和平衡区域内部发展的经济社会资源十分有限。因此，必须坚持区域非均衡发展与均衡发展的辩证统一，坚持优势地区和非优势地区共同加快发展的方针，坚持市场导向、互利合作，以发展促协调，在发展中求协调，逐步形成优势互补、相互促进、共同发展的格局。

对于我区来讲，促进区域协调发展，一是鼓励西部优势地区率先发展，二是促进东部地区加快发展。目前，呼包鄂优势地区经济总量占全区一半以上，东部呼伦贝尔市、兴安盟、通辽市、赤峰市、锡林郭勒盟五盟市人口占全区一半以上，抓好这两个重点地区，就抓住了统筹区域协调发展的关键。呼包鄂优势地区近年来发展快、变化大，对全区经济社会发展的拉动和贡献大，是自治区最具活力和优势的地区。但在全国范围比，总量还比较小，竞争力还比较弱。呼包鄂三市要把握发展机遇，加快发展步伐，在全区率先全面落实科学发展观，率先完善社会主义市场经济体制，率先实现全面建设小康社会目标。要通过统一规划和政策引导，实现资金、技术、人才和信息等生产要素的优化组合，促进三市产业结构调整和布局优化，在转变增长方式、发展循环经济、促进协调发展和构建和谐社会方面为全区作出示范和表率。东部盟市要抓住国家实施振兴东北老工业基地的战略机遇，进一步解放思想、创新体制、扩大开放，充分发挥自身优势，加快与东北三省实现重大基础设施对接、产业对接和政策对接，强化区域内的联合与协作，加强口岸建设，做大口岸经济，加强与俄蒙的经贸合作，开发利用俄蒙资源，以新型工业化为主攻方向，大力发展优势特色产业，早日实现振兴和崛起。

促进区域协调发展，必须高度重视发展县域经济。县域作为相对完整的经济社会单元，是区域发展的基本依托。从一定意义上说，区域间的发展差距，说到底是县域间的发展差距 。2005 年全国经济百强县，长三角、珠三角和环渤海地区占了 80%以上，浙江、山东、江苏三省百强县个数占全国的 2/3 以上，其中浙江就占 30 家，而我区仅有东胜区 1 家。2004 年，我区 80 个旗、县市（不含市辖区）人口占全区的 72.3%，实现 GDP 占全区 44.1%，地方财政收入占全区的 35%。“十一五”期间，要把发展县域经济放到更加重要位置，按照因地制宜、分类指导、民营主体、突出特色的原则，把产业化经营作为重要抓手，把优势特色产业的培育作为主攻方向，把城镇化建设作为有效载体，不断提高县域经济的发展水平。

（六）加强生态和基础设施建设，切实增强可持续发展能力。要把生态环境建设和保护作为实现可持续发展的首要任务来抓。近年来，我区生态建设取得良好成效，实现了“总体遏制，局部好转”的历史性转变，但生态环境的基础十分脆弱，生态环境的建设与保护任重道远。各级要坚持优先保护、积极治理、合理开发、集约利用的原则，以国家重点生态建设工程为依托，进一步加大生态建设和保护力度，提高生态自我修复能力。要探索建立生态建设与保护的长效机制，把生态建设保护同生产力布局调整结合起来，积极实施生态移民工程，促使人口向水土资源较好的地域集中；把生态建设保护同农村牧区产业结构调整结合起来，大力发展农村牧区二、三产业，减少人类对大自然的直接索取；把政府引导同全社会参与结合起来，建立健全政府牵头、多元投入、群众参与的投入模式，努力实现全区生态状况整体遏制、重点治理区域全面好转的奋斗目标。

要进一步加强基础设施建设。完善配套的基础设施，是促进经济增长、提高人民生活质量的重要前提，是优化投资环境、提升地区竞争力的先决条件，也是促进经济社会可持续发展的重要保障。近年来，我区基础设施建设步伐加快，但与发达地区相比、与经济社会发展的需求仍有较大差距。

今后要继续把基础设施建设放在突出位置，按照适度超前的原则，加大投入力度，加快建设进度，不断提高基础设施承载产业和保障生活的能力和水平。要以公路铁路为重点，加快运输通道建设，构建“贯通区内、畅通三北、联通俄蒙”的综合交通运输体系。要加快电力出区高压输出通道建设，继续完善区内电力网络建设。要坚持开源与节流并重，加强蓄水、节水和防洪工程建设，满足全区生产、生活和生态用水需求。

要积极建设资源节约型环境友好型社会。我区是资源大区、能源大区，越是能源资源丰富，越要注意节约利用能源资源，实现可持续发展。要大力发展循环经济，从资源开采、生产消耗、废弃物利用和社会消费各环节，促进资源循环式利用，鼓励企业循环式生产，推动产业循环式组合。要发挥市场机制和经济杠杆的作用，建立节约能源资源、保护环境和促进集约发展的新机制，倡导节约型、环保型的消费模式，营造建设资源节约型环境友好型社会的良好氛围。同时，要积极做好以能源、金属矿产和地下水资源为重点的矿产资源勘查工作，摸清家底，提高后备能源资源的保障能力。

（七）坚持改革开放和科技创新，为经济社会发展提供强大动力。要进一步深化改革，营造更具活力和更加开放的体制机制。改革要始终坚持社会主义市场经济的改革方向，坚持重点突破、有序推进。从这些年改革的经验看，各项改革能不能顺利推进、取得实效，关键在于政府职能能不能真正转变。要把推进行政管理体制改革和政府职能转变作为突破口，按照建设法治政府和服务型政府的要求，进一步推进政企分开、政资分开、政事分开、政府与市场中介组织分开，减少和规范行政审批，切实履行好经济调节、市场监管、社会管理和公共服务职能。要进一步推动国有企业、产权制度、财税体制、投资体制、事业单位等经济社会各个领域的改革，进一步消除制约生产力发展的体制机制障碍。要继续推进国有经济布局和结构的战略性调整，完善国有资本有进有退、合理流动机制，大力发展非公有制经济，坚持和完善基本经济制度。

要努力扩大开放，提高利用两个市场、两种资源的能力和水平。我区近年来的较快发展，很大程度上得益于积极实施开放带动战略，得益于用市场手段在较大范围内配置资源。要在过去工作的基础上，从我区资源禀赋、产业基础和要素条件出发，把对内开放与对外开放有机结合起来，把“请进来”与“走出去”有机结合起来，进一步提高对外开放的层次和水平。一是要逐步形成要素流入区。今年，我区引进内资预计可达 1000 亿元，已开始成为国民收入净流入区。要在此基础上，依托我区的产业发展，进一步改善创业和就业环境，落实各项政策措施，争取尽早成为人才、技术、管理等要素流入区。二是要充分发挥好口岸优势。我区有 18 个陆路口岸，要认真学习借鉴国际国内发展口岸经济的成功经验，切实开发利用好这一稀缺资源，充分发挥口岸的过货通关、物流贸易和落地加工三大功能，抓好口岸设施建设和进、出口加工，进一步提升口岸经济在地区经济中的地位和比重。三是要开发利用好俄蒙资源。要在互利共赢的前提下，从各个层面加强与俄蒙的协调，支持有资质、有实力的企业实施“走出去”战略，引导和规范“走出去”的企业立足长远、有序发展，推动全区开发利用俄蒙资源取得实质性进展。

要加快科技创新步伐，强化科技对经济社会发展的支撑作用。从我区实际出发，要依托产业发展科技，依靠科技提升产业，实现科技进步与产业发展融合互动。要把吸收引进和自主创新结合起来，在承接先进生产力转移过程中注重承接先进科技的转移，建立引进、消化、吸收和再创新的机制，逐步提高自主创新能力。要强化企业在科技创新中的主体地位，积极支持六大优势特色产业中的骨干企业建立产学研结合的技术创新体系。要推动技术创新与体制创新相融合，大力实施科教兴区和人才强区战略，推进区域创新体系、技术市场体系建设，健全科技成果推广服务体系，加快发展创业风险投资，为科技人才施展才能、科技成果推广应用创造良好的体制环境。

（八）坚持以人为本，着力构建社会主义和谐社会。要从事关人民群众切身利益的突出问题着手，努力解决民生问题，提高群众收入和就业水平。2004 年我区人均 GDP 超过全国平均水平，居全国第 12 位，城乡居民人均收入仅为全国平均水平的 88.7%和 86.2%，居第 14 位和 17 位。城乡居民收入上不去，很重要的一个原因是就业不充分。要把扩大就业摆在经济社会发展更加突出的位置，坚持劳动者自主择业、市场调节就业、政府促进就业相结合，落实积极促进就业再就业的各项优惠政策，把发展经济和扩大就业有机结合起来，注重发展劳动密集型产业和非公有制经济。要调整和理顺国民收入分配关系，坚持按劳分配与按要素分配相结合，保护各种合法收入，依法调节收入差距。要切实强化政府在扩大就业和调节收入方面的责任，努力营造经济规模与就业规模同向扩大，经济增长与收入增长密切关联的良性互动格局。

要促进人的全面发展，提高社会事业发展水平。教育、文化、卫生等各项社会事业，代表着社会文明和谐的水平，也是促进人的全面发展的重要方面。我国经济总量排名全球第 6 位，但代表社会发展水平的人类发展指数仅排在 85 位，我区的社会发展差距更大。要在发展经济的同时，更加注重社会事业的发展，努力使经济社会发展相适应、相协调。要坚持把教育摆在优先发展的位置，优化教育资源配置，构建科学合理的教育体系，全面实施素质教育，重点发展基础教育，积极发展高等教育，有序推进民办教育，大力发展职业技术教育，优先发展民族教育，切实维护教育公平。要加强公共文化事业基础设施建设，完善文化设施网络，积极推进文化事业和文化产业的发展，进一步推进民族文化大区建设。要加强公共卫生设施建设，改革医疗卫生体制，合理配置卫生资源，切实维护人民群众健康权益，全面提高城乡居民健康水平。

要努力维护公平正义，提高社会安全保障水平。市场经济的分配和激励机制，无法避免地在社会上形成一定数量的弱势群体。为他们提供基本社会保障，是社会和谐安全的底线。要增加财政对社会保障的投入，多渠道筹措社会保障基金，不断完善基本保险制度，扩大社会保险覆盖面，逐步构建起与经济社会发展水平相适应的多层次、宽领域、广覆盖的社会安全保障网络。

要激发社会活力，提高社会建设与管理水平。认真贯彻尊重劳动、尊重知识、尊重人才、尊重创造的方针，要营造鼓励人们干事业、支持人们干成事业的社会氛围，放手让一切劳动、知识、技术、管理和资本的活力竞相迸发，让一切创造社会财富的源泉充分涌流。要建立健全党委领导、政府负责、社会协同、公众参与的社会管理格局，坚持工作重心下移，充分发挥好基层组织凝聚人心、服务群众的作用，充分发挥城乡基层自治组织协调利益、化解矛盾、排忧解难的作用，充分发挥社团、行业组织和社会中介组织提供服务、反映诉求、规范行为的作用。要畅通反映社情民意的渠道，完善人民调解机制和信访工作责任制，抓好安全生产和社会治安综合治理工作，保障人民群众安居乐业。

三、加强和改善党对经济社会发展的领导

*第一，要切实增强贯彻落实科学发展观的本领。*科学发展观是推动经济社会发展、加快推进社会主义现代化必须长期坚持的指导思想。全区各级党委、政府和领导干部，要全面、准确、系统地领会和把握科学发展观的精神实质、深刻内涵和基本要求，切实增强运用科学发展观推动经济社会发展的自觉性和坚定性。在制定和实施“十一五”规划中，要更加自觉地以科学发展观审视发展环境、发展基础、发展条件，科学确定发展目标、发展思路、发展重点。要结合实际，加强对贯彻落实科学发展观新情况、新问题的调查研究。总之，要坚持科学的领导方法，善于从全局和战略的高度谋划本地区、本部门的工作，既立足当前又着眼长远，既抓住重点又兼顾一般，不断提高领导经济社会发展的能力和水平。要树立与科学发展观相适应的正确政绩观，建立健全有利于贯彻落实科学发展观的制度、体制和机制，确保把科学发展观落到实处。

*第二，要进一步完善领导经济社会发展的体制机制。*各级党委要充分发挥总揽全局、协调各方的领导核心作用。各级党委要善于运筹帷幄，想大事谋大局，重点考虑方向性、全局性、战略性和前瞻性问题。要加强和改进对经济社会重大事务的综合协调，努力形成社会主义物质文明、政治文明、精神文明和社会建设一同研究、一同部署、一同推进的领导体制和工作机制。要坚持科学执政、民主执政、依法执政，完善深入了解民情、充分反映民意、广泛集中民智、切实珍惜民力的决策机制，自觉按客观规律办事，推进决策的科学化、民主化。

*第三，要善于协调好各种利益关系。*要深入分析研究改革发展中出现的利益关系和利益格局调整，全面把握、妥善解决来自各方面的利益诉求，把最广大人民群众的根本利益实现好、维护好、发展好，把各方面的积极性引导好、保护好、发挥好。要注重研究新形势下社会生活中的新情况、新问题，科学分析人民内部矛盾的表现形式、发展趋势，学会运用政策、法律、经济、行政等手段和教育、协调、调解等方法，做好协调利益、化解矛盾工作，维护社会公平与正义。要引导和教育广大干部群众切实增强主人翁意识和社会责任感，正确认识和对待改革发展进程中利益关系的调整和变化，以理性合法的形式表达利益要求，解决利益矛盾，自觉维护安定团结的社会局面。要正确处理改革发展稳定的关系，在社会稳定中推进改革与发展，通过改革和发展促进社会稳定。

*第四，要大力弘扬求真务实精神。*各级党委、政府和广大干部群众，要大力弘扬求真务实精神，大兴求真务实之风，把实现“十一五”发展目标的立足点放到真抓实干上。要坚持讲实话、出实招、办实事、求实效，既要积极进取，又要量力而行，反对形式主义、做表面文章。要摒弃“小成即满、小富即安、小快即骄”的思想，强化“不进则退、慢进也是退”的意识，坚持勇于探索、敢于攻坚、善于创新，提高结合实际创造性开展工作的本领。要努力改进工作作风，领导干部要带头深入基层、深入群众，倾听群众呼声，关心群众疾苦，带头为群众做好事、办实事、解难事。要坚持党要管党、从严治党的方针，扎实推进党的执政能力建设和先进性建设，切实解决“不适应”、“不符合”的问题。坚持标本兼治、综合治理、惩防并举、注重预防的方针，下力抓好惩防腐败体系实施纲要的贯彻落实，加强对领导干部的教育、管理和监督，切实规范权力的正确行使，建立健全依法行使权力的制约机制，确保干部少犯错误和不犯错误，确保经济社会健康发展，确保干部健康成长。

党的十六届五中全会为我们绘就了社会主义现代化建设的新的宏伟蓝图。全区各级党组织和广大共产党员，要紧密团结在以胡锦涛同志为总书记的党中央周围，高举邓小平理论和“三个代表”重要思想伟大旗帜，牢固树立、全面落实科学发展观，团结带领全区各族人民，振奋精神，扎实工作，锐意进取，开拓创新，为落实“十一五”规划，为建设全面小康社会而努力奋斗！

政 府 工 作 报 告

Report on the Work of the Government

——2006年1月15日在内蒙古自治区第十届人民代表大会第四次会议上

内蒙古自治区主席　杨晶

现在，我代表自治区人民政府向大会报告工作，请连同《内蒙古自治区国民经济和社会发展第十一个五年规划纲要（草案）》一并审议，并请自治区政协委员和列席会议的同志们提出意见。

一、"十五"时期和2005年经济社会发展回顾

"十五"时期，是我区经济社会实现跨越式发展的重要时期。在党中央、国务院和自治区党委的正确领导下，我们坚持以邓小平理论和"三个代表"重要思想为指导，认真贯彻落实科学发展观，紧紧抓住发展这个第一要务，把握机遇，完善思路，加快发展，圆满完成了"十五"计划确定的主要奋斗目标，开创了自治区改革开放和现代化建设的新局面，为实现全面建设小康社会奋斗目标打下了坚实的基础。

（一）综合经济实力显著增强。五年来，全区国民经济持续快速健康发展，呈现出速度加快、总量翻番、效益提高、后劲增强的良好态势。初步核算2005年自治区生产总值达到3822．8亿元，比2000年的1570亿元增长1．2倍，年均增长16．6%，超过"十五"计划7．6个百分点；人均生产总值突破1900美元，超过全国平均水平，提前6年实现了自治区七次党代会确定的到2010年的奋斗目标。经济效益明显提高，财政总收入由155．6亿元增加到536．3亿元，增长2．4倍，年均增长28%，超过计划18个百分点；固定资产投资累计完成6918亿元，超过"九五"前历年投资的总和。大唐托克托电厂一、二、三期、海勃湾电厂三期、岱海电厂一期、霍煤集团煤电铝联营、包钢集团热轧薄板、冷轧薄板、包头希望铝业电解铝、赤峰远航水泥、蒙牛兴安盟乳业液态奶等一批重点项目建成投产，开工建设了神华集团煤制油、宝日希勒煤电联营、乌拉山电厂二期、胜利煤田露天矿、吉盐化集团PVC等一批具有重要带动作用的大项目，经济发展后劲和综合竞争能力明显增强。优势地区率先发展，辐射带动能力进一步增强。城市在经济发展中的作用进一步凸显，全区城镇化率达到47．2%，提高了5个百分点。

（二）产业结构发生深刻变化。自治区生产总值中一、二、三次产业比例由2000年的22．3∶34．2∶43．5，调整为2005年的15.7∶44.1∶40．2。农牧业结构进一步优化，农区畜牧业快速发展，畜牧业在第一产业中的比重由37．8%提高到47．6%，正在由种植业主导型向养殖业主导型转变。农牧业综合生产能力显著提高，牛奶、羊肉、山羊绒产量分别由79．8万吨、31．8万吨和3815吨，预计增加到727万吨、85万吨和6395吨，均居全国首位。农牧业产业化发展势头强劲，涌现出11个国家驰名品牌，培育了58户国家级和自治区级龙头企业，带动全区40%的农牧户参与到产业化经营中来。工业化进程明显加快，工业增加值年均增长21．5%，超过计划11．5个百分点，初步形成了能源、化工、冶金、装备制造、农畜产品加工、高新技术等具有我区特色的六大优势产业，成为拉动自治区经济增长的重要力量。主要工业品产量大幅度增长，其中煤炭产量由7247万吨增加到2．6亿吨，电力装机由900万千瓦增加到2100万千瓦，累计外送电力1349亿千瓦时。第三产业总量不断扩大，结构明显改善，餐饮、商贸、运输等传统服务业改造升级步伐加快，旅游、金融、信息、房地产等现代服务业进一步发展壮大。

（三）改革开放取得新的突破。坚持以体制机制创新促进发展，自主增长机制开始形成。经济市场化程度提高，发展环境不断优化，投资主体实现多元化，单位自筹、招商引资和上市融资等非政府投资比重达到74．2%，已经成为国民收入的流入区。国有经济布局战略性调整取得重大进展，企业改制重组、优化整合力度加大，初步建立起国有资产监管体系，国有企业的市场竞争力和发展活力明显增强。非公有制经济加快发展，占自治区生产总值的比重达到33%，一批实力较强的民营企业集团快速崛起。农村牧区综合改革稳步推进，税费改革取得历史性突破，在全区范围内全部免除了农牧业税，农村牧区金融体制改革、粮食流通体制改革进展顺利。积极推进行政管理体制改革，行政审批事项大幅度减少，财政、投融资体制改革加快。对外开放和招商引资成效显著。进出口总额达到178．8亿美元，累计引进区外（国内）资金2655亿元，一批实力雄厚的跨国公司和企业集团进驻我区。向北开放取得积极进展，与俄罗斯和蒙古国的经济技术交流与合作步入新阶段，我区在国家向北开放格局中的战略地位进一步显现。

（四）经济社会发展条件明显改善。生态和基础设施建设步伐加快，发展环境和基础条件进一步改善。生态环境实现了"整体遏制、局部好转"的重大转变，全区累计治理荒漠化、沙化土地面积2．5亿亩，累计增加水土保持治理面积4189万亩，森林覆盖率提高了2．8个百分点。环境保护工作力度加大，局部地区环境质量有了明显提高。强化水资源保障供给能力，开工建设了一批大中型水利枢纽工程，农田有效灌溉面积达到4050万亩，节水灌溉面积达到2240万亩，解决了440万人、820万头（只）牲畜的饮水困难问题。矿产资源勘探开发工作得到加强，开始步入合理规划、有序开发、市场配置、综合利用的轨道。公路建设成效显著，累计新增公路里程 1 万多公里，连接自治区东西的省际通道和 110 国道乌海至北京高速公路建成通车，全区高速公路里程突破 1000 公里，实现了县县通油路，基本形成了贯通全区东西、周边多点辐射的公路交通网络。铁路建设进入加快发展新阶段，东西大通道建设开始启动，累计新增铁路里程 755 公里。电网建设形成西起阿拉善、东至呼伦贝尔、贯通全区的电力大通道。通信基础设施日益完善，国民经济和社会信息化程度不断提高。城市建设步伐明显加快，市政设施条件和人居环境显著改观，城市发展空间进一步拓展。

（五）人民生活水平稳步提高。2005 年全区城镇居民人均可支配收入和农牧民人均纯收入分别达到 9137 元和 2989 元，比 2000 年增长 78．1%和 46．7%，收入水平在全国的位次明显前移。城乡居民储蓄存款增长 1．2 倍，社会消费品零售总额增长近 1 倍，居民消费结构发生显著变化。城乡居民享有的教育、卫生、文化等社会资源普遍增加。积极的就业政策成效开始显现，累计实现城镇新就业 101 万人，其中下岗失业人员再就业 54．1 万人，城镇登记失业率控制在 4．3%以内。城镇社会保障体系进一步健全，农村牧区社会保障体系建设开始起步，社会福利和困难群体救助工作得到加强，累计解决了 94 万农村牧区贫困人口的温饱问题。

（六）社会事业和民主法制建设不断加强。深入实施科教兴区战略，科技成果向现实生产力转化进程加快，科技进步对经济增长的贡献率进一步提高。教育布局调整步伐加快，教育资源配置进一步优化，各级各类教育全面发展。“两基”攻坚取得重大进展，“普九”人口覆盖率达到 88．4%；高等教育规模稳步扩大，毛入学率达到 18．3%。积极实施人才强区战略，人才队伍建设取得新进展。医疗卫生条件进一步改善，人民群众健康水平不断提高。初步建立了突发公共卫生事件应急机制，团结一致战胜了非典疫情。人口和计划生育工作取得新成绩，人口自然增长率控制在预期目标之内。群众性体育活动蓬勃开展。积极推进民族文化大区建设，广播影视、新闻出版、文学艺术、哲学和社会科学事业繁荣活跃。精神文明创建活动深入开展，涌现出包头市等一批全国文明城市和文明村镇。深入开展保持共产党员先进性教育活动，“三个代表”重要思想、科学发展观和构建和谐社会理念日益深入人心。外事、侨务、宗教、档案、史志、无线电管理、文物保护、人防、气象、测绘、地震、残疾人、妇女儿童等各项事业都取得了新成绩。

认真落实依法治区方略，行政立法、执法和监督工作得到加强。政府职能转变步伐加快，决策科学化、民主化程度不断提高。各级政府认真执行人大决议，自觉接受人大监督，加强与人民政协、各民主党派、工商联和无党派人士的联系。勤政廉政建设得到加强，政务公开、行政监察、审计监督力度加大，反腐败斗争不断深入，查处了一批大案要案。严厉打击各种刑事犯罪，保持了良好的社会治安秩序。认真做好信访工作，妥善处理群众反映强烈的突出问题和群体性上访事件。国防动员和后备力量建设不断加强，军警民共建和双拥工作深入开展，积极为祖国载人航天事业做贡献。全面贯彻落实党的民族宗教政策和《民族区域自治法》，民族团结、社会稳定、边疆安宁的局面进一步巩固。

刚刚过去的 2005 年，我们全面贯彻落实科学发展观，认真执行国家宏观调控的各项政策措施，坚持加快发展与科学发展相统一、突出重点与统筹兼顾相协调，各项工作都取得了新成绩。国民经济继续保持良好的发展态势。自治区生产总值增长 21．6%，固定资产投资增长 48．6%，财政收入净增 162．8 亿元。加强和改善宏观调控取得积极成效。粮食综合生产能力稳步提高，粮食播种面积稳中有升，总产量达到 332.4 亿斤；牧业年度牲畜存栏总数突破 1 亿头（只），其中农区牲畜占 68%，均创历史最高水平。大力发展煤炭、电力和交通运输业，既加快了自身发展，又为缓解国家“瓶颈”制约做出了贡献。整顿关闭了一批不符合国家和自治区产业政策、不具备安全生产条件和环保要求的小企业，有效抑制了低水平重复建设。招商引资和外贸进出口步伐加快。全年引进区外（国内）资金到位 1097 亿元，增长 56．2%；实际利用外资 11．9 亿美元，增长 89%；进出口总额达到 51．6 亿美元，增长 30．7%。城乡居民生活继续改善。城镇居民人均可支配收入增长 12．5%，农牧民人均纯收入增长 14．7%，城镇实现新就业 26．5 万人，为近 70 万城镇贫困人口提供了最低生活保障。经过 2005 年的努力，我们胜利完成了自治区十届人大三次会议确定的主要任务，为“十五”划上了一个圆满的句号。

五年的实践，使我们进一步加深了对现代化建设规律的认识，积累了一些宝贵的经验。主要是：必须坚持抓好发展这个第一要务，把中央决策部署同内蒙古区情紧密结合，确定符合实际的发展思路和目标，并在实践中不断加以完善；必须坚持抓住用好战略机遇，善于发现机遇、超前谋划，把握机遇、科学决策，用好机遇、推动发展，始终牢牢把握发展的主动权；必须坚持以科学发展观为统领，按客观规律办事，着眼全局，突出重点，强化薄弱环节，切实将经济社会转入全面协调可持续的发展轨道；必须坚持培育经济自主增长机制，大力改善经济发展环境和条件，促进投资主体多元化，不断增强经济发展的活力和后劲；必须坚持以人为本，在加快经济发展的同时，不断提高各族人民的生活水平和质量；必须坚持各民族共同团结奋斗、共同繁荣发展，不断巩固发展民族团结和社会稳定的大好局面。

各位代表，经过“十五”时期的奋斗，我区经济更加发展，社会更加进步，人民生活更加殷实，以“十五”计划的胜利完成为标志，我们在全面建设小康社会的道路上迈出了重要步伐。面向未来，我们站在一个新的历史起点上。这些成就的取得，是党中央、国务院和自治区党委正确领导的结果，是全区各族人民共同团结奋斗的结果，是自治区历届党委、政府工作累积效应进一步显现的结果，也是各方面大力支持和帮助的结果。在这里，我代表自治区人民政府，向在各个领域和岗位上辛勤工作的各族干部群众，向曾经为自治区建设和发展做出贡献的老领导、老同志，向在自治区投资创业的国内外企业家们，向所有关心和支持内蒙古工作的朋友们，表示衷心的感谢和崇高的敬意！

在看到成绩的同时，我们也要清醒地看到，我区经济社会发展还存在着一些不容忽视的矛盾和问题。主要是：生产力欠发达，经济总量较小，经济外向度偏低，消费、出口对经济增长的拉动作用较弱；经济结构不尽合理，产业层次较低，传统产业较多，现代产业较少，非公有制经济发展不快；自主创新能力较弱，产业技术水平较低，经济增长方式比较粗放；资源综合开发利用水平不高，产业集群化发展不够，产业链条不长，中小企业发展滞后；城乡、区域发展不平衡，经济增长与群众收入增长不够协调，城乡居民收入差距较大，群众收入特别是农牧民收入水平不高；生态环境比较脆弱，基础设施特别是农牧业和农村牧区基础设施建设滞后；社会事业发展缓慢，改革开放有待进一步深化，构建和谐社会任务艰巨；政府职能转变还不完全适应经济社会发展的要求，形式主义、官僚主义、奢侈浪费和腐败现象还不同程度地存在。对于这些问题，我们一定要高度重视，努力用改革和发展的办法认真加以解决。

二、“十一五”时期经济社会发展的奋斗目标和工作重点

“十一五”时期，是我区加快推进全面建设小康社会进程的关键时期。根据党的十六届五中全会和自治区党委《关于制定国民经济和社会发展第十一个五年规划的建议》精神，“十一五”时期我区经济社会发展的总体要求是：以邓小平理论和“三个代表”重要思想为指导，以科学发展观统领经济社会发展全局，继续深化改革，扩大开放，深入实施科教兴区和人才强区战略，调整经济结构，转变增长方式，推进社会主义新农村新牧区建设，加速农牧业产业化、新型工业化和城镇化进程，强化生态和基础设施建设，构筑我国重要的能源重化工业基地、绿色农畜产品生产加工基地和北方生态屏障。坚持以人为本，全面发展社会事业，努力建设和谐内蒙古。力争经济总量进入全国中等行列，城乡居民收入达到全国平均水平。主要预期目标是：自治区生产总值年均增长13%以上，人均生产总值达到3000美元，财政总收入年均增长15%，固定资产投资年均增长18%，单位生产总值能源消耗比“十五”期末降低25%左右，城镇化率达到55%左右，城镇居民人均可支配收入年均增长10%，农牧民人均纯收入年均增长8%，人口自然增长率控制在7‰以内，城镇登记失业率控制在4.5%以内。

实现上述目标，全面落实“十一五”规划纲要确定的各项任务，必须坚持以科学发展观为统领，努力转变发展观念、创新发展模式、提高发展质量，切实把经济社会转入科学发展的轨道。为此，要正确把握好以下原则：一是抢抓机遇，加快发展。“十一五”期间，我区的发展面临许多难得的机遇，经过“十五”时期的奋斗，我区的发展基础更加坚实，这为我们抢抓机遇、加快发展创造了更为有利的条件。我们一定要始终突出发展这一主题，充分利用各种有利因素，努力加快发展步伐。二是遵循规律，科学发展。要按照“五个统筹”的要求，在稳步推进城镇化的同时，努力推进社会主义新农村新牧区建设；在继续鼓励优势地区率先发展的同时，努力推动其他地区加快发展；在加快经济发展的同时，努力促进社会进步；在促进人的全面发展的同时，努力加快资源节约型和环境友好型社会建设；在继续扩大对内开放的同时，努力提高对外开放水平。三是以人为本，和谐发展。要始终高度关注民生，把实现好、维护好、发展好各族人民的根本利益作为一切工作的出发点和归宿，通过发展经济，不断提高人民群众的生活水平质量，努力使全体人民共享改革发展的成果，为建设和谐内蒙古奠定坚实的基础。为此，我们要认真做好以下工作。

（一）加快经济结构战略性调整，进一步提高综合竞争力。调整优化经济结构，是提升经济整体素质和综合竞争力的根本措施，是我们必须继续紧紧抓住的一条主线。要从产业结构、生产力布局、所有制和企业结构等方面进行更深层次的战略性调整，在不断优化经济结构中实现又快又好发展。一是加快建设社会主义新农村新牧区，逐步改变农村牧区落后面貌。建设社会主义新农村新牧区，是贯彻落实科学发展观的重大举措，是推进我区现代化进程的重大历史任务，是构建和谐社会的重要基础。要按照“生产发展、生活宽裕、乡风文明、村容整洁、管理民主”的目标和要求，坚持以发展农村牧区经济为中心，进一步解放和发展农村牧区生产力，促进农牧民持续增收，加快农村牧区全面小康和现代化建设步伐。要坚持科学规划，因地制宜，分类指导，抓好试点示范，有步骤、有计划、有重点地推进新农村新牧区建设。要调整优化农牧业结构，大力发展农区畜牧业，稳定发展草原畜牧业，积极发展具有比较优势的经济作物和饲草料种植，建设一批商品粮基地，确保国家粮食安全。加大科技兴农兴牧力度，加快建设现代农牧业。加强以水为中心的农田草牧场基本建设，稳步提高农牧业综合生产能力和效益。大力推进农牧业产业化，培育壮大龙头企业，建设规模化、集约化生产基地。扩大公共财政覆盖农村牧区的范围，不断增加对农牧业和农村牧区的投入，加强农村牧区基础设施和公共事业建设，大力改善农村牧区的生产生活条件和整体面貌。重视林区、林业发展，积极发展接续和替代产业，在保护环境的同时提高林产业的经济效益。二是以新型工业化为重点，继续扩大工业经济总量，调整优化结构，突出产业化、大型化、基地化，提高工业经济整体竞争力。以提高自主创新能力为核心，继续做大做强优势特色产业，构筑具有较强竞争力和影响力、层次较高的优势特色产业体系和产

业集群。加快建设国家级煤炭基地和火电基地，大力发展风能、太阳能、生物能等清洁能源和可再生能源；突出抓好化学工业重大项目建设，加强下游产品开发与生产，延伸产业链；提升冶金建材和装备制造业水平，优化产品结构；强化农畜产品加工业品牌带动作用，巩固全国领先地位；加快推进高新技术产业从加工装配为主向研发制造的延伸。高度重视非资源型产业的培育和引进，积极发展为优势产业、骨干企业配套的加工制造业。坚持做大做强骨干企业，依托优势产业和名牌产品，重点培育发展一批销售收入超百亿元、具有较强竞争力和带动力的大企业、大集团。加大对中小企业的扶持力度，大力发展配套服务型、劳动密集型中小企业，构筑分工合理、优势互补的企业体系。加快服务业体制机制创新，进一步扩张规模、优化结构、提高质量。大力发展旅游、金融保险、文化娱乐、现代物流、信息服务等现代服务业，运用先进经营方式和信息技术改造提升传统服务业。三是以城乡、区域协调发展为目标，推进生产力布局调整。要积极有序地推进城镇化，突出发展中心城市，加快发展中小城市，重点发展县城，构建科学合理的城镇体系，着力打造东、中、西城市群。加快建立以城带乡、以工促农、城乡互动、协调发展的新型城乡关系。大力发展县域经济，扩大县城人口、经济总量和财政收入在县域中的比重，提高县域经济的自主增长能力，建设一批经济强县（旗）。坚持均衡发展和非均衡发展的统一，鼓励呼包鄂等优势地区率先发展，稳步推进区域经济一体化；把加快东部盟市发展作为促进区域协调发展的重大战略举措，从政策制定、项目安排等方面加大对东部地区的扶持力度，支持东部地区抓住机遇，加快发展，构建优势特色产业体系和比较完善的基础设施框架；加快边境、少数民族聚居地区和革命老区经济社会发展，形成优势互补、相互促进的区域发展新格局。四是以体制机制创新为抓手，推进所有制结构调整。着眼于激发市场经济活力和塑造合格市场主体，加快构筑多种所有制经济共同发展的格局。加大国有经济布局和结构调整力度，进一步推动国有资本向优势产业和关键领域集中。积极推进国有企业股份制改造和建立现代企业制度，完善国有资产监管体系和运营机制。大力发展个体、私营等非公有制经济，鼓励非公有制企业进入国企改革、垄断行业、公用事业、基础设施建设和社会事业等领域。建立和完善非公有制企业信用担保、中介服务等保障支持体系，营造有利于非公有制经济发展的良好环境。

（二）转变经济增长方式，提高经济增长质量。要把转变经济增长方式作为“十一五”时期的战略重点，通过高效利用资源、发展循环经济、强化生态环境保护和提高技术创新水平，建设低投入、低消耗、低排放、高效率的国民经济体系。一是提高资源综合开发利用水平，建设资源节约型社会。坚持积极、科学、合理的资源开发利用方针，保护好、利用好和配置好资源，提高利用率，变资源输出型为产品输出型，加快推进资源优势向经济优势的转化。加大矿产资源勘探开发力度，建设一批新的后备资源基地，建立稳定、持久的资源保障体系。高度重视土地、矿产资源管理和集约利用，坚持“政府垄断一级市场，放开二级市场”的土地管理原则和“市场配置为主，政府调控为辅”的矿产资源配置方针，采用招标、拍卖、挂牌出让的方式，提高土地和矿产资源配置效率。大力发展资源精深加工，延伸产业链条，提高资源利用效率和产品附加值，打造具有内蒙古特色的优势产业集群。二是大力发展循环经济。制订自治区循环经济发展规划，按照“减量化、再利用、资源化”的原则，加大对循环经济的政策支持力度，建立有效的激励机制，鼓励企业循环式生产，推动产业循环式组合，促进循环经济产业链和循环经济网络的形成。建立和完善发展循环经济的政策体系，在能源、化工、建材等重点行业和大型产业基地、工业园区等重点领域，加强循环经济试点示范，大力推行清洁生产，建设一批循环经济企业和循环经济园区。积极推广节水灌溉、沼气利用等适用技术，形成种养结合、生产生活兼顾的农牧业循环经济模式。树立绿色消费理念，推进再生资源回收利用，加快构建循环型城市和社区。三是加强生态环境保护，建设环境友好型社会。坚持“保护与建设并重、以保护为主”的方针，努力实现全区生态状况“整体上稳定遏制、重点治理区域全面好转”的目标。继续加强生态建设，实施好重点生态建设工程，大力推行禁牧、休牧、轮牧等生态保护措施，稳步提高生态自我修复能力。加强典型草原、湿地、野生动植物保护及自然保护区建设。积极发展草产业、沙产业，把生态建设与农牧业结构调整、增加农牧民收入、扶贫开发和生态移民紧密结合起来，建立生态保护与建设的长效机制。始终把保护环境放在重要战略位置，强化从源头上防治污染的措施，严格执行建设项目“三同时”制度和环境影响评价制度，依法淘汰污染严重的落后工艺、设备和企业。加强工业大气污染源防治，加大我区境内黄河、辽河等重点流域水污染治理力度，进一步改善空气和水环境质量。四是提高自主创新能力，以技术跨越带动经济较快发展。要把自主创新作为提升经济竞争力的关键和调整产业结构、转变增长方式的中心环节，加快建立以企业为主体、市场为导向、产学研相结合的技术创新体系，形成自主创新的基本体制架构。坚持有所为、有所不为，集中力量在优势产业、循环经济等领域，大力开发关键技术和核心技术，使重点产业的技术水平进入国内前列；运用高新技术改造传统产业，大力推广实用技术和信息技术。落实支持自主创新的财税、金融等政策，加强知识产权保护，优化自主创新的体制和政策环境。加快实施人才强区战略，大力培养各级各类人才，形成优势特色产业人才集聚地，加快建设人才流入区。

（三）完善落实科学发展观的体制保障，加快构建全方位开放格局。要继续加大改革攻坚力度，形成有利于转变经济增长方式、促进科学发展的体制机制；进一步优化发展环境，提高对外开放水平，形成充满活力的全方位开放格局。一是深入推进各项改革，优化体制机制环境。深化行政管理体制改革，加快转变政府职能，切实履行好经济调节、市场监管、社会管理和公共服务职能。减少和规范行政审批，理顺政府部门职能分工。以政事分开、管办分开和多元投入为重点，积极推进事业单位改革，培育和发展各类非政府组织。深化投资体制改革，建立健全金融资产、非经营性资产和自然资源资产监管体系，规范政府投资行为。深化财政管理体制改革，建立健全财权和事权相匹配的公共财政体制。巩固农村牧区税费改革成果，完成乡镇机构、农村牧区义务教育体制和县乡财政管理体制综合配套改革。完善农村土地和牧区草牧场承包、流转制度，积极发展规模经营。二是全方位扩大开放，提高对外开放水平。继续做好招商引资工作，扩大引资规模，拓展引资领域，提高引资质量。在积极引进资本和项目的同时，大力引进先进技术、管理经验和高素质人才。深入实施"走出去"战略，以俄蒙为重点，以企业为主体，力争在对外经贸合作方面取得更大突破。优化进出口商品结构，着力扩大出口，更大程度地发挥出口对经济增长的拉动作用。大力发展口岸经济，提高口岸过货通关能力和加工增值水平，发展壮大具有我区优势和特色的口岸经济。三是加强基础设施建设，进一步优化发展环境。完善"贯通区内、畅通三北、联通俄蒙"的综合交通运输网络。加快公路路网建设，全面提高路网密度和等级，出区通道、首府至盟市要建成一级以上公路，盟市至旗县基本建成二级公路，旗县至苏木乡镇基本通油路，嘎查村全部通公路。加快铁路建设，构建自治区铁路东西大通道，形成比较完善的铁路运输网络。加快民航机场和油气管道建设。加强信息基础设施建设，全面实现有线电话"村村通"，提高信息技术在经济社会领域的应用广度和深度，建设"数字化内蒙古"。坚持"兴利除害并举，开源节流并重"的方针，加大水资源保护和节约利用工作力度，调整用水结构，突出解决工程性缺水和结构性缺水矛盾，建立水权转换和用水补偿机制，增强水资源供给能力。

（四）以人为本，加快构建和谐内蒙古。"十一五"时期，要更加注重经济社会协调发展，推动社会事业全面进步；更加注重维护社会公平，使全体人民共享改革发展成果；更加注重社会管理和民族团结，努力构建和谐内蒙古。一是加快发展各项社会事业，为人民群众提供更多更好的公共产品和公共服务。全面贯彻"自主创新、重点跨越、支撑发展、引领未来"的指导方针，深化体制改革，完善配套政策，加强队伍建设，营造激励创新的社会环境，使科技发展方针深入人心，把建设创新型社会的任务落实到各行各业，成为广大干部群众的自觉行动。坚持把教育摆在优先发展的战略地位。进一步调整优化教育布局，合理分配教育资源，推动城乡教育均衡发展，为全体社会成员提供平等的受教育机会。在全面普及九年制义务教育的基础上，有条件的地区要普及高中阶段义务教育。提升高等教育办学质量，大力发展职业教育，改善民族教育办学条件，支持民办教育健康有序发展，积极推进素质教育。加快民族文化大区建设。深化文化体制改革，繁荣文化事业，发展文化产业。加强公共文化事业基础设施建设，实施文化精品战略，努力创造更多更好的优秀文化产品。基本完成广播电视"村村通"工程，加快广播电视数字化进程。加强公共卫生设施建设，优化卫生资源配置，提高疾病预防控制能力、医疗救治能力和卫生执法监督能力，基本建成覆盖城乡的公共卫生服务体系。全面建立新型农村牧区合作医疗制度，加强农村牧区卫生队伍建设。繁荣民族医药事业，提高蒙医药产业化水平。加强人口战略研究，稳定低生育水平，提高人口素质。优先发展群众体育，大力发展民族体育，有重点地发展竞技体育。重视和支持妇女儿童事业发展，全面落实内蒙古妇女和儿童发展纲要提出的目标。二是提高城乡居民收入水平和生活质量。继续实施积极的就业政策，拓宽就业渠道，加快建立城乡统一的劳动力市场，完善就业和创业服务体系，努力扩大就业。高度重视社会公平，合理调节收入分配，缓解部分社会成员间收入差距扩大的趋势。建立健全与经济发展水平相适应、覆盖城乡的多层次社会保障体系，完善社会保险制度，扩大社会保险覆盖范围，提高保障水平。大力推进城乡特殊困难群体社会救助体系建设，加强社会救济和社会福利工作，关心残疾人等社会弱势群体。抓好以整村推进、产业化扶贫和劳动力转移培训为重点的扶贫开发，稳定减少农村牧区贫困人口。三是加强社会管理，维护民族团结和边疆稳定。完善社会管理体系，建立健全党委领导、政府负责、社会协同、公众参与的社会管理格局。牢牢把握各民族共同团结奋斗、共同繁荣发展的主题，全面贯彻党的民族宗教政策和《民族区域自治法》，巩固发展平等、团结、互助、和谐的社会主义民族关系。支持国防、边防和军队建设，巩固军政军民团结，构筑祖国北疆安全屏障。

三、2006年经济和社会发展的主要任务

2006年是"十一五"的开局之年，也是迎接自治区成立六十周年的关键一年。做好今年的工作，对于保持经济社会发展良好势头，为"十一五"开好头、起好步具有重要意义。今年经济社会发展的主要预期目标是：生产总值增长 15%左右，单位生产总值能源消耗降低5%左右，财政收入增长20%左右，全社会固定资产投资增长25%左右，社会消费品零售总额增长 15%左右，进出口总额增长 12%左右，城镇居民人均可支配收入增长12%左右，农牧民人均纯收入增长8%左右，居民消费价格总水平上涨控制在3%以内，人口自然增长率控制在 6‰以内，城镇登记失业率控制在 4.2%以内。完成上述目标，必须扎实做好以下重点工作。

（一）进一步加强农牧业和农村牧区工作，确保社会主义新农村新牧区建设的良好开局。一是继续调整农牧业结构，突出抓好产业化经营。围绕农畜产品加工六大主导产业和地区性特色产业，加强产业化重点项目建设，加快推进品牌经营、规模经营，壮大加工、流通龙头企业，加快建设优势农畜产品产业带和集约化生产基地。大力扶持农牧业行业协会和专业合作经济组织，提高农牧业组织化程度。加快农牧业科技创新和技术推广，培养有文化、懂技术、会经营的新型农牧民，努力使农牧业增长方式逐步转入依靠科技进步和提高劳动者素质的轨道。进一步加强动物疫病防控体系建设，认真做好高致病性禽流感等重大动物疫病的防控工作，积极扶持家禽饲养业发展。二是认真落实农牧业扶持政策，确保各项支农资金和补贴资金落实到位。扩大粮食直补资金规模，加大对种粮农民的补贴力度，增加良种补贴和农机具购置补贴。全面深化农村牧区综合改革，巩固税费改革成果，坚决防止涉农涉牧乱收费抬头，加快推进农垦税费改革。加强对涉农价格的监管，保障农资供应。加大"阳光工程"和"移民工程"实施力度，大力发展劳务经济，积极有序地引导农村牧区劳动力向非农产业和城镇转移。三是切实加强农牧业和农村牧区基础设施建设。在优化乡镇布局的基础上，坚持政府加大投入、农牧民投工投劳和鼓励社会投资相结合的原则，加强安全饮水、农田草牧场水利、乡村道路和农村牧区通信电力等基础设施建设，切实改善农村牧区面貌。四是认真搞好社会主义新农村新牧区建设规划。要组织力量进行专题调研，形成自治区党委、政府关于推进我区社会主义新农村新牧区建设的指导意见，并加快编制完成自治区新农村新牧区建设总体规划和专项规划，增强新农村新牧区建设的整体性、科学性和可操作性。根据地理位置、经济类型和富裕程度等情况，选择一批有代表性的嘎查村进行新农村新牧区建设试点，积累经验，逐步推开。

（二）提高工业经济整体素质，加快新型工业化进程。一是认真贯彻国家宏观调控政策。进一步增强机遇意识和紧迫感，大力发展优势特色产业。坚持有保有压、区别对待的原则，继续依法淘汰一批不符合国家技术标准和环保要求的企业，控制产能过剩，防止重复建设，推动产业结构优化升级。二是加快推进工业基地建设。认真研究制定配套的产业、财政、金融等政策，多渠道筹措资金，加大工业基地核心区域基础设施建设、项目引进和产业集群培育力度。进一步加强工业开发区和工业园区建设，完善设施，提升水平，使之成为工业基地建设的重要平台。三是继续加强工业重点项目建设。资源型产业重点抓项目开工、建设和投产，传统产业重点抓升级、延伸和配套项目建设，非资源型产业重点抓制造业、高新技术产业项目的引进和承接转移工作。四是强化资源保障支撑。加大地质勘查和土地收储工作力度，整顿规范矿产资源开发秩序，严格执行资源开采、配置和转化标准，提高资源回采率和就地转化率。加强煤、电、运的综合协调和平衡，促进产需衔接。大力开发节约技术，推进节能、节水、节地、节材，积极实施重点行业节能工程。制定扶持政策，鼓励企业立足现有基础，加大技术创新和技术改造力度，推动重点行业、重点企业和重点产品的技术改造。五是高度重视安全生产。从完善体制、增加投入、改进技术、落实责任、严格管理等方面加大力度，切实遏制重特大事故的发生。坚决关闭不具备安全生产条件的小煤矿，打好煤矿瓦斯治理和关闭小煤矿两大攻坚战，全面提升安全生产水平。

（三）促进第三产业增量提质，加快发展现代服务业。进一步落实自治区 60 条优惠政策，优化服务业发展环境。坚持重点突破、带动全局，抓好服务业重点领域、重点企业和重点项目建设。大力发展旅游业，着力打造精品旅游线路，加快建设重点旅游景区。积极引导房地产业健康发展，稳定房地产价格，鼓励发展普通商品房和经济适用住房。大力推进商贸流通现代化，发展连锁经营、物流配送和电子商务等现代流通方式，在有条件的中心城市规划建设中央商务区，打造高端服务业发展平台。大力发展金融保险业，加强同各类金融机构的合作，鼓励金融机构扩大信贷规模。做好区外金融机构的引进工作，加快组建区域性股份制商业银行，完善地方金融体系。加快上市公司股权分置改革，积极推动企业通过资本市场进行直接融资。

（四）大力推进城镇化，促进城乡良性互动。加快全区城镇体系规划编制，统筹做好区域规划、城市规划、集镇规划和村庄规划，把城镇布局规划与吸纳人口转移、促进产业发展、加强基础设施建设、保护生态环境有机结合起来。进一步加强呼和浩特、包头、赤峰等中心城市和盟市所在地、重点口岸城市建设，不断改善城市基础设施和人居环境，增强城市经济实力和承载能力。要有重点地发展一批条件较好的旗县城镇，大力发展县域特色产业和与大中城市产业配套的互补型产业，增强县域经济实力。深化户籍管理、土地使用和劳动用工等制度改革，逐步破除制约人口转移的体制性障碍。建立多渠道、多元化的城市建设融资体系，切实解决建设领域拖欠工程款问题。全面开展城中村和城镇出口改造，塑造良好城市形象。

（五）促进需求全面增长，增强经济发展后劲。投资是直接拉动经济增长的重要力量，必须保持适度的投资规模。今年全区固定资产投资要达到 3400 亿元左右。进一步优化投资结构，积极引导资金投向生态、基础设施建设和基础产业领域。继续实施退耕还林、退牧还草、京津风沙源治理等生态重点工程，力争完成林业生态建设 1380 万亩的任务，大力开展义务植树，努力提高城乡绿化水平。开展重点地区煤矿沉陷区专项治理，有效恢复矿山生态环境。加快准格尔黑岱沟、霍林河一号露天、伊敏一号露天等大型煤炭基地项目建设。全力推进巴音杭盖等五个百万千瓦级风电基地和国家级太阳能利用示范基地的前期工作。加快神华集团 180 万吨甲醇、大唐多伦 46 万吨煤基烯烃等续建项目。抓好绰勒水利枢纽和尼尔基、三座店、龙口、红花尔基水库和"引绰济辽"一期调水工程等水利项目的续建和新建，积极推进"引哈济锡"调水工程、海勃湾、毕拉河口、文得根水利枢纽和红吉水库等重大项目的前期工作。加快集宁至张家口、伊尔施至伊敏、临河至策克等铁路续建项目建设，开工建设包头至大同、包头至石嘴山电气化改造和准格尔至朔州等铁路项目，建成呼和浩特至准格尔铁路。公路建设要力争完成投资240亿元以上，加快建设呼和浩特至东胜和赤峰至通辽高速公路、海拉尔至满洲里一级公路等重点项目，全面实施通乡油路工程。继续抓好呼和浩特白塔机场扩建工程，建成鄂尔多斯机场，开工建设阿尔山机场和赤峰机场迁建项目。

努力扩大消费需求。取消抑制消费的不合理规定，落实鼓励消费的政策措施，营造有利于扩大消费的环境。拓宽消费领域，培育和发展住房、汽车、信息服务等消费增长点。完善教育、医疗、养老等公共服务体系，改善居民消费预期，扩大即期消费。大力开拓农村牧区消费市场，加快农村牧区商业流通体系建设，为农牧民提供更加丰富和物美价廉的产品。继续整顿和规范市场经济秩序，营造公平竞争的发展环境。

（六）深入推进各项改革，提高对内对外开放水平。继续深化国有企业改革，促进国有资产保值增值。积极推进农村牧区综合改革，全面开展以撤乡并镇和精简乡镇事业单位为主的乡镇机构改革。加快公共财政体系建设，在加强税收征管、确保财政收入持续稳定增长的同时，进一步优化财政支出结构，加大对农牧业、社会保障、公共卫生、义务教育和公共文化事业的投入。进一步理顺自治区与盟市、盟市与旗县的财政体制，加大对旗县的转移支付力度，开展化解乡村债务试点工作，保证在全部免除农牧业税后，旗县苏木乡镇机构能够正常履行职能。积极开展扩大部分旗县经济和社会管理权限的改革试点，提高行政管理效率，调动旗县加快发展的积极性。

面向两个市场，利用两种资源，继续扩大对内对外开放。加大招商引资工作力度，力争全年引进区外（国内）资金1200亿元左右，实际利用外资15亿美元左右。根据国家产业政策和发达地区产业转移趋势，积极引进符合自治区产业发展方向的大企业、大项目，坚决防止高消耗、高污染的落后生产能力向我区转移。要完善招商激励机制，降低招商成本，规范招商秩序，增强招商引资的针对性和实效性。加强与环渤海经济圈、珠三角、长三角及港澳台地区的区域经济合作。继续推动东部盟市与东北老工业基地在通道建设、资源利用和产业分工方面的合作与对接。鼓励有实力、有条件的企业走出去，扩大与俄罗斯、蒙古国的经济技术合作，拓展合作领域，提升合作水平。要充分发挥口岸资源优势，完善口岸基础设施，加快实施口岸“大通关”工程。要明确市场重点，加大优势产品、高附加值产品出口力度，保持出口良好势头。

（七）加大政策支持和财政投入，大力发展社会事业。认真贯彻落实全国科技大会精神和自治区关于进一步加快科技发展的决定，启动一批重大科技项目，集中力量在重点领域和关键环节取得突破。全面完成“两基”达标任务，“普九”覆盖率达到100%，基本消除校舍危房，实现农村牧区中小学远程教育网络“校校通”。大力发展职业教育，着手制定和实施职业教育基地建设规划，实施好技能型人才培养、农村牧区劳动力转移、实用人才、成人继续教育和再就业“四个”培训工程。启动“民族教育发展工程”。调整和优化城市医疗资源布局，大力发展社区卫生服务。全面完成医疗救治体系建设任务，切实加强重点传染病、地方病和人畜共患病等重大疾病防治工作。加强以乡镇卫生院为重点的农村牧区卫生基础设施建设，完善农村牧区三级卫生服务网络。基本完成蒙医药标准化制定工作，实施好旗县级蒙医院改造建设项目。积极推进以大病统筹为主的新型农村牧区合作医疗制度和医疗救助制度。整顿和规范医疗服务市场秩序，加大治理医药乱收费、高收费力度。推进人口和计划生育综合改革，提升计划生育管理水平，扎实做好农村牧区部分计划生育家庭奖励扶助工作。实施社会文化重点工程，积极打造文化精品，加强文化市场管理，重视文物保护和蒙古族等少数民族语言文字工作。加快农村牧区基层文化建设，继续实施“西新工程”和广播电视“村村通”工程，进一步提高农村牧区广播电视覆盖面。积极筹备、认真办好第十一届全区运动会。

（八）千方百计改善民生，扎扎实实为民办事。要切实做好就业再就业工作，在重点解决好体制转轨遗留的再就业问题的同时，统筹做好城镇新增劳动力和农村牧区富余劳动力转移就业工作。进一步完善社会保障制度，做好“两个确保”和低保工作，提高城市最低生活保障补助标准。认真研究解决进城务工人员和失地农牧民的社会保障问题，切实保护进城务工农牧民的合法权益，解决好他们的工资、劳保、医疗、子女就学等问题。要充分运用行政和经济等手段合理调节收入分配，努力提高中低收入者的收入水平。引导和督促各类企业提高职工工资和福利待遇，改革公务员工资制度和事业单位收入分配制度。

今年，自治区要积极创造条件，为困难群众办六件实事。一是从今年开始，在全区范围内全面启动农村牧区最低生活保障制度，对特困农牧民给予最低生活补助，鼓励有条件的地区提高补助水平。二是对全区农村牧区义务教育阶段学生全部免除杂费和书本费，补助寄宿生生活费，同时积极推进城镇低收入家庭学生的免除杂费和书本费工作。三是提高大学生助学贷款风险金比例，建立健全有效的教育资助体系，确保每一个考上大学的贫困家庭子女都能够接受和完成高等教育。四是扩大新型农村牧区合作医疗试点，覆盖面要达到50%左右，有效解决农牧民因病致贫、因病返贫问题。五是完成城镇新增就业18万人的目标，基本实现零就业家庭有一人就业。六是积极筹措资金，帮助“三少”民族和部分特困群众解决危旧房改造问题。

（九）加强精神文明和民主法制建设，切实做好维护社会稳定工作。坚持不懈地开展党的基本理论、基本路线、基本纲领特别是“三个代表”重要思想、科学发展观和构建和谐社会理念的宣传教育。以营造良好发展环境、提高公民素质和城乡文明程度为目标，积极开展文明城市、文明社区、文明村镇等群众性精神文明创建活动。加强未成年人和大学生思想道德建设。各级政府要自觉接受人大监督，主动加强同人民政协的联系，认真办理人大代表的议案、建议和政协委员提案，充分发挥各民主党派、工商联、无党派爱国人士的参政议政作用。加强政府法制建设，提高行政立法质量和执法水平。加强普法宣传教育，增强公民的法律意识和法制观念。

要认真做好维护社会稳定工作。完善人民内部矛盾的排查调处机制，及时发现、有效化解矛盾纠纷。建立完善群体性事件预警、应急、处置机制，提高保障公共安全和处置突发事件的能力。加强社会治安综合治理，开展重点整治和专项斗争，严厉打击各种刑事犯罪和敌对势力的分裂破坏活动。建立健全国防动员体系，支持国防重点工程建设。

（十）*加强政府自身建设，努力提高依法行政能力。*新形势、新任务对政府工作提出了新的更高的要求。我们要牢固树立科学发展观与正确的政绩观，不断增强贯彻科学发展观的自觉性、坚定性。坚持科学民主决策，完善重大决策规则和程序。积极推进政府职能转变，在加强经济调节和市场监管的同时，更加注重履行社会管理和公共服务职能。要切实增强公仆意识和责任意识，强化亲民、爱民、为民的执政理念，深入开展纠风专项治理工作，下大力气解决涉及人民群众切身利益的住房、教育、医疗等热点问题，坚决纠正违法占地、拆迁、企业重组改制和破产中损害群众利益的不正之风。认真开展专项整治工作，重点解决当前群众反映突出的食品药品安全、环境污染等方面的问题，保证人民群众吃上放心的食品、用上安全的药品、喝上干净的水、呼吸清洁的空气。要重视信访工作，深入基层，为群众排忧解难，变群众上访为干部下访。切实解决少数干部办事不公、作风粗暴、吃拿卡要、刁难群众等损害群众利益的突出问题。要加强勤政廉政建设，大力弘扬求真务实和艰苦奋斗精神，坚决反对官僚主义、形式主义和弄虚作假行为。认真贯彻实施《公务员法》，努力建设高素质的公务员队伍。大力改进机关作风，着力解决政令不畅、条块分割、权责脱节、推诿扯皮等突出问题，提高政府部门工作效率和服务水平。坚持依法行政，规范政府工作人员从政行为，提高行政执法队伍整体素质。大力推进政务公开，加强对政府权力运行特别是对涉及土地、矿产审批权的制约和监督。要贯彻从严治政的方针，严肃查办领导干部滥用权力、贪污贿赂的案件，利用人事、司法、审批等权力谋私的案件，治理商品购销、工程发包、项目审批等环节中的商业贿赂行为。加大对重点工程、重点领域的审计监督力度，着力解决挤占挪用专项资金等问题。加快建立健全教育、制度、监督并重的惩治和预防腐败体系，不断推进政府廉政建设。

各位代表，2007年我们将迎来自治区成立60周年大庆。做好庆典活动各项工作对于充分展示党的民族区域自治政策在我区取得的伟大成就，巩固和发展民族团结的大好局面具有重大意义。从现在起，自治区将全面启动迎接庆典的各项工作。各地区、各部门要以高度的政治责任感，按照节俭、热烈、多办实事的要求，积极做好庆典项目建设、环境整治、舆论宣传和组织动员等各项工作。要把庆典活动同经济社会发展紧密结合起来，抓紧抓好大型庆典工程项目建设，集中解决一些事关人民群众生产生活的突出问题，以改革发展的优异成绩向自治区成立60周年献礼！

各位代表，站在“十一五”开局的历史新起点上，我们对自治区的发展前景充满必胜的信心。让我们更加紧密地团结在以胡锦涛同志为总书记的党中央周围，高举邓小平理论和“三个代表”重要思想伟大旗帜，全面贯彻落实科学发展观，同心同德，开拓进取，扎实工作，为实现自治区国民经济和社会发展第十一个五年规划纲要和全面建设小康社会的宏伟目标而努力奋斗！

关于内蒙古自治区2005年国民经济和社会发展计划执行情况与2006年国民经济和社会发展计划草案的报告

Report on the National Economic and Social Development for 2005 and the Draft Plan for 2006 in Inner Mongolia

——2006年1月15日在内蒙古自治区第十届人民代表大会第四次会议上

内蒙古自治区发展和改革委员会主任　呼尔查

一、2005年国民经济和社会发展计划执行情况

过去的一年，在自治区党委的正确领导下，全区各地坚持以邓小平理论和"三个代表"重要思想为指导，全面树立和落实科学发展观，继续巩固和发展宏观调控成果，产业结构不断优化，改革开放继续深入，各项社会事业全面发展，超额完成了自治区十届人大三次会议确定的各项预期目标。初步核算全年实现生产总值3822.8亿元，同比增长21.6%。其中，第一产业增加值600.1亿元，增长12.7%；第二产业增加值1685.1亿元，增长29%；第三产业增加值1537.6亿元，增长17.9%。

（一）产业结构进一步优化。农牧业综合生产能力得到加强，特色优势产业增长势头强劲，服务业发展呈现良好态势，产业结构调整取得积极进展。

农牧业生产创历史最好水平。粮食生产获得丰收，全年粮食播种面积达到6560万亩，粮食总产量达到332.4亿斤，增产31.3亿斤。畜牧业发展迈上新台阶，牧业年度牲畜存栏首次突破1亿头（只），达到10615.3万头（只），比上年同期增加1340.9万头（只）。其中奶牛存栏251.8万头，增加70.2万头。农区牲畜存栏超过7200万头（只），占全区牲畜总数的68%。畜牧业占农业总产值比重达到47.6%。畜产品产量稳定增长，全年肉类总产量247.5万吨，同比增长22.5%；牛奶727万吨，增长46%；山羊绒6395吨，增长7.4%；绵羊毛9.5万吨，增长10.8%。农牧业产业化稳步推进，全区销售收入过亿元的龙头企业达到114户，伊利新工业园区、蒙牛五期技改、草原伊盛100万只肉羊加工、通辽万顺达玉米淀粉一期等项目建成投产，全区鲜奶年加工能力达到660万吨，肉类加工能力150万吨。农村牧区基础设施条件进一步改善，全年新增通公路行政村（嘎查）538个，通电话行政村（嘎查）3556个，解决了2000多户农牧民的通电问题和59万人口的饮水困难问题。

特色优势产业持续增长。煤炭电力优势得到进一步发挥，新开工建设了霍林河一号露天扩建、伊敏一号露天扩建等10个大型煤炭项目，伊敏电厂二期等一批火电项目，以及辉腾锡勒一期100兆瓦特许权项目、突泉牤牛海风电一期等大型风电项目。全年煤炭在建规模达到6860万吨，煤炭产量达到2.6亿吨，增长22.4%；新开工火电装机500万千瓦，风电装机100万千瓦，建成投产了岱海电厂、托克托电厂三期等西电东送项目和海勃湾电厂三期、棋盘井电厂等区内用电项目，新增电力装机容量630万千瓦，全年发电量达到1069.3亿千瓦小时，增长31.3%，其中外送华北、东北电网电量387亿千瓦小时，增长21.2%。冶金工业技术升级步伐加快，包钢集团冷轧薄板项目、包铝集团扩能改造项目建成投产，全年钢产量804.6万吨，增长28.5%；铝产量51.4万吨，增长28.8%。化学工业发展势头强劲，全年在建甲醇等煤化工深加工系列产品规模达到1000万吨。高技术产业化示范项目步伐加快，开工建设了乳杆菌活菌胶囊、生物酶解技术制备高档明胶等一批高技术项目。循环经济开始起步，包钢、包铝、乌兰水泥等3家企业和蒙西工业园区列入国家第一批循环经济试点范围，乌兰水泥余热发电及中水回用、蒙西集团利用煤矸石制备超细高白煅烧高岭土、和发稀土高岭土基催化剂产业化示范、元宝山露天煤矿疏干水利用等4个资源综合利用项目列入国债投资计划。全年实现工业增加值1390.9亿元，增长30.3%。

服务业发展进一步加快。商业零售繁荣活跃，城乡居民消费需求增长加快，全年社会消费品零售总额1344.1亿元，增长15.8%。交通运输、旅游业快速发展，全年货物发送量达到7.9亿吨，增长20.8%；旅客发送量3.15亿人，增长11.9%。实现旅游收入208.1亿元，增长43.5%。呼和浩特—法兰克福国际集装箱列车自去年3月份开通后已累计发送货物1.4万吨。金融保险业务规模稳步扩大，12月末全区金融机构人民币存款余额3298.2亿元，同比增长28%；贷款余额2588.6亿元，增长19.1%；引进了大地财产、太平洋保险、中华联合财保等三家保险公司，实现保费收入60.9亿元，增长10.2%。证券市场发展取得新成效，包头铝业在上海证交所成功上市，融资4.9亿元，北方联合电力、鄂尔多斯羊绒集团分别发行企业债券20亿元和短期债券10亿元。信息服务业稳步增长，全区固定电话用户达到547万户，移动电话用户712万户，实现邮电业务总收入100.9亿元，增长24.5%。

（二）财政收入和城乡居民收入进一步提高。在经济快速增长的同时，经济效益进一步提高，各项税收完成情况较好，人民生活水平不断改善。

财政收入大幅增长。全年实现财政总收入536.3亿元，比上年增加162.8亿元，增长43.6%。其中，地方财政一般预算收入277.4亿元，增加78.5亿元，增长39.4%。增值税、营业税和企业所得税等主要税种完成情况较好，累计增收49.4亿元，占财政一般预算收入增加额的63%；个人所得税、资源税、城市维护建设税、耕地占用税和专项收入大幅增长，累计增收25.1亿元，占财政一般预算收入增加额的32%。

城乡居民收入稳步提高。全年城镇居民人均可支配收入9137元，比上年增加1014元，增长12.5%。其中，工资性收入6669元，增长13%，占收入总额的比重达到73%；转移性收入1877元，增长8%，占20.5%。农牧民人均纯收入2989元左右，增加383元，增长14.7%。其中，出售农畜产品收入2122元，增长9.6%，占收入总额的比重达到71%；工资性收入503元，增长27%，占16.8%；转移性收入188元，增长59%，占6.3%。

（三）改革开放步伐进一步加快。认真贯彻落实国家的各项改革措施，吸收借鉴各地的经验做法，不断深化改革，进一步扩大开放，改革开放取得了积极进展。

各项改革稳步推进。国有企业重组和股份制改造步伐加快，天野化工集团股权转让、内蒙古信托公司增资扩股、森工集团根河板业股份制改造、集通公司重组工作已经完成。主辅分离辅业改制工作取得新进展，试点企业基本完成分离工作。农村税费改革进展顺利，在全区范围内取消了农业税。投资体制改革继续深入，《内蒙古自治区投资体制改革实施意见》及5个地方性配套文件已经出台。事业单位改革开始启动，已在区直9个单位展开试点。乡镇改革力度进一步加大，48个试点旗县共减少乡镇（苏木）319个，撤并幅度达到50.5%。金融改革步伐加快，农村信用社改革试点取得重大进展，已组建完成自治区农村信用联社。

对外开放取得积极进展。一是“走出去”战略实现较大突破。庆华集团合作开发那林苏海图煤田规模不断扩大，鲁能公司参与开发俄罗斯别列佐夫铁矿竞标成功，取得了俄罗斯自然资源部颁发的矿产使用许可证，包钢合作开发巴彦戈勒铁矿、吉兰泰盐化集团合作勘探开发嘎顺呼者格矿床等项目已与蒙古国正式签约，神华集团合作开发塔本淘勒盖项目前期工作取得积极进展，全年共批准境外投资企业18家，投资总额5958.1万美元。二是区域经济技术交流与合作取得重大进展。我区正式成为联合国开发计划署大图门江合作委员会中方成员单位，东部五盟市成功进入国家振兴东北等老工业基地总体规划范围。三是招商引资和利用外资成效显著。全年引进国内（区外）资金到位1097亿元，增长56.2%；实际利用外资11.9亿美元，增长89%。四是外贸进出口增长加快。全年进出口总额达到51.6亿美元，同比增长30.7%，其中出口20.6亿美元，增长30.6%；进口31亿美元，增长30.8%。口岸通关过货能力进一步提高，全年过货量达到2620万吨，增长19%。

（四）发展后劲进一步增强。全年实施亿元以上重点建设项目784个，竣工投产212个，全社会固定资产投资完成2687.8亿元，增长48.6%。生态建设得到加强，京津风沙源治理、退耕还林和退牧还草等重点工程成效显著，全年完成退耕还林528万亩，退牧还草2700万亩，治理荒漠化面积3500万亩。水利建设进展顺利，绰勒、三座店、三盛公等重点在建水利枢纽工程建设加快，尼尔基水利枢纽工程下闸蓄水，全年新增农田有效灌溉面积100多万亩，全区农田有效灌溉面积达到4050万亩。电网建设步伐加快，建成了500千伏输变电项目4个和220千伏输变电项目18个，新增500千伏输变电线路587公里，220千伏输变电线路1614公里，形成了西起乌海、东至锡林浩特的500千伏主网架并向兴安盟、呼伦贝尔及阿拉善盟延伸的220千伏输电通道。交通建设进度加快，国道110和210线我区境内高速公路、省际通道阿荣旗至集宁高等级公路全部建成，全年新增二级以上公路3256公里，公路总里程达到7.9万公里；新开工建设了集张、两伊、临策等9个铁路项目，建成了桑篮、嘉策铁路，全区铁路在建里程达到2861公里；呼和浩特白塔机场扩建工程、鄂尔多斯机场开工建设，阿尔山、二连浩特新建和赤峰机场迁建项目前期工作取得重大进展。城镇公用事业建设迈出新步伐，全年完成35个县城供水、5个城镇垃圾处理和5个污水处理项目。资金来源进一步多元化，全年国家预算内投资占全部到位资金的6.5%，国内银行贷款占18%，自筹及其他资金占75.5%。

（五）就业和社会保障工作进一步落实。各地认真贯彻落实国家和自治区关于促进就业和再就业的各项方针政策，多渠道增加就业岗位，切实加强社会保障体系建设，就业和社会保障工作取得了积极进展。

就业和再就业工作得到加强。全年城镇新就业26.5万人，比上年增加1.95万人，其中下岗失业人员再就业13.9万人，安置“4050”人员3.7万人，城镇登记失业率控制在4.3%以内。就业和再就业培训结业人数达到25.1万人，其中免费培训下岗失业人员17.7万人。全年累计发放小额担保贷款2亿元，扶助1.8万人实现了再就业。

社会保障体系进一步完善。全区城镇参加基本养老保险人员333.9万人，比上年增加15万人，离退休人员养老金社会化发放率达100%；参加失业保险222.3万人，失业人员按时足额领取了失业保险金；参加基本医疗保险292万人，增加18.7万人；参加工伤保险106.6万人，增加21.8万人；参加生育保险99.7万人，增加29.6万人。有近70万城镇贫困人口纳入了最低生活保障范围。扶贫和救灾工作得到进一步加强，全年共落实国家“三项”扶贫开发资金8.61亿元，解决了75.4万农村贫困人口的温饱问题；累计下达各类救灾资金1.85亿元，受灾地区群众生产生活得到妥善安置。

（六）各项社会事业全面进步。坚持以人为本，落实“五个统筹”，促进经济社会协调发展，科技、教育、卫生、文化等各项事业全面进步。

科技教育事业全面发展。科技创新和推广体系进一步完善，实施了87个重大科技专项、科技示范工程等重大科技项目，完成了 11 项自治区中长期科学和技术发展专题战略研究。基础教育得到加强，西部地区“两基”攻坚工程、中小学远程教育网络工程、中小学危房改造工程进展顺利，通过“两基”达标验收的旗县达到 93 个，以旗县为单位的“普九”人口覆盖率达到 88.4%，比上年提高 9.9 个百分点。“两免一补”政策得到有效落实，已覆盖全区 101 个旗县，惠及农村牧区及所有城镇低保家庭义务教育阶段 160 万中小学生。优质高中扩招项目进展顺利，高中阶段教育毛入学率达到 54.3%，提高 4.6 个百分点。高等教育办学规模继续扩大，全区普通高校招生 7.1 万人，在校生达到 22.5 万人。

医疗卫生事业进一步加强。全面完成疾病预防控制机构体系建设，基本建立突发公共卫生事件医疗救治体系。组织实施了 2 所专科医院、23 所旗县医院、313 个乡镇（苏木）卫生所建设工程，农村牧区和贫困地区卫生基础设施得到进一步改善。新型农村牧区合作医疗试点工作进展顺利，12 个试点旗县已有 161.8 万农牧民参加了合作医疗，参合率达到 80.5%。人口计划生育工作进一步加强，人口自然增长率控制在 5‰以内。

文化事业繁荣发展。民族文化大区建设取得积极进展，开工建设了内蒙古博物馆、乌兰恰特大剧院、内蒙古体育馆等自治区成立 60 周年大庆项目。村村通广播电视工程和“西新工程”稳步推进，全区广播综合人口覆盖率达到 92.6%，电视综合人口覆盖率达到 90.2%。体育、民政、新闻出版、文学艺术等各项社会事业稳步发展。

2005 年是“十五”计划的最后一年，过去的五年，在国家的大力支持和自治区党委的正确领导下，经过全区各族人民的共同努力，我区经济社会发展取得了巨大成就。五年中生产总值年均增长 16.6%，超过计划 7.6 个百分点；工业增加值年均增长 21.5%，超过计划 11.5 个百分点；固定资产投资累计完成 6918 亿元，是计划的 2.3 倍；财政收入年均增长 28%，超过计划 18 个百分点；城镇居民人均可支配收入年均实际增长 10.5%，超过计划 3.5 个百分点；农牧民人均纯收入年均实际增长 5%，比计划低 1 个百分点，但农牧民收入呈现加速增长态势，2001—2005 年分别实际增长 -3.9%、4.7%、6%、8.6%和 10%。五年累计完成退耕还林 3327 万亩，退牧还草 1.5 亿亩，生态建设取得了整体遏制、局部好转的良好效果。新增公路里程 1.2 万公里，其中二级以上公路 7730 公里，高速公路 1000 公里，全线打通了国道 110 线乌海至北京的高速公路，建成了西起阿拉善、东至呼伦贝尔贯通 12 个盟市的高等级公路。新增铁路里程 755 公里，全区铁路总里程达到 7934 公里。电力装机从 900 万千瓦增加到 2100 万千瓦，新增 500 千伏输变电线路 1814 公里，220 千伏输变电线路 5795 公里。与“九五”末相比，牛奶的国内市场占有率从 9.7%提高到 25.5%；煤炭的国内市场占有率从 7.3%提高到 11.9%；电力的国内市场占有率从 3.2%提高到 4.4%，五年累计外送电力达到 1349 亿千瓦小时。所有这些都为“十一五”的发展奠定了坚实基础。

在看到成绩的同时，也要清醒地看到我区经济和社会发展中存在的困难和问题，主要是：“三农”问题依然突出，农牧业增产和农牧民增收面临较大困难；经济结构不够合理，中小企业、非公有制经济和第三产业发展相对滞后；经济增长方式粗放，资源环境约束加剧；经济和社会发展还不够协调，社会事业发展相对滞后；区域发展不平衡，东西部发展差距扩大；经济增长与收入增长不够协调，城乡居民收入水平较低；安全生产形势不容乐观，就业和再就业压力较大。对于这些问题，我们要认真研究，逐步加以解决。

二、2006 年国民经济和社会发展的主要任务

按照全区经济工作会议的总体要求，今年国民经济和社会发展的预期目标是：生产总值增长 15%左右，全社会固定资产投资增长 25%左右，社会消费品零售总额增长 15%左右，进出口总额增长 12%左右，财政收入增长 20%左右，城镇居民人均可支配收入增长 12%左右，农牧民人均纯收入增长 8%左右，单位生产总值能耗降低 5%左右，居民消费价格总水平上涨控制在 3%以内，城镇登记失业率控制在 4.2%以内，人口自然增长率控制在 6‰以内。实现上述目标，关键是要认真贯彻党的十六届五中全会和中央经济工作会议精神，坚持以科学发展观统领经济社会发展全局，全面落实国家宏观调控的各项措施，继续深化改革，扩大开放，推进经济结构调整，加快转变经济增长方式，提高经济增长的质量和效益。

（一）推进社会主义新农村建设。按照“生产发展、生活宽裕、乡风文明、村容整洁、管理民主”的要求，搞好规划，开展试点，扎实推进社会主义新农村建设。

积极调整农牧业和农村牧区经济结构。认真落实国家关于加强农业生产的各项政策措施，继续实施优质粮食产业工程、商品粮基地建设工程和农业良种繁育工程，保持粮食播种面积和粮食产量基本稳定。积极调整农牧业结构，大力发展农区畜牧业，力争畜牧业占农业总产值的比重提高 2 个百分点以上。加快动植物防疫体系建设，抓好禽流感的防控工作，落实好扶持家禽饲养业发展的各项措施。稳步推进农牧业产业化经营，继续通过投资补助、贴息、担保等多种方式，支持产业化示范基地建设，扶持壮大龙头企业，积极发展专业合作经济组织。

着力改善农村牧区生产生活条件。抓住国家加大对农村基础设施投入力度的有利时机，加强安全饮水、沼气、通电、通路等基础设施建设，积极争取国家在我区开展“以煤代木”项目试点，争取解决 360 个行政村（嘎查）通路和 525 个村（嘎查）通电问题。

加快发展农村牧区公共事业。继续实施西部地区“两基”攻坚工程、中小学远程教育工程和危房改造工程，加大对农村牧区贫困学生义务教育的“两免一补”支持力度，建立农村牧区义务教育经费保障机制，力争全部完成剩余 8 个旗县的“两基”达标任务。加强以乡镇卫生院为重点的农村牧区卫生基础设施建设，积极推进以大病统筹为主的新型农村牧区合作医疗制度和医疗救助制度，扩大新型农村牧区合作医疗试点范围，覆盖率达到 50%左右，相应提高补助标准。继续实施“西新工程”、20户以上已通电自然村通广播电视工程和农村电影“2131”工程，提高农村牧区广播电视覆盖面。

多渠道增加农牧民收入。继续对重点粮食品种在主产区实行最低收购价政策，稳定粮食市场价格。加强涉农价格监管，保障农资供应，防止农业生产资料价格过快上涨。落实好各项支农资金和农牧业补贴资金，逐步建立对化肥、柴油等农资直接补贴制度。加强农牧民职业技能培训，有序组织劳务输出，加快转移农村牧区剩余劳动力，提高非农就业和非农收入比重。

（二）加快产业结构优化升级。充分发挥比较优势，大力发展特色优势产业，促进服务业快速发展，加快淘汰落后生产能力，推动产业结构优化升级。

大力发展特色优势产业。突出重点地区、重点企业和重点开发区，培育大企业，建设大基地，加快产业升级和延伸加工，形成优势产业集群，不断提高工业经济增长的质量和效益。煤炭方面，重点抓好准格尔黑岱沟、霍林河一号露天、伊敏一号露天等大型煤炭基地项目建设，建设规模达到1亿吨左右，煤炭产量达到2.8亿吨。电力方面，重点抓好呼伦贝尔直送辽宁360万千瓦坑口电站群、呼和浩特抽水蓄能电站、准格尔电厂三期等项目建设，争取全年新增发电装机容量700万千瓦，全区电力装机达到2800万千瓦。全力推进巴音杭盖、辉腾锡勒等5个百万千瓦级风电基地和国家级太阳能利用示范基地的前期工作，风电开工规模力争达到100万千瓦。继续加强输变电通道建设，重点推进呼伦贝尔至辽宁、蒙西电网至京津唐第二条外送电通道、霍林河至东北等送电通道项目前期工作，争取国家核准并开工建设。化工方面，加快建设神华集团180万吨甲醇、大唐多伦46万吨煤基烯烃等续建项目，争取博源联合化工一期60万吨甲醇、亿利资源集团一期18万吨聚氯乙烯等项目建成投产，力争新开工建设伊泽矿业180万吨煤制甲醇及转化烯烃、乌海海吉氯碱二期扩建等项目。全年新开工煤化工深加工系列产品1000万吨，新增甲醇生产能力60万吨。冶金机械方面，继续加快包钢6号高炉建设步伐，力争包钢钢铁生产能力达到1000万吨，努力推动包头铝业、希望铝业和霍林河铝业达产达效，加快一汽呼和浩特工业园、众环集团数控机床部件生产等项目建设，新开工建设大型风电装备制造项目。农畜产品加工方面，要继续以乳、肉、绒和粮油加工为重点，争取蒙羊150万只肉羊加工、通辽梅花味精二期等项目建成投产并发挥效益。

促进服务业快速健康发展。进一步落实第三产业发展政策，按照自治区政府对第三产业60条政策的分解目标，加强监督检查，确保把各项优惠政策落到实处。加强第三产业重点项目建设，抓好呼和浩特金鹰集团CBD中心、海拉尔新桥农畜产品市场、包头煤炭物流园区等项目建设。要依托优势企业，通过资产重组、资本运营等方式，努力培育形成一批主业突出、实力雄厚的大企业、大集团，继续做大商贸流通和交通运输业。认真贯彻落实《国务院关于鼓励支持和引导个体私营等非公有制经济发展的若干意见》，进一步放宽非公有制资本进入社会事业、城市公用事业、基础设施等领域的准入条件，加快推进旅游业、房地产业、金融业、信息服务业、现代物流业等新兴服务业发展。要完善中小企业与非公有制经济的统计监测体系，进一步加大非公有制经济治乱减负工作力度。

鼓励和支持自主创新。实施自主创新能力建设专项工程，以大型企业和重点项目为依托，积极争取建设国家工程研究中心、国家工程实验室和国家级企业技术中心。广泛开展校企合作，落实与清华大学、北京航空航天大学、华东理工大学等院校的技术合作项目，支持有条件的企业在区外建立研发中心。积极发展稀土、生物医药和电子信息等高新技术产业，加快实施稀土永磁电机、汉鼎光电等高新技术项目，做好羊胎盘复方转移因子乳化液、1.2兆瓦以上直流驱动永磁风力发电机组等高技术产业化示范项目前期工作。

控制部分行业产能过剩。认真贯彻落实国务院关于促进产业结构调整的暂行规定，按照国家已出台的钢铁、电解铝、煤炭等行业发展规划和产业政策要求，继续依法淘汰一批破坏资源、污染环境和不具备安全生产条件的小企业。加大对不符合安全生产条件煤矿的整治力度，使地方煤矿数量缩减到500处左右，尽快淘汰敞开式和产能低于1万吨的小电石炉，300立方米及以下炼铁高炉和20吨以下转炉、电炉，以及5000千伏安以下矿热炉和100立方米以下铁合金高炉。鼓励钢铁、水泥、煤炭、化工等行业进行兼并重组，支持优势企业做大做强，提高产业集中度。

（三）保持投资消费协调增长。抓住国家实施西部大开发和振兴东北等老工业基地的战略机遇，保持适度投资规模，优化投资结构，扩大消费需求。

保持适度投资规模。进一步加快在建项目实施进度，对已经批准建设的项目，要积极落实好各项建设条件，推动项目落地开工；对已经上报国家待批的项目，要进一步加快项目前期工作进度，积极争取进入审批程序并核准建设；对自治区管理的项目，相关审批部门要不定期地开展联合集中审查，进一步加快项目审批进度。根据今年国家投资的重点，围绕推进新农村建设、促进社会事业发展、加强环境保护和生态建设、发展特色优势产业等，抓紧策划一批重点建设项目，积极争取国家支持。要继续加强与金融部门的合作，努力扩大银行信贷规模。今年固定资产投资规模要达到3400亿元左右。

加强重点项目建设。抓好绰勒、红山、龙口、红花尔基等重点水利项目建设，积极推进毕拉河、海勃湾水利枢纽、红吉水库、“引绰济辽”一期、“引哈济锡”和文得根等重大项目的前期工作。加快集张、海满复线等铁路续建项目建设进度，新开工建设大同至包头、包头至石嘴山电气化改造和准格尔至朔州等重点铁路项目，建成呼和浩特至准格尔铁路，全年新增铁路里程124公里。继续加快呼和浩特至东胜、白音察干至集宁至丰镇、赤峰至通辽、海拉尔至满洲里等公路续建项目建设，新开工建设国道110线临河绕城公路、包头至树林召、赤峰至平庄等重点公路项目，建成国道208线二连浩特至赛汉塔拉一级、白音察干至丰镇高速和国道304线鲁北至通辽一级公路，全年新增公路里程1000公里以上，其中高速公路200公里。民航要继续抓好呼和浩特白塔机场扩建工程，建成鄂尔多斯机场和海拉尔机场扩建项目，新开工建设阿尔山机场和赤峰机场迁建项目。

加强项目和资金管理。加快清理固定资产投资项目，对国家产业政策限制的项目，要限期整改提高。对已经批复长期没有动工的项目，要注销批准文号；对已经划拨出去的资源，要限期回收。要认真贯彻落实《自治区政府关于进一步加强财政预算管理的意见》和《自治区预算内基本建设投资管理办法》，强化对国债资金、财政预算内资金和政府贴息资金的监督管理，确保各类建设资金安全有效使用。

努力扩大消费需求。完善收入增长与经济增长相协调的政策机制，积极做好提高城市居民最低生活保障标准、改革公务员工资制度并相应调整有关人员待遇等增加居民收入的各项工作，严格执行企业最低工资制度。加强农产品流通体系建设，加大对农村牧区商业网点连锁经营、农资物流配送等项目支持力度，努力开拓农村牧区市场。积极培育消费热点，完善住房、汽车等消费政策，发展文化、健身和旅游消费。加强市场监管，继续清理限制消费的不合理规定，努力改善消费环境。

（四）加强资源综合利用和生态环境建设。根据《国务院关于做好建设节约型社会近期重点工作的通知》和《国务院关于加快发展循环经济的若干意见》，抓紧制定循环经济发展规划，组织实施一批资源综合利用和循环经济项目，加大生态建设和环境保护力度，加快建立资源节约型、环境友好型社会。

加强资源节约和综合利用。以节能、节水和资源综合利用为重点，组织实施一批节能示范项目、废水资源化项目、共伴生矿资源综合利用项目和再生资源回收利用产业化项目，研究建立重点行业、重点地区能耗目标考核体系和节水标准体系。进一步加快煤炭、铁矿、地下水等重点资源的地质勘查步伐，全面做好1:5万区域矿产和区域地质调查工作。广泛开展宣传教育活动，增强全民节约意识。

大力发展循环经济。按照“减量化、再利用、资源化”的原则，组织包钢、包铝、乌兰水泥和蒙西工业园区等已经列入国家第一批循环经济的试点单位，实施一批国家级循环经济示范项目，加快煤矸石、粉煤灰、低热值褐煤等资源综合利用步伐，争取开工建设蒙西粉煤灰提取氧化铝等重大循环经济项目。

加强生态建设和环境保护。继续抓好京津风沙源治理、退耕还林、退牧还草等生态建设重点工程，力争全年完成造林任务1380万亩，“三化”草地治理面积200万公顷，水土流失治理面积43万公顷。继续加强生态保护，巩固生态建设成果。加强“三河三湖”污染防治和燃煤电厂二氧化硫治理，加快黄河、松花江等流域水污染综合治理前期工作步伐。广泛推行清洁生产，大力发展环保产业，做好城市大气污染综合防治工作。

（五）促进区域协调发展。按照五个统筹的要求，突出重点，加强薄弱环节，推动城乡之间、区域之间协调发展。

加快推进城镇化。继续加强城镇基础设施建设，增强城镇吸纳产业和人口的能力，今年要重点开展城市供水管网和西部中心城市环保项目建设，加快32个县城供水续建项目建设进度，抓好12个中小城市污水、垃圾处理产业化项目，努力改善城市环境状况。要把推进城镇化与社会主义新农村建设结合起来，制定完善小城镇规划，引导各类生产要素向城镇集中，促进县域经济加快发展，城镇化率提高1个百分点以上。

加快东部地区发展。研究制定呼包鄂地区和蒙东地区区域发展专项规划，在继续保持呼包鄂等优势地区快速发展的同时，充分利用东部五个盟市已经纳入国家振兴东北老工业基地总体规划的有利时机，加强与东北三省在政策、规划、项目等方面的对接，加快西乌旗至阜新等铁路项目和乌兰浩特至白城、海拉尔至甘南、通辽至双辽、赤峰至朝阳等公路项目前期工作，构建与东北三省联系的快速运输通道。要围绕增值税转型试点、剥离企业办社会、企业破产及债务减免等，积极争取国家政策支持。

加快少数民族地区和贫困地区发展。认真贯彻落实国家关于加快少数民族和民族地区发展的政策措施，继续推进兴边富民行动，加快边境地区、“三少”民族地区和其它人口较少民族地区的优势资源开发和特色经济发展。切实做好扶贫工作，坚持开发式扶贫方针，继续实施整村推进战略和扶贫移民工程，力争使600个贫困村（嘎查）实现整体脱贫。

（六）进一步推进改革开放。充分利用当前宏观形势较好的有利时机，进一步深化改革，扩大开放，逐步消除体制性障碍，不断提高对内对外开放水平。

继续深化各项改革。一是深化国有企业改革。继续加快国有企业股份制改革，完善国有企业经营业绩考核体系，建立国有资本经营预算制度。根据国家将要出台的邮政、烟草、铁路体制改革方案，研究制定具体实施办法，推进垄断行业管理体制改革。二是推进行政管理体制改革。继续完善《关于扩大部分旗县（市）经济和社会管理权限的试点意见》，适时开展试点工作。全面开展以撤乡并镇为主的乡镇机构改革，对乡村债务进行全面清理核实并适时开展化解乡村债务试点工作。三是加快投资体制改革。进一步贯彻落实《国务院关于投资体制改革的决定》，规范政府投资行为，研究制定政府投资项目管理办法。四是稳步推进事业单位改革。认真总结事业单位改革试点经验，研究提出事业单位改革方案。

进一步扩大对外开放。积极实施“走出去”战略，加强与俄蒙在资源开发中的合作，推动庆华、神华、鲁能等大型企业和企业集团建设一批跨国合作项目。继续加强区域经济合作，广泛开展招商引资活动，提高招商引资的质量和效益，今年力争引进国内（区外）资金到位1200亿元，实际利用外资15亿美元。积极调整出口产品结构，加快引进先进技术和设备，妥善处理贸易摩擦，保持外贸进出口稳定增长，全区外贸进出口总额力争达到58亿美元。切实抓好原木、原煤和原矿的落地加工，促进口岸经济快速发展。

（七）努力构建和谐社会。从解决人民群众最关心、最直接、最现实的问题入手，以扩大就业、完善社会保障体系、发展社会事业为重点，扎实推进和谐社会建设。

切实做好就业和社会保障工作。继续支持就业容量较大的服务业、中小企业和劳动密集型产业发展，从政策、资金和职业技能培训等多方面鼓励扶持各类有就业需求人员的自主创业活动，确保全年城镇新增就业18万人。切实加强“两个确保”和城市“低保”工作，进一步完善社会保障体系。今年争取参加基本养老保险人数达到340万人，参加基本医疗保险人数达到300万人，城镇居民最低生活保障人数达到80万人。

促进各类教育协调发展。在重点做好农村牧区基础教育的同时，切实加强民族教育，加快推进“三语”教学。启动实施职业教育基础能力建设工程，推进高中阶段教育协调发展，今年高中阶段教育毛入学率力争达到60%。继续实施“211工程”，加强重点学科建设，今年普通高校计划安排招生8.5万人，增长19.7%。

加强公共卫生建设。调整和优化城市医疗资源布局，大力发展社区卫生服务。全面完成医疗救治体系和疾病预防控制体系建设任务，切实加强重大疾病防治工作。完善农村牧区三级卫生服务网络，推进旗县和中心乡镇计划生育服务站项目建设。继续加强计划生育工作，稳定低生育水平。

提高社会安全保障水平。高度重视安全生产，抓好煤矿、道路交通、矿山等易发事故场所和生产环节的安全整治，落实安全生产责任制度，有效遏止重特大事故发生。建立健全安全预警和应急救援机制，提高处置突发事件的能力。继续整顿和规范市场秩序，深入开展食品、药品安全整治工作。高度重视群众来信来访，认真解决人民群众反映强烈的社会问题，及时化解矛盾，保持社会稳定。

加快自治区成立60周年大庆项目建设。围绕边境旗县给排水、蒙医医疗机构建设、内蒙古综合医院等改善人民群众生产生活条件的项目，“三少民族”地区通路工程和安居工程等基础设施建设项目，以及内蒙古博物馆、体育馆、乌兰恰特大剧院等60周年庆典工程，全面推进自治区成立60周年大庆项目前期工作，多渠道筹集建设资金，进一步加快项目实施进度。

2006年是“十一五”规划第一年，做好今年的经济和社会发展工作，对于巩固和发展“十五”以来大好形势，顺利实现“十一五”规划的各项目标，具有十分重要的意义。我们要紧密团结在以胡锦涛同志为总书记的党中央周围，以科学发展观为指导，认真贯彻落实党中央、国务院的各项方针政策和自治区党委的各项部署，抓住机遇，开拓创新，扎实工作，乘势而上，为实现“十一五”规划良好开局做出新的贡献。

关于2005年预算执行情况和2006年预算（草案）的报告

Report on the Implementation of Budgets for 2005 and Draft Budgets for 2006 in Inner Mongolia

——2006年1月15日在内蒙古自治区第十届人民代表大会第四次会议上

内蒙古自治区财政厅厅长　王玉明

受自治区人民政府委托，现将2005年预算执行情况和2006年预算草案的报告提请本次人民代表大会审议，并请自治区政协各位委员提出意见。

一、2005年全区预算执行情况

过去的一年，各地区、各部门在自治区党委、政府的正确领导下，认真落实科学发展观，抓住机遇，加快发展，我区改革开放和现代化建设取得显著成就，十届人大三次会议批准的预算圆满完成。

根据12月31日汇总的国库数据，全区地方财政收入入库335.1亿元，完成年度预算的120.7%，比上年增加94.6亿元，增长39.3%。其中：一般预算收入277.5亿元，完成预算的123.3%，比上年增加78.5亿元，增长39.4%；基金预算收入57.6亿元（不含社会保障基金收入，下同），完成预算的109.8%，比上年增加16.1亿元，增长38.8%。上划中央税收收入入库201.2亿元，比上年增加68.2亿元，增长51.3%。汇总地方财政收入和上划中央税收收入，全区财政总收入536.3亿元，同口径比上年增加162.8亿元，增长43.6%。2005年全区财政总支出734.7亿元，完成全年预算的88.1%，同口径比上年增加131.9亿元，增长21.9%。其中：一般预算支出681.6亿元，完成全年预算的88.8%，比上年增加117.5亿元，增长20.8%；基金预算支出53.1亿元，完成预算的80.2%，比上年增加14.4亿元，增长37.3%。全区财政收支增加额再次双双突破100亿元。

2005年自治区本级财政总收入入库63.2亿元，比上年增加16.8亿元，增长36.1%。其中：一般预算收入37.3亿元，比上年增加10.7亿元，增长40.1%。自治区本级财政总支出157.9亿元，比上年增加31.7亿元，增长25.1%。其中：一般预算支出139.7亿元，比上年增加26.9亿元，增长23.9%。

与2005年年初预算相比，全区地方一般预算收入超收52.4亿元，其中自治区本级超收14亿元，主要是探矿权、采矿权使用费收入超收7亿元，已继续用于矿产资源勘查和矿山环境整治，其他超收收入主要用于消化历史欠账、教育、文化、广播、增加对盟市的转移支付等方面。盟市、旗县超收收入的使用情况，需要在2005年决算编成后，向同级人大常委会报告。去年中央财政对我区转移支付和税收返还247.9亿元，各类专项拨款163.6亿元，中央补助收入合计411.5亿元，剔除不可比因素后，同口径比上年增加59.2亿元。其中：中央财政财力性补助增加37.5亿元，专项拨款增加21.7亿元。

2005年全区预算执行工作的主要特点是：

（一）财政收入增长迅速，税收收入占财政收入的比重提高。经济发展是财政增收的基础。去年我区国民经济继续保持持续快速健康发展的良好态势，生产总值、工业增加值和固定资产投资高速增长，企业销售收入和实现利润大幅度增加，经济效益进一步提高，从而带动了增值税、营业税、所得税等主体税种继续快速增长。增值税完成193.8亿元，比上年增加62.2亿元，增长47.3%；营业税完成78.3亿元，比上年增加23.2亿元，增长42.3%；企业所得税和个人所得税完成73.5亿元，比上年增加33.4亿元，增长83.1%。以上四个主体税种增加额118.8亿元，占财政收入增加额的73%。城市维护建设税、资源税、耕地占用税等地方税都保持了较高的增长速度。税收收入占财政总收入的比重由上年的74.8%提高到76.2%，提高了1.4个百分点。国有资产经营收益、行政性收费、罚没收入、专营收入等非税收入共计完成128.1亿元，同口径比上年增加33.8亿元，增长35.8%，占财政收入增加额的20.8%。

分地区看，各地区财政收入普遍呈现出快速增长的趋势，特别是县域经济发展较快，财政收入超亿元的旗县（区）达到79个，比上年增加16个，其中有11个旗县（区）财政收入突破10亿元，2个旗区财政收入突破28亿元。

（二）发挥财政宏观调控作用，促进自治区经济快速发展。认真贯彻自治区党委、政府关于促进经济发展的一系列方针政策，进一步调整财政投资结构，完善财政投资方式，吸引和凝聚社会投资，改善经济发展环境，解决经济领域中的一些突出问题。预算内基本建设支出110.2亿元，比上年增加34.3亿元，增长45.1%；企业技术改造支出29.5亿元，比上年增加9.3亿元，增长45.9%；城市建设支出38.9亿元，比上年增加13.5亿元，增长52.9%。自治区筹集资金9.5亿元，比上年增加6亿多元，支持了重点矿产资源的勘探开发。利用国际金融组织和外国政府贷款2.3亿美元，重点支持了海拉尔--满洲里公路建设和包头市大气环境治理等项目。安排资金4000万元，支持工业园区建设。筹集中小企业贷款担保、外贸发展、口岸建设、旅游发展等专项资金2亿多元，支持中小企业和服务业发展。安排资金2亿元，支持国有企业分离办社会职能。争取中央财政资源枯竭企业关闭破产补助资金

8000万元，妥善安置关闭破产企业的职工。

（三）支持“三农三牧”的力度不断加大，惠农政策得到落实。坚持“多予、少取、放活”，全方位解决“三农三牧”问题。全面推行农村牧区税费改革，全部免征了涉农涉牧三税，自治区为此安排转移支付补助资金28.5亿元，比上年增加5.7亿元。为支持农村牧区综合改革，自治区对撤乡并镇给予奖励，已下达补助资金2亿多元。去年我区有30个旗县纳入国家产粮大县奖励范围，获得奖励资金 2.6亿元。实行“三补贴”政策，对种粮农民直接补贴、良种补贴以及农机补贴6.2亿元，已全部兑付到位。继续实施退耕还林还草、禁牧舍饲、天然林保护工程等，中央和自治区财政共投入55.1亿元，其中对农牧民的粮食和现金补助及公益林补偿资金27亿元，增加了农牧民的收入。农业综合开发和财政扶贫投入12.6亿元，改善了农牧民的生产和生活条件，促进了农业综合生产能力提高和农牧业产业化进程。筹集财政资金4300万元，支持农村牧区新型合作医疗试点工作，试点旗县由上年的7个扩大到12个， 162万农牧民参加了合作医疗。启动农村牧区计划生育家庭奖励扶助制度，近万名符合条件的农牧民每人每年可领到600元的奖励扶助金。

（四）完善社会保障体系，社会困难群体的基本生活得到较好保障。继续完善城镇职工基本养老金制度和城市居民最低生活保障制度，完善失业保险制度，落实支持就业再就业财税政策，各级政府征集社会保险费83亿元，比上年增加15亿元，增长22%；社会保障和抚恤救济支出47.2亿元，同口径比上年增加6.7亿元，增长15.7%。其中：城市居民最低生活保障支出6.7亿元，比上年增加1.3亿元，增长23%，低保人员年平均财政补差比上年增加120元。自治区筹集就业和再就业补助资金5.2亿元，全年发放国有企业下岗职工小额担保贷款1.7亿元，新增就业和再就业人数24.8万人，同比增加3.5万人。完善城乡社会救助体系，落实农村牧区五保供养政策，确保供养资金及时足额发放；筹集资金3000万元，开展了农村牧区和城镇医疗救助试点。积极落实各项优抚政策，提高了部分优抚对象的抚恤和生活补助标准，全区38万优抚对象按规定标准领取到了各项补助。筹集资金3.8亿元，用于农村牧区救灾、疫病防治和灾后重建。

（五）大力支持教育、公共卫生等社会事业发展，加强政权建设。教育事业费支出78.7亿元，比上年增加12.5亿元，增长19%。重点实施了教育布局调整、二期义教、危房改造、“两基”攻坚、现代远程教育等工程，改善了农村牧区的办学条件。去年国家西部地区“两基”攻坚现场会在我区召开，与会代表对我区的农村牧区寄宿制学校建设给予了肯定。扩大“两免一补”政策的实施范围，由2004年的75个旗县扩大到去年的81个旗县；自治区财政安排资金，在全国率先对城镇低保家庭的义务教育阶段学生实施了“两免”政策。实行“两免一补”政策使城乡贫困家庭的169.3万中小学生受益，占我区义务教育阶段在校学生总数的59.7%。自治区财政继续安排1 亿元专款，解决2001年以前拖欠的农村牧区中小学教师工资。医疗卫生支出20.8亿元，比上年增加3.3亿元，增长19%，支持完善公共卫生体系建设。文体广播事业支出15.2亿元，比上年增加2.5亿元，增长19.2%，重点支持了公益性文艺团体和文化场馆建设。公检法司支出31.6亿元，比上年增加3亿元，增长10.5%，支持推进政法系统综合信息网络建设，基层派出所、法庭、检察院的办公办案条件和监狱设施进一步改善。

（六）加大转移支付力度，缓解县乡财政困难。按照以奖代补、中央财政奖励与地方工作实绩挂钩的思路，去年中央出台了“三奖一补”政策，解决县乡财政的困难问题。“三奖一补”的主要内容是，对财政困难县乡增加税收收入和省市政府对困难县乡转移支付给予奖励，对县乡政府精简机构和分流人员给予奖励，对产粮大县给予奖励，对以前年度缓解县乡财政困难工作做得好的地区给予补助。中央财政下拨“三奖一补”资金7.1亿元，加上自治区本级财政安排3.6亿元，对纳入奖补范围的旗县实施了奖励和补助。在中央财政的政策框架内，自治区将奖励和补助办法细化充实为“七奖二补”，提高了转移支付资金分配的合理性和公正性。自治区对旗县新增一般性转移支付6.2亿元。安排边境旗市转移支付1.38亿元，比上年增加9000万元。采取这些政策措施后，旗县财政的困难状况得到缓解。自治区要求县乡建立最低公务费开支保障标准,保证基层政权正常运转。

（七）财政改革进一步深化，新制度的实施范围不断扩大。一是深化部门预算改革。在提早预算编制时间、细化项目预算的基础上，去年自治区政府下发了《关于进一步加强政府预算管理的意见》，对预算编制程序、预算追加权限、财政供给范围等做出了更加明确的规定。二是深化国库集中收付制度改革。到去年底，自治区本级国库集中支付已全面推行，财政直接支付和授权支付96亿元，占本级总支出的60%。盟市本级全部实施了国库集中支付改革，7个盟市将预算外资金纳入了国库集中支付范围。三是深化非税收入收缴制度改革，自治区本级40个部门的630多个执收单位纳入改革范围，全区缴入国库和财政专户的非税收入达200亿元。四是深化政府采购制度改革。采购规模进一步扩大，采购行为进一步规范。执行政府采购预算49.9亿元，实际采购规模45亿元，比上年增长36.4%，节约资金4.9亿元，资金节约率9.8 %。五是加快“金财工程”建设。全区“金财工程”网络系统建设任务完成50%以上。六是支持事业单位改革。本级选择教育、卫生、文化、地勘等9个事业单位作为试点，以改革财政补助方式为突破口，推进事业单位机构改革，积累了一些经验。七是完成了清理行政事业单位津贴补贴工作，为改革公务员工资制度，规范公务员收入分配秩序奠定了基础。八是按照国务院的要求，自治区政府决定调整完善自治区与盟市的财政管理体制，已完成了各项准备工作，从今年起实施。

（八）推进依法理财工作，财政和财务管理日益规范化和法制化。重点加强了财政专项资金管理。继续推行项目库制、投资评审制和社会公示制等管理办法。自治区政府组织召开了加强财政专项资金管理的工作会议，并下发了《关于加强财政专项资金管理的若干规定》。据此，自治区财政还制定下发了《自治区本级财政专项资金报账制管理办法》、《自治区本级重大财政专项资金项目听证规定》等配套制度，对专项资金实行“直通车”、报账制等管理办法，提高了专项资金分配、使用的科学性和透明度。与此同时，进一步加强了财政监督检查工作。组织各级财政部门开展了会计信息质量检查、会计师事务所执业质量检查、增值税核查、天然林保护工程专项资金检查、政府采购专项检查、生态建设资金专项检查、非税收入专项检查、专项资金管理督查等一系列的监督检查工作，对查出的违规违纪行为进行了纠正。深入贯彻落实《财政违法行为处罚处分条例》，组织开展了《条例》的培训、学习、宣传活动。经自治区人大常委会批准出台了《内蒙古自治区会计条例》，对进一步规范会计管理工作意义重大。

从总体上看，2005年预算执行情况是好的，但仍有一些问题需要继续着力解决。地区间财力不平衡，部分旗县财源薄弱，财政供养人员增长过快，财政收支矛盾依然突出；财政支出的范围过宽，资金使用分散，效益有待提高；一些部门和单位预算意识不强，花钱大手大脚，铺张浪费严重；政府债务管理偏松，各种债务风险有可能转化为财政风险，等等。这些问题需要通过深化改革、完善制度、加强管理，逐步加以解决。

2005年是“十五”时期的最后一年。五年来，自治区财政收支规模持续做大，公共财政的保障能力显著提高，对“三农三牧”、教育、社会保障、公共卫生、生态建设等经济社会发展的薄弱环节的支持力度明显加大，集中办了许多大事。“十五”期间，我区财政收入连续迈上新台阶。全区财政总收入由2000年的156亿元增加到2005年的536亿元，年均递增28%。在中央财政的大力支持下，财政支出规模持续扩大。全区财政总支出由2000年的261亿元增加到2005年的735亿元，年均递增23%。五年间，预算内基本建设支出累计369.9亿元，城市建设支出累计108.3亿元，企业技术改造支出累计84.1亿元，生态建设资金累计232.3亿元。落实科学发展观，统筹城乡发展，加强社会发展的薄弱环节。免征了涉农涉牧三税，自治区为此安排转移支付补助资金累计85.2亿元；对种粮农民直接补贴、良种补贴及农机补贴累计15.5亿元，退耕禁牧对农牧民的粮食和现金补助累计77亿元；教育支出累计287.3亿元，社会保障和抚恤救济支出累计186.9亿元，公共卫生支出累计137.2亿元。这一时期公共财政的职能作用得到较好发挥，促进了各项经济社会事业发展和人民生活水平的提高。

二、2006年预算草案

2006年是落实“十一五”规划的开局之年，安排并落实好今年的预算，具有继往开来的重大意义。根据自治区党委、政府对今年经济工作的总体部署，2006年全区财政收支预算安排的指导思想是：以邓小平理论和“三个代表”重要思想为指导，认真贯彻自治区党委七届十次、十一次全委会以及全区经济工作会议精神，以科学发展观为统领，狠抓增收节支，依法加强税收和非税收入征管，进一步提高财政收入质量，不断壮大财政实力；着力调整和优化财政支出结构，保障人员经费、“三农三牧”、义务教育、社会保障、就业、科技、公共卫生、生态和环境保护等重点支出需要；深化公共财政改革，健全和完善公共财政体制，进一步提高财政资金使用的规范性、安全性和有效性；支持农村牧区综合改革、国有企业和事业单位体制改革，推动经济增长方式转变，提高企业自主创新能力，促进经济社会全面发展。

2006年，全区财政总收入安排643亿元，比上年实际完成数增长20%。全区财政总收入的增速比当年经济预期增长率高5个百分点。全区地方财政总支出安排640亿元，加上上年结转和预算执行中中央补助的专款，2006年最终执行结果预计达到850亿元左右，比上年实际支出增长15%以上。

财政总收入按增长20%安排，主要考虑了以下几个因素：一是继续保持财政收入的适度增长，进一步提高财政收入占国内生产总值和税收收入占财政总收入的比重。二是继续落实好支持国有企业、第三产业和个体私营经济发展的各项税费减免政策。三是继续清理先征后返的税收优惠政策，凡是符合国家产业政策和西部大开发政策的，按规定应直接减免。四是充分考虑政策性减收因素，包括调整个人所得税起征点、内外资企业所得税“两法”合并、完善就业再就业税收优惠政策等。五是继续控制非税收入占财政收入的比重。今年全区地方财政支出的安排，要突出公共财政的保障功能，保证行政事业单位的基本公共支出，重点保证教育、社会保障、科技、文化、卫生等支出，积极支持社会主义新农村、新牧区建设，推动自治区新型工业化、城镇化、农牧业产业化发展。根据《预算法》的规定，各级预算由同级人民政府编制，报同级人民代表大会审查批准。

下面，重点报告自治区本级预算的安排情况：

从2006年起，调整自治区与盟市的财政管理体制，即重新划分自治区与盟市的财政收入范围。根据自治区政府的规定，将适合盟市征管的税收收入下放盟市管理；将增值税25%部分、企业所得税和个人所得税40%部分、营业税、资源税实行自治区与盟市按2:8比例分享。在保证盟市既得利益的前提下，自治区从税收增量中集中一部分收入，主要用于增加对困难盟市、旗县的转移支付以及属于全区性的重点公共支出事项。通过财政体制调整，今年自治区本级预计增加一般预算收入36.2亿元，按规定返还盟市及增加对财政困难地区转移支付补助32.5亿元，自治区本级实际增加财力3.7亿元。

根据调整后的财政管理体制，自治区本级地方财政收入安排83.8亿元，同口径比上年实际完成数增加13.7亿元，增长19.5%。其中：一般预算收入安排56.7亿元，同口径比上年完成数增加6亿元，增长12%；基金收入安排27.1亿元，比上年增加7.6亿元，增长39%。2006年本级地方财政支出安排117.1亿元，比上年年初预算增加13.7亿元，增长13.9%。其中：一般预算支出安排90亿元，同口径比上年年初预算增加10.2亿元，增长12.8%；基金预算支出相应安排27.1亿元。

根据调整后的财政体制，自治区本级一般预算支出的主要资金来源是：①一般预算收入56.7亿元，剔除返还和补助盟市32.5亿元后，本级可使用24.2亿元，增加3.7亿元。②中央各类补助收入51.2亿元，增加5.1亿元，其中：中央原体制补助3.9亿元；中央税收返还18.8亿元，增加3亿元；中央一般性转移支付收入17.2亿元，增加2.3亿元；中央民族地区转移支付1亿元；工资性转移支付6.8亿元；各项结算收入3.5亿元，减少0.2亿元。③原体制上解和专项上解收入14.6亿元，增加1.4亿元。

根据自治区本级财力规模，按一般预算支出的性质和特点划分，基本支出预算安排45.6亿元，占一般预算支出的50.7%，其中工资性支出和对家庭及各类人员的补助性支出33.7亿元，公用经费支出11.9亿元；专项支出预算安排43亿元,占一般预算支出的47.7 %；自治区政府总预备费安排1.4亿元，占一般预算支出的1.6%。

按一般预算支出的功能划分，主要安排情况是：

——按照建设社会主义新农村、新牧区的要求，安排支持“三农三牧”支出6.6亿元，增加0.8亿元,增长13%，符合《农业法》规定的法定增长要求。其中，农牧林水发展专项资金5.6亿元，增加0.6亿元，重点用于落实对农民的农机具购置和良种补贴政策、农牧业产业化发展、农村牧区牲畜疫病防治、农业综合开发、“村村通”（电话）奖励以及支持农村牧区劳动力转移培训等方面。

——落实农村牧区义务教育经费保障机制改革政策，支持职业技术教育发展，推动高校管理体制改革。安排教育事业费支出9.9亿元，比上年增加1.2亿元，增长14.2%，符合《教育法》规定的法定增长要求。其中，专项资金安排3亿元，主要用于落实农村牧区义务教育经费保障机制改革自治区本级分担1.3亿元，城市低保家庭义务教育阶段中小学生免教科书、学杂费补助3000万元，“两基攻坚”、危房改造、现代远程教育工程自治区本级配套6500万元，职业教育实训基地建设1000万元，高校助学贷款贴息和建立贷款风险基金1250万元。从今年起，对自治区直属高校推行“生均综合定额加专款”的财政补助方式，支持高校办学体制改革。

——优化科技投入结构，提高科技自主创新能力。安排科技三项费用和科学事业费支出2亿元，比上年增加0.2亿元，增长13.6%，符合《科技进步法》规定的法定增长要求。其中，专项资金1.5亿元，用于新增科技自主创新2000万元，其他部分重点用于科技成果转化、高新技术产业风险投资基金、科学知识普及和蒙医蒙药研究开发。

——做好就业和社会保障工作，加强城乡社会救助体系建设，启动农村牧区贫困人口最低生活费保障制度。安排社会保障补助和抚恤福利救济支出3.2亿元，比上年增加0.4亿元。其中，专项资金3.1亿元，用于新增农村牧区最低生活保障金3000万元，农牧民医疗救助和贫困大学生补助650万元，其他部分重点用于城镇居民最低生活补助、农垦企业职工养老保险配套、养老保险调标补助、劳动力市场和再就业基地建设及奖励补助、困难企业军转干部生活费补助、下岗职工再就业小额贷款担保、敬老院建设贴息补助等方面。

——支持公共卫生体系建设，扩大新型农村牧区合作医疗试点范围。安排公共卫生支出4.2亿元，增加1亿元。其中，专项资金1.8亿元，重点用于扩大新型农村牧区合作医疗试点范围，对农牧民的医疗补助7000万元，增加6200万元；其他部分主要用于公共卫生设施配套、农村牧区基层卫生组织建设、艾滋病防治和计划免疫补助。

——支持文体广播事业发展，落实农村牧区计划生育家庭奖励扶助制度。安排文化、体育、广播电视和计划生育事业费支出2.9亿元，同口径比上年增加1400万元，其中，专项资金1.4亿元，主要用于民族文化建设、全区体育重点赛事补助、落实计划生育奖励扶助配套和农村牧区生“双女”家庭奖励补助。

——公检法司和地方负担的国防建设补助经费安排9.8亿元，比上年增加1.5亿元。其中各类专项资金2.7亿元，重点用于公检法司基层单位改善办案和装备条件，支持政法机关开展各种专项斗争和信息网络建设，维护社会安全和稳定。

——行政管理费及行政事业单位离退休支出11.5亿元，比上年增加2.4亿元。

——地方预算内基本建设支出5.4亿元，同口径比上年增加0.4亿元，增加部分主要用于乡村道路建设和改善边境、少少民族地区基础设施建设。

——支持第二、三产业发展专项支出6.3亿元，增加1.2亿元，主要用于落实包钢、集通铁路等企业优惠政策，以及支持中小企业发展、民贸企业贴息、服务业和外贸发展。

——各项政策性补贴6.1亿元。其中，用于对种粮农民的直接补贴3.6亿元，加上中央补助，共计安排直补资金5.7亿元。

——城市建设支出1.5亿元。

——支援不发达地区支出0.5亿元。

三、深化改革，扎实工作，确保完成2006年财政预算

（一）依法加强收入征管，继续提高税收收入占财政收入的比重。进一步加大整顿和规范税收秩序的力度，清理和规范各地擅自出台的减税、免税、先征后返等税收优惠政策，对不符合优惠条件或优惠到期的，要恢复征税。认真贯彻落实国家和自治区支持经济发展的各项优惠政策，鼓励企业做大做强，扶持民营经济加快发展。继续研究税收征管政策，控制税收收入向区外转移。推进非税收入收缴管理制度改革，加强非税收入管理。对重点非税收入推行收支脱钩的预算管理办法，研究制定非税收入按照净收入缴入国库的政策。完善土地出让金管理办法，将国有土地出让金按扣除补偿性支出后的净收益缴入金库，防止虚增收入。继续加强探矿权、采矿权使用费及价款收入管理。

（二）加大财政投入力度，支持社会主义新农村和新牧区建设。各级财政新增教育、卫生、文化等公共支出主要用于农村牧区，各类专项支出要重点向农村牧区倾斜。继续落实对农牧民的“三补贴”政策。粮食直补资金今年要提高到粮食风险基金的50%以上。扩大农机具购置补贴范围，调整补贴重点。积极推进农村牧区综合改革试点，加大转移支付力度，支持乡镇机构改革，转变乡镇职能、精干乡镇机构、精简编制和人员，提高基层政权的行政能力。加强水利基础设施和生态建设，推进农牧业产业化，支持农业综合生产能力建设。加大对农牧民职业技能培训的支持力度，促进农牧民向非农产业转移。加强农牧区路、水、电、通信、广播电视等公益设施建设， 全面促进农村牧区社会事业发展。按照自治区的统一安排，农村牧区新型合作医疗改革试点旗县扩大到39个，中央和地方财政补助标准分别提高到20元。实施计划生育“少生快富”工程和农牧区部分计划生育家庭奖励扶助制度。

（三）改革农村牧区义务教育经费保障机制。为强化政府对农村牧区义务教育的保障责任，普及和巩固九年义务教育，中央决定深化农村牧区义务教育经费保障机制改革。改革的基本原则是：“明确各级责任、中央地方共担、加大财政投入、提高保障水平、分步组织实施”，逐步将农村牧区义务教育全面纳入公共财政保障范围，建立中央和地方分项目、按比例分担的农村牧区义务教育经费保障机制。改革的基本内容和中央与地方的分担比例是：对农村牧区义务教育阶段学生全部免收学杂费，所需资金由中央与西部省份按8：2的比例分担；对贫困家庭学生免费提供教科书，所需资金仍由中央财政承担；补助寄宿生生活费，所需资金仍由地方承担；提高农村牧区中小学公用经费保障水平，先制订本省区的农村牧区中小学预算内生均公用经费拨款标准，所需资金由中央与西部省份按8：2的比例分担；建立农村牧区中小学校舍维修改造的长效机制，分省区测定每年校舍维修改造所需资金，由中央和地方按5：5的比例分担；巩固和完善现行教师工资保障机制，中央继续对中西部地区教师工资经费给予支持。根据国家规定应由地方负担的上述经费，自治区本级财政将承担主要部分。

农村牧区义务教育经费保障机制改革是一项重大举措，各地区和相关部门必须高度重视，做到思想认识到位，协调配合到位，责任落实到位，经费管理到位，监督检查到位。各地区要根据自治区确定的分担比例，将义务教育经费足额编入预算，保证落实。同时要加强农牧区中小学财务管理，确保资金分配使用的及时、规范、安全和有效。各级财政部门在安排农村牧区义务教育经费时要做到公开透明，把各级的分担责任与经费投入情况向同级人民代表大会报告，并向社会公布，接受社会监督。

（四）做好社会保障工作，促进和谐社会建设。中央在完善社会保障体系方面将有新的举措，各有关部门要认真研究，做好相关工作。就业是民生之本，要把扩大就业摆在更加突出的位置，在重点解决好体制转轨遗留问题的同时，努力做好城镇新增劳动力和农村牧区富余劳动力的转移就业工作，探索建立市场经济条件下促进就业的长效机制。确保企业离退休人员养老金按时足额发放，认真做好做实个人账户的分析测算工作，为逐步做实个人账户创造条件。扩大基本养老保险覆盖范围，改革发放办法，合理确定养老金水平。进一步完善覆盖城乡的社会救助体系，完善城市居民最低生活保障制度，做到动态管理，分类施保，应保尽保；自治区要在全区范围内启动农村牧区最低生活保障制度，与扶贫工作结合起来，重点解决40万特困农牧民的生活保障问题。继续实施城乡医疗救助试点。做好优抚安置和军转干部解困工作，切实解决受灾群众的生产、生活困难问题。

（五）支持自主创新和循环经济发展，推动新型工业化和城镇化进程。充分利用预算内基本建设资金、工业重点专项资金、工业园区建设资金和城市建设资金，找准财政支持经济的着力点，发挥财政资金“四两拨千斤”的作用，引导和聚集社会资金，改善基础设施和发展环境，促进新型工业化和城镇化建设，持续做大经济规模。继续发挥我区的后发优势，支持引进大项目及先进的装备和技术。各级财政要加大科技投入，集中资金支持鼓励自主创新，运用政府采购的扶持功能，支持国内、区内具有自主知识产权的重要高新技术装备及产品。认真贯彻中央和自治区支持循环经济的各项政策，加强资源节约和综合利用，支持推行清洁生产，发展环保产业。继续抓好退耕还林、退牧还草、津京风沙源治理等生态建设重点工程。继续推进企业分离办社会职能和资源枯竭矿山企业关闭破产工作，帮助企业增强自我发展能力。

（六）调整完善财政体制，理顺上下级财政关系。在自治区调整完善与盟市的财政体制后，各地区和有关部门要做好相关工作，确保新体制顺利运行。盟市也要调整完善所属旗县的财政管理体制，进一步理顺盟市与旗县的收入分配关系，增强县乡政府的公共保障能力。自治区将结合中央对地方的转移支付政策，进一步研究完善对盟市、旗县的财政转移支付制度，健全激励与约束并重的分配机制，促进各地区公共服务均等化。要适当清理、收缩自治区本级专项拨款的范围，逐步提高一般性转移支付的比重，增强盟市、旗县政府当家理财的积极性。继续落实“三奖一补”政策，完善自治区的“七奖二补”政策，提高基层财政的保障水平。

（七）深化预算管理制度改革，提高财政资金管理的规范性、安全性和有效性。认真落实自治区人民政府关于加强预算管理的有关规定，继续深化部门预算改革。进一步细化预算编制，提高预算的透明度。进一步规范预算管理，强化预算约束，严格控制无预算支出和随意追加预算的行为。全面推行“乡财县管”和“村财民理乡代管”的管理体制。继续扩大国库集中支付改革的实施范围，有条件的旗县都要启动这项改革。继续推进政府采购工作，完善制度，建立健全内外部的监督约束机制；扩大政府采购范围和规模，进一步提高政府采购资金占财政总支出的比重。加强非税收入收缴管理工作，根据中央和自治区人民政府的要求，拓展收缴范围；对缴入国库的收入推行收支两条线的管理办法，清理整顿非税收入票据，将票据管理权集中于财政部门，建立票据印刷、领购、稽查和核销制度。加快非税收入管理信息系统建设，建立非税收入统计报告制度。继续推进“金财工程”建设，完善应用系统。加强行政事业单位国有资产管理，制定出台有关办法，逐步建立资产管理信息系统。同时，继续推进事业单位财政补助方式改革。

（八）加强财政管理和监督，推进依法理财、民主理财。进一步贯彻落实自治区人民政府关于加强财政专项资金管理的规定，扩大实行投资评审、报账制、公示制的资金范围，完善“直通车”资金调度办法。逐步建立财政专项资金绩效评价制度，抓紧研究制定自治区财政专项资金绩效评价管理办法，并选择部分资金，制定相关考核指标体系，开展财政专项资金的分配、使用和效益评价工作，将评价结果与下年度预算安排挂钩。贯彻落实《财政违法行为处罚处分条例》，进一步加强财政监督，突出监督检查重点，逐步实现对财政资金运行事前、事中、事后的全过程监控。加强政府债务管理，抓紧研究制定自治区政府债务管理办法，对政府举债项目进行效益评估，从严控制各级政府担保承诺的举债行为。适度增加偿债准备金规模，建立政府债务风险预警机制。宣传贯彻《内蒙古自治区会计条例》，加强对会计、评估中介机构的管理。要严格行政经费管理，合理控制行政运行成本。进一步加强会议费、交通费、接待费、出国经费和表彰奖励经费管理，坚持量入为出，勤俭节约，坚决制止花钱大手大脚、铺张浪费的行为。

各位代表，完成 2006 年预算和财政工作，任务十分繁重。我们要在自治区党委、政府的正确领导下，按照自治区十届人大四次会议对经济财政工作提出的各项要求，认真听取人民政协的意见和建议，锐意创新，开拓进取，全面落实科学发展观，努力开创自治区财政工作的新局面，为构建和谐内蒙古做出新的贡献。

内蒙古自治区
2005年国民经济和社会发展统计公报
Statistical Bulletin of the National Economic and Social Development in Inner Mongolia for 2005

内蒙古自治区统计局

（2006年3月1日）

2005年，全区各族人民在自治区党委、政府的正确领导下，以邓小平理论和“三个代表”重要思想为指导，认真贯彻中央和自治区经济工作会议精神，全面落实科学发展观，进一步加强和改善宏观调控，积极推进和深化各项改革，发挥资源优势，努力调整经济结构，不断优化发展环境，大项目带动效应凸现，优势特色产业不断壮大，投资结构趋于优化，经济增长基础更加稳固，运行质量明显提高，社会各项事业全面进步，人民生活水平继续提高。“十五”计划主要预期目标顺利完成，为“十一五”计划全区经济社会发展奠定了良好的基础。

一、综合

国民经济快速健康协调发展。初步核算，全年实现生产总值3822.77亿元，按可比价格计算，比上年增长21.6%，增幅比上年提高2.2个百分点。其中，第一产业增加值600.09亿元，增长12.7%；第二产业增加值1685.13亿元，增长29%；第三产业增加值1537.55亿元，增长17.9%。按常住人口计算，全年人均生产总值16026元，比上年增长21.4%，按当前汇率折算达1986美元。“十五”期间，全区生产总值年均增长16.6%，快于“九五”时期平均增速6.6个百分点。

产业结构继续优化。第一产业对经济增长的贡献率为9.4%，第二产业对经济增长的贡献率为54.5%，第三产业对经济增长的贡献率为36.1%。全区生产总值中一、二、三次产业比重由上年的16.9：41.0：42.1调整为15.7：44.1：40.2。

市场物价平缓上涨。居民消费价格总水平涨幅平缓，全年居民消费价格总水平比上年上涨2.4%。其中，涨幅较大的有医疗保健及个人用品类和居住类价格，分别上涨5.7%和6.9%，食品类价格上涨2.9%，其它消费品和服务类价格均略有上涨或保持稳定。生产和建设领域价格上涨明显，工业品出厂价格和原材料、燃料及动力购进价格分别比上年上涨5.1%和9.9%，固定资产投资价格上涨3.7%。[见附表1]

劳动就业保持基本稳定。年末全区城镇单位就业人员242.8万人，比上年末减少0.25万人。全年下岗职工通过多种渠道实现再就业13.9万人，年末城镇登记失业率为4.26%。

财政收入实现快速增长。全年财政总收入536.29亿元，比上年增长43.6%。其中，地方财政收入335.05亿元，地方财政收入中一般预算收入277.45亿元，分别增长39.3%和39.4%。财政支出明显扩大，公共财政的服务保障功能得到加强。全年地方财政支出734.71亿元，比上年增长21.9%。其中，基本建设支出110.22亿元，比上年增长45.1%；城市维护费支出38.95亿元，增长52.9%；教育支出78.74亿元，增长18.9%。“十五”期间，地方财政收入和支出累计分别达到986.34亿元和2557.86亿元，分别比“九五”时期增长1.28倍和1.77倍。

国民经济和社会发展中存在的主要问题是：粗放型经济增长方式仍比较突出，资源综合开发利用水平不高；传统产业比重大，新型产业和现代产业比重小；利用外资规模较小，口岸经济发展较慢；非公有制经济和中小企业在经济总量中比重偏小；城乡居民收入增长相对较慢，就业形势和社会保障压力依然较大等。

二、农业

第一产业较快增长。全年农林牧渔业实现增加值600.09亿元，比上年增长12.7%，增速快于上年1个百分点。农牧业产业化步伐进一步加快，农牧业依据市场需求变化呈多元化发展。

种植业获得全面丰收。全年农作物种植面积621.57万公顷，比上年增加29.17万公顷。其中，粮食作物种植面积437.36万公顷，比上年增加19.25万公顷。全年粮食总产量1662.15万吨，创历史最高水平，比上年增产156.76万吨，增长10.4%。其中小麦、稻谷和大豆产量分别增长29.9%、14%和26.2%。全年油料产量122.17万吨，增长17.8%；甜菜产量138.28万吨，增长43.5%；蔬菜产量1009.61万吨，增长15.7%；水果产量178.57万吨，增长38.1%。[见附表2]

畜牧业生产跃上新台阶。牧业年度全区牲畜存栏头数达10615.29万头（只），比上年同期增长14.5%；牲畜总增5169.16万头（只），增长25.3%，牲畜总增率达55.7%。牧业年度良种及改良种牲畜总头数9626.13万头(只)，比重为90.7 %，比上年提高2.3个百分点。全年肉类总产量247.48万吨，比上年增长22.5%；牛奶产量727万吨，增长46%；山羊绒产量6395吨，增长7.4%；禽蛋产量46.27万吨，增长19.4%。“十五”时期，肉类总产量、牛奶、山羊绒产量分别由143.4万吨、79.8万吨和3815吨增加到247.48万吨、727万吨和6395吨。畜牧业产值占第一产业的比重上升为

47.6%，比上年提高 3.6 个百分点。[见附表 2]

林业生态建设得到加强。全年完成造林绿化面积 67.80 万公顷。其中，人工造林 28.32 万公顷，飞播造林 10.06 万公顷，封山育林 29.41 万公顷。全年退耕还林完成造林面积 14.4 万公顷，幼林抚育作业面积 129.4 万公顷。全区森林覆盖率达 17.57%。“十五” 期间完成造林、封育面积 6670 万亩，比“九五”时期提高了 43%。全区生态状况呈现整体遏制，局部好转的局面。

渔业生产平稳增长。淡水养殖业进一步发展，全年水产品产量 8.26 万吨，比上年增长 6.9%。

农牧业生产条件继续改善。年末全区农牧业机械总动力 1922 万千瓦，比上年增长 8.5%；机耕地面积 466.57 万公顷，增长 4.1%；机电井数量 35.40 万眼，增长 3.8%；年内新增农田有效灌溉面积 13.34 万公顷，新增节水灌溉面积 22.54 万公顷；全年农村牧区用电量 291.37 亿千瓦时，增长 9%；化肥施用量(折纯)113.24 万吨，增长 8.5%。

三、工业和建筑业

工业生产持续快速增长。全年全部工业增加值 1390.89 亿元，比上年增长 30.3%。其中，规模以上工业企业（全部国有及国有控股企业和年产品销售收入 500 万元以上的非国有工业企业）完成增加值 1135.52 亿元，比上年增长 30.9%。在规模以上工业企业中，国有及国有控股企业增加值增长 21.6%，集体企业增加值增长 2.0%，股份合作企业增加值增长 75.8%，股份制企业增加值增长 28.2%，外商及港澳台投资企业增加值下降 13.7%，以私营企业为主的其它经济类型工业增加值增长 41.4%。在规模以上工业企业中，轻工业增加值 306.67 亿元，增长 31.2%；重工业增加值 828.86 亿元，增长 29.7%。

工业结构得到优化调整。规模以上工业高技术产业产值和出口交货值保持较快增长，分别比上年增长 30.2%和 36.7%。农畜产品加工业、能源、冶金、电子设备制造和机械制造业等五大行业成为拉动工业生产快速增长的主要动力。乳制品、液体乳、食用植物油和化学药品原药产量分别比上年增长 49%、48.1%、60.9%和 6.3 倍，载货汽车增长 20.3%，原煤、原油、天然气、发电量、生铁、十种有色金属、水泥和铜等产量增长幅度较大。[见附表 3]

工业经济效益显著提高。全年规模以上工业企业经济效益综合指数 203.61，比上年提高 38.96 点；实现利润 225.93 亿元，比上年增长 75.7%。其中，国有及国有控股企业实现利润 98.15 亿元，增长 83%；国有及国有控股企业的亏损企业亏损额下降 17.3%。

建筑业生产加快增长。全年建筑业增加值 294.24 亿元，比上年增长 23.2%。全区具有建筑业资质等级的建筑施工企业 680 个，施工企业房屋建筑施工面积 2796.77 万平方米，竣工房屋面积 1388.94 万平方米，房屋建筑竣工率 49.7%。全年具有建筑业资质等级的建筑企业实现利润 19.9 亿元，实现税金 11.82 亿元，分别比上年增长 13.8%和 25.5%。

四、固定资产投资

固定资产投资保持适度稳定增长。全年全社会固定资产投资总额 2687.84 亿元，比上年增长 48.6%,增幅比上年回落 1 个百分点。其中，全区 50 万元以上项目固定资产投资 2656.9 亿元，增长 48.8%。从投资主体看，国有经济单位投资 1129.40 亿元，增长 41.6%；集体经济单位投资 41.28 亿元，增长 23.3%；城乡个人投资 84.26 亿元，增长 5.8%；其他经济类型单位投资 1432.90 亿元，增长 59.5%。按投资管理渠道划分，基本建设投资 1860.93 亿元，增长 52.1%；更新改造投资 385.68 亿元，增长 46.4%；房地产开发投资 162.10 亿元，增长 46%；其他投资 179.20 亿元，增长 53.9%。按项目隶属关系分，地方项目完成投资 2431.92 亿元，增长 46.7%；中央项目完成投资 255.92 亿元，增长 69.7%。资金来源进一步多元化，自筹和其他资金所占比重逐年上升。

“十五”期间，全社会固定资产投资累计达到 6917.71 亿元，比“九五”时期固定资产投资增长 2.9 倍，年均增长 44.2%。

投资结构不断优化。基础产业和基础设施建设投资增长较快，全区城镇单位固定资产投资中，第一产业（农林牧渔）投资 95 亿元，增长 51.2%；第二产业投资 1461.25 亿元，其中，工业投资 1449.13 亿元，分别增长 1.45 倍和 1.46 倍；第三产业投资 1031.66 亿元，下降 2.2%。西部大开发重点行业投资中农林牧渔业投资 95 亿元，增长 51.2%；电力、燃气及水的生产和供应业投资 630.31 亿元，增长 81.1%；交通运输、仓储及邮政业投资 359.16 亿元，增长 48.6%；水利、环境和公共设施管理业投资 217.41 亿元，增长 55.9%。

重大项目建设进展顺利。全年实施投资亿元以上的重点建设项目 784 个，竣工投产 212 个。全年新开工基本建设项目 4627 个，更新改造项目 1324 个。全年在建项目投资总规模 6984.85 亿元。建成投产了伊利新工业园区、蒙牛五期技改、草原伊盛 100 万只肉羊加工、通辽万顺达玉米淀粉一期等一批农畜产品加工项目。建成投产了岱海电厂、托克托电厂三期等西电东送项目和海渤湾电厂三期、棋盘井电厂等区内用电项目。建成投产了包钢集团冷轧薄板项目、包铝集团扩能改造项目。交通建设方面建成了国道 110 和 210 线我区境内高速公路、省际通道阿荣旗至集宁高等级公路，新开工建设了集张、两伊、临策等 9 个铁路项目，建成了桑篮、嘉策铁路。另外呼和浩特白塔机场扩建工程、鄂尔多斯机场开工建设，阿尔山、二连浩特新建和赤峰机场迁建项目前期工作也取得了重大进展。

投资效果明显。全年城镇以上各种经济类型单位全部建成投产项目 6577 个，项目建成投产率 75.9%；新增固定资产 1627.53 亿元，固定资产交付使用率 62.9%。新增主要生产能力有：原煤 2436.4 万吨，生铁 395.03 万吨，电解铝 12.5 万吨，水泥 662.4 万吨，电力装机容量 372.3 万千瓦。城镇住宅竣工面积1201.56万平方米，其中，商品房住宅竣工面积853.55万平方米，商品房住宅销售面积1059.35万平方米；农村牧区竣工住宅515万平方米。

五、国内贸易

*消费品市场稳中趋旺。*全年社会消费品零售总额1344.10亿元，比上年增长15.8%。分城乡看，城市消费品零售额903.34亿元，增长17%；县的消费品零售额275.91亿元，增长14.7%；县以下消费品零售额164.83亿元，增长11.5%。分行业看，批发零售贸易业零售额1071.65亿元，增长16.6%；餐饮业零售额229.60亿元，增长13.2%；其他行业零售额42.83亿元，增长11.3%。

*市场消费结构升级明显加快。*消费结构呈现三个明显变化趋势，餐饮业持续升温，全年限额以上批发贸易零售额中餐饮业零售总额增长29.1%；汽车、居住、家庭装饰和旅游等消费不断扩大，汽车类零售额增长24.4%；家电和通讯类消费品升级步伐加快，全年限额以上批发贸易零售额中通讯器材类增长1.86倍，家用电器和音像器材类增长22.7%。

*大型商品交易市场活跃。*商业布局和经营业态调整步伐明显加快，企业市场竞争不断强化，专业性市场发展较快。全区亿元以上交易市场34家，商品成交额179.23亿元，比上年增长5.4%。各类大型连锁超市、仓储式商场、专卖店等新型商业发展势头强劲。

六、对外经济

*对外贸易实现快速发展。*全年海关统计的全区外贸进出口总额51.62亿美元，比上年增长27.5%。其中，出口总额20.65亿美元，比上年增长22.8%；进口总额30.97亿美元，比上年增长30.8%。进出口商品结构进一步优化。从出口看，加工贸易、机电产品出口增长速度快于一般贸易，一般贸易出口比上年增长18%，而加工贸易出口、机电产品出口分别增长75.2%和4.8倍。从进口看，一般贸易进口增长34%，加工贸易进口增长2.78倍。“十五”时期，全区外贸进出口总额累计达到178.77亿美元，比“九五”时期增长1.4倍。其中，出口76.99亿美元，比“九五”时期增长84.5%。五年间外贸进出口总额年均增长20.5%，比“九五”时期年均增长速度快7.9个百分点。

*利用外资规模明显扩大。*全年新批准外商直接投资企业197家，比上年增加2家；合同外资额13.83亿美元，比上年下降49.9%；实际利用外商直接投资11.86亿美元，比上年增长89%。“十五”时期，累计外商直接投资25.18亿美元，比“九五”时期增长4.78倍。

*对外经济技术合作取得新进展。*全年共签订国外工程承包、劳务合作及境外投资协议合同金额1.80亿美元，比上年下降67.8%；完成营业额6100万美元，比上年增长0.3%。

七、交通、邮电和旅游业

*交通运输业快速增长。*全年各种运输方式完成货运量73081.9万吨，比上年增长19.3%。其中，铁路22059.9万吨，增长18.9%；公路51020万吨，增长19.5%；民航2万吨，增长11.1%。全年各种运输方式完成货物周转量1604.31亿吨公里，比上年增长16.2%。其中，铁路1280.75亿吨公里，增长15.3%；公路323.35亿吨公里，增长19.8%；民航0.21亿吨公里，增长26.5%。全年各种运输方式完成客运量32113.8万人，增长10.9%。其中，铁路3258.8万人，增长0.7%；公路28604万人，增长12.1%；民航251万人，增长20.4%。全年各种运输方式完成旅客周转量323.12亿人公里，比上年增长12.9%。其中，铁路113.22亿人公里，增长8.3%；公路178.98亿人公里，增长15.3%；民航30.92亿人公里，增长17.4%。“十五”时期，全区累计完成货运量和客运量277401万吨和133872万人，比“九五”时期增长39.3%和30.6%。

*邮电通信业保持快速发展。*全年邮电业务总量（2000年不变价）276.1亿元，比上年增长18.9%。其中，电信业务总量267.2亿元，增长19.5%；邮政业务总量8.9亿元，增长3.5%。年末局用电话交换机总容量430.2万门，增长2.2%。年末本地网固定电话用户534户，增长6.4%。其中，城市电话用户427万户，增长6.8%；乡村电话用户107万户，增长4.8%。年末移动电话用户704.1万户，增长18.4%。年末全区固定及移动电话用户总数达到1239.6万户，比上年末增加143.1万户，全区电话普及率（包括固定和移动电话）达到52部/百人，增长14.5%。年末全区计算机互联网用户107.9万户，增长30.9%。

*旅游业加快发展。*全年共接待国内旅游人数2061.6万人次，比上年增长36.4%；国内旅游收入179.72亿元，增长44.8%。全年共接待入境旅游人数100.16万人次，增长25.2%；全年旅游外汇收入3.52亿美元，增长39.1%。“十五”时期，全区共接待入境旅游者305.44万人次，旅游外汇收入累计达到10.30亿美元；共接待国内旅游者6627.6万人次，实现旅游收入508.43亿元。

八、金融、证券和保险业

*金融机构存贷款规模显著扩大。*年末全区金融机构各项人民币存款余额3298.15亿元，比上年末增加649.37亿元，增长28%。其中，企业存款余额844.82亿元，比上年末增加154.69亿元，增长22.4%；储蓄存款余额1973.6亿元，比上年末增加370.96亿元，增长23.1%。年末全区金融机构各项人民币贷款余额2588.57亿元，比上年末增加437.84亿元，增长19.2%。其中，短期贷款余额1126.84亿元，比上年末增加167.22亿元，增长14.7%；中长期贷款余额1359.96亿元，比上年末增加242.58亿元，增长22.3%；个人消费贷款余额133.50亿元，比上年末减少19.55亿元，下降2.4%。全年金融机构现金收入11536.67亿元，现金支出11756.29亿元，分别比上年增长19.2%和19.5%，收支相抵，货币净投放219.63亿元，比上年增长38.6%。

*证券市场发展取得新成效。*全区首只短期融资券“鄂尔

多斯短期融资券”上市发行，发行规模10亿元人民币；包头铝业在上海证券交易所成功上市，融资4.9亿元；北方联合电力发行企业债券20亿元。

保险业稳步发展。全年保险业实现保费收入60.87亿元，比上年增长10.2%。其中，财产险实现保费收入17.38亿元，增长20.6%；人身险实现保费收入43.49亿元，增长6.6%。全年保险业赔款与给付支出14.18亿元，增长19.9%。其中，财产险赔款7.54亿元，增长12.7%；人身险赔付6.64亿元，增长29.3%。

九、教育和科学技术

教育改革和发展积极推进。年末全区共有普通高等学校33所，比上年增加2所；全年招收学生7.09万人，比上年增长1.1%；年末在校学生23.09万人，比上年末增长16.2%，其中，少数民族在校学生6.29万人，在少数民族在校学生中有蒙古族5.23万人，分别增长18.2%和14.7%；全年毕业学生3.95万人，增长27%。年末全区有研究生培养单位8个，全年招收研究生2965人，比上年增长23.4%；年末在校研究生7110人，比上年末增长33%，其中，少数民族在校研究生2366人，在少数民族在校学生中有蒙古族研究生2130人，分别增长34.4%和32.9%。年末有中等职业学校236所，招收学生8.45万人，比上年增长25%；年末在校学生19.99万人，比上年末增长14.9%，全年毕业学生5.51万人。年末有普通高中359所，全年招收学生19.84万人，比上年增长10.8%；年末在校学生52.35万人，比上年末增长10.5%，其中，少数民族学生14.12万人，少数民族学生中有蒙古族学生12.19万人，分别增长8.5%和9.5%；全年毕业学生13.66万人，增长16.3%。年末有普通初中1346所，全年招收学生32.77万人，比上年下降6.4%；年末在校学生108.62万人，比上年末下降7.6%，其中，少数民族学生25.6万人，下降7.1%；全年毕业学生37.25万人，比上年增长8.2%。全区初中阶段毛入学率106.94%，普通初中辍学率3.04%。年末有小学5850所，全年招收学生25.89万人，比上年下降4%；年末在校学生159.64万人，比上年末下降3.7%；全年毕业学生32.78万人，比上年下降6.4%。全年小学适龄儿童入学率99.44%，小学学生辍学率0.22%。

科技事业取得新成绩。科学研究与技术开发成果显著，全年共取得重大科技成果260项，其中，基础理论成果17项，应用技术成果234项，软科学成果9项。全年获得奖励科技成果101项，比上年增加17项，其中，荣获国家级奖励科技成果1项，自治区级奖励科技成果100项；全年专利申请1455项，授权专利845项；年内签订各类技术合同1160项，技术合同成交金额10.99亿元，其中向区外输出技术成交金额0.91亿元。

年末全区拥有产品质量检验机构96个，比上年减少6个，其中国家检测中心3个。

十、文化、卫生和体育

文化新闻事业稳步发展。年末全区有艺术事业机构153个，从业人员5578人；艺术表演团体110个，其中乌兰牧骑59个。年末全区有电影事业机构1118个，从业人员4257人；全年制作故事片9部，制作蒙语译制片36部。年末拥有各类电影放映单位1015个，比上年减少56个。拥有文化馆102座，公共图书馆109座，博物馆31座，档案馆140座，已开放各类档案133万卷。年末全区拥有广播电台13座，中短波广播发射台和转播台57座，广播人口覆盖率92.64%，比上年提高2.26个百分点；拥有电视台14座，一千瓦以上电视发射台和转播台80座，电视人口覆盖率90.15%，比上年提高2.16个百分点；年末全区有线电视用户198.46万户，比上年增长11.7%。自治区和盟市两级全年出版报纸27182.60万份，其中蒙文版1397万份；出版各类杂志1473.40万册，其中蒙文版125万册；出版图书5497.34万册，其中蒙文版793万册。

卫生工作进一步加强。年末全区共有卫生机构3774个，比上年增加59个。其中，医院476个，增加4个；农村牧区卫生院1330个，疾病预防控制机构146个，妇幼卫生机构116个。年末全区医疗卫生单位拥有病床6.94万张，比上年增加0.3万张。其中，医院拥有病床5.06万张，乡镇卫生院拥有病床1.31万张，妇幼卫生机构拥有病床0.24万张。年末全区拥有卫生技术人员10.26万人。其中，医院拥有5.41万人，乡镇卫生院拥有1.79万人，疾病预防控制机构拥有0.63万人，妇幼卫生机构拥有0.46万人；执业医师、助理医师5.03万人，注册护士2.71万人。农村牧区卫生事业不断加强，拥有农村牧区村级卫生室1.24万个，拥有乡村医生和卫生员1.70万人。年内开展新型农村合作医疗试点的旗县达到12个，比上年增加5个；覆盖农村牧区人口204.75万人，比上年增长99%。

体育事业成绩喜人。年内全区体育健儿在国内外重大竞赛中获奖牌96.5枚。其中，国外获奖牌6枚，国内获奖牌90.5枚；破亚洲记录1项，破全国记录1项，破自治区记录18项。

十一、环境保护

环境和自然保护工作取得新成绩。全区确定的自然保护区188个，比上年增加1个。其中，国家级自然保护区20个，自治区级自然保护区53个。自然保护区面积1424.41万公顷，其中国家级自然保护区面积342万公顷。全区拥有生态示范区建设试点单位44个。年末全区环境保护系统拥有职工4060人，比上年末增长6.1%；年末全区拥有各级环境监测站66个。已建成环境噪声达标区83个，环境噪声达标区面积425.4平方公里，分别比上年增长10.7%和30.1%；年内新建成烟尘控制区66个，新建成烟尘控制区面积619.8平方公里，比上年增长1.9%。全区监测的14个城市空气质量达到二级标准的5个，达到三级标准的6个，未达到三级标准的3个。

环境和生态治理继续加强。高载能工业园区污染治理工作取得积极成效，乱占土地得到有效遏制，生态环境和城市污染投入进一步加大。全年完成环境污染治理项目993个，完成环境污染治理项目投资总额 7.33 亿元，比上年增长8.1%。

十二、人口、人民生活和社会保障

人口保持较低增长。全年出生人口24.04万人，人口出生率10.08‰；死亡人口13.02万人，人口死亡率5.46‰；人口自然增长率4.62‰，比上年上升1.07个千分点。年末全区总人口2386.40万人，比上年增加2.05万人，其中蒙古族人口421.12万人。城镇人口1126.38万人，占全区总人口的比重47.2%；乡村人口1260.02万人，占全区总人口的比重52.8%。男性人口1229.30万人，女性人口1157.10万人。在总人口中，65岁及以上老年人口达160.37万人，占全区总人口的比重为6.72%，比上年提高0.21个百分点。

居民生活继续改善。全年城镇居民人均可支配收入9137元，比上年增加1014元，增长12.5%，扣除价格因素实际增长10.3%。"十五" 时期，全区城镇居民人均可支配收入年均实际增长10.5%，高于"九五"时期0.8个百分点。城镇居民人均消费性支出6929元，增长11.4%。城镇居民家庭恩格尔系数(居民家庭食品消费支出占家庭消费总支出的比重)为31.4%，比2000年降低3.1个百分点。全年农牧民人均纯收入2989元，比上年增加383元，增长14.7%，扣除价格因素实际增长10.5%。"十五" 时期，全区农牧民人均纯收入年均实际增长5.1%，低于"九五"时期3.2个百分点。农牧民人均生活消费支出2446元，增长17.5%。农村牧区居民家庭恩格尔系数为43%，比2000年降低1.8个百分点。城乡居民每百户主要耐用品拥有量有不同程度增长。[见附表4]

社会保障事业进一步加强。年末全区参加基本养老保险职工 252.60 万人，比上年增长 6.7%；参加失业保险职工222.30万人，领取失业保险金人数为10.27万人；全年参加基本养老保险的离退休人员86.10万人，比上年增长5%；全年有206.02万职工和85.98万离退休人员参加了基本医疗保险；全年共有75.63万居民得到国家最低生活保障救济。

社会福利事业不断发展。年末全区各类社会福利院床位2.48万张，比上年增长13.2%，收养1.75万人，比上年增长14.4%；年末全区城镇建立起各种社会服务设施7495个，比上年增长0.4%。其中建起社区服务中心645个。全年筹集社会福利资金19297.59万元，销售社会福利彩票55135.96万元，接受社会捐赠2875.80万元，分别比上年增长1.96倍、1.36倍和1.5倍。

注：本公报为初步统计数，生产总值及分产业增加值绝对数按现价计算，增长速度按可比价格计算。

附表1：居民消费价格变动情况

类　别	2005年
居民消费价格指数（上年=100）	102.4
城市	102.0
农村牧区	103.3
食品类	102.9
粮　食	103.7
肉禽及其制品	101.7
蛋	103.7
水产品	100.0
鲜　菜	109.2
鲜　果	104.8
烟酒及用品	100.0
衣着类	100.1
家庭设备用品及服务	100.3
医疗保健及个人用品	105.7
交通和通讯	99.8
娱乐教育文化用品及服务	100.4
居　住	106.9
服务项目	104.6
城　市	102.8
农　村	107.7

附表2：主要农畜产品产量和牲畜存栏数

产品名称	计量单位	2005年	比上年增长%
粮食	万吨	1662.15	10.4
其中：小麦	万吨	143.56	29.9
玉米	万吨	1066.20	12.5
稻谷	万吨	62.15	14.0
大豆	万吨	130.86	26.2
薯类	万吨	156.00	-17.8
油料	万吨	122.17	17.8
甜菜	万吨	138.28	43.5
水果(含果用瓜)	万吨	178.57	38.1
蔬菜	万吨	1009.61	15.7
肉类总产量	万吨	247.48	22.5
猪牛羊肉产量	万吨	210.84	23.7
猪肉	万吨	87.92	8.0
牛肉	万吨	37.93	32.1
羊肉	万吨	84.99	40.8
禽蛋	万吨	46.27	19.4
牛奶	万吨	727.00	46.0
绵羊毛	万吨	9.49	10.8
山羊绒	吨	6395.00	7.4
牧业年度牲畜存栏			
大牲畜	万头	934.19	14.7
羊	万只	8713.02	15.9
猪	万口	968.08	2.4

附表3：主要工业产品产量

产品名称	计量单位	2005年	比上年增长%
食用植物油	万吨	26.17	60.9
成品糖	万吨	14.75	38.2
乳制品	万吨	376.79	49.0
液体乳	万吨	362.76	48.1
原盐	万吨	215.84	33.4
卷烟	亿支	172.50	13.1
纱	万吨	3.22	45.2
布	万米	8337.43	98.4
白酒	万升	20837.67	9.8
啤酒	万升	64553.68	25.2
移动电话机	万部	98.93	–52.1
微型计算机	万部	0.80	9.2
彩色电视机	万部	239.09	0.7
原煤	万吨	25607.69	20.6
天然原油	万吨	146.92	29.8
汽油	万吨	44.99	11.9
柴油	万吨	41.01	–15.7
天然气	亿立方米	38.57	124.4
发电量	亿千瓦小时	1070.02	31.1
生铁	万吨	922.69	36.0
粗钢	万吨	805.49	28.6
钢材	万吨	747.77	23.7
铁合金	万吨	158.98	59.5
十种有色金属	万吨	70.53	37.6
水泥	万吨	1632.25	27.2
平板玻璃	万重量箱	1144.60	6.6
化肥（折纯）	万吨	65.58	13.3
载货汽车	辆	7138	20.3

附表4：城乡人民生活

项　目	计量单位	2005年	比上年增长%
城镇居民平均每百户耐用消费品拥有量			
彩色电视机	台	113	4.6
电 冰 箱	台	86	4.9
电 风 扇	台	62	3.3
电 炊 具	台	156	7.9
洗 衣 机	台	95	3.3
家用电脑	台	23	27.8
家用汽车	辆	3	
农牧民平均每百户耐用消费品拥有量			
电 视 机	台	101.8	–50.5
其中：彩电	台	87.09	24.3
电 冰 箱	台	12.86	15.1
电 风 扇	台	17.52	42.1
洗 衣 机	台	36.12	16.3
摩 托 车	辆	49.56	14.8

内蒙古自治区国民经济和社会发展第十一个五年规划纲要

Outline of Inner Mongolia the Eleventh Five-year-plan about National Economic and Social Development

内蒙古自治区第十届人民代表大会第四次会议关于《自治区国民经济和社会发展第十一个五年规划纲要》的决议

（2006 年 1 月 21 日内蒙古自治区第十届人民代表大会第四次会议通过）

内蒙古自治区第十届人民代表大会第四次会议，审议了《自治区国民经济和社会发展第十一个五年规划纲要》，会议同意规划纲要提出的奋斗目标和主要任务，决定批准这个规划纲要。

会议号召，全区各族人民要高举邓小平理论和“三个代表”重要思想伟大旗帜，全面落实科学发展观，同心同德，奋发进取，抓住机遇，加快发展，为实现“十一五”规划的各项目标，加快推进我区全面建设小康社会进程，建设和谐内蒙古而努力奋斗。

序 言

“十一五”时期（2006～2010 年）是我区加速推进新型工业化，保持经济社会持续快速协调发展的重要阶段，是落实科学发展观，建设和谐内蒙古的关键时期。编制和实施好这一时期经济社会发展的总体规划，对我区全面建设小康社会，加快社会主义现代化进程具有重大的战略意义。

“十五”以来，自治区党委、政府牢牢把握发展机遇，不断完善发展思路，强化发展措施，经济发展进入快速增长期，运行质量明显提高，发展后劲和抵御风险的能力进一步增强，是改革开放以来发展最快最好、人民得到实惠最多的时期之一。“十五”计划确定的主要奋斗目标提前完成，全区综合经济实力迈上新台阶。生产总值达到 3822.77 亿元，实现翻番；财政总收入达到 536.29 亿元，增长 2.4 倍；城镇居民人均可支配收入达到 9137 元，年均实际增长 10.5%；农牧民人均纯收入达到 2939 元，年均实际增长 5.1%；固定资产投资累计完成 6917.71 亿元，年均增长 44.3%。经济结构战略性调整取得实质性进展，工业化进程明显加快，工业增加值占全区生产总值的比重上升到 36.4%；城镇化水平进一步提高，城镇化率达到 47.2%。全区生态状况初步实现了整体遏制、局部好转，森林覆盖率达到 17.57%；基础设施显著改善，公路和铁路通车里程分别达到 79000 公里和 7934 公里。各项社会事业全面进步，民主法制和精神文明建设继续加强。改革开放迈出新步伐，经济自主增长机制初步形成。我区经济社会发展进入新的历史阶段，已站在新的历史起点上。

同时必须清醒地看到，我区经济社会发展还存在着一些不容忽视的矛盾和问题，主要是结构性矛盾和三农三牧问题依然突出，居民收入水平不高；资源开发利用水平低，缺乏自主创新能力；生态环境压力仍然较大，基础设施需要进一步改善；社会事业发展较慢，改革开放和建设和谐社会的任务仍很艰巨。这些问题必须引起高度重视，并不断加以解决。

“十一五”时期，我区经济社会发展面临着良好的环境。从国际看，经济全球化深入发展，国际贸易和投资继续扩大；科技进步日新月异，以高技术产业为主导的产业结构大调整格局正在形成；区域经济一体化趋势增强，我国将更多地融入国际经济体系，特别是与俄罗斯、蒙古等周边国家的经济技术合作将更加密切。所有这些都为我区提供了更为广阔的发展空间。

从国内看，一是我国处于工业化和城市化加速发展时期，产业结构调整和消费结构升级进一步加快，为我区发挥资源优势，承接产业转移，全面提升产业分工地位，发展壮大产业集群，优化经济结构带来了战略机遇。二是京津冀经济圈加快发展、东北等老工业基地振兴和中部地区崛起，为我区加强区域经济合作提供了良好的契机。三是西部大开发进入新阶段，国家继续加大对西部地区的支持力度，为我区进一步改善生态和基础设施、发展壮大特色优势产业创造了良好的政策环境。四是国家产业政策更加明确，实施一系列促进民族地区加快发展的政策措施，有利于我区产业持续健康发展。五是落实科学发展观，建设和谐社会，更加注重经济社会协调发展和社会公平，有利于我区加强薄弱环节。我们必须充分利用各种有利条件，切实增强忧患意识和机遇意识，积极应对各种挑战和风险，把握来势，乘势而上，实现经济社会又快又好发展。

第一章 经济社会发展的总体要求和主要目标

“十一五”时期我区经济社会发展的总体要求是：以邓小平理论和“三个代表”重要思想为指导，以科学发展观统领经济社会发展全局，继续深化改革，扩大开放，深入实施科教兴区和人才强区战略，调整经济结构，转变增长方式，推进社会主义新农村新牧区建设，加速农牧业产业化、新型工业化和城镇化进程，强化生态和基础设施建设，构筑我国重要的能源重化工业基地、绿色农畜产品生产加工基地和北方生态屏障。坚持以人为本，全面发展社会事业，努力建设和谐内蒙古。力争经济总量进入全国中等行列，城乡居民收入达到全国平均水平。

“十一五”时期我区经济社会发展要坚持以下原则：

—抓住机遇，加快发展。强化机遇意识，加快改革开放，利用一切有利因素，提高自主创新能力，着力解决制约我区产业发展的重大关键技术和共性技术，做大做强特色优势产业，形成在国际国内有较强竞争力的优势产业集群，保持一个较长的快速增长期，实现富民强区。

—统筹兼顾，协调发展。按照“五个统筹”的要求，切实加强薄弱环节，在推进工业发展的同时，大力发展服务业；在保持投资对经济增长拉动作用的同时，重视消费和出口的作用；在积极培育大企业大集团的同时，注重发展中小企业；在扩大对内开放的同时，促进对外开放；在加快经济发展的同时，促进社会进步；在继续推进城镇化的同时，加快建设社会主义新农村新牧区。

—遵循规律，持续发展。坚持遵循自然规律和经济社会发展的客观规律，走新型工业化道路，用信息化带动工业化，发展循环经济，创新资源开发利用模式，提高综合利用水平，使经济社会发展与资源环境的承载能力相适应，建设资源节约型和环境友好型社会。

—以人为本，和谐发展。把促进人的全面发展，建设和谐内蒙古摆到重要位置。更加注重社会公平，强化政府的公共服务职能，积极促进就业，加强社会保障体系建设，不断提高人民群众生活水平。加大对东部地区、贫困地区、少数民族聚居地区和革命老区的扶持力度。加快物质文明、政治文明和精神文明建设，使全区各族人民共享改革发展成果。

“十一五”时期我区经济社会发展的主要目标是：

—经济持续快速健康发展。在优化结构、提高效益和降低消耗的基础上，全区生产总值年均增长13%以上，人均生产总值按2005年价格计算达到29500元；财政总收入年均增长15%，固定资产投资年均增长18%，社会消费品零售总额年均增长16%。就业机制较为完善，城镇登记失业率控制在4.5%以内。

—产业结构优化升级。产业、产品和企业组织结构更趋合理，产业集中度有效提高。自主创新能力增强，全社会研究与开发经费占生产总值比重达到1.5%。形成一批拥有自主知识产权和知名品牌、市场竞争力较强的优势企业。

—资源开发利用效率明显提高。单位生产总值能源消耗比“十五”期末降低25%左右，农牧业灌溉用水有效利用率力争达到45%，工业固体废弃物综合利用率达到50%。

—城乡区域发展基本协调。社会主义新农村新牧区建设取得明显成效。城镇化率达到55%左右。各具特色和优势的区域发展格局基本形成，城乡、区域间公共服务和生活水平差距扩大的趋势得到遏制。

—基本公共服务比较健全。教育事业得到优先发展，“普九”人口覆盖率以旗县为单位达到100%。覆盖城乡的社会保障体系初步建立，新型农村牧区合作医疗制度覆盖80%以上的农村牧区人口。贫困人口继续减少，全区农村牧区贫困人口发生率控制在5%以下。防灾减灾能力增强，社会治安和安全生产状况进一步好转。

—可持续发展能力增强。人口自然增长率控制在7‰以内，总人口控制在2480万人以内。耕地面积保持在667万公顷，全区生态环境实现稳定遏制，重点治理区域全面好转，草原植被盖度和质量显著提高，森林覆盖率达到20%以上；主要城市空气质量达到国家二级标准的天数年平均大于280天，水环境质量达到水功能区划要求，“三废”处理率力争达到全国平均水平。

—市场经济体制比较完善。国有企业、行政管理、财税、投资、科技、教育、文化、卫生、社会保障和市政公用等领域的改革和制度建设取得突破，消除城镇化发展的体制性障碍取得进展。

—对外开放水平进一步提高。对外开放和对内开放更加协调，开放型经济达到新水平。外贸进出口总额达到110亿美元，年均增长16%以上。引进国内资金达到2500亿元左右，吸收外商直接投资达到18亿美元。

—人民生活水平继续提高。城镇居民人均可支配收入年均实际增长10%，达到14700元；农牧民人均纯收入年均实际增长8%，达到4400元；人均期望寿命达到72岁以上；城市人均住宅建筑面积达到25平方米，农牧民钢砖混结构住房比重达到80%。民主法制和精神文明建设取得新进展。

第二章 加强社会主义新农村新牧区建设

按照生产发展、生活宽裕、乡风文明、村容整洁、管理民主的要求，坚持从各地实际出发，编制社会主义新农村新牧区建设规划，扎实稳步地推进新农村新牧区建设。巩固和加强农牧业的基础地位，着力调整结构，发展高产、优质、高效、生态、安全农牧业；依靠科技进步，加速农牧业现代化进程；强化农牧业和农村牧区基础设施建设，改善公共服务，建立保护支持体系。第一产业增加值年均增长4%，达到730亿元。

第一节 农牧业结构调整

改善种植业结构，稳定总播面积和粮食播种面积，提高经济作物和饲草料种植效益。加大中低产田改造力度，增加单产，实施优质粮食产业工程，扩大专用小麦和玉米、优质小杂粮、高油高蛋白大豆等农产品生产，粮食综合生产能力达到1750万吨。进一步建设河套和土默川平原小麦、油料、瓜果基地，西辽河流域玉米基地，大兴安岭岭东南优质大豆基地，阴山北麓马铃薯、小杂粮等基地。

大力发展畜牧业，实现农牧业结构由种植业主导型向养殖业主导型转变，畜牧业增加值占第一产业的比重达到55%，肉类产量达到400万吨，鲜奶产量达到1500万吨。加快发展农区畜牧业，推行舍饲圈养、模式化饲养、集约化经营，促进种养结合、农牧互补，农区畜牧业占全区畜牧业产值的比重达到80%。稳定发展牧区畜牧业，严格实行草畜平衡制度，保护基本草牧场，全面推行休牧、禁牧和轮牧。优化养殖业结构，加快良种繁育，提高自繁能力、良种比例和单位产出。

第二节 农牧业产业化经营

培育和引进龙头企业，围绕乳、肉、绒、粮油等主导产业，支持龙头企业发展订单农牧业，切实提高农畜产品的精深加工和转化增值能力，不断推进品牌化、规模化经营，销售收入超亿元的产业化龙头企业达到150户。

龙头企业要围绕主导产业的发展，重点建设具有我区比较优势和特色的农畜产品生产基地，促进特色优势农畜产品生产向优势区域集中，实现区域化布局。主导产业原料基地农畜产品加工转化率达到80%。

按照民办、民营、民受益的原则，发展专业协会、合作社等各类合作经济组织及其它中介组织，培育经纪人队伍，提高农牧业组织化程度，力争全区60%的农牧户进入农牧业产业化经营领域。规范龙头企业、生产基地与农牧户之间的利益分配机制，实现利益共享、风险共担。

第三节 农牧业基础设施建设

加大对农牧业的支持力度，加强农牧业和农村牧区基础设施建设。抓好以节水灌溉为重点的农村牧区水利建设，提高抗旱减灾能力。农田和饲草料有效灌溉面积达到300万公顷，其中节水灌溉面积210万公顷。

按照以城带乡、同步规划的原则，支持水、电、路、讯等基础设施由城市向农村牧区延伸，推广使用以沼气、小型风电、太阳能为重点的农村牧区洁净能源，嘎查村全部通路、通电、通电话，实现乡乡能上网。做好乡村建设规划，按照节约土地、设施配套、节能环保的原则，合理引导农村牧区居民点布局。继续实施农村牧区饮水安全工程，基本解决干旱缺水地区和高砷高氟地区人畜饮水安全问题，农村牧区自来水普及率达到60%以上。

第四节 农村牧区公共服务

公共财政全面覆盖农村牧区，新增教育、卫生、文化方面的财政支出主要用于农村牧区，实现农牧民看得起病、子女上得起学。

全面普及农村牧区九年制义务教育，完成“两基”攻坚计划。落实“两免一补”政策，加大资助力度，扩大资助范围，实现免费义务教育。大力改善贫困落后地区的办学条件，建立农村牧区中小学危房改造资金保障新机制，实施农村牧区寄宿制建设工程，新增寄宿学生17.3万人。继续实施农村牧区中小学现代远程教育网络工程，全面完成初中计算机教室建设任务。加大全区中小学布局结构调整力度，建成小学以城镇小学加农村寄宿制中心小学为主、初中以城镇初中为主的义务教育体系，实现普通高中全部集中到旗县所在地。实施农村牧区教师培训计划，努力提高师资水平。

加强农村牧区卫生服务体系建设，改善农牧民医疗卫生条件。巩固和完善旗县、苏木乡镇、嘎查村三级卫生服务网络，建设930所苏木乡镇卫生院，改造完善旗县级医院和妇幼保健所各80所，基础设施和设备达到基本配置标准，形成以旗县医院为骨干、苏木乡镇卫生院为基础、覆盖农村牧区的医疗卫生服务网络。全面建立农村牧区新型合作医疗制度，对因病致贫的困难农牧民实行医疗救助，建立与农牧民收入水平相适应的农村牧区医药管理体系和医疗服务规范。加强农村牧区卫生队伍建设，制定优惠政策，鼓励医学院校毕业生到农村牧区工作，每个苏木乡镇卫生院拥有2名大专以上学历的卫生专业人员，嘎查村卫生室从业人员具备执业助理医师以上资格。组织城镇医疗机构和人员对口支持农村牧区，实施医师到农村牧区服务计划。

编制全区苏木乡镇文化站建设规划，推进农村牧区基层文化站建设。继续实施农村牧区电影放映“2131工程”、广播电视“村村通”工程和农村牧区信息化工程，完成8000个20户以上已通电自然村每村四套电视、两套广播节目的建设任务。加强苏木乡镇体育设施建设，为农村牧区开展全民健身活动创造条件。

第五节 农牧业保护支持体系

按照“多予少取放活”的方针，建立以工补农、以城带乡长效机制。各级政府要加大投入力度，确保财政用于农牧业和农村牧区的支出增长高于财政经常性收入的增长。进一步完善对农牧户的各项直接补贴政策。

提高农牧业科技综合创新能力，健全科技服务体系。加强农牧业科研基础建设，提高科研自主攻关和创新能力。大力推进科技入户和农牧民科技培训工作，推广提质增效的综合配套技术、旱作农业技术和保护性耕作技术。加快农牧业新品种、新技术、新装备的开发、引进与推广，实施种养业良种工程，提高科技成果转化率。科学使用化肥、农药和农膜。推进农牧业机械化，综合机械化水平达到65%以上。

加强动植物防疫体系和农畜产品质量安全体系建设，完善动物疫情防控预警和饲料监管机制。加快农牧业标准化建设，全面推广无公害农畜产品、绿色食品生产标准和认证制度。以区域性农畜产品质量检验监测中心为重点，强化质量监督检测体系建设，实行农畜产品市场准入制度。

建立自然灾害预警机制，加强突发性气象灾害预警应急响应体系建设，增强防灾避灾能力。完善灾害性天气预测预报预警预防体系，建设人工增雨基地。加强农牧业信息服务，健全信息网络，提高服务能力。发展农牧业保险，提高农牧业保护水平。

第三章 大力推进新型工业化进程

充分发挥我区的资源和区位优势，以信息化带动工业化，发展大产业，培育大集团，建设大基地，形成大集群。提高资源综合利用效率，发展循环经济，延伸产业链条，促进产业升级。巩固和提高能源、化工、冶金建材、农畜产品加工、装备制造和高新技术等特色优势产业的主导地位，积极发展非资源型等其它产业。继续实施名牌战略，培育和发展名牌产品，增加中国驰名商标。工业增加值年均增长18%，达到3180亿元。

第一节 能源工业

重点发展煤炭、电力、天然气和可再生能源，建设国家级能源基地。

煤炭工业加大结构调整力度，提高产业集中度，增强煤炭深加工和就地转化能力。建设两个亿吨以上、三个5000万吨以上产量的重点煤炭基地，新开矿井年产能要高于120万吨、露天矿高于300万吨。建设乌海焦煤基地和古拉本无烟煤基地，提高我区特种煤的开发能力。逐步淘汰年产30万吨以下的小煤矿。全区煤炭产能达到4亿吨，就地加工转化率达到50%以上。积极发展洁净煤生产，煤炭洗选比重达到60%。

电力工业加快电源点和电网建设，重点建设西电东送、煤电一体化和区内用电项目，鼓励和支持自备电厂建设。发电装机容量达到5500万千瓦。大力开发利用风能、太阳能和生物质能源，重点在锡林郭勒、乌兰察布等地区建设大中型风电场，扩建新建中小型风电场，风电装机容量达到400万千瓦。加快电网建设，形成多条交、直流外送通道和区内500千伏主网架结构电网。

天然气工业重点建设苏里格、大牛地和乌审等大中型气田，天然气产能达到120亿立方米。石油工业加快对海拉尔盆地、二连盆地的勘探和开采步伐，推进油页岩等非常规油气资源的开发利用。

第二节 化学工业

重点发展煤化工、天然气化工和盐碱化工，提高加工深度，在资源产地和基础条件较好的地区规划建设若干大型化工基地。新增甲醇系列产品1000万吨，煤焦化系列产品1000万吨，煤制油、聚氯乙烯各500万吨。

煤化工实施煤－电－化一体化战略，以洁净煤气化为龙头，大力发展新型煤化工产品链，提高煤制气、转炉气、焦炉气和煤层气的综合利用水平，加快特色煤化工经济区域的建设，形成横向成群、纵向成链的煤化工产业集群。加快建设大唐国际多伦年产46万吨煤基烯烃等重点项目，积极发展大型煤炭液化、煤焦化、甲醇及二甲醚、甲醇制烯烃、煤焦油等系列深加工产品。

天然气化工按照国家产业政策，加快建设鄂绒集团、临海化工集团合成氨、尿素等重点项目，积极发展合成氨、尿素、液体燃料等系列天然气化工产品。

盐碱化工在提高工艺技术水平的基础上继续扩张产业规模。充分发挥煤、电、盐等资源优势，实施兰太实业40万吨聚氯乙烯、海吉集团14万吨聚氯乙烯等重点项目，突出发展氯碱化工，鼓励发展科技含量高的大型煤电－电石－氯碱－聚氯乙烯联合生产项目，稳步发展金属钠、氯丁橡胶、甲烷氯化物等产品。

第三节 冶金建材工业

重点发展钢铁、有色金属、水泥和玻璃等产业，实现产业和产品结构优化升级。

钢铁工业加快产业重组，实施包钢扩能改造等重点工程，优化产品结构，提高中厚板、汽车板、特种钢、稀土钢和不锈钢等的比重，全区钢产能达到1500万吨。

有色金属工业扩大生产规模，提升加工水平。依托包头铝业、希望铝业、霍煤集团铝业等优势企业，加快发展氧化铝，突出发展精铝、铝板带、高档铝箔、稀土铝及铝基系列合金材料，适度发展铜、铅、锌等有色金属冶炼及深加工产品。

建材工业以水泥、玻璃为主，淘汰落后生产能力，发展新型干法水泥，扩大浮法平板玻璃生产规模。充分利用高岭土、风积沙等资源，发展节能环保的新型建筑材料。

第四节 农畜产品加工业

重点发展乳、肉、绒、粮油加工等产业，提高精深加工水平。

乳业继续建设大型加工项目，提升产品档次，实现乳制品结构由单一向多元转变，扩大乳制品的市场占有率，确保在全国的领先地位，力争两家龙头企业进入世界乳业二十强。

肉类加工业以牛羊肉加工为重点，全面发展肉类产业。按照国际肉类安全卫生标准，以品牌经营为切入点，培育草原兴发、伊盛、科尔沁牛业等一批现代化加工企业。

羊绒加工业提高新产品开发能力和加工水平，在自主研发、创国际品牌和建立营销网络方面取得突破，稳定鄂尔多斯、鹿王等名牌羊绒制品在国际国内市场的占有率。

粮油加工业提高小麦、玉米、油料、马铃薯等的精深加工水平，重点发展东部地区的玉米、大豆和蓖麻，西部地区的小麦、向日葵和番茄等农产品的加工，力争在玉米加工和转化上取得较大突破。

第五节 装备制造业

重点发展运输机械和特种工程机械，促进产品系列化、产业规模化。提高重大装备成套水平、产品配套和自主技术开发能力。鼓励和引导企业按集团化、专业化模式进行重组、联合和分工。在发挥现有军工企业优势的同时，进一步拓展生产领域，建设包头、呼和浩特机械装备制造业基地。扩大重型汽车、重型矿用车、工程机械、铁路车辆、风电设备、牧业机械和数控机床卡盘等特色产品的生产规模，积极发展汽车零部件生产等配套产业。

第六节 高新技术产业

重点发展电子信息产品制造、稀土深加工和生物制药业，增加在工业经济中的比重，高新技术产业增加值占工业增加值的比重达到10%以上。

电子信息产品制造业积极发展数字电视、高端手机、液晶显示器、光电基础材料和器件、多晶硅、单晶硅等，开发计算机及网络应用产品和数字音视频产品。

稀土产业在稳定发展上中游产品的基础上，开发下游产品，突出发展稀土新材料、元器件和应用产品等下游产品。加快稀土永磁材料、储氢材料、净化催化材料、发光材料等稀土功能材料的发展步伐，延长产业链，构筑稀土产业集群。

生物制药和特色制药产业围绕农畜产品及特色植物资源，培育中蒙药、生物制药、生物兽药、生物饲料产业链和功能性食品产业链。

第七节 基地和园区建设

根据我区资源禀赋、产业基础和国家产业政策，科学规划，合理布局，建成若干特色明显、配套能力强、产业关联度高、技术先进、竞争力强的大型产业基地，促进我区特色优势产业的集约化、规模化发展。规划建设化学、冶金、机械、有色金属工业和以稀土高科、生物制药为主的高科技产业基地，重点建设呼包鄂、霍白胜（霍林河-白音华-胜利）、呼伦贝尔和蒙西（棋盘井-乌斯太-西来峰）等能源重化工业基地；以乳、肉、绒和粮油等为重点，在全区范围内建设各具特色的绿色农畜产品生产加工基地。基地要配套建设交通、供电、水源地和物流等基础设施，促进各种生产要素集聚，增强竞争优势。

加快开发区建设，完善园区基础设施，创新园区管理制度，在土地、信贷、项目审批、税费等方面建立有利于吸引企业入区发展的良性机制，为投资者提供良好的创业环境。积极引进科技含量和产业层次高的项目，以产业为纽带，以配套促集聚，着力培育和发展优势产业集群，使开发区和工业园区成为全区工业经济发展的重要载体和新的经济增长点。

第八节 建筑业

转变建筑业增长方式，推进建筑业结构调整，以科技为先导，标准化、工业化和信息化为基础，科学组织管理为手段，建设项目为载体，积极采用新技术、新工艺、新设备和新材料，建设一批优质、节约、环保、适用的精品示范工程，不断提高建筑业技术水平。加快建筑业体制机制创新，积极培育建筑业龙头企业，全面提高建筑业的整体素质和竞争力，形成五家产值达到 20 亿元的大型企业。建筑业增加值年均增长 12%。

加强建筑业法规和制度建设，切实整顿建筑市场秩序，规范市场主体行为。全面推行建设工程勘察、设计、施工、监理和材料设备采购招标投标制度，加强工程风险管理，逐步推广投标担保、工程支付担保和履约担保，推行工程设计、监理和其他工程咨询机构职业责任保险制度，完善工程建设监管体系和建筑市场运行机制。

第四章 加快发展服务业

加快服务业体制机制创新，以新型工业化、城镇化、农牧业产业化为依托，以扩大居民消费和发展生产性服务业为突破口，进一步扩张规模，优化结构，提高质量，逐步实现市场化、产业化和社会化。改造提升传统服务业，加快发展新兴服务业，着力培育现代服务业。第三产业增加值年均增长 13%，达到 2800 亿元。

第一节 商贸流通业

加快发展商贸流通业，继续鼓励发展所有制形式和经营业态多样化、诚信便民的批发零售、餐饮等商贸服务。商贸流通餐饮业增加值年均增长 12%。

支持连锁经营、物流配送和电子商务等现代流通方式，引进和发展大型流通企业，扩大经营规模，完善服务功能，提高辐射带动能力。增加农村牧区商业网点，健全农村牧区商品流通网络。加强农畜产品、能源重化工业产品市场建设，培育和发展各具特色的专业市场。适应居民餐饮消费社会化和旅游消费扩大的需要，加快民族餐饮等特色产品开发。鼓励特色餐饮品牌“走出去”，推动连锁经营，扩大市场占有率。

第二节 物流业

立足区位和产业优势，加快发展运输物流业。有效整合物流资源，加强运输物流信息系统工程和物流集散网建设，推广厢式货运、集装箱多式联运和快递服务，培育专业化物流企业，发展第三方物流。运输物流业增加值年均增长 15%。

重点建设呼和浩特、包头、赤峰、通辽和呼伦贝尔运输枢纽，形成五大物流基地和区域性物流园区。推进南联北开的跨国运输大通道建设，开辟国际物流市场，把我区建设成为我国北方重要的商品物资集散地。加快发展公路运输，经营性公路客货运输车辆达到 35 万辆。

第三节 旅游业

发挥我区草原、森林、沙漠、冰雪、口岸、民族风情等资源优势，开发特色旅游品牌和旅游产品，发展红色旅游，提升旅游景点档次。旅游总收入年均增长 20%。

重点建设呼和浩特－包头－鄂尔多斯、满洲里－海拉尔－阿尔山、锡林浩特－克什克腾－喀喇沁、贺兰山－巴丹吉林－东风航天城四条旅游精品线路。加快建设阿尔山-柴河、呼伦贝尔两湖一湿地、额尔古纳界河森林风情、环岱海等重点旅游区，完成乌兰夫故居和纪念馆、大青山抗日根据地、满洲里红色国际秘密交通线等红色旅游项目建设。建成一批年接待游客能力 50 万人以上的国内知名旅游景区。加强与周边省区的合作，引进和培育一批有实力的旅游企业。加快旅游基础设施和大型旅游服务设施建设，提高吃、住、行、游、购、娱的整体服务水平，把我区建设成为我国北方重要的旅游热点地区。

第四节 房地产业

房地产业以普通商品房建设为重点，加大经济适用房的供给能力，形成适应不同消费阶层需求的住房供应体系。进一步扩大住房公积金贷款规模，促进住房消费。加强和改善房地产市场宏观调控，保持房地产市场持续健康发展。落实国家和自治区降低房地产交易成本的优惠政策，降低普通消费者的消费成本，推动房地产二级市场健康发展。

第五节 社区服务业

按照市场化运营方式，完善服务设施，健全服务组织，增强服务功能。推动住宅管理向社会化、专业化的物业管理转变。鼓励各类投资主体兴办便民商业、物业管理、家政服务、社会化养老、医疗服务、文化服务、法律服务、安全保卫、餐饮娱乐等产业。积极引导社区内的机关事业单位开放服务设施。支持社区服务企业通过兼并重组做大做强。加强社区服务网络建设，完成 1700 个社区服务网络建设任务。推进社区服务现代化，在大中城市逐步发展智能化小区。

第六节 金融业

进一步扩大贷款规模，努力实现信贷资金的增长快于经济增长的目标。支持区外金融机构在我区扩展业务，积极引进招商银行、浦东银行和民生银行等股份制银行。完善地方金融体系，支持和发展以股份制和合作制为主的银行，深化以信用社为重点的农村牧区金融改革，组建内蒙古发展银行，选择有条件的地区成立农村牧区合作银行和农村牧区商业银行。鼓励大中型企业成立财务公司和金融租赁机构。在试点的基础上，发展小额信贷机构，为中小企业服务。扩大股票市场融资份额，发行企业债券。建立特色优势产业发展基金和稀土、生物制药等风险投资基金。大力发展保险业，增加险种，改进服务，开拓市场，提高覆盖程度和保障水平。

第七节 信息中介业

通过推进电子政务、电子商务、企业和社会信息化进程，培育和壮大信息服务业。积极引进国内外软件企业，扩大包头软件园规模，加速呼和浩特软件园建设，培育一批营业收入超亿元的企业。

加快发展工程、财务、法律、管理等专业化服务组织，建立适应市场经济和国际通行规则，公正执业、自律有序的中介服务体系，规范服务标准，提升中介服务业水平。

鼓励多元投资，培育市场主体和会展品牌，发展草原文化节、药交会等各具特色的文化节庆和会展活动，搭建经贸合作平台，提高展销活动的知名度和会展业的影响力。

第八节 市政公用服务业

开放城市公用行业市场。允许国内各类社会资本和外资采取独资、合资、合作、股份制、特许经营、资产收益证券化等多种形式，投资市政公用项目。对现有的供电、供水、供气、供热、污水和垃圾处理等存量资产，进行整体或部分转让，加速企业化改制，提高存量资产的运行效率。通过招标拍卖等办法，出让出租汽车经营权、公交线路运营权，以及道路、广场、路灯、桥梁、停车场等市政公用设施的冠名权、广告权、收费权和租用权，提高市政公用设施的建设水平和运营效率。

加快市政管理、客运、绿化、环卫等生产经营单位的企业化改制步伐。全面放开市政公用设施的设计、施工、监理、材料设备供应，以及市政设施维护、城市绿化养护、道路清扫、垃圾清运、公厕保洁等作业市场，允许社会力量组建作业公司，公开竞争承接作业任务。

第五章 统筹发展区域经济

坚持"适度收缩、相对集中"的原则，鼓励生产要素向优势地区和优势产业集中。依托大中城市、大型产业基地和城镇经济带，形成"以线串点、以点带面"的空间开发格局。呼包鄂地区率先发展，东部地区实现崛起，其它地区发挥比较优势，培育特色产业，实现快速发展。

第一节 城镇化

积极推进城镇化，优化城镇布局，完善城镇体系，逐步形成以城带乡、以工促农、城乡互动、协调发展的体制和机制，实现人口进城、工业入园、产业集中和要素集聚。突出发展大城市，加快发展中小城市，有重点地发展小城镇，走出一条具有我区特色的城镇化路子。全区城镇人口达到1360万人。

加强城镇体系建设。大城市加快现代化建设步伐，完善功能，扩大规模，提高辐射带动能力。呼和浩特和包头市按自治区中心城市规划建设，城区人口分别达到200万人左右；赤峰市按自治区东部地区中心城市规划建设，城区人口达到100万人左右。中小城市以盟市所在地、口岸和旅游城市为主，加强与大城市的分工协作，增强要素集聚能力，强化区域性中心城市功能。小城镇的发展与农牧业产业化经营、工业园区建设、农村牧区服务业发展和生态建设相结合，促进人口和产业相对集中。按照突出重点、合理布局、注重实效、强化功能的要求，抓好旗县政府所在地镇的扩容提质，提高小城镇综合承载能力。

加强城市规划的编制与管理，提高城市详细规划覆盖率，严格按照城市规划组织建设。完善城乡一体化规划，推进一体化建设。坚持高效能城镇管理，建管并举，重在管理，创新管理机制。加快城镇及近郊区无地、少地农民的"村改居"和城中村改造步伐，全面提高居民素质和城镇文明程度，打造良好的城市品牌。

引导农村牧区富余劳动力向城镇有序转移，累计转移农村牧区人口240万人。对临时进城务工人员，在劳动报酬、工伤保险等方面切实保障其合法权益；在城市已有稳定职业和住所的进城务工人员，逐步转为城市居民，依法享有当地居民应有的权利，承担应尽的义务；因城市建设被征用土地的农村人口，要转为城市居民，政府负责提供就业援助、技能培训和最低生活保障。深化户籍、劳动就业、教育、医疗和社会保障制度等改革，取消对农牧民进城就业的限制。

第二节 呼包鄂地区发展

呼和浩特、包头和鄂尔多斯地区以区域经济一体化为目标，继续保持快速发展的态势，在优化经济结构、转变增长方式、发展循环经济、加快区域创新和建设和谐社会方面率先突破，实现全面建设小康社会的目标。积极培育呼和浩特—包头—鄂尔多斯城镇群，城镇化率达到70%以上，使其成为我区参与区域竞争的中坚力量。呼包鄂地区更主动地融入京津冀经济圈，在区域合作中实现更大的发展。呼和浩特建成现代化首府城市，包头发展成为中西部地区经济强市，鄂尔多斯建成国家重要的能源重化工业基地。

通过统一规划和政策引导，促进区域内产业高度化和产业布局优化。在能源、重化工、农畜产品加工、高新技术产业等方面进行合理布局，开展产业合作，发展各具特色的产业链和关联密切的产业群，形成沿黄（河）经济带和沿交通干线经济带。联合开发旅游资源，建设面向京津冀为主的旅游目的地。

加强经贸合作，共同培育自由、开放、统一的市场，构建多层次、广覆盖、流通顺畅的现代流通体系，实现资本、技术、劳动力和信息等生产要素的优化组合。加快构筑区域内快捷高效、立体化的现代交通运输体系和设施共享的信息网络。

推进区域创新体系建设，加强区域内高等院校、科研院所和企业的合作，选择特色优势领域，实现自主创新和集成创新。在统筹城乡上取得突破，加快以工补农、以城带乡步伐，构建较为完善、覆盖城乡的社会保障体系，建立新型城乡关系。

第三节 东部地区发展

东部地区抓住国家振兴东北老工业基地的发展机遇，进一步融入东北、对接京津、联通俄蒙，引进大企业，实施大项目，推进新型工业化步伐，经济发展速度高于全区平均水平。

充分发挥资源优势和地缘优势，依托交通干线、中心城镇和资源富集区，强化区域内的合作，优化资源配置，吸引资源加工型产业转移。重点抓好能源、农畜产品、有色金属、木材加工、旅游等优势产业和特色经济的发展。加强对草原和森林资源的保护。建设大型煤电及化工生产基地、绿色农畜产品生产加工基地、有色金属生产加工基地和全国重要的旅游目的地。依托口岸优势，发展口岸经济，成为我区及东北经济区向北开放的前沿、东北亚地区重要的交通枢纽和物流中心。抓好与东北及环渤海地区的重大基础设施建设对接、产业对接和政策对接，着力打造贯通东西、联结内外的铁路、公路和电力大通道。

建立政府间沟通协调机构，制定共同发展政策，形成市场驱动、政府推动的区域合作机制。自治区加大对东部地区的支持力度，实施对兴安盟的对口帮扶。积极争取享受国家东北振兴的优惠政策。

第四节 县域经济发展

按照因地制宜、分类指导、民营主体、突出特色的原则，从当地资源条件和产业基础出发，找准发展定位，通过项目拉动、产业联动，做大县城，做强产业，大力发展特色经济、非公有制经济和外向型经济，提高县域经济自主增长能力。全区工业经济为主的旗县市区达到三分之二以上，财政总收入超10亿元的达到四分之一以上。

松山区、和林格尔县等城郊型县域要主动接受区域中心城市辐射，发展配套产业。阿荣旗、东乌珠穆沁旗等农牧业型县域要以农牧业产业化为突破口，充分开发利用农牧业资源，培育特色产业，加速农牧业主导型经济向工业主导型经济转变。准格尔旗、霍林河市等工矿型县域要加强资源的深度开发利用，延长产业链条，推动对资源的循环利用。额济纳旗、石拐区等生态脆弱和资源枯竭型县域要积极推动产业转型、人口转移。

巩固和加强中小企业在县域经济中的主体地位，充分发挥市场的引导作用，积极发展就业容量大的劳动密集型产业和服务业。围绕特色优势产业集群的发展，重点培育壮大一批“专、精、特、新”的成长型中小企业，发展为大企业配套的产品和服务产业。加强中小企业自我发展、自我积累能力，强化企业管理，实现可持续成长。鼓励支持中小企业运用先进适用技术，提高产品的技术含量和附加值。建立多层次的社会化服务体系，为中小企业提供技术支持、市场开拓、创业辅导、管理咨询等多方面服务。

第五节 边境和民族聚居地区发展

认真落实国家支持少数民族地区发展的各项政策，加大政策扶持和资金投入力度，改善生产生活条件。优先安排与群众生产生活密切相关的教育、文化、卫生等领域的公益性项目，提高少数民族人口素质，加快发展各项社会事业。加强能源、交通、通信、给排水等基础设施建设，促进边境、少数民族聚居地区和革命老区经济社会发展迈上新台阶。

按照重点突破，逐步推进的原则，在达茂、阿巴嘎等19个边境旗县实施兴边富民行动，促进特色经济发展。完善边民互市贸易政策，积极开展边境贸易和对外经贸合作，发展口岸经济。

编制和实施莫力达瓦达斡尔、鄂伦春和鄂温克自治旗经济社会发展专项规划，制定扶持“三少”民族及其他人口较少民族发展的优惠政策。设立人口较少民族发展基金，加大财政转移支付力度，组织、支持优势地区对人口较少民族地区进行对口支援和帮扶，实施呼伦贝尔市和兴安盟少数民族农牧民茅草屋（危旧房）改造工程。人口较少民族农牧民家庭人均纯收入达到全区平均水平。

第六章 推动非公有制经济快速发展

贯彻落实国家关于鼓励支持和引导非公有制经济发展的各项政策，着力消除体制性障碍，毫不动摇地促进非公有制经济发展，提高自主增长能力，使非公有制经济成为我区经济和社会发展的重要推动力量。非公有制经济增加值年均增长20%以上，比重达到全区经济总量的50%左右。

第一节 发展重点

鼓励非公有制经济发展特色优势产业及其配套产业。支持非公有制经济投资高新技术产业、现代服务业和现代农业，发展就业容量大的商贸流通餐饮、社区服务、农畜产品加工等劳动密集型产业。非公有制企业要按照科学发展观的要求，开展资源节约和综合利用，搞好环境保护，发展循环经济。

打破垄断，降低门槛，放开国家法律法规未禁入的行业和领域。鼓励非公有制经济参与国有企事业单位改革和党政机关后勤服务社会化改制，支持非公有制资本进入市政公用事业、教育、医疗卫生等领域，投资基础性和公益性建设项目，平等参与市场竞争。

鼓励非公有资本进入银行、证券、保险等金融领域。城市商业银行和城市信用社要积极吸纳非公有资本入股；农村牧区信用社要积极吸纳农牧民、个体工商户和中小企业入股，增强资本实力。城市商业银行、城市信用社和农村牧区信用社中非公有资本比重达到90%以上。支持非公有制企业创办担保、抵押、典当和拍卖等非银行金融机构。

鼓励非公有制企业以独资、控股和参股等多种形式，参与国有企业改组改制、主辅分离和剥离企业办社会职能，在资产处置、债务处理、职工安置和社会保障等方面，享受与国有企业同等的待遇。大力发展混合所有制经济，重点培育20家销售收入超百亿元、具有较强竞争力的混合所有制大型企业集团。

第二节 政策支持

进一步完善财税、投资政策，设立并逐步增加促进非公有制经济发展专项资金，支持和引导非公有制企业投资建设国家产业政策鼓励的项目及自治区关键领域和薄弱环节项目。分配和使用其他政府性投资时，非公有制企业享有同等待遇。按照扶新、扶小、扶弱和增加就业的原则，加大对非公有制企业的税收支持。

拓宽非公有制企业直接融资渠道，支持符合条件的企业利用外国政府贷款和国际金融组织贷款，利用资本市场在境内外直接融资。规范和发展各类产权交易市场，鼓励非公有制企业采取股权融资、项目融资等方式筹集资金。

加大信贷支持力度，引导各类金融机构提高对非公有制企业的贷款比重。支持地方商业银行等中小金融机构和担保机构开展以非公有制中小企业为主要服务对象的转贷款、担保贷款等业务，扩大小额贷款业务。自治区金融担保基金用于非公有制企业贷款担保的比重要达到三分之二以上。

第三节 服务引导

进一步推进依法行政，严格执行保护私有财产的法律法规和规章，在各级工商联设立非公有制企业维权投诉中心，建立投诉联席会议制度和首问责任制，切实维护非公有制企业合法权益。非公有制企业依法进行的生产经营活动，任何单位和个人不得干预。规范行政机关和事业单位的收费行为，对违反规定向非公有制企业乱收费、乱摊派、乱罚款、乱检查的行为，非公有制企业有权拒绝并投诉举报。

保护非公有制企业职工的合法权益，在平等协商的基础上，非公有制企业要严格按照劳动法与职工签订规范的劳动合同，按时足额发放工资，依法参加养老、失业、医疗、工伤和生育等社会保险，缴纳社会保险费。

根据非公有制企业不同需求，开展多种形式的职业培训。重点开展法律法规、产业政策、经营管理、职业技能和技术应用等方面的培训，提高劳动者素质，推进企业经理人职业化。各级政府给予适当补贴和资助。

建立自治区征信制度和信用信息中心，建立和完善非公有制企业信用档案数据库，形成适合于非公有制企业特点的信用征集、评级发布以及失信惩戒机制。强化企业信用意识，促进企业自律。

积极引导非公有制企业严格执行国家法律法规和政策规定，规范企业经营管理行为，建立健全现代企业制度，提高经营者素质。规范和发展各类行业协会、商会等自律性组织。建立非公有制企业发展评价制度，开展综合实力评选，在吸纳就业、依法纳税、社会捐赠等方面完善激励机制。加大宣传力度，形成有利于非公有制经济发展的良好舆论氛围。

不断强化服务意识，改进服务方式，创新服务手段，完善统计制度，加强对非公有制经济发展的监测和分析，及时向社会公布产业政策、发展规划、投资重点和市场需求等方面的信息。建立促进非公有制经济健康发展的工作协调机制，研究制定推动非公有制经济发展的配套措施，形成促进非公有制经济发展的合力。

第七章 继续加强基础设施建设

按照统筹规划，合理布局，优化配套，完善功能的原则，多元投资，加快交通、水利、城镇、信息等基础设施建设，城市规模和重要工业布局与水资源承载能力及其他基础设施相适应。

第一节 交通基础设施

以铁路和公路为重点，加快运输通道建设，构建“贯通区内、畅通三北、联通俄蒙”的综合交通运输网络。

铁路以东西通道、出区通道、口岸通道和煤运通道为重点，进一步加大新线建设和既有线电气化扩能改造力度。加快建设集宁－张家口、滨州线海满复线、临河－策克、东胜－乌海、准格尔－朔州、新包神双线、伊敏－伊尔施、赤峰－大板－白音华等项目，新建包兰线－甘其毛道口岸、白云鄂博－满都拉口岸、通辽－乌兰浩特等铁路项目，完成京包、包兰、集二、集通线电气化改造及白阿、通霍、叶赤线和包头、集宁、通辽枢纽等扩能改造。形成比较完善的铁路运输网络及出区、达海通道，铁路总里程达到11000公里以上。

公路围绕“三横九纵十二出口”的总体布局，加快路网建设，全面提高路网密度和等级，建立公路建设和管理新机制。重点建设牙克石-甘南、呼和浩特绕城、临河绕城等高速公路，畅通自治区东西大通道。建成乌兰浩特-白城、通辽-双辽、赤峰-朝阳、赛汉-丰镇、大饭铺-十七沟等高速公路，联通与周边省区的快速直达通道。加快满洲里、二连、阿尔山、策克、甘其毛道和满都拉口岸等高等级公路建设，形成联通俄蒙的公路运输通道。出区通道、首府至盟市建成一级以上公路，盟市至旗县基本建成二级公路，旗县至苏木乡镇基本通油路，嘎查村全部通公路。全区公路总里程达到89000公里，其中高速公路达到2500公里。

民航按照完善机场布局、提高综合配套能力，建设现代化空中交通管理系统的总体目标，扩建呼和浩特、包头、海拉尔、乌兰浩特机场，迁建赤峰机场，建成鄂尔多斯、阿尔山、二连浩特机场；完成巴彦淖尔、达来库布机场建设前期工作，适时开工建设。初步形成以呼和浩特为中心、覆盖全区、辐射全国及周边国家和地区的航空网络。

管道运输重点建设长庆气田－呼和浩特复线、呼和浩特－张家口－延庆、长庆－临河等输气工程。

第二节 水利基础设施

以水资源保护开发和防洪减灾为重点，坚持开源与节流并重，合理开发利用水资源，增加供水能力，调整用水结构，突出解决东部地区工程性缺水和中西部地区结构性缺水矛盾，基本满足生活、生产和生态用水需求，逐步建立安全用水保障体系。多渠道筹集水利建设资金，建设大中小型水库，特别是鼓励企业投资建设工业用水水库，提高供水保障能力。

加强黄河、辽河、嫩江等大江大河的堤防及河道整治。新建红吉、红花尔基、扎兰木德等重点水利工程和“引绰济辽”一期跨流域调水工程。完成尼尔基、绰勒、三座店等一批水利枢纽的续建和除险加固工程。积极推进毕拉河口、海勃湾、文得根、“引哈济锡”工程建设，搞好河套等大型灌区节水和分洪蓄水等续建配套工程建设。完善城市防洪体系，提高防洪标准。

第三节 城市基础设施

加快城市快速路和主次干道建设，全区城市人均铺装道路面积达到 10 平方米，基本建成与城市交通量相适应的道路网络，加快城市公共交通体系建设。

完善城市供水设施，加快供水管网改造，降低输配水管网漏失率，供水普及率达到95%。加快城市集中供热、供气工程和污水、垃圾处理设施建设，供气普及率达到80%。进一步改造城市电网，提高供电质量和可靠性。主要城市主干道全部采用地下电缆。加大城市地下空间开发力度，结合地面民用建筑，加速城市人防工程体系建设，增强城市整体防护功能。

加强城市住宅小区内绿化和城市公共绿地建设，增加城市绿色空间，创建生态园林城镇，努力营造人与自然和谐的城市生态环境系统，建成区绿化覆盖率达到35%。

第四节 信息基础设施

加强通讯、邮政、广播电视、远程教育网络等信息基础设施建设，实施数字电视整体转换以及高速宽带网络等重点工程，大力发展宽带接入，实现信息网络宽带化、综合化、智能化，构筑我区信息高速公路。在基础较好地区，重点支持电信、广电和计算机网“三网融合”，实现资源共享。全区互联网普及率达到20%，电话普及率达到68部/百人。新建城市邮政营业网点300处，加大网点的电子化建设力度，力争电子化网点达到90%。

高度重视信息技术在经济、社会各领域的广泛应用。鼓励和支持能源、化工、冶金、建材等重点行业推广应用先进的信息技术。建设电子政务、电子商务、中小企业信息服务、农牧业信息服务平台，发展远程教育、远程医疗。建立和完善数字安全认证体系，加强信息安全保障，加快“金”字系列工程建设。加大信息资源开发、利用、共享和整合力度，重点开发基础性、公共性和战略性信息资源，推动信息系统和数据库联网，扩大网络资源共享范围。高度重视和扶持蒙古文信息资源和信息技术的开发应用。

第八章 建设资源节约型和环境友好型社会

坚持节约资源和保护环境的基本国策，提高全民的节约意识，通过政策导向、法制保证、体制创新，加强资源管理，推动资源节约，保护生态环境，实现低投入、高产出，低消耗、少排放，能循环、可持续。

第一节 节约用水

发展节水农牧业，采取渠道防渗、管道输水、喷微灌等灌溉方式，普及节水灌溉技术，推进雨水集蓄，建设节水灌溉农田饲草料基地。推动水价形成、水权置换、水利管理和运行机制等方面的改革，积极建立水权置换和用水补偿机制，保证工业用水。

依据水资源条件和行业特点，推广节水新技术、新工艺、新设备，严格控制开采地下水。鼓励高耗水企业增加节水技改资金投入，促进废水循环利用和综合利用，实现废水资源化。燃煤电厂要采用空冷节水技术，优先使用城市再生水、煤矿疏干水。工业用水重复利用率达到60%以上，中水回用率达到50%。

统筹城市水资源的开发、利用、节约和保护，建设节水型城市。制定和实施城市节约用水政策，建立健全用水累进加价制度，逐步推行分质供水，综合运用经济、技术、法律和行政手段，全面推进城市节水工程建设。所有新建、改建、扩建的公共和民用建筑都要按节水标准设计，主体工程与节水工程措施同时设计、同时施工、同时投入使用。制定和推行节水型用水器具的强制性标准，鼓励城市用水单位和居民家庭使用节水型器具，强制淘汰不符合节水标准的用水器具。用水单位和居民小区要加强用水计划、用水定额、节水目标管理，把节约用水的各项制度落到实处。

第二节 节约能源和原材料

进一步优化产业结构，实现结构性节能；开发推广节能技术，实现技术性节能；强化能源生产、运输和消费的制度建设，实现管理性节能。实施国家的十大重点节能工程，突出抓好能源、化工、冶金、建材等重点耗能行业的节能。优先发展公共交通，鼓励使用节能型交通运输工具和农牧业机械。制定和完善节能标准，推广使用建筑节能新型材料和节能墙体，降低城市建筑能耗，鼓励发展绿色建筑。在全社会推广节能环保型空调、冰箱等家电产品和照明产品。

加强重点行业原材料消耗管理，严格设计、施工、生产等技术标准和材料消耗核算制度。鼓励使用小型、轻型和再生材料，推行产品的生态设计，提高原材料利用率。推行木材节约代用，在林区实施“以煤代木”集中供热工程，搞好林业“三剩物”、废旧木制品的综合利用。大力节约包装材料，限制食品和用品的过度包装。积极推广使用散装水泥。规范并减少一次性用品生产和使用。

第三节 节约、集约利用土地

坚持保护耕地基本国策。严格执行少占耕地、占补平衡的土地使用制度，切实保护以基本农田为主的耕地资源。发展节地型公共建筑和住宅，逐步禁止使用实心粘土砖。

严格控制建设用地过快增长，切实盘活土地存量，加大城乡和工矿用地的整理、复垦力度，累计完成土地整理和复垦13万公顷。按照产业集聚、布局集中、用地集约的原则，完善土地利用总体规划，优化用地结构，严格土地用途管制，统筹安排工矿、交通、水利等建设用地，推进城市和村镇土地集约化利用。

落实最严格的土地管理制度。建立统一的土地调查、分类、统计和登记制度，完善信息管理系统和监测制度。建立和完善土地收购储备制度，进一步规范经营性土地出让制度，健全土地交易市场，创建优化土地资源配置、节约用地和集约用地的新机制。

第四节 循环经济

按照“减量化、再利用、资源化”的要求，编制循环经济规划，实施循环经济推进计划，完善循环经济政策和统计体系，从资源开采、生产消耗、废弃物利用和社会消费各个环节，加强资源的综合利用和循环利用，形成有利于节约资源、保护环境的生产方式和消费方式。

以煤炭、电力、化工、冶金、建材等行业的重点企业为突破口，大力开展以节能、降耗、减污、增效为目标的清洁生产，建立以清洁生产为核心的物质小循环，降低工业生产过程中资源和能源消耗，实现污染物排放的最小化。创建包钢、包铝、乌兰水泥等五家国家级清洁生产示范企业，努力建成一批循环型企业。在全区重点工业园区和大型产业基地，以煤矸石、粉煤灰、废渣、废气、废水等综合利用为重点，推动煤矸石发电、粉煤灰提取氧化铝、中水回用和生物质垃圾发电，建立循环经济产业链，建设一批循环经济示范园区。

发挥农牧业生态系统的整体功能，加快传统农牧业向生态农牧业转变。提高生物、工程、农艺、农机、材料的集约化水平，大力推广免耕、合理施肥（药）、节水灌溉、旱作农业、集约化生态养殖、沼气与秸秆综合利用等循环利用技术。以农村牧区沼气建设为依托，推动规模养殖、特色种植、庭院经济和无公害、绿色、有机农畜产品的发展，提升生态农牧业和农村牧区经济发展水平。

以构建循环型城市与社区为目标，城市社区建立生活垃圾分类制度，郊区建立生活垃圾分捡回收处理基地。创建固体废弃物回收网络和拆解、再资源化处理体系。以废旧金属、轮胎、农膜、家电及电子产品、包装材料为重点，推进再生资源回收利用。普及绿色消费知识，形成节约资源、减少污染、环保选购、重复使用、分类回收、循环再生的绿色消费理念，改变城乡居民生活、消费习惯，建立绿色消费模式。加快建立从产品设计、生产、消费、无害化排放、资源化处理的循环消费机制，鼓励企业开发环保型消费品，推广使用可降解、无毒性生态包装材料。

第五节 生态保护与建设

按照优先保护、积极治理、合理开发、集约利用的原则，认真组织实施国家重点生态建设工程，加大生态保护与建设力度，逐步提高生态自我修复能力。按照谁开发、谁保护，谁受益、谁补偿的原则，加快建立生态补偿机制。

继续实施京津风沙源治理、退耕还林、退牧还草、天然林保护、三北防护林、水土保持等生态建设重点工程，加大科技支撑，提高工程建设效果。进一步巩固科尔沁沙地、毛乌素沙地生态治理成果，有效改善呼伦贝尔沙地、浑善达克沙地、乌珠穆沁沙地和阴山农牧交错地带的生态状况。保护和合理利用呼伦贝尔草原、锡林郭勒草原、大兴安岭及其它次生林区森林资源和阿拉善沙漠绿洲。在腾格里、巴丹吉林、乌兰布和、巴音温都尔、库布齐沙漠边缘大力营造防风固沙林，防止沙漠向外扩展。加快实施黄河中上游内蒙古段多沙粗沙区、嫩江流域黑土区水土流失治理工程。完成林业重点生态工程建设任务 400 万公顷，水土流失治理面积 210 万公顷，退牧还草 2000 万公顷。

大力发展林产业、草产业和沙产业等后续产业。在有条件的地区大力发展速生丰产林、防护用材兼用林、灌木工业原料林和灌木饲料林。积极发展林产品和林下产品加工业及森林特色种养业，建设各具特色的林草产品加工基地；引导和支持龙头企业发展林纸业、人造板和灌木饲草料加工业，在大兴安岭林区建设林产品加工基地。加快人工草地建设，积极引导广大农牧民大力发展优质牧草。沙产业重点开发沙棘、沙柳、山杏、麻黄、苁蓉等深加工和沙漠旅游等后续产业。

加强森林草原防火和林业有害生物防治等资源保护管理体系建设，强化湿地、野生动植物、地质遗迹及自然保护区、地质公园的保护和管理，有效保护生物多样性，各级各类自然保护区达到 200 个左右。完善和实施全区生态功能区划，加强各级各类自然保护区基础设施建设，使重点流域、区域主导生态功能得到保护和恢复。

第六节 环境保护

提高水环境质量。划定饮用水源保护区，严格执行饮用水源的水质控制标准。中心城市集中饮用水源地供水水质达标率达到 90%以上。加强对农林牧区饮用水源污染防治监管，建立健全饮用水安全预警制度和水环境评价制度。加强城市污水处理设施和配套管网建设，污水处理率达到 60%。污水处理厂全部实现在线监测，严禁超标排放。严格执行工业排污许可制度，工业废水排放达标率达到 90%以上。加大黄河内蒙古段、西辽河、海拉尔河、嫩江等重点流域水污染治理力度，力争我区境内主要河流水质基本达到国家要求的水体功能目标，重点流域规划的控制断面水质达标率达到 70%以上。

综合改善城市大气环境质量。提高能源利用效率和城市清洁能源的比例，发展热电联产和集中供热、供气。严格建筑施工及道路运输环境管理，有效控制城市扬尘，中心城市空气质量得到明显提高。加强工业大气污染源的防治，实施全面达标排放工程。加快现有电厂脱硫设施建设，新建电厂根据排放标准安装脱硫设施，推进钢铁、有色金属、化工、建材等行业二氧化硫综合治理。

推进固体废弃物的综合利用。加强城市生活垃圾无害化处理设施建设，提高生活垃圾的处理能力，生活垃圾无害化处置率达到 70%。加快医疗垃圾集中处理设施建设，实现医疗垃圾和危险废弃物的安全处置。对产生固体废弃物的重点行业，实行清洁生产审计制度，主要污染物排放总量有所下降。开展农村牧区畜禽养殖和面源污染防治。

加强地方环境立法，加大环保执法力度，提高环保监测监管能力。严格执行建设项目“三同时”制度和环境影响评价制度。依法淘汰污染严重的落后工艺、设备和企业。积极发展环保产业，建立污水、垃圾处理市场化机制，推进产业化运营。

第七节 矿产资源勘查、开发和保护

加强基础性、公益性地质调查和基础测绘工作。加快重要成矿远景区及自治区重点地区的基础地质调查，力争在环境、城市、农业地球化学调查探测量等方面取得初步成果，在地质找矿、地下水资源勘查等方面取得明显成效。完成新一轮全区地下水资源评价和严重缺水地区水资源勘查工作。力争我区 1:1 万地形图的覆盖率提高到 28%，为全社会提供基础服务。

强化战略性矿产资源勘查评价。根据我区矿产资源分布特点及找矿潜力，加强煤炭、石油、天然气、铁、金、银、铜、铅、锌及国家紧缺的钾盐、铝土矿、稀土等矿种的勘查，开展国家大中型煤炭后备基地的详查、勘探工作，同时兼顾重要成煤盆地的普查找煤工作。加大大兴安岭西南段多金属成矿带、呼伦贝尔有色金属矿产集中区、狼山多金属矿产集中区和阿拉善北山多金属矿产集中区的勘查力度。加强优质高效、新型非金属矿产资源的调查评价。争取发现和评价大、中型矿产地 10-15 处，形成 5 处大型后备战略资源基地。

建立商业性矿产勘查开采新机制。严格按照国家产业政策和矿产资源开发规划，通过招、拍、挂等形式，推进矿产资源探矿权、采矿权的有偿出让。

严格矿产资源开采管理。修订自治区矿产资源保护办法，严禁圈占矿产资源不按期开工和大矿小开、整矿零开、滥采乱挖，杜绝对资源的掠夺性、投机性开采和垄断性勘探。调整矿业生产结构，提高矿山企业准入标准，严格控制矿山企业总数。统筹矿产资源开发，引进先进开采技术，积极推进共伴生矿产资源的综合开发利用，煤炭厚层采区回采率达到 70%。

强化矿山生态环境保护。完善矿山地质环境保护和治理规划，按照“谁开发、谁保护，谁破坏、谁恢复”的原则，明确治理责任，加快矿山生态环境的治理与恢复进程，实施矿山塌陷区、采空区、大型露天煤矿回填区和西部煤层自燃治理工程，治理恢复率达到 40%以上。

第九章 促进社会全面进步

按照统筹经济社会协调发展的要求，牢固树立科学技术是第一生产力、人才资源是第一资源的观念，加快发展科技、教育、文化、卫生和体育事业，加强人力资本建设，努力突破科技和人才瓶颈。

第一节 科 技

坚持把增强自主创新能力作为科学技术发展的战略基点和调整产业结构、转变增长方式的中心环节，鼓励和支持原始创新，重点加强集成创新和引进、推广、消化、吸收后的再创新，着力建设一批有较强实力的自主创新基地，掌握一批核心技术，取得一批自主知识产权。建立和完善以企业为主体的技术创新体系，通过加快科技创新和技术跨越，带动经济跨越。电力、煤炭、钢铁、乳业、稀土等重点产业的技术水平进入国际或国内先进行列，流通、交通、信息、金融等服务业的新技术应用达到国内平均水平。

推进区域创新体系建设，构筑以高等院校、科研机构为主体的知识创新体系，完善内蒙古家畜繁殖生物技术、内蒙古旱作农业和内蒙古工业催化等二十家自治区重点实验室，加快建设稀土材料、新能源等三十家自治区级工程技术研究中心和蒙西新材料集团、北方重型汽车股份有限公司等一百家企业技术中心，实施呼和浩特科技城和产业化基地、循环经济科技试验示范等十大创新示范工程。

整合科技基础资源，搭建公共创新平台。扩大技术产权交易规模，发展常设技术市场和会展交易。健全科技成果推广服务体系，提高科技成果转化水平，专利申请授权量有明显增加。加快发展创业风险投资，集约化发展各类综合、专业孵化器。规范技术市场，保护知识产权。

坚持社会科学和自然科学并重，紧密结合我区实际，加强应用研究，发挥哲学社会科学在经济、社会发展中的重要作用。重点支持对自治区经济社会发展重大问题的研究和蒙古学、草原文化学等优势学科及基地建设，进一步巩固优势学科在全国的领先地位。

第二节 教 育

切实保障教育优先发展的战略地位，坚持教育公平，加大教育投入，优化教育资源配置，实施素质教育。重点发展基础教育，积极发展高等教育，大力发展职业技术教育和民办教育，优先发展民族教育，构建科学合理的继续教育和终身教育体系。

以全面普及和巩固提高九年制义务教育为重点，强化义务教育的政府保障责任，确保义务教育经费足额支付。在全面普及农村牧区九年制义务教育的基础上，抓好城镇低保家庭学生义务教育阶段的“两免一补”工作，各地政府要为进城务工人员子女提供同等的义务教育机会。

坚持适度发展与提高质量并重的原则，扩大优质高中规模，改造薄弱高中，提高普通高中教育水平。改造建设 140 所优质高中，实现每个旗县至少有一所优质高中的目标，盟市所在地和其他有条件的地区基本普及高中阶段教育，高中教育毛入学率达到 80%以上。

高等教育要在适度扩大规模的基础上，着力改善办学质量。力争在建设高水平大学和重点学科、提高知识创新、社会服务能力等方面取得新的突破。高等教育毛入学率达到 25%左右，各类高校在校生人数达到 50 万人左右。

大力发展职业技术教育，重点培养技能型实用人才。扩大职业教育培训规模，中等职业教育占高中阶段招生规模的 40%，高等职业教育达到高等教育招生规模的 50%以上。建成 100 所国家级和自治区级示范性学校；建立呼和浩特、包头、通辽、赤峰和鄂尔多斯等职业教育培训基地。进一步推

动公办职业学校办学体制改革与创新，大力发展民办职业教育。严格实行就业准入制度，完善职业资格证书制度。

改善民族教育办学条件，优化民族教育结构，提高民族教育质量，积极培养蒙汉兼通的中高级人才。切实落实"两主一公"政策，优先在民族中小学实行免费义务教育，有条件的地区率先实行高中阶段免费教育。加大民族学校基础设施建设的投入力度，设立民族学校专项建设资金，使民族学校的办学条件达到当地同级同类学校中等以上水平。继续办好高等院校民族预科班，进一步提升高校蒙语授课专业办学水平。在少数民族聚居地区兴办民族语言授课的中等职业技术学校，培养实用型技术人才。

第三节 文 化

围绕建设民族文化大区，加强公共文化基础设施建设。重点建设乌兰恰特大剧院、内蒙古博物馆、内蒙古经济文化交流中心、内蒙古民族解放纪念中心，推进图书馆、档案馆、广播影视声像资料管理的自动化、网络化和数字化。加强以旗县文化馆、图书馆为重点的基层公益性文化场所建设，提升服务能力。完善具有地方和民族特色的博物馆体系，改造建设内蒙古民族博物馆、大窑原始文化博物馆、航天博物馆等39个特色博物馆和四个区域中心文物库。继续实施"西新工程"，推动建设内蒙古广播影视中心工程。加快广播影视的数字化进程，完成75个干线站微波数字化改造任务，力争实现盟市以上和部分旗县广播电视采、编、录、播设备的数字化和节目制作网络化，全区广播、电视人口覆盖率均达到95%。

实施文化艺术精品战略，充分挖掘草原文化内涵，发挥蒙古族长调、马头琴等优秀民族民间艺术的传统优势，不断创作和积累具有广泛影响的民族传统艺术代表作，支持文艺界出精品、创名作、推名人。重视保护、推广和使用少数民族语言文字。

加强文化遗址和文物保护。完成辽上京、元上都、居延等五大遗址和汇宗寺、喀喇沁王府、阿尔寨石窟等古建筑群、古窟寺的专项保护建设任务。加强文物保护法制建设，依法严厉打击偷盗、走私文物的犯罪行为。推进历史文化名城、名村建设，实施好保护民族民间文化遗产工程，有效保护和开发利用民族文化资源。

大力发展文化产业，全面推进文化体制改革，加快公益性文化事业单位内部改革，推动国有经营性文化单位建立现代企业制度。打破地区、部门、行业和所有制界限，加快文化产业与资本市场的对接，鼓励民间资本和外资兴办文化企业，培育一批有实力的文化企业，重点抓好内蒙古报业、出版发行、广播影视和演艺团体等文化企业的集团化建设，打造一批独具特色的民族文化品牌。推动文艺演出团体开拓国内国际文化市场，提高市场竞争力和文化影响力。

第四节 卫生和全民健康

加强公共卫生设施建设，提高疾病预防控制、医疗救治和卫生执法监督能力，基本建成覆盖城乡的公共卫生服务体系。整合城市卫生资源，重点发展社区卫生服务。改造建设200个社区卫生服务机构，完成内蒙古医院和内蒙古医学院附属医院的建设改造任务，构建城市医院和疾病预防控制机构与社区卫生服务机构分工合理、配合密切、互为补充、双向转诊的新型城市医疗卫生服务体系。设立医疗救助专项基金，对特定弱势群体实行基本医疗救助。

发展特色医疗服务，提高综合服务能力。加强蒙医中医机构建设，基本完成50所蒙医中医机构建设改造任务。坚持以发展蒙医药为重点，鼓励利用先进的科学技术和现代化手段，推进蒙医药发展和创新。进一步优化整合蒙医蒙药资源，提高蒙医药产业化水平。

有效防治严重危害人民健康的重大疾病，努力控制重大传染病，积极防治地方病，普及防病知识，落实防治措施。免疫规划五苗接种率以苏木乡镇为单位达到95%。提高艾滋病防治知识知晓率，建设艾滋病综合防治示范区。加强妇幼卫生保健，孕产妇住院分娩率达到85%以上，以旗县为单位初级卫生保健合格率达到80%，婴儿死亡率和孕产妇死亡率在2000年基础上分别下降20%和25%。

深化医疗卫生体制改革，完善区域卫生规划，统一规划配置辖区卫生资源。医疗机构实行分类管理，政府集中财力办好一批满足基本医疗需求的公立医院，吸收社会资金逐步改制一部分公立医疗机构，为群众提供不同层次的服务。不断提高医疗服务水平，加强卫生专业人才队伍建设，积极探索建立现代医疗机构管理制度。

结合全民健身计划和奥运争光计划的实施，广泛开展全民健身活动，优先发展群众体育，大力发展民族体育，有选择地发展竞技体育。增加群众性体育、健身设施，完成内蒙古体育馆的建设任务，逐步完善盟市、旗县体育设施。体育场馆要面向社会开放，提高利用率。制定体育产业发展规划，完善相关的产业政策，加快推进体育产业化进程。大力开展健康促进行动和爱国卫生运动，改善卫生健康行为，提高全民健康水平。

第五节 人 才

大力推进人才强区战略，重点建设党政领导、企业管理、专业技术三支人才队伍，广泛培养高技能的技术工人和农村牧区实用人才，形成特色优势产业人才聚集地。发挥现有人才作用，积极引进创新型人才，力争成为人才流入区，各类人才队伍总量达到150万人以上。

党政人才以县处级以上领导人才队伍建设为重点，实施干部大规模培训工程。企业管理人才要依托大公司、大集团，实施"千名职业经理人培养工程"，逐步推行职业经理人制度，加大对中小企业经营管理人员的培训。专业技术人才依托重点产业、重点项目和重点学科建设，培养拔尖领军人才、优秀学科带头人、中青年科技攻坚人才和高层次管理人才。

高技能人才建设要围绕特色优势产业的发展，建设一支以初中级工为基础、高级工为骨干、技师和高级技师为带头人的队伍。加强技能人才的职业开发，完善职业分类和职业标准，全面推行职业资格认证制度。农村牧区实用人才以培养增收致富和社会中介服务的带头人为重点，继续实施各项培训项目和教育工程。

深化干部人事制度改革，健全以品德、能力和业绩为重点的人才评价、选拔任用和激励保障机制，建立符合科学发展观要求的干部政绩考核评价体系。建设好我区现有的人才创业园区、重点实验室、重点学科、博士后工作站与流动站和企业工程技术中心等人才载体。坚持实行人才与项目对接，通过项目建设开发人才、引进人才。各级政府要加大人才资源开发投入，设立人才开发专项资金，通过物质奖励、荣誉激励等政策，鼓励企事业单位增加投入，形成多元化投入机制。

第十章 进一步扩大开放

发挥我区比较优势，统筹对内开放和对外开放，充分利用国际、国内两个市场、两种资源，继续大范围配置资源。大力发展对外贸易和口岸经济，全面提高对外开放水平，以开放促改革、促发展。

第一节 招商引资

进一步拓宽招商引资领域，扩大规模，提高质量和水平，把引资与优化投向紧密结合起来。

围绕构筑六大优势产业集群，引进一批投资规模大、技术水平高、资源转化能力强的大项目，推动我区资源开发型产业向精深加工转变。积极引进电子产品制造、汽车制造等非资源型产业，实现由单纯的资源开发向加工业、制造业转变。鼓励区外、境外企业研发中心和先进制造环节向我区转移。引导区外、境外资金发展服务业、环保等产业。

加大直接融资力度，形成项目融资、产权交易、股票境内外上市、设立投资基金等融资手段多样化的格局。引导企业进行产权招商、产业链招商和以商招商。做好间接融资工作，继续争取国际金融组织、国外政府贷款，支持公益性、基础性项目建设。积极利用国外商业贷款，促进我区产业升级。

进一步强化招商引资前期工作，建立规范完备的项目库。搭建招商引资平台，继续办好和积极参与重大招商引资活动。坚持高标准、高起点，杜绝不计成本地招商引资，防止接受落后生产力转移，严格禁止低水平、高污染的项目进入。加强招商引资后期服务工作，创造内外资企业稳定经营和扩张的条件。切实规范程序，依法办事，提高相关管理部门、执法部门、金融部门的业务素质、服务效率和服务质量。

第二节 “走出去”战略

加快实施“走出去”战略，进一步扩大和深化对外经济技术合作，按照互惠互利和合作共赢的原则，以俄蒙为重点，以企业为主体，在境外投资和开拓市场方面取得突破。

鼓励和支持有优势的各种所有制企业以投资、参股或购买开发权等形式“走出去”，大力发展与俄罗斯、蒙古国在煤炭、有色金属、木材、石油、天然气和农牧业等领域的合作。扶持具有比较优势的产品、设备、技术等出口。加强我区与俄蒙交界地区矿产资源的合作勘查。

积极发展跨境旅游业，联合周边国家统一规划、集中开发旅游资源，实现优势互补，形成以满洲里、二连浩特为中心，覆盖中俄蒙毗邻地区的旅游市场。充分利用口岸和综合交通网络，围绕国际联运发展相关的服务贸易，从扩大物流、人流开始逐渐形成区域性的经济流，进而带动国际联邮、转运和劳务中介等领域的合作。支持有实力的企业开拓俄蒙建筑业市场，发展商贸流通餐饮业，带动劳务输出。

加快推进文化、教育和卫生国际交流。充分发挥我区广播电视的产业优势，鼓励企业增资扩股，加快网络升级改造，扩大网络在境外的覆盖面。利用我区蒙古文出版的国际地位，加强蒙古文出版物对外交流。扩大同蒙古国的教育合作，加大蒙医药和医疗卫生人才的对外交流。

完善境外投资政策，培育境外投资中介组织，为企业境外投资创造良好的环境。企业要树立良好的形象和环保意识，有效保护境外资源开发区域的环境，推动境外投资良性发展。

第三节 口岸经济

充分发挥口岸过货通关、加工制造、商贸物流三大枢纽中心作用，提高口岸过货能力和口岸加工增值水平，形成具有我区特色和优势的口岸经济，口岸综合过货量达到 8000 万吨。

围绕境外开发项目，配套建设境内加工园区，实现资源的过埠转化。重点建设满洲里木材、石油、天然气加工，二连浩特木材和畜产品加工园区。依托策克口岸建设煤炭加工，甘其毛道口岸建设铜冶炼、煤焦化工，满都拉口岸建设黑色、有色金属、焦炭冶炼加工园区等。适应俄蒙市场需求，承接国内产业转移，加快发展面向俄蒙市场的建材、食品、服装加工和机电组装等非资源型加工业。

加强口岸综合能力建设，重点实施满洲里、二连浩特口岸大通关基础设施综合配套改造工程，阿日哈沙特、黑山头、额布都格、甘其毛道四个口岸联检设施工程，室韦口岸通道工程，满都拉口岸疏港公路和输变电工程，珠恩嘎达布其和策克口岸管理区基础设施工程，阿尔山口岸界河桥工程等。加快实施阿尔山口岸－乔巴山铁路、室韦口岸－莫尔道嘎铁路等项目。建设集装箱、原油、木材、矿产品专业货场。改善口岸软环境，建立电子口岸、数字口岸，实现疏运现代化。

第四节 对外贸易

调整出口产品结构，扩大外贸进出口规模。继续增加传统产品出口，培育和扩大高新技术产品出口，鼓励先进技术装备和能源矿产、原材料等重要资源的进口。积极发展边境贸易，不断完善季节性过货口岸基础设施，提高口岸利用率及口岸经济效益。发展加工贸易，加快满洲里、二连浩特等口岸城市的出口加工区建设，提高产业层次和加工深度，增强配套能力，促进产业升级。大力发展服务贸易，积极促进服务贸易出口。争取边贸人民币结算试点，实现投资贸易便利化。

第十一章 继续深化改革

加快完善社会主义市场经济体制，深化国有企业、所有制和行政管理体制等改革，形成有利于转变经济增长方式、促进全面协调可持续发展的体制和机制。

第一节 农村牧区改革

推进农村牧区税费改革，建立起防止农牧民负担反弹的长效机制，巩固改革成果。搞好苏木乡镇机构、农村牧区义务教育体制和县乡财政管理体制等各项改革。大力推进撤乡并镇，精简机构，降低行政成本，苏木乡镇数量原则上减少一半。通过“扩权强县”试点，积极探索县域管理体制改革。

完善农村牧区土地、草牧场制度，切实保障农村牧区集体经济组织的土地、草牧场所有权和农牧民的承包经营权。按照依法、自愿、有偿的原则，健全土地、草牧场使用权流转制度。改革土地征用制度，严格区分公益性用地和经营性用地，完善政府土地收购储备制度和补偿机制。

第二节 国有企业改革

建立和完善归属清晰、权责明确、保护严格、流转顺畅的现代产权制度。积极推进包钢等国有大型企业的股份制改革，加快中小型企业的民营化进程，建立现代企业制度，完善公司治理结构。完成国有企业剥离办社会职责和主辅分离、辅业改制。推进森工和农垦体制改革，逐步实现政企分开，加快与地方经济的融合。加强国有资产监督管理，完善监管体制，逐步建立健全金融资产、非经营性资产和自然资源资产监管体制。

第三节 事业单位改革

以政事分开、管办分开和多元投入为方向，积极推进事业单位的分类改革。经营性事业单位要转制为企业。教育、卫生、基础性科学研究等领域的公益性事业单位要深化内部改革，实行全员聘用制，提高服务质量。承担或部分承担政府管理职能的事业单位，应在政府授权委托下依法行使管理职能。推进机关事业单位后勤服务社会化改革，后勤服务机构要逐步改制为企业，面向社会，实行产业化经营。

第四节 行政管理体制改革

深化政府机构改革，理顺政府部门职能分工，加快形成行为规范、运转协调、公正透明、廉洁高效的行政管理体制。继续推进行政审批制度改革，减少和规范行政审批。建设法治政府，提高政府依法行政水平。

深化投资管理体制改革。按照谁投资、谁决策、谁承担风险的原则，缩小企业投资项目的核准范围，健全规范备案制。合理界定政府的投资范围，完善政府投资项目管理办法，在政府投资的非营利项目中逐步推行代建制。实行政府投资项目公示制度，建立严格的政府投资项目建设监督和风险责任约束机制，加强和改进对政府投资项目的全程监管。

加快财政管理体制改革。明确各级政府的财政支出范围，建立健全财权和事权相匹配的公共财政体制。完善自治区对盟市和旗县的转移支付制度，缓解旗县财政困难。规范地方政府债务行为，防范债务风险。深化部门预算改革，加强财政监管；完善国库集中收付制度，加强收支两条线管理，实施收缴分离。

继续推进价格改革。加快垄断行业价格改革步伐，积极疏导价格与收费矛盾，运用价格杠杆促进水、矿产资源等的节约利用。清理整顿不合理收费，继续实施“收费阳光工程”。完善价格听证、监测和预警制度。加强价格执法，创新价格与收费监管方式，建立价格诚信制度，规范市场价格秩序。努力保持物价总水平的基本稳定，居民消费价格指数控制在国家调控的幅度之内。

第十二章 建设和谐内蒙古

按照以人为本的要求，创造就业岗位，增加城乡居民收入，完善社会保障体系，创新社会管理体制，加强民主法制和精神文明建设，认真解决人民群众最关心、最现实的利益问题，促进和谐内蒙古建设。

第一节 就 业

把扩大就业摆在经济社会发展更加突出的位置，进一步完善和实施积极的就业政策，千方百计促进就业。新增城镇就业人数100万人以上。

广开就业门路，拓宽就业领域，增加就业岗位。在产业类型上，注重发展劳动密集型产业，把发展服务业作为扩大就业的主攻方向，三次产业就业比重达到36:18:46。加快发展非公有制经济，提高中小企业吸纳就业能力。鼓励非正规就业、弹性就业和劳动者自主创业，积极引导劳务输出。

加快建立城乡统一的劳动力市场，完善就业和创业服务体系，建设115个劳动力市场信息网络和3500个社区就业服务平台。健全劳动力市场运行的配套政策，形成市场导向的就业机制。规范劳动力市场秩序，依法打击拖欠或克扣职工和农民工工资的行为。建立就业促进基金，对城市就业困难群体和农民工进行就业援助，加强资源枯竭城市和困难行业的再就业工作。

整合培训资源，加强再就业培训。建立职业培训资质标准和认定制度，制定符合各地区实际的城乡劳动力技能培训规划，及时向社会提供就业和培训信息服务。统筹安排政府各类职业培训专项资金，推进全区高技能人才培训、农村牧区劳动力免费培训阳光工程和新技师培训计划，农牧民科技培训每年保持在350万人以上。

第二节 居民收入

调整国民收入分配结构，稳步提高城乡居民收入占国民收入的比重，建立和完善城乡居民收入与经济增长相适应的分配机制，使广大群众在经济快速发展中得到更多实惠。

坚持工业反哺农业，城市支持农村，打破城乡分割体制，解决城乡之间公共服务不合理的问题。调整优化农牧业生产结构，推进农牧业产业化，促进农牧民增收。加快农村牧区人口向城镇有序转移，提高农牧民的人均收入水平。

着力提高城镇中低收入者的收入和福利水平，完善城镇职工最低工资制度，建立对城镇贫困阶层的保护机制，引导各类企业提高职工工资和福利待遇。坚持和完善按劳分配为主体、多种分配方式并存的分配制度，各种生产要素按贡献参与分配，扩大中等收入者的比重。完善公务员工资制度，建立正常的工资增长机制。进一步规范职务消费和公务消费，加快福利待遇货币化。

加大税收征管力度，实现应收尽收。增加对困难地区的财政转移支付，缩小地区间收入差距。加强对垄断行业收入分配的监管和调节，通过破除垄断，放宽市场准入，解决部分行业靠垄断地位谋取不合理收入的问题。

第三节 扶贫开发

坚持"政府主导、社会参与、自力更生、开发扶贫、协调发展"的方针，切实抓好整村推进、产业化扶贫和劳动力转移培训三个重点。集中财政扶贫资金和以工代赈资金，把对贫困户的直接帮扶和贫困嘎查村的基础设施建设结合起来，不断改善贫困地区生产生活条件。利用信贷扶贫资金和国际优惠贷款，引导和扶持农畜产品加工企业在贫困地区建设生产基地，发展订单农牧业，增加贫困人口现金收入。对生态恶劣、失去生存条件地区的贫困人口，实施扶贫移民和生态移民工程，实现"移得出、稳得住、富起来"。

鼓励企业、社会、个人参与扶贫事业，多渠道增加扶贫投入。强化扶贫资金管理和监督检查，改进资金投放方式，提高资金使用效益。

第四节 社会保障

按照个人和社会互济相结合的原则，积极推进覆盖城乡的基本养老保险、失业保险、医疗保险、最低生活保障等体系建设，逐步实现人人都享有社会保障。

养老保险坚持社会统筹与个人账户相结合，做实个人账户，在盟市级统筹的基础上，逐步实行自治区级统筹。继续完善企业职工基本养老保险制度，重点加大个体私营经济组织就业人员的参保力度，逐步建立起适合机关、事业单位特点的养老保险制度，养老保险参保人数达到360万人，年均增长1.6%。积极开展适合农村牧区特点的社会养老保险。

进一步完善失业保险制度，实现失业管理的制度化、科学化、规范化。失业保险全部实现盟市级统筹，建立自治区级调剂金制度，参保人数达到230万人，年均增长0.7%。

完善城镇职工基本医疗保险制度，建立统账结合的医疗保险制度，参保人数达到390万人，年均增长6.4%。加快推进工伤和生育保险，制定自治区工伤保险条例。工伤保险参保人数达到200万人，年均增长14.9%；生育保险参保人数达到200万人，年均增长17.6%。

健全城乡最低生活保障、农村牧区五保供养、特困户生活救济和救助等制度。保持城市低保资金适度增长，提高低保水平。在全区推行农牧民最低生活保障制度，适度提高标准，将农村牧区40万常年生活特困人口全部纳入救助范围。加大对社会救济和社会福利的投入，改扩建盟市级社会福利院10个、旗县级社会福利院20个。关怀社会弱势群体，重视发展老年人、儿童、残疾人福利事业和慈善事业，旗县、街道和社区建立200个社会捐助接收站。

多渠道筹集资金，加强社会保障基金的运营管理。强化社会保障资金的征缴和财政对社保资金的支出，积极争取国家财政补贴和社会捐助资金，重点保障救助资金及时足额到位。

第五节 人口和计划生育

继续加强人口和计划生育工作，不断增强人口意识和人均观念，稳定低生育水平，提高出生人口素质。

加强人口发展战略研究，制定人口中长期发展规划。建立人口宏观管理与决策支持系统，认真解决人口数量、素质、结构、健康、分布、就业、迁移和流动等方面存在的突出矛盾和问题。建立综合解决人口问题的机制，积极应对出生人口性别比不合理和人口老龄化问题，切实保障妇女儿童、残疾人和老年人合法权益。

创新计划生育工作机制，完善计划生育保障体系。积极探索并逐步建立计划生育的优惠政策和激励机制，落实农村牧区计划生育家庭奖励扶助制度，解决农村牧区独生子女和双女户中困难家庭养老问题，解决计划生育困难家庭特别是独生子女伤残死亡家庭的实际困难，努力实施以救助贫困母亲为重点的"幸福工程"，真正使计划生育家庭经济上得实惠、生活上有保障。树立新型婚育观念，倡导优生优育。继续完善基层计划生育服务网络，重点建设县乡两级计划生育服务站，使85%的育龄人群享有基本生殖保健服务，认真落实避孕、绝育措施。以现居住地管理为主，做好流动人口计划生育工作。以信息化为手段，以网络建设为平台，全面提升人口和计划生育的管理服务水平。

第六节 社会建设与管理

创新社会管理体制，完善社会管理体系，整合社会管理资源，建立健全党委领导、政府负责、社会协同、公众参与的社会管理格局。

强化政府社会管理职能，加强义务教育、公共卫生、人口与计划生育、弱势群体保护、公共安全和社会风险管理，提高公共服务水平和质量，逐步实现从经济建设型政府到公共服务型政府的转型。

坚持安全第一、预防为主、综合治理，落实安全生产责任制，强化企业安全生产主体责任，健全安全生产监管体制，严格执行重大安全生产事故责任追究制度。单位生产总值生产安全事故死亡率下降35%，工矿商贸从业人员生产安全事故死亡率下降20%，煤炭百万吨死亡率下降到0.3。强化食品药品、餐饮卫生安全保障体系，加强卫生监督机构建设。完善社会应急体制，建立自治区、盟市、旗县三级社会应急联动指挥中心，提高处理突发性公共事件的能力。推进突发性灾害预警预报、应急体系和城市防空防灾一体化建设。扩大社会管理的参与度，建立健全重大决策听证、信访、社会舆情收集分析和责任追究等制度，创造社会成员参政议政的条件。

鼓励社团、行业组织、社会中介组织和志愿团体等参与社会管理，为社会提供服务，逐步构建政府、非政府社会组织、企业相互合作的公共服务体系，扩大群众对公共服务的选择空间。进一步优化社会组织功能，加强规范引导和监督管理。

适应经济发展和社会转型需要，探索社区发展和管理模式，建立政府与非营利组织、企业在社区建设中的伙伴关系，把一部分政府可以不直接承办和企事业单位剥离的社会职能、服务职能交由社区承担。提高社区居民的自治程度，充分发挥城乡基层自治组织协调利益、化解矛盾、排忧解难的作用，使社区成为加强社会管理和提供基本公共服务的平台。

第七节 精神文明建设

加强思想道德建设，积极实施公民道德建设工程，进一步加强社会公德、职业道德、家庭美德建设。加强思想政治工作，有针对性地解决不同社会群体的思想问题和生产生活中的实际困难。制定完善大中小学生文明规范和教师道德规范，创新一批具有民族特色、地区特点的未成年人思想道德实践活动载体，建设一批有益于未成年人思想道德建设的社会文化阵地，创作一批未成年人喜闻乐见、有益于陶冶情操的精神文化产品，形成一批未成年人思想道德建设的理论与应用研究成果。努力营造全社会重视和关心未成年人健康成长的社会环境，净化荧屏、声频、出版物和网络。围绕纪念自治区成立六十周年、建国六十周年等重大节庆活动，在全区深入开展中华民族历史传统、革命传统、民族团结、现代化建设辉煌成就和全面建设小康社会美好前景的教育。

充分发挥工会、共青团、妇联等群众团体的作用，深入开展以“讲文明树新风”为主的群众性精神文明创建活动。引导广大市民和农牧民群众养成良好的文明和卫生习惯，不断提高全社会的文明水平。普及科学知识，提高人民群众抵御腐朽没落、封建迷信、反动邪教等思想侵害的能力。全面推进“北疆文明大通道”创建活动，创建文明城市、文明村镇、文明社区、文明小康村和文明生态村，支持旅游区争创全国文明风景旅游区。以为人民服务、树行业新风为主线，进一步推广社会服务承诺制、行政执法公示制、生产经营信誉制，深化创建文明行业活动。继续实施精神文明建设“以会促创、以赛促创”重点推进战略，努力改变全区城乡的政务环境、法治环境、市场环境和人文环境。实施好“百县千乡宣传文化工程”和“西部助学工程”，继续抓好文化、科技、卫生“三下乡”活动和文体、科教、法律、卫生“四进社区”活动，进一步活跃基层文化生活。

第八节 民主法制与社会秩序

加强社会主义民主政治建设，把坚持党的领导、人民当家作主和依法治区统一起来，健全民主制度，推进法制建设，构筑祖国北疆安全稳定屏障。

积极推进决策的科学化、民主化，努力探索民主选举、民主决策、民主管理和民主监督的有效形式，维护人民群众当家作主的权利。加强基层民主建设，扩大人民群众参与管理经济、文化和社会事务的渠道。完善村民自治制度和以职工代表大会为基本形式的企业民主管理制度，进一步推行和规范政务、厂务、村务公开，扩大公民有序的政治参与。

完善地方性法规和规章体系，制定和实施《民族区域自治法》实施细则。推进依法行政，建设法治政府。按照《行政许可法》的要求，加快完善首问责任制、一站式办事制等一系列依法行政新机制。推进司法改革，充分发挥司法机关维护社会公平和正义的作用，促进全社会公平和正义的实现。进一步完善法律服务体系和法律援助制度，积极推进司法鉴定机构建设，严格法律职业准入制度。全面开展普法教育，增强公民的维权意识和法治观念。

严格执行党风廉政建设责任制，坚持“标本兼治、综合治理、惩防并举、注重预防”的方针，建立健全教育、制度、监督并重的惩治和预防腐败体系。加强廉政监察、效能监察和执法监察，为经济和社会发展创造良好的行政服务环境。

重视和加强人民群众来信来访工作，妥善处理各种社会矛盾，有效解决社会纠纷。加强社会治安综合治理，严厉打击各种犯罪活动。加大基层政法系统基础设施和科技装备的投入，改善工作条件，建设和改造一批基层公安派出所、司法所、法庭等，配套完善“草原 110”、应急防恐防暴基地。保障公民宗教信仰自由，依法管理宗教事务，坚决打击利用宗教进行非法活动。

积极支持人民解放军和武警部队建设。加强国防教育，建立健全国防动员体系。大力支持国防重点工程和国边防公路等基础设施建设，加强国边防、人防的管理和军事设施的保护。深入开展拥军优属、拥政爱民活动，不断巩固和发展军政、军民团结。

第十三章 保障规划实施

《内蒙古自治区国民经济和社会发展第十一个五年规划纲要》是今后五年我区经济社会发展的纲领性文件，是政府履行宏观调控、经济调节、社会管理和公共服务职责的重要依据。各级政府要从实际出发，贯彻好本纲要的精神，正确履行职责，加强和改善宏观调控，有效引导社会资源，合理配置公共资源，保障规划有效实施。有关部门要针对所负责领域的任务制定具体措施。要采取灵活多样的形式，面向社会、面向群众广泛宣传本纲要，凝聚全区各族人民的意志，在全社会形成关心和参与规划实施的良好氛围。

第一节 实施分类指导

本规划提出的农牧业、工业、服务业等产业的发展方向，招商引资的重点领域，是为了给市场主体以明确的导向，主要发挥市场配置资源的基础性作用，依靠市场主体的自主行为实现规划目标。各级政府要履行市场监管职能，维护公平竞争，为市场主体创造良好的发展环境。

本规划确定的保持经济持续快速健康发展，转变经济增长方式，调整优化经济结构，增强自主创新能力，建设社会主义新农村新牧区，改善基础设施，促进区域协调发展，推进城镇化健康发展，建设资源节约型社会和环境友好型社会等重点任务，主要通过推进制度创新，完善市场和政策机制努力实现。

本规划确定的义务教育、公共卫生、社会保障、社会救助、促进就业、扶贫开发、防灾减灾、公共安全、公共文化、精神文明等公共服务领域的任务，是政府的承诺，要切实履行职能，运用公共资源尽力完成。

本规划提出的生态建设、环境保护、资源管理、调节收入分配、维护市场经济秩序、保障人民合法权益、加强社会建设和管理等方面的要求，主要通过建立健全法律法规、加大执法力度等法律手段，并辅以经济手段加以落实。

本规划确定的各项改革任务，是政府的重要职责，必须放在政府工作的重要位置。要将改革任务分解落实到有关部门，按进度安排抓紧推进，确保改革任务如期完成。

第二节 调整和完善政策

合理界定政府支出范围，优化支出结构。加快建立公共财政制度，财政保障重点向公共领域倾斜，提高政府提供公共产品的能力。自治区财政预算安排的优先领域是：农村牧区义务教育和公共卫生、社会保障、扶贫开发、公共安全、公共文化、能源和主要矿产地质勘查、污染防治、生态保护和基础设施建设等。重点支持的区域是：东部地区、老少边穷地区等。制定和完善促进循环经济发展、建立节约型社会、鼓励就业和再就业、推动科技发展和增强自主创新能力，以及有利于特色优势产业和服务业健康发展等的税收优惠政策。

积极落实国家的产业政策，制定和实施符合我区实际的产业政策，促进产业结构优化升级。优化产业的区域布局，建立大型产业基地，引导产业集群发展。进一步放宽市场准入，推动垄断行业重组，形成竞争性市场结构，保护消费者合法权益和提高资源配置效率。严格企业准入条件、技术标准、排放标准，禁止资源开发型产业低水平重复建设，提高资源综合开发利用水平。实施品牌战略，支持拥有自主知识产权和知名品牌、竞争力强的大企业发展壮大，提高市场竞争力。实施中小企业成长工程，完善社会化服务体系，促进中小企业特别是非公有制中小企业发展壮大。

进一步扩大投资规模，继续保持固定资产投资健康快速增长的态势。用好国家资金，适度增加自治区政府投资，积极争取银行信贷资金，依托优势资源、优势企业和优势项目，加大招商引资力度和利用外资力度，努力扩大民间投资，全社会固定资产投资达到 6000 亿元。优化投资结构，提升产业技术装备水平和整体竞争力，增强发展后劲。加强科技、教育、文化、卫生等社会公益性设施建设，改善生态环境和基础设施。优化投资的地区结构，引导各类建设资金向东部地区等倾斜。抓好项目前期工作，增加项目储备。切实加强项目的全过程管理，逐步建立和完善项目后评价制度，提高投资效益。

实行积极的消费政策，增强消费对经济发展的拉动作用。不断提高城乡居民收入水平，改善居民的收入和支出预期，扩大即期消费。进一步清理限制消费的政策，拓宽消费领域，积极培育住房、汽车等消费热点，鼓励和引导城乡居民扩大文化、旅游、健身等非商品消费，引导消费升级，实现消费结构多元化。积极开拓农村牧区消费市场，实现城乡用电同网同价，提高电信普遍服务水平，鼓励大中型流通企业向小城镇延伸经营网络，引导支持农牧民改善住房质量和居住环境。依法整顿和规范市场秩序，加强对教育、医疗、健康等产品和服务价格监管，保护消费者的合法权益，建立良好的社会秩序和安全、健康、文明的消费环境。进一步规范发展消费信贷，积极发展租赁消费等多种形式的信用消费。改革带薪休假制度，鼓励外出度假。社会消费品零售总额达到 2800 亿元，城乡恩格尔系数分别下降到 30%和 36%左右。

第三节 完善规划体系

建立科学化、民主化的编制程序，形成各类规划定位清晰、功能互补、统一衔接的规划体系。增强总体规划的宏观指导和约束功能，通过加强区域规划，做深做实专项规划，改进和完善年度计划，落实本规划提出的目标和任务。加强规划实施的跟踪分析，做好对经济社会发展的统计，并适时开展对规划的评估。自觉接受人大、政协的监督检查。

经过“十一五”时期的持续快速协调发展，我区综合经济实力将得到显著增强，经济总量在全国的位次明显前移，成为全国经济增长的“重要支点”，社会更加和谐，科技更加进步，文化更加繁荣，法制更加健全，民族更加团结，人民生活更加殷实，向实现“走进前列”宏伟目标迈出历史性的新步伐。

第二部分　统计资料

PART TWO STATISTICS

一 行政区划和自然资源

DIVISIONS OF ADMINISTRATIVE AREAS AND NATURAL RESOURCES

资料整理　蔡雨成

Arranged by Cai Yucheng

1-1 自然资源
Natural Resources

项 目	Item	2005
土地资源	**Land Resources**	
土地总面积(万平方公里)	Total Land Area(10 000 sq.km)	118.3
# 年末实有耕地面积(万公顷)	Cultivated Land at the Year-end(10 000 hectares)	735.51
耕地面积占土地面积的比重(%)	Composition of Cultivated Land in Total Land Area(%)	6.2
林业用地面积(万公顷)	Area of Afforestated Land(10 000 hectares)	4066.7
森林资源	**Forests Resources**	
森林面积(万公顷)	Forest Area(10 000 hectares)	2080
森林覆盖率(%)	Forest-Coverage Rate(%)	17.57
林木蓄积量(亿立方米)	Stock Volume of the Forest(100 million cu.m)	12.9
草原资源	**Prairie Resources**	
草原总面积(万公顷)	Prairie Area(10 000 hectares)	8666.7
# 可利用面积(万公顷)	Utilizable Area(10 000 hectares)	6818.0
水利资源	**Water Resources**	
水资源总量(亿立方米)	Total Water Resources Volume(100 million cu.m)	545.95
地表水资源量	Surface Water Volume	406.60
地下水资源量	Ground Water Volume	236.22
水力资源理论蕴藏量(万千瓦)	Theoretical Hydropower Resources(10 000 kw)	497.6
# 可开发量	Developable Resources	244.3
淡水总面积(万公顷)	Freshwater Area(10 000 hectares)	93.0
# 可利用面积	Utilizable Area	63.4
# 已利用面积	Cultivated Area	52.7
矿产资源	**Mineral Resources**	
煤保有储量(亿吨)	Coal Ensured Reserves(100 million tons)	2317.1
铁矿石保有储量(亿吨)	Iron Ore Ensured Reserves(100 million tons)	25.1
磷矿石保有储量(亿吨)	Phosphate Ore Ensured Reserves(100 million tons)	2.8
稀土氧化物保有储量(万吨)	Rare-earth Ensured Reserves(10 000 tons)	8015.3
铜保有储量(万吨)	Copper Ensured Reserves(10 000 tons)	401.7
铅保有储量(万吨)	Lead Ensured Reserves(10 000 tons)	426.6
锌保有储量(万吨)	Zinc Ensured Reserves(10 000 tons)	1342.0
盐保有储量(万吨)	Salt Ensured Reserves(10 000 tons)	18190.0

注：1.水力资源理论蕴藏量指500千瓦以上河流。

2.矿产资源数据为2005年底数，为初步统计结果。

a) Figures for theoretical hydropower resources are taken from the rivers at 500 kw or above.

b)The data of mineral resources indicates the statistics of end of 2005 initial result.

1-2 全区行政区划

地 区	Region	旗县级个数 (个) Number of Areas at County Level (unit)	旗县(市、区)及名称
全区合计	**Total**	**101**	**旗52个、县17个、盟(市)辖县级市11个、区21个。**
呼和浩特市	Hohhot City	9	新城区、回民区、玉泉区、赛罕区、土默特左旗、托克托县、和林格尔县、清水河县、武川县。
包头市	Baotou City	9	东河区、昆都仑区、青山区、石拐区、白云矿区、九原区、土默特右旗、固阳县、达尔罕茂明安联合旗。
呼伦贝尔市	Hulunbeier City	13	海拉尔区、满洲里市、扎兰屯市、牙克石市、额尔古纳市、根河市、阿荣旗、莫力达瓦达斡尔族自治旗、鄂伦春自治旗、鄂温克族自治旗、新巴尔虎右旗、新巴尔虎左旗、陈巴尔虎旗。
兴安盟	Xingan League	6	乌兰浩特市、阿尔山市、科尔沁右翼前旗、科尔沁右翼中旗、扎赉特旗、突泉县。
通辽市	Tongliao City	8	科尔沁区、霍林郭勒市、科尔沁左翼中旗、科尔沁左翼后旗、开鲁县、库伦旗、奈曼旗、扎鲁特旗。
赤峰市	Chifeng City	12	红山区、元宝山区、松山区、阿鲁科尔沁旗、巴林左旗、巴林右旗、林西县、克什克腾旗、翁牛特旗、喀喇沁旗、宁城县、敖汉旗。
锡林郭勒盟	Xilinguole League	12	二连浩特市、锡林浩特市、阿巴嘎旗、苏尼特左旗、苏尼特右旗、东乌珠穆沁旗、西乌珠穆沁旗、太仆寺旗、镶黄旗、正镶白旗、正蓝旗、多伦县。
乌兰察布市	Wulanchabu City	11	集宁区、丰镇市、卓资县、化德县、商都县、兴和县、凉城县、察哈尔右翼前旗、察哈尔右翼中旗、察哈尔右翼后旗、四子王旗。
鄂尔多斯市	Erdos City	8	东胜区、达拉特旗、准格尔旗、鄂托克前旗、鄂托克旗、杭锦旗、乌审旗、伊金霍洛旗。
巴彦淖尔市	Bayannaoer City	7	临河区、五原县、磴口县、乌拉特前旗、乌拉特中旗、乌拉特后旗、杭锦后旗。
乌海市	Wuhai City	3	海勃湾区、海南区、乌达区。
阿拉善盟	Alashan League	3	阿拉善左旗、阿拉善右旗、额济纳旗。

Divisions of Administrative Areas in Inner Mongolia

Name of Areas at County(Banner, City and District)

52 Banners, 17 Counties.11 Cities at County Level, 21 Districts under Jurisdiction of Cities.

Xincheng District, Huimin District, Yuquan District, Saihan District, Tumotezuo Banner, Tuoketuo County, Helingeer County, Qingshuihe County, Wuchuan County.

Donghe District, Kundulun District, Qingshan District, Shiguai District, Baiyun Mineral District, Jiuyuan District, Tumoteyou Banner, Guyang County, Daerhanmaomingan Union Banner.

Hailaer District, Manzhouli City, Zhalantun City, Yakeshi City, Eerguna City, Genhe City, Arong Banner, Molidawadawoer Nationality Autonomous Banner, Elunchun Nationality Autonomous Banner, Ewenke Nationality Autonomous Banner, Xinbaerhuyou Banner, Xinbaerhuzuo Banner, Chenbaerhu Banner.

Wulanhaote City, Aershan City, Keerqinyouyiqian Banner, Keerqinyouyizhong Banner, Zhalaite Banner, Tuquan County.

Keerqin District, Huolinguole City, Keerqinzuoyizhong Banner, Keerqinzuoyihou Banner, Kailu County, Kulun Banner, Naiman Banner, Zhalute Banner.

Hongshan District, Yuanbaoshan District, Songshan District, Alukeerqin Banner, Balinzuo Banner, Balinyou Banner, Linxi County, Keshiketeng Banner, Wengniute Banner, Kalaqin Banner, Ningcheng County, Aohan Banner.

Erlianhaote City, Xilinhaote City, Abaga Banner, Sunitezuo Banner, Suniteyou Banner, Dongwuzhumuqin Banner, Xiwuzhumuqin Banner, Taipusi Banner, Xianghuang Banner, Zhengxiangbai Banner, Zhenglan Banner, Duolun County.

Jining District, Fengzhen City, Zhuozi County, Huade County, Shangdu County, Xinghe County, Liangcheng County, Chahaeryouyiqian Banner, Chahaeryouyizhong Banner, Chahaeryouyihou Banner, Siziwang Banner.

Dongsheng District, Dalate Banner, Zhungeer Banner, Etuokeqian Banner, Etuoke Banner, Hangjin Banner, Wushen Banner, Yijinhuoluo Banner.

Linhe District, Wuyuan County, Dengkou County, Wulateqian Banner, Wulatezhong Banner, Wulatehou Banner, Hangjinhou Banner.

Haibowan District, Hainan District, Wuda District.

Alashanzuo Banner, Alashanyou Banner, Ejina Banner.

1-3 边境、牧区、山老区旗县市

地 区	Region	旗县级个数 (个) Number of Areas at County Level (unit)	旗县(市、区)及名称
边境旗市	**Banners & Cities of Frontier**	**20**	
包头市	Baotou City	1	达尔罕茂明安联合旗。
呼伦贝尔市	Hulunbeier City	6	根河市、陈巴尔虎旗、满洲里市、新巴尔虎右旗、新巴尔虎左旗、额尔古纳市。
兴安盟	Xingan League	2	科尔沁右翼前旗、阿尔山市。
锡林郭勒盟	Xilinguole League	5	东乌珠穆沁旗、阿巴嘎旗、苏尼特左旗、二连浩特市、苏尼特右旗。
乌兰察布市	Wulanchabu City	1	四子王旗。
巴彦淖尔市	Bayannaoer City	2	乌拉特中旗、乌拉特后旗。
阿拉善盟	Alashan League	3	阿拉善左旗、阿拉善右旗、额济纳旗。
牧区旗市	**Banners & Cities of Pastoral Area**	**33**	
包头市	Baotou City	1	达尔罕茂明安联合旗。
呼伦贝尔市	Hulunbeier City	4	鄂温克族自治旗、新巴尔虎右旗、新巴尔虎左旗、陈巴尔虎旗。
兴安盟	Xingan League	1	科尔沁右翼中旗。
通辽市	Tongliao City	3	科尔沁左翼中旗、科尔沁左翼后旗、扎鲁特旗。
赤峰市	Chifeng City	5	阿鲁科尔沁旗、巴林左旗、巴林右旗、克什克腾旗、翁牛特旗。
锡林郭勒盟	Xilinguole League	9	锡林浩特市、阿巴嘎旗、苏尼特左旗、苏尼特右旗、东乌珠穆沁旗、西乌珠穆沁旗、镶黄旗、正镶白旗、正蓝旗。
乌兰察布市	Wulanchabu City	1	四子王旗。
鄂尔多斯市	Erdos City	4	鄂托克前旗、鄂托克旗、杭锦旗、乌审旗。
巴彦淖尔市	Bayannaoer City	2	乌拉特中旗、乌拉特后旗。
阿拉善盟	Alashan League	3	阿拉善左旗、阿拉善右旗、额济纳旗。
半牧区旗市	**Banners & Cities of Semi-Pastoral Area**	**21**	
呼伦贝尔市	Hulunbeier City	3	扎兰屯市、阿荣旗、莫力达瓦达斡尔族自治旗。
兴安盟	Xingan League	3	科尔沁右翼前旗、扎赉特旗、突泉县。
通辽市	Tongliao City	4	科尔沁区、开鲁县、库伦旗、奈曼旗。
赤峰市	Chifeng City	2	林西县、敖汉旗。
锡林郭勒盟	Xilinguole League	1	太仆寺旗。
乌兰察布市	Wulanchabu City	2	察哈尔右翼中旗、察哈尔右翼后旗。
鄂尔多斯市	Erdos City	4	东胜区、达拉特旗、准格尔旗、伊金霍洛旗。
巴彦淖尔市	Bayannaoer City	2	磴口县、乌拉特前旗。
山老区旗县	**Counties & Banners of Mountain & Old**	**25**	
呼和浩特市	Hohhot City	5	土默特左旗、赛罕区、武川县、和林格尔县、清水河县。
包头市	Baotou City	3	土默特右旗、固阳县、达尔罕茂明安联合旗。
赤峰市	Chifeng City	2	喀喇沁旗、宁城县。
乌兰察布市	Wulanchabu City	8	卓资县、兴和县、丰镇市、凉城县、察哈尔右翼前旗、察哈尔右翼中旗、察哈尔右翼后旗、四子王旗。
鄂尔多斯市	Erdos City	6	达拉特旗、准格尔旗、鄂托克前旗、鄂托克旗、杭锦旗、乌审旗。
巴彦淖尔市	Bayannaoer City	1	乌拉特前旗。

Banners, Counties and Cities of Frontier, Pure Pastoral Area, Mountain Area and Old Liberated Area

Name of Areas at County(Banner, City & District) Level

Daerhanmaomingan Union Banner.

Genhe City, Chenbaerhu Banner, Manzhouli City, Xinbaerhuyou Banner, Xinbaerhuzuo Banner，Eerguna City.

Keerqinyouyiqian Banner, Aershan City.

Dongwuzhumuqin Banner, Abaga Banner, Sunitezuo Banner, Erlianhaote City, Suniteyou Banner.

Siziwang Banner.
Wulatezhong Banner, Wulatehou Banner.
Alashanzuo Banner, Alashanyou Banner, Ejina Banner.

Daerhanmaomingan Union Banner.

Ewenke Nationality Autonomous Banner, Xinbaerhuyou Banner, Xinbaerhuzuo Banner, Chenbaerhu Banner.

Keerqinyouyizhong Banner.
Keerqinzuoyizhong Banner, Keerqinzuoyihou Banner, Zhalute Banner.

Alukeerqin Banner Balinzuo, Banner, Balinyou Banner, Keshiketeng Banner, Wengniute Banner.

Xilinhaote City, Abaga Banner, Sunitezuo Banner, Suniteyou Banner, Dongwuzhumuqin Banner, Xiwuzhumuqin Banner, Xianghuang Banner, Zhengxiangbai Banner, Zhenglan Banner.
Siziwang Banner.
Etuokeqian Banner, Etuoke Banner, Hangjin Banner, Wushen Banner.
Wulatezhong Banne, Wulatehou Banner.
Alashanzuo Banner, Alashanyou Banner, Ejina Banner.

Zhalantun City, Arong Banner, Molidawadawoer Nationality Autonomous Banner.
Keerqinyouyiqian Banner, Zhalaite Banner, Tuquan County.
Keerqin District, Kailu County, Kulun Banner, Naiman Banner.
Linxi County, Aohan Banner.
Taipusi Banner.
Chahaeryouyizhong Banner, Chahaeryouyihou Banner.
Dongsheng City, Dalate Banner, Zhungeer Banner, Yijinhuoluo Banner.
Dengkou County, Wulateqian Banner.

Tumotezuo Banner, Saihan District, Wuchuan County, Helingeer County, Qingshuihe County.
Tumoteyou Banner, Guyang County, Daerhanmaomingan Union Banner.
Kalaqin Banner, Ningcheng County.
Zhuozi County, Xinghe County, Fengzhen City, Liangcheng County, Chahaeryouyiqian Banner, Chahaeryouyizhong Banner, Chahaeryouyihou, Siziwang Banner.

Dalate Banner, Zhungeer Banner, Etuokeqian Banner, Etuoke Banner, Hangjin Banner, Wushen Banner.

Wulateqian Banner.

1-4 主要城市气温(2005年)

Monthly Average Temperature of Major Cities(2005)

单位：摄氏度 (℃)

城市	City	1月 Jan.	2月 Feb.	3月 Mar.	4月 Apr.	5月 May	6月 June	7月 July	8月 Aug.	9月 Sept.	10月 Oct.	11月 Nov.	12月 Dec.	年平均 Annual Average
呼和浩特	Hohhot	-11.5	-9.8	0.5	10.7	17.0	23.6	24.9	22.2	16.9	8.5	0.2	-11.0	7.7
包　头	Baotou	-11.4	-9.6	1.1	11.2	17.3	24.5	25.5	22.5	17.6	9.2	1.2	-10.3	8.2
海拉尔	Hailaer	-23.8	-24.7	-10.9	3.1	10.3	19.1	20.6	19.4	12.7	3.5	-9.5	-23.6	-0.3
乌兰浩特	Wulanhaote	-14.6	-14.1	-2.7	8.2	14.8	21.3	22.6	21.8	16.8	8.6	-2.7	-14.6	5.5
通　辽	Tongliao	-12.6	-11.9	-1.8	10.1	16.0	21.4	24.0	23.4	17.9	10.1	-0.2	-13.1	6.9
赤　峰	Chifeng	-10.2	-11.4	-0.6	10.9	15.8	21.9	24.0	21.6	17.3	10.2	0.7	-11.5	7.4
锡林浩特	Xilinhaote	-18.0	-19.9	-5.9	5.9	12.4	19.6	22.0	21.1	14.5	6.2	-5.2	-20.7	2.7
集　宁	Jining	-13.1	-13.8	-2.6	7.3	13.3	19.8	21.0	18.9	13.5	6.4	-1.6	-13.1	4.7
东　胜	Dongsheng	-11.3	-9.7	0.2	9.8	15.4	22.3	23.0	20.1	15.5	7.8	0.8	-10.5	7.0
临　河	Linhe	-12.0	-9.0	1.9	12.0	18.3	25.0	25.8	23.1	17.7	10.0	1.8	-9.3	8.8
乌　海	Wuhai	-11.2	-7.9	2.6	13.0	19.5	25.6	27.3	24.3	18.9	9.9	1.5	-10.3	9.4
巴彦浩特	Bayanhaote	-7.4	-6.2	2.6	12.0	17.5	23.6	24.5	21.8	17.1	8.6	1.6	-9.0	8.9

1-5 主要城市平均相对湿度(2005年)

Monthly Average Relative Humidity of Major Cities(2005)

单位：% (%)

城市	City	1月 Jan.	2月 Feb.	3月 Mar.	4月 Apr.	5月 May	6月 June	7月 July	8月 Aug.	9月 Sept.	10月 Oct.	11月 Nov.	12月 Dec.	年平均 Annual Average
呼和浩特	Hohhot	63	55	34	28	32	35	47	59	55	49	44	50	46
包　头	Baotou	62	55	29	25	32	29	44	58	54	50	43	48	44
海拉尔	Hailaer	72	69	65	55	54	55	72	58	55	46	68	69	62
乌兰浩特	Wulanhaote	59	49	33	35	41	60	76	65	56	40	45	55	51
通　辽	Tongliao	56	40	33	38	45	72	75	70	60	47	43	53	53
赤　峰	Chifeng	39	41	31	27	44	58	65	72	56	45	41	47	47
锡林浩特	Xilinhaote	69	71	46	30	40	46	61	53	46	42	49	72	52
集　宁	Jining	56	60	36	31	37	41	54	64	57	44	41	50	48
东　胜	Dongsheng	66	61	31	25	38	32	49	62	58	47	38	46	46
临　河	Linhe	70	54	31	23	29	27	45	53	49	44	44	46	43
乌　海	Wuhai	55	45	27	18	26	24	37	45	48	43	37	40	37
巴彦浩特	Bayanhaote	40	42	29	16	30	23	38	45	48	39	36	37	35

1-6 主要城市降水量(2005年)

Monthly Precipitation of Major Cities(2005)

单位：毫米 (millimeters)

城市	City	1月 Jan.	2月 Feb.	3月 Mar.	4月 Apr.	5月 May	6月 June	7月 July	8月 Aug.	9月 Sept.	10月 Oct.	11月 Nov.	12月 Dec.	全年 Annual Total
呼和浩特	Hohhot	0.1	9.3		10.4	15.4	21.3	60.6	92.1	32.3	4.1		2.7	248.3
包　头	Baotou	0.1	3.6		6.5	23.8	4.2	15.2	75.1	39.7	3.0		4.7	175.9
海拉尔	Hailaer	5.2	2.0	4.4	14.0	59.7	28.5	138.1	34.0	8.6	0.2	7.4	12.5	314.6
乌兰浩特	Wulanhaote	1.8	1.0	1.3	12.2	53.6	90.5	287.6	62.0	32.9	2.2		3.4	548.5
通　辽	Tongliao	0.2	0.3	0.3	11.5	28.5	155.6	102.5	90.1	30.1	5.6		1.6	426.3
赤　峰	Chifeng		2.6	2.2	5.1	32.2	90.6	153.3	72.3	21.4	18.3	1.5	3.6	403.1
锡林浩特	Xilinhaote	0.5	3.3	0.8	0.6	15.6	25.7	37.3	11.2	18.0	2.7	3.0	2.4	121.1
集　宁	Jining		4.3	0.1	16.4	35.0	49.5	64.8	55.3	22.3	6.2	0.1	0.3	254.3
东　胜	Dongsheng	0.2	3.3	3.0	5.2	69.4	34.3	28.5	44.7	16.3	8.9	2.6	3.9	220.3
临　河	Linhe		0.1		0.1	5.4		18.6	38.5	9.8	4.5			77.0
乌　海	Wuhai		1.8	0.2	0.4	7.6	2.8	30.5	1.6	30.1	6.4		0.1	81.5
巴彦浩特	Bayanhaote		4.1	0.9		38.9	1.1	13.3	12.7	45.3	9.1			125.4

1-7 主要城市日照时数(2005年)

Monthly Sunshine Hours of Major Cities(2005)

单位：小时 (hours)

城市	City	1月 Jan.	2月 Feb.	3月 Mar.	4月 Apr.	5月 May	6月 June	7月 July	8月 Aug.	9月 Sept.	10月 Oct.	11月 Nov.	12月 Dec.	全年 Annual Total
呼和浩特	Hohhot	121.6	151.9	285.2	279.1	313.1	300.3	278.0	236.4	235.0	233.0	209.0	175.3	2817.9
包　头	Baotou	186.0	174.5	292.3	275.3	306.6	301.4	276.6	224.8	237.5	246.1	246.5	216.7	2984.3
海拉尔	Hailaer	109.6	170.8	240.6	165.0	223.2	277.6	212.5	310.5	200.4	206.8	136.2	135.9	2389.1
乌兰浩特	Wulanhaote	197.6	223.9	295.7	264.1	286.2	253.2	163.2	280.9	230.8	249.3	206.7	190.9	2842.5
通　辽	Tongliao	217.8	232.6	286.8	263.5	272.9	261.0	255.9	266.0	249.4	238.8	210.7	203.0	2958.4
赤　峰	Chifeng	187.9	183.2	258.7	253.4	271.9	234.9	272.5	194.3	222.2	241.4	219.0	192.0	2731.4
锡林浩特	Xilinhaote	196.0	201.9	301.0	275.8	308.1	286.3	288.9	307.7	267.5	242.9	220.5	192.0	3088.6
集　宁	Jining	247.0	209.0	314.8	298.9	313.9	284.7	245.7	222.2	210.4	244.7	226.4	220.8	3038.5
东　胜	Dongsheng	225.0	203.8	301.5	303.8	339.1	330.4	291.7	257.7	229.7	242.8	255.7	238.1	3219.5
临　河	Linhe	198.8	185.2	292.2	292.5	306.2	326.6	294.6	267.1	259.2	277.4	223.8	209.5	3133.1
乌　海	Wuhai	193.0	177.2	291.4	313.8	322.2	333.0	280.6	294.2	253.6	269.4	237.8	193.6	3159.8
巴彦浩特	Bayanhaote	237.7	213.9	267.9	298.5	312.7	333.0	286.2	299.7	231.3	249.9	255.0	239.0	3224.8

主要统计指标解释

行政区划 指国家对行政区域的划分。根据宪法规定，我国的行政区域划分如下：(1)全国分为省、自治区、直辖市；(2)省、自治区分为自治州(盟)、县(旗)、自治县(旗)、市；(3)自治州分为县、自治县、市；(4)旗、县、自治县(旗)分为乡、民族乡、镇；(5)直辖市和较大的市分为区、县(旗)；(6)国家在必要时设立的特别行政区。

国土 指一个主权国家管辖下的领土、领海和领空。

气候 指地球与大气之间长期能量交换与质量交换所形成的一种自然环境状态，它是多种因素综合作用的结果。气候既是人类生活和生产的环境要素之一，又是供给人类生活和生产的重要资源。气温、降水、湿度等气象要素的多年平均值是用来描述一个地区气候状况的主要参数，而各种气象要素某年、某月的平均值(或总量)则可以反映出该时期天气气候状况的重要特征。

自然资源 指人类可以直接从自然界获得 ，并用于生产和生活的物质资源。自然资源一般可以分成可再生资源和非再生资源两大类。可再生资源指在较短时间内可以再生、可以循环利用的资源，包括土地资源、水资源、气候资源、生物资源和海洋资源等。非再生资源指在使用后不能再生的资源，包括矿产资源和地热能源。

土地资源 土地指陆地的表层部分，它主要由岩石、岩石的风化物和土壤构成。土地资源按利用类型可以分为农用地、建筑用地和未利用地。农用地包括耕地、园地、林地、牧草地和水面。建筑用地包括居民点及工矿用地、交通用地和水利设施用地。未利用地指农用地和建筑用地以外的土地，包括滩涂、荒漠、戈壁、冰川和石山等。

耕地面积 指种植各种农作物的土地面积，包括灌溉水田、望天田、水浇地、旱地、菜地等。

林业用地面积 指生长乔木、竹类、灌木、沿海红树林等林木的土地面积，包括有林地、灌木林、疏林地、未成林造林地、迹地、苗圃等。

草地面积 指牧区和农区用于放牧牲畜或割草，植被盖度在 5%以上的草原、草坡、草山等面积。包括天然的和人工种植或改良的草地面积。

森林资源 指森林、林木、林地以及依托森林、林木、林地生存的野生动物、植物和微生物。林木指树木和竹子。森林指以乔木为主体的植物群落，是集生的乔木及与共同作用的植物、动物、微生物和土壤、气候等的总体。

活立木总蓄积量 指一定范围内土地上全部树木蓄积的总量，包括森林蓄积、疏林蓄积、散生木蓄积和四旁树蓄积。

森林面积 指由乔木树种构成，郁闭度 0.2 以上(含 0.2)的林地或冠幅宽度 10 米以上的林带的面积，即有林地面积。森林面积包括天然起源和人工起源的针叶林面积、阔叶林面积、针阔混交林面积和竹林面积，不包括灌木林地面积和疏林地面积。

森林蓄积量 指一定森林面积上存在着的林木树干部分的总材积。它是反映一个国家或地区森林资源总规模和水平的基本指标之一，也是反映森林资源的丰富程度、衡量森林生态环境优劣的重要依据。

森林覆盖率 指一个国家或地区森林面积占土地面积的百分比。在计算森林覆盖率时，森林面积包括郁闭度 0.2 以上的乔木林地面积和竹林地面积，国家特别规定的灌木林地面积、农田林网以及四旁(村旁、路旁、水旁、宅旁)林木的覆盖面积。森林覆盖率是反映森林资源的丰富程度和生态平衡状况的重要指标。计算公式为：

森林覆盖率(%)=森林面积/土地总面积×100%

水资源 水在自然界中以固体、液体和气态三种聚集状态存在，分布于海洋、陆地(包括土壤)以及大气之中，通过水循环形成水资源。水资源包括经人类控制并直接可供灌溉、发电、给水、航运、养殖等用途的地表水和地下水，以及江河、湖泊、井、泉、潮汐、港湾和养殖水域等。水资源是发展国民经济不可缺少的重要自然资源。

地表水和地下水 陆地上的水因空间分布不同，可以分为地表水和地下水。地表水指分别存在于河流、湖泊、沼泽、冰川和冰盖等水体中水分的总称，又称陆地水。地下水指储存在地面以下饱和岩土孔隙、裂隙及溶洞中的水。

内陆水域总面积 指江、河、湖泊、池塘、塘堰、水库等各种流水或蓄水的水面占地面积。

径流 指大气降水扣除损耗外，从地表和地下向流域出口断面汇集的水流。径流可分为地表径流、地下径流和壤中流。地表径流指沿地表向河流、湖泊、沼泽、海洋等汇集的水流；地下径流指沿潜水层或隔水层间的含水层，向河流、湖泊、沼泽、海洋等汇集的地下水水流。

径流量 指在一定时段内通过河流某一过水断面的水量，用以反映一个国家或地区水资源的丰欠程度。计算公式为：

径流量=降水量-蒸发量

矿产资源 矿产指由地质作用形成，富集于地壳中或出露于地表达到工农业利用要求的有用矿物。矿产是一种重要的自然资源，是社会发展的重要物质基础。从某种意义上讲，一个国家对矿产资源开发利用的广度和深度，可以作为这个国家经济发展水平的标志。

矿产保有储量 指探明的矿产储量(包括工业储量和远景储量)，扣除已开采部分和地下损失量后的年末实有储量，是反映国家矿产资源现状的重要指标。

流域 每条河流都有自己的干流和支流，干支流共同组成这条河流的水系。每条河流都有自己的集水区域，这个集水区域就称为该河流的流域。

外流河 指直接或间接流入海洋的河流，供给外流河水的区域称为外流区域。

内陆河 指在陆地内部干燥地区，河水沿途消失于沙漠或注入内陆湖泊的河流。供给内陆河河水的区域称为内陆区域。

气温 指空气的温度，我国一般以摄氏度(℃)为单位表示。气象观测的温度表是放在离地面约 1.5 米处通风良好的百叶箱里测量的。因此，通常说的气温指的是离地面 1.5 米处百叶箱中的温度。其统计计算方法为：

月平均气温是将全月各日的平均气温相加，除以该月的天数而得。

年平均气温是将 12 个月的月平均气温累加后除以 12 而得。

相对湿度 指空气中实际水气压与当时气温下的饱合水气压之比。其统计方法与气温相同。

降水量 指从天气降落到地面的液态或固态(经融化后)水，未经蒸发、渗透、流失而在地面上积聚的深度。其统计计算方法为：

月降水量是将全月各日的降水量累加而得。

年降水量是将 12 个月的月降水量累加而得。

日照时数 指太阳实际照射地面的时间。其统计方法与降水量相同。

Explanatory Notes on Main Statistical Indicators

Administrative Division refers to the division of administrative areas by the state. The Constitution of the People's Republic of China stipulates that the administrative areas in China are divided as:1) The whole country is divided into provinces, autonomous regions and municipalities directly under the central government; 2) Provinces and autonomous regions are divided into autonomous prefectures (leagues) , counties (banners) , autonomous counties and cities; 3) Autonomous Prefectures are divided into counties , autonomous counties and cities; 4) Counties and autonomous counties are divided into townships, nationality townships and towns; 5) Municipalities and large cities are divided into districts and counties, 6) The state establish special administrative regions when necessary.

Territory refers to territorial land, sea and air space under the administration of a sovereign state.

Climate refers to the natural environmental status formed by the long-time exchange of energy and mass between the earth and the air, and is the results of interaction of many factors. Climate is both one of the environment factors and the important resources for the living and production activities of the human being. The average values across several years of meteorological factors such as temperature, rainfall and humidity are used as important parameters to describe the climate of a region, while the average values (or total values) of a given year or month of meteorological factors reflect the key characteristics of climate for that period of time.

Natural Resources refer to material resources that could be obtained from the nature by human being and used for production and living. Natural resources in general can be classified as renewable resources and non-renewable resources. Renewable resources refer to resources that could be renewed and recycled during a relatively short period of time, including land resource, water resource, climate resource, biology resource and marine resource. Non-renewable resources include resources that could not be renewed, such as minerals and geothermal resource.

Land Resource Land refers to the surface of the earth, consisting of mainly rocks and its weathering and earth. Land resource can be classified, by its utilization, as land for agriculture, land for construction and unused land. Land for agriculture includes cultivated land, plantation land, forestland, grassland and waters. Land for construction includes land for residential purpose, for manufacturing and mining, for transportation and for water conservancy projects. Unused land refers to land other than land for agriculture and construction, including beaches, deserts, Gobi, glaciers and Rock Mountains.

Area of Cultivated Land refers to land for the cultivation of various farm crops, including irrigated land, manual-watered land, dry Land and vegetable land.

Area of Afforestated Land refer to land for trees, bamboo, bushes and mangrove, including forest-cover land, bush-covered land, sparse forest land, land Planned for afforestation and nurseries of young trees.

Area of Grassland refers to areas of grassland, grass-slopes and grass-covered hills with a vegetation-covering rate of over 5% that are used for animal husbandry or harvesting of grass. It includes natural, cultivated and improved grassland areas.

Forest Resource refers to forests, trees, forest land and wild animals, plants and microorganism that live on forest and trees. Trees include trees and bamboo. Forest refers to the population of clusters of trees and other plants, animals and microorganism as well as the earth and climate that have interactions with the trees.

Total Standing Stock Volume refers to the total stock volume of trees growing in land, including trees in forest, tress in sparse forest, scattered trees and trees planted by the side of farm houses and along the roads, rivers and fields.

Forest Area refers to the area of forest land where trees and bamboo grow with canopy density above 0. 2, including land of natural woods and planted woods, but excluding bush land and thin forest land. It reflects the total areas of afforestation.

Stock Volume of Forest refers to total stock volume of wood growing in forest area, which shows the total size and level of forest resources of a country or a region. It is also an important indicator illustrating the richness of forest resource and the status of forest ecological environment.

Forest Coverage Rate refers to the ratio of area of afforested land to total land area. This indicator shows the forest resources and afforestation progress of a country or a region. According to regulations of the government, in addition to afforested land, the area of bush forest, the area of forest land inside farm land and the area of trees planted by the side of farm houses and along the roads, rivers and fields should also be included in the area of afforested land in the calculation of the forest coverage-rate. The formula for calculating forest coverage rate is as follows:

Forestry coverage rate (%)=

Area of afforested Land/ Area of Total Land × 100%

Water Resource Water exists in the nature in solid, liquid and gaseous states, is distributed in the ocean, land (including earth) /and air, and constitutes the water resource through the circulation of water. Water resource includes the surface water and underground water that is controlled by the human being for irrigation, power-generation, water supply, navigation and cultivation. It also includes rivers, lakes, wells, springs, tides, gulf and water area for cultivation. Water resource as an important natural resource is indispensable for the development of the national economy.

Surface Water and Underground Water Water on earth can be divided into surface water and underground water according to its distribution. Surface water refers to moisture exists in rivers, lakes, swamps, glaciers, icecaps and so on. It is also called land water. The underground water refers to water deposited underground in the cranny and the hole of saturated rock soil and in the water-eroded cave.

Inland Water Area refers to water area of rivers, lakes, ponds, reservoir, etc.

Runoff refers to the water gathered at the way out of the cross section of drainage area either from the surface or underground after deducting the wastage of the precipitation. Runoff can be divided into surface runoff, underground runoff and within soil runoff. Surface runoff refers to water flow to the rivers, lakes, swamps, and seas on the surface of the earth. Underground runoff refers to water flow to rivers, lakes, swamps, and seas through the water-bearing stratum of confined layer or unconfined layer.

Volume of Runoff refers to the total volume of water running through a certain cross section of a river during a certain period of time, reflecting the water resource condition in a country or a region. The formula for calculating volume or runoff is as follows:

Runoff = Precipitation - Evaporation

Mineral Resources refer to useful minerals that can be used for industrial or agricultural purposes enriched in lithosphere or on earth due to the geological process.

Ensured Mineral Reserves refer to the actual mineral reserves, which equal to the proven mineral reserves (including industrial reserves and prospective reserves) minus extracted parts and underground losses. This indicator shows the current condition of the mineral resources of a country.

Drainage Area Each river has its own main stream and branches to form the water system of the river. Each river has its own catchments area, which is also called as the drainage area of the river.

Out-flowing Rivers refer to rivers directly or indirectly flowing into the sea. The area providing water to the out-flowing rivers is called as out-flowing area.

Inland Rivers refer to rivers in inland dry areas that die away in desert on the way or infuse into inland lakes. The area providing water to the inland rivers is called as inland area.

Temperature refers to the air temperature. China uses centigrade (^{0}C) as the unit. The thermometry used for weather observation is put in a breezy shutter, which is 1. 5 meters high from the ground. Therefore, the commonly used temperature refers to the temperature in the breezy shutter 1. 5 meters away from the ground. The calculation method is as follows:

Monthly average temperature is the summation of average daily temperature of one month divided by the actual days of that particular month.

Annual average temperature is the summation of monthly average of a year divided by 12 months.

Relative Humidity refers to the ratio of actual water vapor pressure to the saturation water vapor pressure under the current temperature. The calculation method is the same as that of temperature.

Volume of Precipitation refers to the deepness of liquid state or solid state (thawed) water falling from the sky to the ground that has not been evaporated, infiltrated or run off. The calculation method is as follows:

Monthly precipitation is the summation of daily precipitation of a month.

Annual precipitation is the summation of 12 months , precipitation of a year.

Sunshine Hours refer to the actual hours of sun irradiating the earth. The calculation method is the same as that of the precipitation.

二　综合

GENERAL SURVEY

资料整理　崔京英

Arranged by Cui Jingying

2-1 平均每天主要社会经济活动

Major Indicators on Average Daily Social and Economic Activities

指　标	Item	1985	1990	1995	2000	2005
全区每天创造的财富	**Autonomous Regional Daily Production**					
生产总值(万元)	Gross Domestic Product(10 000 yuan)	4488	8748	23481	42168	106727
第一产业	Primary Industry	1467	3084	7128	9611	16152
第二产业	Secondary Industry	1560	2806	8460	15961	48581
工 业	Industry	1258	2388	6983	13265	40490
建筑业	Construction	303	418	1477	2695	8091
第三产业	Tertiary Industry	1461	2858	7893	16596	41994
# 运输邮电业	Transportation, Postal & Telecommunications Services	297	567	1900	4807	11548
商业饮食业	Commerce	538	683	2275	5353	12551
财政收入(万元)	Government Revenue(10 000 yuan)	367	904	2092	4263	14695
财政支出(万元)	Government Expenditures(10 000 yuan)	992	1668	2799	7152	20126
粮食(吨)	Grain(ton)	16551	26657	28915	34025	45540
油料(吨)	Oil-bearing Grops(ton)	2178	1901	1923	3189	3348
肉类(吨)	Meat(ton)	983	1469	2243	3929	6299
牛奶(吨)	Cow Milk(ton)	669	1012	1331	2186	18934
水产品(吨)	Aquatic Products(ton)	49	83	130	198	226
布(万米)	Cloth(10 000 m)	19.46	29.55	23.42	9.01	22.84
乳制品(吨)	Dairy products(ton)	39	60	83	182	8425
原煤(万吨)	Coal(10 000 tons)	8.78	13.05	19.33	19.86	70.16
发电量(万千瓦小时)	Electricity(10 000 kwh)	2204	4645	7631	12033	28948
钢(吨)	Steel(ton)	4670	7480	9736	11605	22068
成品钢材(吨)	Steel Products(ton)	2744	4807	7062	10381	20487
水泥(吨)	Cement(ton)	5072	6246	9569	17260	44719
每天消费量	**Daily Consumption**					
最终消费(万元)	Final Consumption Expenditure(10 000 yuan)	3480	5937	16104	24741	46957
居民消费(万元)	Resident Consumption(10 000 yuan)	2880	4652	12640	18233	30196

2-1 续表 continued

指 标	Item	1985	1990	1995	2000	2005
农民	Peasants	1586	2368	5230	6306	8596
非农业居民	Non-agricultural Residents	1294	2284	7409	11927	21600
政府消费(万元)	Government Consumption Expenditure (10 000 yuan)	601	1285	3464	6508	16761
能源消费量(万吨标准煤)	Energy Consumption(10 000 tons of SCE)	5.13	6.64	8.95	10.79	29.49
社会消费品零售总额(万元)	Total Retail Sales of Consumer Goods(10 000 yuan)	2072	3577	8083	13260	36825
每天其他经济活动	**Other Daily Economic Activities**					
资产形成总额(万元)	Gross Capital Formation(10 000 yuan)	1688	3416	10219	16813	77947
固定资产形成	Fixed Capital Formation	1396	1939	7484	11792	73568
存货增加	Changes in Stock	292	1477	2735	5021	4379
城镇新建住宅面积(万平方米)	Residential Buildings Completed in Urban Areas(10 000 sq.m)	1.55	0.96	1.65	2.78	3.71
农牧民个人新建住宅面积(万平方米)	Private Residential Building Complated in Rural Areas(10 000 sq.m)	2.22	1.36	2.65	2.36	1.41
货运量(万吨)	Freight Traffic(10 000 tons)	31.75	73.09	89.68	122.27	200.22
客运量(万人)	Passenger Traffic(10 000 persons)	18.28	28.70	50.06	64.52	87.98
进出口总额(万美元)	Total Imports and Exports(USD 10 000)	50.54	132.68	307.70	557.80	1414.22
邮电业务总量(万元)	Volume of Postal and Telecoms Services(10 000 yuan)	17.39	58.07	264.50	1541.00	7565.55
城乡存款新增额(万元)	Outstanding Amount of Savings Deposit (10 000 yuan)	190	822	2496	2140	10129
图书出版(册)	Books Published(copy)	340904	217753	179726	203379	243511
杂志出版(册)	Magazines Issued(copy)	50767	34630	28384	43437	37918
报纸出版(份)	Newspapers Issued(copy)	448027	443616	446192	492253	727151
邮寄函件(件)	Letters Delivered(piece)	257964	221370	458307	265123	86110
每天人口变动与婚姻	**Daily Population Changes & Marriages**					
出生(人)	Births(person)	945	1117	1073	645	659
死亡(人)	Deaths(person)	302	293	417	359	357
结婚(对)	Marriages(couple)		435	475	416	423
离婚(对)	Divorces(couple)		60	75	89	107

2-2 社会经济主要指标人均水平

Major per Capita Indicators on Society and Economy

指 标	Item	1985	1990	1995	2000	2005
生产总值(元)	**Gross Domestic Product(yuan)**	**809**	**1478**	**3772**	**6502**	**16331**
财政收入(元)	**Government Revenue(yuan)**	**67**	**154**	**336**	**657**	**2249**
农牧业生产	**Agriculture Production**					
耕地面积(公顷)	Cultivated Land(hectare)	0.25	0.23	0.24	0.31	0.31
粮食产量(千克)	Output of Grain(kg)	301.37	454.15	464.40	524.60	696.82
油料产量(千克)	Output of Oil-bearing Crops(kg)	39.66	32.38	30.90	49.20	51.23
甜菜产量(千克)	Output of Beet Roots(kg)	126.80	110.36	116.00	59.69	57.98
年末大牲畜(头)	Large Animals at the Year-end(head)	0.37	0.33	0.31	0.26	0.33
年 末 羊(只)	Sheep and Goats at the Year-end(head)	1.23	1.41	1.46	1.50	2.27
年末生猪(口)	Hogs at the Year-end(head)	0.23	0.24	0.34	0.31	0.29
肉类产量(千克)	Output of Meat(kg)	17.90	25.02	36.03	60.58	96.38
# 牛肉产量(千克)	Output of Beef(kg)	2.35	3.99	4.10	9.23	14.09
羊肉产量(千克)	Output of Mutton(kg)	4.20	5.96	7.42	13.44	30.37
猪肉产量(千克)	Output of Pork(kg)	10.88	13.43	20.97	32.37	36.90
牛奶产量(千克)	Output of Cow Milk(kg)	12.18	17.25	21.37	33.70	289.71
羊 毛(千克)	Wool(kg)	2.53	2.87	2.64	2.89	4.30
主要工业产品产量	**Output of Major Industrial Products**					
原 煤(吨)	Coal(ton)	1.60	2.22	3.10	3.06	10.74
原 盐(吨)	Salt(ton)	0.03	0.04	0.03	0.05	0.09
木 材(立方米)	Timber(cu.m)	0.25	0.25	0.22	0.14	0.14
发 电 量(千瓦小时)	Electricity(kwh)	401	791	1225	1855	4429
糖(千克)	Sugar(kg)	8.92	7.64	7.51	5.09	6.18
乳 制 品(千克)	Dairy Products(kg)	0.71	1.03	1.33	2.81	128.90
呢 绒(米)	Woolen Fabric(m)	0.40	0.49	0.65	0.18	0.26
水 泥(吨)	Cement(ton)	0.09	0.11	0.15	0.27	0.68
钢(吨)	Steel(ton)	0.09	0.13	0.16	0.18	0.34
生 铁(吨)	Pig Iron(ton)	0.09	0.13	0.15	0.19	0.39
社会消费品零售额(元)	**Total Retail Sales of Consumer Goods(yuan)**	**377.3**	**609.5**	**1378.7**	**2570.8**	**5634.7**
人民生活	**People's Livelihood**					
职工平均工资(元)	Average Wage of Staff and Workers(yuan)	1095	1846	4134	6974	15985
# 国 有(元)	State-owned Units(yuan)	1169	1971	4407	7261	16598
集 体(元)	Urban Collective-owned Units(yuan)	872	1441	3001	4826	10804
城镇居民可支配收入(元)	Annual Disposable Income of Urban Residents(yuan)	666	1155	2846	5129	9137
城镇居民消费支出(元)	Living Expenditure of Urban Residents(yuan)	595	982	2482	3928	6929
农牧民家庭纯收入(元)	Net Income of Rural Residents(yuan)	400	647	1300	2038	2989
农牧民家庭生活消费支出(元)	Living Expenditure of Rural Residents(yuan)	325	539	1261	1615	2446
城乡居民储蓄存款年末余额(元)	Outstanding Amount of Saving Deposits of Urban and Rural Residents at the Year-end(yuan)	144	515	1804	3875	8274

2-3 国民经济和社会发展总量与速度

指标	Item	总量指标				
		1978	1990	1995	2000	2005
人口与就业	**Population and Employment**					
人口(万人)	**Population(10 000 persons)**					
年末总人口	Population at the Year-end	1823.4	2162.6	2284.4	2372.4	2386.4
市镇人口	Urban	397.5	781.1	873.1	1001.1	1126.4
乡村人口	Rural	1425.9	1381.4	1411.3	1371.3	1260.0
男性人口	Male	957.8	1127.6	1187.6	1227.2	1229.3
女性人口	Female	865.6	1035.0	1096.8	1145.2	1157.1
就业(万人)	**Employment(10 000 persons)**					
从业人数	Employment	652.8	924.6	1029.4	1061.6	1041.1
# 职工人数	Staff and Workers	227.6	369.7	383.7	263.9	239.6
城镇登记失业人数	Registered Unemployed in Urbans		15.2	14.0	12.7	17.8
宏观经济	**Macroeconomic Indicator**					
国民经济核算(亿元)	**National Accounting (100 million yuan)**					
生产总值	Gross Domestic Product	58.04	319.31	857.06	1539.12	3895.55
第一产业	Primary Industry	18.96	112.57	260.18	350.80	589.56
第二产业	Secondary Industry	26.37	102.43	308.78	582.57	1773.21
第三产业	Tertiary Industry	12.71	104.31	288.10	605.74	1532.78
固定资产投资(亿元)	**Investment in Fixed Assets (100 million yuan)**					
全社会固定资产投资总额	Total Investment in Fixed Assets		70.77	273.06	430.42	2687.84
# 国有单位	State-owned Units		56.77	210.00	275.06	1644.71
集体单位	Collective-owned Units		3.06	11.14	27.15	41.14
个体经济	Individuals		10.94	44.09	51.64	84.26
财政(亿元)	**Public Finance(100 million yuan)**					
财政收入	Government Revenue	6.90	32.98	76.35	155.59	536.36
财政支出	Government Expenditures	18.69	60.90	102.18	261.06	734.61
物价总指数(上年=100)	**Price Indices(preceding year=100)**					
商品零售价格总指数	General Retail Price Index	101.0	102.9	116.8	98.8	101.5
居民消费价格总指数	General Consumer Price Index		102.3	117.5	101.3	102.4
农产品生产者价格总指数	General Price Indices of Farm Products by Category	101.6	95.2	124.7	99.7	103.2
能源生产与消费(万吨标准煤)	**Production and Consumption of Energy(10 000 tons of SCE)**					
能源生产总量	Total Energy production	1070.63	2821.61	4642.02	4701.23	19082.33
能源消费总量	Total Energy Consumption		2423.51	3268.44	3937.54	10764.9

Principal Aggregate Indicators on National Economic and Social Development and Their Related Indices and Growth Rates

Aggregate Data		速度指标(%) Indices and Growth Rates(%)							
"九五"时期合计或平均 Total or Average of 9th Five-year	"十五"时期合计或平均 Total or Average of 10th Five-year	指数(2005年比以下各年) Index(2005 as Percentage of the following years)				平均增长速度 Average Annual Growth Rate			
		1978	1990	1995	2000	1979-2005	1991-1995	1996-2000	2001-2005
2342.3	2381.3	130.9	110.3	104.5	100.6	1.0	1.1	0.8	0.1
939.7	1073.5	283.4	144.2	129.0	112.5	3.9	2.3	2.8	2.4
1402.6	1307.8	88.4	91.2	89.3	91.9	-0.5	0.4	-0.6	-1.7
1214.8	1228.9	128.3	109.0	103.5	100.2	0.9	1.0	0.7	0.03
1127.5	1152.4	133.7	111.8	105.5	101.0	1.1	1.3	1.2	0.2
1051.6	1045.1	159.5	112.6	101.1	98.1	1.7	2.2	0.6	-0.4
332.0	242.6	105.3	64.8	62.4	90.8	0.2	0.7	-7.2	-1.9
13.4	16.9		116.8	126.8	139.8		-1.6	-1.9	6.9
6357.6	12979.7	1860.0	607.2	372.3	220.3	11.4	10.3	11.1	17.1
1670.7	2266.0	581.8	228.0	187.2	137.4	6.7	4.0	6.4	6.6
2339.1	5399.4	2023.5	849.2	464.1	271.3	11.8	12.8	11.3	22.1
2347.8	5314.3	4284.8	784.2	416.9	219.6	14.9	13.5	13.7	17.0
1757.0	6917.7		3798.0	984.3	624.5		31.0	9.5	44.2
1174.0	4107.9		2897.1	783.2	597.9		29.9	5.5	43.0
90.7	163.6		1344.4	369.3	151.5		29.5	19.5	8.7
249.8	489.6		770.2	191.1	163.2		32.1	3.2	10.3
635.03	1533.61	7773.3	1626.3	702.5	344.7	17.5	18.3	15.3	28.1
924.95	2557.77	3930.5	1206.3	718.9	281.4	14.6	10.9	20.6	23.0
100.5	100.6	100.5	98.6	86.9	102.7	5.0	11.9	0.5	0.6
102.5	102.0		100.1	87.1	101.1		13.1	2.5	2.0
96.4		101.6	108.4	82.8	103.5		15.5	-3.6	
24409.7	59959.6	1782.3	676.3	411.1	405.9	11.3	10.5	0.3	32.3
17865.8	35623.1		444.2	329.4	273.4		6.2	3.8	22.3

2-3 续表 1

指 标	Item	总量指标				
		1978	1990	1995	2000	2005
产 业	**Industry**					
农林牧渔业	**Farming, Forestry, Animal Husbandry & Fishery**					
耕地面积(万公顷)	Cultivated Areas(10 000 hectares)	532.60	496.6	549.1	731.70	735.50
从业人员(万人)	Persons Engaged in (10 000 persons)	393.80	477.5	503.0	524.30	529.18
总产值(亿元)	Gross Output(100 million yuan)	28.35	156.92	373.59	543.16	980.21
主要农畜产品产量	Output of Major Farm & Livestock					
粮食(万吨)	Grain(10 000 tons)	499.00	972.97	1055.40	1241.90	1662.20
油料(万吨)	Oil Bearing Crops(10 000 tons)	12.50	69.38	70.20	116.40	122.20
甜菜(万吨)	Beet Roots(10 000 tons)	43.10	236.44	263.50	141.30	138.30
造林面积(万公顷)	Forested Areas(10 000 hectares)	29.79	29.75	40.25	58.90	38.38
肉类(万吨)	Meat(10 000 tons)		53.61	81.89	143.40	229.91
牛奶(万吨)	Cow milk(10 000 tons)		36.95	48.57	79.80	691.08
羊毛(万吨)	Wool(10 000 tons)		6.15	5.99	6.85	10.25
羊绒(吨)	Cashmere(ton)		2076	3114	3815	6646
水产品(万吨)	Aquatic Products(10 000 tons)	1.50	3.04	4.76	7.21	8.26
六月末牲畜总数(万头只)	Livestock(10 000 heads)	4162.3	5307.5	6065.7	7300.47	10615.3
大牲畜(万头)	Large Animals(10 000 heads)	697.5	784.5	783.8	803.31	934.20
羊(万只)	Sheep and Goats(10 000 heads)	2860.5	3955.2	4302.5	5406.23	8713.00
生猪(万口)	Hogs(10 000 heads)	604.30	567.2	979.4	1090.92	968.10
工业生产	**Industrial Production**					
工业总产值(亿元)	Gross Output(100 million yuan)	52.96	263.33	626.52	1202.85	3861.58
轻工业(亿元)	Light Industry(100 million yuan)	22.05	108.51	215.92	464.26	1171.70
重工业(亿元)	Heavy Industry(100 million yuan)	30.91	154.82	410.61	738.59	2689.88
工业增加值(亿元)	Value Added(100 million yuan)	21.84	87.18	254.88	484.19	1477.88
主要工业产品产量	Output of Industrial Products					
原煤(万吨)	Raw Coal(10 000 tons)	2194	4761.61	7055.21	7247.29	25608
原油(万吨)	Crude Oil(10 000 tons)				90.50	146.92
原盐(万吨)	Raw Salt(10 000 tons)	65.18	93.28	76.13	126.68	215.84
木材(万立方米)	Timber(10 000 cu.m)	378.17	525.96	504.35	321.65	340.96
发电量(亿千瓦小时)	Electricity(100 million kwh)	37.38	169.54	278.54	439.21	1056.59
糖(包括土糖)(万吨)	Sugar(10 000 tons)	4.23	16.37	17.07	12.04	14.75
乳制品(万吨)	Dairy Products(10 000 tons)	0.31	2.2	3.03	6.65	307.53
呢绒(万米)	Woolen Fabric(10 000 m)	336.80	1041.85	1477.00	421.20	611.76
服装(万件)	Garments(10 000 units)		1046	4868	1794.70	1980.72
机制纸及纸板(万吨)	Machine Made Paper(10 000 tons)	4.25	13.59	19.15	12.19	25.74
水泥(万吨)	Cement(10 000 tons)	91.91	227.97	349.27	630.00	1632.25
钢(万吨)	Steel(10 000 tons)	99	273.01	355.36	423.59	805.49
生铁(万吨)	Pig Iron(10 000 tons)	107	280.66	345.78	440.83	922.69
成品钢材(万吨)	Steel Products(10 000 tons)	36.23	175.47	257.77	378.91	747.77
电视机(万台)	Television Sets(10 000 sets)	0.10	38.45	32.68	51.80	239.09
建筑业	**Construction**					
建筑业从业人数(万人)	Employed Persons(10 000 persons)		27.02	30.98	35.3	26.35
建筑企业总产值(亿元)	Gross output Value(100 million yuan)		27.89	85.52	138.8	381.3
施工房屋面积(万平方米)	Building Floor Space(10 000 sq.m)		1490	1010.92	1816.94	2958.88
竣工房屋面积(万平方米)	Completed Floor Space(10 000 sq.m)		1159.80	511.86	1130.00	1623.38
交通运输	**Transportation**					
货运量(万吨)	Freight Traffic(10 000 tons)	8213	26676	32732	44629	73082
铁路	Railways	3861	6909	8347	9648	22060
公路	Highways	4352	19767	24384	34979	51020
空运	Civil Aviation		0.17	1.13	2.00	2.00
客运量(万人)	Passenger Traffic(10 000 persons)	3422	10475	18273	23549	32114
铁路	Railways	1753	2433	2909	3378	3259
公路	Highways	1669	8012	15248	20061	28604
空运	Civil Aviation		30	116	110	251

continued

Aggregate Data		速度指标(%) Indices and Growth Rates(%)							
"九五"时期合计或平均 Total or Average of 9th Five-year	"十五"时期合计或平均 Total or Average of 10th Five-year	指数(2005年比以下各年) Index(2005 as Percentage of the following years)				平均增长速度 Average Annual Growth Rate			
		1978	1990	1995	2000	1979-2005	1991-1995	1996-2000	2001-2005
709.04	710.30	138.1	148.1	133.9	100.5	1.2	2.0	5.9	0.1
592.37	524.28	134.4	110.8	105.2	100.9	1.1	1.0	0.8	0.2
2579.53	3640.77	583.0	260.2	206.5	145.2	6.7	4.7	7.3	7.7
7202.10	7173.50	333.1	170.8	157.5	133.8	4.6	1.6	3.3	6.0
462.10	517.69	977.6	176.1	174.1	105.0	8.8	0.2	10.6	1.0
1164.40	662.17	320.9	58.5	52.5	97.9	4.4	2.2	-11.7	-0.4
250.21	349.00	128.8	129.0	95.4	65.2	0.9	6.2	7.9	-8.2
638.85	889.96		428.9	280.8	160.3		8.8	11.8	9.9
324.93	1768.41		1870.3	1422.9	866.0		5.6	10.4	54.0
34.27	39.85		166.7	171.1	149.6		-0.5	2.7	8.4
18882	26470		320.1	213.4	174.2		8.4	4.1	11.7
	38.65	550.7	271.7	173.5	114.6	6.5	9.4	8.7	2.8
35934	42272.41	255.0	200.0	175.0	145.4	3.5	2.7	3.8	7.8
4090.2	3821.05	133.9	119.1	119.2	116.3	1.1	-0.02	0.5	3.1
26250.4	33726.80	304.6	220.3	202.5	161.2	4.2	1.7	4.7	10.0
5593.20	4724.57	160.2	170.7	98.8	88.7	1.8	2.3	11.5	-2.4
4817.92	11484.89	2814.8	822.7	470.6	268.4	13.2	11.8	11.9	21.8
1859.4	3970.76	3094.4	913.2	541.4	264.6	13.6	11.0	15.4	21.5
2958.52	7514.13	2553.4	744.9	412.6	268.0	12.8	12.5	9.0	21.8
1951.67	4422.66	1987.0	832.4	478.2	264.4	11.7	11.7	12.6	21.5
37707.29	81184.00	1167.2	537.8	363.0	353.3	9.5	8.2	0.5	28.7
465.31	520.32				162.3				10.2
590.25	812.31	331.1	231.4	283.5	170.4	4.5	-4.0	10.7	11.2
2252.62	1529.39	90.2	64.8	67.6	106.0	-0.4	-0.8	-8.6	1.2
1836.48	3504.55	2826.6	623.2	379.3	240.6	13.2	10.4	9.5	19.2
98.02	78.6	348.7	90.1	86.4	122.5	4.7	0.8	-6.7	4.1
22.39	753.19	99203.2	13978.6	10149.5	4624.5	29.1	6.6	17.0	115.3
2929.01	2643.90	181.6	58.7	41.4	145.2	2.2	7.2	-22.2	7.8
9277.97	11486.06		189.4	40.7	110.4		36.0	-18.1	2.0
76.39	102.75	605.6	189.4	134.4	211.2	6.9	7.1	-8.6	16.1
2532.12	5348.16	1775.9	716.0	467.3	259.1	11.2	8.9	12.5	21.0
2129.53	2978.19	813.6	295.0	226.7	190.2	8.1	5.4	3.6	13.7
2153.4	3240.23	862.3	328.8	266.8	209.3	8.3	4.3	5.0	15.9
1718.19	2785.85	2064.0	426.2	290.1	197.3	11.9	8.0	8.0	14.6
106.54	833.72	239090.0	621.8	731.6	461.6	33.4	-3.2	9.7	35.8
33.21	29.51		97.5	85.1	74.6		2.8	2.6	-5.7
541.46	1391.75		1367.2	445.9	274.7				22.4
7276.74	12286.66		198.6	292.7	162.8		-7.5	12.4	10.2
4425.04	7521.73		140.0	317.2	143.7		-15.1	17.2	7.5
199174	277401	889.8	274.0	223.3	163.8	8.4	4.2	6.4	10.6
46017	71753	571.3	319.3	264.3	228.6	6.7	3.9	2.9	18.0
153150	205633	1172.3	258.1	209.2	145.9	9.5	4.3	7.5	7.8
7.49	6.60		1176.5	177.0	100.0		46.1	12.1	
102499	133872	938.5	306.6	175.7	136.4	8.6	11.8	5.2	6.4
14042	14600	185.9	133.9	112.0	96.5	2.3	3.6	3	-0.7
87894	118407	1713.8	357.0	187.6	142.6	11.1	13.7	5.6	7.4
563	866		836.7	216.4	228.2		31.1	-1.1	17.9

2-3 续表 2

指标	Item	总量指标				
		1978	1990	1995	2000	2005
邮电通信业	**Postal & Telecoms Services**					
邮电业务总量(亿元)	Total Revenue(100 million yuan)	0.42	2.12	9.66	56.25	276.14
函 件(万件)	Letters Delivered(10 000 pieces)	6658	8080	16728	9677	3143
报刊期发数(万份)	Newspapers and Magazines Distributed(10 000 copies)	253	346	486	395	194
局用交换机容量(万门)	Capacity of office Telephone Exchange(10 000 lines)	5.08	24.13	105.92	254.30	633.40
电话机(万部)	Telephone sets(10 000 units)	9.96	29.66	85.49	322.20	1254.30
国内贸易	**Domestic Trade**					
社会消费品零售总额(亿元)	Total Retail Sales of Consumer Goods(100 million yuan)	31.01	130.58	313.31	608.55	1344.1
对外经济贸易	**Foreign Trade**					
进出口总额(亿美元)	Exp. & Imp.(USD100 million)	0.16	4.84	11.23	20.36	51.62
进口额	Imports	0.05	1.60	5.15	10.14	30.97
出口额	Exports	0.10	3.25	6.08	10.22	20.65
实际利用外资额(万美元)	Amount of Foreign Capital Actually Utilized(USD 10 000)		2530	10838	54819	140007
国际旅游	**International Tourism**					
入境旅游人数(万人)	Tourists(10 000 persons)		2.04	30.09	39.19	100.16
旅游外汇收入 (万美元)	Earnings (USD 10 000)		648	9052	12645	35207
金融保险	**Finance and Insurance**					
金融机构各项存款(亿元)	Deposits of Banking (100 million yuan)	16.47	169.77	566.34	1270.13	3298.15
金融机构各项贷款(亿元)	Loans of Banking (100 million yuan)	40.33	272.92	819.87	1340.74	2588.57
中资保险公司保险金额(亿元)	Amount Insured (100 million yuan)			1426.00	1624.30	10504.00
中资保险公司保费收入(亿元)	Insurance Premium (100 million yuan)			9.11	24.63	60.87
中资保险公司赔款及给付(亿元)	Chaim and Paymen (100 million yuan)			4.87	7.92	10.76
教育、科技、文化	**Education, Sci., Tech & Culture**					
教育	**Education**					
专任教师数(人)	Full-teachers(person)					
普通高等学校	Higher Education	2949	6755	7070	8856	16189
中等学校	Secondary Schools	81208	96166	98437	101036	107704
小学	Primary Schools	121364	153799	153461	129242	118988
在校学生数(人)	Students Enrollment(person)					
普通高等学校	Higher Education	12567	32428	37248	71967	229354
中等学校	Secondary Schools	1624573	1234474	1304852	1621258	1798804
小学	Primary Schools	2917772	2342865	2343129	2015076	1596381
教育经费支出 (万元)	Expenditures(10 000 yuan)			317000	552808	1162223
科技	**Science and Technology**					
科学家、工程师数(人)	Scientists & Engineers(person)			5748	20543	25501
研究与发展经费支出(万元)	Expenditures on R&D (10 000 yuan)			2023.0	24605.8	113208
技术市场成交额(万元)	Transaction in Technical Markets(10 000 yuan)			25000	60287	310620
文化	**Culture**					
出版数量	Publications					
图书(万册)	Books(10 000 copies)	3200.00	7948.00	6560.00	7423.34	8888.15
杂志(万册)	Magazines(10 000 copies)		1264.00	1036.00	1585.46	1384.00
报纸(万份)	Newspapers(10 000 copies)		16192.00	16286.00	17967.23	26541
电视节目制作时间(小时)	Time for TV Programs(hours)			9843	12916	71091

continued

Aggregate Data		速度指标(%) Indices and Growth Rates(%)							
"九五"时期合计或平均 Total or Average of 9th Five-year	"十五"时期合计或平均 Total or Average of 10th Five-year	指数(2005年比以下各年) Index(2005 as Percentage of the following years)				平均增长速度 Average Annual Growth Rate			
		1978	1990	1995	2000	1979-2005	1991-1995	1996-2000	2001-2005
150.44	765.36	65747.6	13025.5	2858.6	490.9	27.2	35.4	42.2	37.5
46286	57689	47.2	38.9	18.8	32.5	-2.7	15.7	-10.4	-20.1
2419	1177.5	76.7	56.1	39.9	49.1	-1.0	7.0	-4.1	-13.3
939.14	2376.05	12468.5	2624.9	598.0	249.1	19.6	34.4	19.1	20.0
922.24	4091.15	12593.4	4228.9	1467.2	389.3	19.6	23.6	30.4	31.2
2392.70	4982.31	4334.4	1029.3	429.0	220.9	14.3	19.1	14.2	17.2
75.9	178.77	32262.5	1066.5	459.7	253.5	23.9	18.3	12.6	20.5
34.17	101.78	61940.0	1935.6	601.4	305.4	26.9	26.3	14.5	25.0
41.72	76.99	20650.0	635.4	339.6	202.1	21.8	13.3	10.9	15.1
221769	401753		5533.9	1291.8	255.4		33.8	38.3	20.6
179.56	305.44		4909.8	332.9	255.6		71.3	5.4	20.6
57272	103031		5433.2	388.9	278.4		69.4	6.9	22.7
981.68	2239.91	20025.2	1942.7	582.4	259.7	21.7	27.2	17.5	21.0
1239.76	1974.60	6418.5	948.5	315.7	193.1	16.7	24.6	10.3	14.1
	26505.22			736.6	646.7			2.6	45.3
	216.89			668.2	247.1			22.0	19.8
	43.85			220.9	135.9			10.2	6.3
7538	12412	549.0	239.7	229.0	182.8	6.5	0.9	4.6	12.8
103305	105190	132.6	112.0	109.4	106.6	1.1	0.5	0.5	1.3
141404	125792	98.0	77.4	77.5	92.1	-0.1	-0.04	-3.4	-1.6
48868	160887	1825.0	707.3	615.7	318.7	11.4	2.8	14.1	26.1
1508965	1758760	110.7	145.7	137.9	111.0	0.4	1.1	4.4	2.1
2209356	1743249	54.7	68.1	68.1	79.2	-2.2	0.002	-3.0	-4.6
	4352299			366.6	210.2			11.8	16.0
	23114			443.6	124.1			-1.6	4.4
	339271			5596.0	460.1			30.7	35.7
	821369			1242.5	515.2			19.3	38.8
39341.34	37618.44	277.8	111.8	135.5	119.7	3.9	-3.8	2.5	3.7
8010.46	8637.00		109.5	133.6	87.3		-3.9	8.9	-2.7
95552.23	155075.25		163.9	163.0	147.7		0.1	2.0	8.1
78877	246578			722.2	550.4			5.6	40.6

2-3 续表 3

指标	Item	总量指标				
		1978	1990	1995	2000	2005
家庭、生活、环境	**Family, Livelihood & Environment**					
家庭	**Family**					
家庭总户数(万户)	Total Number of Households (10 000 households)		536.85	594.86	659.08	794.00
城镇居民平均每户家庭人口(人)	Average Household Size in Urban Areas(person)		3.73	3.34	3.08	3.00
农村居民平均每户家庭人口(人)	Average Household Size in Rural Areas(person)	5.78	5.00	4.50	4.10	3.78
婚姻	**Marriages and Divorces**					
结婚数(万对)	Number of Marriages(10 000 couples)		15.88	17.35	15.20	15.45
离婚数(万对)	Number of Divorces(10 000 couples)		2.19	2.75	3.25	3.92
居住	**Housing**					
城市居民人均居住面积(平方米)	Per Capita Net Floor Space of Urban Residents(sq.m)	3.50	8.98	12.06	15.54	26.09
农村居民人均居住面积(平方米)	Per Capita Net Floor Space of Rural Residents(sq.m)		11.90	15.29	17.00	19.70
生活	**People's Livelihood**					
城镇居民人均可支配收入(元)	Per Capita Annual Income of Urban Households(yuan)	301.01	1155.00	2845.72	5129.10	9136.80
农村牧区居民人均纯收入(元)	Per Capita Net Income of Rural Residents(yuan)	131.37	647.45	1300.00	2038.21	2988.87
农民人均纯收入(元)	Farmers(yuan)	126.07	607.15	1208.38	1869.00	2813.35
牧民人均纯收入(元)	Herdsmen(yuan)	188.00	905.67	1870.97	3355.00	4341.18
城乡储蓄存款余额(亿元)	Amount of Saving Deposits in Urban & Rural(100 million yuan)	4.34	110.39	409.87	875.74	1973.60
工资和福利	**Wages and Welfare**					
工资总额(亿元)	Total Wages(100 million yuan)	14.98	66.22	156.12	185.96	387.73
职工平均工资(元)	Average Wage of Staff & Workers(yuan)	712	1846	4134	6974	15985
离休、退休、退职职工人数(万人)	Number of Retired Resigned Staff and Workers(10 000 person)		47.55	55.75	75.45	126.72
离休、退休、退职费(万元)	Pensions for & Retired Staff and Workers(10 000 yuan)				480884	1289082
卫生	**Health Care**					
医院、卫生院(个)	Number of Hospitals(unit)	1723	1856	2003	1988	1834
医生(人)	Number of Doctors(person)	26724	41453	49345	52299	50308
医院、卫生院床位数(张)	Number of Hospital Beds(unit)	24079	57558	61933	63156	64002
市政建设	**City Construction**					
自来水供应量(亿吨)	Tap Water Supply(100 million tons)	0.88	1.88	6.32	6.18	6.11
下水道长度(公里)	Length of Sewer Pipelines(km)		1751	2156	2693	4505.45
城市煤气和天然气供气量(万立方米)	Volume of Coal & Natural Gas Supply in Urban Areas(10 000 cu.m)		2581	5694	7485	16330.4
公共汽车总数(辆)	Total Number of Public Buses(unit)	425	911	2078	2128	3594
铺装道路长度(公里)	Length of Paved Roads(km)	677	1509	2229	2771	3867
绿地面积(公顷)	Areas of Green Land(hectare)	2143	7132	13394	16541	24632
环境、灾害	**Environment and Disaster**					
污染治理项目本年完成投资额(亿元)	Investment of Pollution Treatment in the Year(100 million yuan)				5.59	2.57
火灾发生数(起)	Number of Fire Disasters(times)				2096	5422
火灾损失(万元)	Fire Loss(10 000 yuan)				1365	1687
交通事故发生数(起)	Number of Traffic Accidents(times)				9521	8452
交通事故损失(万元)	Loss of Traffic Accidents(10 000 yuan)				2539	2785

continued

Aggregate Data		速度指标(%) Indices and Growth Rates(%)							
"九五"时期合计或平均 Total or Average of 9th Five-year	"十五"时期合计或平均 Total or Average of 10th Five-year	指数(2005年比以下各年) Index(2005 as Percentage of the following years)				平均增长速度 Average Annual Growth Rate			
		1978	1990	1995	2000	1979-2005	1991-1995	1996-2000	2001-2005
631.34	720.56		147.9	133.5	120.5		2.1	3.5	3.8
3.18	2.99		80.4	89.8	97.4		-2.2	-1.6	-0.5
4.19	3.91	65.4	75.6	84.0	92.2	-1.6	-2.1	-1.4	-1.6
	71.19		97.3	89.0	101.6		1.8	-2.6	0.3
	16.21		179.0	142.5	120.6		4.7	3.4	3.8
13.11	19.52	745.4	290.5	216.3	167.9	7.7	3.3	16.3	10.9
16.80	18.35		165.5	128.8	115.9		5.1	2.0	3.0
4325.82	7131.95	632.3	333.5	259.0	163.9	13.5	19.8	12.5	12.2
1881.04	2384.30	526.1	234.6	192.0	128.7	12.3	15.0	9.4	8.0
1788.00	2228.66	449.6	216.0	187.2	131.9	12.2	14.8	9.1	8.5
2573.00	3488.45	522.8	213.6	179.0	115.1	12.3	15.6	12.4	5.3
698.26	1411.59	45474.7	1787.8	481.5	225.4	25.4	30.0	16.4	17.6
899.84	1431.16	2588.3	585.5	248.4	208.5	12.8	18.7	3.6	15.8
5791	11704	431.8	334.7	292.0	217.2	12.2	17.5	11.0	18.0
	88.02		266.5	227.3	168.0		3.2	6.2	10.9
	3390335				268.1				21.8
1994	1847	106.4	98.8	91.6	92.3	0.2	1.5	-0.2	-1.6
52597	50335	188.3	121.4	102.0	96.2	2.4	3.5	1.2	-0.8
62414	62110	265.8	111.2	103.3	101.3	3.7	1.5	0.4	0.3
31.21	30.62	694.3	325.0	96.7	98.9	7.4	27.4	-0.4	-0.2
2405.2	3784.93		257.3	209.0	167.3		4.2	4.5	10.8
35347	51118.44		632.7	286.8	218.2		17.1	5.6	16.9
1918	2992	845.6	394.5	173.0	168.9	8.2	17.9	0.5	11.1
2579	4293	571.2	256.3	173.5	139.6	6.7	8.1	4.4	6.9
5216	22091	1149.4	345.4	183.9	148.9	9.5	13.4	4.3	8.3
	14.89				46.0				-14.4
	21359				258.7				20.9
	7004				123.6				4.3
	39917				88.8				-38.3
	12645				109.7				1.9

2-4 国民经济和社会发展结构

Structural Indicators on National Economic and Social Development

单位：% (%)

指标	Item	1985	1990	1995	2000	2005
人口城乡结构	**Urban and Rural Structure of Population**					
城镇	Urban	43.4	36.1	38.2	42.2	47.2
乡村	Rural	56.6	63.9	61.8	57.8	52.8
人口性别结构	**Sexual Structure of Population**					
男	Male	51.8	52.1	52.0	51.7	51.5
女	Female	48.2	47.9	48.0	48.3	48.5
就业产业结构	**Industrial Structure of Employment**					
第一产业	Primary Industry	60.4	55.8	52.1	52.2	53.8
第二产业	Secondary Industry	20.4	21.8	21.9	17.1	15.6
第三产业	Tertiary Industry	19.2	22.4	26.0	30.7	30.5
生产总值三次产业结构	**Industrial Structure of GDP**					
第一产业	Primary Industry	32.7	35.3	30.4	22.8	15.1
第二产业	Secondary Industry	34.8	32.1	36.0	37.8	45.5
第三产业	Tertiary Industry	32.5	32.6	33.6	39.4	39.4
国民总支出中总投资和总消费结构	**Investment and Consumption as Percentage of National Expenditures**					
总投资	Investment	37.6	39.0	43.5	39.9	73.0
总消费	Consumption	77.5	67.9	68.6	58.6	44.0
工农业总产值中农、轻、重结构	**Structure of Gross Output Value of Agriculture, Light Industry and Heavy Industry**					
农业	Agriculture	39.3	37.3	38.2	31.1	20.2
轻工业	Light Industry	24.5	25.8	21.6	27.0	24.2
重工业	Heavy Industry	36.2	36.9	45.3	43.0	55.6
农、林、牧、渔业产值结构	**Structure of Gross Output Value of Agriculture**					
农业	Farming	63.9	65.7	62.0	56.8	48.3
林业	Forestry	6.6	4.0	3.2	4.3	4.1
牧业	Animal Husbandry	29.2	29.6	34.0	37.8	45.4
渔业	Fishery	0.6	0.7	0.8	1.1	0.7
工业总产值中轻、重工业结构	**Structure of Gross Output Value of Industry**					
轻工业	Light Industry	40.3	41.2	34.5	38.6	30.3
重工业	Heavy Industry	59.7	58.8	65.5	61.4	69.7
固定资产投资额三次产业投资结构	**Type of Industry as Percentage of Total Investment in FixedAssets Capital Construction**					
第一产业	Primary Industry	9.3	7.6	8.6	11.1	5.2
第二产业	Secondary Industry	49.0	57.3	64.8	34.3	58.9
第三产业	Tertiary Industry	41.7	35.1	26.6	54.6	35.9
财政收入结构	**Structure of Financial Revenue**					
地方财政收入	Local Government			57.2	71.1	62.5
上划中央两税	Turn over to Central Government			42.8	28.9	37.5
基建拨款占财政支出的比例	**Capital Construction Expenses as Percentage in Financial Expenditures**	**15.7**	**8.1**	**5.5**	**13.2**	**15.1**
教育经费占财政支出的比例	**Educational Expenses as Percentage in Financial Expenditures**	**13.4**	**14.1**	**16.2**	**11.6**	**10.7**

2-4 续表 continued

单位：% (%)

指 标	Item	1985	1990	1995	2000	2005
建筑业总产值结构	**Structure of Gross Output Value of Construction Enterprises**					
土木工程建筑业	Civil Engineering Construction	95.7	96.9	90.0	90.1	94.7
线路管道设备安装业	Line and Equipment Installation	4.3	3.1	9.5	9.3	4.5
建筑物装修装饰业	Building Decoration			0.5	0.6	0.8
货运量结构(按运输方式分)	**Structure of Freight Traffic by Means of Transportation**					
铁路	Railways	48.0	26.0	27.5	21.6	30.2
公路	Highways	52.0	74.0	72.5	78.4	69.8
航空	Civil Aviation					
管道	Pipelines					
社会消费品零售总额构成	**Composition of Retail Sales of Consumer Goods**					
市	Cities	50.0	55.0	58.0	60.0	66.9
县	Counties	27.0	25.9	24.0	24.0	20.7
县以下	Below Counties	23.0	19.1	18.0	16.0	12.4
学校在校学生结构	**Structure of Student Enrollment**					
大学生	College and University Students	0.8	0.9	1.0	4.8	6.3
中学生	Secondary School Students	32.7	34.2	35.4	40.9	49.6
小学生	Primary School Students	66.5	64.9	63.6	54.3	44.1
科技经费内部支出结构	**Structure of Internal Expenditures on Scientific and Technological Activities**					
# 劳务费	Service Fees				44.6	19.7
研究与发展经费支出	Expenditures of Research and Development				35.6	34.0
城镇居民消费结构	**Consumption Structure of Urban Residents**					
食 品 类	Food	46.1	48.3	48.4	34.5	31.4
衣 着 类	Clothing	20.0	16.5	16.3	14.3	15.1
用品及其他	Articles for Daily Use and Others	33.9	35.2	29.0	42.6	43.1
居 住	Residence			6.3	8.6	10.4
农牧民消费结构	**Consumption Structure of Rural Residence**					
食 品 类	Food			59.7	44.8	43.1
衣 着 类	Clothing			7.3	6.9	6.1
用品及其他	Articles for Daily Use and Others			19.7	32.9	37.1
居 住	Residence			13.3	15.4	13.7
卫生技术人员结构	**Medical Technical Personnel**					
# 医生	Doctors	41.9	42.8	48.3	51.9	41.5
护师、护士	Nurses	14.5	22.9	24.1	25.6	22.3

2-5 国民经济和社会发展比例和效益

Indicators on Proportions and Efficiency in National Economic and Social Development

指标	Item	1985	1990	1995	2000	2005
人口与就业	**Population and Employment**					
人口	Population					
出生率(‰)	Birth Rate(‰)	17.2	21.2	17.2	12.1	10.1
死亡率(‰)	Death Rate(‰)	5.7	7.2	6.7	5.9	5.5
自然增长率(‰)	Natural Growth Rate(‰)	11.5	14.0	10.5	6.1	4.6
就业	Employment					
就业者负担人数(人)	Dependency Ratio(person)	1.85	1.89	1.86	1.92	1.91
三次产业就业者比例(以第一产业为100)	Employment Ratio by type of Industry (Employment in Primary industry=100)					
第一产业	Primary Industry	100	100	100	100	100
第二产业	Secondary Industry	33.8	39.1	41.9	33.0	29.0
第三产业	Tertiary Industry	31.7	40.3	50.0	58.8	56.7
城镇登记失业率(%)	Unemployment Rate in Urban Areas(%)	3.97	3.49	3.17	3.34	4.26
宏观经济	**Macro Economy**					
国民经济核算	National Accounting					
三次产业增加值比例(以第一产业为100)	Ratio of Value-added by Type of Industry (Value added in Primary industry=100)					
第一产业	Primary Industry	100	100	100	100	100
第二产业	Secondary Industry	106.4	91.0	118.7	166.1	300.8
第三产业	Tertiary Industry	99.6	92.7	110.7	172.7	260.0
人均生产总值(元)	Per Capita GDP(yuan)	809	1478	3772	6502	16331
固定资产投资	Investment in Fixed Assets					
全社会固定资产投资占生产总值比例(%)	Proportion of Investment in Fixed Assets to GDP(%)	32.0	22.2	31.9	28.0	69.0
全社会房屋建筑面积竣工率(%)	Rate of Total Floor Space of Buildings Completed in Construction(%)	81.8	77.8	80.7	75.5	53.5
基本建设固定资产交付使用率(%)	Rate of Fixed Assets Completed in Capital Construction & Put into Use(%)	99.4	78.5	76.5	62.8	59.8
基本建设项目建成投产率(%)	Rate of Projects Completed in Capital Construction and Put into Use(%)	63.3	60.2	64.1	71.0	76.5
财政	Finance					
财政收入占生产总值比例(%)	Proportion of Government Revenue to GDP(%)	8.0	10.3	8.9	10.1	13.8
财政支出占生产总值比例(%)	Proportion of Government Expenditures to GDP(%)	20.9	19.0	11.9	17.0	18.9
利用外资	Utilization of Foreign Capital					
实际利用外资额占签订利用外资额比例(%)	Proportion of Foreign Capital Actually Used toTotal Amount of Foreign Capital for Utilization by Signed Contracts or greements(%)		35.8	169.6	106.9	86.6
能源生产与消费	Production and Consumption of Energy					
能源生产弹性系数	Elasticity Ratio of Energy Production	1.19	0.66	1.61	0.27	0.94
能源消费弹性系数	Elasticity Ratio of Energy Consumption		1.09	1.61	0.77	1.06
每万元生产总值消耗的能源(吨标准煤)	Energy Consumption Per 10 000 yuan GDP(ton of SCE)	11.41	7.59	3.81	2.31	2.48

2-5 续表 1 continued

指 标	Item	1985	1990	1995	2000	2005
产 业	**Industrial**					
农牧业	Agriculture					
人均耕地面积(公顷)	Per Capita Cultivated Land(hectare)	0.25	0.23	0.24	0.31	0.31
农业从业者人均耕地面积(公顷)	Cultivated Land per Agricultural Laborer(hectare)	1.19	1.06	1.10	1.39	1.65
每公顷耕地农业机械总动力(千瓦)	Total Power of Agricultural Machinery per Hectare of Cultivated Land(kw)	0.96	1.53	1.64	1.85	2.61
每公顷耕地用电量(万千瓦小时)	Electric Power Consumption per Hectare of Cultivated Land(10 000 kwh)	130	229	305	291	398
每公顷耕地化肥用量(千克)	Chemical Fertilizer Consumption per Hectare of Cultivated Land(kg)	40	70	98	102	159
每公顷耕地生产的农业产值(元)	Agricultural Output Value per Hectare of Cultivated Land(yuan)	944	2077	4210	4214	6443
农业从业者人均农产品产量(千克)	Output of Farm products per Agricultural Laborer(kg)					
粮 食	Grain	1456	2070	2105	2366	3719
油 料	Oil-bearing Crops	191	148	140	222	273
甜 菜	Beet Roots	613	503	525	269	309
肉 类	Meat	87	114	163	273	514
每公顷播种面积农产品产量(千克)	Output of Farm Crops per Hectare of Sown Area(kg)					
粮 食	Grain	1765	2511	2547	2800	3800
油 料	Oil-bearing Crops	1038	1340	1260	1324	1759
甜 菜	Beet Roots	25420	24884	18821	23998	36328
工业企业效益(规模以上工业)	Economic Efficiency of Industry					
综合效益指数	Index of Multipurpose Efficiency				88.80	203.61
总资产贡献率(%)	Ratio of Total Assets to Industrial Output Value(%)				6.69	12.70
资产负债率(%)	Assets-Liability Ratio(%)				59.46	59.53
成本费用利润率(%)	Ratio of Profits to Industrial Cost(%)				2.41	8.52
流动资产周转次数(次/年)	Number of Times of Annual of Turn-over Circulating Funds(times/year)				1.26	2.32
全员劳动生产率(元/人·年)	Labor Prouctivity(yuan/person·year)	8770	9718	11399	21989	135616
建筑业	Construction					
技术装备率(元/人)	Machinery per Laborer(yuan/person)	1292	2434	3053	5844	11822
产值利税率(%)	Ratio of Per-tax Profits to Gross Output Value(%)	4.0	6.2	3.6	4.2	8.3
全员劳动生产率(元/人)(按总产值计算)	Overall Labor Productivity(yuan/person) (in terms of gross output value per employee)	6646	1369	28440	39319	81750
交通运输业	Transportation					
铁路网密度(公里/万平方公里)	Railway Density(km/10 000 sq.km)	37	47	49	61	64
公路网密度(公里/万平方公里)	Highway Density(km/10 000 sq.km)	323	366	378	569	668
铁路货运密度(吨/公里)	Railway Freight Traffic Density(ton/km)	12522	12338	14391	14705	29186
公路货运密度(吨/公里)	Highway Freight Traffic Density(ton/km)	1599	4597	5443	5194	6456
邮电通信业	Postal & Telecommunications Services					
固定电话普及率(部/百人)	Access to Telephones(set/100 persons)	0.4	0.8	2.9	8.7	22.7
移动电话普及率(部/百人)	Access to Mobile Phones(set/100 persons)			0.1	4.9	29.9
国内贸易	Domestic Trade					
人均社会消费品零售额(元)	Per Capita Retail Sales of Consumer Goods(yuan)	377	610	1298	2045	5635
对外经济贸易	Foreign Trade					
进出口总额占生产总值比例(%)	Proportion of Total Imports & Exports to GDP(%)	3.6	7.9	10.9	11.0	10.7

2-5 续表 2 continued

指 标	Item	1985	1990	1995	2000	2005
金融保险	Finance and Insurance					
金融机构存款占生产总值比例(%)	Bank Deposits as Percentage of GDP(%)	34.2	53.2	66.1	82.5	84.7
金融机构贷款占生产总值比例(%)	Bank Loans as Percentage of GDP(%)	55.3	85.5	95.7	87.1	66.4
国家银行现金支出占收入比例(%)	Proportion of Cash Outlay to Cash Receipt in State Banking System(%)	110.5	110.6	108.9	105.0	100.9
教育、科技、文化	**Education, Science, Tech & Culture**					
教育	Education					
学龄儿童入学率(%)	Rate of School-age Children Enrollment(%)	96.8	97.9	98.9	99.5	99.4
小学升学率(%)	Rate of Graduates of primary Schools Entering Junior Secondary Schools(%)	75.7	81.8	90.0	96.1	99.98
初中升学率(%)	Rate of Graduates of Junior Secondary Schools Entering Senior Secondary Schools(%)	49.5	42.1	48.6	60.2	73.0
学校教师负担系数(%)	Student-teacher Ratio(in percentage)(%)					
高等学校	Colleges and Universities	5.5	4.8	5.3	8.1	14.2
中等学校	Secondary Schools	17.1	12.7	13.2	16.1	16.7
小学学校	Primary Schools	19.1	15.2	15.3	15.6	13.4
科技	Science and Technology					
研究与开发经费支出占生产总值比例(%)	R&D Expenditures as Percentage of GDP(%)			0.09	0.16	0.29
文化	Culture					
每百万人有艺术表演团体(个)	Number of Troupes per Million Persons(unit)	7.4	5.8	5.2	4.9	4.6
每百万人有公共图书馆(个)	Number of Public Libraries per million Persons(unit)	4.7	4.9	4.7	4.6	4.6
每百万人有博物馆(个)	Number of Museums per million Persons (unit)	0.1	0.5	0.7	1.1	1.4
家庭、生活、环境	**Family, People's Livelihood & Environment**					
家庭	Family					
负担少儿系数(%)	Dependency Ratio of Children(%)		42.1	38.2	29.0	22.4
负担老年系数(%)	Dependency Ratio of the Aged(%)		5.9	6.8	7.3	8.8
生活	People's Livelihood					
城镇居民与农牧民收入增长率比例(1978=100)	Proportion of Growth Rate of Annual Income of Urban Residents to the Growth Rate of Annual Net Income of Rural Residents(1978=100)	0.90	0.85	0.89	0.94	1.20
福利	Welfare					
离退休退职费占工资总额比例(%)	Pensions for Retired Veterans,Retired and Resigned Persons as Percentage of Total Wages(%)				25.9	33.2
离退休退职人员占在职人员比例(%)	Proportion of the Number of Workers Who Have Retired or Resigned to the Number of Employed Ones(%)	6.3	12.9	14.5	28.6	52.9
卫生	Health Care					
每万人医院数(个)	Number of Hospitals per 10 000 Persons(unit)	0.9	0.9	0.9	0.9	0.8
每万人医生数(个)	Number of Doctors per 10 000 Persons(unit)	18	19	22	22	21
每万人医院床位数(张)	Number of Hospital Beds per 10 000 Persons (unit)	25.2	26.6	27.3	28.2	29.1
市政建设	City Construction					
城市自来水普及率(%)	Percentage of Households with Access to Tap Water(%)	61.1	73.4	80.7	89.1	83.9
城市用气普及率(%)	Percentage of Households with Access to Tap Gas(%)	2.7	16.8	40.5	58.6	68.2
每万人绿地面积(公顷)	Public Green Areas per 10 000 Persons(hectare)	2.4	3.3	5.9	7.0	7.8

主要统计指标解释

可比价格 指计算各种总量指标所采用的扣除了价格变动因素的价格，可进行不同时期总量指标的对比。按可比价格计算总量指标有两种方法：一种是直接用产品产量乘某一年的不变价格计算；另一种是用价格指数进行缩减。

不变价格 指以同类产品某年的平均价格作为固定价格，用于计算各年的产品价值。按不变价格计算的产品价值消除了价格变动因素，不同时期对比可以反映生产的发展速度，新中国成立后，随着工农业产品价格水平的变化，国家统计局先后五次制定了全国统一的工业产品不变价格和农业产品不变价格。从 1952 年到 1957 年使用 1952 年工(农)业产品不变价格。从 1957 年到 1970 年使用 1957 年不变价格，从 1971 年到 1980 年使用 1970 年不变价格，从 1981 年到 1990 年使用 1980 年不变价格，从 1991 年开始使用 1990 年不变价格。

平均增长速度 我国计算平均增长速度有两种方法：一种是习惯上经常使用的“水平法”，又称几何平均法，是以间隔期最后一年的水平同基期水平对比来计算平均每年增长(或下降)速度；另一种是“累计法”，又称代数平均法或方程法，是以间隔期内各年水平的总和同基期水平对比来计算平均每年增长(或下降)速度。在一般正常情况下，两种方法计算的平均每年增长速度比较接近，但在经济发展不平衡、出现大起大落时，两种方法计算的结果差别较大。

本《年鉴》内所列的平均增长速度，除固定资产投资用“累计法”计算外，其余均用“水平法”计算。从某年到某年平均增长速度的年份，均不包括基期年在内。如建国四十三年的平均增长速度是以 1949 年为基期计算的，则写为 1950-1992 年平均增长速度，其余类推。

企业(单位)登记注册类型 是以在工商行政管理机关登记注册的各类企业为划分对象，以工商行政管理部门对企业登记注册的类型为依据，将企业登记注册类型分为内资企业、港澳台商投资企业和外商投资企业三大类。内资企业包括国有企业、集体企业、股份合作企业、联营企业、有限责任公司、股份有限公司、私营公司和其他企业；港澳台商投资企业和外商投资企业分别包括合资经营企业、合作经营企业、独资经营企业和股份有限公司。对不在工商行政管理部门进行登记注册的行政机关、事业单位和社会团体，主要按其经费来源和管理方式进行划分。

国有企业 指企业全部资产归国家所有，并按《中华人民共和国企业法人登记管理条例》规定登记注册的非公司制的经济组织。不包括有限责任公司中的国有独资公司。

集体企业 指企业资产归集体所有，并按《中华人民共和国企业法人登记管理条例》规定登记注册的经济组织。

股份合作企业 指以合作制为基础，由企业职工共同出资入股，吸收一定比例的社会资产投资组建，实行自主经营，自负盈亏，共同劳动，民主管理，按劳分配与按股分红相结合的一种集体经济组织。

联营企业 指两个及两个以上相同或不同所有制性质的企业法人或事业单位法人，按自愿、平等、互利的原则，共同投资组成的经济组织。联营企业包括国有联营企业、集体联营企业、国有与集体联营企业和其他联营企业。

有限责任公司 指根据《中华人民共和国公司登记管理条例》规定登记注册，由两个以上、五十个以下的股东共同出资，每个股东以其所认缴的出资额对公司承担有限责任，公司以其全部资产对其债务承担责任的经济组织。有限责任公司包括国有独资公司以及其他有限责任公司。

股份有限公司 指根据《中华人民共和国公司登记管理条例》规定登记注册，其全部注册资本由等额股份构成并通过发行股票筹集资本，股东以其认购的股份对公司承担有限责任，公司以其全部资产对其债务承担责任的经济组织。

私营企业 指由自然人投资设立或由自然人控股，以雇佣劳动为基础的营利性经济组织。包括按照《公司法》、《合伙企业法》、《私营企业暂行条例》规定登记注册的私营有限责任公司、私营股份有限公司、私营合伙企业和私营独资企业。

其他内资企业 指上述企业之外的其他内资经济组织。

与港澳台商合资经营企业 指港澳台地区投资者与内地企业依照《中华人民共和国中外合资经营企业法》及有关法律的规定，按合同规定的比例投资设立、分享利润和分担风险的企业。

与港澳台商合作经营企业 指港澳台地区投资者与内地企业依照《中华人民共和国中外合作经营企业法》及有关法律的规定，依照合作合同的约定进行投资或提供条件设立、分配利润和分担风险的企业。

港澳台商独资经营企业 指依照《中华人民共和国外资企业法》及有关法律的规定，在内地由港澳台地区投资者全额投资设立的企业。

港澳台商投资股份有限公司 指根据国家有关规定，经外经贸部依法批准设立，其中港、澳、台商的股本占公司注册资本的比例达 25%以上的股份有限公司。凡其中港、澳、台商的股本占公司注册资本的比例小于 25%的，属于内资企业中的股份有限公司。

中外合资经营企业 指外国企业或外国人与中国内地企业依照《中华人民共和国中外合资经营企业法》及有关法律的规定，按合同规定的比例投资设立、分享利润和分担风险的企业。

中外合作经营企业 指外国企业或外国人与中国内地企业依照《中华人民共和国中外合作经营企业法》及有关法律的规定，依照合作合同的约定进行投资或提供条件设立、分配利润和分担风险的企业。

外资企业 指依照《中华人民共和国外资企业法》及有关法律的规定，在中国内地由外国投资者全额投资设立的企业。

外商投资股份有限公司 指根据国家有关规定，经外经贸部依法批准设立，其中外资的股本占公司注册资本的比例达 25%以上的股份有限公司。凡其中外资股本占公司注册资本的比例小于 25%的，属于内资企业中的股份有限公司。

行政机关、事业单位和社会团体 参照企业登记注册类型，主要按其经费来源和管理方式划分。具体规定如下：

(1)行政机关：包括国家机关和政党机关，原则上均列为“国有”。但有特殊规定的，如供销社等，则列为“集体”。

(2)事业单位：包括经国家机构编制部门和有关业务主管部门批准成立的各类事业单位，不包括实行企业化管理的事业单位。事业单位的划分办法如下：

①由国家财政预算拨款或列入财政预算外资金管理以及经费主要来源于国有主管部门或国有上级单位的事业单位，列为“国有”。

②经费主要来源于集体单位的事业单位，列为“集体”。

③公民个人(或个人合伙)开办的事业单位，列为“私营”。

④上述以外的其他事业单位，如果其经费来源不明确，按管理方式进行归类。

(3)社会团体：包括经民政部门批准成立以及未纳入社会团体管理条例范围的工会、妇联等各类社会团体。社会团体的划分办法如下：

①未纳入民政部社会团体管理条例范围的工会、妇联、共青团、青联、工商联、科协、侨联等社会团体，国家拨款设立的基金会或基金管理组织以及经费主要来源于国有业务主管部门或国有上级单位的社会团体，列入“国有”。

②经费主要来源于集体单位的社会团体，列为“集体”。

③公民个人(或个人合伙)开办的社会团体，划为“私营”。

④上述以外的其他社会团体，如果其经费来源不明确，改按管理方式进行归类。

Explanatory Notes on Main Statistical Indicators

Comparable Prices refer to prices that are used to remove the factors of price change in calculating economic aggregates, so as to facilitate comparison of aggregates over time. Two methods are used for calculating economic aggregates at comparable prices: 1. Multiplying the output of products by their constant prices of certain year; 2. Deflation of data at current prices by relevant price index.

Constant Price refers to the average price of a given product in certain year, which is used for comparison of output value over time. As the output value at constant prices removes the factor of price changes, it reflects the trend of production development over time. Since 1949, with the changes in general price level, the State Statistical Bureau has issued nationally unified constant prices five times; the 1952 constant prices for 1949-1957; the 1957 constant prices for 1957-1971; the 1970 constant prices for 1971-1981; the 1980 constant prices for 1981-1990; and the 1990 constant prices have been used since 1991.

Average Annual Growth Rate Two methods for calculating average annual growth rate are applied in China, one is often called "level approach" or the method of calculating geometric average, which is derived by comparing the level of the last year of the interval with that of the beginning year; the other is called accumulative approach or algebraic average or equation method, which is derived by the summation of the actual figure of each year in the interval divided by the figure in the base year.

Usually the results calculated by the two methods are fairly close, but they differed sharply when uneven economic development occurred with striking fluctuations in growth.

The average annual growth rates listed in this statistical yearbook are calculated by "level approach" except for the growth rate of investment in fixed assets. The base years are not listed when the years are listed for average annual growth rates. For instance, the average annual growth rate of 43 years since 1949 is listed as average annual growth rate of 1950-1992 without listing the base year 1949. And the analogy of this is also the same for the rest of the years.

Registration Status of Enterprises Enterprises are classified into 3 categories, namely domestic- funded enterprises, enterprises with investment from Hong Kong, Macao and Taiwan, and enterprises with foreign investment, in the light of the registration status of an enterprise in industrial and commercial administration agencies. Domestic funded enterprises include state owned enterprises, collective owned enterprises, cooperative enterprises, joint ownership enterprises, limited liability corporations, share holding corporations Ltd. , private enterprises and other enterprises. Included in the enterprises with investment from Hong Kong, Macao and Taiwan and enterprises with foreign investment are joint venture enterprises, cooperative enterprises, sole investment enterprises and share holding corporations Ltd. For government agencies, institutions and social organizations which are not requested to be registered in industrial and commercial administration agencies, they are classified mainly by their sources of funds and way of management.

State-owned Enterprises refer to non- corporation economic units where the entire assets are owned by the state and which have registered in accordance with the Regulation of the People's Republic of China on the Management of Registration of Corporate Enterprises. Excluded from this category are sole state funded corporations in the limited liability corporations.

Collective-owned Enterprises refer to economic units where the assets are owned collectively and which have registered in accordance with the Regulation of the People's Republic of China on the Management of Registration of Corporate Enterprises.

Cooperative Enterprises refer to a form of collective economic units (enterprises) where capitals come mainly from employees as their shares, with certain proportion of capital from the outside, where production is organized on the basis of independent operation, independent accounting for profits and losses, joint work, democratic management, and a distribution system that integrates remuneration according to work with dividend according to capital share.

Joint Ownership Enterprises refer to economic units established by two or more corporate enterprises or corporate institutions of the same or different ownership, through joint investment on the basis of equality, voluntary participation and mutual benefits. They include state joint ownership enterprises, collective joint ownership enterprises, joint state-collective enterprises, other joint ownership enterprises.

Limited Liability Corporations refer to economic units established with investment from 2-50 investors and registered in accordance with the Regulation of the people's Republic of China on the Management of Registration of Corporations, each investor bearing limited liability to the corporation depending on its share of investment, and the corporation bearing liability to its debt to the maximum of its total assets. Limited liability corporations include exclusive state-funded limited liability corporations and other limited liability corporations.

Share-holding Corporations Ltd refer to economic units registered in accordance with the Regulation of the People's Republic of China on the Management of Registration of Corporations, with total registered capitals divided into equal shares and raised through issuing stocks. Each investor bears limited liability to the corporation depending on the holding of shares, and the corporation bears liability to its debt to the maximum of its total assets.

Private Enterprises refer to profit-making economic units invested and established by natural persons, or controlled by natural persons using employed labour. Included in this category are private limited liability corporations, private share-holding corporations Ltd. , private partnership enterprises and private funded enterprises registered in accordance with the Corporation Law, Partnership Enterprises Law and Interim Regulations on private Enterprises.

Other Domestic-funded Enterprises refer to domestic-funded economic units other than those mentioned above.

Joint-venture Enterprises with Funds from Hong Kong, Macao and Taiwan refer to enterprises jointly established by investors from Hong Kong, Macao and Taiwan with enterprises in the mainland of China in accordance with the Law of the People's Republic of China on Sino-foreign Joint Venture Enterprises and other relevant laws, where the share of investment, profits and risks is stipulated in the contract.

Cooperative Enterprises with Funds from Hong Kong, Macao and Taiwan established by investors from Hong Kong, Macao and Taiwan with enterprises in the mainland of China in accordance with the Law of the People's Republic of China on Sino-foreign Cooperative Enterprises and other relevant laws, where the investment or provision of facilities, and the share of profits and risks is stipulated in the cooperative contract.

Enterprises with Sole (exclusive) Investment from Hong Kong, Macao and Taiwan refer to enterprises established in the mainland of China with exclusive investment from investors from Hong Kong, Macao and Taiwan in accordance with the Law of the People , s Republic of China on Foreign-Funded Enterprises and other relevant laws.

Share-holding Corporations Ltd. with Investment from Hong Kong, Macao and Taiwan refer to established with the approval by organization and staffing departments of the government, but exclude institutions share-holding corporations Ltd. established with the approval from the Ministry of Foreign Trade and Economic Relations in line with relevant state regulations, where the share of investment from Hong Kong, Macao or Taiwan businessmen exceeds 25% of the total registered capital of the corporation. In case the share of investment from Hong Kong, Macao or Taiwan is less than 25% of the total registered capital, the enterprise is to be classified as domestic funded share holding corporation Ltd.

Joint-venture Enterprises with Foreign Investment refer to enterprises jointly established by foreign enterprises of foreigners with enterprises in the mainland of China in accordance with the Law of the People’s Republic of China on Sino-foreign Joint Venture Enterprises and other relevant laws, where the share of investment, profits and risks is stipulated in the contract.

Cooperation Enterprises with Foreign Investment refer to enterprises jointly established by foreign enterprises or foreigners with enterprises in the mainland of China in accordance with the Law of the People's Republic of China on Sino-foreign Cooperative Enterprises and other relevant laws, where the investment or provision of facilities, and the share of profits and risks is stipulated in the cooperative contract.

Enterprises with Sole (exclusive) Foreign Investment refer to enterprises established in the mainland of China with exclusive investment from foreign investors in accordance with the Law of the People's Republic of China on Foreign-Funded Enterprises and other relevant laws.

Share-holding Corporations Ltd. with Foreign Investment refer to share-holding corporations Ltd. established with the approval from the Ministry of Foreign Trade and Economic Relations in line with relevant state regulations, where the share of investment from foreign investors exceeds 25% of the total registered capital of the corporation. In case the share of foreign investment is less than 25% of the total registered capital, the enterprise is to be classified as domestic–funded share–holding corporation Ltd.

Government Agencies, Institutions and Social Organizations are classified into following categories by source of funds and way of management taking reference of the registration status of enterprises:

(1) Government agencies include state and party agencies, classified in principles as “ state-owned ”. There are exceptions, such as supply and marketing cooperatives which are classified as “collective”.

(2) Institutions: include institutions of various types where enterprise management system is introduced. Institutions are further classified as follows:

(a) Institutions whose main budget is listed in the Government budget appropriations or extra-budget funds, or allocated from the budget of their competent government agencies. Such institutions are classified as "state-owned".

(b) Institutions whose budget mainly comes from collective units. Such institutions are classified as "collective".

(c) Institutions Established by Individual(group of Citizen) are classified as " Private ".

(d) Institutions other than those mentioned above whose source of budget is not clear. Such institutions are classified by way of management.

(3) Social organizations: include social organizations established with the approval from the Ministry of Civil Affairs, and organizations that are not covered by social organization management regulations such as trade unions, women's federations etc. Social organizations are further classified as follows:

(a) Social organizations that are not covered by social organization management regulations of the Ministry of Civil Affairs such as trade unions, women's federations, communist youth leagues, youth associations, industrial and commerce associations, scientists associations, overseas Chinese associations, etc. , foundations and fund management organizations established with funds from the state, and social organizations whose funds mainly come from the budget of their competent government agencies. Such institutions are classified as "state-owned".

(b) Social organizations whose budget mainly comes from collective units. Such institutions are classified as "collective".

(c) Social organizations established by individual or a group of citizens, which are classified as "private".

(d) Social organizations other than those mentioned above whose source of budget is not clear. Such organizations are classified by way of management.

三 国民经济核算

NATIONAL ACCOUNTS

资料整理 田新茹 张文军

Arranged by Tian Xinru , Zhang Wenjun

3-1 生产总值
Gross Domestic Product

本表按当年价格计算。
Data in value terms in this table are calculated at current prices.
单位：亿元 (100 million yuan)

年份 Year	生产总值 Gross Domestic Product	第一产业 Primary Industry	第二产业 Secondary Industry	工业 Industry	建筑业 Construction	第三产业 Tertiary Industry	#交通运输仓储邮电通讯业 Transportation, Post and Telecommunications	#批发和零售贸易餐饮业 Wholesale, Retail & Catering Trade	人均生产总值(元) Per Capita GDP (yuan)
1952	12.16	8.64	1.37	0.99	0.38	2.15	0.41	0.59	173
1953	15.57	10.44	2.25	1.57	0.68	2.88	0.56	1.02	211
1954	19.46	12.37	3.65	2.57	1.08	3.44	0.77	1.20	249
1955	17.49	10.25	3.53	2.73	0.80	3.71	0.78	1.18	213
1956	24.60	14.11	5.43	3.95	1.48	5.06	1.05	1.57	283
1957	21.27	11.29	5.05	3.80	1.25	4.93	0.65	1.78	232
1958	28.10	12.55	9.65	7.04	2.61	5.90	1.54	2.17	292
1959	35.76	14.75	13.41	9.90	3.51	7.60	2.59	2.65	349
1960	36.56	11.80	17.11	13.17	3.94	7.65	2.17	2.81	325
1961	25.25	11.40	7.25	6.06	1.19	6.60	1.44	2.18	215
1962	25.12	12.75	6.56	5.80	0.76	5.81	1.29	1.61	215
1963	29.02	12.71	9.90	8.24	1.66	6.41	1.49	2.04	243
1964	32.55	14.04	11.43	9.37	2.06	7.08	1.67	2.30	262
1965	35.41	15.21	12.08	9.65	2.43	8.12	2.26	2.57	275
1966	38.32	17.12	13.01	10.33	2.68	8.19	2.00	2.71	289
1967	31.80	13.87	10.43	8.46	1.97	7.50	1.58	2.16	233
1968	32.96	14.87	10.54	8.49	2.05	7.55	1.57	2.11	235
1969	32.90	14.78	10.52	8.40	2.12	7.60	1.56	2.07	227
1970	39.17	17.69	12.94	9.87	3.07	8.54	2.03	2.69	263
1971	41.61	16.82	15.99	12.50	3.49	8.80	2.18	2.56	271
1972	39.36	14.56	15.54	12.12	3.42	9.26	2.13	2.66	247
1973	44.07	16.22	18.14	14.29	3.85	9.71	2.38	2.58	269
1974	43.26	15.97	17.30	13.35	3.95	9.99	2.24	2.74	256
1975	48.55	18.15	20.02	15.52	4.50	10.38	2.49	2.66	280
1976	48.09	18.51	18.77	15.11	3.66	10.81	2.49	2.69	272
1977	51.65	18.91	21.60	16.48	5.12	11.14	2.56	2.73	287

3-1 续表 continued

本表按当年价格计算。

Data in value terms in this table are calculated at current prices.

单位：亿元 (100 million yuan)

年份 Year	生产总值 Gross Domestic Product	第一产业 Primary Industry	第二产业 Secondary Industry	工业 Industry	建筑业 Construction	第三产业 Tertiary Industry	#交通运输仓储邮电通讯业 Transportation, Post and Telecommunications	#批发和零售贸易餐饮业 Wholesale, Retail & Catering Trade	人均生产总值(元) Per Capita GDP (yuan)
1978	58.04	18.96	26.37	21.84	4.53	12.71	2.76	2.87	317
1979	64.14	21.03	28.37	23.52	4.85	14.74	2.85	3.25	343
1980	68.40	18.03	32.26	27.30	4.96	18.11	4.12	4.01	361
1981	77.91	27.14	32.04	27.92	4.12	18.73	3.71	4.00	407
1982	93.22	33.32	37.21	32.35	4.86	22.69	5.12	5.20	480
1983	105.88	35.90	41.98	35.90	6.08	28.00	6.58	6.32	535
1984	128.20	42.98	47.74	39.04	8.70	37.48	8.28	10.34	640
1985	163.83	53.54	56.95	45.90	11.05	53.34	10.85	19.65	809
1986	181.58	54.64	61.55	49.74	11.81	65.39	12.59	24.11	888
1987	212.27	62.21	70.42	58.26	12.16	79.64	12.77	32.91	1025
1988	270.81	90.20	85.72	70.28	15.44	94.89	14.30	38.88	1291
1989	292.69	89.08	98.96	83.66	15.30	104.65	18.63	35.58	1377
1990	319.31	112.57	102.43	87.18	15.25	104.31	20.69	24.92	1478
1991	359.66	117.19	124.03	102.74	21.29	118.44	26.84	27.76	1642
1992	421.68	126.86	152.56	120.85	31.71	142.26	32.65	35.04	1906
1993	537.81	149.96	203.46	162.53	40.93	184.39	44.21	47.44	2423
1994	695.06	208.53	254.52	205.98	48.53	232.01	53.93	63.14	3094
1995	857.06	260.18	308.78	254.88	53.90	288.10	69.36	83.03	3772
1996	1023.09	312.82	364.77	304.81	59.96	345.50	89.13	103.70	4457
1997	1153.51	322.52	422.39	355.10	67.29	408.60	114.08	126.82	4980
1998	1262.54	341.62	458.86	382.44	76.42	462.06	126.06	144.96	5406
1999	1379.31	342.91	510.47	425.13	85.34	525.93	145.98	168.59	5861
2000	1539.12	350.80	582.57	484.19	98.38	605.74	175.46	195.39	6502
2001	1713.81	358.89	655.68	541.02	114.66	699.24	204.42	226.46	7216
2002	1940.94	374.69	754.78	614.89	139.89	811.47	244.28	266.54	8162
2003	2388.38	420.10	967.49	773.50	193.99	1000.79	296.80	312.12	10039
2004	3041.07	522.80	1248.27	1015.37	232.90	1270.00	360.39	382.66	12767
2005	3895.55	589.56	1773.21	1477.88	295.33	1532.78	421.52	458.10	16331

注：从2004年开始第一产业为农业、林业、牧业、渔业及农林牧渔服务业。

a)The Primary Industry has included Farming,Forestry, Animal Husbandry, Fishery and Their Services Since 2004.

3-2 生产总值构成

Composition of Gross Domestic Product

本表按当年价格计算。

Data in value terms in this table are calculated at current prices.

单位：% (%)

年份 Year	生产总值 Gross Domestic Product	第一产业 Primary Industry	第二产业 Secondary Industry	工业 Industry	建筑业 Construction	第三产业 Tertiary Industry	#交通运输仓储邮电通讯业 Transportation, Post and Telecommunications	#批发和零售贸易餐饮业 Wholesale, Retail & Catering Trade
1952	100	71.1	11.3	8.1	3.1	17.6	3.4	4.9
1953	100	67.1	14.5	10.1	4.4	18.4	3.6	6.6
1954	100	63.6	18.8	13.2	5.5	17.6	4.0	6.2
1955	100	58.6	20.2	15.6	4.6	21.2	4.5	6.7
1956	100	57.4	22.1	16.1	6.0	20.5	4.3	6.4
1957	100	53.1	23.7	17.9	5.9	23.2	3.1	8.4
1958	100	44.7	34.3	25.1	9.3	21.0	5.5	7.7
1959	100	41.2	37.5	27.7	9.8	21.3	7.2	7.4
1960	100	32.3	46.8	36.0	10.8	20.9	5.9	7.7
1961	100	45.1	28.7	24.0	4.7	26.2	5.7	8.6
1962	100	50.8	26.1	23.1	3.0	23.1	5.1	6.4
1963	100	43.8	34.1	28.4	5.7	22.1	5.1	7.0
1964	100	43.1	35.1	28.8	6.3	21.8	5.1	7.1
1965	100	43.0	34.1	27.3	6.9	22.9	6.4	7.3
1966	100	44.7	34.0	27.0	7.0	21.3	5.2	7.1
1967	100	43.6	32.8	26.6	6.2	23.6	5.0	6.8
1968	100	45.1	32.0	25.8	6.2	22.9	4.8	6.4
1969	100	44.9	32.0	25.5	6.4	23.1	4.7	6.3
1970	100	45.2	33.0	25.2	7.8	21.8	5.2	6.9
1971	100	40.4	38.4	30.0	8.4	21.2	5.2	6.2
1972	100	37.0	39.5	30.8	8.7	23.5	5.4	6.8
1973	100	36.8	41.2	32.4	8.7	22.0	5.4	5.9
1974	100	36.9	40.0	30.9	9.1	23.1	5.2	6.3
1975	100	37.4	41.2	32.0	9.3	21.4	5.1	5.5
1976	100	38.5	39.0	31.4	7.6	22.5	5.2	5.6
1977	100	36.6	41.8	31.9	9.9	21.6	5.0	5.3

3-2 续表 continued

本表按当年价格计算。

Data in value terms in this table are calculated at current prices.

单位：% (%)

年 份 Year	生产总值 Gross Domestic Product	第一产业 Primary Industry	第二产业 Secondary Industry	工 业 Industry	建筑业 Cons-truction	第三产业 Tertiary Industry	# 交通运输仓储邮电通讯业 Transpor-tation, Post and Telecomm-unications	# 批发和零售贸易餐饮业 Wholesale, Retail & Catering Trade
1978	100	32.7	45.4	37.6	7.8	21.9	4.8	4.9
1979	100	32.8	44.2	36.7	7.6	23.0	4.4	5.1
1980	100	26.4	47.2	40.0	7.3	26.4	6.0	5.9
1981	100	34.8	41.1	35.8	5.3	24.1	4.8	5.1
1982	100	35.7	40.0	34.7	5.2	24.3	5.5	5.6
1983	100	33.9	39.6	33.9	5.7	26.5	6.2	6.0
1984	100	33.5	37.2	30.5	6.8	29.3	6.5	8.1
1985	100	32.7	34.8	28.0	6.7	32.5	6.6	12.0
1986	100	30.1	33.9	27.4	6.5	36.0	6.9	13.3
1987	100	29.3	33.2	27.4	5.7	37.5	6.0	15.5
1988	100	33.3	31.7	26.0	5.7	35.0	5.3	14.4
1989	100	30.4	33.8	28.6	5.2	35.8	6.4	12.2
1990	100	35.3	32.1	27.3	4.8	32.6	6.5	7.8
1991	100	32.6	34.5	28.6	5.9	32.9	7.5	7.7
1992	100	30.1	36.2	28.7	7.5	33.7	7.7	8.3
1993	100	27.9	37.8	30.2	7.6	34.3	8.2	8.8
1994	100	30.0	36.6	29.6	7.0	33.4	7.8	9.1
1995	100	30.4	36.0	29.7	6.3	33.6	8.1	9.7
1996	100	30.6	35.6	29.8	5.8	33.8	8.7	10.1
1997	100	28.0	36.6	30.8	5.8	35.4	9.9	11.0
1998	100	27.1	36.3	30.3	6.0	36.6	10.0	11.5
1999	100	24.9	37.0	30.8	6.2	38.1	10.6	12.2
2000	100	22.8	37.9	31.5	6.4	39.3	11.4	12.7
2001	100	20.9	38.3	31.6	6.7	40.8	11.9	13.2
2002	100	19.3	38.9	31.7	7.2	41.8	12.6	13.7
2003	100	17.6	40.5	32.4	8.1	41.9	12.4	13.1
2004	100	17.2	41.0	33.4	7.6	41.8	11.9	12.6
2005	100	15.1	45.5	37.9	7.6	39.4	10.8	11.8

3-3 生产总值指数

Indices of Gross Domestic Product

本表按可比价格计算。

The indices in this table are calculated at comparable prices.

(上年=100) (Preceding year=100)

年 份 Year	生产总值 Gross Domestic Product	第一产业 Primary Industry	第二产业 Secondary Industry	工 业 Industry	建筑业 Construction	第三产业 Tertiary Industry	# 交通运输仓储邮电通讯业 Transportation, Post and Telecommunications	# 批发和零售贸易餐饮业 Wholesale, Retail & Catering Trade	人均生产总值 Per Capita GDP
1953	116.3	107.5	159.9	153.7	176.3	127.4	140.6	174.3	110.6
1954	119.4	111.3	160.4	162.3	156.1	117.6	137.8	117.1	112.8
1955	90.7	83.7	97.5	107.0	74.8	107.4	101.6	98.0	86.0
1956	138.7	136.6	152.3	143.2	183.3	131.4	133.3	133.8	131.0
1957	110.9	117.5	98.3	101.7	89.1	106.2	61.9	113.1	105.3
1958	125.3	105.3	184.0	178.6	200.5	127.1	238.5	121.9	119.4
1959	122.9	112.6	139.2	140.7	135.0	125.2	166.9	122.0	115.3
1960	95.8	77.9	126.6	132.1	111.2	86.5	84.1	106.0	87.3
1961	65.3	80.7	39.3	42.6	28.0	95.5	66.1	77.6	62.3
1962	94.7	105.2	84.3	89.1	59.9	86.5	90.4	73.7	95.5
1963	119.7	108.9	148.6	140.0	214.3	115.0	114.4	126.7	117.0
1964	113.2	111.8	117.1	115.5	125.5	111.3	112.6	112.9	108.9
1965	109.8	105.9	113.6	110.8	126.8	112.6	135.1	111.8	105.8
1966	110.0	112.4	114.4	113.7	117.4	99.7	88.4	105.6	106.8
1967	83.3	81.1	81.2	83.0	74.5	91.2	79.4	79.8	81.1
1968	99.9	98.9	102.6	102.0	105.4	98.3	99.2	97.8	96.9
1969	100.8	99.5	103.4	102.5	107.4	99.8	99.2	97.7	97.7
1970	123.3	119.7	140.2	134.0	164.8	105.6	129.6	130.0	120.0
1971	102.1	95.0	106.5	109.1	98.2	108.7	108.0	95.3	99.0
1972	107.8	117.0	97.2	97.0	97.9	110.4	93.1	99.4	104.1
1973	111.7	110.8	116.8	117.9	112.8	105.0	111.7	96.9	108.3
1974	96.2	94.3	95.4	93.5	102.6	101.8	94.0	106.1	93.3
1975	111.3	111.7	115.6	116.2	113.9	103.1	111.1	97.3	108.6
1976	99.4	101.8	94.7	98.4	82.1	103.2	100.0	100.9	97.4
1977	107.0	102.2	114.5	108.5	139.2	103.7	103.2	101.5	105.2

3-3 续表 continued

本表按可比价格计算。
The indices in this table are calculated at comparabl prices.

上年=100 (Preceding year=100)

年份 Year	生产总值 Gross Domestic Product	第一产业 Primary Industry	第二产业 Secondary Industry	工业 Industry	建筑业 Construction	第三产业 Tertiary Industry	#交通运输仓储邮电通信业 Transportation, Post and Telecommunications	#批发和零售贸易餐饮业 Wholesale, Retail & Catering Trade	人均生产总值 Per Capita GDP
1978	108.0	98.8	117.2	127.3	84.6	108.9	107.7	105.2	106.3
1979	109.8	107.7	108.6	108.4	110.0	116.0	103.3	113.1	107.4
1980	101.7	76.0	113.3	116.6	97.6	122.9	144.5	123.5	100.2
1981	110.6	141.8	96.3	98.2	85.7	103.4	90.0	99.9	109.4
1982	118.6	118.2	117.4	117.3	117.9	121.1	138.1	129.9	116.9
1983	109.8	105.0	109.9	108.5	118.8	116.7	117.4	116.1	107.8
1984	116.1	114.0	110.2	107.3	127.7	128.1	119.3	156.8	116.2
1985	117.2	114.1	108.2	105.5	121.7	133.0	129.3	175.1	114.6
1986	105.9	91.7	105.4	106.4	101.2	120.4	115.6	120.0	104.8
1987	109.0	106.8	107.0	109.3	96.5	112.5	96.2	125.6	107.7
1988	109.8	117.3	111.1	108.1	126.6	103.2	111.9	99.5	108.4
1989	102.7	95.1	104.9	107.2	94.9	106.8	121.6	102.6	101.4
1990	107.5	124.4	99.4	99.2	100.5	103.1	101.1	93.4	105.8
1991	107.5	104.0	110.8	108.2	126.0	107.9	121.4	102.5	106.0
1992	111.0	104.0	115.4	110.7	138.8	113.8	118.4	117.1	109.9
1993	111.7	105.0	113.9	112.3	120.5	115.7	119.2	120.9	111.3
1994	111.2	103.2	113.1	114.8	106.9	116.1	121.6	118.6	109.8
1995	110.1	103.9	111.0	112.7	104.2	114.1	118.8	116.4	108.9
1996	114.4	121.4	111.4	115.2	95.5	112.3	114.3	114.3	113.2
1997	110.8	102.0	114.0	114.9	109.4	114.3	119.0	117.8	109.8
1998	110.7	106.2	109.6	110.0	107.2	114.7	116.8	115.9	109.7
1999	108.8	101.0	110.0	110.7	105.9	112.7	113.5	116.3	108.0
2000	110.8	102.6	111.7	112.2	108.9	114.5	117.4	117.0	110.1
2001	110.7	102.0	110.9	110.2	114.1	115.5	116.1	115.9	110.3
2002	113.2	104.4	115.7	113.9	124.3	115.3	120.2	117.3	113.0
2003	117.9	105.9	127.7	121.8	153.3	114.5	120.3	116.2	117.9
2004	120.5	111.7	122.8	124.9	115.6	122.0	122.1	119.3	120.4
2005	123.8	109.1	134.9	138.5	121.3	118.1	115.4	117.9	123.6

3-4 生产总值指数

Indices of Gross Domestic Product

本表按可比价格计算。

The indices in this table are calculated at comparable prices

1952=100 (1952=100)

年 份 Year	生产总值 Gross Domestic Product	第一产业 Primary Industry	第二产业 Secondary Industry	工 业 Industry	建筑业 Cons-truction	第三产业 Tertiary Industry	#交通运输仓储邮电通信业 Transportation, Post and Telecommunications	#批发和零售贸易餐饮业 Wholesale, Retail & Catering Trade	人均生产总值 Per Capita GDP
1952	100	100	100	100	100	100	100	100	100
1953	116.3	107.5	159.9	153.7	176.3	127.4	140.6	174.3	110.6
1954	138.9	119.6	256.6	249.5	275.2	149.8	193.8	204.1	124.8
1955	125.9	100.1	250.1	266.9	206.0	160.9	196.9	200.0	107.4
1956	174.6	136.8	380.9	382.1	377.5	211.3	262.5	267.6	140.7
1957	193.6	160.8	374.2	388.7	336.3	224.5	162.5	302.7	148.2
1958	242.6	169.3	688.6	694.0	674.2	285.4	387.5	368.9	176.9
1959	298.1	190.6	958.4	976.7	910.2	357.3	646.9	450.0	204.1
1960	285.6	148.5	1213.1	1289.8	1011.9	309.1	543.8	477.0	178.1
1961	186.4	119.9	476.5	549.9	283.7	295.1	359.4	370.3	111.0
1962	176.5	126.1	401.8	490.1	169.9	255.4	325.0	273.0	106.0
1963	211.3	137.3	597.2	685.9	364.1	293.8	371.9	345.9	124.0
1964	239.3	153.5	699.5	791.9	457.0	327.0	418.8	390.5	135.1
1965	262.7	162.5	795.0	877.1	579.3	368.3	565.6	456.8	143.0
1966	288.9	182.6	909.8	997.2	680.4	367.2	500.0	460.8	152.7
1967	240.8	148.1	739.2	827.7	506.7	334.9	396.9	367.6	123.8
1968	240.6	146.5	758.6	844.1	534.2	329.1	393.8	359.5	120.1
1969	242.6	145.7	784.6	864.9	573.6	328.3	390.6	351.4	117.3
1970	299.1	174.4	1100.0	1159.0	945.1	346.6	506.3	456.8	140.7
1971	305.3	165.7	1171.8	1264.8	927.7	376.6	546.9	435.1	139.2
1972	329.1	193.9	1138.9	1226.7	908.3	415.8	509.4	432.4	144.9
1973	367.5	214.8	1329.8	1446.2	1024.3	436.5	568.8	418.9	157.0
1974	353.7	202.6	1268.7	1351.8	1050.6	444.4	534.4	444.6	146.5
1975	393.8	226.3	1467.3	1570.2	1197.1	458.4	593.8	432.4	159.1
1976	391.2	230.4	1389.9	1544.8	983.0	473.1	593.8	436.5	155.0
1977	418.7	235.4	1591.6	1676.8	1367.9	490.7	612.5	443.2	163.1

3-4 续表 continued

本表按可比价格计算。

The indices in this table are calculated at comparable prices.

1952=100 (1952=100)

年 份 Year	生产总值 Gross Domestic Product	第一产业 Primary Imdustry	第二产业 Secondary Industry	工 业 Industry	建筑业 Cons-truction	第三产业 Tertiary Industry	# 交通运输仓储邮电通信业 Transpor-tation, Post and Telecom-munica-tions	# 批发和零售贸易餐饮业 Whole-sale, Retail & Catering Trade	人均生产总值 Per Capita GDP
1978	452.2	232.5	1865.3	2134.7	1157.6	534.2	659.4	466.2	173.4
1979	496.3	250.5	2026.3	2241.9	1459.9	619.5	680.9	527.1	186.3
1980	504.6	190.5	2295.8	2682.5	1280.1	761.5	983.9	651.1	186.7
1981	558.1	270.1	2210.8	2566.6	1276.3	787.4	886.0	650.4	204.2
1982	661.8	319.3	2595.1	3006.4	1514.7	953.9	1223.3	844.7	238.8
1983	726.9	335.4	2850.8	3166.6	2021.3	1113.2	1435.9	980.9	257.5
1984	844.4	382.4	3135.9	3613.9	1900.0	1425.5	1712.8	1538.0	299.1
1985	989.8	436.3	3399.5	3811.0	2318.8	1896.5	2215.0	2692.8	342.7
1986	1048.0	400.2	3582.7	4053.5	2345.9	2282.8	2561.1	3232.3	359.1
1987	1142.1	427.6	3832.2	4429.5	2263.1	2568.3	2463.2	4060.2	386.6
1988	1254.0	501.6	4259.3	4789.9	2865.3	2651.2	2755.3	4038.8	419.2
1989	1288.3	476.7	4470.0	5136.7	2718.9	2831.2	3351.4	4142.3	425.0
1990	1385.2	593.2	4444.5	5095.8	2733.6	2919.0	3386.7	3867.8	449.5
1991	1488.7	616.9	4926.5	5513.1	3445.2	3149.9	4111.9	3965.6	476.5
1992	1652.6	641.8	5687.2	6102.3	4780.7	3584.0	4869.8	4642.3	523.7
1993	1845.3	673.9	6480.5	6855.9	5747.0	4145.0	5804.3	5611.2	582.9
1994	2051.2	695.5	7329.5	7870.2	6143.6	4810.9	7058.0	6652.8	640.1
1995	2259.3	722.6	8133.5	8869.4	6400.8	5490.7	8387.3	7742.0	697.0
1996	2584.3	877.2	9064.7	10218.5	6110.4	6165.5	9589.8	8847.1	789.3
1997	2862.1	894.8	10333.8	11740.1	6686.7	7046.3	11414.7	10423.6	866.4
1998	3167.0	950.2	11322.7	12915.0	7169.1	8080.3	13335.9	12078.4	950.8
1999	3446.7	959.7	12452.7	14299.5	7591.5	9105.7	15130.4	14045.7	1026.8
2000	3817.3	984.7	13912.2	16045.4	8266.6	10422.5	17764.3	16427.2	1130.6
2001	4225.8	1003.9	15423.1	17681.2	9435.2	12033.7	20628.9	19032.6	1246.8
2002	4782.1	1048.1	17842.6	20135.5	11725.3	13879.9	24793.4	22329.2	1409.1
2003	5638.0	1109.9	22784.9	24520.4	17977.0	15886.5	29823.7	25944.0	1661.3
2004	6793.8	1239.8	27878.8	30625.9	20781.0	19381.5	36414.7	30963.5	2005.2
2005	8410.8	1352.6	37744.8	42416.8	25207.4	22889.6	42022.6	36519.5	2478.4

3-5 第三产业增加值
Value-added of the Tertiary Industry

本表按当年价格计算。
Data in value terms in this table are calculated at current prices.

单位：亿元 (100 million yuan)

行 业	Sector	2004	2005
总 计	**Total**	**1270.00**	**1532.78**
交通运输、仓储和邮政业	Transportation and Postal Services	303.92	360.19
信息传输、计算机服务和软件业	Information Transmission,Computer Services & Software	58.77	63.74
批发和零售业	Wholesale and Retail Trade	278.07	338.12
住宿和餐饮业	Hotel and Restaurants	120.52	140.11
金融业	Banking	55.89	67.52
房地产业	Real Estate	73.81	98.32
租赁和商务服务业	Leasing and Business Services	29.53	35.38
科学研究、技术服务和地质勘查业	Scientific Research, Technical Services & Geological Prospecting	20.29	24.37
水利、环境和公共设施管理业	Water Conservancy, Environment and Public Facilities Administraion	10.41	15.62
居民服务和其他服务业	Services to Households and Other Services	74.09	84.24
教育	Education	79.03	94.28
卫生、社会保障和社会福利业	Health Care, Social Security and Social Welfare	40.46	48.49
文化、体育和娱乐业	Culture, Sports and Entertainment	17.90	22.53
公共管理和社会组织	Public Administration and Social Organizations	107.31	139.87
国际组织	International Organizations		

3-6 第三产业增加值构成

Composition of Value-added of the Tertiary Industry

本表按当年价格计算。
Data in value terms in this table are calculated at current prices.
单位：%　　(%)

行业	Sector	2004	2005
总计	**Total**	**100.0**	**100.0**
交通运输、仓储和邮政业	Transportation and Postal Services	23.9	23.5
信息传输、计算机服务和软件业	Information Transmission,Computer Services & Software	4.6	4.2
批发和零售业	Wholesale and Retail Trade	21.9	22.1
住宿和餐饮业	Hotel and Restaurants	9.5	9.1
金融业	Banking	4.4	4.4
房地产业	Real Estate	5.8	6.4
租赁和商务服务业	Leasing and Business Services	2.3	2.3
科学研究、技术服务和地质勘查业	Scientific Research, Technical Services & Geological Prospecting	1.6	1.6
水利、环境和公共设施管理业	Water Conservancy, Environment and Public Facilities Administraion	0.8	1.0
居民服务和其他服务业	Services to Households and Other Services	5.8	5.5
教育	Education	6.2	6.2
卫生、社会保障和社会福利业	Health Care, Social Security and Social Welfare	3.2	3.2
文化、体育和娱乐业	Culture, Sports and Entertainment	1.4	1.5
公共管理和社会组织	Public Administration and Social Organizations	8.6	9.0
国际组织	International Organizations		

3-7 第三产业增加值指数

Indices of Value-added of the Tertiary Industry

本表按可比价格计算。

The indices in this table are calculated at comparable prices

2004=100

(2004=100)

行业	Sector	2004	2005
总计	**Total**	**100.0**	**118.1**
交通运输、仓储和邮政业	Transportation and Postal Services	100.0	116.1
信息传输、计算机服务和软件业	Information Transmission,Computer Services & Software	100.0	110.7
批发和零售业	Wholesale and Retail Trade	100.0	119.8
住宿和餐饮业	Hotel and Restaurants	100.0	114.5
金融业	Banking	100.0	117.2
房地产业	Real Estate	100.0	126.1
租赁和商务服务业	Leasing and Business Services	100.0	114.5
科学研究、技术服务和地质勘查业	Scientific Research, Technical Services & Geological Prospecting	100.0	114.8
水利、环境和公共设施管理业	Water Conservancy, Environment and Public Facilities Administraion	100.0	146.5
居民服务和其他服务业	Services to Households and Other Services	100.0	108.7
教育	Education	100.0	117.4
卫生、社会保障和社会福利业	Health Care, Social Security and Social Welfare	100.0	113.5
文化、体育和娱乐业	Culture, Sports and Entertainment	100.0	125.4
公共管理和社会组织	Public Administration and Social Organizations	100.0	127.3
国际组织	International Organizations		

3-8 支出法生产总值和结构

本表按当年价格计算。
Data in value terms in this table are calculated at current prices.

年份 Year	支出法生产总值(亿元) Gross Domestic Product by Expenditure Approach (100 million yuan)	# 最终消费 Final Consumption Expenditure	# 资本形成总额 Gross Capital Formation	资本形成率(投资率)(%) Capital Formation Rate (%)	最终消费率(消费率)(%) Final Consumption Rate (%)	最终消费 绝对数(亿元) Absolute Figure (100 million yuan) 居民消费 Household Consumption Expenditure	农村居民 Rural House	城镇居民 Urban House	政府消费 Government Consumption Expenditure
1978	58.04	42.91	21.20	36.5	73.9	37.76	17.73	20.03	5.15
1979	64.14	50.84	23.18	36.1	79.3	44.68	20.96	23.72	6.16
1980	68.40	62.10	18.88	27.6	90.8	55.83	28.22	27.61	6.27
1981	77.91	76.51	18.80	24.1	98.2	67.08	34.52	32.56	9.43
1982	93.22	88.01	26.10	28.0	94.4	79.07	43.66	35.41	8.94
1983	105.88	94.01	35.58	33.6	88.8	83.79	46.17	37.62	10.22
1984	128.20	106.57	45.81	35.7	83.1	89.38	48.80	40.58	17.19
1985	163.83	127.04	61.60	37.6	77.5	105.12	57.88	47.24	21.92
1986	181.58	144.84	60.22	33.2	79.8	118.22	59.54	58.68	26.62
1987	212.27	166.12	67.84	32.0	78.3	135.28	68.71	66.57	30.84
1988	270.81	184.46	110.15	40.7	68.1	149.57	77.59	71.98	34.89
1989	292.69	199.14	115.48	39.5	68.0	160.50	81.50	79.00	38.64
1990	319.31	216.70	124.68	39.0	67.9	169.79	86.44	83.35	46.91
1991	359.66	245.90	137.00	38.1	68.4	188.61	93.35	95.26	57.29
1992	421.68	271.08	196.10	46.5	64.3	208.10	101.92	106.18	62.98
1993	537.81	328.42	288.52	53.6	61.1	253.40	108.73	144.67	75.02
1994	695.06	420.89	331.11	47.6	60.6	327.89	135.91	191.98	93.00
1995	857.06	539.41	372.98	43.5	62.9	412.97	181.91	231.06	126.44
1996	1023.09	609.65	446.26	43.6	59.6	468.29	201.49	266.80	141.36
1997	1153.51	685.71	474.80	41.2	59.4	517.07	220.25	296.82	168.64
1998	1262.54	721.60	542.31	43.0	57.2	539.13	226.71	312.42	182.47
1999	1379.31	800.77	577.78	41.9	58.1	592.94	224.28	368.66	207.83
2000	1539.12	873.65	642.07	41.7	56.8	636.10	237.88	398.22	237.55
2001	1713.81	974.44	679.54	39.7	56.9	681.07	229.92	451.15	293.37
2002	1940.94	1135.65	862.20	44.4	58.5	794.46	239.68	554.78	341.19
2003	2388.38	1257.47	1339.07	56.1	52.6	848.04	257.25	590.79	409.43
2004	3041.10	1492.27	1945.29	64.0	49.1	962.85	270.61	692.24	529.42
2005	3895.55	1713.90	2845.06	73.0	44.0	1102.13	313.77	788.36	611.77

Gross Domestic Product and Structure by Expenditure Approach

Final Consumption Expenditure				资本形成总额 Gross Capital Formation			
比重 Proportion				绝对数(亿元) Absolute Figure (100 million yuan)		比重 (资本形成总额=100) Proportion (Gross Capital Formation=100)	
最终消费=100 Final Consumption Expenditure=100		居民消费=100 Household Consumption=100					
居民消费 Household Consumption Expenditure	政府消费 Government Consumption Expenditure	农村居民 Rural Households	城镇居民 Urban Households	固定资本形成总额 Gross Fixed Capital Formation	存货增加 Changes in Inventories	固定资本形成总额 Gross Fixed Capital Formation	存货增加 Changes in Inventories
88.0	12.0	47.0	53.0	16.56	4.64	78.1	21.9
87.9	12.1	46.9	53.1	17.65	5.53	76.1	23.9
89.9	10.1	50.5	49.5	15.78	3.10	83.6	16.4
87.7	12.3	51.5	48.5	15.53	3.27	82.6	17.4
89.8	10.2	55.2	44.8	20.94	5.16	80.2	19.8
89.1	10.9	55.1	44.9	29.66	5.92	83.4	16.6
83.9	16.1	54.6	45.4	40.85	4.96	89.2	10.8
82.7	17.3	55.1	44.9	50.94	10.66	82.7	17.3
81.6	18.4	50.4	49.6	47.57	12.65	79.0	21.0
81.4	18.6	50.8	49.2	53.32	14.52	78.6	21.4
81.1	18.9	51.9	48.1	72.05	38.10	65.4	34.6
80.6	19.4	50.8	49.2	70.68	44.80	61.2	38.8
78.4	21.6	50.9	49.1	70.77	53.91	56.8	43.2
76.7	23.3	49.5	50.5	100.66	36.34	73.5	26.5
76.8	23.2	49.0	51.0	149.24	46.86	76.1	23.9
77.2	22.8	42.9	57.1	219.39	69.13	76.0	24.0
77.9	22.1	41.4	58.6	250.23	80.88	75.6	24.4
76.6	23.4	44.0	56.0	273.16	99.82	73.2	26.8
76.8	23.2	43.0	57.0	376.04	170.22	84.3	38.1
75.4	24.6	42.6	57.4	318.97	155.83	67.2	32.8
74.7	25.3	42.1	57.9	353.40	188.90	65.2	34.8
74.0	26.0	37.8	62.2	389.97	187.80	67.5	32.5
72.8	27.2	37.4	62.6	439.42	202.65	68.4	31.6
69.9	30.1	33.8	66.2	510.02	169.52	75.1	24.9
70.0	30.0	30.2	69.8	729.37	132.83	84.6	15.4
67.4	32.6	30.3	69.7	1228.26	110.81	91.7	8.3
64.5	35.5	28.1	71.9	1817.73	127.56	93.4	6.6
64.3	35.7	28.5	71.5	2685.22	159.84	94.4	5.6

3-9 工农业总产出及指数

Gross Output of Industry and Agriculture & Related Indices

年份 Year	工农业总产出(亿元, 当年价) Gross Output of Industry and Agriculture (100 million yuan, at Current prices)			指数(以1952年为100, 可比价) Indices of Output of Industry & Agriculture (1952=100, at comparable Prices)		
	总计 Total	农业总产出 Gross Output of Agriculture	工业总产出 Gorss Output of Industry	工农业总产出 Gross Output of Industry & Agriclcture	农业总产出 Gross Output of Agriculture	工业总产出 Gross Output of Industry
1952	13.70	12.10	1.60	100.0	100.0	100.0
1953	16.90	14.35	2.55	109.2	106.0	152.0
1954	20.54	19.77	3.77	123.9	116.2	224.7
1955	20.01	15.60	4.41	120.2	109.2	264.0
1956	25.57	19.52	6.05	151.3	135.7	356.7
1957	17.50	11.20	6.30	134.0	114.1	394.7
1958	27.63	15.60	12.03	191.4	150.9	722.7
1959	36.92	18.14	18.78	236.0	168.0	1127.3
1960	45.14	16.57	28.57	259.7	149.4	1704.7
1961	32.97	17.04	15.93	181.8	128.5	880.0
1962	31.31	17.05	14.26	164.4	120.9	734.7
1963	38.69	17.43	21.26	202.0	134.9	1080.7
1964	43.87	20.82	23.05	235.6	163.1	1186.7
1965	46.20	19.40	26.80	243.0	148.4	1482.7
1966	50.49	20.93	29.56	272.0	160.1	1738.7
1967	41.74	21.46	20.28	238.4	164.2	1210.0
1968	43.27	22.08	21.19	235.9	156.0	1284.0
1969	42.27	19.95	22.32	230.3	140.9	1401.3
1970	51.80	24.00	27.80	298.9	169.8	1990.7
1971	54.76	23.67	31.09	318.9	167.2	2306.7
1972	52.74	21.17	31.57	302.0	146.3	2342.7
1973	60.39	27.72	32.67	348.8	190.5	2424.0
1974	59.35	29.57	29.78	337.4	194.6	2210.0
1975	67.70	30.80	36.90	379.3	199.4	2737.3
1976	68.90	31.29	37.61	387.5	202.0	2819.3
1977	72.51	28.43	44.08	403.5	183.5	3286.7

3-9 续表 continued

年份 Year	工农业总产出(亿元, 当年价) Gross Output of Industry and Agriculture (100 million yuan, at Current Prices)			指数(以1952年为100, 可比价) Indices of Output of Industry Agriculture (1952=100, at Comparable Prices)		
	总计 Total	农业总产出 Gross Output of Agriculture	工业总产出 Gorss Output of Industry	工农业总产出 Gross Output of Industry & Agriculture	农业总产出 Gross Output of Agriculture	工业总产出 Gross Output of Industry
1978	81.30	28.40	53.00	440.9	183.9	3810.0
1979	88.98	31.58	57.40	465.8	194.3	4024.0
1980	90.10	30.70	59.40	447.9	168.5	4110.0
1981	101.20	39.40	61.80	479.6	201.8	4120.7
1982	120.90	47.20	73.70	553.2	233.6	4741.3
1983	134.00	52.40	81.50	601.1	250.5	5196.7
1984	151.30	61.30	90.00	659.0	280.7	5617.3
1985	186.10	73.20	112.90	752.1	309.6	6552.7
1986	203.70	77.30	126.50	781.4	293.3	7178.7
1987	238.60	87.70	150.80	856.0	305.3	8072.7
1988	316.20	122.40	193.90	975.9	348.6	9197.3
1989	371.50	128.30	243.10	1056.5	347.0	10356.0
1990	420.30	156.90	263.30	1147.0	412.0	10780.7
1991	468.50	164.10	304.40	1222.3	428.4	11648.9
1992	544.00	180.30	363.70	1336.5	453.2	12965.2
1993	691.16	220.80	470.36	1487.9	484.9	14756.1
1994	831.42	309.32	522.10	1642.0	500.7	16821.9
1995	1013.72	387.20	626.52	1797.9	521.2	18840.5
1996	1210.88	465.32	745.56	2070.8	644.8	21007.2
1997	1361.73	489.43	872.30	2297.6	660.9	24158.3
1998	1476.46	534.38	942.08	2504.3	704.8	26574.1
1999	1587.44	532.31	1055.13	2707.1	712.4	29497.3
2000	1746.01	543.16	1202.85	2961.2	729.9	33036.9
2001	1903.09	555.90	1347.19	3205.9	744.3	36704.0
2002	2122.77	586.97	1535.80	3545.0	780.7	41842.6
2003	2591.05	655.94	1935.11	4246.6	826.1	52297.6
2004	3656.51	851.30	2805.21	5704.0	942.3	73380.7
2005	4841.79	980.21	3861.58	7249.8	1047.8	95923.1

3-10 居民消费水平

Household Consumption

本表绝对数按当年价格计算，指数按可比价格计算。

Absolute figures in this table are calculated at current prices, while indices are calculated at comparable prices.

年份 Year	绝对数(元) Value(yuan)			指数(上年=100) Index(Preceding year=100)			指数(1952=100) Index(1952=100)		
	全部居民 All Households	农村居民 Agricultural Households	城镇居民 Non-agricultural Households	全部居民 All Households	农村居民 Agricultural Households	城镇居民 Non-agricultural Households	全部居民 All Households	农村居民 Agricultural Households	城镇居民 Non-agricultural Households
1952	99	88	171				100.0	100.0	100.0
1953	103	93	165	105.0	105.0	96.4	105.0	105.1	96.4
1954	106	93	173	102.8	100.1	105.0	108.0	105.2	101.3
1955	101	85	179	95.3	91.5	103.5	102.9	96.3	104.8
1956	118	98	205	116.3	114.9	114.5	119.7	110.6	120.0
1957	120	99	209	102.1	101.5	101.9	122.3	112.2	122.3
1958	125	99	228	104.0	99.9	109.2	127.1	112.1	133.5
1959	131	99	232	104.5	99.9	101.3	132.8	112.1	135.3
1960	126	93	205	96.5	93.8	88.6	128.2	105.2	119.9
1961	125	96	191	98.6	103.0	92.9	126.4	108.4	111.3
1962	121	98	187	97.5	102.8	97.9	123.3	111.4	109.0
1963	119	96	183	97.7	97.7	98.0	120.5	108.9	106.8
1964	118	96	190	99.2	99.7	103.9	119.5	108.6	111.0
1965	119	95	190	101.2	99.2	100.3	121.0	107.7	111.3
1966	131	102	212	109.7	107.6	111.1	132.7	115.9	123.6
1967	139	108	225	106.3	105.8	106.2	141.1	122.5	131.2
1968	132	100	221	94.9	92.3	98.2	134.0	113.1	128.9
1969	129	88	236	97.5	88.6	107.2	130.6	100.1	138.2
1970	139	99	241	108.0	111.7	101.9	141.0	111.8	140.8
1971	146	98	273	105.0	99.1	113.1	148.1	110.8	159.3
1972	156	97	303	106.8	99.3	111.2	158.2	110.0	177.2
1973	169	113	305	108.5	116.9	100.5	171.6	128.6	178.0
1974	170	115	310	100.3	101.1	101.6	172.2	130.1	181.0
1975	179	122	321	105.6	106.3	103.6	181.8	138.2	187.5
1976	190	128	343	106.1	105.2	107.0	192.8	145.3	200.7
1977	200	135	355	105.1	105.5	103.5	202.7	153.3	207.6

3-10 续表 continued

本表绝对数按当年价格计算，指数按可比价格计算。

Absolute figures in this table are calculated at current prices, while indices are calculated at comparable prices.

年份 Year	绝对数(元) Value(yuan)			指数(上年=100) Index(Preceding year=100)			指数(1952=100) Index(1952=100)		
	全部居民 All Households	农村居民 Agricultural Households	城镇居民 Non agricultural Households	全部居民 All Householde	农村居民 Agricultural Households	城镇居民 Non-agricultural Households	全部居民 All Households	农村居民 Agricultural Households	城镇居民 Non-agricultural Households
1978	207	138	370	103.4	101.8	104.2	209.7	156.1	216.4
1979	239	161	420	115.8	116.8	113.4	242.8	182.3	245.4
1980	295	213	484	123.2	132.5	115.3	299.1	241.5	282.8
1981	350	257	567	115.5	116.2	115.0	345.4	280.7	325.2
1982	407	318	619	115.7	124.1	107.9	399.5	348.2	350.9
1983	423	334	632	104.1	106.3	100.4	416.0	370.3	352.4
1984	446	349	671	100.0	99.0	101.1	416.2	366.7	356.3
1985	519	412	762	105.2	105.5	104.3	438.0	386.8	371.6
1986	578	418	942	107.9	100.5	117.2	472.6	388.9	435.5
1987	653	480	1039	105.2	107.9	101.6	497.3	419.4	442.5
1988	713	541	1086	94.1	97.7	89.4	468.1	409.7	395.4
1989	755	565	1157	92.6	89.8	95.0	433.5	368.1	375.6
1990	786	592	1189	99.3	97.0	101.3	430.5	357.0	380.4
1991	861	633	1330	107.0	107.9	105.7	460.7	385.1	402.2
1992	941	686	1461	103.1	104.2	101.6	474.9	401.4	408.7
1993	1142	779	1755	103.1	100.1	105.2	487.6	402.4	429.8
1994	1460	967	2284	103.2	100.7	104.7	503.4	405.2	450.0
1995	1817	1289	2683	105.3	111.1	100.4	529.9	450.2	451.8
1996	2040	1424	3031	104.2	102.5	104.9	552.2	461.4	474.0
1997	2232	1551	3311	105.7	105.3	105.5	583.8	485.9	500.0
1998	2309	1603	3391	103.9	103.8	103.0	606.8	504.3	515.0
1999	2520	1601	3871	110.0	100.2	115.2	667.3	505.3	593.3
2000	2687	1720	4045	105.3	106.2	103.1	702.7	536.7	611.7
2001	2868	1694	4431	106.2	98.0	108.9	746.1	525.9	666.2
2002	3341	1793	5327	113.9	100.6	118.9	850.2	529.1	792.1
2003	3565	1945	5593	104.7	105.1	103.6	890.3	556.1	820.6
2004	4042	2077	6415	110.7	103.7	111.9	985.3	576.6	918.2
2005	4620	2460	7103	111.6	114.6	108.5	1099.5	660.8	996.3

主要统计指标解释

地区收入总值 指一个地区所有常住单位在一定时期内收入初次分配的最终结果。一地区常住单位从事生产活动所创造的增加值在初次分配中主要分配给该地区的常住单位，但也有一部分以生产税及进口税（扣除生产和进口补贴）、劳动者报酬和财产收入等形式分配给非常住单位；同时，地区外生产所创造的增加值也有一部分以生产税及进口税（扣除生产和进口补贴）、劳动者报酬和财产收入等形式分配给该地区的常住单位，从而产生了地区收入总值的概念。它等于地区生产总值加上来自地区外的净要素收入。与地区生产总值不同，地区收入总值是个收入概念，而地区生产总值是个生产概念。

地区生产总值 是按市场价格计算的地区生产总值的简称。它是一个地区所有常住单位在一定时期内生产活动的最终成果。地区生产总值有三种表现形式，即价值形态、收入形态和产品形态。从价值形态看，它是所有常住单位在一定时期内所生产的全部货物和服务价值超过同期投入的全部非固定资产货物和服务价值的差额，即所有常住单位的增加值之和；从收入形态看，它是所有常住单位在一定时期内所创造并分配给常住单位和非常住单位的初次分配收入之和；从产品形态看，它是最终使用的货物和服务减去进口货物和服务。在实际核算中，地区生产总值的三种表现形态表现为三种计算方法，即生产法、收入法和支出法。三种方法分别从不同的方面反映地区生产总值及其构成。

支出法地区生产总值 指一个地区所有常住单位在一定时期内用于最终消费、资本形成总额，以及货物和服务的净出口总额，它反映本期生产的地区生产总值的使用构成。

最终消费 指常住单位在一定时期内对于货物和服务的全部最终消费支出，也就是常住单位为满足物质、文化和精神生活的需要，从本国经济领土和国外购买的货物和服务的支出；不包括非常住单位在本国经济领土内的消费支出。最终消费分为居民消费和政府消费。

居民消费 指常住住户对货物和服务的全部最终消费支出。居民消费按市场价格计算，即按居民支付的购买者价格计算。购买者价格是购买者取得货物所支付的价格，包括购买者支付的运输和商业费用。居民消费除了直接以货币形式购买货物和服务的消费之外，还包括以其他方式获得的货物和服务的消费支出，即所谓的虚拟消费支出。居民虚拟消费支出包括以下几种类型：单位以实物报酬及实物转移的形式提供给劳动者的货物和服务；住户生产并由本住户消费了的货物和服务，其中的服务仅指住户的自有住房服务；金融机构提供的金融媒介服务；保险公司提供的保险服务。

政府消费 指政府部门为全社会提供公共服务的消费支出和免费或以较低价格向住户提供的货物和服务的净支出。前者等于政府服务的产出价值减去政府单位所获得的经营收入的价值，政府服务的产出价值等于它的经常性业务支出加上固定资产折旧；后者等于政府部门免费或以较低价格向住户提供的货物和服务的市场价值减去向住户收取的价值。

资本形成总额 指常住单位在一定时期内获得的减去处置的固定资产加存货的变动，包括固定资本形成总额和存货增加。

固定资本形成总额 指常住单位购置、转入和自产自用的固定资产，扣除固定资产的销售和转出后的价值，分有形固定资产形成总额和无形固定资产形成总额。有形固定资产形成总额包括一定时期内完成的建筑工程、安装工程和设备工器具购置(减处置)价值，以及土地改良、新增役、种、奶、毛、娱乐用牲畜和新增经济林木价值。无形固定资产形成总额包括矿藏的勘探、计算机软件、娱乐和文学艺术品原件等获得减处置。

存货增加 指常住单位存货实物量变动的市场价值，即期末价值减期初价值的差额。存货增加可以是正值，也可以是负值；正值表示存货上升，负值表示存货下降。它包括生产单位购进的原材料、燃料和储备物资等存货，以及生产单位生产的产成品、在制品等存货等。

货物和服务净出口 指货物和服务出口减货物和服务进口的差额。出口包括常住单位向非常住单位出售或无偿转让的各种货物和服务的价值；进口包括常住单位从非常住单位购买或无偿得到的各种货物和服务的价值。由于服务活动的提供与使用同时发生，因此服务的进出口业务并不发生出入境现象，一般把常住单位从国外得到的服务作为进口，非常住单位从本国得到的服务作为出口。货物的出口和进口都按离岸价格计算。

劳动者报酬 指劳动者因从事生产活动所获得的全部报酬。包括劳动者获得的各种形式的工资、奖金和津贴，既包括货币形式的，也包括实物形式的；还包括劳动者所享受的公费医疗和医药卫生费、上下班交通补贴和单位支付的社会保险费等。对于个体经济来说，其所有者所获得的劳动报酬和经营利润不易区分，这两部分统一作为劳动者报酬处理。

生产税净额 指生产税减生产补贴后的余额。生产税指政府对生产单位生产、销售和从事经营活动以及因从事生产活动使用某些生产要素(如固定资产、土地、劳动力)所征收的各种税、附加费和规费。生产补贴与生产税相反，指政府对生产单位的单方面收入转移，因此视为负生产税，包括政策亏损补贴、粮食系统价格补贴、外贸企业出口退税收入等。

固定资产折旧 指一定时期内为弥补固定资产损耗按照核定的固定资产折旧率提取的固定资产折旧，或按国民经济核算统一规定的折旧率虚拟计算的固定资产折旧。它反映了固定资产在当期生产中的转移价值。各类企业和企业化管理的事业单位的固定资产折旧是指实际计提并计入成本费中的折旧费；不计提折旧的政府机关、非企业化管理的事业单位和居民住房的固定资产折旧是按照统一规定的折旧率和固定资产原值计算的虚拟折旧。原则上，固定资产折旧应按固定资产的重置价格计算，但是目前我国尚不具备对全社会固定资产进行重估价的基础，所以暂时只能采用上述办法。

营业盈余 指常住单位创造的增加值扣除劳动者报酬、生产税净额和固定资产折旧后的余额。它相当于企业的营业利润加上生产补贴，但要扣除从利润中开支的工资和福利等。

直接消耗系数 指某一个部门生产单位总产出需要直接消耗各部门产品和服务的数量，也称为投入系数。它反映该部门与其他部门之间直接的技术经济联系和直接依赖关系。

完全消耗系数 指增加某一个部门单位总产出需要完全消耗各部门产品和服务的数量。完全消耗系数等于直接消耗系数和全部间接消耗系数之和，它是全面揭示国民经济各部门之间技术经济的全部联系和相互依赖关系的主要指标。

Explanatory Notes on Main Statistical Indicators

Gross National Product (GNP) refers to the final result of the primary distribution of the income created by all the resident units of a region during a certain period of time. The value added created by the resident units of a region engaged in production activities is mainly distributed to the resident units of that region while a part of it is distributed to the non resident units in the form of production tax and import duties (minus subsidies to production and import), remuneration for the laborers and property income. At the meantime, a part of the value added created abroad is distributed to the resident units of the region in the form of production tax and import duties (minus subsidies to production and import), remuneration for the laborers and property income. Thus the concept of gross national product is formed, which equals to gross domestic product plus net factor income from abroad. Unlike gross domestic product, which is a concept of production, gross national product is a concept of income.

Gross Domestic Product (GDP) refers to the final products of all resident units in a region during a certain period of time. Gross domestic product is expressed in three different forms, i.e. value, income, and products respectively. The form of value refers to the total value of all products and services produced by all resident units during a certain period of time minus total value of intimidate input of materials and services of the nature of non fixed assets or the summation of the value added of all resident units; the form of income includes all the income created by all resident units and distributed primarily to all resident and non resident units; the form of products refers to the value of all final goods and services for final use by all resident units plus the value of net exports of goods and services during a given period of time. In the practice of national accounting, gross domestic product is calculated with three approaches, i. e. production approach, income approach, and expenditure approach, which reflect gross domestic product and its composition from different aspects.

GDP Calculated with Expenditure Approach refers to total expenditure on final consumption, total capital formation and net export of goods and services by resident units of a region in a certain period of time. It reflects the composition of GDP by its use.

Final Consumption refers to the total expenditure of resident units on final consumption of goods and services in a certain period, namely the expenditure of the resident units for purchases of goods and services from domestic economic territory and abroad to meet the requirements of material, cultural and spiritual life. It excludes the expenditure of non-resident units on consumption in the economic territory of the country. The final consumption is classified into household consumption and government consumption.

Households consumption refers to the total expenditure of resident households on the final consumption of goods and services. The households consumption is calculated at market prices, namely the purchaser's prices which the households pay; the purchasers' prices of goods are the prices the households pay when they obtain the goods, including the transport and commercial expenses paid by the households. In addition to the consumption of goods and services bought by the households directly with money, the expenditure on goods and services obtained by the households in other ways, i. e. the so called imputed expenditure on consumption, is also included in the households consumption. The imputation expenditure of the households on consumption includes the following types:(a) the goods and services provided to the households by the units in the form of payment in kind and transfer in kind; (b) the goods and services produced and consumed by the households themselves, in which the services refer only to the services provided by the residential buildings owned by the households; (c) the services of financial intermediary provided by the financial institutions; (d) the insurance services provided by the insurance companies.

Government Consumption refers to the expenditure on the consumption of the public services provided by the government to the whole society and the net expenditure on the goods and services provided by the government to the households at free charge or lower prices. The former equals to the output value of the government services minus the value of operating income obtained by the government departments. (The output value of the government services equals to its current operating expenditure plus depreciation of fixed assets) . The latter equals to the market value of the goods and services provided by the government free of charge or at low prices to the households minus the value received by the government from the households.

Total Capital Formation refers to the fixed assets acquired minus those disposed and the change in inventory, including the total fixed assets formation and the increase in inventory.

Total Fixed Capital Formation refers to the value of fixed assets purchased, transferred in by the resident units and those produced and used by themselves deducting the value of fixed assets sold and transferred out.

It can be classified into total tangible assets formation and total intangible assets formation. The total tangible assets formation include the value of the construction projects, installation projects completed and the equipment, apparatus and instruments purchased as well as the value of land improved, the value of draught animals, breeding stock, milk, wool and recreational animals and the newly increased economic forest in a certain period. The total intangible assets formation includes the prospecting of minerals, the acquisition of computer software, the originals of recreational works and works of literature and arts minus the disposal of them.

Increase in Inventory refers to the market value of the change in inventory, i. e. the difference of value between the beginning and the end of the period. The increase in inventory can be positive or negative. A positive value indicates the increase in inventory while a negative value indicates the decrease in stock. The inventory includes the raw materials, fuels and reserve materials purchased by the production units as well as the inventory of finished products, semi finished products, work in progress, etc.

Net Export of Goods and Services refers to the difference of the exports of goods and services minus the imports of goods and services. The imports include the value of various goods and services sold or gratuitously transferred by the resident units to the non-resident units. The imports include the value of various goods and services purchased or gratuitously acquired by the resident units from the non-resident units. Because the provision of services and the use of them happen simultaneously, the import and export of services do not appear to have the phenomena of crossing the border of the country. The acquisition of services by the resident units from abroad is usually treated as import while the acquisition of services by non-resident units in this country is usually treated as export. The export and import of goods are calculated at FOB.

Laborers' Remuneration refers to the whole payment of various forms earned by the laborers from the productive activities they are engaged in. It includes wages, bonuses and allowances the laborers earned in monetary form and in kind. It also includes the free medical services provided to the laborers and the medicine expenses, traffic subsidies and social insurance fee paid by the laborers , working units for them. As the individual economy is concerned, since the laborers , remuneration is not easily distinguished from the operating profit, both are treated as laborers remuneration.

Net Taxes on Production refers to the residual of the taxes on production minus the subsidies on production. The taxes on production refers to the various taxes, extra charges and fees levied on the production units on their production, sale and business activities as well as on some factors of production, such as fixed assets, land and labor force, used in the production activities they are engaged in. In contrast to the taxes on production, the subsidies on production refer to the unilateral transfer of part of the government's revenue to the production units and is therefore regarded as negative taxes on production. They include subsidies on the loss due to implementation of government policies, price subsidies to the grain institutions, foreign trade corporations receipts from drawback, etc.

Depreciation of Fixed Assets refers to the depreciation of fixed assets of a given period, drawn in accordance with the stipulated depreciation rate for the purpose of compensating the wear loss or the fixed assets or the depreciation of fixed assets calculated in a fictitious way in accordance with the stipulated unified depreciation rate in the national economic accounting system. It reflects the value of transfer of the fixed assets in the production of the current period. The depreciation of fixed assets in various enterprises and institutions managed as enterprises refers to the depreciation expenses actually drawn and calculated as part of the coast. In government agencies and institutions not managed as enterprises, which do not draw the depreciation expenses, as well as for the houses of residents, the depreciation of fixed assets is the imputed depreciation, which is calculated in accordance with the stipulated unified depreciation rate. In principle, the depreciation of fixed assets should be calculated on the basis of the re purchased value of the fixed assets. However, there is no actual condition to re evaluate all the fixed assets in China. Therefore, the above-mentioned methods are temporarily adopted at present.

Operating Surplus refers to the balance of the value added created by the resident units deducting the labourers' remuneration, net taxes on production and the depreciation of fixed assets. It is equivalent to the business profit of the enterprises plus subsidies on production, but the wages and welfare expenses paid from the profits should be deducted.

Direct Input Coefficient refers to the volume of products and services of all sectors consumed directly by a certain sector's productive units, which are needed for their total output. It is also named as technical coefficient. It represents the direct technical economical ties and direct interdependence between the sector and other sectors.

Total Input Coefficient refers to the volume of products and services of all sectors needed for a certain sectors productive units to increase their total output. Total input coefficient is equal to the sum of direct input coefficient and total indirect input coefficient. It is a major indicator to disclose the technical economical ties and interdependence between sectors of the national economy.

四 人口

POPULATION

资料整理 马莉莉

Arranged by Ma Lili

4-1 历次全国人口普查内蒙古人口基本情况
Basic Statistics on All Region Population Census in 1953, 1964, 1982, 1990 and 2000

单位：万人 (10 000 persons)

指标	Item	1953	1964	1982	1990	2000
总人口	**Total Population**	**610.02**	**1233.41**	**1927.43**	**2145.65**	**2375.54**
男	Male	343.19	669.28	1005.29	1115.57	1228.90
女	Female	266.83	564.13	922.14	1030.08	1146.64
总户数(万户)	**Total Number of Households (10 000 households)**	**138.70**	**261.39**	**420.00**	**529.34**	**708.16**
家庭户	Family Households			418.75	527.31	695.48
集体户	Non-family Households			1.25	2.03	12.68
各年龄组人口	**Population by Age**					
0-5岁	Age 0-5			237.01	246.92	151.13
6-14岁	Age 6-14			447.58	363.45	354.43
15-64岁	Age 15-64			1173.22	1449.29	1742.85
65岁及以上	Age 65 and Over			69.62	85.99	127.13
民族人口	**Nationality Population**					
汉族	Han Nationality	512.00	1072.94	1627.76	1729.00	1882.39
蒙古族	Mongolian Nationality	88.82	138.45	248.94	337.97	402.92
其他少数民族	other Minority Nationalities	7.24	22.00	50.73	78.67	90.23
15岁及以上人口	**Population Aged 15 and Over**			**1242.84**	**1535.28**	**1869.98**
6岁及以上人口按受教育程度分组	**Population Aged 6 and Over by Educational Level**			**1690.42**	**1898.73**	**2224.41**
大学本科	University				10.83	24.47
大学专科	Three Years College			11.00	20.90	65.88
中专	Specialized Secondary School				42.97	89.66
高中	Senior Secondary School			143.68	173.07	237.22
初中	Junior Secondary School			371.99	546.55	826.65
小学	Primary School			631.58	716.68	739.60
不识字或识字很少	Illiterate and Semi-Illiterate			422.29	332.82	240.93
市镇乡村人口	**Population of Cities, Towns & Countyside**					
市镇人口	City & Town		305.10	556.14	779.69	1013.88
乡村人口	County		928.31	1371.29	1365.96	1361.66

注：1953、1964、1982和1990年人口普查数据为年中数(7月1日零时)，2000年人口普查数据为2000年11月1日零时快速汇总数。

a)Data on census of 1953,1964,1982and 1990 is year-middle data(at zero hour of Jul.1); data on census of 2000 is Data at zero hour of Nov.1.

4-2 年末总人口数及构成

Population and Its Composition at the year-end

单位：万人 (10 000 persons)

年份 Year	年末总人口 Total Population (year-end)	按性别分 By sex		按农业、非农业分 By Agricultural & Non-agricultural Population		按城乡分 By Residence	
		男 Male	女 Female	农业人口 Agricultural	非农业人口 Non-agricaltural	市镇人口 Urban	乡村人口 Rural
1947	561.7	313.9	247.8			68.4	493.3
1949	608.1	334.0	274.1			75.2	532.9
1952	715.9	394.3	321.6			91.9	624.0
1957	936.0	519.3	416.7			175.4	760.6
1965	1296.4	700.1	596.3			268.3	1028.1
1970	1491.0	799.0	692.0			320.8	1170.2
1975	1737.9	918.6	819.3	1306.3	431.6	379.3	1358.6
1978	1823.4	957.8	865.6	1360.8	462.6	397.5	1425.9
1980	1876.5	981.2	895.3	1380.8	495.7	433.1	1443.4
1981	1902.9	994.9	908.0	1390.6	512.3	445.2	1457.7
1982	1941.6	996.0	945.6	1414.6	527.0	565.2	1376.4
1983	1969.8	1009.8	960.0	1431.9	537.9	573.8	1396.0
1984	1993.1	1022.7	970.4	1444.9	548.2	847.1	1146.0
1985	2015.9	1043.6	972.3	1441.2	574.7	874.1	1141.8
1986	2040.7	1058.0	982.7	1451.7	589.0	932.2	1108.5
1987	2066.4	1062.3	1004.1	1456.7	609.7	1004.5	1061.9
1988	2093.9	1083.2	1010.7	1461.9	632.0	1033.8	1060.1
1989	2122.2	1102.4	1019.8	1470.8	651.5	1055.8	1066.5
1990	2162.6	1127.6	1035.0	1496.8	665.7	781.1	1381.4
1991	2183.9	1132.8	1051.0	1506.9	677.0	807.4	1376.4
1992	2206.6	1142.1	1064.5	1519.5	687.1	817.1	1389.5
1993	2232.4	1149.8	1082.6	1525.2	707.2	831.8	1400.6
1994	2260.5	1161.5	1099.0	1534.6	725.9	849.3	1411.2
1995	2284.4	1187.6	1096.8	1541.3	743.1	873.1	1411.3
1996	2306.6	1198.0	1108.6	1546.8	759.8	887.2	1419.4
1997	2325.7	1207.5	1118.2	1549.6	776.1	905.6	1420.1
1998	2344.9	1216.7	1128.2	1552.1	792.8	936.7	1408.2
1999	2361.9	1224.6	1137.3	1553.7	808.2	967.8	1394.1
2000	2372.4	1227.2	1145.2	1535.4	837.0	1001.1	1371.3
2001	2377.5	1228.6	1148.9	1525.9	851.6	1035.1	1342.4
2002	2378.6	1228.3	1150.3	1514.5	864.1	1047.9	1330.7
2003	2379.6	1228.2	1151.4	1500.6	879.0	1064.6	1315.0
2004	2384.4	1229.9	1154.5	1472.6	911.8	1093.5	1290.9
2005	2386.4	1229.3	1157.1	1436.1	950.3	1126.4	1260.0

注：1985-1989年数据是根据1982年、1990年第三、第四次人口普查数据调整的，1990年以后数据是人口变动抽样调查调整数，其余年份为户籍统计数(下表同)。

a)Data in 1985-1989 were adjusted on the basis of the 1982 and 1990 National Population Censuses.Since 1990, data have been stimated on the basis of the annual National Sample Surveys on Population Changes.Data of other years were taken from the annual reports of the Ministry of public Security.(The next table is the same).

4-3 人口出生率、死亡率、自然增长率
Birth Rate, Death Rate and Natural Growth Rate

年 份 Year	出生率 Birth Rate(‰)	死亡率 Death Rate(‰)	自然增长率 Natural Growth Rate(‰)	人口机械增长率 Migratory Growth Rate(‰)
1954	58.8	20.9	37.9	17.4
1955	37.5	11.4	26.1	24.4
1956	29.5	7.9	21.6	40.0
1957	37.2	10.5	26.7	16.3
1958	28.4	7.9	20.5	31.7
1959	30.8	11.0	19.8	54.8
1960	29.4	9.4	20.0	94.1
1961	22.1	8.8	13.3	-37.1
1962	38.2	9.0	29.2	-21.7
1963	41.3	8.5	32.8	3.7
1964	41.9	11.8	30.1	0.9
1965	40.0	9.3	30.7	2.8
1966	36.1	8.1	28.0	-2.8
1967	34.9	7.7	27.2	3.5
1968	34.9	7.3	27.6	1.2
1969	32.5	6.8	25.7	8.4
1970	32.3	6.2	26.1	-5.1
1971	29.7	5.6	24.1	18.0
1972	30.7	6.6	24.1	6.3
1973	28.3	5.7	22.6	7.1
1974	25.9	6.1	19.8	12.4
1975	23.3	6.1	17.2	1.8
1976	20.1	5.5	14.6	3.3
1977	18.1	5.4	12.7	3.5
1978	18.5	5.2	13.3	0.6
1979	18.1	4.9	13.2	-0.3
1980	16.5	4.9	11.5	
1981	17.3	4.9	12.4	1.3
1982	21.2	5.7	15.5	-0.8
1983	20.0	5.5	14.5	
1984	18.9	5.5	13.4	-1.7
1985	17.2	5.7	11.5	-0.1
1986	19.1	5.9	13.2	-1.0
1987	19.7	6.1	13.6	-1.1
1988	19.0	5.7	13.3	-0.1
1989	19.3	5.8	13.5	-0.7
1990	21.2	7.2	14.0	-1.1
1991	16.8	7.0	9.8	-1.2
1992	17.1	6.7	10.3	-1.3
1993	18.5	6.8	11.7	-0.5
1994	19.0	6.5	12.5	-0.3
1995	17.2	6.7	10.5	-0.1
1996	16.1	6.4	9.7	0.1
1997	15.2	7.0	8.3	0.1
1998	14.4	6.2	8.2	
1999	13.3	6.1	7.2	-0.2
2000	12.1	5.9	6.1	-0.6
2001	10.8	5.8	5.0	-0.4
2002	9.6	5.9	3.7	-0.7
2003	9.2	6.2	3.1	-1.1
2004	9.5	6.0	3.6	-1.6
2005	10.1	5.5	4.6	-3.8

4-4 年末总人口及人口变动

Population and Its Changes at year-end

项 目	Item	2004	2005	2005年比 2004年增长(%) Growth Rate
一、总 人 口(万人)	**Total Population (10 000 persons)**	**2384.35**	**2386.40**	**0.09**
#蒙 古 族	Mongolian Nationality	417.08	421.12	0.97
其他少数民族	Other Minority Nationalities	94.33	94.64	0.33
按性 别 分	**By sex**			
男(万人)	Male(10 000 persons)	1229.87	1229.30	-0.05
女(万人)	Female(10 000 persons)	1154.48	1157.10	0.23
按 城 乡 分	**By Residence**			
市 镇 人 口(万人)	Urban(10 000 persons)	1093.46	1126.38	3.01
乡 村 人 口(万人)	Rural(10 000 persons)	1290.89	1260.02	-2.39
按农业非农业分	**By Agriculture and Non-agriculture**			
农 业 人 口(万人)	Agriculture(10 000 persons)	1472.57	1436.14	-2.47
非农业人口(万人)	Non-agriculture (10 000 persons)	911.78	950.26	4.22
二、人口自然变动	**Population Natural Changes**			
出生人口(万人)	Briths(10 000 persons)	22.70	24.04	5.90
男	Male	11.85	12.59	6.24
女	Female	10.85	11.45	5.53
死 亡 人 口(万人)	Deaths(10 000 persons)	14.24	13.02	-8.57
出 生 率(‰)	Birth Rate(‰)	9.53	10.08	0.55*
死 亡 率(‰)	Death Rate(‰)	5.98	5.46	-0.52*
自 然 增 长 率(‰)	Natural Growth Rate(‰)	3.55	4.62	1.07*

注：本表数据根据人口变动情况抽样调查资料推算,标*为千分点。

a)Date in the table have been estimated on the basis of the annual Autonomous Regional Sample Surveys on population Changes.

4-5 民族人口及构成

Population Nationality and Its Composition

单位：人.　　(person)

项目	Item	2004	2005	构成% Composition	
				2004	2005
汉族	Han	18664830	18537740	79.09	78.82
蒙古族	Mongolian	4079856	4127456	17.29	17.55
回族	Hui	212682	209794	0.90	0.89
满族	Man	487009	490547	2.06	2.09
朝鲜族	Korean	24117	23503	0.10	0.10
达斡尔族	Daur	79960	79248	0.34	0.34
鄂温克族	Ewenki	28285	27931	0.12	0.12
鄂伦春族	Oroqen	4229	4791	0.02	0.02
壮族	Zhuang	1567	1629	0.01	0.01
藏族	Tibetan	1170	1030		
锡伯族	Xibe	3106	3107	0.01	0.01
苗族	Miao	1101	1215		0.01
土家族	Tujia	1135	1214		0.01
彝族	Yi	650	748		
维吾尔族	Uygur	202	212		
其他少数民族	Other Minority Nationalities	8359	8908	0.04	0.04
外国人加入中国籍	Foreigners Naturalized China	25	29		

注:本表数据为公安户籍统计数。

a) Date in the Table is Registered Statistics

4-6 年末民族人口数

Population by Nationality at the Year-end

年份 Year	在人口总数中 Total Populational Including							
	汉族(万人) Han(10000 persons)	蒙古族(万人) Mongolian (10000 persons)	回族(万人) Hui(10000 persons)	满族(万人) Man(10000 persons)	朝鲜族(人) Korean (person)	达斡尔族(人) Daur (person)	鄂温克族(人) Ewenki (person)	鄂伦春族(人) Oroqen (person)
1947	469.6	83.2	4.4	1.7	5601	16281	4998	905
1948	485.8	83.4	4.4	1.7	5679	16374	5056	909
1949	515.4	83.5	4.5	1.8	5718	16484	5118	911
1950	565.9	84.7	4.6	1.8	5921	16932	5269	916
1951	589.6	87.1	4.7	1.9	6242	18060	5546	919
1952	614.4	91.2	5.0	2.0	6590	19129	5611	929
1953	649.3	98.5	5.2	2.1	6841	19480	5667	953
1954	687.6	102.7	5.4	2.2	7120	21304	5976	989
1955	725.6	105.5	5.8	2.3	7589	21883	6313	1067
1956	775.7	108.6	6.2	2.0	10213	22253	5665	1009
1957	811.2	111.6	6.7	2.1	11247	24278	6178	949
1958	857.1	114.1	7.5	2.5	12674	27656	6723	1025
1959	930.7	115.5	8.0	3.0	13209	29884	6593	1124
1960	1049.8	121.4	9.4	3.2	14056	30420	6935	1135
1961	1021.0	123.5	10.5	2.8	12457	30918	7508	1143
1962	1023.5	129.7	10.0	3.2	11934	31201	8558	1129
1963	1061.1	134.6	10.3	3.8	11827	32509	8469	1145
1964	1091.4	140.3	11.2	5.0	11328	34819	9038	1205
1965	1129.4	144.5	11.3	5.3	11412	35980	9191	1272
1966	1158.3	148.3	11.4	5.5	11513	36620	9591	1318
1971	1358.2	169.7	13.2	6.8	13884	40440	11038	1364
1972	1401.7	172.9	13.4	6.9	13426	42966	11195	1409
1973	1444.5	178.5	13.8	7.1	13864	44971	11268	1454
1974	1493.4	182.6	14.2	7.4	14400	46420	11639	1499
1975	1521.7	186.6	14.3	7.6	14862	48333	12426	1544
1976	1549.0	189.5	14.6	7.8	15750	48967	13554	1592
1977	1573.9	193.1	14.7	7.9	15420	52733	12753	1524
1978	1592.9	198.6	15.0	8.0	15403	55372	12657	1579
1979	1617.0	202.1	14.6	8.7	20881	53954	15592	1600
1980	1632.7	209.0	15.3	10.3	16193	56399	14722	1699
1981	1651.5	215.3	15.8	11.0	16062	56801	15245	1754
1982	1637.9	253.2	17.0	23.7	17337	56883	17525	2186
1983	1657.5	260.3	17.0	24.9	17800	59500	18000	2200
1984	1671.0	268.1	17.6	26.0	18400	60500	18300	2300
1985	1686.2	274.7	17.1	27.1	18600	61500	18900	2300
1986	1696.8	285.5	17.7	29.4	19485	64129	19840	2483
1987	1706.9	297.2	18.3	32.3	19743	65167	20412	2561
1988	1721.8	307.3	18.5	34.4	20152	66462	20499	2686
1989	1729.9	315.7	18.8	35.7	21147	69579	20853	2793
1990	1749.1	328.5	18.7	40.0	22380	70959	22494	2976
1991	1758.7	333.1	19.0	40.9	22047	71598	23138	3171
1992	1766.1	338.3	19.5	41.4	22161	72432	23321	3262
1993	1779.4	343.4	19.7	42.1	21963	73574	23928	3242
1994	1791.6	349.6	19.7	42.8	22735	73354	24427	3302
1995	1803.4	356.5	19.9	43.7	22741	72680	24545	3447
1996	1820.0	364.2	20.0	44.8	22772	73689	25059	3436
1997	1836.8	371.8	20.4	45.5	22759	74992	25632	3599
1998	1851.0	378.6	20.4	46.2	23068	73797	25578	3568
1999	1865.5	382.8	21.0	46.0	23825	73818	26001	3813
2000	1832.5	386.0	20.9	47.0	23278	76374	26546	3704
2001	1843.7	391.8	20.8	48.1	23841	77145	26870	3846
2002	1855.0	396.0	21.1	47.8	24009	79202	27423	3968
2003	1860.6	404.0	21.1	48.7	23863	79195	27915	3998
2004	1866.5	408.0	21.3	48.7	24117	79960	28285	4229
2005	1853.8	412.7	21.0	49.1	23503	79248	27931	4791

注：本表数据为公安户籍统计数。

a) Date in the Table is Registered Statistics

主要统计指标解释

人口数 指一定时点、一定地区范围内的有生命的个人的总和。

年度统计的年末人口数指每年 12 月 31 日 24 时的人口数。

市镇总人口和乡村总人口

其定义有两种口径：

第一种口径(按行政建制)

市人口：市管辖区域内的全部人口(含市辖镇，不含市辖区县)；

镇人口：县辖镇的全部人口(不含市辖镇)；

县人口：县辖乡人口。

第二种口径(按常住人口划分)

市人口：设区的市的区人口和不设区的市所辖的街道人口；

镇人口：不设区的市所辖镇的居民委员会人口和县辖镇的居民委员会人口；

县人口：除上述两种人口以外的全部人口。

1952-1980 年数据为第一种口径的数据，1982 年以后的数据为第二种口径的数据。

出生率(又称粗出生率) 指在一定时期内(通常为一年)平均每千人所出生的人数的比率，一般用千分率表示。计算公式为：

出生率=年出生人数/年平均人数×1000‰

式中：出生人数指活产婴儿，即胎儿脱离母体时(不管怀孕月数)，有过呼吸或其他生命现象。年平均人数指年初、年底人口数的平均数，也可用年中人口数代替。

死亡率(又称粗死亡率) 指在一定时期内(通常为一年)一定地区的死亡人数与同期平均人数(或期中人数)之比，一般用千分率表示。计算公式为：

死亡率=年死亡人数/年平均人数×1000‰

人口自然增长率 指在一定时期内(通常为一年)人口自然增加数(出生人数减死亡人数)与该时期内平均人数(或期中人数)之比，一般用千分率表示。计算公式为：

人口自然增长率=(本年出生人数-本年死亡人数)/年平均人数×1000‰

人口自然增长率=人口出生率 － 人口死亡率

在业人口(又称就业人口) 指十五周岁及十五周岁以上人口中从事一定的社会劳动并取得劳动报酬或经营收入的人口。

不在业人口 指十五周岁及十五周岁以上人口中未从事社会劳动的人口，包括在校学生、料理家务、待升学、市镇待业、离退休、退职、丧失劳动能力等非在业人口。

Explanatory Notes on Main Statistical Indicators

Total Population refers to the total number of people alive at a certain point of time within a given area.

The annual statistics on total population is taken at midnight, the 3lst of December.

Urban Population and Rural Population There are two definitions. The first definition (according to the administrative organizational system) :

City population: Total population under the jurisdiction of city (including population of the town under the jurisdiction of city. excluding the population of counties under the jurisdiction of city) .

Town population: Total population of town under the jurisdiction of county (excluding the population of town under the jurisdiction of city) .

County population: Total population of country under the jurisdiction of county) .

The second definition (classified by the permanent population) :

City population: Total population of districts under the jurisdiction of city with district establishment and the population of street under the jurisdiction of city without district establishment.

Town population: Total resident committees population of towns under the jurisdiction of city without district establishment and the resident committee's population of towns under the jurisdiction of county.

County population: Total population except city population and town population.

Data from 1952 to 1980 is the figures according to the first definition. Data since 1982 are the figure according to the second definition.

Birth Rate of (Crude Birth Rate) refers to the ratio of the number of births to the average population during a certain period of time (usually a year) which is often expressed in‰. The following formula is used:

Birth Rate = Number of Births /Average Number of Population ×1000‰

Number of births refers to live births i. e. the births when babies had showed any vital phenomena regardless of the length of pregnancy.

Annual Average Number of Population is the average of the number of population at the beginning of the year and that at the end of the year. Sometimes it is substituted for with the mid year population.

Death Rate (or Crude Death Rate) refers to the ratio of the number of deaths to the average population (or mid year population) during a certain period of time (usually a year) which is often expressed in‰. The following formula is used:

Death Rate =Number of Deaths /Annual Average Number of Population ×1000‰

Natural Growth Rate of Population refers to the ratio of natural increase in population (number of births minus number of deaths) in a certain period of time (usually a year) to the average population (or mid year population) of the same period which is often expressed in‰. The following formulas are applied:

Natural Growth of Population =(Number of Births − Number of Deaths) / Average Number of Population ×1000‰

Natural Growth Rate of Population=Birth Rate–Death Rate

Employed Population refers to population aged 15 or over engaging in social labor which generates income.

Unemployed Population refers to population aged 15 or over not engaging in any social labor which generates income, including students enrolled in schools, house wives students waiting for entering schools with higher level, urban job seekers, retirees job quitters, disabled, etc.

五　就业人员和职工工资

EMPLOYMENT AND WAGES

资料整理　金玮

Arranged by Jin Wei

5-1 就业基本情况
Employment

项目	Item	1990	1995	2000	2005
就业人员总计(万人)	**Total Number of Employed Persons(10 000 persons)**	**924.6**	**1029.4**	**1061.6**	**1041.1**
第一产业	Primary Industry	515.5	536.8	553.7	560.5
第二产业	Secondary Industry	201.4	225.0	182.4	162.7
第三产业	Tertiary Industry	207.7	267.6	325.5	317.9
就业人员构成(总计=100)	**Composition of Employed Persons(total=100)**				
第一产业	Primary Industry	55.8	52.1	52.2	53.8
第二产业	Secondary Industry	21.8	21.9	17.1	15.6
第三产业	Tertiary Industry	22.4	26.0	30.7	30.5
按城乡分就业人员(万人)	**Number of Employed Persons by Urban and Rural Areas(10 000 persons)**	**924.6**	**1029.4**	**1061.6**	**1041.1**
城镇就业人员	**Urban Employed Persons**	**386.6**	**440.0**	**430.1**	**350.3**
# 国有单位	State-owned Units	282.3	302.3	201.1	162.0
城镇集体单位	Urban Collective-owned Units	87.0	70.8	25.6	12.4
股份合作单位	Share Holding Units		5.9	2.9	1.8
联营单位	Joint-owned Units		0.3	0.6	0.3
有限责任公司	Limited Liability Corporations			26.0	47.0
股份有限公司	Share-holding Corporations Ltd.			8.2	14.3
私营企业	Private Enterprises		7.6	28.6	47.1
港澳台商投资单位	Units Funded by Entrepreneurs from Hong Kong, Macao & Taiwan		2.0	1.7	1.6
外商投资单位	Foreign Funded Units		2.2	2.2	2.5
个体	Self-employed Individuals	16.9	36.7	88.2	60.2
乡村从业人员	**Rural Employed Persons**	**538.0**	**589.4**	**631.5**	**690.8**
# 私营企业	Private Enterprises		2.5	12.8	21.1
个体	Self-employed Individuals		26.6	71.5	22.1
职工人数(万人)	**Number of Staff and Workers(10 000 persons)**	**369.7**	**383.7**	**263.9**	**239.6**
国有单位	State-owned Units	282.3	302.3	197.3	159.7
城镇集体单位	Urban Collective-owned Units	87.0	70.8	25.4	12.2
其他单位	Units of Other Types of Ownership	0.4	10.6	41.2	67.7
城镇单位女性就业人员(万人)	**Number of Female Employment in Urban Units(10 000 persons)**	**138.7**	**149.9**	**102.9**	**91.8**
城镇登记失业人数(万人)	**Number of Registered Unemployed Persons in Urban Areas (10 000 persons)**	**15.19**	**13.97**	**12.65**	**17.75**
城镇登记失业率(%)	**Registered Unemployment Rate in Urban Areas(%)**	**3.49**	**3.17**	**3.34**	**4.26**

注：1. 1998年及以后城镇单位就业人员、职工人数统计口径有调整，详见本篇末指标解释。

2. 2005年全社会就业人员中不包括社会自由从业人员。

a)Statistical coverage of staff and workers employed in urban units was adjusted after 1998.Please refer to the explanatory notes at the end of this chapter.

b)Social total number of employed persons doesn't include social self-employed persons in 2005.

5-2 按三次产业划分的年末就业人员

Number of Employed Persons at the Year-end by Type of Industry

年份 Year	就业人员(万人) Total (10 000 persons)	第一产业 Primary Industry	第二产业 Secondary Industry	第三产业 Tertiary Industry	构成(合计=100) Composition in Percentage(total=100) 第一产业 Primary Industry	第二产业 Secondary Industry	第三产业 Tertiary Industry
1952	345.3	302.6	13.0	29.7	87.63	3.76	8.61
1957	400.6	347.4	21.1	32.1	86.72	5.27	8.01
1965	476.8	379.7	45.3	51.8	79.64	9.50	10.86
1970	524.4	405.2	63.6	55.6	77.27	12.13	10.60
1975	607.5	441.6	95.5	70.4	72.69	15.72	11.59
1978	652.8	438.0	120.5	94.3	67.10	18.45	14.45
1980	698.4	460.7	129.7	108.0	65.97	18.57	15.46
1981	731.2	478.8	136.4	116.0	65.48	18.66	15.86
1982	762.4	501.5	140.1	120.8	65.78	18.38	15.84
1983	798.8	515.8	146.7	136.3	64.57	18.37	17.06
1984	827.8	524.5	154.5	148.8	63.36	18.66	17.98
1985	856.6	517.8	174.8	164.0	60.45	20.40	19.15
1986	875.4	521.7	184.6	169.1	59.60	21.08	19.32
1987	891.0	490.3	188.0	212.7	55.03	21.10	23.87
1988	909.7	490.0	200.1	219.6	53.86	22.00	24.14
1989	910.3	491.3	199.1	219.9	53.97	21.87	24.16
1990	924.6	515.5	201.4	207.7	55.76	21.78	22.46
1991	962.9	537.9	208.8	216.2	55.86	21.68	22.45
1992	976.0	531.4	217.1	227.5	54.45	22.24	23.31
1993	1008.2	535.4	220.4	252.4	53.10	21.86	25.04
1994	1033.4	536.5	225.1	271.8	51.92	21.78	26.30
1995	1029.4	536.8	225.0	267.6	52.15	21.85	26.00
1996	1039.0	546.8	223.4	268.8	52.63	21.50	25.87
1997	1050.3	544.6	213.2	292.5	51.85	20.30	27.85
1998	1050.3	542.6	207.1	300.6	51.66	19.72	28.62
1999	1056.7	555.4	185.5	315.8	52.56	17.55	29.89
2000	1061.6	553.7	182.4	325.5	52.20	17.10	30.70
2001	1067.0	550.5	179.3	337.2	51.60	16.80	31.60
2002	1086.1	552.3	173.7	360.1	50.90	16.00	33.10
2003	1005.2	548.7	152.5	303.9	54.59	15.17	30.24
2004	1026.1	559.3	153.0	313.8	54.51	14.91	30.58
2005	1041.1	560.5	162.7	317.9	53.83	15.64	30.53

注：1. 2003年、2004年和2005年就业人员中不包括社会自由就业人员。

2. 2004年三次产业就业人员和构成按相关数据进行了调整。

a)Social total number of employed persons doesn't include social self-employed persons from 2003 to 2005.

b)The number of employed persons in tertiary industry and its composition in 2004 is adjusted by relation data.

5-3 分行业城镇单位年末女性就业人员(2005年)

Number of Female Employed in Urban Units at the Year-end by Sector(2005)

单位：人 (person)

项目	Item	合计 Total	国有单位 State-owned Units	城镇集体单位 Urban Collective-owned Units	其他单位 Units of Other Types of Ownership
总计	**Total**	**917975**	**624964**	**51133**	**241878**
按企、事业和机关分组	**Grouped by Enterprises, Institutions and Agencies**				
企业	Enterprises	500313	217014	43098	240201
事业	Institutions	333235	323597	7961	1677
机关	Agencies & Organizations	84427	84353	74	
按国民经济行业分组	**Grouped by Sector**				
农、林、牧、渔业	Farming, Forestry, Animal Husbandry and Fishery	105104	101284	572	3248
采矿业	Mining	38286	10361	1012	26913
制造业	Manufacturing	178045	13556	17492	146997
电力、燃气及水的生产和供应业	Production & Supply of Electric Power, Gas and Water	29870	20165	217	9488
建筑业	Construction	24751	8482	4691	11578
交通运输、仓储和邮政业	Transportation, Storage and Postal Services	45104	37651	1865	5588
信息传输、计算机服务和软件业	Information Transmission, Computer Service & Computer Software	10444	8905	90	1449
批发和零售业	Wholesale and Retail Trade	32803	15015	2584	15204
住宿和餐饮业	Quarters and Catering	15851	8081	1329	6441
金融业	Banking	39882	22943	9485	7454
房地产业	Real Estate	4847	3311	39	1497
租赁和商务服务业	Leasing and Commercial Services	9137	5956	2026	1155
科学研究、技术服务和地质勘查业	Scientific Research,Technical Services & Geological Prospecting	14633	13907	82	644
水利、环境和公共设施管理业	Water Conservancy, Environment and Public Facilities Administration	27110	25102	1302	706
居民服务和其他服务业	Resident Services and Other Services	4221	1920	1544	757
教育	Education	172210	170144	179	1887
卫生、社会保障和社会福利业	Health Care, Social Security and Social Welfare	60148	52906	6563	679
文化、体育和娱乐业	Culture, Sports & Recreational Services	13464	13250	35	179
公共管理和社会组织	Public Administration and Social Organizations	92065	92025	26	14
国际组织	International Organizations				

5-4 按登记注册类型和城乡划分的年末就业人员

单位：万人

年份 Year	总 计 Total	城 镇						
		小 计 Subtotal	# 国有单位 State-owned Units	# 集体单位 Collective-owned Units	# 股份合作单位 Share Holding Units	# 联营单位 Joint-owned Units	# 有限责任公司 Limited Liability Corporations	# 股份有限公司 Share-holding Corporations Ltd.
1952	345.3	49.9	16.9					
1957	400.6	56.3	46.1	9.4				
1965	476.8	101.2	86.5	13.4				
1970	524.4	124.8	110.9	13.9				
1975	607.5	176.9	143.8	32.9				
1978	652.8	227.8	183.2	44.4				
1980	698.4	225.4	200.6	53.7				
1985	856.6	335.6	241.4	79.0				
1987	891.0	359.7	260.2	82.5		0.1		
1988	909.7	373.3	268.3	84.7		0.2		
1989	910.3	375.4	271.0	86.0		0.3		
1990	924.6	386.6	282.3	87.0		0.4		
1991	962.9	404.2	293.2	89.3		0.6		
1992	976.0	415.7	302.1	89.6		1.0		
1993	1008.2	434.2	301.1	87.4	1.2	0.3		
1994	1033.4	453.8	301.7	76.1	5.0	0.4		
1995	1029.4	440.0	302.3	70.8	5.9	0.3		
1996	1039.0	434.7	302.1	66.8	5.9	0.3		
1997	1050.3	444.9	291.9	59.4	7.1	0.2		
1998	1050.3	443.4	252.4	45.7	2.9	0.8	18.1	6.9
1999	1056.7	435.7	232.4	37.8	2.9	0.9	23.4	8.0
2000	1061.6	430.1	201.1	25.6	2.9	0.6	26.0	8.2
2001	1067.0	434.5	188.9	20.5	2.2	0.5	29.3	9.3
2002	1086.1	435.6	177.8	17.7	1.9	0.4	34.4	11.1
2003	1005.2	352.9	169.2	15.8	2.0	0.3	40.2	12.0
2004	1026.1	350.3	166.6	13.5	1.7	0.3	43.3	13.0
2005	1041.1	350.3	162.0	12.4	1.8	0.3	47.0	14.3

Number of Employed Persons at the Year-end by Status of Registration and Residence in Urban and Rural Areas

(10 000 persons)

Urban Area				乡 村Rural Area		
# 私营企业 Private Enterprises	# 港澳台商投资单位 Economic Units Funded by Entrepreneurs from Hong Kong, Macao and Taiwan	# 外商投资单位 Foreign Funded Economic Units	# 个 体 Self-employed individuals	合 计 Sub-total	# 私营企业 Private Enterprises	# 个体 Self-employed Individuals
			33.0	295.4		
			0.8	344.3		
			1.3	375.6		
				399.6		
			0.2	430.6		
			0.2	425.0		
			1.1	443.0		
			15.2	521.0		
			16.9	531.3		
			20.1	536.4		
			18.1	534.9		
			16.9	538.0		
			21.1	558.7		
			23.0	560.3		
3.8	1.0	1.1	28.7	574.0		
5.5	1.4	1.7	38.1	579.6		
7.6	2.0	2.2	36.7	589.4	2.5	26.6
10.8	1.9	2.7	40.7	604.3	3.2	32.9
14.0	2.1	2.8	57.9	605.4	3.7	37.1
23.0	2.3	1.7	73.2	606.9	5.9	48.8
25.1	2.0	2.1	88.0	621.0	13.6	59.7
28.6	1.7	2.2	88.2	631.5	12.8	71.5
30.4	1.7	1.8	96.2	632.5	15.2	73.7
29.0	1.8	2.0	87.9	650.5	22.8	77.6
35.7	1.7	2.5	72.8	652.3	15.6	35.6
44.2	1.1	2.7	56.1	675.8	17.0	21.8
47.1	1.6	2.5	60.2	690.8	21.1	22.1

5-5 分行业年末职工(2005年)

Number of Staff and Workers at the Year-end by Sector(2005)

单位：人 (person)

项 目	Item	合 计 Total	国 有 单 位 State-owned Units	城镇集 体单位 Urban Collective-owned Unit	其 他 单 位 Units of Other Types of Ownership
总 计	**National Total**	**2395535**	**1596764**	**121518**	**677253**
按企、事业和机关分组	**Grouped by Enterprises, Institutions and Agencies**				
企业	Enterprises	1414874	634976	105534	674364
事业	Institutions	694953	676313	15751	2889
机关	Agencies & Organizations	285708	285475	233	
按国民经济行业分组	**Grouped by Sector**				
农、林、牧、渔业	**Farming, Forestry, Animal Husbandry and Fishery**	**300396**	**289941**	**2111**	**8344**
农业	Farming	115577	111730	611	3236
林业	Forestry	106479	106443	36	
畜牧业	Animal Husbandry	35522	30418	74	5030
渔业	Fishery	4651	4648		3
农、林、牧、渔服务业	Agricultural Services	38167	36702	1390	75
采矿业	**Mining**	**173461**	**40496**	**4518**	**128447**
制造业	**Manufacturing**	**437590**	**37262**	**36275**	**364053**
电力、燃气及水的生产和供应业	**Production and Supply of Electric Power, Gas and Water**	**90541**	**60466**	**782**	**29293**
建筑业	**Construction**	**127287**	**36481**	**22199**	**68607**
房屋和土木工程建筑业	Housing and Civil Engineering Construction	117143	32340	20685	64118
建筑安装业	Installation of Buildings	7448	3989	1442	2017
建筑装饰业	Decoration of Buildings	989	85	33	871
其他建筑业	Other Construction	1707	67	39	1601
交通运输、仓储和邮政业	**Transportation, Storage and Postal Services**	**155455**	**137514**	**4473**	**13468**
铁路运输业	Railway Transport	87248	83422	3556	270
道路运输业	Roadway Transport	32480	26675	461	5344
城市公共交通业	Public traffic in Cities	10663	3693		6970
水上运输业	Waterway Transport	154	154		
航空运输业	Air Transport	2729	2662		67
管道运输业	Pipeline Transport				
装卸搬运和其他运输服务业	Loading,Unloading, Carrying and Transport	1559	343	456	760
仓储业	Storage	8395	8338		57
邮政业	Postal Services	12227	12227		
信息传输、计算机服务和软件业	**Information Transmission, Computer Service & Computer Software**	**24685**	**21858**	**157**	**2670**
电信和其他信息传输服务	Telecommunication and other Information Transmission	24260	21649	136	2475
计算机服务业	Computer Services	151	77	21	53
软件业	Software	274	132		142
批发和零售业	**Wholesale & Retail Trade**	**72561**	**38579**	**7188**	**26794**
批发业	Wholesale Trade	38499	28240	1585	8674
零售业	Retail Trade	34062	10339	5603	18120
住宿和餐饮业	**Quarters and Catering**	**25871**	**13479**	**2205**	**10187**
住宿业	Quarters	20398	12677	1512	6209
餐饮业	Catering	5473	802	693	3978

5-5 续表 continued

单位：人 (person)

项 目	Item	合 计 Total	国有单位 State-owned Units	城镇集体单位 Urban Collective-owned Unit	其他单位 Units of Other Types of Ownership
金融业	**Finance**	**70521**	**44301**	**18818**	**7402**
银行业	Banking	61939	38230	18618	5091
证券业	Bond	513	141		372
保险业	Insurance	7205	5309		1896
其他金融活动	Others	864	621	200	43
房地产业	**Real Estate**	**13760**	**8539**	**122**	**5099**
房地产开发经营	Development & Management	5474	1673	76	3725
租赁和商务服务业	**Leasing and Commercial Services**	**26284**	**17987**	**5110**	**3187**
租赁业	Leasing Services	395	365		30
商务服务业	Commercial Services	25889	17622	5110	3157
科学研究、技术服务和地质勘查业	**Scientific Research ,Technical Services & Geological Prospecting**	**40437**	**38405**	**190**	**1842**
研究与试验发展	Research and Development	9044	9028		16
专业技术服务业	Special Technical Services	17893	15923	157	1813
科技交流和推广服务业	Science and Technological Exchanging and Spreading	3592	3546	33	13
地质勘查业	Geological Prospecting	9908	9908		
水利、环境和公共设施管理业	**Water Conservancy, Environment and Public Facilities Administration**	**58442**	**54494**	**2187**	**1761**
水利管理业	Water Conservancy	17615	17156	145	314
环境管理业	Environment	29097	27176	1541	380
公共设施管理业	Public Facilities Administration	11730	10162	501	1067
居民服务和其他服务业	**Resident Services and Other Services**	**8068**	**4607**	**2122**	**1339**
居民服务业	Resident Services	6437	3959	1772	706
其他服务业	Other Services	1631	648	350	633
教育	**Education**	**326979**	**323335**	**260**	**3384**
卫生、社会保障和社会福利业	**Health Care, Social Security and Social Welfare**	**103513**	**89837**	**12641**	**1035**
卫生	Health Care	97524	83891	12621	1012
社会保障业	Social Security	3354	3354		
社会福利业	Social Welfare	2635	2592	20	23
文化、体育和娱乐业	**Culture, Sports and Recreational Services**	**31228**	**30847**	**56**	**325**
新闻出版业	Press	4545	4472		73
广播、电视和音像业	Radio ,Television and Audio-visual	11364	11232		132
文化艺术业	Culture and Arts	13286	13255	31	
体育	Sports	1708	1708		
娱乐业	Recreational Services	325	180	25	120
公共管理和社会组织	**Public Administration and Social Organization**	**308456**	**308336**	**104**	**16**
中国共产党机关	Chinese Communist Party Agencies	16145	16145		
国家机构	Government Agencies	284449	284345	104	
人民政协和民主党派	People's Politics Consultative Conference and Democratic Parties	2816	2816		
群众团体、社会团体和宗教组	Mass Organization ,Social Organization and Religious Organization	5039	5023		16
基层群众自治组织	Basic Mass Autonomous Organization				
国际组织	**International Organizations**				
国际组织	International Organizations				

5-6 年末分行业专业技术人员(2005年)

单位：人

地 区	Region	全 区 Total	呼和浩特市 Hohhot City	包头市 Baotou City	呼伦贝尔市 Hulunbeier City
总 计	**Total**	**731959**	**102331**	**89172**	**67893**
农、林、牧、渔业	Farming, Forestry, Animal Husbandry & Fishery	59730	1578	1497	5937
采矿业	Mining	18718	23	2005	4256
制造业	Manufacturing	73625	13888	32591	2230
电力、燃气及水的生产和供应业	Production & Supply of Electric Power,Gas & Water	22609	3508	2971	3023
建筑业	Construction	27026	4659	5889	2163
交通运输、仓储和邮政业	Transportation, Storage & postal Services	18329	2217	1248	964
信息传输、计算机服务和软件业	Information Transmission,Computer Service & Computer Software	8992	2342	611	837
批发和零售业	Wholesale & Retail Trade	10695	1226	877	1006
住宿和餐饮业	Quarters & Catering	2946	977	232	308
金融业	Banking	34630	6085	3342	4152
房地产业	Real Estate	3204	286	406	330
租赁和商务服务业	Leasing & Commercial Services	5982	1980	313	657
科学研究、技术服务和地质勘查业	Scientific Research,Technical Services & Geological Prospecting	21781	7616	2668	1655
水利、环境和公共设施管理业	Water Conservancy, Environment & Public Facilities Administration	10625	1348	932	441
居民服务和其他服务业	Resident Services & Other Services	1165	71	57	62
教育	Education	279991	35684	22934	27059
卫生、社会保障和社会福利业	Health Care, Social Security & Social Welfare	78275	10037	7798	9152
文化、体育和娱乐业	Culture, Sports & Recreational Services	17400	5848	1248	1975
公共管理和社会组织	Public Administration & Social Organization	36236	2958	1553	1686
国际组织	International Organizations				

Number of Technical Personnel at the Year-end by Sector(2005)

(person)

兴安盟 Xingan League	通辽市 Tongliao City	赤峰市 Chifeng City	锡林郭勒盟 Xilinguole League	乌兰察布市 Wulanchabu City	鄂尔多斯市 Erdos City	巴彦淖尔市 Bayannaoer City	乌海市 Wuhai City	阿拉善盟 Alashan League	直报单位 Unit of Direct Report
41664	**91128**	**114776**	**29774**	**49415**	**38748**	**45979**	**19877**	**9934**	**31268**
4164	15257	3817	2489	1981	1704	2805	189	665	17647
150	786	2698	971	176	4371	349	2265	652	16
1874	4210	5950	662	2389	1470	2708	3704	467	1482
436	2559	2697	1165	1714	1639	1472	1230	195	
577	2444	3099	630	1168	427	2856	1494	490	1130
598	1509	1466	760	1227	589	858	395	284	6214
405	751	712	662	1175	487	402	214	322	72
669	1562	2045	489	1208	265	407	267	58	616
152	240	331	98	305	64	93	78	5	63
1178	4082	3179	2106	2938	1848	3278	1539	893	10
160	348	780	246	83	157	105	224	23	56
178	240	310	328	90	132	279	185	92	1198
1208	2141	1676	919	1072	609	1366	335	429	87
539	1548	1181	479	934	689	1692	733	109	
36	128	101	74	311	57	59	96	12	101
20100	38750	60213	11561	21943	15892	17869	4620	3030	336
5031	10034	12589	4253	4518	4388	6032	1621	1427	1395
755	1304	1594	1038	943	969	731	299	518	178
3454	3235	10338	844	5240	2991	2618	389	263	667

5-7 私营企业年末就业人员(2005年)

Number of Employed Persons in Private Enterprises at the Year-end(2005)

单位：户、人 (household)(person)

项 目	Item	合计 Total			城镇 Urban Areas			乡村 Rural Areas		
		户数 Number of Enter-prises	就业人员 Number of Empl-oyed Persons	#投资者 Empl-oyers	户数 Number of Enter-prises	就业人员 Number of Empl-oyed Persons	#投资者 Empl-oyers	户数 Number of Enter-prises	就业人员 Number of Empl-oyed Persons	#投资者 Empl-oyers
总 计	**Total**	**48317**	**682137**	**135877**	**37035**	**470827**	**100602**	**11282**	**211310**	**35275**
农、林、牧、渔业	Farming, Forestry, Animal Husbandry and Fishery	1433	22836	4249	777	9004	2348	656	13832	1901
采矿业	Mining	1740	44634	4828	682	13482	1680	1058	31152	3148
制造业	Manufacturing	9139	180495	29696	5804	103473	18381	3335	77022	11315
电力、燃气及水的生产和供应业	Production & Supply of Electric Power,Gas & Water	247	6520	847	181	4649	676	66	1871	171
建筑业	Construction	1587	47899	6108	1324	39640	5036	263	8259	1072
交通运输、仓储业和邮电业	Transportation, Storage & postal Services	1524	18599	4971	1168	13102	3678	356	5497	1293
信息传输、计算机服务和软件业	Information Transmission,Compute-Service & Software	1242	9961	2554	1057	8283	2043	185	1678	511
批发和零售业	Wholesale & Retail	20152	219542	51240	16501	172259	40647	3651	47283	10593
住宿和餐饮业	Quarters & Catering	2534	32885	7015	2116	26783	5925	418	6102	1090
房地产业	Real Estate	1413	18473	4473	1158	14235	3576	255	4238	897
租赁和商业服务业	Leasing & Commercial Services	2339	24806	7053	1936	19592	5497	403	5214	1556
居民服务和其他服务业	Resident Services & Other Services	2305	27357	5861	1978	22182	4989	327	5175	872
卫生、社会保障和社会福利业	Health Care, Social Security & Social Welfare	105	1094	193	101	1042	186	4	52	7
文化、体育和娱乐业	Culture, Sports & Recreational Services	372	3324	681	279	2231	434	93	1093	247
其他行业	Others	2185	23712	6108	1973	20870	5506	212	2842	602

注：本资料由工商部门提供。

a)The Statistics are provided by the Department of Industry and Commerce.

5-8 个体年末就业人员(2005年)

Number of Self-employed Individuals at the Year-end(2005)

单位:户、人 (household)(person)

项 目	Item	合 计 Total		城 镇 Urban Areas		乡 村 Rural Areas	
		户 数 Number of Households	就业人员 Number of Employed Individuals	户 数 Number of Households	就业人员 Number of Employed Individuals	户 数 Number of Households	就业人员 Number of Employed Individuals
总 计	**Total**	**467617**	**822708**	**344450**	**602178**	**123167**	**220530**
农、林、牧、渔业	Farming, Forestry, Animal Husbandry and Fishery	1879	5217	913	2880	966	2337
采矿业	Mining	1117	6916	403	2176	714	4740
制造业	Manufacturing	27977	70888	17939	47486	10038	23402
电力、燃气及水的生产和供应业	Production & Supply of Electric Power,Gas & Water	109	239	50	183	59	56
建筑业	Construction	362	1891	252	914	110	977
交通运输、仓储和邮电业	Transportation, Storage & postal Services	46988	66498	37121	51371	9867	15127
信息传输、计算机服务和软件业	Information Transmission,Computer Service & Computer Software	2965	5521	2475	4713	490	808
批发零售业	Wholesale & Retail	240897	388071	174875	285732	66022	102339
住宿和餐饮业	Quarters & Catering	59962	133397	45502	99188	14460	34209
房地产业	Real Estate	428	751	394	606	34	145
租赁和商业服务业	Leasing & Commercial Services	2570	4224	2095	3534	475	690
居民服务和其他服务业	Resident Services & Other Services	64040	106489	47763	78301	16277	28188
卫生、社会保障和社会福利业	Health Care, Social Security & Social Welfare	2275	4108	1604	2893	671	1215
文化、体育和娱乐业	Culture, Sports & Recreational Services	4846	8106	4150	6677	696	1429
其他行业	Others	11202	20392	8914	15524	2288	4868

注：本资料由工商部门提供。

a)The Statistics are provided by the Department of Industry and Commerce.

5-9 城镇就业及失业人数

Employment and Unemployment in Urban Areas

年份 Year	当年需要安置人数(人) Number of Need Settled down(person)	当年就业人数(人) New Employment in the Year(person)	年末城镇失业人数(人) Unemployment at year-end(person) 合计 Total	失业青年 Youth	#女青年 Female	失业青年占城镇失业人数(%) Percentage of Young Unemployed Persons to Total Unemployed Persons In Urban Areas	登记失业率(%) Registered Unemployment Rate in Urban Areas
1979		212267	429080				15.01
1980	429100	202696	367280				12.62
1981	464100	344573	283181				9.39
1982	488300	202958	285369				9.11
1983	464100	179283	267539	200340	118998	74.88	8.18
1984	427500	198995	177568	154862	94559	87.21	5.34
1985	335600	178336	138773	116939	73140	84.27	3.97
1986	347000	207440	127726	117477	62683	91.97	3.51
1987	307800	161514	129753	118699	70580	91.48	3.48
1988	268100	140598	123579	116792	67630	94.51	3.69
1989	266700	116515	143681	135679	78826	94.43	3.78
1990	282800	124582	151916	142721	82631	93.95	3.49
1991	292500	140710	146319	136929	80088	93.58	2.68
1992	275300	154848	114894	107026	61745	93.15	3.49
1993	226400	107653	113405	99184	58281	87.46	2.62
1994	215400	88637	123660	111602	65544	90.25	2.86
1995	232084	87033	139713	123135	74850	88.13	3.17
1996	263436	86341	144107	101083	58311	70.14	3.47
1997	258299	105927	145253	102837	59602	70.79	3.40
1998	265256	115162	131138	78096	43191	59.55	3.13
1999	222695	96002	123858	64958	32897	52.45	3.10
2000	239620	106020	126478	61785	32408	48.85	3.34
2001	274460	116527	144689	66892	35535	46.23	3.70
2002	345500	174300	162700				4.10
2003	406755	215118	175889				4.50
2004	430454	245309	185118				4.59
2005	451039	261359	177483				4.26

注：本资料由劳动社会保障厅提供。

a)The Statistics are provided by the Bureau of Labour and Social Insurance

5-10 职工工资总额和指数

Total Wages of Staff and Workers and Related Index

年份 Year	工资总额(万元) Total Wages(10 000 yuan)				指数(上年=100) Index(preceding year=100)			
	总计 Total	国有单位 State-owned Units	城镇集体单位 Urban Collective-owned Units	其他单位 Units of Other Types of Ownership	总计 Total	国有单位 State-owned Units	城镇集体单位 Urban Collective-owned Units	其他单位 Units of other Types of Ownership
1952	10337	7099	3238					
1957	39634	34054	5580					
1965	70670	63788	6882					
1970	77531	71047	6484					
1975	111072	99489	11583					
1978	149779	128019	21760		112.7	115.5	98.6	
1980	198255	164897	33358		110.0	109.0	115.0	
1981	210486	175079	35407		104.2	104.2	104.2	
1982	230005	189964	40041		107.4	106.7	111.2	
1983	247989	203182	44807		106.5	105.7	110.6	
1984	292787	234455	58332		112.5	110.0	124.1	
1985	339534	271875	67619	40	106.5	106.5	106.4	
1986	405310	324839	80423	48	113.1	113.3	112.7	113.8
1987	436260	350557	85628	75	99.2	99.5	98.1	143.2
1988	531584	429383	102028	173	104.1	104.7	101.8	196.5
1989	589385	475264	113791	330	96.2	96.0	96.7	165.4
1990	662156	540255	121270	631	110.4	111.7	104.7	187.9
1991	755609	615184	139230	1194	107.7	107.4	108.3	178.6
1992	897992	735751	160172	2069	109.3	110.0	105.8	159.3
1993	1090634	894747	185691	10196	104.3	104.5	99.6	423.4
1994	1410664	1178947	201545	30172	104.1	106.0	87.3	238.1
1995	1561199	1312079	208706	40414	94.5	95.0	88.4	114.4
1996	1758549	1483936	227478	47136	104.6	105.1	101.3	108.4
1997	1853641	1586052	210134	57455	100.8	102.2	88.3	116.5
1998	1747030	1375390	161525	210115	96.2	88.5	77.9	376.2
1999	1779688	1379154	141567	258967	101.6	100.0	87.3	122.9
2000	1859617	1442792	125315	291510	103.2	103.3	87.4	111.1
2001	2105277	1633364	121820	350093	118.3	118.4	86.1	135.2
2002	2374765	1791830	112018	490918	112.8	109.7	92.0	140.2
2003	2723285	1988162	115527	619597	114.7	111.0	103.1	126.2
2004	3230903	2339836	122021	769046	118.6	117.7	105.6	124.1
2005	3877342	2656826	136088	1084428	120.0	113.5	111.5	141.0

注：1998年及以后职工工资总额为在岗职工的工资总额，指数按可比口径计算(以下各表同)。

a)Data on total wages since1998 refer to wages of fully employed staff and workers, and the index was calculated on the basis of comparable coverage (similarly in the following tables).

5-11 职工平均工资及指数

Average Wages of Staff and Workers and Related Index

年份 Year	职工平均工资(元) Average Wages(yuan)				指数(上年=100) Index(preceding year=100)			
	总计 Total	国有单位 State-owned Units	城镇集体单位 Urban Collective-owned Units	其他单位 Units of Other Types of Ownership	总计 Total	国有单位 State-owned Units	城镇集体单位 Urban Collective-owned Units	其他单位 Units of Other Types of Ownership
1952	400	454	319					
1957	691	729	505					
1965	728	751	544					
1970	648	671	475					
1975	667	707	495					
1978	712	749	563		100.0	105.1	102.1	
1980	796	839	635		104.8	105.4	103.4	
1981	807	851	642		99.5	99.5	99.2	
1982	826	869	669		100.6	100.4	102.5	
1983	862	903	714		103.1	102.7	105.5	
1984	986	1047	801		109.0	110.5	106.9	
1985	1095	1169	872	1023	102.0	102.5	100.0	
1986	1239	1325	982	1034	107.3	107.4	106.7	95.8
1987	1301	1410	1053	1000	96.8	98.1	98.8	89.1
1988	1548	1641	1251	1105	101.7	99.5	101.5	94.4
1989	1685	1779	1381	1451	94.4	94.0	95.7	113.9
1990	1846	1971	1441	1858	107.6	108.8	102.5	125.8
1991	2012	2148	1573	1984	102.8	102.8	103.0	100.7
1992	2339	2493	1823	2292	106.9	106.8	106.6	106.3
1993	2796	2998	2107	2940	102.7	103.2	99.3	110.2
1994	3675	3942	2667	3299	105.7	105.8	101.9	90.3
1995	4134	4407	3001	3906	96.1	95.5	96.1	101.1
1996	4716	4996	3508	4283	106.0	105.4	108.6	102.0
1997	5124	5462	3551	4687	103.9	104.5	96.8	104.6
1998	5792	5979	4184	6367	102.9	101.5	99.5	119.3
1999	6347	6580	4548	6526	109.3	109.7	108.4	102.2
2000	6974	7261	4826	6947	108.5	108.9	104.8	105.1
2001	8250	8737	5525	7579	117.6	119.6	113.8	108.4
2002	9683	10287	6431	8777	116.4	116.8	115.4	114.9
2003	11279	11929	7620	10391	114.8	114.2	116.7	116.6
2004	13324	14209	9010	11965	115.2	116.2	115.4	112.3
2005	15985	16598	10804	15514	120.0	116.8	119.9	129.7

注：职工平均工资指数考虑价格因素。

a)When index of average wages of staff and workers was calculated ,the factor of price was considered.

5-12 分行业全部在岗职工平均工资

Average Wage of All Staff and Workers Being on Duty by Sector

单位：元 (yuan)

项 目	Item	2004	2005	2005年比2004年增长(%) Growth Rate
总 计	**Total**	**13324**	**15985**	**20.0**
按企、事业和机关分组	**Grouped by Enterprises, Institutions & Agencies**			
企业	Enterprises	12153	15087	24.1
事业	Institutions	14519	16819	15.8
机关	Agencies & Organizations	16428	18531	12.8
按国民经济行业分组	**Grouped by Sector**			
农、林、牧、渔业	Farming, Forestry, Animal Husbandry & Fishery	7677	8588	11.9
采矿业	Mining	12627	16184	28.2
制造业	Manufacturing	11438	14497	26.7
电力、燃气及水的生产和供应业	Production and Supply of Electric Power, Gas & Water	23852	30661	28.6
建筑业	Construction	9677	11574	19.6
交通运输、仓储和邮政业	Transportation, Storage & Postal Services	15917	19124	20.2
信息传输、计算机服务和软件业	Information Transmission, Computer Service and Computer Software	20568	24579	19.5
批发和零售业	Wholesale and Retail Trade	9609	11596	20.7
住宿和餐饮业	Quarters and Catering	9462	14215	50.2
金融业	Banking	17228	20812	20.8
房地产业	Real Estate	12438	13397	7.7
租赁和商务服务业	Leasing and Commercial Services	13595	16763	23.3
科学研究、技术服务和地质勘查业	Scientific Research,Technical Services & Geological Prospecting	15889	19109	20.3
水利、环境和公共设施管理业	Water Conservancy, Environment & Public Facilities Administration	10848	13062	20.4
居民服务和其他服务业	Resident Services & Other Services	8347	10239	22.7
教育	Education	15578	18049	15.9
卫生、社会保障和社会福利业	Health Care, Social Security and Social Welfare	15361	17633	14.8
文化、体育和娱乐业	Culture, Sports and Recreational Services	16282	19359	18.9
公共管理和社会组织	Public Administration and Social Organization	16316	18440	13.0
国际组织	International Organizations			

5-13 分行业职工平均工资(2005年)

Average Wage of Staff and Workers by Sector(2005)

单位：元 (yuan)

项 目	Item	合 计 Total	国有单位 State-owned Units	城镇集体单位 Urban Collective-owned Units	其他单位 Units of Other Types of Ownership
总 计	**Total**	**15985**	**16598**	**10804**	**15514**
按企、事业和机关分组	**Grouped by Enterprises, Institutions & Agencies**				
企业	Enterprises	15087	15310	10969	15530
事业	Institutions	16819	17012	9506	11524
机关	Agencies & Organizations	18531	18529	20280	
按国民经济行业分组	**Grouped by Sector**				
农、林、牧、渔业	Farming, Forestry, Animal Husbandry & Fishery	8588	8652	5472	7324
采矿业	Mining	16184	15167	11688	16662
制造业	Manufacturing	14497	13598	10464	15010
电力、燃气及水的生产和供应业	Production and Supply of Electric Power, Gas & Water	30661	26626	9093	39710
建筑业	Construction	11574	13248	10901	10958
交通运输、仓储和邮政业	Transportation, Storage & Postal Services	19124	20084	7842	12854
信息传输、计算机服务和软件业	Information Transmission, Computer Service and Computer Software	24579	23738	17925	31670
批发和零售业	Wholesale and Retail Trade	11596	12580	9047	10800
住宿和餐饮业	Quarters and Catering	14215	17369	8481	11255
金融业	Banking	20812	22529	15078	25011
房地产业	Real Estate	13397	14885	7669	11109
租赁和商务服务业	Leasing and Commercial Services	16763	19105	9585	14466
科学研究、技术服务和地质勘查业	Scientific Research,Technical Services & Geological Prospecting	19109	19366	18874	13430
水利、环境和公共设施管理业	Water Conservancy, Environment & Public Facilities Administration	13062	13165	5411	19822
居民服务和其他服务业	Resident Services & Other Services	10239	12547	5763	9227
教育	Education	18049	18129	13590	10717
卫生、社会保障和社会福利业	Health Care, Social Security and Social Welfare	17633	18704	10538	12298
文化、体育和娱乐业	Culture, Sports and Recreational Services	19359	19444	9429	13246
公共管理和社会组织	Public Administration and Social Organization	18440	18438	24444	5563
国际组织	International Organizations				

5-14 国有单位年末就业人员和劳动报酬(2005年)

Employed Persons at the Year-end & Earnings in State-owned Units(2005)

项 目	Item	就业人员(人) Number of Employed (person)	# 女 性 Female	在岗职工(人) Fully Employed Staff & Workers (person)	# 专业技术人员 Technical personnel
总 计	**Total**	**1620260**	**624964**	**1596764**	**588423**
按企、事业和机关分组	**Grouped by Enterprises, Institutions & Agencies**				
企业	Enterprises	649120	217014	634976	123628
事业	Institutions	683255	323597	676313	433769
机关	Agencies & Organizations	287885	84353	285475	31026
按国民经济行业分组	**Grouped by Sector**				
农、林、牧、渔业	Farming, Forestry, Animal Husbandry & Fishery	290182	101284	289941	58370
采矿业	Mining	41002	10361	40496	6536
制造业	Manufacturing	38382	13556	37262	5286
电力、燃气及水的生产和供应业	Production & Supply of Electric Power, Gas & Water	60997	20165	60466	15439
建筑业	Construction	38540	8482	36481	9643
交通运输、仓储和邮政业	Transportation, Storage & Postal Services	140904	37651	137514	16088
信息传输、计算机服务和软件业	Information Transmission, Computer Service & Computer Software	22009	8905	21858	8319
批发和零售业	Wholesale & Retail Trade	40323	15015	38579	7032
住宿和餐饮业	Quarters & Catering	13811	8081	13479	1498
金融业	Banking	48493	22943	44301	23616
房地产业	Real Estate	8699	3311	8539	1913
租赁和商务服务业	Leasing & Commercial Services	18135	5956	17987	4520
科学研究、技术服务和地质勘查业	Scientific Research,Technical Services & Geological Prospecting	38694	13907	38405	20377
水利、环境和公共设施管理业	Water Conservancy, Environment & Public Facilities Administration	55230	25102	54494	10197
居民服务和其他服务业	Resident Services & Other Services	4631	1920	4607	918
教育	Education	326244	170144	323335	277522
卫生、社会保障和社会福利业	Health Care, Social Security & Social Welfare	90859	52906	89837	67595
文化、体育和娱乐业	Culture, Sports & Recreational Services	31032	13250	30847	17339
公共管理和社会组织	Public Administration & Social Organization	312093	92025	308336	36215
国际组织	International Organizations				

5-14 续表 continued

单位：万元 (10 000 yuan)

行业	Sector	单位就业人员劳动报酬 Total Remuneration	在岗职工工资总额 Wages of Fully Employed Staff & Workers	其他就业人员劳动报酬 Remuneration for Other Employed Persons	# 聘用的离退休人员 Re-employed Retirements
总 计	**Total**	**2685560**	**2656826**	**28734**	**1315**
按企、事业和机关分组	**Grouped by Enterprises, Institutions & Agencies**				
企业	Enterprises	1008682	985729	22953	296
事业	Institutions	1147651	1143163	4488	834
机关	Agencies & Organizations	529227	527934	1293	185
按国民经济行业分组	**Grouped by Sector**				
农、林、牧、渔业	Farming, Forestry, Animal Husbandry & Fishery	248982	248774	208	12
采矿业	Mining	59884	58566	1318	15
制造业	Manufacturing	54610	52923	1687	45
电力、燃气及水的生产和供应业	Production & Supply of Electric Power, Gas & Water	160262	159780	482	4
建筑业	Construction	63093	61188	1905	23
交通运输、仓储和邮政业	Transportation, Storage & Postal Services	283786	276332	7455	141
信息传输、计算机服务和软件业	Information Transmission, Computer Service &Software	49943	49857	87	4
批发和零售业	Wholesale & Retail Trade	53674	50412	3262	15
住宿和餐饮业	Quarters & Catering	23808	23560	248	6
金融业	Banking	106196	100195	6001	12
房地产业	Real Estate	12899	12746	152	5
租赁和商务服务业	Leasing & Commercial Services	34756	34271	485	89
科学研究、技术服务和地质勘查业	Scientific Research,Technical Services & Geological Prospecting	74742	74361	381	58
水利、环境和公共设施管理业	Water Conservancy, Environment & Public Facilities Administration	71281	70993	288	12
居民服务和其他服务业	Resident Services & Other Services	5873	5861	12	6
教育	Education	584632	583238	1394	86
卫生、社会保障和社会福利业	Health Care, Social Security & Social Welfare	168466	166960	1506	533
文化、体育和娱乐业	Culture, Sports & Recreational Services	60078	59799	279	21
公共管理和社会组织	Public Administration & Social Organization	568597	567013	1585	229
国际组织	International Organizations				

5-15 城镇集体单位年末就业人员和劳动报酬(2005年)

Employed Persons at the Year-end & Earnings in Urban Collective-owned Units(2005)

项 目	Item	就业人员(人) Number of Employed (Person)	# 女 性 Female	在岗职工(人) Fully Employed Staff & Workers (person)	# 专业技术人员 Technical personnel
总 计	**Total**	**124266**	**51133**	**121518**	**28082**
按企、事业和机关分组	**Grouped by Enterprises, Institutions & Agencies**				
企业	Enterprises	107748	43098	105534	17058
事业	Institutions	16285	7961	15751	10955
机关	Agencies & Organizations	233	74	233	69
按国民经济行业分组	**Grouped by Sector**				
农、林、牧、渔业	Farming, Forestry, Animal Husbandry and Fishery	2294	572	2111	747
采矿业	Mining	4528	1012	4518	856
制造业	Manufacturing	36802	17492	36275	3404
电力、燃气及水的生产和供应业	Production & Supply of Electric Power, Gas & Water	782	217	782	156
建筑业	Construction	22690	4691	22199	2326
交通运输、仓储和邮政业	Transportation, Storage & Postal Services	4521	1865	4473	208
信息传输、计算机服务和软件业	Information Transmission, Computer Service & Software	157	90	157	81
批发和零售业	Wholesale & Retail Trade	7210	2584	7188	796
住宿和餐饮业	Quarters & Catering	2208	1329	2205	328
金融业	Banking	18839	9485	18818	8104
房地产业	Real Estate	122	39	122	53
租赁和商务服务业	Leasing & Commercial Services	6092	2026	5110	482
科学研究、技术服务和地质勘查业	Scientific Research,Technical Services & Geological Prospecting	190	82	190	101
水利、环境和公共设施管理业	Water Conservancy, Environment & Public Facilities Administration	2482	1302	2187	66
居民服务和其他服务业	Resident Services & Other Services	2122	1544	2122	118
教育	Education	263	179	260	162
卫生、社会保障和社会福利业	Health Care, Social Security & Social Welfare	12804	6563	12641	10065
文化、体育和娱乐业	Culture, Sports & Recreational Services	56	35	56	9
公共管理和社会组织	Public Administration & Socia Organization	104	26	104	20
国际组织	International Organizations				

5-15 续表 continued

单位：万元 (10 000 yuan)

行 业	Sector	单位就业人员劳动报酬 Total Remuneration	在岗职工工资总额 Wages of Fully Employed Staff & Workers	其他就业人员劳动报酬 Remuneration for Other Employed Persons	#聘用的离退休人员 Re-employed Retirements
总 计	**Total**	**138408**	**136088**	**2320**	**724**
按企、事业和机关分组	**Grouped by Enterprises, Institutions & Agencies**				
企业	Enterprises	122636	120676	1960	622
事业	Institutions	15293	14933	360	103
机关	Agencies & Organizations	479	479		
按国民经济行业分组	**Grouped by Sector**				
农、林、牧、渔业	Farming, Forestry, Animal Husbandry and Fishery	1580	1488	92	
采矿业	Mining	5379	5369	9	9
制造业	Manufacturing	39664	39154	510	321
电力、燃气及水的生产和供应业	Production & Supply of Electric Power, Gas & Water	695	695		
建筑业	Construction	28589	27716	874	243
交通运输、仓储和邮政业	Transportation, Storage & Postal Services	3419	3385	34	33
信息传输、计算机服务和软件业	Information Transmission, Computer Service & Software	264	264		
批发和零售业	Wholesale & Retail Trade	6596	6573	22	6
住宿和餐饮业	Quarters & Catering	1925	1924	2	2
金融业	Banking	28091	28071	19	2
房地产业	Real Estate	164	93	71	
租赁和商务服务业	Leasing & Commercial Services	5015	4650	365	7
科学研究、技术服务和地质勘查业	Scientific Research,Technical Services & Geological Prospecting	361	361		
水利、环境和公共设施管理业	Water Conservancy, Environment & Public Facilities Administration	1267	1117	150	
居民服务和其他服务业	Resident Services & Other Services	1219	1219		
教育	Education	362	355	8	
卫生、社会保障和社会福利业	Health Care, Social Security & Social Welfare	13504	13340	164	102
文化、体育和娱乐业	Culture, Sports & Recreational Services	53	53		
公共管理和社会组织	Public Administration & Social Organization	264	264		
国际组织	International Organizations				

5-16 其他单位年末就业人员和劳动报酬(2005年)
Employed Persons at the Year-end and Earnings in other Types of Ownership(2005)

项 目	Item	就业人员(人) Number of Employed (Person)	#女 性 Female	在岗职工(人) Fully Employed Staff and Workers (person)	#专业技术人员 Technical personnel
总 计	**Total**	**685842**	**241878**	**677253**	**115454**
按企、事业和机关分组	**Grouped by Enterprises, Institutions & Agencies**				
企业	Enterprises	682933	240201	674364	113779
事业	Institutions	2909	1677	2889	1675
机关	Agencies & Organizations				
按国民经济行业分组	**Grouped by Sector**				
农、林、牧、渔业	Farming, Forestry, Animal Husbandry and Fishery	8404	3248	8344	613
采矿业	Mining	128996	26913	128447	11326
制造业	Manufacturing	364864	146997	364053	64935
电力、燃气及水的生产和供应业	Production & Supply of Electric Power, Gas & Water	29700	9488	29293	7014
建筑业	Construction	69018	11578	68607	15057
交通运输、仓储和邮政业	Transportation, Storage & Postal Services	13526	5588	13468	2033
信息传输、计算机服务和软件业	Information Transmission, Service & Software	2674	1449	2670	592
批发和零售业	Wholesale & Retail Trade	26926	15204	26794	2867
住宿和餐饮业	Quarters & Catering	10238	6441	10187	1120
金融业	Banking	13346	7454	7402	2910
房地产业	Real Estate	5141	1497	5099	1238
租赁和商务服务业	Leasing & Commercial Services	3229	1155	3187	980
科学研究、技术服务和地质勘查业	Scientific Research,Technical Services & Geological Prospecting	1886	644	1842	1303
水利、环境和公共设施管理业	Water Conservancy, Environment & Public Facilities Administration	1761	706	1761	362
居民服务和其他服务业	Resident Services & Other Services	1341	757	1339	129
教育	Education	3404	1887	3384	2307
卫生、社会保障和社会福利业	Health Care, Social Security & Social Welfare	1047	679	1035	615
文化、体育和娱乐业	Culture, Sports & Recreational Services	325	179	325	52
公共管理和社会组织	Public Administration & Social Organization	16	14	16	1
国际组织	International Organizations				

5-16 续表 continued

单位：万元 (10 000 yuan)

行 业	Sector	单位就业人员劳动报酬 Total Remuneration	在岗职工工资总额 Wages of Fully Employed Staff & Workers	其他就业人员劳动报酬 Remuneration for Other Employed Persons	# 聘用的离退休人员 Re-employed Retirements
总 计	**Total**	**1094132**	**1084428**	**9704**	**1632**
按企、事业和机关分组	**Grouped by Enterprises, Institutions & Agencies**				
企业	Enterprises	1090793	1081133	9660	1631
事业	Institutions	3339	3295	44	1
机关	Agencies & Organizations				
按国民经济行业分组	**Grouped by Sector**				
农、林、牧、渔业	Farming, Forestry, Animal Husbandry and Fishery	5909	5764	145	2
采矿业	Mining	209975	208997	978	662
制造业	Manufacturing	545477	543601	1877	558
电力、燃气及水的生产和供应业	Production & Supply of Electric Power, Gas & Water	113886	113475	411	13
建筑业	Construction	107809	107179	630	207
交通运输、仓储和邮政业	Transportation, Storage & Postal Services	17115	17086	29	4
信息传输、计算机服务和软件业	Information Transmission, Computer Service & Software	8331	8326	5	5
批发和零售业	Wholesale & Retail Trade	28413	28328	85	48
住宿和餐饮业	Quarters & Catering	11373	11327	46	24
金融业	Banking	23400	18111	5290	2
房地产业	Real Estate	5879	5849	31	25
租赁和商务服务业	Leasing & Commercial Services	4579	4531	49	33
科学研究、技术服务和地质勘查业	Scientific Research,Technical Services & Geological Prospecting	2368	2319	49	12
水利、环境和公共设施管理业	Water Conservancy, Environment & Public Facilities Administration	2989	2989		
居民服务和其他服务业	Resident Services & Other Services	1201	1200	1	1
教育	Education	3606	3562	44	1
卫生、社会保障和社会福利业	Health Care, Social Security & Social Welfare	1369	1333	36	36
文化、体育和娱乐业	Culture, Sports & Recreational Services	442	442		
公共管理和社会组织	Public Administration & Social Organization	9	9		
国际组织	International Organizations				

主要统计指标解释

经济活动人口 指在16岁以上，有劳动能力，参加或要求参加社会经济活动的人口；包括从业人员和失业人员。

从业人员 指从事一定社会劳动并取得劳动报酬或经营收入的人员，包括全部职工、再就业的离退休人员、私营业主、个体户主、私营和个体从业人员、乡镇企业从业人员、农村从业人员、其他从业人员(包括民办教师、宗教职业者、现役军人等)。这一指标反映了一定时期内全部劳动力资源的实际利用情况，是研究我国基本国情国力的重要指标。

各单位的从业人员 指在各级国家机关、政党机关、社会团体及企业、事业单位中工作，取得工资或其他形式的劳动报酬的全部人员。包括在岗职工、再就业的离退休人员、民办教师以及在各单位中工作的外方人员和港澳台方人员、兼职人员、借用的外单位人员和第二职业者。不包括离开本单位仍保留劳动关系的职工。各单位的从业人员反映了各单位实际参加生产或工作的全部劳动力。

城镇私营和个体从业人员 城镇私营从业人员指在工商管理部门注册登记，其经营地址设在县城关镇(含城关镇)以上的私营企业从业人员；包括私营企业投资者和雇工。城镇个体从业人员指在工商管理部门注册登记，并持有城镇户口或在城镇长期居住，经批准从事个体工商经营的从业人员；包括个体经营者和在个体工商户劳动的家庭帮工和雇工。

城镇登记失业人员 指有非农业户口，在一定的劳动年龄内，有劳动能力，无业而要求就业，并在当地就业服务机构进行求职登记的人员。

城镇登记失业率 指城镇登记失业人数同城镇从业人数与城镇登记失业人数之和的比。计算公式为：

城镇登记失业率=城镇登记失业人数/(城镇从业人数+城镇登记失业人数)×100%

职工 指在国有经济、城镇集体经济、联营经济、股份制经济、外商和港、澳、台投资经济、其他经济单位及其附属机构工作，并由其支付工资的各类人员，不包括返聘的离退休人员、民办教师、在国有经济单位工作的外方人员和港、澳、台人员(1998年以后的数据均为在岗职工数据，其他相关指标如职工工资总额，职工平均工资等指标也从1998年按此口径进行了相应调整)。

国有单位职工 指在国有经济单位及其附属机构工作，并由其支付工资的各类人员。

城镇集体单位职工 指在城镇集体经济单位及其管理部门工作，并由其支付工资的各类人员。

其他单位职工 指在联营经济、股份制经济、外商投资经济、港、澳、台投资经济单位工作，并由其支付工资的各类人员。

在岗职工 指在本单位工作并由单位支付工资的人员，以及有工作岗位，但由于学习、病伤产假等原因暂未工作，仍由单位支付工资的人员。

职工工资总额 指各单位在一定时期内直接支付给本单位全部职工的劳动报酬总额。工资总额的计算原则应以直接支付给职工的全部劳动报酬为根据。各单位支付给职工的劳动报酬以及其他根据有关规定支付的工资，不论是计入成本的还是不计入成本的，不论是按国家规定列入计征奖金税项目的，还是未列入计征奖金税项目的，不论是以货币形式支付的还是以实物形式支付的，均包括在工资总额内。

奖金 指支付给职工的超额劳动报酬和增收节支的劳动报酬。

津贴和补贴 指为了补偿职工特殊或额外的劳动消耗和因其他特殊原因支付给职工的津贴，以及为了保证职工工资水平不受物价影响支付给职工的物价补贴。

职工平均工资 指企业、事业、机关单位的职工在一定时期内平均每人所得的货币工资额。它表明一定时期职工工资收入的高低程度，是反映职工工资水平的主要指标。计算公式为：

职工平均工资=报告期实际支付的全部职工工资总额/报告期全部职工平均人数

职工平均工资指数 指报告期职工平均工资与基期职工平均工资的比率，是反映不同时期职工货币工资水平变动情况的相对数。计算公式为：

职工平均工资指数=报告期职工平均工资/基期职工平均工资

职工平均实际工资指数 职工平均实际工资指扣除物价变动因素后的职工平均工资。职工平均实际工资指数是反映实际工资变动情况的相对数，表明职工实际工资水平提高或降低的程度。计算公式为：

职工平均实际工资指数=报告期职工平均工资指数/报告期城镇居民消费价格指数×100%

Explanatory Notes on Main Statistical Indicators

Economically Active Population refers to the population aged 16 and over who are capable to work, are participating in or willing to participate in economic activities, including employed persons and unemployed persons.

Employees refers to the persons who are engaged in social labor and receive remuneration payment or earn business income, including: total staff and workers, re-employed retirees, employers of private enterprises, self-employed workers, employers in private and individual economy, employees in township, employed persons in the rural areas, and other employed persons (including teachers in the schools run by the local people, people engaged in religious profession and the servicemen, etc.) . This indicator reflects the actual utilization of total labor force during a certain period of time and is often used for the research on China's economic affairs and national power.

Persons Employed in Various Units refer to all the persons working in government agencies of various levels, political and party organizations, social organizations, enterprises and institutions, and receiving wages or other forms of payment. They include fully employed staff and workers, re-employed retirees, teachers in schools run by the local people, foreigners and Chinese compatriots from Hong Kong, Macao and Taiwan working in various units, part time employees, employees of other units working temporarily at current posts, and employees holding the second job, but exclude staff and workers who have left their working units while keeping their labor contract (employment relation) unchanged. This indicator reflects the total number of laborers actually engaged in production or other operations in various units.

Persons-Employed in Private Enterprises and Self Employed Individuals in Urban Areas Persons employed in private enterprises refer to the persons employed in the private enterprises which have been registered at the departments of industrial and commercial administration and are situated at a county town (i. e. a town where the county government is located) for business operation or at urban areas with the level higher than a county town. The self employed individuals in urban areas refer to persons who hold the certificates of residence in urban areas or have resided in the urban areas for a long time and have been registered at the departments of industrial and commercial administration and approved to be engaged in individual industrial or commercial business, including self-employed persons as well as helpers and hired laborers who work in the individual households engaged in industrial or commercial business.

Registered Urban Unemployed Persons The registered unemployed persons in urban areas refer to the persons who are registered as permanent residents in the urban areas engaged in non agricultural activities, aged within the range of working age, capable to labor, unemployed but desirous to be employed and have been registered at the local employment service agencies to apply for a job.

Registered Urban Unemployment Rate Registered unemployment rate in urban areas refers to the ratio of the number of the registered unemployed persons to the sum of the number of employed persons and the registered unemployed persons. The formula is as follows:

Registered urban unemployment rate = number of registered urban unemployed persons / (urban employed person number + registered urban unemployed person number) ×100%

Staff and Workers refer to the persons who work in (and receive payment there from) enterprises and institutions of state ownership, collective ownership, joint ownership, share holding, foreign ownership, and ownership by entrepreneurs from Hong Kong, Macao, and Taiwan, and other types of ownership and their affiliated units, excluding the retired persons invited to work in the units again, teachers in the schools run by the local people and foreigners and persons coming from Hong Kong, Macao, and Taiwan and working in the state owned economic units. (The figures since 1998 refer to those of fully employed staff and workers. Other relative figures since 1998, such as total wages of staff and workers, average wage of staff and workers, etc. , were adjusted according to the standard) .

Staff and Workers in State owned-Economic Units refer to the persons who work in the state owned economic units or their attached units and are listed in their payrolls.

Staff and Workers of Collective Owned Units in Urban Areas refer to the persons who work in collective owned units in urban areas and their administration departments and receive payment there from.

Staff and Workers in Units of Other types of Ownership refer to those who work in (and receive payment there from) enterprises and institutions of joint ownership, share holding, foreign ownership, and ownership by entrepreneurs from Hong Kong, Macao, and Taiwan.

Fully Employed Staff and Workers refer to persons who work in, and receive wages from their working units, as well as persons who have their work posts, but are temporarily absent from work for reasons of study or on sick, injury or maternal leave and still receive wages from their working units.

Total Wages of Staff and Workers refer to the total remuneration payment to staff and workers in various units during a certain period of time. The calculation of total wages is based on the total remuneration payment to the staff and workers. Therefore, all the wages and salaries and other payments to staff and workers are included in the total wages regardless of their sources, category, and forms (in kind or cash) .

Bonus refers to remuneration payment to workers for extra work and for increasing earnings and practicing economy.

Subsidies and Allowances refer to subsidies paid to staff and workers for compensating special or extra labor and allowances paid to staff and workers to offset the impact of inflation on real wages.

Average Wage of Staff and Workers refers to the average wage in money terms per person during a certain period of time for staff and workers in enterprises, institu-tions, and government agencies, which reflects the general level of wage income during a certain period of time and is calculated as follows:

Average Wage of Staff and Workers = Total Wages of Staff and Workers in Reference Period / Average Number of Staff and Workers in Reference Period

Index of Average Wage of Staff and Worker refers to the ratio of average wage of staff and workers at the report time to that at the reference time. It reflects the relative changing degree of average wage in money terms at the several of time, which is calculated as following:

Index of Average Wage of Staff and Worker = average wage of staff and workers at the report time / average wage of staff and workers at the reference time

Index of Average Real Wage of Staff and Worker refers to the average wage which has removed the factor of price change. Index of average real wage of staff and worker reflects the relative changing degree of average real wage, and indicates the degree of the rising or declining degree of real wage of staff and worker, which is calculated as following:

Index of Average Real Wage of Staff and Worker = Index of Average Wage of Staff and Worker at the Report Time / Urban Consumer Prices Index at the Report Time ×100%

六　固定资产投资

INVESTMENT IN FIXED ASSETS

资料整理　云俊生

Arranged by Yun Junsheng

6-1 全社会固定资产投资

Total Investment in Fixed Assets

指标	Item	2004	2005	2005年比2004年增长% Increase Rate in 2005 over 2004(%)
投资总额(亿元)	**Total Investment(100 million yuan)**	**1808.91**	**2687.84**	**48.59**
按登记注册类型分	Grouped by Status of Registration			
国有	State-owned Units	797.48	1125.36	41.12
集体	Collective-owned Units	33.49	41.14	22.85
# 农 村	Rural	22.21	26.30	18.42
股份合作	Cooperative Enterprises	10.89	31.34	187.79
联营	Joint-ownership Economic Units	4.50	1.41	-68.66
# 国有联营	State Joint-ownership Economic Units	4.75		
集体联营	Collective Joint-ownership Enterprises	0.44	0.47	6.82
国有与集体联营	Joint State-collective	0.13	0.87	569.23
有限责任公司	Limited Liability Corporations	526.12	835.79	58.86
# 国有独资	Exclusive State-funded Limited Liability Corp.	76.39	126.27	65.30
股份有限公司	Share-holding Corporations	166.84	293.26	75.78
私营	Private Enterprises	142.21	200.35	40.89
其他	Others	7.38	24.23	228.32
港澳台商投资	Economic Units Funded by Entrepreneurs from Hong Kong.Macao and Taiwan	29.92	28.30	-5.41
外商投资	Foreign Funded Economic Units	10.41	22.40	115.18
个人投资	Individuals	79.67	84.26	5.76
# 农村	Rural	58.24	62.05	6.54
按管理渠道分	Grouped by Channel of Management			
基本建设	Capital Construction	1223.77	1860.93	52.07
更新改造	Innovation	263.49	385.68	46.37
房地产开发	Real Estate Development	111.02	162.10	46.01
其他投资	Others	116.41	179.20	53.94
按资金来源分	Grouped by Source of Funds			
国家预算内资金	State Budgetary Appropriation	128.95	155.33	20.46
国内贷款	Domestic Loans	304.21	517.51	70.12
利用外资	Foreign Investment	14.47	15.37	6.22
自筹资金	Fund Raising	1131.59	1706.97	50.85
其他资金	Others	174.98	219.78	25.60
按构成分	Grouped by Use of Funds			
建筑安装工程	Construction and Installation	1216.26	1837.83	51.11
设备工器具购置	Purchase of Equipment and Instruments	406.99	591.75	45.40
其他费用	Others	185.66	258.25	39.10
房屋建筑面积(万平方米)	**Floor Space of Buildings(10 000 sq.m)**			
施工面积	Floor Space under Construction	5735.15	6448.64	12.44
竣工面积	Floor Space Completed	3542.24	3453.11	-2.52
# 住宅	Residential Buildings	1991.60	1882.55	-5.48

注：按资金来源分组为财务拨款数，各项相加不等于投资总额。以下各表同。

a)Total investment grouped by sources of finance refers to financial appropriation, and the broken down figures do not add up to the total. The same as in the following tables.

6-2 全社会固定资产投资(按登记注册类型和产业分)

单位：亿元

年 份 Year	投资总额 Total Investment	# 住宅 Residential Buildings	按登记注册类型分		
			国有及国有控股 State-owned or Controlling Share Hold Units	基本建设 Capital Construction	更新改造 Innovation
1985	52.42	11.17	39.10	27.40	7.43
1986	47.57	7.76	37.00	23.17	11.35
1987	53.32	9.65	39.06	24.49	12.31
1988	72.05	12.61	49.23	29.00	14.59
1989	70.68	12.71	52.92	37.96	14.13
1990	70.77	13.71	56.77	39.72	15.04
1991	100.66	19.64	81.63	59.76	18.15
1992	149.24	15.38	123.61	91.33	25.94
1993	217.40	41.26	178.41	126.71	39.52
1994	250.99	46.65	200.74	141.40	51.12
1995	273.06	51.93	210.00	136.92	65.09
1996	275.54	59.47	208.10	145.99	51.65
1997	317.50	59.63	223.35	166.99	45.90
1998	350.16	77.27	225.69	168.73	44.63
1999	383.37	87.06	241.76	183.67	45.50
2000	430.42	87.38	275.06	221.15	41.35
2001	496.43	96.04	269.69	214.06	44.33
2002	715.09	98.35	370.96	298.82	64.31
2003	1209.44	114.27	630.70	530.08	84.30
2004	1808.91	154.19	1191.80	982.70	173.25
2005	2687.84	206.01	1644.71	1391.20	201.38

Total Investment in Fixed Assets by Status of Registration and Industry

(100 millon yuan)

Grouped by Status of Registration

房地产开发 Real Estate Development	国有其他 State-owned Others	集体 Collective-owned Units	城镇集体 Urban	农村集体 Rural	个体 Individuals
	4.27	2.51	1.38	1.13	10.81
	2.48	2.52	1.54	0.98	8.05
	2.26	3.07	1.86	1.21	11.19
	5.64	4.44	2.43	2.01	18:38
	0.83	3.98	2.06	1.92	13.78
1.17	0.84	3.06	1.32	1.74	10.94
2.15	1.57	4.72	1.98	2.74	14.31
4.21	2.13	6.52	3.29	3.23	19.11
9.31	2.87	7.93	3.72	3.05	19.68
5.69	2.53	8.29	2.41	4.67	30.46
5.02	2.97	11.14	2.42	7.19	44.09
6.97	3.48	11.96	2.87	7.32	44.18
7.61	2.85	12.37	2.83	8.43	45.90
9.63	2.70	14.69	2.60	9.36	53.03
9.64	2.95	24.51	2.63	19.28	55.06
10.20	2.35	27.15	3.61	19.13	51.64
9.58	1.70	28.00	4.01	19.39	86.25
4.68	3.16	27.94	7.54	20.40	100.57
7.53	8.80	33.04	11.16	21.88	138.86
6.36	29.49	33.49	11.28	22.21	79.67
14.96	37.17	41.14	14.84	26.30	84.26

6-2 续表

单位：亿元

年 份 Year	按登记类型分 Grouped by Status of Registration			按隶属关系分 By Administrative Relationship	
	城镇工矿区建房 Building Construction of Citied, Towns, Industrial and Mining Areas	农村个人投资 Indivdual Investment in Rural Areas	其他类型投资 Others	中央项目 Central Government Projects	地方项目 Local Projects
1985	2.07	8.74		23.44	28.98
1986	2.05	6.00		17.48	30.09
1987	2.33	8.86		17.96	35.36
1988	3.47	14.91		24.63	47.42
1989	2.94	10.84		29.31	41.37
1990	2.81	8.13		29.81	40.96
1991	3.28	11.03		42.16	58.50
1992	5.84	13.27		62.50	86.74
1993	7.02	12.66	11.38	78.02	139.38
1994	7.23	23.23	11.50	92.55	158.44
1995	7.56	36.53	7.83	98.50	174.56
1996	7.52	36.66	11.30	96.53	179.01
1997	6.89	39.01	35.88	142.34	175.16
1998	12.09	40.94	56.75	109.49	240.67
1999	12.05	43.01	62.04	90.28	293.09
2000	5.40	45.88	76.57	60.41	370.01
2001	6.09	48.74	112.49	60.31	436.12
2002	7.96	52.16	215.62	103.75	611.34
2003	10.88	55.68	406.84	129.78	1079.66
2004	13.76	58.24	503.95	150.82	1658.09
2005	11.58	62.05	917.73	255.66	2432.18

continued

(100 million yuan)

按三次产业分 Grouped by Type of Industry			房屋建筑面积 Floor Space of Buildings		
第一产业 Primary Industry	第二产业 Secondary Industry	第三产业 Tertiary Industry	施工面积 (万平方米) Floor space under Construction (10 000 sq.m)	竣工面积 (万平方米) Floor Space Completed (10 000 sq.m)	#住宅 Residential Buildings
4.85	25.69	21.88	2524.6	2064.4	1379.2
3.49	23.66	20.42	1769.8	1359.5	931.6
1.92	26.55	24.85	1892.3	1518.8	1023.8
5.58	38.89	27.58	1953.1	1513.5	1088.9
5.38	42.05	23.25	1638.0	1282.4	912.5
5.39	40.55	24.83	1490.0	1159.8	844.4
8.02	54.53	38.11	2122.2	1570.8	1167.8
10.18	81.05	58.01	1408.0	1409.7	959.8
7.62	106.17	62.35	1752.9	1885.1	1230.1
11.25	132.09	60.00	2419.0	1907.2	1413.8
18.95	143.34	58.84	2744.2	2216.0	1569.3
16.75	128.90	70.42	2749.9	2099.7	1584.2
24.15	145.14	88.59	2972.9	2476.6	1709.1
29.44	131.69	144.40	3276.4	2638.7	1788.7
37.27	101.92	153.19	3342.6	2555.1	1825.2
38.03	117.76	187.25	3444.1	2599.9	1874.9
40.79	152.86	206.74	3633.2	2618.2	1807.8
80.83	245.55	290.37	3942.5	2805.0	1783.0
90.78	508.49	495.90	5138.3	3416.0	2028.1
110.72	920.37	623.63	5735.2	3542.2	1991.6
129.48	1462.36	889.99	6448.6	3453.1	1882.5

6-3 全社会固定资产投资(按资金来源和构成分)

Total Investment of Fixed Assets by Source of Finance & Use of Fund

年 份 Year	按资金来源分 Grouped by Source of Finance				按构成分 Grouped by Use of Funds		
	国家预算内资金 State Budgetary Appropriations	国内贷款 Domestic Loans	利用外资 Foreign Investment	自筹和其他资金 Fund Raising and Others	建筑安装工程 Construction and Installation	设备工具器具购置 Purchase of Equipment & Instruments	其他费用 Others
投资额(万元) Investment (10 000 yuan)							
1985	152009	58493	11220	302486	344422	143230	36556
1986	151484	75170	7911	241143	327771	110557	37380
1987	148842	89471	7309	287564	370975	121794	40417
1988	165576	139830	8510	406625	513956	161270	45315
1989	133482	100369	43142	429757	481415	163606	61729
1990	148453	132199	57241	369846	466990	160187	80562
1991	177154	212819	129313	515106	692780	206234	105747
1992	187841	399716	217757	744941	1003377	330977	158877
1993	145484	524756	228825	1153498	1475388	495323	203289
1994	190289	646675	172001	1442919	1538978	657469	278796
1995	175546	583256	232002	1617671	1609643	749927	370991
1996	150246	710872	76386	1661729	1666690	664510	424171
1997	143587	997032	79710	1880868	1937796	753100	484275
1998	266157	888211	45659	2211536	2306538	708744	486673
1999	442502	689372	144490	2442264	2627258	735037	417817
2000	435776	761680	155448	2732802	2985528	870546	448109
2001	437274	1066975	301567	2867155	3439701	939451	585138
2002	1130966	1106042	184314	4071758	4678575	1521943	950372
2003	1242788	2285156	96546	7811394	7896627	2562501	1635268
2004	1289467	3042138	144704	13065722	12162580	4069938	1856578
2005	1553343	5175125	153742	19267580	18378345	5917539	2582513
构成(%) Percentage							
1985	29.0	11.2	2.1	57.7	65.7	27.3	7.0
1986	31.8	15.8	1.7	50.7	68.9	23.2	7.9
1987	27.9	16.8	1.4	53.9	69.6	22.8	7.6
1988	23.0	19.4	1.2	56.4	71.3	22.4	6.3
1989	18.9	14.2	6.1	60.8	68.1	23.2	8.7
1990	21.0	18.7	8.1	52.2	66.0	22.6	11.4
1991	17.1	20.6	12.5	49.8	69.0	20.5	10.5
1992	12.1	25.8	14.0	48.1	67.2	22.2	10.6
1993	7.1	25.6	11.1	56.2	67.9	22.8	9.3
1994	7.8	26.4	7.0	58.8	62.2	26.6	11.2
1995	6.7	22.4	8.9	62.0	58.9	27.5	13.6
1996	5.8	27.3	2.9	63.9	60.5	24.1	15.4
1997	4.6	32.2	2.6	60.6	61.0	23.7	15.3
1998	7.8	26.1	1.3	64.8	65.9	20.2	13.9
1999	11.9	18.5	3.9	65.7	69.5	19.4	11.1
2000	10.7	18.6	3.8	66.9	69.4	20.2	10.4
2001	9.3	22.8	6.5	61.4	69.3	18.9	11.8
2002	17.4	17.0	2.8	62.8	65.4	21.3	13.3
2003	10.9	20.0	0.8	68.3	65.3	21.2	13.5
2004	7.4	17.3	0.8	74.5	67.2	22.5	10.3
2005	5.9	19.8	0.6	73.7	68.4	22.0	9.6

6-4 基本建设和更新改造投资

Investment in Capital Construction and Innovation

单位：万元 (10 000 yuan)

年份 Year	基本建设投资 Investment in Capital Construction	# 国家预算内投资 State Budgetary Appropriations	更新改造投资 Investment in Innovation	# 国家预算内投资 State Budgetary Appropriations
1953	9023	9023		
1957	33924	30600		
1958	92561	87100		
1959	123349	109837		
1960	126527	105647		
1961	37891	33580		
1962	22441	20383		
1963	32433	29364	896	810
1964	45811	40998	943	844
1965	60092	53731	983	879
1966	57947	49172	1213	1029
1967	30140	26592	3913	3451
1968	32118	28830	4396	3943
1969	34500	30963	4831	4333
1970	57821	49819	5684	4899
1971	63575	49921	6315	4957
1972	64531	50146	6648	5165
1973	73940	59538	7148	5754
1974	92615	74837	7505	5944
1975	92791	73482	8256	6538
1976	90651	69994	10748	8197
1977	103920	81680	14330	11149
1978	139107	115969	12795	10519
1979	145529	113401	18134	14026
1980	131240	71096	18504	10029
1981	86507	49210	35337	2099
1982	125569	52891	48698	2196
1983	172975	76682	62467	9552
1984	220620	130018	52717	12373
1985	273998	129286	74296	4138
1986	231732	112239	113495	3182
1987	244947	107333	123046	2787
1988	290063	111867	145892	2147
1989	379582	104085	141302	1201
1990	397181	121853	150422	1722
1991	597637	105134	181532	1154
1992	913261	130855	259437	5476
1993	1335193	120365	408039	10766
1994	1494656	171234	525459	3535
1995	1406923	156893	670806	9288
1996	1529479	123613	539286	10857
1997	1962144	123759	488494	3166
1998	2063004	186567	516131	14553
1999	2035362	389627	559002	13459
2000	2420326	366130	591502	14074
2001	2688191	407173	695827	28097
2002	4217455	1007553	1075476	32972
2003	7811198	1133553	1779034	52972
2004	12237739	1219067	2634861	25916
2005	18609263	1461671	3856847	43704

6-5 按登记注册类型分的全社会固定资产投资(2005年)

指 标	Item	总 计 Total	内资 国 有 State-owned Units	内资 集 体 Collective-owned Units	内资 股份合作 Coopeative Enterprises
投资总额(万元)	**Total Investment(10 000 yuan)**	**26878398**	**11253580**	**411370**	**313365**
按资金来源分	Grouped by Source of Funds				
国家预算内资金	State Appropriations	1553343	1354101	42467	
国内贷款	Domestic Loans	5175125	2641703	34820	45760
利用外资	Foreign Investment	153742	61032	2262	900
自筹资金	Fund Raising	17069745	5584185	298101	268361
其他资金	Others	2197835	1133247	37459	6600
按管理渠道分	Grouped by Channel of Management				
基本建设	Capital Construction	18609263	10146615	72886	214627
更新改造	Innovation	3856847	912967	32254	18831
房地产开发	Real Estate Development	1621002	39168	4710	3330
其他投资	Others	1791984	154830	38562	76577
按构成分	Grouped by Use of Funds				
建筑安装工程	Construction and Installation	18378345	8604982	221487	226020
设备、工具器具购置	Purchase of Equipment & Instruments	5917539	1644986	151691	78667
其他费用	Others	2582513	1003612	38191	8678
新增固定资产 (万元)	**Newly Increased Fixed Assets (10 000 yuan)**	**17319088**	**8086849**	**374847**	**88957**
房屋建筑面积 (万平方米)	**Floor Space of Buildings (10 000 sq.m)**				
施工面积	Floor Space Under Construction	6448.64	1688.92	187.94	16.41
竣工面积	Floor Space Completed	3453.11	928.08	118.94	8.06
# 住宅	Residential Buildings	1882.55	365.35	30.82	1.96

Total Investment in Fixed Assets by Status of Registration(2005)

Domistic-funded Enterprises					港澳台投资 Economic Units Funded by Entrepreneurs from HK,Macao & Taiwan	外商投资 Foreign Funded Economic Units	个人投资 Indivi-duals	#个体经营 Manage by Indiv-iduals
联营经济 Joint-owned Economic Units	有限责任公司 Limited Liabibity Corp.	股份有限公司 Share-holding Corp.Ltd.	私营 Private Enter-prises	其他 Others				
14125	**8357918**	**2932617**	**2003539**	**242247**	**282969**	**224031**	**842637**	**69897**
	121599	33060	90	1990			36	36
3500	1441942	791193	46103	281	80050	14972	74801	2025
	7744	1691	3825		59498	16790		
6155	6124667	1972911	1654032	208434	142464	188400	622035	61899
800	488342	74571	266283	27782	9586	500	152665	5797
12285	5115473	2161544	515150	79215	170417	73552	47499	27437
1070	1842254	408699	300588	88591	102362	138135	11096	7680
	885061	95375	573808	5800	8250	5500		
770	515130	266999	613993	68641	1940	6844	47698	34780
7229	5136267	1855953	1403803	175723	155748	123726	467407	46894
4902	2370643	814102	369072	39204	107604	66808	269860	20101
1994	851008	262562	230664	27320	19617	33497	105370	2902
13855	**4833376**	**907596**	**1595330**	**146977**	**279857**	**183002**	**808442**	**68319**
2.36	2001.57	306.58	1075.43	73.24	97.09	75.86	923.22	16.06
2.16	806.74	130.68	489.3	30.7	40.06	4.83	893.55	14.94
0.7	466.59	70.9	291.37	9.92	5	0.08	639.87	1.11

6-6 国有经济按各种分组的固定资产投资
Investment in Fixed Assets of State-owned Units

指 标	Item	1995	2000	2005
投资总额(万元)	**Total Investment(10 000 yuan)**	**2099845**	**2750621**	**11253580**
按资金来源分	Grouped by Source of Funds			
国家预算内资金	State Budgetary Appropriations	167282	375824	1354101
国内贷款	Domestic Loans	514959	509425	2641703
利用外资	Foreign Investment	207128	127053	61032
自筹资金	Fund Raising	939696	1139959	5584185
其他资金	Others	153491	454853	1133247
按构成分	Grouped by Use of Funds			
建筑安装工程	Construction and Installation	1173494	1925160	8604982
设备、工具器具购置	Purchase of Equipment and Instruments	615448	554610	1644986
其他费用	Others	310903	270851	1003612
按建设性质分	Grouped by Type of Construction			
# 新建	New Construction	820541	588067	6674345
扩建	Expansion	917390	1258468	2655493
改建	Reconstruction	242964	604524	1522155
按产业分	Grouped by Type of Industry			
第一产业	Primary Industry	22483	162552	739787
第二产业	Secondary Industry	1350248	774968	3969509
第三产业	Tertiary Industry	488069	1460516	6134414
按国民经济主要行业分	Grouped by Main Sector			
农业	Agriculture	22483	162552	739787
工业	Industry	1341029	767129	3950737
# 能源工业	Energy	800786	427666	3473684
运输邮电业	Transportation, Postal and Telecommunications Services	280048	866275	2996162
新增固定资产(万元)	**Newly Increased Fixed Assets(10 000 yuan)**	**1766780**	**1877577**	**8086849**
房屋建筑面积(万平方米)	**Floor Space of Buildings(10 000 sq.m)**			
施工面积	Floor Space Under Construction	874.36	1177.96	1688.92
竣工面积	Floor Space Completed	493.23	757.69	928.08
# 住宅	Residential Buildings	281.08	466.73	365.35

注： 1.改建投资中不含单纯建造生活设施投资。

2.按国民经济行业分、按建设性质分不含房地产投资，其他统计分组的含。

3.根据新国民经济核算标准，对第一产业投资进行了调整。

a) The investment in reconstruction includes the investment in construction of facilities simply for the improvement of residents'life.

b) The investment in the real estate development is not included in the investment grouped by main sector and by type of construction.

c) Data on the investment in primary industry has been adjusted according to the new classification standards of national economic accounting.

6-7 按资金来源和隶属关系分的基本建设投资

Investment in Capital Construction by Source of Funds & Administrative Relationship

单位：万元 (10 000 yuan)

年份 Year	按资金来源分 Grouped by Source of Funds					隶属关系分 By Administrative Relationship	
	国家预算内资金 State Budgetary Appropriations	国内贷款 Domestic Loans	利用外资 Foreign Investment	自筹资金 Fund-Raising	其他资金 Others	中央项目 Central Government Projects	地方项目 Local Projects
1985	146820	21377	10918	81333	13550	166059	107939
1986	135135	29794	6078	57267	3458	131526	100206
1987	137139	25394	5384	68025	9005	143558	101389
1988	136259	47573	6631	85692	13908	172905	117158
1989	126235	58469	40709	143792	10377	249004	130578
1990	142516	72677	55469	115055	11464	251972	145209
1991	168473	107337	127670	173198	31761	373152	224485
1992	176228	252511	209767	267285	52410	535674	377587
1993	120365	405433	216767	475446	117182	635773	681420
1994	171234	456712	154892	503527	138322	792381	702275
1995	156893	462336	168795	464207	121388	806394	600529
1996	123613	568722	64621	530553	178598	795136	734343
1997	123759	813583	64625	600910	296490	1222434	739710
1998	186567	703850	31828	638887	420120	893514	1169490
1999	389627	490073	132379	640897	356078	661395	1373967
2000	366130	502799	128939	871066	416347	375223	2045103
2001	407173	673466	206500	787733	380190	368991	2319200
2002	1007553	771038	163367	1357233	397857	775406	3442049
2003	1133553	1679756	62199	3674820	634885	905648	6905550
2004	1219067	2524982	124483	6912260	1014519	1022872	11214867
2005	1461671	4690115	130276	10358200	1376053	1959211	16650052

6-8 按构成和建设性质分的基本建设投资

Investment in Capital Construction by Use & Type of Construction

单位：万元 (10 000 yuan)

年 份 Year	投资额 Total	按构成分 By Use of Funds 建筑安装工程 Construction and Installation	设备、工具器具购置 Purchase of Equipment & Instruments	其他费用 Others	按建筑性质分 By Type of Construction #新建 New Construction	#扩建 Expansion	#改建 Reconstruction
1985	273998	190467	56803	26728	127955	121163	7334
1986	231732	167490	39201	25041	108171	104063	7807
1987	244947	178537	42216	24194	121229	95310	12974
1988	290063	208246	54674	27143	142558	114092	13843
1989	379582	267785	74114	37683	221421	126260	14397
1990	397181	263934	73376	59871	192731	167742	18454
1991	597637	426100	93500	78000	314800	225100	28200
1992	913261	620230	173200	119831	502590	312245	46206
1993	1335193	920453	269719	145021	720925	460961	64865
1994	1494656	878325	393836	222495	4729588	3314248	185081
1995	1406923	827901	301023	26899	803867	4191447	75730
1996	1529479	914691	271500	343288	655272	637595	98427
1997	1962144	1209339	353702	399103	954278	726615	107935
1998	2063004	1399370	295772	367862	785389	785398	293840
1999	2035362	1547240	236162	251960	536610	910642	378931
2000	2420326	1790167	367351	262808	689285	1062705	476023
2001	2688191	2008125	364008	316058	927176	1107920	480441
2002	4217455	3082956	571630	562869	1839594	1632682	564987
2003	7811198	5586457	1166648	1058093	4744552	1793669	1018810
2004	12237739	8899854	2165953	171932	8296375	2380288	1160480
2005	18609263	13385206	3561845	1662212	13043467	3685634	1346333

6-9 国民经济各行业按建设性质分的基本建设投资(2005年)

Investment in Capital Construction by Type of Construction & by Sector(2005)

单位：万元 (10 000 yuan)

行业	Sector	投资额 Investmert	#新建 New Construction	#扩建 Expansion	#改建 Reconstruction
全　　区	**Autonomous Regional Total**	**18609263**	**13043467**	**3685634**	**1346333**
农、林、牧、渔业	**Farming, Forestry, Animal Husbandry & Fishery**	**857362**	**435181**	**338742**	**62509**
农业	Farming	113710	96054	16048	1608
林业	Forestry	327979	158676	138414	30022
畜牧业	Animal Husbandry	241403	114238	122572	4593
渔业	Fishery				
农、林、牧、渔服务业	Agricultural Services	174270	66213	61708	26286
采矿业	**Mining**	**1310987**	**956953**	**270659**	**63127**
煤炭开采和洗选业	Coal Mining & Processing	481328	361554	60890	41294
石油和天然气开采业	Extraction of Petroleum & Natural Gas	225310	173473	51837	
黑色金属矿采选业	Mining & Dressing of Ferrous Metals	348455	223167	107079	17456
有色金属矿采选业	Mining & Dressing of Nonferrous Metals	215665	166307	45181	3977
非金属矿采选业	Mining & Dressing of Nonmetal Minerals	36269	32302	1862	400
其他采矿业	Mining of Other Mineral	3960	150	3810	
制造业	**Manufacturing**	**3147745**	**2589084**	**317320**	**160927**
农副食品加工业	Processing of Agricultural Side-line Food	167859	135904	30315	1400
食品制造业	Food Manufacturing	86007	72548	12339	
饮料制造业	Beverage Manufacturing	25639	13098	10780	
烟草制品业	Tobacco Products	16348			
纺织业	Textile Industry	52281	29005	15580	7616
纺织服装、鞋、帽制造业	Textile Products, Clothes, Shoes & Hats	3880	3600	280	
皮革、毛皮、羽毛（绒）及其制品业	Leather, Furs, Down & Related Products	22037	12267	4720	5050
木材加工及木、竹、藤、棕、草制品业	Timber Processing, Bamboo, Cane, Palm Fiber & Straw Products	73366	69806	2300	
家具制造业	Furniture Manufacturing	3940	3725	215	
造纸及纸制品业	Paper-making & Paper Products	53070	52170	820	80
印刷业和记录媒介的复制	Printing & Record Pressing	25907	25645	262	
文教体育用品制造业	Cultural, Educational & Sports Goods				
石油加工、炼焦及核燃料加工业	Petroleum Processing , Coke Products & Processing of Nuclear Fuel	404674	380568	21006	600
化学原料及化学制品制造业	Raw Chemical Materials & Chemical Products	194569	171829	13784	264
医药制造业	Medicine Manufacturing	141403	117163	14640	8500
化学纤维制造业	Chemical Fiber Manufacturing				

6-9 续表 1 continued

单位：万元 (10 000 yuan)

行业	Sector	投资额 Investment	#新建 New Construction	#扩建 Expansion	#改建 Reconstruction
橡胶制品业	Rubber Products	4871	4871		
塑料制品业	Plastic Products	209821	209721	100	
非金属矿物制品业	Nonmetal Mineral Products	261418	171134	87321	1760
黑色金属冶炼及压延加工业	Smelting & Pressing of Ferrous Metals	682254	632368	49210	
有色金属冶炼及压延加工业	Smelting & Pressing of Nonferrous Metals	201823	149332	22100	2561
金属制品业	Metal Products	46214	27335	11879	7000
通用设备制造业	Manufacturing of General Purpose Equipment	45569	37007	686	7876
专用设备制造业	Special Purposes Equipment Manufacturing	244236	110722	1900	117910
交通运输设备制造业	Transportation Equipment Manufacturing	56905	42712	11583	310
电气机械及器材制造业	Electric Equipment & Machinery	10241	8641		
通信设备、计算机及其他电子设备制造业	Manufacturing of Telecommunications, Computer & Other Electronic Equipment	104183	104183		
仪器仪表及文化、办公用机械制造业	Instruments, Meters, Cultural & Office Machinery				
工艺品及其他制造业	Handicrafts & Other Production	8940	3440	5500	
废弃资源和废旧材料回收加工业	Recovering of Abandoned Resource & Waste Materical	290	290		
电力、燃气及水的生产和供应业	**Production & Supply of Electric Power,Gas & Water**	**5605571**	**4066611**	**1396542**	**117205**
电力、热力的生产和供应业	Production & Supply of Electric Power and Heating Power	5353811	3918087	1298743	112125
燃气生产和供应业	Production & Supply of Gas	38863	27557	10949	
水的生产和供应业	Production & Supply of Water	212897	120967	86850	5080
建筑业	**Construction**	**79860**	**31877**	**10488**	**2046**
房屋和土木工程建筑业	Housing & Civil Engineering Construction	71194	25487	9278	1730
建筑安装业	Installation of Buildings	4600	4000		
建筑装饰业	Decoration of Buildings	2416	890	1210	316
其他建筑业	Other Construction	1650	1500		
交通运输、仓储和邮政业	**Transportation, Storage & Postal Services**	**3375217**	**2599946**	**373794**	**382737**
铁路运输业	Railway Transport	287215	254175	29540	
道路运输业	Roadway Transport	2989312	2282284	317883	380880
城市公共交通业	Public Traffic in Cities	2466	541		
水上运输业	Waterway Transport	5597	2557	3040	
航空运输业	Air Transport	22574		18017	107
管道运输业	Pipeline Transport				
装卸搬运和其他运输服务业	Loading,Unloading,Carrying & Transport	10300	8200	1800	
仓储业	Storage	56843	52189	2604	1750
邮政业	Postal Services	910		910	
信息传输、计算机服务和软件业	**Information Transmission,Computer Service & Computer Software**	**68195**	**45397**	**14423**	**6535**
电信和其他信息传输服务	Telecommunication & other Information Transmission	68195	45397	14423	6535
计算机服务业	Computer Services				
软件业	Software				
批发和零售业	**Wholesale & Retail Trade**	**376887**	**334323**	**20602**	**10099**
批发业	Wholesale Trade	241586	221912	7994	1700
零售业	Retail Trade	135301	112411	12608	8399
住宿和餐饮业	**Quarters & Catering**	**236101**	**181485**	**47121**	**2080**
住宿业	Quarters	164370	134090	25215	300
餐饮业	Catering	71731	47395	21906	1780

6-9 续表 2 continued

单位：万元 (10 000 yuan)

行业	Sector	投资额 Investmert	# 新建 New Construction	# 扩建 Expansion	# 改建 Reconstruction
金融业	**Banking**	**18326**	**9674**	**3720**	
银行业	Banking	15386	8934	1520	
证券业	Bond				
保险业	Insurance	1940	740	1200	
其他金融活动	Others	1000		1000	
房地产业	**Real Estate**	**65907**	**18984**	**9082**	**3130**
房地产业	Real Estate	65907	18984	9082	3130
租赁和商务服务业	**Leasing & Commercial Services**	**24907**	**19652**	**5255**	
租赁业	Leasing Services	430	430		
商务服务业	Commercial Services	24477	19222	5255	
科学研究、技术服务和地质勘查业	**Scientific Research ,Technical Services & Geological Prospecting**	**61410**	**40763**	**10914**	**432**
研究与试验发展	Research & Development	8497	6882	115	
专业技术服务业	Special Technical Services	18529	11053	4436	
科技交流和推广服务业	Science & Technology Exchanging & Spreading	8988	6178		
地质勘查业	Geological Prospecting	25396	16650	6363	432
水利、环境和公共设施管理业	**Water Conservancy, Environment & Public Facilities Administration**	**1969134**	**975716**	**523670**	**463113**
水利管理业	Water Conservancy	459892	298735	128091	29548
环境管理业	Environment	71218	38410	27743	2891
公共设施管理业	Public Facilities Administration	1438024	638571	367836	430674
居民服务和其他服务业	**Resident Services & Other Services**	**11252**	**9362**	**1690**	**200**
居民服务业	Resident Services	8396	6506	1690	200
其他服务业	Other Services	2856	2856		
教育	**Education**	**301218**	**149779**	**96069**	**20165**
教育	Education	301218	149779	96069	20165
卫生、社会保障和社会福利业	**Health Care, Social Security &Social Welfare**	**103251**	**45796**	**27502**	**3460**
卫生	Health Care	94220	42980	26552	2785
社会保障业	Social Security	600		300	
社会福利业	Social Welfare	8431	2816	650	675
文化、体育和娱乐业	**Culture, Sports & Recreational Services**	**184870**	**149114**	**28366**	**5460**
新闻出版业	Press	9863	9863		
广播、电视和音像业	Radio ,Television & Audio-visual	12503	9320	3033	
文化艺术业	Culture & Arts	69000	53822	13398	
体育	Sports	45494	40909	935	3650
娱乐业	Recreational Services	48010	35200	11000	1810
公共管理和社会组织	**Public Administration & Social Organization**	**811063**	**383770**	**189675**	**43108**
中国共产党机关	Chinese Communist Party Agencies	7560	4990	700	
国家机构	Government Agencies	759624	354621	185533	42488
人民政协和民主党派	People's Politics Consultative Conference & Democratic Parties	4928	4900	28	
群众团体、社会团体和宗教组织	Mass Organization ,Social Organization and Religious Organization	6593	2713	3260	620
基层群众自治组织	Basic Mass Autonomous Organization	32358	16546	154	
国际组织	**International Organizations**				
国际组织	International Organizations				

注：改建不含单纯建造生活设施投资。

a)The investment in reconstruction doesn't include the investment in construction of facilities simply for the improvement of residents' life.

6-10 国民经济各行业基本建设投资和新增固定资产(2005年)

Investment in Capital Construction & Newly Increased Fixed Assets by Sector(2005)

单位：万元 (10 000 yuan)

行业	Sector	投资额 Investment	#地方项目 Local Proiects	新增固定资产 Newly Increased Fixed Assets	#地方项目 Local Proiects
全　　区	**Autonomous Regional Total**	**18609263**	**16650052**	**11130201**	**10617268**
农、林、牧、渔业	**Farming, Forestry, Animal Husbandry & Fishery**	**857362**	**857023**	**796749**	**796410**
农业	Farming	113710	113710	107207	107207
林业	Forestry	327979	327979	274749	274749
畜牧业	Animal Husbandry	241403	241403	219669	219669
渔业	Fishery				
农、林、牧、渔服务业	Agricultural Services	174270	173931	195124	194785
采矿业	**Mining**	**1310987**	**1154922**	**709566**	**692423**
煤炭开采和洗选业	Coal Mining & Processing	481328	428950	229175	226882
石油和天然气开采业	Extraction of Petroleum & Natural Gas	225310	124473	106300	94300
黑色金属矿采选业	Mining & Dressing of Ferrous Metals	348455	348455	202888	202888
有色金属矿采选业	Mining & Dressing of Nonferrous Metals	215665	212815	144154	141304
非金属矿采选业	Mining & Dressing of Nonmetal Minerals	36269	36269	23089	23089
其他采矿业	Mining of Other Mineral	3960	3960	3960	3960
制造业	**Manufacturing**	**3147745**	**2632785**	**1685900**	**1449827**
农副食品加工业	Processing of Agricultural Side-line Food	167859	167859	89955	89955
食品制造业	Food Manufacturing	86007	86007	28924	28924
饮料制造业	Beverage Manufacturing	25639	25639	9204	9204
烟草制品业	Tobacco Products	16348	1200		
纺织业	Textile Industry	52281	52281	39437	39437
纺织服装、鞋、帽制造业	Textile Products, Clothes, Shoes & Hats	3880	3880	3880	3880
皮革、毛皮、羽毛（绒）及其制品业	Leather, Furs, Down & Related Products	22037	22037	19987	19987
木材加工及木、竹、藤、棕、草制品业	Timber Processing, Bamboo, Cane, Palm Fiber & Straw Products	73366	73366	43375	43375
家具制造业	Furniture Manufacturing	3940	3940	700	700
造纸及纸制品业	Paper-making & Paper Products	53070	53070	15260	15260
印刷业和记录媒介的复制	Printing & Record Pressing	25907	25907	14637	14637
文教体育用品制造业	Cultural, Educational & Sports Goods				
石油加工、炼焦及核燃料加工业	Petroleum Processing , Coke Products & Processing of Nuclear Fuel	404674	163123	71452	63452
化学原料及化学制品制造业	Raw Chemical Materials& Chemical Products	194569	194569	80057	80057
医药制造业	Medicine Manufacturing	141403	141403	153340	153340
化学纤维制造业	Chemical Fiber Manufacturing				

6-10 续表 1 continued

单位：万元 (10 000 yuan)

行业	Sector	投资额 Invest-ment	# 地方项目 Local Projects	新增固定资产 Newly Increased Fixed Assets	# 地方项目 Local Projects
橡胶制品业	Rubber Products	4871	4871	4221	4221
塑料制品业	Plastic Products	209821	209821	11500	11500
非金属矿物制品业	Nonmetal Mineral Products	261418	261418	191689	191689
黑色金属冶炼及压延加工业	Smelting & Pressing of Ferrous Metals	682254	682254	419664	419664
有色金属冶炼及压延加工业	Smelting & Pressing of Nonferrous Metals	201823	201823	113069	113069
金属制品业	Metal Products	46214	46214	36262	36262
通用设备制造业	Manufacturing of General Purpose Equipment	45569	45569	40287	40287
专用设备制造业	Special Purposes Equipment Manufacturing	244236	18063	236550	10777
交通运输设备制造业	Transportation Equipment Manufacturing	56905	54305	48856	46556
电气机械及器材制造业	Electric Equipment & Machinery	10241	10241	3011	3011
通信设备、计算机及其他电子设备制造业	Manufacturing of Telecommunications, Computer & Other Electronic Equipment	104183	74695	1513	1513
仪器仪表及文化、办公用机械制造业	Instruments, Meters, Cultural & Office Machinery				
工艺品及其他制造业	Handicrafts & Other Production	8940	8940	8780	8780
废弃资源和废旧材料回收加工业	Recovering of Abandoned Resource & Waste Materical	290	290	290	290
电力、燃气及水的生产和供应业	**Production & Supply of Electric Power,Gas & Water**	**5605571**	**4706459**	**1706949**	**1597903**
电力、热力的生产和供应业	Production & Supply of Electric Power and Heating Power	5353811	4465805	1613225	1514179
燃气生产和供应业	Production & Supply of Gas	38863	38863	14925	14925
水的生产和供应业	Production & Supply of Water	212897	201791	78799	68799
建筑业	**Construction**	**79860**	**79860**	**53688**	**53688**
房屋和土木工程建筑业	Housing & Civil Engineering Construction	71194	71194	50622	50622
建筑安装业	Installation of Buildings	4600	4600		
建筑装饰业	Decoration of Buildings	2416	2416	2416	2416
其他建筑业	Other Construction	1650	1650	650	650
交通运输、仓储和邮政业	**Transportation, Storage & Postal Services**	**3375217**	**3237366**	**3051570**	**3012815**
铁路运输业	Railway Transport	287215	241223	144403	120762
道路运输业	Roadway Transport	2989312	2914727	2872212	2860412
城市公共交通业	Public Traffic in Cities	2466	2466	2285	2285
水上运输业	Waterway Transport	5597	5597	3377	3377
航空运输业	Air Transport	22574	11974		
管道运输业	Pipeline Transport				
装卸搬运和其他运输服务业	Loading,Unloading,Carrying & Transport	10300	10300	3500	3500
仓储业	Storage	56843	51079	25743	22479
邮政业	Postal Services	910		50	
信息传输、计算机服务和软件业	**Information Transmission,Computer Service & Computer Software**	**68195**	**16569**	**59332**	**14616**
电信和其他信息传输服务	Telecommunication & other Information Transmission	68195	16569	59332	14616
计算机服务业	Computer Services				
软件业	Software				
批发和零售业	**Wholesale & Retail Trade**	**376887**	**372611**	**268637**	**264111**
批发业	Wholesale Trade	241586	240095	183584	181843
零售业	Retail Trade	135301	132516	85053	82268
住宿和餐饮业	**Quarters & Catering**	**236101**	**236101**	**93706**	**93706**
住宿业	Quarters	164370	164370	46669	46669
餐饮业	Catering	71731	71731	47037	47037

6-10 续表 2 continued

单位：万元 (10 000 yuan)

行业	Sector	投资额 Investment	# 地方项目 Local Projects	新增固定资产 Newly Increased Fixed Assets	# 地方项目 Local Projects
金融业	**Banking**	**18326**	**5494**	**13851**	**7494**
银行业	Banking	15386	2554	10911	4554
证券业	Bond				
保险业	Insurance	1940	1940	1940	1940
其他金融活动	Others	1000	1000	1000	1000
房地产业	**Real Estate**	**65907**	**65337**	**73933**	**73163**
房地产业	Real Estate	65907	65337	73933	73163
租赁和商务服务业	**Leasing & Commercial Services**	**24907**	**24907**	**18082**	**18082**
租赁业	Leasing Services	430	430	430	430
商务服务业	Commercial Services	24477	24477	17652	17652
科学研究、技术服务和地质勘查业	**Scientific Research ,Technical Services & Geological Prospecting**	**61410**	**52402**	**62688**	**53680**
研究与试验发展	Research & Development	8497	8497	9490	9490
专业技术服务业	Special Technical Services	18529	14703	14649	10823
科技交流和推广服务业	Science & Technology Exchanging & Spreading	8988	8988	8838	8838
地质勘查业	Geological Prospecting	25396	20214	29711	24529
水利、环境和公共设施管理业	**Water Conservancy, Environment & Public Facilities Administration**	**1969134**	**1849667**	**1434199**	**1430558**
水利管理业	Water Conservancy	459892	341695	205849	203208
环境管理业	Environment	71218	71218	81769	81769
公共设施管理业	Public Facilities Administration	1438024	1436754	1146581	1145581
居民服务和其他服务业	**Resident Services & Other Services**	**11252**	**11252**	**9916**	**9916**
居民服务业	Resident Services	8396	8396	7460	7460
其他服务业	Other Services	2856	2856	2456	2456
教育	**Education**	**301218**	**297994**	**302146**	**299196**
教育	Education	301218	297994	302146	299196
卫生、社会保障和社会福利业	**Health Care, Social Security & Social Welfare**	**103251**	**103251**	**102902**	**102902**
卫生	Health Care	94220	94220	92831	92831
社会保障业	Social Security	600	600	600	600
社会福利业	Social Welfare	8431	8431	9471	9471
文化、体育和娱乐业	**Culture, Sports & Recreational Services**	**184870**	**174770**	**66012**	**66012**
新闻出版业	Press	9863	9863	1863	1863
广播、电视和音像业	Radio ,Television & Audio-visual	12503	12503	2753	2753
文化艺术业	Culture & Arts	69000	58900	28024	28024
体育	Sports	45494	45494	13312	13312
娱乐业	Recreational Services	48010	48010	20060	20060
公共管理和社会组织	**Public Administration & Social Organization**	**811063**	**771282**	**620375**	**580766**
中国共产党机关	Chinese Communist Party Agencies	7560	7560	10720	10720
国家机构	Government Agencies	759624	719843	570724	531115
人民政协和民主党派	People's Politics Consultative Conference & Democratic Parties	4928	4928	5080	5080
群众团体、社会团体和宗教组织	Mass Organization ,Social Organization and Religious Organization	6593	6593	4963	4963
基层群众自治组织	Basic Mass Autonomous Organization	32358	32358	28888	28888
国际组织	**International Organizations**				
国际组织	International Organizations				

6-11 按项目规模分的基本建设投资及项目

Number of Capital Construction Projects by Project Size

年份 Year	项目投资(万元) Investment in Projects(10 000 yuan)		施工项目 (个) Number of Projects Under Construction (unit)		新开工项目 (个) Started This Year (unit)	
	大中型 Large and Medium Sized	小 型 Small Sized		#大中型 Large and Medium Sized		#大中型 Large and Medium Sized
1985	141087	132911	2602	32	2039	5
1986	118510	113222	1922	37	1299	6
1987	137881	107066	1902	37	1231	4
1988	168984	121079	2022	38	1381	5
1989	256555	123027	1496	38	756	3
1990	281350	115831	1537	37	878	3
1991	427420	170217	1811	35	1225	5
1992	602553	310708	2276	44	1523	8
1993	824334	510859	2307	45	1391	4
1994	1011035	483621	1916	51	1100	8
1995	971377	435546	1783	50	1153	6
1996	967996	561483	2030	38	1427	4
1997	1258672	703472	1948	40	1261	6
1998	936496	1126508	2302	56	1705	7
1999	448762	1586600	2546	26	1711	3
2000	517064	1903262	2642	20	1899	6
2001	561396	2122143	2626	18	2010	3
2002	753799	3456336	3160	23	2571	11
2003	1828570	5970368	4522	75	3790	50
2004	3540713	8679823	5269	137	4278	80
2005			5671		4626	

6-11 续表 continued

年份 Year	全部建成投产项目(个) Number of Projects Completed and Put into Use (unit)	#大中型 Large and Medium Sized	新增固定资产(万元) Newly Increased Fixed Assets (10 000 yuan)	#大中型 Large and Medium Sized
1985	1646	5	272285	167221
1986	1251	3	230613	143564
1987	1261	4	208370	117292
1988	1282	3	213664	124476
1989	837	4	365084	246755
1990	925	9	311965	237159
1991	1043	4	350991	206136
1992	1271	2	622902	392304
1993	1365	5	676071	330740
1994	1193	5	788787	386548
1995	1143	10	1076805	674278
1996	1309	7	908367	444350
1997	1312	7	1213592	568369
1998	1405	7	1955913	930390
1999	1680	6	2652715	1387299
2000	1877	3	1521000	111583
2001	1917	4	1749297	172277
2002	2269	5	3281806	792187
2003	3056	19	5289686	1396303
2004	3276	35	5376903	684259
2005	4336		11130201	

6-12 基本建设房屋建筑面积
Floor Space of Buildings Through Capital Construction

单位：万平方米 (10 000 sq.m)

年份 Year	施工面积 Floor Space of Buildings Under Construction	#住宅 Residential Buildings	竣工面积 Floor Space of Buildings Completed	#住宅 Residential Buildings
1985	777.30	318.40	412.50	184.90
1986	569.78	202.45	313.02	129.55
1987	525.64	182.26	302.60	109.81
1988	541.63	201.58	288.86	124.32
1989	450.58	183.53	235.92	105.88
1990	476.82	196.86	253.30	114.75
1991	611.47	262.02	307.70	152.32
1992	901.66	358.96	404.76	184.83
1993	957.12	369.25	467.32	222.34
1994	891.33	377.99	433.09	225.98
1995	743.89	377.03	412.21	231.88
1996	825.11	435.23	426.35	232.67
1997	856.18	478.02	556.28	336.20
1998	968.06	523.87	580.85	323.80
1999	993.71	534.78	640.79	386.36
2000	1015.87	495.25	658.31	368.31
2001	1034.81	461.98	693.10	344.74
2002	1231.22	469.96	797.70	341.42
2003	1942.26	657.30	1103.97	444.95
2004	2421.25	876.97	1339.70	562.04
2005	2587.17	788.94	1228.87	407.96

6-13 基本建设新增主要生产能力(2005年)

Newly Increased Productive Capacities Through Capital Construction(2005)

能力名称	Item	2005
原煤开采(万吨/年)	Coal Mining (10 000 tons/year)	1033.5
洗煤(万吨/年)	Washer coal (10 000 tons/year)	862.5
焦炭(万吨/年)	Coke (10 000 tons/year)	349.5
天然原油开采(万吨/年)	Petroleum Extraction(10 000 tons/year)	32.22
铁矿开采(原矿)(万吨/年)	Iron-ore Mining (10 000 tons/year)	351.45
铁矿选矿处理量(万吨/年)	Number of Iron-ore Selected(10 000 tons/year)	287.6
铁矿石成品矿(万吨/年)	Mine of Iron Ore (10 000 tons/year)	274.1
生铁(万吨/年)	Iron Smelting (10 000 tons/year)	422.53
炼钢(万吨/年)	Steel-making(10 000 ton/year)	60
铁合金(万吨/年)	Iron Alloy, Electric Furnace(10 000 tons/year)	40
火力发电(万千瓦)	Thermal Power(10 000 kw)	150.9
其他发电(万千瓦)	Other Power(10 000 kw)	13.3
输电线路长度(11万伏及以上)(公里)	Length of Electric Cable (over 110 000 V)(km)	2277.59
变电设备能力(11万伏及以上)(万千伏安)	Capacity of Transformer(over 110 000V)(10 000 kva)	807.98
水泥(万吨/年)	Cement (10 000 tons/year)	346
平板玻璃(万重量箱/年)	Plate Glass(10 000 weight case/year)	380
石墨及炭素制品(吨/年)	Product of Graphite(ton/year)	210000
烧碱(吨/年)	Caustic Soda(ton/year)	48000
电石(吨/年)	Calcium Carbide(ton/year)	131500
氮肥(吨/年)	Nitrogen Fertlizers (ton/year)	20000
钾肥(吨/年)	Kainite(ton/year)	4900
塑料树脂及共聚物(吨/年)	Plastic Resin and Copolymer(ton/year)	400000
化学原料药(吨/年)	Chemical Material Medicine (ton/year)	12931
中成药(吨/年)	Chinese Patent Drug (ton/year)	66700
其它汽车制造(辆/年)	Other Manufacturing for Automobile(unit/year)	4800
粮食仓库(万公斤)	Grains Storage(10 000 kg)	3811.5
粮食仓库(平方米)	Grains Storage(sq.m)	18880
其他乳制品(吨/年)	Other daring Product(ton/year)	1471
机制纸(万吨/年)	Machine-made Paper(10 000 ton/year)	5.40
机制纸板(万吨/年)	Machine-made Paperboards(10 000 ton/year)	23.80
移动通信基站设备(指安装能力)(个/年)	Mobile Phone (set/year)	68
新建铁路主线正线交付运营里程(公里)	Length of Newly Built Mian Railway put into Operation (km)	43.00

6-13 续表 continued

能力名称	Item	2005
新建公路(公里)	Length of New Highways (km)	5144.30
其中:高速公路(公里)	Expressway	391.86
一级公路(公里)	First Class Highway	541.06
二级公路(公里)	Second Class Highway	219.00
改建公路(公里)	Length of Reconstructed Highways (km)	3082.94
一级公路(公里)	First Class Highway	448.3
二级公路(公里)	Second Class Highway	847.8
新建独立公路桥梁(延长米)	New-built Separate Highway and Bridge (extended meter)	3582.99
新建独立公路桥梁(座)	New-built Separate Highway and Bridge (unit)	21
新(扩)建客、货运站(个)	New-built or Expanded Passenger & Freight Stations(unit)	10
新(扩)建客、货运站(平方米)	New-built or Expanded Passenger & Freight Stations(sq.m)	5362
长途电缆线路长度(公里)	Long-distance Cable (km)	1306
造林面积(万亩)	Afforested Area (10 000 mu)	792.08
水库容量(总库容)(亿立方米)	Capacity of Reservors(100 million cu.m)	1.91
有效灌溉面积(万亩)	Effective Irrigated Area (10 000 mu)	35.18
高等院校:学生席位(个)	University and College:Student Seats (unit)	30475
建筑面积(平方米)	Floor Space(sq.m)	165059
中等学校:学生席位(个)	Secondary School:Student Seats (unit)	137815
建筑面积(平方米)	Floor Space(sq.m)	618883
小学校:学生席位(个)	Primary School:Student Seats (unit)	82716
建筑面积(平方米)	Floor Space(sq.m)	453986
其他学校:学生席位(个)	Other School: Student Seat(unit)	6397
建筑面积(平方米)	Floor Space(sq.m)	33996
医院病床(张)	Sick Beds (unit)	2775
宾馆、旅馆、招待所客房数(间)	Rooms in Guest Houses, Hotels and Hostels(unit)	1251
宾馆、旅馆、招待所客房数(平方米)	Rooms in Guest Houses, Hotels and Hostels(sq.m)	86838
城市自来水供水能力(万吨/日)	Capacity of City Tap Water Supply (10 000 tons/day)	209.25
城市自来水管道长度(公里)	Length of City Tap Water Pipe (km)	507.08
城市供热能力:蒸汽(吨/小时)	City Heat-supply Capacitys:Steam (ton/hour)	895.00
热水(兆瓦/小时)	City Heat-supply Capacitys: Hot Water (mw/hour)	689.13
城市公共交通车辆购置(辆)	Purchase of City Communiting Vehicles (unit)	100
城市道路扩建长度(公里)	Length of City Road Extended (km)	759.50
城市道路扩建面积(万平方米)	Area of City Road Extended (10 000 sq.m)	1105.40
城市排水管道铺设长度(公里)	Length of Sewer Pipelines (km)	121.92
城市污水处理能力(万吨/日)	Disposal Capacity of Sewer (10 000 tons/day)	72.20
城市永久性桥梁(座)	City Permanent Bridge (unit)	5
城市防洪堤长度(公里)	Length of City Embarkment (km)	17.49

6-14 按资金来源和隶属关系分的更新改造投资

Investment in Innovation by Source of Funds & Administrative Relationship

单位：万元 (10 000 yuan)

年 份 Year	按资金来源分 Grouped by Source of Funds					隶属关系分 By Administrative Relationship	
	国家预算内资金 State Budgetary Appropriations	国内贷款 Domestic Loans	利用外资 Foreign Investment	自筹资金 Fund Raising	其他资金 Others	中央项目 Ceneral Government Projects	地方项目 Local Projects
1985	4138	28117	289	39845	1907	30725	43571
1986	3182	36738	1803	68290	3482	28779	84716
1987	2986	42271	1925	73417	2447	30310	92736
1988	2212	50606	1879	83231	7964	36475	109417
1989	1201	33534	1669	97445	7453	42816	98486
1990	1722	43075	1758	94872	8995	43705	106717
1991	1154	74960	1420	114021	7570	61678	119854
1992	5476	92326	7105	156650	7111	84031	175400
1993	10766	117939	24908	239478	14948	126439	281600
1994	3535	131490	13463	392110	22901	128599	396860
1995	9288	82543	55519	446798	16871	171635	499171
1996	10857	85195	10458	327696	10797	158129	381157
1997	3166	78929	9472	346663	40274	194449	294045
1998	14553	80958	10528	377720	24469	198655	317476
1999	13459	73767	6598	412894	36151	241378	317624
2000	14074	88665	18442	416343	43002	227236	364266
2001	28097	168996	4433	462929	32289	232594	463233
2002	32972	160140	15334	759595	44170	261079	814397
2003	52972	361175	8050	1294005	88372	381081	1397953
2004	25916	279793	9336	2174064	60457	470316	2164545
2005	43704	278073	4939	3353157	66803	587729	3269118

6-15 按构成和建设性质分的更新改造投资

Investment in Innovation by Use of Funds & Type of Construction

单位：万元 (10 000 yuan)

年份 Year	投资额 Total	按构成分 By Use OF funds			按建筑性质分 By Type of Construction		
		建筑安装工程 Construction and Installation	设备、工器具购置 Purchase of Equipment & Instruments	其他费用 Other	#新建 New Construction	#扩建 Expansion	#改建 Reconst-ruction
1985	74296	37423	32931	3942	3532	41168	23564
1986	113495	58688	49080	5727	6042	56583	43626
1987	123046	64546	50752	7748	6333	59569	48116
1988	145892	78435	60329	7128	6164	80732	51687
1989	141302	73496	55067	12739	9956	68459	56930
1990	150422	79506	61357	9559	17183	68333	57390
1991	181532	95117	76099	10316	9693	77455	86207
1992	259437	134672	110873	13892	5499	133797	111072
1993	408039	218068	169537	20434	14174	270168	111418
1994	525459	308860	194798	21801	50490	1123346	293608
1995	670806	310691	320060	40055	18156	482636	162414
1996	539286	260444	260853	17989	11252	364993	139068
1997	488494	226415	249285	12794	4951	299830	149727
1998	516131	242654	263213	10264	11804	340343	142732
1999	559002	245862	293154	19986	23953	366137	148658
2000	591502	232576	339205	19721	16117	371096	173196
2001	695827	287168	371342	37317	34060	474036	175534
2002	1075476	363253	634253	77970	66570	645380	306358
2003	1779034	741939	893229	143866	378377	1052534	326251
2004	2634861	1349887	1089219	195755	565413	1510309	513728
2005	3856847	2047511	1531004	278332	686784	1720702	1424428

6-16 国民经济各行业按建设性质分的更新改造投资(2005年)

Investment in Innovation by Type of Construction & Sector(2005)

单位：万元 (10 000 yuan)

行业	Sector	投资额 Investment	#新建 New Construction	#扩建 Expansion	#改建 Reconstruction
全　　区	**Autonomous Regional Total**	**3856847**	**686784**	**1720702**	**1424428**
农、林、牧、渔业	**Farming, Forestry, Animal Husbandry & Fishery**	**7032**	**5198**	**1561**	**273**
农 业	Farming	1741	320	1421	
林 业	Forestry	2020	2020		
畜牧业	Animal Husbandry	1090	1090		
渔 业	Fishery				
农、林、牧、渔服务业	Agricultural Services	2181	1768	140	273
采矿业	**Mining**	**803305**	**58976**	**447100**	**296879**
煤炭开采和洗选业	Coal Mining & Processing	504628	23129	211220	270279
石油和天然气开采业	Extraction of Petroleum & Natural Gas	18000	1000	17000	
黑色金属矿采选业	Mining & Dressing of Ferrous Metals	149615	4260	132400	12955
有色金属矿采选业	Mining & Dressing of Nonferrous Metals	56920	6360	47200	3360
非金属矿采选业	Mining & Dressing of Nonmetal Minerals	74142	24227	39280	10285
其他采矿业	Mining of Other Mineral				
制造业	**Manufacturing**	**1887319**	**508812**	**633278**	**741596**
农副食品加工业	Processing of Agricultural Side-line Food	187515	86888	71832	28395
食品制造业	Food Manufacturing	194210	4012	186580	3618
饮料制造业	Beverage Manufacturing	74135	16920	51165	4900
烟草制品业	Tobacco Products	10747		10747	
纺织业	Textile Industry	40965	1660	23393	14285
纺织服装、鞋、帽制造业	Textile Products, Clothes, Shoes & Hats	7057	2360	1622	3075
皮革、毛皮、羽毛（绒）及其制品业	Leather, Furs, Down & Related Products	11400	9300	2000	
木材加工及木、竹、藤、棕、草制品业	Timber Processing, Bamboo, Cane, Palm Fiber & Straw Products	15150	14155	125	770
家具制造业	Furniture Manufacturing	3815	1170		2645
造纸及纸制品业	Paper-making & Paper Products	16071	4247	10924	900
印刷业和记录媒介的复制	Printing & Record Pressing	5864	2594	60	3210
文教体育用品制造业	Cultural, Educational & Sports Goods				
石油加工、炼焦及核燃料加工业	Petroleum Processing , Coke Products & Processing of Nuclear Fuel	75073	32701	7617	34755
化学原料及化学制品制造业	Raw Chemical Materials & Chemical Products	243479	131169	30929	81301
医药制造业	Medicine Manufacturing	20406	4125	11861	4420
化学纤维制造业	Chemical Fiber Manufacturing	1420			1420

6-16 续表 1 continued

单位：万元 (10 000 yuan)

行业	Sector	投资额 Investment	#新建 New Construction	#扩建 Expansion	#改建 Reconstruction
橡胶制品业	Rubber Products	9603		750	8853
塑料制品业	Plastic Products	13611	4817	5201	3593
非金属矿物制品业	Nonmetal Mineral Products	181504	62643	65597	53264
黑色金属冶炼及压延加工业	Smelting & Pressing of Ferrous Metals	405716	33301	68899	303516
有色金属冶炼及压延加工业	Smelting & Pressing of Nonferrous Metals	166287	62459	39755	63897
金属制品业	Metal Products	20418	2010	1590	16818
通用设备制造业	Manufacturing of General Purpose Equipment	49272	5421	13251	30600
专用设备制造业	Special Purposes Equipment Manufacturing	52667	105	9739	42823
交通运输设备制造业	Transportation Equipment Manufacturing	48400	9227	9033	30140
电气机械及器材制造业	Electric Equipment & Machinery	10700	1850	4860	3990
通信设备、计算机及其他电子设备制造业	Manufacturing of Telecommunications, Computer & Other Electronic Equipment	13536	11380	1748	408
仪器仪表及文化、办公用机械制造业	Instruments, Meters, Cultural & Office Machinery	1185	1185		
工艺品及其他制造业	Handicrafts & Other Production	4760	760	4000	
废弃资源和废旧材料回收加工业	Recovering of Abandoned Resource & Waste Materical	2353	2353		
电力、燃气及水的生产和供应业	**Production & Supply of Electric Power,Gas & Water**	**642691**	**83648**	**449041**	**109972**
电力、热力的生产和供应业	Production & Supply of Electric Power and Heating Power	631460	80998	448841	101591
燃气生产和供应业	Production & Supply of Gas				
水的生产和供应业	Production & Supply of Water	11231	2650	200	8381
建筑业	**Construction**	**10679**	**154**	**2675**	**750**
房屋和土木工程建筑业	Housing & Civil Engineering Construction	4075		675	750
建筑安装业	Installation of Buildings	204	154		
建筑装饰业	Decoration of Buildings				
其他建筑业	Other Construction	6400		2000	
交通运输、仓储和邮政业	**Transportation, Storage & Postal Services**	**140524**		**110825**	**19394**
铁路运输业	Railway Transport	72043		54779	17264
道路运输业	Roadway Transport	14996		7756	1000
城市公共交通业	Public Traffic in Cities	4065			
水上运输业	Waterway Transport				
航空运输业	Air Transport				
管道运输业	Pipeline Transport				
装卸搬运和其他运输服务业	Loading,Unloading,Carrying & Transport	47990		47990	
仓储业	Storage	1430		300	1130
邮政业	Postal Services				
信息传输、计算机服务和软件业	**Information Transmission,Computer Service & Computer Software**	**84574**	**1481**	**27324**	**55769**
电信和其他信息传输服务	Telecommunication & other Information Transmission	84574	1481	27324	55769
计算机服务业	Computer Services				
软件业	Software				
批发和零售业	**Wholesale & Retail Trade**	**57623**	**8740**	**17782**	**30801**
批发业	Wholesale Trade	21193	8740	2360	9793
零售业	Retail Trade	36430		15422	21008
住宿和餐饮业	**Quarters & Catering**	**24785**		**2086**	**22399**
住宿业	Quarters	13370		400	12970
餐饮业	Catering	11415		1686	9429

6-16 续表 2 continued

单位：万元 (10 000 yuan)

行 业	Sector	投资额 Investment	# 新 建 New Construction	# 扩 建 Expansion	# 改 建 Reconstruction
金融业	**Banking**				
银行业	Banking				
证券业	Bond				
保险业	Insurance				
其他金融活动	Others				
房地产业	**Real Estate**	**5369**			**5369**
房地产业	Real Estate	5369			5369
租赁和商务服务业	**Leasing & Commercial Services**				
租赁业	Leasing Services				
商务服务业	Commercial Services				
科学研究、技术服务和地质勘查业	**Scientific Research ,Technical Services & Geological Prospecting**	**3668**		**3668**	
研究与试验发展	Research & Development				
专业技术服务业	Special Technical Services	1668		1668	
科技交流和推广服务业	Science & Technology Exchanging & Spreading				
地质勘查业	Geological Prospecting	2000		2000	
水利、环境和公共设施管理业	**Water Conservancy, Environment & Public Facilities Administration**	**143548**	**15000**	**16185**	**112363**
水利管理业	Water Conservancy	2531		288	2243
环境管理业	Environment	24446			24446
公共设施管理业	Public Facilities Administration	116571	15000	15897	85674
居民服务和其他服务业	**Resident Services & Other Services**	**7281**	**521**		**6760**
居民服务业	Resident Services	6760			6760
其他服务业	Other Services	521	521		
教育	**Education**	**11190**	**967**	**1410**	**8753**
教育	Education	11190	967	1410	8753
卫生、社会保障和社会福利业	**Health Care, Social Security & Social Welfare**	**10159**		**150**	**7689**
卫生	Health Care	10109		150	7639
社会保障业	Social Security				
社会福利业	Social Welfare	50			50
文化、体育和娱乐业	**Culture, Sports & Recreational Services**	**10194**	**312**	**6567**	**2780**
新闻出版业	Press				
广播、电视和音像业	Radio ,Television & Audio-visual	3187		3037	150
文化艺术业	Culture & Arts	1997	312		1150
体育	Sports	3250		3250	
娱乐业	Recreational Services	1760		280	1480
公共管理和社会组织	**Public Administration & Social Organization**	**6906**	**2975**	**1050**	**2881**
中国共产党机关	Chinese Communist Party Agencies				
国家机构	Government Agencies	4906	2975	50	1881
人民政协和民主党派	People's Politics Consultative Conference & Democratic Parties	1000			1000
群众团体、社会团体和宗教组织	Mass Organization ,Social Organization and Religious Organization	1000		1000	
基层群众自治组织	Basic Mass Autonomous Organization				
国际组织	**International Organizations**				
国际组织	International Organizations				

6-17 国民经济各行业更新改造投资和新增固定资产(2005年)

Investment in Innovation & Newly Increased Fixed Assets by Sector(2005)

行业	Sector	投资额 Investment	# 地方项目 Local Projects	新增固定资产 Newly Increased Fixed Assets	# 地方项目 Local Projects
全 区	**Autonomous Regional Total**	**3856847**	**3269118**	**2839494**	**2593535**
农、林、牧、渔业	**Farming, Forestry, Animal Husbandry & Fishery**	**7032**	**7032**	**4460**	**4460**
农业	Farming	1741	1741		
林业	Forestry	2020	2020	2020	2020
畜牧业	Animal Husbandry	1090	1090	90	90
渔业	Fishery				
农、林、牧、渔服务业	Agricultural Services	2181	2181	2350	2350
采矿业	**Mining**	**803305**	**721972**	**611571**	**562141**
煤炭开采和洗选业	Coal Mining & Processing	504628	431295	419696	377466
石油和天然气开采业	Extraction of Petroleum & Natural Gas	18000	17000	18000	17000
黑色金属矿采选业	Mining & Dressing of Ferrous Metals	149615	149615	77460	77460
有色金属矿采选业	Mining & Dressing of Nonferrous Metals	56920	56920	36765	36765
非金属矿采选业	Mining & Dressing of Nonmetal Minerals	74142	67142	59650	53450
其他采矿业	Mining of Other Mineral				
制造业	**Manufacturing**	**1887319**	**1757105**	**1419314**	**1351050**
农副食品加工业	Processing of Agricultural Side-line Food	187515	187515	120742	120742
食品制造业	Food Manufacturing	194210	194210	151258	151258
饮料制造业	Beverage Manufacturing	74135	74135	53101	53101
烟草制品业	Tobacco Products	10747	10747		
纺织业	Textile Industry	40965	33965	60938	60938
纺织服装、鞋、帽制造业	Textile Products, Clothes, Shoes & Hats	7057	7057	8435	8435
皮革、毛皮、羽毛（绒）及其制品业	Leather, Furs, Down & Related Products	11400	11400	9300	9300
木材加工及木、竹、藤、棕、草制品业	Timber Processing, Bamboo, Cane, Palm Fiber & Straw Products	15150	15150	10380	10380
家具制造业	Furniture Manufacturing	3815	3815	2645	2645
造纸及纸制品业	Paper-making & Paper Products	16071	16071	12091	12091
印刷业和记录媒介的复制	Printing & Record Pressing	5864	5864	5364	5364
文教体育用品制造业	Cultural, Educational & Sports Goods				
石油加工、炼焦及核燃料加工业	Petroleum Processing , Coke Products & Processing of Nuclear Fuel	75073	49318	24665	24665
化学原料及化学制品制造业	Raw Chemical Materials & Chemical Products	243479	243479	106034	106034
医药制造业	Medicine Manufacturing	20406	20406	17376	17376
化学纤维制造业	Chemical Fiber Manufacturing	1420	1420	1420	1420

6-17 续表 1 continued

单位：万元 (10 000 yuan)

行 业	Sector	投资额 Investment	# 地方项目 Local Projects	新增固定资产 Newly Increased Fixed Assets	# 地方项目 Local Projects
橡胶制品业	Rubber Products	9603	9603	10353	10353
塑料制品业	Plastic Products	13611	13611	13441	13441
非金属矿物制品业	Nonmetal Mineral Products	181504	181504	199521	199521
黑色金属冶炼及压延加工业	Smelting & Pressing of Ferrous Metals	405716	405716	290122	290122
有色金属冶炼及压延加工业	Smelting & Pressing of Nonferrous Metals	166287	127983	132914	132914
金属制品业	Metal Products	20418	20418	20646	20646
通用设备制造业	Manufacturing of General Purpose Equipment	49272	48255	48553	47536
专用设备制造业	Special Purposes Equipment Manufacturing	52667	13880	62069	13880
交通运输设备制造业	Transportation Equipment Manufacturing	48400	29049	46830	27772
电气机械及器材制造业	Electric Equipment & Machinery	10700	10700	4640	4640
通信设备、计算机及其他电子设备制造业	Manufacturing of Telecommunications, Computer & Other Electronic Equipment	13536	13536	2443	2443
仪器仪表及文化、办公用机械制造业	Instruments, Meters, Cultural & Office Machinery	1185	1185	1030	1030
工艺品及其他制造业	Handicrafts & Other Production	4760	4760	650	650
废弃资源和废旧材料回收加工业	Recovering of Abandoned Resource & Waste Materical	2353	2353	2353	2353
电力、燃气及水的生产和供应业	**Production & Supply of Electric Power,Gas & Water**	**642691**	**397624**	**397211**	**351467**
电力、热力的生产和供应业	Production & Supply of Electric Power and Heating Power	631460	386393	387391	341647
燃气生产和供应业	Production & Supply of Gas				
水的生产和供应业	Production & Supply of Water	11231	11231	9820	9820
建筑业	**Construction**	**10679**	**10004**	**10679**	**10004**
房屋和土木工程建筑业	Housing & Civil Engineering Construction	4075	3400	4075	3400
建筑安装业	Installation of Buildings	204	204	204	204
建筑装饰业	Decoration of Buildings				
其他建筑业	Other Construction	6400	6400	6400	6400
交通运输、仓储和邮政业	**Transportation, Storage & Postal Services**	**140524**	**83299**	**70236**	**61605**
铁路运输业	Railway Transport	72043	14818	9511	880
道路运输业	Roadway Transport	14996	14996	7240	7240
城市公共交通业	Public Traffic in Cities	4065	4065	4065	4065
水上运输业	Waterway Transport				
航空运输业	Air Transport				
管道运输业	Pipeline Transport				
装卸搬运和其他运输服务业	Loading,Unloading,Carrying & Transport	47990	47990	47990	47990
仓储业	Storage	1430	1430	1430	1430
邮政业	Postal Services				
信息传输、计算机服务和软件业	**Information Transmission,Computer Service & Computer Software**	**84574**	**12509**	**81816**	**9751**
电信和其他信息传输服务	Telecommunication & other Information Transmission	84574	12509	81816	9751
计算机服务业	Computer Services				
软件业	Software				
批发和零售业	**Wholesale & Retail Trade**	**57623**	**57623**	**44581**	**44581**
批发业	Wholesale Trade	21193	21193	18521	18521
零售业	Retail Trade	36430	36430	26060	26060
住宿和餐饮业	**Quarters & Catering**	**24785**	**24785**	**24385**	**24385**
住宿业	Quarters	13370	13370	13370	13370
餐饮业	Catering	11415	11415	11015	11015

6-17 续表 2 continued

单位：万元 (10 000 yuan)

行业	Sector	投资额 Investment	# 地方项目 Local Projects	新增固定资产 Newly Increased Fixed Assets	# 地方项目 Local Projects
金融业	**Banking**				
银行业	Banking				
证券业	Bond				
保险业	Insurance				
其他金融活动	Others				
房地产业	**Real Estate**	**5369**	**5369**	**12**	**12**
房地产业	Real Estate	5369	5369	12	12
租赁和商务服务业	**Leasing & Commercial Services**				
租赁业	Leasing Services				
商务服务业	Commercial Services				
科学研究、技术服务和地质勘查业	**Scientific Research ,Technical Services & Geological Prospecting**	**3668**	**3668**	**2488**	**2488**
研究与试验发展	Research & Development				
专业技术服务业	Special Technical Services	1668	1668	488	488
科技交流和推广服务业	Science & Technology Exchanging & Spreading				
地质勘查业	Geological Prospecting	2000	2000	2000	2000
水利、环境和公共设施管理业	**Water Conservancy, Environment & Public Facilities Administration**	**143548**	**143548**	**130020**	**130020**
水利管理业	Water Conservancy	2531	2531	1608	1608
环境管理业	Environment	24446	24446	24227	24227
公共设施管理业	Public Facilities Administration	116571	116571	104185	104185
居民服务和其他服务业	**Resident Services & Other Services**	**7281**	**7281**	**7281**	**7281**
居民服务业	Resident Services	6760	6760	6760	6760
其他服务业	Other Services	521	521	521	521
教育	**Education**	**11190**	**11190**	**10823**	**10823**
教育	Education	11190	11190	10823	10823
卫生、社会保障和社会福利业	**Health Care, Social Security & Social Welfare**	**10159**	**9009**	**10159**	**9009**
卫生	Health Care	10109	8959	10109	8959
社会保障业	Social Security				
社会福利业	Social Welfare	50	50	50	50
文化、体育和娱乐业	**Culture, Sports & Recreational Services**	**10194**	**10194**	**7573**	**7573**
新闻出版业	Press				
广播、电视和音像业	Radio ,Television & Audio-visual	3187	3187	566	566
文化艺术业	Culture & Arts	1997	1997	1997	1997
体育	Sports	3250	3250	3250	3250
娱乐业	Recreational Services	1760	1760	1760	1760
公共管理和社会组织	**Public Administration & Social Organization**	**6906**	**6906**	**6885**	**6885**
中国共产党机关	Chinese Communist Party Agencies				
国家机构	Government Agencies	4906	4906	4885	4885
人民政协和民主党派	People's Politics Consultative Conference & Democratic Parties	1000	1000	1000	1000
群众团体、社会团体和宗教组织	Mass Organization ,Social Organization and Religious Organization	1000	1000	1000	1000
基层群众自治组织	Basic Mass Autonomous Organization				
国际组织	**International Organizations**				
国际组织	International Organizations				

6-18 更新改造施工、投产项目和新增固定资产

Number of Innovation Projects Under Construction and Put into Use and Newly Increased Fixed Assets

年份 Year	项目投资(万元) Investment in Projects(10 000 yuan)		施工项目(个) Number of Projects Under Construction (unit)		新开工项目(个) Started This Year (unit)	
	限额以上 Above Quota	限额以下 Under Quota		# 限额以上更新项目 Innovation Above Quota		# 限额以上更新项目 Innovation Above Quota
1985	5483	68813	1480	8		1
1986	5972	107523	1842	11	1302	3
1987	8375	114671	1826	13	1184	2
1988	8613	137279	1701	16	1122	3
1989	11764	129538	1269	16	671	4
1990	16076	134346	1300	15	785	
1991	17778	163754	1504	13	1069	1
1992	35896	223541	1590	19	1113	4
1993	79087	328952	1416	29	929	10
1994	226170	299289	1194	45	767	11
1995	398693	272113	1012	43	704	8
1996	220788	318498	1003	49	741	13
1997	157200	331294	950	44	680	10
1998	146257	369874	839	42	639	16
1999	194218	364784	774	48	582	13
2000	150956	440546	1255	35	1107	12
2001	290894	404933	738	52	554	25
2002	401842	673634	1262	73	1021	35
2003	777871	1001163	1695	150	1452	95
2004	1181920	1452941	1741	128	1389	58
2005			1643		1324	

6-18 续表 continued

年份 Year	全部建成投产项目(个) Number of Projects Completed and Put into Use (unit)	# 限额以上更改项目 Innovation Above Quota	新增固定资产(万元) Newly Increased Fixed Assets (10 000 yuan)	# 限额以上更改项目 Innovation Above Quota
1985	940		50592	744
1986	1200		83682	8424
1987	1247		103094	304
1988	1103	4	123501	11933
1989	763	1	113613	2966
1990	868	3	137713	16773
1991	904	2	152052	12030
1992	1020	5	188753	13447
1993	777	4	282787	49454
1994	793	13	419671	137183
1995	645	15	680885	422183
1996	695	5	378360	103149
1997	742	13	440942	102501
1998	611	5	444483	79149
1999	561	13	436116	107967
2000	1036	10	477262	92469
2001	529	16	554811	195157
2002	931	27	968735	411393
2003	1159	45	1258352	469453
2004	1248	48	1788309	660085
2005	1176		2839494	

6-19 按用途分的更新改造投资和房屋建筑面积

Investment in Innovation by Purpose and Floor Space of Buildings

年份 Year	按用途分的更新改造投资(万元) Investment in Innovation by Purpose(10 000 yuan)							房屋建筑面积(万平方米) Floor Space of Buildings(10 000 sq.m)			
	增产 Increasing Production	节约能源 Energy Saving	其他节约 Other Saving Measures	增加品种 Increasing Product Variety	提高产品质量 Improving Product Quality	三废治理 Environmental Protection	其他 Others	施工面积 under Construction	# 住宅 Residential Buildings	竣工面积 Completed	# 住宅 Residential Buildings
1985	22069	2436	443	11043	5512	1454	31339	139.60	39.80	79.70	26.90
1986	36666	4541	125	16800	4549	2434	48380	212.55	68.49	126.74	47.22
1987	37264	3580	353	13905	5409	1511	61024	221.92	86.31	134.21	57.02
1988	54605	1922	179	19963	5665	779	62779	242.93	90.64	144.96	63.23
1989	44153	2697	132	24644	4899	1053	63724	202.09	87.60	115.45	52.35
1990	36942	6569	186	28738	4515	2323	71149	190.40	85.78	115.39	53.41
1991	48310	5867	219	32443	5272	1916	87505	187.86	77.91	99.09	40.45
1992	85912	11708	339	519675	7039	36195	134200	245.66	110.85	107.96	48.60
1993	123514	17550	459	71492	8806	5323	180895	237.79	96.83	122.67	56.92
1994	234451	10032	133	46615	10955	2311	220962	255.77	134.89	140.11	79.24
1995	357735	2364	848	82815	30729	4298	187021	163.64	66.91	101.91	50.02
1996	174463	3015	1491	27307	100018	5857	227135	180.31	98.01	87.38	51.32
1997	168224	4489	2121	27695	29089	1301	255575	177.31	109.28	102.69	70.05
1998	175566	10971	2377	25587	35816	1392	264422	145.51	73.72	98.45	60.14
1999	182606	24709	2139	37628	23821	7802	280297	90.51	51.24	70.16	49.52
2000	197124	9677	345	51092	26626	20047	286591	107.26	52.19	74.26	50.78
2001	262295	19422	290	82303	52150	20389	258978	93.92	10.24	40.09	10.24
2002	347415	51394	1351	192044	97831	16226	369215	123.94	11.20	60.22	3.96
2003								285.91	38.83	143.81	29.93
2004								374.62	105.77	166.60	2.26
2005								367.24	83.38	175.28	56.93

6-20 更新改造新增主要生产能力(2005年)
Newly Increased Productive Capacities Through Innovation(2005)

能力名称	Item	2005
原煤开采(万吨/年)	Coal Mining (10 000 tons/year)	758.5
洗煤(万吨/年)	Coal Washing(10 000 tons/year)	243
焦炭(万吨/年)	Coke (10 000 tons/year)	62.5
天然原油开采(万吨/年)	Crude Oil Mining(10 000 tons/year)	16.72
铁矿石成品矿(万吨/年)	Mine of Iron Ore (10 000 tons/year)	187.05
生铁(万吨/年)	Iron Smelting (10 000 tons/year)	220
炼钢(万吨/年)	Steel Making (10 000 tons/year)	160.2
铁合金(万吨/年)	Iron Alloy, Electric Furnace(10 000 tons/year)	14
热轧钢材(万吨/年)	Hot Rolling Steel Products(10 000 tons/year)	1.5
电解铝(吨/年)	Electrolytical Aluminium (tons/year)	125000
火力发电(万千瓦)	Thermal Power(10 000 kw)	122
输电线路长度(11万伏及以上)(公里)	Length of Electric Cable (over 110 000 va)(km)	74.3
变电设备能力(11万伏及以上)(万千伏安)	Capacity of Transformer(over 110 000V)(10 000 kva)	16
水泥(万吨/年)	Cement (10 000 tons/year)	349.15
石墨及炭素制品(吨/年)	Product of Graphite(tons/year)	129412
胶合板(万立方米/年)	Plywood (10 000 cu.m/year)	1.7
烧碱(吨/年)	Caustic Soda(tons/year)	25102
电石(吨/年)	Calcium Carbide(tons/year)	7500
氮肥(吨/年)	Phosphate(tons/year)	412900
化学原料药(吨/年)	Chemical Material Medicine (ton/year)	40
中成药(吨/年)	Chinese Patent Drug (ton/year)	400
原盐(吨/年)	Salt(ton/year)	50000
食用植物油(日处理原料:吨)	Edible Vegetable Oil (Raw Materials Processing :ton/day)	165
食用植物油(日精炼油:吨)	Edible Vegetable Oil (Oil Refining :ton/day)	24
机制糖(年生产糖:吨)	Machine-made Sugar(output:tons/year)	70.00
机制糖(日处理原料:吨)	Machine-made Sugar(Raw Materials Processing:ton/day)	1
奶粉(吨/年)	Powdered Milk(ton/year)	2100
其他乳制品(吨/年)	Other Dairy Products (tons/year)	3500
啤 酒(万吨/年)	Beer (10 000 tons/year)	35
白 酒(万吨/年)	Liquor(10 000 tons/year)	7.05
中等学校:学生席位(个)	Secondary School:Student Seats (unit)	3238
建筑面积(平方米)	Floor space(sq.m)	9300
小学校:学生席位(个)	Primary School:Student Seats (unit)	1116
建筑面积(平方米)	Floor space(sq.m)	2232
医院病床(张)	Sick Beds(unit)	180
城市自来水供水能力(万吨/日)	Capacity of City Tap Water Supply (10 000 tons/day)	30.1
城市自来水管道长度(公里)	Length of City Tap Water Pipe (km)	27.23
城市供热能力:蒸汽(吨/小时)	City Heat-supply Capacitys:Steam (ton/hour)	46
热水(兆瓦/小时)	Hot Water (mw/hour)	139
城市公共交通车辆购置(辆)	Purchase of City Communiting Vehicles(unit)	33
城市道路扩建面积(万平方米)	Area of City Road Extended (10 000 sq.m)	29.84
城市排水管道铺设长度(公里)	Length of Sewer Pipelines (km)	14.54

6-21 其他固定资产投资及城镇集体投资(2005年)
Other Investment in Fixed Assets and Investment of Urban Collective-owned Units(2005)

项 目	Item	其他投资 Other Investment	# 城镇集体 Urban Collective-owned Units
施工项目个数(个)	**Number of Projects Under Construetion(unit)**	**1344**	**82**
# 新开工项目	Started This Year	1197	70
全部建成投产项目(个)	**Number of Projects Completed and Put into Use**	**1063**	**57**
投资总额(万元)	**Total Investment(10 000 yuan)**	**1791984**	**115909**
按资金来源分	**Grouped by Source of Funds**		
国家预算内资金	State Appropriations	5971	
国内贷款	Domestic Loans	48517	1657
利用外资	Foreign Investment	16315	900
自筹资金	Fund Raising	1469710	103090
其他资金	Others	271443	16352
按构成分	**Grouped by Use of Funds**		
建筑安装工程	Construction and Installation	1164683	84202
设备、工器具购置	Purchase of Equipment and Instruments	464699	24241
其他费用	Other	162602	7466
按建筑性质分	**Grouped by Type of Construction**		
#新建	New Construction	1254424	81762
扩建	Expansion	242526	19812
改建	Reconstruction	164059	5261
新增固定资产(万元)	**Newly Increased Fixed Assets(10 000 yuan)**	**1336574**	**58014**
房屋建筑面积(万平方米)	**Floor Space of Buildings(10 000 sq.m)**		
施工面积	Floor Space Under Construction	388.89	50.47
# 住宅	Residential Buildings	111.19	27.48
竣工面积	Floor Space Completed	203.83	10.89
# 住宅	Residential Buildings	60.41	6.38

6-22 国民经济各行业其他固定资产及城镇集体投资和新增固定资产(2005年)

Other Investment in Fixed Assets & Urban Collective-owned Units & Newly Increased Fixed Assets by Sector(2005)

单位：万元 (10 000 yuan)

行业	Sector	投资额 Investment in Fixed Assets	# 城镇集体 Urban Collective-owned Units	新增固定资产 Newly Increased Fixed Assets	# 城镇集体 Urban Collective-owned Units
全　　区	**Autonomous Regional Total**	**1791984**	**115909**	**1336574**	**58014**
农、林、牧、渔业	**Farming, Forestry, Animal Husbandry & Fishery**	**85653**	**7672**	**54242**	**5060**
农业	Farming	6376	60	5626	60
林业	Forestry	31640	5482	12782	
畜牧业	Animal Husbandry	24758	2130	20928	5000
渔业	Fishery				
农、林、牧、渔服务业	Agricultural Services	22879		14906	
采矿业	**Mining**	**377201**	**29892**	**233289**	**11249**
煤炭开采和洗选业	Coal Mining & Processing	120351	21827	29483	9599
石油和天然气开采业	Extraction of Petroleum & Natural Gas	18040		18090	
黑色金属矿采选业	Mining & Dressing of Ferrous Metals	148331	6340	130182	
有色金属矿采选业	Mining & Dressing of Nonferrous Metals	48553	425	34640	350
非金属矿采选业	Mining & Dressing of Nonmetal Minerals	41926	1300	20894	1300
其他采矿业	Mining of Other Mineral				
制造业	**Manufacturing**	**642905**	**24494**	**577673**	**13164**
农副食品加工业	Processing of Agricultural Side-line Food	88003		65861	
食品制造业	Food Manufacturing	67942	2000	66065	
饮料制造业	Beverage Manufacturing	24928	4540	17566	540
烟草制品业	Tobacco Products				
纺织业	Textile Industry	29211	330	25542	
纺织服装、鞋、帽制造业	Textile Products, Clothes, Shoes & Hats	5011	234	5764	234
皮革、毛皮、羽毛（绒）及其制品业	Leather, Furs, Down & Related Products	1400		500	
木材加工及木、竹、藤、棕、草制品业	Timber Processing, Bamboo, Cane, Palm Fiber & Straw Products	18950		14577	
家具制造业	Furniture Manufacturing	2275		2275	
造纸及纸制品业	Paper-making & Paper Products	2882		2082	
印刷业和记录媒介的复制	Printing & Record Pressing	7370		7355	
文教体育用品制造业	Cultural, Educational & Sports Goods	456		456	
石油加工、炼焦及核燃料加工业	Petroleum Processing , Coke Products & Processing of Nuclear Fuel	31195		29995	
化学原料及化学制品制造业	Raw Chemical Materials & Chemical Products	61215		53600	
医药制造业	Medicine Manufacturing	12702		6602	
化学纤维制造业	Chemical Fiber Manufacturing				

6-22 续表 1 continued

单位：万元 (10 000 yuan)

行业	Sector	投资额 Investment in Fixed Assets	# 城镇集体 Urban Collective-owned Units	新增固定资产 Newly Increased Fixed Assets	# 城镇集体 Urban Collective-owned Units
橡胶制品业	Rubber Products				
塑料制品业	Plastic Products	4393	2350	2190	350
非金属矿物制品业	Nonmetal Mineral Products	119479	9540	107645	6540
黑色金属冶炼及压延加工业	Smelting & Pressing of Ferrous Metals	92977	500	102055	500
有色金属冶炼及压延加工业	Smelting & Pressing of Nonferrous Metals	18151	5000	18551	5000
金属制品业	Metal Products	16769		17121	
通用设备制造业	Manufacturing of General Purpose Equipment	12439		8439	
专用设备制造业	Special Purposes Equipment Manufacturing	8707		9916	
交通运输设备制造业	Transportation Equipment Manufacturing	8837		5228	
电气机械及器材制造业	Electric Equipment & Machinery	3801		3876	
通信设备、计算机及其他电子设备制造业	Manufacturing of Telecommunications, Computer & Other Electronic Equipment	100		100	
仪器仪表及文化、办公用机械制造业	Instruments, Meters, Cultural & Office Machinery	500		500	
工艺品及其他制造业	Handicrafts & Other Production	200		200	
废弃资源和废旧材料回收加工业	Recovering of Abandoned Resource & Waste Materical	3012		3612	
电力、燃气及水的生产和供应业	**Production & Supply of Electric Power,Gas & Water**	**54882**	**4850**	**39662**	**650**
电力、热力的生产和供应业	Production & Supply of Electric Power and Heating Power	42330		23660	
燃气生产和供应业	Production & Supply of Gas	2877	150	10527	150
水的生产和供应业	Production & Supply of Water	9675	4700	5475	500
建筑业	**Construction**	**30662**	**2740**	**25342**	**2740**
房屋和土木工程建筑业	Housing & Civil Engineering Construction	22105		16785	
建筑安装业	Installation of Buildings	6319	2502	6319	2502
建筑装饰业	Decoration of Buildings	238	238	238	238
其他建筑业	Other Construction	2000		2000	
交通运输、仓储和邮政业	**Transportation, Storage & Postal Services**	**75831**	**3185**	**62376**	**3100**
铁路运输业	Railway Transport	6200		4200	
道路运输业	Roadway Transport	44400	1800	34500	1800
城市公共交通业	Public Traffic in Cities	3994	500	3994	500
水上运输业	Waterway Transport				
航空运输业	Air Transport				
管道运输业	Pipeline Transport				
装卸搬运和其他运输服务业	Loading,Unloading,Carrying & Transport	4900		3600	
仓储业	Storage	16067	885	15812	800
邮政业	Postal Services	270		270	
信息传输、计算机服务和软件业	**Information Transmission,Computer Service & Computer Software**				
电信和其他信息传输服务	Telecommunication & Others Information Transmission				
计算机服务业	Computer Services				
软件业	Software				
批发和零售业	**Wholesale & Retail Trade**	**169717**	**12986**	**157270**	**16851**
批发业	Wholesale Trade	119145	12377	120843	16242
零售业	Retail Trade	50572	609	36427	609
住宿和餐饮业	**Quarters & Catering**	**50990**		**33266**	
住宿业	Quarters	36690		27066	
餐饮业	Catering	14300		6200	

6-22 续表 2 continued

单位：万元 (10 000 yuan)

行业	Sector	投资额 Investment in Fixed Assets	# 城镇集体 Urban Collective-owned Units	新增固定资产 Newly Increased Fixed Assets	# 城镇集体 Urban Collective-owned Units
金融业	**Banking**	**510**	**510**		
银行业	Banking	510	510		
证券业	Bond				
保险业	Insurance				
其他金融活动	Others				
房地产业	**Real Estate**	**10078**		**9297**	
房地产业	Real Estate	10078		9297	
租赁和商务服务业	**Leasing & Commercial Services**	**36294**		**1294**	
租赁业	Leasing Services	1050		1050	
商务服务业	Commercial Services	35244		244	
科学研究、技术服务和地质勘查业	**Scientific Research ,Technical Services & Geological Prospecting**	**71895**		**31850**	
研究与试验发展	Research & Development	2000		2000	
专业技术服务业	Special Technical Services	3250		3250	
科技交流和推广服务业	Science & Technology Exchanging & Spreading				
地质勘查业	Geological Prospecting	66645		26600	
水利、环境和公共设施管理业	**Water Conservancy, Environment & Public Facilities Administration**	**61392**	**3100**	**37992**	
水利管理业	Water Conservancy	6158		5758	
环境管理业	Environment	27988		9788	
公共设施管理业	Public Facilities Administration	27246	3100	22446	
居民服务和其他服务业	**Resident Services & Other Services**	**8490**		**11240**	
居民服务业	Resident Services	7040		9790	
其他服务业	Other Services	1450		1450	
教育	**Education**	**7912**	**400**	**6422**	**400**
教育	Education	7912	400	6422	400
卫生、社会保障和社会福利业	**Health Care, Social Security & Social Welfare**	**4949**		**3075**	
卫生	Health Care	4299		2425	
社会保障业	Social Security				
社会福利业	Social Welfare	650		650	
文化、体育和娱乐业	**Culture, Sports & Recreational Services**	**50858**	**17500**	**24056**	
新闻出版业	Press				
广播、电视和音像业	Radio ,Television & Audio-visual	400		400	
文化艺术业	Culture & Arts	11920		3000	
体育	Sports	3258		3258	
娱乐业	Recreational Services	35280	17500	17398	
公共管理和社会组织	**Public Administration & Social Organization**	**51765**	**8580**	**28228**	**4800**
中国共产党机关	Chinese Communist Party Agencies				
国家机构	Government Agencies	45157	6180	21620	2400
人民政协和民主党派	People's Politics Consultative Conference & Democratic Parties				
群众团体、社会团体和宗教组织	Mass Organization ,Social Organization and Religious Organization	2958		2958	
基层群众自治组织	Basic Mass Autonomous Organization	3650	2400	3650	2400
国际组织	**International Organizations**				
国际组织	International Organizations				

6-23 其他固定资产和城镇集体投资新增主要生产能力(2005年)

Newly Increased Productive Capacities Through Other Investment in Fixed Assets & Investment of Urban Collective owned Units(2005)

能力名称	Item	其他投资 Other Investment	#城镇集体 Urban Collective-owned Units
原煤开采(万吨/年)	Coal Mining (10 000 tons/year)	173.32	120.5
洗煤(万吨/年)	Coal Washing(10 000 tons/year)	60	
焦炭(万吨/年)	Coke (10 000 tons/year)	9	
生铁(万吨/年)	Pig Iron(10 000 tons/year)	184	
铁合金(万吨/年)	Iron Alloy (10 000 tons/year)	76	1
铜冶炼(吨/年)	Copper Smelting(tons/year)	16500	12000
火力发电(万千瓦)	Thermal Power(10 000 kw)	2	
水泥(万吨/年)	Cement (10 000 tons/year)	139	
石墨及炭素制品(吨/年)	Product of Graphite(ton/year)	72200	
胶合板(万立方米/年)	Plywood (10 000 cu.m/year)	38.81	
纤维板(万立方米/年)	Fiberboard (10 000 cu.m/year)	2	
电石(吨/年)	Calcium Carbide(tons/year)	210000	
烧碱(吨/年)	Caustic Soda(tons/year)	50000	
氮肥(吨/年)	Nitrogen Fertilizers(tons/year)	1000	
机制纸(万吨/年)	Machine-made Paper(ton/year)	1.17	
机制纸板(万吨/年)	Machine-made Paperboards(ton/year)	0.01	
新建公路(公里)	Length of New Highways (km)	50.38	45
新(扩)建客、货运站(个)	New-built or Expanded Station(unit)	2	
新(扩)建客、货运站(平方米)	New-built or Expanded Station(sq.m)	3380	
造林面积(万亩)	Afforested Area(10 000 mu)	38.24	
中等学校:学生席位(个)	Secondary School:Student Seats (unit)	1200	
建筑面积(平方米)	Floor space(sq.m)	6100	
其他学校:学生席位(个)	Other School: Student Seat(unit)	6650	200
建筑面积(平方米)	Floor space(sq.m)	52100	600
宾馆、旅馆、招待所客房数(间)	Rooms in Hotels and Hostels(unit)	899	
宾馆、旅馆、招待所客房数(平方米)	Rooms in Hotels and Hostels(sq.m)	66794	
城市供热能力:蒸汽(吨/小时)	City Heat-supply Capacitys:Steam (ton/hour)	75	
热水(兆瓦/小时)	Hot Water(mw/hour)	10	
城市公共交通车辆购置(辆)	Purchase of City Communiting Vehicles(unit)	190	25

6-24 城镇和工矿区个人建房

Building Construction by Individuals in Cities & Towns & in Industrial & Mining Areas

年份 Year	城镇工矿区个数(个) Number of Cities, Towns, Industrial & Mining Areas (unit)	建房户数(户) Number of Households with Building Construction (household)	竣工房屋建筑面积(万平方米) Floor Space of Buildings Completed (10 000 sq.m)	# 住宅 Residential Buildings	竣工房屋价值(万元) Value of Buildings Completed (10 000 yuan)	# 住宅 Residential Buildings
1985	219	34855	232.08	210.80	20729	18652
1986	238	28392	223.58	177.48	20524	18526
1987	233	28722	204.39	184.23	23330	20691
1988	243	38171	261.75	248.15	34702	32801
1989	235	25463	195.64	175.43	29397	26723
1990	228	21976	158.08	146.99	28159	25960
1991	234	21146	157.70	147.30	32818	30964
1992	248	30576	232.99	206.52	58386	48502
1993	243	29460	238.53	211.73	70156	61782
1994	268	26584	247.53	216.59	72325	62164
1995	258	22478	219.05	198.17	75566	66375
1996	282	20888	198.11	169.96	75214	64340
1997	261	20150	170.72	149.16	68924	58880
1998	308	27745	289.40	257.54	120851	109102
1999	331	30793	299.96	254.74	120477	103251
2000	370	30906	280.40	238.81	109790	93030
2001	423	31402	302.02	250.37	118404	99317
2002	437	26387	281.65	223.79	133826	102877
2003	403	34368	352.30	281.91	180946	132623
2004	405	34151	416.76	300.41	215649	146147
2005	367	29102	357.34	300.43	201530	151466

6-25 农村个人固定资产投资和建房

Individual Investment in Fixed Assets & Building Construction in Rural Areas

年份 Year	投资总额 (万元) Total Investment (10 000 yuan)	# 竣工房屋投资 Investment in Buildings Completed		施工房屋建筑面积 (万平方米) Floor Space of Buildings Under Construction (10 000 sq.m)	竣工房屋建筑面积 (万平方米) Floor Space of Buildings Completed (10 000 sq.m)		竣工房屋造价 (元/平方米) Cost of Buildings Completed (yuan/sq.m)	
		小 计 Subtotal	# 住宅 Residential Buildings		总 计 Total	# 住宅 Residential Buildings	总 计 Total	# 住宅 Residential Buildings
1985	87369	48929	35718	1112	1112	812		44.0
1986	59978		17787	636	590	549		32.4
1987	88573		31132	749	719	613		50.8
1988	149132		38671	696	684	635		60.9
1989	108402		45730	692	668	572		79.9
1990	81263	45120	42971	552	552	495	91.7	86.8
1991	110319	74186	66180	1010	910	782	91.5	84.6
1992	132675	74766	56356	813	770	656	97.1	85.8
1993	126581	62776	53630	1258	900	629	99.8	85.3
1994	195856	109418	102269	1007	967	789	113.2	129.6
1995	365345	193582	177824	1239	1221	967	158.5	183.9
1996	381618	239963	208326	1238	1224	1020	196.0	204.2
1997	390141	230023	174965	1344	1344	1018	171.1	171.9
1998	409854	207169	179393	1382	1216	875	170.4	205.0
1999	430084	231832	196678	1173	1051	863	220.6	227.9
2000	458815	220926	200248	1092	985	860	224.3	232.8
2001	502098	253278	229572	1151	1079	916	234.6	250.6
2002	521562	223103	199163	1117	1047	869	213.1	229.2
2003	556773	220324	195820	1109	1018	848	207.0	221.6
2004	804482	223823	168507	979	941	729	228.3	224.5
2005	883487	262918	175158	831	785	515	315.9	334.2

6-26 房地产开发情况

Main Indicators of Real Estate Development

指标	Item	2004	2005
企业个数(个)	**Number of Enterprises(unit)**	**852**	**1012**
内资	Domestic Funded	841	1003
# 国有	State-owned Enterprises	25	35
集体	Collective-owned Enterprises	9	8
股份有限公司	Share-holding Corporations Ltd.	41	47
私营	Private Enterprises	372	392
港、澳、台投资	Funded by Entrepreneurs From Hong Kong.Macao and Taiwan	5	5
外商投资	Foreign Funded	6	4
平均从业人员(人)	**Average Number of Employed Persons(person)**	**22802**	**27738**
内资	Domestic Funded	22436	27432
# 国有	State-owned Enterprises	631	656
集体	Collective-owned Enterprises	147	118
股份有限公司	Share-holding Corporations Ltd.	1550	1485
私营	Private Enterprises	10675	13111
港、澳、台投资	Funded by Entrepreneurs From Hong Kong.Macao and Taiwan	243	244
外商投资	Foreign Funded	123	62
土地开发及购置(万平方米)	**Land Development and Purchase(10 000 sq.m)**		
本年土地开发面积	Land Space Developed This Year	267.89	350.26
待开发的土地面积	Land Space Needed to Development	58.8	141.39
本年土地购置面积	Land Space Purchased This Year	573.06	1006.58
房地产开发建设投资总规模及完成投资(万元)	**General Scale of & Actually Completed Investment in Real Estate Development(10 000 yuan)**		
实际需要总投资	Total Investment Actually Needed	2949855	3969413
自开始建设至本年底累计完成投资	Accumulative Investment Actually Made Since Starting of Construction up to the End This Year	1617022	2178964
# 本年完成投资	Investment Made This Year	1110219	1621002
全部建成尚需投资	Further Investment Required for the Completion of Construction	1332833	1790449
按用途分的房地产开发完成投资额(万元)	**Actually Completed Investment of Enterprises for Real Estate Development by Use(10 000 yuan)**		
本年完成投资额	Investment Made This Year	1110219	1621002
住宅	Residential Buildings	677814	1147074
# 别墅、高档公寓	Villas and Good Apartments	4615	16073
经济适用房屋	Economical Houses	89846	93419
办公楼	Office Buildings	54968	38295
商业营业用房	Houses for Business Use	313943	385657
其他	Others	63494	49976

6-26 续表 continued

指 标	Item	2004	2005
资金来源小计(万元)	**Source of Funds(10 000 yuan)**	**1077267**	**1575542**
# 国内贷款	Domestical Loans	82636	58734
利用外资	Foreign Investment	1500	
自筹资金	Fund Raising	742160	1181130
房屋建筑面积(万平方米)	**Floor Space of Buildings(10 000 sq.m)**		
施工面积	Floor Space under Construction	1446.38	2111.34
本年新开工面积	Floor Space Started This Year	874.65	1425.01
# 住宅	Residential Buildings	611.38	1166.32
# 经济适用房屋	Economical Houses	75.69	93.36
竣工面积	Floor Space Completed	684.23	897.12
# 住宅	Residential Buildings	529.00	715.61
# 经济适用房屋	Economical Houses	77.49	94.56
竣工房屋价值(万元)	Value of Buildings Completed(10 000 yuan)	694201	978783
竣工房屋造价(元/平方米)	Cost of Buildings Completed(yuan/sq.m)	1014.6	1091.0
商品房屋销售情况	**Selling of Commercial Houses**		
房屋销售面积(万平方米)	Floor Space of Selling House(10 000 sq.m)	708.11	1078.80
# 住宅	Residential Buildings	575.27	918.43
# 经济适用房屋	Economical Houses	104.68	125.33
个人购买商品住宅(万平方米)	Commercial Houses Purchased by Individuals(10 000 sq.m)	566.22	
商品房销售额(万元)	Total Sales Of Commercial House (10 000 yuan)	983424	1783491
# 住宅	Residential Buildings	700224	1287226
# 经济适用房屋	Economical Houses	124877	149932
商品房屋销售价格(元/平方米)	Selling Price of House(yuan/sq.m)	1388.8	1653.2
# 住宅	Residential Buildings	1217.2	1401.6
# 经济适用房屋	Economical Houses	1192.9	1196.3
房地产开发企业的资产负债(万元)	**Asset Balance of Enterprises for Real Estate Development（10 000 yuan）**		
实收资本合计	Total Capital Hold	513868	777169
# 国家资本金	State Capital	17207	30448
资产总计	Total Assets	1971050	2878239
累计折旧	Total Depreciation	23125	35264
# 本年折旧	Depreciation This Year	6313	7502
负债总计	Total Liabilities	1338679	1950118
所有者权益	Creditors Equity	632371	928121
资产负债率(%)	Ratio of Liabilities to Assets	67.92	67.75
经营总收入(万元)	**Total Revenue(10 000 yuan)**	**1069407**	**1706183**
# 土地转让收入	Land Transferred	19706	4018

主要统计指标解释

全社会固定资产投资 固定资产投资是社会固定资产再生产的主要手段。通过建造和购置固定资产的活动，国民经济不断采用先进技术装备，建立新兴部门，进一步调整经济结构和生产力的地区分布，增强经济实力，为改善人民物质文化生活创造物质条件。这对我国的社会主义现代化建设具有重要意义。

固定资产投资额是以货币表现的建造和购置固定资产活动的工作量，它是反映固定资产投资规模、速度、比例关系和使用方向的综合性指标。全社会固定资产投资按经济类型可分为国有、集体、个体、联营、股份制、外商、港澳台商、其他等。按照管理渠道，全社会固定资产投资总额分为基本建设、更新改造、房地产开发投资和其他固定资产投资四个部门。

基本建设投资 基本建设指企业、事业、行政单位以扩大生产能力或工程效益为主要目的的新建、扩建工程及有关工作。其综合范围为总投资50万元以上(含50万元，下同)的基本建设项目。具体包括：(1)列入中央和各级地方本年基本建设计划的建设项目，以及虽未列入本年基本建设计划，但使用以前年度基建计划内结转投资(包括利用基建库存设备材料)在本年继续施工的建设项目；(2)本年基本建设计划内投资与更新改造计划内投资结合安排的新建项目和新增生产能力(或工程效益)达到大中型项目标准的扩建项目，以及为改变生产力布局而进行的全厂性迁建项目；(3)国有单位既未列入基建计划，也未列入更新改造计划的总投资在50万元以上的新建、扩建、恢复项目和为改变生产力布局而进行的全厂性迁建项目，以及行政、事业单位增建业务用房和行政单位增建生活福利设施的项目。

更新改造投资 更新改造指企业、事业单位对原有设施进行固定资产更新和技术改造，以及相应配套的工程和有关工作(不包括大修理和维护工程)。其综合范围为总投资50万元以上的更新改造项目。具体包括：(1)列入中央和各级地方本年更新改造计划的投资单位(项目)和虽未列入本年更新改造计划，但使用上年更新改造计划内结转的投资在本年继续施工的项目；(2)本年更新改造计划内投资与基本建设计划内投资结合安排的对企、事业单位原有设施进行技术改造或更新的项目和增建主要生产车间、分厂等其新增生产能力(或工程效益)未达到大中型项目标准的项目，以及由于城市环境保护和安全生产的需要而进行的迁建工程；(3)国有企、事业单位既未列入基建计划也未列入更新改造计划，总投资在50万元以上的属于改建或更新改造性质的项目，以及由于城市环境保护和安全生产的需要而进行的迁建工程。

房地产开发投资 指房地产开发公司、商品房建设公司及其他房地产开发法人单位和附属于其他法人单位实际从事房地产开发或经营的活动单位统一开发的包括统代建、拆迁还建的住宅、厂房、仓库、饭店、宾馆、度假村、写字楼、办公楼等房屋建筑物和配套的服务设施，土地开发工程(如道路、给水、排水、供电、供热、通讯、平整场地等基础设施工程)的投资；不包括单纯的土地交易活动。

其他固定资产投资 指全社会固定资产投资中未列入基本建设、更新改造和房地产开发投资的建造和购置固定资产的活动。具体包括：

(1)国有单位按规定不纳入基本建设计划和更新改造计划管理，计划总投资(或实际需要总投资)在50万元以上的以下工程：①用油田维护费和石油开发基金进行的油田维护和开发工程；②煤炭、铁矿、森工等采掘采伐业用维简费进行的开拓延伸工程；③交通部门用公路养路费对原有公路、桥梁进行改建的工程；④商业部门用简易建筑费建造的仓库工程。

(2)城镇集体固定资产投资：指所有隶属城市、县城和经国务院及省、自治区、直辖市批准建制的镇领导的集体单位(乡镇企业局管理的除外)建造和购置固定资产计划总投资(或实际需要总投资)在50万元以上的项目。

(3)除上述以外的其他各种企、事业单位、个体建造和购置固定资产总投资在50万元以上的、未列入基本建设计划和更新改造计划的项目。

城镇和工矿区私人建房投资和农村个人投资 城镇和工矿区私人建房包括市、县城、镇、工矿区所辖范围内的全部私人建房，不论其房主是否系本地的常住户口均应包括。农村个人投资包括农村个人建房及购置生产性固定资产的投资。

固定资产投资的资金来源 根据固定资产投资的资金来源不同，分为国家预算内资金、国内贷款、利用外资、自筹资金和其他资金来源。

(1)国家预算内资金：指中央财政和地方财政中由国家统筹安排的基本建设拨款和更新改造拨款，以及中央财政安排的专项拨款中用于基本建设的资金和基本建设拨款改贷款的资金等。

(2)国内贷款：指报告期内企、事业单位向银行及非银行金融机构借入的用于固定资产投资的各种国内借款。包括银行利用自有资金及吸收的存款发放的贷款、上级主管部门拨入的国内贷款、国家专项贷款(包括煤代油贷款、劳改煤矿专项贷款等。)、地方财政专项资金安排的贷款、国内储备贷款、周转贷款等。

(3)利用外资：指报告期内收到的用于固定资产投资的国外资金，包括统借统还、自借自还的国外贷款，中外合资项目中的外资，以及对外发行债券和股票等。国家统借统还的外资指由我国政府出面同外国政府、团体或金融组织签订贷款协议、并负责偿还本息的国外贷款。

(4)自筹资金：指建设单位报告期内收到的，用于进行固定资产投资的上级主管部门、地方和企、事业单位自筹资金。

(5)其他资金来源：指报告期内收到的除以上各种拨款、借款、自筹资金之外，其他用于固定资产投资的资金。

固定资产投资按国民经济行业分 建设项目归哪个行业，按其建成投产后的主要产品或主要用途及社会经济活动性质来确定。基本建设按建设项目划分国民经济行业，更新改造、国有单位其他固定资产投资及城镇集体投资根据整个企业、事业单位所属的行业来划分。一般情况下，一个建设项目或一个企业、事业单位只属于一种国民经济行业。为了更准确地反映国民经济各行业之间的比例关系，联合企业(总厂)所属分厂属于不同行业的，原则上按分厂划分行业。

固定资产投资按建设性质分 建设项目的性质一般分为新建、扩建、改建、迁建、恢复。基本建设按建设项目划分建设性质，更新改造、国有单位其他固定资产投资及城镇集体投资等按整个企业、事业单位的建设情况确定建设性质，房地产开发单位、农村投资、城镇工矿区私人建房等投资不划分建设性质。

(1)新建：一般是指从无到有、“平地起家”新开始建设的单位。有的单位原有的基础很小，经过建设后其新增加的固定资产价值超过原有固定资产价值(原值)三倍以上的也算新建。

(2)扩建：一般是指为扩大原有产品的生产能力，在厂内或其他地点增建主要生产车间(或主要工程)、独立的生产线或分厂的企业；事业单位和行政单位在原单位增建业务用房(如学校增建教学用房、医院增建门诊部或病床用房、行政机关增建办公楼等)也作为扩建。

(3)改建：一般是指现有企业、事业单位为了技术进步，提高产品质量，增加花色品种，促进产品升级换代，降低消耗和成本，加强资源综合利用和三废治理、劳保安全等，采用新技术、新工艺、新设备、新材料等对现有设施、工艺条件进行技术改造或更新(包括相应配套的辅助性生产、生活福利设施)。有的企业为充分发挥现有生产能力，进行填平补齐而增建不增加本单位主要产品生产能力的车间等，也属于改建。

固定资产投资按构成分 固定资产投资活动按其工作内容和实现方式分为建筑安装工程，设备、工具、器具购置，其他费用三个部门。

(1)建筑安装工程(建筑安装工作量)：指各种房屋、建筑物的建造工程和各种设备、装置的安装工程。包括各种房屋建造工程，各种用途设备基础和各种工业窑炉的砌筑工程；为施工而进行的各种准备工作和临时工程以及完工后的清理工作等；铁路、道路的铺设，矿井的开凿及石油管道的架设等；水利工程；防空地下建筑等特殊工程；以及各机械设备的安装工程；为测定安装工程质量，对设备进行的试运工作。在安装工程中，不包括被安装设备本身的价值；

(2)设备、工具、器具购置：指购置或自制达到固定资产标准的设备、工具、器具的价值，固定资产的标准按财务部门规定。新建单位、扩建单位的新建车间按照设计和计划要求购置或自制的全部设备、工具、器具，不论是否达到固定资产标准均计入“设备、工具、器具购置”中。

(3)其他费用：指在固定资产建造和购置过程中发生的，除建筑安装工程和设备、工具、器具购置以外的各种应摊入固定资产的费用。

基本建设项目按大中小型划分 基本建设划分大中小型项目原则上应按照上级批准的设计任务书或初步设计所确定的总规模或总投资划分，没有正式批准设计任务书或初步设计的，按国家或省、自治区、直辖市年度基本建设投资计划中所列的总规模或总投资划分。上述两条均不具备的，按本年计划施工工程的建设总规模或总投资划分。生产单一产品的工业项目，按产品的设计能力划分；生产多种产品的工业项目，按其主要产品的设计能力划分。生产多种产品的工业项目，按其主要产品的设计能力划分。品种繁多，难以按生产能力划分的，按全部计划投资额划分。划分标准以国家颁发的《大中小型建设项目划分标准》为依据。国家曾在 1953 年、1962 年、1972 年、1977 年和 1979 年先后五次修订《大中小型建设项目划分标准》，因此各历史时期的大中型项目数不完全可比。

施工项目 指报告期内曾进行建筑或安装工程施工活动的建设项目，包括报告期内新开工项目、报告期以前开工跨人报告期继续施工的项目以及报告期施过工并在报告期内全部建成投产或停缓建的项目。

全部建成投产项目 工业项目是指设计文件规定形成生产能力的主体工业及其相应配套的辅助设施全部建成，经负荷试运转，证明具备生产设计规定合格产品的条件，并经过验收鉴定合格或达到竣工验收标准，与生产性工程配套的生活福利设施可以满足近期正常生产的需要，正式移交生产的建设项目。非工业项目是指设计文件规定的主体工程和相应的配套工程全部建成，能够发挥设计规定的全部效益，经验收鉴定合格或达到竣工验收标准，正式移交作用的建设项目。

新增生产能力 指通过固定资投资活动而增加的设计能力或工程效益，它是用实物形态表示的固定资产投资的成果，也是考核投资经济效果的重要依据。新增生产能力的计算，是以能独立发挥生产能力或工程效益的单项工程(或项目)为对象。当单项工程(或项目)建成，经有关部门鉴定合格，正式移交投入生产，即可算新增生产能力。

新增生产能力或工程效益有以下几种表现形式：

(1) 用产品数量表示，以工程在单位时间内（一般是一年）所能生产的产品数量（即年产量）表示。如原煤开采用万吨/年表示。

(2) 用单位时间内所能处理的原料数量表示，以工程每天（或小时）所能处理原料的数量表示。

(3) 以新增的主要设备数量或容量表示，如棉纺锭锭数、发电机组容量等。

(4) 以节约的原材料、燃料、动力实物量表示，适用于反映更新改造节约项目的效益。

(5) 以建筑物容积、容量、面积或长度表示，是非工业项目或工程新增效益的一种表现形式。如水库容量、铁路公路里程等。

根据工程的特点，有时需要用两种或两种以上的复合计量单位表示新增生产能力（或工程效益），如新增内燃机生产能力同时用年产台数、千瓦数表示等。

房屋建筑面积 指从房屋外墙线算起的各层平面面积的总和，包括可供使用的有效面积和房屋结构(如柱、墙)占用的面积。多层建筑按各层(包括地下室)面积总和计算。

住宅建筑面积 指施工和竣工房屋建筑面积中供居住用

的施工和竣工房屋建筑面积。

施工面积 指报告期内施工的全部房屋建筑面积。包括本期新开工的面积、上期跨入本期继续施工的房屋面积、上期停缓建在本期恢复施工的房屋面积、本期竣工的房屋面积及本期施工后又停缓建的房屋面积。

竣工面积 指在报告期内房屋建筑按照设计要求已全部完工，达到住人和使用条件，经验收鉴定合格，正式移交使用单位的建筑面积。

房屋建筑面积竣工率 批一定时期内房屋竣工面积占同期房屋施面积的比率。它是从房屋建筑施工速度的角度反映投资效果和建筑业经济效益的指标。

新增固定资产 指通过投资活动所形成的新的固定资产价值，包括已经建成投入生产或交付使用的工程价值和达到固定资产标准的设备、工具、器具的价值及有关应摊入的费用。它是以价值形式表示的固定资产投资成果的综合性指标，可以综合反映不同时期、不同部门、不同地区的固定资产投资成果。

建设项目投产率 指一定时期内全部建成投入生产项目个数与同期正式施工项目个数的比率。它是从项目建设速度的角度反映投资效果的指标。

固定资产交付使用率 指一定时期新增固定资产与同期完成投资额的比率。它是反映各个时期固定资产动用速度，衡量建设过程中投资效果的一个综合性指标。

Explanatory Notes on Main Statistical Indicators

Total Investment in Fixed Assets in the Whole Country Investment in fixed assets is the essential means for Social reproduction of fixed assets. By means of construction and purchase of fixed assets, more advanced technologies and equipment are adopted in the national economy, and new sectors are established, which promote the adjustment of economic structure and the regional distribution of productive forces and enhance the economic strengths so as to provide the material conditions for improving people's livelihood. This is significant for speeding up the drive of socialist modernization in China.

Amount of investment in fixed assets refers to the volume of activities in construction and purchases of fixed assets in monetary terms. It is a comprehensive indicator which shows the size, pace, proportional relations and use orientation of the investment in fixed assets. Total investment in fixed assets in the whole country includes, by status of economic ownership, the investment by the state owned units, collective units, individuals, joint ownership units, share holding units, as well as investment by businessmen from foreign countries and from Hong Kong, Macao and Taiwan, and by other units. According to China's current management system, the investment in fixed assets in the whole country is classified into the following four parts: investment in capital construction, investment in innovation, investment in real estates development and other investment in fixed assets.

Investment in Capital Construction Capital construction refers to the new construction projects or extension projects and the related work of the enterprises, institutions or administrative units mainly for the purpose of expanding production capacity or improving project efficiency covering only projects each with a total investment of 500, 000 RMB yuan and over. It includes:(1) projects listed in the capital construction plan of the current year of the central government and the local governments at various levels as well as the projects, though not listed in the capital construction plan of the current year, but continued to be constructed in this year, using the investment listed in the plan of capital construction of previous years and carried forward to this year(also using the equipment and materials kept in stock of the capital construction) ; (2) new construction projects arranged both in the plan of capital construction and the plan of innovation; extension projects with the newly increased production capacity (or project efficiency) up to the standard of a large and medium sized project; and the projects of moving the whole factory to a new site so as to improve the distribution of productive forces; (3) new construction projects, extension projector restoration projects with the total investment of 500, 000 RMB yuan and over by the state owned units, though listed neither in the plan of capital construction nor in the plan of innovation; the projects in the state owned units of moving the whole factory to a new site so as to improve the distribution of productive forces; and the projects of building additional business houses by the administrative units and institutions and building welfare facilities by the administrative units.

Investment in Innovation Innovation refers to the renewal of fixed assets and technological innovation of the original facilities by the enterprises and institutions as well as the corresponding supplementary projects and the related work (excluding major overhaul and maintenance projects) covering only projects each with a total investment of 500, 000 RMB yuan and over. It includes; (1) projects listed in the innovation plan of the current year of the central government and the local governments at various levels as well as the projects, though not listed in the innovation plan of the current year, but continued to be constructed in this year, using the investment listed in the plan of innovation of previous years and carried forward to this year; (2) projects of technological innovation or renewal of the original facilities, arranged both in the plan of innovation and in the plan of capital construction; extension projects(main workshops oar branch of the factory) with the newly increased production capacity(or project efficiency) not up to the standard of a large and medium sized project; and the projects of moving the whole factory to a new site so as to meet the requirements of urban environmental protection or safe production; (3) projects of reconstruction or technological innovation with the total investment of 500, 000 RMB yuan and over by the state owned units, though listed neither in the plan of capital construction nor in the plan of innovation; the projects in the state owned units of moving the whole factory to a new sits so as to meet the requirements of urban environmental protection or safe production.

Investment in Real Estate Development It includes the investment by the real estate development companies, commercial buildings construction companies and other real estate development units of various types of ownership in the construction of house buildings, such as residential buildings, factory buildings, warehouses, hotels, guesthouses, holiday villages, office buildings, and the complementary service facilities and land development projects, such as roads, water supply, water drainage, power supply, heating, telecommunications, land leveling and other projects of infrastructure. It excludes the activities in simple land transactions.

Other Investment in Fixed Assets refers to the construction and purchases of fixed assets not listed in the investment in capital construction, investment in innovation and investment in real estate development. It includes:

A) The following projects of the state owned units with the total planned (or actually needed) investment of 500, 000 yuan and over, which are not included in the plan of capital construction and the plan of innovation:(1) projects of oil fields maintenance and exploitation with the oil fields maintenance funds and petroleum development funds; (2) opening and extending projects with the maintenance funds in coal, ore and other mining enterprises and logging enterprises; (3) project of reconstruction of the original highways and bridges with the highway maintenance funds in the department of communication; (4) projects of construction of warehouses with the funds of simple construction in the commercial department.

B) The investment in fixed assets by urban collective units: refer to projects of construction and purchases of fixed assets with the planned total investment of 500, 000 yuan and over by all collective units in cities and county towns and in townships which are approved by the State Council or provincial governments, excluding investment by collective units under township enterprise administration offices.

C) The projects of construction and purchases of fixed assets by the enterprises, institutions or individuals other than those mentioned above with total investment of 500, 000 yuan and over, which are not included in the plan of capital construct on and the plan of innovation.

Private Investment in House Construction in Urban Areas, Industrial and Mining Areas and Individual Investment in Rural Areas The private house construction in the urban areas and industrial and mining areas includes all the private house construction under the jurisdiction of cities, counties, towns and industrial and mining areas, no matter whether the owner of the house is registered as the permanent resident in the locality or not. The individual investment in the rural areas includes the investment in house construction and purchase of productive fixed assets by the individuals in the rural areas.

Sources of funds for Investment in Fixed Assets State budgetary appropriation, domestic loans, foreign investment, self raised funds, and others.

(1) State budgetary appropriation refers to appropriation in the budget of the central and local governments earmarked for capital construction and for innovation projects, and the special appropriation from the budget of the central government for capital construction and for the transfer fund to banks to be issued as loans for capital construction projects.

(2) Domestic loans refer to various funds borrowed by enterprises and institutions from banks and non bank financial institutions during the reference period for the purpose of investment in fixed assets, including loans issued by banks from their self owned funds and deposit, loans appropriated by higher responsible authorities, special loans by government (including loan for replacing petroleum with coal, special loan for reform through labor coal mines) , loans arranged by local government from special funds, domestic reserve loan, and working loan, etc. .

(3) Foreign Investment refers to foreign funds received during the reference period for the purpose of investment in fixed assets, including foreign funds borrowed and managed by the government, by individual units, foreign fund in joint venture program, and issue of bonds and stocks at the international financial markets. The foreign funds borrowed and managed by the government refer to foreign loans borrowed by the government from foreign governments, organizations, or financial institutions under official agreements signed by both parties, under which government is responsible for the repayment of both the principal and interests of the foreign loans.

(4) Self-raised funds refer to funds received by construction enterprises from their higher responsible authorities, local governments, or raised by enterprises or institutions themselves for the purpose of investment in fixed assets during the reference period.

(5) Others refer to funds received during the reference period which are not included in the above mentioned sources.

Investment in Fixed Assets by Sector The classification of construction projects by sector is determined by the major products or the purpose of the projects when they are put into production or use, and by the nature of their social economic activities. The investment in capital construction is classified by construction projects, while investment in innovation, other investment by state owned units and urban collective units are classified according to the sector which the whole enterprise or institution belongs to. In general, one project or one enterprise or institution can only belong to one sector. In order to reflect more accurately the proportions among various sectors, the branch factories of integrated complex are classified into different sectors according to their economic activities.

Investment in Fixes by Type of Construction The construction projects in general can be classified by the type of construction into new construction, expansion, reconstruction and moving away. In capital construction, the type of construction is determined by the condition of the project. In investment in innovation, in other investment by state owned units and investment by collective owned units, the type of construction is determined by the condition of the whole enterprise or institutions. Investment by type of construction is not applied to investment by real estate development units, investment in rural areas and investment in housing by urban individuals.

(1) New construction in general refers to newly constructed units. In the case in which the value of the original fixed assets is quite small, and the value of newly added fixed assets exceeds the original ones by three times, the expansion construction is considered as new construction.

(2) Expansion refers to construction of new major production workshop or independent production line within a factory or in other locations, or construction of a branch factory so as to increase the production capacity of the original products. Newly constructed business houses in institutions and administrative organizations (such as the newly constructed teaching buildings in schools, clinics or bed building in hospitals, and office buildings in administrative agencies, etc.) Are also classified as expansion.

(3) Reconstruction refers to technical innovation and transformation of the existing equipment and technical conditions undertaken by enterprises and institutions for the purposes of technological advancement, improvement in product quality, enlarging variety of products, promoting new generation of products, reducing production consumption and cost, promoting comprehensive utilization of resources, strengthening treatment of waste gas, waste water and solid wastes, and safety in production, etc. through application of new technologies and techniques, use of new equipment and new materials(including accessory facilities for production or for living and welfare purposes) . Construction of new workshops for improving existing production capacity rather than increasing production capacity is also considered as reconstruction.

Investment in Fixed Assets by Structure refers to the three major parts of investment activities, i. e. construction and installation, purchase of equipment and instrument, and other expenses.

(1) Construction and installation (work volume of construction and installation) refers to the construction of various houses and buildings and installation of various kinds of equipment and instruments, including construction of various houses, equipment foundations and industrial kilns and stoves, preparation works for project construction, and clearing up works post project construction, pavement of railways and roads, drilling of mines and putting up of oil pipes, construction of projects of water conservancy, construction of underground air raid shelters and construction of other special projects, installation of various machinery the quality of installation projects, The value of equipment installed is not included in the value of installation projects.

(2) Purchase of equipment and instruments refers to the total value of equipment, tools, and vessels purchased or self produced which come up to standards for fixed assets. Equipment, tools and vessels purchased or self produced for new work shops by newly established or expanded units are categorized as" purchase of equipment and instruments" no matter whether they come up to the standards for fixed assets or not.

(3) Other expenses refer to expenses occurring during the construction or purchase of fixed assets other than construction, installation or purchase of equipment and instruments.

Capital Construction Projects by Size The classification of size of capital construction projects should be determined according to the total scale or total investment set in the approved construction plan by higher responsible authorities or in the tentative design, otherwise according to the total scale or total investment set in the current capital construction plan of the state, provinces, autonomous regions, and municipalities directly under central government. Industrial projects which produce unitary products are classified according to its design capacity of products; projects which produce multi products are classified by the design capacity of the major products or by the total planned investment. Standards for the Classification of Construction Projects into large, medium sized and small ones issued by the government are the base for size division of construction projects, which was revised five times in 1953, 1962, 1972, 1977, and 1979 respectively and therefore, data on projects by size are not entirely comparable from year to year.

Projects Under Construction refer to projects having construction and installation activities undertaken in the reference period, including projects started in the reference period, or continued from the previous period, or completed and put into production or suspended in the reference period.

Projects Completed and Put into Use Industrial projects refer to the major projects and accessory facilities completed which result in forming production capacity and have been checked and accepted while the living and welfare facilities have been completed and can ensure normal production and formally put into production. Non-industrial projects refer to the major projects and accessory facilities completed which possess the designed capacity and have been checked, accepted and formally put into production.

Newly Increased Production Capacity refers to the increase of designed capacity and project efficiency through investment in fixed assets, which reflects the accomplishment of investment in fixed assets in kind. The calculation of newly increased production capacity is based on individual project which operates independently and efficiently. When an individual project is completed and checked and accepted and put into production, it is counted as newly increased production capacity.

The newly increased production capacity and project efficiency are usually expressed in one of the following forms:

(1) output of products, i. e. the output that the project can produce during a given period (usually a year) . For instance, the capacity in coal mining is expressed in 10, 000 tons/year, etc;

(2) raw materials processing capacity, i. e. the volume of raw materials that could be processed by the project per day (or per hour) , such as tons of materials processed per day by a sugar refining project or edible vegetable oil project, or tons of urban sewage processed per day;

(3) number or capacity of major equipment increased, such as number of cotton or silk looms increased, wool spindles in-creased, or capacity (in kilowatt s) of power generators increased;

(4) saved raw materials, fuels or power, which are mainly used for the efficiency of innovation and transformation projects; and

(5) physical measures (volume, capacity, area, and length) of construction, which is typical for non industrial projects, for instance, the length of new railways, etc.

Features of projects sometimes call for combined use of two or more measurement to reflect the increased production capacity (or project efficiency) , for instance, the new capacity for the production of internal combustion engines are expressed in sets per year and kilowatts per year simultaneously.

Floor Space of Buildings under Construction and Completed refers to total floor space in each story of buildings calculated from the outside line of building walls, including both usable space and the space occupied by constructions like pillars or walls. The floor space of multi story buildings includes the total floor space of each story (including basement) .

Floor Space of Residential Buildings refers to the floor space of the residential buildings under construction and completed among the total space of buildings under construction and completed.

Floor Space Under Construction refers to total floor space of all buildings under construction during the reference period, including floor space of newly started buildings during the reference period, floor space of construction extended from the previous period to the current period, floor space of construction suspended during the previous period and resumed in the current period, floor space of construction completed in the current period, and floor space of construction started and then suspended in the current period.

Floor Space of Buildings Completed refers to the floor space of buildings completed in the reference period, which have come up to the designed standards and have been put into use.

Completion Rate of Floor Space of Buildings refers to the ratio of the floor space of buildings completed in certain period of time to the floor space of buildings under construction in the same period, which reflects the investment result and economic efficiency of the construction industry from the angle of the speed of project construction.

Newly Increased Fixed Assets refer to the newly increased value of fixed assets through investment, including the value of projects completed and put into production, the value of equipment, tools, and vessels considered as fixed assets, as well as the relevant expenses as investment in fixed assets. This is a comprehensive indicator of investment in fixed assets, reflecting the achievements of investment in fixed assets in different periods, different sectors, and different regions.

Rate of Construction Projects Completed and put into Use refers to the ratio of the number of construction projects completed and put into use in certain period of time to the number of projects under construction in the same period, this reflects the investment efficiency from the angle of the speed of projects construction.

Rate of Projects of Fixed Assets Completed and Put into Operation refers to the ratio of the newly increased fixed assets to the total investment made in the same period. This is a comprehensive indicator, reflecting the speed of the employment of fixed assets and the investment efficiency.

七 能源生产和消费

PRODUCTION AND CONSUMPTION OF ENERGY

资料整理 斯琴

Arranged by Si Qin

7-1 能源生产总量及构成
Total Production of Energy and Its Composition

年份 Year	能源生产总量 (万吨标准煤) Total Energy Production (10 000 tons of SCE)	占能源生产总量的比重(%)As Percentage of Total Energy Production(%)			
		原煤 Coal	原油 Crude Oil	天然气 Natural Gas	水电 Hydro-power
1978	1070.63	99.83			0.17
1980	1078.94	99.81			0.19
1985	2027.75	99.99			0.19
1986	2007.72	99.85			0.15
1987	2092.12	99.82			0.18
1988	2252.60	99.88			0.12
1989	2688.70	99.90			0.10
1990	2821.61	99.81			0.19
1991	3069.14	99.81			0.19
1992	3221.65	95.43			0.13
1993	3647.44	94.05	3.96		0.04
1994	3994.00	94.27	5.69		0.05
1995	4642.02	94.55	5.41		0.03
1996	4767.47	95.48	4.49		0.03
1997	5354.63	96.46	3.53		0.03
1998	5019.91	96.28	3.66		0.06
1999	4566.42	96.34	3.59		0.05
2000	4701.23	95.90	2.75		0.12
2001	6047.84	96.40	2.01	1.41	0.13
2002	8428.61	97.21	1.40	1.22	0.10
2003	10814.13	97.14	1.22	1.30	0.29
2004	15586.70	97.32	1.04	1.34	0.23
2005	19082.33	95.86	1.10	2.69	0.27

注：电力折算标准煤的系数根据当年平均发电煤耗计算，下表同。

a) The coefficient for conversion of electric power into SCE(standard coal equivalent)is calculated on the basic of the data on the average coal consumption in generating electric power in the same year.The same as in the following tables.

7-2 能源消费总量及构成

Total Consumption of Energy and Its Composition

年 份 Year	能源消费总量(万吨标准煤) Total Energy Production (10 000 tons of SCE)	占能源消费总量的比重(%) As Percentage of Total Energy Consumption(%)				单位GDP能耗(吨标准煤/万元) Energy Consumption Per 10 000 yuan of GDP (ton of SCE/10 000 yuan)	单位工业增加值能耗(吨标准煤/万元) Energy Consumption Per 10 000 yuan of Industrial Value-added (ton of SCE/10 000 yuan)	单位GDP电耗(千瓦时/万元) Electricity Consumption Per 10 000 yuan of Industrial Value-added (kw /10 000 yuan)
		原 煤 Coal	原 油 Crude Oil	天然气 Natural Gas	水 电 Hydro-power			
1985	1870.66							
1986	1856.66	57.38	0.11		0.16			
1987	1967.11	55.76	0.07		0.20			
1988	2035.52	54.25	0.04		0.14			
1989	2250.36	54.89	0.04		0.12			
1990	2423.51	52.77	0.04		0.22			
1991	2505.19	53.30	0.03		0.20			
1992	2554.99	50.50	1.65		0.17			
1993	2676.11	93.00	4.94		0.05			
1994	2812.19	94.63	4.87		0.07			
1995	3268.44	82.38	3.82		0.05			
1996	3144.36	93.87	4.56		0.05			
1997	3708.95	93.23	4.36		0.05			
1998	3440.06	95.44	4.78		0.09	2.42		
1999	3634.88	94.97	4.96		0.06	2.39		
2000	3937.54	93.14	4.58		0.14	2.31		
2001	4453.48	93.34	4.27	0.04	0.16	2.30		
2002	5190.12	93.47	3.47	0.05	0.16	2.35		
2003	6612.77	95.58	2.78	0.41	0.15	2.42		
2004	8601.81	96.71	1.14	0.05	0.16	2.51	6.33	1761.20
2005	10764.90	92.30	1.75	0.78	0.17	2.48	5.67	1714.1

注：1.1999年以后能源消费量为估算数。

2.单位GDP能耗中电力、热力按等价热值折算。

a)Data on energy consumption were estimated figures since 1999.

b)Electric power & heat are converted on the basic of equal caloric value in the energy consumption per 10 000 yuan of GDP.

7-3 综合能源平衡表

Overall Energy Balance

单位：万吨标准煤 (10 000 tons of SCE)

项 目	Item	1985	1990	1995	2000	2005
可供消费的能源总量	**Total Energy Available for Consumption**	**1877.55**	**2418.00**	**2922.20**	**3996.41**	**9493.38**
一次能源生产量	Primary Energy Output	2027.75	2821.61	4642.02	4701.23	19082.33
回收量	Recovery of Energy				193.37	391.33
进口量	Imports		3.33	4.56		228.02
出口量(-)	Exports(-)	3.16	16.81	48.38	141.96	-11.21
年初年末库存差额	Stock Changes in the Year	-37.95	-57.33	-61.74	47.81	416.06
能源消费总量	**Total Energy Consumption**	**1870.66**	**2423.51**	**3268.44**	**3937.54**	**9642.64**
在总量中：	Consumption by Sector					
1.农、林、牧、渔业	1.Farming, Forestry, Animal Husbandry & Fishery	67.90	83.39	100.09	128.62	319.53
2.工业	2.Industry	1058.46	1368.62	1338.90	2059.93	6936.80
3.建筑业	3.Construction	68.32	29.69	35.69	57.57	105.80
4.交通运输、仓储及邮电通信业	4.Transportation, Storage, Post & Telecommunications Services	131.81	152.46	154.58	151.07	686.73
5.批发、零售业和住宿餐饮业	5.Wholesale, Retail Trade, Quarters & Catering	39.04	43.72	73.44	92.87	308.58
6.其他	6.Others	93.86	115.66	128.19	80.27	271.38
7.生活消费	7.Residential Consumption	411.25	437.18	155.45	225.40	1006.47
在总量中：	Consumption by Usage					
(一)终端消费	(I)Final Consumption	1818.10	2230.72	1986.38	2795.70	8808.27
# 工业	Industry	1058.48	1368.62	1338.90	2059.93	6109.78
(二)加工转换损失量	(II)Losses in Processing & Transformation	29.82	135.67	905.20	1119.59	827.02
# 炼焦	Coking	11.02	43.91	36.52	16.30	255.60
炼油	Petroleum Refining			1.11	24.69	4.12
(三)损失量	(III)Other Losses	22.74	57.12	376.86	22.25	7.34
平衡差额	**Balance**	**6.89**	**-5.51**	**-346.24**	**58.87**	**-149.26**

注： 1.村办工业包括在工业中(下同)。
2.电力、热力按等价热值折算，因此加工转换损失量中不包括发电、供热损失量。
3.进口量包括我国飞机、轮船在国外加油量；出口量包括外国飞机、轮船在我国加油量。

a)Data on industry include the data of village-run industry.(The same as in the following tables).

b)Electric power & heat are converted on the basic of equal caloric value.Therefore, losses in processing and transformation exclude losses in power generation and heating.

c)Data on imports include the petroleum consumed by the Chinese airplane and ships in refueling abroad.Data on exports include the petroleum consumed by the foreign airplanes and ships in refueling in China.

7-4 石油平衡表

Petroleum Balance

单位：万吨 (10 000 tons)

项目	Item	2004	2005
可供量	**Total Energy Available for Consumption**	**479.13**	**636.53**
生产量	Output	113.22	146.92
外省(区、市)调入量	Transfer From Other Province(Region、City)	394.69	525.70
本省(区、市)调出量(-)	Transfer to Other Province(Region、City)(-)	-39.24	-29.70
年初年末库存差额	Stock Changes in the Year	8.94	13.60
消费量	**Total Energy Consumption**	**480.95**	**636.53**
在消费总量中：	Consumption by Sector		
1.农、林、牧、渔业	1.Farming, Forestry, Animal Husbandry and Fishery	64.45	66.42
2.工业	2.Industry	93.27	86.39
3.建筑业	3.Construction	24.36	21.67
4.交通运输、仓储及邮电通信业	4.Transportation, Storage, Post and Telecommunications Services	163.13	333.95
5.批发、零售业和住宿餐饮业	5.Wholesale，Retail Trade, Quarters and Catering	68.21	60.29
6.其他	6.Others	38.93	38.55
7.生活消费	7.Residential Consumption	28.60	29.26
在消费总量中：	Consumption by Usage		
(一)终端消费	(I)Final Consumption	474.66	629.24
# 工业	Industry	86.98	79.10
(二)中间消费	(II)Intermediate Consumption	123.82	119.64
(用于加工转换)	(Consumed in Transformation)		
发电	Power Generation		0.91
供热	Heating		0.01
炼焦	Coking		
制气	Gas Production		
(三)洗选损耗	(III)Losses in Coal Washingand Dressing		
平衡差额	**Balance**		

注：生产量为原油产量。

a)Data on output refer to the output of crude oil.

7-5 煤炭平衡表
Coal Balance Sheet

单位：万吨 (10 000 tons)

项 目	Item	1985	1990	1995	2000	2005
可供量	**Total Energy supply**	**2908.08**	**3887.83**	**4342.19**	**5817.19**	**13706.67**
生产量	Output	3204.00	4761.61	7055.21	7247.29	25607.69
进口量	Imports		4.25			248.80
出口量(-)	Exports(-)	4.00	21.43	71.51	197.59	
年初年末库存差额	Stock Changes in the Year	59.95	57.06		117.49	584.06
消费量	**Total Energy Consumption**	**2898.31**	**3905.04**	**4329.02**	**5739.52**	**13921.81**
在消费总量中：	Consumption by Sector					
1.农、林、牧、渔业	1.Farming,Forestry,Animal Husbandry & Fishery	37.00	43.51	57.87	75.25	127.82
2.工业	2.Industry	1777.23	898.09	934.94	1420.45	12359.47
3.建筑业	3.Construction	70.00	25.40	30.75	30.55	76.96
4.交通运输、仓储及邮电通信业	4.Transport, Storage, Post & Telecomm Services	152.00	181.97	186.65	99.99	178.67
5.批发、零售业和住宿餐饮业	5.Wholesale，Retail Trade, Quarters & Catering	46.00	50.50	65.87	37.58	187.24
6.其他	6.Others	104.00	132.77	92.11	38.00	170.40
7.生活消费	7.Residential Consumption	576.00	585.76	144.00	143.44	811.25
在消费总量中：	Consumption by Usage					
(一)终端消费	(Ⅰ)Final Consumption	1724.44	1918.00	1512.19	1845.26	4440.07
# 工业	Industry	1724.44		934.94	1420.45	2887.73
(二)中间消费	(Ⅱ)Intermediate Consumption	-1160.13	-1936.37	-2786.83	-3864.26	-9471.74
(用于加工转换)	(Consumed in Transformation)					
发电	Power Generation	592.12	1273.25	1882.61	2566.34	6277.23
供热	Heating	110.00	165.43	275.56	366.26	808.20
炼焦	Coking	263.38	151.98	60.45	126.06	1590.07
制气	Gas Production					1.96
(三)洗选损耗	(III)Losses in Coal Washing	18.70				
平衡差额	**Balance**	**12.73**	**-17.21**	**13.17**	**77.67**	**-215.14**

注：生产量为原煤产量。

a)Data on output refer to the output of raw coal.

7-6 电力平衡表

Electricity Balance Sheet

单位：亿千瓦小时 (100 million kwh)

项 目	Item	1985	1990	1995	2000	2005
可供量	**Total Energy supply**	**80.46**	**169.54**	**278.54**	**439.22**	**1025.27**
生产量	Output	80.46	169.54	278.54	439.22	1025.27
水电	Hydro-power	0.61	1.34	1.43	5.59	11.38
火电	Thermal Power	79.85	168.50	277.11	432.09	1010.21
核电	Nuclear Power					
进口量	Imports					
出口量(-)	Exports(-)					
消费量	**Total Energy Consumption**	**69.65**	**121.82**	**186.83**	**256.07**	**667.72**
在消费总量中：	Consumption by Sector					
1.农、林、牧、渔业	1.Farming, estry,Animal Husbandry & Fishery	6.22	9.10	11.59	16.99	27.73
2.工业	2.Industry	48.57	95.28	145.52	195.65	566.67
3.建筑业	3.Construction	2.42	1.50	1.79	4.27	2.43
4.交通运输、仓储及邮电通信业	4.Transportation, Storage, Post & Telecommunications Services	0.26	1.45	2.50	4.22	6.14
5.批发、零售业和住宿餐饮业	5.Wholesale，Retail Trade, Quarters & Catering	1.50	2.94	5.65	8.75	
6.其他	6.Others	2.75	4.20	6.88	7.36	14.41
7.生活消费	7.Residential Consumption	5.16	8.79	15.61	22.36	41.80
在消费总量中：	Consumption by Usage					
(一)终端消费	(Ⅰ)Final Consumption	66.02	115.84	186.83	256.07	667.72
# 工业	Industry	48.57	95.28	145.52	195.65	566.67
(二)输配电损失量	(Ⅱ)Losses in Transmission	3.63	5.98			

7-7 分行业能源消费总量和主要能源品种消费量(2005年)

Consumption of Total Energy & Its Main Varieties by Sector(2005)

行 业	Sector	能源消费总量(万吨标准煤) Total Energy Consumption (10 000 tons of SCE)	煤炭消费量(万吨) Coal Consumption (10 000 tons)	焦炭消费量(万吨) Coke Consumption (10 000 tons)	原油消费量(万吨) Crude Oil Consumption (10 000 tons)	汽油消费量(万吨) Gasoline Consumption (10 000 tons)
消费总量	**Total Consumption**	**10765**	**13922**	**814**	**132**	**192**
农、林、牧、渔业	**Farming, Forestry, Animal Husbandry & Fishery**	**227**	**128**	**4**		**21**
工业	**Industry**	**8496**	**12369**	**798**	**132**	**6**
采矿业	**Mining**	**794**	**1125**	**2**	**12**	**2**
煤炭开采和洗选业	Coal Mining & Processing	702	1066			1
石油和天然气开采业	Extraction of Petroleum & Natural Gas	22	2		12	
黑色金属矿采选业	Mining & Dressing of Ferrous Metals	14	5	1		
有色金属矿采选业	Mining & Dressing of Nonferrous Metals	21	17	1		
非金属矿采选业	Mining & Dressing of Nonmetal Minerals	34	36			
其他采矿业	Mining of Other Mineral					
制造业	**Manufacturing**	**3995**	**4153**	**792**	**120**	**3**
农副食品加工业	Processing of Agricultural Side-line Food	106	147			1
食品制造业	Food Manufacturing	93	108			
饮料制造业	Beverage Manufacturing	38	45			
烟草制品业	Tobacco Products	7	10			
纺织业	Textile Industry	47	60			
纺织服装、鞋、帽制造业	Textile Products, Clothes, Shoes & Hats	4	5			
皮革、毛皮、羽毛(绒)及其制品业	Leather, Furs, Down & Related Products	2	2			
木材加工及木、竹、藤、棕、草制品业	Timber Processing, Bamboo, Cane, Palm Fiber & Straw Products	21	21			
家具制造业	Furniture Manufacturing	2	2			
造纸及纸制品业	Paper-making & Paper Products	74	97			
印刷业和记录媒介的复制	Printing & Record Pressing	1	1			
文教体育用品制造业	Cultural, Educational & Sports Goods					

注：1.工业能源消费量中包括村办工业。

2.工业分行业数字中不包括其他石油制品和其他焦化产品，但工业合计中包括。

a)The energy consumption by the industrial sector includes the consumption by village run industry.

b)The consumption of other petroleum products and other coking products (such as benzence etc.) is included in the total consumption of the industrial sector , but not included the various industrial branches.

7-7 续表 1 continued

行业	Sector	煤油消费量(万吨) Kerosene Consumption (10 000 tons)	柴油消费量(万吨) Diesel Oil Consumption (10 000 tons)	燃料油消费量(万吨) Fuel Oil Consumption (10 000 tons)	天然气消费量(亿立方米) Natural Gas Consumption (100 million cu.m)	电力消费量(亿千瓦小时) Electricity Consumption (100 million kwh)
消费总量	**Total Consumption**		**380**	**25**	**6**	**668**
农、林、牧、渔业	**Farming, Forestry, Animal Husbandry & Fishery**		**45**			**28**
工业	**Industry**		**34**	**23**	**6**	**567**
采矿业	**Mining**		**19**			**38**
煤炭开采和洗选业	Coal Mining & Processing		16			19
石油和天然气开采业	Extraction of Petroleum & Natural Gas					3
黑色金属矿采选业	Mining & Dressing of Ferrous Metals		2			6
有色金属矿采选业	Mining & Dressing of Nonferrous Metals		1			6
非金属矿采选业	Mining & Dressing of Nonmetal Minerals		1			6
其他采矿业	Mining of Other Mineral					
制造业	**Manufacturing**		**9**	**22**	**5**	**447**
农副食品加工业	Processing of Agricultural Side-line Food					5
食品制造业	Food Manufacturing					6
饮料制造业	Beverage Manufacturing					1
烟草制品业	Tobacco Products					
纺织业	Textile Industry					3
纺织服装、鞋、帽制造业	Textile Products, Clothes, Shoes & Hats					
皮革、毛皮、羽毛(绒)及其制品业	Leather, Furs, Down & Related Products					
木材加工及木、竹、藤、棕、草制品业	Timber Processing, Bamboo, Cane, Palm Fiber & Straw Products					2
家具制造业	Furniture Manufacturing					
造纸及纸制品业	Paper-making & Paper Products					3
印刷业和记录媒介的复制	Printing & Record Pressing					
文教体育用品制造业	Cultural, Educational & Sports Goods					

7-7 续表 2 continued

行 业	Sector	能源消费总量(万吨标准煤) Total Energy Consum-ption (10 000 tons of SCE)	煤炭消费量(万吨) Coal Cons-umption (10 000 tons)	焦炭消费量(万吨) Coke Consum-ption (10 000 tons)	原油消费量(万吨) Crude Oil Consum-ption (10 000 tons)	汽油消费量(万吨) Gasoline Consum-ption (10 000 tons)
石油加工、炼焦及核燃料加工业	Petroleum Processing, Coke Products & Processing of Nuclear Fuel	321	1247	7	120	
化学原料及化学制品制造业	Raw Chemical Materials & Chemical Products	883	713	133		
医药制造业	Medicine Manufacturing	38	52			
化学纤维制造业	Chemical Fiber Manufacturing	3	4			
橡胶制品业	Rubber Products					
塑料制品业	Plastic Products	1	1			
非金属矿物制品业	Nonmetal Mineral Products	576	707	21		
黑色金属冶炼及压延加工业	Smelting & Pressing of Ferrous Metals	1455	740	617		1
有色金属冶炼及压延加工业	Smelting & Pressing of Nonferrous Metals	230	119	9		
金属制品业	Metal Products	4	4			
通用设备制造业	Manufacturing of General-Purpose Equipment	17	15	3		
专用设备制造业	Special Purposes Equipment Manufacturing	66	49	1		
交通运输设备制造业	Transportation Equipment Manufacturing	3	1			
电气机械及器材制造业	Electric Equipment & Machinery	2	1			
信设备、计算机及其他电子设备制造业	Manufacturing of Telecommunications, Computer & Other Electronic Equipment	1	1			
仪器仪表及文化、办公用机械制造业	Instruments, Meters, Cultural & Office Machinery					
工艺品及其他制造业	Handicrafts & Other Production	3	4			
废弃资源和废旧材料回收加工业	Recovering of Abandoned Resource & Waste Materical					
电力、燃气及水的生产和供应业	**Production & Supply of Electric Power, Gas & Water**	**3706**	**7091**	**4**		**1**
电力、热力的生产和供应业	Production & Supply of Electric Power & Heating Power	3665	7017			1
燃气生产和供应业	Production & Supply of Gas	38	71	4		
水的生产和供应业	Production & Supply of Water	4	3			
建筑业	**Construction**	**92**	**77**			**8**
交通运输、仓储及邮电通信业	**Transportation,Storage, Postal & Telecommunications Services**	**652**	**179**	**2**		**102**
批发、零售业和住宿、餐饮业	**Wholesale，Retail Trade, Quarters & Catering**	**265**	**187**	**9**		**27**
其他	**Others**	**213**	**170**			**21**
生活消费	**Residential Consumption**	**817**	**811**	**2**		**7**

7-7 续表 3 continued

行业	Sector	煤油消费量（万吨）Kerosene Consumption (10 000 tons)	柴油消费量（万吨）Diesel Oil Consumption (10 000 tons)	燃料油消费量（万吨）Fuel Oil Consumption (10 000 tons)	天然气消费量（亿立方米）Nat ural Gas Consumption (100 million cu.m)	电力消费量（亿千瓦小时）Electricity Consumption (100 million kwh)
石油加工、炼焦及核燃料加工业	Petroleum Processing , Coke Products & Processing of Nuclear Fuel		1			6
化学原料及化学制品制造业	Raw Chemical Materials & Chemical Products		1	16	3	127
医药制造业	Medicine Manufacturing					3
化学纤维制造业	Chemical Fiber Manufacturing					
橡胶制品业	Rubber Products					
塑料制品业	Plastic Products					
非金属矿物制品业	Nonmetal Mineral Products		1	5		34
黑色金属冶炼及压延加工业	Smelting & Pressing of Ferrous Metals		4	1		165
有色金属冶炼及压延加工业	Smelting & Pressing of Nonferrous Metals		1		2	83
金属制品业	Metal Products					1
通用设备制造业	Manufacturing of General-Purpose Equipment					1
专用设备制造业	Special Purposes Equipment Manufacturing					6
交通运输设备制造业	Transportation Equipment Manufacturing					1
电气机械及器材制造业	Electric Equipment & Machinery					
通信设备、计算机及其他电子设备制造业	Manufacturing of Telecommunications, Computer & Other Electronic Equipment					
仪器仪表及文化、办公用机械制造业	Instruments, Meters, Cultural & Office Machinery					
工艺品及其他制造业	Handicrafts & Other Production					
废弃资源和废旧材料回收加工业	Recovering of Abandoned Resource & Waste Material					
电力、燃气及水的生产和供应业	**Production & Supply of Electric Power, Gas & Water**		6	1	1	82
电力、热力的生产和供应业	Production & Supply of Electric Power & Heating Power		6	1		80
燃气生产和供应业	Production & Supply of Gas		0		1	
水的生产和供应业	Production & Supply of Water		0			1
建筑业	**Construction**		12	2		2
交通运输、仓储及邮电通信业	**Transportation,Storage, Postal & Telecommunications Services**	1	232			6
批发、零售业和住宿、餐饮业	**Wholesale，Retail Trade, Quarters & Catering**		30			9
其他	**Others**		17			14
生活消费	**Residential Consumption**		10			42

7-8 能源生产弹性系数

Elasticity Ratio of Energy Production

年份 Year	能源生产比上年增长% Growth Rate of Energy Production over Preceding Year (%)	电力生产比上年增长% Growth Rate of Electricity Production over Preceding Year (%)	生产总值比上年增长% Growth Rate of Gross Domestic Product(GDP) over Preceding Year (%)	能源生产弹性系数 Elasticity Ratio of Energy Production	电力生产弹性系数 Elasticity Ratio of Electricity Production
1984	10.15	14.35	16.4	0.62	0.89
1985	20.49	15.69	18.2	1.15	0.91
1986	-0.99	39.54	5.9	-0.17	6.30
1987	4.20	13.76	9.0	0.47	1.53
1988	7.67	9.33	9.8	0.78	0.95
1989	19.36	11.12	2.7	7.17	4.12
1990	4.94	10.51	7.5	0.66	1.40
1991	8.77	11.31	7.5	1.17	1.51
1992	4.97	17.63	11.0	0.45	1.60
1993	13.22	5.82	11.7	1.13	0.50
1994	9.50	11.07	11.2	0.85	0.99
1995	16.22	6.61	10.1	1.61	0.65
1996	2.70	16.32	14.4	0.19	1.13
1997	12.32	5.62	10.8	1.14	0.52
1998	-6.25	2.39	10.7	-0.58	0.22
1999	-9.03	8.62	8.8	-1.03	0.98
2000	2.95	16.87	10.8	0.27	1.56
2001	28.64	5.98	10.6	2.68	0.56
2002	39.37	11.27	13.2	2.98	0.85
2003	27.99	25.05	17.6	1.59	1.42
2004	44.13	26.09	20.9	2.11	1.25
2005	22.43	31.01	23.8	0.94	1.30

注：生产总值增长速度按可比价格计算，下表同。

a)The growth rates of GDP are calculated at comparable prices.The same as in the following tables.

7-9 能源消费弹性系数

Elasticity Ratio of Energy Consumption

年份 Year	能源消费比 上年增长% Growth Rate of Energy Consumption over Preceding Year (%)	电力消费比 上年增长% Growth Rate of Electricity Consumption over Preceding Year (%)	生产总值比 上年增长% Growth Rate of Gross Domestic Product(GDP) over Preceding Year (%)	能源消费 弹性系数 Elasticity Ratio of Energy Consumption	电力消费 弹性系数 Elasticity Ratio of Electricity Consumption
1986	1.97	7.94	5.9	0.33	1.35
1987	5.95	9.70	9.0	0.66	1.08
1988	3.48	14.15	9.8	0.36	1.44
1989	10.03	13.95	2.7	3.71	5.17
1990	8.21	13.55	7.5	1.09	1.81
1991	3.37	3.87	7.5	0.45	0.52
1992	1.98	10.65	11.0	0.18	0.97
1993	4.74	39.43	11.7	0.41	3.37
1994	5.08	-17.23	11.2	0.45	-1.54
1995	16.22	-18.43	10.1	1.61	-1.82
1996	-3.80	49.76	14.4	-0.26	3.46
1997	17.96	4.68	10.8	1.66	0.43
1998	-7.25	-10.42	10.7	-0.68	-0.97
1999	5.66	24.91	8.8	0.64	2.83
2000	8.33	8.15	10.8	0.77	0.75
2001	13.10	9.22	10.6	1.24	0.87
2002	16.54	14.57	13.2	1.25	1.10
2003	27.41	26.89	17.6	1.56	1.53
2004	30.08	31.72	20.9	1.44	1.52
2005	25.15	24.67	23.8	1.06	1.04

注:1999年以后为估算数。

a) The data were estimated figures since 1999.

主要统计指标解释

能源生产总量 指一定时期内全区一次能源生产量的总和，是观察全区能源生产水平、规模、构成和发展速度的总量指标。一次能源生产量包括原煤、原油、天然气、水电、核能及其他动力能(如风能、地热能等)发电量，不包括低热值燃料生产量、生物质能、太阳能等的利用和由一次能源加工转换而成的二次能源产量。

能源消费总量 指一定时期内全区物质生产部门、非物质生产部门和生活消费的各种能源的总和，是观察能源消费水平、构成和增长速度的总量指标。能源消费总量包括原煤和原油及其制品、天然气、电力，不包括低热值燃料、生物质能和太阳能等的利用。能源消费总量分为终端能源消费量、能源加工转换损失量和损失量三部分。

(1)终端能源消费量：指一定时期内全区生产和生活消费的各种能源在扣除了用于加工转换二次能源消费量和损失量以后的数量。

(2)能源加工转换损失量：指一定时期内全区投入加工转换的各种能源数量之和与产出各种能源产品之和的差额，是观察能源在加工转换过程中损失量变化的指标。

(3)能源损失量：指一定时期内能源在输送、分配、储存过程中发生的损失和由客观原因造成的各种损失量，不包括各种气体能源放空、放散量。

能源生产弹性系数 是研究能源生产增长速度与国民经济增长速度之间关系的指标。计算分式为：

能源生产弹性系数=能源生产总量年平均增长速度/国民经济年平均增长速度

国民经济年平均增长速度，可根据不同的目的或需要，用地区收入总值、地区生产总值等指标来计算，本年鉴是采用国内生产总值指标计算的。

电力生产弹性系数 是研究电力生产增长速度与国民经济增长速度之间关系的指标。一般来说，电力的发展应当快于国民经济的发展，也就是说电力应超前发展。计算公式为：

电力生产弹性系数=电力生产量年平均增长速度/国民经济年平均增长速度

能源消费弹性系数 是反映能源消费增长速度与国民经济增长速度之间比例关系的指标。计算公式为：

能源消费弹性系数=能源消费量年平均增长速度/国民经济年平均增长速度

电力消费弹性系数 反映电力消费增长速度与国民经济增长速度之间比例关系的指标。计算公式为：

电力消费弹性系数=电力消费量年平均增长速度/国民经济年平均增长速度

能源加工转换效率 指一定时期内能源经过加工、转换后，产出的各种能源产品的数量与同期内投入加工转换的各种能源数量的比率。它是观察能源加工转换装置和生产工艺先进与落后、管理水平高低等的重要指标。计算公式为：

能源加工转换效率=能源加工、转换产出量/能源加工、转换投入量×100%

Explanatory Notes on Main Statistical Indicators

Total Energy Production refers to the total product ion of primary energy by all energy producing enterprises in the autonomous region in a given period of time. It is a comprehensive indicator to show the capacity, scale, composition and development of energy production of the country. The production of primary energy includes that of coal, crude oil, natural gas, hydropower and elect recite generated by nuclear energy and other means such as wind power and geothermal power. However, it excludes the production of fuels of low calorific value, bio-energy, solar-energy and the secondary energy converted from the primary energy.

Total Domestic Energy Consumption refers to the total consumption of energy of various kinds by material production sectors, nonmaterial production sectors and households in the autonomous region in a given period of time. It is a comprehensive indicator to show the scale, composition and development of energy consumption. The total energy consumption includes that of coal, crude oil and their products, natural gas and electricity. However, it excludes the consumption of fuel of low calorific value, bio-energy and solar energy. Total domestic energy consumption can be divided into three parts:

(1) Final Energy Consumption: It refers to the total energy consumption by material production sectors. Non material production sectors and households in the autonomous region in a given period of time, but excludes the consumption in conversion o f the primary energy into the secondary energy and the loss in the process of energy conversion.

(2) Loss During the Process of Energy Conversion: It refers to the total input of various kinds of energy for conversion, minus the total output of various kinds of energy in the autonomous region in a given period of time. It is an indicator to show the loss that occurs during the process of energy conversion.

(3) Loss: It refers to the total of the loss of energy during the course of energy transport, distribution and storage and the loss caused by any objective reason in a given period of time. The loss of various kinds of gas due to gas discharges and stocktaking is excluded.

Elasticity Ratio of Energy Production is an indicator to show the relationship between the growth rate of energy production and the growth rat e of the national economy. The formula is:

Elasticity Ratio of Energy Production=Average Annual Growth Rate of Energy Production ÷ Average Annual Growth Rate of National Economy

The average annual growth rate of the national economy can be shown by the gross national product, gross domestic product and other indicators, depending upon the purposes or needs. The gross domestic product is used in calculation of the ratio in this chapter.

Elasticity Ratio of Electricity Production is an indicator to show the relations hip between the growth rate of electricity production and the growth rate of the national economy. Generally speaking, the growth rate of electricity production should be higher than that of the national economy. Its formula is:

Elasticity Ratio of Electricity Production = Average Annual Growth Rate of Electricity Production ÷ Average Annual Growth Rate of National Economy

Elasticity Ratio of Energy Consumption is an indicator to show the relationship between the growth rate of energy consumption and the growth r ate of the national economy. The formula is:

Elasticity Ratio of Energy Consumption=Average Annual Growth Rate of Energy Consumption ÷ Average Annual Growth Rate of National Economy

Elasticity Ratio of Electricity Consumption is an indicator to show the relation ship between the growth rate of electricity consumption and the growth rate of t he national economy. The formula is:

Elasticity Ratio of Electricity Consumption = Average Annual Growth Rate of Electricity ÷ Average Annual Growth Rate of National Economy

Efficiency of Energy Processing and Conversion refers to the ratio of the total output of energy products of various kinds after processing and conversion and t he total input of energy of various kinds for processing and conversion in the same reference period. It is an important indicator to show the current conditions of energy processing and conversion equipment, production technique and management. The formula is:

Efficiency of Energy Processing and Conversion = Output of Energy After Processing and Conversion ÷ Input of Energy for Processing and Conversion×100%

八　财政

GOVERNMENT FINANCE

资料整理　包利军

Arranged by Bao Lijun

8-1 财政收支总额及增长速度

Total Government Revenue and Expenditures and Their Increase Rate

年 份 Year	财政收入 (万元) Total Revenue (10 000 yuan)	财政支出 (万元) Total Expenditures (10 000 yuan)	增长速度(%) Incease Rate(%) 财政收入 Total Revenue	财政支出 Total Expenditures
1947	9	39		
1948	110	262	1122.2	571.8
1949	739	786	571.8	200.0
1950	5347	4562	623.5	480.4
1951	5376	6025	0.5	32.1
1952	13335	10280	148.0	70.6
1953	8657	13997	-35.1	36.2
1954	18503	18045	113.7	28.9
1955	21090	17489	14.0	-3.1
1956	27597	29032	30.9	66.0
1957	31385	26771	13.7	-7.8
1958	42764	64432	36.3	140.7
1959	70269	99357	64.3	54.2
1960	89917	122162	28.0	23.0
1961	49529	56471	-44.9	-53.8
1962	33590	37641	-32.2	-33.3
1963	38345	39952	14.2	6.1
1964	43219	49683	12.7	24.4
1965	45967	51808	6.4	4.3
1966	48455	59224	5.4	14.3
1967	40232	47949	-17.0	-19.0
1968	38882	41477	-3.4	-13.5
1969	27680	61706	-28.8	48.8
1970	44088	78582	59.3	27.3
1971	36543	90915	-17.1	15.7
1972	31314	97994	-14.3	7.8
1973	34123	114983	9.0	17.3
1974	26863	124842	-21.3	8.6
1975	27375	129157	1.9	3.6
1976	26587	138332	-2.9	7.1
1977	29339	140470	10.4	1.5

8-1 续表 continued

单位：万元　　　　(10 000 yuan)

年 份 Year	财政收入 (万元) Total Revenue (10 000 yuan)	财政支出 (万元) Total Expenditures (10 000 yuan)	增长速度(%) Incease Rate(%) 财政收入 Total Revenue	财政支出 Total Expenditures
1978	69046	186888	135.3	33.0
1979	45553	210416	-34.0	12.6
1980	41284	183721	-9.4	-12.7
1981	41585	163506	0.7	-11.0
1982	51842	203074	24.7	24.2
1983	69891	228273	34.8	12.4
1984	84556	308604	21.0	35.2
1985	131789	341832	55.9	10.8
1986	160206	438955	21.6	28.4
1987	194326	455597	21.3	3.8
1988	241343	510137	24.2	12.0
1989	286679	558124	18.8	9.4
1990	329763	609023	15.0	9.1
1991	393966	666190	19.5	9.4
1992	390775	720731	-0.8	8.2
1993	561177	882773	43.6	22.5
1994	682167	928235	21.6	5.1
1995	763458	1021780	11.9	10.1
1996	932403	1263825	22.1	23.7
1997	1112749	1429118	19.3	13.1
1998	1312330	1817593	17.9	27.2
1999	1436887	2128369	9.5	17.1
2000	1555898	2610629	8.3	22.7
2001	1677409	3359808	7.8	28.7
2002	2068097	4133327	23.3	23.0
2003	2580321	4710924	24.8	14.0
2004	3646653	6027524	41.3	27.9
2005	5363633	7346079	47.1	21.9

注： 在财政收支中，价格补贴1985年以前冲减财政收入，1986年以后列为财政支出。

a) Government price subsidies were listed as negative revenue items prior to 1986, but they have been listed as expenditure items in government accounts since 1986.

8-2 财政收入占生产总值的比重

Government Revenue as Percentage to Gross Domestic Product

年 份 Year	财政收入 (亿元) Total Revenue (100 million yuan)	生产总值 (亿元) Gross Domestic Products (100 million yuan)	财政收入占 生产总值的比重(%) Percentage of Government Revenue to GDP(%)
1949	0.001	5.37	
1952	1.33	12.16	11.0
1953	0.87	15.57	5.6
1957	3.14	21.27	14.8
1962	3.36	25.12	13.4
1965	4.60	35.41	13.0
1970	4.41	39.17	11.3
1975	2.74	48.55	5.6
1978	6.90	58.04	11.9
1979	4.56	64.14	7.1
1980	4.13	68.40	6.0
1981	4.16	77.91	5.3
1982	5.18	93.22	5.6
1983	6.99	105.88	6.6
1984	8.46	128.20	6.6
1985	13.18	163.83	8.0
1986	16.02	181.58	8.8
1987	19.43	212.27	9.2
1988	24.13	270.81	8.9
1989	28.67	292.69	9.8
1990	32.98	319.31	10.3
1991	39.40	359.66	11.0
1992	39.08	421.68	9.3
1993	56.12	537.81	10.4
1994	68.23	695.06	9.8
1995	76.35	857.06	8.9
1996	93.24	1023.09	9.1
1997	111.27	1153.51	9.6
1998	131.12	1262.54	10.4
1999	143.69	1379.31	10.4
2000	155.59	1539.12	10.1
2001	167.74	1713.81	9.8
2002	206.81	1940.94	10.7
2003	258.03	2388.38	10.8
2004	364.67	3041.07	12.0
2005	536.36	3895.55	13.8

8-3 财政分项收入

Government Revenue by Source

单位：万元 (10 000 yuan)

年份 Year	财政收入 Total Government Revenue	地方财政收入 Local Government Revenue	一般预算收入 General Budgetary Financial Revenue	#工商税收 Industrial and Commercial Tax	#农牧业税和耕地占用税 Agricultural and Animal Husbandry and Tax on the use of Cultivated land	#企业所得税 Income Tax of Enterprises	#国有企业上缴利润 Payed Profits by State-owned Enterprises
1947	9	9	9			1	
1948	110	110	110		43	20	
1949	739	739	739	149	282	196	
1950	5347	5347	5347	1852	1680	1568	
1951	5376	5376	5376	2266	510	1306	
1952	13335	13335	13335	3744	2700	5049	
1953	8657	8657	8657	4507	450	2550	
1954	18503	18503	18503	7725	4544	5260	
1955	21090	21090	21090	8549	5370	6324	
1956	27597	27597	27597	11797	5512	9328	
1957	31385	31385	31385	12535	5550	9409	
1958	42764	42764	42764	15174	5598	17065	
1959	70269	70269	70269	19237	6506	39150	
1960	89917	89917	89917	24690	6410	52872	
1961	49529	49529	49529	16531	4297	24238	
1962	33590	33590	33590	18027	5000	7788	
1963	38345	38345	38345	19929	5996	9734	
1964	43219	43219	43219	20196	7500	12499	
1965	45967	45967	45967	22577	6128	13144	
1966	48455	48455	48455	21712	6978	16086	
1967	40232	40232	40232	20303	7519	9058	
1968	38882	38882	38882	20537	6636	7549	
1969	27680	27680	27680	20168	5265	1509	
1970	44088	44088	44088	27399	9627	6076	
1971	36543	36543	36543	29455	7743	-1820	
1972	31314	31314	31314	31085	4845	-5822	
1973	34123	34123	34123	34954	7500	-9309	
1974	26863	26863	26863	34257	7604	-16136	
1975	27375	27375	27375	40295	6894	-21044	
1976	26587	26587	26587	43142	7988	-25703	
1977	29339	29339	29339	49579	7271	-29193	

8-3 续表 continued

单位：万元 (10 000 yuan)

年 份 Year	财政收入 Total Government Revenue	地方财政收入 Local Government Revenue	一般预算收入 General Budgetary Financial Revenue	#工商税收 Industrial and Commercial Tax	#农牧业税和耕地占用税 Agricultural and Animal Husbandry and Tax on the use of Cultivated land	#企业所得税 Income Tax of Enterprises	#国有企业上缴利润 Payed Profits by State-owned Enterprises
1978	69046	69046	69046	54486	5639	3234	
1979	45553	45553	45553	54648	6158	-20749	
1980	41284	41284	41284	58537	3668	-26724	
1981	41585	41585	41585	62493	6022	-32579	
1982	51842	51842	51842	71540	6701	-35624	
1983	69891	69891	69891	78370	7628	-25171	
1984	84556	84556	84556	86862	8774	-20618	
1985	131789	131789	131789	119871	10688	36495	7429
1986	160206	160206	160206	145866	9303	37092	706
1987	194326	194326	194326	176890	10241	35797	9344
1988	241343	241343	241343	214128	14631	41206	11050
1989	286679	286679	286679	261270	15836	40045	3193
1990	329763	329763	329763	278480	22760	40954	17895
1991	393966	393966	393966	299621	22137	39320	16833
1992	390775	390775	390775	335490	28081	38992	12382
1993	561177	561177	561177	511777	28520	37311	9745
1994	682167	362969	362969	261719	57655	43005	4900
1995	763458	437028	437028	278344	65817	62222	4070
1996	932403	572571	548777	339614	113751	56853	5230
1997	1112747	731774	660777	415328	130023	60554	5964
1998	1312330	897747	776654	492585	127233	50815	12083
1999	1436887	1008228	865714	502477	134371	80821	13766
2000	1555898	1106808	950320	546435	126444	105983	12815
2001	1677630	1173825	994313	571829	105819	151985	19489
2002	2068097	1329097	1128546	673679	121828	90287	40610
2003	2580321	1627213	1387157	857381	136418	71615	60521
2004	3646653	2382753	1967589	1220909	132486	86995	147494
2005	5363633	3350925	2774553	1962240	107582	193550	147758

注：1.1984年以前企业所得税包括国有企业上缴利润和国有企业亏损补贴；

2.1994年以来地方财政收入为分税制财政体制统计口径。

a)Before 1984, Enterprises income tax including payed profits and planned subsidies for the losses of the state-owned enterprises;

b)Since 1994, Revenue of the local governments has been counted by the classification of the structure of the government finance.

8-4 地方财政支出及主要支出项目

单位：万元

年 份 Year	地方财政支出 Local Government Expenditure	基本建设 Expenditure for Capital Construction	技术改造 Innovation Funds of Enterprises	农林水利气象及其事业费 Expenditure for Expenses of Agriculture, Forestry, Water Conservancy and Meteorology	工交商事业 Operating Expenses of Industrial, Transportation and Commercial Departments	教、科、文、卫 Operating Expenses of Science, Education, Culture & Health-care
1947	39				26	
1948	262			1	53	5
1949	786			22	107	23
1950	4562			653	904	375
1951	6025	161		634	191	1055
1952	10280	2538		370	9	1467
1953	13997	4886		595	153	2939
1954	18045	6248		1705	114	3165
1955	17489	5739		1391	432	2949
1956	29032	13170		2382	584	4354
1957	26771	9818		2974	652	5345
1958	64432	41211		4784	2556	6187
1959	99357	60090		8158	3379	7072
1960	122162	64463		13188	3149	10306
1961	56471	11553		9497	1081	8767
1962	37641	7446		5530	470	8096
1963	39952	8963		7059	388	8913
1964	49683	12785		5926	645	10158
1965	51808	18704	165	5692	645	10560
1966	59224	20208	495	7109	845	10912
1967	47949	16741	29	5412	690	10812
1968	41477	13614	254	4223	600	9194
1969	61706	23589		5051	635	9706
1970	78582	35075		5091	809	11013
1971	90915	37465	2238	6836	810	13650
1972	97994	37032	2058	9657	1324	17094
1973	114983	39413	1338	16863	1488	18509
1974	124842	48527	1833	18103	1417	19931
1975	129157	44712	1609	20869	1633	21228
1976	138332	43050	2665	23387	1801	23035
1977	140470	36983	4181	26237	2137	24444

Local Government Expenditures by Accounting Item

(10 000 yuan)

#教育事业 Educational Operating Expenses	城市维护 Expenditure for City Maintenance	社会保障补助支出 Expenditure on Subsidies to Social Security Programs	抚恤社救 Expenditure for Pensions Social Welfare and Relief	国家管理 Government Management	#行政管理 Expenditure for Government Administration
				8	8
				75	75
8			8	365	365
150	28		77	1559	1559
377	61		237	2785	2785
674	6		552	3022	3022
1784	236		295	3886	3886
1905	79		262	4702	4702
1894	94		360	4443	4443
2614	150		625	5808	5808
3337	156		406	5743	5743
3969	127		493	6199	6199
4144	269		609	8043	8043
6061	337		509	8873	8873
5338	205		807	8626	8626
5068	180		1550	7128	7128
5593	555		1171	7425	7425
6141	993		1340	8310	8310
6512	815		1738	8037	8037
7024	741		2242	8560	8560
7118	618		2337	7385	7385
6091	559		1194	7667	7667
5816	703		1766	9489	9489
6368	889		1687	10864	10864
8193	1422		1579	12498	12498
10261	1519		2308	12956	12956
10984	1679		3638	12834	12834
11739	1818		2824	13125	13125
12357	1932		2623	14035	14035
13490	2219		4013	15046	15046
14267	2336		3700	16172	16172

8-4 续表

单位：万元

年 份 Year	地方财政支出 Local Government Expenditure	基本建设 Expenditure for Capital Construction	技术改造 Innovation Funds of Enterprises	农林水利气象及其事业费 Expenditure for Expenses of Agriculture, Forestry, Water Conservancy and Meteorology	工交商事业 Operating Expenses of Industrial, Transportion and Commercial Departments	教、科、文、卫 Operating Expenses of Science, Education, Culture & Health-care
1978	186888	55978	10310	34582	2265	30439
1979	210416	61070	7762	39042	2527	34134
1980	183721	40674	7892	39605	2495	38017
1981	163506	20784	7652	33177	2351	41396
1982	203074	28733	10658	37083	2837	50282
1983	228273	35479	14724	41206	3239	57613
1984	308604	44460	23958	50332	5194	74432
1985	341832	56848	17019	47901	6457	83954
1986	438955	72939	24210	56524	7911	98486
1987	455597	54114	25196	58632	7299	105036
1988	510137	50165	27945	62685	9048	123436
1989	558124	45852	36297	70723	10596	134540
1990	609023	49415	37777	80121	11342	150197
1991	666190	62478	35871	83901	12241	156308
1992	720731	63988	47315	87189	12482	176436
1993	882773	61791	129793	94196	14008	209357
1994	928235	57617	99683	104992	17733	252797
1995	1021780	56159	88247	102837	16555	276638
1996	1263825	75551	65970	125911	18346	261614
1997	1429118	91114	72650	136318	23296	341169
1998	1817593	143054	60571	171262	17390	388895
1999	2128369	181797	61502	218848	18793	431302
2000	2610629	343664	92525	215342	19498	466695
2001	3359808	513916	97683	348649	29841	627072
2002	4133327	812413	97799	364853	36134	717519
2003	4710924	781312	147553	355487	44016	836686
2004	6027524	759463	202233	756374	58218	982266
2005	7346079	1106816	291274	720218	80216	1163434

continued

(10 000 yuan)

#教育事业 Educational Operating Expenses	城市维护 Expenditure for City Maintenance	社会保障补助支出 Expenditure on Subsidies to Social Security Programs	抚恤社救 Expenditure for Pensions Social Welfare and Relief	国家管理 Government Management	#行政管理 Expenditure for Government Administration	#公检法 Expenditure for Bureau of Public Security, Procurator's Agency and Court of Justice	政策性补贴 Expenditure for Price Subsidies
17873	2647		4821	17180	17180		
19807	3673		6130	20003	20003		
22736	4311		5896	22573	22573		
24589	4320		6221	23420	23420		
29409	6967		5352	28972	28972		
32294	9752		6366	34202	34202		
41660	18601		8184	49006	49006		
48420	17283		9404	40697	40697		40706
55765	23508		11965	50967	41000	9967	46408
60345	20629		11132	50976	41365	9611	67237
71570	23258		11803	65619	48533	17086	76976
77245	26732		11463	72101	52253	19848	84116
85647	27940		14094	86470	63413	23057	80141
85884	30441		13487	98264	73149	25115	76102
100203	30421		14806	118675	88907	29768	96425
122475	37522		16266	143303	108521	34782	68366
150400	44289		19710	175202	130705	44497	61803
165580	46407	782	21679	199402	149798	49604	71089
197786	57257	945	33275	236496	173468	63028	127019
202451	64198	2956	31948	260401	191056	69345	122402
242189	63681	47355	42065	302634	198978	103656	112521
275159	71025	91094	38229	343095	213031	130064	139641
297521	73168	146199	40656	393348	242583	145405	186028
397389	112129	161678	54268	503144	317596	173835	178737
482847	141729	220864	72861	580553	378229	187481	219506
543525	185405	244960	109468	703312	456517	229631	198437
662206	254763	418242	116165	876212	569237	286448	163692
786645	378206	324628	147111	1058531	714427	318539	158001

8-5 各项税收收入

Government Tax Revenue

单位：万元 (10 000 yuan)

年份 Year	税收总额 Total Tax	地方税收 Local Government Tax	# 工商税收 Industrial and Commercial Tax	# 农业各税 Agricultural and Related	# 企业所得税 Income Tax of Enterprises	税收总额占财政收入比重(%) Percentage of Government Tax Revenue to Government Revenue(%)
1947	4	4	4		1	44.4
1948	69	69	26	43	20	62.7
1949	431	431	149	282	196	58.3
1950	3588	3588	1908	1680	1568	67.1
1951	2871	2871	2361	510	1306	53.4
1952	6544	6544	3856	2700	5049	49.1
1953	4981	4981	4546	450	2550	57.5
1954	12373	12373	7867	4544	5260	66.9
1955	14249	14249	8904	5370	6324	67.6
1956	17834	17834	12334	5512	9328	64.6
1957	21579	21579	16209	5550	9409	68.8
1958	25331	25331	19733	5598	17065	59.2
1959	29277	29277	22771	6506	39150	41.7
1960	34050	34050	27640	6410	52872	47.9
1961	23348	23348	18421	4297	24238	47.2
1962	24442	24442	19442	5000	7788	72.8
1963	27163	27163	21167	5996	9734	70.8
1964	29705	29705	22205	7500	12499	68.7
1965	31784	31784	25656	6128	13144	69.1
1966	31722	31722	24744	6978	16086	65.5
1967	30754	30754	23235	7519	9058	76.4
1968	30590	30590	23954	6636	7549	78.7
1969	25668	25668	20403	5265	1509	92.7
1970	37427	37427	27800	9627	6076	84.9
1971	37573	37573	29830	7743	-1820	102.8
1972	36369	36369	31524	4845	-5822	116.1
1973	42897	42897	35397	7500	-9309	125.7
1974	42330	42330	34726	7604	-16136	157.5
1975	47743	47743	40849	6894	-21044	174.4
1976	51665	51665	43677	7988	-25703	194.3
1977	57440	57440	50169	7271	-29193	195.8

8-5 续表 continued

单位：万元 (10 000 yuan)

年份 Year	税收总额 Total Tax	地方税收 Local Government Tax	# 工商税收 Industrial and Commercial Tax	# 农业各税 Agricultural and Related	# 企业所得税 Income Tax of Enterprises	税收总额占财政收入比重(%) Percentage of Government Tax Revenue to Government Revenue(%)
1978	60750	60750	55111	5639	3234	88.0
1979	63755	63755	57597	6158	-20749	139.9
1980	64858	64858	61190	3668	-26724	157.1
1981	71049	71049	65071	6022	-32579	170.9
1982	81872	81872	75171	6701	-35624	157.9
1983	89833	89833	82205	7628	-25171	128.5
1984	99926	99926	91152	8774	-20618	118.2
1985	130558	130558	119865	10688	36495	97.5
1986	155167	155167	145866	9432	37092	96.8
1987	187130	187130	176890	10483	35797	96.3
1988	228758	228758	214128	15117	41206	94.8
1989	317150	317150	261270	16397	40045	110.6
1990	342192	342192	278480	23565	40954	103.8
1991	355665	355665	299621	23181	39320	90.3
1992	363571	363571	335490	29712	38992	93.0
1993	540247	540247	511777	29736	37311	96.3
1994	631630	312432	261719	58722	43005	92.6
1995	672614	346184	278344	66469	60801	88.1
1996	870713	510884	339614	113751	57519	93.3
1997	988192	607219	415328	130023	61868	88.8
1998	1085216	670633	492585	127233	50815	82.7
1999	1144680	716021	502477	134371	80821	79.7
2000	1226549	777459	546435	126444	105983	78.8
2001	1315328	811744	571829	105819	151985	78.4
2002	1624794	885794	673679	121828	90287	78.6
2003	2018522	1065414	857381	136418	71615	78.2
2004	2704290	1440390	1220909	132486	86995	74.2
2005	4082530	2069822	1768690	107582	193550	76.1

注： 1.农业各税包括农业税、牧业税、耕地占用税、农业特产税和契税。

2.企业所得税中1985-1993年包括国有企业调节税，1994年以后包括地方金融企业所得税，2002年以后包括上划中央税收收入。

a)The agricultural and retail taxes include the agricultural tax, the animal husbandry tax, the tax on the use of cultivated land, the tax on special agricultural products and the contract tax.

b)During the Years 1985 to 1993, the income tax levied on state-owned enterprises included the tax for adjusting income. Since 1994,it has also included the income tax levied on banking institutions.

主要统计指标解释

财政收入 指国家财政参与社会产品分配所取得的收入，是实现国家职能的财力保证。财政收入所包括的内容几经变化，目前主要包括：

(1)各项税收：包括增值税、营业税、消费税、土地增值税、城市维护建设税、资源税、城市土地使用税、印花税、个人所得税、企业所得税、关税、农牧业税和耕地占用税等。

(2)专项收入：包括征收排污费收入、征收城市水资源费收入、教育费附加收入等。

(3)其他收入：包括基本建设贷款归还收入、基本建设收入、捐赠收入等。

(4)国有企业计划亏损补贴：这项为负收入，冲减财政收入。

财政支出 国家财政将筹集起来的资金进行分配使用，以满足经济建设和各项事业的需要，主要包括：

(1)基本建设支出：指按国家有关规定，属于基本建设范围内的基本建设有偿使用、拨款、资本金支出以及经国家批准对专项和政策性基建投资贷款，在部门的基建投资额中统筹支付的贴息支出。

(2)企业挖潜改造资金：指国家预算内拨给的用于企业挖潜、革新和改造方面的资金。包括各部门企业挖潜改造资金和企业挖潜改造贷款资金，为农业服务的县办“五小”企业技术改造补助，挖潜改造贷款利息支出。

(3)地质勘探费用：指国家预算用于地质勘探单位的勘探工作费用，包括地质勘探管理机构及其事业单位经费、地质勘探经费。

(4)科技三项费用：指国家预算用于科技支出的费用，包括新产品试制费、中间试验费、 重要科学研究补助费。

(5)支援农村生产支出：指国家财政支援农村集体(户)各项生产的支出。包括对农村举办的小型农田水利和打井、喷灌等的补助费，对农村水土保持措施的补助费，对农村举办的小水电站的补助费，特大抗旱的补助费，农村开荒补助费，扶持乡镇企业资金，农村农技推广和植保补助费，农村草场和畜禽保护补助费，农村造林和林木保护补助费，农村水产补助费，发展粮食生产专项资金。

(6)农林水利气象等部门的事业费用：指国家财政用于农垦、农场、农业、畜牧、农机、林 业、森工、水利、水产、气象、乡镇企业的技术推广、良种推广(示范)、动植物(畜禽、森 林)保护、水质监测、勘探设计、资源调查、干部训练等项费用，园艺特产场补助费，中等专业学校经费，飞播牧草试验补助费，营林机构、气象机构经费，渔政费以及农业管理事业费等。

(7)工业交通商业等部门的事业费：指国家预算支付给工交商各部门用于事业发展的经费， 包括勘探设计费、中等专业学校经费、技术学校经费、干部训练费。

(8)文教科学卫生事业费：指国家预算用于文化、出版、文物、教育、卫生、中医、公费医疗、体育、档案、地震、海洋、通讯、电影电视、计划生育、党政群干部训练、自然科学、 社会科学、科协等项事业的经费支出和高技术研究专项经费。主要包括工资、补助工资、福利费、离退休费、助学金、公务费、设备购置费、修缮费、业务费、差额补助费。

(9)抚恤和社会福利救济费：指国家预算用于抚恤和社会福利救济事业的经费。包括由民政部门开支的烈士家属和牺牲病残人员家属的一次性、定期抚恤金，革命伤残人员的抚恤金，各种伤残 补助费，烈军属、复员退伍军人生活补助费，退伍军人安置费，优抚事业单位经费，烈士纪念建筑物管理、维修费，自然灾害救济事业费和特大自然灾害灾后重建补助费等。

(10)行政事业单位离退休支出：指实行归口管理的行政事业单位离退休经费。

(11)社会保障补助支出：指国家预算用于社会保障的补助支出，包括对社会保障基金的补助、促进就业补助、国有企业下岗职工补助、补充全国社会保障基金等。

(12) 国防支出：指国家预算用于国防建设和保卫国家安全的支出，包括国防费、国防科研事业费、民兵建设以及专项工程支出等。

(13)行政管理费：包括行政管理支出，党派团体补助支出，外交支出、公安安全支出，司法 支出、法院支出，检察院支出和公检法办案费用补助。

(14) 政策性补贴支出：指经国家批准，由国家财政拨给的政策性补贴支出。主要包括粮、棉、油差价补贴，平抑物价和储备糖补贴，农业生产资料价差补贴，粮食风险基金，副食品风险基金，地方煤炭风险基金等。

(15)债务利息支出：指国家预算中用于偿还国内外债务利息的支出。

中央财政收入和地方财政收入 指按财政体制划分的中央本级收入和地方本级收入。1994 年分税制财政体制以后，属于中央财政的收入包括关税、海关代征消费税和增值税，消费税，中央企业所得税，地方银行和外资银行及非银行金融企业所得税，铁道、银行总行、保险总公司等集中缴纳的营业税、所得税、利润和城市维护建设税，增值税的 75%部分，证券交易税(印花税)94%部分和海洋石油资源税。属于地方财政的收入包括营业税，地方企业所得税，个人所得税，城镇土地使用税，固定资产投资方向调节税，城镇维护建设税，房产税，车船使用税，印花税、屠宰税，农牧业税，农业特产税，耕地占用税，契税，增值税 25%部分，证券交易税(印花税)6%部分和除海洋石油资源税以外的其他资源税。

中央财政支出和地方财政支出 指根据政府在经济和社会活动中的不同职责，划分中央和地方政府的责权，按照政府的责权划分确定的支出。中央财政支出包括国防支出，武装警察部队支出，中央级行政管理费和各项事业费，重点建设支出以及中央政府调整国民经济结构、协调地区发展、实施宏观调控的支出。地方财政支出主要包括地方行政管理和各项事业费，地方统筹的基本建设、技术改造支出，支援农村生产支出，城市维护和建设经费，价格补贴支出等。

预算外资金收支 预算外资金指国家机关、事业单位和社会团体为履行或代行政府职能，依据国家法律、法规和具有法律效力的规章而收取、提取和安排使用 的未纳入国家预算管理的各种财政性资金。其范围主要包括：法律、法规规定的行政事业性收费、基金和附加收入等；国务院或省级人民政府及其财政、计划(物价)部门审批的行政事业性收费；国务院及财政部审批建立的基金、附加收入等；主管部门所属单位集中上缴资金 ；用于乡镇政府开支的乡自筹和乡统筹资金；其他未纳入预算管理的财政性资金。社会保障基金在国家财政尚未建立社会保障预算制度以前，先按预算外资金管理制度进行管理，专款 专用。财政部门在银行开设统一的专户，用于预算外资金收入和支出管理。部门和单位的预算外收入必须上缴同级财政专户，支出由同级财政按预算外资金收支计划和单位财务收支计划统筹安排，从财政专户中拨付，实行收支两条线管理。

Explanatory Notes on Main Statistical Indicators

Government Revenue refers to the revenue of the government finance by means of participating in the distribution of the social products, which are the financial resources for ensuring the government to function. The contents of government revenue have been changed several times. Now it includes the following main items:

(1) Various tax revenues, including value added tax, business tax, consumption tax, land value added tax, tax on city maintenance and construction, resources tax, tax on use of urban land, stamp tax, personal income tax, enterprise income tax, tariff, tax on agriculture and animal husbandry and tax on occupancy of cultivated l and, etc.

(2) Special revenues, including revenue collected from imposing fee on sewage treatment, revenue collected from imposing fee on urban water resources, and extra charges for education, etc.

(3) Other revenues, including revenue from the repayment of capital construction l loan, revenue from capital construction projects, and donations and grants.

(4) Planned subsidies for the losses of the state owned enterprises. This is s an item of negative revenue, used to eat up part of the government revenue.

Government Expenditure refers to the distribution and use of the funds the government finance has raise d, so as to meet the needs of economic construction and various causes. It include s the following main items:

(1) Expenditure for capital construction: It refers to the non gratuitous use and appropriation of funds for capital construction in the range of capital construction, outlay of capital as well as the loans on capital construction approved by the government for special purpose or policy purpose and the expenditure with discount paid in an overall way within the amount of the funds appropriated to the departments for capital construction.

(2) Innovation funds of the enterprises: They refer to the funds appropriated from the government budget for the enterprises to tap the latent power, upgrade the technology and carry out innovation, including the innovation fund of the departments, loan of the enterprises for innovation, subsidies on the innovation of the small fertilizer plant, small cement plant, small coal mines, small machinery plant and small steel plant, the expenditure of interest for the loan for innovation.

(3) Geological prospecting expenses: They refer to the expenses appropriated from the government budget to the geological prospecting units for the expenditure of the prospecting work, including the expenditures of the administrative agencies for geological prospecting and their institutional units as well as the geologic al prospecting expenditure.

(4) Expenditures for science and technology promotion: They refer to the expense s appropriated from the government budget for the scientific and technological expenditure, including new products development expenditure, expenditure for intermediate trial and subsidies on important scientific researches.

(5) Expenditure for supporting rural production: It refers to the expenditures appropriated from the government budget for supporting the various expenditures of the rural collective units or households for production, including the subsidies to the small water conservancy projects and well drilling, sprinkling irrigation projects run by the villages; subsidies on the rural water and soil conserving measures; subsidies to the small power stations run by the villages; subsidies to the expenditure for fighting against particularly severe draughts; subsidies on the rural was the land exclamation; fund for supporting the township enterprises; subsidies to the expenditure for popularization of the agricultural technologies and plant protection in the rural areas; subsidies to the expenditure for the protection of grasslands and cattle and fowls; subsidies on afforestation and forest protection in rural areas; subsidies on the rural aquatic products industry; special fund for developing grain production.

(6) Operating expenses of the departments of farming, forestry, water conservancy and meteorology etc. : They refer to the expenses appropriated from the government budget for the expenditures of agricultural exclamation, farms, agriculture, animal husbandry, agricultural machinery, forestry, timber industry, water conservancy, aqua tic products industry, meteorology, technology popularization in township enterprises, popularization (demonstration) of improved varieties, plant (cattle and fowls, forest) protection, water quality monitoring, prospecting and designing, resources investigation, cadres training, subsidies to horticulture gardens, expenditure of specialized secondary schools, subsidies on the experiments of sowing herbage seeds by flights, expenditures of afforestation agencies and meteorology agencies, expenses for fishery administration and operating expenses for agricultural administration, etc.

(7) Operating expenses of the departments of industry, transport and commerce: They refer to the expenses appropriated from the government budget to the departments of industry, transport and commerce for the expenditure of business development, including expenses for prospecting and designing, expenditures of specialized

secondary schools, expenditures of the technical training schools and expenditures or cadres training, etc.

(8) Operating expenses of the departments of culture, education, science and public health: They refer to the expenses appropriated from the government budget for t he expenditures of the causes of culture, publication, cultural relics, education, public health, traditional Chinese medical science, free medical services, sports, archives, earthquake, ocean, communications, broadcasting, film and television, family planning; expenditure for training of cadres of government, party and mass organization; expenditures for natural sciences, social sciences, associations for science and technology and the special expenditure for the high tech researches. They include mainly wages, extra wages, welfare funds, pension for the retirees, stipend, expenses for official business, expenses for equipment purchases, expenses for repairs, business expenses and subsidies to the un its which are unable to support their expenditures by their own earnings.

(9) Pension for the disabled or for the families of the bereaved and relief funds for social welfare: They refer to the funds appropriated from the government bud get for the expenditures of pension for the disabled or for the families of the bereaved and relief funds for social welfare, including the lump sum or regular pension paid by the departments of civil affairs to the members of martyrs families and families of those who died for the public interest, pension to the revolutionary disabled, subsidies for permanent disability of various kinds, subsidies to t he military martyrs dependents and the demobilized servicemen, expenditure for settling down the demobilized servicemen, operating expenses of the consoling institutions, expenses for management and repair of the commemorative buildings for the martyrs, the expenses managed by the departments of civil affairs for the retirees and those who have quitted their work, expenses for social relief in rural and urban areas, operating expenses for providing relief to the areas of natural calamity and subsidies on the reconstruction after the particularly severe natural calamities, etc.

(10) Expenditures on retiree : It refers to the expenditures of government agencies and institutions that covered by the state budget.

(11) Expenditures on subsidies to social security system: It refers to expenditure from the state budget for subsidies to the social insurance fund, subsidies to promoting employment, subsidies to laid-off workers of the value added tax, tax on ocean petroleum resources, 94% of the tax on stock dealing (stamp tax) . The revenue of the local governments includes business tax, income state-owner enterprises, supplement to national social security funds, etc.

(12) Expenditures for national defence: They refer to the funds appropriated from the government budget for the expenditures for building up national defence and safeguarding national security, including expenses of national defence, expenses o f scientific researches on national defence, expenses for building up people's militia and expenditure for special projects, etc.

(13) Administrative expenses: They include expenditure for administration, subsidies to the parties and mass organizations, diplomatic expenditure, expenditure for public security, judicial expenditure, law court expenditure, procuratorial expenditure and subsidies to the expenses for treating the cases by the public security departments, procuratorial organs and law courts.

(14) Expenditure for price subsidies: It refers to the expenditure appropriated, with the approval of the government, from the government budget for the policy subsidies to price adjustment, including the fund for the increase of grain prices, the subsidies to the difference between the selling prices and purchasing prices o f grains, cotton and edible oil, awards in addition to the purchasing prices of cotton, risk fund for non staple food, subsidies on the prices of meat and meat products, subsidies on the price difference for curbing the high market prices of meat, meat products and vegetables and the subsidies approved by the government on the prices of textbooks and newsprint of newspapers and periodicals.

(15) Expenditure on interest of debts: It refers to expenses from the state budget on paying interest of domestic and foreign debts.

Revenue of the central government and revenue of the local governments In accordance with the classification of the structure of the government finance in 1994 on the basis of the classification of channels for collection of tax revenues, the revenue of the central government and the revenue of the local governments have different coverage. The revenue of the central government includes tariff, consumption tax and value added tax levied by the customs, consumption tax, income tax of the enterprises subordinate to the central government, income taxes of the local banks, foreign funded banks and non bank financial institutions, business tax, income tax and profits of railways, head offices of banks, head office of insurance company, which are handed over to the government in a centralized way, tax on city maintenance and construction, 75% of

tax of the enterprises subordinate to the local government, personal income tax, tax on the use of urban land, tax on the adjustment of the investment in fixed assets, tax on town maintenance and construction, tax on real estates, tax on the use of vehicles and ships, stamp tax, slaughter tax, tax on agriculture and animal husbandry, tax on special agricultural products, tax on the occupancy of cultivated land, contract tax, 25% of the value added tax, 6% of the tax on stock dealing(stamp tax) and tax on resources other than the ocean petroleum resources.

Expenditure of the central government and expenditure of the local governments according to the different functions of the central government and local governments in the economic and social activities, the rights of affairs administration are classified between the central government and local governments; and the classification of the expenditure between the central government and local governments are made on the basis of the classification of the rights of affairs administration between them. The expenditure of the central government includes the expenditure for national defence, expenditure for armed police forces, the administrative expenses and various operating expenses at the level of central government, expenditure for key projects and the expenditure of the central government for adjusting the national economic structure, coordinating the development among different regions and exercising the macro economic regulation and control. The expenditure of the local governments includes mainly the administrative expenses and various operating expenses at the level of local governments, the expenditure for capital construction and technological innovation with the funds raised by the loc al government, expenditure for supporting rural production, expenditure for city maintenance and construction and expenditure for price subsidies, etc.

Extra-budgetary revenue and expenditure Extra-budgetary fund refers to financial fund of various types not covered by the regular government budgetary management, which is collected, allocated or arranged by government agencies, institutions and social organizations while performing duties delegated to them or on behalf o f the government in accordance with laws, rules and regulations. It mainly covers following items: administrative and institutional fees, funds and extra charges that are stipulated by laws and regulations; administrative and institutional fees approved by the State Council and provincial governments and their financial and planning (price management) departments; funds and extra charges established by the State Council and the Ministry of Finance; funds turned over to competent departments by their subordinate institutions; self raised and collected funds by township governments for their own expenditure; and other financial funds that a re not covered in budgetary management. Social security funds are treated as extra budget fund and managed for its exclusive use, given the circumstance that separate government budgetary system for social security is yet to be designed. Special accounts are opened by the financial departments in banks for the management of revenue and expenditure of extra budgetary fund. Extra budgetary revenue and expenditure is managed separately, namely, revenue of institutions and departments must enter into the special accounts of the financial department s at the same administrative level, and their extra budgetary expenditure is arranged in line with the extra budget plans and appropriated from these accounts.

九　物价指数

PRICE INDICES

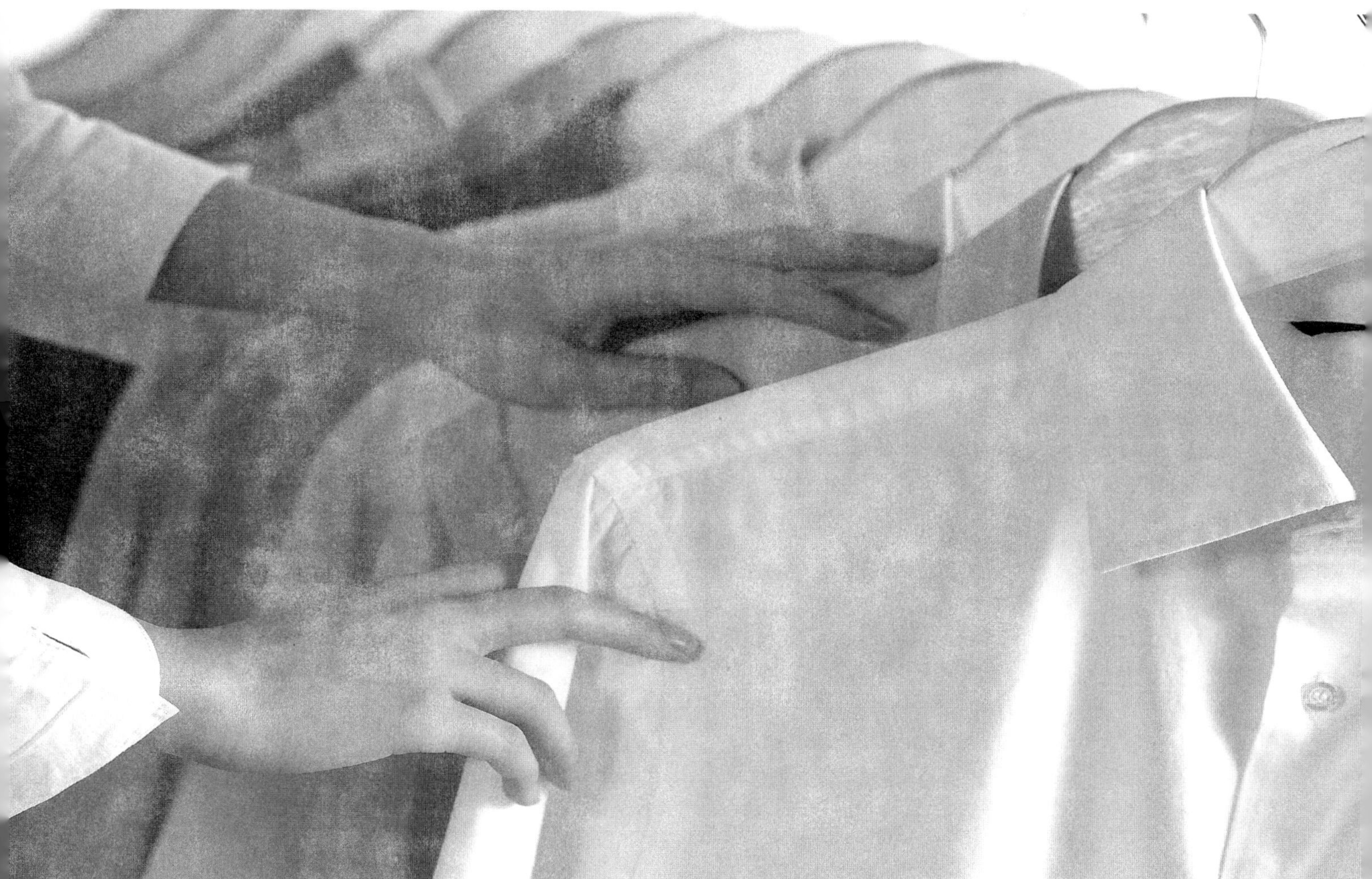

资料整理　张立新 张宝明 刘世友

Arranged by Zhang Lixin , Zhang Baoming , Liu Shiyou

9-1 各种价格总指数
General Price Indices

(上年=100) (preceding year=100)

年 份 Year	居民消费价格指数 General Consumer Price Index	城市居民消费价格指数 Urban Areas	农村居民消费价格指数 Rural Areas	商品零售价格指数 General Retail Price Index	农产品收购价格指数 General Purchasing Price Index of Farm Products	农村工业品零售价格指数 General Rural Retail Price Index of Industrial Products	工农业商品综合比价指数 General Price Parity Index of Industrial & Farm Products
1952		110.7		109.4	100.1	109.8	109.7
1953		104.7		103.2	113.3	102.2	90.2
1957		97.8		99.3	105.1	98.3	93.5
1962		104.9		108.2	101.7	107.9	106.1
1965		98.6		99.6	99.1	98.1	99.0
1970		100.4		100.1	101.1	100.4	99.3
1975		101.4		100.7	101.8	99.5	98.0
1978		101.5		101.0	101.6	100.0	98.8
1979		102.3		101.9	120.2	99.6	82.9
1980		106.1		105.5	112.0	100.4	89.6
1981		101.9		101.8	106.3	100.9	94.9
1982		101.7		101.7	99.9	101.4	101.5
1983		101.2		101.0	101.6	100.9	99.3
1984	104.0	104.9	102.2	104.4	106.9	103.6	96.9
1985	109.3	108.9	110.0	108.5	113.5	103.9	91.5
1986	105.2	105.5	104.5	105.0	114.1	103.1	90.4
1987	107.8	108.5	106.0	108.1	118.6	105.7	89.1
1988	116.3	117.0	115.0	116.3	124.6	114.3	91.7
1989	115.7	114.7	118.3	115.9	105.1	117.9	112.2
1990	102.3	101.8	103.4	102.9	95.2	107.0	112.4
1991	104.6	106.0	102.5	104.5	95.0	103.4	108.8
1992	107.4	108.7	103.9	106.8	104.0	102.4	98.5
1993	114.1	114.7	112.5	112.5	115.5	110.5	95.7
1994	122.9	124.3	121.3	119.6	144.6	116.7	80.7
1995	117.5	117.1	118.0	116.8	124.7	112.8	90.5
1996	107.6	107.5	107.7	105.8	96.3	105.8	109.9
1997	104.5	104.6	104.3	102.3	94.9	102.7	108.2
1998	99.3	99.3	99.2	98.1	97.3	99.0	101.7
1999	99.8	100.3	99.1	97.7	93.8	97.3	103.7
2000	101.3	101.3	101.2	98.8	99.7	99.6	99.9
2001	100.6	100.6	100.5	100.0	105.7	99.4	94.0
2002	102.3	100.8	105.4	99.4	99.0	99.3	100.3
2003	102.2	101.5	103.5	99.6		98.9	
2004	102.9	102.5	103.9	102.7		102.8	
2005	102.4	102.0	103.3	101.5			

注：工农业商品综合比价指数是以农产品收购价格指数为100，下表同。

a)The general purchasing price index of farm products is taken as 100 in calculating the general price parity index of industrial and farm products.The same as in the following table.

9-2 各种价格总指数

General Price Indices

(1978年=100) (1978=100)

年 份 Year	居民消费价格指数 General Consumer Price Index	城市居民消费价格指数 Urban Areas	农村居民消费价格指数 Rural Areas	商品零售价格指数 General Retail Price Index	农产品收购价格指数 General Purchasing Price Index of Farm Products	农村工业品零售价格指数 General Rural Retail Price Index of Industrial Products	工农业商品综合比价指数 General Price Parity Index of Industrial & Farm Products
1978		100.0		100.0	100.0	100.0	
1979		102.3		101.9	120.2	99.6	82.9
1980		108.5		107.5	134.6	100.0	74.3
1981		110.6		109.4	143.1	100.9	70.5
1982		112.5		111.3	143.0	102.3	71.5
1983	100.0	113.8	100.0	112.4	145.2	103.2	71.1
1984	104.0	119.4	102.2	117.3	155.3	106.9	68.8
1985	113.7	130.0	112.4	127.3	176.2	111.1	63.1
1986	119.6	137.2	117.5	133.7	201.1	114.6	57.0
1987	128.9	148.9	124.5	144.5	238.5	121.1	50.8
1988	149.9	174.2	143.2	168.1	297.2	138.4	46.6
1989	173.5	199.8	169.4	194.8	312.3	163.2	52.3
1990	177.5	203.3	175.2	200.5	297.3	174.5	58.7
1991	185.6	215.6	179.6	209.5	282.4	180.5	63.9
1992	199.3	234.3	186.6	223.7	293.7	184.9	63.0
1993	227.5	268.7	209.9	251.7	339.3	204.1	60.2
1994	279.5	334.1	254.6	301.0	490.6	238.2	48.6
1995	328.5	391.2	300.4	351.6	611.8	268.8	43.9
1996	353.4	420.5	323.5	372.0	589.1	284.3	48.2
1997	369.3	439.9	337.4	380.6	559.1	291.9	52.2
1998	366.7	436.8	334.7	373.3	544.0	289.0	53.1
1999	366.0	438.1	331.7	364.7	510.3	281.2	55.1
2000	370.8	443.8	335.7	360.3	508.7	280.1	55.1
2001	372.2	446.5	337.4	360.3	537.7	278.4	51.8
2002	380.8	450.1	355.6	358.1	532.3	276.5	51.9
2003	389.2	456.9	368.0	356.7		273.5	
2004	400.5	468.3	382.4	366.3		281.2	
2005	410.1	477.7	395.0	371.8			

9-3 居民消费价格分类指数(2005年)

Consumer Price Indices by Category(2005)

(上年=100) (preceding year=100)

项目	Item	全区 Autonomous Regional Indices	城市 Urban Indices	农村 Rural Indices
居民消费价格总指数	**General Consumer Price Index**	**102.4**	**102.0**	**103.3**
非食品价格指数	Non-food Price Index	102.2	101.5	103.6
服务项目价格指数	Service Index	104.6	102.8	107.7
扣除鲜菜鲜果总指数	General Index Except Fresh Vegetables & Fruits	102.2	101.7	103.3
消费品价格指数	Consumer Goods Price Index	101.7	101.8	101.6
食品	**Food**	**102.9**	**103.1**	**102.4**
粮食	Grain	103.7	102.9	104.5
# 大米	Rice	104.9	103.6	106.0
面粉	Flour	101.3	101.8	100.5
淀粉及薯类	Starches & Tubers	112.2	112.3	114.2
干豆类及豆制品	Bean and Its Products	106.7	105.9	109.5
油脂	Oil or Fat	96.9	96.7	97.5
# 植物油脂	Vegetable Oil	98.1	97.6	99.0
肉禽及其制品	Meal, Poultry and Their Products	101.7	101.5	101.8
食用畜肉及副产品	Meal and Its Products	100.3	100.2	100.4
# 猪肉	Pork	97.3	97.4	96.6
牛肉	Beef	98.0	97.0	100.6
羊肉	Mutton	105.1	104.9	106.3
禽	Poultry	107.0	109.4	102.0
肉禽加工制品	Products of Meal and Poultry	105.0	104.9	105.0
蛋	Eggs	103.7	103.8	103.5
水产品	Aquatic Products	100.0	100.0	99.3
鱼	Fish	99.1	99.2	98.2
其它水产品	Other Aquatic Products	104.6	104.4	106.2
菜	Vegetables	108.0	109.7	103.7
调味品	Flavoring	100.9	101.5	100.3
# 盐	Salt	100.0	100.1	100.0
糖	Carbohydrate	104.5	105.5	103.2
# 食糖	Sugar	107.2	107.8	106.5
糖果	Candy	103.2	104.8	101.4
茶及饮料	Tea and Beverages	99.7	99.5	100.4
# 茶叶	Tea	100.1	100.5	99.4
饮料	Beverages	99.6	99.4	101.1
干鲜瓜果	Dried and Fresh Melon and Fruits	104.2	105.4	98.9

9-3 续表 1 continued

(上年=100) (preceding year=100)

项目	Item	全区 Autonomous Regional Indices	城市 Urban Indices	农村 Rural Indices
# 鲜果	Fresh Fruits	104.8	106.4	97.4
糕点饼干面包	Cake, Biscuit and Bread	101.4	102.0	99.8
奶及奶制品	Milk and Its Products	100.4	100.5	99.4
# 鲜奶	Fresh Milk	100.0	100.0	100.5
奶粉	Milk Powder	100.8	101.6	99.0
在外用膳食品	Outdoor Food	102.6	102.9	101.7
# 主食	Staple Food	102.8	103.5	100.7
炒菜	Fried Dishes	103.0	103.1	102.7
其它食品及食品加工服务	Other Food & Service of Food Processing	100.8	101.3	100.1
烟酒及用品	**Tobacco and Liquor and Articles for Them**	**100.0**	**100.7**	**99.2**
烟草	Tobacco	100.2	101.1	99.0
# 国产卷烟	Cigarette Made in China	99.7	101.0	98.1
酒	Alcoholic Drink	99.8	100.1	99.3
# 白酒	Liquor	99.7	100.6	98.7
啤酒	Beer	99.3	98.9	99.7
吸烟饮酒用品	Articles for Smoking and Drinking	99.7	99.9	99.4
衣着	**Clothing**	**100.1**	**100.2**	**100.2**
服装	Garments	100.3	100.5	100.1
男式服装	Men's Garment	100.1	100.1	100.4
女式服装	Women's Garment	100.8	101.0	100.2
儿童服装	Children's Garment	98.9	98.4	99.7
衣着材料	Clothing Material	97.6	96.5	100.9
# 棉布	Cotton Cloth	102.5	100.4	104.1
化纤布	Chemical Fiber Cloth	100.2	99.9	100.8
毛织品	Woolen Textiles	99.8	100.0	98.9
鞋袜帽	Footwear and Hats	100.2	100.3	100.2
鞋	Shoes	100.1	100.3	99.8
袜子	Socks and stockings	100.8	100.8	101.0
帽子	Hats	100.4	99.3	101.8
衣着加工服务	Service of Clothing Processing	99.9	99.5	102.3
家庭设备用品及维修服务	**Household Facilities and Repairing Services**	**100.3**	**100.3**	**100.5**
耐用消费品	Durable Consumer Goods	99.4	99.2	100.0
家具	Furniture	100.2	100.2	100.3
家庭设备	Household Facilities	98.7	98.5	99.8

9-3 续表 2 continued

(上年=100) (preceding year=100)

项目	Item	全区 Autonomous Regional Indices	城市 Urban Indices	农村 Rural Indices
# 洗衣机	Washing Machine	97.4	96.8	99.0
电冰箱(柜)	Refrigerator	98.6	98.1	100.9
电炊具	Electric Cooking Appliances	99.2	99.3	99.1
室内装饰品	Interior Decorations	99.1	99.2	98.8
床上用品	Bed Articles	99.5	99.7	99.0
家庭日用杂品	Daily Use Household Articles	99.9	99.6	100.8
家庭服务及加工维修服务	Family Service and Repairing Service	107.5	107.3	107.4
医疗保健和个人用品	**Medicine & Medical Articles and Personal Necessities**	**105.7**	**101.5**	**112.0**
医疗保健	Medical and Health Care	107.7	102.4	115.7
医疗器具及用品	Medical Appliances and Articles	93.1	101.0	91.9
中药材及中成药	Traditional Chinese Medicine	98.4	98.5	98.1
西药	Western Medicine	96.9	96.4	98.1
# 感冒药	Medicine for Cold	96.4	96.3	96.8
心血管病用药	Cardiovascular Drug	96.5	95.3	101.6
保健器具及用品	Health Care Appliances and Articles	99.4	99.1	99.6
医疗保健服务	Medical and Health Care Services	141.0	126.6	152.6
# 挂号费	Registration Fee	99.0	103.7	92.9
手术费	Operation Fee	204.3	154.4	247.6
住院费	Hospitalization Expenses	111.2	107.7	112.7
个人用品及服务	Personal Necessities and Services	101.6	99.7	104.4
化妆美容用品	Cosmetic and Beauties	100.8	101.0	99.3
卫生用品	Articles for Daily Use	97.4	96.1	100.9
个人饰品	Personal Decorations	101.7	101.5	102.2
个人服务	Personal Services	104.8	101.2	107.1
交通和通讯	**Transportation and Communication**	**99.8**	**99.6**	**100.4**
交通	Transportation	101.6	101.4	101.9
交通工具	Means of Transportation	98.1	96.7	99.8
# 摩托车	Motor	98.7	98.6	99.0
自行车	Bike	100.1	99.3	100.4
汽　车	Automobile	91.9	90.9	100.0
车用燃料及零配件	Fuel and Spares of Vehicles	109.5	109.8	106.9
# 汽油	Gasoline	115.0	115.0	114.8
柴油	Diesel Oil	115.1	115.1	114.6
车辆使用及维修	Utilize and Repair of Vehicles	100.4	100.0	101.8

9-3 续表 3 continued

(上年=100) (preceding year=100)

项目	Item	全区 Autonomous Regional Indices	城市 Urban Indices	农村 Rural Indices
市区公共交通	Public Traffic in City	101.8	101.7	102.4
# 公共汽车票	Bus Ticket	102.9	102.9	102.8
出租汽车	Taxi	100.4	100.3	101.7
城市间交通	Traffic between Cities	105.3	105.8	104.7
# 火车票	Train Ticket	104.4	107.8	100.0
长途汽车	Long Distance Bus	106.1	105.0	106.7
通信	Communication	97.7	97.9	97.1
通信工具	Means of Communication	91.0	90.1	93.4
通信服务	Service of Communication	99.5	99.7	98.8
娱乐教育文化用品及服务	**Recreation, Education and Culture Articles & Services**	**100.4**	**100.0**	**101.0**
文娱用耐用消费品及服务	Durable Consumer Goods for Recreation Use and Service	95.3	95.4	95.2
# 电视机	Television	93.4	93.9	92.0
影碟机	Video Disc Player	92.5	92.9	90.4
照相机	Camera	97.9	96.6	98.3
电　脑	Computer	97.4	97.4	97.0
教育	Education	101.6	101.3	101.9
教材及参考书	Teaching Materials and Reference Books	100.6	101.1	98.9
学杂托幼费	Tuition and Child Care	101.6	101.3	102.0
文化娱乐用品	Cultural and Recreational Articles	100.2	100.3	99.8
文化娱乐	Culture and Recreation	99.6	99.6	99.8
书报杂志	Newspapers and Magazines	100.0	100.0	100.0
文娱费	Recreational Fee	101.0	101.0	100.0
旅游及外出	Tourism and Outdoor	99.1	99.4	95.2
居住	**Residence**	**106.9**	**107.6**	**105.6**
建房及装修材料	Housing and Building Decoration Material	101.4	101.0	101.6
# 木材	Wood	103.3	101.2	105.4
水泥	Cement	104.6	109.9	102.9
涂料	Paint	101.5	99.5	103.4
玻璃	Glass	102.4	102.5	102.4
租房	Rent	101.8	101.4	102.9
自有住房	Individual-own House	105.4	106.6	100.0
水、电、燃料	Water, Electricity and Fuels	111.5	111.0	112.8
# 水	Water	104.4	105.0	100.0
电	Electricity	105.6	107.0	102.5

9-4 商品零售价格分类指数(2005年)

Retail Price Indices by Category of Commodities(2005)

(上年=100) (preceding year=100)

项 目	Item	全区 Autonomous Regional Indices	城市 Urban Indices	农村 Rural Indices
商品零售价格指数	**General Retail Price Index**	**101.5**	**101.5**	**101.4**
食品	**Food**	**102.9**	**103.2**	**102.3**
粮食	Grain	103.8	103.7	103.8
淀粉及薯类	Starch and Potatoes	111.7	110.7	114.3
干豆类及豆制品	Dry Beans and Bean Products	108.2	108.0	108.5
油脂	Oil or Fat	96.5	95.9	97.5
肉禽及制品	Meal, Poultry	102.5	102.9	101.9
蛋	Eggs	104.1	103.8	104.8
水产品	Aquatic Products	100.0	99.5	100.8
菜	Vegetables	107.4	108.8	104.9
调味品	Condiments	100.7	100.8	100.5
糖	Sugar	103.6	104.5	102.4
干鲜瓜果	Dried and fresh Fruits	102.1	103.6	99.1
糕点饼干面包	Cake, Biscuits and Bread	100.6	101.2	99.7
奶及奶制品	Mike and Its Products	100.6	100.4	101.1
在外用膳食品	Out-of-home Food	101.9	102.2	101.3
其他食品	Other Food	100.8	101.0	100.5
饮料烟酒	**Beverages, Tobacco and Liquor**	**100.1**	**100.6**	**99.3**
茶及饮料	Tea and Beverages	99.9	99.4	100.7
烟草	Tobacco	100.3	101.3	99.2
酒	Liquor	99.8	100.5	98.7
服装鞋帽	**Garments, Shoes and Hats**	**99.7**	**99.8**	**99.6**
服装	Garments	99.8	100.0	99.4
鞋袜帽	Shoes, Sock and Cap	99.9	99.9	100.0
其他	Others	97.8	96.2	99.9
纺织品	**Textiled**	**99.2**	**99.0**	**99.6**
衣着材料	Material of Cloth	99.5	99.0	100.2
床上用品	Bedding	99.0	99.0	99.0
家用电器及音像器材	**Household Appliances**	**96.4**	**96.5**	**96.3**
文化办公用品	**Cultural and Office Goods**	**97.9**	**97.6**	**98.5**
日用品	**Articles for Daily Use**	**99.8**	**99.2**	**100.5**
体育娱乐用品	**Sports Entertainment Goods**	**98.7**	**98.7**	**98.6**
交通通信用品	**Transportation and communication**	**93.3**	**93.7**	**92.6**
家　具	**Furniture**	**100.1**	**100.2**	**100.0**
化妆品	**Cosmetics**	**99.1**	**98.9**	**99.4**
金银珠宝	**Jewelry**	**104.3**	**104.6**	**103.7**
中西药品及医疗保健用品	**Traditional Chinese and Western Medicines**	**98.2**	**98.3**	**97.9**
医疗器具及用品	Medical Appliances and Articles	96.2	100.7	92.1
中药材及中成药	Traditional Chinese Medicine	99.6	100.1	98.9
西药	Western Medicines	97.2	97.0	97.5
保健器具及用品	Health Care Appliances and Articles	99.4	99.2	99.5
书报杂志及电子出版物	**Newspapers,Magazines and Electronic Publications**	**100.2**	**100.2**	**100.1**
燃料	**Fuels**	**123.5**	**121.9**	**126.2**
建筑材料及五金电料	**Building Materials and Hardwares**	**101.0**	**100.6**	**101.5**

9-5 农产品生产者价格分类指数

Yielding Price Indices of Farm Products by Category of Commodities

(上年=100) (preceding year=100)

项 目	Item	2004	2005
总指数	**General Index**	**112.0**	**103.2**
农产品	**Farm Products**	**112.3**	**103.1**
谷物(原粮)	Grain(Primary Grain)	114.9	101.3
小麦	Wheat	122.1	109.6
稻谷	Rice	112.3	110.3
玉米	Corn	114.6	99.5
杂粮	Other grain	119.3	114.8
马铃薯	Potatos	107.3	116.1
豆类	Legume	119.3	101.1
# 大豆	Soybean	116.1	98.3
油料	Edible Oil	117.4	102.3
甜菜	Sugar Beet	108.6	105.7
牧草	Herbage	139.8	100.0
蔬菜	Vegetables	97.4	106.0
水果	Fruits	99.0	103.0
中药材	Raw Material of Traditional Chinese Medicine	100.3	99.3
林产品	**Forest Products**	**99.0**	**103.2**
畜产品	**Livestock Products**	**112.5**	**103.5**
牛	Cattles	104.5	102.1
羊	Sheep and Goats	108.2	102.7
猪	Hogs	119.9	104.0
家禽	Poultry	112.8	102.2
禽蛋	Poultry's egg	120.0	103.1
牛奶	Milk	100.2	99.9
绵羊毛	Sheep's wool	100.3	98.9
山羊绒	Cashmere	110.6	104.5
水产品	**Aquatic Products**	**112.4**	**100.2**

9-6 农业生产资料价格分类指数
Price Indices of Agricultural Means of Production by Category

(上年=100) (preceding year=100)

项 目	Item	2000	2003	2004	2005
总指数	**General Index**	**106.1**	**101.2**	**109.5**	**108.3**
小农具	Small Farm Tools	100.1	96.5	96.3	100.7
饲料	Forage	97.7	95.4	115.3	103.4
幼禽家畜	Young Livestock & Fowls	144.3	99.5	138.8	109.5
大牲畜	Large Animal	96.8	108.8	106.1	100.9
半机械化农具	Semi-mechanized Farm Tools	99.3	98.3	98.7	102.4
机械化农具	Mechanized Farm Tools	95.3	102.5	103.9	100.7
化学肥料	Chemical Fertilizer	94.6	104.7	109.0	118.3
农药及农药械	Pesticide & Its Appliances	96.9	97.6	101.9	99.0
化学农药	Chemical Pesticide	96.6	96.7	102.4	99.3
农药械具	pesticidal Appliance	99.0	101.7	99.1	97.8
农机用油	Oil for Farm Machinery	123.5	104.0	107.7	109.9
其他	Others	99.3	96.2	104.8	106.7

9-7 工业品出厂价格分类指数
Ex-factory Price Indices of Industrial Products

(上年=100) (preceding year=100)

项 目	Item	2000	2003	2004	2005
全部工业品	**Total Industry Products**	**102.8**	**103.2**	**105.1**	**105.1**
生产资料	**Means of Production**	**103.7**	**104.5**	**106.3**	**106.5**
采掘工业	Mining & Quarrying Industry	112.3	103.9	108.7	120.1
原材料工业	Raw Materials Industry	101.4	105.4	107.0	104.8
加工工业	Manufacturing Industry	103.2	103.4	104.8	102.1
生活资料	**Consumer Goods**	**99.9**	**99.7**	**101.5**	**100.9**
食品类	Food	99.1	100.2	102.4	100.9
衣着类	Clothing	101.7	98.5	99.3	100.9
一般日用品	Articles for Daily Uses	99.5	101.3	101.3	102.7
耐用消费品	Durable Consumer Goods	96.5	97.6	96.8	96.6

9-8 主要工业原材料购进价格指数

Purchasing Price Index of Majority Industrial Raw Materials

(上年=100) (preceding year=100)

项 目	Item	2000	2003	2004	2005
原材料、燃料、动力购进价格总指数	**General Purchasing Price Index of Raw Materials and Energy**	**106.8**	**102.9**	**109.2**	**109.9**
燃料、动力	Fuels and Energy	109.5	103.5	106.6	114.8
黑色金属材料	Ferrous Metals	102.6	106.7	118.0	107.5
# 钢 材	Steel Products	103.8	106.2	112.8	104.2
有色金属材料和电线	Nonferrous Metals and Wires	106.2	106.0	124.0	117.0
化工原料	Chemical Raw Materials	103.0	100.0	108.9	108.9
木材及纸浆	Wood and Paper Pulps	108.4	98.2	100.8	102.5
建筑材料类及非金属矿	Construction Materials	98.3	99.9	102.4	106.2
其它工业原材料类及半成品	Other Industrial Raw Materials and Semi-products	98.1	101.1	104.4	102.3
农副产品类	Farm and Sideline Products	104.2	103.3	109.3	104.8
纺织原料类	Textile Raw Materials	105.1	100.4	102.9	103.2

9-9 固定资产投资价格指数

Price Indices of Investment in Fixed Assets

(上年=100) (preceding year=100)

项 目	Item	2000	2003	2004	2005
固定资产投资	**Investment in Fixed Assets**	**101.9**	**102.6**	**105.0**	**103.7**
建筑安装工程	Construction and Installation	103.9	103.7	105.9	104.5
设备、工器具购置	Purchase of Equipment,Tools & Instruments	98.0	100.2	104.1	101.2
其他费用	Others	98.7	100.5	101.4	103.4

主要统计指标解释

商品零售价格指数 是反映城乡商品零售价格变动趋势的一种经济指数。零售物价的调整变动直接影响到城乡居民的生活支出和国家的财政收入，影响 居民购买力和市场供需平衡，影响消费与积累的比例。因此，计算零售价格指数，可以从一个侧面对上述经济活动进行观察和分析。

居民消费价格指数 是反映一定时期内城乡居民所购买的生活消费品价格和服务项目价格变动趋势和程度的相对数，是对城市居民消费价格指数和农村居民消费价格指数进行综合汇总计算的结果。利用居民消费价格指数，可以观察和分析消费品的零售价格和服务价格变动对城乡居民实际生活费支出的影响程度。

城市居民消费价格指数 是反映城市居民家庭所购买的生活消费品价格和服务项目价格变动趋势和程度的相对数。城市居民消费价格指数可以观察和分析消费品的零售价格和服务项目价格变动对职工货币工资的影响，作为研究职工生活和确立工资政策的依 据 。

农村居民消费价格指数 是反映农村居民家庭所购买的生活消费品价格和服务项目价格变动趋势和程度的相对数。农村居民消费价格指数可以观察农村消费品零售价格和 服务项目价格变动对农村居民生活消费支出的影响，直接反映农民生活水平的实际变化情况，为分析和研究农村居民生活问题提供依据。

农产品收购价格指数 是反映国有商业、集体商业、个体商业、外贸部门、国家机关、社会团体等各种经济类型的商业企业和有关部门收购农产品价格的变动趋势和程度的相对数。农产品收购价格指数可以观察和研究农产品收购价格总水平的变化情况，以及 对农民货币收入的影响，作为制订和检查农产品价格政策的依据。

农村工业品零售价格指数 是反映农村市场工业品零售价格水平变动趋势和程度的相对数。通过农村工业品零售价格指数，可以观察工业品零售价格变动对农民货币支 出的影响。

工业品出厂价格指数 是反映全部工业产品出厂价格总水平变动趋势和程度的相对数，包括工业企业售给本企业以外所有单位各种产品和直接售给居民用于生 活消费的产品。通过工业品出厂价格指数能观察出厂价格变动对工业总产值的影响。

固定资产投资价格指数 是反映固定资产投资额价格变动趋势和程度的相对数。固定资产投资额是由建筑安装工程投资完成额、设备、工器具购置投资完成额和其他费用投资完成额三部分组成的。编制固定资产投资价格指数应首先分别编制上述三部分投资 的价格指数，然后采用加权算术平均法求出固定资产投资价格总指数。

编制固定资产投资价格指数可以准确地反映固定资产投资中涉及的各类商品和取费项目价格变动趋势和变动幅度，消除按现价计算的固定资产投资指标中的价格变动因素，真实地反映固定资产投资的规模、速度、结构和效益，为国家科学地制定、检查固定资产投资计划并提 高宏观调控水平，为完善国民经济核算体系提供科学的、可靠的依据。

Explanatory Notes on Main Statistical Indicators

Retail Price Index reflects the general change in retail prices of commodities. The change and adjustment in retail prices directly affect the living expenditure of urban and rural residents, government revenue, purchasing power of residents and the equilibrium of market supply and demand, and the ratio of consumption to accumulation. Therefore, the calculation of retail p rice index is useful to analyze the changes of the above economic activities.

Consumer Price Index reflects the trend and degree of changes in prices of consumer goods and services purchased by urban and rural residents, and is a composite index derived from the urban consumer price index and the rural consumer price index. Consumer price index can be used to analyze the impact of consumer price change on actual expenditure for living cost of urban and rural residents.

Urban Consumer Price Index reflects the trend and degree of changes in prices of consumer goods and services purchased by urban households. It can be used to observe and analyze the impact of price changes in consumer goods and services on money wages of staff and workers, and provide basis for policy making concerning t he living cost and wages of staff and workers.

Rural Consumer Price Index reflects the trend and degree of changes in prices of consumer goods and services purchased by rural households. It can be used to observe the impact of change in retail prices of consumer goods and service prices in rural areas on living expenditure of rural households, and t o show the changes in the living standard of peasants. It provides basis for analysis and research on condition of life in rural areas.

Index of Purchasing Prices of Farm Products reflects the trend and degree of changes in purchasing prices of farm products purchased by state owned, collective owned, and individual commercial enterprises, foreign trade sectors, government agencies, social organizations and other units of various types of ownership. It is used to observe the impact of change in purchasing prices of farm products on the cash income of peasants, and serves as basis for the formulation and supervision of pricing policies for farm products.

Retail Price Index of Rural Industrial Products reflects the t rend and degree of changes in prices of industrial products in rural market and can be used to observe the impact of the price change on farmers money expenditure.

Ex-Factory Price Index of Industrial Products reflects the trend and degree of changes in general ex factory prices of all industrial products, including sales of industrial products by an industrial enterprise to all units outside the enterprise, as well as sales of consumer goods to residents. It can be used to analyze the impact of ex-factory prices on gross industrial output value.

Price Index of Investment in Fixed Assets reflects the trend and degree of changes in prices of investment in fixed assets. The investment in fixed assets consists of three components, namely the investment in construction and installation, the investment in Purchases of equipment and instrument, and the investment in other items. Price index of investment in fixed assets is calculated as the weighted arithmetic mean of the price indices of the three component s of investment in fixed assets. Removing the factor of price change in the aggregates of investment at current prices, this indicator shows the changes in the pr ices of commodities and fees involved in the investment of fixed assets, and can be used to observe the actual size, growth, structure, and efficiency of investment in fixed assets and provides reliable and scientific data for government planning, management, decision making, and further improving the current national accounting system.

十 人民生活

PEOPLE´S LIVELIHOOD

资料整理 陈宝华 谢瑞平 方玲 李凤鸣

Arranged by Chen Baohua , Xie Ruiping , Fang Ling , Li Fengming

10-1 人民物质文化生活情况

People's Material & Cultural Life

项 目	Item	1985	1990	1995	2000	2005
就 业	**Employment**					
每一农村劳动力负担人数(人)	Dependents per Rural Laborer(person)	1.84	1.68	1.55	1.48	1.42
每一城镇就业者负担人数(人)	Dependents per Urban Employee(person)	1.85	1.89	1.86	1.92	1.91
城镇登记失业率(%)	Urban Unemployment Rate(%)	4.00	3.80	3.17	3.34	4.26
收 入	**Income of Rural & Urban Residents**					
农村牧区人均纯收入(元)	Per Capita Net Income of Rural(yuan)	400	647	1300	2038	2989
农民人均纯收入	Peasants	360	607	1208	1869	2813
牧民人均纯收入	Herdermen	650	906	1871	3355	4341
农村牧区居民家庭人均纯收入指数(1978=100)	Index of Per Capita Net Income of Rural Residents(1978=100)	192.3	224.3	274.0	408.7	526.1
城镇居民人均可支配收入(元)	Per Capita Disposable Income of Urban Residents(yuan)	666	1155	2846	5129	9137
城镇居民人均可支配收入指数(1978=100)	Index of Annual Per Capita Disposable Income of Urban Residents(1978=100)	173.0	189.6	244.1	385.8	632.3
职工年平均工资(元)	Average Wages of Staff & Workers (yuan)	1095	1846	4134	6974	15985
消 费	**Consumption**					
农村牧区居民人均消费支出(元)	Expenditure of Rural Residents(yuan)	325	539	1261	1615	2446
农村居民人均消费支出	Peasants	291	492	1181	1442	2244
牧区居民人均消费支出	Herdsmen	550	843	1762	2959	4006
城镇居民人均消费支出(元)	Expenditure of Urban Residents(yuan)	646	982	2482	3928	6929
恩格尔系数(%)	Engel Coefficient(%)					
城镇居民	Urban Residerts	46.1	48.3	48.4	34.5	31.4
农民家庭	Households of Peasant	63.0	59.2	59.7	47.7	45.1
牧民家庭	Households of Herdsman	48.0	48.3	48.1	33.8	34.3
储 蓄	**Savings**					
城乡居民年底储蓄余额(亿元)	Balance of Savings Deposit of Rural & Urban Residents (100 million yuan)	29	110	410	876	1974
平均每人储蓄存款余额(元)	Per Capita Balance of Saving Deposit(yuan)	144	515	1804	3875	8274
住房面积(平方米)	**Per Capita Floor Space(sq.m)**					
农村牧区平均每人居住	Rural Areas	13.5	11.9	15.3	17.0	19.7
城市平均每人居住	Urban Areas	7.29	8.98	12.06	15.54	26.09
城市公用事业	**Public Utilities in Urban Areas**					
自来水普及率(%)	Rate of Access to Tap Water(%)	61.1	73.4	80.7	89.1	87.6
用气普及率(%)	Rate of Access to Gas(%)	2.7	16.8	40.5	58.6	68.2
每万人拥有绿地(公顷)	Green Area per 10 000 Persons(hectare)	2.4	3.3	5.9	7.0	7.8
文 化	**Culture**					
城镇每百户有彩色电视机(台)	Number of Color TV Set per 100 Households in Urban Areas(unit)	23.18	53.43	84.22	106.66	113.34
农村每百户有电视机(台)	TV sets per 100 Households in Rural Areas(unit)	9.23	42.14	84.89	96.07	102.00
广播综合人口覆盖率(%)	Broadcast Covering Rate (%)				85.6	92.6
电视综合人口覆盖率(%)	TV Covering Rate of Population(%)				81.4	90.2
每人每年拥有报纸(份)	Newspapers per Capita(copy)	2.24	2.06	7.17	7.56	11.10
每人每年拥有图书杂志(册)	Books & Magazines per capita(copy)	7.13	4.30	3.34	3.79	4.31
教 育	**Education**					
学龄儿童入学率(%)	Enrollment Ratio of School Age Children(%)	96.80	97.90	98.90	99.50	99.40
每万人口中在校大学生数(人)	Number of University Students per 10 000 Persons(person)	15.60	15.10	16.39	29.60	96.15
卫 生	**Public Health**					
每万人有医院、卫生院病床(张)	Number of Hospital Beds per 10 000 Persons(unit)	25.20	26.62	27.25	28.24	26.83
每万人有卫生技术人员(人)	Number of Medical Technical Personnel per 10 000 Persons(person)	43.40	45.10	44.97	42.39	43.01
每万人有医生数(人)	Doctors per 10 000 Persons(person)	18	19	22	22	21

10-2 城乡居民家庭人均收入及指数

年 份 Year	农牧民人均纯收入 Annual Net Income of Rural Households per Capita			
	农牧民 Peasant and Herdsman		农 民 Peasant	
	绝对数(元) Value(yuan)	指数(1978=100) Index	绝对数(元) Value(yuan)	指数(1978=100) Index
1978	131	100.0	126	100.0
1979	164	115.8	156	114.9
1980	192	123.9	181	121.6
1981	241	146.1	228	144.0
1982	288	163.8	273	162.0
1983	325	174.1	294	163.6
1984	368	189.0	336	179.6
1985	400	192.3	360	180.0
1986	382	171.3	340	157.7
1987	426	185.7	389	175.8
1988	547	219.3	500	209.4
1989	553	214.5	478	179.9
1990	647	224.3	607	208.1
1991	651	242.1	618	208.7
1992	719	251.8	672	222.3
1993	829	254.1	778	225.2
1994	1062	266.2	970	228.6
1995	1300	274.0	1208	240.2
1996	1602	314.5	1552	288.7
1997	1780	335.9	1705	304.6
1998	1982	379.2	1911	341.5
1999	2003	403.5	1903	350.3
2000	2038	408.7	1869	340.8
2001	1973	393.2	1784	323.4
2002	2086	411.7	1948	350.3
2003	2268	436.5	2133	373.1
2004	2606	474.0	2465	406.9
2005	2989	526.1	2813	449.6

Per Capita Annual Income of Urban and Rural Household and Related Index

牧 民 Herdsman		城镇居民可支配收入 Annual Disposable Income of Urban Residents per Capita	
绝对数(元) Value(yuan)	指数(1978=100) Index	绝对数(元) Value(yuan)	指数(1978=100) Index
188	100.0	301.0	100.0
236	116.8	350.1	115.5
265	118.8	407.1	124.7
326	137.2	418.3	124.7
387	153.0	452.7	133.6
530	199.5	474.2	138.5
573	206.5	548.8	152.8
650	219.9	666.0	173.0
649	205.1	773.6	187.4
662	203.3	819.7	183.0
850	233.4	915.8	174.8
1038	249.0	1052.8	175.9
906	244.8	1155.0	189.6
868	230.8	1294.7	200.5
1022	264.1	1478.9	210.7
1164	262.5	1883.3	235.2
1664	314.5	2503.0	251.5
1871	292.1	2845.7	244.1
1951	278.1	3431.8	273.9
2345	321.8	3944.7	300.9
2516	345.2	4353.0	334.5
2698	370.5	4770.5	365.5
3354	454.2	5129.1	385.8
3277	441.0	5535.9	411.9
3052	403.9	6051.0	446.7
3201	418.0	7012.9	509.6
3571	444.2	8123.1	575.9
4341	522.8	9136.8	632.3

10-3 城镇居民家庭基本情况
Basic Conditions of Urban Households

项目	Item	1985	1990
调查户数(户)	**Number of Households Surveyed (household)**	**850**	**1400**
平均每户家庭人口(人)	**Average Household Size(person)**	**4.02**	**3.73**
平均每户就业人口(人)	**Average Number of Employed Persons per Household(person)**	**2.17**	**1.97**
平均每户就业面(%)	**Percentage of Employment per Household(%)**	**53.98**	**52.79**
平均每一就业者负担人数(包括就业者本人)(人)	**Number of Persons Supported by Each Employee including the employee himself or herself(person)**	**1.85**	**1.89**
平均每人全部年收入(元)	**Per Capita Annual Income(yuan)**	**666**	**1160**
#可支配收入	Disposable Income	666	1155
薪水	Salary		
国有单位职工工资	Wages of Staff & Workers in State-owned Units	435	704
集体及其它经济类型单位职工工资	Wages of Staff and Workers in Collective owned Units and Units of Other Type of Ownership	80	104
职工从工作单位得到的其他收入	Other Income of Staff and Workers from Their Working Units	43	61
个体经营劳动者收入	Income of Individual Laborers		16
被聘用或留用的离退休人员收入	Income of Re employed Retirees		7
其他就业者收入	Income of Other Employees		4
其他劳动收入	Part time Income		28
财产性收入	Property Income		11
转移性收入	Transfer Income		180
其他收入	Other Income		
平均每人消费性支出(元)	**Per Capita Annual Living Expenditures for Consumption(yuan)**	**646**	**982**
#食 品	Food	298	474
衣 着	Clothing	129	162
家庭设备用品及服务	Household Facilities, Articles and Service		
医疗保健	Medicine and Medical Service	5	20
交通通讯	Transportation and Communications		
娱乐教育文化服务	Recreation, Education & Cultural Service		
居 住	Residence		
杂项商品与服务	Miscellaneous Commodities and Services		

10-3 续表 continued

项 目	Item	1995	2000	2005
调查户数(户)	**Number of Households Surveyed (household)**	**1400**	**2300**	**2420**
平均每户家庭人口(人)	**Average Household Size(person)**	**3.34**	**3.08**	**3.00**
平均每户就业人口(人)	**Average Number of Employed Persons per Household(person)**	**1.80**	**1.61**	**1.57**
平均每户就业面(%)	**Percentage of Employment per Household(%)**	**53.89**	**52.15**	**52.33**
平均每一就业者负担人数(包括就业者本人)(人)	**Number of Persons Supported by Each Employee including the employee himself or herself(person)**	**1.86**	**1.92**	**1.91**
平均每人全部年收入(元)	**Per Capita Annual Income(yuan)**	**2874**	**5151**	**9565**
#可支配收入	Disposable Income	2846	5129	9137
薪水	Salary			6669
国有单位职工工资	Wages of Staff & Workers in State owned Units	1941	2909	
集体及其它经济类型单位职工工资	Wages of Staff and Workers in Collective-owned Units and Units of Other Type of Ownership	147	191	
职工从工作单位得到的其他收入	Other Income of Staff and from Their Working Units	103		508
个体经营者净收入	Income of Individuals	62	495	858
被聘用或留用的离退休人员收入	Income of Re employed Retirees	16	93	
其他就业者收入	Income of Other Employees	2	13	
其他劳动收入	Part time Income	84	187	
财产性收入	Property Income	39	59	161
转移性收入	Transfer Income	474	1110	1877
其他收入	Other Income			
平均每人消费性支出(元)	**Per Capita Annual Living Expenditures for Consumption(yuan)**	**2482**	**3928**	**6929**
#食品	Food	1202	1353	2178
衣着	Clothing	405	561	1048
家庭设备用品及服务	Household Facilities, Articles and Service	168	289	394
医疗保健	Medicine and Medical Service	100	287	533
交通通讯	Transportation and Communications	123	359	756
娱乐教育文化服务	Recreation, Education & Cultural Service	224	488	969
居住	Residence	156	339	723
杂项商品与服务	Miscellaneous Commodities and Services	104	252	328

10-4 城镇居民家庭基本情况(2005年)

项 目	Item	全区 All Regional Cities and County Towns
调查户数(户)	**Number of Households Surveyed(household)**	**2420**
平均每户家庭人口(人)	Average Household Size(person)	3.00
平均每户就业人口(人)	Average Number of Employees per Household(person)	1.57
平均每户就业面(%)	Percentage of Employed Persons per Household(%)	52.33
平均每一就业者负担人数(包括就业者本人)(人)	Number of Persons Supported by Each Employee (including the employee himsel for herself)(person)	1.91
平均每人全部年收入(元)	Per Capita Annual Income(yuan)	9565.14
平均每人可支配收入(元)	Per Capita Disposable Income(yuan)	9136.79
平均每人消费性支出(元)	Per Capita Annual Living Expenditure(yuan)	6928.60

10-5 城镇居民家庭平均每人全年消费性支出及构成(2005年)

单位：元

项 目	Item	总平均 Average	最低收入户 lowest Income Households (first decile)	#困难户 Difficult Households (first five percent)
消费性支出	**Total Living Expenditures**	**6928.60**	**2902.68**	**2717.77**
食 品	Food	2177.63	1125.45	1011.12
#粮 食	Grain	256.46	197.19	180.44
肉禽及其制品	Meat, Poultry and Related Products	384.4	241.73	202.17
蛋 类	Eggs	51.16	39.60	33.14
水产品	Aquatic Products	50.08	27.63	26.82
奶及奶制品	Milk and Dairy Products	120.14	55.41	46.84
衣 着	Clothing	1047.91	354.37	340.95
#服 装	Garments	733.05	231.23	211.77
家庭设备用品及服务	Household Facilities, Articles and Services	394.37	101.52	95.13
#耐用消费品	Durable Consumer Goods	172.12	25.36	25.79
医疗保健	Medicine and Medical Services	533.36	246.01	262.84
交通和通讯	Transportation and Communications	755.51	274.05	270.67
娱乐教育文化服务	Recreation, Education and Cultural Services	968.81	357.48	326.90
#文娱用耐用消费品	Durable Consumer Goods for Recreational Use	263.24	57.94	65.86
居 住	Residence	722.62	337.99	311.71
#住 房	Housing	191.90	67.88	69.47
杂项商品和服务	Miscellaneous Commodities	328.39	105.81	98.45

Basic Conditions of Urban Households(2005)

按收入等级分 Grouped by Percentile of Households							
最低收入户 lowest Income Households (first decile)	# 困难户 Difficult Households (first five percent)	低收入户 Low Income Households (second decile)	中等偏下户 Lower Middle Income Households (second quintile)	中等收入户 Middle Income Households (third quintile)	中等偏上户 Upper Middle Income Households (fourth quintile)	高收入户 High Income Households (ninth decile)	最高收入户 Highest Income Households (tenth decile)
223	**111**	**243**	**486**	**489**	**490**	**245**	**245**
3.59	3.75	3.30	3.09	2.93	2.84	2.76	2.39
1.56	1.47	1.55	1.63	1.63	1.54	1.57	1.40
43.45	39.20	46.96	52.75	55.63	54.22	56.88	58.57
2.30	2.56	2.12	1.90	1.80	1.85	1.76	1.70
3186.24	2709.14	5106.01	7080.11	9521.73	12575.10	16185.01	23302.80
3012.95	2491.43	4907.47	6793.79	9107.25	11961.76	15424.92	22281.88
2902.68	2717.77	4294.48	5556.29	6817.26	8756.83	10541.91	15654.47

Per Capita Annual Living Expenditure of Urban Households and its Composition(2005)

(yuan)

低收入户 Low Income Households (second decile)	中等偏下户 Lower Middle Income Households (second quintile)	中等收入户 Middle Income Households (third quintile)	中等偏上户 Upper Middle Income Households (fourth quintile)	高收入户 High Income Households (ninth decile)	最高收入户 Highest Income Households (tenth decile)
4294.48	**5556.29**	**6817.26**	**8756.83**	**10541.91**	**15654.47**
1535.67	1858.00	2181.59	2624.89	3171.50	4161.25
252.16	247.91	260.45	278.16	275.97	316.06
301.53	356.8	404.23	446.17	501.1	556.33
47.53	54.77	51.77	51.76	53.01	61.57
38.76	43.02	49.64	60.32	72.83	86.68
82.33	115.12	135.16	141.51	158.04	189.70
615.28	834.82	1075.74	1346.22	1705.43	2299.91
415.10	570.06	755.55	934.78	1214.40	1698.87
190.94	271.90	391.79	575.50	614.56	1047.00
57.04	107.76	167.67	277.20	283.03	507.91
329.36	423.38	476.81	680.54	751.91	1368.61
384.01	589.48	697.50	971.99	1116.95	2124.40
525.52	757.93	986.05	1229.84	1635.71	2191.27
104.78	178.56	283.38	352.70	414.78	778.67
528.76	598.35	726.40	892.98	1023.58	1445.27
72.22	119.38	206.64	281.29	327.82	477.52
184.94	222.43	281.39	434.86	522.26	1016.75

10-6 按收入等级分的城镇居民家庭平均每人全年现金收入(2005年)

单位：元

项 目	Item	总平均 Average	最低收入户 lowest Income Households (first decile)	#困难户 Difficult Households (first five percent)
实际收入	**Real Income**	**9565.14**	**3186.24**	**2709.14**
#可支配收入	Disposable Income	9136.79	3012.95	2491.43
薪水	Salary	6669.48	2277.84	1980.27
个体经营者净收益	Net Profits of Self employed Individuals	857.63	419.82	227.89
个体被雇者收入	Income of Employed Individuals			
离退休再就业者收入	Income of Re employed Retirees			
其它就业者收入	Income of Other Employees			
其它劳动收入	Part time Income	508.01	487.30	529.70
财产收入	Property Income	161.25	32.66	33.71
#利 息	Interest	7.49	1.53	2.95
红 利	Bonus	31.26	0.46	0.88
其它财产租金收入	Other Property and Rent Income	66.97	17.15	27.25
转移收入	Transfer Income	1876.78	455.92	467.27
#离退休金	Pension	1608.55	308.58	322.84
赡养收入	Supporting Income	56.04	24.59	14.67
赠送收入	Giving Income	56.04	24.59	14.67
家庭副业生产收入	Production Income of Household Sideline Products			
借贷收入	**Loan Income**	**2208.18**	**912.21**	**890.16**
#提取储蓄存款	Withdraw Saving Deposit	1863.88	613.16	754.79
提取储金汇款	Withdraw Saving Fund			
收回借出款	Paid back Loan	23.41	12.68	19.47
收回储蓄性保险本金	Withdraw Saving Premium	5.21		
兑售有价证券	Securities Encashed and Sold	1.33		
为购置房屋从银行贷款	Loan from Bank for Buying Housing	136.15	130.02	
其它借贷收入	Other Loan Income	1.74	1.29	

Per Capita Annual Cash Income of Urban Households by Level of Income(2005)

(yuan)

低收入户 Low Income Households (second decile)	中等偏下户 Lower Middle Income Households (second quintile)	中等收入户 Middle Income Households (third quintile)	中等偏上户 Upper Middle Income Households (fourth quintile)	高收入户 High Income Households (ninth decile)	最高收入户 Highest Income Households (tenth decile)
5106.01	**7080.11**	**9521.73**	**12575.10**	**16185.01**	**23302.80**
4907.47	6793.79	9107.25	11961.76	15424.92	22281.88
3530.42	5264.29	6923.83	8860.50	11295.09	14062.47
729.95	666.42	845.02	864.25	1092.01	2295.51
571.76	396.42	388.26	457.51	829.28	886.78
32.03	53.64	161.05	245.91	175.94	786.30
0.29	5.26	5.06	11.51	12.84	30.55
2.74	6.34	26.72	112.95	21.78	53.73
11.77	32.37	44.95	90.81	120.16	322.38
813.62	1095.77	1591.83	2604.44	3621.97	6158.51
685.81	960.46	1389.46	2345.16	3095.87	5046.65
33.42	27.21	40.06	60.20	147.08	183.12
33.42	27.21	40.06	60.20	147.08	183.12
943.71	**1419.95**	**1748.86**	**2826.96**	**3771.09**	**7626.46**
842.67	1244.45	1430.23	2541.36	2912.09	6551.85
15.00	40.33	14.35	2.73	28.69	70.25
		0.08	0.37		74.22
		6.87	0.01		
1.12	8.49	202.13	13.90	510.64	509.88
0.04			1.99	1.65	16.00

10-7 城镇居民家庭平均每人全年购买的主要商品数量
Per Capita Annual Purchases of Major Commodities in Urban Households

项目	Item	1985	1990	1995	2000	2005
粮食(千克)	Grain(kg)	141.30	134.98	101.17	77.72	80.99
食用植物油(千克)	Edible Vegetable Oil(kg)	4.10	4.45	5.82	5.56	6.14
猪肉(千克)	Pork(kg)		11.43	11.82	11.59	11.61
牛羊肉(千克)	Beef and Mutton(kg)		6.39	5.02	6.61	8.33
家禽(千克)	Poultry(kg)	0.50	0.59	1.77	3.25	3.82
鲜蛋(千克)	Fresh Eggs(kg)	2.70	2.31	7.92	9.67	8.71
水产品(千克)	Aquatic Products(kg)			3.44	4.30	4.29
鲜菜(千克)	Fresh Vegetables(kg)	201.00	162.03	125.87	107.45	103.85
干菜(千克)	Dry Vegetables(kg)				0.13	0.49
食糖(千克)	Sugar(kg)		1.44	1.14	1.08	0.90
糖果(千克)	Candy(kg)		0.68		0.53	0.63
卷烟(盒)	Cigarettes(pack)		38.06	29.71	26.13	21.69
白酒(千克)	Strong White Spirit(kg)		3.77	3.78	3.17	2.75
啤酒(千克)	Beer(kg)		3.91	6.31	4.95	6.25
茶叶(千克)	Tea(kg)		0.34		0.24	0.17
鲜瓜果(千克)	Fresh Melons and Fruits(kg)		41.50	42.77	63.11	61.19
鲜奶(千克)	Fresh Milk(kg)		2.80	5.83	12.58	20.71
夹克衫(件)	Jackets(piece)				0.14	
毛线衣(件)	Woollen Sweater(piece)				0.29	
衬衫(件)	Shirts(piece)				0.19	
裤子(条)	Pants(piece)				0.54	
棉布(米)	Cotton Cloth(m)				0.26	
化纤布(米)	Chemical Fiber Cloth(m)		1.74		0.50	
呢绒(米)	Woolen Fabric(m)	0.40	0.31	0.25	0.07	
绸缎(米)	Silk and Satin(m)	0.50	0.43	0.17	0.02	
毛线(千克)	Knitting Wool(kg)				0.37	
皮鞋(双)	Leather Shoes(pair)	0.60	0.55	0.86	0.97	
旅游鞋(双)	Jogging Shoes(pair)				0.09	
布鞋(双)	Cloth Shoes(pair)		0.93		0.28	
肥皂(块)	Soap(piece)		3.57		1.28	
洗衣粉(千克)	Washing Powder for Clothes(kg)		1.43		1.47	
煤炭(千克)	Coal(kg)		480.64		205.07	224.54
液化石油气(千克)	Liquefied Gas(kg)		2.17		8.27	12.53

10-8 城镇居民家庭平均每百户耐用消费品年末拥有量

Number of Major Durable Consumer Goods Owned Per 100 Urban Households at Year-end

项 目	Item	2004	2005
组合家具(套)	Composite Furniture	73.47	74.02
摩托车(辆)	Motorcycle	27.35	27.43
自行车(辆)	Bicycle	174.89	179.44
家用汽车(辆)	Automobile	3.47	3.64
洗衣机(台)	Washing Machine	93.45	95.29
电风扇(台)	Electric Fan	60.35	61.52
电冰箱(台)	Refrigerator	83.59	85.51
冰 柜(台)	Freezer	12.94	14.04
彩色电视机(台)	Color TV Set	110.53	113.34
影碟机(台)	Video Disc Player	52.18	54.85
录放像机(台)	Video recorder	8.59	8.38
家用电脑(台)	Computer	19.02	23.17
组合音响(套)	Hi -Fi Stereo Component System	13.26	14.27
摄相机(架)	Pickup Camera	2.51	2.89
照相机(架)	Camera	32.96	35.40
钢 琴(架)	Piano	1.18	1.11
中高档乐器(件)	Other High Grade Music Instrument	6.79	6.88
微波炉(台)	Micro Wave Oven	22.53	26.18
空调器(台)	Air Conditioner	6.10	7.64
电炊具(台)	Electric Cooking Utensils	149.04	156.76
淋浴热水器(台)	Shower	40.25	42.59
排油烟机(台)	Kitchen Ventilator	61.98	64.37
洗碗机(台)	Washing-up Machine	0.21	0.23
消毒碗柜(台)	Sterilized Cupboard	1.67	1.68
饮水机(台)	Drinking Machine	30.08	31.14
吸尘器(台)	Dust Catcher	11.12	11.58
健身器材(件)	Healthy Equipment	2.08	2.07
移动电话(部)	Mobile Telephone	114.21	128.38
普通电话(部)	Telephone	90.73	89.60
传真机(部)	Fax Machine	0.39	0.62

10-9 按收入等级分的城镇居民家庭平均每人全年购买商品数量(2005年)

Per Capita Annual Purchases of Major Commodities of Urban Households by Level of Income(2005)

项 目	Item	总平均 Average	最低收入户 lowest Income Households	# 困难户 Difficult Households	低收入户 Low Income Households	中等偏下户 Lower Middle Income Households	中等收入户 Middle Income Households	中等偏上户 Upper Middle Income Households	高收入户 High Income Households	最高收入户 Highest Income Households
淀粉及薯类(千克)	Starches & Tubers(kg)	18.89	15.38	15.12	19.09	19.57	19.10	18.24	22.89	18.90
大米(千克)	Rice(kg)	30.11	28.51	26.08	36.49	31.33	30.21	27.29	25.11	29.10
面粉(千克)	Flour(kg)	23.82	25.15	24.12	26.94	25.45	22.49	21.13	21.00	23.41
食用植物油(千克)	Edible Vegetable Oil(kg)	6.14	5.01	4.25	6.43	6.15	6.06	6.40	5.86	7.48
食用动物油(千克)	Edible Animal Oil(kg)	0.15	0.21	0.31	0.11	0.20	0.13	0.09	0.13	0.09
猪肉(千克)	Pork(kg)	11.61	8.73	7.32	10.77	11.76	11.89	11.96	13.80	13.78
牛肉(千克)	Beef(kg)	3.84	2.88	2.03	2.90	3.75	4.24	4.69	3.57	4.78
羊肉(千克)	Mutton(kg)	4.49	2.35	1.96	3.24	4.24	4.57	5.15	6.68	7.26
家禽(千克)	Poultry(kg)	3.82	2.59	2.43	3.27	3.62	4.06	4.34	5.01	4.46
鸡(千克)	Chicken(kg)	2.60	1.75	1.66	2.18	2.49	2.82	2.86	3.64	2.89
禽制品(千克)	Products of Poultry(kg)	1.12	0.78	0.74	1.03	1.01	1.14	1.38	1.30	1.39
鲜蛋(千克)	Fresh Eggs(kg)	8.71	7.01	5.77	8.38	9.37	8.85	8.90	8.36	9.72
鱼(千克)	Fish(kg)	3.87	2.88	2.96	3.66	3.53	3.91	4.23	4.76	5.28
虾(千克)	Shrimp(kg)	0.21	0.08	0.09	0.12	0.16	0.23	0.29	0.32	0.50
水产制品(千克)	Aquatic Products(kg)	2.73	1.17	1.25	1.56	1.85	2.94	3.62	5.55	4.83
鲜菜(千克)	Fresh Vegetables(kg)	103.85	89.31	82.43	96.72	102.33	108.18	107.79	110.29	120.01
干菜(千克)	Dried Vegetables(kg)	0.49	0.33	0.32	0.51	0.46	0.62	0.47	0.55	0.53
菜制品(千克)	Products of Vegetables(kg)	6.79	4.39	3.80	5.40	6.82	6.90	8.67	8.64	6.84
白酒(千克)	liquor(kg)	2.75	2.16	1.94	2.61	2.29	2.73	2.68	3.95	4.44
果酒(千克)	Fruit Wine(kg)	0.08	0.04	0.02	0.02	0.07	0.08	0.09	0.11	0.20
啤酒(千克)	Beer(kg)	6.25	5.17	4.54	6.64	6.69	6.69	5.82	6.13	5.89
其他酒(千克)	Other Liquor(kg)	0.05			0.05	0.03	0.07	0.05	0.05	0.10
鲜果(千克)	Fresh Fruits(kg)	35.12	22.05	20.00	28.36	34.26	37.13	39.82	41.44	50.40
鲜瓜(千克)	Melons(kg)	26.07	14.54	13.84	22.52	24.38	28.37	29.70	34.11	35.11
糕点(千克)	Cake(kg)	3.12	1.90	1.75	2.56	3.12	3.82	3.33	3.20	3.86
鲜乳品(千克)	Fresh Dairy Products(kg)	20.71	10.18	9.74	14.60	20.30	23.06	23.99	27.05	31.10
奶粉(千克)	Milk Powder(kg)	0.30	0.15	0.11	0.23	0.34	0.26	0.40	0.35	0.34
酸奶(千克)	Yogurt Milk(kg)	2.35	0.70	0.71	1.62	1.87	2.86	3.35	3.13	3.69
男士服装(件)	Men's Clothing(piece)	3.15	1.60	1.41	2.42	2.91	3.53	3.72	4.17	4.56
女士服装(件)	Women's Clothing(piece)	3.63	1.84	1.73	2.93	3.17	3.62	4.05	6.71	5.20
儿童服装(件)	Children's Clothing (piece)	0.81	0.45	0.51	0.53	0.90	1.00	0.88	1.06	0.74
鞋类(双)	Shoes(pair)	2.93	1.86	2.01	2.58	2.76	2.95	3.20	4.29	3.74

10-10 按收入等级分的城镇居民家庭平均每百户耐用消费品年末拥有量(2005年)

Number of Durable Consumer Goods Owned Per 100 Urban Households at Year-end by Level of Income(2005)

项 目	Item	总平均 Average	最低收入户 lowest Income Households	# 困难户 Difficult Households	低收入户 Low Income Households	中等偏下户 Lower Middle Income Households	中等收入户 Middle Income Households	中等偏上户 Upper Middle Income Households	高收入户 High Income Households	最高收入户 Highest Income Households
组合家具(套)	Composite Furniture	74.02	63.13	60.58	67.29	69.79	70.25	80.51	87.07	90.54
摩托车(辆)	Motorcycle	27.43	23.68	26.95	29.13	30.28	27.03	30.50	28.04	16.27
自行车(辆)	Bicycle	179.44	187.97	194.38	187.38	185.49	173.82	177.46	170.62	167.76
家用汽车(辆)	Automobile	3.64	1.70	0.23	0.53	2.21	2.99	5.88	6.33	8.38
洗衣机(台)	Washing Machine	95.29	85.39	83.45	86.75	96.23	95.87	101.35	97.54	101.03
电风扇(台)	Electric Fan	61.52	52.82	55.32	64.99	65.85	60.53	58.45	70.64	55.37
电冰箱(台)	Refrigerator	85.51	62.75	60.56	81.07	82.52	89.55	93.39	91.19	96.62
冰 柜(台)	Freezer	14.04	13.91	14.76	13.25	13.42	10.72	13.88	22.38	16.55
彩色电视机(台)	Color TV Set	113.34	102.40	100.20	110.73	110.21	118.82	113.72	119.05	119.54
影碟机(台)	Video Disc Player	54.85	41.30	43.50	48.85	52.41	52.90	63.81	65.49	62.08
录放像机(台)	Video recorder	8.38	5.82	7.36	6.12	4.56	6.78	12.06	12.17	17.24
家用电脑(台)	Computer	23.17	3.66	2.97	10.88	20.42	25.60	34.15	28.41	38.49
组合音响(套)	Hi -Fi Stereo Component System	14.27	2.76	3.33	12.92	13.10	15.98	18.02	16.58	19.60
摄相机(架)	Pickup Camera	2.89	0.63	1.27	2.23	1.34	1.06	4.20	8.11	7.02
照相机(架)	Camera	35.40	17.48	21.00	29.35	27.99	32.88	46.21	52.53	52.30
钢 琴(架)	Piano	1.11			0.51	0.34	1.26	0.96	2.65	3.76
中高档乐器(件)	Other High Grade Music Instrument	6.88	2.66	4.11	3.50	6.55	7.57	8.36	11.34	8.59
微波炉(台)	Micro Wave Oven	26.18	9.92	10.00	12.27	17.89	25.07	38.48	42.61	48.72
空调器(台)	Air Conditioner	7.64	1.09	1.60	3.86	6.31	5.45	9.25	12.15	21.84
电炊具(台)	Electric Cooking Utensils	156.76	140.23	150.89	152.91	160.44	157.55	165.72	149.01	160.61
淋浴热水器(台)	Shower	42.59	15.08	11.27	32.19	32.23	44.00	58.27	58.46	67.45
排油烟机(台)	Kitchen Ventilator	64.37	40.26	36.40	59.71	57.31	64.02	75.54	74.87	86.97
洗碗机(台)	Washing-up Machine	0.23			0.07		0.44	0.24	1.11	
消毒碗柜(台)	Sterilized Cupboard	1.68			0.88	0.58	1.42	2.54	4.41	3.95
饮水机(台)	Drinking Machine	31.14	13.60	13.66	17.01	23.35	27.41	44.39	52.65	53.28
吸尘器(台)	Dust Catcher	11.58	4.82	7.95	8.39	11.37	10.45	13.13	15.61	20.40
健身器材(件)	Healthy Equipment	2.07			0.62	1.69	1.10	2.69	3.39	7.36
移动电话(部)	Mobile Telephone	128.38	67.70	67.79	106.83	120.01	135.91	150.31	168.76	152.93
普通电话(部)	Telephone	89.60	78.20	82.30	87.72	87.90	92.31	92.05	92.20	96.90
传真机(部)	Fax Machine	0.62				0.24	1.62	0.18	1.48	0.97

10-11 农村牧区居民家庭基本情况

Basic Conditions of Rural Households

项 目	Item	1990	1995	2000	2005
调查户数(户)	**Number of Households Surveyed(Household)**	**2060**	**2060**	**2036**	**2060**
调查户常住人口(人)	**Number of Permanent Residentsin the Households Surveyed(person)**	**10299**	**9293**	**8351**	**7782**
平均每户常住人口(人)	Average Number of Permanent Residents per Household(person)	5.00	4.50	4.10	3.78
平均每户整半劳力(人)	Average Number of Able-bodied and Semi-able-bodied Laborers per Household(person)	2.98	2.90	2.77	2.67
平均每个劳动力负担人口(含本人)(人)	Average Number of Persons Supported by a Laborer(including the laborer himself)(person)	1.68	1.55	1.48	1.42
平均每人年收入(元)	**Per Capita Annual Income(yuan)**				
总收入	Total Revenue	1021.70	2272.40	3440.31	5345.92
纯收入	Net Income	647.10	1300.00	2038.21	2988.87
现金收入	Cash Income			2448.89	4235.13
按纯收入分组户数占调查户比重(%)	**Percentage of Households Grouped by Per Capita Annual Net Income(%)**				
500元以下	Under500 Yuan			4.17	4.17
500-800(元)	500-800 Yuan			6.78	3.35
800-1000(元)	800-1000 Yuan			7.17	3.79
1000-1500(元)	1000-1500 Yuan			22.94	9.17
1500-1700(元)	1500-1700 Yuan			8.94	4.32
1700-2000(元)	1700-2000 Yuan			10.56	8.50
2000-2500(元)	2000-2500 Yuan			13.31	13.79
2500-3000(元)	2500-3000 Yuan			8.69	11.60
3000-4000(元)	3000-4000 Yuan			8.60	16.99
4000以上(元)	4000 Yuan and over			8.84	24.32
平均每人年支出(元)	**Per Capita Annual Expenditure(yuan)**				
总支出	Total Expenditure	1003.90	2236.50	3123.29	5091.91
家庭经营费用支出	Expenditure for Household Business			1009.60	2084.79
生活消费支出	Expenditure for Consumption			1614.91	2446.17
其他非生产性支出	Other Nonproductive Expenditures			158.68	560.95
现金支出	Cash Expenditure	605.33	1826.71	2355.68	4174.02
生产费用	Productive Costs	143.59	509.33	833.36	1910.02
缴纳税金和上交集体承包费支出等	Taxes and Payments to Collective Units			219.15	9.09
生活消费支出	Expenditure for Consumption	323.20	798.80	1170.97	1992.06

10-12 农民家庭基本情况
Basic Conditions of Households of Peasants

项 目	Item	1990	1995	2000	2005
调查户数(户)	**Number of Households Surveyed(Household)**	**1820**	**1820**	**1820**	**1840**
调查户常住人口(人)	**Number of Permanent Residentsin the Households Surveyed(person)**	**8922**	**7999**	**7398**	**6888**
平均每户常住人口(人)	Average Number of Permanent Residents per Household(person)	4.90	4.40	4.06	3.74
平均每户整半劳力(人)	Average Number of Able-bodied and Semi-able-bodied Laborers per Household(person)	2.90	2.80	2.75	2.66
平均每个劳动力负担人口(含本人)(人)	Average Number of Persons Supported by a Laborer(including the laborer himself)(person)	1.69	1.57	1.48	1.41
平均每人年收入(元)	**Per Capita Annual Income(yuan)**				
总收入	Total Revenue	947.20	2053.80	3006.58	4872.38
纯收入	Net Income	607.20	1208.40	1868.62	2813.35
现金收入	Cash Income			2089.00	3809.72
按纯收入分组户数占调查户比重(%)	**Percentage of Households Grouped by per Capita Annual Net Income(%)**				
500元以下	Under500 Yuan			4.45	4.51
500-800(元)	500-800 Yuan			7.31	3.33
800-1000(元)	800-1000 Yuan			7.64	4.13
1000-1500(元)	1000-1500 Yuan			24.00	9.29
1500-1700(元)	1500-1700 Yuan			9.45	4.40
1700-2000(元)	1700-2000 Yuan			10.93	8.64
2000-2500(元)	2000-2500 Yuan			13.20	14.13
2500-3000(元)	2500-3000 Yuan			8.02	11.90
3000-4000(元)	3000-4000 Yuan			7.47	17.39
4000(元)以上	4000 Yuan and over			7.53	22.28
平均每人年支出(元)	**Per Capita Annual Expenditure(yuan)**				
总支出	Total Expenditure	827.70	2098.10	2679.38	4604.97
家庭经营费用支出	Expenditure for Household Business	261.80	664.00	804.80	1825.09
生活消费支出	Expenditure for Consumption	491.91	1180.50	1441.78	2243.79
现金支出	Cash Expendiure	500.60	1584.30	1992.27	3710.85
生产费用	Productive Costs	157.60	535.60	690.67	1667.96
缴纳税金和上交集体承包费支出等	Taxes and Payments to Collective Units	35.90	104.20	176.14	8.32
生活消费支出	Expenditure for Consumption	271.20	689.20	995.18	1780.32

10-13 牧民家庭基本情况
Basic Conditions of Households of Herdsmen

项 目	Item	1990	1995	2000	2005
调查户数(户)	**Number of Households Surveyed(Household)**	**240**	**240**	**216**	**220**
调查户常住人口(人)	**Number of Permanent Residentsin the Households Surveyed(person)**	**1377**	**1294**	**953**	**894**
平均每户常住人口(人)	Average Number of Permanent Residents per Household(person)	5.74	5.39	4.41	4.06
平均每户整半劳力(人)	Average Number of Able-bodied and Semi-able-bodied Laborers per Household(person)	2.70	3.00	2.92	2.72
平均每个劳动力负担人口(含本人)(人)	Average Number of Persons Supported by a Laborer(including the laborer himself)(person)	2.13	1.80	1.51	1.49
平均每人年收入(元)	**Per Capita Annual Income(yuan)**				
总收入	Total Revenue	1371.40	3364.60	6807.26	8994.41
纯收入	Net Income	905.70	1871.00	3354.71	4341.18
现金收入	Cash Income	1340.80	3474.10	5234.96	7512.81
按纯收入分组户数占调查户比重(%)	**Percentage of Households Grouped by Per Capita Annual Net Income(%)**				
500元以下	Under 500 Yuan			1.85	1.36
500-800(元)	500-800Yuan			2.32	3.64
800-1000(元)	800-1000Yuan			3.24	0.91
1000-1500(元)	1000-1500Yuan			13.89	8.18
1500-1700(元)	1500-1700Yuan			4.63	3.64
1700-2000(元)	1700-2000Yuan			7.41	7.27
2000-2500(元)	2000-2500Yuan			9.26	10.91
2500-3000(元)	2500-3000Yuan			14.35	9.09
3000-4000(元)	3000-4000Yuan			18.06	13.64
4000(元)以上	4000 Yuan and over			25.00	41.36
平均每人年支出(元)	**Per Capita Annual Expenditure(yuan)**				
总支出	Total Expenditure	1257.20	3348.90	6569.29	8843.59
家庭经营费用支出	Expenditure for Household Business	263.80	1092.50	2599.41	4085.68
生活消费支出	Expenditure for Consumption	843.40	1762.20	2958.94	4005.48
其他非生产性支出	Other Nonproductive Expenditures	35.90	75.90	149.92	329.10
现金支出	Cash Expendiure	1283.90	3312.50	5176.73	7742.65
生产费用	Productive Costs			1941.02	3775.01
缴纳税金和上交集体承包费支出等	Taxes and Payments to Collective Units			553.01	15.06
生活消费支出	Expenditure for Consumption			2535.55	3623.48

10-14 农村牧区居民家庭平均每人总收入和纯收入

Per Capita Annual Gross and Net Income of Rural Households

单位：元 (yuan)

项 目	Item	2004	2005
总收入	**Gross Income**	**4441.33**	**5345.92**
工资性收入	Laborers'Remuneration	394.79	504.46
在非企业组织中劳动得到	Obtained from Non-enterprises	99.50	110.16
在本地企业中劳动得到	Obtained from Native Enterprises	12.44	209.67
外出从业得到	Obtained from Going on Business	162.43	184.63
其他	Others	120.41	
家庭经营收入	Income from Household Business Operation	3857.27	4557.20
农业收入	Farming	2227.84	2601.53
林业收入	Forestry	15.47	21.66
牧业收入	Animal Husbandry	1467.09	1785.61
渔业收入	Fishery	0.33	0.02
工业收入	Industry	30.78	23.81
建筑业收入	Construction	7.23	10.58
交通运输和邮电业收入	Transportation Telecommunication	37.14	44.43
批发零售贸易餐饮业收入	Wholesale and Retail Trade and Catering Services	31.06	29.60
社会服务业收入	Social Services	15.77	15.04
文教卫生业收入	Culture, Education and Health Care	6.68	7.81
其他家庭经营收入	Others	17.88	17.11
转移性和财产性收入	Transfer Income and Property Income	189.27	284.26
纯收入	**Net Income**	**2606.37**	**2988.87**
按收入来源分	**By Source**		
工资性收入	Laborers' Remuneration	394.79	504.46
家庭经营纯收入	Net Income from Household Business	2037.70	2223.26
转移性和财产性收入	Transfer Income and Property Income	173.88	261.15

10-15 农民家庭平均每人总收入和纯收入

Per Capita Annual Gross and Net Income of Household of Peasants

单位：元 (yuan)

项 目	Item	2004	2005
总收入	**Gross Income**	**4033.27**	**4872.38**
基本收入	Basic Income		
劳动者报酬收入	Laborers' Remuneration	415.45	523.14
在非企业组织中劳动得到	Obtained from Non enterprises	107.62	111.87
在本地企业中劳动得到	Obtained from Native Enterprises	13.77	214.75
外出从业得到	Obtained from Going on Business	174.68	196.53
其他	Others	119.38	
家庭经营收入	Income from Household Business Operation	3442.37	4079.07
农业收入	Farming	2468.93	2765.11
林业收入	Forestry	16.46	17.71
牧业收入	Animal Husbandry	813.20	1142.8
渔业收入	Fishery	0.38	0.03
工业收入	Industry	14.59	24.55
建筑业收入	Construction	8.30	11.95
交通运输和邮电业收入	Transportation Telecommunication	41.38	43.53
批发零售贸易餐饮业收入	Wholesale and Retail Trade and Catering Services	34.44	32.96
社会服务业收入	Social Services	18.09	16.96
文教卫生业收入	Culture, Education and Health Care	7.66	8.38
其他家庭经营收入	Others	18.94	15.09
转移性和财产性收入	Transfer Income and Property Income	175.44	270.17
按收入来源分	**Net Income By Source**		
纯收入	**Net Income**	**2464.89**	**2813.35**
基本收入	Basic Income		
劳动者报酬收入	Laborers' Remuneration	415.45	523.14
家庭经营纯收入	Net Income from Household Business	1887.44	2042.08
转移性和财产性收入	Transfer Income and Property Income	162.00	248.13

10-16 牧民家庭平均每人总收入和纯收入
·Per Capita Annual Gross and Net Income of Households of Herdsmen

单位：元 (yuan)

项目	Item	2004	2005
总收入	**Gross Income**	**7216.64**	**8994.41**
基本收入	Basic Income		
劳动者报酬收入	Laborers' Remuneration	244.41	360.47
在非企业组织中劳动得到	Obtained from Non-enterprises	39.32	96.99
在本地企业中劳动得到	Obtained from Native Enterprises	11.32	170.50
外出从业得到	Obtained from Going on Business	79.26	92.98
其他	Others	114.56	
家庭经营收入	Income from Household Business Operation	6688.96	8241.10
农业收入	Farming	604.33	1341.21
林业收入	Forestry	8.77	52.12
牧业收入	Animal Husbandry	5907.88	6738.21
渔业收入	Fishery		
工业收入	Industry	140.72	18.13
建筑业收入	Construction		
交通运输和邮电业收入	Transportation Telecommunication	8.40	51.38
批发零售贸易餐饮业收入	Wholesale and Retail Trade and Catering Services	8.16	3.68
社会服务业收入	Social Services	0.06	0.29
文教卫生业收入	Culture, Education and Health Care		
其他家庭经营收入	Others	10.65	36.08
转移性和财产性收入	Transfer Income and Property Income	283.26	392.84
纯收入	**Net Income**	**3571.19**	**4341.18**
按收入来源分	**By Source**		
基本收入	Basic Income		
劳动者报酬收入	Laborers' Remuneration	244.41	360.47
家庭经营纯收入	Net Income from Household Business	3072.12	3619.19
转移性和财产性收入	Transfer Income and Property Income	254.66	361.52

10-17 农村牧区居民家庭平均每人生活消费支出

Per Capita Living Expenditure of Rural Households

单位：元 (yuan)

项 目	Item	2004	2005
生活消费支出	**Living Expenditure**	**2082.57**	**2446.17**
按消费类别分	**By Category of Consumption**		
食品	Food	889.05	1054.26
# 主食	Staple Food	257.14	290.06
副食	Non-staple Food	361.89	658.12
其他食品	Other Food	270.02	106.08
衣着	Clothing	133.54	150.01
居住	Residence	266.43	334.69
家庭设备用品及服务	Household Facilities, Articles and Services	69.91	84.41
医疗保健	Medicine and Medical Services	154.51	176.44
交通通讯	Transportation and Communications	241.90	293.32
文教娱乐用品及服务	Cultural, Education and Recreational Articles and Services	291.98	309.40
其他商品及服务	Other Commodities and Services	35.24	43.64
按消费性质分	**By Source of Consumption**		
货币性消费	**Consumption Paid by Money**	**1667.23**	**1992.06**
食品	Food	500.57	645.74
衣着	Clothing	132.87	147.19
居住	Residence	241.41	293.95
家庭设备用品及服务	Household Facilities, Articles and Services	69.87	84.36
医疗保健	Medicine and Medical Services	154.51	176.44
交通通讯	Transportation and Communications	241.90	293.32
文教娱乐用品及服务	Cultural, Education and Recreation Articles and Services	291.98	309.40
其他商品及服务	Other Commodities and Services	34.12	41.66
实物性消费	**Consumption in kind**	**414.20**	**452.08**
食品	Food	388.48	408.52
衣着	Clothing	0.70	2.82
居住	Residence	25.02	40.74

10-18 农民家庭平均每人生活消费支出
Per Capita Living Expenditure of Households of Peasants

单位：元 (yuan)

项 目	Item	1990	1995	2000	2005
生活消费支出	**Living Expenditure**	**491.90**	**1180.50**	**1441.78**	**2243.79**
按消费类别分	**By Category of Consumption**				
食品	Food	291.00	704.70	687.72	1012.84
#主食	Staple Food	136.30	362.90	300.46	289.29
副食	Non-staple Food	111.20	239.00	243.29	630.25
其他食品	Other Food	39.70	84.00	106.05	93.31
衣着	Clothing	43.80	86.20	90.85	130.13
居住	Residence	62.00	157.00	216.17	316.94
家庭设备用品及服务	Household Facilities, Articles and Services	26.10	50.00	50.67	70.28
医疗保健	Medicine and Medical Services	16.30	48.50	90.13	151.05
交通通讯	Transportation and Communications	4.60	22.40	62.56	231.86
文教娱乐用品及服务	Cultural, Education and Recreational Articles and Services	36.70	97.50	212.63	292.16
其他商品及服务	Other Commodities and Services	11.40	14.20	31.05	38.52
按消费性质分	**By Source of Consumption**				
货币性消费	**Consumption Paid by Money**	**271.20**	**689.20**	**995.18**	**1780.32**
食品	Food	89.10	232.90	298.33	595.80
衣着	Clothing	43.70	85.70	90.83	128.58
居住	Residence	43.60	137.90	158.99	274.30
家庭设备用品及服务	Household Facilities, Articles and Services	26.10	50.00	50.67	70.28
医疗保健	Medicine and Medical Services	16.30	48.50	90.13	151.05
交通通讯	Transportation and Communications	4.60	22.40	62.56	231.86
文教娱乐用品及服务	Cultural, Education and Recreation, Articles and Services	36.70	97.50	212.63	292.16
其他商品及服务	Other Commodities and Services	11.10	14.30	31.05	36.29
实物性消费	**Consumption in kind**	**220.70**	**491.30**	**446.60**	**461.23**
食品	Food	201.90	471.80	389.39	417.04
衣着	Clothing	0.10	0.50	0.02	1.55
居住	Residence	18.40	19.10	57.18	42.64

10-19 牧民家庭平均每人生活消费支出

Per Capita Living Expenditure of Households of Herdsmen

单位：元 (yuan)

项 目	Item	2004	2005
生活消费支出	**Living Expenditure**	**3781.16**	**4005.48**
按消费类别分	**By Category of Consumption**		
食品	Food	1286.95	1168.84
# 主食	Staple Food	264.74	295.93
副食	Non-staple Food	562.43	872.91
其他食品	Other Food	309.14	204.58
衣着	Clothing	285.03	303.20
居住	Residence	461.67	471.43
家庭设备用品及服务	Household Facilities, Articles and Services	186.76	193.23
医疗保健	Medicine and Medical Services	395.33	372.01
交通通讯	Transportation and Communications	663.81	766.85
文教娱乐用品及服务	Cultural, Education and Recreational Articles and Services	457.37	442.30
其他商品及服务	Other Commodities and Services	44.24	83.04
按消费性质分	**By Source of Consumption**		
货币性消费	**Consumption Paid by Money**	**3320.03**	**3623.48**
食品	Food	852.61	1030.53
衣着	Clothing	285.03	290.56
居住	Residence	434.88	445.28
家庭设备用品及服务	Household Facilities, Articles and Services	186.76	192.91
医疗保健	Medicine and Medical Services	395.33	372.01
交通通讯	Transportation and Communications	663.81	766.85
文教娱乐用品及服务	Cultural, Education and Recreation, Articles and Services	457.37	442.30
其他商品及服务	Other Commodities and Services	44.24	83.04
实物性消费	**Consumption in kind**	**461.13**	**381.68**
食品	Food	434.34	342.89
衣着	Clothing		12.64
居住	Residence	26.79	26.15

10-20 农村牧区居民家庭平均每人主要消费品消费量

Per Capita Consumption of Major Consumer Goods in Rural Households

项 目	Item	2004	2005
粮食(公斤)	Grain(kg)	204.85	198.72
蔬菜(公斤)	Fresh Vegetables(kg)	75.39	76.93
食油(公斤)	Edible Oil(kg)	3.61	4.35
猪牛羊肉(公斤)	Pork, Beef and Mutton(kg)	21.43	26.25
家禽(公斤)	Poultry(kg)	1.61	2.25
蛋及制品(公斤)	Eggs and Related Products(kg)	3.90	4.29
水产品(公斤)	Fish and Shrimp(kg)	1.49	1.56
食糖(公斤)	Sugar(kg)	1.08	1.08
酒 (公斤)	Liquor(kg)	11.43	13.53

10-21 农民家庭平均每人主要消费品消费量

Per Capita Consumption of Major Consumer Goods in Households of Peasants

项 目	Item	2004	2005
粮 食(公斤)	Grain(kg)	201.63	214.14
蔬 菜(公斤)	Fresh Vegetables(kg)	78.62	79.51
食 油(公斤)	Edible Oil(kg)	3.82	4.52
猪牛羊肉(公斤)	Pork, Beef and Mutton(kg)	21.78	24.64
家 禽(公斤)	Poultry(kg)	1.72	2.36
蛋及制品(公斤)	Eggs and Related Products(kg)	4.22	4.70
鱼 虾(公斤)	Fish and Shrimp(kg)	1.64	1.70
食 糖(公斤)	Sugar(kg)	1.06	1.05
酒(公斤)	Liquor(kg)	11.62	13.93

10-22 牧民家庭平均每人主要消费品消费量
Per Capita Consumption of Major Consumer Goods in Households of Herdsmen

项 目	Item	2004	2005
粮 食(公斤)	Grain(kg)	153.02	165.20
蔬 菜(公斤)	Fresh Vegetables(kg)	53.42	57.06
食 油(公斤)	Edible Oil(kg)	2.19	3.01
猪牛羊肉(公斤)	Pork, Beef and Mutton(kg)	48.92	38.77
家 禽(公斤)	Poultry(kg)	0.83	1.42
蛋及制品(公斤)	Eggs and Related Products(kg)	1.77	1.13
鱼 虾(公斤)	Fish and Shrimp(kg)	0.50	0.47
食 糖(公斤)	Sugar(kg)	1.22	1.13
酒(公斤)	Liquor(kg)	10.09	10.46

10-23 农村牧区居民家庭平均每百户耐用消费品年末拥有量
Number of Durable Consumer Goods Owned Per 100 Rural Households at the Year-end

品 名	Item	2004	2005
电风扇(台)	Electric Fan(unit)	12.33	18.00
洗衣机(台)	Washing Machine(unit)	31.07	36.00
家用电冰箱(台)	Refrigerator(unit)	11.17	13.00
摩托车(辆)	Motorcycle(unit)	43.16	50.00
黑白电视机(台)	Black and White TV Set(unit)	32.33	15.00
彩色电视机(台)	Color TV Set(unit)	70.05	87.00
收录机(台)	Radio Cassette Player(unit)	32.14	16.00
照相机(架)	Camera(unit)	2.62	3.00

10-24 农民家庭平均每百户耐用消费品年末拥有量

Number of Durable Consumer Goods Owned Per 100 Households of Peasants at the Year-end

品 名	Item	2004	2005
自行车(辆)	Bicycle(unit)	84.29	67.00
电风扇(台)	Electric Fan(unit)	13.30	19.00
洗衣机(台)	Washing Machine(unit)	33.13	38.00
家用电冰箱(台)	Refrigerator(unit)	10.11	13.00
摩托车(辆)	Motorcycle(unit)	35.93	47.00
黑白电视机(台)	Black and White TV Set(unit)	31.04	14.00
彩色电视机(台)	Color TV Set(unit)	70.82	87.00
收录机(台)	Radio Cassette Player(unit)	25.99	11.00
照相机(架)	Camera(unit)	1.48	1.00

10-25 牧民家庭平均每百户耐用消费品年末拥有量

Number of Durable Consumer Goods Owned Per 100 Households of Herdsmen at the Year-end

品 名	Item	2004	2005
自行车(辆)	Bicycle(unit)	40.83	12.00
电风扇(台)	Electric Fan(unit)	5.00	3.00
洗衣机(台)	Washing Machine(unit)	15.00	21.00
家用电冰箱(台)	Refrigerator(unit)	19.00	15.00
摩托车(辆)	Motorcycle(unit)	98.00	75.00
电视机(台)	TV Set(unit)	106.00	105.00
#彩色电视机(台)	Color TV Set(unit)	64.00	86.00
收录机(台)	Radio Cassette Player(unit)	79.00	55.00
照相机(架)	Camera(unit)	11.00	15.00

10-26 农牧民家庭房屋使用情况
Housing Conditions of Rural Households

本表为农村住户抽样调查资料。
Data in this table are obtained from the sample surveys on rural households.

项 目	Item	2004	2005
牧民家庭	**Households of Herdsmen**		
本年新建购房屋面积(平方米/户)	**Rooms Newly Built Within the Year Per Household Floor Space of Houses(sq.m/househole)**	**0.92**	**2.82**
#砖木结构	Brick and Wood Structure	0.42	1.40
每平方米价值(元)	Value per Square Meter(yuan)	349.00	299.32
年末使用房屋	**Rooms Used at the End of Year**		
居住面积(平方米/人)	Per Capita Floor Space(sq.m/person)	18.61	20.63
#砖木结构	Brick and Wood Structure	11.82	11.99
钢筋混凝土结构	Reinforced Concrete Structures	0.20	0.67
房屋价值(元/平方米)	Value per Room(yuan/sq.m)	244.33	192.40
农民家庭	**Households of Peasants**		
本年新建房屋面积(平方米/户)	**Rooms Newly Built Within the Year Per Capita Floor Space of Houses(sq.m/person)**	**0.94**	**1.41**
#砖木结构	Brick and Wood Structure	0.94	1.32
钢筋混凝土结构	Reinforced Concrete Structure		0.03
每平方米价值(元)	Value per Square Meter(yuan)	292.46	330.98
年末使用房屋	**Rooms Used at the End of Year**		
居住面积(平方米/人)	Per Capita Floor Space(sq.m/person)	18.93	19.52
#砖木结构	Brick and Wood Structure	10.67	11.76
钢筋混凝土结构	Reinforced Concrete Structures	0.02	0.09
房屋价值(元/平方米)	Value per Room(yuan/sq.m)	151.98	163.87

主要统计指标解释

城镇居民家庭全部收入 指被调查城镇居民家庭全部的实际收入，包括经常或固定得到的收入和一次性收入。不包括周转性收入，如提取银行存款、向亲友借款、收回借出款以及其他各种暂收款。

城镇居民家庭可支配收入 指被调查的城镇居民家庭在支付个人所得税、财产税及其他经常性转移支出后所余下的实际收入。

城镇居民家庭消费性支出 指被调查的城镇居民家庭用于日常生活的全部支出，包括购买商品支出和文化生活、服务等非商品性支出。不包括罚没、丢失款和缴纳的各种税款(如个人所得税、牌照税、房产税等)，也不包括个体劳动者生产经营过程中发生的各项费用。

城镇居民家庭购买商品支出 指被调查的城镇居民家庭为自用或赠送亲友而购买商品的全部支出，包括从商店、工厂、饮食业、工作单位食堂、集市以及直接从农民手中购买各种商品的开支。商品支出分为以下八类：食品；衣着；家庭设备用品及服务；医疗保健；交通与通信；娱乐、教育、文化服务；居住；杂项商品和服务。

农村牧区居民家庭纯收入 指农村牧区常住居民家庭总收入中，扣除从事生产和非生产经营费用支出、缴纳税款和上交承包集体任务金额以后剩余的，可直接用于进行生产性、非生产性建设投资、生活消费和积蓄的那一部分收入。农村牧区居民家庭纯收入包括从事生产性和非生产性的经营收入，取自在外人口寄回带回和国家财政救济、各种补贴等非经营性收入；既包括货币收入，又包括自产自用的实物收入。但不包括向银行、信用社和向亲友借款等属于借贷性的收入。

农村牧区居民家庭生活消费支出 指农村牧区常住居民家庭用于日常生活的全部开支，是反映和研究农牧民家庭实际生活消费水平高低的重要指标。

城镇居民储蓄存款余额 指某一时点城乡居民存入银行及农村信用社的储蓄金额，包括城镇居民储蓄存款和农牧民个人储蓄存款，不包括居民的手存现金和工矿企业、部队、机关、团体等单位存款。

Explanatory Notes on Main Statistical Indicators

Total Income of Urban Households refers to the total actual income of the sample households, including regular or fixed income and occasional income. The income of a circulating nature such as withdrawal from bank deposits, loans borrowed from relatives or friends, repayment of loans received and various temporary collection of money are excluded.

Disposable Income of Urban Households refers to the income of the sample households which can be used for daily expenses, i. e. . total income minus income tax, property tax and other current transfers.

Expenditure for Consumption of Urban Households refers to total expenditure of the sample households for consumption in daily life, including expenditure for various commodities and expenses for non commodity items such as culture and service, etc. , but excluding fines and confiscation, loss, tax payments(such as income tax, license tax, real estates tax, etc.) And various expenses by individual laborers for business purposes.

Expenditure for Purchases of Commodities of Urban Households refers to total expenses of the sample households for the purchases of commodities, for their own use or as gifts to relatives and friends, from shops, factories, catering trade, canteens, markets and from the peasants. Such expenditure is classified into eight categories: food, clothing, household appliances and services, health care and medical services, transport and communications, recreation, education and cultural services, housing, miscellaneous goods and services.

Net Income of Rural Households refers to the total income of the permanent residents of the rural households during a year after the deduction of the expenses for productive and non productive business operation, the payment for taxes and the payment for collective units for their contracted tasks, which can then be spent for investments in productive and non productive construction, for consumption in daily life and for savings deposit. It is a comprehensive indicator to show the actual level of the income of the peasants' household. The net income of the rural households includes not only the income from the productive and non productive business operation, but also the income from the non business operation, such as the money remitted or brought back by the members of the household who are in other places, the government relief payment and various subsidies. It includes not only the money income, but also the income in kind. But the income from borrowing from banks, friends and relatives is excludes.

Expenditure of Rural Households for Consumption refers to total expenses of rural households on daily life, including expenses on food, clothing, housing, fuel, articles for daily use, and expenses on cultural life and services. This indicator is used to show the actual consumption level of peasants.

The Savings Deposits of Urban and Rural Residents refers to the total value of Savings deposits of urban and rural households in banks and rural credit cooperatives at a given point of time, including the savings deposit of urban residents and the savings deposit of rural residents. The cash in hand by residents and the deposits of organizations such as enterprises, military units, government agencies, institutions, etc. are not included.

十一　城市概况

GENERAL SURVEY OF CITIES

资料整理　崔京英

Arranged by Cui Jingying

11-1 城市社会经济指标(2005年)
Main Social and Economic Indicators of Cities(2005)

指 标	Item	2005
年末人口数(万人)	**Population (year-end) (10 000 persons)**	**888.22**
# 非农业人口	Non-agricultural Population	570.15
全社会从业者人数(万人)	**Number of Employed Persons(10 000 persons)**	**429.56**
# 单位职工人数	Staff and Workers	130.73
按产业分的从业人员	Grouped by Industry	
第一产业	Primary Industry	100.43
第二产业	Secondary Industry	123.19
第三产业	Tertiary Industry	205.94
土地面积(万平方公里)	**Total Area (10 000 sq.km)**	**14.79**
生产总值(亿元)	**Gross Domestic Product (100 million yuan)**	**2210.64**
第一产业	Primary Industry	142.01
第二产业	Secondary Indutry	1002.66
# 工业	Industry	819.69
第三产业	Tertiary Industry	1065.97
生产总值指数(上年=100)	Indices of Gross Domestic Product (Preceding year=100)	123.3
农林牧渔业总产值 (当年价格,亿元)	**Gross Agricultural Output Value (at current prices) (100 million yuan)**	**238.26**
年末实有耕地面积(万公顷)	**Area of Cultivated land year-end (10 000 hectares)**	**126.56**
主要农产品产量	**Output of Major Agricultural Products**	
粮食产量(万吨)	Gain (10 000 tons)	354.45
猪牛羊肉产量(万吨)	Pork, Beef and Mutton (10 000 tons)	39.65
水 果(万吨)	Fruits (10 000 tons)	9.12
水产品(万吨)	Aquatic Products (10 000 tons)	2.51
规模以上工业	**Industry of All State-owned & Non-state-owned Industrial Enterprises above Designated Size**	
工业总产值(当年价格,亿元)	Gross Output Value (100 million yuan)	1858.58
工业增加值(当年价，亿元)	Value Added (100 million yuan)	696.19
工业产品销售收入(亿元)	Sales Revenue (100 millon yuan)	1764.23
工业利润总额(亿元)	Total Profits(100 million yuan)	103.31
运输邮电	**Transportation, Postal and Telecom**	
客运量(发送)(亿人)	Passenger Traffic (100 million persons)	0.50
货运量(发送)(亿吨)	Freight Traffic (100 million tons)	1.98

注：本表数据不包括市辖县统计数。

a)Data in this table don't include the data of county directly under the city.

11-1 续表 continued

指 标	Item	2005
邮电业务总量(2000年不变价.亿元)	Revenud of Postal and Telecommunications Services (at 2000 constant prices) (100 million yuan)	93.78
本地网电话机部数(万部)	Number of Telephons Sets(10 000 sets)	318.83
固定资产投资额(亿元)	**Total Investment in Fixed Assets (100 million yuan)**	**1353.90**
社会消费品零售总额(亿元)	**Total Retail Sales of Consumer Goods (100 million yuan)**	**919.51**
实际利用外资金额(亿美元)	**Amount of Foreign Capital Actually Utilized (USD 100 million)**	**7.88**
在校学生数(万人)	**Student Enrollment (10 000 persons)**	
普通高等学校	Number of Regular Institutes of Higher Education	24.57
中等专业学校	Number of Specialized Secondary Schools	14.54
普通中学	Number of Regular Secondary Schools	69.28
小 学	Number of Primary Schools	63.40
成人高等学校	Noumber of Schools Higher Education for Aduals	6.79
医院、卫生院数(个)	**Number of Hospitals (unit)**	**852**
医院、卫生院床位数(万张)	**Number of Beds in Hospitals (10 000 unit)**	**4.05**
卫生技术人员数(万人)	**Number of Medical Technical Personnel in Hospitals (10 000 persons)**	**4.49**
专业技术人员数(万人)	**Number of Technical Personnel (10 000 persons)**	**33.62**
在岗职工工资总额(亿元)	**Total Wages of Fully Employed Staff and Workers (100 million yuan)**	**231.86**
年底城乡储蓄存款余额(亿元)	**Outstanding Amount of Savings Deposit in Urban and Rural Areas at year end(100 million yuan)**	**1448.81**
地方财政一般预算收入(亿元)	**Budgetary Reuenue of Local Governments (100 million yuan)**	**140.64**

11-2 城市主要经济指标(2005年)
Main Economic Indicators of Cities(2005)

城市名称	City	土地面积 (万平方公里) Total Area (10 000 Sq.km)	年末总人口 (万人) Population (year-end) (10 000 persons)	年末非农业人口 (万人) Nonagricultural Population (year-end) (10 000 Persons)	生产总值 (不包括市辖县) (亿元) Gross Domestic Product (100 million yuan)
合 计	**Total**	**68.33**	**2165.93**	**882.24**	**2210.64**
呼和浩特市	Hohhot City	1.72	258.00	98.10	532.65
包头市	Baotou City	2.77	243.00	131.95	661.38
呼伦贝尔市	Hulunbeier City	25.30	270.20	178.12	45.54
通辽市	Tongliao City	5.95	309.50	107.52	127.99
赤峰市	Chifeng City	9.00	439.30	100.20	149.11
乌兰察布市	Wulanchabu City	5.50	215.40	65.80	39.98
鄂尔多斯市	Erdos City	8.68	149.50	45.00	127.11
巴彦淖尔市	Bayannaoer City	6.44	173.20	60.07	71.35
乌海市	Wuhai City	0.17	46.50	44.05	120.10
满洲里市	Manzhouli City	0.07	16.02	16.00	60.05
扎兰屯市	Zhalantun City	1.68	43.10	16.59	32.34
牙克石市	Yakeshi City	2.76	38.93	37.36	34.51
根河市	Genhe City	1.97	16.72	16.71	21.40
额尔古纳市	Eerguna City	2.80	8.54	7.79	12.40
乌兰浩特市	Wulanhaote City	0.08	28.68	22.21	40.26
阿尔山市	Aershan City	0.74	4.72	4.65	4.58
霍林郭勒市	Huolinguole City	0.06	7.25	6.41	26.46
二连浩特市	Erlianhaote City	0.40	7.83	7.30	15.11
锡林浩特市	Xilinhaote City	1.58	20.10	17.27	50.88
丰镇市	Fengzhen City	0.27	31.26	7.98	37.44

11-2 续表 1 continued

城市名称	City	农业总产值(亿元) Gross Agricultural Output Value (100 million yuan)	不包括市辖县 Counties Excluded	工业总产值(亿元) Gross Industrial Output Value (100 million yuan)	不包括市辖县 Counties Excluded	客运总量(万人) Total Passenger Traffic (10 000 persons)	货运总量(万吨) Total Freight Traffic (10 000 tons)	固定资产投资(亿元) Investment in Fixed Assets (10000 million yuan)	不包括市辖县 Counties Excluded
合 计	**Total**	**864.78**	**238.26**	**2854.36**	**1858.58**	**33425**	**75950**	**2613.71**	**1353.90**
呼和浩特市	Hohhot City	82.45	21.12	483.16	291.01	4546	6540	460.00	224.80
包头市	Baotou City	53.56	17.51	867.01	812.80	12317	20492	560.00	421.62
呼伦贝尔市	Hulunbeier City	142.20	6.03	129.81	17.41	3771	8663	189.32	22.07
通辽市	Tongliao City	145.15	38.16	190.71	114.64	3076	6334	226.66	112.89
赤峰市	Chifeng City	153.78	35.67	218.96	134.86	3139	8443	231.28	82.24
乌兰察布市	Wulanchabu City	94.88	2.53	148.04	25.60	1428	3402	210.00	51.00
鄂尔多斯市	Erdos City	67.85	2.73	449.29	97.32	2001	15800	403.69	65.00
巴彦淖尔市	Bayannaoer City	106.34	31.26	155.74	46.14	2316	2620	158.38	41.28
乌海市	Wuhai City	3.15	3.13	133.64	133.64	440	2667	90.27	90.27
满洲里市	Manzhouli City	2.02	2.02	13.48	13.48	195	2210	58.00	58.00
扎兰屯市	Zhalantun City	18.72	18.72	16.20	16.20	550	610	12.51	12.51
牙克石市	Yakeshi City	16.16	16.16	9.78	9.78	298	1765	4.30	4.30
根河市	Genhe City	5.65	5.65	2.21	2.21	87	289	2.60	2.60
额尔古纳市	Eerguna City	10.51	10.51	2.76	2.76	30	40	3.07	3.07
乌兰浩特市	Wulanhaote City	6.55	6.55	37.37	37.37	165	504	27.38	27.38
阿尔山市	Aershan City	2.53	2.53			24	180	5.51	5.51
霍林郭勒市	Huolinguole City	0.96	0.96	31.69	31.69	65	2013	34.07	34.07
二连浩特市	Erlianhaote City	0.31	0.31	3.91	3.91	34	33	10.06	10.06
锡林浩特市	Xilinhaote City	6.03	6.03	36.72	36.72	169	272	41.16	41.16
丰镇市	Fengzhen City	10.68	10.68	31.04	31.04	140	297	44.07	44.07

注：工业总产值为规模以上工业企业。

a) The gross industrial output value is covered all state-owned and Non-state-owned industrial enterprises above designated size.

11-2 续表 2 continued

城市名称	City	地方财政一般预算收入(亿元) Budgetary Revenueof Local Governments (100 million yuan)	#不包括市辖县 Counties Excluded	城乡居民年底储蓄余额(亿元) Outstanding Amount of Savings Deposit of Urban and Rural Residents year-end(100 million yuan)	在岗职工人数(万人) Number of Fully-empolyec Staff and Workers (10 000 persons)	#不包括市辖县 Counties Excluded	在岗职工工资总额(亿元) Total Wages of Fully-empolyed Staff and Workers (100 million yuan)	#不包括市辖县 Counties Excluded
合 计	**Total**	**240.83**	**140.64**	**1891.55**	**214.18**	**130.73**	**345.59**	**231.86**
呼和浩特市	Hohhot City	35.93	26.30	379.59	29.40	23.30	59.75	51.19
包头市	Baotou City	58.42	47.20	389.48	33.91	30.69	75.07	69.90
呼伦贝尔市	Hulunbeier City	22.23	2.42	228.88	38.08	4.25	47.52	6.85
通辽市	Tongliao City	18.57	5.90	110.45	22.39	9.12	26.42	11.44
赤峰市	Chifeng City	19.99	7.88	225.53	29.59	11.53	38.11	16.71
乌兰察布市	Wulanchabu City	12.97	2.31	119.78	13.60	5.10	19.82	7.70
鄂尔多斯市	Erdos City	44.90	12.90	162.09	13.90	4.90	30.40	10.90
巴彦淖尔市	Bayannaoer City	12.25	3.32	128.74	14.40	6.11	19.57	9.07
乌海市	Wuhai City	8.82	8.82	79.37	10.20	10.20	15.79	15.79
满洲里市	Manzhouli City	5.58	5.58	46.00	3.16	3.16	4.20	4.20
扎兰屯市	Zhalantun City	1.61	1.62	17.94	2.42	2.42	2.84	2.84
牙克石市	Yakeshi City	1.38	1.38	40.42	2.50	2.50	3.35	3.35
根河市	Genhe City	0.44	0.44	19.03	3.77	3.77	1.27	1.27
额尔古纳市	Eerguna City	0.33	0.33	8.79	2.28	2.28	1.92	1.92
乌兰浩特市	Wulanhaote City	1.59	1.59	30.41	3.83	3.83	5.41	5.41
阿尔山市	Aershan City	0.32	0.32	3.45	0.54	0.54	0.55	0.55
霍林郭勒市	Huolinguole City	1.89	1.89	7.31	1.19	1.19	2.39	2.39
二连浩特市	Erlianhaote City	1.36	1.36	10.06	0.46	0.46	0.96	0.96
锡林浩特市	Xilinhaote City	3.48	3.48	23.72	3.88	4.01	6.22	6.22
丰镇市	Fengzhen City	5.60	5.60	13.43	1.37	1.37	3.20	3.20

11-3 城市公用事业基本情况
Basic Statistics on Urban Public Utilities

项目	Item	2004	2005
城市及建筑物面积	**Cities Areas and Floor Space of Buildings**		
建成区面积(平方公里)	Developed Areas(sq.km)	699.30	824.36
城市人口密度(人/平方公里)	Population Density of Urban Districts(person/sq.km)	545	538
年末实有房屋建筑面积(万平方米)	Total Floor Space of Buildings(yearend)(10 000 sq.m)	29989	33070
年末实有住宅建筑面积(万平方米)	Total Floor Space of Residential Buildings (year-end)(10 000 sq.m)	18705	20627
人均住房面积(平方米)	Capita Buildings Space(sq.m)	21.38	23.22
供水、供气及供热	**Water Supply, Gas Supply and Heating**		
自来水年供水量(万吨)	Annual Supply of Tap Water(10 000 tons)	61307	61081
#生活用水量	Water Consumption for Residentialuse	12450	15318
平均每人日生活用水(升)	Per Capita Water Consumption for Residential use(liter)	123.34	129.93
用水普及率(%)	Percentage of Population with Access to Tap Water(%)	82.21	83.88
煤气供气量(万立方米)	Coal Gas Supply(10 000 cu.m)	6549.12	6886.79
#家庭用量	Consumption of Coal Gas for Residential Use	5651.41	5319.33
天然气供气量(万立方米)	Natural Gas Supply(10 000 cu.m)	4021	9444
#家庭用量	Consumption of Natural Gas for Residedtial Use	2209.58	1440.50
液化石油气供气量(吨)	Liquefied Petroleum Gas(ton)	144113	138348
#家庭用量(吨)	Consumption of Liquefied Gas for Residential use(ton)	136583	127304
煤气管道长度(公里)	Length of Gas Pipelines(km)	994.00	1008.00
用气普及率(%)	Percentage of Population with Access to Gas(%)	62.79	68.20
集中供热面积(万平方米)	Heated Area(10 000 sq.m)	9215	11254
市政工程	**Municipal Engineering**		
铺装道路长度(公里)	Length of Paved Roads(km)	3627.75	3866.95
平均每万人拥有道路长度(公里)	Length of Paved Roads per 10000 Population(km)	5.77	6.03
铺装道路面积(万平方米)	Area of Paved Roads(10 000 sq.m)	5935.90	6502.10
人均铺装道路面积(平方米)	Area of Paved Roads per Population(sq.m)	9.44	10.14
下水道长度(公里)	Length of Sewer Pipelines(km)	4031.89	4505.45
平均每万人拥有下水道(公里)	Length of Sewer Pipelines per 10000 Population(km)	6.41	7.03
公共交通	**Public Traffic**		
公共汽车总数(辆)	Number of Public Transportation Vehicles(unit)	3314	3594
平均每万人拥有(辆)	Number of Public Transportation Vehicles Per 10 000 Population(unit)	5.22	5.61
出租汽车(辆)	Taxi(unit)	31133	32508
城市绿化	**Afforestation in Cities**		
绿地面积(公顷)	Public Green Areas(hectare)	23375	24632
人均绿地面积(平方米)	Public Green Areas per(Population(sq.m)	6.97	7.78
公园动物园个数(个)	Number of Parks and Zoos(unit)	78	86
公园动物园面积(公顷)	Area of Parks and Zoos(hectare)	2622.85	3125.80
环境卫生	**Environmental Sanitation**		
清运垃圾(万吨)	Volume of Garbage Disposal(10 000 tons)	329.00	329.00
清运粪便(万吨)	Volume of Disposal of Excrement and Urine(10 000 tons)	99.40	108.50
每万人有公厕(座)	Number of Public Lavatories per 10 000 Population(unit)	6.56	6.57

注：人均拥有指标按城市人口计算。

a)Data on the public utilities per 10 000 population are based on population in urban areas.

11-4 城市人口、面积和房屋建筑及住房(2005年)

Basic Statistics on Building Construction and Housing Condition in Cities(2005)

地 区	Region	城市人口(万人) Population of Urban Districts (10 000 persons)	城市面积(平方公里) Urban Area (sq.km)	建成区面积(平方公里) Developed Areas (sq.km)	征用土地面积(平方公里) Land Put in Requisition for State Construction Projects (sq.km)	市区人口密度(人/平方公里) Population Density of Urban Districts (person/sq.km)	年末城市实有房屋建筑面积(万平方米) Total Floor Space of Buildings (year-end) (10 000 sq.m)	年末城市实有住宅建筑面积(万平方米) Total Floor Space of Residential Buildings (year-end) (10 000 sq.m)
合 计	**Total**	**640.98**	**11904.94**	**824.36**	**13.26**	**538**	**33070.28**	**20627.49**
呼和浩特市	Hohhot City	109.62	2054.00	143.00		534	5018.00	2432.00
包头市	Baotou City	143.43	2591.00	177.58		554	6836.26	3798.25
呼伦贝尔市	Hulunbeier City	25.65	135.00	28.00		1900	4619.43	3082.02
通辽市	Tongliao City	43.27	51.70	32.30		8369	2420.38	1586.00
赤峰市	Chifeng City	67.11	620.00	63.90	1.10	1082	3864.58	2369.58
乌兰察布市	Wulanchabu City	29.07	114.20	35.00	0.20	2546	2210.18	1448.63
鄂尔多斯市	Erdos City	23.06	625.00	66.75	8.30	369	2741.86	2057.29
巴彦淖尔市	Bayannaoer City	29.03	668.00	31.00	0.45	435	2161.10	1643.86
乌海市	Wuhai City	43.14	1685.00	55.80		256	1538.00	1138.00
满洲里市	Manzhouli City	16.00	732.44	27.06		218	632.00	378.00
扎兰屯市	Zhalantun City	13.71	310.00	14.00		442	500.00	347.00
牙克石市	Yakeshi City	13.28	24.00	15.70		5533	669.00	336.00
根河市	Genhe City	7.54	350.00	17.50		215	342.00	266.00
额尔古纳市	Eerguna City	3.62	253.00	10.37		143	290.00	174.00
乌兰浩特市	Wulanhaote City	28.68	261.00	23.00	0.01	1099	713.00	496.00
阿尔山市	Aershan City	4.72	137.00	9.00		345	126.20	67.45
霍林郭勒市	Huolinguole City	7.30	585.00	15.00	0.10	125	165.00	107.00
二连浩特市	Erlianhaote City	5.47	19.20	18.00		2849	134.07	51.75
锡林浩特市	Xilinhaote City	15.59	409.40	23.40		381	687.22	456.66
丰镇市	Fengzhen City	11.69	280.00	18.00	3.10	418	232.60	191.90

11-5 城市自来水(2005年)

Basic Statistics on Tap Water Supply in Cities(2005)

地 区	Region	年末自来水生产能力(万吨/日) Production Capacity of Tap Water (year-end) (10 000 tons/day)	年末供水管道长度(公里) Length of Water Supply Pipelines (year-end) (km)	全年供水总量(万吨) Total Annual Volume of Water Supply (10 000 tons)	# 生活用水 For Residential Use	# 生产用水 For Productive Use	用水人口(万人) Number of Residents with Access to Tap Water (10 000 persons)	人均日生活用水量(升) Per Capita Daily Consumption of Tap Water for Residedtial Use(litre)
合 计	**Total**	**308.77**	**5864.44**	**61081.00**	**15318.00**	**31307.00**	**537.68**	**129.93**
呼和浩特市	Hohhot City	58.70	558.00	12203	2762	4540	105.00	174.87
包头市	Baotou City	108.00	1739.00	20862	4847	11840	130.65	155.26
呼伦贝尔市	Hulunbeier City	12.70	131.00	1988	552	1103	19.16	125.69
通辽市	Tongliao City	27.10	504.30	3151	639	1874	35.00	90.72
赤峰市	Chifeng City	15.40	455.00	4219	1152	1760	45.12	117.98
乌兰察布市	Wulanchabu City	4.40	188.00	1209	584	475	27.60	65.61
鄂尔多斯市	Erdos City	3.00	290.00	1292	636	328	23.00	100.42
巴彦淖尔市	Bayannaoer City	4.40	134.00	609	366	91	25.30	52.85
乌海市	Wuhai City	29.20	572.00	8726	1369	5955	42.64	149.77
满洲里市	Manzhouli City	4.30	316.20	1379	914	300	15.70	184.98
扎兰屯市	Zhalantun City	1.70	60.00	433	109	188	5.88	71.29
牙克石市	Yakeshi City	1.60	18.50	344	159	140	4.05	136.65
根河市	Genhe City	4.30	35.30	187	48	90	5.65	35.88
额尔古纳市	Eerguna City	5.00	34.50	64	40		1.60	107.88
乌兰浩特市	Wulanhaote City	5.30	81.89	810	334	421	18.22	55.94
阿尔山市	Aershan City	0.57	28.20	54	18	20	1.30	61.12
霍林郭勒市	Huolinguole City	3.10	215.00	383	282	40	6.95	131.66
二连浩特市	Erlianhaote City	2.10	61.65	126	31	36	5.41	40.51
锡林浩特市	Xilinhaote City	11.70	331.90	859	378	92	11.65	134.99
丰镇市	Fengzhen City	6.20	110.00	2183	98	2014	7.80	52.34

11-6 城市煤气、液化石油气、天然气(2005年)

Basic Statistics on Supply of Gas, Liquefied Petroleum Gas and Natural Gas in Cities(2005)

地 区	Region	人工煤气生产能力(万立方米/日) Production Capacity of Coal Gas(10 000 cu.m/day)	管道长度(公里) Length of Gas Pipelines(km)		全年供气总量 Total Gas Supply			用气人口(万人) Population with Access to Gas(10 000 persons)		
			人工煤气 Coal Gas	天然气 Natural Gas	人工煤气(万立方米) Coal Gas (10 000 cu.m)	液化石油气(吨) Liquefied Petroleum Gas(ton)	天然气(万立方米) Natural Gas (10 000 cu.m)	人工煤气 Coal Gas	液化石油气 Liquefied Petroleum Gas	天然气 Natural Gas
合 计	**Total**	**195.40**	**1008**	**619**	**6887**	**138348**	**9444**	**92.93**	**294.50**	**49.59**
呼和浩特市	Hohhot City	16.40	250	434	2347	78900	4396	17.00	37.05	40.00
包头市	Baotou City	164.00	650	90	4006	6060	4564	70.93	27.42	6.24
呼伦贝尔市	Hulunbeier City					2937			16.70	
通辽市	Tongliao City			24		3460	204		28.79	0.79
赤峰市	Chifeng City					25753			52.13	
乌兰察布市	Wulanchabu City					2140			19.94	
鄂尔多斯市	Erdos City			71		2600	280		19.30	2.56
巴彦淖尔市	Bayannaoer City					600			15.89	
乌海市	Wuhai City	15	108		534	2000		5.00	12.00	
满洲里市	Manzhouli City					3158			11.70	
扎兰屯市	Zhalantun City					700			8.20	
牙克石市	Yakeshi City					2100			7.17	
根河市	Genhe City					643			3.00	
额尔古纳市	Eerguna City					1320			3.10	
乌兰浩特市	Wulanhaote City					3012			12.80	
阿尔山市	Aershan City					185			0.60	
霍林郭勒市	Huolinguole City					200			3.72	
二连浩特市	Erlianhaote City					450			4.00	
锡林浩特市	Xilinhaote City					1450			8.30	
丰镇市	Fengzhen City					680			2.69	

11-7 城市集中供热(2005年)
Basic Statistics on Heating in Cities(2005)

地 区	Region	供应能力 Heating Capacity 蒸汽 (吨/小时) Steam (ton/hour)	热水 (兆瓦) Hot Water (mw)	供热总量 Volume Supplied 蒸汽 (万吉焦) Steam (10 000 gigajouies)	热水 (万吉焦) Hot Water (10 000 gigajoules)	管道长度(公里) Length of Pipelines(km) 蒸汽 Steam	热水 Hot Water	供热面积 (万平方米) Heated Area (10 000 sq.m)
合 计	**Total**	**844**	**10887**	**528**	**9330**	**96**	**3445**	**11253.90**
呼和浩特市	Hohhot City	40	1829	9	1416	18	239	1904.00
包头市	Baotou City		2656		2045		1650	2968.00
呼伦贝尔市	Hulunbeier City		388		415		87	431.80
通辽市	Tongliao City		1003		803		206	679.00
赤峰市	Chifeng City	802	1268	514	1039	72	171	1877.00
乌兰察布市	Wulanchabu City		200		165		149	130.00
鄂尔多斯市	Erdos City		725		400		65	530.00
巴彦淖尔市	Bayannaoer City		401		292		84	540.00
乌海市	Wuhai City		602		421		275	522.00
满洲里市	Manzhouli City		471		335		168	370.00
扎兰屯市	Zhalantun City		80		192		30	130.00
牙克石市	Yakeshi City		187		215		44	215.00
根河市	Genhe City		91		294		9	73.00
额尔古纳市	Eerguna City		17		27		11	28.60
乌兰浩特市	Wulanhaote City		387		298		61	380.00
阿尔山市	Aershan City		17		90		10	15.00
霍林郭勒市	Huolinguole City		126		194		68	115.00
二连浩特市	Erlianhaote City		78		162		33	40.00
锡林浩特市	Xilinhaote City		333		505		78	264.10
丰镇市	Fengzhen City	2	28	5	22	6	7	41.40

11-8 城市市政工程(2005年)

Basic Statistics on Municipal Engineering in Cities(2005)

地 区	Region	年末实有铺装道路长度(公里) Length of Paved Roads (year-end) (km)	年末实有铺装道路面积(万平方米) Area of Paved Roads (year-end) (10 000 sq.m)	城市桥梁(座) Number of Bridges (unit)	城市排水管道长度(公里) Length of Sewer Pipelines (km)	城市污水日处理能力(万立方米/日) Daily Disposal Capacity of Sewage (10 000cu.m/day)	城市路灯(盏) Number of Street Lights (unit)
合 计	**Total**	**3866.95**	**6502.10**	**288**	**4505.45**	**94.40**	**431672**
呼和浩特市	Hohhot City	531.60	1074.10	41	733.04	10.00	187649
包头市	Baotou City	872.90	1364.40	29	1097.37	16.50	31540
呼伦贝尔市	Hulunbeier City	168.50	265.40	8	114.50	5.00	6674
通辽市	Tongliao City	163.00	325.00	4	448.00	15.00	76839
赤峰市	Chifeng City	296.27	391.40	30	282.06	15.00	15494
乌兰察布市	Wulanchabu City	128.40	285.20	13	198.50	6.30	9561
鄂尔多斯市	Erdos City	215.87	555.60	6	317.10	4.00	13389
巴彦淖尔市	Bayannaoer City	179.00	250.40	6	342.00	6.00	26529
乌海市	Wuhai City	332.05	466.70	48	203.70	4.00	14396
满洲里市	Manzhouli City	214.31	347.10	5	110.13		4400
扎兰屯市	Zhalantun City	66.10	109.40	28	22.50	4.00	14725
牙克石市	Yakeshi City	142.50	191.50	25	21.00		895
根河市	Genhe City	29.62	42.10	7	8.00		650
额尔古纳市	Eerguna City	60.00	62.00	3	3.53		629
乌兰浩特市	Wulanhaote City	97.60	125.00	5	101.16	2.00	8064
阿尔山市	Aershan City	50.00	46.50	7	26.00	0.60	1600
霍林郭勒市	Huolinguole City	66.30	114.00	8	191.00		1100
二连浩特市	Erlianhaote City	37.32	70.30		67.75		12685
锡林浩特市	Xilinhaote City	151.90	319.30		146.00	4.00	3210
丰镇市	Fengzhen City	63.71	96.70	15	72.11	2.00	1643

11-9 城市公共汽车、出租汽车(2005年)

Basic Statistics on Buses and Taxis in Cities(2005)

地区	Region	年末实有公共汽车(辆) Public Transportation Vehicles(year-end) (unit)	运客总数 (万人次) Number of Passengers Carried (10 000 Person times)	出租汽车 (辆) Number of Taxis (unit)
合计	**Total**	**3594**	**36806**	**32508**
呼和浩特市	Hohhot City	828	16853	3950
包头市	Baotou City	1125	7565	5556
呼伦贝尔市	Hulunbeier City	172	922	1971
通辽市	Tongliao City	162	1200	2200
赤峰市	Chifeng City	180	2131	4366
乌兰察布市	Wulanchabu City	89	730	2800
鄂尔多斯市	Erdos City	105	2000	1810
巴彦淖尔市	Bayannaoer City	109	800	1540
乌海市	Wuhai City	405	2482	951
满洲里市	Manzhouli City	32	85	1245
扎兰屯市	Zhalantun City	68	165	290
牙克石市	Yakeshi City	36	62	1200
根河市	Genhe City	36	247	248
额尔古纳市	Eerguna City			210
乌兰浩特市	Wulanhaote City	98	619	1500
阿尔山市	Aershan City	38	35	62
霍林郭勒市	Huolinguole City	47	95	297
二连浩特市	Erlianhaote City			262
锡林浩特市	Xilinhaote City	47	570	1650
丰镇市	Fengzhen City	17	245	400

11-10 城市园林绿化(2005年)

Basic Statistics on Parks, Gardens and Green Areas in Cities(2005)

地 区	Region	城市园林绿地面积(公顷) Total Area (hectare)	公共绿地面积(公顷) Public Green Areas (hectare)	公 园(个) Number of Parks (unit)	公园面积(公顷) Area of Parks (hectare)	年游人量(万人次) Visitors in the Year (10 000 person times)
合 计	**Total**	**19647.10**	**4984.88**	**86**	**3125.80**	**772.80**
呼和浩特市	Hohhot City	3371.40	937.50	12	439.50	
包头市	Baotou City	5552.00	1378.00	15	1077.27	330.00
呼伦贝尔市	Hulunbeier City	865.00	537.97	1	450.00	
通辽市	Tongliao City	940.80	237.70	2	47.80	100.00
赤峰市	Chifeng City	1164.80	86.00	10	84.00	81.60
乌兰察布市	Wulanchabu City	209.00	62.00	4	50.00	45.00
鄂尔多斯市	Erdos City	514.00	179.20	2	32.56	10.00
巴彦淖尔市	Bayannaoer City	553.60	129.36	7	117.77	
乌海市	Wuhai City	915.00	300.00	5	196.00	50.00
满洲里市	Manzhouli City	710.90	148.57	4	38.10	25.00
扎兰屯市	Zhalantun City	2380.00	150.00	1	68.00	10.00
牙克石市	Yakeshi City	135.00	54.68	2	21.00	2.00
根河市	Genhe City	248.20	33.90	3	26.50	
额尔古纳市	Eerguna City	298.70	44.30	1	10.10	0.20
乌兰浩特市	Wulanhaote City	627.30	352.00	4	345.70	52.00
阿尔山市	Aershan City	288.50	133.00	3	1.00	12.00
霍林郭勒市	Huolinguole City	135.00	33.00	4	14.50	18.00
二连浩特市	Erlianhaote City	93.90	28.50	1	28.30	
锡林浩特市	Xilinhaote City	539.00	81.00	2	36.00	8.00
丰镇市	Fengzhen City	105.00	78.20	3	41.70	29.00

11-11 城市公共卫生(2005年)

Basic Statistics on Urban Sanitation in Cities(2005)

地 区	Region	清扫面积 (万平方米) Area Under Cleaning Program (10 000 sq.m)	生活垃圾清运量 (万吨) Volume of Garbage Disposal (10 000tons)	粪便清运量 (万吨) Volume of Excrement and Urine Disposal (10 000 tons)	环卫机械总数 (台) Environmental Sanitation Equipment (unit)	公共厕所 (座) Number of Public Lavatories (unit)	# 水冲式 Water-Closet
合 计	**Total**	**4978.80**	**329**	**108.50**	**1199**	**4212**	**808**
呼和浩特市	Hohhot City	1006.40	41	25.00	148	288	170
包头市	Baotou City	1126.50	71	21.20	281	293	253
呼伦贝尔市	Hulunbeier City	229.00	10	1.10	51	275	36
通辽市	Tongliao City	285.00	24	8.00	43	194	59
赤峰市	Chifeng City	370.00	28	4.40	68	126	50
乌兰察布市	Wulanchabu City	162.00	16	8.00	79	322	14
鄂尔多斯市	Erdos City	310.00	15	2.10	89	652	51
巴彦淖尔市	Bayannaoer City	198.00	18	9.50	50	386	43
乌海市	Wuhai City	413.00	25	9.00	138	403	51
满洲里市	Manzhouli City	218.90	12	2.50	60	569	10
扎兰屯市	Zhalantun City	90.00	9	3.70	20	30	4
牙克石市	Yakeshi City	73.00	11	3.80	22	73	2
根河市	Genhe City	39.60	3	1.50	16	30	4
额尔古纳市	Eerguna City	46.40	2	1.20	35	10	2
乌兰浩特市	Wulanhaote City	95.00	17	1.80	15	200	16
阿尔山市	Aershan City	15.00	3	0.60	6	39	4
霍林郭勒市	Huolinguole City	51.00	5		16	46	8
二连浩特市	Erlianhaote City	55.00	1	0.30	15	55	18
锡林浩特市	Xilinhaote City	120.00	9	2.30	21	50	11
丰镇市	Fengzhen City	75.00	9	2.50	26	171	2

11-12 城市设施水平(2005年)
Level of Public Facilities in Cities(2005)

地 区	Region	城市人口用水普及率(%) Percentage of Population with Access to Tap Water(%)	城市用气普及率(%) Percentage of Population with Access to Gas(%)	每万人拥有公共汽车辆(标台) Number of Public Buses per 10 000 Persons (st.set)	人均拥有铺装道路面积(平方米) Per Capita Area of Paved Roads (sq.m)	人均公共绿地面积(平方米) Per Capita Public Green Areas (sq.m)	每万人拥有公共厕所(座) Number of Public Lavatories per 10 000 Population (unit)
全 区	**All Region**	**83.88**	**68.18**	**5.61**	**10.14**	**7.78**	**6.57**
呼和浩特市	Hohhot City	95.79	85.80	7.78	9.80	8.55	2.63
包头市	Baotou City	91.09	72.92	9.50	9.51	9.61	2.04
呼伦贝尔市	Hulunbeier City	74.70	65.11	5.30	10.35	20.97	10.72
通辽市	Tongliao City	80.89	68.36	2.73	7.51	5.49	4.48
赤峰市	Chifeng City	67.23	77.68	2.67	5.83	1.28	1.88
乌兰察布市	Wulanchabu City	94.94	68.59	2.58	9.81	2.13	11.08
鄂尔多斯市	Erdos City	99.74	94.80	3.69	24.09	7.77	28.27
巴彦淖尔市	Bayannaoer City	87.15	54.74	3.03	8.63	4.46	13.30
乌海市	Wuhai City	98.84	39.41	8.18	10.82	6.95	9.34
满洲里市	Manzhouli City	98.13	73.13	2.56	21.69	9.29	35.56
扎兰屯市	Zhalantun City	42.89	59.81	4.08	7.98	10.94	2.19
牙克石市	Yakeshi City	30.50	53.99	2.03	14.42	4.12	5.50
根河市	Genhe City	74.93	39.79	3.32	5.58	4.50	3.98
额尔古纳市	Eerguna City	44.20	85.64		17.13	12.24	2.76
乌兰浩特市	Wulanhaote City	63.53	44.63	2.79	4.36	12.27	6.97
阿尔山市	Aershan City	27.54	12.71	5.72	9.85	28.18	8.26
霍林郭勒市	Huolinguole City	95.21	50.96	4.38	15.62	4.52	6.30
二连浩特市	Erlianhaote City	98.90	73.13		12.85	5.21	10.05
锡林浩特市	Xilinhaote City	74.73	53.24	3.21	20.48	5.20	3.21
丰镇市	Fengzhen City	66.72	23.01	1.03	8.27	6.69	14.63

主要统计指标解释

年末自来水生产能力 指年底城建部门管理的自来水厂和自备水源的社会单位取水、净化、送水、出厂输水干管等环节的实际生产能力。

年末供水管道长度 指从送水泵到用户水表之间所有管道的长度。全年供水总量指公用自来水厂和自备水源的社会单位全年的供水总量，包括有效供水量及损失水量。

年末供水总量 指报告期供水企业（单位）供出的全部水量，包括有效供水量及损失水量。

生活用水量 指居民日常生活与公共福利设施的用水量，包括居民、饮食店、旅馆、医院、理发店、浴池、洗衣店、游泳池、商店、学校、机关、部队等单位的用水量。

城市人口用水普及率 指城市用水的非农业人口数(不包括临时人口和流动人口)与城市非农业人口总数之比。计算公式为：

用水普及率=城市用水的非农业人口数/城市非农业人口数×100%

人工煤气生产能力 指城市煤气厂制气、净化、输送等环节的综合实际生产能力。

输气管道长度 指由压缩机、鼓风机、储气罐的出口到用户煤气表之间的全部管道长度。

全年供气总量 指全年售给各类用户的全部煤气量，包括工业用量、家庭用量和其他用量。

城市用气普及率 指使用煤气(包括人工煤气、液化石油气、天然气)的城市非农业人口数(不包括临时人口和流动人口)与城市非农业人口总数之比。计算公式为：

城市煤气普及率=城市用气的非农业人口数/城市非农业人口总数×100%

城市供热能力 指热电厂、热力公司和达到标准的集中采暖锅炉房和城市输送的供热源的设计能力，即每小时向城市输送蒸汽、热水的能力。

城市供热总量 指热电厂、热力公司和达到标准的集中采暖锅炉房向城市输送的全部蒸汽、热水量。

城市供热管道长度 指热电厂、热力公司和达到标准的集中采暖锅炉房管理的集中供热热源到用户之间的全部供气、供热水的管道长度。

年底实有铺装道路长度 指除土路外，路面经过铺装宽度在 3.5 米以上的道路，包括高级、次高级道路和普通道路。

城市桥梁 指城市范围内，修建在河道上的桥梁和道路与道路立交、道路跨越铁路的立交桥及人行天桥。包括永久性桥和半永久性桥，不包括临时性桥、铁路桥、涵洞。

城市下水道总长度 指所有排水总管、干管、支管及暗渠、检查井、连接井进出水口等长度之和。

城市污水日处理能力 指污水处理厂每昼夜处理污水量的设计能力。

年末实有公共汽车 指年底可参加营运的全部车辆数，包括营运车辆数和库存查封未参加营运的车辆。不包括非营运车辆，如架线车、油罐车、工程车、货车及其他专用车辆和借入的客运车辆。

城市园林绿地面积 指城市公共绿地、专用绿地、生产绿地、防护绿地、郊区风景名胜区的全部面积。

公共绿地 指供游览休息的各种公园、动物园、植物园、陵园以及花园、游园和供游览休息用的林荫道绿地、广场绿地，不包括一般栽植的行道树及林荫道的面积。

Explanatory Notes on Main Statistical Indicators

Production Capacity of Tap Water at the Year-end refers to the actual comprehensive production capacity of the waterworks administered by the urban construction department and those owned by enterprises or institutions, taking the capacity of the main links, such as water inflow, purification, conveyance and outflow of the trunk pipelines into account.

Length of Water Supply Pipelines at the Year-end refers to the total length of all the pipelines between the water pumps and the users water meters.

Annual Volume of Water Supply refers to the total volume of water supplied by the public water works and those owned by individual enterprises and institutions during the whole year, including both the effective water supply and loss during the water supply.

Consumption of Water for Residential Use refers to the water consumption of households for daily life and the water consumption of public welfare facilities, including the consumption of restaurants, hotels, hospitals, barber shops, public bathhouses, laundries, swimming pools, shops, schools, institutions, army units and other units.

Percentage of Urban Population with Access to Tap Water refers to the ratio of the urban non-agricultural population (excluding temporary and mobile population) with access to tap water to the total urban non-agricultural population. The formula is:

Percentage of Population with Access to Tap Water = Urban Non-agricultural Population with Access to Tap Water ÷ Urban Nonagricultural Population×100%

Production Capacity of Gasworks Gas refers to the actual comprehensive production capacity of the urban gasworks in gas generation, purification and delivery.

Length of Gas Pipelines refers to the total length of pipelines between the outlet of the compressor, blower or gas tank and the gas meters of users.

Volume of Gas Supply refers to the total volume of gas sold to users in a year, including the volume for industrial use, residential use and other uses.

Percentage of Urban Population with Access to the Gas refers to ratio of the urban non-agricultural population with access to gas(including gas, liquefied petroleum gas and natural gas) to the urban non agricultural population(excluding temporary and mobile population) . The formula is:

Percentage of Population with Access to Gas = Urban Non-agricultural Population with Access to Gas ÷ Urban Non-agricultural Population×100%

Heating Capacity in Urban Area refers to the capacity of hourly supply of steam and hot water to cities by thermal power plants, heating corporations and centralized heating boiler rooms which meet certain standard

Heating Volume in Urban Area refers to the total volume of steam and hot water supplied to cities every year by thermal power plants, heating corporations and centralized heating boiler rooms which meet certain standard.

Length of Heating Pipelines refers to the total length of pipelines for centralized supply of steam and hot water from the thermal power plants, heating corporations and centralized heating boiler rooms which meet certain standard to the users.

Length of Paved Roads at the Year-end refers to the length of roads with a paved surface, and with a width of more than 3-5 meters, including high quality, medium quality and ordinary roads.

Urban Bridges refer to bridges over river courses, great separated junctions and overpasses in urban areas. Permanent bridges and semi permanent bridges are included. Temporary bridges, railway bridges and culverts are excluded.

Length of Urban Sewage Pipes refers to the total length of general drainage, trunks. Branch and blind drainage, inspection wells, connection wells, inlets and outlets, etc.

Daily Disposal Capacity of Urban Sewage refers to the designed 24-hour capacity of sewage disposal at the sewage treatment works.

Number of Public Vehicles at the Year-end refers to the total number of operational buses available at the year-end, including the year-end operational vehicles and vehicles in stock. Non -operational vehicles such astringing cars, tank cars, machine shop cars, trucks and other special vehicles and the borrowed passenger vehicles are excluded.

Area of Urban Gardens and Green Areas refers to the total area of urban public green land, special green land, production green land, protection green land and suburban scenic spots.

Public Green Area refers to green areas of various parks, zoos, botanical gardens, cemeteries, amusement parks, tree flanked boulevards' Greenland squares for tourism and relaxing. Areas with trees planted along side the streets and boulevards are excluded.

十二　农业

AGRICULTURE

资料整理　共青　李丽萍　张俊卿　刘世友　邱艳丽

Arranged by Gong Qing, Li Liping, Zhang Junqing, Li Shiyou, Qiu Yanli

12-1 农村牧区基层组织和农牧业基本情况(2005年)

Basic Conditions of Rural Grassroots Units, Farming &Animal Husbandry(2005)

指标	Item	总计 Total	农村 Farm Area	牧区 Pastoral Area
农村牧区基层组织情况	**Basic Conditions of Rural Grassroots Units**			
乡镇(苏木)(个)	Number of Township &Town Governments(unit)	964	655	309
# 镇(个)	Number of Town Governments(unit)	411	333	78
村委会(嘎查)(个)	Number of Villages' Committees(unit)	12129	9246	2883
农村牧区社会基础设施	**Rural Fundamental Facilities of Society**			
自来水受益村(个)	Number of Villages Benefiting from Pipewater(unit)	4990	4545	445
通汽车村(个)	Number of Villages Automobiles Arriving at(unit)	10863	8654	2209
通电话村(个)	Number of Villages with Telecomm Services(unit)	10837	8487	2350
农村牧区人口与从业人口	**Rural Population &Employment**			
乡村户数(万户)	Number of Rural Households(10 000 households)	351.42	307.61	43.81
乡村人口(万人)	Rural Population(10 000 persons)	1343.93	1172.41	171.52
乡村劳动力资源(万人)	Resource of Rural Laborers(10 000 persons)	768.66	674.15	94.51
乡村从业人员(万人)	Number of Rural Employed Persons(10 000 persons)	690.79	604.87	85.92
男(万人)	Male(10 000 persons)	390.41	342.22	48.19
女(万人)	Female(10 000 persons)	300.39	262.66	37.73
按行业分乡村劳动力	**Rural Employed Persons by Sector**			
农林牧渔业从业人员(万人)	Number of Rural Employee of Farming, Foresting, Animal Husbandry & Fishery(10 000 persons)	529.18	452.19	76.99
# 农业从业人员(万人)	Farming(10 000 persons)	446.89	409.98	36.91
牧业从业人员(万人)	Animal Husbandry(10 000 persons)	66.43	30.61	35.82
工业从业人员(万人)	Employed Persons of Industry(10 000 persons)	25.77	24.42	1.35
建筑业从业人员(万人)	Employed Persons of Construction(10 000 persons)	32.21	30.62	1.59
交通运输业、仓储及邮电通信从业人员(万人)	Employed Persons of Transport, Storage, Post &Telecommunication Services(10 000 persons)	14.14	13.25	0.89
批零贸易及餐饮从业人员(万人)	Employed Persons of Wholesale, Retail Trade & Catering Service(10 000 persons)	39.31	36.63	2.68
其他非农行业人员(万人)	Employed Persons of Other Non-agricultural Trades(10 000 persons)	50.2	47.79	2.41
农牧业生产条件	**Productive Condition of Farming & Animal Husbandry**			
年末实有耕地面积(万公顷)	Cultivated Areas at Year-end(10 000 hectares)	735.51		
农作物总播种面积(万公顷)	Total Sown Areas(10 000 hectares)	621.60		
年末草场面积(万公顷)	Areas of Grassland at Year-end(10 000 hectares)	8666.70		
有效灌溉面积(万公顷)	Irrigated Areas(10 000 hectares)	270.22		
农牧业机械总动力(万千瓦)	Total Power of Machinery for Farming &Animal Husbandry(10 000 kw)	1922.00		
化肥施用量(折纯)(万吨)	Consumption of Chemical Fertilizers(10 000 tons)	116.72		
农村牧区用电量(亿千瓦小时)	Electricity Consumed in Rural Area &Pastoral Area(100 Million kwh)	29.31		
主要农牧业生产情况	**Output of Farming &Animal Husbandry**			
粮食总产量(万吨)	Gross Yield of Grain(10 000 tons)	1662.20		
牲畜总增头数(万头只)	Total Number of Livestocks Added(10 000 heads)	4589.74		
肉类总产量(万吨)	Gross Output of Meat(10 000 tons)	229.91		
蔬菜总产量(万吨)	Gross Output of Vegetables(10 000 tons)	1009.14		

12-2 农、林、牧、渔业总产值

Gross Output Value of Farming, Forestry, Animal Husbandry and Fishery

单位:万元 (10 000 yuan)

年份 Year	农林牧渔业总产值 Total	#农业 Farming	#种植业 Plant Products Industry	#林业 Forestry	#畜牧业 Animal Husbandry	#渔业 Fishery
1947	47200	37335	35588	48	9770	47
1949	60100	47780	46217	60	12200	60
1952	120600	96601	94430	844	22914	241
1957	112000	82992	25712	1792	26992	224
1962	170500	116281	100084	2387	50639	1193
1965	194000	129980	109998	4656	58200	1164
1970	240000	158160	140160	9360	72000	480
1975	308300	198545	169256	8016	101122	617
1978	283500	187961	173786	10490	84200	849
1979	315800	206533	189796	11369	97266	632
1980	306844	197403	181340	13460	95199	782
1981	394274	255550	232657	22848	114744	1132
1982	471608	307328	274780	31393	131391	1496
1983	524301	347389	299604	38108	136887	1917
1984	612772	408789	341956	44356	157230	2397
1985	731955	465638	401175	48284	214048	3985
1986	772500	483567	402848	43670	239908	5355
1987	877426	544449	450608	36254	290178	6545
1988	1223765	729359	614262	38582	447432	8392
1989	1267208	763517	639781	39968	453357	10366
1990	1569192	1031256	888314	62298	464131	11507
1991	1640837	1066021	918894	66705	494474	13637
1992	1802705	1156550	1005362	78040	552787	15328
1993	2208047	1420784	1265080	91549	677461	18253
1994	3093195	1892180	1682500	103350	1070005	27659
1995	3735936	2311734	2080477	121176	1271609	31417
1996	4653285	2995270	2731580	139653	1485617	32745
1997	5043396	3142026	2833824	152632	1712322	36416
1998	5343765	3353206	3032350	168785	1773911	47863
1999	5323166	3187204	2852798	210062	1871452	54448
2000	5431645	3083645	2725199	236071	2054581	57349
2001	5559041	3075703	2706529	260696	2162426	60216
2002	5869716	3321447	3043459	288371	2205642	54256
2003	6663815	3359567	2640337	479357	2671028	49373
2004	8513045	4115399	3334515	465808	3746932	59527
2005	9802098	4738918	3837514	397888	4445801	72420

注：本表绝对数按当年价格计算。

a)Data value terms in this table are calculated at current prices.

12-3 主要年份农业总产值指数

Indices of Gross Output Value of Farming, Forestry, Animal Husbandry and Fishery

按可比价格计算。

Indices are calculated at comparable prices。

上年=100 (Preceding year=100)

年份 Year	农林牧渔业总产值 Total	#农业 Farming	#种植业 Plant Products Industry	#林业 Forestry	#畜牧业 Animal Husbandry	#渔业 Fishery
1979	104.8	102.8	102.8	102.3	108.4	70.5
1980	87.1	81.4	96.3	87.1	96.9	96.3
1981	120.2	123.2	123.2	151.9	112.2	131.1
1982	115.8	115.2	115.2	113.8	111.9	101.6
1983	107.2	106.8	106.8	120.4	99.6	109.7
1984	112.1	110.1	110.1	113.3	105.1	106.7
1985	110.3	113.0	113.0	104.2	113.6	129.5
1986	94.7	88.9	88.9	85.8	104.1	121.6
1987	104.1	103.3	103.3	83.2	104.6	105.6
1988	114.2	120.2	120.2	95.6	109.0	109.6
1989	98.3	91.9	91.9	101.5	108.5	121.6
1990	120.2	133.7	133.7	114.1	102.4	100.8
1991	104.0	101.3	101.3	104.3	108.8	112.8
1992	105.8	106.8	106.7	113.0	105.2	110.0
1993	107.1	123.4	109.1	111.4	104.3	115.7
1994	103.3	99.3	96.7	104.7	108.4	124.7
1995	103.5	99.9	98.1	106.7	110.9	111.7
1996	123.7	131.4	136.0	103.8	114.9	99.7
1997	104.0	98.7	98.0	110.1	112.7	103.9
1998	106.5	108.5	108.8	105.3	103.1	126.2
1999	101.3	97.4	96.7	111.6	106.3	113.6
2000	102.5	100.3	99.9	115.0	104.1	104.8
2001	102.0	99.3	98.7	109.5	104.9	105.5
2002	104.9	106.5	114.1	110.8	102.0	102.2
2003	106.2	94.8	91.6	110.1	122.0	87.2
2004	114.9	109.4	110.5	93.0	126.0	107.4
2005	111.2	110.6	110.2	82.6	115.2	116.0

12-4 年末主要农牧业机械拥有量

Major Machinery for Farming & Animal Husbandry at Year-end

项 目	Item	2004	2005
农牧业机械原值(万元)	Original Value of Machinery for Farming and Animal Husbandry(10 000 yuan)	1100153	1193558
农牧业机械净值(万元)	Net Value of Machinery for Farming & Animal Husbandry (10 000 yuan)	833037	898376
农牧业机械总动力(万千瓦)	Total Power of Machinery for Farming & Animal Husbandry (10 000 kw)	1772	1922
大中型农用拖拉机(混合台)	Large & Medium Agricultural Tractors (mixed unit)	51117	73658
大中型农用拖拉机(万千瓦)	Large & Medium Agricultural Tractors(10 000 kw)	178	226
小型拖拉机(台)	Mini -Tractors (unit)	521951	544600
小型拖拉机(万千瓦)	Mini -Tractors (10 000 kw)	600	639
联合收割机(台)	Combine Harvesters (unit)	4435	4652
联合收割机(万千瓦)	Combine Harvesters (10 000 kw)	26	27
农用运输车(万辆)	Trucks for Agricultural Use (10000unit)	39	40
农用运输车(万千瓦)	Trucks for Agricultural Use (10 000 kw)	565	588
排灌用电动机(台)	Electric Motor for Irrigating & Draining (unit)	160347	165223
排灌用电动机(万千瓦)	Electric Motor for Irrigating & Draining (10 000 kw)	117	122
排灌用柴油机(台)	Diesel Engine for Irrigating & Draining (unit)	156051	169313
排灌用柴油机(万千瓦)	Diesel Engine for Irrigating & Draining (10 000 kw)	143	156
大中型拖拉机配套农具(部)	Number of Large & Medium Agricultural Tractor Towing Farm Machinery (unit)	71285	100614
小型拖拉机配套农具(部)	Number of Mini-tractor Towing Farm Machinery (unit)	677595	739217
机动脱粒机(台)	Motorized Threshing Machines (unit)	72254	76226
机动割晒机(台)	Motorized Harvesters (unit)	10720	14634
机引牧草收割机(部)	Towed Harvesters for Grass (unit)	37142	37755
饲料粉碎机(部)	Smashing Machines for Feed (unit)	102584	113175
机动剪毛机(台)	Motorized Sheepshears (unit)	126	406
农 用 水 泵(万台)	Water Pumps for Agricultural Use (10 000 unit)	31	32

12-5 灌溉、化肥施用量、农村牧区用电、水库和治理水土情况

Irrigation, Consumption of Chemical Fertilizers, Electricity Consumption of Rural Area, Number of Reservoirs and Areas of Soil Erosion under Control

项 目	Item	2004	2005
有效灌溉面积(万公顷)	Effective Irrigated Areas(10 000 hectares)	263.59	270.22
# 灌区有效灌溉面积(万公顷)	Effective Irrigated Areas in Irrigation Area(10 000 hectares)	129.30	130.33
节水灌溉面积(万公顷)	Watersaving Irrigated Areas(10 000 hectares)	136.26	149.37
喷灌和滴灌(万公顷)	Jetting Irrigation Dropping Irrigatation(10000 hectares)	43.34	45.75
管道输水(万公顷)	Pipeline Transportation(10 000 hectares)	46.19	53.73
化肥施用量(万吨)	Consumption of Chemical Fertilizers(10 000 tons)	104.36	116.72
氮肥(万吨)	Nitrogenous Fertilizer(10 000 tons)	54.17	60.45
磷肥(万吨)	Phosphate Fertilizer(10 000 tons)	18.32	20.47
钾肥(万吨)	Potash Fertilizer(10 000 tons)	7.02	9.20
复合肥(万吨)	Compound Fertilizer(10 000 tons)	24.85	26.60
农村用电量(万千瓦时)	Electricity Consumption in Rural Area(10 000 kwh)	267318	293053
水库个数(座)	Number of Reservoirs(unit)	474	487
大型水库(座)	Large(unit)	9	9
中型水库(座)	Medium-sized(unit)	70	74
小型水库(座)	Small(unit)	395	404
水库容量(亿立方米)	Capacity of Reservoirs(100 million cu.m)	78.37	81.73
大型水库(亿立方米)	Large(100 million cu.m)	49.58	48.87
中型水库(亿立方米)	Medium-Sized(100 million cu.m)	22.47	26.10
小型水库(亿立方米)	Small(100 million cu.m)	6.32	6.76
治理水土面积(万公顷)	Areas of Soil Erosion under Control(10 000 hectares)	207.60	922.14

12-6 农牧民家庭平均每户年末固定资产原值
Original Value of Fixed Assets Owned Per Rural Household (End of Year)

单位:元 (yuan)

项 目	Item	2004	2005
年末生产性固定资产原值	**Original Value of Productive Fixed Assets at year-end**	**12909.54**	**13603.24**
役畜、产品畜	Draught Animals, Commodity Animals	3513.49	3366.23
大中型铁木农具	Large and Medium Wood and Iron Farm Tools	613.65	824.04
农林牧渔业机械	Machinery for Farming, Forestry, Animal Husbandry and Fishery	3980.21	4387.36
工业机械	Industrial Machinery	52.79	41.23
运输机械	Transport Machinery	254.67	213.61
生产用房	Building for Productive Purpose	2966.59	3595.04
其他生产用固定资产	Others	1528.14	1175.73

注:本表为农村牧区住户抽样调查资料(以下7至9表同)。
a) Data in this table are obtained from the sample surveys on rural households(same as table 7 to 9).

12-7 农牧民家庭平均每百户年末拥有固定资产数量
Number of Fixed Assets Owned Per 100 Rural Households (End of Year)

项 目	Item	2004	2005
汽 车(辆)	Automobiles(unit)	2.06	2.00
大中型拖拉机(台)	Large and Medium Tractors(unit)	2.82	3.00
小型和手扶拖拉机(台)	Mini - tractors and Walking Tractors(unit)	45.44	49.00
机动脱粒机(台)	Motorized Threshing Machines(unit)	4.76	4.00
胶 轮 大 车(辆)	Carts with Rubber Tires(unit)	38.20	30.00
水 泵(台)	Pumps(unit)	36.75	32.00
役 畜(头)	Draught Animals(head)	80.78	66.00
产 品 畜(头)	Commodity Animals(head)	262.67	272.00

12-8 农民家庭平均每户年末生产性固定资产原值

Original Value of Productive Fixed Assets Owned Per Peasant Household (End of Year)

单位:元 (yuan)

项 目	Item	2004	2005
年末生产性固定资产原值	**Original Value of Productive Fixed Assets at Year-end**	**10464.46**	**11431.45**
役畜、产品畜	Draught Animals, Commodity Animals	3241.27	3156.65
大中型铁木农具	Large and Medium Wood and Iron Farm Tools	546.92	762.88
农林牧渔业机械	Machinery for Farming, Forestry, Animal Husbandry and Fishery	3707.31	3885.13
工业机械	Industrial Machinery	78.65	46.16
运输机械	Transport Machinery	288.25	220.13
生产用房	Building for Productive Purpose	409.83	636.99
其他生产用固定资产	Others	2192.23	2723.51

12-9 农民家庭平均每百户固定资产拥有量

Number of Fixed Assets Owned Per 100 Peasant Households (End of Year)

项 目	Item	2004	2005
汽 车(辆)	Automobiles(unit)	1.00	1.00
大中型拖拉机(台)	Large and Medium Tractors(unit)	3.00	3.00
小型和手扶拖拉机(台)	Mini - tractors and Walking Tractors(unit)	45.00	48.00
机动脱粒机(台)	Motorized Threshing Machines(unit)	5.00	4.00
胶 轮 大 车(辆)	Carts with Rubber Tires(unit)	41.00	32.00
水 泵(台)	Pumps(unit)	37.00	31.00
役 畜(头)	Draught Animals(head)	78.00	65.00
产 品 畜(头)	Commodity Animals(head)	76.00	63.00

12-10 牧民家庭年末生产性固定资产原值及固定资产拥有量

Original Value and Number of Productive Fixed Assets Owned Herdsman Households (End of Year)

项 目	Item	2004	2005
生产性固定资产原值(平均每户)(元)	**Original Value of Productive Fixed Assets Owned Per Herdsman Household(Yuan)**	**31451**	**31767**
役畜、产品畜(元)	Draught Animals, Commodity Animals(yuan)	5578	5119
大中型牧业工具(元)	Large and Medium Animal Husbandry Tools(yuan)	1120	1336
农林牧业机械(元)	Machinery for Farming, Forestry and Animal Husbandry(yuan)	6050	8588
运 输 机 械(元)	Transport Machinery(yuan)	105	159
生产资料拥有量(平均每百户)	**Number of Productive material (Per 100 Households)**		
汽 车(辆)	Automobiles(unit)	10.00	9.00
大中型拖拉机(台)	Large and Medium -Tractors(unit)	5.00	6.00
小型拖拉机(台)	Mini -Tractors(unit)	46.67	60.00
水 泵(台)	Pumps (unit)	32.50	38.00

12-11 农业机械化、电气化情况

Basic Statistics on Agricultural Mechanization and Electrification

项 目	Item	2004	2005
农业机械化程度	**Level of Agricultural Mechanization**		
机耕地面积(万公顷)	Areas of Tractor Plowing(10 000 hectares)	448.34	466.56
占耕地面积的比重(%)	Percentage to Cultivated Areas(%)	63.02	63.43
机械播种面积(万公顷)	Areas of Mechine Sowing(10 000 hectares)	378.07	413.82
占农作物总播种面积的比重(%)	Percentage to Total Sown Areas(%)	63.82	66.58
机械收割面积(万公顷)	Areas of Machine Harvesting(10 000 hectares)	123.65	148.03
占农作物总播种面积的比重(%)	Percentage to Total Sown Areas(%)	20.87	23.82
每公顷耕地拥有农业机械总动力(瓦特)	Total Power of Machinery for Per Hectare(w)	2491.03	2613.15
农业电气化情况	**Level of Agricultural Electrification**		
农村用电量(亿千瓦小时)	Electricity Consumption by Rural Area (100 million kwh)	26.73	29.31
平均每公顷耕地用电量(千瓦小时)	Electricity Consumption Per Hectare(kwh)	451.22	398.49
乡村(嘎查)及村以下办水电站个数(个)	Number of Hydroelectric Stations Run by Villiges and Lower Level (unit)	2	3
发 电 量(万千瓦小时)	Number of Generating Electricity(10 000 kwh)	3.80	7.00

12-12 耕地面积、造林面积和播种面积

Cultivated Areas, Afforested Areas and Sown Areas

单位：万公顷 (10 000 hectares)

年份 Year	年末实有耕地面积 Cultivated Areas at Year end	水田 Paddy Fields	旱地 Dry Fields	#水浇地 Irrigated Fields	当年造林面积 Annual Afforested Hilly Areas	总播种面积 Total Sown Areas	粮食作物播种面积 Sown Areas of Grain Crops	经济作物播种面积 Sown Areas of Industrial Crops
1947	396.7	0.8	395.9	29.5		347.9	318.9	20.4
1948	417.0	0.9	416.1	31.6		372.7	337.2	27.1
1949	433.1	1.4	431.7	32.1		389.6	352.8	28.0
1950	472.6	2.0	470.6	33.5	0.53	423.8	388.8	28.3
1951	506.3	1.8	504.5	39.8	1.66	469.7	416.0	46.2
1952	517.4	1.5	515.9	52.9	4.43	494.9	436.0	49.7
1953	531.9	1.6	530.3	54.3	3.68	477.6	428.7	40.5
1954	531.6	1.1	530.5	55.5	3.93	484.9	437.8	36.6
1955	542.3	1.4	540.9	57.9	3.73	488.6	435.8	41.9
1956	569.9	3.3	566.6	68.0	12.79	531.0	472.9	42.8
1957	571.5	4.3	567.2	64.5	8.27	527.9	463.2	48.6
1958	555.3	9.4	545.9	104.1	37.13	505.5	445.2	40.9
1959	539.3	9.7	529.6	100.1	31.93	487.0	414.2	56.6
1960	602.0	9.8	592.2	108.3	39.10	575.0	486.2	56.1
1961	609.7	7.0	602.7	78.3	7.41	580.0	503.1	43.8
1962	586.7	4.0	582.7	55.4	4.73	544.6	484.7	39.0
1963	554.2	3.6	550.6	56.3	5.23	526.1	471.6	36.4
1964	561.4	3.1	558.3	67.4	15.86	534.2	478.4	39.5
1965	561.5	1.9	559.6	86.9	20.00	528.1	470.9	37.9
1966	548.0	1.7	546.3	110.7	16.32	510.0	449.4	33.7
1967	540.3	1.7	538.6	99.4	15.55	510.2	448.5	35.9
1968	531.2	2.3	528.9	91.5	11.10	497.1	443.4	34.0
1969	534.3	2.9	531.4	87.0	9.61	499.3	445.7	35.7
1970	545.0	2.8	542.2	93.6	11.71	508.4	453.5	35.3
1971	544.1	1.9	542.2	95.1	16.33	503.5	451.0	32.2
1972	542.7	2.1	540.6	100.5	16.20	499.8	444.1	33.9
1973	541.2	1.7	539.5	107.0	18.77	498.9	441.0	35.5
1974	537.7	1.5	536.2	113.1	20.59	496.3	436.1	36.4
1975	534.1	1.5	532.6	124.7	23.68	490.9	429.0	37.7
1976	526.7	2.0	524.7	130.3	26.19	480.7	410.1	42.9
1977	525.1	2.7	522.4	122.8	34.52	478.1	406.5	44.7

12-12 续表 continued

单位：万公顷 (10 000 hectares)

年份 Year	年末实有耕地面积 Cultivated Areas at Year-end	水田 Paddy Fields	旱地 Dry Fields	# 水浇地 Irrigated Fields	当年造林面积 Annual Afforested Hilly Areas	总播种面积 Total Sown Areas	粮食作物播种面积 Sown Areas of Grain Crops	经济作物播种面积 Sown Areas of Industrial Crops
1978	532.6	1.7	530.9	120.9	29.79	482.4	409.4	44.9
1979	534.7	1.7	533.0	115.2	30.47	488.1	404.2	52.8
1980	525.2	1.5	523.7	106.0	29.81	479.7	388.2	61.1
1981	518.6	1.7	516.9	103.2	38.12	466.2	385.4	55.6
1982	510.9	1.6	509.3	101.1	51.65	464.1	384.3	58.2
1983	506.5	1.7	504.8	100.5	60.94	463.1	383.7	58.5
1984	500.6	1.9	498.7	96.1	69.91	463.1	376.2	63.9
1985	493.0	2.3	490.7	94.2	70.41	454.9	342.2	91.4
1986	489.5	2.7	486.8	97.9	22.63	455.6	358.1	71.6
1987	485.1	2.8	482.3	101.0	24.83	447.4	355.6	64.3
1988	487.1	3.6	483.5	104.3	26.60	455.9	363.6	66.8
1989	491.2	5.1	486.1	110.2	23.70	457.6	372.1	61.9
1990	496.6	7.6	489.0	117.3	29.80	472.2	387.5	62.6
1991	500.5	8.7	491.8	123.6	41.08	476.8	387.9	68.9
1992	508.1	9.5	498.6	127.3	51.82	485.4	392.5	72.4
1993	517.1	7.4	509.7	130.8	39.68	486.8	398.7	67.3
1994	531.0	6.5	524.5	132.1	37.19	492.5	402.7	66.3
1995	549.1	8.4	540.7	135.8	40.25	507.9	414.3	71.3
1996	592.4	9.1	583.3	146.5	43.59	529.1	442.4	64.9
1997	746.3	11.3	735.0	173.5	46.44	583.8	490.6	80.4
1998	722.4	11.3	711.0	171.7	47.78	602.7	503.1	85.9
1999	752.4	11.6	740.8	191.9	53.40	607.7	495.1	97.2
2000	731.7	12.1	719.6	194.6	59.00	591.4	443.6	122.9
2001	709.1	11.1	698.0	195.5	73.19	570.7	438.3	92.4
2002	709.1	11.6	697.5	202.1	90.74	588.7	434.3	104.0
2003	686.3	10.1	676.3	207.9	83.60	574.9	405.1	103.6
2004	711.5	10.9	700.6	244.7	63.09	592.4	418.1	100.0
2005	735.5	9.3	726.2	249.4	38.38	621.6	437.4	104.0

注：1997年耕地面积为农业普查数据；1997年以后耕地面积以该口径调整。

a) The Cultivated Areas at end of 1997 is obtained from Agricultural Census; The Cultivated Areas after 1997 is calculated at this specification.

12-13 主要粮食作物播种面积

Sown Areas of Major Grain Crops

单位：万公顷　　　　(10 000 hectares)

年份 Year	农作物总播种面积 Total Sown Area	粮食作物播种面积 Sown Areas of Grain Crops	谷物 Cereal	小麦 Wheat	玉米 Corn	稻谷 Rice	谷子 Millet	莜麦 Sweet-oats	糜黍 Broom Corn Millet	薯类 Tubers	豆类 Beans	#大豆 Soybean
1947	347.9	318.9		22.6	19.1	0.8	61.0	32.0	42.0	15.1		14.7
1948	372.7	337.2		25.0	20.1	0.9	63.8	33.1	46.0	16.2		14.9
1949	389.6	352.8		26.7	22.4	1.4	65.7	35.3	46.7	16.6		16.5
1950	423.8	388.8		29.6	24.7	2.0	73.3	40.3	49.3	17.1		11.7
1951	469.7	416.0		33.9	19.1	1.6	73.5	52.7	56.5	21.8		11.1
1952	494.9	436.0		43.9	22.9	1.5	79.8	60.8	71.5	22.1		15.8
1953	477.6	428.7		47.6	24.4	0.8	77.0	62.0	69.1	21.1		21.7
1954	484.9	437.8		58.0	26.4	1.0	73.3	60.4	70.4	20.6		22.7
1955	488.6	435.8		60.2	31.9	1.4	71.9	64.7	68.8	19.8		26.9
1956	531.0	472.9		60.1	50.6	2.9	88.7	59.6	71.9	21.9		24.2
1957	527.9	463.2		64.0	36.2	4.0	84.7	64.2	68.1	22.4		26.8
1958	505.5	445.2		57.9	57.6	8.9	81.8	55.5	48.1	39.4		21.2
1959	487.0	414.2		59.7	35.1	8.9	68.2	61.4	53.6	27.1		20.5
1960	575.0	486.2		73.7	52.2	8.9	79.1	63.2	66.6	29.6		23.0
1961	580.0	503.1		80.8	48.7	6.3	73.0	67.8	73.2	31.2		23.1
1962	544.6	484.7		67.1	50.1	3.9	79.7	69.7	68.8	26.7		23.5
1963	526.1	471.6		67.1	45.0	3.5	76.8	70.7	66.0	27.1		
1964	534.2	478.4		71.4	47.7	3.4	83.1	71.3	63.4	26.0		26.6
1965	528.1	470.9		72.5	50.1	1.8	85.3	66.3	63.9	24.2		24.4
1966	510.1	449.4		71.4	66.4	1.6	80.3	62.2	55.9	32.2		21.7
1967	510.2	448.5		74.1	62.3		82.2	63.3	52.4	24.4		
1968	497.1	443.4		72.3	56.2		78.1	61.7	55.1	23.7		
1969	499.3	445.7		78.3	53.3		81.1	64.2	45.7	22.5		
1970	508.4	453.5		84.8	52.4		82.1	65.2	53.7	21.8		
1971	503.5	451.0		85.7	63.5		79.7	58.7	50.3	22.9		
1972	499.8	444.1		83.8	61.6		72.3	54.8	53.1	23.6		
1973	498.9	441.0		86.9	59.7		78.0	50.5	51.1	25.6		
1974	496.3	436.1		87.0	66.5		74.7	48.6	45.0	25.6		
1975	490.9	429.0		92.1	70.9		68.5	47.3	40.3	26.9		
1976	480.7	410.1		105.5	70.7		57.2	39.1	34.7	25.3		
1977	478.1	406.5		108.4	65.2		55.9	40.4	31.2	26.6		

12-13 续表 continued

单位：万公顷 (10 000 hectares)

年 份 Year	农作物总播种面积 Total Sown Area	粮食作物播种面积 Sown Areas of Grain Crops										
			谷 物 Cereal							薯类 Tubers	豆类 Beans	
				小 麦 Wheat	玉 米 Corn	稻 谷 Rice	谷 子 Millet	莜 麦 Sweet-oats	糜 黍 Broom Corn Millet			# 大 豆 Soybean
1978	482.4	409.4		108.6	66.8		56.7	38.6	29.6	29.2		
1979	488.1	404.2		95.2	67.0	1.6	56.4	45.4	37.6	27.7		18.3
1980	479.7	388.2		95.7	65.3	1.5	50.2	47.4	36.0	25.2		17.1
1981	466.2	385.4		90.3	59.2	1.6	53.4	43.8	41.5	23.2		19.4
1982	464.1	384.3		87.8	50.5	1.6	57.0	44.4	39.7	24.3		23.9
1983	463.1	383.7		91.1	49.4	1.7	55.9	45.0	38.2	25.4		21.9
1984	463.1	376.3		93.2	46.4	1.8	51.9	41.4	40.9	24.6		19.3
1985	454.9	342.2		92.7	43.4	2.4	46.3	36.5	31.1	22.7		21.9
1986	455.6	358.1		93.7	54.8	2.7	41.4	34.0	32.4	22.5		26.4
1987	447.4	355.7		92.1	66.0	2.8	38.7	33.8	26.8	22.9		27.5
1988	455.9	363.6		97.4	66.9	3.5	38.5	28.9	26.8	25.3		31.1
1989	457.6	372.1		100.8	69.6	5.3	37.4	26.8	13.0	24.7		31.8
1990	472.2	387.5		115.4	77.4	7.9	35.7	26.5	11.7	24.6		30.1
1991	476.8	387.9		119.2	81.2	8.8	33.4	25.2	11.0	23.9		30.1
1992	485.4	392.5	318.8	133.4	77.5	9.4	28.5	18.7	9.8	25.0	48.7	35.6
1993	486.8	398.7	293.6	118.9	76.2	7.3	25.8	17.2	7.9	26.3	78.8	57.1
1994	492.5	402.7	292.1	103.4	83.7	6.8	23.3	16.9	8.5	25.3	85.3	60.4
1995	507.9	414.3	300.9	101.7	99.2	7.9	23.7	13.7	8.2	35.5	77.9	55.7
1996	529.1	442.4	323.2	109.4	111.6	9.0	25.2	13.0	17.1	41.6	77.6	55.5
1997	583.8	490.6	339.0	116.5	127.9	12.2	25.7	11.3	20.7	46.4	105.2	75.8
1998	602.7	503.1	340.5	109.3	147.1	11.8	22.4	10.2	14.9	50.1	112.5	77.1
1999	607.7	495.1	330.9	93.8	157.2	11.7	20.7	9.3	12.4	58.2	106.0	73.7
2000	591.4	443.6	264.8	61.7	129.8	11.8	16.4	6.2	12.8	65.0	113.7	79.4
2001	570.7	438.3	263.8	51.6	151.9	8.6	17.6	3.3	11.5	56.7	117.9	75.5
2002	588.7	434.3	271.8	46.5	156.2	9.0	17.7	4.5	10.0	58.0	104.6	59.6
2003	574.9	405.1	243.4	31.8	159.1	6.7	14.2	4.4	8.1	53.6	108.2	69.7
2004	592.4	418.1	258.3	41.9	167.6	8.1	12.6	3.8	7.4	52.8	107.0	75.3
2005	621.6	437.4	273.4	46.1	180.6	8.4	12.5	3.9	6.1	56.2	107.7	79.7

12-14 主要经济作物播种面积

Sown Areas of Major Industrial Crops

单位：万公顷　　(10 000 hectares)

年 份 Year	经济作物播种面积 Sown Areas of Industrial Crops	油料 Oil bearing Crops	葵花籽 Sunflo-wer Seeds	胡麻籽 Flax Seeds	油菜籽 Rape Seeds	甜菜 Beet-roots	烟叶 Tob-acco	麻类 Fiber Crops	蔬菜 Vege-table	果用瓜 Melons (use on Fruit)	其它作物播种面积 Sown Areas of other Crops	#青饲料 Green fodder
1947	20.4	18.7		7.8	2.3		0.2	0.8	2.3		38.6	
1948	27.1	25.0		8.5	2.4		0.2	1.0	4.7		8.4	
1949	28.0	25.8		9.2	1.9		0.2	1.0	5.0		8.8	
1950	28.3	25.0		9.4	3.4		0.1	0.8	3.7		6.6	
1951	46.2	36.4		14.3	5.0		0.2	0.9	4.2		7.5	
1952	49.7	46.6		17.7	6.9		0.2	1.5	5.1		9.3	
1953	40.5	38.4		17.2	6.0		0.2	1.2	4.7		8.3	
1954	36.7	34.9		17.3	4.8		0.2	0.9	5.6		10.4	
1955	41.9	39.6		21.5	4.8	0.8	0.3	0.9	6.0		11.0	
1956	42.8	39.8		21.6	5.6	1.0	0.3	0.9	6.3		15.3	
1957	48.6	43.1		22.7	5.4	1.4	0.3	1.7	6.6		16.1	
1958	40.9	35.9		18.9	4.6	1.6	0.3	1.6	7.4		19.4	
1959	56.6	48.6		23.8	5.8	2.4	0.4	2.1	8.8		16.1	
1960	56.1	48.1		21.8	8.1	3.7	0.3	2.0	152.0		32.7	
1961	43.8	38.3		16.6	7.3	1.9	0.5	1.9	19.1		33.1	
1962	39.0	34.4		14.3	6.3	0.7	0.5	2.1	12.2		20.8	
1963	36.4	31.8		14.9	4.5	0.8	0.4	2.1	9.5		18.1	
1964	39.5	33.5		14.8	5.1	1.5	0.4	1.9	8.1		16.3	
1965	37.9	31.4		14.7	4.7	1.9	0.3	1.8	7.9		19.3	
1966	33.7	27.8		13.1	4.1	2.2	0.3	1.6	8.2		26.9	
1967	35.9	28.9				2.8					25.8	
1968	34.0	27.4				2.8					19.7	
1969	35.7	38.3				3.1					17.9	
1970	35.3	28.9				2.9					19.6	
1971	32.2	26.7				2.4					20.3	
1972	33.9	27.2				3.6					21.8	
1973	35.5	27.2				4.6					22.4	
1974	36.4	28.4				4.1					23.8	
1975	37.7	28.8				4.7					24.2	
1976	42.9	32.4				5.7					27.7	
1977	44.7	34.2				5.3					26.9	

12-14 续表 continued

单位：万公顷 (10 000 hectares)

年份 Year	经济作物播种面积 Sown Areas of Industrial Crops	油料 Oil-bearing Crops	葵花籽 Sunflo-wer Seeds	胡麻籽 Flax Seeds	油菜籽 Rape Seeds	甜菜 Beet-roots	烟叶 Tob-acco	麻类 Fiber Crops	蔬菜 Vege-table	果用瓜 Melons (use on Fruit)	其它作物播种面积 Sown Areas of other Crops	#青饲料 Green fodder
1978	44.9	34.8				4.8					28.1	
1979	52.8	41.9	5.7	19.1	7.1	4.5	0.4	1.6	8.9	2.0	31.1	15.3
1980	61.1	52.0	16.3	18.9	7.9	5.6	0.3	1.2	8.5	1.4	30.4	14.0
1981	55.6	46.9	14.3	14.6	8.1	5.7	0.4	0.9	7.3	1.6	25.2	10.4
1982	58.2	49.3	15.0	16.4	7.8	6.1	0.5	0.4	6.8	1.5	21.6	9.7
1983	58.5	49.0	15.4	16.3	6.8	6.1	0.2	0.3	6.7	1.3	20.9	9.6
1984	63.9	54.3	21.5	15.4	6.9	6.1	0.2	0.2	6.1	1.7	23.0	11.8
1985	91.4	76.6	30.1	18.3	8.8	10.0	0.4	0.3	5.8	2.0	21.4	11.4
1986	71.6	60.4	25.8	15.6	6.7	7.5	0.4	0.3	5.7	2.0	26.0	14.4
1987	64.3	54.6	22.3	16.6	6.6	7.5	0.3	0.1	6.4	1.6	27.4	16.7
1988	66.8	53.7	19.0	17.4	7.3	10.3	0.5	0.1	6.1	1.7	25.6	14.6
1989	61.9	51.1	17.7	16.4	4.9	8.2	0.7	0.1	6.3	1.2	23.6	13.0
1990	62.6	51.8	17.2	16.8	6.0	9.5	0.5	0.3	6.4	0.9	22.2	12.4
1991	68.9	55.1	19.7	17.2	7.5	11.9	0.7	0.4	5.9	0.9	20.1	11.2
1992	72.4	58.2	22.6	16.9	9.1	10.8	0.4	0.5	7.8	1.5	20.5	9.8
1993	67.3	50.3	18.3	15.2	7.9	10.9	0.4	0.1	8.2	1.5	20.9	9.5
1994	66.3	53.1	20.7	15.2	10.8	11.8	0.2	0.4	7.1	1.3	23.5	10.6
1995	71.3	55.7	20.7	15.1	13.5	14.0	3.0	0.8	1.3	1.3	9.9	
1996	64.9	50.6	18.9	14.6	11.8	12.7	0.8	0.4	8.8	1.5	21.8	8.4
1997	78.8	49.9	21.6	13.5	11.7	12.6	1.6	0.4	11.8	1.8	14.4	9.8
1998	84.3	56.7	27.1	11.5	15.6	11.7	0.6	0.3	11.5	2.6	15.3	9.3
1999	97.2	68.0	35.1	10.5	17.5	6.6	0.7	0.6	16.4	4.1	15.4	9.0
2000	122.9	87.9	36.3	10.1	29.5	5.9	0.8	0.1	20.9	4.8	25.0	13.1
2001	92.4	60.8	32.0	3.8	19.9	5.8	0.6	0.3	18.2	3.5	40.0	33.3
2002	104.0	68.9	34.5	7.6	22.5	7.1	0.5	0.4	20.8	3.6	50.4	43.8
2003	103.6	72.3	32.8	6.8	28.0	3.7	0.7	0.5	19.2	3.8	66.2	56.5
2004	100.0	67.1	29.5	5.9	27.8	3.6	0.6	0.8	20.4	3.5	74.3	65.5
2005	104.0	69.5	35.6	5.6	25.6	3.8	0.8	1.0	22.1	3.9	80.2	72.2

12-15 主要年份主要农产品产量

Yield of Major Farm Crops in Major Years

单位:万吨 (10 000 tons)

年份 Year	粮食 Grain	谷物 Cereal	小麦 Wheat	玉米 Corn	稻谷 Rice	谷子 Millet	莜麦 Sweet -oats	糜子 Broom Corn Millet	薯类 Tubers	豆类 Beans	#大豆 Soybean
1947	184.5		10.0	19.0	1.2	43.5	16.9	13.0	14.8		6.3
1949	212.5		13.0	24.0	2.0	43.5	18.6	19.2	18.1		8.0
1952	348.5		25.5	28.5	2.5	72.0	33.0	42.7	42.9		12.2
1957	302.5		52.5	34.5	4.2	51.0	32.7	33.8	29.2		14.6
1965	382.0		59.5	81.0	2.8	64.0	35.9	34.6	22.2		16.0
1970	469.5		66.0	101.0		95.0	46.5	42.0	25.0		
1975	519.5		93.5	157.0		71.5	34.0	36.0	37.5		
1978	499.0		88.0	173.5	3.6	60.0	25.0	26.5	42.0		
1980	396.5		82.7	139.2	4.1	39.7	21.3	19.0	30.0		12.4
1981	510.0		99.8	142.6	4.0	59.9	37.8	36.3	37.6		19.3
1982	530.0		126.7	105.9	4.7	71.2	37.2	23.3	41.6		24.3
1983	560.2		120.9	142.9	4.2	79.2	20.9	26.4	41.9		24.3
1984	594.4		144.2	148.3	6.0	73.6	32.5	26.4	49.9		24.3
1985	604.1		148.5	159.8	7.8	78.6	28.6	18.1	48.2		28.8
1986	528.5		130.8	192.7	8.3	38.3	15.9	12.3	36.4		41.0
1987	607.0		125.7	273.3	7.7	52.1	7.3	10.1	33.7		36.7
1988	738.3		163.4	305.5	12.0	46.4	20.9	15.5	61.2		47.5
1989	677.9		187.5	285.1	19.2	31.3	9.0	10.0	42.5		36.9
1990	973.0		261.7	393.1	31.1	59.4	25.3	13.6	61.3		47.7
1991	958.5		280.2	413.7	35.2	45.1	17.0	9.3	46.5		45.1
1992	1046.8	937.4	330.3	435.4	41.4	44.3	13.3	12.4	58.7	50.7	40.0
1993	1108.3	930.9	298.5	453.9	33.0	48.4	12.1	9.2	63.8	113.6	90.1
1994	1083.5	910.4	234.8	482.3	30.5	41.4	10.0	10.7	55.3	117.8	94.0
1995	1055.4	914.1	262.2	518.4	39.6	23.9	8.8	7.3	74.3	67.0	52.5
1996	1535.3	1301.7	318.9	751.5	51.0	49.3	13.4	11.4	124.0	109.6	83.4
1997	1421.0	1188.0	307.9	677.9	70.6	41.1	7.6	11.0	114.4	118.7	97.4
1998	1575.4	1319.9	282.7	839.8	60.3	44.3	10.0	10.8	127.0	128.5	93.8
1999	1428.5	1210.6	273.1	771.4	68.8	29.2	6.4	5.5	110.7	107.2	82.5
2000	1241.9	947.9	181.8	629.2	72.2	15.0	2.7	5.3	184.3	109.7	85.8
2001	1239.1	1016.5	127.1	757.0	56.7	25.7	1.3	5.1	108.8	113.8	83.4
2002	1406.1	1097.7	121.5	821.5	56.0	30.3	3.9	5.3	168.5	139.9	96.4
2003	1360.7	1092.3	79.0	888.7	45.0	21.4	5.9	5.5	174.5	93.9	53.6
2004	1505.4	1180.4	110.5	948.0	54.5	19.9	5.6	5.1	189.8	135.1	103.1
2005	1662.2	1342.1	143.6	1066.2	62.1	23.4	2.8	4.5	156.0	164.1	130.9

12-15 续表 continued

单位：万吨 (10 000 tons)

年份 Year	油料 Oil-bearing Crops	葵花籽 Sunflower Seeds	胡麻籽 Flax Seeds	油菜籽 Rape -seeds	甜菜 Beet-roots	烟叶 Tobacco	麻类 Fiber Crops	蔬菜 Veget-ables	果用瓜 Melons (Use on Fruit)
1947	6.0		1.6	0.7		0.2	0.3	21.1	
1949	9.0		2.5	0.7		0.1	0.4	44.9	
1952	17.5		5.2	2.1	0.1	0.1	0.8	46.4	
1957	13.0		7.5	1.5	22.1	0.2	0.6	66.4	
1965	9.0		4.7	0.9	20.9	0.2	0.5	110.7	
1970	10.5				34.0				
1975	10.5				37.1				
1978	12.5				43.1				
1980	25.0	16.5	4.6	1.8	81.2	0.2	0.4	157.6	9.7
1981	36.5	23.7	4.7	2.2	82.3	0.6	0.4	147.1	17.5
1982	49.0	32.0	8.2	3.0	115.2	0.9	0.2	156.8	16.3
1983	54.0	38.7	5.7	1.5	135.1	0.3	0.1	199.0	19.4
1984	60.0	42.1	8.4	3.0	141.0	0.3	0.1	158.5	23.3
1985	79.5	49.5	10.8	4.6	254.2	0.6	0.3	182.7	33.4
1986	66.0	48.4	7.6	2.2	159.0	0.6	0.2	220.9	36.9
1987	54.0	38.6	6.4	2.2	167.8	0.4	0.1	195.4	34.1
1988	56.5	35.0	10.3	3.2	219.0	0.8	0.1	203.0	36.3
1989	48.6	33.8	6.0	1.7	177.6	0.9	0.1	226.8	30.0
1990	69.4	41.7	11.5	4.4	236.4	0.8	0.7	243.3	22.8
1991	71.8	50.1	10.8	3.3	302.8	1.2	0.8	220.5	27.9
1992	81.4	56.8	11.1	5.5	260.1	0.8	1.4	271.2	50.9
1993	72.6	49.8	9.6	5.7	278.6	1.3	0.2	327.6	44.5
1994	65.0	44.5	8.7	8.3	233.6	0.9	0.9	267.9	121.8
1995	70.2	47.2	8.0	9.5	263.5	0.5	1.5	308.3	40.5
1996	81.4	53.9	11.2	10.5	320.7	1.8	1.0	365.4	49.6
1997	73.1	53.5	8.5	8.9	306.4	4.1	0.6	420.4	61.9
1998	90.3	59.4	10.6	14.1	259.2	1.3	0.3	433.4	84.4
1999	100.9	71.6	7.2	18.5	136.8	1.6		594.9	121.8
2000	116.4	69.1	6.5	30.5	141.3	1.4	0.1	759.9	161.7
2001	80.6	61.0	1.9	13.0	133.1	1.0	0.4	768.7	106.9
2002	108.9	70.4	6.5	28.2	195.0	1.0	1.0	755.3	120.8
2003	102.3	62.6	6.9	25.3	99.4	1.6	1.2	846.8	103.2
2004	103.7	58.9	7.3	31.3	96.3	1.3	1.9	872.8	109.6
2005	122.2	85.3	4.6	28.3	138.3	2.0	2.5	1009.1	156.8

12-16 主要农产品产量及单位面积产量

Yield of Major Farm Crops and Yield of Major Farm Crops Per Hectare

年份	Item	2004		2005	
		总产量(万吨) Total Yield (10000 tons)	单位面积产量(公斤/公顷) Yield Per Hectare (kg/hectare)	总产量(万吨) Total Yield (10000 tons)	单位面积产量(公斤/公顷) Yield Per Hectare (kg/hectare)
粮食	**Grain**	**1505.39**	**3600**	**1662.15**	**3800**
谷物	Cereal	1180.43	4569	1342.10	4908
#稻谷	Rice	54.52	6744	62.15	7358
小麦	Wheat	110.54	2640	143.56	3117
玉米	Corn	948.00	5658	1066.20	5904
高粱	Sorghum	18.23	3189	21.70	3789
谷子	Millet	19.87	1576	23.36	1876
莜麦	Sweet Oats	5.60	1479	2.84	728
糜子	Broom Corn Millet	5.09	1629	4.52	1803
荞麦	Buckwheat	9.52	969	8.54	970
豆类	Beans	135.11	1263	164.05	1523
#大豆	Soybean	103.07	1369	130.86	1642
薯类	Tubers	189.84	3595	156.00	2777
油料	**Oil bearing Crops**	**103.68**	**1545**	**122.17**	**1759**
#葵花籽	Sunflower Seeds	58.90	1994	85.30	2398
油菜籽	Rape seeds	31.33	1125	28.34	1109
胡麻籽	Flax Seeds	7.29	1237	4.57	817
甜菜	**Beetroots**	**96.34**	**26549**	**138.28**	**36328**
棉花	**Cotton**	**0.74**	**1105**	**0.18**	**1120**
麻类	**Fiber Crops**	**1.92**	**2451**	**2.54**	**2455**
蔬菜	**Vegetables**	**872.84**	**42842**	**1009.14**	**45566**
瓜类(果用瓜)	**Melons (Use on Fruit)**	**109.57**	**31319**	**156.76**	**39784**
水果	**Fruits**	**19.78**	**3896**	**22.03**	**4232**

12-17 自然灾害面积

Areas Covered by Natural Disaster

单位：万公顷 (10 000 hectares)

项 目	Item	2004	2005
农作物受灾面积	**Areas Covered**	**356.10**	**308.80**
#旱 灾	Drought	249.40	195.06
洪涝灾	Flood	20.20	46.01
风雹灾	Windstorm and Hail	21.40	34.85
低温冷冻灾	Freeze Injury	35.50	14.08
病虫害	Plant Diseases and Insect Pests	29.20	18.80
农作物绝收面积	**Areas Without Output**	**100.80**	**97.44**
#旱 灾	Drought	70.00	60.23
洪涝灾	Flood	8.00	17.84
风雹灾	Windstorm and Hail	7.90	11.04
低温冷冻灾	Freeze Injury	7.10	0.05
病虫害	Plant Diseases and Insect Pests	7.70	8.28

12-18 造林面积和封山育林面积(2005年)

Area of Afforestation and Closing Hill for Afforestation(2005)

单位：万公顷 (10 000 hectares)

地 区	Region	造林面积 Area of Afforestation	人工造林 Artificial Afforestation	飞播造林 Afforestation by Plane	当年封山育林 Closing Hill for Afforestation
总 计	**Total**	**38.38**	**28.32**	**10.06**	**29.41**
呼和浩特市	Hohhot City	1.34	0.93	0.41	2.43
包头市	Baotou City	0.72	0.65	0.07	2.33
呼伦贝尔市	Hulunbeier City	0.01	0.01		0.80
兴安盟	Xingan League	1.20	1.20		1.00
通辽市	Tongliao City	3.74	3.74		0.47
赤峰市	Chifeng City	8.54	7.64	0.90	6.87
锡林郭勒盟	Xilinguole League	4.29	2.69	1.60	4.08
乌兰察布市	Wulanchabu City	7.40	6.67	0.74	4.81
鄂尔多斯市	Erdos City	7.60	3.07	4.53	2.53
巴彦淖尔市	Bayannaoer City	1.88	1.35	0.53	2.60
乌海市	Wuhai City	0.01	0.01		0.65
阿拉善盟	Alashan League	1.29	0.01	1.28	0.77
大兴安岭林管局	DaXinganLing Bureru of Forestry				

12-19 林 业 基 本 情 况
Basic Statistics on Forestry

单位：万公顷、个 (10 000 hectares、unit)

项 目	Item	2004	2005
造林、封育面积	**Areas of Afforesting and closing hill for afforestation**	**83.45**	**67.80**
人工造林	Artificial Afforestation	51.91	28.32
飞播造林	Afforestation by Plane	11.19	10.06
当年封山育林面积	Area of Closing Hill for Afforestation this Year	20.36	29.41
按六大林业重点工程分	**Classified by Six Key Projects**		
天然林资源保护工程造林、封山育林	Afforestation of Protection of Natural Forest and Closing Hill for Afforestation	16.31	16.30
退耕还林工程造林、封山育林	Afforestation of Returning Land for Farming to Forestry and Closing Hill for Afforestation	45.23	36.12
#退耕地造林	Afforesting on the Returned Farmland	10.67	14.40
京津风沙源治理工程造林、封山育林	Afforestation & Closing Hill for Afforestation of Controlling Sand Sround Beijing & Tianjin	13.96	14.69
“三北”四期防护林工程造林、封山育林	Afforestation & Closing Hill for Afforestation of the Forth Stage of "The Three North Shelter Forest Project"	0.75	
速生丰产用材林基地建设工程	Project of Establishing the Base of Fast-growing and High-yield Timber Forest	0.63	
林业系统野生动植物保护和自然保护区建设工程	Project of Protesting Wild Animals and Plants and Setting up Nature Reserve		
自然保护区个数	Number of Nature Reserve	136	188
#国家级	National Nature Reserve	13	20
自然保护区面积	Area of Nature Reserve	1082.8	1424.4
造林面积按权属分	**Areas of Afforestation Classified by Ownership**		
国有造林	National Afforestation	5.42	3.56
国社合作造林	Cooperation Afforestation	0.06	
集体造林	Collective Afforestation	13.29	4.83
个人造林	Private Afforestation	44.33	29.99
造林面积按林种分	**Areas of Afforestation classified by sorts of forests**		
用材林	Timber Forest	4.02	0.89
经济林	Economic Forest	0.33	0.17
防护林	Shelter Forest	58.59	37.32
薪炭林	Firewood Forest	0.13	
其他林	Others		
森林覆盖率(%)	**Forest Cover Rate(%)**	**17.57**	**17.57**

12-20 草原建设及利用情况

Basic Statistics on Construction and Utilization of Grasslands

项目	Item	2004	2005
草场面积(万公顷)	**Areas of Grasslands(10 000 hectares)**	**8666.70**	**8666.70**
#承包到户面积(万公顷)	Areas Contracted with Households (10 000 hectares)	5037.70	5037.70
草库伦面积(围栏草场面积)(万公顷)	**Areas of Fenced Grasslands(10 000 hectares)**	**1697.17**	**1985.09**
#当年新增面积(万公顷)	Annual Newly Increased Areas (10 000 hectares)	312.41	323.90
人工种草保有面积(万公顷)	**Areas of Grasslands Planted and Surviving (10 000 hectares)**	**209.39**	**205.30**
#当年种草面积(万公顷)	Annual Areas of Planted Grasslands (10 000 hectares)	109.77	80.96
飞机播种面积(万公顷)	Aircraft Sowing(10 000 hectares)	69.45	34.38
当年打草量(万吨)	**Annual Quantity of Harvested Grass(10 000 tons)**	**1047.04**	**1290.33**
现有畜棚数(万间)	**Number of Animal Sheds in Present(10 000 units)**	**331.02**	**341.80**
畜棚面积(万平方米)	Areas of Animal Sheds(10 000 sq.m)	8066.44	7813.47
每平米畜棚拥有牲畜数(只/平方米)	Number of Animals per Square meter in Sheds(head/sq.m)	1.08	0.85
现有畜圈数(万座)	**Number of Animal Corrals in Present (10 000 units)**	**273.02**	**299.10**
畜圈面积(万平方米)	Areas of Animal Corrals(10 000 sq.m)	12290.01	12568.60
每平米畜圈拥有牲畜数(只/平方米)	Number of Animals per Square meter in Corrals(head/sq.m)	0.69	1.37
草原利用率	**Utilization Rate of Grasslands**		
草原(可利用草原)载畜量(只/万公顷)	Animal Loading Capacity of Grasslands (head/10 000 hectares)	10081.77	

注:每平方米畜棚、畜圈拥有牲畜及草原载畜量均按标准羊单位计算; 草原载畜量为每万公顷草场饲养牲畜数量。

a) Number of Animals per S.m in Sheds, Number of Animals per S.m Corrals and Animal Loading Capacity of Grasslands are Calculated at standardized sheep; Animal Loading Capacity of Grasslands is the number of animals which per 10000 hectares grassland can load.

12-21 牲畜总头数和总增头数

Total Number of Livestock and Livestock Added

单位:万头(只) (10 000 heads)

项 目	Item	2004 总头数 年中数 Year-middle	2004 总头数 年末数 Year-end	2004 总增头数 Total Number Added of Live-stocks	2005 总头数 年中数 Year-middle	2005 总头数 年末数 Year-end	2005 总增头数 Total Number Added of Live-stocks
大牲畜和羊合计	**Total Number of Large Animals, Sheep and Goats**	**8329.21**	**6036.66**	**3595.93**	**9647.21**	**6203.23**	**4589.74**
大牲畜	Large Animals	814.47	718.18	203.39	934.19	783.23	253.41
牛	Cattles	599.97	514.72	168.90	721.86	576.37	215.61
# 良种及改良种乳牛	Fine Breed and Improved Milk Cows	181.55	221.54	57.33	251.77	268.57	82.48
马	Horses	74.63	68.74	12.80	74.48	67.89	13.77
驴	Donkeys	82.86	81.58	17.56	84.31	86.82	20.08
骡	Mules	46.95	45.03	2.37	42.97	43.61	2.27
骆驼	Camels	10.06	8.12	1.76	10.57	8.54	1.68
羊	Sheep and Goats	7514.74	5318.47	3392.54	8713.02	5419.99	4336.32
绵羊	Sheep	4936.72	3599.35	2431.97	5904.31	3708.97	3303.77
# 细毛羊及改良羊	Nap Sheep or Improved Sheep	1796.58	1173.97		2039.81	1286.31	
半细毛羊及改良羊	Semi-nap Sheep or Improved Sheep	714.20	417.41		764.72	455.27	
山羊	Goats	2578.02	1719.13	960.57	2808.72	1711.03	1032.56
猪	**Hogs**	**945.22**	**686.21**	**529.10**	**968.08**	**700.32**	**579.43**

注：总增头数是指牧业年度繁殖成活仔畜头数减去期内成幼畜死亡头数。

a) Total Number of Livestoks Added refers to survival number of newborn livestocks in the period subtract death livestocks.

12-22 牲 畜 总 头 数
Total Number of Livestock

单位：万头(只) (10 000 heads)

年份 Year	年中数 Year-middle 合计 Total	大牲畜 Large Animals	羊 Sheep & Goats	猪 Hogs	年末数 Year-end 合计 Total	大牲畜 Large Animals	羊 Sheep & Goats	猪 Hogs
1947	931.9	271.0	570.8	90.1	851.8	262.9	510.8	78.1
1948	949.9	286.5	571.6	91.8	869.1	277.9	511.6	79.6
1949	1058.6	313.7	642.6	102.3	968.6	304.3	575.6	88.7
1950	1191.4	343.1	731.8	116.5	1068.4	331.1	636.3	101.0
1951	1418.1	388.0	902.0	128.1	1278.6	372.5	795.0	111.1
1952	1749.9	450.6	1143.2	156.1	1467.6	430.3	902.0	135.3
1953	2105.2	504.5	1434.4	166.3	1844.7	442.5	1235.0	167.2
1954	2428.6	558.4	1672.2	198.0	1959.0	494.7	1292.6	171.7
1955	2501.3	586.9	1724.4	190.0	1912.3	514.7	1232.9	164.7
1956	2635.2	591.6	1874.9	168.7	2094.4	496.9	1451.2	146.3
1957	2438.9	552.7	1713.9	172.3	1809.9	450.5	1210.0	149.4
1958	2674.0	550.7	1879.7	243.6	2184.9	468.1	1505.6	211.2
1959	3070.8	589.0	2244.2	237.6	2576.7	537.2	1833.5	206.0
1960	3315.5	612.9	2431.7	270.9	2709.4	553.5	1921.0	234.9
1961	3305.4	623.4	2494.8	187.2	2671.2	550.5	1958.4	162.3
1962	3497.3	643.3	2621.0	233.0	2801.4	568.1	2031.3	202.0
1963	3981.7	699.7	3005.5	276.5	3242.4	628.3	2374.4	239.7
1964	4282.5	750.1	3242.1	290.3	3315.5	664.6	2399.2	251.7
1965	4488.4	787.9	3388.3	312.2	3606.1	716.2	2619.2	270.7
1966	4012.8	748.5	2969.0	295.3	3231.4	680.4	2295.0	256.0
1967	4164.6	730.0	3140.6	294.0	3469.4	680.9	2531.0	257.5
1968	4150.7	750.2	3067.6	332.9	3288.2	679.8	2349.0	259.4
1969	3844.5	721.7	2823.1	299.7	3213.0	665.1	2311.2	236.7
1970	3865.2	726.4	2840.3	298.5	3319.6	689.1	2356.4	274.1
1971	4032.5	754.3	2922.0	356.2	3419.7	712.2	2363.4	344.1
1972	4197.2	775.6	2985.5	436.1	3478.5	717.2	2372.3	389.0
1973	4317.2	781.3	3092.7	443.2	3654.6	738.2	2519.4	397.0
1974	4425.5	805.8	3160.3	459.4	3707.0	752.3	2532.6	422.1
1975	4628.5	820.3	3307.9	500.3	3757.6	766.8	2638.1	352.7
1976	4465.4	808.4	3058.0	599.0	3649.0	748.7	2397.8	502.5
1977	4428.6	784.1	3056.4	588.1	3643.4	715.3	2394.6	533.5

12-22 续表 continued

单位：万头(只) (10 000 heads)

年份 Year	年中数 Year-middle 合计 Total	大牲畜 Large Animals	羊 Sheep & Goats	猪 Hogs	年末数 Year-end 合计 Total	大牲畜 Large Animals	羊 Sheep & Goats	猪 Hogs
1978	4162.3	697.5	2860.5	604.3	3586.5	659.3	2378.1	549.1
1979	4513.4	724.6	3177.6	611.2	3873.1	685.3	2633.2	554.6
1980	4656.8	741.3	3317.0	598.5	3753.3	681.3	2553.4	518.6
1981	4565.6	723.2	3307.2	535.2	3817.2	678.9	2670.0	468.3
1982	4721.9	744.3	3474.0	503.6	3903.9	708.0	2735.0	460.9
1983	4413.6	739.9	3177.9	495.8	3539.8	694.7	2418.0	427.1
1984	4259.5	740.9	3053.7	464.9	3488.3	698.2	2377.3	412.8
1985	4341.8	775.3	3060.7	505.8	3667.4	736.6	2468.4	462.4
1986	4434.5	799.5	3082.7	552.3	3734.5	751.3	2502.2	481.0
1987	4555.2	811.5	3219.9	523.8	3731.0	730.8	2544.7	455.5
1988	4685.9	792.3	3408.8	484.8	4093.8	734.6	2892.8	466.4
1989	5301.5	812.7	3945.0	543.8	4215.4	718.6	3009.5	487.3
1990	5307.5	784.9	3955.2	567.4	4254.4	707.5	3023.9	523.0
1991	5568.2	783.8	4160.0	624.4	4220.5	699.8	2960.9	559.8
1992	5558.0	774.4	4067.4	716.2	4168.4	690.2	2856.7	621.5
1993	5577.9	771.8	3942.1	864.0	4231.9	685.7	2860.3	685.9
1994	5711.3	756.6	4038.9	915.8	4450.7	682.4	3028.1	740.2
1995	6065.7	783.8	4302.5	979.4	4795.0	708.3	3321.0	765.7
1996	6697.7	825.5	4804.3	1067.9	5066.8	734.9	3561.8	770.1
1997	7112.4	840.8	5164.8	1106.8	5180.4	714.0	3656.7	809.7
1998	7387.2	817.8	5383.5	1185.9	5206.3	677.3	3712.9	816.1
1999	7436.2	802.8	5491.6	1141.7	5147.6	667.4	3702.6	777.6
2000	7300.5	803.3	5406.2	1090.9	4912.0	622.1	3551.6	738.3
2001	7135.0	702.3	5427.8	1004.9	4817.6	536.3	3515.9	765.4
2002	7260.1	652.0	5675.2	932.9	5176.9	543.4	3951.7	681.8
2003	7987.6	718.1	6396.1	873.5	5713.3	615.4	4450.1	647.7
2004	9274.4	814.5	7514.7	945.2	6722.9	718.2	5318.5	686.2
2005	10615.3	934.2	8713.0	968.1	6903.5	783.2	5420.0	700.3

12-23 大牲畜和羊(年中数)

Total Number of Large Animals, Sheep and Goats(Year-middle)

单位：万头(只) (10 000 heads)

年份 Year	合计 Total	牛 Cattles	马 Horses	驴 Donkeys	骡 Mules	骆驼 Camels	绵羊 Sheep	山羊 Goats
1947	841.8	174.6	48.7	33.7	3.0	11.0	342.6	228.2
1948	858.1	186.7	48.1	37.6	3.2	10.9	348.0	223.6
1949	956.3	208.5	45.3	44.9	3.2	11.8	403.8	238.8
1950	1074.9	232.1	45.0	94.1	3.7	13.2	457.3	274.5
1951	1290.1	262.6	50.5	56.3	4.3	14.3	550.2	351.9
1952	1593.8	307.1	59.7	63.6	4.9	15.3	692.4	450.8
1953	1938.9	348.9	67.0	66.4	5.4	16.8	853.7	580.7
1954	2230.6	385.6	73.8	74.7	6.2	18.1	991.3	680.9
1955	2311.3	394.2	83.5	81.2	7.8	20.2	1030.6	693.8
1956	2466.5	389.0	90.9	82.1	8.5	21.2	1098.8	776.1
1957	2266.6	353.2	94.5	74.6	8.1	22.3	992.5	721.4
1958	2430.4	346.9	95.9	77.5	8.2	22.2	1097.9	781.8
1959	2833.2	380.7	103.1	73.5	8.5	23.2	1281.0	963.2
1960	3044.6	402.8	109.5	66.0	9.0	25.6	1379.0	1052.7
1961	3118.2	415.7	116.3	57.1	8.9	25.4	1417.8	1077.0
1962	3264.3	421.2	125.3	61.1	8.9	26.8	1453.3	1167.7
1963	3705.2	454.2	140.4	68.6	9.3	27.2	1696.3	1309.2
1964	3992.2	476.7	155.6	78.7	10.4	28.7	1875.7	1366.4
1965	4176.2	493.2	166.9	85.3	11.6	30.9	2017.4	1370.9
1966	3717.5	454.3	165.9	88.6	13.4	26.3	1844.2	1124.8
1967	3870.6	436.7	163.0	88.8	16.0	25.5	1952.8	1187.8
1968	3817.8	427.5	180.7	92.2	19.2	30.6	1935.8	1131.8
1969	3544.8	396.9	184.9	86.0	22.4	31.5	1755.1	1068.0
1970	3566.7	390.5	196.7	86.7	23.2	29.3	1815.4	1024.9
1971	3676.3	400.2	205.5	88.8	27.2	32.6	1887.8	1034.2
1972	3761.1	409.8	212.7	90.9	28.8	33.4	1974.6	1010.9
1973	3874.0	410.2	218.9	90.6	30.6	31.0	2119.0	973.7
1974	3966.1	418.1	231.4	93.1	32.3	30.9	2186.8	973.5
1975	4128.2	422.7	239.0	91.2	34.2	33.2	2304.2	1003.7
1976	3866.4	423.2	231.2	84.4	35.2	34.4	2162.4	895.6
1977	3840.5	412.3	224.9	76.3	34.7	35.9	2183.5	872.9

12-23 续表 continued

单位：万头(只) (10 000 heads)

年份 Year	合计 Total	牛 Cattles	马 Horses	驴 Donkeys	骡 Mules	骆驼 Camels	绵羊 Sheep	山羊 Goats
1978	3558.0	358.5	192.8	75.9	34.4	35.9	1986.7	873.8
1979	3902.2	376.2	198.2	78.0	34.1	38.2	2212.4	965.2
1980	4058.3	391.1	196.3	80.9	34.1	38.9	2354.7	962.3
1981	4030.4	381.6	187.7	79.8	33.9	40.2	2408.7	898.5
1982	4218.3	404.2	189.1	75.2	35.0	40.8	2543.8	930.2
1983	3917.8	407.4	185.1	74.3	37.6	35.6	2394.8	783.1
1984	3794.6	404.0	184.2	78.1	40.8	33.8	2273.4	780.3
1985	3836.0	424.0	189.4	85.2	44.6	32.2	2263.2	797.5
1986	3882.2	437.3	192.3	90.8	48.5	30.6	2255.5	827.2
1987	4031.4	445.2	194.2	93.2	51.9	27.0	2365.3	854.6
1988	4201.1	438.4	184.1	91.4	53.8	24.6	2454.1	954.7
1989	4757.7	457.8	180.9	92.1	56.5	25.4	2776.0	1169.0
1990	4740.1	439.8	169.2	93.0	58.2	24.7	2734.3	1220.9
1991	4943.8	434.9	166.8	96.7	61.8	23.6	2847.4	1312.6
1992	4841.9	426.4	164.1	97.6	65.3	21.0	2779.8	1287.7
1993	4713.8	424.2	161.9	100.1	68.0	17.7	2652.3	1289.8
1994	4795.5	415.4	158.2	96.8	69.7	16.6	2694.6	1344.3
1995	5086.3	442.7	158.0	97.6	69.4	16.1	2779.6	1522.9
1996	5629.8	477.2	161.5	100.4	70.1	16.3	3083.4	1720.9
1997	6005.6	488.0	161.3	102.9	72.2	16.5	3285.0	1879.9
1998	6201.3	478.6	149.9	101.8	71.8	15.7	3419.0	1964.5
1999	6294.5	475.2	140.4	100.9	71.6	14.8	3544.0	1947.6
2000	6209.6	490.2	130.5	99.5	69.5	13.6	3537.4	1868.8
2001	6130.1	431.4	108.4	87.9	62.3	12.3	3408.1	2019.7
2002	6327.2	419.6	87.6	80.4	55.5	8.9	3476.8	2198.4
2003	7114.1	499.3	79.2	81.1	49.4	9.1	3974.0	2422.1
2004	8329.2	600.0	74.6	82.9	47.0	10.1	4936.7	2578.0
2005	9647.2	721.9	74.5	84.3	43.0	10.6	5904.3	2808.7

12-24 牲畜增减变化情况(2005年, 年末数)

Number of Newly Increased and Decreased Livestock(End of 2005)

单位:万头(只) (10 000 heads)

项目	Item	繁殖仔畜 New Born Stocks	成活仔畜 Survival New Born Stocks		成幼畜死亡 Death Number of Young and Adult Stocks	
			头数 Number	成活率 (%) Survival Rate	头数 Number	死亡率 (%) Death Rate
大牲畜和羊合计	**Total Number of Large Animals, Sheep and Goats**	**4653.57**	**4481.87**	**96.3**	**85.22**	**1.4**
大牲畜	Large Animals	278.34	271.13	97.4	5.61	0.8
牛	Cattles	236.19	229.98	97.4	4.35	0.9
# 良种及改良种乳牛	Fine Breed and Improved Milk Cows	90.28	88.33	97.8	1.29	0.6
马	Horses	15.00	14.52	96.8	0.61	0.9
驴	Donkeys	22.44	22.04	98.2	0.44	0.5
骡	Mules	2.94	2.90	98.5	0.13	0.3
骆驼	Camels	1.76	1.69	95.7	0.08	1.0
羊	Sheep and Goats	4375.23	4210.75	96.2	79.60	1.5
绵羊	Sheep	3339.80	3221.12	96.5	54.14	1.5
山羊	Goats	1035.42	989.63	95.6	25.46	1.5
猪	**Hogs**	**718.92**	**687.89**	**95.7**	**14.56**	**2.1**

12-24 续表 continued

单位:万头(只) (10 000 heads)

项目	Item	自宰自食 killed for Self-use	出卖 Selling	#出卖肉畜 Sold Meat Stocks	出栏率 (%) Slaughter Rate	商品率 (%) Commodity Rate
大牲畜和羊合计	**Total Number of Large Animals, Sheep and Goats**	**461.09**	**4948.83**	**4311.91**	**79.1**	**107.8**
大牲畜	Large Animals	18.01	334.09	242.70	36.3	131.8
牛	Cattles	15.71	278.88	200.52	42.0	129.3
马	Horses	0.39	20.23	15.96	23.8	146.9
驴	Donkeys	1.54	26.26	19.75	26.1	130.8
骡	Mules	0.26	7.18	5.06	11.8	316.3
骆驼	Camels	0.10	1.54	1.41	18.7	91.6
羊	Sheep and Goats	443.08	4614.73	4069.20	84.8	106.4
绵羊	Sheep	315.63	3435.24	3042.28	93.3	104.0
山羊	Goats	127.45	1179.49	1026.93	67.2	114.2
猪	**Hogs**	**283.18**	**678.93**	**678.93**	**140.2**	**117.2**

12-25 牲畜总增情况(年中数)

Total Number of Newly Increased Livestock(Middle of Year)

单位:万头(只) (10 000 heads)

项目	Item	总增头数 Total Number of Livestocks Added		总增率(%) Growth Rate	
		2004	2005	2004	2005
大牲畜和羊合计	**Total Number of Large Animals, Sheep and Goats**	**3595.93**	**4589.74**	**50.55**	**55.1**
大牲畜	Large Animals	203.39	253.41	28.32	31.11
牛	Cattles	168.90	215.61	33.83	35.94
# 良种及改良种乳牛	Fine Breed and Improved Milk Cows	57.33	82.48	45.49	45.43
马	Horses	12.80	13.77	16.15	18.46
驴	Donkeys	17.56	20.08	21.65	24.23
骡	Mules	2.37	2.27	4.80	4.84
骆驼	Camels	1.76	1.68	19.41	16.7
羊	Sheep and Goats	3392.54	4336.32	53.04	57.7
绵羊	Sheep	2431.97	3303.77	61.20	66.92
山羊	Goats	960.57	1032.56	39.66	40.05
猪	**Hogs**	**529.10**	**579.43**	**60.57**	**61.3**

12-26 牲畜增减变化情况(2005年, 年中数)

Number of Newly Increased and Decreased Livestock(Middle of 2005)

单位:万头(只) (10 000 heads)

项目	Item	繁殖成活仔畜 New Born Stocks And Survival New Born Stocks				成幼畜死亡 Death Number of Stocks	
		繁殖仔畜 New Born Stocks	成活仔畜 Survival New Born Stocks	成活率(%) Surv-ival Rate	繁成率(%) Rate of Breeding and Surviving	头数 Number	死亡率(%) Death Rate
大牲畜和羊合计	**Total Number of Large Animals, Sheep and Goats**	**4867.73**	**4711.14**	**96.78**	**115.21**	**121.4**	**1.46**
大牲畜	Large Animals	266.21	260.23	97.75	69.67	6.82	0.84
牛	Cattles	225.85	221.04	97.87	72.13	5.42	0.9
# 良种及改良种乳牛	Fine Breed and Improved Milk Cows	86.07	84.01	97.61	61.49	1.53	0.84
马	Horses	14.92	14.37	96.3	60.49	0.60	0.80
驴	Donkeys	21.08	20.61	97.78	52.00	0.53	0.64
骡	Mules	2.53	2.45	97.02		0.18	0.39
骆驼	Camels	1.83	1.76	95.88	47.36	0.08	0.79
羊	Sheep and Goats	4601.52	4450.91	96.73	119.79	114.59	1.52
绵羊	Sheep	3481.85	3378.87	97.04	129.92	75.1	1.52
山羊	Goats	1119.66	1072.05	95.75	96.15	39.49	1.53
猪	**Hogs**	**620.11**	**596.28**	**96.16**	**987.18**	**16.85**	**1.78**

12-27 能繁殖母畜、耕畜及改良畜(2005年，年中数)

Female Parent Stocks, Plow Stocks and Improved Stock(Middle of 2005)

单位: 万头(只) (10 000 heads)

项 目	Item	能繁殖母畜 Female Parent Stocks	耕 畜 Plow Stocks	良种牲畜 Fine Breed Stocks	改良种牲畜 Improved Stocks
大牲畜和羊合计	**Total Number of Large Animals, Sheep and Goats**	**5343.15**	**166.81**	**3621.92**	**5120.92**
大牲畜	Large Animals	461.63	166.81	248.10	473.82
牛	Cattles	391.68	36.15	209.01	399.92
# 良种及改良种乳牛	Fine Breed and Improved Milk Cows	152.80			
马	Horses	25.74	39.13	13.59	32.29
驴	Donkeys	40.01	56.67	18.76	41.15
骡	Mules		34.22		
骆驼	Camels	4.20	0.65	6.74	0.47
羊	Sheep and Goats	4881.52		3373.82	4647.10
绵羊	Sheep	3349.01		2324.81	3127.40
# 细毛羊及改良羊	Nap Sheep or Improved Sheep	935.88			
半细毛羊及改良羊	Semi nap Sheep or Improved Sheep	309.75			
山羊	Goats	1532.51		1049.01	1519.70
猪	**Hogs**	**70.86**		**253.21**	**630.08**

12-28 能繁殖母畜、耕畜及改良畜(2005年，年末数)

Female Parent Stocks, Plow Stocks and Improved Stock(End of 2005)

单位:万头(只) (10 000 heads)

项 目	Item	能繁殖母畜 Female Parent Stocks	耕 畜 Plow Stocks	良种牲畜 Fine Breed Stocks	改良种牲畜 Improved Stocks
大牲畜和羊合计	**Total Number of Large Animals,Sheep and Goats**	**4388.55**	**162.67**	**2214.85**	**3439.03**
大牲畜	Large Animals	425.84	162.67	226.51	393.23
牛	Cattles	356.10	31.60	197.51	311.87
马	Horses	24.40	38.61	10.56	33.28
驴	Donkeys	41.23	56.34	12.57	47.67
骡	Mules		35.56		
骆驼	Camels	4.11	0.56	5.87	0.41
羊	Sheep and Goats	3962.70		1988.35	3045.80
绵羊	Sheep	2821.13		1331.52	2169.06
山羊	Goats	1141.58		656.82	876.74
猪	**Hogs**	**71.66**		**169.54**	**478.76**

12-29 主要畜禽产品产量

Output of Major Livestock and Poultry

项目	Item	2004	2005
当年出栏肉猪头数(头)	Annual Number of Sold Fatten Hogs (head)	8764800	9621090
当年出栏和自宰的肉用牛(头)	Annual Number of Sold and Killed Meat Cattles (head)	1863300	2162347
当年出售和自宰的肉用羊(只)	Annual Numberof Sold and Killed Mutton Goats and Sheep (head)	37829900	45122844
当年肉类总产量(吨)	Annual Output of Meat (ton)	2019684	2299138
# 猪肉产量(吨)	Pork (ton)	814138	880217
牛肉产量(吨)	Beef (ton)	287156	336061
羊肉产量(吨)	Mutton (ton)	603598	724436
奶类产品(吨)	Milks (ton)	5020640	6969001
# 牛 奶(吨)	Cow Millk (ton)	4978733	6910834
山羊毛产量(吨)	Goat Wool (ton)	6328	7558
绵羊毛产量(吨)	Sheep Wool (ton)	85630	94902
山羊绒产量(吨)	Cashmere (ton)	5956	6646
蜂蜜产量(吨)	Honey (ton)	3377	4641
禽蛋产量(吨)	Poultry Eggs (ton)	387490	461780
年末实有家禽(万只)	Number of Poultry at Yearend (10 000 heads)	8803.45	8211.34
年内牛皮产量(张)	Annual Output of Cattle Skin (unit)	1984313	2200911
绵羊皮产量(张)	Output of Sheep Skin (unit)	27850458	35165515
山羊皮产量(张)	Output of Goat Skin (unit)	10246091	12133567
驼绒产量(吨)	Output of Fine Hair of Camel (ton)	317	328
出售肉类总量(吨)	Products of Sold Meat (ton)	1647431	1927493
# 出售猪肉(吨)	Pork (ton)	607242	642136
出售牛肉(吨)	Beef (ton)	250063	301327
出售羊肉(吨)	Mutton (ton)	533279	644106
出售牛羊奶数量(吨)	Products of Sold Milk (ton)	4405879	6388409
出售羊毛数量(吨)	Products of Sold Wool of Sheep and Goats (ton)	84368	94533
出售家禽只数(万只)	Number of Sold Poultry (10 000 heads)	19102.46	13665.93
水 产 品(吨)	Aquatic Products (ton)	77257	82608

主要统计指标解释

农林牧渔业总产值 指以货币表现的农、林、牧、渔业全部产品的总量，它反映一定时期内农业生产总规模和总成果。农业总产值的计算方法通常是按农林牧渔业产品及其副产品的产量分别乘以各自单位产品价格求得；少数生产周期较长，当年没有产品或产品产量不易统计的，则采用间接方法匡算其产值；然后将四业产品产值相加即为农业总产值。

粮食产量 指全社会的产量。包括国有经济经营的、集体统一经营的和农民家庭经营的粮食产量，还包括工矿企业办的农场和其他生产单位的产量。粮食除包括稻谷、小麦、玉米、高粱、谷子及其他杂粮外，还包括薯类和豆类。其产量计算方法，豆类按去豆荚后的干豆计算；薯类(包括甘薯和马铃薯，不包括芋头和木薯)1963 年以前按每 4 公斤鲜薯折 1 公斤粮食计算，从 1964 年开始改为按 5 公斤鲜薯折 1 公斤粮食计算。城市郊区作为蔬菜的薯类(如马铃薯等)按鲜品计算，并且不作粮食统计。其他粮食一律按脱粒后的原粮计算。

油料产量 指全部油料作物的生产量。包括花生、油菜籽、芝麻、向日葵籽、胡麻籽(亚麻籽)和其他油料。不包括大豆，木本油料和野生油料。花生以带壳干花生计算。

水产品产量 指人工养殖的水产品和天然生长的水产品的捕捞量。包括海水的鱼类、虾蟹类、贝类和藻类以及内陆水域的鱼类、虾蟹类和贝类，不包括淡水生植物。

猪、牛、羊肉产量 指当年出栏并已屠宰、除去头蹄下水后带骨肉(即胴体重)的重量。

牲畜总增头数 是反映牲畜的总体增长情况、牲畜头数增殖情况和死亡损失情况的一项数量指标，以大畜、小畜和猪分畜种计算。

总增头数=期内繁殖成活仔畜头数—期内成幼畜死亡头数

期末牲畜存栏头数 指调查期末农村各种合作经济组织和国营农场，农民个人，机关、团体、学校、工矿企业，部队等单位以及城镇居民饲养的大牲畜、猪、羊的存栏头数。

耕地面积 指可以用来种植农作物、经常进行耕锄的田地，包括熟地、当年新开荒地、连续撂荒未满三年的耕地和当年的休闲地(轮歇地)，还包括以种植农作物为主并附带种植桑树、茶树、果树和其他林木的土地，以及沿海、沿湖地区已围垦利用的“海涂”、“湖田”等面积。不包括属于专业性的桑园、茶园、果园、果木苗圃、林地、芦苇地、天然或人工草地面积。

农作物播种面积 指实际播种或移植有农作物的面积。凡是实际种植有农作物的面积，不论种植在耕地上还是种植在非耕地上，均包括在农作物播种面积中。在播种季节基本结束后，因遭灾而重新改种和补种的农作物面积，也包括在内。

有效灌溉面积 指具有一定的水源，地块比较平整，灌溉工程或设备已经配套，在一般年景下当年能够进行正常灌溉的耕地面积。

农用化肥施用量 指本年内实际用于农业生产的化肥数量，包括氮肥、磷肥、钾肥和复合肥。化肥施用量要求按折纯量计算数量。折纯量是把氮肥、磷肥、钾肥分别按含氮、含五氧化二磷、含氧化钾的百分之一百成份进行折算后的数量。复合肥按其所含主要成分折算。

农业机械总动力 指主要用于农、林、牧、渔业的各种动力机械的动力总和。包括耕作机械、排灌机械、收获机械、农用运输机械、植物保护机械、牧业机械、林业机械、渔业机械和其他农业机械［内燃机按引擎马力折成瓦(特)计算、电动机按功率折成瓦(特)计算］。不包括专门用于乡、镇、村、组办工业、基本建设、非农业运输、科学试验和教学等非农业生产方面用的动力机械与作业机械。

农林牧渔业劳动力 指全社会直接参加农林牧渔业生产活动的劳动力。

Explanatory Notes on Main Statistical Indicators

Gross Output Value of Farming, Forestry, Animal Husbandry and Fishery refers to the total value of products of farming, forestry, animal husbandry and fishery, which reflects the total scale and result of agricultural production during a given period. Gross output value of agriculture is obtained by first multiplying the output of each product or by product by its price, resulting in the output value of each single item. For a small number of products, annual output of which is not available or difficult to get due to the long production growing process involved, the output value is estimated through an indirect approach. The sum of output value of all products of farming, forestry, animal husbandry, and fishery is then equal to the gross output value of agriculture.

Grain Yield refers to the yield in the whole country including grains produced by state farms, collective units, industrial enterprises and mines. Grain includes rice, wheat, corn, sorghum, millet and other miscellaneous grains as well as tubers and beans. Output of beans refers to dry beans without pods. The output of tubers (sweet potatoes and potatoes, not including taros and cassava) was converted into that of grain at the ratio 4:1, i. e. 4 kilograms of fresh tubers was equivalent to 1 kilogram of grain up to 1963. Since 1964 the ratio for conversion has been 5:1. Tubers supplied as vegetables (such as potatoes) in cities and suburbs are calculated as fresh vegetables and their output is not included in the output of grain . Output of all other grains refers to husked grain.

Yield of Oil-bearing Crops refers to the total yield of oil bearing crops of various kinds, including peanuts, (dry, in shell) rape seeds, sesame, sunflower seeds, flax seeds, and other oil bearing crops, Soybeans, oil bearing woody plants, and wild oil bearing crops are not included.

Output of Aquatic Products refers to catches of both artificially cultured and naturally grown aquatic products, including fish, shrimps, crabs and shellfish in sea and inland water as well as seaweed. Freshwater plants are not included.

Output of pork, Beef, and Mutton refers to the meat of slaughtered hogs, cattle, sheep and goats with head, feet, and offal taken away.

Total Number of Livestock Added is a kind of numeral index which reflects the total statistics of increase, breeding and death of livestock, it is calculated at different kinds of livestock.

Total Number of Livestock Added = Survival Number of Newborn Livestock in the given Period-Death Number of Livestock

Number of Livestock in stock at Beginning(or End) refers to the total number of large animals, pigs, sheep, etc. raised by rural cooperative organizations, state farms, rural individuals, government agencies, schools, industrial and mining enterprises, army, and urban residents at the beginning(or end) of the reference period.

Cultivated Area (Area under cultivation) refers to farmland which is plowed constantly for growing crops, including cultivated land, newly cultivated land in the current year, farmland left without cultivation for less than three years and fallow land in the current year, rotation land, rotation land of grass and crops, farmland with some fruit trees, mulberry trees and other trees and cultivated seashore land, lake land and etc. The land of mulberry fields, tea plantations, orchards, nurseries of young plants, forestland, reed land, natural and manmade grassland and other land are not included in cultivated land.

Sown Area of Crops refers to area of land sown or transplanted with crops regardless of being in cultivated area or non-cultivated area. Area of land re sown due to natural disasters is also included.

Irrigated Area refers to areas that are effectively irrigated, i. e. level land which has water source and complete sets of irrigation facilities to lift and move adequate water for irrigation purpose under normal conditions.

Consumption of Chemical Fertilizers in Agriculture refers to the quantity of chemical fertilizers applied in agriculture in the year, including nitrogenous fertilizer, phosphate fertilizer, potash fertilizer, and compound fertilizer. The consumption of chemical fertilizers is required in calculation to convert the gross weight into weight containing 100% effective component. Compound fertilizer is converted with its major component.

Total Power of Farm Machinery refers to total mechanical power of machinery used in farming, forestry, animal husbandry, and fishery, including ploughing, irrigation and drainage, harvesting, transport, plant protection, stock breeding, forestry and fishery. The power of internal combustion engines is required to convert horsepower into watts and the power of electric motors is required to be converted into watts. Machinery employed for non-agricultural purposes, such as the machines used in township run and village run industry, construction, non agricultural transport, scientific experiments and teaching, is excluded.

Labour Force Engaged in Farming, Forestry, Animal Husbandry and Fishery refers to the total laborers who are directly engaged in production of farming, forestry, animal husbandry and fishery.

十三　工业

INDUSTRY

资料整理　梁卫国 刘洁

Arranged by Liang Weiguo , Liu Jie

13-1 工业企业单位数和工业总产值

Number of Industrial Enterprises and Gross Industrial Output Value by Ownership

项 目	Item	1995	2000	2005
企业单位数(个)	**Number of Industrial Enterprises(unit)**	**99865**	**147769**	**130898**
在总计中：	Of the Total:			
国有及国有控股企业	State-owned Enterprises(including enterprises with controlling share hold by the state)	3264	757	525
在总计中：	Of the Total:			
轻工业	Light Industry	66812	97464	81391
重工业	Heavy Industry	33053	50305	49507
在总计中：	Of the Total:			
国有企业	State-owned Enterprises	3264	545	353
集体企业	Collective-owned Enterprises	13036	3874	1207
个体企业	Individual-owned Enterprises	81417	133421	119446
其他经济类型企业	Enterprises of Other Types of Ownership	461	9929	9892
# 股份制经济	Share-holding Corporations	99	371	2382
外商及港澳台商投资企业	Enterprises Funded by Foreigners or by Entrepreneurs from Hong Kong, Macao and Taiwan	272	90	245
工业总产值(亿元)	**Gross Industrial Output Value (100 million yuan)**	**626.52**	**1202.85**	**3861.58**
在总计中：	Of the Total:			
国有及国有控股企业	State-owned Enterprises(including enterprises with controlling share hold by the state)	389.89	636.95	1684.26
在总计中：	Of the Total:			
轻工业	Light Industry	215.92	464.26	1171.70
重工业	Heavy Industry	410.61	738.59	2689.88
在总计中：	Of the Total:			
国有企业	State-owned Enterprises	389.89	245.68	415.17
集体企业	Collective-owned Enterprises	121.40	65.64	60.94
个体企业	Individual-owned Enterprises	63.86	245.29	405.69
其他经济类型企业	Enterprises of Other Types of Ownership	51.37	646.24	2979.78
# 股份制经济	Share-holding Corporations	13.37	410.35	1927.37
外商及港澳台商投资企业	Enterprises Funded by Foreigners or by Entrepreneurs from Hong Kong, Macao and Taiwan	24.07	58.10	358.39

注：工业总产值按核算口径工业总产出计算。

a)The gross industrial output value is calculated at gross industrial output of national accounts .

13-2 工业总产值
Gross Industrial Output Value

本表按当年价计算。
Data in this table are calculated at current prices.

单位：亿元 (100 million yuan)

年份 Year	工业总产值 Total Industry	按轻重工业分 Grouped by Light & Heavy Industry		按经济类型分 Grouped by Ownership			
		轻工业 Light Industry	重工业 Heavy Industry	国有及国有控股企业 State-owned or Controlling Share Hold Industry	集体企业 Collective-owned Industry	个体企业 Individual-Owned Industry	其他经济类型企业 Industry of Other Types of Ownership
1952	1.63	1.06	0.57	0.91	0.01	0.71	
1957	6.33	3.48	2.85	5.23	1.02	0.08	
1962	14.26	7.84	6.42	11.78	2.29	0.18	
1965	26.79	9.61	17.18	24.15	2.60	0.03	
1970	27.80	8.85	18.95	25.16	2.64		
1975	36.89	15.28	21.61	30.22	6.67		
1978	52.96	22.05	30.91	40.89	10.78		
1979	57.40	23.90	33.50	44.32	11.68		
1980	59.39	24.58	34.81	46.23	13.13	0.02	0.01
1981	61.76	28.41	33.35	49.10	12.60	0.04	0.02
1982	73.73	31.45	42.28				
1983	81.53	34.06	47.47	65.76	15.62	0.13	0.03
1984	90.02	36.99	53.03	75.57	17.09	0.35	0.02
1985	112.93	45.78	67.15	91.86	20.38	0.65	0.04
1986	126.46	52.69	73.77	97.87	25.67	2.84	0.07
1987	150.84	64.10	86.74	115.86	30.93	3.94	0.11
1988	193.86	86.41	107.45	144.60	42.21	6.76	0.28
1989	243.13	105.31	137.82	178.22	55.03	9.20	0.68
1990	263.33	108.51	154.82	193.14	57.69	11.55	0.94
1991	304.43	108.98	195.45	233.55	55.15	13.03	2.70
1992	363.72	131.55	234.91	276.33	67.11	15.98	4.30
1993	470.36	141.87	328.49	371.91	70.25	20.77	7.42
1994	522.10	169.98	352.12	392.39	94.14	24.44	11.13
1995	626.52	215.92	410.61	389.89	121.40	63.86	51.37
1996	745.56	293.21	452.35	454.64	145.67	78.81	66.45
1997	872.30	347.20	525.10	505.74	162.26	116.68	87.62
1998	942.08	371.08	571.00	472.70	162.87	176.56	129.95
1999	1055.13	383.65	671.48	559.69	87.03	206.43	201.97
2000	1202.85	464.26	738.59	636.95	65.64	245.29	254.97
2001	1347.19	536.76	810.43	689.16	53.92	269.87	334.24
2002	1535.80	614.38	921.42	767.98	61.46	307.63	398.73
2003	1935.11	754.71	1180.40	849.26	77.44	387.60	620.81
2004	2805.21	893.21	1912.00	1182.28	52.38	358.06	1212.50
2005	3861.58	1171.70	2689.88	1684.26	60.94	405.69	1710.69

注：工业总产值按核算口径工业总产出计算。
a)The gross industrial output value is calculated at gross industrial output of national accounts.

13-3 工业总产值指数

Indices of Gross Industrial Output Value

(上年=100) (preceding year=100)

年份 Year	工业总产值 Total Industry	按轻重工业分 Grouped by Light & Heavy Industry		按经济类型分 Grouped by Ownership			
		轻工业 Light Industry	重工业 Heavy Industry	国有及国有控股企业 State-owned or Controlling Share Hold Industry	集体企业 Collective-owned Industry	个体企业 Individual-Owned Industry	其他经济类型企业 Industry of Other Types of Ownership
1978	116.2	109.0	121.9	114.2	110.1		
1979	106.7	101.5	110.3	108.4	112.9		
1980	104.8	112.3	99.9	104.0	107.5		
1981	100.6	110.9	92.9	102.7	92.8	191.7	300.0
1982	115.1	107.9	121.1	114.9	115.5	200.5	96.7
1983	109.6	108.4	110.5	110.3	106.3	173.2	120.0
1984	108.1	107.4	108.6	108.0	107.1	252.9	87.0
1985	116.6	116.8	116.6	113.9	93.6	444.7	157.5
1986	109.6	112.8	107.2	107.7	146.0	168.3	188.7
1987	112.5	115.6	110.0	111.5	113.5	130.8	136.2
1988	113.9	116.1	112.2	110.7	121.1	152.1	229.2
1989	112.6	107.7	116.7	110.7	117.0	122.1	217.9
1990	104.1	102.8	105.0	104.1	100.7	120.7	134.0
1991	108.1	108.1	108.0	106.4	107.8	138.4	156.1
1992	111.3	108.0	113.5	107.9	118.4	133.8	148.5
1993	113.8	106.0	117.2	105.1	124.5	143.9	272.5
1994	114.0	118.0	113.2	103.7	122.1	142.0	295.0
1995	112.0	115.5	111.0	107.2	97.0	186.8	126.3
1996	111.5	112.5	110.1	101.6	124.6	158.9	161.1
1997	115.0	117.2	112.0	101.5	118.0	127.4	140.0
1998	110.0	109.7	110.4	106.5	86.6	114.8	145.3
1999	111.0	117.2	105.9	109.6	91.3	111.1	123.6
2000	112.0	120.7	106.8	106.7	67.2	125.5	135.6
2001	111.1	114.1	108.6	106.3	76.6	110.3	125.4
2002	114.0	116.8	112.5	115.1	108.4	112.4	137.4
2003	125.0	123.6	125.9	109.1	119.9	108.3	146.1
2004	129.7	127.5	130.8	126.2	68.0	93.1	149.6
2005	130.7	126.0	133.2	134.7	113.4	111.0	133.6

注：本表按可比价格计算，以上年为100。

a)Data in this table are calculated at comparable prices, preceding year=100.

13-4 全部国有及规模以上非国有工业分行业职工(2005年)

Number of Staff & Workers in All State-owned & Non-state-owned above Designated Size Industrial Enterprises by Industrial Branch(2005)

单位：万人 (10 000 persons)

项目	Item	2005
总 计	**Total**	**83.70**
按登记注册类型分	**Grouped by Ownership**	
国有	State-owned	12.70
集体	Collective-owned	2.45
其他	Other Ownership	68.55
按行业分	**Grouped by Sector**	
采矿业	**Mining**	**20.02**
煤炭开采和洗选业	Coal Mining & Processing	14.50
石油和天然气开采业	Petroleum & Natural Gas Pumped	0.35
黑色金属矿采选业	Mining & Dressing of Ferrous Metals	1.87
有色金属矿采选业	Mining & Dressing of Nonferrous Metals	2.14
非金属矿采选业	Mining & Dressing of Nonmetal Minerals	1.15
其他采矿业	Mining of Other Mineral	
制造业	**Manufacturing**	**54.95**
农副食品加工业	Processing of Agricultural Side-Line Food	4.57
食品制造业	Food Manufacturing	3.10
饮料制造业	Beverage Manufacturing	1.95
烟草制品业	Tobacco Products	0.21
纺织业	Textile Industry	5.83
纺织服装、鞋、帽制造业	Textile Products, Clothes, Shoes & Hats	0.87
皮革、毛皮、羽毛（绒）及其制品业	Leather, Furs, Down & Related Products	0.13
木材加工及木、竹、藤、棕、草制品业	Timber Processing, Bamboo, Cane, Palm Fiber & Straw Products	0.90
家具制造业	Furniture Manufacturing	0.13
造纸及纸制品业	Paper-making & Paper Products	1.03
印刷业和记录媒介的复制	Printing & Record Pressing	0.20
文教体育用品制造业	Cultural, Educational & Sports Goods	
石油加工、炼焦及核燃料加工业	Petroleum Processing ,Coke Products & Processing of Nuclear Fuel	1.83
化学原料及化学制品制造业	Raw Chemical Materials & Chemical Products	5.40
医药制造业	Medicine Manufacturing	1.45
化学纤维制造业	Chemical Fiber Manufacturing	0.05
橡胶制品业	Rubber Products	
塑料制品业	Plastic Products	0.28
非金属矿物制品业	Nonmetal Mineral Products	4.76
黑色金属冶炼及压延加工业	Smelting & Pressing of Ferrous Metals	9.66
有色金属冶炼及压延加工业	Smelting & Pressing of Nonferrous Metals	3.48
金属制品业	Metal Products	0.62
通用设备制造业	Manufacturing of General-Purpose Equipment	1.65
专用设备制造业	Special Purposes Equipment Manufacturing	4.23
交通运输设备制造业	Transportation Equipment Manufacturing	0.89
电气机械及器材制造业	Electric Equipment & Machinery	0.62
通信设备、计算机及其他电子设备制造业	Manufacturing of Telecoms,Computer & Other Electronic Equipment	0.71
仪器仪表及文化、办公用机械制造业	Instruments, Meters, Cultural & Office Machinery	
工艺品及其他制造业	Handicrafts & Other Production	0.39
废弃资源和废旧材料回收加工业	Recovering of Abandoned Resource & Waste Materical	0.01
电力、燃气及水的生产和供应业	**Production & Supply of Electric Power,Gas & Water**	**8.73**
电力、热力的生产和供应业	Production & Supply of Electric Power & Heating Power	7.30
燃气生产和供应业	Production & Supply of Gas	0.25
水的生产和供应业	Production & Supply of Water	1.18

注：规模以上工业是指全部国有工业和年销售收入500万元以上的非国有工业(下同)。

a)Industrial enterprises above designated size refer to all state-owned plus the non state-owned industrial enterprises with an annual sales income of over 5 million yuan(The next table is the same)

13-5 全部国有及规模以上非国有工业企业工业总产值

Gross Industrial Output Value of All State-owned and Non-state-owned above Designated Size Industrial Enterprises

单位：万元 (10 000 yuan)

行 业	Item	2004年工业总产值(现价) Gross Industrial Output Value in 2004 (at current prices)	2005年工业总产值(现价) Gross Industrial Output Value in 2005 (at current prices)
总 计	**Total**	**20959359**	**29955924**
按经济类型分	**Grouped by Ownership**		
在总计中：	Of the Total:		
国有及国有控股企业	State-owned Enterprises(including with controlling share hold by the state)	11102088	15811675
在总计中：	Of the Total:		
集体企业	Collective-owned Enterprises	252027	266645
股份有限公司	Share-holding Corporation	4558941	6235109
外商投资企业	Foreign Funded Enterprises	1744768	2311416
港澳台商投资企业	Enterprises Funded by Entrepreneurs from Hong Kong, Macao and Taiwan	699754	993202
按轻重工业分	**Grouped by Light & Heavy Industry**		
轻工业	Light Industry	5745784	7961752
重工业	Heavy Industry	15213575	21994172
按企业规模分	**Grouped by Size of Enterprises**		
大型企业	Large	8358628	11611164
中型企业	Medium-sized	7375611	8912843
小型企业	Small	5225120	9431917
按行业分	**Grouped by Sector**		
煤炭开采和洗选业	Coal Mining and Processing	1966138	3292123
石油和天然气开采业	Petroleum and Natural Gas Pumped	227560	405880
黑色金属矿采选业	Mining and Dressing of Ferrous Metals	257976	529339
有色金属矿采选业	Mining and Dressing of Nonferrous Metals	263637	440416
非金属矿采选业	Mining and Dressing of Nonmetal Minerals	141062	233421
其他采矿业	Mining of Other Mineral		
农副食品加工业	Processing of Agricultural Side-line Food	1408229	2200256
食品制造业	Food Manufacturing	1808249	2447164
饮料制造业	Beverage Manufacturing	307248	385185

13-5 续表 1 continued

单位：万元 (10 000 yuan)

行 业	Item	2004年工业总产值(现价) Gross Industrial Output Value in 2004 (at current prices)	2005年工业总产值(现价) Gross Industrial Output Value in 2005 (at current prices)
烟草制品业	Tobacco Products	146283	192282
纺织业	Textile Industry	1086468	1470180
纺织服装、鞋、帽制造业	Textile Products, Clothes, Shoes and Hats	75303	80817
皮革、毛皮、羽毛(绒)及其制品业	Leather, Furs, Down & Related Products	30894	31273
木材加工及木、竹、藤、棕、草制品业	Timber Processing, Bamboo, Cane, Palm Fiber & Straw Products	90278	187328
家具制造业	Furniture Manufacturing	21437	26975
造纸及纸制品业	Paper-making and Paper Products	134385	203704
印刷业和记录媒介的复制	Printing and Record Pressing	18991	22145
文教体育用品制造业	Cultural, Educational and Sports Goods		
石油加工、炼焦及核燃料加工业	Petroleum Processing , Coke Products & Processing of Nuclear Fuel	662402	886943
化学原料及化学制品制造业	Raw Materials & Chemical Products	1033035	1532286
医药制造业	Medicine Manufacturing	323943	467667
化学纤维制造业	Chemical Fiber Manufacturing	7869	3543
橡胶制品业	Rubber Products	1504	
塑料制品业	Plastic Products	42140	68529
非金属矿物制品业	Nonmetal Mineral Products	726116	903541

13-5 续表 2 continued

单位：万元 (10 000 yuan)

行 业	Item	2004年工业总产值(现价) Gross Industrial Output Value in 2004 (at current prices)	2005年工业总产值(现价) Gross Industrial Output Value in 2005 (at current prices)
黑色金属冶炼及压延加工业	Smelting and Pressing of Ferrous Metals	3756360	5383292
有色金属冶炼及压延加工业	Smelting and Pressing of Nonferrous Metals	1271379	1727423
金属制品业	Metal Products	95571	106158
通用设备制造业	Manufacturing of General Purpose Equipment	134131	177799
专用设备制造业	Special Purposes Equipment Manufacturing	702869	879761
交通运输设备制造业	Transportation Equipment Manufacturing	356864	449714
电气机械及器材制造业	Electric Equipment and Machinery	81120	90045
通信设备、计算机及其他电子设备制造业	Manufacturing of Telecomm ,Computer & Other Electronic Equipment	496279	658892
仪器仪表及文化、办公用机械制造业	Instruments, Meters, Cultural & Office Machinery	682	
工艺品及其他制造业	Handicrafts and Other Production	49005	70542
废弃资源和废旧材料回收加工业	Recovering of Abandoned Resource & Waste Materical	1086	2268
电力、热力的生产和供应业	Production & Supply of Electric Power & Heating Power	3036443	4038682
燃气生产和供应业	Production and Supply of Gas	147435	297860
水的生产和供应业	Production and Supply of Water	48989	62493

13-6 全部国有及规模以上非国有工业企业主要经济指标(2005年)

单位:万元

项 目	Item	企业单位数(个) Number of Enterprises (unit)	工业总产值(现价) Gross Industrial Output Value (at current prices)	工业增加值(现价) Value Added of Industry (at current prices)
总 计	**Total**	**2447**	**29955924**	**12404301**
在总计中：	Of the Total:			
亏损企业	Enterprises at Lose	558	3782832	1273931
按轻重分	**Grouped by Light & Heavy Industry**			
轻工业	Light Industry	842	7961752	2833120
重工业	Heavy Industry	1605	21994172	9571181
按行业分	**Grouped by Sector**			
采矿业	Mining	374	4901179	2848162
制造业	Manufacturing	1825	20655711	7429564
电力、燃气及水的生产和供应业	Production & Supply of Electric Power,Gas & Water	248	4399034	2126575
按企业规模分	**Grouped by Size of Enterprises**			
大型企业	Large	46	11611164	4828052
中型企业	Medium sized	319	8912843	3649319
小型企业	Small	2082	9431917	3926930
按登记注册类型分组	**Grouped by Registration Status**			
内资企业	Domestic-funded Enterprise	2316	26651307	11205534
国有企业	State-owned Enterprises	296	3856380	1536941
中央企业	Central Enterprises	35	1279550	466738
地方企业	Local Enterprises	261	2576830	1070203
集体企业	Collective-owned Enterprises	91	266645	117619
股份合作企业	Cooperative Enterprises	31	268872	139528
联营企业	Joint Ownership Enterprises	3	10367	2366
国有联营企业	State joint Ownership Enterprises			
集体联营企业	Collective Joint Ownership Enterprises			
国有与集体联营企业	Joint State Collective Enterprises	2	3737	829
其他联营企业	Other Joint Ownership Enterprises	1	6630	1537
有限责任公司	Limited Liability Corporations	752	11467050	4896318
国有独资公司	Exclusive State-funded Limited Liability Corporations	39	4810903	2093654
股份有限公司	Share-holding Corporations Ltd.	154	6235109	2679293
私营企业	Private Enterprises	984	4528862	1827894
其他企业	Other Enterprises	5	18023	5576
港澳台商投资企业	Enterprises Funded by Entrepreneurs from Hong Kong, Macao and Taiwan	48	993202	345845
外商投资企业	Enterprises Funded by Foreigners	83	2311416	852923

Main Indicators of All State-owned and Non-state-owned Industrial Enterprises above Designated Size(2005)

(10 000 yuan)

资产合计 Total Assets	流动资产合计 Circulating Funds	流动资产年平均余额 Annual Average Balance of Funds Circulating	固定资产原价 Original Value of Fixed Assets	固定资产净值年平均余额 Annual Average Balance of Net Value of Fixed Assets	流动负债合计 Liquid Liabilities
45958855	**13999462**	**13517058**	**32071420**	**20225468**	**16541463**
5921443	1946380	1845574	3420885	2239992	3056692
7029459	3372178	3243544	3130449	2171213	2926979
38929396	10627285	10273514	28940971	18054255	13614485
7033783	2280389	2084637	4892419	2994274	2002364
21112379	9053368	8776297	11345696	6999515	9446572
17812693	2665706	2656124	15833304	10231680	5092527
14498808	5122718	5101408	10410175	5594206	5392818
16731021	5059249	4734688	10925187	7568179	5938473
14729026	3817495	3680962	10736058	7063084	5210172
37965502	11892281	11423172	27191618	17399166	14053317
5677042	1549103	1470635	5037375	3045906	1902397
1636337	641279	549021	1393493	729476	537848
4040706	907824	921614	3643882	2316431	1364549
256245	158053	151273	116905	79522	147507
245923	121247	107295	105796	75085	84531
9336	6324	6129	4349	3029	5046
3691	2230	2099	2474	1493	2182
5645	4094	4030	1875	1536	2864
20989933	6109120	5803636	15846736	10232700	7268368
11645296	3226529	3198223	9412658	5547139	3620474
7532244	2366940	2379549	4597167	2768299	2929658
3236738	1577547	1499427	1467026	1189018	1703052
18042	3948	5227	16265	5607	12758
5260801	923308	951408	3701046	2080451	1450449
2732552	1183874	1142478	1178756	745851	1037698

13-6 续表

单位:万元

项 目	Item	长期负债合计 Long-term Liabilities	所有者权益 Creditors Equity	实收资本 Total Capital Hold
总 计	**Total**	**11080122**	**17022941**	**11052927**
在总计中：	Of the Total:			
亏损企业	Enterprises at Lose	1326988	1512255	1499231
按轻重分	**Grouped by Light & Heavy Industry**			
轻工业	Light Industry	700358	3300304	1585261
重工业	Heavy Industry	10379765	13722636	9467666
按行业分	**Grouped by Sector**			
采矿业	Mining	1336289	3680234	2081173
制造业	Manufacturing	2169812	9327944	5790479
电力、燃气及水的生产和供应业	Production & Supply of Electric Power,Gas & Water	7574021	4014763	3181276
按企业规模分	**Grouped by Size of Enterprises**			
大型企业	Large	2549500	6552813	3945713
中型企业	Medium-sized	3915404	6057663	3748387
小型企业	Small	4615218	4412465	3358827
按登记注册类型分组	**Grouped by Registration Status**			
内资企业	Domestic funded Enterprise	8682210	14270612	9276073
国有企业	State-owned Enterprises	2278923	1474819	978778
中央企业	Central Enterprises	416367	678052	312755
地方企业	Local Enterprises	1862556	796768	666023
集体企业	Collective-owned Enterprises	13401	93587	55391
股份合作企业	Cooperative Enterprises	11458	134844	53160
联营企业	Joint Ownership Enterprises	53	4237	2663
国有联营企业	State joint Ownership Enterprises			
集体联营企业	Collective Joint Ownership Enterprises			
国有与集体联营企业	Joint State Collective Enterprises		1509	1433
其他联营企业	Other Joint Ownership Enterprises	53	2728	1230
有限责任公司	Limited Liability Corporations	4939961	7949940	5756633
国有独资公司	Exclusive State-funded Limited Liability Corporations	3569634	4405913	3215066
股份有限公司	Share-holding Corporations Ltd.	1243657	3298806	1506828
私营企业	Private Enterprises	194478	1309383	919102
其他企业	Other Enterprises	280	4996	3518
港澳台商投资企业	Enterprises Funded by Entrepreneurs from Hong Kong, Macao and Taiwan	2092822	1381236	1218364
外商投资企业	Enterprises Funded by Foreigners	305091	1371093	558490

continued

(10 000 yuan)

主营业务收入 Revenues of Main Business	主营业务成本 Cost of Main Business	主营业务税金 及附加 Sales Tax and Extra Charges	利润总额 Total Profits	本年应交 增值税 Value Added Tax Payable
30509554	**24208670**	**374125**	**2351252**	**1664253**
3446640	3111127	16786	-176132	119130
7641535	5844965	163751	529181	256037
22868019	18363705	210374	1822071	1408216
5046753	2904824	100975	962775	397418
19971171	16723404	236517	970326	704556
5491630	4580442	36633	418151	562279
11555543	9523190	106329	743263	613866
10257376	7836077	182045	1023023	552619
8696635	6849403	85751	584966	497768
26223723	20801783	354102	1955275	1444112
3069618	2398697	111633	200076	263054
1348466	1007413	98440	62629	95424
1721152	1391284	13193	137447	167630
260641	207641	2759	22453	14751
279646	186778	3923	55258	15747
9851	7810	45	436	361
4606	4024	26	436	268
5245	3786	19		93
12510691	9892240	145441	1112533	728173
6393548	5433687	63489	402947	387309
5801052	4667911	43309	354915	245764
4274607	3425545	46946	208888	175783
17618	15160	45	717	480
1822939	1603314	8814	91424	119795
2462892	1803573	11209	304553	100346

13-7 国有及国有控股工业企业主要经济指标(2005年)

单位:万元

项 目	Item	企业单位数(个) Number of Enterprises (unit)	工业总产值(现价) Gross Industrial Output Value (at curent prices)
总 计	**Total**	**525**	**15811675**
在总计中:亏损企业	Of the Total: Enterprises at Lose	147	1774540
在总计中:中央企业	Of the Total: Central Enterprises	61	4941848
地方企业	Local Enterprises	464	10869827
在总计中：轻工业	Of the Total:Light Industry	165	1818156
重工业	Heavy Industry	360	13993519
在总计中:	Of the Total:		
采矿业	Mining	79	2752575
制造业	Manufacturing	236	9129152
电力、燃气及水的生产和供应业	Production & Supply of Electric Power,Gas & Water	210	3929948
在总计中:	Of the Total:		
大型企业	Large	31	9099507
中型企业	Medium-sized	99	3661262
小型企业	Small	395	3050906

13-7 续表

单位：万元

行 业	Item	长期负债合计 Long-term Liabilities	所有者权益 Creditors Equity
总 计	**Total**	**7906272**	**9998950**
在总计中:亏损企业	Of the Total:Enterprises at Lose	1078817	723001
在总计中:中央企业	Of the Total:Central Enterprises	2536477	3443598
地方企业	Local Enterprises	5369795	6555352
在总计中：轻工业	Of the Total:Light Industry	326133	984409
重工业	Heavy Industry	7580139	9014541
在总计中:	Of the Total:		
采矿业	Mining	1226977	2663888
制造业	Manufacturing	1409741	4834311
电力、燃气及水的生产和供应业	Production & Supply of Electric Power,Gas & Water	5269554	2500751
在总计中:	Of the Total:		
大型企业	Large	2377356	5088365
中型企业	Medium-sized	3334327	3396115
小型企业	Small	2194589	1514470

Main Indicators on Economic Benefit of State-owned and State Holding Majority Shares Industrial Enterprises(2005)

(10 000 yuan)

工业增加值 (现价) Value Added of Industry (at curent prices)	资产合计 Total Assets	流动资产合计 Circulating Funds	流动资产年平均余额 Annual Average Balance of Circulating Funds	固定资产原价 Original Value of Fixed Assets	固定资产净值年平均余额 Annual Average Balance of Net Value of Fixed Assets	流动负债合计 Liquid Liabilities
6884368	**27999218**	**7839625**	**7645546**	**22840676**	**13859690**	**9218455**
593975	3203134	928332	883435	2392750	1483980	1392946
2271751	9591763	2462842	2258732	8158902	5071610	2869892
4612617	18407455	5376783	5386814	14681774	8788080	6348563
721016	2142274	1058721	1027286	1111226	704466	776966
6163352	25856944	6780904	6618260	21729450	13155224	8441489
1681070	5098165	1352723	1241626	4120020	2409269	1203014
3375687	10722826	4550737	4460353	6875457	3671570	4402582
1827612	12178227	1936165	1943567	11845199	7778851	3612859
3885392	11348324	3992318	3934817	9524796	4963404	3878927
1597593	10934534	2691910	2550219	8209462	5533331	3414829
1401383	5716360	1155397	1160510	5106418	3362955	1924699

continued

(10 000 yuan)

实收资本 Total Capital Hold	主营业务收入 Revenues of Main Business	主营业务成本 Cost of Main Business	主营业务税金及附加 Sales Tax and Extra Charges	利润总额 Total Profits	本年应交增值税 Value Added Tax Payable
6731667	**15901220**	**12791290**	**224244**	**1145245**	**1030855**
833898	1608039	1425435	6054	-79470	60927
2220058	4982577	3575205	144885	543752	343282
4511609	10918643	9216086	79359	601493	687573
469040	1697027	1189970	96342	87418	90185
6262627	14204193	11601321	127902	1057828	940670
1633757	2951995	1713887	58532	507550	241803
3195744	8872259	7696130	140665	343146	347430
1902166	4076966	3381273	25047	294549	441622
3447964	9002565	7610711	73944	481821	522005
2223947	5234352	3976840	134920	546959	325229
1059756	1664303	1203739	15380	116465	183621

13-8 规模以上集体工业企业主要经济指标(2005年)

单位:万元

项目	Item	企业单位数(个) Number of Enterprises (unit)	工业总产值(现价) Gross Industrial Output Value (at current prices)
总计	**Total**	**91**	**266645**
在总计中：亏损企业	Of the Total：Enterprises at Lose	10	26367
在总计中：轻工业	Of the Total：Light Industry	13	34251
重工业	Heavy Industry	78	232394
在总计中：	Of the Total：		
采矿业	Mining	30	79543
制造业	Manufacturing	59	180110
电力、燃气及水的生产和供应业	Production & Supply of Electric Power,Gas & Water	2	6992
在总计中：	Of the Total：		
大型企业	Large		
中型企业	Medium-sized	8	69122
小型企业	Small	83	197523

13-8 续表

单位：万元

项目	Item	长期负债合计 Long-term Liabilities	所有者权益 Creditors Equity
总 计	**Total**	**13401**	**93587**
在总计中：亏损企业	Of the Total：Enterprises at Lose		10212
在总计中：轻工业	Of the Total：Light Industry	3861	9793
重工业	Heavy Industry	9540	83794
在总计中：	Of the Total：		
采矿业	Mining	2919	34734
制造业	Manufacturing	10243	49067
电力、燃气及水的生产和供应业	Production & Supply of Electric Power,Gas & Water	239	9786
在总计中：	Of the Total：		
大型企业	Large		
中型企业	Medium-sized	2253	35287
小型企业	Small	11148	58300

Main Indicator on Economic Benefit of Collective-owned Enterprises above Designated Size(2005)

(10 000 yuan)

工业增加值(现价) Value Added of Industry (at current prices)	资产合计 Total Assets	流动资产合计 Circulating Funds	流动资产年平均余额 Annual Average Balance of Circulating Funds	固定资产原价 Original Value of Fixed Assets	固定资产净值年平均余额 Annual Average Balance of Net Value of Fixed Assets	流动负债合计 Liquid Liabilities
117619	**256245**	**158053**	**151273**	**116905**	**79522**	**147507**
10976	25431	13248	12763	17961	11517	15218
13114	24862	13633	13533	12328	10128	11209
104505	231383	144420	137740	104577	69394	136298
50100	71462	39890	37304	33172	24034	32504
65018	166303	112891	108301	67850	44769	106549
2501	18480	5272	5668	15883	10719	8454
33392	98192	62314	60950	42376	29390	60653
84227	158053	95739	90323	74529	50132	86854

continued

(10 000 yuan)

实收资本 Total Capital Hold	主营业务收入 Revenue of Main Business	主营业务成本 Cost of Main Business	主营业务税金及附加 Sales Tax and Extra Charges	利润总额 Total Profits	本年应交增值税 Value Added Tax Payable
55391	**260641**	**207641**	**2759**	**22453**	**14751**
8336	25635	23786	148	-987	1288
3885	30184	24440	220	2189	1675
51506	230457	183201	2539	20264	13076
19720	77788	52796	1502	13814	5907
26817	176891	150363	1222	8161	8165
8854	5962	4482	35	478	679
22714	71376	57808	639	6915	4208
32677	189265	149833	2120	15538	10543

13-9 全部国有及规模以上非国有工业企业分行业主要经济指标(2005年)

单位:万元

行业	Item	企业单位数(个) Number of Enterprise (unit)	工业总产值(现价) Gross Industrial Output Value (at current prices)
总计	**Total**	**2447**	**29955924**
采矿业	**Mining**	**374**	**4901179**
煤炭开采和洗选业	Coal Mining & Processing	187	3292123
石油和天然气开采业	Petroleum & Natural Gas Extraction	7	405880
黑色金属矿采选业	Mining & Dressing of Ferrous Metals	78	529339
有色金属矿采选业	Mining & Dressing of Nonferrous Metals	60	440416
非金属矿采选业	Mining & Dressing of Nonmetal Minerals	42	233421
其他采矿业	Mining of Other Mineral		
制造业	**Manufacturing**	**1825**	**20655711**
农副食品加工业	Processing of Agricultural Side-Line Food	307	2200256
食品制造业	Food Manufacturing	84	2447164
饮料制造业	Beverage Manufacturing	69	385185
烟草制品业	Tobacco Products	2	192282
纺织业	Textile Industry	129	1470180
纺织服装、鞋、帽制造业	Textile Products, Clothes, Shoes & Hats	24	80817
皮革、毛皮、羽毛（绒）及其制品业	Leather, Furs, Down & Related Products	9	31273
木材加工及木、竹、藤、棕、草制品业	Timber Processing, Bamboo, Cane, Palm Fiber & Straw Products	40	187328
家具制造业	Furniture Manufacturing	12	26975
造纸及纸制品业	Paper-making & Paper Products	29	203704
印刷业和记录媒介的复制	Printing & Record Pressing	19	22145
文教体育用品制造业	Cultural, Educational & Sports Goods		
石油加工、炼焦及核燃料加工业	Petroleum Processing , Coke Products & Processing of Nuclear Fuel	77	886943
化学原料及化学制品制造业	Raw Chemical Materials & Chemical Products	232	1532286
医药制造业	Medicine Manufacturing	53	467667
化学纤维制造业	Chemical Fiber Manufacturing	2	3543
橡胶制品业	Rubber Products		
塑料制品业	Plastic Products	27	68529
非金属矿物制品业	Nonmetal Mineral Products	208	903541
黑色金属冶炼及压延加工业	Smelting & Pressing of Ferrous Metals	216	5383292
有色金属冶炼及压延加工业	Smelting & Pressing of Nonferrous Metals	87	1727423
金属制品业	Metal Products	36	106158
通用设备制造业	Manufacturing of General-Purpose Equipment	55	177799
专用设备制造业	Special Purposes Equipment Manufacturing	25	879761
交通运输设备制造业	Transportation Equipment Manufacturing	24	449714
电气机械及器材制造业	Electric Equipment & Machinery	30	90045
通信设备、计算机及其他电子设备制造业	Manufacturing of Telecommunications, Computer & Other Electronic Equipment	18	658892
仪器仪表及文化、办公用机械制造业	Instruments, Meters, Cultural & Office Machinery		
工艺品及其他制造业	Handicrafts & Other Production	10	70542
废弃资源和废旧材料回收加工业	Recovering of Abandoned Resource & Waste Materical	1	2268
电力、燃气及水的生产和供应业	**Production & Supply of Electric Power,Gas & Water**	**248**	**4399034**
电力、热力的生产和供应业	Production & Supply of Electric Power & Heating Power	173	4038682
燃气生产和供应业	Production & Supply of Gas	6	297859
水的生产和供应业	Production & Supply of Water	69	62493

Main Indicators on Economic Benefit of All State-owned & Non-state-owned

(10 000 yuan)

工业增加值(现价) Value Added of Industry (at current prices)	资产合计 Total Assets	流动资产合计 Circulating Funds	流动资产年平均余额 Annual Average Balance of Circulating Funds	固定资产原价 Original Value of Fixed Assets	固定资产净值年平均余额 Annual Average Balance of Net Value of Fixed Assets	流动负债合计 Liquid Liabilities
12404301	**45958855**	**13999462**	**13517058**	**32071420**	**20225468**	**16541463**
2848162	**7033783**	**2280389**	**2084637**	**4892419**	**2994274**	**2002364**
1903682	5212415	1570063	1434906	3520576	2268838	1464074
324082	670384	196686	188738	808719	301889	62228
290864	464429	248292	209389	187549	123656	223948
208899	391639	160096	154406	227036	169571	150100
120636	294916	105253	97199	148539	13[illegible]320	102014
7429564	**21112379**	**9053368**	**8776297**	**11345696**	**6999515**	**9446572**
720695	1457112	657763	574033	559727	411728	643480
829896	1632436	785486	724105	788728	567340	699329
177748	506986	239248	215542	234591	135472	244626
136331	148613	86134	91866	67237	34904	36533
526558	1682038	994047	1061699	538535	362793	705915
25456	81074	51714	53951	33874	21976	48891
9195	29781	15046	14133	13029	10544	8095
83372	180407	84484	83432	99249	82897	93737
7701	14750	6346	6093	6753	6650	6981
73396	229197	57557	55103	149663	134607	88220
8531	22562	9018	9801	16239	9158	13239
289349	764547	361275	300663	436654	297420	373157
592091	2078695	598202	587533	1180421	892866	709742
183713	634211	209217	219528	364260	222486	264498
-32	4372	3238	3492	743	577	3248
29363	69677	34320	32885	20379	17788	30748
367640	1536805	522970	483691	987541	682548	628624
2111992	5293588	2019292	2057674	3494660	1684314	2466847
496812	1990543	687772	617075	1183894	759072	972006
36510	121177	68221	64380	50724	39189	72483
70752	223978	146932	148633	111748	56410	147767
272782	1191736	595046	570716	586041	322524	600223
143799	696937	467299	422286	245180	148646	388050
36919	147916	89968	79460	53341	31007	66281
170965	248603	185444	229004	68170	36126	80608
27027	123433	76820	69229	53579	30291	53138
1004	1205	508	291	737	183	106
2126575	**17812693**	**2665706**	**2656124**	**15833304**	**10231680**	**5092527**
1959349	17384690	2549494	2569149	15483043	9968270	5003135
134506	124809	29123	23641	113280	86897	41462
32720	303194	87088	63334	236981	176513	47930

13-9 续表

单位：万元

行业	Item	长期负债合计 Long-term Liabilities	所有者权益 Creditors Equity	实收资本 Total Capital Hold
总计	**Total**	**11080122**	**17022941**	**11052927**
采矿业	**Mining**	**1336289**	**3680234**	**2081173**
煤炭开采和洗选业	Coal Mining & Processing	1214364	2521208	1671859
石油和天然气开采业	Petroleum & Natural Gas Extraction	25251	582905	62005
黑色金属矿采选业	Mining & Dressing of Ferrous Metals	36756	202099	122597
有色金属矿采选业	Mining & Dressing of Nonferrous Metals	26248	215289	130654
非金属矿采选业	Mining & Dressing of Nonmetal Minerals	33670	158733	94058
其他采矿业	Mining of Other Mineral			
制造业	**Manufacturing**	**2169812**	**9327944**	**5790479**
农副食品加工业	Processing of Agricultural Side-Line Food	91169	659344	316988
食品制造业	Food Manufacturing	98930	833475	218133
饮料制造业	Beverage Manufacturing	33411	228372	159432
烟草制品业	Tobacco Products	7954	104126	73809
纺织业	Textile Industry	196440	775080	381617
纺织服装、鞋、帽制造业	Textile Products, Clothes, Shoes & Hats	1260	30917	23087
皮革、毛皮、羽毛（绒）及其制品业	Leather, Furs, Down & Related Products	6739	14947	6648
木材加工及木、竹、藤、棕、草制品业	Timber Processing, Bamboo, Cane, Palm Fiber & Straw Products	12277	71766	61202
家具制造业	Furniture Manufacturing	85	7678	4090
造纸及纸制品业	Paper-making & Paper Products	12745	110032	78970
印刷业和记录媒介的复制	Printing & Record Pressing	688	8632	7632
文教体育用品制造业	Cultural, Educational & Sports Goods			
石油加工、炼焦及核燃料加工业	Petroleum Processing , Coke Products & Processing of Nuclear Fuel	60668	328673	241478
化学原料及化学制品制造业	Raw Chemical Materials & Chemical Products	292699	1059183	698848
医药制造业	Medicine Manufacturing	132876	223443	196664
化学纤维制造业	Chemical Fiber Manufacturing		1123	1200
橡胶制品业	Rubber Products			
塑料制品业	Plastic Products	3923	35007	20993
非金属矿物制品业	Nonmetal Mineral Products	248942	621528	393953
黑色金属冶炼及压延加工业	Smelting & Pressing of Ferrous Metals	411680	2413226	1839276
有色金属冶炼及压延加工业	Smelting & Pressing of Nonferrous Metals	255628	762458	464204
金属制品业	Metal Products	9819	38536	38032
通用设备制造业	Manufacturing of General-Purpose Equipment	8937	63910	62479
专用设备制造业	Special Purposes Equipment Manufacturing	185973	405399	162233
交通运输设备制造业	Transportation Equipment Manufacturing	49122	259459	218685
电气机械及器材制造业	Electric Equipment & Machinery	25725	55305	27292
通信设备、计算机及其他电子设备制造业	Manufacturing of Telecommunications, Computer & Other Electronic Equipment	2012	165069	73523
仪器仪表及文化、办公用机械制造业	Instruments, Meters, Cultural & Office Machinery			
工艺品及其他制造业	Handicrafts & Other Production	20110	50156	19911
废弃资源和废旧材料回收加工业	Recovering of Abandoned Resource & Waste Materical		1100	100
电力、燃气及水的生产和供应业	**Production & Supply of Electric Power, Gas & Water**	**7574021**	**4014763**	**3181276**
电力、热力的生产和供应业	Production & Supply of Electric Power & Heating Power	7464342	3787008	3049142
燃气生产和供应业	Production & Supply of Gas	21123	62224	71563
水的生产和供应业	Production & Supply of Water	88556	165531	60571

continued

(10 000 yuan)

主营业务收入 Revenues of Main Business	主营业务成本 Cost of Main Business	主营业务税金及附加 Sales Tax & Extra Charges	利润总额 Total Profits	本年应交增值税 Value Added Tax Payable
30509554	**24208670**	**374125**	**2351252**	**1664253**
5046753	**2904824**	**100975**	**962775**	**397418**
3513033	2042017	79092	674204	271445
379490	159357	5532	76506	36878
504467	330918	7399	69929	41089
429430	253873	3779	113708	32012
220333	118659	5173	28428	15994
19971171	**16723404**	**236517**	**970327**	**704556**
2091244	1651880	11991	139372	34688
2331979	1759878	5719	162747	98719
359241	209044	45025	33409	23080
183874	68452	76902	18326	20047
1509222	1243367	14425	96557	37585
81276	67612	212	120	1842
26502	20600	148	2390	96
172255	145569	817	7980	8673
27247	23433	191	1666	607
192487	156976	3663	16188	9569
22038	15880	111	2544	773
818268	719179	20135	20279	34747
1507523	1199019	6736	81710	66784
393673	278071	4410	24043	18645
3353	3765	7	-589	16
68274	53376	427	5164	3575
860769	683134	6047	60982	47380
5370414	5013056	23152	163718	216639
1669820	1437272	7365	64040	48118
126608	99828	1175	6906	2354
177052	147480	1242	181	8635
787270	707151	5242	8087	4979
407131	350323	700	6367	8795
81814	65075	401	5882	2752
634448	548807	99	39080	4624
65181	53316	172	2961	781
2208	1861	4	217	51
5491630	**4580442**	**36633**	**418150**	**562279**
5135139	4287304	35650	381225	551138
294998	249104	384	38232	8466
61493	44034	599	-1307	2675

13-10 国有及国有控股工业企业分行业主要经济指标(2005年)

单位:万元

行业	Item	企业单位数(个) Number of Enterprise (unit)	工业总产值(现价) Gross Industrial Output Value (at current prices)
总计	**Total**	**525**	**15811675**
采矿业	**Mining**	**79**	**2752575**
煤炭开采和洗选业	Coal Mining & Processing	50	2139878
石油和天然气开采业	Petroleum & Natural Gas Extraction	5	372275
黑色金属矿采选业	Mining & Dressing of Ferrous Metals	3	28100
有色金属矿采选业	Mining & Dressing of Nonferrous Metals	13	90937
非金属矿采选业	Mining & Dressing of Nonmetal Minerals	8	121385
其他采矿业	Mining of Other Mineral		
制造业	**Manufacturing**	**236**	**9129152**
农副食品加工业	Processing of Agricultural Side-Line Food	24	204059
食品制造业	Food Manufacturing	10	773266
饮料制造业	Beverage Manufacturing	9	91445
烟草制品业	Tobacco Products	2	192282
纺织业	Textile Industry	8	230583
纺织服装、鞋、帽制造业	Textile Products, Clothes, Shoes & Hats	9	25813
皮革、毛皮、羽毛（绒）及其制品业	Leather, Furs, Down & Related Products		
木材加工及木、竹、藤、棕、草制品业	Timber Processing, Bamboo, Cane, Palm Fiber & Straw Products	3	35789
家具制造业	Furniture Manufacturing	3	548
造纸及纸制品业	Paper-making & Paper Products	4	60540
印刷业和记录媒介的复制	Printing & Record Pressing	11	2483
文教体育用品制造业	Cultural, Educational & Sports Goods		
石油加工、炼焦及核燃料加工业	Petroleum Processing , Coke Products & Processing of Nuclear Fuel	5	474874
化学原料及化学制品制造业	Raw Chemical Materials & Chemical Products	21	330919
医药制造业	Medicine Manufacturing	12	138634
化学纤维制造业	Chemical Fiber Manufacturing		
橡胶制品业	Rubber Products		
塑料制品业	Plastic Products	3	10338
非金属矿物制品业	Nonmetal Mineral Products	38	194093
黑色金属冶炼及压延加工业	Smelting & Pressing of Ferrous Metals	11	4158613
有色金属冶炼及压延加工业	Smelting & Pressing of Nonferrous Metals	13	862194
金属制品业	Metal Products	6	13441
通用设备制造业	Manufacturing of General-Purpose Equipment	14	55359
专用设备制造业	Special Purposes Equipment Manufacturing	7	808775
交通运输设备制造业	Transportation Equipment Manufacturing	6	391385
电气机械及器材制造业	Electric Equipment & Machinery	9	25192
通信设备、计算机及其他电子设备制造业	Manufacturing of Telecommunications, Computer & Other Electronic Equipment	4	9796
仪器仪表及文化、办公用机械制造业	Instruments, Meters, Cultural & Office Machinery		
工艺品及其他制造业	Handicrafts & Other Production	4	38731
废弃资源和废旧材料回收加工业	Recovering of Abandoned Resource & Waste Materical		
电力、燃气及水的生产和供应业	**Production & Supply of Electric Power,Gas & Water**	**210**	**3929948**
电力、热力的生产和供应业	Production & Supply of Electric Power & Heating Power	142	3833710
燃气生产和供应业	Production & Supply of Gas	2	39442
水的生产和供应业	Production & Supply of Water	66	56796

Main Indicators on Economic Benefit of State-owned and State Holding Majority Shares Industrial Enterprises by Industrial Branch(2005)

(10 000 yuan)

工业增加值(现价) Value Added of Industry (at current prices)	资产合计 Total Assets	流动资产合计 Circulating Funds	流动资产年平均余额 Annual Average Balance of Circulating Funds	固定资产原价 Original Value of Fixed Assets	固定资产净值年平均余额 Annual Average Balance of Net Value of Fixed Assets	流动负债合计 Liquid Liabilities
6884368	**27999219**	**7839625**	**7645546**	**22840676**	**13859690**	**9218455**
1681070	**5098165**	**1352723**	**1241626**	**4120020**	**2409269**	**1203014**
1248160	4178389	1061791	964204	3181866	2007114	1044924
297947	635641	186886	179806	786308	280880	44938
14391	25971	7790	6959	14642	12660	14047
45952	60178	27308	26926	48311	28309	26100
74620	197986	68948	63731	88893	80306	73005
3375687	**10722826**	**4550737**	**4460353**	**6875457**	**3671570**	**4402582**
70058	288798	122237	104952	104012	63315	50468
260060	589164	347143	321100	268990	181635	318808
38776	90614	36067	35354	59688	32254	37279
136331	148613	86134	91866	67237	34904	36533
83102	288587	195907	228171	131707	81213	63224
7427	52312	32567	36395	23455	13022	33573
29734	61623	27918	26828	40199	33606	27461
193	2667	951	968	1792	1610	745
23377	57327	16775	15791	40840	27691	21758
998	6354	2108	2609	4258	2152	6199
98126	350741	161918	106359	229005	124892	154884
161470	915443	149116	164278	607714	485130	209520
59497	231017	73311	77973	132018	69467	114917
4634	13011	7212	6950	5431	4196	7070
84977	544536	175018	158688	374218	237265	205184
1669702	3912523	1565747	1619155	3133487	1374361	1552666
223920	1106193	368014	348756	727047	386952	464284
6108	51784	32196	30861	23822	18252	29500
22629	121998	74806	75244	77301	34455	86591
246850	1132923	555893	535087	564961	305700	569376
121181	578608	409527	372782	183184	121588	336556
14593	61571	39709	38375	18985	8878	20685
2031	13183	7730	8633	9168	3639	7659
9913	103236	62733	53178	46938	25393	47642
1827612	**12178227**	**1936165**	**1943567**	**11845199**	**7778851**	**3612859**
1788190	11813514	1833164	1868533	11536525	7554568	3543758
9026	83829	21837	17490	79730	53351	23995
30396	280884	81164	57544	228944	170932	45106

13-10 续表

单位:万元

行业	Item	长期负债合计 Long-term Liabilities	所有者权益 Creditors Equity
总计	**Total**	**7906272**	**9998950**
采矿业	**Mining**	**1226977**	**2663888**
煤炭开采和洗选业	Coal Mining & Processing	1164305	1964874
石油和天然气开采业	Petroleum & Natural Gas Extraction	25251	565453
黑色金属矿采选业	Mining & Dressing of Ferrous Metals		11924
有色金属矿采选业	Mining & Dressing of Nonferrous Metals	12672	21406
非金属矿采选业	Mining & Dressing of Nonmetal Minerals	24749	100231
其他采矿业	Mining of Other Mineral		
制造业	**Manufacturing**	**1409741**	**4834311**
农副食品加工业	Processing of Agricultural Side-Line Food	16150	168723
食品制造业	Food Manufacturing	8944	261237
饮料制造业	Beverage Manufacturing	7930	45405
烟草制品业	Tobacco Products	7954	104126
纺织业	Textile Industry	154656	70707
纺织服装、鞋、帽制造业	Textile Products, Clothes, Shoes & Hats	988	17747
皮革、毛皮、羽毛（绒）及其制品业	Leather, Furs, Down & Related Products		
木材加工及木、竹、藤、棕、草制品业	Timber Processing, Bamboo, Cane, Palm Fiber & Straw Products	3720	27816
家具制造业	Furniture Manufacturing	2	1921
造纸及纸制品业	Paper-making & Paper Products	1600	33968
印刷业和记录媒介的复制	Printing & Record Pressing	97	55
文教体育用品制造业	Cultural, Educational & Sports Goods		
石油加工、炼焦及核燃料加工业	Petroleum Processing , Coke Products & Processing of Nuclear Fuel	26323	169529
化学原料及化学制品制造业	Raw Chemical Materials & Chemical Products	194978	495656
医药制造业	Medicine Manufacturing	20469	95631
化学纤维制造业	Chemical Fiber Manufacturing		
橡胶制品业	Rubber Products		
塑料制品业	Plastic Products		5941
非金属矿物制品业	Nonmetal Mineral Products	117500	220636
黑色金属冶炼及压延加工业	Smelting & Pressing of Ferrous Metals	383017	1976840
有色金属冶炼及压延加工业	Smelting & Pressing of Nonferrous Metals	204498	437411
金属制品业	Metal Products	8878	13406
通用设备制造业	Manufacturing of General-Purpose Equipment	8249	24816
专用设备制造业	Special Purposes Equipment Manufacturing	180381	383166
交通运输设备制造业	Transportation Equipment Manufacturing	25817	215930
电气机械及器材制造业	Electric Equipment & Machinery	18378	22508
通信设备、计算机及其他电子设备制造业	Manufacturing of Telecommunications, Computer & Other Electronic Equipment	422	4364
仪器仪表及文化、办公用机械制造业	Instruments, Meters, Cultural & Office Machinery		
工艺品及其他制造业	Handicrafts & Other Production	18792	36772
废弃资源和废旧材料回收加工业	Recovering of Abandoned Resource & Waste Materical		
电力、燃气及水的生产和供应业	**Production & Supply of Electric Power, Gas & Water**	**5269554**	**2500751**
电力、热力的生产和供应业	Production & Supply of Electric Power & Heating Power	5160995	2314795
燃气生产和供应业	Production & Supply of Gas	21123	38711
水的生产和供应业	Production & Supply of Water	87437	147245

continued

(10 000 yuan)

实收资本 Total Capital Hold	主营业务收入 Revenues of Main Business	主营业务成本 Cost of Main Business	主营业务税金及附加 Sales Tax and Extra Charges	利润总额 Total Profits	本年应交增值税 Value Added Tax Payable
6731667	**15901221**	**12791290**	**224244**	**1145245**	**1030855**
1633757	**2951995**	**1713887**	**58532**	**507550**	**241803**
1503440	2378320	1440449	49236	397023	188108
60775	347364	148426	5508	70008	36062
8994	27445	20939	185	4318	2765
18193	88646	59018	438	14460	4008
42355	110220	45055	3164	21741	10860
3195744	**8872259**	**7696130**	**140665**	**343146**	**347429**
71270	196998	160003	2131	14272	6198
45491	761341	538451	3256	37499	38483
33037	85925	47629	12566	6953	5232
73809	183874	68452	76902	18326	20047
63669	171355	148101	297	-3414	5488
13797	25923	21370	18	-1309	101
21854	31307	26056	199	637	2536
1296	555	421	27	-55	18
21681	56153	44608	142	5836	4575
2336	2477	1926	13	-62	110
130879	461804	406609	17345	11218	10634
409126	319982	243236	2312	40545	20872
78051	120168	90617	469	9510	7371
4850	10047	8506	28	280	342
156037	183601	137400	1555	14099	14329
1438181	4216831	3973926	18635	170627	177309
218819	813465	693547	2012	8599	17521
15161	20979	15461	138	609	399
38265	56256	47609	358	-5532	3510
149682	726265	656845	1392	5685	4290
179808	358110	310930	538	5187	6351
11238	23168	18604	299	2382	1138
5363	11685	10000	23	-155	540
12044	33990	25823	10	1409	35
1902166	**4076967**	**3381273**	**25047**	**294549**	**441622**
1806467	3984449	3308942	24390	297508	438271
44328	36570	31804	185	-1412	889
51371	55947	40527	472	-1547	2462

13-11 规模以上集体工业企业分行业主要经济指标(2005年)

单位:万元

行业	Item	企业单位数(个) Number of Enterprise (unit)	工业总产值(现价) Gross Industrial Output Value (at current prices)
总计	**Total**	**91**	**266645**
采矿业	**Mining**	**30**	**79543**
煤炭开采和洗选业	Coal Mining & Processing	25	61658
石油和天然气开采业	Petroleum & Natural Gas Extraction		
黑色金属矿采选业	Mining & Dressing of Ferrous Metals	2	7082
有色金属矿采选业	Mining & Dressing of Nonferrous Metals	2	10722
非金属矿采选业	Mining & Dressing of Nonmetal Minerals	1	81
其他采矿业	Mining of Other Mineral		
制造业	**Manufacturing**	**59**	**180110**
农副食品加工业	Processing of Agricultural Side-Line Food	4	7074
食品制造业	Food Manufacturing		
饮料制造业	Beverage Manufacturing	1	440
烟草制品业	Tobacco Products		
纺织业	Textile Industry		
纺织服装、鞋、帽制造业	Textile Products, Clothes, Shoes & Hats	2	8377
皮革、毛皮、羽毛(绒)及其制品业	Leather, Furs, Down & Related Products		
木材加工及木、竹、藤、棕、草制品业	Timber Processing, Bamboo, Cane, Palm Fiber & Straw Products		
家具制造业	Furniture Manufacturing	1	548
造纸及纸制品业	Paper-making & Paper Products	1	576
印刷业和记录媒介的复制	Printing & Record Pressing	1	2023
文教体育用品制造业	Cultural, Educational & Sports Goods		
石油加工、炼焦及核燃料加工业	Petroleum Processing , Coke Products & Processing of Nuclear Fuel		
化学原料及化学制品制造业	Raw Chemical Materials & Chemical Products	6	17715
医药制造业	Medicine Manufacturing	2	14383
化学纤维制造业	Chemical Fiber Manufacturing		
橡胶制品业	Rubber Products		
塑料制品业	Plastic Products		
非金属矿物制品业	Nonmetal Mineral Products	9	19238
黑色金属冶炼及压延加工业	Smelting & Pressing of Ferrous Metals	10	33834
有色金属冶炼及压延加工业	Smelting & Pressing of Nonferrous Metals	4	18036
金属制品业	Metal Products	4	7844
通用设备制造业	Manufacturing of General-Purpose Equipment	7	38269
专用设备制造业	Special Purposes Equipment Manufacturing	1	864
交通运输设备制造业	Transportation Equipment Manufacturing	1	500
电气机械及器材制造业	Electric Equipment & Machinery	5	10389
通信设备、计算机及其他电子设备制造业	Manufacturing of Telecommunications, Computer & Other Electronic Equipment		
仪器仪表及文化、办公用机械制造业	Instruments, Meters, Cultural & Office Machinery		
工艺品及其他制造业	Handicrafts & Other Production		
废弃资源和废旧材料回收加工业	Recovering of Abandoned Resource & Waste Materical		
电力、燃气及水的生产和供应业	**Production & Supply of Electric Power,Gas &**	**2**	**6992**
电力、热力的 生产和供应业	Production & Supply of Electric Power & Heating Power	2	6992
燃气生产和供应业	Production & Supply of Gas		
水的生产和供应业	Production & Supply of Water		

Main Indicators on Economic Benefit of Collective-owned Enterprises above Designated Size by Industrial Branch(2005)

(10 000 yuan)

工业增加值(现价) Value Added of Industry (at current prices)	资产合计 Total Assets	流动资产合计 Circulating Funds	流动资产年平均余额 Annual Average Balance of Circulating Funds	固定资产原价 Original Value of Fixed Assets	固定资产净值年平均余额 Annual Average Balance of Net Value of Fixed Assets	流动负债合计 Liquid Liabilities
117619	**256245**	**158053**	**151273**	**116905**	**79522**	**147507**
50100	**71462**	**39890**	**37304**	**33172**	**24034**	**32504**
40680	52238	25919	23182	26330	19313	21518
4253	7716	5218	5051	3481	1967	7415
5135	11327	8663	9020	3269	2624	3503
32	181	90	51	92	130	68
65018	**166304**	**112891**	**108301**	**67850**	**44769**	**106549**
1432	7385	2403	2252	5070	4885	1900
188	1696	794	811	1125	910	1389
3176	2993	2146	2075	863	621	1658
192	1244	423	417	886	821	358
188	499	208	231	453	286	350
684	1752	496	496	594	441	622
6152	8376	6239	5084	2202	1725	5620
7092	8294	6549	6646	2929	1778	4798
7160	14532	8385	8598	7405	4221	8799
11299	28332	18219	15429	14302	7498	19933
6503	21031	14196	14059	8376	6498	14683
3180	15880	9316	9335	8180	4719	6766
13524	36248	29959	30865	8655	5581	26523
401	1165	926	891	338	225	519
153	544	340	310	404	217	288
3694	16333	12292	10802	6068	4343	12343
2501	**18480**	**5271**	**5668**	**15883**	**10719**	**8454**
2501	18480	5271	5668	15883	10719	8454

13-11 续表

单位：万元

行业	Item	长期负债合计 Long-term Liabilities	所有者权益 Creditors Equity
总计	**Total**	**13401**	**93587**
采矿业	**Mining**	**2919**	**34733**
煤炭开采和洗选业	Coal Mining & Processing	1074	28341
石油和天然气开采业	Petroleum & Natural Gas Extraction		
黑色金属矿采选业	Mining & Dressing of Ferrous Metals		300
有色金属矿采选业	Mining & Dressing of Nonferrous Metals	1845	5979
非金属矿采选业	Mining & Dressing of Nonmetal Minerals		113
其他采矿业	Mining of Other Mineral		
制造业	**Manufacturing**	**10243**	**49067**
农副食品加工业	Processing of Agricultural Side-Line Food	2945	2540
食品制造业	Food Manufacturing		
饮料制造业	Beverage Manufacturing		307
烟草制品业	Tobacco Products		
纺织业	Textile Industry		
纺织服装、鞋、帽制造业	Textile Products, Clothes, Shoes & Hats	272	1063
皮革、毛皮、羽毛（绒）及其制品业	Leather, Furs, Down & Related Products		
木材加工及木、竹、藤、棕、草制品业	Timber Processing, Bamboo, Cane, Palm Fiber & Straw Products		
家具制造业	Furniture Manufacturing		886
造纸及纸制品业	Paper-making & Paper Products		148
印刷业和记录媒介的复制	Printing & Record Pressing	190	939
文教体育用品制造业	Cultural, Educational & Sports Goods		
石油加工、炼焦及核燃料加工业	Petroleum Processing , Coke Products & Processing of Nuclear Fuel		
化学原料及化学制品制造业	Raw Chemical Materials & Chemical Products	453	2303
医药制造业	Medicine Manufacturing		3496
化学纤维制造业	Chemical Fiber Manufacturing		
橡胶制品业	Rubber Products		
塑料制品业	Plastic Products		
非金属矿物制品业	Nonmetal Mineral Products		5289
黑色金属冶炼及压延加工业	Smelting & Pressing of Ferrous Metals		8399
有色金属冶炼及压延加工业	Smelting & Pressing of Nonferrous Metals	146	6203
金属制品业	Metal Products	6146	2968
通用设备制造业	Manufacturing of General-Purpose Equipment		9726
专用设备制造业	Special Purposes Equipment Manufacturing	91	555
交通运输设备制造业	Transportation Equipment Manufacturing		256
电气机械及器材制造业	Electric Equipment & Machinery		3989
通信设备、计算机及其他电子设备制造业	Manufacturing of Telecommunications, Computer & Other Electronic Equipment		
仪器仪表及文化、办公用机械制造业	Instruments, Meters, Cultural & Office Machinery		
工艺品及其他制造业	Handicrafts & Other Production		
废弃资源和废旧材料回收加工业	Recovering of Abandoned Resource & Waste Materical		
电力、燃气及水的生产和供应业	**Production & Supply of Electric Power,Gas & Water**	**239**	**9786**
电力、热力的生产和供应业	Production & Supply of Electric Power & Heating Power	239	9786
燃气生产和供应业	Production & Supply of Gas		
水的生产和供应业	Production & Supply of Water		

continued

(10 000 yuan)

实收资本 Total Capital Hold	主营业务收入 Revenues of Main Business	主营业务成本 Cost of Main Business	主营业务税金及附加 Sales Tax and Extra Charges	利润总额 Total Profits	本年应交增值税 Value Added Tax Payable
55391	**260641**	**207641**	**2759**	**22453**	**14751**
19720	**77788**	**52796**	**1502**	**13814**	**5907**
17898	59484	37723	1212	12252	4693
468	6691	6018	93	163	319
1260	11291	8998	195	1379	873
94	322	57	2	20	22
26817	**176892**	**150363**	**1222**	**8161**	**8165**
1075	7022	5046	21	253	16
307	368	213	62	4	11
521	8079	7864	9	62	108
886	538	396	27	3	17
24	582	374	1	4	11
31	2070	1373		372	12
1457	17329	12620	174	2399	523
633	10734	8545	66	1481	1466
2386	18141	15991	267	743	1443
5070	36890	33276	224	-285	1295
5132	16148	14901	87	97	772
3425	7906	6817	55	134	427
4051	39842	33981	168	2126	1592
67	559	439	4	81	38
253	501	355	2	-67	26
1499	10183	8172	55	754	408
8854	**5962**	**4482**	**35**	**478**	**679**
8854	5962	4482	35	478	679

13-12 主要工业产品产量

年份 Year	原煤(万吨) Coal (10000 tons)	原盐(万吨) Salt (10000 tons)	发电量(亿千瓦小时) Electricity (100 million kwh)	钢(万吨) Steel (10000 tons)	成品钢材(万吨) Steel Products (10000 tons)	生铁(万吨) Pig Iron (10000 tons)	水泥(万吨) Cement (10000 tons)	木材(万立方米) Timber (10000 cu·m)	平板玻璃(万重量箱) Plate Glass (10000 Weight cases)	小型拖拉机(台) Small Tractors (unit)
1947	35	6.84	0.13					6.47		
1949	46	6.51	0.12					17.47		
1952	75	11.91	0.15					42.71		
1957	217	43.89	0.92			0.02		186.67		
1965	806	8.16	12.55	34	1.76	51.00	3.06	391.36		
1970	1215	63.58	22.01	81	16.02	66.00	11.14	244.43		
1975	1699	38.03	28.26	49	27.44	50.00	57.64	378.65	6.74	361
1978	2194	65.18	37.78	99	36.23	107.00	91.91	378.17	11.83	193
1980	2211	43.00	49.05	133	41.32	138.00	109.85	414.55	23.66	537
1981	2180	45.53	54.50	132	37.71	137.00	104.40	427.15	23.99	370
1982	2382	48.79	58.40	129	54.94	137.00	124.43	448.71	40.75	1365
1983	2487	61.61	60.82	134	60.47	151.00	145.88	480.48	121.60	6196
1984	2740	62.74	69.55	149	74.80	160.00	151.40	478.47	175.53	12118
1985	3204	66.34	80.46	170	100.14	182.00	185.11	502.07	112.84	16025
1986	3292	99.13	111.24	186	106.85	214.00	207.97	626.99	154.54	12045
1987	3410	97.29	126.54	216	130.53	257.00	218.84	596.00	157.41	17073
1988	3734	86.88	138.47	221	137.70	227.00	239.62	594.74	118.82	23780
1989	4382	109.97	153.72	242	157.27	255.00	250.55	527.89	235.32	12488
1990	4762	93.28	169.54	273	175.47	281.00	227.97	525.96	250.20	12464
1991	4923	100.66	189.04	269	179.69	271.00	270.60	483.87	254.92	14520
1992	5039	116.05	222.29	309	210.97	302.00	319.61	494.19	163.64	12852
1993	5514	111.93	235.23	346.11	244.58	329.95	371.50	500.02	341.07	3700
1994	6052	107.09	261.27	335.75	267.11	328.88	312.00	500.00	393.55	4522
1995	7055	76.13	278.54	355.36	257.77	345.78	349.27	504.35	445.42	7903
1996	7317	83.22	324.01	431.95	291.44	428.12	399.84	540.73	388.14	3948
1997	8303	100.00	342.23	453.32	339.94	450.84	465.76	524.15	399.77	5070
1998	7769	148.28	350.41	404.36	342.10	408.74	486.82	486.86	339.49	2881
1999	7071	132.07	380.61	416.30	365.80	424.86	549.70	379.23	390.93	5809
2000	7247	126.68	439.22	423.60	378.91	440.84	630.00	321.65	371.58	8419
2001	8163	136.75	465.50	453.75	388.39	476.06	698.00	280.72	464.33	5266
2002	11471	149.18	517.98	515.58	484.71	556.12	787.22	274.61	752.61	4175
2003	14707	148.72	647.73	576.83	560.36	606.90	947.86	255.35	852.49	1335
2004	21235	161.82	816.75	626.54	604.62	678.46	1282.83	377.75	1074.45	572
2005	25608	215.84	1056.59	805.49	747.77	922.69	1632.25	340.96	1144.59	

注:1979年以后化肥产量按折合100%计算。

Output of Major Industrial Products

化肥 (万吨) Chemical Fertilizer (10000 tons)	机制纸及纸板 (万吨) Machine-made Paper and Paperboards (10000 tons)	合成洗涤剂 (吨) Synthetic Detergents (ton)	糖 (万吨) Sugar (10000 tons)	电视机 (台) Television Sets (unit)	彩色电视机 (台) Color Television Sets (unit)	自行车 (辆) Bicycle (unit)	纱 (吨) Yarn (ton)	布 (万米) Cloth (10000 m)
	0.37		1.83					
0.49	0.69		0.16				104	37
0.88	1.83		4.17				706	238
2.91	1.88		5.80				10267	5562
8.19	3.08	1352	3.28	150			8559	4741
16.65	4.25	2042	4.23	1020			14278	7604
4.00	4.24	2646	6.92	13803		1121	14814	7950
6.22	4.02	2641	10.93	26736		18189	15328	8270
9.54	4.67	3322	9.58	41360		13559	14884	8448
10.16	2.50	4851	12.87	52992	3000	6206	13475	8202
10.81	7.16	6417	17.28	100111	8676	15317	12851	7168
9.81	9.53	7898	17.88	175087	66889	25074	14951	7104
10.16	10.70	8261	20.60	155047	84448	62038	16860	8109
12.13	10.92	11919	17.15	220168	108858	61500	19334	8814
12.84	11.73	19354	15.22	276936	135286	51276	21612	10313
12.18	13.02	16353	19.76	342102	134548	44004	22581	10548
13.48	13.59	11936	16.37	384451	157331	19110	23950	10785
12.50	15.05	9530	23.54	286128	170647	7732	24090	10826
13.44	15.64	10454	29.23	293761	213085	10552	20912	9537
13.03	14.45	11686	26.43	333600	229200	5000	17742	8782
17.92	14.90	13130	18.34	410000	305285	10000	19343	9232
17.35	19.15	17326	17.07	326833	270907	600	19105	8548
20.95	20.14	10588	27.21	228718	170210	2524	18921	8728
16.87	16.03	7730	26.70	156560	115779	1955	19782	8271
21.12	13.76	4240	20.12	34307	34307	1548	18241	7197
43.72	14.27	2252	11.95	127796	125396	1627	18312	6191
35.54	12.19	1929	12.04	518000	518000	504	15718	3287
39.58	14.33	1064	19.67	961388	961388		20523	4078
48.70	18.59	127	18.77	1267016	1267016		23814	5275
50.93	18.92	329	14.74	1342993	1342993		22560	4685
57.87	25.17		10.67	2374871	2374871		22171	4203
65.58	25.74		14.75	2390900	2390900		32194	8337

a)The output of chemical fertilizer is calculated on the basis of 100% effective content since 1979.

13-13 主要工业产品产量
Output of Major Industrial Products

项　　目	Item	2004	2005
原 煤(万吨)	Coal(10 000 tons)	21235.21	25607.69
汽 油(万吨)	Gasoline(10 000 tons)	40.20	44.99
柴 油(万吨)	Diesel Oil(10 000 tons)	48.66	41.01
天然气(亿立方米)	Natural Gas(100 million cu.m)	17.19	38.57
原 油(万吨)	Crude Oil(10 000 tons)	113.22	146.92
发电量(亿千瓦小时)	Electricity(100 million kwh)	816.75	1056.59
食用植物油(万吨)	Edible Vegetable Oil(10 000 tons)	34.22	26.17
罐 头(万吨)	Canned Food(10 000 tons)	0.15	0.18
乳 制 品(万吨)	Dairy Products(10000 tons)	252.95	307.53
液体乳（万吨）	Liquid Dairy(10 000 tons)	244.89	293.50
啤 酒(千升)	Beer(1000 litres)	515545.00	645536.75
白 酒(千升)	Liquor(1000 litres)	189759.00	208376.74
卷 烟(万支)	Cigarettes(10000 pcs)	1525000.00	1724999.00
呢 绒(万米)	Woolen Piece Goods(10 000 m)	448.00	611.76
服 装(万件)	Garments(10 000 pcs)	2542.00	1980.72
中成药(万吨)	Traditional Chinese Medicine(10 000 tons)	1.29	0.50
化学原料药(万吨)	Chemical Medicine(10 000 tons)	1.51	11.09
胶合板(万立方米)	Plywood(10 000cu·m)	7.39	10.18
纤 维 板(万立方米)	Fiberboard(10 000cu·m)	23.41	33.48
印 染 布(万米)	Printed and Dyed Cloth(10 000 m)	329.00	313.72
焦 炭(万吨)	Coke(10 000 tons)	877.85	1034.19
硫 酸(万吨)	Sulfuric Acid(10 000 tons)	34.25	48.92
烧碱(氢氧化钠)(万吨)	Caustic Soda(10 000 tons)	20.02	30.93
纯碱(无水碳酸钠)(万吨)	Soda Ash(10 000 tons)	67.02	75.97
农用化学肥料(万吨)	Chemical Fertilizer(10 000 tons)	57.87	65.58
氮 肥(万吨)	Nitrogen Fertilizers(10 000 tons)	56.35	55.39
磷 肥(万吨)	Phosphate Fertlizers(10 000 tons)	1.52	5.50

注：生产量包括规模以下非国有工业企业工业产品产量。

a)The output of products includes the products of non-state-owned industrial enterprises below designated size.

13-13 续表 continued

项　　目	Item	2004	2005
合 成 氨(万吨)	Synthetic Ammonia(10 000 tons)	67.01	63.72
轮胎外胎(万条)	Tires(10 000 pieces)	2.50	
水 泥(万吨)	Cement(10 000 tons)	1282.83	1632.25
平板玻璃(万重量箱)	Plate Glass(10 000 weight cases)	1074.45	1144.60
铝(万吨)	Aluminum(10 000 tons)	39.72	51.38
生 铁(万吨)	Pig Iron(10 000 tons)	678.46	922.69
钢(万吨)	Steel(10 000 tons)	626.54	805.49
成品钢材(万吨)	Steel Products(10 000 tons)	604.62	747.77
载货汽车(辆)	Trucks(unit)	5935	6910
铁路货车(万辆)	Railway Freight Coaches(10 000 units)	0.32	0.26
微型电子计算机(万部)	Micro computers(10 000 sets)	0.73	0.80
彩色电视机(万部)	Color Television Sets(10 000 sets)	237.49	239.09
激光视盘机(万台)	Laser Video Disc Player(10 000 sets)		347.70
显示器(万台)	Monitor(10 000 sets)	12.46	40.87
铁合金(万吨)	Ferroalloy(10 000 tons)	99.69	158.98
精甲醇(万吨)	Purified Carbinol(10 000 tons)	17.22	18.70
化学农药原药(万吨)	Original Chemical Peoticide(10 000 tons)	0.67	1.06
碳化钙(电石)(万吨)	Calcium Carbide(10 000 tons)	178.17	299.34
铁矿石原矿量(万吨)	Crudeiron Ore(10 000 tons)	2149.36	2998.37
洗煤(万吨)	Washed Coal(10 000 tons)	1692.81	1764.64
硫铁矿石(万吨)	Pyritel Ore(10 000 tons)	23.24	30.60
配混合饲料(万吨)	Forage(10 000 tons)	112.83	149.71
精炼铜(万吨)	Refined Copper(10 000 tons)	2.83	5.76

13-14 主要工业产品生产能力(2005年)
Production Capacity of Major Industrial Products(2005)

产品名称	Item	2005
原煤(万吨)	Coal(10 000tons)	26872.94
焦炭(万吨)	Coke(10 000tons)	1457.29
天然原油(万吨)	Crude Oil(10 000tons)	164.32
成品糖(日处理糖料量)(万吨)	Sugar Products Refined (Sugar Materials Processing Perday)(10 000tons)	1.08
发电设备容量总计(万千瓦)	Capacity Of Generator (10 000kw)	1973.44
卷烟(万支)	Cigarettes(10 000pieces)	2100000
农用氮磷钾化学肥料(万吨)	Chemical Fertilizer(10 000tons)	82.05
化学纤维(吨)	Chemical Fiber(10 000tons)	8240
棉布织机(万台)	Looms(10 000sets)	0.2
羊绒衫(万件)	Cashmere Sweater(10 000units)	2253.89
水泥(万吨)	Cement(10 000tons)	2161.64
平板玻璃(万重量箱)	Plate Glass(10 000weight cases)	1332.39
生铁(万吨)	Pig Iron(10 000tons)	1144.75
钢(万吨)	Steel(10 000tons)	854.55
钢材(万吨)	Rolled Steel(10 000tons)	812.2
铁合金(万吨)	Ferroalloy(10 000tons)	359.4
载货汽车(辆)	Truck(unit)	10228
微型电子计算机(万部)	Micro-Computer(10 000units)	40
电视机(万台)	Television Sets(10 000sets)	170
#彩色电视机(万台)	Color TV Sets(10 000sets)	170

主要统计指标解释

工业 指从事自然资源的开采，对采掘品和农产品进行加工和再加工的物质生产部门。具体包括：(1)对自然资源的开采，如采矿、晒盐、森林采伐等(但不包括禽兽捕猎和水产捕捞)(2)对农副产品的加工、再加工，如粮油加工、食品加工、轧花、缫丝、纺织、制革等；(3)对采掘品的加工、再加工，如炼铁、炼钢、化工生产、石油加工、机器制造、木材加工等，以及电力、自来水、煤气的生产和供应等；(4)对工业品的修理、翻新，如机器设备的修理，交通运输工具(包括小卧车)的修理等。

工业统计调查单位 工业统计调查单位分为两类：独立核算法人工业企业和工业活动单位。

(1)独立核算法人工业企业 是指从事工业生产经营活动的单位。独立核算法人工业企业应同时具备以下条件：①依法成立，有自己的名称、组织机构和场所，能够承担民事责任；②独立拥有和使用资产，承担负债，有权与其他单位签订合同；③独立核算盈亏，并能够编制资产负债表。

(2)工业活动单位 是指在一个场所从事一种或主要从事一种工业生产活动的经济单位。它包括独立核算工业企业按主营业务活动(即工业生产活动)划分的主营业务活动单位和非工业企业所属的工业生产活动单位(即原非独立核算工业生产单位)。工业活动单位，一般应同时具备以下三个条件：①具有一个场所，从事一种或主要从事一种工业活动；②单独组织工业生产、经营或业务活动；③单独核算收入和支出。

轻工业 指主要提供生活消费品和制作手工工具的工业。按其所使用的原料不同，可分为两大类：(1)以农产品为原料的轻工业，是指直接或间接以农产品为基本原料的轻工业。主要包括食品制造、饮料制造、烟草加工、纺织、缝纫、皮革和毛皮制作、造纸以及印刷等工业；(2)以非农产品为原料的轻工业，是指以工业品为原料的轻工业。主要包括文教体育用品、化学药品制造、合成纤维制造、日用化学制品、日用玻璃制品、日用金属制品、手工工具制造、医疗器械制造、文化和办公用机械制造等工业。

重工业 是指为国民经济各部门提供物质技术基础的主要生产资料的工业。按其生产性质和产品用途，可以分为下列三类：(1)采掘(伐)工业，是指对自然资源的开采，包括石油开采、煤炭开采、金属矿开采、非金属矿开采和木材采伐等工业；(2)原材料工业，指向国民经济各部门提供基本材料、动力和燃料的工业。包括金属冶炼及加工、炼焦及焦炭、化学、化工原料、水泥、人造板以及电力、石油和煤炭加工等工业；(3)加工工业，是指对工业原材料进行再加工制造的工业。包括装备国民经济各部门的机械设备制造工业、金属结构、水泥制品等工业，以及为农业提供的生产资料如化肥、农药等工业。

根据上述划分原则，修理业中以重工业产品为修理作业对象的划为重工业，反之划为轻工业。

工业总产值 是以货币表现的工业企业在一定时期内生产的已出售或可供出售工业产品总量，它反映一定时间内工业生产的总规模和总水平。它包括：在本企业内不再进行加工，经检验、包装入库(规定不需包装的产品除外)的成品价值，对外加工费收入，自制半成品、在产品期末期初差额价值。工业总产值采用“工厂法”计算，即以工业企业作为一个整体，按企业工业生产活动的最终成果来计算，企业内部不允许重复计算，不能把企业内部各个车间(分厂)生产的成果相加。但在企业之间、行业之间、地区之间存在着重复计算。

工业增加值 是指工业行业在报告期内以货币表现的工业生产活动的最终成果。

实收资本 指企业实际收到的投资人投入的资本。按投资主体可分为国家资本、集体资本、法人资本、个人资本、港澳台资本和外商资本等。

资产合计 指企业拥有或控制的能以货币计量的经济资源。包括各种财产、债权和其他权利。资产按其流动性划分为流动资产、长期投资、固定资产、无形及递延资产和其他资产。

(1)流动资产 指企业可以在一年内或者超过一年的一个生产周期内变现或耗用的资产合计。包括现金及各种存款、短期投资、应收及预付款项、存货等。

(2)固定资产 指企业固定资产净值、固定资产清理、在建工程、待处理固定资产损失所占用的资金合计。

(3)无形资产 指企业长期使用而没有实物形态的资产。包括专利权、非专利技术、商标权、著作权、土地使用权、商誉等。

负债合计 指企业承担的能以货币计量，将以资产或劳务偿付的债务。负债一般按偿还期长短分为流动负债和长期负债、递延税项等。

(1)流动负债 指企业在一年内或者超过一年的一个营业周期内需要偿还的债务合计，其中包括短期借款、应付及预收款项、应付工资、应交税金和应交利润等。

(2)长期负债 指企业在一年以上或者超过一年的一个营业周期以上需要偿还的债务合计，其中包括长期借款、应付债务、长期应付款项等。

所有者权益 指企业投资人对企业净资产的所有权。企业净资产等于企业全部资产减去全部负债后的余额，其中包括投资者对企业的最初投入，以及资本公积金、盈余公积金和未分配利润，对股份制企业即为股东权益。

固定资产原价 指企业在建造、购置、安装、改建、扩建、技术改造某项固定资产时所支出的全部货币总额。它一般包括买价、包装费、运杂费和安装费等。

固定资产净值 是指固定资产原价减去历年已提折旧额后的净额。

流动资产 是指可以在一年或者超过一年的一个营业周期内变现或者耗用的资产，包括现金及各种存款、短期投资、应收及预付货款、存货等。

产品销售收入 指企业销售产品和提供劳务等主要经营业务取得的业务总额。

产品销售成本 指企业销售产品和提供劳务等主要经营业务的实际成本。

产品销售税金及附加 指企业销售产品和提供工业性劳务等主要经营业务应负担的城市维护建设税、消费税、资源税和教育费附加。

产品销售利润 指企业销售产品和提供工业性劳务等主要经营业务收入扣除其成本、费用、税金后的利润。

利润总额 指企业实现的利润。

应交增值税 指企业在报告期内应交纳的增值税额。

总资产贡献率 反映企业全部资产的获利能力，是企业经营业绩和管理水平的集中体现，是评价和考核企业盈利能力的核心指标。计算公式为：

总资产贡献率(%)=(利润总额+税金总额+利息支出)/平均资产总额×100%

资产负债率 该指标既反映企业经营风险的大小，也反映企业利用债权人提供的资金从事经营活动的能力。计算公式为：

总资产负债率(%)=负债总额/资产总额×100%

工业成本费用利润率 指在一定时期内实现的利润与成本费用之比，是反映工业生产成本及费用投入的经济效益指标，同时也是反映降低成本的经济效益的指标。

计算公式为：

工业成本费用利润率(%)=利润总额/成本费用总额×100%

工业增加值率 指在一定时期内工业增加值占同期工业总产值的比重，反映降低中间消耗的经济效益。计算公式为：

工业增加值率(%)=工业增加值(现价)/工业总产值(现价)×100%

流动资金周转次数 指在一定时期内流动资产完成的周转次数，反映流动资产的周转速度。计算公式为：

流动资金周转次数=产品销售收入/全部流动资产平均余额

产品销售率 指报告期工业销售产值与同期全部工业总产值之比，是反映工业产品已实现销售的程度，分析工业产销衔接情况，研究工业产品满足社会需求程度的指标。计算公式为：

产品销售率(%)=工业销售产值/工业总产值(现价)×100%

全员劳动生产率 指根据产品的价值量指标计算的平均每一个从业人员在单位时间内的产品生产量。是考核企业经济活动的重要指标，是企业生产技术水平、经营管理水平、职工技术熟练程度和劳动积极性的综合表现。目前我国的全员劳动生产率是将工业企业的工业增加值除以同一时期全部从业人员的平均人数来计算的。计算公式为：

全员劳动生产率=工业增加值/全部从业人员平均人数

为了使各年度的全员劳动生产率数字可以比较，1990年以前各年的全员劳动生产率均按指数换算成1990年不变价格。

单位生产总值能耗 是指某地区总能耗与生产总值之比，也就是每产生万元生产总值所消耗的能源消费量。它是衡量能源利用水平和效率的综合性指标。计算公式是万元生产总值能耗=能源消费量(吨标准煤)/地区生产总值(万元)。

Explanatory Notes on Main Statistical Indicators

Industry refers to the material production sector which is engaged in extraction of natural resources and processing and reprocessing of minerals and agricultural products, including (1) extraction of natural resources, such as mining, salt production, logging (but not including hunting and fishing) ; (2) processing and reprocessing of farm and sideline produces, such as rice husking, flour milling, wine making, oil pressing, cotton ginning, silk reeling, spinning and weaving, and leather making; (3) manufacture of industrial products, such as steel making, iron smelting, chemicals manufacturing, petroleum processing, machine building, timber processing; water and gas production and electricity generation and supply; (4) repairing of industrial products such as the repairing of machinery and means of transport(including cars) .

Units of Industrial Statistics and Inquiry They are classified into two categories (1) corporate industrial enterprises with independent accounting system (2) industrial establishments.

(1) Corporate industrial enterprises with independent accounting system refer to enterprises engaging in industrial production activities, which meet the following requirements: ①They are established legally, having their own names, organizations, location, able to take civil liability; ②They possess and use their assets independently, assume liabilities, and are entitled to sign contracts with other units; □They are financially independent and compile their own balance sheets.

(2) Industrial establishments refer to economic units which located in one single place and engaged entirely or primarily in one kind of industrial activity, including financially independent industrial enterprises and units engaged in industrial activities under the non industrial enterprises (or financially dependent) . Industrial establishments generally meet the following requirements: ①They have each one location and are engaged in one kind of industrial activity each; ②They operate and manage their industrial production activities separately; ③They have accounts of income and expenditures separately.

Light Industry refers to the industry that produces consumer goods and hand tools. It consists of two categories, depending on the materials used:

(1) Industries using farm products as raw materials. These are branches of light industry which directly or indirectly use farm products as basic raw materials, including the manufacture of food and beverages, tobacco processing, textile, clothing, fur and leather manufacturing, paper making printing, etc.

(2) Industries using non farm products as raw materials. These are branches of light industry which use manufactured goods as raw materials, including the manufacture of cultural, educational articles and sports goods, chemicals, synthetic fiber, chemical products for daily use, glass products for daily use, metal products for daily use, hand tools, medical apparatus and instruments, and the manufacture of cultural and clerical machinery

Heavy Industry refers to the industry which produces capital goods, and provides various sectors of the national economy with necessary material and technical basis. It consists of the following three branches according to the purpose of production or the use of products:

(1) Mining, quarrying and logging industry refers to the industry that extracts natural resources, including extraction of petroleum, coal, metal and non metal and logging.

(2) Raw materials industry refers to the industry that provides various sectors of the national economy with raw materials, fuels and power. It includes smelting and processing of metals, coking and coke chemistry, chemical materials and building materials such as cement, plywood, and power, petroleum refining and coal dressing.

(3) Manufacturing industry refers to the industry that processes raw materials. It includes machine building industry which equips sectors of the national economy, industries of metal structure and cement products, industries producing means of agricultural production, such as chemical fertilizers and pesticides. According to the above principle of classification, the repairing trades which are engaged primarily in repairing products of heavy industry are classified into heavy industry while these engaged in repairing products of light industry are classified into light industry.

Gross Industrial Output Value is the total volume of industrial products sold or available for sale in value terms which reflects the total achievements and overall scale of industrial production during a given period. It includes the value of the finished products, which are not to be further processed in the enterprises and have been inspected, packed and put in storage, the value of industrial services rendered to other units, and the changes in the value of the semi finished products and products in process between the beginning and closing of the period. The gross industrial output value is calculated with "factory method". No double calculations are to be made within the same enterprise. However, double counting does occur among different enterprises.

Value-added of Industry refers to the final results

of industrial production of the industrial trade in money terms during the reference period.

Capital Obtained refers to capital actually received by the enterprise from investors. It can be further classified by investors as state capital, collective capital, corporate capital, individual capital, capital from Hong Kong, Macao and Taiwan and foreign capital.

Total Assets refer to all economic resources, owned or controlled by enterprises that could be measured in monetary terms, including properties, creditors equity and other economic rights of all forms. Classified by the degree of equitability, total assets include circulating assets, long term investment, fixed assets, intangible assets and deferred assets, and other assets.

(1) Circulating assets (working capital) refer to assets which can be cashed in or spent or consumed in an operating cycle of one year or over one year, including cash, all kinds of deposits, short term investment, receivables, advance payment, stock, etc.

(2) Fixed assets refer to the net value of fixed assets, clearance of fixed assets, project under construction, fixed assets losses in suspense. These are corporations, fund holdings.

(3) Intangible assets refer to the assets without material form used by enterprises over a long time, such as patents, non patent technologies, trade marks, copyright, land use right, business reputation, etc.

Total Liabilities refer to the debts, measured in monetary terms, that enterprises are responsible for repayment in the form of cash, assets or labour. Classified by terms of repayment, liability includes liquid liabilities and long-term liabilities.

(1) Liquid liabilities (also called quick liabilities or immediate liabilities) refer to enterprises' total debt payable within an operating cycle of one year or over one year, including short term loans, payables and advance payments, wages payable, taxes payable and profit payable, etc.

(2) Long term liabilities refers to total debt payable within an operating cycle of one year or over one year, including long term loans, payable liabilities, long term payables, etc.

Creditors' Equity refers to investors' ownership of net assets of the enterprise. It is equal to the total assets of the enterprise minus its total liabilities, including the primary input from investors, capital accumulation fund, surplus accumulation fund and undistributed profit. It is the shareholder's equity in shareholding companies.

Original Value of Fixed Assets refers to the original value of all fixed assets owned by industrial enterprises, calculated at the cost paid at the time of purchase, installation, reconstruction, expansion, and technical innovation and transformation of the said assets, which includes expenses on purchase, package, transportation, and installation, etc.

Net Value of Fixed Assets is obtained by deducting depreciation over years from the original value of fixed assets.

Working Capital (Circulating Assets) refers to assets which can be cashed in or spent or consumed in an operating cycle of one year or over one year, which includes cash, various deposits, short term investment, and receivable payments, and advance payments, stock, etc.

Sales Revenue of Industrial Products refers to the revenue from the sales of products by industrial enterprises and the revenue from services provided and etc.

Sales Cost of Industrial Products refers to the actual cost of products of industrial enterprises and industrial services provided, etc. .

Tax and Extra Charges on Sales of Products refer to the tax on city maintenance and construction, consumption tax, resources tax and extra charges for education, which should be borne by the enterprises in selling products and providing industrial services.

Sales Profit of Products refers to the profit gained by the enterprises by deducting cost, charges and taxes from the business income of the enterprises obtained in selling products and providing industrial services.

Total Profits refer to the profits gained by the enterprises.

Value-added Tax Payable refers to the amount of the value added tax which should be paid by the enterprises in the reporting period.

Ratio of Profits, Taxes and Interests to Average Assets reflects the profit making capability of all assets of the enterprise and is a key indicator manifesting the performance and management and evaluating the profit making potential of the enterprise. It is calculated as follows:

Ratio of profits, taxes and interests to average assets(%) =[(Total profits + total Taxes + interest payment) ÷ average assets] ×100%

Ratio of Debts to Assets reflect both the operation risk and the capability of the enterprise in making use of the capital from the creditors. It is calculated as follows:

Ratio of debts to assets (%) =(Total debts ÷ total assets) ×100%

Ratio of Profits to Total Industrial Costs refers to the ratio of profits realized in a given period to the total costs in the same period, which reflects the economic efficiency of input cost and is calculated as follows:

Ratio of Profits to Total Industrial Cost(%) =(Total Profits ÷ Total Costs) ×100%

Value-added Rate of Industry refers to the ratio of value added of industry in a given period to the gross output value in the same period, which reflects the economic efficiency of cutting down the intermediate input and is calculated as follows:

Value added Rate of Industry(%) = [Value added of Industry(at current prices)] ÷ [Gross Output Value(at Current Prices)] ×100%

Turnover of Working Capital refers to the number of times of turnover of working capital in a given period of time, which reflects the speed of the turnover of working capital and is calculated as follows:

Turnover of Working Capital (%) =(Sales Revenue of Products) ÷(Average Balance of Total Working Capital) ×100%

Ratio of Sales to Gross Output Value refers to the sales of industrial products to the gross industrial output value during the reference period, and is important in reflecting the linkage between production and sales and the extent of the needs of the society that has been met by the supply of industrial products. It is calculated as follows:

Ratio of Sales to Gross Output Value=Industrial sales ÷ Gross industrial output value (at current prices) ×100%

Overall Labour Productivity of Industrial Enterprises refers to the average output per employed person in industrial enterprises in value terms. At present, the value added and the average number of staff and workers of an industrial enterprise in a given period are used to calculate the overall labour productivity. The formula used is:

Overall Labour Productivity=(Value Added of Industry) ÷(Average Number of Staff and Workers)

For the purpose of comparison of the overall labour productivity among different years, the data on the overall labour productivity of the years prior to 1990 have been adjusted on the basis of 1990 constant prices.

Energy Consumption of 10 000 yuan GDP refers to the ratio of the bobal energy consumption to GDP,means to produce per-10 000 yuan of GDP consuming how much energy. It is a general indicator to show the relationship between utiltity and efficiency of energy . the formula is:

Energy Consumption of 10 000 yuan GDP=Total Energy Consumption (ton of SCE)/GDP (10 000 yuan)

十四　建筑业

CONSTRUCTION

资料整理　胡梅林

Arranged by Hu Meilin

14-1 建筑业企业基本情况
Basic Statistics on Construction Enterprises

年份 Year	总计 Total	国有 State-owned	城镇集体 Urban Collective-owned	其他经济 Others
企业单位数(个) Number of Enterprises(unit)				
1990	650	133	517	
1991	470	113	357	
1992	484	126	358	
1993	806	256	536	14
1994	811	234	549	28
1995	815	235	532	48
1996	836	212	524	100
1997	809	200	479	130
1998	859	174	337	348
1999	975	164	266	545
2000	984	140	211	633
2001	919	112	192	615
2002	726	56	67	603
2003	674	39	31	604
2004	674	18	9	647
2005	676	20	14	642
年末从业人员(万人) Number of Persons Engaged(10 000 persons)				
1990	27.02	14.60	12.42	
1991	23.30	13.70	9.60	
1992	26.20	15.22	10.98	
1993	35.33	18.76	16.17	0.40
1994	32.64	17.06	14.79	0.82
1995	30.98	15.37	14.04	1.57
1996	34.70	14.08	18.19	2.43
1997	32.50	14.75	14.26	1.49
1998	30.33	11.53	9.36	9.44
1999	33.22	9.92	8.57	14.73
2000	35.30	9.20	6.68	19.42
2001	39.37	9.40	6.71	23.26
2002	27.68	5.00	1.88	20.80
2003	26.63	2.10	0.67	23.86
2004	27.53	1.69	0.15	25.69
2005	26.35	1.57	0.32	24.46
建筑业总产值(亿元) Gross Output Value(100 million yuan)				
1990	27.89	16.60	11.29	
1991	32.21	19.85	12.36	
1992	46.10	27.79	18.31	
1993	74.50	44.76	28.75	0.99
1994	83.78	52.75	29.13	1.90
1995	85.52	50.35	31.58	3.59
1996	87.64	44.15	38.17	5.32
1997	96.39	50.51	37.50	8.38
1998	101.76	47.65	27.38	26.73
1999	116.87	46.50	24.77	45.60
2000	138.80	50.11	21.29	67.40
2001	178.26	61.12	23.96	93.18
2002	220.02	50.53	13.68	155.81
2003	257.66	36.34	9.92	211.40
2004	354.51	29.42	2.44	322.65
2005	381.30	38.78	3.10	339.42

注：1996年起建筑业企业的统计范围是资质等级四级及四级以上建筑业企业，因此数据存在着与以前年度不可比因素。

a)The statistical coverage since 1996 included the fourth & higher grade construction enterprises,therefore the data were not entirely comparable with the data of the previous years.

14-2 建筑业企业主要经济指标(2005年)

指 标	Item	合 计 Total
建筑业企业个数(个)	Number of Construction Enterprises(unit)	676
# 亏损企业个数	Number of Loss-mading Exterprises	75
年末从业人员(万人)	Number of Persons Engaged(10 000 persons)	26.35
自有机械设备净价(万元)	Fixed Machinery and Equipment Owned(net valued)(10 000 yuan)	311522
自有机械设备台数(万台)	Number of Machinery and Equipment Owned(10000 set)	13.34
自有机械设备总功率(万千瓦)	Total Power of Machinery and Equipment Owned(10 000 kw)	204.62
建筑业总产值(万元)	Gross Output Value of Construction(10 000 yuan)	3813045
建筑工程	Construction Projects	3271565
安装工程	Installation Projests	351668
其他产值	Other	189812
竣工产值	Output of Buildings Completed	3035521
建筑业增加值(万元)	Value Added of Construction(10 000 yuan)	1257084
# 固定资产折旧(万元)	Depreciation of Fixed Assets(10 000 yuan)	81003
应付工资(万元)	Wages Payable(10 000 yuan)	557413
应付福利费(万元)	Welfare Expenses Payable(10 000 yuan)	63514
工程结算税金及附加(万元)	Taxes and Extra Charges on Project Settle Accounts(10 000 yuan)	135744
管理费用中的税金(万元)	Taxes in Management Expenses(10 000 yuan)	19551
工程结算利润(万元)	Profits of Project Settle Accounts(10 000 yuan)	361976
施工面积(万平方米)	Floor Space of Buildings Under Construction(10 000 sq.m)	2958.88
竣工面积(万平方米)	Floor Space of Buildings Completed(10 000 sq.m)	1623.38
利润总额(万元)	Total Profits(10 000 yuan)	162069
税金总额(万元)	Total Tax(10 000 yuan)	155295
劳动生产率	Overall Labor Productivity	
按总产值计算(元/人)	In Terms of Gross Output Value(yuan/person)	81750
按增加值计算(元/人)	In Terms of Value-added(yuan/person)	26951
技术装备率(元/人)	Value of Machines per Laborer(yuan/person)	11822
动力装备率(千瓦/人)	Power of Machines per Laborer(kw/person)	7.77
房屋建筑面积竣工率(%)	Rate of Floor Space of Buildings Completed(%)	54.9
产值利润率(%)	Ratio of Profit to Gross Output Value(%)	4.3
产值利税率(%)	Ratio of Pre-tax Profit to Gross Output Value(%)	8.3

Main Economic Indicators on Construction Enterprises(2005)

内资企业 Domestic Funded Enterprises	#国有 State-owned Enterprises	#集体 Collective-owned Enterprise	#股份合作企业 Share Holding Enterprises	#私营企业 Private Enterprises	港澳台商投资企业 Funded by Entrepreneurs from Hong Kong, Macao and Taiwan	外商投资企业 Foreign Funded Enterprises
675	16	5	9	224		1
75		3	1	19		
26.34	1.27	0.06	0.26	6.06		0.01
311352	25714	595	4540	73399		170
13.33	0.27	0.27	0.29	3.64		0.01
204.48	9.19	0.69	3.16	42.11		0.13
3812917	280053	9806	21161	759546		128
3271485	193351	3912	18052	689590		80
351668	19648	5805	620	52120		
189764	67054	90	2489	17836		48
3034983	269919	1752	20014	637994		538
1256968	86758	4391	7633	267277		116
80987	4969	875	137	12513		16
557338	50217	1550	4961	109994		75
63513	6722	171	278	13478		1
135740	7564	405	718	26674		4
19551	168	42	29	1835		
361956	16640	1173	1422	99391		20
2958.88	29.27	2.89	22.05	953.62		
1623.38	11.84	2.89	21.14	533.79		
162068	6847	-283	810	65908		1
155291	7732	447	747	28509		4
81758	111389	80908	59743	64471		21333
26952	34507	36229	21550	22687		19167
11827	20247	9917	17462	12112		17000
7.76	7.24	11.50	12.15	6.95		13.00
54.9	40.5	100.0	95.9	56.0		
4.3	2.4	-2.9	3.8	8.7		0.8
8.3	5.2	1.7	7.4	12.4		3.9

14-3 建筑业企业分行业主要经济指标(2005年)

项 目	Item	合 计 Total
建筑业企业个数(个)	Number of Construction Enterprises(unit)	676
# 亏损企业个数	Number of Loss-mading Exterprises	75
年末从业人员(万人)	Number of Persons Engaged(10 000 persons)	26.35
自有机械设备净价(万元)	Fixed Machinery and Equipment Owned(net valued)(10 000 yuan)	311522
自有机械设备台数(万台)	Number of Machinery and Equipment Owned(10 000 set)	13.34
自有机械设备总功率(万千瓦)	Total Power of Machinery and Equipment Owned(10 000 kw)	204.62
建筑业总产值(万元)	Gross Output Value of Construction(10 000 yuan)	3813045
建筑工程	Construction Projects	3271565
安装工程	Installation Projests	351668
其他产值	Other	189812
竣工产值	Output of Buildings Completed	3035521
建筑业增加值(万元)	Value Added of Construction(10 000 yuan)	1257084
# 固定资产折旧(万元)	Depreciation of Fixed Assets(10 000 yuan)	81003
应付工资(万元)	Wages Payable(10 000 yuan)	557413
应付福利费(万元)	Welfare Expenses Payable(10 000 yuan)	63514
工程结算税金及附加(万元)	Taxes and Extra Charges on Project Settle Accounts(10 000 yuan)	135744
管理费用中的税金(万元)	Taxes in Management Expenses(10 000 yuan)	19551
工程结算利润(万元)	Profits of Project Settle Accounts(10 000 yuan)	361976
施工面积(万平方米)	Floor Space of Buildings Under Construction(10 000 sq.m)	2958.88
竣工面积(万平方米)	Floor Space of Buildings Completed(10 000 sq.m)	1623.38
利润总额(万元)	Total Profits(10 000 yuan)	162069
税金总额(万元)	Total Tax(10 000 yuan)	155295
劳动生产率	Overall Labor Productivity	
按总产值计算(元/人)	In Terms of Gross Output Value(yuan/person)	81750
按增加值计算(元/人)	In Terms of Value-added(yuan/person)	26951
技术装备率(元/人)	Value of Machines per Laborer(yuan/person)	11822
动力装备率(千瓦/人)	Power of Machines per Laborer(kw/person)	7.77
房屋建筑面积竣工率(%)	Rate of Floor Space of Buildings Completed(%)	54.9
产值利润率(%)	Ratio of Profit to Gross Output Value(%)	4.3
产值利税率(%)	Ratio of Pre-tax Profit to Gross Output Value(%)	8.3

Main Economic Indictors of Construction Enterprises by Branch(2005)

房屋和土木工程建筑业 Housing & Civil Engineering Construction	# 房屋工程建筑 Housing	# 土木工程建筑 Civil Engineering	建筑安装业 Installation of Buildings	建筑装饰业 Decoration of Building	其他建筑业 Other Construction
586	446	140	53	25	12
58	37	21	6	4	7
24.99	18.99	6.00	1.00	0.25	0.11
291230	176004	115226	15516	1854	2922
12.64	10.4	2.25	0.54	0.14	0.02
198.15	128.41	69.74	5.19	0.83	0.45
3612281	2203522	1408759	165643	13572	21549
3221595	1991726	1229869	25007	7929	17034
211406	97075	114331	135773	739	3750
179281	114721	64559	4864	4904	763
2858666	1805694	1052973	145304	8652	22899
1192482	719618	581424	49656	6780	8590
72268	37358	34909	7040	428	1267
534891	360160	174732	17547	2584	2390
60857	39131	21725	1777	327	553
128636	80203	48433	6075	411	621
17959	5897	120623	516	69	1007
342791	179357	163434	14559	2488	2138
2928.76	2901.33	27.43	21.18		8.94
1599.86	1592.28	7.58	15.12		8.4
156743	78733	78010	4254	981	91
146595	86100	169056	6591	480	1628
803962	667410	1182341	1279097	585000	1164757
265403	217960	487977	383444	292241	464324
11654	9268	19204	15516	7416	24358
7.93	6.76	11.62	5.19	3.32	3.67
54.6	54.9	27.6	86.5		94.0
4.3	3.6	5.5	2.6	7.2	0.4
8.4	7.5	17.5	6.5	10.8	8.0

14-4 建筑施工企业主要财务指标(2005年)

单位：万元

项 目	Item	资产合计 Total Assets	流动资产合计 Total Circulating Assets	#存货 Stock	长期投资 Longterm Invest-ment
总 计	**Total**	**3460181**	**2379420**	**394378**	**111615**
按企业登记注册类型分	**Grouped by Type of Enterprises Registered**				
内资企业	Domestic Investment	3458908	2378562	394218	111615
国有企业	State-owned	171033	113757	8073	7053
集体企业	Collective-owned	13304	6943	560	2905
私营企业	Private	734964	472978	92410	27670
联营企业	Joint-owned	18814	18158	12	410
股份有限公司	Share Holding Company	442542	315754	40696	28529
有限责任公司	Limited-liability Company	2026021	1421889	244791	44532
股份合作企业	Share Holding Cooperative	16940	8229	2796	200
其他企业	Others	35290	20854	4881	315
外商投资企业	Foreign Funded	1273	858	160	
港、澳、台商投资企业	Hong kong, Macao & Taiwan Funded				
按行业类别分	**Grouped by Sector**				
房屋和土木工程建筑业	Housing Construction and Civil Engineering Industry	3229597	2198755	353231	106723
建筑安装业	Construction and Installation Industry	184476	146687	34315	3664
建筑装饰业	Construction and Decoration Industry	25899	18346	2837	862
其他建筑业	Other Construction Industries	20210	15633	3995	365
按隶属关系分	**Grouped by Administrative Relationship**				
中 央	Central	118467	87678	16363	4130
地 方	Local	3341714	2291742	378015	107485
自治区属	Approach to Autonomous Region	692815	540923	73272	14802
盟市属	Approach to Leagues & Cities	740619	482392	73482	18527
旗县属	Approach to Banners & Counties	1908280	1268427	231262	74156
其 他	Others				
按企业资质等级分	**Grouped by Intelligent Grade of Enterprises**				
#一 级	First	1077367	811677	87492	17657
二 级	Second	1291941	853327	146392	73925
三 级	Third	945945	593359	126248	19298

Main Financial Indicators on Construction Enterprises With Independent Accounting System(2005)

(10 000 yuan)

固定资产合计 Total Fixed Assets	固定资产原价合计 Original Value of Fixed Assets	# 生产经营用 for Production Use	累计折旧 Accumulative Depreciation	# 本年折旧 Of this Year	在建工程 Under Construction	无形及递延资产合计 Intangible & Deffered Assets	# 无形资产 Intangible	其它资产 others
848484	1098147	871871	373544	81003	67484	110138	98482	10524
848069	1097806	871530	373317	80987	67484	110138	98482	10524
39165	60468	54758	59028	4969	173	11057	10242	3
2484	5549	4367	3320	875		599	563	373
210333	240429	206921	51119	12513	17012	22348	18930	1634
246	516	472	270	50				
83423	86725	57375	22608	8162	17814	14774	13805	62
490179	688880	535270	234472	53181	23547	60968	54550	8453
8448	9742	8410	1315	137	1	62	62	
13791	5497	3958	1185	1100	8937	331	330	
415	341	341	227	16				
812349	1042744	844397	350878	72268	66757	102133	91171	9636
26856	42424	18674	17607	7040	379	6905	6227	364
5425	6903	4968	2026	428	76	846	846	419
3854	6077	3833	3033	1267	272	253	238	106
26626	49261	45253	23365	11645	706	34	11	
821858	1048886	826618	350179	69358	66778	110104	98471	10524
107170	185550	147166	119015	15842	2654	25621	25181	4299
216325	270719	185901	76310	18564	17071	21996	20422	1379
498363	592617	493552	154854	34952	47053	62488	52868	4846
207092	312115	215052	108493	32942	1513	36884	33916	4057
331489	406729	344099	157049	25843	39420	29226	25449	3976
297940	349742	283841	90181	20617	26327	33690	28778	1658

14-4 续表 1

单位：万元

项 目	Item	负债合计 Total Liability	流动负债合计 Total Circulating Liability	长期负债合计 Total Longterm Liability	所有者权益合计 Ownership Interest
总 计	**Total**	**2098602**	**1926844**	**171758**	**1361579**
按企业登记注册类型分	**Grouped by Type of Enterprises Registered**				
内资企业	Domestic Investment	2098229	1926470	171758	1360680
国有企业	State-owned	102684	100873	1811	68349
集体企业	Collective-owned	10496	10407	89	2808
私营企业	Private	352660	314740	37921	382304
联营企业	Joint-owned	14390	14390		4424
股份有限公司	Share Holding Company	294659	236055	58604	147883
有限责任公司	Limited-liability Company	1295147	1222788	72360	730874
股份合作企业	Share Holding Cooperative	4332	3426	906	12608
其他企业	Others	23860	23793	67	11430
外商投资企业	Foreign Funded	373	373		899
港、澳、台商投资企业	Hong kong, Macao & Taiwan Funded				
按行业类别分	**Grouped by Sector**				
房屋和土木工程建筑业	Housing Construction and Civil Engineering Industry	1936017	1764456	171560	1293580
建筑安装业	Construction and Installation Industry	138043	137867	176	46433
建筑装饰业	Construction and Decoration Industry	11527	11516	10	14372
其他建筑业	Other Construction Industries	13015	13005	12	7194
按隶属关系分	**Grouped by Administrative Relationship**				
中 央	Central	94741	86505	8236	23727
地 方	Local	2003861	1840339	163522	1337852
自治区属	Approach to Autonomous Region	539950	529827	10123	152865
盟市属	Approach to Leagues & Cities	491401	446402	44999	249217
旗县属	Approach to Banners & Counties	972510	864110	108400	935770
其 他	Others				
按企业资质等级分	**Grouped by Intelligent Grade of Enterprises**				
# 一 级	First	801528	751713	49814	275839
二 级	Second	730580	622257	108323	561361
三 级	Third	453715	440094	13621	492230

continued

(10 000 yuan)

实收资本 Contributed Capital	国家资本 State	集体资本 Collective	法人资本 Institutionnal Units	个人资本 Individuals	港澳台资本 Hong kong, Macao & Taiwan	外商资本 Foreign	工程结算收入 Revenue of Settlement of Projects
1053407	**223153**	**80403**	**259611**	**488482**	**440**	**1318**	**3660918**
1052535	223153	80403	259611	487828	440	1100	3660791
56397	56367		30				230319
2569		1493	1076				13693
248233			73415	174819			753645
4424	2550	1201	582	90			3223
84322	15000	6747	34417	28158			344065
638392	149139	70262	147024	271528	440		2268321
12253	98		1567	10589			21161
5945		700	1500	2645		1100	26363
872				654		218	127
997408	213568	72671	239940	469689	440	1100	3460895
39418	9585	6607	10807	12418			170782
10227		69	4365	5575		218	13761
6354		1056	4499	799			15480
22613	10029		11548	1036			168506
1030794	213124	80403	248063	487446	440	1318	3492412
173092	120535	10631	7132	34794			898315
200885	63738	18937	49059	68051		1100	736858
656817	28851	50835	191872	384602	440	218	1857239
198896	65942	14991	28485	89478			1257509
381156	44099	36758	133252	167047			1202721
401374	41942	28654	97824	231195	440	1318	1067104

14-4 续表 2

单位：万元

项 目	Item	工程结算成本 Cost of Settlement of Projects	工程结算税金及附加 Tax and Extra Charges of Settlement of Projects	工程结算利润 Profits of Settlement of Projects
总 计	**Total**	**3145557**	**135744**	**361976**
按企业登记注册类型分	**Grouped by Type of Enterprises Registered**			
内资企业	Domestic Investment	3145463	135740	361956
国有企业	State-owned	205896	7564	16640
集体企业	Collective-owned	12098	405	1173
私营企业	Private	624818	26674	99391
联营企业	Joint-owned	2363	341	412
股份有限公司	Share Holding Company	288070	11874	42015
有限责任公司	Limited-liability Company	1971269	87161	198091
股份合作企业	Share Holding Cooperative	18853	718	1422
其他企业	Others	22097	1002	2813
外商投资企业	Foreign Funded	94	4	20
港、澳、台商投资企业	Hong kong, Macao & Taiwan Funded			
按行业类别分	**Grouped by Sector**			
房屋和土木工程建筑业	Housing Construction and Civil Engineering Industry	2972720	128636	342791
建筑安装业	Construction and Installation Industry	149584	6075	14559
建筑装饰业	Construction and Decoration Industry	10722	411	2488
其他建筑业	Other Construction Industries	12531	621	2138
按隶属关系分	**Grouped by Administrative Relationship**			
中 央	Central	146883	5493	15472
地 方	Local	2998673	130251	346504
自治区属	Approach to Autonomous Region	808472	29238	59580
盟市属	Approach to Leagues & Cities	630926	34573	66537
旗县属	Approach to Banners & Counties	1559275	66440	220388
其 他	Others			
按企业资质等级分	**Grouped by Intelligent Grade of Enterprises**			
# 一 级	First	1110645	41962	102514
二 级	Second	1009242	47976	140112
三 级	Third	904806	41944	110517

continued

(10 000 yuan)

其他业务收入 Revenue of Other Business	其他业务利润 Profits of Other Business	管理费用 Management Expenses	#税金 Taxes	#财产保险费 Premium of Property	#劳动待业保险费 Premium for Employment	财务费用 Financial Expense	#利息支出 Interest Expenditure	营业利润 Operating Profits	利润总额 Total Profits
60568	**10998**	**161197**	**19551**	**2545**	**37883**	**23817**	**17803**	**187960**	**162069**
60568	10998	161178	19551	2545	37883	23817	17803	187959	162068
160	140	7685	168	25	478	1971	1930	7123	6847
25	22	1510	42	1	175	6	3	-321	-283
4774	1026	26222	1835	223	3392	6230	5243	67965	65908
62	32	381	3			-4		67	349
7693	976	12624	1354	94	6222	1698	508	28668	18064
47452	8662	110464	16014	2144	27516	13481	9762	82808	69605
14	10	511	29	1	88	90	64	830	810
387	131	1781	105	58	13	345	293	818	768
		18	0	0				1	1
59643	10630	147368	17959	2375	35080	23478	17573	182575	156743
464	286	10383	516	152	2142	180	106	4281	4254
185	-8	1420	69	12	47	122	112	938	981
276	91	2026	1007	6	614	37	12	167	91
4806	262	9429	5431	24	3911	912	524	5393	5253
55762	10736	151768	14120	2521	33972	22906	17279	182567	156816
15998	4227	44832	2281	1356	15814	3353	3299	15622	6621
12930	2530	33616	1919	540	9019	6786	4819	28665	17771
26834	3979	73320	9920	625	9138	12767	9161	138280	132425
16177	2602	51287	6921	1545	19422	9231	7515	44598	25663
17309	3708	53508	7967	381	9024	6677	4301	83635	78547
13855	2093	46481	4345	492	6611	6638	4714	59491	57671

14-4 续表 3

单位：万元

项 目	Item	应交所得税 Income Tax Payable	应付利润 Profits Payable
总 计	**Total**	**35111**	**40661**
按企业登记注册类型分	**Grouped by Type of Enterprises Registered**		
内资企业	Domestic Investment	35111	40660
国有企业	State-owned	1227	2723
集体企业	Collective-owned	62	92
私营企业	Private	13299	13215
联营企业	Joint-owned	116	3
股份有限公司	Share Holding Company	3922	2354
有限责任公司	Limited-liability Company	16011	21589
股份合作企业	Share Holding Cooperative	303	547
其他企业	Others	172	137
外商投资企业	Foreign Funded	1	0
港、澳、台商投资企业	Hong kong, Macao & Taiwan Funded		
按行业类别分	**Grouped by Sector**		
房屋和土木工程建筑业	Housing Construction and Civil Engineering Industry	33949	39647
建筑安装业	Construction and Installation Industry	916	938
建筑装饰业	Construction and Decoration Industry	230	104
其他建筑业	Other Construction Industries	16	-28
按隶属关系分	**Grouped by Administrative Relationship**		
中 央	Central	324	439
地 方	Local	34787	40222
自治区属	Approach to Autonomous Region	1522	4668
盟市属	Approach to Leagues & Cities	4066	6802
旗县属	Approach to Banners & Counties	29199	28752
其 他	Others		
按企业资质等级分	**Grouped by Intelligent Grade of Enterprises**		
# 一 级	First	3578	8271
二 级	Second	18969	15323
三 级	Third	12527	16926

continued

(10 000 yuan)

本年应付工资总额 Total Wages Payable in the Year	# 主营业务应付工资 Wage Payable of Major Business	本年应付福利费总额 Welfares Payable in the Year	# 主营业务应付 of Major Business	建筑业增加值 Value Added of Construction
585296	**557413**	**69114**	**63514**	**1257084**
585221	557338	69113	63513	1256968
50710	50217	6814	6722	86758
1590	1550	177	171	4392
110910	109994	13642	13478	267277
595	595	38	38	1439
53582	53353	5709	5660	128640
359606	333472	42190	36942	752377
5030	4961	311	278	7633
3197	3197	231	224	8454
74	74	1	1	115
561959	534891	65981	60857	1192482
17902	17547	2191	1777	49656
2584	2584	328	327	6354
2851	2390	614	553	8590
15861	15622	2267	2227	59801
569435	541790	66846	61287	1197283
167248	145012	23814	19297	287065
115487	112833	12315	11998	255442
286700	283945	30718	29993	654776
200319	181537	26929	22780	437883
190586	187154	20494	20022	428099
182350	180192	20005	19518	383745

主要统计指标解释

建筑业统计单位　指从事房屋、构筑物建造和设备安装活动的法人企业。建筑业法人企业应同时具备的条件是：①依法成立，有自己的名称、组织机构和场所，能够承担民事责任；②独立拥有和使用资产，承担负债，有权与其他单位签订合同；③独立核算盈亏，能够编制资产负债表。

建筑业总产值(即自行完成施工产值)　是以货币表现的建筑安装企业在一定时期内生产的建筑业产品的总和。建筑业总产值包括：

(1)建筑工程产值：　指列入建筑工程预算内的各种工程价值。

(2)安装工程产值：指设备安装工程价值，不包括被安装设备本身价值。

(3)其他产值：建筑业总产值中，除建筑工程、安装工程以外的产值。包括房屋、构筑物修理产值、非标准设备制造产值、总包企业向分包企业收取的管理费以及不能明确划分的施工活动所完成的产值。

a 房屋、构筑物修理产值：指房屋、构筑物修理所完成的价值，但不包括被修理房屋、构筑物本身的价值和生产设备的修理价值。

b 非标准设备制造产值：指加工制造没有定型的、非标准的生产设备的加工费和原材料价值，以及附属加工厂为本企业承建工程制作的非标准设备的价值。

建筑业增加值　指建筑业企业在报告期内以货币表现的建筑业生产经营活动的最终成果。目前建筑业增加值采用分配法(收入法)计算，即从收入的角度出发，根据生产要素在生产过程中应得的收入份额计算。具体计算公式为：

建筑业增加值=本年提取的固定资产折旧+主营业务应付工资+主营业务应付福利费+管理费用中的劳动待业保险金、税金+工程结算税金及附加+工程结算利润

房屋建筑施工面积　指在报告期内施工的全部房屋建筑面积、包括本期新开工的房屋面积、上期施工跨入本期继续施工的房屋面积、上期停缓建在本期恢复施工的房屋面积、本期竣工的房屋面积及本期施工后又停缓建的房屋面积。

房屋建筑竣工面积　指在报告期内房屋建筑按照设计要求全部完工，达到了住人和使用条件，经验收鉴定合格，正式移交使用单位的房屋建筑面积。

自有机械设备年末总台数　指归本企业所有，属于本企业固定资产的生产性机械设备年末总台数。包括施工机械、生产设备、运输设备以及其他设备。

自有机械设备年末总功率　指本企业自有施工机械、生产设备、运输设备以及其他设备等列为在册固定资产的生产性机械设备年末总功率，按设定能力或查定能力计算。包括机械本身的动力和为该机械服务的单独动力设备，如电动机等。计算单位用千瓦，动力换算可按 1 马力=0.735 千瓦折合成千瓦数。电焊机、变压器、锅炉不计算动力。

工程结算收入　指企业承包工程实现的工程价款结算收入，以及向发包单位收取的除工程价款以外的按规定列作营业收入的各种款项，如临时设施费、劳动保险费、施工机械调迁费等以及向发包单位收取的各种索赔款。

工程结算利润　指已结算工程实现的利润，如亏损以“-”号表示。计算公式为：

工程结算利润=工程结算收入-工程结算成本-工程结算税金及附加

企业总收入　指与企业生产经营直接有关的各项收入，包括工程结算收入和其他业务收入。计算公式为：

企业总收入=工程结算收入+其他业务收入

Explanatory Notes on Main Statistical Indicators □

Statistical Unit in Construction refers to corporate enterprise engaged in the construction of buildings and structures and in the installation of equipment. A corporate construction enterprise should meet the following requirements: ①being set up in line with relevant legal basis, having its full name, organization and location, and capable of taking civil liabilities; ②independently possessing and using its assets and assuming its liabilities, and entitled to sign contracts with other institutions; ③ making independent accounts of its profits and losses, and capable of compiling its own balance sheet.

Gross Output Value of Construction (Output Value of Projects Under Construction) refers to total of construction products, expressed in money terms, completed by construction and installation enterprises during a given period of time. It includes:

(1) Output value of construction projects, that is the value of projects covered by the project budgets;

(2) Output value of installation projects, that is the value of the installation of equipment, (excluding the value of the equipment to be installed) ;

(3)Other Output value:

a 、Output value of repair of buildings and structures, that is the value created through the repairs of buildings or structures, but does not include the value of buildings or structures being repaired and the value of the repair of production equipment;

b 、Output value of manufactured nonstandard equipment, that is the value of nonstandard production equipment which including raw materials and manufacturing cost made for the construction project, and the equipment manufactured by subsidiary workshops.

Value added of Construction refers to the final result of the activities of production and management of construction in monetary terms in the reference period. At present, the value added of construction is calculated with the income approach. In other words, it is the sum of income of various production factors in the production process. The formula is as follows:

Value added of construction = depreciation of fixed assets in the year + wages payable of the major operation + welfare expenses payable of the major operation + insurance premium and tax for waiting for employment in the administrative expenses + taxes and surcharges on project settlement + profit gained from Project settlement.

Floor Space of Buildings Under Construction refers to floor space of buildings under construction during the reference period, including newly started buildings, buildings started earlier and continued during the reference period, and buildings suspended earlier but restarted during the reference period, buildings completed during the reference period, and buildings under construction , and then suspended during the reference period.

Floor Space of Buildings Completed refers to the floor space of buildings that are completed in the reference period in accordance with the requirements of the design, up to the standard for putting them into use, and have been checked and accepted by concerned departments as qualified ones.

Total Number of Machinery and Equipment Owned by the End of Year refers to the number of machines and equipment owned by the enterprises, and listed as the fixed assets of the enterprises by the end of the year, including machinery and equipment for construction, production and transportation.

Total Power of Machinery and Equipment Owned by the End of Year refers to the total power of machinery and equipment owned by the enterprises, and listed as the fixed assets of the enterprises by the end of the year, including machinery and equipment for construction, production and transportation. The power of the machinery is calculated on basis of the designed or verified capacity, covering the power of the machinery/equipment and the separate power equipment serving the machinery/equipment(such as electric motors) , but excluding welders, transformers and boilers. The unit used for the calculation of power is kilowatt, with horsepower converted to kilowatt by 1 horse power = 0. 735 kilowatt.

Income from Settlement of Projects refers to the income received by the construction enterprise from the contracted project through settlement procedures, and other charges to the contractoree as operational costs in addition to the value of the project, such as temporary facility fee, labour insurance premium, moving cost of construction equipment, as well as various types of claims to the contractee.

Profit from Settlement of Projects refers to profit realized through settled projects. It is calculated with the following formula:

Profit from Settlement of Projects=Income from Settlement of Projects - Cost - Taxes and Other Cost

Total Revenue of Enterprises refers to the sum of income from production and operation of enterprises, including income from settlement of projects and other operational income, namely:

Total Revenue of Enterprises = Income from Settlement of Projects + Other Operational Income

十五 运输和邮电

TRANSPORTATION, POSTAL AND TELECOMMUNICATIONS SERVICES

资料整理 杨文武

Arranged by Yang Wenwu

15-1 交通运输业基本情况

Basic Conditions of Transportation

指标	Item	2004	2005
运输线路长度(公里)	**Length of Transportation Routes(km)**		
中央铁路营业里程	Railways in Operation	5009	5188
地方铁路	Local Railways	1099	1185
公路	Highways	75976	79029
内河	Navigable Inland Waterways	2508	2508
民航	Total Civil Aviation Routes	76725	55218
客运量总计(万人)	**Total Passenger Traffic(10 000 persons)**	**28954**	**32114**
铁路	Railways	3235	3259
公路	Highways	25510	28604
民用航空	Civil Aviation	209	251
旅客周转量总计(亿人公里)	**Total Passenger Kilometers(100 million passenger-km)**	**290.2**	**323.1**
铁路	Railways	108.6	113.2
公路	Highways	155.3	179.0
民用航空	Civil Aviation	26.3	30.9
货运量总计(万吨)	**Total Freight Traffic(10 000 tons)**	**61258.70**	**73082**
铁路	Railways	18559.90	22060
公路	Highways	42697.00	51020
民用航空	Civil Aviation	1.80	2
货物周转量总计(亿吨公里)	**Total Freight Ton-kilometers(100 million ton-km)**	**1441.4**	**1604.3**
铁路	Railways	1171.4	1280.8
公路	Highways	269.8	323.35
民用航空	Civil Aviation	0.2	0.2
民用汽车拥有量(辆)	**Number of Civil Motor Vehicles Owned(unit)**	**716898**	**2998907**
载客汽车辆数(辆)	Number of Buses and Cars(unit)	341371	384575
载货汽车辆数(辆)	Number of Trucks(unit)	240591	248809
私人汽车拥有量(辆)	Number of Motor Vehicles Owned by Individuals(unit)	511776	2113268
民用运输船舶拥有量(艘)	**Number of Civil Transport Vessels(unit)**	**1108**	**1108**

注：公路部门营运汽车统计口径为全社会营运汽车。

a)The statistical coverage of number of motor vehicles owned by highway departments has extended to motor vehicles of all society.

15-2 主要交通运输工具和线路里程

Major Tools and Length of Transports

年份 Year	载货汽车(辆) Trucks (unit)	载客汽车(辆) Buses and Cars (unit)	铁路 Railways		飞机(架) Number of Civil Aircraft(unit)	铁路正线延展里程(公里) Extention Length of the Trunk Lines(km)	公路线路里程(公里) Total Length of Highways (km)
			机车(台) Locomotives (unit)	客车(辆) Passenger Coaches (unit)			
1947	76	18				1557	1974
1948	81	25				1557	1872
1949	89	25				1557	2394
1950	227	53				1557	3259
1951	343	78				1557	4037
1952	344	101				1574	4821
1953	617	173				1574	5495
1954	1066	269				1912	6253
1955	1750	391				1912	8325
1956	2459	496				2106	11501
1957	2828	641				2404	13020
1958	3492	797				2644	18020
1959	4100	996				3091	18752
1960	5198	1061				3222	21131
1961	5446	970				3219	21131
1962	5595	1003				3222	22804
1963	5398	1033				3190	22195
1964	5871	1000				3299	22103
1965	6335	1348				3541	25688
1966	7335	1718				3635	25180
1967	6905	1605				3496	24407
1968	7110	1669				3496	25234
1969	7007	1781				3590	25676
1970	8174	2027				3593	27605
1971	9140	2316				3491	31355
1972	11061	2852				3537	34676
1973	14388	3733				3747	29043
1974	15496	4237				3747	30308
1975	19611	5172				3747	31362
1976	23281	6046				3697	33414
1977	25001	6448				3755	36471

15-2 续表 continued

年 份 Year	载货汽车(辆) Trucks (unit)	载客汽车(辆) Buses and Cars (unit)	铁 路 Railways 机 车(台) Locomotives (unit)	铁 路 Railways 客 车(辆) Passenger Coaches (unit)	飞 机(架) Number of Civil Aircraft (unit)	铁路线路里程(公里) Length of the Railway Lines(km)	公路线路里程(公里) Total Length of Highways (km)	民航通航里程(公里) Length of Civil Aviation Routes(km)
1978	29027	7669				3803	37535	
1979	33011	8476				3760	23769	
1980	38647	9969				4361	35016	3734
1981	42482	11842	341	601	16	4379	35856	3734
1982	47125	13254	500	910	16	4360	36828	2933
1983	49674	14087	507	955	18	4360	37939	2933
1984	51663	15405	562	1003	18	4355	37456	7565
1985	57354	19078	532	838	21	4364	38198	7565
1986	66258	23409	627	1121	21	4405	40380	8824
1987	68618	24883	667	1282	19	4821	41984	10005
1988	71856	29940	706	1275	18	4825	42800	23193
1989	77909	32634	691	1339	19	5445	43080	21745
1990	87161	35763	676	1471	19	5596	43274	21431
1991	95489	41081	686	1522	21	5653	43396	20506
1992	103757	47958	661	1473	20	5770	43704	22496
1993	115807	58084	641	1561	19	5800	43789	38976
1994	118985	65374	668	1661	19	5733	44202	51951
1995	131055	85825	759	1802	18	5790	44753	48136
1996	111675	94187	789	1802	18	7588	45744	76116
1997	130350	118978	650	1771	19	7031	49992	66532
1998	142255	144216	745	1694	19	7083	58430	61199
1999	157377	169241	838	1595	13	7331	63824	64426
2000	167004	188154	883	1818	9	7179	67346	40469
2001	180481	241364	865	1886	11	7240	70408	51476
2002	182971	237719	898	1903	11	7475	72673	56890
2003	202306	286481	912	1757	10	7476	74135	78705
2004	240591	341371	892	1753	13	7885	75976	76725
2005	248809	384575	892	1753	15	7689	79029	55218

15-3 运输线路长度

Length of Transports Routes

单位：公里 (km)

项 目	Item	2004	2005
铁路线路长度	**Length of Railways Routes**	**7885**	**7689**
中央铁路	Central Railways		
正线延展里程	Extention Length of the Trunk Lines	6786	6504
营业里程	Length of Railways in Operations	5009	5188
# 呼铁局	Huhhot Railway Bureau	1628	1587
哈铁局(内蒙地段)	Harbin Railway Bureau(Section of Inner Mongolia)	1659	1736
沈铁局(内蒙地段)	Shengyang Railway Bureau(Section of Inner Mongolia)	1669	1602
地方铁路线路里程	Local Railways Length of Routes	1099	1185
公路	**Highways**		
公路里程	Total Length of Highways	75976	79029
等级公路	Expressway and Class I to IV Highway	67421	70880
#高速公路	Expressway	492	1001
一级公路	First Class	522	2139
二级公路	Second Class	7465	8359
等外路	Highway Below Class IV	8555	8149
内河	**Inland Rivers**		
航道里程	Length of Navigabe Inland Waterways	2508	2508
民用航空	**Civil Aviation**	**76725**	**55218**
国内航线	Domestic Routes	61380	44174
国际航线	International Routes	15345	11044

15-4 民用车辆船舶年末拥有量

Figure of Civil Vehicles and Shipping at the Year-end

项 目	Item	2004 合计 Total	2004 #私人 Private-owned	2005 合计 Total	2005 #私人 Private-owned
铁路运输工具	**Tool of Railway Transport**				
中央铁路：机车(台)	Central Railways:Locomotives(unit)	780		780	
客车(辆)	Passenger Coaches(unit)	1655		1655	
地方铁路：机车(台)	Local Railways:Locomotives(unit)	112		112	
客车(辆)	Passenger Coaches(unit)	98		98	
民用汽车(辆)	**Number of Civil Motor Vehicles(unit)**	**716898**	**511776**	**2998907**	**2113268**
# 载货汽车辆数(辆)	Number of Trucks(unit)	240591	161150	248809	156383
载客汽车(辆)	Buses and Cars(unit)	341371	230633	384575	277788
轮胎式拖拉机(台)	**Type Tractors(unit)**	**573121**	**553002**	**612931**	**591414**
摩托车(辆)	**Motors(unit)**	**1E+06**	**986529**	**1139488**	**1117231**
# 两轮摩托车	Two-wheel Motors	974646	949660	1100288	1078513
载货车挂车(辆)	**Trailer(unit)**	**61292**	**27935**	**58383**	**28875**
民用运输船(艘)	**Civil Transport Vessels(unit)**	**1108**		**1108**	
# 机动运输船(艘)	Motor Vessels(unit)	206		206	
非机动船(艘)	Non-motor Vessels(unit)	644		644	
挂浆船(艘)	Vessels@with@Oar(unit)	258		258	
民航飞机(架)	**Civil Aircraft(unit)**	**13**		**15**	
# 通用飞机	General Aircraft	13		15	

15-5 客货运输量
Passenger Traffic and Freight Traffic

年份 Year	客运量 (万人) Passenger Traffic (10 000 persons)	铁路 Railways	公路 Highways	货运量 (万吨) Freight Traffic (10 000 tons)	铁路 Railways	公路 Highways
1949			0.6		0.2	0.2
1950			0.8	0.2		0.2
1951			3.0	396	391	5
1952			16	447	417	30
1953			39	755	526	229
1954			58	1168	694	474
1955			87	1433	496	937
1956			131	2093	622	1471
1957			189	2224	739	1485
1958			181	3390	1039	2351
1959	1238	993	245	6911	2657	4254
1960	1754	1456	298	5986	3289	2697
1961	2022	1723	299	3749	2355	1394
1962	1869	1585	284	2729	1754	975
1963	1416	1118	298	2235	1434	801
1964	1268	914	354	2759	1640	1116
1965	1320	852	468	3614	2060	1554
1966	1463	836	627	4160	2425	1735
1967	1688	978	710	4409	2881	1528
1968	1651	990	661	3284	1889	1395
1969	1546	1046	500	3200	1792	1408
1970	1688	1016	672	4625	2882	1743
1971	1865	1080	785	4964	2749	2215
1972	2223	1164	1059	5387	2859	2528
1973	2338	1199	1139	5477	2668	2709
1974	2364	1161	1203	5453	2604	2849
1975	2599	1324	1275	6325	3190	3135
1976	2588	1300	1288	6487	3114	3373
1977	3017	1564	1453	7399	3529	3870

15-5 续表 continued

年份 Year	客运量 (万人) Passenger Traffic (10 000 persons)	铁路 Railways	公路 Highways	航空 Civil Aviation	货运量 (万吨) Freight Traffic (10 000 tons)	铁路 Railways	公路 Highways	航空 Civil Aviation
1978	3422	1753	1669		8213	3861	4352	
1979	3470	1689	1781		8046	3924	4122	
1980	4162	1994	2164	4	7653	4142	3511	0.05
1981	4250	2071	2176	3	7305	3989	3316	0.05
1982	4926	2288	2635	3	8314	4317	3997	0.04
1983	5703	2556	3145	2	9103	4542	4561	0.04
1984	6313	2738	3573	2	10149	4957	5192	0.03
1985	6673	2784	3884	5	11588	5510	6078	0.13
1986	7612	2833	4775	4	15348	5638	9710	0.06
1987	8493	2965	5509	19	16979	6065	10914	0.06
1988	9518	3242	6242	34	18533	5296	13237	0.06
1989	9411	2997	6405	9	22515	6678	15837	0.06
1990	10475	2433	8012	30	26676	6909	19767	0.17
1991	9148	2565	6543	40	25678	7027	18651	0.24
1992	10406	2801	7567	38	29126	7198	21928	0.34
1993	11165	3014	8108	43	31708	7587	24121	0.41
1994	15294	3042	12162	90	31386	7812	23573	0.90
1995	18273	2909	15248	116	32732	8347	24384	1.13
1996	18099	2563	15418	118	34321	9435	24885	1.15
1997	19148	2735	16287	126	39008	9960	29047	1.27
1998	20205	2542	17552	111	39564	8227	31336	1.17
1999	21498	2824	18576	98	41652	8747	32903	1.90
2000	23549	3378	20061	110	44629	9648	34979	2.00
2001	24133	2956	21041	136	45970	9816	36145	0.90
2002	25376	2824	22421	132	47879	10639	37239	1.00
2003	23521	2552	20831	138	50046	11513	38532	1.10
2004	28954	3235	25510	209	61259	18560	42697	1.60
2005	32114	3259	28604	251	73082	22060	51020	2.00

15-6 客货周转量
Passenger-kilometers and Freight Ton-kilometers

年份 Year	旅客周转量 (亿人公里) Passenger-kilometers (100 million passenger-km)	铁路 Railways	公路 Highways	航空 Civil Aviation	货物周转量 (亿吨公里) Freight Ton-kilometers (100 milion ton km)	#铁路 Railways	#公路 Highways
1978	31.80	22.38	9.42		224.55	214.96	9.59
1980	43.19	31.84	11.35		174.92	164.78	10.14
1981	45.55	34.33	11.22	0.15	252.36	243.98	8.38
1982	52.06	37.50	14.40	0.16	299.40	288.62	10.78
1983	61.41	43.92	17.36	0.13	348.97	335.57	13.40
1984	70.63	50.29	20.34	0.13	391.94	376.45	15.49
1985	82.53	58.34	23.86	0.32	442.51	424.30	18.20
1986	90.85	62.57	28.03	0.25	470.56	449.30	21.26
1987	100.92	65.55	33.78	1.59	492.62	469.12	23.50
1988	115.69	74.49	37.58	3.62	491.93	466.08	25.85
1989	111.29	68.18	39.84	3.27	579.63	501.93	77.70
1990	99.01	57.54	38.07	3.40	621.90	519.41	102.49
1991	104.90	60.64	40.06	4.20	608.08	505.15	102.93
1992	113.60	69.24	40.26	4.10	655.89	515.18	137.56
1993	152.95	74.44	74.03	4.48	697.86	546.50	151.36
1994	174.86	75.09	89.55	10.22	734.25	586.94	143.85
1995	173.58	71.97	89.85	11.76	785.12	625.56	159.56
1996	167.10	63.79	90.68	12.63	832.66	658.96	170.11
1997	180.27	69.14	97.69	13.43	881.49	695.86	182.18
1998	187.91	76.13	100.44	11.34	844.35	657.08	187.27
1999	205.50	88.00	108.18	9.26	898.80	701.00	197.75
2000	219.10	92.30	116.30	10.50	1041.20	828.60	211.80
2001	225.30	89.70	121.90	13.70	1090.10	869.70	220.30
2002	236.80	92.70	130.70	13.40	1132.00	900.50	231.40
2003	222.06	85.74	122.14	14.18	1218.22	976.18	241.91
2004	290.24	108.63	155.28	26.33	1441.39	1171.39	269.84
2005	323.12	113.22	178.98	30.92	1604.31	1280.75	323.35

15-7 邮电业务基本情况

Basic Conditions of Post and Telecommunications Services

指标	Item	2004	2005
邮电业务总量(万元)	Business Volume of Post and Telecommunications Service(10 000 yuan)	2322297	2761427
邮政业务总量	Business Volume of Post Service	86250	89351
电信业务总量	Business Volume of Telecommunications Service	2236047	2672076
函件(万件)	Number of Letters(10 000 pcs)	6229	3143
包件(万件)	Number of Parcels(10 000 pcs)	151	151
特快专递(万件)	Pieces of Express Mail Services(10 000 pcs)	230	251
报刊期发数(万份)	Number of Newspapers and Magazines Circulation(10 000 copies)	218	194
长途电话(万次)	Number of Long distance Calls(10 000 times)	51408	49600
本地电话年末用户(万户)	Local Telephone Subscribers at Year-end (10 000 subscribers)	502	542
年末市内电话用户(万户)	Local(Urban)Telephone Subscribers at Year-end (10 000 subscribers)	399.9	434.0
# 住宅电话用户	Residential Telephone Subscribers	322.3	345.5
年末农村电话用户(万户)	Number of Rural Telephones Subscribers at Year-end (10 000 subscribers)	102.1	107.9
年末移动电话用户(万户)	Number of Mobile Telephones Subscribers at Year-end (10 000 subscribers)	594.6	712.3
年末互联网用户(万户)	Number of Subscribers of Internet Service at Year-end (10 000 subscribers)	82.4	106.1
邮电局所(处)	Number of Post &Telecommunications Offices(unit)	1672	1743
邮路总长度(公里)	Length of Postal Routes (km)	57762	60713
# 汽车邮路	Highway Routes	43074	43895
铁路邮路	Railway Routes	5699	6196
长话电路(路)	Number of Long-distance Telephone Lines(line)	213030	347929
局用交换机容量(万门)	Capacity of Office Telephone Exchanges(10 000 lines)	722.4	633.4
中央国有	Central State-owned	722.4	633.4
地方国有	Local State-owned		
电话机(含移动电话)(万部)	Number of Telephone Sets(10 000 units)	1096.6	1254.3
中央国有	Central State-owned	1096.6	1254.3
地方国有	Local State-owned		

注：邮电业务总量按2000年不变价格计算。

a)The business volume of post and telecommunications is calculated at 2000 constant prices.

15-8 城乡邮电局所和电话机数

Number of Post and Telecommunications Office and Telephones

年份 Year	邮电局所（处） Number of Telecommunications Offices (unit)	城市 Urban	乡村 Rural	每万人口中邮电局所（处） Number of Post and Telecoms Offices per 10 000 Person (unit)	本地网电话机部数（万部） Number of Telephone in Local Network (10 000 set)	城市本地网 Urban	乡村本地网 Rural	每万人口中电话机数（部） Number of Telephones per 10 000 persons (set)
1949	114	100	14	0.19	0.04		0.04	0.66
1952	353	330	23	0.49	0.04		0.04	0.56
1957	563	149	414	0.60	1.03	0.90	0.13	18.71
1958	799	308	481	0.82	1.31	1.17	0.14	25.69
1965	951	161	790	0.73	3.33	2.23	1.10	13.88
1970	1111	216	895	0.75	2.07	1.49	0.58	15.13
1975	835	151	684	0.48	2.66	1.98	0.68	14.59
1978	857	163	694	0.48	3.10	2.36	0.74	17.00
1979	1513	206	1307	0.82	5.87	4.16	1.71	31.70
1980	1515	212	1303	0.81	6.04	4.34	1.70	32.19
1981	1519	212	1307	0.80	6.13	4.57	1.56	32.21
1982	1520	218	1302	0.78	6.47	4.97	1.50	33.32
1983	1517	216	1301	0.77	6.98	5.46	1.52	35.44
1984	1545	232	1313	0.78	7.63	6.14	1.49	38.28
1985	1603	232	1371	0.80	8.51	7.00	1.51	42.21
1986	1634	254	1380	0.80	9.07	7.56	1.51	44.45
1987	1615	229	1386	0.78	10.31	8.71	1.60	49.89
1988	1632	236	1396	0.78	12.67	10.98	1.69	60.51
1989	1636	232	1404	0.77	14.70	12.81	1.89	69.27
1990	1638	225	1413	0.76	16.83	14.80	2.03	77.82
1991	1645	230	1415	0.75	18.48	16.34	2.14	84.62
1992	1648	228	1420	0.75	21.18	18.66	2.52	95.98
1993	1651	233	1418	0.74	28.05	25.08	2.97	125.65
1994	1765	247	1518	0.78	62.47	59.51	2.96	276.35
1995	1804	419	1385	0.79	65.89	63.59	2.26	289.94
1996	1831	424	1407	0.80	85.98	85.07	0.91	374.60
1997	1837	407	1430	0.79	105.64	89.44	16.20	454.23
1998	1815	414	1401	1.20	150.08	128.66	21.42	640.05
1999	1739	413	1326	0.74	155.26	127.63	27.63	657.35
2000	1728	417	1311	0.73	206.90	166.35	40.55	872.11
2001	1671	446	1215	0.70	258.00	203.00	55.00	1087.51
2002	1671	521	1150	0.70	311.20	242.60	68.60	1308.64
2003	1678	551	1127	0.71	430.04	345.09	84.95	1807.19
2004	1672	559	1113	0.70	501.96	399.86	102.10	2107.30
2005	1743	600	1143	0.73	541.90	433.98	107.92	2270.78

15-9 邮电业务量
Telecommunications Services

年 份 Year	邮电业务总量 (万元) Business Volume of post & Telecommunications (10 000 yuan)	邮政业务总量 Business Volume of Post	电信业务总量 Business Volume of Telecommunications	邮电业务总量指数 (1978年=100) Index of Business Volume of Post & Telecommunications(1978=100)	函 件 (万件) Number of Letters (10 000 pcs)	特快专递 (万件) Pieces of Express Mail Services (10 000 pcs)	报刊期发数 (万份) Newspapers & Magazines Circulation (10 000 copies)
1978	7515			100	6658		253
1980	8216			109	7146		329
1985	11471			153	9416		605
1986	11953			159	9589		507
1987	14436			192	9778		596
1988	17119			228	9946	1	515
1989	18652			248	8637	1	342
1990	21194	7373	13821	282	8080		
1991	25096	8126	16970	334	7782	3	419
1992	32195	10093	22102	428	8001	9	412
1993	46809	11866	34943	623	9539	28	560
1994	69688	15317	54371	927	10858	55	567
1995	96552	19031	77521	1284	16728	95	486
1996	128846	21677	107169	1714	10277	153	625
1997	174001	25413	148588	2314	9479	157	650
1998	247762	29003	218759	3295	8521	115	408
1999	391291	34591	356700	5204	8332	100	341
2000	562463	59463	523000	7481	9677	111	395
2001	580521	76007	504515	10956	12249	147	268
2002	903848	80448	823400	17058	14002	167	249
2003	1085474	85115	1000359	20486	22066	205	249
2004	2322297	86250	2236047	43828	6229	230	218
2005	2761427	89351	2672076	52116	3143	251	194

注：邮电业务总量2000年及以前按1990年不变价格计算，2001年以后按2000年价格计算。

a)Business Volume of Post and telecommunications before 2000 is calculated at 1990 constant Prices,and after 2001 it is calculated at 2000 constant Prices.

15-9 续表 1 continued

年 份 Year	集邮业务 (万元) Philately (10 000 yuan)	长途电话 (万次) Number of Long Distance Telephone Calls(10 000 times)	无线寻呼用户 (户) Number of Subscribers of Pageing Service (subscriber)	移动电话用户 (户) Number of Mobile Telephone Subscribers (subscriber)	国际互联网络用户 (户) Number of Subscribers of Internet Service (subscriber)
1978		451			
1980		495			
1985		792			
1986		856			
1987		923	175		
1988	287	1100	558		
1989		1071	1120		
1990	1373	1257	1747		
1991	2149	1722	3799	70	
1992	3959	2615	8246	636	
1993	4829	4856	24549	2298	
1994	4944	7623	52794	8351	
1995	4935	10422	102653	21852	
1996	6248	14349	179383	52388	25
1997	10173	15686	300692	127630	382
1998	11158	17429	420108	258881	1454
1999	10024	19101	530011	533000	10306
2000	7830	21088	780008	1153000	56556
2001	11768	22160	430000	2090000	161420
2002	12527	23358	315000	3172000	330133
2003	7095	23696	104000	4790500	547046
2004	4833	51408	51500	5945700	824000
2005	4996	49600	3000	7123000	1061143

15-9 续表 2 continued

年份 Year	本地电话年末用户(户) Number of Subscribers of Local Telephone at Year-end (subscribers)	城市电话用户 Number of Urban Telephone Subscribers	# 住宅电话 Residential Telephone Subscribers	乡村电话用户 Rural Telephone Subscribers	# 住宅电话 Residential Telephone Subscribers	公用电话(户) Public Telephone (Subscribers)
1978	30991	23561		7430		218
1980	60483	43435		17048		95
1985	86230	71101	733	15129	87	317
1986	97947	82004	2096	15943	156	386
1987	110409	93869	3047	16540	366	436
1988	127372	109781	6484	17591	484	467
1989	147108	128187	24732	18921	398	391
1990	168328	147964	32003	20364	518	278
1991	184856	163414	41193	21442	1785	376
1992	211796	186574	64151	25222	3319	679
1993	280512	250772	118788	29740	6139	1480
1994	440361	409220	265776	31141	10482	2958
1995	658577	635945	441383	22632	10586	6887
1996	859754	850652	615126	9102	3349	11759
1997	1056355	894372	697425	161983	118986	20400
1998	1254391	1040109	845015	214282	172736	32451
1999	1552582	1276323	1027119	276259	236006	41271
2000	2069000	1664000	1339000	405000	358000	48039
2001	2580000	2030000	1620000	550000	490000	70000
2002	3112000	2426000	1884000	686000	616000	74000
2003	4300400	3450900	2607300	849500	765400	168063
2004	5019600	3998600	3223000	1021000	823300	268800
2005	5420000	4340000	3455000	1079000	824000	382600

15-10 年末邮电局所数及邮递线路

Postal and Telecommunications Services Facilities(Year-end)

年份 Year	邮电局所(处) Number of Post and Telecommunica-tions Offices (unit)	信筒信箱(处) Number of Post Boxes (unit)	邮路总长度(公里) Length of Postal Routes (km)	#汽车邮路 Highway Routes	#铁路邮路 Railway Routes	农村投递线路(公里) Rural Delivery Routes (km)
1978	857		94978	19250	2674	
1980	1515	3220	70944	35115	5740	
1985	1603	3557	59292	36174	6726	117800
1986	1634	3554	60831	37480	7023	110363
1987	1615	3671	60591	36485	7174	111786
1988	1632	3721	59203	35843	7024	110093
1989	1636	3637	63017	36037	7025	116686
1990	1638	3549	64495	36666	6802	109926
1991	1645	3600	67048	37235	6772	108231
1992	1648	3496	66966	37230	6772	107295
1993	1651	3590	66139	36401	6772	105501
1994	1765	3561	67551	39339	7050	101706
1995	1804	3576	68751	41030	6929	102757
1996	1831	3641	68873	43729	6929	104694
1997	1837	3616	71006	45955	6623	103991
1998	1815	3471	69261	44286	5936	107262
1999	1739	3059	64183	43747	5173	107280
2000	1728	3096	63759	43232	5514	106539
2001	1671	4502	72499	42969	5838	111394
2002	1671	3478	62307	42558	5764	111395
2003	1678	3022	62344	42799	5764	111636
2004	1672	5541	57762	43074	5699	110812
2005	1743	8630	60713	43895	6196	109398

15-11 年末电信电路及长途电信线路

Line of Telecommunications Facilities(Year-end)

年 份 Year	长话业务电路(路) Long Distance Telephone Lines(line)	# 光缆电路 Optical Cable Lines	# 数字电路 Digital Lines	长途光缆线路长度(公里) Length of Long Distance Optical Cable Lines(km)
1990	1736			
1991	2349	351		309
1992	3191	611	881	309
1993	6593	1663	2154	950
1994	10043	4230	1658	3274
1995	11669	6765	8578	8074
1996	17174	13760	15920	9282
1997	19199	17220	18833	9846
1998	30569	27320	30559	11416
1999	26053		26053	11625
2000	48309		48309	16420
2001	84036		84036	15890
2002	166749		166749	25018
2003	247110		247110	28597
2004	213030		213030	31114
2005	347929		347929	35400

15-12 邮电通信水平

Level of Postal and Telecommunications Services

指 标	Item	1990	1995	2000	2005
全区邮电通信水平	**Autonomous Regional Level**				
平均每人每年发函件数(件)	Annual Average Number of Letters Mailed per Capita(piece)	3.78	4.72	4.09	1.32
平均每百人每年订报刊数(份)	Annual Average Number of Newspaper and Magazine Subscribed per 100 Persons(copy)	16.15	21.39	16.69	8.13
平均每百人拥有电话机部数(部)	Number of Telephone Sets Owned per 100 Persons(set)	0.79	2.90	8.75	52.56
农村邮电通信水平	**Rural Level**				
设有邮电局、所的乡(镇)比重(%)	Percentage of Townships with Post and Telephone Communications Offices(%)			100	100
通电话的乡(镇)比重(%)	Percentage of Townships with Telephone Communication(%)	97.40	94.20	100	100
进入长话自动网的乡(镇)比重(%)	Percentage of Townships with Connected Autoexchange Net of Long Distance Call(%)		37.60	100	100

15-13 电信设备年末拥有量

Telecommunications Facilities at the Year-end

年 份 Year	长途自动交换机容量(路端) Capacity of Long-distance Telehone Exchanges (circuit)	本地电话局用交换机容量(门) Capacity of Local-office Telehone Exchanges (line)	# 中央国有 Central State-owned	# 地方国有 Local State-owned	电话机(部) Number of Telephone (set)	# 中央国有 Central State-owned	# 地方国有 Local State-owned
1978		50830	312180	19550	99636	42726	56910
1980		104050	60450	43600	106473	74235	32238
1985		156280	108230	48050	156929	128360	28569
1986		163960	113930	50030	181936	149191	32745
1987		179070	128820	50250	164123	129670	34453
1988	200	193155	141190	51965	232159	194589	37570
1989	1560	222675	169540	53135	266627	226723	39904
1990	1560	241305	188020	53285	296601	253525	43076
1991	2249	268605	212950	55655	329689	283773	45916
1992	5342	351793	251230	100563	363537	312632	50905
1993	9906	449154	358984	90170	454013	398342	55671
1994	25895	682979	618964	64015	624729	595081	29648
1995	68127	1059151	1029828	29323	854869	838265	16604
1996	70336	1284301	1260288	24013	1100640	1088151	12489
1997	81050	1554614	1226356	328258	1313097	1063609	249488
1998	92200	1889691	1508344	381347	1500674	1200539	300135
1999	94200	2119776	1769500	350276	2086000	1748959	337041
2000	96320	2543000	2122789	420211	3222000	2577600	644400
2001	110000	3034400	3034400		4670000	4670000	
2002	137060	3463000	3463000		6284000	6284000	
2003	68640	3705538	3705538		9090500	9090500	
2004	74000	7224000	7224000		10966000	10966000	
2005	79200	6334000	6334000		12543000	12543000	

主要统计指标解释

铁路营业里程 又称营业长度(包括正式营业和临时营业里程)，指办理客货运输业务的铁路正线总长度。凡是全线或部分建成双线及以上的线路，以第一线的实际长度计算；复线、站线、段管线、岔线和特殊用途线以及不计算运费的联络线都不计算营业里程。铁路营业里程是反映铁路运输业基础设施发展水平的重要指标，也是计算客货周转量、运输密度和机车车辆运用效率等指标的基础资料。

铁路正线延展里程 指正线第一线、第二线、第三线和其他正线建筑里程之和，不包括站线、段管线、岔线及特殊用途线的延展里程。它是作为计算铁路上钢轨、枕木及路基砂石需要量的主要依据。

铁路电气化里程 指在全部铁路营业里程中已安装了供电线路及设备，可以供电力机车牵引列车运行的区段的总里程。

铁路自动、半自动闭塞里程 为保证列车安全运行，在一个区间、同一时间内，一般只允许一列列车运行，这种保证列车在这个区间安全间隔运行的技术方法称为“闭塞”。自动和半自动闭塞里程是指装有列车自动或人工完成闭塞状态的铁路设备里程。自动或半自动闭塞里程占铁路营业里程的比重是反映铁路现代化的重要标志之一。

公路里程 指在一定时期内实际达到《公路工程技术标准 JTJ01-88》规定的等级公路，并经公路主管部门正式验收交付使用的公路里程数。包括大中城市的郊区公路以及通过小城镇街道部分的公路里程和桥梁、渡口的长度，不包括大中城市的街道、厂矿、林区生产用道和农业生产用道的里程。两条或多条公路共同经由同一路段，只计算一次，不得重复计算里程长度。它是反映公路建设发展规模的重要指标，也是计算运输网密度等指标的基础资料。

内河航道里程 也称内河通航里程，指在一定时期内，能通航运输船舶及排筏的天然河流、湖泊水库、运河及通航渠道的长度。包括全年季节性通航累计三个月以上的航道，不包括仅供零散流放竹、木排的河道。它是内河水运网规模、水平和发展情况的主要指标。

民用航空线里程 指民航运输定期班机飞行的航线长度的总和。航线长度按机场之间的距离计算，通常有两种计算方法：一是将每条航线长度相加称为重复计算航线里程；二是将两线或两条以上航线经过同一区段里程，只计算一次航线长度称为不重复计算航线里程，一般常用的是后者，它能确切反映民航运输网的规模，是表明民航事业为国民经济服务和方便人民生活程度的主要指标。

输油(气)管道长度 也称输油(气)里程，指油品(或天然气)的实际输送距离，一般按输油(气)管道的单线长度计算。若包括复线和备用线长度则称为输油(气)管道延展长度，是指管道铺设的实际长度。我们通常使用的是不包括复线的“输油(气)管道里程”，它是反映管道运输发展规模和水平的主要指标。

货(客)运量 指在一定时期内，各种运输工具实际运送的货物(旅客)数量。它是反映运输业为国民经济和人民生活服务的数量指标，也是制定和检查运输生产计划、研究运输发展规模和速度的重要指标。货运按吨计算，客运按人计算。货物不论运输距离长短、货物类别，均按实际重量统计。旅客不论行程远近或票价多少，均按一人一次客运量统计；半价票、小孩票也按一人统计。

货(客)运密度 指在一定时期内某种运输方式在营运线路的某一区段平均每公里线路通过的货物(旅客)运输周转量。计算公式为：

货(客)运密度=货物(旅客)周转量/营业线路长度

货(客)运密度是反映交通运输线路上货物(旅客)运输量运输繁忙程度的主要指标，是平衡运输线路运输能力和通过能力，规划线路建设及改造、配备技术设备，研究运输网布局的重要依据。

货物(旅客)周转量 指在一定时期内，由各种运输工具运送的货物(旅客)数量与其相应运输距离的乘积之总和。它是反映运输业生产总成果的重要指标，也是编制和检查运输生产计划，计算运输效率、劳动生产率以及核算运输单位成本的主要基础资料。计算货物周转量通常按发出站与到达站之间的最短距离，也就是计费距离计算。计算公式为：

货物(旅客)周转量=Σ货物(旅客)运输量×运输距离

铁路货车平均静载重 指铁路货车在始发站静止状态下平均每年装载的货物重量，用以分析货车完成装车时车辆载重力的利用情况。计算公式为：

货车平均静载重=货物发送吨数/装车数

静载重的多少取决于运送货物的性质、种类、车辆的类型和装载技术的高低。根据货车的平均标记载重与静载重进行对比，可以反映货车载重能力的利用程度。计算公式为：

货车载重力利用率(%)=货车平均静载重/货车平均标记载重×100%

铁路货运机车日产量 指在一定时期内，平均每台货运机车在一昼夜内所完成的总重吨公里数，包括载运货物的重量和车辆本身的自重。它从时间和牵引能力两方面反映了机车运用效率。计算公式为：

货运机车平均日产量=货运总重吨公里数/货运机车台日数

邮电业务总量 指以价值量形式表现的邮电通信企业为社会提供各类邮电通信服务的总数量。邮电业务量按专业分类包括函件、包件、汇票、报刊发行、邮政快件、特快专递、邮政储蓄、集邮、公众电报、用户电报、传真、长途电话、出租电路、市话无线寻呼、移动电话、分组交换数据通信、出租代维等。计算方法为各类产品乘以相应的平均单价(不变价)之和，再加上出租电路和设备、代用户维护电话交换机和线路等的服务收入。它综合反映了一定时期邮电业务发展的总成果，是研究邮电业务量构成和发展趋势的重要指标。计算公式为：

邮电业务总量=Σ(各类邮电业务量×不变单价)+出租代维及其他业务收入

无线寻呼电话用户 指携带小型寻呼机、接收市话用户通过无线寻呼中心，在规定范围内向其发出声音、数字或文字显示信息的用户。在寻呼台办理登记手续的无线寻呼用户，每一部寻呼机按一户计算。

移动电话用户 指在移动电话营业部门登记，通过移动电话交换机进入电话网、占有移动电话号码的电话用户。用户数量以实际办理登记手续进入邮电部门移动电话网的户数进行计算，一部或一台移动电话统计为一户。

电话用户 指接入国家公众固定资产电话网，并按固定电话业务进行经营管理的电话用户。1997 年以前，电话用户分为市内电话用户和农村电话用户。市内电话用户是指接入县城及县以上城市电话网上的电话用户；农村电话用户是指接入县邮电局农话台及县以下农村电话交换点，以县城为中心(除市话用户外)联通县、乡(镇)、行政村、村民小组的用户。从 1997 年起，电话用户数分组调整为以用户所在区域划分为“城市电话用户”和“乡村电话用户”与过去的按市内电话和农村电话划分方法不同。而电话用户数、电话机部数统计方法不变。

住宅电话 指话机装在居民住宅里的电话，包括私人付费、公费和免费三个部分。

私人付费电话 指住宅居民自费安装并自己缴纳通话费的电话。

Explanatory Notes on Main Statistical Indicators

Length of Railways in Operation refers to the total length of the trunk line under passenger and freight transportation (including both full operation and temporary operation) . The calculation is based on the actual length of the first line even if this line has a full or partial double track or more tracks, excluding double tracks, station sidings, tracks under the charge of station, branch lines, special purpose lines and the non payable connecting lines, The length of railways in operation is an important indicator to show the development of the infrastructure for the railway transport, and also the essential data to calculate volume of passenger freight transport, traffic density and utilization efficiency of the locomotives and carriages.

Extenuation Length of Trunk Lines refers to the sum of the first, the second, the third lines and other constructed length of the trunk railways, excluding the extenuation length of the station lines, lines under the jurisdiction of depots, sidings and lines for special purpose. It provides important information for the calculation of the needs for rails, sleepers, sand and stone for the construction of railways.

Length of Electrified Railways refers to the length of the section of railways in operation in which the power supply lines and other equipment are installed for the running of electrified locomotives. The proportion of the length of electrified railways to the total length of railways in operation is an important indicator to show the modernization of railways.

Automatic-blocking and Semi-automatic blocking Length of Railways Blocking is a spacing technique by which a section of the railway only allows one train to pass at a time, in order to ensure the traffic safety. Automatic (semiautomatic) blocking length of railways refers to railways installed with equipment to perform automatic or manual blocking of trains, the proportion of automatic/semi automatic blocking length to the total length of railways in operation is an important indicator to show the modernization of railways.

Length of Highways refers to the length of highways which are built in conformity with the grades specified by the highway engineering standard formulated by the Ministry of Communications, and have been formally checked and accepted by departments of highways and put into use. The length of highways includes that of the suburb highways at large and medium sized cities, highways passing through streets at small cities and towns, and also the length of bridges and ferries. It does not include the length of streets in big and medium sized cities and highways built for the production purpose at factories, mines, forest areas and agricultural areas. If two or more highways go the same section of the way, the length of the section is only calculated for once and no duplication is allowed. The length of highways is an important indicator to show the development of the highway construction and to provide essential information to calculate the transport network density.

Length of Navigable Inland Waterways an indicator reflecting the size and development of inland water network, it refers to the length of the natural rivers, lakes, reservoirs, canals, and ditches open to navigation during a given period, which enables the transport by ships and rafts. It includes the channels open to navigation for over an accumulative 3 months in a year, yet this does not include the river courses which are only used to float odd logs and bamboo rafts.

Length of Civil Aviation Routes refers to the length of all routes for regular civil aviation flights. There are usually two ways to calculate the distance between airports connected by the route length: One is to put the length of all air routes together, called duplicated calculation of the length of the routes, the other is not to allow the duplication in calculation when two or more routes passing the same section of aviation routes. The latter is usually used, as it can precisely show the size of the civil aviation network and indicate the extent of civil aviation serving the national economy and the people.

Length of Oil (Gas) Pipelines used as an indicator to show the development, scale and level of the pipeline transportation, it refers to the actual transport distance of oil (or gas) products, and is in general calculated in the length of single pipeline. If the length of the double pipelined and alternate pip-line is included, it is called the extension length of the oil (gas) pipelines, which indicates the actual length of the pipelines built, excluding double pipelines.

Freight (Passenger) Traffic refers to the volume of freight (passenger) transported with various means. Freight transport is calculated in tons and passenger traffic is calculated in the number of persons. Despite the type of freight and traveling distance, the freight transport is calculated in the actual weight of the goods: and despite the traveling distance and ticket price, the passenger traffic is calculated by the principle that one person can be counted only once in one travel. The passenger who travels a half price ticket or a child ticket is also calculated as one person. The freight (passenger) traffic provides a quantitative measure to show how the transport industry serves the national economy and people, and is also an important indicator for planning the transport industry and for studying the development scale and speed of the transport industry.

Freight (Passenger) Traffic Density refers to the freight(passenger) traffic volume carried by a particular means of transportation during a given period through one kilometer of a specific section of transportation route. The formula is as follows.

Freight (Passenger) Traffic Density =[Freight Ton-kilometers (Passenger-kilometers)] ÷(Length of Route in Operation)

Freight (passenger) traffic density reflects the degree of business of freight (passenger) traffic on transportation routes, and therefore provides important information for balancing transport capability, planning construction and upgrading of transport routes and studying the distribution of transport network.

Freight Ton-kilometers (Passenger kilometers) refer to the sum of the products of the volume of transported cargo(passengers) multiplying by the transport distance, usually using ton kilometer and passenger kilometer as units for measurement. Normally, the shortest distance between the departure station and the destination station (i. e, the payable distance) is the basis to calculate the freight Ton kilometers. This is an important indicator to show the total results of the transport industry, to prepare and examine the transport plan and to measure the efficiency, the labour productivity and the unit cost of transport. The formula is as follows:

Freight Ton kilometers(Passenger kilometers) = {Freight (Passenger) Traffic × Distance of Transportation}

Measuring unit: ton kilometer(person kilometer)

Static Load of Freight Cars refers to the average cargo weight as loaded by each freight car under the static condition at the departure station. It is used to show the utilization extent of the loading capacity of the freight cars. The formula is:

Static Load (ton) of Freight Car=(Tonnage of Goods Dispatched) ÷(Number of Freight Cars Loaded)

The static load of freight cars is determined by the nature and type of goods loaded, the type of vehicles, and the technique of loading. The difference between the average marked load and the static load of freight cars reflects the utilization of loading capacity of freight cars. For its calculation the following formula is applied:

Utilization Rate of Capacity of Freight Cars(%) = [(Average Static Load) ×100%] ÷(Average Marked Load)

One mobile telephone is treated as a subscriber.

Average Daily Haul of Freight Locomotives refers to the average total ton kilometers accomplished by each freight transport locomotive over day and night during a given period of time. It includes both the weight of the goods carried and the dead weight of the train itself. It is a comprehensive indicator reflecting the locomotive efficiency in terms of both time and the pulling force.

Average Daily Haul of Freight Transport Locomotive(ton kilometer) = [(Total Ton (Kilometers of Freight)] ÷(Daily Number of Freight Transport Locomotive).

Business Volume of Post and Telecommunications refers to the total amount of post telecommunications services, expressed in value terms, provided by the post and telecommunications departments for the society. Post and telecommunication services can be classified as letters, parcels, remittance, issue of newspapers and magazines, fast mail service, express mail service, savings deposits, stamps for collection, public and individual telegraph service, facsimiles, long distance telephone service, leasing of telephone lines, urban paging service, mobile telephone service, data transfer and transmission, etc. The accounting approach is to multiply the service products of all types with their average unit price (constant price) to get sum of business value, plus income from other services such as leasing of telephone lines and equipment, maintenance of telephone switchboards and lines on behalf of customers. This indicator reflects the overall results of post and telecommunications service during a given period, and is important to study the composition of business service and the development of post and telecommunications service.

The formula is follows:

Business Volume of Post and Telecommunications = Σ(Transaction of Post and Telecommunication Service × Constant Price) + Income from Leasing, Maintenance and other Services

Subscribers of Paging Services refer to subscribers who carry small size pagers and receive audio signals, digital signals or character signals sent out by telephone through wireless paging center within assigned area. Each pager is counted as a subscriber.

Mobile Telephone Subscribers refer to the persons who own mobile telephone number connected with the mobile telephone communication network and have registered in mobile communication enterprises. The number of subscribers is calculated only when the subscribers who have gone through all the register formalities and entered into the mobile telephone network.

Telephones Subscribers refer to subscribers that

are connected to the public line telephone network provided with telephone services. Before 1997, telephone subscribers were classified as city subscribers and village subscribers. City subscribers referred to those connected to city telephone networks in county towns and cities, while village subscribers referred to those connected to village telephone stations at and below counties. Since 1997, the classification of telephone subscribers was modified on the basis of physical location of the subscribers as "urban telephone subscribers "and" rural telephone subscribers", which is different from the previous classification of categorizing "local telephones "and "rural telephones", while the definition of total subscribers and total number of telephones remain unchanged.

Household telephone subscribers refer to telephone sets installed in the dwelling units of residents, include 3 types of payment for the service: private payment, public payment and free service.

Private-paid telephone subscribers refer to subscribers of households who pay for the installation and service of telephones.

十六　国内贸易

DOMESTIC TRADE

资料整理　王亦兵　王海英

Arranged by Wang Yibing, Wang Haiying

16-1 社会消费品零售总额(按销售单位所在地和行业分)

Total Retail Sale of Consumer Goods by Location of Retailers and by Sector

单位：万元 (10 000 yuan)

年 份 Year	社会消费品零售总额 Total Retail Sales of Consumer Goods	市 City	县 County	县以下 Under County Level
1978	368336	109765	173880	84691
1979	396306	115097	212109	69100
1980	443085	134370	234472	74243
1981	473558	154209	220104	102245
1982	521169	168509	184330	168330
1983	576479	213026	190936	172517
1984	682854	272508	219274	191072
1985	756373	379587	204430	172356
1986	848809	435847	226870	186092
1987	963006	493222	257461	212323
1988	1188967	615424	319333	254210
1989	1256875	674326	333493	249056
1990	1305760	718633	338223	248904
1991	1455207	847989	378809	228409
1992	1686851	978585	421058	287208
1993	2222885	1274436	520515	427934
1994	2656752	1556018	612519	488215
1995	3133114	1787351	764355	581408
1996	3644208	2046368	935855	661985
1997	4171634	2494448	987127	690059
1998	4699727	2834462	1093481	771784
1999	5326021	3274132	1212618	839271
2000	6085451	3782591	1382488	920372
2001	6959858	4408005	1549876	1001977
2002	8253061	5255468	1805237	1192356
2003	9561995	6208135	2036284	1317576
2004	11607118	7720880	2398047	1488191
2005	13441043	8992846	2785634	1662563

16-1 续表 continued

单位：万元 (10 000 yuan)

年 份 Year	批发零售贸易业 Wholesale and Retail Sale Trade	餐 饮 业 Catering Trade	制 造 业 Manufacturing	农业生产者 Agriculture	其 他 行 业 Others
1978	324557	9176	18424	4500	11679
1979	349203	9873	19823	4806	12601
1980	377210	12425	26812	11745	14893
1981	395242	13436	32747	12613	19520
1982	429129	15383	40642	16000	20015
1983	468060	17180	49112	18419	23708
1984	540456	21996	64587	28201	27614
1985	639621	26309	83076	43560	34446
1986	717482	31180	83815	51319	42686
1987	822095	37134	84602	60161	50035
1988	1022036	45026	110832	72734	54327
1989	1097906	44454	121209	81943	40349
1990	1154732	46081	126464	93257	41615
1991	1277458	54716	138160	111773	49581
1992	1424440	61275	166494	138677	74718
1993	1812421	274859			135605
1994	2182469	326337			147946
1995	2558304	396339			178471
1996	2972167	472720			199321
1997	3400261	563531			207842
1998	3807265	658848			233614
1999	4284513	786023			255485
2000	4875210	941049			269192
2001	5569681	1102355			287822
2002	6609147	1348192			295722
2003	7640622	1601569			319804
2004	9207247	2026590			373281
2005	10674223	2341242			425578

16-2 限额以上批发零售贸易、餐饮业基本情况 (2005年, 按登记注册类型分)

Basic Conditions of Enterprises above Designated Size in Wholesale and Retail Sale, Catering Trades by Registration(2005)

指 标	Item	法人企业(个) Number of Corporation Unit(unit)	产业活动单位数(个) Number of Active Unit (unit)	从业人数(人) Persons Engaged (person)
总 计	**Total**	**835**	**1825**	**87645**
一、 批发业合计	**Wholesale Trade**	**308**	**757**	**29464**
内资企业	**Domestic Funded Enterprises**	**304**	**753**	**29334**
国有企业	State-owned Enterprises	86	382	14670
集体企业	Collective-owned Enterprises	9	13	687
股份合作企业	Cooperative Enterprises	4	11	323
联营企业	Joint Ownership Enterprises			
国有联营公司	State Joint Ownership Enterprises			
集体联营企业	Collective Joint Ownership Enterprises			
国有与集体联营企业	Joint State collective Enterprises			
其他联营企业	Other Joint Ownership Enterprises			
有限责任公司	Limited Liability Corporations	101	135	6078
国有独资企业	State funded Corporations	6	15	921
其他有限责任公司	Other Limited Liability Corporations	95	120	5157
股份有限公司	Share-holding Corporations Ltd.	18	80	4423
私营企业	Private Enterprises	85	131	2865
私营独资企业	Private-funded Enterprises	4	19	172
私营合伙企业	Private Partnership Enterprises	1	1	7
私营有限责任公司	Private Limited Liability Corporations	71	102	2362
私营股份有限公司	Private Share-holding Corporations Ltd.	9	9	324
其他企业	Other Enterprises	1	1	288
港、澳、台商投资企业	**Enterprises with Investment from Hong Kong, Macao & Taiwan**			
港澳台资合资经营	Joint-venture Enterprises (HK,Macao & Taiwan)			
港澳台资合作经营	Cooperative Enterprises (HK,Macao & Taiwan)			
港澳台商独资企业	Sole Investment from HK, Macao & Taiwan			
港澳台商投资股份有限公司	Share-holding Co.,Ltd.from HK, Macao & Taiwan			
外商投资企业	**Enterprises With Foreign Investment**	**4**	**4**	**130**
中外合资经营	Joint venture Enterprises	1	1	57
中外合作经营	Cooperation Enterprises			
外资企业	Enterprises with Sole Foreign Investment	1	1	15
外商投资股份有限公司	Share-holding Co., Ltd.with Foreign Investment	2	2	58
二、 零售业合计	**Retail Trade**	**318**	**815**	**39857**
内资企业	**Domestic Funded Enterprises**	**316**	**811**	**39531**
国有企业	State-owned Enterprises	43	292	5508
集体企业	Collective-owned Enterprises	8	12	520
股份合作企业	Cooperative Enterprises	10	13	566
联营企业	Joint Ownership Enterprises			
国有联营公司	State Joint Ownership Enterprises			
集体联营企业	Collective Joint Ownership Enterprises			
国有与集体联营企业	Joint-State-collective Enterprises			
其他联营企业	Other Joint Ownership Enterprises			
有限责任公司	Limited Liability Corporations	95	213	14441
国有独资企业	State funded Corporations			
其他有限责任公司	Other Limited Liability Corporations	95	213	14441
股份有限公司	Share-holding Corporations Ltd.	28	113	4637

16-2 续表 continued

指 标	Item	法人企业(个) Number of Corporation Unit (unit)	产业活动单位(个) Number of Active Unit (unit)	从业人数(人) Persons Engaged (person)
私营企业	Private Enterprises	132	168	13859
私营独资企业	Private funded Enterprises	9	10	809
私营合伙企业	Private Partnership Enterprises	1	2	23
私营有限责任公司	Private Limited Liability Corporations	106	131	11280
私营股份有限公司	Private Share holding Corporations Ltd.	16	25	1747
其他企业	Other Enterprises			
港、澳、台商投资企业	**Enterprises with Investment from Hong Kong, Macao & Taiwan**	**2**	**2**	**281**
港澳台资合资经营	Joint-venture Enterprises (HK,Macao & Taiwan)	2	2	281
港澳台资合作经营	Cooperative Enterprises (HK,Macao & Taiwan)			
港澳台商独资企业	Sole Investment from HK, Macao & Taiwan			
港澳台商投资股份有限公司	Share-holding Co.,Ltd.from HK, Macao & Ttaiwan			
外商投资企业	**Enterprises With Foreign Investment**		**2**	**45**
中外合资经营企业	Joint venture Enterprises			
中外合作经营企业	Cooperation Enterprises		2	45
外资企业	Enterprises with Sole Foreign Investment			
外商投资股份有限公司	Share-holding Co., Ltd.with Foreign Investment			
三、 餐饮业合计	**Catering Trade**	**209**	**253**	**18324**
内资企业	**Domestic Funded Enterprises**	**206**	**238**	**17263**
国有企业	State owned Enterprises	10	12	1443
集体企业	Collective owned Enterprises	5	6	713
股份合作企业	Cooperative Enterprises	4	5	476
联营企业	Joint Ownership Enterprises	1	1	90
国有联营公司	State Joint Ownership Enterprises			
集体联营企业	Collective Joint Ownership Enterprises			
国有与集体联营企业	Joint State collective Enterprises			
其他联营企业	Other Joint Ownership Enterprises	1	1	90
有限责任公司	Limited Liability Corporations	39	42	3088
国有独资企业	State funded Corporations	1	1	60
其他有限责任公司	Other Limited Liability Corporations	38	41	3028
股份有限公司	Share holding Corporations Ltd.	13	17	964
私营企业	Private Enterprises	128	147	10033
私营独资企业	Private funded Enterprises	29	36	2251
私营合伙企业	Private Partnership Enterprises	8	8	455
私营有限责任公司	Private Limited Liability Corporations	75	86	6237
私营股份有限公司	Private Share holding Corporations Ltd.	16	17	1090
其他企业	Other Enterprises	6	8	456
港、澳、台商投资企业	**Enterprises with Investment from Hong Kong, Macao Taiwan**	**2**	**2**	**185**
港澳台资合资经营	Joint-venture Enterprises (HK,Macao & Taiwan)	1	1	60
港澳台资合作经营	Cooperative Enterprises (HK,Macao & Taiwan)			
港澳台商独资企业	Sole Investment from HK, Macao & Taiwan	1	1	125
港澳台商投资股份有限公司	Share-holding Co.,Ltd.from HK, Macao & Ttaiwan			
外商投资企业	**Enterprises With Foreign Investment**	**1**	**13**	**876**
中外合资经营企业	Joint venture Enterprises			
中外合作经营企业	Cooperation Enterprises		2	127
外资企业	Enterprises with Sole Foreign Investment	1	11	749
外商投资股份有限公司	Share-holding Co., Ltd.with Foreign Investment			

16-3 限额以上批发、零售贸易业商品销售总额 (2005年,按行业分)

Total Sales of Enterprise above Designated Size in Wholesale & Retail Trade by Sector(2005)

单位：万元　　(10 000 yuan)

指标	Item	销售总额 Total Sales	批发 Whole sale	零售 Retail
总计	**Total**	**8486869**	**6109362**	**2377506**
批发业合计	**Wholesale Trade**	**6384679**	**5630033**	**754645**
农畜产品	Workstock Products	328114	318864	9250
#谷物、豆及薯类	Cereal,Beans & Tubers			
食品、饮料及烟草制品	Food, Beverages & Tobaccos	1188389	1133403	54987
#米、面制品及食用油	Grains & Edible Oil	164011	163203	809
果品、蔬菜	Fruits & Vegetables			
肉、禽、蛋及水产品	Meat,Poultry,Eggs & Aquatic			
纺织、服装及日用品	Textile, Garment & Household	14042	10179	3863
#纺织品、针织品及原料	Textile,Kintwear			
服装	Garment			
文化、体育用品及器材	Cultural,Sports & Equipment	37459	34242	3217
医药及医疗器材	Medicines & Medical Appliances	116057	105151	10907
矿产品、建材及化工产品	Minerals,Building & Chemicals	4378507	3737107	641400
#石油及制品	Petroleum & Related Products	1151796	526023	625773
煤炭及制品	Coal & Related Products	2183635	2172604	11031
化肥	Chemical Materials	228621	228621	
机械设备、五金交电及电子产品	Machinery,Hardware,Electrics	309449	278427	31023
#汽车、摩托车及零配件	Automobile,Motorcycles & Parts	185220	170089	15131
贸易经纪与代理	Trading Brokerage & Agency	5254	5254	
其他	Others	7407	7407	
零售业合计	**Retail Trade**	**2102190**	**479329**	**1622861**
综合零售	Comprehensive Retail	379664	5673	373991
#百货	Consumer Goods	289332	4769	284563
食品、饮料及烟草制品专门零售	Food, Drink & Tobaccos	27518	6985	20533
#粮油	Grains & Edible Oil			
纺织、服装及日用品专门零售	Textile , Garment & Household	60178	15451	44728
#纺织品及针织品	Textile & Kintwear Products			
服装	Garments	39163	7710	31453
鞋帽	Shoes & Hats			
文化、体育用品及器材专门零售	Cultural,Sports Goods	29843	5609	24234
#文具用品	Cultural Goods			
体育用品	Sports Goods			
图书	Books	28854	5609	23245
报刊	Newspapers & Magazines			
医药及医疗器材专门零售	Medicines & Medical Appliances	18313	2736	15577
汽车、摩托车、燃料及零配件专门零售	Auto,Motorbikes,Fuel & Accessory	1349894	417366	932527
家用电器及电子产品专门零售	Electronic Products	165413	22386	143027
#计算机、软件及辅助设备	Computers, Software	18993	4603	14389
五金、家具及室内装修材料专门零售	Hardware,Furniture & Home Decoration Material	58499	3123	55376
无店铺及其他零售	Non-Shop Retail & Other Retails	12868		12868

16-4 限额以上批发零售贸易业商品分类销售额

Total Sales of Enterprises above Designated Size in Wholesale and Retail Sale by Category of Main Commodities

单位：万元 (10 000 yuan)

项 目	Item	合计 Total		批发 Wholesale		零售 Retail Sale	
		2004	2005	2004	2005	2004	2005
食品类	Food	432205	635268	345098	527548	87107	107720
#肉禽蛋类	Meat, Poultry and Eggs	33126	32898	14672	10972	18453	21926
饮料类	Beverages	13495	14418	5036	4390	8459	10028
烟酒类	Tobacco and Liquor	895338	860532	856659	826495	38679	34037
服装、鞋帽类	Garments, Footwear and Hats	152290	176455	306	5	151984	176450
针、纺织品类	Knitwear and Textiles	39685	44608	13442	10447	26243	34161
化妆品类	Cosmetics	19412	20603	1461	146	17951	20457
金银珠宝类	Gold, Silver and Jewelry	11888	16119			11888	16119
日用品类	Articles for Daily Use	52633	76759	7326	15359	45306	61400
#洗涤用品类	Washing Articles	16490	24810	1674	10036	14816	14774
五金、电料类	Hardware and Electrical Materials	80482	7749	55632	1171	24850	6578
体育、娱乐用品类	Sports and Recreation Articles	2622	4981	51	5	2571	4976
书报杂志类	Newspapers and Magazines	57956	61206	34577	36654	23380	24552
电子出版物及音像制品类	E journal and Video Products	903	2225			903	2225
家用电器和音像器材类	Household Appliances and Video Appliances	164038	194187	45171	53779	118867	140408
中西药品类	Traditional Chinese and Western Medicines	87134	110257	67693	86485	19441	23772
文化、办公用品类	Cultural and Official Goods	18583	29571	13762	10436	4821	19135
家具类	Furniture	8629	6064	1300	489	7328	5575
通讯器材类	Communication Appliances	31501	46561	13058	21278	18443	25283
煤炭及制品类	Coal and Related Product	1297582	1920873	1280740	1917116	16842	3757
木材及制品类	Wood and Wooden Product	199315	109847	194259	102344	5057	7503
石油及制品类	Petroleum and Related Product	1179625	1630468	581411	686937	598214	943531
化工材料类	Raw Chemical Materials	429495	389256	411141	389127	18354	129
黑色金属材料类	Ferrous Metals Materials						
有色金属材料类	Nonferrous Metals						
建筑及装潢材料类	Building and Decoration Materials	109078	60843	90816	40104	18262	20739
机电产品设备类	Mechanical and Electrical Products	75358	103759	68116	95015	7241	8744
#农机类	Agricultural Machinery	36904	24657	36294	24657	609	
种子饲料类	Seed and Feedstuff	12468	10174	12468	10174		
棉麻、土畜类	Cotton, Hemp and Local livestock						

16-5 餐饮业销售情况(2005年)
Catering Trade(2005)

单位：万元 (10 000 yuan)

指标	Item	营业收入 Business Revenue	# 商品零售额 Retail Sales of Commodities
总 计	**Total**	**2261372**	**2247677**
按限额标准分	**By Size of Enterprises**		
限额以上企业	Above Designated Size	117726	104032
正餐服务	Dinner Services	108052	94357
快餐服务	Fast Food Services	9675	9675
饮料及冷饮服务	Cold/Ice drink,Icecream/Ice Lolly Services		
其他餐饮服务	Others		
限额以下企业	Below Designated Size	2143646	2143646
按地区分	**By Region**		
呼和浩特市	Hohhot City	658732	652928
包 头 市	Baotou City	523400	522887
呼伦贝尔市	Hulunbeier City	167182	165070
兴 安 盟	Xingan League	61046	60881
通 辽 市	Tongliao City	91660	91660
赤 峰 市	Chifeng City	150428	150428
锡林郭勒盟	Xilinguole League	68122	68122
乌兰察布市	Wulanchabu City	86221	86040
鄂尔多斯市	Erdos City	319726	315982
巴彦淖尔市	Bayannaoer City	67515	67253
乌 海 市	Wuhai City	38078	37966
阿 拉 善 盟	Alashan League	29263	28463

16-6 限额以上批发零售贸易企业资产及负债(2005年,按登记注册类型分)

Assets and Liability of Enterprises above Designated Size in Whole sale and Retail Sale by Registration(2005)

单位：万元 (10 000 yuan)

指标	Item	资产合计 Total Assets	#流动资产 Circula-ting Funds	#固定资产 Fixed Asset	负债合计 Total Liabi-lities
总计	**Total**	**4256241**	**2960006**	**1107935**	**2572866**
一、批发业合计	**Wholesale Trade**	**3120538**	**2342419**	**502003**	**1825311**
内资企业	**Domestic-Funded Enterprises**	**3106581**	**2333542**	**494586**	**1814785**
国有企业	State-owned	1668247	1174792	279716	964060
集体企业	Collective owned	19641	18171	1919	18520
股份合作企业	Cooperative	23242	15324	4812	15950
联营企业	Joint Ownership				
国有联营公司	State Joint Ownership				
集体联营企业	Collective Joint Ownership				
国有与集体联营企业	Joint State collective				
其他联营企业	Other Joint Ownership				
有限责任公司	Limited Liability Co.	917938	812943	90444	453012
国有独资企业	State funded	498893	482941	15316	179089
其他有限责任公司	Other Limited Liability Co.	419045	330003	75128	273923
股份有限公司	Share holding Co. Ltd.	177589	77833	56736	132281
私营企业	Private Enterprises	299060	233725	60777	230809
私营独资企业	Private funded	105604	91334	18099	97177
私营合伙企业	Private Partnership	630	600	200	300
私营有限责任公司	Private Limited Liability Co.	169747	134183	30412	119371
私营股份有限公司	Private Share holding Co. Ltd.	23080	7607	12067	13962
其他企业	Other Enterprises	865	754	182	154
港、澳、台商投资企业	**Enterprises with Investment from Hong Kong, Macao & Taiwan**				
港澳台资合资经营	Joint-venture				
港澳台资合作经营	Cooperative				
港澳台商独资企业	Sole Investment				
港澳台商投资股份有限公司	Share-holding Co.Ltd.				
外商投资企业	**Enterprises With Foreign Investment**	**13958**	**8878**	**7416**	**10526**
中外合资经营企业	Joint venture	322	300	47	367
中外合作经营企业	Cooperation				
外资企业	Enterprises with Sole	2718	2696	23	1946
外商投资股份有限公司	Share-holding Co. Ltd.	10917	5882	7346	8213

16-6 续表 continued

单位：万元 (10 000 yuan)

指标	Item	资产合计 Total Assets	# 流动资产 Circulating Funds	# 固定资产 Fixed Asset	负债合计 Total Liabilities
二、零售业合计	**Retail Trade**	**1135703**	**617587**	**605933**	**747555**
内资企业	**Domestic Funded Enterprises**	**1133463**	**616083**	**604784**	**745920**
国有企业	State owned	121653	46620	87508	77119
集体企业	Collective owned	6321	5598	1184	5742
股份合作企业	Cooperative	10718	6289	5613	7734
联营企业	Joint Ownership				
国有联营公司	State Joint Ownership				
集体联营企业	Collective Joint Ownership				
国有与集体联营企业	Joint State collective				
其他联营企业	Other Joint Ownership				
有限责任公司	Limited Liability Co.	389213	187481	183388	287809
国有独资企业	State funded				
其他有限责任公司	Other Limited Liability Co.	389213	187481	183388	287809
股份有限公司	Share holding Co. Ltd.	153378	72858	184049	94960
私营企业	Private Enterprises	452180	297238	143041	272557
私营独资企业	Private funded	3186	1736	1554	1289
私营合伙企业	Private Partnership	402	220	249	166
私营有限责任公司	Private Limited Liability Co.	400200	261007	128354	242406
私营股份有限公司	Private Share holding Co. Ltd.	48392	34274	12885	28696
其他企业	Other Enterprises				
港、澳、台商投资企业	**Enterprises with Investment from Hong Kong, Macao & Taiwan**	**2240**	**1503**	**1149**	**1635**
港澳台资合资经营	Joint-venture	2240	1503	1149	1635
港澳台资合作经营	Cooperative				
港澳台商独资企业	Sole Investment				
港澳台商投资股份有限公司	Share-holding Co.Ltd.				
外商投资企业	**Enterprises With Foreign Investment**				
中外合资经营企业	Joint venture				
中外合作经营企业	Cooperation				
外资企业	Enterprises with Sole				
外商投资股份有限公司	Share-holding Co. Ltd.				

16-7 限额以上批发、零售贸易企业资产及负债(2005年,按行业分)

Assets and Liability of Enterprises above Designated Size in Wholesale and Retail by Sector(2005)

单位：万元 (10 000 yuan)

指 标	Item	资产合计 Total Assets	#流动资产 Circulating Funds	#固定资产 Fixed Asset	负债合计 Total Liabilities
总 计	**Total**	**4256241**	**2960006**	**1107935**	**2572866**
批发业合计	**Wholesale Trade**	**3120538**	**2342419**	**502003**	**1825311**
农畜产品	Workstock Products	381852	309816	68218	299691
#谷物、豆及薯类	Cereal,Beans & Tubers				
食品、饮料及烟草制品	Food, drink & Tobaccos	479079	329862	136479	261002
#米、面制品及食用油	Grains & Edible Oil	209351	165459	40508	167606
果品、蔬菜	Fruits & Vegetables				
肉、禽、蛋及水产品	Meat,Poultry,Eggs & Aqui- Products				
纺织、服装及日用品	Textile,Garment & Household Goods	12024	6712	7639	8620
#纺织品、针织品及原料	Textile,Kintwear & Material				
服装	Garment				
文化、体育用品及器材	Cultural,Sports Goods & Equipment	37444	21813	16060	34413
医药及医疗器材	Medicines & Medical Appliances	45451	35308	8903	33340
矿产品、建材及化工产品	Minerals,Building Materials & Chemicals	2013362	1530780	222760	1082316
#石油及制品	Petroleum & Related Products	270502	101374	135807	186412
煤炭及制品	Coal & Related Products	945135	770772	53671	531159
化肥	Chemical Materials	153548	143556	21416	128032
机械设备、五金交电及电子产品	Machinery, Equipment, Hardware, Electrical Products	125887	96202	32849	92826
#汽车、摩托车及零配件	Motor Vehicles,Motorcycles & Parts	75473	69986	5050	49728
贸易经纪与代理	Trading Brokerage & Agency	17136	10607	4031	6902
其他	Others	8303	1318	5063	6201
零售业合计	**Retail Trade**	**1135703**	**617587**	**605933**	**747555**
综合零售	Comprehensive Retail	363388	111840	251264	233380
#百货零售	Consumer Goods	307096	82095	223946	202854
食品、饮料及烟草制品	Food, Beverages & Tobaccos Products	31193	23814	9749	25067
#粮油	Grains & Edible Oil				
纺织、服装及日用品	Textile , Garment & Household Goods	47856	13705	37715	24818
#纺织品及针织品	Textile & Kintwear Products				
服装	Garments	35579	10278	26568	19194
鞋帽	Shoes & Hats				
文化、体育用品及器材	Cultural,Sports Goods	26544	11152	18344	19761
#文具用品	Cultural Goods				
体育用品	Sports Goods				
图书	Books	25709	10317	18159	19596
报刊	Newspapers & Magazines				
医药及医疗器材	Medicines & Medical Appliances	11660	7346	5504	8496
汽车、摩托车、燃料及零配件	Auto,Motorbikes, Fuel & Spare & Accessory & Parts	477132	314622	243079	328755
家用电器及电子产品	Household Appliances & Electronic Products	94017	78932	14867	88169
#计算机、软件及辅助设备	Computers, Software & Appliances	6184	5687	767	5463
五金、家具及室内装修材料	Hardware,Furniture and Interior Decoration Material	78919	54430	20429	15382
无店铺及其他	Non-Shop Retail & Other Retails	4993	1746	4981	3728

16-8 限额以上餐饮企业资产及负债(2005年,按登记注册类型和行业分)

Assets and Liability of Enterprises above Designated Size in Catering Trades by Registration and by Sector(2005)

单位：万元 (10 000 yuan)

指 标	Item	资产合计 Total Assets	# 流动资产 Circulating Funds	# 固定资产 Fixed Asset	负债合计 Total Liabilities
总 计	**Total**	**136163**	**52253**	**96289**	**90809**
按登记注册类型分	**By Status of Registration**				
内资企业	**Domestic Funded Enterprises**	**133865**	**51070**	**94882**	**90026**
国有企业	State owned	34290	2304	27843	28414
集体企业	Collective owned	4875	515	3936	3759
股份合作企业	Cooperative	878	584	462	502
联营企业	Joint Ownership	438	160	244	508
国有联营公司	State Joint Ownership				
集体联营企业	Collective Joint Ownership				
国有与集体联营企业	Joint State collective				
其他联营企业	Other Joint Ownership	438	160	244	508
有限责任公司	Limited Liability Co.	19815	9389	12863	13098
国有独资企业	State funded Co.	34	27	2000	28
其他有限责任公司	Other Limited Liability Co.	19781	9363	10863	13070
股份有限公司	Share holding Co. Ltd.	6065	2223	3595	2895
私营企业	Private Enterprises	66539	35650	45707	40570
私营独资企业	Private funded	6031	2804	4386	2943
私营合伙企业	Private Partnership	6691	6767	6393	4790
私营有限责任公司	Private Limited Liability Co.	44955	24721	26219	25751
私营股份有限公司	Private Share holding Co. Ltd.	8862	1359	8709	7087
其他企业	Other .	964	245	232	280
港、澳、台商投资企业	**Enterprises with Investment from HK , Macao & Taiwan**	**1893**	**835**	**1335**	**584**
港澳台资合资经营	Joint-venture Enterprises (HK,Macao & Taiwan)	508	456	264	150
港澳台资合作经营	Cooperative Enterprises (HK,Macao & Taiwan)				
港澳台商独资企业	Sole Investment from HK, Macao & Taiwan	1384	379	1071	435
港澳台商投资股份有限公司	Share-holding Co.,Ltd.from HK, Macao & Ttaiwan				
外商投资企业	**Enterprises With Foreign Investment**	**405**	**348**	**73**	**199**
中外合资经营企业	Joint venture				
中外合作经营企业	Cooperation				
外资企业	Enterprises with Sole Foreign Investment	405	348	73	199
外商投资股份有限公司	Share-holding Co.Ltd. with Foreign Investment				
按国民经济行业分	**By Sector**				
正餐服务	Dinner Services	135616	51765	96020	90653
快餐服务	Fast Food Services	546	488	270	156
饮料及冷饮服务	Cold drink Services				

16-9 限额以上批发零售贸易企业主要财务指标(2005年,按登记注册类型分)

Main Financial Indicators of Enterprises above Designated Size in Wholesale and Retail Sale by Registration(2005)

单位：万元 (10 000 yuan)

指标	Item	商品销售收入 Sales Revenue	商品销售成本 Cost of Sales	经营费用 Manag-ement Cost	商品销售税金及附加 Sales Tax & Extra Changes	商品销售利润 Total Profits
批发零售贸易业总计	**Total**	**8001932**	**6390946**	**401941**	**27295**	**1282250**
一、批发业合计	**Wholesale Trades**	**5965844**	**4642718**	**328494**	**21415**	**1044031**
内资企业	**Domestic Funded Enterprises**	**5942119**	**4623799**	**327075**	**21375**	**1039266**
国有企业	State owned	2003691	1584485	94326	5039	296439
集体企业	Collective owned	43255	39761	699	27	1857
股份合作企业	Cooperative	85163	56543	4391	167	11987
联营企业	Joint Ownership					
国有联营公司	State Joint Ownership					
集体联营企业	Collective Joint Ownership					
国有与集体联营企业	Joint State collective					
其他联营企业	Other Joint Ownership					
有限责任公司	Limited Liability Co.	2545948	1848709	181050	12973	625264
国有独资企业	State funded Co.	1336022	808453	98596	8510	480511
其他有限责任公司	Other Limited Liability Co.	1209926	1040256	82454	4463	144753
股份有限公司	Share holding Corporations Ltd.	449386	389492	16305	653	23760
私营企业	Private	811219	703698	30163	2372	77790
私营独资企业	Private funded	96555	83725	2202	139	11199
私营合伙企业	Private Partnership	6010	6000	143	0	10
私营有限责任公司	Private Limited Liability Co.	641136	556957	25332	2040	56829
私营股份有限公司	Private Share holding Co. Ltd.	67519	57016	2485	192	9753
其他企业	Other Enterprises	3457	1111	142	144	2170
港、澳、台商投资企业	**Enterprises with Investment from Hong Kong, Macao & Taiwan**					
港澳台资合资经营	Joint-venture Enterprises (HK,Macao & Taiwan)					
港澳台资合作经营	Cooperative Enterprises (HK,Macao & Taiwan)					
港澳台商独资企业	Sole Investment from HK, Macao & Taiwan					
港澳台商投资股份有限公司	Share-holding Co.,Ltd.from HK, Macao & Ttaiwan					
外商投资企业	**Enterprises With Foreign Investment**	**23725**	**18919**	**1419**	**40**	**4765**
中外合资经营企业	Joint venture	7323	6481	502		842
中外合作经营企业	Cooperation					
外资企业	Sole Foreign Investment	11053	8995	67		2058
外商投资股份有限公司	Share-holding Co. Ltd.with Foreign Investment	5348	3443	851	40	1866

16-9 续表 continued

单位：万元 (10 000 yuan)

指 标	Item	商品销售收入 Sales Revenue	商品销售成本 Cost of Sales	经营费用 Manag-ement Cost	商品销售税金及附加 Sales Tax & Extra Changes	商品销售利润 Total Profits
二、 零售企业合计	**Retail Sale Trades**	**2036089**	**1748228**	**73447**	**5880**	**238219**
内资企业	**Domestic Funded Enterprises**	**2034608**	**1747051**	**73447**	**5876**	**237919**
国有企业	State owned	443349	396117	23757	816	43617
集体企业	Collective owned	19268	17601	342	51	1558
股份合作企业	Cooperative	17216	14392	1104	86	2052
联营企业	Joint Ownership					
国有联营公司	State Joint Ownership					
集体联营企业	Collective Joint Ownership					
国有与集体联营企业	Joint State collective					
其他联营企业	Other Joint Ownership					
有限责任公司	Limited Liability Co.	584185	521023	15839	1385	55613
国有独资企业	State funded Co.					
其他有限责任公司	Other Limited Liability Co.	584185	521023	15839	1385	55613
股份有限公司	Share holding Corporations Ltd.	256298	220894	14100	810	33434
私营企业	Private	714291	577024	18306	2727	101645
私营独资企业	Private funded	9721	7884	268	112	1723
私营合伙企业	Private Partnership	2006	1854	58	2	150
私营有限责任公司	Private Limited Liability Co.	604444	480435	14503	2463	88857
私营股份有限公司	Private Share holding Co. Ltd.	98120	86851	3477	151	10915
其他企业	Other Enterprises					
港、澳、台商投资企业	**Enterprises with Investment from Hong Kong, Macao & Taiwan**	**1481**	**1177**		**4**	**300**
港澳台资合资经营	Joint-venture Enterprises (HK,Macao & Taiwan)	1481	1177		4	300
港澳台资合作经营	Cooperative Enterprises (HK,Macao & Taiwan)					
港澳台商独资企业	Sole Investment from HK, Macao & Taiwan					
港澳台商投资股份有限公司	Share-holding Co.,Ltd.from HK, Macao & Ttaiwan					
外商投资企业	**Enterprises With Foreign Investment**					
中外合资经营企业	Joint venture					
中外合作经营企业	Cooperation					
外资企业	Sole Foreign Investment					
外商投资股份有限公司	Share-holding Co. Ltd.with Foreign Investment					

16-10 限额以上批发、零售贸易企业主要财务指标(2005年,按行业分)

Main Financial Indicators of Enterprises above Designated Size in Wholesale and Retail Sale by Sector(2005)

单位：万元 (10 000 yuan)

指 标	Item	商品销售收入 Sales Revenue	商品销售成本 Cost of Sales
总 计	**Total**	**8001932**	**6390946**
批发业合计	**Wholesale Trade**	**5965844**	**4642718**
农畜产品批发	Workstock Products	324321	286188
# 谷物、豆及薯类批发	Cereal,Beans & Tubers		
食品、饮料及烟草制品批发	Food, Beverages & Tobaccos	1097943	801337
# 米、面制品及食用油批发	Grains & Edible Oil	164055	164883
果品、蔬菜批发	Fruits & Vegetables		
肉、禽、蛋及水产品批发	Meat,Poultry,Eggs & Aquatic Products		
纺织、服装及日用品批发	Textile Products, Garment & Household Goods	13600	11473
# 纺织品、针织品及原料批发	Textile,Kintwear Products & Material		
服装批发	Garment		
文化、体育用品及器材批发	Cultural,Sports Goods & Equipment	26433	18321
医药及医疗器材批发	Medicines & Medical Appliances	114325	91650
矿产品、建材及化工产品批发	Minerals,Building Materials & Chemical Products	4079482	3148693
# 石油及制品批发	Petroleum & Related Products	918408	795517
煤炭及制品批发	Coal & Related Products	2145840	1470013
化肥批发	Chemical Materials	228578	198281
机械设备、五金交电及电子产品批发	Machinery, Equipment,Hardware,Communication, Electrical Appliances & Products	295856	274791
# 汽车、摩托车及零配件批发	Motor Vehicles,Motorcycles & Parts	173991	166239
贸易经纪与代理	Trading Brokerage & Agency	6478	4411
其他批发	Others	7407	5856
零售业合计	**Retail Trade**	**2036089**	**1748228**
综合零售	Comprehensive Retail	349420	298050
# 百货零售	Consumer Goods	264463	226180
食品、饮料及烟草制品专门零售	Special Retail of Food, Beverages & Tobaccos Products	23008	18934
# 粮油零售	Grains & Edible Oil		
纺织、服装及日用品专门零售	Special Retail of Textile Products, Garment & Household Goods	55064	44659
# 纺织品及针织品零售	Textile & Kintwear Products		
服装零售	Garments	47763	38507
鞋帽零售	Shoes & Hats		
文化、体育用品及器材专门零售	Special Retail of Cultural,Sports Goods and Equipment	26290	18566
# 文具用品零售	Cultural Goods		
体育用品零售	Sports Goods		
图书零售	Books	25301	17781
报刊零售	Newspapers & Magazines		
医药及医疗器材专门零售	Special Retail of Medicines & Medical Appliances	17485	14440
汽车、摩托车、燃料及零配件专门零售	Special Retail of Auto,Motorbikes, Fuel & Spare & Accessory & Parts	1340331	1166412
家用电器及电子产品专门零售	Special Retail of Household Appliances & Electronic Products	156958	134714
# 计算机、软件及辅助设备零售	Computers, Software & Office Appliances	19037	16602
五金、家具及室内装修材料专门零售	Special Retail of Hardware,Furniture and Interior Decoration Material	55244	40870
无店铺及其他零售	Non-Shop Retail & Other Retails	12289	11582

16-10 续表 continued

单位：万元 (10 000 yuan)

指标	Item	经营费用 Management Cost	商品销售税金及附加 Sales Tax & Extra Changes	商品销售利润 Total Profits
总计	**Total**	**401941**	**27295**	**1282250**
批发业合计	**Wholesale Trade**	**328494**	**21415**	**1044031**
农畜产品批发	Workstock Products	19100	507	34149
#谷物、豆及薯类批发	Cereal,Beans & Tubers			
食品、饮料及烟草制品批发	Food, Beverages & Tobaccos	37461	3585	162204
#米、面制品及食用油批发	Grains & Edible Oil	7488	376	-1373
果品、蔬菜批发	Fruits & Vegetables			
肉、禽、蛋及水产品批发	Meat,Poultry,Eggs & Aquatic Products			
纺织、服装及日用品批发	Textile, Garment & Household Goods	1060	4	2123
#纺织品、针织品及原料批发	Textile,Kintwear Products & Material			
服装批发	Garment			
文化、体育用品及器材批发	Cultural,Sports Goods & Equipment	1221	49	7576
医药及医疗器材批发	Medicines & Medical Appliances	3728	131	7642
矿产品、建材及化工产品批发	Minerals,Building Materials & Chemical Products	258501	16227	811201
#石油及制品批发	Petroleum & Related Products	47713	1229	103768
煤炭及制品批发	Coal & Related Products	192656	12016	624951
化肥批发	Chemical Materials	8702	59	16906
机械设备、五金交电及电子产品批发	Machinery, Hardware,Electrical	6622	830	15967
#汽车、摩托车及零配件批发	Motor Vehicles,Motorcycles & Parts	3256	57	6106
贸易经纪与代理	Trading Brokerage & Agency	510	25	2043
其他批发	Others	290	59	1125
零售业合计	**Retail Trade**	**73447**	**5880**	**238219**
综合零售	Comprehensive Retail	13422	1489	48682
#百货零售	Consumer Goods	6157	1208	36490
食品、饮料及烟草制品专门零售	Special Retail of Food, Beverages & Tobaccos Products	2026	143	1739
#粮油零售	Grains & Edible Oil			
纺织、服装及日用品专门零售	Special Retail of Textile Products, Garment & Household Goods	4797	592	9061
#纺织品及针织品零售	Textile & Kintwear Products			
服装零售	Garments	3410	521	8428
鞋帽零售	Shoes & Hats			
文化、体育用品及器材专门零售	Special Retail of Cultural,Sports Goods and Equipment	1916	207	6272
#文具用品零售	Cultural Goods			
体育用品零售	Sports Goods			
图书零售	Books	1872	154	6122
报刊零售	Newspapers & Magazines			
医药及医疗器材专门零售	Medicines & Medical Appliances	1022	325	2471
汽车、摩托车、燃料及零配件专门零售	Special Retail of Auto,Motorbikes, Fuel & Spare & Accessory & Parts	43665	2553	139971
家用电器及电子产品专门零售	Special Retail of Household Appliances & Electronic Products	5908	239	15947
#计算机、软件及辅助设备零售	Computers, Software & Office Appliances	142	31	2293
五金、家具及室内装修材料专门零售	Special Retail of Hardware,Furniture and Interior Decoration Material	510	315	13494
无店铺及其他零售	Non-Shop Retail & Other Retails	182	18	581

16-11 限额以上餐饮企业主要财务指标 (2005年,按登记注册类型和行业分)

Main Financial Indicators of Enterprises above Designated Size in Catering Trades by Registration and by Sector(2005)

单位：万元 (10 000 yuan)

指标	Item	商品销售收入 Sales Revenue	商品销售成本 Cost of Sales	经营费用 Management Cost	商品销售税金及附加 Sales Tax & Extra Changes	商品销售利润 Total Profits
总计	**Total**	**100245**	**49332**	**64209**	**5129**	**41974**
按登记注册类型分	**By Status of Registration**					
内资企业	**Domestic Funded Enterprises**	**97733**	**48254**	**63465**	**5002**	**40668**
国有企业	State owned	7834	1994	3403	432	5408
集体企业	Collective owned	3423	1181	1709	195	1380
股份合作企业	Cooperative	3347	2084	823	172	1082
联营企业	Joint Ownership	1190	804	337	66	320
国有联营公司	State Joint Ownership					
集体联营企业	Collective Joint Ownership					
国有与集体联营企业	Joint State collective					
其他联营企业	Other Joint Ownership	1190	804	337	66	320
有限责任公司	Limited Liability Co.	16837	8318	3731	830	6982
国有独资企业	State funded Co.	215	118	84	12	85
其他有限责任公司	Other Limited Liability Co.	16622	8200	3646	819	6897
股份有限公司	Share holding Co.Ltd.	4605	1958	997	214	1920
私营企业	Private Enterprises	57635	30557	51753	2935	22850
私营独资企业	Private funded	9885	5095	2039	559	3948
私营合伙企业	Private Partnership	3439	1389	1008	196	1686
私营有限责任公司	Private Limited Liability Co.	35838	19432	47516	1766	14143
私营股份有限公司	Private Share holding Co. Ltd.	8474	4642	1191	414	3074
其他企业	Other	2861	1357	713	158	726
港、澳、台商投资企业	**Enterprises with Investment from HK , Macao & Taiwan**	**1114**	**432**	**476**	**57**	**625**
港澳台资合资经营	Joint-venture Enterprises (HK,Macao & Taiwan)	561	237	213	28	296
港澳台资合作经营	Cooperative Enterprises (HK,Macao & Taiwan)					
港澳台商独资企业	Sole Investment from HK, Macao & Taiwan	553	195	263	29	329
港澳台商投资股份有限公司	Share-holding Co.,Ltd.from HK, Macao & Ttaiwan					
外商投资企业	**Enterprises With Foreign Investment**	**1398**	**646**	**268**	**70**	**682**
中外合资经营企业	Joint venture					
中外合作经营企业	Cooperation					
外资企业	Sole Foreign Investment	1398	646	268	70	682
外商投资股份有限公司	Share-holding Co. Ltd. with Foreign Investment					
按国民经济行业分	**By Sector**					
正餐服务	Dinner Services	99671	49088	63994	5099	41674
快餐服务	Fast Food Services	574	244	215	29	301
饮料及冷饮服务	Cold drink Services					
其他餐饮服务	Others					

主要统计指标解释

社会消费品零售总额 指国民经济各行业直接售给城乡居民和社会集团的消费品总额。它是反映各行业通过多种商品流通渠道向居民和社会集团供应的生活消费品总量，是研究国内零售市场变动情况、反映经济景气程度的重要指标。

社会消费品零售总额包括：(1)售给城乡居民作为生活用的商品和修建房屋用的建筑材料；(2)售给社会集团的各种办公用品和公用消费品；(3)售给机关、团体、学校、部队、企业、事业单位的职工食堂和旅店(招待所)附设专门供本店旅客食用，不对外营业的食堂的各种食品、燃料；企业、单位和国营农场直接售给本单位职工和职工食堂的自己生产的产品；(4)售给部队干部、战士生活用的粮食、副食品、衣着品、日用品、燃料；(5)售给来华的外国人、华侨、港澳台同胞的消费品；(6)居民自费购买的中、西药品、中药材及医疗用品；(7)报社、出版社直接售给居民和社会集团的报纸、图书、杂志，集邮公司出售的新、旧纪念邮票、特种邮票、首日封、集邮册、集邮工具等；(8)旧货寄售商店自购、自销部分的商品；(9)煤气公司、液化石油气站售给居民和社会集团的煤气灶具和罐装液化石油气；(10)农民售给非农业居民和社会集团的商品。不包括售给国民经济各部门企业、事业单位(包括国有经济的农场)生产经营用的各种原材料、燃料、设备、工具等和售给批发零售贸易业、餐饮业作为转卖用的商品，旧货寄售商店受托寄售卖出的商品，服务业的营业收入，邮局出售邮票的收入，自来水、电力、煤气生产(供应)单位的产品供应收入，也不包括农民之间的商品销售。

批发零售贸易业商品购、销、存总额 指各种登记注册类型的批发、零售贸易业(不包括个体)企业(单位)以本企业(单位)为总体的商品购进、销售、库存总额。

商品购进总额 指从本企业(单位)以外的单位和个人购进(包括从境外直接进口)作为转卖或加工后转卖的商品总额。它反映批发零售贸易业从国内、国外市场上购进商品的总量。商品购进总额包括：(1)从工农业生产者购进的商品；(2)从出版社、报社的出版发行部门购进的图书、杂志和报纸；(3)从各种登记注册类型的批发零售贸易企业(单位)购进的商品；(4)从其他单位购进的商品，如从机关、团体、企业等单位购进的剩余物资，从餐饮业、服务业购进的商品，从海关、市场管理部门购进的缉私和没收的商品，从居民手中收购的废旧商品等；(5)从国(境)外直接进口的商品。不包括企业(单位)为自身经营用和未通过买卖行为而收入的商品以及销售退回、商品升溢等。

商品销售总额 指对本企业(单位)以外的单位和个人出售(包括对境外直接出口)的商品总额。它反映批发零售贸易业在国内市场上销售商品以及出口商品的总量。商品销售总额包括：(1)售给城乡居民和社会集团消费用的商品；(2)售给工业、农业、建筑业、运输邮电业、批发零售贸易业、餐饮业、服务业等作为生产、经营使用的商品；(3)售给批发零售贸易业作为转卖或加工后转卖的商品；(4)对国(境)外直接出口的商品。不包括出售本企业(单位)自用的废旧包装用品；未通过买卖行为付出的商品；经本单位介绍，由买卖双方直接结算，本单位只收取手续费的业务；购货退出的商品以及商品损耗和损失等。

批发零售贸易业库存 指报告期末各种登记注册类型的批发零售贸易企业(单位)已取得所有权的商品。它反映批发零售贸易企业(单位)的商品库存情况和对市场商品供应的保证程度。期末库存包括：(1)存放在批发零售贸易业经营单位(如门市部、批发站、经营处)仓库、货场、货柜和货架中的商品；(2)挑选、整理、包装中的商品；(3)已记入购进而尚未运到本单位的商品，即发货单或银行承兑凭证已到而货未到的部分，(4)寄放他处的商品，如因购货方拒绝承付而暂时存放在购货方的商品和已办完加工成品收回手续而未提回的商品；(5)委托其他单位代销(未作销售或调出)尚未售出的商品；(6)代其他单位购进尚未交付的商品。不包括所有权不属于本单位的商品、拨付除批发零售贸易业以外的其他行业所属独立核算加工厂等加工生产尚未收回成品的商品、代国家物资储备部门保管的商品等。

库存总额采用的计算价格是：农副产品采购单位按购进价计算；批发单位按进货价计算；零售单位按核算价格计算，即按什么价格核算就按什么价格计算。

餐饮业营业收入 指餐饮企业、活动单位或个体户的全部营业额，包括商品零售额和其他服务性收入。其主要反映餐饮企业、活动单位或个体户的经营情况及发展变化趋势。

餐饮业商品零售额 指餐饮企业、活动单位或个体户直接对居民和社会集团零售的各种商品。包括：（1）经烹饪、调制加工后出售的各种食品，如主食、炒菜、凉拌菜等；（2）不经加工直接转卖的各种外购商品，如卷烟、酒、饮料、熟食、水果等；（3）附设非独立核算的销售商品的小卖部出售的各种食品及其他商品。

消费品市场成交额 指从事消费品交易的商品市场的全部商品成交金额。消费品市场包括农副产品市场和工业消费品市场。

Explanatory Notes on Main Statistical Indicators

Total Retail Sales of Consumer Goods refer to the sum of retail sales of consumer goods sold by all sectors of the national economy to urban and rural residents and social groups. This indicator is used to show the supply of consumer goods through various channels to households and institutions, and is very important for the study on changes at the domestic retail market, and on economic cycles

The retail sales of consumer goods include:(1) commodities sold to urban and rural residents for their daily use and building materials sold to them for the construction or repair of houses; (2) office appliances and supplies sold to institutions; (3) food and fuels sold to canteens of institutions, enterprises, schools, military units and to canteens of hotels and hostels that only serve their guests, and commodities produced by enterprises, institutions or state farms and sold directly to their employees or their canteens; (4) grain and non staple food, clothing, daily articles and fuels sold to military personnel; (5) consumer goods sold to foreigners, overseas Chinese, and Chinese compatriots from Taiwan, Hong Kong and Macao during their stay in the mainland of China; (6) Chinese and western medicines, herbs and medical facilities purchased by residents; (7) newspapers, books and magazines directly sold to residents and social groups by publishers, new and old commemorative stamps, special stamps, first day covers, stamp albums and other stamp collection articles sold by stamp companies; (8) consumer goods purchased and then sold by second hand shops; (9) stoves and other heating facilities and liquefied gas sold by gas companies to households and institutions; and (10) commodities sold by farmers to non agricultural residents and social groups . Excluded under this heading are: raw materials, fuels, equipment, tools sold to enterprises, institutions and state farms for production purpose; commodities sold to trade establishments for reselling; commissioned sales at second hand shops; operational income of urban public utilities; stamps sold at post offices; income of water, power, gas production and supply establishments from the supply of their products; and sales of commodities among farmers.

Purchase, Sales and Stock of Commodities by Wholesale and Retail Trade refer to the purchase, sales and stock of commodities by wholesale and retail establishments of different status of registration (excluding individual sellers) .

Total Purchases of Commodities refer to the total value of purchases of commodities by the establishments wholesale and retail enterprises and the potential for from other establishments or individuals (including direct import from abroad) for the purpose of re selling, either with or without further processing of the commodities purchased. This indicator is used to show the total value of purchases of commodities by wholesale and retail establishments from domestic and overseas markets. The total purchases include: (1)agricultural and industrial products purchased from producers; (2)books, magazines and newspapers purchased from distribution departments of the publishers;(3)commodities purchased from wholesale and retail establishments of different status of registration; (4)commodities purchased from other units, such as surplus materials purchased from government agencies, enterprises or institutions, commodities purchased from catering and service establishments, confiscated goods purchased from customs authorities or market management agencies, second hand goods and wastes purchased from residents; and (5)commodities directly imported from abroad. Excluded are commodities purchased by establishments (units) for use in their own business operation, commodities obtained without buying or selling procedures, rejected commodities, etc.

Total Sales of Commodities refer to value of commodities sold by the establishments to other establishments and individuals (including direct export) . This indicator is used to show the total value of sales of commodities at domestic markets and export. The total sales include:(1) commodities sold to urban and rural residents and social groups for their consumption; (2) commodities sold to establishments in industry, agriculture, construction, transportation, post and telecommunications, wholesale and retail trades, catering trade and public utility for their production and operation; (3) commodities sold to wholesale and retail establishments for re selling, with or without further processing; and (4) commodities for direct export to other countries. Excluded are selling of waste packaging materials used by the establishments (units) themselves, commodities transferred without buying or selling procedures, commission income from brokerage in transactions whose settlement is directly handled by buyers and sellers, rejected commodities in the purchase, loss in commodities, etc.

Commodity Stock of Wholesale and Retail Enterprises refers to total commodities possessed by wholesale and retail enterprises (units) of various types of registration status at the end of the reference period, which reflects the commodity stock level of various

market supply. It includes:(1) commodities located in

storage, garages, counters, and shelves of operating units(such as sale stores, wholesale centers, and operating offices) of wholesale and retail enterprises; (2) commodities in the process of selecting, sorting, and packing; (3) commodities not arrived but recorded as purchase in the account, i. e. . commodities not arrived but payment receipts for the commodities from the sellers or the banks arrived; (4) commodities deposited in other places rather than places mentioned above, for instance: commodities in the hold of purchasers temporarily due to the refusal of payment and commodities not taken back after going through the formalities; (5) commodities entrusted to other units to sell but not sold yet; (6) commodities purchased for other units but not delivered yet. Commodities not included as stock are those not owned by the enterprises (units) , those allocated to financially independent factories rather than wholesale and retail enterprises for processing but not taken back yet, and finally those put in stock by wholesale and retail enterprises on behalf of the state material reserves units.

For the calculation of the value of commodities stock,the value is calculated at purchasing prices in agricultural goods purchasing units and wholesale units, and at the accounting prices in retail units.

Business Income of Catering Industryrefer to the total turnover of catering businesses, establishments or individuals, including retail sales and other services income. It reflects the operational and managerial conditions and development trend of catering businesses, establishment s and individuals in t his sector.

Retail Sales of Commodities in Catering Industryrefer to retail sales to residents and social groups by catering enterprises, establishments and individual, including: (1) various food sold after cooking and processing, such as: staple food, cooked dishes, cold and dressed dishes and so on. (2) re-selling commodities without further processing, such as: cigarettes, liquor, beverage, cooked food, fruit s and son on. (3) various food and other commodities sold in and ascent buffets with dependant accounting system.

Volume of Transaction at Free Markets for Consumer Goods refers to the value of transaction or all goods at the free trade markets for consumer goods, where markets include both free markets for farm and sideline products and for manufactured consumer goods.

十七　对外经济贸易

FOREIGN TRADE AND ECONOMIC COOPERATION

资料整理　钱新源

Arranged by Qian Xinyuan

17-1 对外经济贸易
Foreign Trade and Economic Cooperation

指标	Item	1995	2000	2005
进出口总额(万元人民币)	**Total Imports and Exports (RMB10 000 yuan)**	**937671**	**1687811**	**4165757**
出口总额	Total Exports	506785	847114	1666408
进口总额	Total Imports	430886	840697	2499349
进出口总额(万美元)	**Total Imports and Exports(USD 10 000)**	**112310**	**203596**	**516190**
出口总额	Total Exports	60840	102185	206489
进口总额	Total Imports	51470	101411	309701
外商投资企业进出口额(万美元)	**Total Imports and Exports of Foreign-funded Enterprises(USD 10 000)**		**13597**	**82872**
出口总额	Total Exports		11535	41547
进口总额	Total Imports		2062	41325
对外签订利用外资协议(合同)项目(个)	**Number of Projects for Utilization of Foreign Capital in the Signed Agreements & Contracts(unit)**	**173**	**127**	**209**
对外借款	Foreign Loans	12	32	12
外商直接投资	Foreign Direct Investments	161	95	197
对外签订利用外资协议(合同)金额(万美元)	**Total Amount of Foreign Capital to Be Utilized in the Signed Agreements & Contracts(USD 10 000)**	**13797**	**51273**	**161700**
对外借款	Foreign Loans	280	25475	23369
外商直接投资	Foreign Direct Investments	13517	25798	138331
外商其他投资	Other Foreign Investments			
实际利用外资额(万美元)	**Total Amount of Foreign Capital Actually Used(USD 10 000)**	**10838**	**54819**	**140007**
对外借款	Foreign Loans	233	43583	21430
外商直接投资	Foreign Direct Investments	10605	11236	118577
外商其他投资	Other Foreign Investments			
外商投资企业基本情况	**Registered Foreign-funded Enterprises**			
年底登记户数(户)	Number of Registered Enterprises(unit)	649	874	914
投资总额(万美元)	Total Investment(USD 10 000)		253634	1264645
注册资本(万美元)	Registered Capital(USD 10 000)		171773	627138
# 外方	Capital from Foreign Partners		84084	407333
对外经济合作(万美元)	**Economic Cooperation with Foreign Countries & Territories(USD 10 000)**			
合同金额	Contracted Value	63	5157	18017
# 对外承包工程	Contracted Projects	750	1730	4613
对外劳务合作	Labor Services	5502	3427	13404
完成营业额	Value of Business Fulfilled	4421	2549	6100
# 对外承包工程	Contracted Projects	1083	404	1986
对外劳务合作	Labor services	3338	2145	4114

17-2 外贸进出口贸易总额

Total Imports and Exports

年份 Year	按人民币计算(万元) RMB 10 000 Yuan			按美元计算(万美元) USD 10 000		
	进出口总额 Total Imports & Exports	出口总额 Total Exports	进口总额 Total Imports	进出口总额 Total Imports & Exports	出口总额 Total Exports	进口总额 Total Imports
1952				1062		1062
1957				1754		1754
1965				333		333
1970				554	158	396
1975				925	394	531
1978	2674	1768	906	1552	1026	526
1980	6555	3970	2585	4397	2663	1734
1981	10676	8100	2576	6008	4558	1450
1982	15733	13881	1852	8173	7211	962
1983	17615	11176	6439	9001	5711	3290
1984	28557	20661	7896	10912	7895	3017
1985	59053	43880	15173	18448	13708	4740
1986	89086	63656	25430	23937	17104	6833
1987	113130	84310	28820	30398	22654	7744
1988	141303	109390	31913	37968	29393	8575
1989	161191	125158	36033	43312	33630	9682
1990	252898	169483	83415	48430	32456	15974
1991	321692	224597	97095	59964	41865	18099
1992	507068	319168	187901	93555	58887	34668
1993	1041650	561843	479807	120283	64878	55405
1994	914685	513373	401312	106128	59565	46563
1995	937671	506785	430886	112310	60840	51470
1996	1038914	569132	469782	124981	68590	56391
1997	1086188	609458	476730	131027	73519	57508
1998	1147173	681635	465538	138581	82343	56238
1999	1330986	750028	580958	160786	90605	70181
2000	1687811	847114	840697	203596	102185	101411
2001	2109035	943996	1165039	254819	114056	140763
2002	2487279	1134776	1352503	300494	137095	163399
2003	2576975	1192581	1384394	311353	144089	167264
2004	3350865	1391710	1959155	404865	168152	236713
2005	4165757	1666408	2499349	516190	206489	309701

注：本表2003年以后数据由呼和浩特海关提供（下同）。

a) Data after 2003 in this table were obtained from the Hohhot Customs statistics.The same as in the following table.

17-3 对外贸易出口总值

Total Value of Export Commodities

单位:万美元 (USD 10 000)

项 目	Item	2004	2005
出 口 总 值	**Total Value**	**168152**	**206489**
按商品类别分	**By Category of Commodities**		
活动物;动物产品	Live Animals & Animal Products	3499	2761
植物产品	Vegetables; Fruits & Cereals	9591	18021
动植物油脂及分解产品;精制食用油脂;动植物蜡	Animal & Vegetable Oils; Fats & Wax; Refined Edible Oils & Fats		94
食品、饮料、酒及醋;烟草及代用品的制品	Food; Beverages; Liquor & Vinegar; Tobacco & Tobacco Substitutes	5311	7809
矿产品	Minerals	863	968
煤炭	Coal	32510	29416
化学工业及其相关工业的产品	Chemicals & Related Products	13396	17213
塑料及其制品;橡胶及其制品	Plastics & Related Products;Rubber & Related Products	1561	2963
生皮、皮革、毛皮及制品;鞍具挽具;旅行用品、手提包及类似物品;动物肠线制品	Raw Hides; Leather; Furs & Related Products; Saddle;Travel Articles; Handbags and Similar Containers	2381	1994
木及木制品;木炭;软木及制品;稻草、秸杆、针茅或其他编结材料制品;篮筐及柳条编结品	Wood & Wooden Products; Charcoal; Cork & Related Products; Straws; Plaited Products; Baskets & Wickerwork	801	1149
木浆及其他纤维状纤维素浆;纸及纸板的废碎品;纸、纸板及其制品	Paper Pulp & Cellulose Pulp; Paper and Waste Paper;Paperboard & Related	236	328
纺织原料及纺织制品	Textile Materials & Products	51949	46975
鞋、帽、伞、杖、鞭及其零件;已加工的羽毛及其制品;人造花;人发制品	Footwear; Headgear; Umbrellas; Canes; Whips; Processed Feather; Artificial Flowers; Wigs	1754	1713
石料石膏水泥石棉云母及类似材料的制品;陶瓷产品;玻璃及其制品	Gypsum; Cement; Asbestos; Mica; Ceramic Glass	1328	1926
天然或养殖珍珠、宝石或半宝石、贵金属、包贵金属及其制品，仿首饰硬币	Pearls; Precious or ; Jewelry Metal or Rolled Precious Metal; Artificial Jewelry;Coins	2366	2851
贱金属及其制品	Base Metals & Related Products	34395	37723
机器、机械器具、电气设备及零件;录音机及放声机、电视图象声音的录制和重放设备及零附件	Machinery; Electric Equipment & Accessories; Recorders; Video Recorder & Accessories	3748	26561
车辆、航空器、船舶及有关运输设备	Locomotives; Vehicles; Aircraft; Ship and Related Transportation Equipment	467	3658
光学、照相、电影、计量、检验、医疗或外科用仪器设备、精密仪器及设备:钟表:乐器:及其零附件	Optical; Photos; Film; Measuring & Medical Instruments & Equipment;Clocks; Musical Instruments;Related Parts & Accessories	152	335
其他	Others	1752	2031
按国家(地区)分	**Country(Territory)**		
中国香港	Hong kong, China	14264	29327
中国澳门	Macao, China	134	100
中国台湾	Taiwan, China	1393	1984
日　本	Japan	28808	22718
新 加 坡	Singapore	637	3547
德　国	Federal Republic of Germany	1536	2522
法　国	France	752	1606
意 大 利	Italy	11466	10072
英　国	United Kingdom	1744	2023
加 拿 大	Canada	1067	1113
美　国	United States	12073	25473
比 利 时	Belgium	142	611
俄 罗 斯	Russia	7752	6566
蒙　古	Mongolia	8464	9393
韩　国	Korea	21161	22117

17-4 对外贸易出口主要商品数量
Main Export Commodities of Foreign Trade in Volume

项 目	Item	2004	2005
荞 麦(吨)	Buckwheat(ton)	32569	27144
玉米(吨)	Corn(ton)	234661	827472
马铃薯(吨)	Potato(ton)	28158	34860
活 牛(头)	Live Cattles(head)	8835	8422
鲜、冻牛肉（吨）	Fresh,FrozenBeef (ton)	1019	946
鲜、冻猪肉（吨）	Fresh,FrozenPork(ton)	2850	226
药材（吨）	Medical Materials(ton)	4842	4313
羊绒毛纱线(千克)	Cashmere Yarn(kg)	987653	650046
毛纺机织物（万米）	Wool Textile(10 000 m)	312	358
已梳山羊绒(吨)	Cashmere Combed(ton)	893	1050
番茄酱罐头(吨)	Tomato Tin(ton)	40151	52285
羊绒衫(件/千克)	Cashmere Sweater(unit/kg)	5132322	5974784
皮革或再生皮革制的衣服(件)	Fur Clothing(unit)	78248	7744
地毯（条）	Carpet(piece)	124294	163794
饲料添加剂(吨)	Additive of Forage(ton)	12604	21513
平板玻璃（平方米）	Plate Glass(sq.m)	809040	
锁（吨）	Lock(ton)	75	100
钢 坯(吨)	Steel Billet(ton)	4910	304
钢材（吨）	Rolled Steel(ton)	273420	285485
未锻轧铝（吨）	Unwrought Aluminum(ton)	83270	35445
未锻造银(千克)	Unwrought Silver(kg)	95612	105040
硅铁(吨)	Ferro-silicon(ton)	68399	80414
稀土金属、钪、钇、及其混合物（吨）	Metals of Rare-earth and other Mixture(ton)	12070	9610
数字化视频光盘（DVD）（播放机）（台）	Digital Video Player(unit)	24862	1472866

17-5 对外贸易进口总值及主要商品数量

Main Import Commodities of Foreign Trade in Value & Volume

项目	Item	2004	2005
进口总值(万美元)	**Total Import Value(USD 10 000)**	**236716**	**309701**
按主要商品类别分	**By Categories of Commodities**		
活动物；动物产品	Live Animals & Animal Products	5609	2261
植物产品	Vegetables; Fruits & Cereals	238	874
动植物油脂及分解产品；精制食用油脂；动植物蜡	Animal & Vegetable Oils; Fats & Wax; Refined Edible Oils & Fats		236
食品、饮料、酒及醋；烟草及代用品的制品	Food; Beverages; Liquor & Vinegar; Tobacco & Tobacco Substitutes	876	1264
矿产品	Minerals	41268	68337
化学工业及其相关工业的产品	Chemicals & Related Products	39653	46934
塑料及其制品；橡胶及其制品	Plastics & Related Products; Rubber & Related Products	19556	14933
生皮、皮革、毛皮及制品；鞍具挽具；旅行用品、手提包及类似物品；动物肠线制品	Raw Hides; Leather; Furs & Related Products; Saddle;Travel Articles; Handbags & Similar Containers	1428	1586
木及木制品；木炭；软木及制品；稻草、秸杆、针茅或其他编结材料制品；篮筐及柳条编结品	Wood & Wooden Products; Charcoal; Cork & Related Products; Straws; Plaited Products; Baskets & Wickerwork	70803	86311
木浆及其他纤维状纤维素浆；纸及纸板的废碎品；纸、纸板及其制品	Paper Pulp & Cellulose Pulp;Paper & Waste Paper;Paperboard & Related	10581	7743
纺织原料及纺织制品	Textile Materials & Products	1564	1308
鞋、帽、伞、杖、鞭及其零件；已加工的羽毛及其制品；人造花；人发制品	Footwear; Headgear; Umbrellas;Canes; Whips; Processed Feather;Artificial Flowers; Wigs		1
石料石膏水泥石棉云母及类似材料的制品；陶瓷产品；玻璃及其制品	Gypsum; Cement; Asbestos; Mica; Ceramic Glass	263	88
天然或养殖珍珠、宝石或半宝石、贵金属、包贵金属及其制品，仿首饰硬币	Natural or Cultivated Pearls; Precious or Semi-Stones; Jewelry of Precious Metal or Rolled Precious Metal;Artificial Jewelry;Coins	433	555
贱金属及其制品	Base Metals & Related Products	13768	14702
机器、机械器具、电气设备及零件；录音机及放声机、电视图象声音的录制和重放设备及零附件	Machinery; Electric Equipment & Accessories; Recorders; Video Recorder & Accessories	25466	56774
车辆、航空器、船舶及有关运输设备	Locomotives; Vehicles; Aircraft; Ship & Related Transportation Equipment	2786	3388
光学、照相、电影、计量、检验、医疗或外科用仪器设备、精密仪器及设备；钟表；乐器；及其零附件	Optical,Photographic, Film; Measuring,Medical,Music Instruments & Equipment;Clocks;Parts & Accessories	1575	2406
其他	Others	713	
按品种分	**By Varieties**		
钢铁（万美元）	Steel(USD 10 000)	7147	11465
金属矿砂(吨)	Metal Ores(ton)	2178280	2702530
塑料及其制品（万美元）	Plastics & Related Products(USD 10 000)	13516	8883
原 木(立方米)	Logs(cu.m)	8829660	10357986
化 肥(吨)	Chemical Fertilizers(ton)	553460	948848
橡胶及其制品（万美元）	Rubber & Related Products(USD 10 000)	6040	6050
有机化学品（万美元）	Organic Chemicals(USD 10 000)	25812	22338

17-6 利用外资

Utilization of Foreign Capital

单位：万美元 (USD 10 000)

年份 Year	实际利用外资额 Total Amount of Foreign Capital Actually Used	对外借款 Foreign Loans	外商直接投资 Direct Foreign Investments	外商其他投资额 Other Foreign Investments
1984	178	178		
1985	530			530
1986	664	230	136	298
1987	1120	468	109	543
1988	961	491	337	133
1989	3050	2415	42	593
1990	2530	1199	1064	267
1991	5532	5422	110	
1992	7910	7300	610	
1993	19213	10713	8093	407
1994	29086	17484	11602	
1995	61801	37696	10605	13500
1996	38355	32931	5424	
1997	44209	29076	8433	6700
1998	44253	31771	9082	3400
1999	40133	30683	9450	
2000	54819	43583	11236	
2001	47342	36466	10876	
2002	58211	35410	22801	
2003	66529	29724	36805	
2004	89664	26921	62743	
2005	140007	21430	118577	

17-7 利用外资(按方式分,2005年)

Utilization of Foreign Capital and Investment(by Pattern 2005)

项目单位：个 金额单位：万美元 (unit)(USD 10 000)

指标	Item	项 目 Number of Projects	合同金额 Contract Value	实际使用金额 Used Value
总 计	**Total**	**209**	**161700**	**140007**
对外借款	**Foreign Loans**	**12**	**23369**	**21430**
外国政府贷款	Government Loans	4	3061	4358
国际金融机构贷款	Loans from International Financial Organizations			661
外国银行商业贷款	Commercial Loans	2	2964	
对外发行债券	External Bonds			
其他	Others	6	17344	16411
外商直接投资	**Foreign Direct Investments**	**197**	**138331**	**118577**
合资经营企业	Joint Ventures Enterprises	86	40026	53552
合作经营企业	Cooperative Operation Enterprises	28	17301	3520
外资企业	Foreign Investment Enterprises	83	81004	56028
外商投资股份制企业	Foreign Investment Share Enterprises			5477
合作开发	Cooperative Development			
其 他	Others			
外商其他投资	**Other Foreign Investment**			
对外发行股票	Sale Share			
国际租赁	International Lease			
补偿贸易	Compensation Trade			
加工装配	Processing and Assembly			

17-8 按行业分对外签订外商直接投资协议额(2005年)
Agreement of Foreign Direct Investment by Sector(2005)

行业	Sector	项目(个) Number of Projects(unit)	金额(万美元) Amount of Capital (USD 10 000)
总计	**Total**	**197**	**138331**
农、林、牧、渔业	Farming, Forestry, Animal Husbandry & Fishery	36	20017
采矿业	Mining	26	23694
制造业	Manufacturing	85	68404
电力、燃气及水的生产和供应业	Production & Supply of Electric Power, Gas & Water	14	13041
建筑业	Construction	6	4831
交通运输、仓储和邮政业	Transportation, Storage & Postal Services	1	12
信息传输、计算机服务和软件业	Information Transmission, Computer Service & Computer Software		3
批发和零售业	Wholesale & Retail Trade	5	3338
住宿和餐饮业	Quarters & Catering	7	1852
金融业	Banking		
房地产业	Real Estate	4	1623
租赁和商务服务业	Leasing & Commercial Services	7	576
科学研究、技术服务和地质勘查业	Scientific Research,Technical Services & Geological Prospecting	2	66
水利、环境和公共设施管理业	Water Conservancy, Environment & Public Facilities Administration	3	993
居民服务和其他服务业	Resident Services & Other Services	1	1
教育	Education		
卫生、社会保障和社会福利业	Health Care, Social Security & Social Welfare		
文化、体育和娱乐业	Culture, Sports & Recreational Services		-120
公共管理和社会组织	Public Administration & Social Organization		
国际组织	International Organizations		

注：本表由自治区商务厅提供,下同。

a)The Data are obtained from Inner Mongolia Department of Commerce.

17-9 按行业分外商实际直接投资额(2005年)

Actually Used Amount of Foreign Direct Investment by Sector(2005)

单位：万美元 (USD 10 000)

行业	Sector	2005
总 计	**Total**	**118577**
农、林、牧、渔业	Farming, Forestry, Animal Husbandry & Fishery	2861
采矿业	Mining	16812
制造业	Manufacturing	52152
电力、燃气及水的生产和供应业	Production & Supply of Electric Power, Gas & Water	37866
建筑业	Construction	195
交通运输、仓储和邮政业	Transportation, Storage & Postal Services	
信息传输、计算机服务和软件业	Information Transmission, Computer Service & Computer Software	
批发和零售业	Wholesale & Retail Trade	3266
住宿和餐饮业	Quarters & Catering	3487
金融业	Banking	
房地产业	Real Estate	1751
租赁和商务服务业	Leasing & Commercial Services	135
科学研究、技术服务和地质勘查业	Scientific Research,Technical Services & Geological Prospecting	51
水利、环境和公共设施管理业	Water Conservancy, Environment & Public Facilities Administration	
居民服务和其他服务业	Resident Services & Other Services	
教育	Education	1
卫生、社会保障和社会福利业	Health Care, Social Security & Social Welfare	
文化、体育和娱乐业	Culture, Sports & Recreational Services	
公共管理和社会组织	Public Administration & Social Organization	
国际组织	International Organizations	

17-10 年末登记外商投资企业行业分布(2005年)
Sector Distribution Registered of Foreign-Funded Enterprises(2005)

行业	Sector	企业数(户) Number of Registered Enterprises (unit)	投资总额(万美元) Total Investment (USD 10 000)	注册资本(万美元) Registeres Capital (USD 10 000)	#外方 Capital Invested by Foreign Partner
总计	**Total**	**914**	**1264645**	**627138**	**407333**
农、林、牧、渔业	Farming, Forestry, Animal Husbandry & Fishery	85	64730	44157	38378
采矿业	Mining	45	53823	37224	30180
制造业	Manufacturing	521	353229	191094	120703
电力、燃气及水的生产和供应业	Production & Supply of Electric Power, Gas & Water	24	560498	239777	131291
建筑业	Construction	27	91345	43896	32966
交通运输、仓储和邮政业	Transportation, Storage & Postal Services	12	19133	8668	6746
信息传输、计算机服务和软件业	Information Transmission, Computer Service & Software	1	65	65	65
批发和零售业	Wholesale & Retail Trade	30	13317	7690	4345
住宿和餐饮业	Quarters & Catering	50	43346	15989	11966
金融业	Banking	1	250	125	125
房地产业	Real Estate	33	19044	11938	10697
租赁和商务服务业	Leasing & Commercial Services	12	1858	946	892
科学研究、技术服务和地质勘查业	Scientific Research,Tech Services & Geological Prospecting	23	7543	4774	4192
水利、环境和公共设施管理业	Water Conservancy, Environment & Public Facilities Administration	6	22797	11898	9816
居民服务和其他服务业	Resident Services & Other Services	24	6489	4829	2301
教育	Education	7	2083	1318	509
卫生、社会保障和社会福利业	Health Care, Social Security & Social Welfare	2	242	162	78
文化、体育和娱乐业	Culture, Sports & Recreational Services	11	4853	2588	2083
公共管理和社会组织	Public Administration & Social Organization				
其他行业	Others				

17-11 对外经济合作
Economic Cooperation with Foreign Countries or Territories

年份 Year	合同数 (份) Number of Contracts (copy)	合同金额 (万美元) Contracted Value (USD 10 000)	完成营业额 (万美元) Value of Business Fulfilled (USD 10 000)
总计　Total			
1976-1988	2	613	337
1989	32	11772	6150
1990	99	5572	2787
1991	72	2636	1450
1992	242	8245	4536
1993	143	12281	6755
1994	124	6047	2176
1995	151	6258	4281
1996	164	8532	4636
1997	100	2943	1853
1998	103	4540	2393
1999	102	5298	3173
2000	80	5157	2549
2001	84	5403	2511
2002	110	7440	5092
2003	120	7510	2742
2004	120	55958	6082
2005	92	18017	6100
对外承包工程 Contracted Projects			
1976-1988			
1989	5	938	191
1990	30	2070	1064
1991	3	220	121
1992	4	1003	694
1993	1	3360	1848
1994	3	2296	287
1995	5	756	1083
1996	14	1459	1182
1997	5	434	688
1998	25	1362	718
1999	21	2119	1269
2000	9	1730	404
2001	10	3630	1561
2002	24	5040	2622
2003	16	3366	1385
2004	2	21	735
2005	8	4613	1986
对外劳务合作 Labor Cooperation			
1976-1988	2	613	337
1989	27	10834	5959
1990	60	3507	1723
1991	69	2416	1329
1992	238	7242	3842
1993	142	8921	4907
1994	121	3751	1889
1995	146	5502	3198
1996	150	7073	3454
1997	95	2509	1175
1998	78	3178	1675
1999	81	3178	1903
2000	71	3427	2145
2001	74	1773	950
2002	86	2400	2470
2003	104	4144	1357
2004	118	55937	5347
2005	84	13404	4114

主要统计指标解释

进出口总额 海关进出口总额指实际进出我国国境的货物总金额。包括对外贸易实际进出口货物，来料加工装配进出口货物，国家间、联合国及国际组织无偿援助物资和赠送品，华侨、港澳台同胞和外籍华人捐赠品，租赁期满归承租人所有的租赁货物，进料加工进出口货物，边境地方贸易及边境地区小额贸易进出口货物(边民互市贸易除外)，中外合资经营企业、中外合作经营企业、外商独资企业进出口货物和公用物品，到日离岸价格在规定限额以上的进出口货样和广告品(无商业价值、无使用价值和免费提供出口的除外)，从保税仓库提取在中国境内销售的进口货物，以及其他进出口货物。进出口总额用以观察一个国家在对外贸易方面的总规模。我国规定出口货物按离岸价格统计，进口货物按到岸价格统计。

商品经营单位所在地进、出口额 指所在地海关注册登记的有进出口经营权的企业实际进、出口额。

利用外资 指我国各级政府、部门、企业和其他经济组织通过对外 借款、吸收外商直接投资以及用其他方式筹措的境外现汇、设备、技术等。

对外借款 是我国利用外资的重要部分。指通过对外正式签订借款 协议，从境外筹措的资金 ，包括外国政府贷款、国际金融组织贷款、外国银行商业贷款、出口信贷以及对外发行债券等。1996 年及以前还包括对外发行股票。

外商直接投资 指外国企业和经济组织或个人(包括华侨、港澳台胞以及我国在境外注册的企业)按我国有关政策、法规，用现汇、实物、技术等在我国境内开办外商独资企业、与我国境内的企业或经济组织共同举办中外合资经营企业，合作经营企业或合作开发资源的投资 (包括外商投资收益的再投资)，以及经政府有关部门批准的项目投资总额内企业从境外借入的资金。

外商其他投资 指除对外借款和外商直接投资以外的各种利用外资的形式。包括企业在境内外股票市场公开发行的以外币计价的股票(目前主要是在香港证券市场发行的 H 股和在境内证券市场发行的 B 股)发行价总额，国际租赁进口设备的应付款，补偿贸易中外商提供的进口设备、技术、物料的价款，加工装配贸易中外商提供的进口设备、物料的价款。

对外承包工程 指各对外承包公司以招标议标承包方式承揽的下列业务：(1)承包国外工程建设项目，(2)承包我国对外经援项目，(3)承包我国驻外机构的工程建设项目，(4)承包我国境内利用外资进行建设的工程项目，(5)与外国承包公司合营或联合承包工程项目时我国公司分包部分，(6)对外承包兼营的房屋开发业务。对外承包工程的营业额是以货币表现的本期内完成的对外承包工程的工作量，包括以前年度签订的合同和本年度新签订的合同在报告期内完成的工作量。

对外劳务合作 指以收取工资的形式向业主或承包商提供技术和劳动服务的活动。我国对外承包公司在境外开办的合营企业，中国公司同时又提供劳务的，其劳务部分也纳入劳务合作统计。劳务合作营业额按报告期向雇主提交的结算数(包括工资、加班费和奖金等)统计。

对外设计咨询 指以服务成果向业主收费的技术服务项目。包括承担地形地貌测绘，地质资源勘探与普查，建设区域规划，提供设计文件、图纸、生产工艺技术资料和工程技术经济咨询，工程项目的可行性考察、研究和评估，进行技术指导和培训人员等；也包括承担国(境)内利用外资进行建设的工程项目的上述规定的设计咨询项目的收取外币部分。

Explanatory Notes on Main Statistical Indicators

Total Imports and Exports at Customs refer to the value of commodities imported into and exported from the boundary of China. They include the actual imports and exports through foreign trade, imported and exported goods under the processing and assembling trades and materials, supplies and gifts as aid given gratis between governments and by the United Nation and other international organizations, and contributions donated by over seas Chinese, compatriots in Hong Kong and Macao and Chinese with foreign citizenship, leasing commodities owned by tenant at the expiration of leasing period, the imported and exported commodities processed with imported materials, commodities trading in border areas(excluding mutual exchange goods) , the imported and exported commodities and articles for public use of the Sino foreign joint ventures, cooperative enterprises and ventures exclusively with foreign own investment. Also included are import or export of samples and advertising goods for whose CIF or FOB value are beyond the permitted ceiling (excluding goods of no trading or use value and free commodities for export) , imported goods sold in China from bonded warehouses and other imported or exported goods. The indicator of the total imports and exports at customs can be used to ob serve the total size of external trade in a country. In accordance with the stipulation of the Chinese government, imports are calculated at CIF, while exports are calculated at FOB

Import Export Value by Location of China's Foreign Trade Managing Units refers to actual value of imports and exports carried out by corporations which have been registered by the local customhouse and are vested with right to run import export business.

Utilization of Foreign Capital refers to remittance, equipment and technology financed from abroad, by loans, foreign direct investment and other forms undertaken by the Chinese governments at all levels by various departments, enterprises and other economic units.

Foreign Borrowings an important part of China's utilization of foreign capital, it refers to funds borrowed from abroad through formal signing o f borrowing agreements with foreign institutions, including loans of foreign governments, loans of international financial institutions, commercial loans of foreign banks, export credit, and funds raised by Chinese bonds (and shares before 1996) issued abroad.

Direct Investment by Foreign Entrepreneurs refers to the investments inside China by foreign enterprises and economic organizations or individuals (including overseas Chinese, compatriots from Hong Kong and Macao, and Chinese enterprises registered abroad) , following the relevant policies and laws of China, for the establishment of ventures exclusively with foreign own investment, Sino-foreign joint ventures and cooperative enterprises or for co operative exploration of resources with enterprises or economic organizations in China. It includes the re investment of the foreign entrepreneurs with the profits gained fro m the investment an d the funds that enterprises borrow from abroad in the total investment of projects which are approved by the relevant department of the government.

Other Investment by Foreign Entrepreneurs refers to all forms of utilization of foreign capitals other than foreign borrowings and foreign direct investment. It includes the total value of stock shares in foreign currencies issued by enterprises at domestic or foreign stock exchanges (now mainly consisting of H shares issued at Hong Kong Security Market and B shares issued at domestic security markets) , rent payable for the imported equipment through international leasing arrangement, cost of imported equipment, technology and materials provided by foreign counterparts in compensation trade and processing and assembly trade.

Contracted Projects with Foreign Countries refer to projects undertaken by Chine se contractors (project contracting companies) through bidding process. They include:(1) overseas civil engineering construction projects financed by foreign investors;(2) overseas projects financed by the Chinese government through its foreign aid programs;(3) construction projects of Chinese diplomatic missions, trade offices and other institutions stationed abroad;(4) construction projects in China financed by foreign investment;(5) subcontracted projects to be taken by Chinese contractors through a joint umbrella project with foreign contractor;(6) housing development projects. The business income from international contracted projects is the work volume of contracted projects completed during the reference period, expressed in monetary terms, including completed work on projects signed in previous years.

Service Cooperation with Foreign Countries refers to the activities of providing technology and labour services to employers or contractors in the forms of receiving salaries and wages. Labour services providing by contractual joint venture s of Chinese international contracting corporations should be included in the statistics of service cooperation with foreign countries.

The business income of l abour service co-operation is the income in the form of wages and salaries, over time pay, bonuses and other remuneration received from the employers during the reference period.

Overseas Design and Consultation Service refers to projects wit h charges for technical services from overseas operators. It includes geographic and topographic mapping, geological resource prospecting and survey, planning of construction areas, provision of design documents, blueprints, materials on production process and techniques, as well as engineering, technical and economic consultation, and feasibility study, research and evaluation of projects. Also included under this category are the abovementioned services of foreign financed projects in China that are paid in foreign currencies.

十八　旅游

TOURISM

资料整理　王秀云

Arranged by Wang Xiuyun

18-1 旅游业基本情况
Basic Statistics on Tourism

指标	Item	1995	2000	2005
旅行社总数(个)	**Total Number of Agencies(unit)**	**23**	**88**	**404**
国际旅行社	International Travel Agencies	17	25	40
国内旅行社	Domestic Travel Agencies	6	63	364
旅行社职工人数(人)	**Number of Staff and Workers of Travel Agencies(person)**	**558**	**1075**	**2051**
国际旅行社	International Travel Agencies	510	562	480
国内旅行社	Domestic Travel Agencies	48	513	1571
星级宾馆个数(个)	**Total Number of Stars Hotel(unit)**			**202**
入境旅游人数(人次)	**Total Number of International Tourists Inbound (person-times)**	**300900**	**391970**	**1001635**
外国人	Foreigners	294641	384000	995007
华 侨	Overseas Chinese	100		
港澳同胞	Compatriots from Hong Kong and Macao	3940	2814	5550
台湾同胞	Compatriots from Taiwan	2211	5156	1078
国内居民出境总人数(人次)	**Total Number of Domestic Resident Outbound(person-times)**	**20063**	**19425**	**25808**
# 因私出境人数	For Private Purpose	20063	19425	25808
国内旅游人数(人次)	**Number of Domestic Tourism(person times)**	**3800000**	**7350000**	**20620000**
旅游总收入(亿元人民币)	**Income of Tourism(100 million yuan)**	**13.21**	**42.72**	**208.09**
国际旅游外汇收入 (万美元)	Earnings from International Tourism (USD 10 000)	9052	12645	35207
国内旅游收入(万元人民币)	Earnings from Domestic Tourism (10 000 RMB yuan)	57000	322300	1797200

18-2 各地区旅行社单位数(2005年末)
Number of Travel Agencies by Region(End of 2005)

地 区	Region	旅行社数(个) Total Number of Travel Agencies (unit)	国际旅行社 International Travel Agencies	国内旅行社 Domestic Travel Agencies
全　区	**Autonomous Regional Total**	**404**	**40**	**364**
呼和浩特市	Hohhot City	122	13	109
包 头 市	Baotou City	48	1	47
呼伦贝尔市	Hulunbeier City	57	14	43
兴 安 盟	Xingan League	16		16
通 辽 市	Tongliao City	20	2	18
赤 峰 市	Chifeng City	48	3	45
锡林郭勒盟	Xilinguole League	24	6	18
乌兰察布市	Wulanchabu City	16		16
鄂尔多斯市	Erdos City	29		29
巴彦淖尔市	Bayannaoer City	11	1	10
乌 海 市	Wuhai City	8		8
阿拉善盟	Alashan League	5		5

18-3 各地区星级宾馆个数(2005年末)
Number of Stars Hotels by Region(End of 2005)

单位：个　(unit)

地 区	Region	星级宾馆个数 Total Number of Stars Hotels	五星级 Five Stars	四星级 Four Stars	三星级 Three Stars	二星级 Two Stars	一星级 One Stars
全　区	**Autonomous Regional Total**	**202**	**3**	**8**	**48**	**130**	**13**
呼和浩特市	Hohhot City	33	2	5	11	15	
包 头 市	Baotou City	27	1		10	16	
呼伦贝尔市	Hulunbeier City	34			10	22	2
兴 安 盟	Xingan League	6			1	5	
通 辽 市	Tongliao City	9		1	3	5	
赤 峰 市	Chifeng City	27		1	1	25	
锡林郭勒盟	Xilinguole League	17			3	9	5
乌兰察布市	Wulanchabu City	15			1	13	1
鄂尔多斯市	Erdos City	15		1	5	8	1
巴彦淖尔市	Bayannaoer City	12				9	3
乌 海 市	Wuhai City	3			1	2	
阿拉善盟	Alashan League	4			2	1	1

18-4 接待外国旅游人数

Number of Foreign Tourists by Country

国别	country	2004	2005
入境旅游人数总计(人次)	**Total Number of Entry Tourists(person times)**	**799861**	**1001635**
外国人(包括外籍华人)	Foreigners(Including Chinese owning foreign nationality)	791091	995007
日本	Japan	27545	19808
菲律宾	Philippines	314	573
新加坡	Sigapore	1866	2994
美国	United States	5355	5187
加拿大	Canada	1553	3393
英国	United Kingdom	3383	3882
德国	Federal Republic of Germany	2071	8881
法国	France	605	911
意大利	Italy	934	2340
瑞士	Switzerland	124	179
荷兰	Netherlands	208	279
澳大利亚	Australia	1330	2448
新西兰	New Zealand	295	317
俄罗斯	Russia	361722	484033
蒙古	Mongolia	347435	444270
华侨	Overseas Chinese		
港澳台同胞	Chinese Compatriots from Hong Kong, Macao and Taiwan	8770	6628
旅游者平均逗留天数(天)	**Average Days of Tourist Staying(day)**	**1.90**	**1.69**
外国人(包括外籍华人)	Foreigners(Including Chinese owing foreign nationality)	1.90	2.30
华侨	Overseas Chinese		
港澳台同胞	Chinese Compatriots from Hong Kong, Macao and Taiwan	1.60	2.05

18-5 入境旅游外汇收入
Foreign Exchange Earnings

项 目	Item	2004	2005
旅游外汇收入总额(万美元)	**Foreign Exchange Earnings (USD 10000)**	**25313**	**35207**
长途交通费	Long Distance Transportation	5946	6795
# 飞 机	Air	4042	5492
火 车	Railway	1189	387
汽 车	Highway	715	915
住 宿	Accommodation	1490	4542
餐 饮	Cater	1187	2852
景区游览	Visiting	554	458
娱 乐	Entertainment	1288	2465
购 物	Shopping	11862	11583
市内交通	Local Transportation	329	1970
邮电通讯	Postal and Communication	1063	1725
其 他	Other	1594	2817

18-6 国内旅游情况
Condition of Civil Tourism

项 目	Item	2004	2005
国内旅游总人数(人次)	**Total of Civil Tourist (person-times)**	**15110000**	**20620000**
# 城镇居民	Urban Residents	15110000	20620000
农村居民	Rural Residents		
国内旅游总花费(万元)	**Total Expenditure of Civil Tourist (10 000 yuan)**	**1240900**	**1797200**
# 城镇居民	Urban Residents	1240900	1797200
农村居民	Rural Residents		
人均花费(元/天)	Per Capita Expenditure (yuan/day)	340	263

主要统计指标解释

旅游人数 包括入境国际旅游者人数、出境居民人数和国内旅游者人数。

(1)入境国际旅游者人数：指来中国参观、访问、旅行、探亲、访友、休养、考察、参加会议和从事经济、科技、文化、教育、宗教等活动的外国人、华侨、港澳同胞和台湾同胞的人数。不包括外国在我国的常驻机构，如使领馆、通讯社、企业办事处的工作人员；来我国常住的外国专家、留学生以及在岸逗留不过夜人员。

(2)出境居民人数：指大陆居民因公务活动或私人事务短期出境的人数。公务活动出境居民人数包括在国际交通工具上的中国服务员工，因私出境居民人数不包括在国际交通工具上的中国服务员工。

(3)国内旅游者人数：指我国大陆居民和在我国常住 1 年以上的外国人、华侨、港澳台同胞离开常住地在境内其他地方的旅游设施内至少停留一夜，最长不超过 6 个月的人数。

国际旅游(外汇)收入 指入境旅游的外国人、华侨、港澳同胞和台湾同胞在中国大陆旅游过程中发生的一切旅游支出，对于国家来说就是国际旅游(外汇)收入。

国际旅行社 指经营对外招徕并接待外国人、华侨、港澳同胞和台湾同胞来中国、归国或回内地旅游业务的旅行社。

国内旅行社 指负责经营招徕、组团、接待国内旅客的旅游业务，以及不对外招徕，负责经营接待国际旅行社或其它涉外部门组织的外国人、华侨、港澳同胞和台湾同胞来中国、归国或回内地的旅游业务的旅行社。

星级饭店 指已评定星级的饭店。

Explanatory Notes on Main Statistical Indicators

Number of Tourists include international tourists entering into China, Chinese residents going abroad and domestic tourists.

(1) International tourists refer to foreigners, overseas Chinese, Chinese compatriots from Hong Kong, Macao and Taiwan coming to China for sightseeing, visits, tours, family reunions, vacations, study tours, conferences and other activities of a business, scientific and technological, cultural, educational and religious nature. It does not include representatives and employees of resident institutions of foreign countries in China such as embassies, consulates, news agencies and offices of foreign companies and organizations, nor does it include long term foreign experts or students residing in China, or persons in transition without spending a night in China.

(2) Chinese residents going abroad refer to Chinese residents going abroad for short terms for either public business or private purposes. Chinese employees working on international transport carriers are included in those going abroad for public business purpose, not in those for private purpose.

(3) Domestic tourists refer to residents of the mainland of China who stay for one night at least, but no more than 6 months at tourist facilities in other places than their permanent residence within the territory of the mainland China, including foreigners, overseas Chinese and Chinese compatriots from Hong Kong, Macao and Taiwan who have resided in China for over one year.

Foreign Exchange Earnings from International Tourism refer to the total expenditures of foreigners, overseas Chinese, Chinese compatriots from Hong Kong, Macao and Taiwan during their stay in the mainland of China, which are earnings of foreign exchange from international tourism from the point of view from China.

International Travel Agencies refer to travel agencies engaged in the promotion, solicitation, organization and reception of tours to the mainland of China by foreigners, overseas Chinese, Chinese compatriots from Hong Kong, Macao and Taiwan.

Domestic Travel Agencies refer to travel agencies engaged in the promotion, solicitation, organization and reception of domestic tourists, and in the reception of foreigners, overseas Chinese, Chinese compatriots from Hong Kong, Macao and Taiwan organized by international travel agencies or other departments concerned, without their own promotion and solicitation programs.

Tourist Hotels refer to hotels that are able, with the approval of departments concerned, to accommodate foreigners, overseas Chinese, Chinese compatriots from Hong Kong, Macao and Taiwan Province.

Star-hotels refer to hotels rated with stars.

十九　金融和保险

BANKING AND INSURANCE

资料整理　包利军

Arranged by Bao Lijun

19-1 银行系统机构、人员数(2005年末)

Number of Institutions and Persons Engaged in Finance System(End of 2005)

项 目	Item	机构数(个) Number of Institutions (unit)	年末人数(人) Number of Staff and Workers (person)
总计	**Total**	**2212**	**43792**
中国人民银行	The People's Bank of China	89	5155
中国工商银行	Industrial and Commercial Bank of China	605	10609
中国农业银行	Agricultural Bank of China	720	12502
中国银行	Bank of China	262	4158
国家开发银行	State Development Bank	1	68
中国建设银行	Construction Bank of China	323	7021
中国农业发展银行	Agricultural Development Bank of China	84	1953
交通银行包头分行	Bank of Communications Baotou Branch	10	200
城市商业银行	City Commercial Bank	113	1797
资产管理公司	Asset Management Corporation	3	184
信托管理公司	Trust and Investment Corporation	2	145

19-2 金融机构人民币信贷资金平衡表(2005年，按资金来源)

Credit Funds Balance Sheet of Financial Institutions(2005,Sources of Funds)

(年末余额)单位：万元 (year-end)(10 000 yuan)

项 目	Item	2005
资金来源合计	**All Sources**	**33845889**
各项存款余额	Deposits	32981538
企业存款	Deposits of Enterprises	8448175
财政存款	Treasury Deposits	1230543
机关团体存款	Deposits of Government Agencies and Organizations	1839979
城乡储蓄存款	Urban and Rural Savings Deposits	19735996
农业存款	Agricultural Deposits	485529
信托存款	Trusted Deposits	
委托存款	Entrusted Deposits	1201
其他存款	Other Deposits	1240114
金融债券	Bonds	6
其 他	Others	864345

注：金融机构包括人民银行、政策性银行、国有独资商业银行、邮政储蓄机构、其他商业银行、城市合作银行、农村信用社、城市信用社、信托投资公司、租赁公司、财务公司等。

a) Financial Institutions include banks, savings deposit agencies of postal officies, housing saving banks, urban credit cooperative banks, rural credit cooperatives, urban credit banks, financial trust investment agencies and finacial companies etc.

19-3 金融机构人民币信贷资金平衡表(2005年，按资金运用)

Credit Funds Balance Sheet of Financial Institutions(2005,Use of Funds)

(年末余额)单位：万元 (year-end)(10 000 yuan)

项 目	Item	2005
资金运用合计	**All Uses**	**33845889**
各项贷款余额	Loans	25885704
短期贷款	Short-term Loans	11268372
工业贷款	Industrial Loans	3216173
商业贷款	Commercial Loans	3465313
建筑业贷款	Construction Loans	91152
农业贷款	Agricultural Loans	1750056
乡镇企业贷款	Loans to Township Enterprises	270475
私营企业及个体贷款	Loans to Private Enterprises and Individuals	262818
三资企业贷款	Loans to Sino-foreign Joint Venture and Cooperative Enterprises and Foreign-funded Enterprises	14191
其他短期贷款	Other Short-term Loans	2198193
中期流动资金贷款	Medium-term Working Capital Loans	
中长期贷款	Medium-term & Long-term Loans	13599582
信托类贷款	Credit Loans	5375
其他类贷款	Other Loans	
有价证券及投资	Securities & Investment	1117498
应收及预付款	Deserved and Prepaid Money	197312
金银占款	Purchase of Gole & Silver	
外汇占款	Purchase of Foreign Exchanges	-4601
财政占款	Government Debt	
库存现金	Cash in Hand	374022
委托投资	Entrusted Investment	

19-4 金融机构现金收入(2005年)

Cash Income of Financial Institutions(2005)

单位：万元 (10 000 yuan)

项 目	Item	2005
收入总计	**Total Income**	**115366652**
商品销售收入	Income from Commodity Sales	9512891
服务业收入	Income from Service Trade	3816077
税款收入	Income from Taxes	782871
城乡个体经营收入	Income from Urban and Rural Individual Business	2582984
储蓄存款收入	Income from Savings Deposits	87554143
其他金融机构收入	Income from Other Financial Institutions	777480
居民归还贷款收入	Income from Repayment of Loans by Residents	3196001
汇兑收入	Income from Remittances	1211538
有价证券收入	Income from Securities	68031
其他收入	Other Income	5864637
# 兑换外币收入	Income from Exchange of Foreign Currencies	74630

19-5 金融机构现金支出(2005年)

Cash Expenditures of Financial Institutions(2005)

单位：万元 (10 000 yuan)

项 目	Item	2005
支出总计	**Total**	**117562936**
工资性支出	Wages	6709482
农副产品采购支出	Purchases of Agricultural and Sideline Products	4526466
工矿及其他产品采购支出	Expenditures for Purchases of Industrial and Mineral Products	1700866
行政事业管理费支出	Government and Enterprises Overhead	3542882
城乡个体经营支出	Expenditures for Individual Business	3307523
储蓄存款支出	Expenditure for Savings Deposits	86658707
其他金融机构支出	Expenditure for Other Financial Institutions	955622
居民提取贷款支出	Expenditure for Loans by Residents	3090272
汇兑支出	Expenditure for Remittances	738468
有价证券支出	Expenditure for Securitizes	47720
其他支出	Other Expenditure	6284929

19-6 金融机构现金投放回笼差额

Cash Statistics of Financial Institutions

单位：万元 (10 000 yuan)

年份 Year	现金收入 Cash Income	现金支出 Cash Expenditures	投放 Currency Issuance
1957	96679	100217	3538
1962	143970	152371	8401
1965	145337	149936	4599
1970	176281	179675	3394
1975	248013	266734	18721
1978	298013	321277	23264
1980	418115	462285	44170
1986	1250322	1379167	128845
1987	1602153	1714137	111984
1988	2270253	2481981	211728
1989	2508577	2744153	235576
1990	2847454	3149857	302403
1991	3434787	3772786	337999
1992	4569761	5150855	581094
1993	6802651	7642020	839369
1994	9564614	10546016	981402
1995	13031467	14186247	1154780
1996	15761966	17020632	1258666
1997	34244200	35993800	1749200
1998	41387500	43300600	1913100
1999	34243414	35993245	1749831
2000	41387490	43300578	1913088
2001	49696827	51539283	1842456
2002	58538869	60426223	1887354
2003	75397042	77336143	1939101
2004	96818901	98403367	1584466
2005	115366652	117562936	2196284

19-7 金融机构人民币存、贷款年末余额

Saving Deposits and Loans of Financial Institutions at the Year-end

单位：万元 (10 000 yuan)

年 份 Year	各项存款余额合计 Depoits	# 企业存款 Depoits of Enterprises	# 城乡储蓄存款 Urban and Rural Savings Deposits	各项贷款余额合计 Loans	# 工业贷款 Loans to Industrial Enterprises	# 商业贷款 Loans to Commercial Enterprises	# 农业贷款 Agricultural Loans
1949	140	120		195	92	91	12
1950	1525	635	119	767	75	459	233
1951	4227	1619	219	3312	402	2163	747
1952	9034	3161	397	7089	593	5017	1479
1953	9937	3543	590	16492	1367	13360	1765
1954	12477	4223	1256	33777	2146	29908	1723
1955	17259	4126	1235	40223	2445	36242	1536
1956	15456	6427	2426	40576	3745	30496	6330
1957	19212	5527	3456	45042	3536	36810	4696
1958	50202	14707	5481	66279	12923	48083	5273
1959	62204	11976	7776	140589	49725	86119	4745
1960	83174	14756	10272	177063	85910	84703	6450
1961	76297	19608	5616	173300	59865	105884	7551
1962	66097	31248	3708	140530	37211	93696	9623
1963	63565	27446	4144	107154	25294	73514	8346
1964	86304	19796	5885	98027	25451	72465	111
1965	76946	22060	6913	102246	24133	77336	777
1966	91036	29410	7386	134554	30299	92977	11278
1967	85323	29687	7814	146590	44634	89084	12872
1968	94204	34411	8380	154190	51580	89045	13565
1969	84049	33112	7068	174312	61467	97906	14939
1970	98931	35109	7844	233001	68242	150137	14622
1971	105614	39136	9504	268530	82034	172315	14181
1972	102931	40288	11994	260678	77738	165836	17104
1973	127154	51746	14163	279108	88418	167532	23158
1974	123097	50332	15959	292432	91734	174258	26440
1975	148439	68452	17464	318410	92559	196711	29140
1976	153865	70737	18552	345268	95167	216124	33977
1977	162209	67821	21908	367586	97370	231722	38494

19-7 续表 continued

单位：万元 (10 000 yuan)

年 份 Year	各项存款余额合计 Deposits	# 企业存款 Deposits of Enterprises	# 城乡储蓄存款 Urban & Rural Savings Deposits	各项贷款余额合计 Loans	# 工业贷款 Loans to Industrial Enterprises	# 商业贷款 Loans to Commercial Enterprises	# 农业贷款 Agricultural Loans	# 基建贷款 Loans for Capital Construction	# 技改贷款 Loans for Technical Innovation
1978	164678	67214	25307	403314	110930	246495	45889		
1979	206997	75522	33092	436393	120396	256689	52236		
1980	231227	82688	48642	492949	129636	289980	67516		5677
1981	296065	103970	63106	558697	141810	330354	68239		14667
1982	364613	114791	84452	620194	148745	355038	73375	15587	26437
1983	442119	121952	112569	710563	175272	402264	75706	24778	28525
1984	500609	169826	155599	809114	219008	434714	86724	24767	32332
1985	560822	165393	210077	905412	275658	490451	89030	22465	42905
1986	782114	291284	290738	1291351	373446	590163	99373	48935	82523
1987	971166	337985	389691	1520239	436267	689530	114882	93458	188982
1988	1198527	401268	508287	1802119	537013	819194	126932	66132	119188
1989	1360860	382088	679584	2127588	681802	944070	139861	78510	139794
1990	1697712	424678	934355	2729173	869405	1272231	158545	109050	158675
1991	2057796	483906	1193618	3268535	1017327	1447576	188438	229244	201602
1992	2628246	783031	1497165	3951616	1153695	1683779	229783	353655	275853
1993	3505394	773581	2321390	5297191	1379014	2033053	427737	603560	327876
1994	4577562	1135970	3183199	6743662	1617514	2290203	229180	1054354	382402
1995	5663419	1303563	4108239	8198675	1879398	2566713	428884	1535360	466283
1996	7037693	1651490	5053804	10029833	2215841	3025593	510457	2011886	547128
1997	8455291	1993334	6050130	11721737	2518926	3467961	582678	2565495	587911
1998	9966107	2233337	7075160	13187511	2813556	3764324	533490	2885535	652933
1999	10923695	2512228	7976283	13641685	2649791	3794411	614282	3005261	636275
2000	12701349	3041165	8757399	13407383	2313181	3565930	692289	2513615	577427
2001	14987869	3750596	9867305	14707493	2570704	3437091	874092	3041254	594685
2002	17352559	4227073	11381038	16497795	2795982	3402539	1041324	4280175	139797
2003	20909846	5442363	13556610	19241312	3264636	3121745	1136558	5342779	222438
2004	25763691	6900717	16038752	22397621	3330576	2956277	1412981	6897652	302228
2005	32981538	8448175	19735996	25885704	3216173	3465313	1750056	8841665	358323

19-8 国家银行人民币存、贷款年末余额

Deposits and Loans of State Banks

单位:万元 (10 000 yuan)

项 目	Item	2004	2005	构 成(%) Composition 2004	构 成(%) Composition 2005
各 项 存 款	**Deposits**	**20741251**	**25681153**	**100**	**100**
# 企业存款	Deposits of Enterprises	5781173	6714002	27.9	26.1
财政存款	Treasury Deposits	806830	1134026	3.9	4.4
机关团体部队存款	Deposits of Government Agencies and Organizations	935671	1783310	4.5	6.9
城乡储蓄存款	Urban and Rural Savings Deposits	12634829	14996458	60.9	58.4
# 定 期	Fixed Deposits	7351161	8328751	35.4	32.4
农业存款	Agricultural Deposits	73079	66823	0.4	0.3
其他类存款	Other Deposits	509669	986534	2.5	3.9
各 项 贷 款	**Loans**	**19138997**	**21750644**	**100**	**100**
短期贷款	Short-term Loans	7685598	7912929	40.2	36.4
工业贷款	Loans to Industrial Enterprises	2881136	2733021	15.1	12.6
商业贷款	Loans to Commercial Enterprises	2817665	3162675	14.7	14.5
# 农副产品采购贷款	Loans of Purchases of Agricultural and Sideline Products	2110811	2596201	11.0	11.9
建筑业贷款	Loans to Construction Enterprises	185785	15688	1.0	0.1
农业贷款	Agricultural Loans	254774	246401	1.3	1.1
乡镇企业贷款	Loans to Urban Collective Enterprises	151256	154495	0.8	0.7
私营及个体工商企业贷款	Loans to Private Enterprises and Individuals	89029	135398	0.5	0.6
三资企业贷款	Loans to Sino-foreign Joint Venture and Cooperative Enterprises and Foreign funded Enterprises	24129	14191	0.1	0.1
其他短期贷款	Other Short-term Loans	1281824	1451060	6.7	6.7
中期流动资金贷款	Medium-term Working Capital Loans	733748		3.8	
中长期贷款	Medium-term & Long-term Loans	10060006	13030452	52.6	59.9
基本建设贷款	Loans to Capital Construction	6797248	8746780	35.5	40.2
技术改造贷款	Loans to Technical Updates and Transformation	299108	351203	1.6	1.6
其他中长期贷款	Other Medium-term & Long-term Loans	2963650	3932469	15.5	18.1
票据融资	Circulated Fund by Bills	604731	777090	3.2	3.6
各项垫款	Money Advanced	54914	30173	0.3	0.1

19-9 金融机构法定存款利率

Legal Interest Rates on Deposits of Financial Institutions

单位：年利率%　　(annual interest rate %)

项 目	Item	1998年3月25日 Mar. 25, 1998	1998年7月1日 Jul. 1, 1998	1998年12月7日 Dec. 7, 1998	1999年6月10日 Jun. 10, 1999	2002年2月21日 Feb 21, 2002	2004年10月29日 Oct. 29, 2004
个人人民币储蓄存款	**Household Deposits**						
活期	Demand	1.71	1.44	1.44	0.99	0.72	0.72
定期	Time						
三个月	3Months	2.88	2.79	2.79	1.98	1.71	1.71
半年	6Months	4.14	3.96	3.33	2.16	1.89	2.07
一年	1Year	5.22	4.77	3.78	2.25	1.98	2.25
二年	2Year	5.58	4.86	3.96	2.43	2.25	2.70
三年	3Year	6.21	4.95	4.14	2.70	2.52	3.24
五年	5Year	6.66	5.22	4.50	2.88	2.79	3.60
企业单位	**Enterprises Deposits**						
活期	Demand	1.71	1.44	1.44	0.99	0.72	0.72
定期	Tirne						
三个月	3Months	2.88	2.79	2.79	1.98	1.71	1.71
半年	6Months	4.14	3.96	3.33	2.16	1.89	2.07
一年	1Year	5.22	4.77	3.78	2.25	1.98	2.25
二年	2Year	5.58	4.86	3.96	2.43	2.25	2.70
三年	3Year	6.21	4.95	4.14	2.70	2.52	3.24
五年	5Year	6.66	5.22	4.50	2.88	2.79	3.60
大额可转让定期存单	**CDs**						
1个月	1Months						
3个月	3Months	2.88	2.79	2.79	1.98	1.71	1.71
6个月	6Months	4.14	3.96	3.33	2.16	1.89	2.07
9个月	9Months						
12个月	12Months	5.22	4.77	3.78	2.25	1.98	2.25

19-10 金融机构法定贷款利率

Legal Interest Rates on Loans of Financial Institutions

单位：年利率%　　(annual interest rate%)

项 目	Item	1998年3月25日 Mar. 25, 1998	1998年7月1日 Jul. 1, 1998	1998年12月7日 Dec. 7, 1998	1999年6月10日 Jun. 10, 1999	2002年2月21日 Feb 21, 2002	2004年10月29日 Oct. 29, 2004
流动资金贷款	**Working Capital Loans**						
一般流动资金	Ordinary						
六个月	6 Months	7.02	6.57	6.12	5.58	5.04	5.22
一年	1 Year	7.92	6.93	6.39	5.85	5.31	5.58
个体工商户贷款	Individuals Enterprises						
固定资产投资贷款	**Fixed Asset Investment Loans**						
技术改造贷款	Technical Innovation	c	c	c	c	c	c
基本建设贷款	Capital Construdtion						
一年以内及一年	1 Year or Less	7.92	6.93	6.12-6.39	5.58-5.85	5.04-5.31	5.22-5.58
一年以上至三年	1 Year to 3 Years	9.00	7.11	6.66	5.94	5.49	5.76
三年以上至五年	3 Years to 5 Years	9.72	7.65	7.20	6.03	5.58	5.85
五年以上	More than 5 Year	10.35	8.01	7.56	6.21	5.76	6.12

注：c与同档次基本建设贷款相同。

a) "c" Same as interest rates on capital construction loans with corresponding maturity

19-11 上市公司情况
Summary for Number of Listed Companies

单位：个 (unit)

年 份 Year	全区合计 All Region	上交所 Shanghai Stock Exchange	深交所 Shenzhen Stock Exchange	#仅发A股公司 A share Only	#仅发B股公司 B share Only	H股 H share	增发A股公司 A Share Add
1994	1	1		1			
1995	1	1			1		
1996	4	1	3	4			
1997	5	3	2	4	1		
1998	2	2		2			
1999	1	1		1			
2000	5	5		5			
2001	1	1		1			1
2002							2
2003							
2004	2	1		1		1	
2005	1	1		1			

注：2002年发行A股公司为增发A股。

a)The companies issuing A share in 2002 only issued A share add.

19-12 股票发行筹资情况
Issuing Summary for Stocks

年 份 Year	股票发行量 (万股) Amount Issued (10 000 shares)	A股 A share	B股 B share	A、B股配股 A & B Shares Rights Issued	H股 H share	股票筹资额 (亿元) Raised Capital (100 million yuan)	A股 A share	B股 B share	A、B股配股 A & B Shares Rights Issued	H股 H share
1989	1820	1820				0.5	0.5			
1994	5000	5000				1.95	1.95			
1995	11000		11000			4.38	4.38			
1996	6520	5020		1500		3.46	2.86		0.60	
1997	51800	22200	16600	13000		25.36	10.83	5.61	8.92	
1998	32852	13100	19752	22.72		8.37		14.35		
1999	13095			13095		9.71		9.71		
2000	38230	30800		7430		32.58	24.10		8.48	
2001	44720	43000		1720		33.84	31.57		2.27	
2002	15896	15896				17.95	17.95			
2003	1258			1258		7.84			7.84	
2004	40000	5000			35000	17.78	3.49			14.29
2005	14000	14000				4.68	4.68			

19-13 中资保险公司业务技术指标(2005年)

Economic and Technical Indicators of Insurance Companies Funded With Chinese Capital(2005)

项 目	Item	保险金额 (亿元) Amount Insured (100 million yuan)	保费收入 (万元) Premium (10 000 yuan)	赔款及给付 (万元) Claim and Payment (10 000 yuan)
总 计	**Total**	**10504**	**608667**	**107571**
财产保险	**Property Insurance**	**3496**	**173814**	**75367**
企业财产险	Enterprise Property Insurance	1642	21090	7605
家庭财产险	Family Property Insurance	123	2053	441
机动车辆险	Motor Vehicle Insurance	1080	138635	64339
货物运输险	Freight Transport Insurance	202	3880	868
建筑、安装工程	Construction and Installation Projects	128	2543	448
其它财产保险	Other Property Insurance	2	208	73
责任险	liability Insurance	307	3806	1319
产品责任险	Products Liability Insurance	2	85	109
雇主责任险	Employers Liability Insurance	12	687	766
公众责任险	Public Liability Insurance	167	2076	181
其它责任险	Other Liability Insurance	126	958	263
信用保险	Credit Insurance			
保证保险	Guarantee Insurance	10	1590	273
农业保险	Agriculture Insurance	1	8	1
人身保险	**Accident in Surance**	**7008**	**434853**	**32204**
寿险	Life Insurance	584	387269	12029
健康险	Health Insurance	1620	22747	12327
人身意外伤害险	Unforeseen Human Injury Insurance	4804	24837	7848

注:"企业财产险"中包括"机器损坏保险"。

a)The Data of Enterprise Property Insurance Including Machine Damage Insurance.

19-14 财产保险业务收入与赔付(2005年)

Premiums and Claim & Payment of Property Insurance(2005)

单位：万元 (10 000 yuan)

项 目	Item	保险金额 Amount Insured	保费收入 Promiums	已决赔款 Indrmnity	未决赔款 Loss Assessment of Unsrttled Claims
财产保险	**Property Insurance**	**34960149**	**173814**	**75367**	**23687**
# 企业财产险	Enterprise Property	16423880	21090	7605	3958
家庭财产险	Family Property	1230121	2053	441	100
机动车辆险	Motor Vehicle Insurance	10804555	138635	64339	17575
货物运输保险	Freight Transport Insurance	2020479	3880	868	754
责任险	Liability Insurance	3073611	3806	1319	809
产品责任险	Products Liability Insurance	20662	85	109	2
雇主责任险	Employers Liability Insurance	122445	687	766	227
公众责任险	Public Liability Insurance	1669092	2076	181	352
其它责任险	Other Liability Insurance	1261412	958	263	228
保证保险	Guarantee Insurance	101197	1590	273	8
农业保险	Agriculture Insurance	6404	8	1	
# 种植业险	Planting Insurance				
养殖业险	Animal Husbandry Insurance	6404	8	1	

19-15 人身保险业务收入与赔付(2005年)

Premiums and Claim & Payment of Accident in Surance Insurance(2005)

项 目	Item	新保承保人数(万人) New Person of Insurance (10 000 Person)	保费收入(万元) Premiums (10 000 yuan)	赔款(万元) Claim (10 000 yuan)	满期给付(万元) Value of Expiration Payment (10 000 yuan)
总 计	**Total**	**1129**	**434853**	**20175**	**12029**
寿险	Accident in Insurance	45	387269		12029
# 非分红产品	Non-Share out Bonus Products	26	176322		9617
分红产品	Share out Bonus Products	17	186514		2412
投资连接产品	Products Link to Insvestment		1289		
万能产品	All-purpose Products	2	23145		
意外伤害保险	Unforeseen Human Injury Insurance	585	24837	7848	
# 一年期以内	Less than one Year	47	897	250	
一年期	One Year	538	23940	5038	
健康保险	Health Insurance	499	22747	12327	
# 一年期(及一年期以内)	One Year(Less than one Year)	487	12672	12327	
一年期以上	Over One Year	12	10075		

主要统计指标解释

信贷资金 指金融机构以信用方式积聚和分配的货币资金。金融机构信贷资金的来源有各项存款、对国际金融机构负债、流通中货币、银行自有资金及当年结益等；信贷资金的运用有各项贷款、黄金占款、外汇占款、财政借款及在国际金融机构中的资产等。

存款 指企业、机关、团体或居民根据资金必须收回的原则，把货币资金存入银行或其他信用机构保管并取得一定利息的一种信用活动形式。根据存款对象的不同可划分为企业存款、财政存款、机关团体存款、基本建设存款、城镇储蓄存款、农村存款等科目。它是银行信贷资金的主要来源。

贷款 指银行或其他信用机构根据资金必须归还的原则，按一定利率，为企业、个人等提供资金的一种信用活动形式。我国银行贷款分为流动资金贷款、固定资产贷款、城乡个体工商户贷款以及农业贷款等科目。

中资保险公司 指中国公民、法人或其他组织出资(含外资参股)设立的保险公司。

保险金额 指保险人承担赔偿或者给付保险金责任的最高限额。

保费 指投保人为取得保险人在约定范围内所承担赔偿责任而支付给保险人的费用。

赔款 指保险人根据保险合同的规定，向被保险人支付的赔偿保险责任损失的金额。

给付 包括死伤医疗给付和满期给付。死伤医疗给付是指保险人根据人寿保险及长期健康保险合同的规定，因被保险人在保险期内发生保险责任范围内的保险事故支付给被保险人(或受益人)的金额。满期给付是指被保险人生存期满，保险人按人寿保险合同规定支付给被保险人的满期保险金额。

Explanatory Notes on Main Statistical Indicators

Credit Funds refer to the funds issued as loans by banking institutions. The sources of credit funds of the banking institutions included deposits, Liabilities to international financial institutions, currency in circulation, self-owned funds and current retained profits, etc. The credit funds can be used in forms of loans, gold, foreign exchange, government debt and assets in the international financial institutions.

Deposit is a form of credit by which enterprises, institutions, organizations or households can put money into banks and other credit institutions for safekeeping and interest earning under the principle of free withdrawal. According to different depositors, deposits are divided into enterprise deposits, treasury deposits, deposits of government agencies and organizations, capital construction deposits, urban savings deposits, rural deposits and other deposits. Deposits are major sources of the credit funds of banks.

Loan is a form of credit by which banks and other credit institutions provide funds at certain interest rate to enterprises and individuals in the light of the principle of unconditional repayment. Loans from Chinese banks include circulating capital loans, fixed assets loans, loans to urban and rural individuals engaged in industrial and commercial business and agricultural loans.

Insurance Companies Funded with Chinese Capital refer to insurance companies established with capitals from Chinese citizens, corporate institutions or other organizations (including companies with shares from foreign capital).

Amount Insured refers to the maximum that the insurant will get for the claim of the case insured.

Premium is the fee paid by the insurant to the insurer to obtain the obligation of compensation from the insurance within the agreed terms.

Settled Claim is the compensation paid by the insurer to the insurant in accordance with the insurance contract.

Payment includes payment for death, injury or medical treatment and mature payment. Payment for death, injury or medical treatment refers to the money paid to the insurant (or the beneficiary) in accordance with the life or health insurance contract when the insurant encounters accidents within the insured period covered in the contract. Mature payment refers to the mature payment to the insurant in accordance with the life insurance contract at the end of the insured period.

二十　教育、科技和文化

EDUCATION, SCIENCE AND CULTURE

资料整理　杨源　白丽丽

Arranged by Yang Yuan, Bai Lili

20-1 教育事业基本情况

Basic Statistics on Education

项 目	Item	2004	2005
学校数(所)	**Number of Schools(unit)**		
普通高等学校	Regular Institutions of Higher Education	31	33
普通中等学校	Secondary Schools	2046	1869
# 中等专业学校	Specialized Secondary Schools	52	57
中等技术学校	Technical Secondary Schools	48	53
中等师范学校	Teacher Secondary Schools	4	4
普通中学	Regular Secondary Schools	1720	1583
高 中	Senior Secondary Schools	372	359
初 中	Junior Secondary Schools	1348	1224
职业中学	Vocational Secondary Schools	273	229
小 学	Primary Schools	6874	5850
幼儿园	Kindergartens	1169	1201
特殊教育	Special Schools	29	28
专任教师(人)	**Number of Full time Teachers(person)**		
普通高等学校	Regular Instiutions of Higher Education	14793	16189
普通中等学校	Secondary Schools	107549	107704
# 中等专业学校	Specialized Secondary Schools	3775	3962
中等技术学校	Technical Secondary Schools	3454	3641
中等师范学校	Teacher Secondary Schools	321	321
普通中学	Regular Secondary Schools	92188	93656
高 中	Senior Secondary Schools	24593	26649
初 中	Junior Secondary Schools	67595	67007
职业中学	Vocational Secondary Schools	11577	10086
小 学	Primary Schools	124319	118988
幼儿园	Kindergartens	10449	10686
特殊教育	Special Schools	636	667
招生数(人)	**New Student Enrollment(person)**		
普通高等学校	Regular Institutions of Higher Education	69371	70218
普通中等学校	Secondary Schools	591123	602757
# 中等专业学校	Specialized Secondary Schools	32253	38388
中等技术学校	Technical Secondary Schools	28280	37850
中等师范学校	Teacher Secondary Schools	3973	538
普通中学	Regular Secondary Schools	505484	511873
高 中	Senior Secondary Schools	179126	198377
初 中	Junior Secondary Schools	326358	313496
职业中学	Vocational Secondary Schools	53369	52496
小 学	Primary Schools	269785	258947
幼儿园	Kindergartens	216767	204839
特殊教育	Special Schools	437	483
在校学生(人)	**Student Enrollment(person)**		
普通高等学校	Regular Institutions of Higher Education	197082	229354
普通中等学校	Secondary Schools	1814015	1798804
# 中等专业学校	Specialized Secondary Schools	89603	103422
中等技术学校	Technical Secondary Schools	75284	91420
中等师范学校	Teacher Secondary Schools	14319	12002
普通中学	Regular Secondary Schools	1565791	1554738
高 中	Senior Secondary Schools	473568	523497
初 中	Junior Secondary Schools	1092223	1031241
职业中学	Vocational Secondary Schools	158583	140644
小 学	Primary Schools	1658154	1596381
幼儿园	Kindergartens	296382	287674
特殊教育	Special Schools	3148	2844
毕业生数(人)	**Graduates(person)**		
普通高等学校	Regular Institutions of Higher Education	30875	38977
普通中等学校	Secondary Schools	508152	558717
# 中等专业学校	Specialized Secondary Schools	26449	27234
中等技术学校	Technical Secondary Schools	21182	25736
中等师范学校	Teacher Secondary Schools	5267	1498
普通中学	Regular Secondary Schools	437900	481629
高 中	Senior Secondary Schools	117525	136562
初 中	Junior Secondary Schools	320375	345067
职业中学	Vocational Secondary Schools	43791	49854
小 学	Primary Schools	350342	327773
幼儿园	Kindergartens	193281	178548
特殊教育	Special Schools	275	219

注：普通中学的高中学校数包括高级中学和完全中学。

a)Number of senior secondary schools in regular secondary schools include senior secondary schools & whole secondary schools.

20-2 在校学生民族构成
Composition of Student Enrollment by Nationality

单位:人 (person)

项　目	Item	2004	2005
普通高等教育	**Regular Institutions of Higher Education**	**197082**	**229354**
蒙古族	Mongolian	45554	52295
其他少数民族	Other Minority Nationality	7651	10566
高等教育中研究生	Postgradate Students Enrollment	5345	7110
蒙古族	Mongolian	1603	2130
其他少数民族	Other Minority Nationality	157	236
中等专业学校	**Specialized Secondary Schools**	**89603**	**103422**
中等技术学校	Technical Schools	75284	91420
蒙古族	Mongolian	10336	17052
其他少数民族	Other Minority Nationality	2643	2226
中等师范学校	Teacher Training Schools Secondary	14319	12002
蒙古族	Mongolian	3922	1139
其他少数民族	Other Minority Nationality	764	170
普通中学	**Rogular Secondary Schools**	**1565791**	**1554738**
高中	Senior	473568	523497
蒙古族	Mongolian	111277	121996
其他少数民族	Other Minority Nationality	18816	19240
初中	Junior	1092223	1031241
蒙古族	Mongolian	230171	218780
其他少数民族	Other Minority Nationality	37041	32343
职业中学	**Vocational Secondary Schools**	**158583**	**140644**
蒙古族	Mongalian	18231	15569
其他少数民族	Other Minority Nationality	3087	2868
小学	**Primary Schools**	**1658154**	**1596381**
蒙古族	Mongolian	331910	328894
其他少数民族	Other Minority Nationality	45535	40485

20-3 普通高等学校分类情况(2005年)

Basic Statistics of Colleges and Universities by Different Types(2005)

项目	Item	学校数(所) Number (unit)	毕业生数(人) Graduates (person)	招生数(人) New Student Enrollment (person)	在校学生(人) Student Enrollment (person)
普通高校	**Regular Institutions of Higher Education**	**33**	**38977**	**70218**	**229354**
综合大学	Comprehensive Universities	12	18808	27851	97291
理工院校	Science and Engineering Universities	10	6316	18696	49709
农业大学	Agricultural Universities	1	3708	5469	21159
医药院校	Medicinal Universities	1	759	2310	7378
师范院校	Normal Universities	2	5840	8432	31803
语文院校	Language Colleges	1	800	1500	4384
财经院校	Economics and Finance Universities	3	1748	5215	14971
政法院校	Law Universities	1	970	545	2019
体育院校	Physical Universities	1	28	168	594
艺术院校	Arts Universities	1		32	46

注：学生数中不含成人高校附设普通班学生数。

a)The number of student does not include the number of student who as studing in general class belonging to adult university.

20-3 续表 continued

项目	Item	教职工合计(人) Number of Staff and Workers (person)	# 专任教师 Teachers	# 正、副教授 Professors and Asso.Prof.	# 讲师 Lecturers	# 助教、教员 Assistants and Instructors
普通高校	**Universities and Colleges**	**27510**	**16189**	**6071**	**5300**	**4818**
综合大学	Comprehensive Universities	13578	7830	2978	2589	2263
理工院校	Science and Engineering Universities	4711	3160	983	1082	1095
农业大学	Agricultural Universities	2420	1210	532	351	327
医药院校	Medicinal Universities	1054	553	252	114	187
师范院校	Normal Universities	3103	1805	757	670	378
语文院校	Language Colleges	468	326	91	83	152
财经院校	Economics & Finance Universities	1519	907	364	281	262
政法院校	Law Universities	310	179	63	48	68
体育院校	Physical Universities	137	71	25	28	18
艺术院校	Arts Universities	210	148	26	54	68

20-4 普通高等院校基本情况(2005年)

Basic Statistics of Colleges and Universities(2005)

项　目	Item	毕业生数(人) Graduates (person)	招生数(人) New Student Enrollment (person)	在校生数(人) Student Enrollment (person)	#研究生数 Number of Postgraduates
内蒙古大学	Inner Mongolia University	2807	3413	14377	2233
内蒙古科技大学	Inner Mongolia Science & Technology University	5726	8836	31511	471
内蒙古工业大学	Inner Mongolia Engineering University	3652	5049	20519	965
内蒙古农业大学	Inner Mongolia Agriculture University	3708	5469	21159	1495
内蒙古医学院	Inner Mongolia Medicinal College	759	2310	7378	590
内蒙古师范大学	Inner Mongolia Normal University	3190	5834	24238	1110
内蒙古民族大学	Inner Mongolia Nationality University	3143	3105	16013	230
赤峰学院	Chifeng College	1449	2436	7748	
内蒙古财经学院	Inner Mongolia Economics & Finance College	1748	2089	8742	
呼伦贝尔学院	Hulunbeier College	2643	2942	9946	
内蒙古建筑职业技术学院	Hohhot Professional and Technical College	1704	2903	7462	
集宁师范高等专科学校	Jining Teacher Training Academy	2650	2598	7565	
内蒙古丰州职业学院	Inner Mongolia Fengzhou Vocational College	370	199	783	
河套大学	Hetao University	1091	1556	4264	
内蒙古民族高等专科学校	Inner Mongolia Nationality Academy	800	1500	4384	
包头职业技术学院	Baotou Professional and Technical College	960	2088	5223	
兴安职业技术学院	Xingan Professional and Technical College	287	360	1347	
呼和浩特职业学院	Hohhot Vocational College	782	2818	6664	
包头轻工职业技术学院	Baotou Light Industry Professional and Technical College		1787	3779	
内蒙古财税职业学院	Inner Mongolia Finance & Tax Vocational College		1305	2816	
内蒙古电子信息职业技术学院	Inner Mongolia Electronics Vocational College		1672	3838	
内蒙古机电职业技术学院	Inner Mongolia Machinery & Electronics Professional and Technical College		2015	3868	
内蒙古化工职业学院	Inner Mongolia Chemical Engineering Vocational College		1663	3421	
内蒙古商贸职业学院	Inner Mongolia Trade Vocational College		1821	3413	
锡林郭勒职业学院	Xilingguole Vocational College	237	915	2332	
内蒙古警察职业学院	Inner Mongolia Police Vocational College	970	545	2019	
内蒙古体育职业学院	Inner Mongolia Sport Vocational College	28	168	594	
乌兰察布职业学院	Wulanchabu Vocational College		577	721	
通辽职业学院	Tongliao Vocational College	273	694	1585	
科尔沁艺术职业学院	Keerqin Arts Vocational College		32	46	
内蒙古交通职业技术学院	Inner Mongolia Transport Tech College		609	689	
包头钢铁职业技术学院	Baotou Iron and Steel Vocational College		421	421	
乌海职业技术学院	Wuhai Vocational College		489	489	

注：学生数中不含成人高校附设普通班学生数。

a)The number of student does not include the number of student who was studing in general class belonging toadult university.

20-4 续表 continued

项　目	Item	教职工总数（人）Number of Staff & Workers (person)	#专任教师 Teacher	#中级职称以上教师 Medium over Professional Certification
内蒙古大学	Inner Mongolia University	2395	1301	961
内蒙古科技大学	Inner Mongolia Science & Technology University	2955	1882	1266
内蒙古工业大学	Inner Mongolia Engineering University	2007	1296	930
内蒙古农业大学	Inner Mongolia Agriculture University	2420	1210	883
内蒙古医学院	Inner Mongolia Medicinal College	1054	553	366
内蒙古师范大学	Inner Mongolia Normal University	2151	1292	1133
内蒙古民族大学	Inner Mongolia Nationality University	1821	939	698
赤峰学院	Chifeng College	1348	718	541
内蒙古财经学院	Inner Mongolia Economics & Finance College	988	558	420
呼伦贝尔学院	Hulunbeier College	983	665	423
内蒙古建筑职业技术学院	Hohhot Professional and Technical College	430	286	166
集宁师范高等专科学校	Jining Teacher Training Academy	952	513	294
内蒙古丰州职业学院	Inner Mongolia Fengzhou Vocational College	70	27	21
河套大学	Hetao University	1090	536	334
内蒙古民族高等专科学校	Inner Mongolia Nationality Academy	468	326	174
包头职业技术学院	Baotou Professional and Technical College	503	297	170
兴安职业技术学院	Xingan Professional and Technical College	585	374	270
呼和浩特职业学院	Hohhot Vocational College	648	395	271
包头轻工职业技术学院	Baotou Light Industry Professional and Technical College	341	224	125
内蒙古财税职业学院	Inner Mongolia Finance & Tax Vocational College	217	142	82
内蒙古电子信息职业技术学院	Inner Mongolia Electronics Vocational College	291	256	167
内蒙古机电职业技术学院	Inner Mongolia Machinery & Electronics Professional and Technical College	308	231	153
内蒙古化工职业学院	Inner Mongolia Chemical Engineering Vocational College	265	183	112
内蒙古商贸职业学院	Inner Mongolia Trade Vocational College	314	207	143
锡林郭勒职业学院	Xilingguole Vocational College	438	290	238
内蒙古警察职业学院	Inner Mongolia Police Vocational College	310	179	111
内蒙古体育职业学院	Inner Mongolia Sport Vocational College	137	71	53
乌兰察布职业学院	Wulanchabu Vocational College	488	278	210
通辽职业学院	Tongliao Vocational College	757	425	334
科尔沁艺术职业学院	Keerqin Arts Vocational College	210	148	80
内蒙古交通职业技术学院	Inner Mongolia Tansport Vocational Technological College	192	127	80
包头钢铁职业技术学院	Baotou Iron and Steel Vocational College	274	161	128
乌海职业技术学院	Wuhai Vocational College	100	99	34

20-5 科技活动基本情况(2005年)

Basic Statistics on Scientific and Technological Activities(2005)

项 目	Item	2005
科技活动	**Scientific and Technological Activities**	
科技活动人员(人)	**Number of Persons Engaged in Scientific and Technological Activities(person)**	**36907**
#科学家与工程师	Scientists and Engineers	25501
研究与试验发展折合全时人员(人年)	**Number of Full-time Persons in Research and Developmeut Activities(person year)**	**12664**
#科学家与工程师	Scientists and Engineers	10350
科技经费筹集额(万元)	**Funding for Scientific and Technological Activities(10 000 yuan)**	**345634**
#政府资金	Government Funds	82783
企业资金	Self-raised by Enterprises	241936
银行贷款	Bank Loans	8595
科技经费内部支出(万元)	**Expenditures for Scientific and Technological Activities (10 000 yuan)**	**332911**
#劳务费	Service Fees	65663
固定资产购建费	Purchases of Fixed Assets	121326
#研究与试验发展经费内部支出	Research and Development Expenses	113208
基础研究	Fundamental Research	4537
应用研究	Applied Research	28729
试验发展	Experimental Development	79942
研究与发展经费支出占生产总值比重(%)	**Proportion of Research and Development Expenses to GDP(%)**	**0.30**
技术成果和国家奖励	**Achievements in Scientific and Technological Research and National Prizes Won**	
自治区科技进步奖(项)	Number of Major Achievements in Science and Technology(item)	100
国家发明奖(项)	Number of National Invention Prizes Awarded(item)	
国家科学技术进步奖(项)	Number of National Scientific and Technological Progress Prizes Awarded(item)	1
技术市场成交额(万元)	**Transaction Value in Technical Market(10 000 yuan)**	**310621**
专 利	**Patent**	
专利申请受理量(件)	Total Patent Applications Examined(item)	1455
发明	Creation and Inventions	307
实用新型	Utility Models	708
外观设计	Designs	440
专利申请批准量(件)	Total Patent Applications Certified(item)	845
发明	Creation and Inventions	98
实用新型	Utility Models	452
外观设计	Designs	295

20-6 地方国有单位各类专业技术人员

Special Technical Personnel of State-owned Units

单位:人 (person)

年份 Year	合计 Total	工程技术人员 Engineering	农业技术人员 Agriculture	科学研究人员 Scientific Research	卫生技术人员 Health Care	教学人员 Teaching
1986	298360	50544	16026	1561	43130	137854
1987	344667	58353	17665	1794	44962	166079
1988	385181	66901	18436	1646	47332	158905
1989	428612	71848	18649	1845	49311	175621
1990	442659	75686	19644	1803	51184	180408
1991	453193	78705	20168	1839	53585	184784
1992	461901	79224	20710	2174	54257	187739
1993	454591	77474	18534	2043	54236	192023
1994	463501	77624	19096	2026	54873	199488
1995	471197	78640	18781	1877	56045	205952
1996	476610	78450	18946	1832	56854	214200
1997	477411	77127	19010	1792	60806	218651
1998	476012	74538	18499	1762	60990	223704
1999	504045	78903	19246	1992	65578	242551
2000	509470	77348	19076	2002	68954	250740
2001	497202	69548	18979	2084	69156	257165
2002	486215	64635	18288	1927	68725	260445
2003	514746	68669	22202	2029	72508	274565
2004	532891	65362	26978	2631	80287	286581
2005	534906	62700	27393	2401	81181	291842

20-7 国有各类独立科技机构、人员、经费(2005年)

Number of State-owned Research and Development Institutions, Persons and Funds(2005)

项 目	Item	旗县以上国有科技机构合计 R & D Institutions at & above County Level	自然科学与技术领域 Natural Sciences and Techonology	转制科研机构 Transform Character of Institutions	社会与人文科学领域 Social Sciences & Humanities	科技信息与文献机构 Scientific Technological Information & Literature Institutions	旗县属科技机构 Scientific Institation of County
机构数(个)	Institutions(unit)	139	84	30	12	13	6
从业人员数(人)	Staff & workers(person)	11411	7583	3064	518	246	93
# 从事科技活动人员	Scientific & Tech Activities	7842	5398	1789	449	206	68
# 科学家、工程师	Scientists & Engineers	5467	3605	1390	338	134	22
经费收入总额(万元)	Income(10 000 yuan)	125276	61916	55736	6490	1134	237
# 政府拨款	Government Appropriations	55863	44202	6960	3687	1014	237
经费支出总额(万元)	Expenditures(10 000 yuan)	111506	57382	48815	4200	1109	229
# 科技经费支出额	Service Charge	65239	41907	18343	4056	933	153
R&D经费支出额	Fands of R&D	24597	16529	5796	2252	20	12
固定资产(万元)	Fixed Assets(10 000 yuan)	106776	65156	36575	3710	1335	51
课题数(个)	Number of Topics(unit)	799	554	154	69	22	8
课题经费支出(万元)	Funds of Topic(10 000 yuan)	24785	13908	9013	1524	340	37
# R&D经费支出	Funds of R&D	16024	10139	4364	1509	12	6
课题投入人员(人年)	Persons of Topics(person-year)	3467	2691	502	209	65	22
# R&D课题投入	R&D of Topics	2320	1865	254	198	3	7
专利申请受理(项)	Number of Patent Applications Accepted(item)	35	10	25			
专利授权(项)	Number of Patent Applications Granted(item)	13	3	10			
科技论文(篇)	Science Papers(piece)	808	573	122	97	16	

注：R&D为研究与发展(Research and Development)的缩写。

a) R&D is abridge of Research and Development.

20-8 旗县以上国有独立自然科学与技术领域及转制科研机构、人员、经费(2005年)

Transformed and State-Owned Natural Scientific and Technological Institutions, Staff and Expenditure (2005)

项 目	Item	机构数(个) Institutions (unit)	从业人数(人) Staff & workers (person)	# 从事科技活动 Science & Technology	# 科学家工程师 Scientists & Engineers
总 计	**Total**	**114**	**10647**	**7187**	**4995**
按隶属关系分	**Grouped by Level**				
国务院部门属	Central Government	12	3346	2279	1564
自治区属	Autonomous Region	32	3196	2291	1804
盟市属	Leaguesand Cities	70	4105	2617	1627
按行政地域分	**Grouped by Region**				
呼和浩特市	Hohhot City	47	5143	3633	2704
包 头 市	Baotou City	12	2355	1414	938
呼伦贝尔市	Hulunbeier City	8	403	312	192
兴 安 盟	Xingan League	5	123	74	52
通 辽 市	Tongliao City	5	480	298	201
赤 峰 市	Chifeng City	7	361	313	217
锡林郭勒盟	Xilinguole League	6	318	237	135
乌兰察布市	Wulanchabu City	5	315	189	89
鄂尔多斯市	Erdos City	7	410	314	234
巴彦淖尔市	Bayannaoer City	8	627	304	181
乌 海 市	Wuhai City	1	42	33	11
阿拉善盟	Alashan League	3	70	66	41

20-8 续表 continued

单位：万元 (10 000 yuan)

项 目	Item	经费收入总额 Income	# 政府拨款 Government Appro-priations	经费支出总额 Expendi-tures	# 科技经费 Scientific Charge	固定资产原 值 Purchasing Fixed	课题经费支 出 Funds of Topics
总 计	**Total**	**117652**	**51162**	**106197**	**60250**	**101732**	**22921**
按隶属关系分	**Grouped by Level**						
国务院部门属	Central Government	53528	21636	49569	21485	52649	10360
自治区属	Autonomous Region	38484	16700	32991	22768	23601	7988
盟市属	Leaguesand Cities	25640	12826	23637	15997	25482	4573
按行政地域分	**Grouped by Region**						
呼和浩特市	Hohhot City	62244	33549	54870	38966	50157	13952
包 头 市	Baotou City	39187	6756	37540	9895	31236	6740
呼伦贝尔市	Hulunbeier City	2632	2476	2629	2323	2678	367
兴 安 盟	Xingan League	703	681	682	593	748	153
通 辽 市	Tongliao City	2227	1910	2585	2160	1460	442
赤 峰 市	Chifeng City	1513	1498	1424	1343	1460	263
锡林郭勒盟	Xilinguole League	2459	597	1202	807	1630	112
乌兰察布市	Wulanchabu City	591	591	591	489	357	
鄂尔多斯市	Erdos City	3583	1101	2357	1806	9872	238
巴彦淖尔市	Bayannaoer City	2117	1617	1923	1499	1737	453
乌 海 市	Wuhai City	138	138	138	127	228	71
阿拉善盟	Alashan League	258	248	256	242	169	130

20-9 大中型工业企业科技活动基本情况

Basic Statistics on Scientific and Technological Activities of Large and Medium-sized Industrial Enterprises

项　目	Item	2004	2005
单位数(个)	**Number of units(units)**	**337**	**378**
# 有科技活动单位数	Having Scientific and Technological Activities	97	103
有R&D活动单位数	Having Activivities of R&D	47	54
从业人员年平均人数(人)	**Average of Staff and Workers(person)**	**527614**	**563446**
# 科技活动人员	Persons Engaged in Scientific & Technological Activities	17709	21552
科学家和工程师	Scientists and Engineers	9849	14071
R&D人员折合全时人员(人年)	**Persons Engaged in R&D Converted into Full-time Persons(person/year)**	**4698**	**8550**
# 科学家和工程师	Scientists and Engineers	3875	6680
科技活动经费筹集额(万元)	**Funds for Scientific and Technological Activities(10 000 yuan)**	**150315**	**240827**
# 政府资金	Government Funds	12489	19462
企业资金	Enterprises Funds	134469	210975
金融机构贷款	Bank Loans	2973	6156
其他资金	Other Funds	384	4234
科技经费内部支出(万元)	**Internal Expenditures of Funds of R&D (10 000 yuan)**	**164892**	**224698**
# 劳务费	Labor Wage	35870	42424
固定资产购建费	Expenditures of Purchasing and Fixing Fixed Assets	55460	86022
R&D经费内部支出(万元)	**Inter Expenditures of Funds of R&D(10 000 yuan)**	**48402**	**81933**
# 基础研究	Fundamental Research	235	301
应用研究	Applied Research	931	16755
试验发展	Experiment and Development	47236	64877

20-10 高等学校科技活动基本情况

Basic Statistics on Scientific and Technological Activities of Colleges and Universities

项　目	Item	2004	2005
单位数(个)	**Number of units(unit)**	**19**	**15**
# 有科技活动单位数	Units Having Scientific and Technological Activites	17	13
有R&D活动单位数	Units Having Activities of R&D	17	13
科技活动人员(人)	**Persons Engaged in Scientific & Technological Activities**	**4371**	**3114**
# 科学家工程师	Scientists and Engineers	4253	3065
R&D人员全时当量(人年)	**Persons Engaged in R&D Converted into Full-time(person/year)**	**2257**	**1685**
# 科学家工程师	Scientists and Engineers	2224	1652
基础研究	Fundamental Research	919	549
应用研究	Applied Research	906	789
试验发展	Experiment and Development	432	347
科技经费筹集额(万元)	**Funds for Science and Technology(10 000 yuan)**	**13652**	**17980**
# 政府资金	Government Funds	10260	10047
自筹资金	Self-raised	989	1340
银行贷款	Bank Loans		
科技经费内部支出额(万元)	**Internal Expenditures of Funds of R&D(10 000 yuan)**	**11996**	**15700**
# 劳务费	Labor Expenses	1780	2069
固定资产购建费	Expenditurd of Purchases of Fixed Assets	2022	3713
R&D经费内部支出(万元)	**Inter Expenditures of Funds of R&D(10 000 yuan)**	**7187**	**8193**
# 基础研究	Fundamental Research	1710	1818
应用研究	Applied Research	1561	3555
试验发展	Experiment and Development	3916	2820

20-11 科技成果获奖

Number of Achievements in Scientific and Technological Research and National Prizes Won

单位：项 (item)

年份 Year	国家发明奖 Number of National Invention Prizes Awarded	国家科技进步奖 Number of National Scientific & Technological Prizes Awarded	国家自然科学奖 Number of National Natural Sciences Prizes Awarded	自治区科技进步奖 Number of Autonomous Regional Scientific & Technological Prizes Awarded	一等奖 First Class Prize	二等奖 Second Class Prize	三等奖 Third Class Prize
1983				126	2	32	92
1985	1	4		167	12	36	119
1986				96	8	20	68
1987			1	121	12	35	74
1988	2	3		103	3	22	78
1989		4		102	7	20	75
1990		3		103	5	20	78
1991		2	1	130	6	14	110
1992		4		105	3	15	87
1993	1	3		123	3	18	102
1994				104	4	14	86
1995	1	2		124	7	22	95
1996		3		129	5	21	103
1997		2		115	3	25	87
1998		1		123	4	22	97
1999	1	3	2	142	4	20	118
2000		1		89	5	16	68
2001		1		100	5	20	75
2002				93	4	20	69
2003		1		80	5	18	57
2004		1		83	7	21	55
2005		1		100	8	23	69

20-12 三种专利申请受理量及批准量

Three Types of Patent Applications Examined and Granted

单位：项 (item)

年 份 Year	申请受理量合计 Number of Patent Applications Examined	发明 Inventions	实用新型 Utility Models	外观设计 Designs	批准量合计 Number of Patent Applications Granted	发明 Inventions	实用新型 Utility Models	外观设计 Designs
1985	76	42	32	2				
1986	90	31	48	11	44	2	42	
1987	154	39	101	15	48	3	36	9
1988	231	46	179	6	63	7	53	3
1989	231	45	170	16	128	10	107	11
1990	347	54	270	23	170	5	158	7
1991	431	86	310	35	153	6	131	16
1992	510	102	366	42	242	14	212	16
1993	601	89	491	21	438	9	232	18
1994	731	124	474	133	337	7	299	31
1995	647	117	449	81	415	8	293	114
1996	858	215	507	136	326	6	265	55
1997	940	261	499	180	372	11	256	105
1998	785	125	519	141	523	12	375	136
1999	1007	193	576	238	723	17	521	185
2000	1138	234	602	302	775	60	530	185
2001	1089	185	664	240	743	73	440	230
2002	1202	233	643	326	679	53	428	198
2003	1394	242	716	436	816	82	419	315
2004	1457	286	699	472	831	108	437	286
2005	1455	307	708	440	845	98	452	295

20-13 文化艺术和文物事业机构、人员(2005年)

Number of Institutions and Personnel in Culture, Art and Cultural

机构类别	Category of Institution	机构数(个) Number of Institutions (unit)	从业人数(人) Number of Persons Engaged (person)
文化事业合计	**Culture**	**1640**	**11975**
艺术事业	Art Institutions	136	5315
艺术表演团体	Art Performance Troupes	109	4834
话剧、儿童剧、滑稽剧团	Drama, Children Plays and Comedy Troupes	2	98
歌剧、舞剧、歌舞剧团	Opera, Ballet and Dance Troupes	4	231
歌舞团、轻音乐团	Song and Dance Troupe, Light Music Troupe	12	1375
文工团、文宣队、乌兰牧骑	Cultural and Performance Troupes and Ulanmuchi (equestrain art troupes)	69	2003
戏曲剧团	Local Opera Troupes	14	837
#京剧	Local Beijing Opera Troupes	1	66
曲艺、杂技、木偶、皮影团	Recitation and Ballad Troupes, Acrobatics and Circus Troupes, Puppet Show Troupes and Shadow Play Troupes	2	121
艺术表演场所	Art Centers	27	481
剧场、影剧院	Theaters and Music Halls	27	481
书场、曲艺场	Storytelling Places, Recitation and Ballad Places		
杂技、马戏场	Acrobatics, Circus Places		
音乐厅	Concert Halls		
图书馆事业	Libraries	110	1776
群众文化事业	Mass Culture	1329	3900
群众艺术馆	Mass Art Centers	13	422
文化馆	Cultural Centers	102	1339
文化站	Cultural Stations	1214	2139
#乡文化站	Township Cultural Stations	1101	2000
艺术教育事业	Culture and Education	7	493
其他文化事业	Other Cultural Units	31	491
艺术创作机构	Art Creation Institutions	7	44
艺术研究机构	Art Research Institutions	8	124
艺术展览机构	Art Exhibition Institutions	4	193
#美术馆	Art Gallery	1	8
其他	Others	12	130
文化艺术经纪与代理业	Brokers and Agents for Cultural and Arts Activities	27	
文物事业合计	**Cultural Relics**	**110**	**1502**
文物保护管理机构	Agency of Historical Relics Preservation	73	624
文物科研机构	Scientific and Research Historical Relics Agency	1	55
其他文物机构	Other Historical Relics Agency		
博物馆	Museums	33	778
综合性博物馆	Comprehensive Museum	31	762
历史类博物馆	Special Museum	1	8
自然科技类博物馆	Nature Science and Technology Museum	1	8
其他博物馆	Memorial Museum		
文物商店	Cultural Relics Agencies	3	45

20-14 图书、杂志、报纸出版

Books, Magazines and Newspapers Published

项 目	Item	2004	2005
图 书	**Books Published**		
种 数(种)	Number of Publications(kind)	1949	2229
# 蒙 文(种)	Mongol(kind)	776	922
新 出(种)	New Books(kind)		861
重 印(种)	Republication(kind)		251
总印数(万册)	Total Printed Copies(10 000 copies)	7381.00	8888.15
总印张数(万印张)	Printed Sheets(10 000 sheets)	60140.50	61546.75
定价总金额(万元)	Total of Fixed Price(10 000 yuan)		56306.70
杂 志	**Magazines Publised**		
种 数(种)	Number of Publications(kind)	149	150
# 蒙 文(种)	Mongol(kind)	45	47
总印数(万册)	Total Printed Copies(10 000 copies)	1473.40	1384.00
总印张数(万印张)	Printed Sheets(10 000 sheets)	5527.95	5979.20
定价总金额(万元)	Total of Fixed Price(10 000 yuan)		7864.00
报 纸	**Newspapers Publised**		
种 数(种)	Number of News Published(kind)	51	50
# 蒙 文(种)	Mongol(kind)	13	13
总印数(万份)	Total Printed Copies(10 000 copies)	60819.99	26541.00
总印张数(万印张)	Printed Signatures(10 000 sheets)	42777.71	36203.70
定价总金额(万元)	Total of Fixed Price(10 000 yuan)		19040.00

20-15 广播电视事业

Statistics on Broadcasting and Television Stations

项目	Item	2004	2005
广播	**Broadcasting**		
广播电台(座)	Number of Broadcasting Stations(set)	13	13
调频转播发射台座数(座)	Transmission Stations of Frequency Modulation(set)	741	742
中短波转播发射台座数(座)	Transmission Stations of Short and medium Wave(set)	55	57
广播人口覆盖率(%)	Listener Rating(%)	90.38	92.64
节目套数(套)	Number of Programs(set)	114	114
广播节目全年播出情况	**Annual Statistics on Broadcasting**		
新闻资讯类（小时：分）	News Programs(hour:minute)	72762：23	83175:02
专题服务类（小时：分）	Special Subject Programs(hour:minute)	57761：27	93931:55
综艺类（小时：分）	Programs of Entertainment(hour:minute)	151151：10	184027:51
广播剧类（小时：分）	Radio Play(hour:minute)	12136：55	16969:41
广告类（小时：分）	Programs of Advertisment(hour:minute)	26727：30	27362:52
其他类（小时：分）	Other Programs(hour:minute)	148724：02	92242:00
广播节目全年制作情况	**Annual Statistics on Production of Broadcasting**		
新闻资讯类（小时）	News Programs(hour)	24327	31160
专题服务类（小时）	Special Subject Programs(hour)	38905	68398
综艺类（小时）	Programs of Entertainment(hour)	51224	49015
广播剧类（小时）	Radio Play(hour)	1435	1462
广告类（小时）	Programs of Advertisment(hour)	17834	19294
其他类（小时）	Other Programs(hour)	29111	13651
电视	**Television**		
电视台(座)	Number of Television Stations(set)	14	14
电视转播发射台座数(座)	Transmission and Relaying Stations(set)	1964	2316
卫星地球站(座)	Satellits Television Station(set)	1	1
卫星收转站(座)	Satellits Transmission Stations(set)	34904	42741
电视人口覆盖率(%)	Viewer Rating(%)	87.99	90.15
节目套数(套)	Number of Programs(set)	119	119
电视节目全年播出情况	Annual Statistics on Dissemination of TV Programs		
新闻资讯类（小时：分）	News Programs(hour:minute)	47636：39	54841:57
专题服务类（小时：分）	Special Subject Programs(hour:minute)	33313：48	51602:13
综艺益智类（小时：分）	Programs of Entertainment(hour:minute)	51690：25	61765:47
影视剧类（小时：分）	Programs of Film and TV Play (hour:minute)	201800：55	242193:29
广告类（小时：分）	Programs of Advertisment(hour:minute)	43312：15	50433:35
其他类（小时：分）	Other Programs(hour:minute)	81844：18	75501:03
电视节目全年制作情况	Annual Statistics on Production of TV Programs		
新闻资讯类（小时）	News Programs(hour)	12911	16784
专题服务类（小时）	Special Subject Programs(hour)	12500	18017
综艺益智类（小时）	Programs of Entertainment(hour)	16169	11640
影视剧类（小时）	Programs of Film and TV Play (hour)	1547	1297
广告类（小时）	Programs of Advertisment(hour)	15194	18334
其他类（小时）	Other Programs(hour)	5001	5019

主要统计指标解释

普通高等学校 指按照国家规定的设置标准和审批程序批准举办，通过国家统一招生考试，招收高中毕业生为主要培养对象，实施高等教育的全日制大学、独立设置的学院和高等专科学校、短期职业大学。

成人高等学校 指按照国家有关规定审批，招收通过全国成人高教统一招生考试的具有高中毕业或同等学历的在职从业人员，利用脱产、半脱产、业余或函授等多种形式对其实施高等学历教育，培养高等教育专科或本科毕业水平的专门人才，修业年限，课程设置和总学时数均按高等学历教育要求付诸实施的学校。包括广播电视大学、职工高等学校、农民高等学校、管理干部学院、教育学院、独立设备的函授学院等。

小学学龄儿童入学率 指调查范围内已入小学学习的学龄儿童占校内外学龄儿童总数(包括弱智儿童，不包括盲聋哑儿童)的比重。计算公式为：

小学学龄儿童入学率=已入学的小学学龄儿童数/校内外小学学龄儿童总数×100%

科技活动 指在自然科学、农业科学、医药科学、工程与技术科学、人文与社会科学领域(简称科学技术领域)中，与科技知识的产生、发展、传播和应用密切相关的有组织的活动。可分为研究与试验发展(R&D)、研究与试验发展成果应用及相关的科技服务三类活动。该定义是联合国教科文组织考虑成员国特别是发展中国家开展科技统计工作的需要，而对科技活动所作的统计界定。

科技活动人员 指直接从事科技活动、以及专门从事科技活动管理和为科技活动提供直接服务，累计的实际工作时间占全年制度工作时间 10%及以上的人员。(1)直接从事科技活动的人员包括：在独立核算的科学研究与技术开发机构、高等学校、各类企业及其他事业单位内设的研究室、实验室、技术开发中心及中试车间(基地)等机构中从事科技活动的研究人员、工程技术人员、技术工人及其它人员；虽不在上述机构工作，但编入科技活动项目(课题)组的人员；科技信息与文献机构中的专业技术人员；从事论文设计的研究生等。(2)专门从事科技活动管理和为科技活动提供直接服务的人员，包括：独立核算的科学研究与技术开发机构、科技信息与文献机构、高等学校、各类企业及其他事业单位主管科技工作的负责人，专门从事科技活动的计划、行政、人事、财务、物资供应、设备维护、图书资料管理等工作的各类人员，但不包括保卫、医疗保健人员、司机、食堂人员、茶炉工、水暖工、清洁工等为科技活动提供间接服务的人员。该指标用来反映投入科技活动人力的规模。

科学家与工程师 指科技活动人员中具有高、中级技术职称(职务)的人员和不具有高、中级技术职称(职务)的大学本科及以上学历人员。该指标用来反映投入科技活动人力的素质。

专业技术人员 指从事专业技术工作和专业技术管理工作的人员，即企事业单位中已经聘任专业技术职务从事专业技术工作和专业技术管理工作的人员，以及未聘任专业技术职务，现在专业技术岗位上工作的人员。包括工程技术人员，农业技术人员，科学研究人员，卫生技术人员，教学人× 100%员，经济人员，会计人员，统计人员，翻译人员，图书资料、档案、文博人员，新闻出版人员，律师、公证人员，广播电视播音人员，工艺美术人员，体育人员，艺术人员及企业政治思想工作人员，共十七个专业技术职务类别。用来反映科技人力资源情况。

研究与试验发展(R&D) 指在科学技术领域，为增加知识总量、以及运用这些知识去创造新的应用进行的系统的创造性的活动，包括基础研究、应用研究、试验发展三类活动。国际上通常采用 R&D 活动的规模和强度指标反映一国的科技实力和核心竞争力。

科技活动经费筹集 指从各种渠道筹集到的计划用于科技活动的经费，包括政府资金、企业资金、事业单位资金、金融机构贷款、国外资金和其他资金等。反映各社会经济主体对促进科技进步所做的努力。

专利 是专利权的简称，是对发明人的发明创造经审查合格后，由专利局依据专利法授予发明人和设计人对该项发明创造享有的专有权。包括发明、实用新型和外观设计。反映拥有自主知识产权的科技和设计成果情况。

发明 是专利法及其实施细则所称的发明，指对有关产品、方法或其改进所提出的新的技术方案。

实用新型 是专利法及其实施细则所称的实用新型，指对产品的形状、构造或者其结合所提出的适于实用的新的技术方案。

外观设计 是专利法及其实施细则所称的外观设计，指对产品的形状、图案、色彩或者其结合所作出的富有美感并适于工业上应用的新设计。

文化事业机构 指从事专业文化工作和为专业文化工作服务的独立建制的单位。不包括这些单位另外举办独立核算的其他机构和各部门的业余文化组织。

艺术表演团体 指从事戏曲、音乐、舞蹈、杂技等专业艺术表演，有独立帐户的单位，不包括半工半艺、半农半艺和民间职业剧团。

电影放映单位 指具有放映机器设备、固定或不固定的放映场所与专职或兼职的放映技术人员，经有关部门登记批准，经常为一定的观众对象放映电影的机构。

艺术表演观众人数(人次) 指售票、包场演出或民族地区免费演出的艺术表演观众人次数，不包括彩排审查和内部观摩演出的观看人次数。

Explanatory on Main Statistical Indicators

Regular Institutions of Higher Learning refer to educational establishments set up according to the government evaluation and approval procedures, enrolling graduates from senior secondary schools and providing higher education courses and training for senior professionals. They include fulltime universities, colleges, high professional schools and short-term professional universities.

Institutions of Higher Learning for Adults refer to educational establishments, set up in line with relevant rules approved by the government, enrolling staff and workers with senior secondary school or equivalent education, and providing higher education courses in many forms of full time, pray time, spare time, or correspondence for adults. Professionals thus trained receive a qualification equivalent to graduates studying regular courses at regular universities, colleges and professional colleges. Institutions of higher learning for adults include Radio and TV universities, schools of high education for staff and workers and peasants, colleges for management cadres, pedagogical colleges, independent correspondence colleges.

Enrollment Rate of Primary School age Children refers to the proportion of school age children enrolled at schools to the total number of school age children both in and outside schools (including retarded children, but excluding blind, deaf and mute children) . The formula is: Enrollment Rate of Primary School age Children=(Total Primary School age Children at Schools) ÷(Total Primary School age Children Both at and Outside Schools) ×100%

Scientific and Technological Activities (S&T Activities) refer to organized activities which are closely related with the creation, development, dissemination and application of the scientific and technical knowledge in t he fields of natural sciences, agricultural science, medical science, engineering and technological science, humanities and social sciences (referred to as scientific and technological fields) . S&T activities can be classified in to 3 categories: research and development (R&D) activities, application of R&D results, and related S&T services. This statistical definition is made by UNICHIEF for scientific and technological activities to meet the need of carrying out statistical work in this field for its member countries in particular those developing countries.

Personnel Engaged in S&T Activities refer to personnel directly engaged in S&T activities, in the management of S&T activities, and in providing direct ser-
fine arts, sports, performing art, and political workers in
vice to S&T activities, who sp end over 10% of the total working hours in a year in S&T activities. (1) Personnel directly engaged in S&T activities include researchers, engineers, technicians and other related personnel engaged in S&T activities in independent-accounting R&D institutions, institutions of higher learning, and in research institutes, laboratories, technology development centers and central experiment workshops under enterprises and institutions. Also included are people working in S&T research project teams, professional and technical personnel working in S&T information archiving institutes, and graduate students working on the design of their thesis. (2) Personnel engaged in the management of S&T activities and in providing direct service to S&T activities include senior management people responsible for S&T activities in independent -accounting R&D institutions, S&T information archiving institutes, institutions of higher learning, and in enterprises and institutions where S&T activities are undertaken. Also included are people responsible for the planning, administration, personnel management, financial management, logistics supply, equipment maintenance, information and library management that are related with S&T activities. People providing indirect services are excluded, such as security, medical service, drivers, plumbers, cleaners and those providing catering and related service. This indicator reflects the size of personnel engaged in S&T activities.

Scientists and Engineers refer to persons engaged in S&T activities who have obtained titles of senior and middle level professional positions, and those without such position but have completed university or higher education. This indicator reflects the quality of personnel engaged in S&T activities.

Professional and Technical Personnel refer to persons engaged in professional and technical work or in the management of professional and technical activities, i. e. , people with professional or technical posit ions who are engaged in professional and technical work or in the management of professional and technical activities, and people without professional or technical positions but are working on professional or technical posts. They include professionals and technicians working in 17 categories of technical occupations including engineering, agriculture, scientific researches, medical service, teaching, economic research and application, accounting, statistics, translation, libraries, archives, cultural and museum service, journalism and publication, lawyers, notarization service, radio and television broadcasting, handicraft and
enterprises. This indicator reflects the condition of human

resources in S&T.

Research and Development (R&D) refers to systematic and creative activities in the field of science and technology aiming at increasing the knowledge and using the knowledge for new application. R&D includes 3 categories of activities: basic research, applied research and experiments and development. The scale and intensity of R&D are widely us ed internationally to reflect the strength of S&T and the core competitiveness of a country in the world.

Funding for S&T Activities refers to funds obtained from various sources for S&T activities, including government funds, self-raised funds by enterprises, self-raised funds by institutions, loans from financial institutions, foreign funds and other funds . This indicator reflects the efforts made by various social economic entities in promoting the development of S&T.

Patent is an abbreviation for the patent right and refers to the exclusive right of ownership by the inventors or designers for the creation or inventions, given from the patent offices after due process of assessment and approval in accordance wit h the Patent Law. Patents are grant ed for inventions, utility model sand designs. This indicator reflects the achievements of S&T and design with in dependent intellectual property.

Inventions refer to the inventions as specified by the patent law and its detailed rules and regulations for implementation. They refer to the new technical proposals to the products or methods or their modifications.

Utility Models refer to the utility models as specified by the patent law and its detailed rules and regulations for implementation. They refer to the practical and new technical proposals on the shape and structure of the product or the combination of both.

Designs refer to the designs as specified by the Patent law and its detailed rules and regulation for implementation. They refer to the aesthetics and industry applicable new designs for the shape, pattern and color of the product, or their combinations.

Cultural Institutions refer to units which have their own organizational system and independent accounting system and specialize in or serve cultural development. They exclude other establishments run by these cultural institutions and amateur cultural groups established by various departments.

Art Troupe refers to the troupe which is engaged in drama, opera, music, dance, acrobatics or other art performance, opens independent accounts with banks and has self supporting accounting system; excluding the troupes which are engaged partly in industrial or agricultural activities, partly in art performance and the professional troupes organized by the people.

Film Projection Units refer to units with film projection equipment, full or part time projectionists, permanent or non permanent places, approved by related administrative departments to show films regularly for certain groups of audience, including those film projection units which have been approved to give commercial shows and run business with independent accounting system as well as those film renting units of the military system.

Number of Spectators at Art performance refers to the number of attendants at commercial shows, completely booked shows or free shows given in minority national areas, and does not include the number of spectators at rehearsals for examination and internal shows for study.

二十一 体育、卫生、社会福利、环境保护和其他

SPORTS, PUBLIC HEALTH, SOCIAL WELFARE, ENVIRONMENTAL PROTECTION AND OTHERS

资料整理 杨源

Arranged by Yang Yuan

21-1 等级运动员分项发展情况(2005年)

Development of Athletes in Grade By Type of Sports(2005)

单位:人 (person)

项 目	Item	合 计 Total	国际级健将 International Master of Sports	国家级运动健将 National Master of Sports	一 级 First Grade Sportsmen	二 级 Second Grade Sportsmen
总 计	**Total**	**756**	**1**	**25**	**40**	**690**
# 田 径	Track and Field	338	1	4	12	321
游 泳	Swimming	49			3	46
举 重	Weightlifting	1		1		
拳 击	Box	9		1		8
国际式摔跤	Wrestling	29		8	4	17
跆拳道	Tackwonde	15		1		14
柔 道	Judo	38		7		31
射 击	Shooting	19			14	5
足 球	Football	48				48
篮 球	Basketball	79				79
排 球	Volleyball	16				16
乒乓球	Table Tennis	28			4	24
羽毛球	Badminton	6				6
台球	Billiards					
网 球	Tennis	34				34
软式网球	Soft Tennis					
速度滑冰	Speed Skating					
短道速滑	Short Skating					
航空模型	Model Airplane					
武 术	Wu Shu	33		2		31
马 术	Horsemanship					
围 棋	Encirclement Chess					
国际象棋	International Chess					
中国象棋	Chinese Chess	1				1
射 箭	Archery	3		1	2	
击 剑	Fencing	2				2
健美操	Body Mechanics	8			1	7

21-2 运动员获奖牌情况(2005年)

Medals Won by Athletes(2005)

单位：枚 (piece)

项 目	Item	金 牌 Gold Medal	银 牌 Silver Medal	铜 牌 Copper Medal
总 计	**Total**	**463**	**458**	**527**
国际比赛	International Race	1	3	2
国内比赛	National Race	462	455	525

21-3 等级裁判员分项发展情况(2005年)

Development of Referees in Grades by Type of Sports(2005)

单位:人 (person)

项目	Item	合计 Total	国际裁判 International Referees	国家级 National Referees	一级 First Grade Referees	二级 Second Grade Referees
总计	**Total**	**1949**		**2**	**69**	**1878**
#田径	Track and Field	587			22	565
游泳	Swimming	45			6	39
体操	Gymnastics					
举重	Weightlifting	6			5	1
拳击	Boxing	3			3	
国际式摔跤	Wrestling	11			7	4
中国式摔跤	Chinese Wrestling					
柔道	Judo	3			1	2
跆拳道	Tackwonde	8		1	7	
射击	Shooting	6				6
射箭	Archery	7			6	1
足球	Football	267				267
篮球	Basketball	373			1	372
排球	Volleyball	314		1		313
乒乓球	Table Tennis	87			5	82
羽毛球	Badminton	14			1	13
网球	Tennis	6				6
毽球	Shuttlecock					
速度滑冰	Speed Skating					
台球	Billiards	24				24
武术	Wu Shu	22			4	18
马术	Horsemanship	1			1	
自行车	Cycling					
围棋	Encirclement Chess					
中国象棋	Chinese Chess					
桥牌	Bridge					
马球	Polo					
无线电测向	Radio Goniometry					
门球	Doorball	104				104
体育舞蹈	Physical Dance					
信鸽	Pigeon	20				20
地掷球	Ground Ball	27				27
风筝	Kite	14				14

21-4 医疗卫生事业

Basic Statistics of Public Health

项目	Item	2004	2005
卫生机构(个)	**Health Institutions(unit)**	**3715**	**3774**
# 医院、卫生院	Hospitals	1831	1834
县及县以上医院	Hospitals at County and Higher Levels	472	476
乡镇卫生院	Health Center at Town	1359	1330
疗养院、所	Sanatoriums	9	9
门诊部	Clinics	75	75
社区卫生服务中心（站）	Health Service Center for Community	427	421
妇幼保健所、站	Maternity and Child Care Centers	117	116
疾病预防控制机构	CDC(Center for Disease Control)	147	146
床位(张)	**Beds(unit)**	**66699**	**69440**
# 医院、卫生院	Hospitals	61155	64002
县及县以上医院	Hospitals at County and Higher Levels	48074	50595
乡镇卫生院	Health Center at Town	12774	13116
疗养院、所	Sanatoriums	1757	1554
职工人数(人)	**Persons Engaged in Health Institution(person)**	**120253**	**121180**
# 卫生技术人员	Medical Technical Personnel	101730	102587
# 执业医师	Permitted Doctors	41252	41646
助理执业医师	Assistant Permitted Doctors	8925	8662
注册护师、护士	Registered Senior and Junior Nurses	26517	27052
药剂人员	Pharmacists	8696	8686
检验人员	Laboratory Technical	4650	4728
其他技术人员	Other Technical Personnel	4138	4156
管理人员	Managerical Personnel	6362	6353
工勤人员	Logistics Workers	8023	8084

21-5 卫生机构

Number of Health Care Institutions

单位：个 (unit)

年份 Year	总计 Total	医院、卫生院 Hospitals & Public Health Clinic	疗养院所 Sanat-oriums	门诊部所 Clinics	专科防治所站 Specialized Prevention & Treatment Centers or Stations	疾病预防控制中心 CDC	妇幼保健所站 Maternity & Child Care Centers	每万人口拥有卫生机构数 Number of Health Institutions Per 10000 Population
1947	55	28		26		1		0.10
1949	78	25	1	36	4	12		0.13
1952	538	103	9	312	14	5	93	0.75
1957	2152	136	3	1682	28	59	234	2.30
1965	3820	436	16	3065	18	116	116	2.95
1970	4952	1582	4	3219	4	88	50	3.32
1975	3621	1612	9	1725	8	113	110	2.08
1978	4000	1723	8	1935	26	118	117	2.19
1979	4146	1743	8	2003	34	117	116	2.24
1980	4350	1760	9	2164	39	126	118	2.32
1981	4630	1794	12	2393	42	136	120	2.43
1982	4660	1796	14	2411	43	138	121	2.41
1983	4632	1819	14	2362	45	135	120	2.37
1984	4711	1841	14	2405	53	139	121	2.37
1985	4749	1763	14	2511	55	141	120	2.37
1986	4905	1770	13	2655	57	140	122	2.42
1987	4991	1780	12	2720	60	143	123	2.42
1988	5120	1787	13	2833	61	144	123	2.45
1989	5152	1810	11	2833	62	150	118	2.43
1990	5161	1856	12	2787	64	153	122	2.39
1991	5172	1927	12	2716	66	155	122	2.37
1992	5253	1928	12	2796	61	157	120	2.38
1993	4932	1987	11	2375	64	190	119	2.21
1994	4918	2000	11	2348	65	189	119	2.18
1995	4915	2003	11	2348	64	188	117	2.16
1996	5037	2016	11	2462	53	143	107	2.19
1997	4863	1991	11	2233	63	183	113	2.10
1998	4641	1991	11	2248	63	182	110	1.99
1999	4468	1982	11	1942	63	183	108	1.89
2000	4427	1988	11	1902	63	185	108	1.87
2001	4296	1892	11	1911	61	187	107	1.85
2002	3768	1857	10	1444	58	147	118	1.58
2003	3595	1819	9	1032	57	146	117	1.51
2004	3715	1831	9	1083	54	147	117	1.56
2005	3774	1834	9	1098	54	146	116	1.58

21-6 卫生机构床位

Number of Beds in Health Institutions

单位：张 (unit)

年份 Year	总计 Total	医院、卫生院 Hospitals & Public Health Clinic	疗养院所 Sanat-oriums	门诊部所 Clinics	专科防治所站 Specialized Prevention & Treatment Centers or Stations	疾病预防控制中心 CDC	妇幼保健所站 Maternity & Child Care Centers	每万人口卫生机构床位数 Number of Public Health Orgon Beds Per 10 000 Population
1947	519	519						0.92
1949	726	639	70					1.05
1952	2890	1274	1567					1.78
1957	7733	5700	194					6.09
1965	23241	15820	1669					12.20
1970	25614	24833	280					16.66
1975	22198	21089	500					21.87
1978	25023	24079	500					24.23
1979	48769	46495	1290					25.11
1980	49630	47271	1295					25.19
1981	51319	47942	1948					25.19
1982	51002	47339	2270					24.44
1983	52436	48739	2217					24.92
1984	52911	49307	2274					24.84
1985	53572	50567	2194					25.20
1986	54726	51566	2053	553			344	25.41
1987	57651	54354	1933	644	6		401	26.30
1988	59414	55867	2143	656	36		421	26.68
1989	60090	56776	1863	538	88		402	26.75
1990	60727	57558	1871	385	87		404	26.62
1991	62929	59268	2182	532	66	4	452	27.14
1992	64446	60730	2182	582	66	4	514	27.52
1993	65221	60893	2062	946	97	12	584	27.28
1994	65464	61425	2007	979	65		500	27.17
1995	66515	61933	2124	986	144	15	574	27.25
1996	65247	61667	2260	1131	105	4	716	26.86
1997	65387	61918	2260	1228	123		749	26.73
1998	65794	62499	2080	1350	83		766	26.76
1999	66367	62832	2102	546	147		740	28.10
2000	66903	63156	1984	314	176		1000	28.24
2001	66682	63071	1884	250	191	25	1580	28.75
2002	64742	61909	1773	350	409	54	1944	27.30
2003	65072	60438	1768	377	224	26	1920	27.37
2004	66699	61155	1757	799	174	95	2269	28.00
2005	69440	64002	1554	725	234	77	2422	29.10

注：医院、卫生院2002年以前为医院口径。

a)The Data about Hospitals and Public Health Clinic Refer to Date of Hospitals before 2002.

21-7 卫生机构人员
Number of Persons Engaged in Health Institutions

单位：人 (person)

年份 Year	总计 Total	卫生技术人员 Medical Technical Personnel	#医生 Doctors	#中医 Doctors of Traditional Chinese Medicine	#西医师 Doctors of Western Medicine	#西医士 Paramedics of Western Medicine	#注册护师、护士 Registered Senior and Junior Nurses	每万人口医生数 Number of Doctors per 10 000 Population
1947	6158	5979	4483	4097	330	56	128	8
1949	7529	7204	4736	4315	353	68	201	8
1952	12233	10727	6097	4904	585	608	552	9
1957	21848	18290	10556	6800	1020	2736	1977	11
1965	40695	33215	18027	8104	3735	6188	4664	14
1970	42097	33333	17101	4336	5777	6988	6490	11
1975	60529	47845	22114	5529	7121	9464	7932	13
1978	75123	59277	26724	6932	8471	11321	8225	15
1979	82855	65615	28417	5998	8751	11781	7949	16
1980	88188	70022	31068	8411	11131	11526	9129	17
1981	98165	77647	32184	9013	11888	11283	10426	17
1982	101637	80450	32975	6535	12261	11648	10969	17
1983	104446	82873	33456	6481	12435	11911	11768	17
1984	107234	85185	34903	6684	12782	12605	12264	18
1985	109210	87130	36467	6752	13627	13279	12598	18
1986	112011	89257	38103	6873	13348	15109	13427	19
1987	115164	91437	37781	7012	13359	14552	14458	18
1988	117779	94095	42794	7539	19881	12366	18605	20
1989	119044	94969	44579	7589	22091	11883	21310	21
1990	121443	96764	41453	4709	22632	12099	22123	19
1991	123935	97984	42520	4801	23674	11904	22797	19
1992	126859	100365	46612	4809	24036	15605	23157	21
1993	127494	99878	47171	4816	24540	15686	23425	21
1994	129101	102220	48962	6947	25818	12675	24575	22
1995	129483	102187	49345	6989	26789	12155	24617	22
1996	130368	103606	50263	6609	25429	10476	25313	22
1997	129306	102983	52438	4453	28671	13958	25953	22
1998	129765	104890	56384	5193	30220	14202	26163	24
1999	125632	101312	51602	4598	30987	13271	25766	22
2000	124362	100688	52299	5204	30551	9740	25726	22
2001	131931	109147	53021	5692	33563	10478	26755	22
2002	120628	100665	48866				25740	21
2003	120264	101073	49304				25555	21
2004	120253	101730	50177				26517	21
2005	121180	102587	50308				27052	21

21-8 交通事故情况(2005年)

Basic Statistics on Traffic Accidents(2005)

类别	Type	发生数(起) Traffic Accidents (case)	死亡人数(人) Deaths (person)	受伤人数(人) Injuries (person)	损失折款(万元) Losses Coverted into Cash (10 000 yuan)
总计	**Total**	**8452**	**2106**	**7999**	**2784.68**
#重大事故	Serious	1682	1861	991	811.38
特大事故	Extraordinarily Serious	67	251	170	194.38
机动车	Motor-driven Vehicles	8332	2078	7884	2772.63
#汽车	Automobiles	6320	1612	5637	2592.76
摩托车	Mototcycles	1920	420	2146	155.33
拖拉机	Tractors	54	17	69	4.21
非机动车	Non-motor-driven Vehicles	91	11	99	5.30
#自行车	Bicycles	49	4	55	2.27
行人乘车人	Pedestrians and Passengers	29	17	16	6.75

注：损失折款指直接损失(下表同)。

a)Losses converted into cash refer to direct losses(the same as in the following table).

21-9 火灾事故情况(2005年)

Basic Statistics on Fires(2005)

项目	Item	合计 Total	按事故发生程度分 By Serious Degree of Fires		
			特大 Extraordinarily Serious	重大 Serious	一般 Ordinary
发生(起)	Fires(case)	5422		2	5420
死亡(人)	Deaths(person)	37			37
受伤(人)	Injuries(person)	60		1	59
损失折款(万元)	Losses Converted into Cash(10 000 yuan)	1687.04		82.43	1604.60
平均每起事故损失(元)	Average Loss per Fire(yuan)	3111		824324	2960

21-10 社会保障基本情况

Basic Statistics on Social Security

项目	Item	2004	2005
一、社会救济和社会优抚	**Persons Receiving Social Special Relief and Pensions**		
城镇居民最低生活保障人数(人)	Persons Receiving Lowest Cost-of-Living in Urban Area(person)	717128	696895
城镇居民最低生活保障户数(户)	Housholds(household)	316397	321378
农村居民最低生活保障人数(人)	Persons Receiving Lowest Cost-of-Living in Rural Area(person)	15354	60119
农村居民最低生活保障户数(户)	Housholds(household)	7856	39603
二、社会福利事业	**Social Welfare**		
收养性福利事业单位(个)	Adopting Social Welfare Institutions(unit)	775	774
优抚类收养性单位	Adopting Institution of Social Special Relief	33	33
福利类收养性单位	Adopting Institution of Social Welfare	742	741
收养性福利事业单位床位数(张)	Number of Beds of Adopting Social Welfare Instiutions(bed)	23116	26411
优抚类收养性单位	Adopting Institution of Social Special Relief	2098	2026
福利类收养性单位	Adopting Institution of Social Welfare	21018	24385
年末收养人数(人)	Number of Persons Adopted at the year-end(person)	16389	16251
优抚类收养性单位	Adopting Institution of Social Special Relief	1267	1219
福利类收养性单位	Adopting Institution of Social Welfare	15122	15032
社会福利事业支出(万元)	Expenditure for Social Welfare(10 000 yuan)	127523	145209
# 抚恤、离退休和社会福利救济	Pensions and Relief Funds for Social Welfare	98864	123790
自然灾害生活救助	Life Salvation of Natural Calamity	27373	17937
三、社会福利企业	**Social Welfare Enterprises**		
单位数(个)	Number of Units(unit)	502	438
工作人员(人)	Number of Staff and Works(person)	18831	14870
四、社区服务	**Community Service**		
城镇社区服务设施(个)	Number of Urban Welfare Facilities(uint)	6089	6192
城镇便民利民服务网点(个)	Number of Urban Service Points for Civilian(uint)	43052	42903
五、社会保障	**Social Security**		
参加基本养老保险人数(万人)	People join in Basic Pension Insurance(10 000 persons)	319	339
参加基本养老保险离退休人数(万人)	Retirees join in Basic Pension Insurance(10 000 persons)	82	86
参加失业保险人数(万人)	Contributors of Unemployment Insurance(10 000 persons)	222	222
参加基本医疗保险人数(万人)	Contributors of Basic Medical Insurance(10 000 persons)	273	292
农村社会养老保险投保人数(万人)	Contributors of Rural Social Pension Insurance(10 000 persons)	80	81
社会保险基金收入(亿元)	Revenue of Social Insurance Funds(100 million yuan)	93.88	113.19
社会保险基金支出(亿元)	Expenses of Social Insurance Funds(100 million yuan)	80.25	96.76
#失业保险基金支出(亿元)	Relief Funds of Unemployment(100 million yuan)	2.54	2.70
社会保险基金累计节余(亿元)	Balance of Social Insurance Funds(100 million yuan)	58.35	74.78

21-11 社会福利事业、企业单位和工作人员
Number of Social Welfare Institutions and Enterprises and Persons Engaged

项　目	Item	机构(个) Number of Institutions or Enterprises(unit)		工作人员(人) Number of Persons Engaged(person)	
		2004	2005	2004	2005
全区总计	**Autonomous Regional Total**	**1630**	**1599**	**25597**	**22392**
收养性福利事业单位	Adopting Social Welfare Institutions	775	774	3867	4389
优抚类收养性单位	Adopting Institution of Social Special Relief	33	33	696	685
福利类收养性单位	Adopting Institution of Social Welfare	742	741	3171	3704
社会救助单位	Social Salvation Organizations	30	32	384	406
殡葬事业单位	Funeral and Intermert Instiutions	99	100	1463	1374
福利彩票发行单位	Welfare Lottery Ticket	19	13	117	103
慈善团体	Philanthropic Organizations	4	2	15	5
社区服务单位	Community Service Institutions	201	240	920	1245
社会福利企业	Social Welfare Enterprises	502	438	18831	14870
国有福利企业	State-owned Enterprises	32	21	1519	1383
集体福利企业	Colective-owned Enderprises	187	180	5670	6682
其他福利企业	Other	283	237	11642	6805

21-12 收养性社会福利事业单位基本情况(2005年)
Basic Statistics on Social Welfare Institutions(2005)

项　目	Item	院数(个) Homes (unit)	工作人员(人) Staff and Workers (person)	#医护人员(人) Doctors & Nurses (person)	床位(张) Beds (unit)	年末收养人数(人) Persons Housed year-end (person)
全区总计	**Autonomous Regional Total**	**774**	**4389**	**2307**	**26411**	**16251**
优抚类单位	Institution of Social Special Relief	33	685	411	2026	1219
荣誉军人康复医院	Disable Veteran Hospital	1	76	53	100	28
复员军人疗养院	Sanatorium of Demobilized Soldier	2	77	32	290	43
复退军人精神病院	Psychiatric Hospital of Veteran	2	175	126	200	139
光荣院	Homes for Disabled Veterans	28	357	200	1436	1009
福利类单位	Institution of Social Welfare	741	3704	1896	24385	15032
社会福利院	Social Welfare Homes	38	761	417	3383	1041
儿童福利机构	Baby Welfare Homes	4	122	83	520	369
社会福利医院	Social Welfare Hospitals	3	288	188	650	425
城镇老年福利机构	Urban Adopting Elderly Units	85	778	280	4157	2508
农村老年福利机构	Rural Adopting Elderly Units	608	1738	921	15619	10637
其他老年福利机构	Other Adopting Elderly Units	3	17	7	56	52

21-13 享受补助、救济人员情况(2005年)
Persons Receiving Subsidies or Relief Funds(2005)

单位：人、户、人次　　(person)(household)(person-time)

项　目	Item	2005
城镇社会救济情况	**Social Relief in Urban Area**	
城镇居民最低生活保障人数	Number of Persons Receiving Lowest Cost-of-Living in Urban Area	696895
城镇居民最低生活保障家庭数	Number of Housholds Receiving Lowest Cost-of-Living in Urban Area	321378
城镇临时救济人次数	Number of Poor Person-times Receiving Temporary Almsgiving in Urban Area	45106
农村社会救济情况	**Social Relief in Rural Area**	
农村居民最低生活保障人数	Number of Persons Receiving Lowest Cost-of-Living in Rural Area	60119
农村居民最低生活保障家庭数	Number of Housholds Receiving Lowest Cost-of-Living in Rural Area	39603
农村定期救济人数	Number of Poor Persons Receiving Periodical Relief	73763
农村定期救济户数	Number of Poor Housholds Receiving Periodical Relief	55948
农村临时救济人次数	Number of Poor Persons Receiving Temporary Almsgiving in Rural Area	155771

21-14 城镇社区服务设施
Basic Statistics on Urban Welfare Facilities

单位：个，人　　(unit)(person)

项　目	Item	2004	2005
城镇社区服务设施数	Number of Urban Welfare Facilities	6089	6192
社区从业人员数	Number of People with Jobs in Community	126971	115915
#安置下岗职工	Unemployed Workers Employed again	54366	47968
社区服务志愿者组织数	Number of Organization of Service Volunteer in Community	2671	4676
社区服务志愿者人数	Number of Service Volunteers in Community	108067	110627
城镇便民利民服务网点数	Urban Service Points for Civilian	43052	42903

21-15 年末离休、退休、退职人员

Number of Retired and Resigned Persons at the Year-end

单位：万人　　(10 000 persons)

项 目	Item	2004	2005
全区离休、退休、退职人员数	**Number of Retired and Resigned Persons**	**83.19**	**126.72**
# 企业人员	Enterprises	59.79	88.45
事业人员	Institutions	15.49	23.26
机关人员	Agencies & Organization	7.91	10.74
离休人员数	Number of Retired Veterans	2.54	3.63
# 企业人员	Enterprises	0.99	1.75
事业人员	Institutions	0.61	0.69
机关人员	Agencies & Organization	0.94	1.19
退休退职人员数	Number of Retired and Quit Job Persons		123.09
# 企业人员	Enterprises		86.69
事业人员	Institutions		22.57
机关人员	Agencies & Organization		9.55
其他	Others		4.27

21-16 离休、退休、退职保险福利费

Insurance and Welfare for Retired and Resigned Persons

单位：万元　　(10 000 yuan)

项 目	Item	2004	2005
全区离休、退休、退职人员保险福利费	**Total Regional Social Insurauce and Welfare Fund of Retired and Resigned Persons**	**772545**	**1289082**
国有单位	Funds of State-owned Units	582171	1047656
# 企业人员	Enterprises	441675	491555
事业人员	Institutions	210009	368613
机关人员	Agencies & Organization	120860	187488
集体单位	Funds of Urban Collective-owned Units	41049	45674
其他单位	Funds of Other Ownership Units	149325	195752
平均每人领取额(元)	Per Capita Funds(yuan)	8660	9686

21-17 民间组织管理情况(2005年)
Statistics on Nongovernmental Organizations(2005)

单位：个、人 (unit)(person)

项 目	Item	2005
社团管理	**Mass Organizations**	
年末实有社团数	The Number of Mass Organizations at Year-end	2912
本年注、撤消、取缔社团数	The Number of Mass Organizations Canceled in The year	338
社团负责人	The Number of Leaders of Mass Organizations	13798
#女性	Female	2110
应建立党组织的社会团体	Mass Organizations Need Setting up Party Organization	988
民办非企业单位	**Nonbusinesses Run by Local People**	
年末实有民办非企业单位	Nonbusinesses Run by Local People at Year-end	1809
本年注、撤消、取缔单位	Nonbusinesses Canceled in The year	311
民办非企业单位负责人	Leaders of Nonbusinesses	2970
#女性	Female	822
应建立党组织的民办非企业单位	Nonbusinesses Need Setting up Party Organization	396

21-18 年末环保系统机构、人员(2005年)
Environmental Protection Agencies and Persons Engaged by Region(2005)

地 区	Region	机构总数(个) Agencies (unit)	人员总数(人) Staff & Workers (person)	#科研人员 Scientific Research Personnel	#监测人员 Monitoring Personnel	#监理人员 Supervising & Administrative Personnel
总 计	**Total**	**320**	**4001**	**122**	**1090**	**837**
呼和浩特市	Hohhot City	23	644	56	93	94
包 头 市	Baotou City	22	447	23	252	64
呼伦贝尔市	Hulunbeier City	35	269		84	76
兴 安 盟	Xingan League	23	203		69	76
通 辽 市	Tongliao City	23	234		97	35
赤 峰 市	Chifeng City	78	537	13	135	135
锡林郭勒盟	Xilinguole League	28	193		33	51
乌兰察布市	Wulanchabu City	29	416		98	179
鄂尔多斯市	Erdos City	25	298		47	57
巴彦淖尔市	Bayannaoer City	10	298		45	9
乌 海 市	Wuhai City	10	160		48	46
阿拉善盟	Alashan League	6	91		8	
自治区直属	Directly Under Autonomous Region	8	211	30	81	15

21-19 工业"三废"排放及治理

Discharge and Treatment of Waste Water, Waste Gas and Solid Wastes by Industry Enterprises

项 目	Item	2004	2005
废 水	**Waste Water**		
工业废水排放总量(万吨)	Total Volume of Industrial Waste Water Discharged (10 000 tons)	22847.95	24967.47
工业废水排放达标量(万吨)	Volume of Industrial Waste Water up to the Standards for Discharge(10 000 tons)	13967.55	16634.05
工业废水排放达标率(%)	Percentage of Industrial Waste Water up to the Standards for Discharge(%)	61.13	66.62
废 气	**Waste Gas**		
工业废气排放总量(亿标立方米)	Total Volume of Industrial Waste Gas Diffused (100 Million cu.m)	13517.53	12071.03
工业二氧化硫排放量(万吨)	Volume of Sulphur Dioxide Diffused(10 000 tons)	103.4	129.57
烟尘排放量(万吨)	Volume of Soot Diffused(10 000 tons)	49.98	60.35
工业粉尘排放量(万吨)	Volume of Industrial Dust Diffused(10 000 tons)	35.79	45.61
固体废物	**Solid Wastes**		
工业固体废物产生量(万吨)	Volume of Industrial Solid Wastes Produced (10 000 tons)	4702.13	7362.57
工业固体废物综合利用量(万吨)	Volume of Industrial Solid Wastes Utilized in a Comprehensive way(10 000 tons)	1497.85	3051.56
工业固体废物综合利用率(%)	Percentage of Industrial Solid Wastes Utilized in a Comprehensive way(%)	31.45	40.90
工业固体废物贮存量(万吨)	Volume of Industrial Solid Wastes Accumulated (10 000 tons)	2573.3	3692.79
工业固体废物处置量(万吨)	Volume of Industrial Solid Wastes Treated (10 000 tons)	603.43	661.31
工业固体废物排放量(万吨)	Volume of Industrial Solid Wastes Discharged (10 000 tons)	89.36	62.50
"三废"综合利用产品产值(万元)	Output Value of Products Made from Waste Gas, Waste Water and Solid Wastes(10 000 yuan)	79749.80	86505.00
污染治理	**Pollution Treatment**		
当年安排污染治理项目数(个)	Number of Projects for Pollution Treatment in the Year(unit)	92	101
污染治理项目本年完成投资额(万元)	Actual Investment in Implementation of the Project for Pollution Treatment in the Year(10 000 yuan)	42855.10	25678.10
# 治理废水	Treatment of Waste Water	18367.10	9876.10
治理废气	Treatment of Waste Gas	24183.00	14019.50
治理固体废物	Treatment of Solid Wastes	245.00	1331.50
治理噪声	Noise Abatmenet		3.00
治理其他	Others	60.00	448.00
排污收费及使用	**Fee for Discharging Waste and Fines for Pollution**		
排污费交纳单位(个)	Number of Units Charged levied(unit)	17612.00	18403.00
排污费征收额(万元)	Amount of Pollution Charges(10 000 yuan)	13730.90	20523.20
排污费支出额(万元)	Outlays of Pollution levy Charges(10 000 yuan)	4525.20	13903.70

21-20 工业分行业废气排放及处理情况(2005年)

行 业	Branch	汇总工业企业数(个) Industrial Enterprises (unit)	废气治理设施数(套) Facilities (set)
总 计	**Total**	**1262**	**3521**
采矿业	**Mining**	**219**	**473**
煤炭开采和洗选业	Coal Mining & Processing	87	402
石油和天然气开采业	Petroleum & Natural Gas Pumped	2	
黑色金属矿采选业	Mining & Dressing of Ferrous Metals	48	12
有色金属矿采选业	Mining & Dressing of Nonferrous Metals	63	44
非金属矿采选业	Mining & Dressing of Nonmetal Minerals	11	10
其他采矿业	Mining of Other Mineral	8	5
制造业	**Manufacturing**	**812**	**2215**
农副食品加工业	Processing of Agricultural Side-Line Food	95	108
食品制造业	Manufacturing of Food	62	71
饮料制造业	Manufacturing of Beverage	55	79
烟草制品业	Tobacco Products	3	5
纺织业	Textile Industry	35	69
纺织服装、鞋、帽制造业	Textile, Clothes, Shoes & Hats	3	7
皮革、毛皮、羽毛(绒)及其制品业	Leather, Furs, Down & Related Products	5	4
木材加工及木、竹、藤、棕、草制品业	Timber Processing, Bamboo, Cane, Palm Fiber & Straw Products	21	156
家具制造业	Manufacturing of Furniture		
造纸及纸制品业	Paper-making & Paper Products	21	26
印刷业和记录媒介的复制	Printing & Record Pressing	3	1
文教体育用品制造业	Cultural, Educational & Sports Goods		
石油加工、炼焦及核燃料加工业	Petroleum Processing, Coke Products & Processing of Nuclear Fuel	26	179
化学原料及化学制品制造业	Chemical Materials & Products	109	222
医药制造业	Manufacturing of Medicine	26	35
化学纤维制造业	Chemical Fiber		
橡胶制品业	Rubber Products	1	
塑料制品业	Plastic Products	3	4
非金属矿物制品业	Nonmetal Mineral Products	154	410
黑色金属冶炼及压延加工业	Smelting & Pressing of Ferrous Metals	108	428
有色金属冶炼及压延加工业	Smelting & Pressing of Nonferrous Metals	28	180
金属制品业	Metal Products	5	5
通用设备制造业	General-Purpose Equipment	7	9
专用设备制造业	Special Equipment	18	30
交通运输设备制造业	Transported Equipment	9	162
电气机械及器材制造业	Electric Equipment & Machinery	7	15
通信设备、计算机及其他电子设备制造业	Manufacturing of Telecoms, Computer & Other Electronic Equipment	3	5
仪器仪表及文化、办公用机械制造业	Instruments, Meters, Cultural & Office Machinery	2	2
工艺品及其他制造业	Handicrafts & Other Production		
废弃资源和废旧材料回收加工业	Recovering of Abandoned Resource & Waste Materical	3	3
电力、燃气及水的生产和供应业	**Production & Supply of Electric Power,Gas & Water**	**126**	**511**
电力、热力的生产和供应业	Production & Supply of Electric Power	121	502
燃气生产和供应业	Production & Supply of Gas	1	3
水的生产和供应业	Production & Supply of Water	4	6
其他行业	**Other Sectors**	**105**	**322**

Emission and Treatment of Waste Gas by Branch of Industry(2005)

工业废气排放总量(万标立方米) Waste Gas Diffused (10 000 cu.m)	燃料燃烧中废气排放量 from Burning Process of Fuels	生产工艺中废气排放量 from Process of Prduction	工业二氧化硫去除量(吨) Sulphur Dioxide Removed(ton)	工业二氧化硫排放量(吨) Sulphur Dioxide Emission(ton)	工业烟尘去除量(吨) Industrial Soot Removed(ton)	工业烟尘排放量(吨) Industrial Soot Emission(ton)
120710257	**88021171**	**32689086**	**199534.05**	**1240242.05**	**10926859.29**	**577079.03**
6022512	**5892863**	**129649**	**596.64**	**78568.92**	**717054.16**	**42886.58**
5601933	5532333	69600	556.74	69345.27	687501.40	14205.02
110910	110910			203.00		135.48
14790	14790			1272.53	64.13	1588.15
155512	115282	40230	2.50	5211.74	12209.23	9467.07
117276	112257	5019		2381.70	17001.45	17402.01
22091	7291	14800	37.40	154.68	277.95	88.85
46960834	**14411371**	**32549463**	**147900.82**	**352650.59**	**1143997.53**	**278958.69**
237744	234286	3458	690.01	4356.20	10130.79	4316.83
221659	221659		1855.08	4273.30	16095.18	2811.92
162683	162683		216.48	2522.46	8220.60	3832.81
25206	25206		31.38	108.65	812.21	124.47
264173	264173		345.61	2939.40	24014.49	1530.35
11588	11588			486.15	73.70	17.09
3439	3439			58.18	375.94	49.57
83768	62080	21688		726.64	3331.65	668.11
227894	207784	20110	839.76	2815.70	12084.80	1599.58
1646	1646			15.26	26.61	3.84
2546286	230294	2315992	1898.20	82480.38	11352.96	52976.69
4000816	2373601	1627215	2205.99	51459.48	109507.78	25431.69
247124	247124		155.27	4178.74	16537.36	850.94
47	47			0.56		2.43
671	671		1.22	5.70	19.89	8.90
8887451	3058311	5829140	1591.85	38243.03	70826.23	76335.25
21413784	6078036	15335748	46594.06	131059.58	679663.87	95747.72
8263060	1016871	7246189	90936.49	25338.05	177824.58	11780.23
4210	1906	2304		22.12	80.25	20.77
29391	29391		96.32	258.66	781.79	209.16
146125	49896	96229	58.11	482.33	236.53	208.80
126770	84658	42112	16.42	513.45	1126.76	264.27
23299	14021	9278	18.64	54.01	164.74	45.88
6516	6516		2.60	32.94	137.66	26.90
2843	2843		1.73	21.36	77.84	17.01
22641	22641		345.60	198.26	493.32	77.48
56971095	**56961165**	**9930**	**49916.94**	**806023.51**	**9052090.81**	**253381.66**
56929147	56928017	1130	49916.94	805862.84	9050327.70	253033.50
40542	31742	8800		138.67	1710.27	301.81
1406	1406			22.00	52.84	46.35
10755816	**10755772**	**44**	**1119.65**	**2999.03**	**13716.79**	**1852.10**

21-20 续表 continued

行业	Branch	工业粉尘去除量(吨) Industrial Dust Removed(ton)	工业粉尘排放量(吨) Industrial Soot Diffused(ton)
总计	**Total**	**1230552.82**	**447922.29**
采矿业	**Mining**	**12993.45**	**152066.75**
煤炭开采和洗选业	Coal Mining & Processing	12783.81	151580.63
石油和天然气开采业	Petroleum & Natural Gas Pumped		
黑色金属矿采选业	Mining & Dressing of Ferrous Metals		257.56
有色金属矿采选业	Mining & Dressing of Nonferrous Metals	38.14	98.21
非金属矿采选业	Mining & Dressing of Nonmetal Minerals		59.65
其他采矿业	Mining of Other Mineral	171.50	70.70
制造业	**Manufacturing**	**1217558.35**	**295853.95**
农副食品加工业	Processing of Agricultural Side-line Food	153.37	14.26
食品制造业	Manufacturing of Food		
饮料制造业	Manufacturing of Beverage		
烟草制品业	Tobacco Products		
纺织业	Textile Industry		
纺织服装、鞋、帽制造业	Textile, Clothes, Shoes & Hats		
皮革、毛皮、羽毛(绒)及其制品业	Leather, Furs, Down & Related Products		
木材加工及木、竹、藤、棕、草制品业	Timber Processing, Bamboo, Cane, Palm Fiber & Straw Products		
家具制造业	Manufacturing of Furniture		
造纸及纸制品业	Paper-making & Paper Products		45.03
印刷业和记录媒介的复制	Printing & Record Pressing		
文教体育用品制造业	Cultural, Educational & Sports Goods		
石油加工、炼焦及核燃料加工业	Petroleum Processing, Coke Products & Processing of Nuclear Fuel	8398.96	30959.05
化学原料及化学制品制造业	Chemical Materials & Products	6752.24	5728.09
医药制造业	Manufacturing of Medicine		
化学纤维制造业	Manufacturing of Chemical Fiber		
橡胶制品业	Rubber Products		
塑料制品业	Plastic Products		
非金属矿物制品业	Nonmetal Mineral Products	435235.41	172359.41
黑色金属冶炼及压延加工业	Smelting & Pressing of Ferrous Metals	737731.65	75945.89
有色金属冶炼及压延加工业	Smelting & Pressing of Nonferrous Metals	28466.14	4885.41
金属制品业	Metal Products		
通用设备制造业	General-Purpose Equipment		63.84
专用设备制造业	Special Equipment	547.08	5822.72
交通运输设备制造业	Transported Equipment	268.13	28.14
电气机械及器材制造业	Electric Equipment & Machinery	1.37	2.11
通信设备、计算机及其他电子设备制造业	Manufacturing of Telecoms, Computer & Other Electronic Equipment	4.00	
仪器仪表及文化、办公用机械制造业	Instruments, Meters, Cultural & Office Machinery		
工艺品及其他制造业	Handicrafts & Other Production		
废弃资源和废旧材料回收加工业	Recovering of Abandoned Resource & Waste Materical		
电力、燃气及水的生产和供应业	**Production & Supply of Electric Power,Gas & Water**	**1.02**	**0.09**
电力、热力的生产和供应业	Production & Supply of Electric Power	1.02	0.09
燃气生产和供应业	Production & Supply of Gas		
水的生产和供应业	Production & Supply of Water		
其他行业	**Other Sectors**		**1.50**

主要统计指标解释

等级运动员人数 指经考核正式批准授予等级运动员称号的人数。运动员等级分为国际级运动健将，运动健将、一级运动员、二级运动员、三级运动员、少年级运动员。

等级裁判员人数 指经考核正式批准授予等级裁判员称号的人数。裁判员等级分为国际裁判、国家级裁判、一级裁判、二级裁判、三级裁判。

体育场 指有 400 米跑道(中心含足球场)，有固定道牙，跑道 6 条以上，并有固定看台的室外田径场地。体育场按看台容纳观众人数分为：甲级 25000 人以上，乙级 15000-25000 人，丙级 5000-15000 人，丁级 5000 人以下。

体育馆 指有固定看台，可供篮球、排球、羽毛球、乒乓球、体操等项目训练比赛活动用的室内运动场地。体育馆按看台容纳观众人数分为：甲级 6000 人以上，乙级 4000-6000 人，丙级 2000-4000 人，丁级 2000 人以下。

卫生机构 包括医疗机构、疾病预防控制中心(防疫站)、采供血机构、卫生监督及监测(检验)机构、医学科研和在职培训机构、健康教育所等。医疗机构包括医院、社区卫生服务中心(站)、疗养院、卫生院、门诊部、诊所(卫生所、医务室)、妇幼保健院(所、站)、专科疾病防治院(所、站)、急救中心(站)和临床检验中心。医疗机构分为非赢利性医疗机构和赢利性医疗机构。

医院 包括综合医院、中医医院、中西医结合医院、民族医院、各类专科医院和护理院。

卫生技术人员 指卫生机构中医生、护理人员、药剂人员、检验人员等卫生技术人员。

医生 指在医疗、预防保健机构工作且取得《执业医师证书》的执业医师和执业助理医师。

卫生服务总费用 反映全国当年用于医疗卫生保健服务所消耗的资金总额，用筹资来源法测算。政府预算卫生支出指各级政府用于卫生事业的财政预算拨款。社会卫生支出指政府预算外的卫生资金投入，主要表现为社会医疗保险。其中包括如企事业单位和乡村集体经济单位举办医疗卫生机构设施建设费，企业职工医疗卫生费，行政事业单位负担的职工公费医疗超支部分等。居民个人卫生支出指城乡居民用自己可支配的经济收入支付的各项医疗卫生费用和医疗保险费用。

社会福利事业单位 指集中收养社会孤老、残、幼的机构，包括由民政部门管理的社会福利院、儿童福利院、精神病人福利院和城镇集体举办的福利院及农村集体举办的敬老院以及优抚医院和具有收养能力的社区服务中心等。该指标主要反映我国在社会福利性单位投入的水平。

社会福利事业单位收养人数 包括民政部门管理和城镇、农村集体举办的社会福利事业单位中收养的老人、少年儿童、缺乏生活自理能力的残疾人员和精神病人。

社会福利企业单位 指以安置城镇有一定劳动能力的盲、聋、哑和肢体残疾人员就业为目的，享受国家减免税待遇的国有或集体企业。包括福利工厂、福利商业和服务业、假肢厂和安置农场等单位。

农村五保户 指农村中既无劳动能力，又无经济来源的老、弱、孤、残的农民，其生活由集体供养，实行保吃、保穿、保住、保医、保葬(孤儿保教)，简称“五保”。享受五保待遇的家庭叫五保户。

双扶户 包括被扶持的优抚户和贫困户。主要是对具有一定劳动能力且生活困难的两户给予一定的救济金以扶持其通过生产自救达到脱贫的目的。

基本养老保险

1. 参加保险人数：指报告期末按照国家法律、法规和有关政策规定参加基本养老保险的职工人数。包括不能正常缴费、已中断缴费但未终止保险关系的职工人数。

2. 社会统筹基金收入：指根据国家规定，由纳入基本养老保险范围的单位，按照国家规定的缴费基数和缴费比例缴纳的社会统筹基金， 以及通过其他方式取得的形成基金来源的收入，包括：单位缴纳的社会统筹基金收入、财政补贴收入、利息收入、其他收入。

3. 社会统筹基金支出：指按照国家政策规定的开支范围和开支标准从社会统筹基金中支付给参加基本养老保险的离休、退休、退职人员个人的养老金、丧葬抚恤补助，以及由于保险关系转移、上下级之间调剂资金等原因而发生的支出。包括：基础性养老金、过渡性养老金、离休金、退休金、退职金、补贴、丧葬抚恤补助、其他支出。

4. 社会统筹基金结余：指截止报告期末基本养老保险的社会统筹基金结余金额。包括银行存款、财政专户、债券投资和其他。

基本医疗保险

1. 参加保险人数：指报告期末按国家有关规定参加基本医疗保险的人数。包括参加保险的职工人数和退休人员人数。

2. 社会统筹基金收入：指根据国家有关规定，由纳入基本医疗保险范围的缴费单位， 按国家规定的缴费基数和缴费比例缴纳的社会统筹基金，以及通过其他方式取得的形成基金来源的款项，包括：单位缴纳的社会统筹基金收入、财政补贴收入、利息收入、其他收入。

3. 社会统筹基金支出：指按照国家政策规定的开支范围和开支标准从社会统筹基金中支付给参加基本医疗保险的职工和退休人员的医疗保险待遇支出及其他支出。包括：住院医疗费用支出、门急诊医疗费用支出、其他支出。

4. 社会统筹基金结余：指截止报告期末基本医疗保险的社会统筹基金结余金额。包括银行存款、财政专户、债券投资和其他。

失业保险

1. 参加保险人数：指报告期末按照国家法律、法规和有关政策规定参加了失业保险的城镇企业事业单位的职工及地方政府规定参加失业保险的其他人员的人数。

2. 失业保险金：指为保障失业人员的基本生活而按规定支付的失业保险金金额。保险福利费用总额指各单位在工资以外支付给职工和离休、退休、退职人员个人和用于集体的保险福利费用，不包括用于职工的劳动保护费用，由保险福利费用开支的医务人员工资，集体福利机构工作人员和病伤休息期满6个月以上人员的工资。

保险福利费用总额 指各单位在工资以外支付给职工和离休、退休、退职人员、个人和集体的保险福利费用，不包括用于职工的劳动保护费用，由保险福利费用开支的医务人员工资，具体福利机构工作人员和病伤休息期满 6 个月以上人员的工资。

离休、退休、退职人员 指正式办理了离休、退休、退职手续，并享受相应的离休、退休、退职待遇的人员。

离休、退休、退职人员保险福利费用 包括：

1. 离休金：指发给离休干部的工资和按 1982 年国务院《关于老干部离职休养制度的几项规定的通知》发给符合规定的离休干部相当于一至两个月标准工资的生活补贴及1988年增发的生活补贴。

2. 退休金：指按照国家有关规定发给退休职工的退休费和 1988 年增发的生活补贴。

3. 退职生活费：指按照 1978 年国务院《关于工人退休、退职的暂行办法》发给退职人员的生活费用和 1988 年增发的生活补贴。

以上离退休、退职人员的离退休金、退职生活费还应包括发给离退休、退职人员的生活补贴和物价补贴。

4. 医疗卫生费：指离休、退休、退职人员的医疗费、住院费以及住院伙食补助等费用。

5. 其他：指上述费用以外的其他保险福利费用，如丧葬抚恤救济费、交通费补贴、冬季取暖补贴等。

工业废水排放量 指经过企业厂区所有排放口排到企业外部的工业废水量。包括生产废水、外排的直接冷却水、超标排放的矿井地下水和与工业废水混排的厂区生活污水，不包括外排的间接冷却水(清污不分流的间接冷却水应计算在内)。

工业废水排放达标量 指各项指标都达到国家或地方排放标准的外排工业废水量，包括未经处理外排达标和经过处理后外排达标两部分。

工业废水处理量 指报告期内各种水治理设施实际处理的工业废水量，包括处理后外排和处理后回用的工业废水量和虽经处理但未达到国家或地方排放标准的废水量。如车间和厂排放口均有治理设施，并对同一废水分级处理时，不应重复计算工业废水处理量。

工业废气排放量 指企业厂区内燃料燃烧和生产工艺过程中产生的各种排入空气的含有污染物的气体总量，按标准状态 [273K，101325pa] 计算。

工业二氧化硫排放量 指企业在燃料燃烧和生产工艺过程中排入大气的二氧化硫数量。 烟尘排放量 指企业厂区内燃料燃烧产生的烟气中夹带的颗粒物数量。

工业粉尘排放量 指企业在生产工艺过程中排放的颗粒物重量，如钢铁企业的耐火材料粉尘、焦化企业的筛焦系统粉尘、烧结机的粉尘、石灰窑的粉尘、建材企业的水泥粉尘等。不包括电厂排入大气的烟尘。

工业固体废物产生量 指企业在生产过程中产生的固体状、半固体状和高浓度液体状废弃物的总量，包括危险废物、冶炼废渣、粉煤灰、炉渣、煤矸石、尾矿、放射性废物和其他废物等；不包括矿山开采的剥离废石和掘进废石(煤矸石和呈酸性或碱性的废石除外)。酸性或碱性废石指采掘的废石其流经水、雨淋水的 PH 值小于 4 或 PH 值大于 10.5 者。

危险废物 指列入国家危险废物名录或根据国家规定的危险废物鉴别标准和鉴别方法认定的，具有爆炸性、易燃性、易氧化性、毒性、腐蚀性、易传染疾病等危险特性之一的废物。

工业固体废物综合利用量 指通过回收、加工、循环、交换等方式，从固体废物中提取或者使其转化为可以利用的资源、能源和其他原材料的固体废物量(包括当年利用往年的工业固体废物累计贮存量)，如用作农业肥料、生产建筑材料、筑路等。综合利用量由原产生固体废物的单位统计。

工业固体废物贮存量 指以综合利用或处置为目的，将固体废物暂时贮存或堆存在专设的贮存设施或专设的集中堆存场所内的数量。专设的固体废物贮存场所或贮存设施必须有防扩散、防流失、防渗漏、防止污染大气、水体的措施。

工业固体废物处置量 指将固体废物焚烧或者最终置于符合环境保护规定要求的场所，并不再回取的工业固体废物量(包括当年处置往年的工业固体废物累计贮存量)。处置方法有填埋(其中危险废物应安全填埋)、焚烧、专业贮存场(库)封场处理、深层灌注、回填矿井等。

工业固体废物排放量 指将所产生的固体废物排到固体废物污染防治设施、场所以外的数量，不包括矿山开采的剥离废石和掘进废石(煤矸石和呈酸性或碱性的废石除外)。

“三废”综合利用产品产值 指利用“三废”(废液、废气、废渣)作为主要原料生产的产品价值(现行价)，已经销售或准备销售的应计算产品价值，留作生产自用的不应计算产品价值。

“三废”综合利用产品利润 指利用“三废”(废液、废气、废渣)生产的产品，销售后所得到的利润。

环境污染与破坏事故 指由于违反环境保护法规的经济、社会活动与行为，以及意外因素的影响或不可抗拒的自然灾害等原因，致使环境受到污染，国家重点保护的野生动植物、自然保护区受到破坏，人体健康受到危害，社会经济和人民财产受到损失，造成不良社会影响的突发性事件。

Explanatory Notes on Main Statistical Indicators

Number of Athletes in Grades refers to the number of athletes who have been given titles through examination. The titles of athletes include international masters of sports, masters of sports, first grade, second grade and third grade sportsmen and young athletes.

Number of Referees in Grades refers to the number of referees who have been given titles after examination. They are classified as international referees, national referees and referees of the first, second and third grades.

Stadiums refer to stadiums for track and field events with six lane 400 meter tracks around soccer fields, permanent track marks and permanent bleachers. Stadiums are classified according to seating capacity. They include: Class A stadiums seating 25000 people each. Class B stadiums seating 15000 to 25000 people each. Class C stadiums seating 5000 to 15000 people each, and Class D stadiums seating fewer than 5000 people.

Gymnasiums refer to indoor sports grounds with permanent seats in which basketball, volleyball. Badminton, table tennis and gymnastics competitions can be held. Gymnasiums are classified according to seating capacity. They include Class A gymnasiums seating over 6000 people. Class B gymnasiums seating 4000 to 6000 people. Class C gymnasiums seating 2000 to 4000 people, and Class D gymnasiums seating fewer than 2000 people.

Medical Organizations include: hospitals, health service centers (stations) of communities, nursing homes, health centers, clinics, clinics (health stations and infirmaries) , maternity and child care agencies (centers and stations) , special disease prevention and curing agencies (centers and stations) , first aid centers (stations) and clinical inspection centers. Medical organizations are grouped by two types: profit- making and non- profit-making medical organizations.

Hospitals include: polyclinics, traditional Chinese medical hospitals, hospitals integrated with traditional Chinese therapeutics and western therapeutics, ethical hospitals, various specialties hospitals and nursing hospitals.

Medical Technical Personnel refers to doctors, assistant nurses, pharmacists, and laboratory technicians working in medical institutions.

Doctors refer to certified physicians and certified assistant physicians with certifications working in medical and health care and prevention agencies.

Total Cost of Health Services reflects the total expenditures on medical and health care services for the whole country, calculated on basis of sources of funding. Health expenditure from government budget refers to budgetary allocation for health undertakings by governments at all levels. Social health expenditure refers to non-government budgetary cap ital input, mainly the health insurance. It includes expenditure on health institutions run by enterprises and rural collective entities, expenditure on medical and health care of employees of enterprises, and excessive health expenditure of government employees that could be covered by the government health care system. Health expenditure on individuals refers to expenditure on health service and health insurance paid by residents from their disposable income.

Social Welfare Institutions refer to institutions taking care of old pople without children, handicapped people and orphans. They include social welfare institutions run by civil affairs departments, children welfare institutions, social welfare institutions for mental patients, collective-owned old peoples homes in rural areas, convalescent homes and community service centers with the capaCity of receiving those people. This indicator reflects the input in social welfare institutions.

Number of People Taken in by Social Welfare Institutions refers to the number of old people, children, totally dependent handicapped people and mental patients taken in by social welfare institutions run by civil affairs departments and those run by collective units in urban and rural areas.

Social Welfare Enterprises are collective-owned enterprises which employ the blind, deaf mute, and other handicapped people who are able to work in cities and towns and enjoy exemption from state taxes, including welfare plants, welfare commercial services, artificial limb plants and farms, etc.

Rural Households with Livelihood Guaranteed in Five Aspects refer to the households in which there are old people without child, orphans and handicapped people who are unable to work and without financial resources in rural areas. They are taken care of by the collective units and their food, clothing, housing, medical care, funeral expenses (or schooling for orphans) are guaranteed to be provided for.

Households in the Poor Household Support Program refer to the households of martyrs and disabled servicemen, and poor households, who are able to work but in poor conditions, receiving government or collective relief funds. In this way, the households can get to work and make them break away from poverty.

Basic Endowment Insurance

1. Number of people participating in the insurance program: by the end of reference period, number of staff

and workers participating in the insurance program in line with national laws, regulations and related policies, including those who can not make regular payment or interrupt payment but not terminate the insurance program.

2. Revenue of social comprehensive funds: according to national provision, payments made by units covered in basic endowment insurance program, and income from other resources, including: income of social comprehensive funds paid by unites, financial subsidies, interest income and others.

3. Expenditure of social comprehensive funds: refer to payment made to those retired and resigned people covered in endowment insurance program in terms of pens ion or compensation within the expenditure scope and standards according to related national policies, and the expenditure occurred due to shift of the insurance relationship or adjustment funds among agencies, including: basic pension, transitional pension, pension for resigned people, pension for retired people, pension for people quitting jobs, subsidies, funeral subsidies and other expenditure.

4. Balance of social comprehensive funds: refer to the balance of basic endowment insurance of social comprehensive funds at the end of the reference period, including: bank savings, special fiscal account, investment in bonds and others.

Basic Medical Care Insurance:

1. Number of people participated in the insurance program: refer to number of people participated in the basic medical care insurance program according to related regulation by the end of reference period, including: number of staff and workers and retired persons participated in this insurance program.

2. Revenue of social comprehensive funds: according to national provision, payments made by units covered in basic medical care insurance program, and income from other resources, including: income of social comprehensive funds paid by unites, financial subsidies, interest income and others.

3. Expenditure of social comprehensive funds: refer to payment made to those retired and resigned people covered in basic medical care insurance within the expenditure scope and standards according to related national policies, including: expenditure on fee-for-service in hospital, expenditure on fee-for-service in clinic and other expenditure.

4. Balance of social comprehensive funds: refer to the balance of medical care insurance of social comprehensive funds at the end of the reference period, including: bank savings, special fiscal account, investment in bonds and others.

Unemployment Insurance

1. Number of people participated in unemployment insurance program: number of staff and workers in urban enterprises or institutions and other people according to local government regulations participated in unemployment insurance program in line with national law, regulations and related policies by the end of the reference period.

2. Sum of Unemployment Insurance: refer to total amount of insurance paid to un-employees to guarantee their basic lives according to related regulations.

Retired or Resigned Personnel refers to the persons who have formally gone through the formalities for their retirement or quitting work and enjoy the corresponding treatments.

Insurance and Welfare Funds refers to labor insurance and welfare fund paid by enterprises, organizations and institutions to their staff and workers as well as retired and resigned persons in addition to their wages and salaries excluding labor protection fees, wages paid to medical workers from insurance and welfare fund and wages paid to staff members working in collective welfare agencies and to people with over 6 months of sick-leave.

Insurance and Welfare Funds for Retired and Resigned Staff and Workers

1. Pensions for retired veteran cadres: They refer to pensions, other subsidies, and additional allowances paid to retired in line with relevant government documents.

2. Pensions for Retirement: They refer to living allowance; other subsidies and additional allowances paid to retired staff and workers in line with the relevant government documents.

3. Resignation Allowances for Living Expenses: They refer to living allowance, and additional allowances subsidies paid to resigned staff and workers in line with relevant government instructions.

It also includes living subsidies and prices subsidies paid to retired and resigned staff and workers.

4. Medical Care Allowance: refer to fee-for-service, cost of medical care and per diem subsidies during hospitalizations of retired and resigned staff and workers.

5. Others: They refer to other expenses, including other types of insurance and welfare fund, fees for funerals, traveling subsidies and heating subsidies during the winter time.

Volume of Industrial Waste Water Discharged refers to the volume of industrial waste water discharged, through all outlets, to the outside of industrial enterprises, including waste water produced, direct cooling water, underground water from mines that does not meet the standard of discharge, and the domestic sewage mixed up with industrial waste water when discharged, but excluding discharged indirect cooling water.

Volume of Waste Water up to the Standard for Discharge refers to the volume of discharged industrial waste water that, with or without treatment, has come up to the national or local standards for discharge.

Volume of Treated Industrial Waste Water refers to the volume of industrial waste water after being treated and purified through various water treatment facilities in the reference period, including the volume discharged or recovered after being treated. The volume of waste water that fails to meet the national or local standards after treatment is also included. If there are treatment facilities both at the outlets of workshops and at the outlets of the factory, and the same volume of waste water has been treated twice, duplication should be avoided in the calculation of the volume of treated industrial waste water.

Volume of Waste Industrial Gas Emission refers to waste gas emitted from burning of fuels and from production process in the area of the factory, and is measured by 10000 standard cubic meters each year under normal condition.

Volume of Industrial Sulphur Dioxide Discharged refers to the volume of sulphur dioxide discharged to the air in the process of fuel burning or in the production process.

Volume of Industrial Soot Discharged refers to the volume of solid soot in the smoke discharged in the process of fuel burning in the area of the factory.

Industrial Dust Discharged refers to the total weight of solid dust discharged by industrial enterprises in the production process, such as dust of refractory materials from iron plants, dust from coke screening system or from sintering machines of coking plants, dust from lime kilns, cement dust from building material enterprises, etc. but excluding smoke and dust discharged by power plants.

Volume of Industrial Solid Wastes Produced refers to the total volume of solid, semi solid or high concentration liquid residue produced by industrial enterprises in their production process, including dangerous wastes, residues from melting, slag, powdered coal ash, gangue, chemical residues, tailings, radio active residues and other residues, but excluding stripped or dug stones in mining(except gangue and acid or alkali stones which are stones washed or soaked by water with a pH value smaller than 4 or larger than 10. 5)

Profit Obtained from Utilization of Waste Gas, Waste Water and Industrial Solid Wastes refers to profit obtained from selling or own consumption of products made by industrial enterprises using recovered waste water, waste gas or solid wastes as main raw materials.

Dangerous Wastes refers to the wastes which are listed by the government as the dangerous wastes or the wastes which are explosive, inflammable, oxidizable, poisonous, corrosive or liable to cause infectious diseases or have other dangerous characteristics specified in accordance with the standards or methods stipulated by the government for identifying the dangerous wastes.

Volume of Industrial Solid Wastes Utilized in a Comprehensive Way refers to the volume of solid wastes from which useful materials can be extracted or which can be changed to be utilizable resources, energy or other materials, including the volume of industrial solid wastes stored up in the previous years and utilized in the current year, such as the solid wastes utilized as fertilizers, building materials, for making roads or for other purpose. Statistical data on utilization of industrial solid wastes are collected by solid wastes producing units.

Volume of Industrial Stored up Solid Wastes refers to the volume of industrial solid wastes temporarily stored up or piled with special facilities or piled in the special sites for purpose of utilization or treatment in future. The special facilities or special sites for the storing up solid wastes should have the measures against spreading or being washed away to other places, permeating the soil or causing air pollution or water contamination.

Volume of Industrial Solid Wastes Treated refers to solid wastes disposed of in a non recoverable place that meet the requirement of environmental protection, such as burying (The dangerous wastes should be buried safely) , burning, piling in designated sites, pouring water into the deep strata, filling of old mines, etc. (including treatment of solid wastes piled up in the previous years) .

Volume of Industrial Solid Wastes Discharged refers to the volume of industrial solid wastes produced and discharged at the places outside the special facilities or special sites for preventing against pollution, excluding stripped or dug stones in mining(except gangue and acid or alkali waste stones) .

Output Value of Products Made from Utilization of Waste Gas, Waste Water and Industrial Solid Wastes refers to the value of products (calculated at current prices) made by industrial enterprises using recovered waste water, waste gas or solid wastes as main raw materials. Only the value of the products which have been sold or are ready to be sold should be included. The value of the products which will be used in the production of the enterprises should not be included.

Accidents of Environment Pollution and Destruction refer to sudden accidents, due to economic and social behavior or activities in contrast with environment protection legislation, unexpected factors or irresistible natural disasters, that cause the pollution of environment, the destruction of natural protection zones, wild plants and animals, the danger to the health of people, and the loss in the property of the society and people.

二十二 盟市资料

STATISTICS OF LEAGUES AND CITIES

资料整理 包利军

Arranged by Bao Lijun

22-1 各盟市行政区域土地面积和城市建设(2005年)

Administrative Areas and Construction in Cities by Region(2005)

地 区	Region	行政区域土地面积(万平方公里) Gross Area (10 000 sq.km)	城市面积(平方公里) Areas of City (sq.km)	城市建成区面积(平方公里) Urban Developed Area (sq.km)	公园个数(个) Parks (unit)	公园面积(公顷) Area of Parks (hectare)	建成区绿化覆盖面积(公顷) Green Coverage Developed Area(hectare)
总 计	**Total**	**118.30**	**11904.94**	**824.36**	**86**	**3125.80**	**19216**
呼和浩特市	Hohhot City	1.72	2054.00	143.00	12	439.50	3725
包 头 市	Baotou City	2.77	2591.00	177.58	15	1077.27	6162
呼伦贝尔市	Hulunbeier City	25.30	1804.44	112.63	12	613.70	3068
兴 安 盟	Xingan League	5.98	398.00	32.00	7	346.70	924
通 辽 市	Tongliao City	5.95	636.70	47.30	6	62.30	1182
赤 峰 市	Chifeng City	9.00	620.00	63.90	10	84.00	1293
锡林郭勒盟	Xilinguole League	20.26	428.60	41.40	3	64.30	664
乌兰察布市	Wulanchabu City	5.50	394.20	53.00	7	91.70	336
鄂尔多斯市	Erdos City	8.68	625.00	66.75	2	32.56	375
巴彦淖尔市	Bayannaoer City	6.44	668.00	31.00	7	117.77	533
乌 海 市	Wuhai City	0.17	1685.00	55.80	5	196.00	955
阿拉善盟	Alashan League	27.02					

22-2 各盟市年末常住人口(2005年)

Number of Population at the Year-end by Region(2005)

地 区	Region	年末常住人口(万人) Total Population(10 000 Persons)			出生人口(万人) Birth (10 000 persons)	死亡人口(万人) Death (10 000 persons)
		合 计 Total	男 Male	女 Female		
呼和浩特市	Hohhot City	258.00	133.95	124.05	2.44	1.30
包 头 市	Baotou City	243.00	125.18	117.82	2.07	1.14
呼伦贝尔市	Hulunbeier City	270.20	138.12	132.08	2.71	1.62
兴 安 盟	Xingan League	160.00	82.23	77.77	1.76	0.84
通 辽 市	Tongliao City	309.50	157.57	151.93	3.46	1.62
赤 峰 市	Chifeng City	439.30	225.28	214.02	4.63	2.41
锡林郭勒盟	Xilinguole League	100.60	51.85	48.75	1.10	0.54
乌兰察布市	Wulanchabu City	215.40	112.30	103.10	1.95	1.46
鄂尔多斯市	Erdos City	149.50	78.81	70.69	1.61	0.76
巴彦淖尔市	Bayannaoer City	173.20	88.84	84.36	1.65	1.02
乌 海 市	Wuhai City	46.50	24.07	22.43	0.46	0.22
阿拉善盟	Alashan League	21.20	11.10	10.10	0.20	0.10

22-3 各盟市生产总值(2005年)
Gross Domestic Product by Region(2005)

单位：亿元 (100 million yuan)

地区	Region	生产总值 Gross Domestic Product	第一产业 Primary Industry	第二产业 Secondary Industry	工业 Industry	建筑业 Construction	第三产业 Tertiary Industry	人均生产总值(元) Per Capita GDP(yuan)
呼和浩特市	Hohhot City	743.66	47.17	277.76	221.31	56.45	418.73	29049
包头市	Baotou City	848.70	31.04	449.98	394.78	55.20	367.68	35086
呼伦贝尔市	Hulunbeier City	324.08	88.65	98.25	77.16	21.09	137.18	11971
兴安盟	Xingan League	120.42	40.56	34.18	27.61	6.57	45.69	7513
通辽市	Tongliao City	329.32	89.08	111.96	89.87	22.09	128.28	10616
赤峰市	Chifeng City	347.56	92.22	128.14	105.93	22.21	127.21	7894
锡林郭勒盟	Xilinguole League	169.22	33.10	82.01	62.89	19.12	54.11	17093
乌兰察布市	Wulanchabu City	230.21	55.30	92.34	67.35	24.99	82.57	10592
鄂尔多斯市	Erdos City	594.82	40.64	312.45	269.01	43.44	241.73	40169
巴彦淖尔市	Bayannaoer City	217.03	65.73	82.59	61.62	20.97	68.71	12560
乌海市	Wuhai City	125.45	1.89	79.14	67.73	11.41	44.42	27272
阿拉善盟	Alashan League	64.63	4.19	38.02	31.12	6.90	22.42	30587

注：本表按当年价格计算。

a)Data in value terms in this table are calculated at current prices.

22-4 各盟市生产总值指数(2005年)
Indices of Gross Domestic Product by Region(2005)

(上年=100) (preceding year=100)

地区	Region	生产总值 Gross Domestic Product	第一产业 Primary Industry	第二产业 Secondary Industry	工业 Industry	建筑业 Construction	第三产业 Tertiary Industry	人均生产总值 Per Capita GDP
呼和浩特市	Hohhot City	128.6	112.1	132.3	131.0	138.0	128.6	127.1
包头市	Baotou City	128.6	102.6	131.2	131.0	132.1	127.9	127.3
呼伦贝尔市	Hulunbeier City	124.4	117.1	142.4	147.6	120.0	118.4	124.4
兴安盟	Xingan League	121.9	122.4	132.3	140.4	101.4	113.9	122.7
通辽市	Tongliao City	123.2	110.2	132.8	140.0	103.9	122.9	123.2
赤峰市	Chifeng City	121.6	116.7	127.1	132.0	106.3	119.8	122.0
锡林郭勒盟	Xilinguole League	123.1	106.6	136.2	137.1	133.3	119.3	120.6
乌兰察布市	Wulanchabu City	120.5	102.1	134.1	143.8	112.2	119.8	121.6
鄂尔多斯市	Erdos City	137.0	106.1	141.5	139.8	152.9	139.8	135.2
巴彦淖尔市	Bayannaoer City	124.0	114.4	141.5	148.7	124.9	115.8	123.2
乌海市	Wuhai City	127.7	110.4	133.2	133.2	132.7	120.4	125.0
阿拉善盟	Alashan League	122.4	102.6	127.0	126.3	130.6	120.3	121.5

注：本表按可比价格计算。

a)The indices in this table are calculated at comparable prices.

22-5 各盟市按三次产业分的年末就业人员(2005年)

Number of Employed Persons at the Year-end by Type of Industry and by Region(2005)

地 区	Region	就业人员(万人) Number of Employed Persons (10 000 persons)			构 成(合计=100) Composition in Percentage(total=100)		
			第一产业 Primary Industry	第二产业 Secondary Industry	第三产业 Tertiary Industry	第一产业 Primary Industry	第二产业 Secondary Industry	第三产业 Tertiary Industry
呼和浩特市	Hohhot City	145.80	44.30	43.10	58.40	30.4	29.6	40.0
包 头 市	Baotou City	118.40	29.60	34.40	54.40	25.0	29.1	45.9
呼伦贝尔市	Hulunbeier City	92.66	49.50	13.70	29.50	53.4	14.8	31.8
兴 安 盟	Xingan League	68.51	48.49	5.66	14.35	70.8	8.3	20.9
通 辽 市	Tongliao City	135.97	88.85	15.78	31.34	65.3	11.6	23.0
赤 峰 市	Chifeng City	221.98	114.08	33.48	74.41	51.4	15.1	33.5
锡林郭勒盟	Xilinguole League	45.51	24.40	5.20	15.90	53.6	11.4	34.9
乌兰察布市	Wulanchabu City	136.80	72.70	16.90	47.20	53.1	12.4	34.5
鄂尔多斯市	Erdos City	83.90	31.93	21.09	30.93	38.1	25.1	36.8
巴彦淖尔市	Bayannaoer City	86.80	50.50	11.30	25.00	58.2	13.0	28.8
乌 海 市	Wuhai City	21.40	2.30	9.60	9.50	10.7	44.9	44.4
阿拉善盟	Alashan League	9.40	3.80	2.30	3.30	40.4	24.5	35.1

22-6 各盟市城镇年末就业人员(2005年)

Number of Employed Persons at the Year-end in Urban Areas by Region(2005)

单位：人 (person)

地 区	Region	合 计 Total	国有单位 State-owned Units	集体单位 Collective-owned Units	其他单位 Units of Other Types of Ownership
呼和浩特市	Hohhot City	479950	199250	12628	89652
包 头 市	Baotou City	513355	132361	31412	178344
呼伦贝尔市	Hulunbeier City	398674	192431	6015	65324
兴 安 盟	Xingan League	169766	90103	4642	19856
通 辽 市	Tongliao City	291719	183423	11293	29808
赤 峰 市	Chifeng City	431706	206762	14748	76595
锡林郭勒盟	Xilinguole League	154571	75682	3453	19118
乌兰察布市	Wulanchabu City	218050	107992	4814	27833
鄂尔多斯市	Erdos City	239555	89593	3133	47698
巴彦淖尔市	Bayannaoer City	211404	102122	5469	37539
乌 海 市	Wuhai City	118671	26520	3447	73878
阿拉善盟	Alashan League	54835	20675	750	15331
直报单位	Units of Direct Reporting	221117	193346	22462	4866

注：表中私营企业和个体数据由工商部门提供。

a)The Statistics of Private Enterprises and Self-employed Individuals are provided by the Department of Industry and Commerce.

22-6 续表 continued

单位：人 (person)

地区	Region	#港澳台商投资单位 Economic Units Funded by Entrepreneurs from H. K,Macao and Taiwan	#外商投资单位 Foreign Funded Units	私营企业 Private Enterprises	个体 Self-employed Individuals
呼和浩特市	Hohhot City	7911	4225	112243	66177
包头市	Baotou City	1356	2701	86955	84283
呼伦贝尔市	Hulunbeier City	548	451	44249	90655
兴安盟	Xingan League	282	628	17339	37826
通辽市	Tongliao City	508	1725	13740	53455
赤峰市	Chifeng City	283	134	62891	70710
锡林郭勒盟	Xilinguole League	107	245	17460	38858
乌兰察布市	Wulanchabu City	280	932	29304	48107
鄂尔多斯市	Erdos City	2064	11388	48176	50955
巴彦淖尔市	Bayannaoer City	1068	2413	18038	48236
乌海市	Wuhai City	251	410	10430	4396
阿拉善盟	Alashan League	17	125	9559	8520
直报单位	Units of Direct Reporting	1189		443	

22-7 各盟市登记注册类型年末职工人数(2005年)

Number of Staff and Workers at the Year-end by Status of Registration and by Region(2005)

单位：人 (person)

地区	Region	合计 Total	国有单位 State-owned Units	城镇集体单位 Urban Collective-owned Units	其他单位 Units of Other Types of Ownership
呼和浩特市	Hohhot City	294293	197815	12591	83887
包头市	Baotou City	339079	130528	30783	177768
呼伦贝尔市	Hulunbeier City	261696	190638	5977	65081
兴安盟	Xingan League	113347	89424	4535	19388
通辽市	Tongliao City	223887	182860	11278	29749
赤峰市	Chifeng City	295874	204600	14690	76584
锡林郭勒盟	Xilinguole League	96562	74079	3445	19038
乌兰察布市	Wulanchabu City	136030	105041	3344	27645
鄂尔多斯市	Erdos City	139306	88557	3127	47622
巴彦淖尔市	Bayannaoer City	143988	101149	5442	37397
乌海市	Wuhai City	101704	25293	3443	72968
阿拉善盟	Alashan League	36442	20398	739	15305
直报单位	Units of Direct Reporting	213327	186382	22124	4821

22-8 各盟市登记注册类型女性年末就业人员(2005年)

Number of Female Employed by Registration Status and by Region at the Year-end(2005)

单位：人 (person)

地区	Region	合计 Total	国有单位 State-owned Units	城镇集体单位 Urban Collective-owned Units	其他单位 Units of Other Types of Ownership
呼和浩特市	Hohhot City	131487	83063	5189	43235
包头市	Baotou City	134904	55965	12875	66064
呼伦贝尔市	Hulunbeier City	98828	77426	2878	18524
兴安盟	Xingan League	44240	36338	2035	5867
通辽市	Tongliao City	85855	71313	4964	9578
赤峰市	Chifeng City	107813	80695	4871	22247
锡林郭勒盟	Xilinguole League	37632	29703	1351	6578
乌兰察布市	Wulanchabu City	49842	38756	1477	9609
鄂尔多斯市	Erdos City	58463	36140	1275	21048
巴彦淖尔市	Bayannaoer City	60591	45076	2860	12655
乌海市	Wuhai City	33920	12165	807	20948
阿拉善盟	Alashan League	13029	9127	333	3569
直报单位	Units of Direct Reporting	61371	49197	10218	1956

22-9 各盟市私营企业年末就业人员(2005年)

Number of Employed Persons in Private Enterprises at the Year-end by Region(2005)

单位：户、人 (enterprise, person)

地区	Region	合计 Total			城镇 Urban Areas			乡村 Rural Areas		
		户数 Enter-prises	就业人数 Employed Persons	#投资者 Empl-oyers	户数 Enter-prises	就业人数 Employed Persons	#投资者 Empl-oyers	户数 Enter-prises	就业人数 Employed Persons	#投资者 Empl-oyers
总计	**Total**	**48317**	**682137**	**135877**	**37035**	**470827**	**100602**	**11282**	**211310**	**35275**
呼和浩特市	Hohhot City	12281	146480	32332	9935	112243	25428	2346	34237	6904
包头市	Baotou City	11056	147942	31227	7761	86955	20325	3295	60987	10902
呼伦贝尔市	Hulunbeier City	3518	47885	12067	3265	44249	11152	253	3636	915
兴安盟	Xingan League	1188	19825	2374	1099	17339	2136	89	2486	238
通辽市	Tongliao City	3167	21362	6881	2611	13740	5781	556	7622	1100
赤峰市	Chifeng City	5164	87728	16637	3842	62891	12188	1322	24837	4449
锡林郭勒盟	Xilinguole League	1518	19439	3592	1393	17460	3192	125	1979	400
乌兰察布市	Wulanchabu City	1670	39514	4781	1367	29304	3734	303	10210	1047
鄂尔多斯市	Erdos City	4759	86591	15853	3364	48176	10883	1395	38415	4970
巴彦淖尔市	Bayannaoer City	1593	26786	3391	1159	18038	2501	434	8748	890
乌海市	Wuhai City	1461	22559	4201	563	10430	1479	898	12129	2722
阿拉善盟	Alashan League	773	15580	2271	508	9559	1536	265	6021	735

注：本资料由工商部门提供。

a)The Statistics are provided by the Department of Industry and Commerce.

22-10 各盟市年末个体就业人员(2005年)

Number of Self-Employed Individuals at the Year-end by Region(2005)

单位：户、人 (enterprise, person)

地区	Region	合计 Total 户数 Number of Households	合计 Total 就业人数 Number of Employed Individuals	城镇 Urban Areas 户数 Number of Households	城镇 Urban Areas 就业人数 Number of Employed Individuals	乡村 Rural Areas 户数 Number of Households	乡村 Rural Areas 就业人数 Number of Employed Individuals
总计	**Total**	**467617**	**822708**	**344450**	**602178**	**123167**	**220530**
呼和浩特市	Hohhot City	52995	104922	33050	66177	19945	38745
包头市	Baotou City	57233	102290	48360	84283	8873	18007
呼伦贝尔市	Hulunbeier City	66903	99863	59529	90655	7374	9208
兴安盟	Xingan League	23600	44159	19386	37826	4214	6333
通辽市	Tongliao City	53916	78635	37196	53455	16720	25180
赤峰市	Chifeng City	77122	123126	47461	70710	29661	52416
锡林郭勒盟	Xilinguole League	23768	43236	21100	38858	2668	4378
乌兰察布市	Wulanchabu City	26460	60016	21632	48107	4828	11909
鄂尔多斯市	Erdos City	40003	71190	28388	50955	11615	20235
巴彦淖尔市	Bayannaoer City	27965	67259	20125	48236	7840	19023
乌海市	Wuhai City	9817	15987	2465	4396	7352	11591
阿拉善盟	Alashan League	7835	12025	5758	8520	2077	3505

注：本资料由工商部门提供。

a)The Statistics are provided by the Department of Industry and Commerce.

22-11 各盟市城镇登记年末失业人员

Number of Registered Unemployed Persons at the Year-end in Urban Areas by Region

单位：人 (person)

地区	Region	1990	1995	2000	2005
总计	**Total**	**151916**	**139713**	**126478**	**177483**
呼和浩特市	Hohhot City	9025	11781	13120	24465
包头市	Baotou City	37914	27205	20412	31972
呼伦贝尔市	Hulunbeier City	23912	25887	29283	24601
兴安盟	Xingan League	4280	4079	5564	8539
通辽市	Tongliao City	5839	12559	8696	15027
赤峰市	Chifeng City	14635	14266	14374	21000
锡林郭勒盟	Xilinguole League	6444	4783	4943	7809
乌兰察布市	Wulanchabu City	9905	11337	9155	14271
鄂尔多斯市	Erdos City	7669	5900	3653	9620
巴彦淖尔市	Bayannaoer City	12232	11511	9562	11074
乌海市	Wuhai City	10130	8359	5715	6860
阿拉善盟	Alashan League	1334	2046	2001	2245

注：本资料由劳动社会保障厅提供。

a)The Statistics are provided by the Bureau of Labour and Social Insurance

22-12 各盟市城镇登记失业率

Registered Unemployment Rate in Urban Areas by Region

单位：%　　　　(%)

地 区	Region	1995	2000	2003	2004	2005
总 计	**Total**	**3.17**	**3.34**	**4.50**	**4.59**	**4.26**
呼和浩特市	Hohhot City	2.41	3.01	4.50	4.79	4.29
包头市	Baotou City	3.81	3.44	4.50	4.67	4.14
呼伦贝尔市	Hulunbeier City	4.83	4.24	4.40	4.69	4.36
兴安盟	Xingan League	1.88	2.48	4.00	4.46	4.30
通辽市	Tongliao City	3.14	2.46	4.00	4.42	4.20
赤峰市	Chifeng City	3.13	2.90	4.00	4.17	4.22
锡林郭勒盟	Xilinguole League	2.77	3.25	4.40	4.87	4.65
乌兰察布市	Wulanchabu City	3.63	4.01	4.20	4.50	4.40
鄂尔多斯市	Erdos City	3.13	2.07	4.00	4.47	3.97
巴彦淖尔市	Bayannaoer City	4.49	3.84	4.40	4.80	4.25
乌海市	Wuhai City	5.12	4.40	4.50	4.60	4.50
阿拉善盟	Alashan League	4.00	3.46	4.50	4.87	4.12

注：本资料由劳动社会保障厅提供。

a)The Statistics are provided by the Bureau of Labour and Social Insurance

22-13 各盟市职工工资总额和指数(2005年)

Total Wages of Staff and Workers and Related Index by Region(2005)

地 区	Region	工资总额(万元) Total Wages(10 000 yuan)				指 数(上年=100) Index(preceding year=100)			
		合 计 Total	国有单位 State-owned Units	城镇集体单位 Urban Collect-iveowned Units	其他单位 Units of Other Types of Ownership	合 计 Total	国有单位 State-owned Units	城镇集体单位 Urban Collect-iveowned Units	其他单位 Units of Other Types of Ownership
呼和浩特市	Hohhot City	597507	472343	16033	109131	122.3	121.1	120.5	128.1
包头市	Baotou City	750658	322423	46536	381698	132.8	128.7	119.2	138.4
呼伦贝尔市	Hulunbeier City	356357	272041	6011	78305	112.1	110.2	110.9	119.3
兴安盟	Xingan League	127819	104490	3832	19496	107.6	106.2	109.3	115.5
通辽市	Tongliao City	264172	216488	11785	35899	108.7	107.9	104.8	114.6
赤峰市	Chifeng City	381085	272818	14377	93890	113.5	107.5	116.7	134.8
锡林郭勒盟	Xilinguole League	155280	125774	4619	24887	119.2	118.3	109.2	126.4
乌兰察布市	Wulanchabu City	198161	148503	4331	45328	120.0	108.3	139.7	181.7
鄂尔多斯市	Erdos City	304053	190074	4459	109519	132.8	125.5	115.7	148.6
巴彦淖尔市	Bayannaoer City	195738	135076	7153	53510	115.2	113.3	111.6	120.7
乌海市	Wuhai City	157918	50957	3459	103502	123.9	65.3	44.9	248.1
阿拉善盟	Alashan League	68830	42253	1408	25170	124.5	110.6	133.3	156.8

22-14 各盟市职工平均工资及指数(2005年)

Average Wage of Staff and Workers and Related Indices by Region(2005)

地 区	Region	平均货币工资(元) Average Money Wage(yuan) 合 计 Total	国有单位 State-owned Units	城镇集体单位 Urban Collective-owned Units	其他单位 Units of Other Types of Owner ship	指数(上年=100)Indices (preceding year=100) 合 计 Total	国有单位 State-owned Units	城镇集体单位 Urban Collective-owned Units	其他单位 Units of Other Types of Owner -ship
呼和浩特市	Hohhot City	19715	23040	9926	13324	118.3	120.9	108.7	115.7
包 头 市	Baotou City	21985	24877	14677	21189	135.9	129.8	129.9	141.6
呼伦贝尔市	Hulunbeier City	13971	14535	9635	12698	115.5	114.3	119.8	120.3
兴 安 盟	Xingan League	11047	11591	8054	9371	110.4	109.2	108.5	117.9
通 辽 市	Tongliao City	11680	11730	10333	11886	108.9	108.2	113.8	111.2
赤 峰 市	Chifeng City	12603	13425	9694	11134	115.9	111.2	121.4	132.9
锡林郭勒盟	Xilinguole League	15608	16843	13619	11619	118.0	118.8	123.0	115.8
乌兰察布市	Wulanchabu City	14688	14213	12958	16730	110.3	108.9	171.2	99.3
鄂尔多斯市	Erdos City	21628	21532	14375	22257	127.5	121.0	119.1	141.1
巴彦淖尔市	Bayannaoer City	12455	13339	12853	10631	113.3	114.9	112.3	111.1
乌 海 市	Wuhai City	15609	19749	10335	14371	119.2	118.8	104.2	146.7
阿拉善盟	Alashan League	19231	20698	18282	17230	123.6	116.5	110.3	144.0

22-15 各盟市按管理渠道分固定资产投资(2005年)

Investment in Fixed Assets by Channel of Management and by Region(2005)

单位：万元 (10 000 yuan)

地 区	Region	总 计 Total	基本建设 Investment in Capital Construction	更新改造 Investment in Innovation	房地产开发 Investment in Real Estate Development	其 它 Others
呼和浩特市	Hohhot City	4133811	3189850	364730	358634	220597
包 头 市	Baotou City	4982361	3126105	1323502	309976	222778
呼伦贝尔市	Hulunbeier City	1745425	1313325	227397	154201	50502
兴 安 盟	Xingan League	589063	410942	36891	42630	98600
通 辽 市	Tongliao City	2052769	808447	1096127	82164	66031
赤 峰 市	Chifeng City	2076415	1564385	164031	176067	171932
锡林郭勒盟	Xilinguole League	1516883	1213906	24870	76539	201568
乌兰察布市	Wulanchabu City	2013557	1504330	34126	48500	426601
鄂尔多斯市	Erdos City	3659265	3212609	187798	170500	88358
巴彦淖尔市	Bayannaoer City	1455227	1068619	90880	109055	186673
乌 海 市	Wuhai City	899067	583836	205719	82666	26846
阿拉善盟	Alashan League	655507	545408	69574	10070	30455

22-16 各盟市按建设性质分的基本建设投资(2005年)

Investment in Capital Construction by Type of Construction and by Region(2005)

单位：万元 (10 000 yuan)

地区	Region	投资额 Investment	#新建 New Construction	#扩建 Expansion	#改建 Reconstruction
呼和浩特市	Hohhot City	3189850	2062880	966714	39202
包头市	Baotou City	3126105	2171683	301035	568200
呼伦贝尔市	Hulunbeier City	1313325	1197999	88434	11994
兴安盟	Xingan League	410942	153785	56703	185629
通辽市	Tongliao City	808447	433457	204460	105118
赤峰市	Chifeng City	1564385	1173460	310338	24127
锡林郭勒盟	Xilinguole League	1213906	741508	352876	110481
乌兰察布市	Wulanchabu City	1504330	914357	482902	63834
鄂尔多斯市	Erdos City	3212609	2919597	137059	91406
巴彦淖尔市	Bayannaoer City	1068619	614013	303673	102924
乌海市	Wuhai City	583836	229223	335398	8056
阿拉善盟	Alashan League	545408	431505	78541	35362

22-17 各盟市基本建设施工、投产项目个数和新增固定资产(2005年)

Number of Capital Construction Projects under Construction and Put into Use and Newly Increased Fixed Assets by Region(2005)

地区	Region	施工项目(个) Number of Projects under Construction (unit)	全部建成投产项目(个) Number of Projects Completed & Put into Use (unit)	项目建成投产率(%) Rate of Projects Completed and Put into Use(%)	新增固定资产(万元) Newly Increased Fixed Assets (10 000 yuan)	固定资产交付使用率(%) Rate of Fixed Assets Put into Use(%)
呼和浩特市	Hohhot City	623	434	69.7	1308363	41.0
包头市	Baotou City	966	830	85.9	2330631	74.6
呼伦贝尔市	Hulunbeier City	565	341	60.4	577122	43.9
兴安盟	Xingan League	277	189	68.2	350348	85.3
通辽市	Tongliao City	353	294	83.3	559842	69.3
赤峰市	Chifeng City	665	533	80.2	893580	57.1
锡林郭勒盟	Xilinguole League	472	320	67.8	691440	57.0
乌兰察布市	Wulanchabu City	418	368	88.0	1138074	75.7
鄂尔多斯市	Erdos City	687	532	77.4	1435086	44.7
巴彦淖尔市	Bayannaoer City	362	286	79.0	812006	76.0
乌海市	Wuhai City	160	113	70.6	759366	130.1
阿拉善盟	Alashan League	119	96	80.7	274338	50.3

22-18 各盟市基本建设房屋建筑面积(2005年)

Floor Space of Buildings Through Capital Construction by Region(2005)

单位：万平方米 (10 000 sq.m)

地 区	Region	施工面积 Floor Space of Buildings Under Construction	#住宅 Residential Buildings	竣工面积 Floor Space of Buildings Completed	#住宅 Residential Buildings
呼和浩特市	Hohhot City	792.21	276.13	248.97	80.72
包头市	Baotou City	281.76	48.2	185.12	40.33
呼伦贝尔市	Hulunbeier City	270.24	56.22	96.38	38.46
兴安盟	Xingan League	72.73	25.85	30.82	10.09
通辽市	Tongliao City	144.31	61.22	103.91	37.97
赤峰市	Chifeng City	230.67	62.56	144.53	47.74
锡林郭勒盟	Xilinguole League	116.65	18.07	64.18	10.81
乌兰察布市	Wulanchabu City	219.89	66.17	106.48	49.67
鄂尔多斯市	Erdos City	218.22	103.1	110.72	42.44
巴彦淖尔市	Bayannaoer City	155.92	57.7	77.02	37.53
乌海市	Wuhai City	68.81	11.89	51.5	11.78
阿拉善盟	Alashan League	15.75	1.84	9.24	0.41

22-19 各盟市按建设性质分的更新改造投资(2005年)

Investment in Innovation by Type of Construction and by Region(2005)

单位：万元 (10 000 yuan)

地 区	Region	投资额 Investment	#新建 New Construction	#扩建 Expansion	#改建 Reconstruction
呼和浩特市	Hohhot City	364730	82794	145035	136091
包头市	Baotou City	1323502	65430	320511	926049
呼伦贝尔市	Hulunbeier City	227397	16538	187758	22851
兴安盟	Xingan League	36891	10661	16865	9365
通辽市	Tongliao City	1096127	407369	645755	38553
赤峰市	Chifeng City	164031	44931	80234	37766
锡林郭勒盟	Xilinguole League	24870	1432	17051	6087
乌兰察布市	Wulanchabu City	34126	100	15360	18666
鄂尔多斯市	Erdos City	187798	7465	90266	90067
巴彦淖尔市	Bayannaoer City	90880		51216	34077
乌海市	Wuhai City	205719	16588	114189	74018
阿拉善盟	Alashan League	69574	33476	22524	13574

22-20 各盟市更新改造施工、投产项目和新增固定资产(2005年)
Number of Innovation Projects Under Construction and Put into Use and Newly Increased Fixed Assets by Region(2005)

地 区	Region	施工项目 (个) Number of Projects under Construction (unit)	全部建成投产项目(个) Number of Projects Completed & Put into Use (unit)	项目建成投产率(%) Rate of Projects Completed and Put into Use(%)	新增固定资产(万元) Newly Increased Fixed Assets (10 000 yuan)	固定资产交付使用率(%) Rate of Fixed Assets Put into Use (%)
呼和浩特市	Hohhot City	85	63	74.1	267222	73.3
包头市	Baotou City	594	459	77.3	1283713	97.0
呼伦贝尔市	Hulunbeier City	74	42	56.8	207637	91.3
兴安盟	Xingan League	32	27	84.4	35536	96.3
通辽市	Tongliao City	518	322	62.2	440238	40.2
赤峰市	Chifeng City	41	19	46.3	34670	21.1
锡林郭勒盟	Xilinguole League	40	31	77.5	16380	65.9
乌兰察布市	Wulanchabu City	33	33	100.0	34126	100.0
鄂尔多斯市	Erdos City	29	22	75.9	101950	54.3
巴彦淖尔市	Bayannaoer City	37	28	75.7	94823	104.3
乌海市	Wuhai City	135	112	83.0	263529	128.1
阿拉善盟	Alashan League	23	18	78.3	51039	73.4

22-21 各盟市更新改造房屋建筑面积(2005年)
Floor Space of Buildings Rebuilt by Region(2005)

地 区	Region	房屋建筑面积(万平方米) Floor Space of Buildings(10 000 sq. m)			
		施工面积 Under Construction	#住宅 Residential Buildings	竣工面积 Completed	#住宅 Residential Buildings
呼和浩特市	Hohhot City	43.78	0.07	20.53	0.07
包头市	Baotou City	127.77	77.26	79.16	51.99
呼伦贝尔市	Hulunbeier City	25.47		2.48	
兴安盟	Xingan League	1.54		1.54	
通辽市	Tongliao City	124.52	1.65	39.72	1.05
赤峰市	Chifeng City	11.28	3.46	7.73	3.46
锡林郭勒盟	Xilinguole League	2.68	0.10	2.68	0.10
乌兰察布市	Wulanchabu City	1.12		1.12	
鄂尔多斯市	Erdos City	1.44	0.44	0.37	
巴彦淖尔市	Bayannaoer City	11.83	0.05	7.61	
乌海市	Wuhai City	13.37	0.32	12.35	0.27
阿拉善盟	Alashan League	0.56	0.04		

22-22 各盟市城镇集体单位固定资产投资、新增固定资产和房屋建筑面积(2005年)

Investment in Fixed Assets of Urban Collective-Owned Units and Floor Space of Buildings by Region(2005)

地 区	Region	投资额(万元) Investment (10 000 yuan)	新增固定资产(万元) Newly Increased Fixed Assets (10 000 yuan)	房屋建筑面积(万平方米) Floor Space of Buildings(10 000 sq. m)			
				施工面积 Under Construction	#住宅 Residential Buildings	竣工面积 Completed	#住宅 Residential Buildings
呼和浩特市	Hohhot City	11005	9500	42.34	24.32	7.92	5.02
包头市	Baotou City	11710	11710				
呼伦贝尔市	Hulunbeier City	405		0.63			
兴安盟	Xingan League	9956	234	0.24	0.24	0.24	0.24
通辽市	Tongliao City	270	270	0.13	0.03	0.13	0.03
赤峰市	Chifeng City	26083	21890	3.21	2.06	0.26	0.26
锡林郭勒盟	Xilinguole League	2100					
乌兰察布市	Wulanchabu City	35070	8570	2.93	0.65	1.85	0.65
鄂尔多斯市	Erdos City	12330	5330	0.50	0.19	0.50	0.19
巴彦淖尔市	Bayannaoer City	6980	510	0.50			
乌海市	Wuhai City						
阿拉善盟	Alashan League						

22-23 各盟市房地产开发企业(单位)个数(2005年)

Number of Enterprises for Real Estate Development by Region(2005)

单位：个 (unit)

地 区	Region	企业个数 Number of Enterprises	内资企业 Domestic Funded Enterprises	#国有 State-owned Enterprises	#集体 Collective Owned Enterprises	港、澳、台投资企业 Funded by Entrepreneurs from Hong Kong Macao & Taiwan	外商投资企业 Foreign Funded Enterprises
呼和浩特市	Hohhot City	199	198	3	1		1
包头市	Baotou City	170	166	11	3	3	1
呼伦贝尔市	Hulunbeier City	118	115	13		2	1
兴安盟	Xingan League	56	56	1	1		
通辽市	Tongliao City	63	63	2			
赤峰市	Chifeng City	86	85		1		1
锡林郭勒盟	Xilinguole League	44	44	1			
乌兰察布市	Wulanchabu City	60	60				
鄂尔多斯市	Erdos City	95	95				
巴彦淖尔市	Bayannaoer City	46	46	1	2		
乌海市	Wuhai City	65	65	3			
阿拉善盟	Alashan League	10	10				

22-24 各盟市房地产开发企业(单位)从业人员(2005年)

Number of Employed Persons in Enterprises for Real Estate Development by Region(end of 2005)

单位：人 (person)

地区	Region	年末从业人数 Number of Employed Persons	内资企业 Domestic Funded Enterprises	# 国有 State-owned Enterprises	# 集体 Collective-owned Enterprises	港、澳、台投资企业 Funded by Entrepreneurs from Hong Kong Macao and Taiwan	外商投资企业 Foreign Funded Enterprises
呼和浩特市	Hohhot City	4049	4017	108	33		32
包头市	Baotou City	3589	3358	245	15	223	8
呼伦贝尔市	Hulunbeier City	1706	1670	250		24	12
兴安盟	Xingan League	1074	1074	4	28		
通辽市	Tongliao City	1076	1076	28			
赤峰市	Chifeng City	1730	1720		10		10
锡林郭勒盟	Xilinguole League	631	631	4			
乌兰察布市	Wulanchabu City	1327	1327				
鄂尔多斯市	Erdos City	3831	3831				
巴彦淖尔市	Bayannaoer City	840	840	23	13		
乌海市	Wuhai City	981	981	34			
阿拉善盟	Alashan League	687	687				

22-25 各盟市按用途分的房地产开发企业(单位)完成投资额(2005年)

Actually Completed Investment of Enterprises for Real Estate Development by Region and by Use(2005)

单位：万元 (10 000 yuan)

地区	Region	本年完成投资额 Investment Made This Year	住宅 Residential Buildings	# 经济适用房屋 Economical Houses	办公楼 Office Buildings	商业营业用房 Houses for Business Use	其他 Others
呼和浩特市	Hohhot City	358634	231911	12890	30075	88018	8630
包头市	Baotou City	309976	201954	12515	1988	104031	2003
呼伦贝尔市	Hulunbeier City	154201	104543	3635	927	41664	7067
兴安盟	Xingan League	42630	33190	875	520	8054	866
通辽市	Tongliao City	82164	67453	1880	80	12399	2232
赤峰市	Chifeng City	176067	125471	4880	445	33882	16269
锡林郭勒盟	Xilinguole League	76539	55254	1175		20718	567
乌兰察布市	Wulanchabu City	48500	29528	5100	30	17722	1220
鄂尔多斯市	Erdos City	170500	140365	24500	3514	22887	3734
巴彦淖尔市	Bayannaoer City	109055	89696	11050		18839	520
乌海市	Wuhai City	82666	59330	7950	716	15912	6708
阿拉善盟	Alashan League	10070	8379	6969		1531	160

22-26 各盟市房地产开发建设房屋建筑面积和造价(2005年)

Floor Space of Buildings and their Cost in Real Estate Development by Region(2005)

地区	Region	施工房屋面积(万平方米) Floor Space of Buildings under Construction (10 000 sq.m)	竣工房屋面积(万平方米) Floor Space of Buildings Completed (10 000 sq.m)	房屋建筑面积竣工率(%) Rate of Floor Space of Buildings Completed (%)	竣工房屋价值(万元) Value of Buildings Completed (10 000 yuan)	竣工房屋造价(元/平方米) Cost of Buildings Completed (yuan/sq.m)
呼和浩特市	Hohhot City	559.46	204.37	36.53	221252	1083
包头市	Baotou City	377.12	204.15	54.13	244984	1200
呼伦贝尔市	Hulunbeier City	169.05	60.83	35.98	59935	985
兴安盟	Xingan League	56.35	32.62	57.88	27981	858
通辽市	Tongliao City	131.78	25.51	19.36	22406	878
赤峰市	Chifeng City	173.7	90.72	52.23	106536	1174
锡林郭勒盟	Xilinguole League	61.87	43.41	70.16	50691	1168
乌兰察布市	Wulanchabu City	71.44	40.79	57.09	50418	1236
鄂尔多斯市	Erdos City	239.89	71.19	29.68	73430	1031
巴彦淖尔市	Bayannaoer City	129.4	53.44	41.3	60077	1124
乌海市	Wuhai City	126.58	58.53	46.24	53188	909
阿拉善盟	Alashan League	14.69	11.58	78.8	7885	681

22-27 各盟市商品房屋销售情况(2005年)

Selling of Commercial Houses by Region(2005)

地区	Region	房屋销售面积(万平方米) Floor Space of Selling House (10 000 sq. m)	#住宅 Residential Buildings	商品房销售额(万元) Total Sales of Commerical Houses (10 000 yuan)	#住宅 Residential Buildings
呼和浩特市	Hohhot City	224.11	194.75	460953	300072
包头市	Baotou City	217.49	182.54	376736	281228
呼伦贝尔市	Hulunbeier City	101.48	75.35	173537	99395
兴安盟	Xingan League	35.21	27.45	47627	32117
通辽市	Tongliao City	35.43	27.47	50765	33262
赤峰市	Chifeng City	94.02	87.31	131125	116753
锡林郭勒盟	Xilinguole League	29.77	23.11	43109	24241
乌兰察布市	Wulanchabu City	47.06	39.08	58330	38719
鄂尔多斯市	Erdos City	111.64	100.58	186962	155476
巴彦淖尔市	Bayannaoer City	87.57	78.9	116899	98987
乌海市	Wuhai City	85.27	73.9	127948	99831
阿拉善盟	Alashan League	9.75	7.97	9500	7145

22-28 各盟市地方财政收支(2005年)
Financial Revenue and Expenditure by Region(2005)

单位：万元 (10 000 yuan)

地区	Region	地方财政收入 Total Revenue	# 地方一般预算收入 Intra-Budgetary Revenue	地方财政支出 Total Expenditure	# 地方一般预算支出 Intra-Budgetary Expenditure
呼和浩特市	Hohhot City	493433	359319	721234	609589
包头市	Baotou City	612049	584198	778564	754041
呼伦贝尔市	Hulunbeier City	222323	174140	611584	566842
兴安盟	Xingan League	63423	44262	258788	238386
通辽市	Tongliao City	185773	144221	535460	493522
赤峰市	Chifeng City	199850	158761	732826	691390
锡林郭勒盟	Xilinguole League	134700	107614	375187	356663
乌兰察布市	Wulanchabu City	129741	119213	455361	443615
鄂尔多斯市	Erdos City	461208	449045	652655	640179
巴彦淖尔市	Bayannaoer City	135522	122508	354373	342576
乌海市	Wuhai City	93498	88190	144664	140851
阿拉善盟	Alashan League	51324	50026	145032	143589

注：财政收、支合计中不包括社会保险基金。
a)Financial revenue and expenditure enclude social insurance fund.

22-29 各盟市地方财政收入(2005年)
Final Statement of Local Government Revenue by Region(2005)

单位：万元 (10 000 yuan)

地区	Region	收入合计 Total Revenue	# 增值税 Value-added Tax	# 营业税 Operation Tax	# 企业所得税 Enterprises Income Tax	# 农业五税 Agricultural Five Taxes
呼和浩特市	Hohhot City	493433	57252	124381	29620	25487
包头市	Baotou City	612049	115813	146427	22429	40095
呼伦贝尔市	Hulunbeier City	222323	36686	41962	5329	9528
兴安盟	Xingan League	63423	6405	14856	561	2534
通辽市	Tongliao City	185773	20057	50138	5329	2968
赤峰市	Chifeng City	199850	30804	53842	7808	9752
锡林郭勒盟	Xilinguole League	134700	18255	33248	3031	982
乌兰察布市	Wulanchabu City	129741	28544	40773	1323	5283
鄂尔多斯市	Erdos City	461208	111448	127423	78980	6010
巴彦淖尔市	Bayannaoer City	135522	17642	49606	7065	3056
乌海市	Wuhai City	93498	27127	19215	3801	1552
阿拉善盟	Alashan League	51324	12621	15887	2668	196

注：地方财政收入中不含中央、自治区财政返还。
a)Local government revenue does not include the back parts of the tax revenue sent by central and autonomous regional government.

22-30 各盟市地方财政支出(2005年)

Final Statement of Local Government Expenditure by Region(2005)

单位：万元 (10 000 yuan)

地区	Region	支出合计 Total Expenditure	#基本建设 Expenditure for Capital Construction	#农林水利气象部门支出 Expenditure for Agriculture ,Forestry, Water Conservancy & Mateorology	#医疗卫生支出 Expenditure for Medical treatment and Health
呼和浩特市	Hohhot City	721234	72698	40341	19281
包头市	Baotou City	778564	87929	43450	44614
呼伦贝尔市	Hulunbeier City	611584	112261	44321	21813
兴安盟	Xingan League	258788	37564	33543	5388
通辽市	Tongliao City	535460	98004	60840	14520
赤峰市	Chifeng City	732826	105272	108212	21399
锡林郭勒盟	Xilinguole League	375187	64771	60063	11830
乌兰察布市	Wulanchabu City	455361	50592	82369	10835
鄂尔多斯市	Erdos City	652655	170267	67548	19665
巴彦淖尔市	Bayannaoer City	354373	50576	51366	12645
乌海市	Wuhai City	144664	39961	4193	3291
阿拉善盟	Alashan League	145032	25564	31380	4747

22-30 续表 continued

单位：万元 (10 000 yuan)

地区	Region	#社会保障补助支出 Expenditure Subsidies to Social Security Programs	#行政管理费 Govermment Administration	#教育支出 Expenditure for Education	#公检法司支出 Expenditure of Public Security, Procuratorate and Court
呼和浩特市	Hohhot City	31674	62691	77296	31848
包头市	Baotou City	44614	107591	72366	34037
呼伦贝尔市	Hulunbeier City	26040	67525	72202	25265
兴安盟	Xingan League	10169	27175	40778	8409
通辽市	Tongliao City	17076	50633	76921	20358
赤峰市	Chifeng City	20530	79972	138804	26976
锡林郭勒盟	Xilinguole League	11688	47550	31952	13707
乌兰察布市	Wulanchabu City	15329	49463	55669	17090
鄂尔多斯市	Erdos City	13327	86657	58006	20347
巴彦淖尔市	Bayannaoer City	16473	52087	51524	16474
乌海市	Wuhai City	11485	16092	11234	6372
阿拉善盟	Alashan League	4949	20468	11606	4780

22-31 各盟市金融机构人民币存、贷款余额(2005年末)

Saving Deposits and loans of Financial Institutions by Region(end of 2005)

单位：万元 (10 000 yuan)

地区	Region	金融机构存款 Deposits	# 企业存款 Deposits of Enterprises	# 居民储蓄存款 Urban and Rural Savings Deposits	定期 Time	活期 Demand
呼和浩特市	Hohhot City	7763098	2209897	3783869	2142972	1640897
包头市	Baotou City	6789213	2146159	3894793	2426426	1468367
呼伦贝尔市	Hulunbeier City	3261323	609205	2288814	1484079	804735
兴安盟	Xingan League	789964	118225	536185	297521	238663
通辽市	Tongliao City	1815014	456305	1104521	560298	544223
赤峰市	Chifeng City	3198686	607588	2255336	1346525	908810
锡林郭勒盟	Xilinguole League	989025	199227	651371	289382	361989
乌兰察布市	Wulanchabu City	1542142	183401	1197679	697054	500625
鄂尔多斯市	Erdos City	3059224	934526	1620865	584004	1036861
巴彦淖尔市	Bayannaoer City	1772349	287548	1287364	591648	695716
乌海市	Wuhai City	1215885	342477	790107	395277	394830
阿拉善盟	Alashan League	509246	119976	313000	172993	140007

22-31 续表 continued

单位：万元 (10 000 yuan)

地区	Region	金融机构贷款 Deposits	# 工业短期贷款 Short-term Industrial Loans	# 商业短期贷款 Short-term Commercial Loans	# 农业短期贷款 Short-term Agricultural Loans
呼和浩特市	Hohhot City	5507951	357468	389018	162095
包头市	Baotou City	3367626	949637	410134	110196
呼伦贝尔市	Hulunbeier City	1575327	850915	422209	230600
兴安盟	Xingan League	890268	46424	389065	84709
通辽市	Tongliao City	2127618	1447015	867343	146750
赤峰市	Chifeng City	1894814	204831	297606	367821
锡林郭勒盟	Xilinguole League	720025	68843	71325	97748
乌兰察布市	Wulanchabu City	1120318	90349	132986	112077
鄂尔多斯市	Erdos City	2755548	726177	111908	191777
巴彦淖尔市	Bayannaoer City	1312773	133777	321347	201865
乌海市	Wuhai City	956098	192093	23596	1275
阿拉善盟	Alashan League	440580	55466	15474	49520

22-32 各盟市中资保险公司业务经济技术指标(2005年)

Economic and Technical Indicators of Insurance Companies Funded with Chinese Capital by Region(2005)

单位：万元 (10 000 yuan)

地区	Region	保险金额 Amount Insured	财产保险公司 Property Insurance Co	人身保险公司 Accident in Insurance Co	保费 Premium	财产保险公司 Property Insurance Co	人身保险公司 Accident in Insurance Co
呼和浩特市	Hohhot City	28872175	11569510	17302665	116995	31219	85776
包头市	Baotou City	19583848	7349341	12234507	119916	34940	84976
呼伦贝尔市	Hulunbeier City	10826364	5457169	5369195	63348	15721	47627
兴安盟	Xingan League	3198110	622654	2575456	19366	4010	15356
通辽市	Tongliao City	4053601	2292378	1761223	38308	12616	25692
赤峰市	Chifeng City	9747662	5289426	4458236	68511	16117	52394
锡林郭勒盟	Xilinguole League	3489423	1054240	2435183	22922	7014	15908
乌兰察布市	Wulanchabu City	3754833	2388281	1366553	26215	9504	16711
鄂尔多斯市	Erdos City	12100238	6529797	5570441	74755	34212	40543
巴彦淖尔市	Bayannaoer City	5090750	2135118	2955632	32883	7443	25440
乌海市	Wuhai City	2943378	1244763	1698616	16989	5551	11438
阿拉善盟	Alashan League	1382821	797248	585573	8459	3431	5028

22-32 续表 continued

地区	Region	赔款及给付(万元) Claim and Payment (10 000 yuan)	财产保险公司 Property Insurance Co	人身保险公司 Accident in Insurance Co	机构数(个) Number of Institution (unit)	财产保险公司 Property Insurance Co	人身保险公司 Accident in Insurance Co
呼和浩特市	Hohhot City	21864	12983	8881	61	16	45
包头市	Baotou City	23362	14977	8385	62	30	32
呼伦贝尔市	Hulunbeier City	13671	6386	7285	123	50	73
兴安盟	Xingan League	5366	1980	3386	19	7	12
通辽市	Tongliao City	8475	4958	3517	62	16	46
赤峰市	Chifeng City	26859	7112	19747	107	22	85
锡林郭勒盟	Xilinguole League	4975	3168	1807	50	18	32
乌兰察布市	Wulanchabu City	7167	4124	3043	55	14	41
鄂尔多斯市	Erdos City	19261	15449	3812	73	31	42
巴彦淖尔市	Bayannaoer City	5491	3119	2372	47	17	30
乌海市	Wuhai City	3625	2508	1117	22	5	17
阿拉善盟	Alashan League	1694	1201	493	4	4	

22-33 各盟市财产保险业务收入与赔付(2005年)

Insurance Business Income of Property and Claim & Payment by Region(2005)

单位：万元 (10 000 yuan)

地区	Region	保费收入合计 Total Premium	# 企业财产保险 Enterprise Property Insurance	# 机动车辆保险 Motor Vehicle Insurance	# 货物运输保险 Freight Transport Insurance	# 责任保险 Insurance of Duty	# 农业保险 Agriculture Insurance
呼和浩特市	Hohhot City	30011	3473	23595	952	722	8
包头市	Baotou City	33840	3035	27894	1462	523	
呼伦贝尔市	Hulunbeier City	14832	2847	10411	266	515	
兴安盟	Xingan League	3863	430	3070	109	137	
通辽市	Tongliao City	11951	1403	9590	160	277	
赤峰市	Chifeng City	15372	1890	12595	86	257	
锡林郭勒盟	Xilinguole League	6665	470	5701	28	183	
乌兰察布市	Wulanchabu City	8976	1208	7235	68	187	
鄂尔多斯市	Erdos City	32723	4628	26149	471	625	
巴彦淖尔市	Bayannaoer City	7020	564	5987	107	168	
乌海市	Wuhai City	5323	549	4521	28	123	
阿拉善盟	Alashan League	3240	595	1888	144	70	

22-33 续表 continued

单位：万元 (10 000 yuan)

地区	Region	赔款支出合计 Claim and Payment	# 企业财产保险 Enterprise Property Insurance	# 机动车辆保险 Motor venicle Insurance	# 货物运输保险 Frenight Transport Insurance	# 责任保险 Insurance of Duty	# 农业保险 Agriculture Insurance
呼和浩特市	Hohhot City	12777	539	11449	166	381	
包头市	Baotou City	14709	1910	12029	304	109	
呼伦贝尔市	Hulunbeier City	6096	1412	4157	45	322	
兴安盟	Xingan League	1921	208	1596	36	46	
通辽市	Tongliao City	4819	430	4200	91	36	
赤峰市	Chifeng City	6722	459	6109	11	82	
锡林郭勒盟	Xilinguole League	3043	93	2843	2	43	
乌兰察布市	Wulanchabu City	3978	492	3344	34	17	
鄂尔多斯市	Erdos City	14909	1421	13246	30	132	
巴彦淖尔市	Bayannaoer City	2910	152	2596	68	73	
乌海市	Wuhai City	2387	237	2077	25	45	
阿拉善盟	Alashan League	1112	250	623	67	20	

22-34 各盟市人身保险业务收入与赔付(2005年)

Insurance Business Income and Settled Claim & Payment of Accident in Insurance by Region(2005)

单位：万元　　(10 000 yuan)

地区	Region	保费收入 Remium	寿险 Life Insurance Business	意外伤害险 Personal Insurance Accident	健康险 Health Insurance
呼和浩特市	Hohhot City	86984	72471	5428	9086
包头市	Baotou City	86075	78536	3202	4338
呼伦贝尔市	Hulunbeier City	48516	44354	2658	1503
兴安盟	Xingan League	15503	13846	739	918
通辽市	Tongliao City	26357	23954	1723	681
赤峰市	Chifeng City	53140	48812	2653	1675
锡林郭勒盟	Xilinguole League	16257	14666	1005	586
乌兰察布市	Wulanchabu City	17239	15368	1303	568
鄂尔多斯市	Erdos City	42032	36877	3446	1709
巴彦淖尔市	Bayannaoer City	25864	23291	1510	1062
乌海市	Wuhai City	11666	10540	723	404
阿拉善盟	Alashan League	5219	4557	447	215

22-34 续表 continued

单位：万元　　(10 000 yuan)

地区	Region	赔款支出与给付 Benefit Paidand Expenditare of Payment	寿险 Life Insurance Business	意外伤害险 Personal Accident Insurance	健康险 Health Insuranec
呼和浩特市	Hohhot City	9087	5115	1099	2872
包头市	Baotou City	8653	6088	1012	1553
呼伦贝尔市	Hulunbeier City	7575	5993	775	808
兴安盟	Xingan League	3445	2346	261	838
通辽市	Tongliao City	3656	2173	631	853
赤峰市	Chifeng City	20137	15815	1188	3134
锡林郭勒盟	Xilinguole League	1932	1148	417	367
乌兰察布市	Wulanchabu City	3189	2173	418	598
鄂尔多斯市	Erdos City	4352	2557	1015	780
巴彦淖尔市	Bayannaoer City	2581	1388	543	651
乌海市	Wuhai City	1238	617	314	306
阿拉善盟	Alashan League	582	225	174	183

22-35 各盟市居民消费价格分类指数(2005年)

Consumer Price Indices by Category and by Region(2005)

(上年=100) (preceding year=100)

地区	Region	总指数 General Index	食品 Food	衣着 Clothing	家庭设备及用品 Household Appliances	医疗保健用品 Health Care	交通和通讯工具 Means of Transportation & Communication	娱乐教育和文化用品 Recreational, Educational & Cultural Goods	居住 Housing
呼和浩特市	Hohhot City	102.2	103.0	101.1	102.8	103.9	100.2	98.6	105.1
包头市	Baotou City	101.7	104.3	99.5	98.9	97.0	99.9	98.9	106.6
呼伦贝尔市	Hulunbeier City	102.5	100.9	100.2	99.3	106.0	98.6	105.9	106.6
兴安盟	Xingan League	101.7	100.5	99.0	99.6	104.3	100.0	102.1	107.0
通辽市	Tongliao City	102.1	102.7	100.0	99.7	107.5	100.3	99.2	106.2
赤峰市	Chifeng City	102.3	103.7	100.2	100.7	102.3	100.4	99.7	105.4
锡林郭勒盟	Xilinguole League	102.2	102.5	100.3	100.0	108.7	98.0	102.4	103.0
乌兰察布市	Wulanchabu City	101.7	101.9	100.3	99.9	102.4	99.7	100.4	106.1
鄂尔多斯市	Erdos City	101.8	103.9	97.2	100.1	102.9	97.0	100.2	109.5
巴彦淖尔市	Bayannaoer City	101.8	100.5	99.7	99.7	109.7	99.9	100.2	105.2
乌海市	Wuhai City	101.7	102.6	100.2	99.1	101.7	95.4	100.2	109.1
阿拉善盟	Alashan League	101.0	102.7	101.1	100.5	101.5	97.1	99.2	102.1

22-36 各盟市城镇居民家庭基本情况(2005年)

Basic Conditions of Urban Households by Region(2005)

地区	Region	调查户数(户) Number of Households Surveyed (household)	平均每户家庭人口数(人) Average Household Size (person)	平均每户就业人口(人) Average Number of Employed Persons per Household (person)	平均每户就业面(%) Percentage of Employment per Household (%)	平均每一就业者负担人数(人) Number of Persons Supported by Each Employee (person)
呼和浩特市	Hohhot City	500	2.73	1.42	52.01	1.92
包头市	Baotou City	500	2.69	1.46	54.28	1.84
呼伦贝尔市	Hulunbeier City	400	2.98	1.71	57.38	1.76
兴安盟	Xingan League	300	3.02	1.62	53.64	1.91
通辽市	Tongliao City	300	3.26	1.43	43.87	2.28
赤峰市	Chifeng City	350	3.03	1.73	57.10	1.87
锡林郭勒盟	Xilinguole League	300	3.11	1.77	56.91	2.03
乌兰察布市	Wulanchabu City	350	2.99	1.57	52.51	1.75
鄂尔多斯市	Erdos City	300	3.06	1.51	49.35	1.75
巴彦淖尔市	Bayannaoer City	400	2.91	1.48	50.86	1.97
乌海市	Wuhai City	150	2.97	1.51	50.84	1.75
阿拉善盟	Alashan League	130	3.14	1.61	51.27	1.95

22-36 续表 continued

地区	Region	平均每人实际收入(元) Per Capita Annual Income (yuan)	平均每人可支配收入(元) Per Capita Disposable Income (yuan)	平均每人消费支出(元) Per Capita Annual Living Expenditures for Consumption (yuan)	#食品支出 Food	平均每人居住面积(平方米) Per Capita Net Living Space in Urban Areas (sq.m)
呼和浩特市	Hohhot City	12915.98	12149.84	8767.83	2900.00	27.14
包头市	Baotou City	13859.72	13218.15	10055.96	3268.57	27.53
呼伦贝尔市	Hulunbeier City	8743.36	8228.00	5920.96	1719.18	23.95
兴安盟	Xingan League	7371.99	7158.52	4943.99	1462.25	25.15
通辽市	Tongliao City	7934.19	7680.35	6278.01	1767.36	21.29
赤峰市	Chifeng City	7909.44	7571.93	5754.67	1829.83	26.62
锡林郭勒盟	Xilinguole League	8250.11	7902.16	6163.11	2271.69	25.50
乌兰察布市	Wulanchabu City	7753.00	7519.00	6249.08	1829.71	24.67
鄂尔多斯市	Erdos City	11774.14	11025.00	8879.06	2457.56	32.44
巴彦淖尔市	Bayannaoer City	8264.58	8002.23	5518.98	1706.72	27.10
乌海市	Wuhai City	10614.61	10006.00	7715.97	2349.23	26.67
阿拉善盟	Alashan League	10044.54	8941.17	8497.54	2365.73	30.33

22-37 各盟市农村牧区居民家庭基本情况(2005年)
Basic Conditions of Rural Households by Region(2005)

地区	Region	调查户数(户) Number of Households Surveyed (household)	调查户人口(人) Number of Residents Surveyed (person)	平均每户常住人口(人) Average Number of Permanent Residents per Household (person)	平均每户整半劳动力(人) Average Number of Able bodied and Semiable-bodied Laborers per Household (person)	平均每个劳动力负担人口(人) Average Number of Persons Supported by a Laborer (person)
呼和浩特市	Hohhot City	265	1010	3.81	2.66	1.43
包头市	Baotou City	305	1142	3.74	2.77	1.35
呼伦贝尔市	Hulunbeier City	378	1532	4.05	2.91	1.39
兴安盟	Xingan League	506	1982	3.92	2.38	1.65
通辽市	Tongliao City	617	2492	4.04	2.76	1.46
赤峰市	Chifeng City	917	3484	3.80	2.69	1.41
锡林郭勒盟	Xilinguole League	320	1222	3.82	2.71	1.41
乌兰察布市	Wulanchabu City	387	1262	3.26	2.44	1.33
鄂尔多斯市	Erdos City	300	1078	3.59	2.51	1.43
巴彦淖尔市	Bayannaoer City	628	2254	3.59	2.56	1.40
乌海市	Wuhai City	30	98	3.27	2.37	1.38
阿拉善盟	Alashan League	80	305	3.81	2.51	1.52

22-37 续表 continued

地 区	Region	平均每人年收入(元) Per Capita Annual Income (yuan)	平均每人纯收入(元) Net Income (yuan)	平均每人现金收入(元) Cash Income (yuan)	平均每人年支出(元) Per Capita Annual Expenditure (yuan)	# 食品支出 Food
呼和浩特市	Hohhot City	7413.94	4631.41	5850.21	5739.81	1099.62
包 头 市	Baotou City	7759.32	4667.01	6831.92	5982.35	1152.57
呼伦贝尔市	Hulunbeier City	5709.19	3202.27	4458.14	5436.27	1012.92
兴 安 盟	Xingan League	3650.13	2375.01	3014.87	3029.71	753.17
通 辽 市	Tongliao City	5094.43	3318.00	4385.69	4627.31	1039.56
赤 峰 市	Chifeng City	4541.82	2817.14	3489.53	4131.73	890.83
锡林郭勒盟	Xilinguole League	6605.01	2889.90	5663.81	7341.60	1237.83
乌兰察布市	Wulanchabu City	4261.36	2869.28	3622.49	3524.48	891.04
鄂尔多斯市	Erdos City	8358.70	4600.50	6615.61	7608.52	1146.98
巴彦淖尔市	Bayannaoer City	8054.91	4265.45	6348.37	7504.83	1318.63
乌 海 市	Wuhai City	8709.23	4635.20	7101.15	8502.00	1488.78
阿拉善盟	Alashan League	9043.76	3897.05	8890.26	10234.72	1626.69

22-38 各盟市农牧民人均纯收入(2005年)

Per Capita Annual Net Income of Peasant and Herdsman Households by Region(2005)

单位：元 (yuan)

地 区	Region	农牧民人均可支配收入 Annual Per Capita Disposable Income	农牧民人均纯收入 Per Capita Net Income	农民 Peasant	牧民 Herdsman
呼和浩特市	Hohhot City	4409.25	4631.41	4631.41	
包 头 市	Baotou City	4562.08	4667.01	4617.95	5536.32
呼伦贝尔市	Hulunbeier City	2827.56	3202.27	3091.56	4441.74
兴 安 盟	Xingan League	2290.48	2375.01		
通 辽 市	Tongliao City	3115.40	3318.00		
赤 峰 市	Chifeng City	2647.18	2817.14	2834.00	2625.00
锡林郭勒盟	Xilinguole League	2660.28	2889.90	2111.50	3890.33
乌兰察布市	Wulanchabu City	2752.29	2869.28	2803.25	4741.16
鄂尔多斯市	Erdos City	4487.38	4600.50	4608.00	4588.00
巴彦淖尔市	Bayannaoer City	3883.56	4265.45	4319.99	3153.36
乌 海 市	Wuhai City	4342.89	4635.20	4635.20	
阿拉善盟	Alashan League	3189.68	3897.05		3897.05

22-39 各盟市农村基层组织情况(2005年)
Basic Conditions of Rural Grassroots Units by Region(2005)

地 区	Region	乡镇数(个) Number of Township & Town Govern-ments (unit)	#镇数 Town Gover-nments	村民委员会(个) Number of Villagers' Committees (unit)	乡村户数(万户) Number of Households (10 000 households)	乡村人口数(万人) Rural Population (10 000 persons)	乡村从业人员(万人) Number of Rural Employers (10 000 persons)	男 Male	女 Fe-male
呼和浩特市	Hohhot City	72	19	1008	29.15	109.84	56.84	33.05	23.79
包头市	Baotou City	59	18	670	18.39	67.88	37.14	21.12	16.01
呼伦贝尔市	Hulunbeier City	81	33	786	22.18	87.82	39.41	23.49	15.92
兴安盟	Xingan League	65	39	854	27.74	107.66	50.91	30.99	19.92
通辽市	Tongliao City	138	81	2428	57.13	224.69	103.56	58.23	45.32
赤峰市	Chifeng City	186	86	2193	91.07	350.26	178.21	99.68	78.52
锡林郭勒盟	Xilinguole League	107	20	828	12.65	47.88	26.58	14.56	12.02
乌兰察布市	Wulanchabu City	135	36	1374	43.62	160.69	93.92	52.58	41.34
鄂尔多斯市	Erdos City	41	32	956	20.30	67.23	42.09	22.86	19.23
巴彦淖尔市	Bayannaoer City	48	39	767	26.07	109.45	55.24	30.07	25.18
乌海市	Wuhai City	6	1	63	1.44	4.79	2.98	1.69	1.29
阿拉善盟	Alashan League	35	14	202	1.68	5.74	3.92	2.08	1.85

22-40 各盟市乡村年末从业人员(2005年)
Rural Employers Force by Sector at the Year-end by Region(2005)

单位：万人 (10 000 persons)

地 区	Region	农林牧渔业 Farming Forestry Animal Husbandry and Fishery	工业 Industry	建筑业 Construc-tion	交通运输业、仓储及邮电通信业 Transportation and Storage	批发零售贸易业餐饮业 Wholesale, Retail Sale - Catering Trades	其他非农行业 Other Non-agricultural Trades
呼和浩特市	Hohhot City	43.09	3.33	3.91	1.64	1.92	2.95
包头市	Baotou City	28.62	2.07	1.60	1.04	1.57	2.24
呼伦贝尔市	Hulunbeier City	35.42	0.49	0.54	0.28	1.37	1.31
兴安盟	Xingan League	45.66	0.97	1.09	0.21	1.08	1.90
通辽市	Tongliao City	83.12	3.34	5.71	1.08	3.28	7.03
赤峰市	Chifeng City	111.02	7.73	12.28	3.66	8.09	35.43
锡林郭勒盟	Xilinguole League	24.42	0.13	0.48	0.15	0.23	1.17
乌兰察布市	Wulanchabu City	72.52	2.70	3.95	1.23	1.87	11.65
鄂尔多斯市	Erdos City	31.32	2.61	1.63	2.20	1.71	2.59
巴彦淖尔市	Bayannaoer City	48.07	2.02	0.92	0.70	1.66	1.87
乌海市	Wuhai City	2.30	0.31	0.09	0.09	0.09	0.10
阿拉善盟	Alashan League	3.62	0.04	0.02	0.07	0.06	0.11

22-41 各盟市农、林、牧、渔业总产值(2005年)

Gross Output Value of Farming, Forestry, Animal Husbandry and Fishery by Region(2005)

单位:亿元 (100 million yuan)

地 区	Region	农林牧渔业总产值 Total	农 业 Farming	林 业 Forestry	牧 业 Animal Husbandry	渔 业 Fishery	农林牧渔服务业 Agricultural Services
呼和浩特市	Hohhot City	82.6	26.0	1.1	54.0	0.7	0.8
包 头 市	Baotou City	53.6	20.2	0.4	31.7	0.6	0.8
呼伦贝尔市	Hulunbeier City	142.2	76.1	15.4	46.2	2.3	2.2
兴 安 盟	Xingan League	66.3	36.4	3.0	25.6	0.4	1.0
通 辽 市	Tongliao City	145.2	86.4	3.3	53.3	0.5	1.7
赤 峰 市	Chifeng City	153.8	71.5	7.3	71.8	0.8	2.5
锡林郭勒盟	Xilinguole League	57.5	19.5	1.3	35.6	0.2	1.0
乌兰察布市	Wulanchabu City	94.9	35.4	3.0	54.5	0.2	1.8
鄂尔多斯市	Erdos City	67.9	31.7	2.6	31.8	0.5	1.2
巴彦淖尔市	Bayannaoer City	106.3	65.5	2.5	35.9	1.0	1.5
乌 海 市	Wuhai City	3.2	1.6		1.4		0.1
阿拉善盟	Alashan League	6.9	3.7	0.1	2.9		0.2

注:本表绝对数按当年价格计算。

a)Data in value terms in this table are calculated at current prices.

22-42 各盟市造林、耕地及农作物播种面积(2005年)

Afforested Area, Cultivated Area and Sown Area of Farm Crops by Region(2005)

单位：千公顷 (1 000 hectares)

地 区	Region	造林面积 Afforested Area	耕地面积 Cultivated Area	农作物总播种面积 Total Sown Area	# 粮食作物播种面积 Sown Area of Grain Crops	有效灌溉面积 Irrigated Area
呼和浩特市	Hohhot City	13.43	509.47	406.70	270.82	181.94
包 头 市	Baotou City	7.21	423.94	294.71	190.87	128.59
呼伦贝尔市	Hulunbeier City	0.07	1300.69	1416.73	1077.30	158.66
兴 安 盟	Xingan League	12.01	692.88	653.93	554.25	224.42
通 辽 市	Tongliao City	37.45	977.23	946.97	712.75	600.14
赤 峰 市	Chifeng City	85.43	996.22	991.83	760.47	398.72
锡林郭勒盟	Xilinguole League	42.87	189.40	203.87	80.10	21.08
乌兰察布市	Wulanchabu City	74.03	799.71	583.29	435.26	207.62
鄂尔多斯市	Erdos City	76.00	407.35	342.92	182.09	181.55
巴彦淖尔市	Bayannaoer City	18.83	589.46	505.27	262.85	589.38
乌 海 市	Wuhai City	0.07	6.60	7.05	4.43	10.09
阿拉善盟	Alashan League	12.88	29.03	27.67	14.27	

22-43 各盟市农业机械总动力和农村用电量及化肥施用量(2005年)

Total Power of Agricultural Machinery, Electricity Consumed in Rural Area and Consumption of Chemical Fertilizer by Region(2005)

地 区	Region	农业机械总动力(万千瓦) Total Power of Agricultural Machinery (10 000 kw)	农村用电量(万千瓦小时) Electricity Consumed in Rural Area (10 000 kwh)	农药使用量(吨) Consumption of Pesticide (ton)	化肥施用量(折纯量)(吨) Consumption of Chemical Fertilizer (ton)
呼和浩特市	Hohhot City	151.67	24280.19	305	83244
包头市	Baotou City	133.24	24749.91	706	58018
呼伦贝尔市	Hulunbeier City	218.74	15445.50	4679	134206
兴安盟	Xingan League	153.12	10456.00	981	104401
通辽市	Tongliao City	277.26	44569.00	3102	259739
赤峰市	Chifeng City	270.10	79984.62	1000	174542
锡林郭勒盟	Xilinguole League	83.30	3184.86	396	9399
乌兰察布市	Wulanchabu City	140.16	17328.84	553	53303
鄂尔多斯市	Erdos City	193.92	30397.00	1812	67235
巴彦淖尔市	Bayannaoer City	264.09	32244.06	962	207707
乌海市	Wuhai City	18.99	2948.00	103	6461
阿拉善盟	Alashan League	17.38	7465.00	187	8929

22-44 各盟市主要农产品产量(2005年)

Yield of Major Farm Crops by Region(2005)

单位：万吨 (10 000 tons)

地 区	Region	粮食 Grain	谷物 Cereal	#小麦 Wheat	#玉米 Corn	豆类 Beans	薯类 Tubers	油料 Oil-bearing Crops
呼和浩特市	Hohhot City	114.83	92.86	4.80	84.14	1.40	20.57	6.06
包头市	Baotou City	84.78	77.12	10.69	66.22	0.22	7.44	3.06
呼伦贝尔市	Hulunbeier City	278.25	145.42	52.11	77.26	105.62	27.21	28.94
兴安盟	Xingan League	210.09	175.52	7.22	136.67	25.92	8.64	7.03
通辽市	Tongliao City	411.97	391.02	6.63	347.02	17.96	2.99	10.32
赤峰市	Chifeng City	335.20	296.85	7.74	199.42	17.09	21.26	11.65
锡林郭勒盟	Xilinguole League	17.38	9.52	4.69	3.54	0.15	7.71	1.40
乌兰察布市	Wulanchabu City	88.67	39.06	1.23	35.57	2.51	47.10	2.73
鄂尔多斯市	Erdos City	117.50	106.00	3.58	99.05	0.88	10.62	7.89
巴彦淖尔市	Bayannaoer City	184.77	182.17	84.08	98.03	0.29	2.31	40.97
乌海市	Wuhai City	3.17	3.08	0.49	2.55		0.08	0.18
阿拉善盟	Alashan League	10.49	10.40	2.16	7.57	0.02	0.07	1.94

22-45 各盟市大牲畜年中数(2005年)

Number of Large Animals at the Middle of Year by Region(2005)

单位：万头 (10 000 heads)

地区	Region	大牲畜 Large Animals	牛 Cattle and Buffalos	马 Horses	驴 Donkeys	骡 Mules	骆驼 Camels
呼和浩特市	Hohhot City	74.15	65.54	0.91	3.27	4.28	0.15
包头市	Baotou City	46.63	41.78	0.36	2.41	1.59	0.49
呼伦贝尔市	Hulunbeier City	137.25	121.19	14.64	0.87	0.37	0.18
兴安盟	Xingan League	58.35	45.50	6.13	5.75	0.96	
通辽市	Tongliao City	194.69	145.47	25.07	16.52	7.62	
赤峰市	Chifeng City	200.40	127.33	14.53	44.54	13.95	0.05
锡林郭勒盟	Xilinguole League	91.11	81.35	8.58	0.44	0.10	0.64
乌兰察布市	Wulanchabu City	59.13	49.27	2.23	2.90	4.17	0.57
鄂尔多斯市	Erdos City	38.28	29.73	0.95	3.75	3.78	0.08
巴彦淖尔市	Bayannaoer City	24.40	13.33	0.98	3.35	5.88	0.86
乌海市	Wuhai City	0.57	0.31		0.09	0.16	
阿拉善盟	Alashan League	9.21	1.06	0.10	0.40	0.11	7.55

22-46 各盟市大牲畜年末数(2005年)

Number of Large Animals at the Year-end by Region(2005)

单位：万头 (10 000 heads)

地区	Region	大牲畜 Large Animals	牛 Cattle and Buffalos	马 Horses	驴 Donkeys	骡 Mules	骆驼 Camels
呼和浩特市	Hohhot City	75.36	68.67	0.59	2.55	3.40	0.14
包头市	Baotou City	49.85	46.92	0.27	1.36	1.01	0.28
呼伦贝尔市	Hulunbeier City	105.94	93.24	11.49	0.74	0.30	0.17
兴安盟	Xingan League	50.67	37.10	6.82	5.52	1.22	
通辽市	Tongliao City	165.29	115.28	24.53	18.01	7.46	
赤峰市	Chifeng City	162.18	82.83	14.88	48.79	15.66	0.03
锡林郭勒盟	Xilinguole League	61.05	54.41	5.62	0.41	0.08	0.53
乌兰察布市	Wulanchabu City	45.21	36.71	1.58	2.26	4.47	0.19
鄂尔多斯市	Erdos City	32.09	24.62	0.79	3.30	3.31	0.07
巴彦淖尔市	Bayannaoer City	27.18	15.41	1.23	3.44	6.37	0.73
乌海市	Wuhai City	0.71	0.35		0.12	0.23	
阿拉善盟	Alashan League	7.71	0.82	0.08	0.33	0.08	6.40

22-47 各盟市羊和猪年中数(2005年)

Number of Sheep, Goats and Hogs at the Middle of Year by Region(2005)

单位：万只(头) (10 000 heads)

地区	Region	羊 Sheep and Goats	绵羊 Sheep	山羊 Goats	生猪 Hogs
呼和浩特市	Hohhot City	195.82	163.75	32.07	60.46
包头市	Baotou City	275.04	175.54	99.5	37.81
呼伦贝尔市	Hulunbeier City	1252.74	1048.25	204.49	204.49
兴安盟	Xingan League	689.74	482.53	207.21	72.68
通辽市	Tongliao City	623.65	295.36	328.3	311.56
赤峰市	Chifeng City	1105.57	682.49	423.09	148.18
锡林郭勒盟	Xilinguole League	1486.15	1140.65	345.5	5.99
乌兰察布市	Wulanchabu City	717.06	643.33	73.73	80.09
鄂尔多斯市	Erdos City	1261.26	582.71	678.54	83.64
巴彦淖尔市	Bayannaoer City	896.16	629.23	266.93	69.77
乌海市	Wuhai City	10.79	6.75	4.04	4.58
阿拉善盟	Alashan League	199.04	53.73	145.3	0.93

22-48 各盟市羊和猪年末数(2005年)

Number of Sheep, Goats and Hogs at the Year-end by Region(2005)

单位：万只(头) (10 000 heads)

地区	Region	羊 Sheep and Goats	绵羊 Sheep	山羊 Goats	生猪 Hogs	肉猪出栏头数 Slaughtered Fattened Hogs
呼和浩特市	Hohhot City	93.14	82.61	10.53	30.65	49.15
包头市	Baotou City	128.51	86.96	41.55	24.35	23.11
呼伦贝尔市	Hulunbeier City	778.22	638.92	139.31	63.37	6.32
兴安盟	Xingan League	467.48	310.79	156.68	57.46	121.48
通辽市	Tongliao City	478.81	249.01	229.79	230.51	149.04
赤峰市	Chifeng City	628.57	377.13	251.43	123.62	50.06
锡林郭勒盟	Xilinguole League	765.61	591.47	174.15	4.06	64.47
乌兰察布市	Wulanchabu City	479.45	448.37	31.08	40.00	42.98
鄂尔多斯市	Erdos City	711.70	321.49	390.21	50.93	4.22
巴彦淖尔市	Bayannaoer City	758.29	566.65	191.64	70.51	125.42
乌海市	Wuhai City	9.49	5.35	4.14	4.16	41.85
阿拉善盟	Alashan League	120.73	30.22	90.51	0.68	0.82

22-49 各盟市主要畜产品产量(2005年)
Output of Major Livestock Products by Region(2005)

地区	Region	肉类产量(吨) Output of Meat (ton)	#猪牛羊肉 Output of Pork, Beef and Mutton	猪肉 Pork	牛肉 Beef	羊肉 Mutton	奶类(吨) Milk (ton)	#牛奶 Cow Milk
呼和浩特市	Hohhot City	110895	103491	70295	15088	18108	2278051	2277884
包头市	Baotou City	87246	79661	37147	10999	31515	1046768	1046448
呼伦贝尔市	Hulunbeier City	219136	189315	67503	46338	75474	958938	958345
兴安盟	Xingan League	144562	123531	55732	20274	47525	344665	344546
通辽市	Tongliao City	404687	317755	189305	94415	34035	379019	375634
赤峰市	Chifeng City	460462	294531	160120	71604	62807	287720	287720
锡林郭勒盟	Xilinguole League	189643	185362	5912	39363	140087	254294	254086
乌兰察布市	Wulanchabu City	286913	271415	131228	22197	117990	756629	754159
鄂尔多斯市	Erdos City	161788	158250	81517	10234	66499	309023	260139
巴彦淖尔市	Bayannaoer City	209259	195136	72074	5225	117837	338634	338634
乌海市	Wuhai City	10615	9932	8275	172	1485	9463	9350
阿拉善盟	Alashan League	13932	12335	1109	152	11074	5797	3889

22-49 续表 continued

地区	Region	绵羊毛(吨) Sheep Wool (ton)	山羊毛(吨) Goat Wool (ton)	羊绒(吨) Cashmere (ton)	牛皮(万张) Cattle hide (10 000 pieces)	羊皮(万张) Sheep skin (10 000 pieces)	禽蛋(吨) Poultry Eggs (ton)
呼和浩特市	Hohhot City	2412	118	42	10.23	113.27	33517
包头市	Baotou City	2528	98	147	7.62	243.75	24009
呼伦贝尔市	Hulunbeier City	14883	221	241	33.16	484.49	29963
兴安盟	Xingan League	12874	1410	706	12.52	307.26	16463
通辽市	Tongliao City	6681	2266	651	44.85	219.58	40406
赤峰市	Chifeng City	16162	1224	1471	53.97	468.79	276645
锡林郭勒盟	Xilinguole League	12505	118	739	29.95	800.25	3888
乌兰察布市	Wulanchabu City	9494	47	96	15.88	725.43	18361
鄂尔多斯市	Erdos City	9119	1562	1723	8.06	534.83	9405
巴彦淖尔市	Bayannaoer City	7686	90	505	3.34	748.00	7126
乌海市	Wuhai City	98	48	9	0.09	11.61	1680
阿拉善盟	Alashan League	460	356	316	0.41	72.64	317

22-50 各盟市工业总产值和指数(2005年)

Gross Industrial Output Value and Related Indices by Region(2005)

地 区	Region	工业总产值 (亿元) Total Industry (100 million yuan)	# 国有及国有控股企业 State-owned or Controlling Share Hold Industry	工业总产值指数 (上年=100) Indices of Gross Industrial output Value (preceding year=100)
呼和浩特市	Hohhot City	604.71	240.47	130.4
包 头 市	Baotou City	1059.95	678.56	139.3
呼伦贝尔市	Hulunbeier City	158.98	83.28	135.4
兴 安 盟	Xingan League	79.49	22.28	130.1
通 辽 市	Tongliao City	237.10	63.51	142.7
赤 峰 市	Chifeng City	301.16	88.36	139.6
锡林郭勒盟	Xilinguole League	113.98	47.03	157.3
乌兰察布市	Wulanchabu City	201.33	41.44	138.5
鄂尔多斯市	Erdos City	546.05	194.84	146.3
巴彦淖尔市	Bayannaoer City	191.30	27.56	168.6
乌 海 市	Wuhai City	150.64	65.72	137.5
阿拉善盟	Alashan League	66.75	28.11	128.2

注:本表绝对值按当年价格计算,指数按现价计算。

a)Data in this table are calculated at current prices, The indices are calculated at current prices.

22-51 各盟市全部国有及规模以上非国有工业企业单位数和工业总产值(2005年)

Number of All State owned and Non-state owned above Designated Size Industrial Enterprises and Their Gross Output Value by Region(2005)

单位：个、万元　　(unit)(10 000 yuan)

地 区	Region	全部国有及规模以上非国有企业 All States-owned and Non state-owned Enterprises above Designated Size		# 国有及国有控股企业 State-owned Enterprises	
		企业单位数 Number of Enterprises	总 产值 (当年价格) Gross Output Value (At Current Prices)	企业单位数 Number of Enterprises	总产值(当年价格) Gross Output Value (At Current Prices)
呼和浩特市	Hohhot City	247	4831642	70	2404703
包 头 市	Baotou City	343	8670244	69	6785611
呼伦贝尔市	Hulunbeier City	170	1327708	70	832831
兴 安 盟	Xingan League	85	611534	17	222806
通 辽 市	Tongliao City	180	1901949	28	635055
赤 峰 市	Chifeng City	242	2189640	72	883645
锡林郭勒盟	Xilinguole League	215	957869	63	470285
乌兰察布市	Wulanchabu City	237	1480351	34	414378
鄂尔多斯市	Erdos City	331	4492725	46	1948434
巴彦淖尔市	Bayannaoer City	176	1557385	27	275616
乌 海 市	Wuhai City	147	1336436	16	657179
阿拉善盟	Alashan League	71	592483	12	281101

22-51 续表 1 continued

单位：个、万元 (unit)(10 000 yuan)

地 区	Region	# 集体企业 Collective-owned Enterprises		# 股份有限公司 Share Holding Enterprises	
		企业单位数 Number of Enterprises	总产值(当年价格) Gross Output Value (At Current Prices)	企业单位数 Number of Enterprises	总产值(当年价格) Gross Output Value (At Current Prices)
呼和浩特市	Hohhot City	4	2941	13	1125799
包头市	Baotou City	30	103299	31	2554676
呼伦贝尔市	Hulunbeier City	2	3338	6	47705
兴安盟	Xingan League	6	14139	4	19254
通辽市	Tongliao City	8	28750	14	395369
赤峰市	Chifeng City	21	54862	18	425576
锡林郭勒盟	Xilinguole League	4	10341	19	337018
乌兰察布市	Wulanchabu City	1	5719	8	87993
鄂尔多斯市	Erdos City	9	29152	21	647132
巴彦淖尔市	Bayannaoer City	3	12739	6	169794
乌海市	Wuhai City			6	211634
阿拉善盟	Alashan League	2	563	8	213159

22-51 续表 2 continued

单位：个、万元 (unit)(10 000 yuan)

地 区	Region	# 外商投资企业 Foreign Funded Enterprises		# 港澳台商投资企业 Enterprises Funded by Entrepreneurs from Hong Kong, Macao & Taiwan	
		企业单位数 Number of Enterprises	总产值(当年价格) Gross Output Value (At Current Prices)	企业单位数 Number of Enterprises	总产值(当年价格) Gross Output Value (At Current Prices)
呼和浩特市	Hohhot City	15	900931	20	791022
包头市	Baotou City	18	216083	6	33315
呼伦贝尔市	Hulunbeier City	7	69582	2	31038
兴安盟	Xingan League	3	10167	1	2491
通辽市	Tongliao City	8	407427	1	429
赤峰市	Chifeng City	3	75188	5	37778
锡林郭勒盟	Xilinguole League	2	2221		
乌兰察布市	Wulanchabu City	3	19756	2	6904
鄂尔多斯市	Erdos City	16	463505	5	42236
巴彦淖尔市	Bayannaoer City	5	111342	3	43010
乌海市	Wuhai City	1	9104	2	4980
阿拉善盟	Alashan League	2	26110	1	

22-51 续表 3 continued

单位：个、万元 (unit)(10 000 yuan)

地区	Region	轻工业 Enterprises of Light Industry		重工业 Enterprises of Heavy Industry	
		企业单位数 Number of Enterprises	总产值(当年价格) Gross Output Value (At Current Prices)	企业单位数 Number of Enterprises	总产值(当年价格) Gross Output Value (At Current Prices)
呼和浩特市	Hohhot City	120	2732003	127	2099638
包头市	Baotou City	59	692122	284	7978122
呼伦贝尔市	Hulunbeier City	78	409566	92	918142
兴安盟	Xingan League	40	306351	45	305183
通辽市	Tongliao City	80	907848	100	994100
赤峰市	Chifeng City	81	741063	161	1448577
锡林郭勒盟	Xilinguole League	130	265921	85	691948
乌兰察布市	Wulanchabu City	72	295291	165	1185059
鄂尔多斯市	Erdos City	77	758345	254	3734380
巴彦淖尔市	Bayannaoer City	85	814428	91	742957
乌海市	Wuhai City	10	8933	137	1327503
阿拉善盟	Alashan League	9	29850	62	562634

22-51 续表 4 continued

单位：个、万元 (unit) (10 000 yuan)

地区	Region	大型企业 Large Enterprises		中型企业 Medium-sized Enterprises		小型企业 Small Enterprises	
		企业单位数 Number of Enterprises	总产值(当年价格) Gross Output Value (At Current Prices)	企业单位数 Number of Enterprises	总产值(当年价格) Gross Output Value (At Current Prices)	企业单位数 Number of Enterprises	总产值(当年价格) Gross Output Value (At Current Prices)
呼和浩特市	Hohhot City	3	1745344	35	1963699	209	1122599
包头市	Baotou City	14	6177628	59	1567370	270	925245
呼伦贝尔市	Hulunbeier City	3	145231	25	595518	142	586959
兴安盟	Xingan League	1	107948	5	129507	79	374079
通辽市	Tongliao City	3	468599	26	717003	151	716347
赤峰市	Chifeng City	6	755084	49	903861	187	530695
锡林郭勒盟	Xilinguole League	2	269517	8	106806	205	581545
乌兰察布市	Wulanchabu City	1	180377	20	450228	216	849746
鄂尔多斯市	Erdos City	7	1221675	36	1374425	288	1896625
巴彦淖尔市	Bayannaoer City	2	99719	23	547664	151	910003
乌海市	Wuhai City	2	276922	18	322041	127	737473
阿拉善盟	Alashan League	2	163120	15	234721	54	194642

22-52 各盟市全部国有及规模以上非国有工业企业主要指标(2005年)

Main Indicators of All State-owned and Non-state-owned above Designed Size Industrial Enterprises by Region(2005)

单位：万元 (10 000 yuan)

地 区	Region	工业增加值 Value Added of Industry	资产合计 Total Assets	负债合计 Total Liabilities	主营业务收入 Revenue of main business	利润总额 Total Profits
呼和浩特市	Hohhot City	1709660	12759898	8726091	6864798	423875
包头市	Baotou City	3337272	9993440	5711264	8499358	238022
呼伦贝尔市	Hulunbeier City	628551	2746907	1834580	1124161	136299
兴安盟	Xingan League	220818	493061	339164	520913	18320
通辽市	Tongliao City	766854	2028296	1314918	1769599	253723
赤峰市	Chifeng City	765724	3327623	1860895	2145495	132314
锡林郭勒盟	Xilinguole League	558826	977904	479988	871182	44893
乌兰察布市	Wulanchabu City	519362	1749573	1274200	1483493	159126
鄂尔多斯市	Erdos City	2311737	7164369	4037384	4399776	734264
巴彦淖尔市	Bayannaoer City	581496	1381328	855174	1333248	115573
乌海市	Wuhai City	685160	2275030	1482810	1009418	48218
阿拉善盟	Alashan League	315556	1059193	680888	483738	46307

22-53 各盟市主要工业产品产量(2005年)

Output of Major Industrial Products by Region(2005)

地 区	Region	白酒 (千升) Liquor (1000 litres)	糖 (吨) Sugar (ton)	液体乳 (万吨) Milk (10000 tons)	卷烟 (万支) Cigarettes (10 000 pcs)	布 (万米) Cloth (10 000 m)	毛线(吨) Knitting Wool (ton)	呢绒(万米) Woolen Piece Goods (10 000 m)
呼和浩特市	Hohhot City	6050.4		198.43	1300000	6027	6.31	
包头市	Baotou City	9192.43	33605	42.44		2230.43		8.63
呼伦贝尔市	Hulunbeier City	17681.01	15576	0.44				
兴安盟	Xingan League	35298.72	15966	13.18	424999			
通辽市	Tongliao City	52102	22695	18.87			95.40	75.93
赤峰市	Chifeng City	10065.36	41864	4.23		80		489.96
锡林郭勒盟	Xilinguole League	9240						
乌兰察布市	Wulanchabu City	26212	11000	0.02				
鄂尔多斯市	Erdos City	18178.7		0.2				37.24
巴彦淖尔市	Bayannaoer City	22066	6842	15.69				
乌海市	Wuhai City	1547						
阿拉善盟	Alashan League	743						

22-53 续表 1 continued

地 区	Region	原 盐 (万吨) Salt (10 000 tons)	机制纸及纸板(吨) Machine-made Paper and Paperboards (ton)	原 油 (吨) Crude Oil (ton)	原 煤 (万吨) Coal (10 000 tons)	发电量 (亿千瓦小时) Electricity (100 million kwh)	焦 炭 (万吨) Coke (10 000 tons)
呼和浩特市	Hohhot City		49816		103.06	203.07	26.27
包 头 市	Baotou City				497.47	146.65	316.02
呼伦贝尔市	Hulunbeier City		41146	416034	2605.76	83.32	
兴 安 盟	Xingan League		15519		158.18	1.98	
通 辽 市	Tongliao City			41336	2480.37	66.50	
赤 峰 市	Chifeng City		7250	111908	1648.63	104.42	1.95
锡林郭勒盟	Xilinguole League	10.69	27755	845460	693.82	8.07	
乌兰察布市	Wulanchabu City		14389			99.15	
鄂尔多斯市	Erdos City	9.25	8491		15252.72	232.60	297.47
巴彦淖尔市	Bayannaoer City		93056	54494	24.05	17.70	0.55
乌 海 市	Wuhai City				1416.64	93.13	347.15
阿拉善盟	Alashan League	195.9			726.99		44.79

22-53 续表 2 continued

地 区	Region	钢 (万吨) Steel (10 000 tons)	生 铁 (万吨) Pig Iron (10 000 tons)	成品钢材 (万吨) Steel Products (10 000 tons)	水 泥 (万吨) Cement (10 000 tons)	化 肥(万吨) Chemical Fertilizer (10 000 tons)
呼和浩特市	Hohhot City		11.55		131.65	25.69
包 头 市	Baotou City	740.69	795.20	700.01	180.06	3.23
呼伦贝尔市	Hulunbeier City	0.04	1.21	0.39	117.02	0.05
兴 安 盟	Xingan League	39.09	34.14	36.97	65.7	
通 辽 市	Tongliao City			10.40	82.42	1.89
赤 峰 市	Chifeng City	15.17			219.52	8.73
锡林郭勒盟	Xilinguole League				43.46	
乌兰察布市	Wulanchabu City				221.64	2.02
鄂尔多斯市	Erdos City		30.88		365.68	1.97
巴彦淖尔市	Bayannaoer City		6.64		43.12	22
乌 海 市	Wuhai City	10.50	31.22		138.51	
阿拉善盟	Alashan League		11.84		23.49	

22-54 各盟市建筑业企业情况(2005年)

Main Indicators on Construction Enterprises by Region(2005)

地区	Region	企业单位数(个) Number of Enterprises (unit)	# 国有 State-owned	# 集体 Collective owned	从业人员(人) Number of Persons Employed (person)	# 国有 State-owned	# 集体 Collective owned	建筑业总产值(万元) Gross Output Value (10 000 yuan)	# 国有 State-owned	# 集体 Collective owned
呼和浩特市	Hohhot City	159	5	3	59115	7687	357	1070322	203242	2393
包头市	Baotou City	94	3	1	52455	1925	273	739199	35165	5733
呼伦贝尔市	Hulunbeier City	62			16220			246386		
兴安盟	Xingan League	20	1		4953	44		43603	338	
通辽市	Tongliao City	37	1		14043	2680		152700	27928	
赤峰市	Chifeng City	94			51375			310247		
锡林郭勒盟	Xilinguole League	23	1		4729	89		67460	651	
乌兰察布市	Wulanchabu City	37			8341			105064		
鄂尔多斯市	Erdos City	68	2		29000	573		684870	5334	
巴彦淖尔市	Bayannaoer City	53	3	1	9637	776	10	189787	7395	1680
乌海市	Wuhai City	35			11798			176557		
阿拉善盟	Alashan League	9			2051			26851		

22-55 各盟市房屋建筑面积(2005年)

Floor Space of Building by Region(2005)

单位：万平方米 (10 000 sq.m)

地区	Region	房屋建筑面积 Floor Space of Building Construction			国有 State-owned		集体 Collective-owned	
		施工面积 Floor Space Under Construction	竣工面积 Floor Space Completed	# 住宅 Residential Buildings	施工面积 Floor Space Under Construction	竣工面积 Floor Space Completed	施工面积 Floor Space Under Construction	竣工面积 Floor Space Completed
呼和浩特市	Hohhot City	830.1	293.2	188.4	5.4			
包头市	Baotou City	500.0	254.0	141.6	7.0	7.0		
呼伦贝尔市	Hulunbeier City	133.1	111.3	73.3				
兴安盟	Xingan League	70.7	36.6	20.7				
通辽市	Tongliao City	114.8	80.7	59.3				
赤峰市	Chifeng City	392.4	259.3	166.7				
锡林郭勒盟	Xilinguole League	60.9	48.8	22.3				
乌兰察布市	Wulanchabu City	179.0	78.2	48.2				
鄂尔多斯市	Erdos City	341.0	215.7	105.2				
巴彦淖尔市	Bayannaoer City	171.4	138.0	110.4			2.9	2.9
乌海市	Wuhai City	138.9	86.0	48.7				
阿拉善盟	Alashan League	21.1	16.4	9.0				

22-56 各盟市城镇自来水情况(2005年)

Basic Statistics on Tap Water Supply in Towns and Cities by Region(2005)

地区	Region	年末供水管道长度(公里) Length of Water Supply Pipelines (year-end)(km)	全年供水总量(万吨) Total Annual Volume of Water Supply (10 000 tons)	# 生产运营用水 For Productive Use	# 生活用水 For Residential Use	用水人口(万人) Number of Residents with Access to Tap water (10 000 persons)
总　计	**Total**	**5864.44**	**61081**	**31307**	**15318**	**537.68**
呼和浩特市	Hohhot City	558.00	12203	4540	2762	105.00
包 头 市	Baotou City	1739.00	20862	11840	4847	130.65
呼伦贝尔市	Hulunbeier City	595.50	4395	1821	1822	52.04
兴 安 盟	Xingan League	110.09	864	441	352	19.52
通 辽 市	Tongliao City	719.30	3534	1914	921	41.95
赤 峰 市	Chifeng City	455.00	4219	1760	1152	45.12
锡林郭勒盟	Xilinguole League	393.55	985	128	409	17.06
乌兰察布市	Wulanchabu City	298.00	3392	2489	682	35.40
鄂尔多斯市	Erdos City	290.00	1292	328	636	23.00
巴彦淖尔市	Bayannaoer City	134.00	609	91	366	25.30
乌 海 市	Wuhai City	572.00	8726	5955	1369	42.64
阿拉善盟	Alashan League					

22-57 各盟市城镇煤气、液化石油气、天然气(2005年)

Basic Statistics on Supply of Gas, Liquefied Petroleum Gas and Natural Gas in Towns and Cities by Region(2005)

地区	Region	煤气供气量(万立方米) Coal Gas Supply (10 000 cu.m)	# 家庭用量 For Residential Use	天然气供气量(万立方米) Natural Gas Supply (10 000 cu.m)	# 家庭用量 For Residential Use	液化石油气供气量(万立方米) Liquefied Petroleum Gas Supply (10 000 cu.m)	# 家庭用量 For Residential Use
总计	**Total**	**6887**	**5319**	**9444**	**1441**	**138348**	**127304**
呼和浩特市	Hohhot City	2347	1213	4396	989	78900	72233
包 头 市	Baotou City	4006	3866	4564	97	6060	4380
呼伦贝尔市	Hulunbeier City					10858	10209
兴 安 盟	Xingan League					3197	3026
通 辽 市	Tongliao City			204	103	3660	3500
赤 峰 市	Chifeng City					25753	25731
锡林郭勒盟	Xilinguole League					1900	1510
乌兰察布市	Wulanchabu City					2820	2169
鄂尔多斯市	Erdos City			280	252	2600	2400
巴彦淖尔市	Bayannaoer City					600	550
乌 海 市	Wuhai City	534	240			2000	1596
阿拉善盟	Alashan League						

22-58 各盟市城镇市政工程(2005年)

Basic Statistics on Municipal Engineering in Towns and Cities by Region(2005)

地区	Region	污水排放量(万吨) Volume of Waste Water Discharged (10 000 tons)	城市污水日处理能力(万吨) Daily Disposal Capacity of Sewage (10 000 tons)	排水管道长度(公里) Length of Sewer Pipelines (km)	生活垃圾清运量(万吨) Volume of Garbage Disposal (10 000 tons)	生活垃圾无害化处理量(万吨) Volume of Garbage Treated (10 000 tons)
总 计	**Total**	**38641.00**	**94.40**	**4505.45**	**329**	**140.40**
呼和浩特市	Hohhot City	8030.00	10.00	733.04	41	34.50
包头市	Baotou City	11213.00	16.50	1097.37	71	68.90
呼伦贝尔市	Hulunbeier City	2925.00	9.00	279.66	47	
兴安盟	Xingan League	520.00	2.60	127.16	20	12.00
通辽市	Tongliao City	2125.00	15.00	639.00	29	
赤峰市	Chifeng City	3162.00	15.00	282.06	28	18.00
锡林郭勒盟	Xilinguole League	667.00	4.00	213.75	10	7.00
乌兰察布市	Wulanchabu City	2419.00	8.30	270.61	25	
鄂尔多斯市	Erdos City	820.00	4.00	317.10	15	
巴彦淖尔市	Bayannaoer City	440.00	6.00	342.00	18	
乌海市	Wuhai City	6320.00	4.00	203.70	25	
阿拉善盟	Alashan League					

22-59 各盟市年末公路运输线路长度和运量(2005年)

Length of Highways for Transportation Routes and Traffic by Region(End of 2005)

地区	Region	公路里程(公里) Total Length of Highways (km)	等级路 Expressway & Class I to IV Highway	等外路 Highway Below Class IV	客运量(万人) Passenger Traffic (10 000 persons)	旅客周转量(万人公里) Passenger-Kilometers (10 000 passenger-km)	货运量(万吨) Freight Traffic (10 000 tons)	货物周转量(万吨公里) Freight Ton-Kilometers (10 000 ton-km)
呼和浩特市	Hohhot City	3749	3392	357	3764	415128	6137	741851
包头市	Baotou City	4379	4015	364	11866	516769	15118	1383988
呼伦贝尔市	Hulunbeier City	10452	10130	322	3065	163617	4593	312060
兴安盟	Xingan League	4820	4487	333	572	67707	1540	329394
通辽市	Tongliao City	9134	8366	768	2295	138615	3939	225533
赤峰市	Chifeng City	11127	10861	266	2687	147020	7433	443678
锡林郭勒盟	Xilinguole League	8005	5860	2145	985	159888	1760	286597
乌兰察布市	Wulanchabu City	7329	6034	1295	1428	143436	3402	227939
鄂尔多斯市	Erdos City	9554	8674	880	2001	148935	15800	1203277
巴彦淖尔市	Bayannaoer City	5680	4628	1052	2316	198092	2620	437114
乌海市	Wuhai City	581	530	51	440	38234	2667	198189
阿拉善盟	Alashan League	4219	3903	316	400	40006	978	118964

22-60 各盟市邮政业务基本情况(2005年)

Basic Conditions of Post Services by Region(2005)

地 区	Region	邮政业务总量 (万元) Business Volume of Post and Telecommunications (10 000 yuan)	函 件 (万件) Number of Letters (10 000 Pcs)	报刊期发数 (万份) Newspapers and Magazines Circulation (10 000 copies)	邮政局所总数 (处) Number of Post and Telecommunications Offices (unit)
呼和浩特市	Hohhot City	16345	658	35	134
包头市	Baotou City	11890	433	27	119
呼伦贝尔市	Hulunbeier City	12028	402	20	222
兴安盟	Xingan League	3838	154	60	96
通辽市	Tongliao City	6436	292	12	153
赤峰市	Chifeng City	10384	488	34	289
锡林郭勒盟	Xilinguole League	2940	203	8	159
乌兰察布市	Wulanchabu City	5629	165	8	173
鄂尔多斯市	Erdos City	5191	162	23	159
巴彦淖尔市	Bayannaoer City	4495	95	11	161
乌海市	Wuhai City	3521	52	4	34
阿拉善盟	Alashan League	1352	41	5	44

22-61 各盟市社会消费品零售总额(2005年, 按销售单位所在地分)

Total Retail Sale of Consumer Goods by Location of Retailers by Region(2005)

单位：万元 (10 000 yuan)

地 区	Region	社会消费品零售总额 Total Retail Sales of Consumer Goods	市 City	县 County	县以下 Under County Level
呼和浩特市	Hohhot City	3048979	2714364	213547	121068
包头市	Baotou City	2900778	2679846	149651	71281
呼伦贝尔市	Hulunbeier City	1081205	759869	216287	105049
兴安盟	Xingan League	489610	273342	132525	83743
通辽市	Tongliao City	911368	427266	240920	243182
赤峰市	Chifeng City	1372398	703757	368102	300539
锡林郭勒盟	Xilinguole League	494625	194387	213382	86856
乌兰察布市	Wulanchabu City	664613	161500	318948	184165
鄂尔多斯市	Erdos City	1516876	633318	578294	305264
巴彦淖尔市	Bayannaoer City	524347	155471	237476	131400
乌海市	Wuhai City	289725	289725		
阿拉善盟	Alashan League	146516		116503	30013

22-62 各盟市社会消费品零售总额(2005年, 按行业分)

Total Retail Sale of Consumer Goods by Sector by Region(2005)

单位：万元　　(10 000 yuan)

地区	Region	批发零售贸易业 Whole-sale and Retail Sale Trade	餐饮业 Catering Trade	其他行业 Others
呼和浩特市	Hohhot City	2309153	701938	37888
包头市	Baotou City	2333188	520213	47377
呼伦贝尔市	Hulunbeier City	848554	163550	69101
兴安盟	Xingan League	396446	62638	30526
通辽市	Tongliao City	752126	126357	32885
赤峰市	Chifeng City	1155969	155923	60506
锡林郭勒盟	Xilinguole League	402637	70454	21534
乌兰察布市	Wulanchabu City	546072	94503	24038
鄂尔多斯市	Erdos City	1176274	300805	39797
巴彦淖尔市	Bayannaoer City	402745	70393	51209
乌海市	Wuhai City	243767	44372	1586
阿拉善盟	Alashan League	107289	30094	9133

22-63 各盟市限额以上批发零售贸易、餐饮业法人企业(2005年)

Number of Corporation Units above Designated Size in Wholesale and Retail Sale, Catering Trades (2005)

单位：个　　(unit)

地区	Region	合计 Total	批发业 Wholesale Trade	零售业 Retail Trade	餐饮业 Catering Trade
呼和浩特市	Hohhot City	255	72	85	98
包头市	Baotou City	187	50	85	52
呼伦贝尔市	Hulunbeier City	65	35	24	6
兴安盟	Xingan League	36	19	15	2
通辽市	Tongliao City	51	31	16	4
赤峰市	Chifeng City	26	17	9	
锡林郭勒盟	Xilinguole League	33	28	4	1
乌兰察布市	Wulanchabu City	13	3	7	3
鄂尔多斯市	Erdos City	95	30	36	29
巴彦淖尔市	Bayannaoer City	36	13	17	6
乌海市	Wuhai City	24	7	16	1
阿拉善盟	Alashan League	14	3	4	7

22-64 各盟市限额以上批发零售贸易、餐饮业产业活动单位(2005年)

Number of Active Units above Designated Size in Wholesale and Retail Sale, Catering Trades (2005)

单位：个　　(unit)

地 区	Region	合 计 Total	批 发 业 Wholesale Trade	零 售 业 Retail Trade	餐 饮 业 Catering Trade
呼和浩特市	Hohhot City	414	200	103	111
包 头 市	Baotou City	286	81	125	80
呼伦贝尔市	Hulunbeier City	320	183	129	8
兴 安 盟	Xingan League	46	29	15	2
通 辽 市	Tongliao City	174	52	118	4
赤 峰 市	Chifeng City	27	17	10	
锡林郭勒盟	Xilinguole League	156	28	127	1
乌兰察布市	Wulanchabu City	33	23	7	3
鄂尔多斯市	Erdos City	153	54	70	29
巴彦淖尔市	Bayannaoer City	110	79	24	7
乌 海 市	Wuhai City	70	7	62	1
阿拉善盟	Alashan League	36	4	25	7

22-65 各盟市限额以上批发零售贸易、餐饮业从业人员(2005年)

Number of Persons Engaged in Enterprises above Designated Size in Wholesale and Retail Sale, Catering Trades (2005)

单位：人　　(person)

地 区	Region	合 计 Total	批 发 业 Wholesale Trade	零 售 业 Retail Trade	餐 饮 业 Catering Trade
呼和浩特市	Hohhot City	24148	5667	10308	8173
包 头 市	Baotou City	23449	4901	13235	5313
呼伦贝尔市	Hulunbeier City	6262	2810	2739	713
兴 安 盟	Xingan League	3162	2683	333	146
通 辽 市	Tongliao City	3404	1578	1555	271
赤 峰 市	Chifeng City	5412	3960	1452	
锡林郭勒盟	Xilinguole League	1734	376	1290	68
乌兰察布市	Wulanchabu City	3801	2011	1549	241
鄂尔多斯市	Erdos City	7749	1680	3654	2415
巴彦淖尔市	Bayannaoer City	5165	2173	2410	582
乌 海 市	Wuhai City	2226	1208	973	45
阿拉善盟	Alashan League	1133	417	359	357

22-66 各盟市限额以上批发零售贸易业商品销售总额(2005年)

Total Sales of Enterprise above Designated Size in Wholesale and Retail Sale Trades by Region(2005)

单位：万元 (10 000 yuan)

地 区	Region	销售总额 Total Sales	批 发 Wholesale Trade	零 售 Retail Trade
呼和浩特市	Hohhot City	2015296	1319738	695558
包 头 市	Baotou City	1665462	1073390	592072
呼伦贝尔市	Hulunbeier City	596977	413289	183688
兴 安 盟	Xingan League	275880	195262	80617
通 辽 市	Tongliao City	397639	296125	101514
赤 峰 市	Chifeng City	433026	296513	136513
锡林郭勒盟	Xilinguole League	372728	291325	81403
乌兰察布市	Wulanchabu City	180058	145932	34126
鄂尔多斯市	Erdos City	1967128	1684065	283063
巴彦淖尔市	Bayannaoer City	293535	226383	67152
乌 海 市	Wuhai City	203182	118279	84902
阿拉善盟	Alashan League	85959	49061	36898

22-67 各盟市限额以上批发零售贸易企业主要财务指标(2005年)

Main Financial Indicators of Enterprises above Designated Size in Wholesale and Retail by Region(2005)

单位：万元 (10 000 yuan)

地 区	Region	商品销售收入 Sales Revenue	商品销售成本 Cost of Sales	经营费用 Management Cost	商品销售税金及附加 Sales Tax and Extra Changes	商品销售利润 Total Profits
呼和浩特市	Hohhot City	1936758	1480826	64996	4576	278783
包 头 市	Baotou City	1384588	1201161	67157	3736	171706
呼伦贝尔市	Hulunbeier City	552350	499151	25844	2353	46221
兴 安 盟	Xingan League	275879	247258	16603	270	27884
通 辽 市	Tongliao City	396939	356064	17096	948	38170
赤 峰 市	Chifeng City	383866	319057	19195	1062	39647
锡林郭勒盟	Xilinguole League	366803	306701	12922	2028	26967
乌兰察布市	Wulanchabu City	180058	154911	6724	461	24686
鄂尔多斯市	Erdos City	1952840	1356483	132385	9664	531675
巴彦淖尔市	Bayannaoer City	293537	246284	18952	987	45940
乌 海 市	Wuhai City	203157	156861	16918	1099	41716
阿拉善盟	Alashan League	75157	66189	3150	111	8856

22-68 各盟市限额以上餐饮企业主要财务指标(2005年)

Main Financial Indicators of Enterprises above Designated Size in Catering Trade by Region(2005)

单位：万元　　(10 000 yuan)

地 区	Region	营业收入 Sales Revenue	营业成本 Cost of Sales	营业费用 Management Cost	商品销售税金及附加 Sales Tax and Extra Changes	经营利润 Profits
呼和浩特市	Hohhot City	48790	22271	12208	2581	23626
包 头 市	Baotou City	23579	12722	5198	1483	7729
呼伦贝尔市	Hulunbeier City	3931	1581	1308	213	2137
兴 安 盟	Xingan League	478	171	116	34	203
通 辽 市	Tongliao City	966	592	79	62	312
赤 峰 市	Chifeng City					
锡林郭勒盟	Xilinguole League	553	381	120	11	161
乌兰察布市	Wulanchabu City	876	481	507	67	-142
鄂尔多斯市	Erdos City	16439	8455	43858	493	6179
巴彦淖尔市	Bayannaoer City	2525	1579	593	133	813
乌 海 市	Wuhai City	540	463	11	11	67
阿拉善盟	Alashan League	1569	637	212	42	890

22-69 各盟市入境旅游人数和外汇收入(2005年)

Number of Foreign Tourists and Foreign Exchange Earnings by Region(2005)

地 区	Region	入境旅游人数(人次) Total Number of International Tourists Inbound (person-times)	#外国人 Foreigners	旅游外汇收入(万美元) Earnings from International Tourism(USD 10 000)
呼和浩特市	Hohhot City	39998	38249	1491.91
包 头 市	Baotou City	13037	12368	473.80
呼伦贝尔市	Hulunbeier City	489492	489103	19833.22
兴 安 盟	Xingan League	2100	2081	82.20
通 辽 市	Tongliao City	7678	7336	287.85
赤 峰 市	Chifeng City	11305	11154	444.31
锡林郭勒盟	Xilinguole League	385801	385783	11247.14
乌兰察布市	Wulanchabu City	18441	17140	289.96
鄂尔多斯市	Erdos City	10964	10156	354.24
巴彦淖尔市	Bayannaoer City	9364	8435	278.33
乌 海 市	Wuhai City	758	688	12.68
阿拉善盟	Alashan League	12697	12514	410.90

22-70 各盟市普通高等学校基本情况(2005年)
Basic Statistics on Higher Education by Region(2005)

地区	Region	学校数(所) Number of Schools (unit)	毕业生数(人) Number of Graduates (person)	招生数(人) New Student Enrollment (person)	在校学生数(人) Student Enrollment (person)	教职工数(人) Number of Staff and Teachers (person)	#专任教师 Full-time Teachers
总计	**Total**	**33**	**39474**	**70913**	**230902**	**27510**	**16189**
呼和浩特市	Hohhot City	17	20844	41192	136598	14473	8513
包头市	Baotou City	4	6686	13132	40934	4073	2564
呼伦贝尔市	Hulunbeier City	1	2643	2942	9946	983	665
兴安盟	Xingan League	1	287	360	1347	585	374
通辽市	Tongliao City	3	3416	3831	17644	2788	1512
赤峰市	Chifeng City	2	1449	3045	8437	1540	845
锡林郭勒盟	Xilinguole League	1	237	915	2332	438	290
乌兰察布市	Wulanchabu City	2	2650	3175	8286	1440	791
鄂尔多斯市	Erdos City		171	276	625		
巴彦淖尔市	Bayannaoer City	1	1091	1556	4264	1090	536
乌海市	Wuhai City	1		489	489	100	99
阿拉善盟	Alashan League						

注：毕业生数、招生数、在校学生数包括成人高校附设普通班学生数。

a)Number of graduates and new student enrollment and student enrodment include the number of students of ordinary classes attached adult colleges.

22-71 各盟市成人高等学校基本情况(2005年)
Basic Statistics on Adult Education by Region(2005)

地区	Region	学校数(所) Number of Schools (unit)	毕业生数(人) Number of Graduates (person)	招生数(人) New Student Enrollment (person)	在校学生数(人) Student Enrollment (person)	教职工数(人) Number of Staff and Teachers (person)	#专任教师 Full-time Teachers
总计	**Total**	**4**	**26856**	**32003**	**72561**	**1194**	**597**
呼和浩特市	Hohhot City	2	13982	15826	36906	872	406
包头市	Baotou City	1	5125	5993	15084	100	49
呼伦贝尔市	Hulunbeier City		230	376	638		
兴安盟	Xingan League		515	47	423		
通辽市	Tongliao City		5011	5778	13282		
赤峰市	Chifeng City		1062	1255	2109		
锡林郭勒盟	Xilinguole League		26	263	679		
乌兰察布市	Wulanchabu City		420	1661	1992		
鄂尔多斯市	Erdos City	1	251	124	323	222	142
巴彦淖尔市	Bayannaoer City		128	25	76		
乌海市	Wuhai City		106	655	1049		
阿拉善盟	Alashan League						

注：毕业生数、招生数，在校学生数中包含普通高校附设成人班学生数。

a)Number of graduates and new student enrollment and student enrodment include the number of students of ordinary classes attached adult colleges.

22-72 各盟市中等专业学校基本情况(2005年)

Basic Statistics on Specialized Secondary Schools by Region(2005)

地区	Region	学校数(所) Number of Schools (unit)	毕业生数(人) Number of Graduates (person)	招生数(人) New Student Enrollment (person)	在校学生数(人) Student Enrollment (person)	教职工数(人) Number of Staff and Teachers (person)	# 专任教师 Full-time Teacher
总 计	**Total**	**57**	**27234**	**38388**	**103422**	**6647**	**3962**
呼和浩特市	Hohhot City	13	10552	15482	41364	1065	485
包 头 市	Baotou City	9	3644	7636	19049	1081	679
呼伦贝尔市	Hulunbeier City	10	1833	2806	8153	1394	814
兴 安 盟	Xingan League	3	711	507	1551	212	203
通 辽 市	Tongliao City	2	1508	1853	4587	80	53
赤 峰 市	Chifeng City	6	3207	3874	9552	911	573
锡林郭勒盟	Xilinguole League	2	469	1105	2480	267	137
乌兰察布市	Wulanchabu City	2	1773	813	2819	484	257
鄂尔多斯市	Erdos City	6	1949	2866	9025	779	532
巴彦淖尔市	Bayannaoer City	3	1298	1446	3689	238	146
乌 海 市	Wuhai City	1	290		1153	136	83
阿拉善盟	Alashan League						

22-73 各盟市普通中学基本情况(2005年)

Basic Statistics on Regular Secondary Schools by Region(2005)

地区	Region	学校数(所) Number of Schools (unit)	毕业生数(人) Number of Graduates (person)			招生数(人) New Student Enrollment (person)		
				初中 Junior Secondary Schools	高中 Senior Secondary Schools		初中 Junior Secondary Schools	高中 Senior Secondary Schools
总 计	**Total**	**1583**	**481629**	**345067**	**136562**	**511873**	**313496**	**198377**
呼和浩特市	Hohhot City	152	43932	30362	13570	52296	31916	20380
包 头 市	Baotou City	145	39760	27589	12171	51058	32101	18957
呼伦贝尔市	Hulunbeier City	246	51952	38275	13677	55975	36639	19336
兴 安 盟	Xingan League	124	29793	22215	7578	31114	21260	9854
通 辽 市	Tongliao City	222	62440	46138	16302	69346	46578	22768
赤 峰 市	Chifeng City	315	114540	83713	30827	103718	58311	45407
锡林郭勒盟	Xilinguole League	53	20297	15449	4848	19314	12357	6957
乌兰察布市	Wulanchabu City	100	40213	27130	13083	46898	28919	17979
鄂尔多斯市	Erdos City	85	25034	16762	8272	28967	16520	12447
巴彦淖尔市	Bayannaoer City	86	40336	28290	12046	38447	19966	18481
乌 海 市	Wuhai City	36	9567	6461	3106	10545	6467	4078
阿拉善盟	Alashan League	19	3765	2683	1082	4195	2462	1733

22-73 续表 continued

地区	Region	在校学生数(人) Student Enrollment (person)	初中 Junior Secondary Schools	高中 Senior Secondary Schools	教职工数(人) Number of Staff and Teachers (person)	# 专任教师 Full-time Teacher
总 计	**Total**	**1554738**	**1031241**	**523497**	**121784**	**93656**
呼和浩特市	Hohhot City	149140	96945	52195	11540	8349
包 头 市	Baotou City	176780	123840	52940	12949	9852
呼伦贝尔市	Hulunbeier City	168745	117491	51254	15319	12188
兴 安 盟	Xingan League	90791	64902	25889	8494	6398
通 辽 市	Tongliao City	197024	135263	61761	15622	12597
赤 峰 市	Chifeng City	316793	198721	118072	24102	18773
锡林郭勒盟	Xilinguole League	60809	41611	19198	4866	3691
乌兰察布市	Wulanchabu City	137995	89003	48992	9492	6890
鄂尔多斯市	Erdos City	97769	64694	33075	7668	5953
巴彦淖尔市	Bayannaoer City	114328	69287	45041	7672	5929
乌 海 市	Wuhai City	30529	19926	10603	2686	1989
阿拉善盟	Alashan League	14035	9558	4477	1374	1047

22-74 各盟市职业中学基本情况(2005年)
Basic Statistics on Vocational Secondary Schools by Region(2005)

地区	Region	学校数(所) Number of Schools (unit)	毕业生数(人) Number of Graduates (person)	招生数(人) New Student Enrollment (person)	在校学生数(人) Student Enrollment (person)	教职工数(人) Number of Staff and Teachers (person)	# 专任教师 Full-time Teacher
总 计	**Total**	**229**	**49854**	**52496**	**140644**	**13719**	**10086**
呼和浩特市	Hohhot City	31	5435	7842	20724	1633	1235
包 头 市	Baotou City	9	1729	3428	7374	937	635
呼伦贝尔市	Hulunbeier City	14	2214	1417	7591	908	727
兴 安 盟	Xingan League	9	2126	2351	6074	556	407
通 辽 市	Tongliao City	38	4687	2753	6515	795	610
赤 峰 市	Chifeng City	47	13480	14189	35482	2905	2268
锡林郭勒盟	Xilinguole League	10	1432	2656	5459	491	370
乌兰察布市	Wulanchabu City	27	6199	6070	16618	1493	1155
鄂尔多斯市	Erdos City	13	5261	5178	15516	2081	1193
巴彦淖尔市	Bayannaoer City	26	6598	5328	16649	1516	1201
乌 海 市	Wuhai City	2	471	695	1357	251	168
阿拉善盟	Alashan League	3	222	589	1285	153	117

22-75 各盟市小学基本情况(2005年)

Basic Statistics on Primary Schools by Region(2005)

地 区	Region	学校数(所) Number of Schools (unit)	毕业生数(人) Number of Graduates (person)	招生数(人) New Student Enrollment (person)	在校学生数(人) Student Enrollment (person)	教职工数(人) Number of Staff and Teachers (person)	# 专任教师 Full-time Teacher
总 计	**Total**	**5850**	**327773**	**258947**	**1596381**	**138645**	**118988**
呼和浩特市	Hohhot City	649	35445	28695	185331	12026	10348
包 头 市	Baotou City	369	31853	25965	140540	10016	8888
呼伦贝尔市	Hulunbeier City	709	37106	23658	156142	16307	14307
兴 安 盟	Xingan League	555	21322	15900	107007	10660	8694
通 辽 市	Tongliao City	945	47400	36578	222881	20404	18777
赤 峰 市	Chifeng City	1338	61662	48148	307517	28621	24771
锡林郭勒盟	Xilinguole League	144	12532	11175	65366	5940	4659
乌兰察布市	Wulanchabu City	373	31254	22138	147497	13328	10882
鄂尔多斯市	Erdos City	204	18686	18256	96361	8260	6147
巴彦淖尔市	Bayannaoer City	484	21712	20530	116671	9111	8098
乌 海 市	Wuhai City	46	6306	5727	37994	2803	2409
阿拉善盟	Alashan League	34	2495	2177	13074	1169	1008

22-76 各盟市幼儿园基本情况(2005年)

Basic Statistics on Kindergartens by Region(2005)

地 区	Region	园 数 (所) Number of Kindergartens (unit)	幼儿数 (人) Student Enrollment (person)	教职工数 (人) Number of Staff and Teachers (person)	# 教 师 Teachers
总 计	**Total**	**1201**	**287674**	**16907**	**10686**
呼和浩特市	Hohhot City	121	34428	2800	1480
包 头 市	Baotou City	100	28556	2443	1378
呼伦贝尔市	Hulunbeier City	177	23667	2028	1165
兴 安 盟	Xingan League	127	14550	785	516
通 辽 市	Tongliao City	22	29614	739	480
赤 峰 市	Chifeng City	318	60458	2769	2015
锡林郭勒盟	Xilinguole League	37	12504	718	482
乌兰察布市	Wulanchabu City	53	15227	783	555
鄂尔多斯市	Erdos City	86	28000	1793	1244
巴彦淖尔市	Bayannaoer City	111	28313	1175	796
乌 海 市	Wuhai City	38	8223	479	304
阿拉善盟	Alashan League	11	4134	395	271

22-77 各盟市文化艺术、文物事业单位数(2005年)
Number of Institutions for Culture, Art and Cultural Relics by Region(2005)

单位：个 (unit)

地区	Region	艺术表演团体 Art Performance Troupes	艺术表演场所 Art Performance Places	文化馆 Cultural Centers	公共图书馆 Public Libraries	博物馆 Museums
总 计	**Total**	**109**	**27**	**102**	**110**	**33**
呼和浩特市	Hohhot City	7	1	9	9	2
包头市	Baotou City	8	3	10	10	1
呼伦贝尔市	Hulunbeier City	13	1	13	14	8
兴安盟	Xingan League	7	2	6	7	1
通辽市	Tongliao City	8	5	8	9	3
赤峰市	Chifeng City	12	2	12	14	8
锡林郭勒盟	Xilinguole League	13	1	12	12	1
乌兰察布市	Wulanchabu City	12	2	11	12	2
鄂尔多斯市	Erdos City	10	4	8	9	1
巴彦淖尔市	Bayannaoer City	8	5	7	8	3
乌海市	Wuhai City	1	1	3	1	1
阿拉善盟	Alashan League	4		3	4	1
自治区直属	Units Attached to Autonomous Region	6			1	1

22-78 各盟市卫生机构、床位(2005年)
Number of Health Institutions, Beds by Region(2005)

地区	Region	机构数(个) Health Institutions (unit)	#医院、卫生院 Hospital	#疾病预防控制中心 CDC	#妇幼保健所、站 Maternity and Child Care Centers	床位合计(张) Beds Total (unit)	#医院、卫生院 Hospital
总 计	**Total**	**3774**	**1834**	**146**	**116**	**69440**	**64002**
呼和浩特市	Hohhot City	349	144	12	11	8828	8449
包头市	Baotou City	317	105	12	10	9731	8743
呼伦贝尔市	Hulunbeier City	718	247	40	17	10499	9666
兴安盟	Xingan League	182	113	6	7	4078	3479
通辽市	Tongliao City	446	189	10	9	5739	5300
赤峰市	Chifeng City	614	304	13	13	11445	10765
锡林郭勒盟	Xilinguole League	294	152	14	13	2539	2224
乌兰察布市	Wulanchabu City	305	227	12	12	3901	3722
鄂尔多斯市	Erdos City	191	132	9	9	4613	4347
巴彦淖尔市	Bayannaoer City	192	136	9	8	5111	4560
乌海市	Wuhai City	65	26	5	4	2126	1965
阿拉善盟	Alashan League	101	59	4	3	830	782

22-79 各盟市卫生机构人员(2005年)

Number of Persons Engaged in Health Institutions by Region(2005)

单位：人 (person)

地区	Region	卫生机构人员 Total	卫生技术人员 Medical Technical Personnel	执业医师、执业助理医师 Doctors	#执业医师 Physician	注册护师、护士 Registered Senior and Junior Nurses
总 计	**Total**	**121180**	**102587**	**50308**	**41646**	**27052**
呼和浩特市	Hohhot City	15860	13225	6016	5266	4035
包 头 市	Baotou City	16751	13900	6419	5935	4847
呼伦贝尔市	Hulunbeier City	18235	15209	7494	5751	4429
兴 安 盟	Xingan League	7138	5999	2916	2172	1271
通 辽 市	Tongliao City	11811	10274	5434	4476	2303
赤 峰 市	Chifeng City	17860	15239	7455	5934	3227
锡林郭勒盟	Xilinguole League	5515	4645	2517	2163	1049
乌兰察布市	Wulanchabu City	8401	7049	3570	2847	1480
鄂尔多斯市	Erdos City	6414	5646	3043	2576	1405
巴彦淖尔市	Bayannaoer City	8293	7236	3388	2769	1797
乌 海 市	Wuhai City	3029	2535	1174	1005	777
阿拉善盟	Alashan League	1873	1630	882	752	432

22-80 各盟市交通事故(2005年)

Basic Statistics on Traffic Accidents by Region(2005)

地区	Region	发生数(起) Number of Traffic Accidents (case)	死亡人数(人) Number of Deaths (person)	受伤人数(人) Number of Injuries (person)	直接经济损失(万元) Direct Losses (10 000 yuan)
总 计	**Total**	**8452**	**2106**	**7999**	**2784.68**
呼和浩特市	Hohhot City	1117	230	1095	281.71
包 头 市	Baotou City	2317	229	1784	250.35
呼伦贝尔市	Hulunbeier City	313	186	267	56.19
兴 安 盟	Xingan League	137	34	151	35.50
通 辽 市	Tongliao City	1119	230	1097	250.16
赤 峰 市	Chifeng City	1010	343	1012	318.47
锡林郭勒盟	Xilinguole League	160	77	157	56.58
乌兰察布市	Wulanchabu City	544	150	570	179.68
鄂尔多斯市	Erdos City	781	247	957	247.53
巴彦淖尔市	Bayannaoer City	468	157	489	123.05
乌 海 市	Wuhai City	108	81	93	136.35
阿拉善盟	Alashan League	86	44	108	51.97
高速公路支队	Expressway Detachment	292	98	219	797.16

22-81 各盟市火灾事故(2005年)
Basic Statistics on Fires by Region(2005)

地区	Region	发生数(起) Number of Traffic Accidents (case)	死亡人数(人) Number of Deaths (person)	受伤人数(人) Number of Injuries (person)	直接经济损失(万元) Direct Losses (10 000 yuan)
总计	**Total**	**5422**	**37**	**60**	**1687.04**
呼和浩特市	Hohhot City	1334	1	1	39.97
包头市	Baotou City	1238	4	5	41.91
呼伦贝尔市	Hulunbeier City	306	4	9	315.95
兴安盟	Xingan League	75	2	2	44.98
通辽市	Tongliao City	422	2		196.17
赤峰市	Chifeng City	729	3	4	75.50
锡林郭勒盟	Xilinguole League	190	2	2	174.37
乌兰察布市	Wulanchabu City	159	6	12	295.77
鄂尔多斯市	Erdos City	118	2	9	67.70
巴彦淖尔市	Bayannaoer City	406	4	5	135.99
乌海市	Wuhai City	327	4	6	204.58
阿拉善盟	Alashan League	49	3	5	82.58
大兴安岭林管局	DaXinganLing	69			11.55

22-82 各盟市环境污染与破坏事故(2005年)
Pollution Accidents by Region(2005)

地区	Region	环境污染与破坏事故次数(次) Number of Pollution Accidents (times)	#水污染 Water Pollution	#大气污染 Air Pollution	污染直接经济损失(万元) Losses Coverted into Cash (10 000 yuan)	污染事故赔、罚款总额(万元) Amount of Reparations and Fines (10 000 yuan)
总计	**Total**	**7**	**3**	**4**	**15.70**	**20.70**
呼和浩特市	Hohhot City					
包头市	Baotou City					
呼伦贝尔市	Hulunbeier City					
兴安盟	Xingan League					
通辽市	Tongliao City					
赤峰市	Chifeng City					
锡林郭勒盟	Xilinguole League					
乌兰察布市	Wulanchabu City					
鄂尔多斯市	Erdos City	1	1		0.60	1.60
巴彦淖尔市	Bayannaoer City	6	2	4	15.10	19.10
乌海市	Wuhai City					
阿拉善盟	Alashan League					

22-83 各盟市县以上国有研究与开发机构及科技信息与文献机构、人员(2005年)

State-owned R & D and Information Literature Institutions at Above County Level & Persons Engaged by Region(2005)

地区	Region	合计 Total Number			自然科学技术领域及转制科研机构 Field of Natural Sciences & Technology,Transformed Institution		
		机构 (个) Institutions (unit)	从业人员 (人) Employees (person)	# 科技活动人员 S&T personnel	机构 (个) Institutions (unit)	从业人员 (人) Employees (person)	# 科技活动人员 S&T personnel
总计	**Total**	**139**	**11411**	**7842**	**114**	**10647**	**7187**
呼和浩特市	Hohhot City	60	5693	4102	47	5143	3633
包头市	Baotou City	13	2374	1433	12	2355	1414
呼伦贝尔市	Hulunbeier City	9	417	325	8	403	312
兴安盟	Xingan League	6	138	87	5	123	74
通辽市	Tongliao City	7	506	323	5	480	298
赤峰市	Chifeng City	7	361	313	7	361	313
锡林郭勒盟	Xilinguole League	7	335	249	6	318	237
乌兰察布市	Wulanchabu City	6	357	217	5	315	189
鄂尔多斯市	Erdos City	9	456	355	7	410	314
巴彦淖尔市	Bayannaoer City	9	648	325	8	627	304
乌海市	Wuhai City	2	53	44	1	42	33
阿拉善盟	Alashan League	4	73	69	3	70	66

22-83 续表 continued

地区	Region	社会、人文科学技术领域 Field of Social Sciences & Humanities			科技信息和文献机构 Scientific Technical Information & Literature Institutions		
		机构 (个) Institutions (unit)	从业人员 (人) Employees (person)	# 科技活动人员 S&T personnel	机构 (个) Institutions (unit)	从业人员 (人) Employees (person)	# 科技活动人员 S&T personnel
总计	**Total**	**12**	**518**	**449**	**13**	**246**	**206**
呼和浩特市	Hohhot City	10	472	405	3	78	64
包头市	Baotou City				1	19	19
呼伦贝尔市	Hulunbeier City				1	14	13
兴安盟	Xingan League				1	15	13
通辽市	Tongliao City	1	10	10	1	16	15
赤峰市	Chifeng City						
锡林郭勒盟	Xilinguole League				1	17	12
乌兰察布市	Wulanchabu City				1	42	28
鄂尔多斯市	Erdos City	1	36	34	1	10	7
巴彦淖尔市	Bayannaoer City				1	21	21
乌海市	Wuhai City				1	11	11
阿拉善盟	Alashan League				1	3	3

22-84 各盟市旗县以上国有研究与开发机构及科技信息与文献机构科技经费筹集和支出总额(2005年)

Total Funds & Expenditures of State-Owned Research & Development Information & Literature Institutions at above County Level by Region(2005)

单位：万元　　　　(10 000 yuan)

地 区	Region	合 计 Total		自然科学技术领域及转制机构 Field of Natural Sciences & Tech & Trasformed Institution			
		科技经费筹集总额 Scientific Funds	科技经费支出总额 Scientific Expenditures	科技经费筹集总额 Scientific Funds	# 政府拨款 Government Appropriations	科技经费支出总额 Scientific Expenditures	# 资产购建支出 For purchase & Construc tion of Assets
总 计	**Total**	**72889**	**65239**	**68048**	**51162**	**60250**	**8076**
呼和浩特市	Hohhot City	49851	43178	45904	33549	38966	5921
包 头 市	Baotou City	7938	9965	7867	6756	9895	852
呼伦贝尔市	Hulunbeier City	2525	2368	2478	2476	2323	129
兴 安 盟	Xingan League	723	630	680	680	593	298
通 辽 市	Tongliao City	2005	2247	1915	1911	2160	627
赤 峰 市	Chifeng City	1498	1343	1498	1498	1343	36
锡林郭勒盟	Xilinguole League	2163	864	2097	597	807	1
乌兰察布市	Wulanchabu City	675	559	591	591	489	
鄂尔多斯市	Erdos City	3299	2049	2996	1101	1806	170
巴彦淖尔市	Bayannaoer City	1703	1564	1626	1617	1499	38
乌 海 市	Wuhai City	195	173	138	138	127	2
阿拉善盟	Alashan League	314	299	258	248	242	2

22-84 续表 continued

单位：万元　　　　(10 000 yuan)

地 区	Region	社会、人文科学技术领域 Field of Social Sciences and Humanities				科技信息和文献机构 Scientific Technical Information and Literature Institutions			
		科技经费筹集总额 Scientific Funds	# 政府拨款 Government Appropriations	科技经费支出总额 Scientific Expenditures	# 资产购建支出 For purchase & Construction of Assets	科技经费筹集总额 scientific Funds	# 政府拨款 Government Appropriations	科技经费支出总额 Scientific Expenditures	# 资产购建支出 For purchase & Construction of Assets
总 计	**Total**	**3709**	**3686**	**4056**	**615**	**1132**	**1014**	**933**	**90**
呼和浩特市	Hohhot City	3417	3394	3822	615	530	416	390	13
包 头 市	Baotou City					71	71	70	1
呼伦贝尔市	Hulunbeier City					47	47	45	1
兴 安 盟	Xingan League					43	41	37	3
通 辽 市	Tongliao City	39	39	37		51	51	50	2
赤 峰 市	Chifeng City								
锡林郭勒盟	Xilinguole League					66	64	57	21
乌兰察布市	Wulanchabu City					84	84	70	
鄂尔多斯市	Erdos City	253	253	197		50	50	46	
巴彦淖尔市	Bayannaoer City					77	77	65	1
乌 海 市	Wuhai City					57	57	46	5
阿拉善盟	Alashan League					56	56	57	43

二十三　旗县区资料

STATISTICS OF BANNERS, COUNTIES AND DISTRICTS

资料整理　包利军　白斯日古楞　崔京英

Arranged by Bao Lijun , Bai Siriguleng , Cui Jingying

23-1 各旗县(区)按年末总人口排序(2005年)

Banners, Counties and Districts Ranked by Population (Year end of 2005)

单位：人 (person)

位次 Order	旗县(区)名称	Name of Banners, Counties and Districts	年末总人口 Total Population at the Year-end
1	通辽市科尔沁区	Keerqin District in Tongliao City	805208
2	赤峰市宁城县	Ningcheng County in Chifeng City	592939
3	赤峰市敖汉旗	Aohan Banner in Chifeng City	583742
4	包头市昆都仑区	Kundulun District in Baotou City	563200
5	赤峰市松山区	Songshan District in Chifeng City	541369
6	巴彦淖尔市临河区	Linhe District in Bayannaoer City	532584
7	通辽市科尔沁左翼中旗	Keerqinzuoyizhong Banner in Tongliao City	520816
8	赤峰市翁牛特旗	Wengniute Banner in Chifeng City	466296
9	包头市东河区	Donghe District in Baotou City	454000
10	通辽市奈曼旗	Naiman Banner in Tongliao City	433573
11	呼伦贝尔市扎兰屯市	Zhalantun City in Hulunbeier City	431013
12	包头市青山区	Qingshan District in Baotou City	402800
13	通辽市科尔沁左翼后旗	Keerqinzuoyihou Banner in Tongliao City	393732
14	兴安盟扎赉特旗	Zhalaite Banner in Xingan League	391831
15	通辽市开鲁县	Kailu County in Tongliao City	389799
16	呼伦贝尔市牙克石市	Yakeshi City in Hulunbeier City	389326
17	呼和浩特市赛罕区	Saihan District in Hohhot City	363280
18	兴安盟科尔沁右翼前旗	Keerqinyouyiqian Banner in Xingan League	356591
19	赤峰市巴林左旗	Balinzuo Banner in Chifeng City	353418
20	呼和浩特市土默特左旗	Tumotezuo Banner in Hohhot City	349756
21	乌兰察布市商都县	Shangdu County in Wulanchabu City	338332
22	鄂尔多斯市达拉特旗	Dalate Banner in Erdos City	336455
23	巴彦淖尔市乌拉特前旗	Wulateqian Banner in Bayannaoer City	334004
24	赤峰市喀喇沁旗	Kalaqin Banner in Chifeng City	333605
25	呼和浩特市新城区	Xincheng District in Hohhot City	326695
26	呼伦贝尔市莫力达瓦达斡尔族自治旗	Molidawadawoer National Autonomous Banner in Hulunbeier City	325790
27	呼伦贝尔市阿荣旗	Arong Banner in Hulunbeier City	319054
28	包头市土默特右旗	Tumoteyou Banner in Baotou City	315300
29	乌兰察布市丰镇市	Fengzhen City in Wulanchabu City	312586
30	兴安盟突泉县	Tuquan County in Xingan League	307153
31	赤峰市红山区	Hongshan District in Chifeng City	305281
32	乌兰察布市兴和县	Xinghe County in Wulanchabu City	305064
33	巴彦淖尔市杭锦后旗	Hangjinhou Banner in Bayannaoer City	304853
34	通辽市扎鲁特旗	Zhalute Banner in Tongliao City	302424

23-1 续表 1 continued

单位：人 (person)

位次 Order	旗县(区)名称	Name of Banners, Counties and Districts	年末总人口 Total Population at the Year-end
35	赤峰市阿鲁科尔沁旗	Alukeerqin Banner in Chifeng City	300587
36	赤峰市元宝山区	Yuanbaoshan District in Chifeng City	291219
37	乌兰察布市集宁区	Jining District in Wulanchabu City	290711
38	兴安盟乌兰浩特市	Wulanhaote City in Xingan League	286833
39	呼伦贝尔市鄂伦春自治旗	Elunchun National Autonomous Banner in Hulunbeier City	279718
40	包头市九原区	Jiuyuan District in Baotou City	277300
41	巴彦淖尔市五原县	Wuyuan County in Bayannaoer City	271942
42	鄂尔多斯市准格尔旗	Zhungeer Banner in Erdos City	271623
43	呼伦贝尔市海拉尔区	Hailaer District in Hulunbeier City	256497
44	兴安盟科尔沁右翼中旗	Keerqinyouyizhong Banner in Xingan League	247167
45	赤峰市克什克腾旗	Keshiketeng Banner in Chifeng City	241675
46	乌兰察布市凉城县	Liangcheng County in Wulanchabu City	236604
47	赤峰市林西县	Linxi County in Chifeng City	235690
48	乌兰察布市察哈尔右翼前旗	Chahaeryouyiqian Banner in Wulanchabu City	234253
49	鄂尔多斯市东胜区	Dongsheng District in Erdos City	230579
50	乌海市海勃湾区	Haibowan District in Wuhai City	224000
51	乌兰察布市卓资县	Zhuozi County in Wulanchabu City	223906
52	呼和浩特市回民区	Huimin District in Hohhot City	220810
53	乌兰察布市察哈尔右翼中旗	Chahaeryouyizhong Banner in Wulanchabu City	212719
54	乌兰察布市察哈尔右翼后旗	Chahaeryouyihou Banner in Wulanchabu City	209355
55	乌兰察布市四子王旗	Siziwang Banner in Wulanchabu City	204111
56	锡林郭勒盟太仆寺旗	Taipusi Banner in Xilinguole League	202987
57	呼和浩特市托克托县	Tuoketuo County in Hohhot City	195879
58	呼和浩特市玉泉区	Yuquan District in Hohhot City	185389
59	呼和浩特市和林格尔县	Helingeer County in Hohhot City	184249
60	赤峰市巴林右旗	Balinyou Banner in Chifeng City	178105
61	包头市固阳县	Guyang County in Baotou City	176800
62	通辽市库伦旗	Kulun Banner in Tongliao City	175266
63	呼和浩特市武川县	Wuchuan County in Hohhot City	172003
64	呼伦贝尔市根河市	Genhe City in Hulunbeier City	167228
65	呼伦贝尔市满洲里市	Manzhouli City in Hulunbeier City	160213
66	乌兰察布市化德县	Huade County in Wulanchabu City	157562
67	锡林郭勒盟锡林浩特市	Xilinhaote City in Xilinguole League	155901
68	鄂尔多斯市伊金霍洛旗	Yijinhuoluo Banner in Erdos City	143718

23-1 续表 2 continued

单位：人 (person)

位 次 Order	旗县(区)名称	Name of Banners, Counties and Districts	年末总人口 Total Population at the Year-end
69	呼伦贝尔市鄂温克族自治旗	Ewenke National Autonomous Banner in Hulunbeier City	142791
70	阿拉善盟阿拉善左旗	Alashanzuo Banner in Alashan League	139903
71	巴彦淖尔市乌拉特中旗	Wulatezhong Banner in Bayannaoer City	137481
72	呼和浩特市清水河县	Qingshuihe County in Hohhot City	136826
73	鄂尔多斯市杭锦旗	Hangjin Banner in Erdos City	133732
74	乌海市乌达区	Wuda District in Wuhai City	131000
75	巴彦淖尔市磴口县	Dengkou County in Bayannaoer City	122676
76	乌海市海南区	Hainan District in Wuhai City	110000
77	包头市达尔罕茂明安联合旗	Daerhanmaomingan Union Banner in Baotou City	102229
78	鄂尔多斯市乌审旗	Wushen Banner in Erdos City	97236
79	锡林郭勒盟多伦县	Duolun County in Xilinguole League	94541
80	鄂尔多斯市鄂托克旗	Etuoke Banner in Erdos City	92838
81	呼伦贝尔市额尔古纳市	Eerguna City in Hulunbeier City	85363
82	锡林郭勒盟正蓝旗	Zhenglan Banner in Xilinguole League	78745
83	通辽市霍林郭勒市	Huolinguole City in Tongliao City	72549
84	鄂尔多斯市鄂托克前旗	Etuokeqian Banner in Erdos City	72415
85	锡林郭勒盟西乌珠穆沁旗	xiwuzhumuqin Banner in Xilinguole League	72376
86	锡林郭勒盟东乌珠穆沁旗	Dongwuzhumuqin Banner in Xilinguole League	70731
87	锡林郭勒盟正镶白旗	Zhengxiangbai Banner in Xilinguole League	70374
88	锡林郭勒盟苏尼特右旗	Suniteyou Banner in Xilinguole League	68402
89	呼伦贝尔市陈巴尔虎旗	Chenbaerhu Banner in Hulunbeier City	59035
90	巴彦淖尔市乌拉特后旗	Wulatehou Banner in Bayannaoer City	55121
91	包头市石拐矿区	Shiguai District in Baotou City	48700
92	兴安盟阿尔山市	Aershan City in Xingan League	47198
93	锡林郭勒盟阿巴嘎旗	Abaga Banner in Xilinguole League	43038
94	呼伦贝尔市新巴尔虎左旗	Xinbaerhuzuo Banner in Hulunbeier City	40163
95	呼伦贝尔市新巴尔虎右旗	Xinbaerhuyou Banner in Hulunbeier City	33539
96	锡林郭勒盟苏尼特左旗	Sunitezuo Banner in Xilinguole League	33134
97	锡林郭勒盟镶黄旗	Xianghuang Banner in Xilinguole League	29204
98	包头市白云鄂博矿区	Baiyun Mineral District in Baotou City	24400
99	锡林郭勒盟二连浩特市	Erlianhaote City in Xilinguole League	23779
100	阿拉善盟阿拉善右旗	Alashanyou Banner in Alashan League	23729
101	阿拉善盟额济纳旗	Ejina Banner in Alashan League	16888

23-2 各旗县（区）按生产总值排序（2005年）

Banners, Counties and Districts Ranked by Gross Domestic Product(2005)

单位：万元 (10 000 yuan)

位次 Order	旗县(区)名称	Name of Banners, Counties and Districts	生产总值 GDP
1	包头市昆都仑区	Kundulun District in Baotou City	2871020
2	呼和浩特市新城区	Xincheng District in Hohhot City	1485391
3	包头市青山区	Qingshan District in Baotou City	1346401
4	鄂尔多斯市准格尔旗	Zhungeer Banner in Erdos City	1308235
5	通辽市科尔沁区	Keerqin District in Tongliao City	1279865
6	鄂尔多斯市东胜区	Dongsheng District in Erdos City	1271114
7	呼和浩特市赛罕区	Saihan District in Hohhot City	1142172
8	包头市东河区	Donghe District in Baotou City	1031452
9	呼和浩特市回民区	Huimin District in Hohhot City	958527
10	鄂尔多斯市伊金霍洛旗	Yijinhuoluo Banner in Erdos City	896781
11	鄂尔多斯市达拉特旗	Dalate Banner in Erdos City	894961
12	包头市九原区	Jiuyuan District in Baotou City	842718
13	巴彦淖尔市临河区	Linhe District in Bayannaoer City	713475
14	呼和浩特市托克托县	Tuoketuo County in Hohhot City	635897
15	呼和浩特市玉泉区	Yuquan District in Hohhot City	607897
16	呼和浩特市和林格尔县	Helingeer County in Hohhot City	600572
17	呼伦贝尔市满洲里市	Manzhouli City in Hulunbeier City	600565
18	赤峰市元宝山区	Yuanbaoshan District in Chifeng City	556485
19	呼和浩特市土默特左旗	Tumotezuo Banner in Hohhot City	540735
20	鄂尔多斯市鄂托克旗	Etuoke Banner in Erdos City	537464
21	赤峰市红山区	Hongshan District in Chifeng City	515423
22	锡林郭勒盟锡林浩特市	Xilinhaote City in Xilinguole League	508828
23	阿拉善盟阿拉善左旗	Alashanzuo Banner in Alashan League	460011
24	呼伦贝尔市海拉尔区	Hailaer District in Hulunbeier City	455418
25	乌海市海勃湾区	Haibowan District in Wuhai City	449655
26	包头市土默特右旗	Tumoteyou Banner in Baotou City	427317
27	赤峰市松山区	Songshan District in Chifeng City	419194
28	乌海市海南区	Hainan District in Wuhai City	409888
29	巴彦淖尔市乌拉特前旗	Wulateqian Banner in Bayannaoer City	409252
30	兴安盟乌兰浩特市	Wulanhaote City in Xingan League	402639
31	乌兰察布市集宁区	Jining District in Wulanchabu City	399764
32	包头市达尔罕茂明安联合旗	Daerhanmaomingan Union Banner in Baotou City	386120
33	通辽市科尔沁左翼后旗	Keerqinzuoyihou Banner in Tongliao City	379831
34	乌兰察布市丰镇市	Fengzhen City in Wulanchabu City	374368

23-2 续表 1 continued

单位：万元 (10 000 yuan)

位次 Order	旗县(区)名称	Name of Banners, Counties and Districts	生产总值 GDP
35	通辽市开鲁县	Kailu County in Tongliao City	368905
36	巴彦淖尔市杭锦后旗	Hangjinhou Banner in Bayannaoer City	348981
37	呼伦贝尔市牙克石市	Yakeshi City in Hulunbeier City	345113
38	乌海市乌达区	Wuda District in Wuhai City	335554
39	通辽市科尔沁左翼中旗	Keerqinzuoyizhong Banner in Tongliao City	325492
40	呼伦贝尔市扎兰屯市	Zhalantun City in Hulunbeier City	323433
41	赤峰市宁城县	Ningcheng County in Chifeng City	309295
42	赤峰市敖汉旗	Aohan Banner in Chifeng City	305685
43	赤峰市翁牛特旗	Wengniute Banner in Chifeng City	296806
44	鄂尔多斯市乌审旗	Wushen Banner in Erdos City	294623
45	巴彦淖尔市五原县	Wuyuan County in Bayannaoer City	289185
46	呼伦贝尔市莫力达瓦达斡尔族自治旗	Molidawadawoer National Autonomous Banner in Hulunbeier City	283754
47	呼伦贝尔市阿荣旗	Arong Banner in Hulunbeier City	275726
48	呼伦贝尔市鄂温克族自治旗	Ewenke National Autonomous Banner in Hulunbeier City	274187
49	通辽市奈曼旗	Naiman Banner in Tongliao City	266542
50	通辽市霍林郭勒市	Huolinguole City in Tongliao City	264630
51	通辽市扎鲁特旗	Zhalute Banner in Tongliao City	264164
52	包头市固阳县	Guyang County in Baotou City	250418
53	乌兰察布市凉城县	Liangcheng County in Wulanchabu City	244913
54	鄂尔多斯市杭锦旗	Hangjin Banner in Erdos City	230322
55	兴安盟科尔沁右翼前旗	Keerqinyouyiqian Banner in Xingan League	218849
56	赤峰市巴林左旗	Balinzuo Banner in Chifeng City	214697
57	呼伦贝尔市根河市	Genhe City in Hulunbeier City	213988
58	乌兰察布市察哈尔右翼前旗	Chahaeryouyiqian Banner in Wulanchabu City	210482
59	兴安盟扎赉特旗	Zhalaite Banner in Xingan League	204802
60	呼和浩特市武川县	Wuchuan County in Hohhot City	192238
61	兴安盟突泉县	Tuquan County in Xingan League	188303
62	赤峰市克什克腾旗	Keshiketeng Banner in Chifeng City	188070
63	赤峰市阿鲁科尔沁旗	Alukeerqin Banner in Chifeng City	182118
64	锡林郭勒盟东乌珠穆沁旗	Dongwuzhumuqin Banner in Xilinguole League	181929
65	乌兰察布市察哈尔右翼后旗	Chahaeryouyihou Banner in Wulanchabu City	181794
66	乌兰察布市卓资县	Zhuozi County in Wulanchabu City	175723
67	乌兰察布市兴和县	Xinghe County in Wulanchabu City	172306
68	呼伦贝尔市鄂伦春自治旗	Elunchun National Autonomous Banner in Hulunbeier City	169695

23-2 续表 2 continued

单位：万元 (10 000 yuan)

位 次 Order	旗县(区)名称	Name of Banners, Counties and Districts	生产总值 GDP
69	巴彦淖尔市磴口县	Dengkou County in Bayannaoer City	168810
70	巴彦淖尔市乌拉特中旗	Wulatezhong Banner in Bayannaoer City	163901
71	呼伦贝尔市陈巴尔虎旗	Chenbaerhu Banner in Hulunbeier City	162775
72	乌兰察布市四子王旗	Siziwang Banner in Wulanchabu City	162175
73	乌兰察布市商都县	Shangdu County in Wulanchabu City	161114
74	包头市石拐矿区	Shiguai District in Baotou City	153244
75	锡林郭勒盟二连浩特市	Erlianhaote City in Xilinguole League	151070
76	赤峰市喀喇沁旗	Kalaqin Banner in Chifeng City	148469
77	赤峰市林西县	Linxi County in Chifeng City	144403
78	鄂尔多斯市鄂托克前旗	Etuokeqian Banner in Erdos City	139402
79	巴彦淖尔市乌拉特后旗	Wulatehou Banner in Bayannaoer City	136175
80	兴安盟科尔沁右翼中旗	Keerqinyouyizhong Banner in Xingan League	135908
81	阿拉善盟额济纳旗	Ejina Banner in Alashan League	135011
82	锡林郭勒盟西乌珠穆沁旗	xiwuzhumuqin Banner in Xilinguole League	132701
83	呼伦贝尔市额尔古纳市	Eerguna City in Hulunbeier City	124008
84	锡林郭勒盟正蓝旗	Zhenglan Banner in Xilinguole League	123860
85	呼和浩特市清水河县	Qingshuihe County in Hohhot City	122987
86	通辽市库伦旗	Kulun Banner in Tongliao City	121426
87	赤峰市巴林右旗	Balinyou Banner in Chifeng City	121415
88	乌兰察布市察哈尔右翼中旗	Chahaeryouyizhong Banner in Wulanchabu City	118256
89	锡林郭勒盟太仆寺旗	Taipusi Banner in Xilinguole League	117779
90	锡林郭勒盟苏尼特右旗	Suniteyou Banner in Xilinguole League	116998
91	呼伦贝尔市新巴尔虎右旗	Xinbaerhuyou Banner in Hulunbeier City	115099
92	乌兰察布市化德县	Huade County in Wulanchabu City	105235
93	锡林郭勒盟多伦县	Duolun County in Xilinguole League	92736
94	呼伦贝尔市新巴尔虎左旗	Xinbaerhuzuo Banner in Hulunbeier City	88680
95	锡林郭勒盟苏尼特左旗	Sunitezuo Banner in Xilinguole League	81756
96	锡林郭勒盟阿巴嘎旗	Abaga Banner in Xilinguole League	77275
97	包头市白云鄂博矿区	Baiyun Mineral District in Baotou City	76885
98	阿拉善盟阿拉善右旗	Alashanyou Banner in Alashan League	76002
99	锡林郭勒盟正镶白旗	Zhengxiangbai Banner in Xilinguole League	61402
100	锡林郭勒盟镶黄旗	Xianghuang Banner in Xilinguole League	50453
101	兴安盟阿尔山市	Aershan City in Xingan League	45782

23-3 各旗县（区）按粮食产量排序（2005年）

Banners, Counties and Districts Ranked by Output of Grain （2005）

单位：吨 (ton)

位 次 Order	旗县(区)名称	Name of Banners, Counties and Districts	粮食产量 Output of Grain
1	通辽市科尔沁区	Keerqin District in Tongliao City	860552
2	通辽市科尔沁左翼中旗	Keerqinzuoyizhong Banner in Tongliao City	840500
3	呼伦贝尔市莫力达瓦达斡尔族自治旗	Molidawadawoer National Autonomous Banner in Hulunbeier City	815053
4	通辽市开鲁县	Kailu County in Tongliao City	761500
5	呼伦贝尔市阿荣旗	Arong Banner in Hulunbeier City	750500
6	通辽市科尔沁左翼后旗	Keerqinzuoyihou Banner in Tongliao City	737500
7	兴安盟扎赉特旗	Zhalaite Banner in Xingan League	633294
8	包头市土默特右旗	Tumoteyou Banner in Baotou City	612335
9	兴安盟科尔沁右翼前旗	Keerqinyouyiqian Banner in Xingan League	585644
10	鄂尔多斯市达拉特旗	Dalate Banner in Erdos City	575239
11	赤峰市松山区	Songshan District in Chifeng City	572733
12	赤峰市翁牛特旗	Wengniute Banner in Chifeng City	560503
13	赤峰市敖汉旗	Aohan Banner in Chifeng City	553000
14	兴安盟突泉县	Tuquan County in Xingan League	550104
15	赤峰市宁城县	Ningcheng County in Chifeng City	520500
16	呼伦贝尔市扎兰屯市	Zhalantun City in Hulunbeier City	501500
17	通辽市奈曼旗	Naiman Banner in Tongliao City	489500
18	巴彦淖尔市临河区	Linhe District in Bayannaoer City	444435
19	巴彦淖尔市杭锦后旗	Hangjinhou Banner in Bayannaoer City	405329
20	巴彦淖尔市五原县	Wuyuan County in Bayannaoer City	370051
21	呼和浩特市土默特左旗	Tumotezuo Banner in Hohhot City	367199
22	巴彦淖尔市乌拉特前旗	Wulateqian Banner in Bayannaoer City	359287
23	通辽市扎鲁特旗	Zhalute Banner in Tongliao City	352102
24	呼伦贝尔市鄂伦春自治旗	Elunchun National Autonomous Banner in Hulunbeier City	326662
25	赤峰市巴林左旗	Balinzuo Banner in Chifeng City	281491
26	通辽市库伦旗	Kulun Banner in Tongliao City	267036
27	兴安盟科尔沁右翼中旗	Keerqinyouyizhong Banner in Xingan League	227621
28	乌兰察布市凉城县	Liangcheng County in Wulanchabu City	210537
29	呼和浩特市托克托县	Tuoketuo County in Hohhot City	203498
30	赤峰市阿鲁科尔沁旗	Alukeerqin Banner in Chifeng City	192747
31	呼和浩特市和林格尔县	Helingeer County in Hohhot City	191549
32	赤峰市林西县	Linxi County in Chifeng City	169056
33	呼伦贝尔市牙克石市	Yakeshi City in Hulunbeier City	168248
34	呼伦贝尔市额尔古纳市	Eerguna City in Hulunbeier City	161441

23-3 续表 1 continued

单位：吨 (ton)

位 次 Order	旗县(区)名称	Name of Banners, Counties and Districts	粮食产量 Output of Grain
35	赤峰市喀喇沁旗	Kalaqin Banner in Chifeng City	160350
36	乌兰察布市丰镇市	Fengzhen City in Wulanchabu City	152331
37	巴彦淖尔市乌拉特中旗	Wulatezhong Banner in Bayannaoer City	145357
38	呼和浩特市武川县	Wuchuan County in Hohhot City	139577
39	乌兰察布市察哈尔右翼前旗	Chahaeryouyiqian Banner in Wulanchabu City	130505
40	包头市九原区	Jiuyuan District in Baotou City	128094
41	赤峰市巴林右旗	Balinyou Banner in Chifeng City	125544
42	赤峰市克什克腾旗	Keshiketeng Banner in Chifeng City	124054
43	鄂尔多斯市杭锦旗	Hangjin Banner in Erdos City	115061
44	呼和浩特市赛罕区	Saihan District in Hohhot City	114919
45	鄂尔多斯市乌审旗	Wushen Banner in Erdos City	111359
46	鄂尔多斯市准格尔旗	Zhungeer Banner in Erdos City	110900
47	呼伦贝尔市陈巴尔虎旗	Chenbaerhu Banner in Hulunbeier City	107198
48	鄂尔多斯市伊金霍洛旗	Yijinhuoluo Banner in Erdos City	104275
49	巴彦淖尔市磴口县	Dengkou County in Bayannaoer City	100746
50	赤峰市元宝山区	Yuanbaoshan District in Chifeng City	100544
51	乌兰察布市兴和县	Xinghe County in Wulanchabu City	99388
52	阿拉善盟阿拉善左旗	Alashanzuo Banner in Alashan League	88938
53	乌兰察布市卓资县	Zhuozi County in Wulanchabu City	87218
54	鄂尔多斯市鄂托克前旗	Etuokeqian Banner in Erdos City	87032
55	锡林郭勒盟多伦县	Duolun County in Xilinguole League	74370
56	兴安盟乌兰浩特市	Wulanhaote City in Xingan League	72998
57	乌兰察布市商都县	Shangdu County in Wulanchabu City	72189
58	呼和浩特市清水河县	Qingshuihe County in Hohhot City	70501
59	包头市达尔罕茂明安联合旗	Daerhanmaomingan Union Banner in Baotou City	60314
60	呼伦贝尔市鄂温克族自治旗	Ewenke National Autonomous Banner in Hulunbeier City	55931
61	乌兰察布市四子王旗	Siziwang Banner in Wulanchabu City	55015
62	呼伦贝尔市新巴尔虎左旗	Xinbaerhuzuo Banner in Hulunbeier City	47304
63	鄂尔多斯市鄂托克旗	Etuoke Banner in Erdos City	45231
64	呼伦贝尔市海拉尔区	Hailaer District in Hulunbeier City	38436
65	呼和浩特市玉泉区	Yuquan District in Hohhot City	35814
66	锡林郭勒盟东乌珠穆沁旗	Dongwuzhumuqin Banner in Xilinguole League	32244
67	锡林郭勒盟太仆寺旗	Taipusi Banner in Xilinguole League	31857
68	兴安盟阿尔山市	Aershan City in Xingan League	31207

23-3 续表 2 continued

单位：吨 (ton)

位 次 Order	旗县(区)名称	Name of Banners, Counties and Districts	粮食产量 Output of Grain
69	鄂尔多斯市东胜区	Dongsheng District in Erdos City	25883
70	包头市固阳县	Guyang County in Baotou City	25611
71	乌兰察布市察哈尔右翼中旗	Chahaeryouyizhong Banner in Wulanchabu City	24953
72	乌兰察布市察哈尔右翼后旗	Chahaeryouyihou Banner in Wulanchabu City	24291
73	乌兰察布市化德县	Huade County in Wulanchabu City	23440
74	巴彦淖尔市乌拉特后旗	Wulatehou Banner in Bayannaoer City	22534
75	赤峰市红山区	Hongshan District in Chifeng City	21399
76	呼和浩特市新城区	Xincheng District in Hohhot City	21081
77	锡林郭勒盟正蓝旗	Zhenglan Banner in Xilinguole League	17669
78	乌海市海南区	Hainan District in Wuhai City	16702
79	阿拉善盟阿拉善右旗	Alashanyou Banner in Alashan League	14459
80	锡林郭勒盟锡林浩特市	Xilinhaote City in Xilinguole League	13805
81	通辽市霍林郭勒市	Huolinguole City in Tongliao City	11047
82	乌海市海勃湾区	Haibowan District in Wuhai City	9448
83	乌兰察布市集宁区	Jining District in Wulanchabu City	6846
84	乌海市乌达区	Wuda District in Wuhai City	5515
85	包头市石拐矿区	Shiguai District in Baotou City	4490
86	呼和浩特市回民区	Huimin District in Hohhot City	4168
87	锡林郭勒盟正镶白旗	Zhengxiangbai Banner in Xilinguole League	3774
88	呼伦贝尔市根河市	Genhe City in Hulunbeier City	2783
89	阿拉善盟额济纳旗	Ejina Banner in Alashan League	1455
90	呼伦贝尔市新巴尔虎右旗	Xinbaerhuyou Banner in Hulunbeier City	1200
91	呼伦贝尔市满洲里市	Manzhouli City in Hulunbeier City	1024
92	锡林郭勒盟西乌珠穆沁旗	xiwuzhumuqin Banner in Xilinguole League	79
93	锡林郭勒盟镶黄旗	Xianghuang Banner in Xilinguole League	33
94	锡林郭勒盟阿巴嘎旗	Abaga Banner in Xilinguole League	
95	锡林郭勒盟二连浩特市	Erlianhaote City in Xilinguole League	
96	锡林郭勒盟苏尼特左旗	Sunitezuo Banner in Xilinguole League	
97	锡林郭勒盟苏尼特右旗	Suniteyou Banner in Xilinguole League	
98	包头市白云鄂博矿区	Baiyun Mineral District in Baotou City	
99	包头市昆都仑区	Kundulun District in Baotou City	
100	包头市青山区	Qingshan District in Baotou City	
101	包头市东河区	Donghe District in Baotou City	

23-4 各旗县（区）按年末牲畜存栏头数排序（2005年）

Banners, Counties and Districts Ranked by Number of Livestock (Year end of 2005)

单位：万头（只） (10 000 heads)

位 次 Order	旗县(区)名称	Name of Banners, Counties and Districts	年末牲畜存栏头数 Number of Livestock at the Year-end
1	锡林郭勒盟东乌珠穆沁旗	Dongwuzhumuqin Banner in Xilinguole League	220.60
2	兴安盟科尔沁右翼前旗	Keerqinyouyiqian Banner in Xingan League	219.20
3	巴彦淖尔市临河区	Linhe District in Bayannaoer City	212.77
4	鄂尔多斯市达拉特旗	Dalate Banner in Erdos City	210.30
5	通辽市扎鲁特旗	Zhalute Banner in Tongliao City	207.80
6	呼伦贝尔市阿荣旗	Arong Banner in Hulunbeier City	193.58
7	巴彦淖尔市杭锦后旗	Hangjinhou Banner in Bayannaoer City	171.23
8	呼伦贝尔市莫力达瓦达斡尔族自治旗	Molidawadawoer National Autonomous Banner in Hulunbeier City	162.73
9	兴安盟科尔沁右翼中旗	Keerqinyouyizhong Banner in Xingan League	160.52
10	赤峰市敖汉旗	Aohan Banner in Chifeng City	148.40
11	赤峰市阿鲁科尔沁旗	Alukeerqin Banner in Chifeng City	143.10
12	巴彦淖尔市乌拉特前旗	Wulateqian Banner in Bayannaoer City	138.60
13	赤峰市翁牛特旗	Wengniute Banner in Chifeng City	138.54
14	通辽市科尔沁区	Keerqin District in Tongliao City	132.62
15	巴彦淖尔市乌拉特中旗	Wulatezhong Banner in Bayannaoer City	131.42
16	锡林郭勒盟西乌珠穆沁旗	xiwuzhumuqin Banner in Xilinguole League	130.84
17	阿拉善盟阿拉善左旗	Alashanzuo Banner in Alashan League	129.13
18	鄂尔多斯市杭锦旗	Hangjin Banner in Erdos City	128.51
19	赤峰市克什克腾旗	Keshiketeng Banner in Chifeng City	126.31
20	呼伦贝尔市新巴尔虎右旗	Xinbaerhuyou Banner in Hulunbeier City	123.95
21	通辽市开鲁县	Kailu County in Tongliao City	114.69
22	巴彦淖尔市五原县	Wuyuan County in Bayannaoer City	113.74
23	通辽市奈曼旗	Naiman Banner in Tongliao City	113.42
24	通辽市科尔沁左翼中旗	Keerqinzuoyizhong Banner in Tongliao City	113.10
25	鄂尔多斯市鄂托克旗	Etuoke Banner in Erdos City	107.69
26	锡林郭勒盟阿巴嘎旗	Abaga Banner in Xilinguole League	106.33
27	鄂尔多斯市乌审旗	Wushen Banner in Erdos City	105.12
28	通辽市科尔沁左翼后旗	Keerqinzuoyihou Banner in Tongliao City	104.73
29	赤峰市巴林右旗	Balinyou Banner in Chifeng City	104.47
30	呼伦贝尔市新巴尔虎左旗	Xinbaerhuzuo Banner in Hulunbeier City	100.82
31	兴安盟扎赉特旗	Zhalaite Banner in Xingan League	100.78
32	呼伦贝尔市扎兰屯市	Zhalantun City in Hulunbeier City	95.35
33	鄂尔多斯市鄂托克前旗	Etuokeqian Banner in Erdos City	94.07
34	赤峰市巴林左旗	Balinzuo Banner in Chifeng City	85.45

23-4 续表 1 continued

单位：万头（只） (10 000 heads)

位次 Order	旗县(区)名称	Name of Banners, Counties and Districts	年末牲畜存栏头数 Number of Livestock at the Year-end
35	锡林郭勒盟锡林浩特市	Xilinhaote City in Xilinguole League	84.89
36	乌兰察布市四子王旗	Siziwang Banner in Wulanchabu City	84.48
37	乌兰察布市兴和县	Xinghe County in Wulanchabu City	79.40
38	呼伦贝尔市陈巴尔虎旗	Chenbaerhu Banner in Hulunbeier City	69.74
39	锡林郭勒盟苏尼特左旗	Sunitezuo Banner in Xilinguole League	69.53
40	鄂尔多斯市伊金霍洛旗	Yijinhuoluo Banner in Erdos City	68.04
41	呼伦贝尔市鄂伦春自治旗	Elunchun National Autonomous Banner in Hulunbeier City	66.46
42	乌兰察布市丰镇市	Fengzhen City in Wulanchabu City	66.42
43	呼伦贝尔市鄂温克族自治旗	Ewenke National Autonomous Banner in Hulunbeier City	65.42
44	兴安盟突泉县	Tuquan County in Xingan League	64.55
45	鄂尔多斯市准格尔旗	Zhungeer Banner in Erdos City	59.24
46	包头市土默特右旗	Tumoteyou Banner in Baotou City	57.12
47	包头市达尔罕茂明安联合旗	Daerhanmaomingan Union Banner in Baotou City	56.45
48	赤峰市林西县	Linxi County in Chifeng City	56.18
49	乌兰察布市卓资县	Zhuozi County in Wulanchabu City	55.93
50	乌兰察布市察哈尔右翼前旗	Chahaeryouyiqian Banner in Wulanchabu City	55.22
51	乌兰察布市凉城县	Liangcheng County in Wulanchabu City	54.89
52	锡林郭勒盟苏尼特右旗	Suniteyou Banner in Xilinguole League	51.76
53	赤峰市松山区	Songshan District in Chifeng City	50.84
54	赤峰市宁城县	Ningcheng County in Chifeng City	49.98
55	巴彦淖尔市乌拉特后旗	Wulatehou Banner in Bayannaoer City	48.33
56	通辽市库伦旗	Kulun Banner in Tongliao City	47.86
57	乌兰察布市察哈尔右翼中旗	Chahaeryouyizhong Banner in Wulanchabu City	47.17
58	呼和浩特市和林格尔县	Helingeer County in Hohhot City	44.99
59	包头市固阳县	Guyang County in Baotou City	43.65
60	呼和浩特市土默特左旗	Tumotezuo Banner in Hohhot City	43.43
61	乌兰察布市商都县	Shangdu County in Wulanchabu City	42.77
62	锡林郭勒盟正镶白旗	Zhengxiangbai Banner in Xilinguole League	40.72
63	巴彦淖尔市磴口县	Dengkou County in Bayannaoer City	39.88
64	锡林郭勒盟正蓝旗	Zhenglan Banner in Xilinguole League	38.01
65	乌兰察布市化德县	Huade County in Wulanchabu City	37.76
66	乌兰察布市察哈尔右翼后旗	Chahaeryouyihou Banner in Wulanchabu City	35.18
67	包头市九原区	Jiuyuan District in Baotou City	32.59
68	锡林郭勒盟镶黄旗	Xianghuang Banner in Xilinguole League	30.85

23-4 续表 2 continued

单位：万头（只） (10 000 heads)

位次 Order	旗县(区)名称	Name of Banners, Counties and Districts	年末牲畜存栏头数 Number of Livestock at the Year-end
69	锡林郭勒盟太仆寺旗	Taipusi Banner in Xilinguole League	30.15
70	呼和浩特市托克托县	Tuoketuo County in Hohhot City	30.06
71	赤峰市喀喇沁旗	Kalaqin Banner in Chifeng City	28.16
72	呼伦贝尔市额尔古纳市	Eerguna City in Hulunbeier City	26.89
73	呼和浩特市清水河县	Qingshuihe County in Hohhot City	25.47
74	呼伦贝尔市牙克石市	Yakeshi City in Hulunbeier City	24.60
75	呼和浩特市赛罕区	Saihan District in Hohhot City	24.05
76	锡林郭勒盟多伦县	Duolun County in Xilinguole League	22.29
77	鄂尔多斯市东胜区	Dongsheng District in Erdos City	22.14
78	呼和浩特市武川县	Wuchuan County in Hohhot City	20.94
79	赤峰市元宝山区	Yuanbaoshan District in Chifeng City	19.11
80	阿拉善盟阿拉善右旗	Alashanyou Banner in Alashan League	18.55
81	兴安盟乌兰浩特市	Wulanhaote City in Xingan League	17.17
82	兴安盟阿尔山市	Aershan City in Xingan League	13.39
83	通辽市霍林郭勒市	Huolinguole City in Tongliao City	10.85
84	呼伦贝尔市海拉尔区	Hailaer District in Hulunbeier City	9.54
85	乌海市海南区	Hainan District in Wuhai City	8.00
86	阿拉善盟额济纳旗	Ejina Banner in Alashan League	7.96
87	包头市石拐矿区	Shiguai District in Baotou City	5.50
88	乌兰察布市集宁区	Jining District in Wulanchabu City	5.46
89	呼伦贝尔市满洲里市	Manzhouli City in Hulunbeier City	5.31
90	锡林郭勒盟二连浩特市	Erlianhaote City in Xilinguole League	4.71
91	乌海市海勃湾区	Haibowan District in Wuhai City	4.48
92	呼和浩特市玉泉区	Yuquan District in Hohhot City	4.46
93	赤峰市红山区	Hongshan District in Chifeng City	4.23
94	呼和浩特市新城区	Xincheng District in Hohhot City	4.21
95	呼伦贝尔市根河市	Genhe City in Hulunbeier City	3.55
96	乌海市乌达区	Wuda District in Wuhai City	1.88
97	呼和浩特市回民区	Huimin District in Hohhot City	1.55
98	包头市白云鄂博矿区	Baiyun Mineral District in Baotou City	
99	包头市昆都仑区	Kundulun District in Baotou City	
100	包头市青山区	Qingshan District in Baotou City	
101	包头市东河区	Donghe District in Baotou City	

23-5 各旗县（区）按农牧民人均纯收入排序（2005年）

Banners, Counties and Districts Ranked by Net Income of Peasants and Herdsmen （2005）

单位：元 (yuan)

位次 Order	旗县(区)名称	Name of Banners, Counties and Districts	农牧民人均纯收入 Net Income of Peasants & Herdsmen
1	锡林郭勒盟东乌珠穆沁旗	Dongwuzhumuqin Banner in Xilinguole League	6880
2	呼和浩特市回民区	Huimin District in Hohhot City	6338
3	呼和浩特市玉泉区	Yuquan District in Hohhot City	6157
4	呼伦贝尔市海拉尔区	Hailaer District in Hulunbeier City	6030
5	呼和浩特市新城区	Xincheng District in Hohhot City	6003
6	呼和浩特市赛罕区	Saihan District in Hohhot City	5898
7	包头市九原区	Jiuyuan District in Baotou City	5540
8	呼伦贝尔市额尔古纳市	Eerguna City in Hulunbeier City	5514
9	呼和浩特市土默特左旗	Tumotezuo Banner in Hohhot City	5258
10	赤峰市红山区	Hongshan District in Chifeng City	5157
11	呼和浩特市托克托县	Tuoketuo County in Hohhot City	4907
12	乌海市海勃湾区	Haibowan District in Wuhai City	4840
13	乌海市乌达区	Wuda District in Wuhai City	4810
14	包头市土默特右旗	Tumoteyou Banner in Baotou City	4803
15	鄂尔多斯市鄂托克前旗	Etuokeqian Banner in Erdos City	4796
16	鄂尔多斯市乌审旗	Wushen Banner in Erdos City	4783
17	呼伦贝尔市鄂温克族自治旗	Ewenke National Autonomous Banner in Hulunbeier City	4781
18	巴彦淖尔市临河区	Linhe District in Bayannaoer City	4748
19	鄂尔多斯市伊金霍洛旗	Yijinhuoluo Banner in Erdos City	4742
20	鄂尔多斯市东胜区	Dongsheng District in Erdos City	4716
21	鄂尔多斯市准格尔旗	Zhungeer Banner in Erdos City	4705
22	鄂尔多斯市达拉特旗	Dalate Banner in Erdos City	4655
23	鄂尔多斯市鄂托克旗	Etuoke Banner in Erdos City	4609
24	赤峰市元宝山区	Yuanbaoshan District in Chifeng City	4580
25	乌海市海南区	Hainan District in Wuhai City	4470
26	阿拉善盟额济纳旗	Ejina Banner in Alashan League	4444
27	呼伦贝尔市陈巴尔虎旗	Chenbaerhu Banner in Hulunbeier City	4433
28	巴彦淖尔市磴口县	Dengkou County in Bayannaoer City	4425
29	巴彦淖尔市杭锦后旗	Hangjinhou Banner in Bayannaoer City	4418
30	呼和浩特市和林格尔县	Helingeer County in Hohhot City	4379
31	锡林郭勒盟西乌珠穆沁旗	xiwuzhumuqin Banner in Xilinguole League	4283
32	通辽市科尔沁区	Keerqin District in Tongliao City	4276
33	呼伦贝尔市新巴尔虎右旗	Xinbaerhuyou Banner in Hulunbeier City	4265
34	呼伦贝尔市新巴尔虎左旗	Xinbaerhuzuo Banner in Hulunbeier City	4257

23-5 续表 1 continued

单位：元 (yuan)

位次 Order	旗县(区)名称	Name of Banners, Counties and Districts	农牧民人均纯收入 Net Income of Peasants & Herdsmen
35	巴彦淖尔市乌拉特前旗	Wulateqian Banner in Bayannaoer City	4239
36	巴彦淖尔市五原县	Wuyuan County in Bayannaoer City	4237
37	通辽市开鲁县	Kailu County in Tongliao City	4212
38	阿拉善盟阿拉善右旗	Alashanyou Banner in Alashan League	4178
39	锡林郭勒盟锡林浩特市	Xilinhaote City in Xilinguole League	4145
40	鄂尔多斯市杭锦旗	Hangjin Banner in Erdos City	4136
41	包头市达尔罕茂明安联合旗	Daerhanmaomingan Union Banner in Baotou City	4095
42	兴安盟乌兰浩特市	Wulanhaote City in Xingan League	3803
43	乌兰察布市集宁区	Jining District in Wulanchabu City	3755
44	通辽市霍林郭勒市	Huolinguole City in Tongliao City	3715
45	包头市石拐矿区	Shiguai District in Baotou City	3700
46	锡林郭勒盟阿巴嘎旗	Abaga Banner in Xilinguole League	3638
47	阿拉善盟阿拉善左旗	Alashanzuo Banner in Alashan League	3532
48	巴彦淖尔市乌拉特中旗	Wulatezhong Banner in Bayannaoer City	3387
49	呼伦贝尔市阿荣旗	Arong Banner in Hulunbeier City	3338
50	呼和浩特市清水河县	Qingshuihe County in Hohhot City	3282
51	赤峰市松山区	Songshan District in Chifeng City	3220
52	乌兰察布市凉城县	Liangcheng County in Wulanchabu City	3218
53	通辽市扎鲁特旗	Zhalute Banner in Tongliao City	3205
54	包头市固阳县	Guyang County in Baotou City	3200
55	乌兰察布市丰镇市	Fengzhen City in Wulanchabu City	3132
56	乌兰察布市察哈尔右翼前旗	Chahaeryouyiqian Banner in Wulanchabu City	3101
57	通辽市科尔沁左翼中旗	Keerqinzuoyizhong Banner in Tongliao City	3089
58	呼伦贝尔市牙克石市	Yakeshi City in Hulunbeier City	2918
59	赤峰市巴林右旗	Balinyou Banner in Chifeng City	2903
60	乌兰察布市四子王旗	Siziwang Banner in Wulanchabu City	2890
61	兴安盟阿尔山市	Aershan City in Xingan League	2867
62	赤峰市巴林左旗	Balinzuo Banner in Chifeng City	2828
63	赤峰市克什克腾旗	Keshiketeng Banner in Chifeng City	2800
64	通辽市科尔沁左翼后旗	Keerqinzuoyihou Banner in Tongliao City	2800
65	呼伦贝尔市扎兰屯市	Zhalantun City in Hulunbeier City	2760
66	赤峰市翁牛特旗	Wengniute Banner in Chifeng City	2703
67	赤峰市宁城县	Ningcheng County in Chifeng City	2700
68	赤峰市敖汉旗	Aohan Banner in Chifeng City	2626

23-5 续表 2 continued

单位：元 (yuan)

位 次 Order	旗县(区)名称	Name of Banners, Counties and Districts	农牧民人均纯收入 Net Income of Peasants & Herdsmen
69	呼伦贝尔市鄂伦春自治旗	Elunchun National Autonomous Banner in Hulunbeier City	2625
70	通辽市奈曼旗	Naiman Banner in Tongliao City	2619
71	赤峰市林西县	Linxi County in Chifeng City	2616
72	乌兰察布市卓资县	Zhuozi County in Wulanchabu City	2602
73	锡林郭勒盟二连浩特市	Erlianhaote City in Xilinguole League	2580
74	通辽市库伦旗	Kulun Banner in Tongliao City	2520
75	乌兰察布市察哈尔右翼后旗	Chahaeryouyihou Banner in Wulanchabu City	2488
76	乌兰察布市兴和县	Xinghe County in Wulanchabu City	2456
77	赤峰市喀喇沁旗	Kalaqin Banner in Chifeng City	2438
78	乌兰察布市察哈尔右翼中旗	Chahaeryouyizhong Banner in Wulanchabu City	2434
79	乌兰察布市商都县	Shangdu County in Wulanchabu City	2398
80	赤峰市阿鲁科尔沁旗	Alukeerqin Banner in Chifeng City	2378
81	呼和浩特市武川县	Wuchuan County in Hohhot City	2372
82	锡林郭勒盟正蓝旗	Zhenglan Banner in Xilinguole League	2302
83	乌兰察布市化德县	Huade County in Wulanchabu City	2300
84	锡林郭勒盟苏尼特左旗	Sunitezuo Banner in Xilinguole League	2282
85	呼伦贝尔市莫力达瓦达斡尔族自治旗	Molidawadawoer National Autonomous Banner in Hulunbeier City	2185
86	兴安盟突泉县	Tuquan County in Xingan League	2155
87	锡林郭勒盟太仆寺旗	Taipusi Banner in Xilinguole League	2117
88	锡林郭勒盟多伦县	Duolun County in Xilinguole League	2108
89	巴彦淖尔市乌拉特后旗	Wulatehou Banner in Bayannaoer City	2097
90	兴安盟科尔沁右翼前旗	Keerqinyouyiqian Banner in Xingan League	2087
91	兴安盟科尔沁右翼中旗	Keerqinyouyizhong Banner in Xingan League	1890
92	锡林郭勒盟镶黄旗	Xianghuang Banner in Xilinguole League	1887
93	兴安盟扎赉特旗	Zhalaite Banner in Xingan League	1886
94	锡林郭勒盟苏尼特右旗	Suniteyou Banner in Xilinguole League	1864
95	锡林郭勒盟正镶白旗	Zhengxiangbai Banner in Xilinguole League	1796
96	包头市白云鄂博矿区	Baiyun Mineral District in Baotou City	
97	包头市昆都仑区	Kundulun District in Baotou City	
98	包头市青山区	Qingshan District in Baotou City	
99	呼伦贝尔市根河市	Genhe City in Hulunbeier City	
100	包头市东河区	Donghe District in Baotou City	
101	呼伦贝尔市满洲里市	Manzhouli City in Hulunbeier City	

23-6 各旗县（区）按在岗职工平均工资排序（2005年）

Banners, Counties and Districts Ranked by Average Wage of Staff and Workers Employed in（2005）

单位：元 (yuan)

位次 Order	旗县(区)名称	Name of Banners, Counties and Districts	职工平均工资 Average Wage
1	鄂尔多斯市伊金霍洛旗	Yijinhuoluo Banner in Erdos City	25308
2	鄂尔多斯市准格尔旗	Zhungeer Banner in Erdos City	25201
3	乌兰察布市丰镇市	Fengzhen City in Wulanchabu City	23265
4	鄂尔多斯市达拉特旗	Dalate Banner in Erdos City	22519
5	鄂尔多斯市东胜区	Dongsheng District in Erdos City	22143
6	锡林郭勒盟二连浩特市	Erlianhaote City in Xilinguole League	21177
7	包头市白云鄂博矿区	Baiyun Mineral District in Baotou City	21122
8	鄂尔多斯市鄂托克旗	Etuoke Banner in Erdos City	20742
9	包头市昆都仑区	Kundulun District in Baotou City	20423
10	包头市青山区	Qingshan District in Baotou City	20315
11	通辽市霍林郭勒市	Huolinguole City in Tongliao City	20204
12	包头市九原区	Jiuyuan District in Baotou City	19956
13	阿拉善盟阿拉善左旗	Alashanzuo Banner in Alashan League	19563
14	包头市达尔罕茂明安联合旗	Daerhanmaomingan Union Banner in Baotou City	19020
15	阿拉善盟额济纳旗	Ejina Banner in Alashan League	18337
16	呼和浩特市托克托县	Tuoketuo County in Hohhot City	18257
17	阿拉善盟阿拉善右旗	Alashanyou Banner in Alashan League	18077
18	呼伦贝尔市鄂温克族自治旗	Ewenke National Autonomous Banner in Hulunbeier City	17820
19	呼和浩特市赛罕区	Saihan District in Hohhot City	17792
20	呼伦贝尔市根河市	Genhe City in Hulunbeier City	17179
21	呼和浩特市玉泉区	Yuquan District in Hohhot City	16838
22	锡林郭勒盟苏尼特右旗	Suniteyou Banner in Xilinguole League	16662
23	包头市固阳县	Guyang County in Baotou City	16399
24	呼伦贝尔市海拉尔区	Hailaer District in Hulunbeier City	16388
25	呼伦贝尔市新巴尔虎右旗	Xinbaerhuyou Banner in Hulunbeier City	16273
26	包头市东河区	Donghe District in Baotou City	16052
27	乌海市海南区	Hainan District in Wuhai City	16008
28	鄂尔多斯市乌审旗	Wushen Banner in Erdos City	15991
29	乌海市海勃湾区	Haibowan District in Wuhai City	15828
30	呼和浩特市新城区	Xincheng District in Hohhot City	15820
31	锡林郭勒盟太仆寺旗	Taipusi Banner in Xilinguole League	15810
32	鄂尔多斯市鄂托克前旗	Etuokeqian Banner in Erdos City	15645
33	锡林郭勒盟东乌珠穆沁旗	Dongwuzhumuqin Banner in Xilinguole League	15568
34	锡林郭勒盟镶黄旗	Xianghuang Banner in Xilinguole League	15557

23-6 续表 1 continued

单位：元 (yuan)

位次 Order	旗县(区)名称	Name of Banners, Counties and Districts	职工平均工资 Average Wage
35	呼和浩特市回民区	Huimin District in Hohhot City	15541
36	包头市石拐矿区	Shiguai District in Baotou City	15522
37	锡林郭勒盟锡林浩特市	Xilinhaote City in Xilinguole League	15513
38	锡林郭勒盟西乌珠穆沁旗	xiwuzhumuqin Banner in Xilinguole League	15444
39	呼和浩特市和林格尔县	Helingeer County in Hohhot City	15196
40	赤峰市元宝山区	Yuanbaoshan District in Chifeng City	15164
41	锡林郭勒盟多伦县	Duolun County in Xilinguole League	15119
42	乌兰察布市集宁区	Jining District in Wulanchabu City	15077
43	锡林郭勒盟正蓝旗	Zhenglan Banner in Xilinguole League	15014
44	锡林郭勒盟正镶白旗	Zhengxiangbai Banner in Xilinguole League	14775
45	乌海市乌达区	Wuda District in Wuhai City	14464
46	乌兰察布市凉城县	Liangcheng County in Wulanchabu City	14322
47	锡林郭勒盟阿巴嘎旗	Abaga Banner in Xilinguole League	14255
48	包头市土默特右旗	Tumoteyou Banner in Baotou City	14111
49	锡林郭勒盟苏尼特左旗	Sunitezuo Banner in Xilinguole League	14097
50	巴彦淖尔市乌拉特后旗	Wulatehou Banner in Bayannaoer City	14047
51	赤峰市松山区	Songshan District in Chifeng City	13795
52	乌兰察布市四子王旗	Siziwang Banner in Wulanchabu City	13763
53	兴安盟乌兰浩特市	Wulanhaote City in Xingan League	13747
54	乌兰察布市察哈尔右翼中旗	Chahaeryouyizhong Banner in Wulanchabu City	13502
55	呼伦贝尔市牙克石市	Yakeshi City in Hulunbeier City	13479
56	赤峰市红山区	Hongshan District in Chifeng City	13382
57	乌兰察布市卓资县	Zhuozi County in Wulanchabu City	13335
58	呼伦贝尔市满洲里市	Manzhouli City in Hulunbeier City	13284
59	鄂尔多斯市杭锦旗	Hangjin Banner in Erdos City	13204
60	呼和浩特市武川县	Wuchuan County in Hohhot City	12934
61	巴彦淖尔市五原县	Wuyuan County in Bayannaoer City	12922
62	呼和浩特市土默特左旗	Tumotezuo Banner in Hohhot City	12917
63	呼伦贝尔市扎兰屯市	Zhalantun City in Hulunbeier City	12907
64	巴彦淖尔市乌拉特前旗	Wulateqian Banner in Bayannaoer City	12834
65	呼伦贝尔市莫力达瓦达斡尔族自治旗	Molidawadawoer National Autonomous Banner in Hulunbeier City	12639
66	呼伦贝尔市额尔古纳市	Eerguna City in Hulunbeier City	12613
67	通辽市科尔沁区	Keerqin District in Tongliao City	12612
68	巴彦淖尔市杭锦后旗	Hangjinhou Banner in Bayannaoer City	12591

23-6 续表 2 continued

单位：元 (yuan)

位次 Order	旗县(区)名称	Name of Banners, Counties and Districts	职工平均工资 Average Wage
69	巴彦淖尔市乌拉特中旗	Wulatezhong Banner in Bayannaoer City	12562
70	乌兰察布市察哈尔右翼后旗	Chahaeryouyihou Banner in Wulanchabu City	12543
71	乌兰察布市兴和县	Xinghe County in Wulanchabu City	12512
72	赤峰市巴林左旗	Balinzuo Banner in Chifeng City	12475
73	呼伦贝尔市新巴尔虎左旗	Xinbaerhuzuo Banner in Hulunbeier City	12373
74	巴彦淖尔市临河区	Linhe District in Bayannaoer City	12300
75	赤峰市克什克腾旗	Keshiketeng Banner in Chifeng City	12263
76	赤峰市敖汉旗	Aohan Banner in Chifeng City	12256
77	乌兰察布市商都县	Shangdu County in Wulanchabu City	12163
78	赤峰市宁城县	Ningcheng County in Chifeng City	12101
79	乌兰察布市化德县	Huade County in Wulanchabu City	12053
80	呼和浩特市清水河县	Qingshuihe County in Hohhot City	12017
81	呼伦贝尔市鄂伦春自治旗	Elunchun National Autonomous Banner in Hulunbeier City	11742
82	赤峰市巴林右旗	Balinyou Banner in Chifeng City	11739
83	赤峰市翁牛特旗	Wengniute Banner in Chifeng City	11686
84	呼伦贝尔市陈巴尔虎旗	Chenbaerhu Banner in Hulunbeier City	11606
85	通辽市库伦旗	Kulun Banner in Tongliao City	11474
86	乌兰察布市察哈尔右翼前旗	Chahaeryouyiqian Banner in Wulanchabu City	11255
87	呼伦贝尔市阿荣旗	Arong Banner in Hulunbeier City	10970
88	巴彦淖尔市磴口县	Dengkou County in Bayannaoer City	10899
89	赤峰市阿鲁科尔沁旗	Alukeerqin Banner in Chifeng City	10882
90	通辽市科尔沁左翼后旗	Keerqinzuoyihou Banner in Tongliao City	10869
91	通辽市奈曼旗	Naiman Banner in Tongliao City	10800
92	赤峰市喀喇沁旗	Kalaqin Banner in Chifeng City	10574
93	赤峰市林西县	Linxi County in Chifeng City	10466
94	通辽市开鲁县	Kailu County in Tongliao City	10425
95	兴安盟扎赉特旗	Zhalaite Banner in Xingan League	10154
96	兴安盟科尔沁右翼中旗	Keerqinyouyizhong Banner in Xingan League	9746
97	通辽市科尔沁左翼中旗	Keerqinzuoyizhong Banner in Tongliao City	9740
98	兴安盟阿尔山市	Aershan City in Xingan League	9719
99	通辽市扎鲁特旗	Zhalute Banner in Tongliao City	9652
100	兴安盟科尔沁右翼前旗	Keerqinyouyiqian Banner in Xingan League	9458
101	兴安盟突泉县	Tuquan County in Xingan League	9008

23-7 各旗县（区）按地方财政收入排序（2005年）

Banners, Counties and Districts Ranked by Local Government Revenue（2005）

单位：万元 (10 000 yuan)

位 次 Order	旗县(区)名称	Name of Banners, Counties and Districts	地方财政收入 Local Government Revenue
1	鄂尔多斯市东胜区	Dongsheng District in Erdos City	133390
2	鄂尔多斯市准格尔旗	Zhungeer Banner in Erdos City	130105
3	包头市青山区	Qingshan District in Baotou City	93748
4	包头市九原区	Jiuyuan District in Baotou City	74037
5	呼和浩特市赛罕区	Saihan District in Hohhot City	70158
6	包头市昆都仑区	Kundulun District in Baotou City	70075
7	鄂尔多斯市伊金霍洛旗	Yijinhuoluo Banner in Erdos City	68731
8	包头市东河区	Donghe District in Baotou City	61672
9	通辽市科尔沁区	Keerqin District in Tongliao City	58993
10	呼和浩特市新城区	Xincheng District in Hohhot City	56776
11	呼伦贝尔市满洲里市	Manzhouli City in Hulunbeier City	55777
12	呼和浩特市托克托县	Tuoketuo County in Hohhot City	51585
13	包头市达尔罕茂明安联合旗	Daerhanmaomingan Union Banner in Baotou City	42476
14	鄂尔多斯市达拉特旗	Dalate Banner in Erdos City	40776
15	呼和浩特市回民区	Huimin District in Hohhot City	39743
16	赤峰市红山区	Hongshan District in Chifeng City	34636
17	呼和浩特市和林格尔县	Helingeer County in Hohhot City	33720
18	鄂尔多斯市鄂托克旗	Etuoke Banner in Erdos City	32944
19	巴彦淖尔市临河区	Linhe District in Bayannaoer City	32642
20	包头市土默特右旗	Tumoteyou Banner in Baotou City	31039
21	呼和浩特市玉泉区	Yuquan District in Hohhot City	30950
22	赤峰市元宝山区	Yuanbaoshan District in Chifeng City	28452
23	乌兰察布市丰镇市	Fengzhen City in Wulanchabu City	27447
24	呼和浩特市土默特左旗	Tumotezuo Banner in Hohhot City	27367
25	阿拉善盟阿拉善左旗	Alashanzuo Banner in Alashan League	24624
26	呼伦贝尔市海拉尔区	Hailaer District in Hulunbeier City	24263
27	呼伦贝尔市鄂温克族自治旗	Ewenke National Autonomous Banner in Hulunbeier City	23719
28	包头市固阳县	Guyang County in Baotou City	23539
29	乌兰察布市集宁区	Jining District in Wulanchabu City	23150
30	巴彦淖尔市乌拉特前旗	Wulateqian Banner in Bayannaoer City	21058
31	鄂尔多斯市乌审旗	Wushen Banner in Erdos City	19680
32	巴彦淖尔市杭锦后旗	Hangjinhou Banner in Bayannaoer City	18987
33	通辽市霍林郭勒市	Huolinguole City in Tongliao City	18861
34	锡林郭勒盟锡林浩特市	Xilinhaote City in Xilinguole League	18319

23-7 续表 1 continued

单位：万元 (10 000 yuan)

位次 Order	旗县(区)名称	Name of Banners, Counties and Districts	地方财政收入 Local Government Revenue
35	巴彦淖尔市五原县	Wuyuan County in Bayannaoer City	16525
36	乌海市海勃湾区	Haibowan District in Wuhai City	16367
37	呼伦贝尔市扎兰屯市	Zhalantun City in Hulunbeier City	16191
38	兴安盟乌兰浩特市	Wulanhaote City in Xingan League	15859
39	赤峰市松山区	Songshan District in Chifeng City	15711
40	乌海市海南区	Hainan District in Wuhai City	14878
41	乌兰察布市凉城县	Liangcheng County in Wulanchabu City	14244
42	锡林郭勒盟正蓝旗	Zhenglan Banner in Xilinguole League	14051
43	呼伦贝尔市牙克石市	Yakeshi City in Hulunbeier City	13798
44	锡林郭勒盟二连浩特市	Erlianhaote City in Xilinguole League	13575
45	锡林郭勒盟东乌珠穆沁旗	Dongwuzhumuqin Banner in Xilinguole League	13351
46	巴彦淖尔市乌拉特后旗	Wulatehou Banner in Bayannaoer City	12285
47	乌海市乌达区	Wuda District in Wuhai City	11952
48	乌兰察布市兴和县	Xinghe County in Wulanchabu City	11804
49	通辽市扎鲁特旗	Zhalute Banner in Tongliao City	11320
50	锡林郭勒盟西乌珠穆沁旗	xiwuzhumuqin Banner in Xilinguole League	11090
51	赤峰市敖汉旗	Aohan Banner in Chifeng City	11076
52	呼伦贝尔市莫力达瓦达斡尔族自治旗	Molidawadawoer National Autonomous Banner in Hulunbeier City	10949
53	乌兰察布市察哈尔右翼后旗	Chahaeryouyihou Banner in Wulanchabu City	10834
54	赤峰市宁城县	Ningcheng County in Chifeng City	10553
55	呼伦贝尔市新巴尔虎右旗	Xinbaerhuyou Banner in Hulunbeier City	10341
56	呼伦贝尔市陈巴尔虎旗	Chenbaerhu Banner in Hulunbeier City	10217
57	通辽市奈曼旗	Naiman Banner in Tongliao City	10215
58	鄂尔多斯市鄂托克前旗	Etuokeqian Banner in Erdos City	10192
59	鄂尔多斯市杭锦旗	Hangjin Banner in Erdos City	10131
60	赤峰市克什克腾旗	Keshiketeng Banner in Chifeng City	9943
61	通辽市科尔沁左翼后旗	Keerqinzuoyihou Banner in Tongliao City	9598
62	乌兰察布市察哈尔右翼前旗	Chahaeryouyiqian Banner in Wulanchabu City	9562
63	锡林郭勒盟苏尼特右旗	Suniteyou Banner in Xilinguole League	9496
64	兴安盟科尔沁右翼前旗	Keerqinyouyiqian Banner in Xingan League	9382
65	巴彦淖尔市磴口县	Dengkou County in Bayannaoer City	9363
66	巴彦淖尔市乌拉特中旗	Wulatezhong Banner in Bayannaoer City	8877
67	通辽市开鲁县	Kailu County in Tongliao City	8839
68	包头市石拐矿区	Shiguai District in Baotou City	8810

23-7 续表 2 continued

单位：万元 (10 000 yuan)

位次 Order	旗县(区)名称	Name of Banners, Counties and Districts	地方财政收入 Local Government Revenue
69	通辽市科尔沁左翼中旗	Keerqinzuoyizhong Banner in Tongliao City	8710
70	赤峰市林西县	Linxi County in Chifeng City	8317
71	兴安盟扎赉特旗	Zhalaite Banner in Xingan League	8199
72	赤峰市巴林右旗	Balinyou Banner in Chifeng City	8157
73	赤峰市巴林左旗	Balinzuo Banner in Chifeng City	8081
74	呼伦贝尔市阿荣旗	Arong Banner in Hulunbeier City	7780
75	兴安盟突泉县	Tuquan County in Xingan League	7773
76	赤峰市阿鲁科尔沁旗	Alukeerqin Banner in Chifeng City	7727
77	赤峰市翁牛特旗	Wengniute Banner in Chifeng City	7484
78	赤峰市喀喇沁旗	Kalaqin Banner in Chifeng City	7260
79	乌兰察布市卓资县	Zhuozi County in Wulanchabu City	7155
80	包头市白云鄂博矿区	Baiyun Mineral District in Baotou City	7073
81	兴安盟科尔沁右翼中旗	Keerqinyouyizhong Banner in Xingan League	6722
82	阿拉善盟额济纳旗	Ejina Banner in Alashan League	6642
83	呼伦贝尔市鄂伦春自治旗	Elunchun National Autonomous Banner in Hulunbeier City	6127
84	锡林郭勒盟多伦县	Duolun County in Xilinguole League	5536
85	呼伦贝尔市额尔古纳市	Eerguna City in Hulunbeier City	5380
86	通辽市库伦旗	Kulun Banner in Tongliao City	5218
87	乌兰察布市商都县	Shangdu County in Wulanchabu City	4918
88	呼和浩特市武川县	Wuchuan County in Hohhot City	4681
89	锡林郭勒盟阿巴嘎旗	Abaga Banner in Xilinguole League	4476
90	呼伦贝尔市根河市	Genhe City in Hulunbeier City	4439
91	呼和浩特市清水河县	Qingshuihe County in Hohhot City	4376
92	锡林郭勒盟镶黄旗	Xianghuang Banner in Xilinguole League	4348
93	阿拉善盟阿拉善右旗	Alashanyou Banner in Alashan League	4242
94	锡林郭勒盟太仆寺旗	Taipusi Banner in Xilinguole League	4047
95	锡林郭勒盟正镶白旗	Zhengxiangbai Banner in Xilinguole League	4035
96	乌兰察布市四子王旗	Siziwang Banner in Wulanchabu City	3753
97	乌兰察布市察哈尔右翼中旗	Chahaeryouyizhong Banner in Wulanchabu City	3458
98	锡林郭勒盟苏尼特左旗	Sunitezuo Banner in Xilinguole League	3425
99	乌兰察布市化德县	Huade County in Wulanchabu City	3349
100	兴安盟阿尔山市	Aershan City in Xingan League	3226
101	呼伦贝尔市新巴尔虎左旗	Xinbaerhuzuo Banner in Hulunbeier City	2160

23-8 呼和浩特市新城区

指 标	Item	2004	2005	2005年比上年增长% Increase Rate in 2005 Over 2004(%)
行政区域土地面积(平方公里)	**Area of Administration(Sq.km)**	**700**	**700**	**0.0**
人口和就业	**Population & Employment**			
年末总人口(人)	Total Population Year-end(person)	323592	326695	1.0
# 男性(人)	Male(person)	162089	163891	1.1
# 乡村人口(人)	Rural(person)	49532	49502	-0.1
年末总户数(户)	Total Number of Households at the Year-end(Household)	102922	106077	3.1
# 乡村户数(户)	Number of Rural Household(Household)	15505	15495	-0.1
出生人口(人)	Births(person)	2707	2703	-0.1
死亡人口(人)	Deaths(person)	1200	1412	17.7
全社会就业人员(人)	Employment(person)	179660	216570	20.5
第一产业(人)	Primary Industry(person)	37036	39058	5.5
第二产业(人)	Secondary Industry(person)	27288	34587	26.7
第三产业(人)	Tertiary Industry(person)	115336	142925	23.9
在岗职工人数(人)	Number of Staff & Workers Employed in(person)	11032	10460	-5.2
乡村劳动力(人)	Number of Rural Laborers(person)	34309	34130	-0.5
# 农林牧渔业(人)	Farming,Forestry,Animal Husbandry & Fishery(person)	21305	20653	-3.1
国民经济综合指标	**Summary Item on the National Economy**			
生产总值(万元)	Gross Domestic Product(10 000 yuan)	1162703	1485391	19.7
第一产业(万元)	Primary Industry(10 000 yuan)	7844	9384	16.6
第二产业(万元)	Secondary Industry(10 000 yuan)	134028	173006	22.7
# 工业(万元)	Industry(10 000 yuan)	75862	96581	20.5
第三产业(万元)	Tertiary Industry(10 000 yuan)	1020831	1303001	19.2
人均生产总值(元)	Per Capita GDP(yuan)	35943	45684	19.3
全社会固定资产投资(万元)	Total Investment in Fixed Assets(10 000 yuan)	155819	475408	205.1
按登记注册类型分	Grouped by Registered Type			
# 国有(万元)	State-owned Enterprises(10 000 yuan)	132476	200696	51.5
集体(万元)	Collective-owned Enterprises(10 000 yuan)	905	260	-71.3
有限责任公司(万元)	Limited Liability Corporations(10 000 yuan)	17632	51992	194.9
股份有限公司(万元)	Share Holding Enterprises(10 000 yuan)	116	58534	50360.3
私营企业(万元)	Private Enterprises(10 000 yuan)	1932	23112	1096.3
外商及港澳台投资企业(万元)	Funds from HK,Macao,Taiwan & Foreign(10 000 yuan)		400	
按管理渠道分	Grouped by Channel of Management			
# 基本建设(万元)	Capital Construction(10 000 yuan)	135456	300211	121.6
更新改造(万元)	Innovation(10 000 yuan)	2653	45009	1596.5
房地产开发(万元)	Real Estate Development(10 000 yuan)		100000	
地方财政收入(万元)	Local Governments Revenue(10 000 yuan)	46963	56776	20.9
地方财政支出(万元)	Local Governments Expenditures(10 000 yuan)	26147	34016	30.1
城乡居民储蓄存款余额(万元)	Resident Saving Deposit in Urban & Rural(10 000 yuan)			
在岗职工工资总额(万元)	Total Wages of Staff & Workers Empioyed in(10 000 yuan)	14485	16918	16.8
在岗职工平均工资(元)	Average Wage of Staff & Workers Employed in(yuan)	13249	15820	19.4
农牧民人均纯收入(元)	Per Capita Net Income of Peasant & Herdsman(yuan)	4943	6003	21.4
农村牧区经济	**Economic Development in Rural & Pastoral Area**			
耕地面积(公顷)	Cultivated Area(hectare)	13318	10915	-18.0
农作物总播种面积(公顷)	Total Sown Area(hectare)	7384	7075	-4.2
# 粮食作物播种面积(公顷)	Sown Area of Grain Crops(hectare)	5967	6070	1.7
有效灌溉面积(公顷)	Irrigated Area(hectare)	3300	2507	-24.0
农牧业机械总动力(万千瓦)	Total Power of Agricultural Machinery(10 000 kw)	3.14	3.49	11.1
化肥施用折纯量(吨)	Consumption of Chemical Fertilizer(ton)	111	117	5.4
农村用电量(万千瓦小时)	Electricity Consumed in Rural Area(10 000 kwh)	711	786	10.5
农林牧渔业总产值(万元)	Gross Output of Farming,Forestry,Animal Husbandry & Fishery(10 000 yuan)	13026	15494	15.0
粮食产量(吨)	Yield of Grain(ton)	24399	21081	-13.6
油料产量(吨)	Yield of Oil-bearing Grops(ton)	482	288	-40.2
甜菜产量(吨)	Yield of Beetroots(ton)			
猪牛羊肉产量(吨)	Output of Pork, Beef & Mutton(ton)	1926	2079	7.9
# 猪肉产量(吨)	Output of Pork(ton)	1320	1396	5.8
牛肉产量(吨)	Output of Beef(ton)	181	224	23.8
羊肉产量(吨)	Output of Mutton(ton)	425	459	8.0

23-8 Xincheng District in Hohhot City

指 标	Item	2004	2005	2005年比上年增长% Increase Rate in 2005 Over 2004(%)
羊毛产量(吨)	Output of Wool(ton)	56	66	17.9
年末牲畜存栏头数(万头只)	Total Livestock at the Year-end(10 000 heads)	4.09	4.21	2.9
# 大牲畜(万头只)	Large Animals(10 000 heads)	1.14	1.33	16.7
羊(万只)	Sheep & Goats(10 000 heads)	2.21	2.11	-4.5
猪(万头)	Hogs(10 000 heads)	0.74	0.77	4.1
规模以上工业	**Industry with Independent Accounting System**			
工业企业单位数(个)	Number of Industrial Enterprises(unit)	29	26	-10.3
# 内资企业(个)	Civil Funded Enterprises(unit)	28	25	-10.7
工业总产值(万元)	Gross Industrial Output Value(10 000 yuan)	155402	174427	12.2
内资企业(万元)	Civil Funded Enterprises(10 000 yuan)	154757	173906	12.4
国有企业(万元)	State-owned Enterprises(10 000 yuan)	122450	135495	10.7
集体企业(万元)	Collective-owned Enterprises(10 000 yuan)	662	500	-24.5
股份合作企业(万元)	Share Holding Enterprises(10 000 yuan)			
联营企业(万元)	Joint Owned Enterprises(10 000 yuan)			
有限责任公司(万元)	Limited Company(10 000 yuan)	13779	6474	-53.0
股份有限公司(万元)	Share Holding Limited Company(10 000 yuan)	2705	2423	-10.4
私营企业(万元)	Privately Owned Enterprises(10 000 yuan)	15161	26757	76.5
其他企业(万元)	Enterprises of Other Ownership(10 000 yuan)		2257	
港澳台商投资企业(万元)	Funds from HK,Macao & Taiwan(10 000 yuan)			
外商投资企业(万元)	Foreign Funded Enterprises(10 000 yuan)	645	521	-19.2
工业企业增加值(万元)	Value Added of Industrial Enterprises(10 000 yuan)	41489	45055	3.3
工业企业资产总计(万元)	Total Assets of Industrial Enterprises(10 000 yuan)	414092	457396	10.5
工业企业负债合计(万元)	Total Liabilities of Industrial Enterprises(10 000 yuan)	293224	342680	16.9
工业企业产品销售收入(万元)	Sales of Revenue Industrial Enterprises(10 000 yuan)	160542	69696	-56.6
工业企业利润总额(万元)	Total Profits of Industrial Enterprises(10 000 yuan)	-3841	-1105	
建筑业	**Construction**			
建筑企业单位数(个)	Number of Construction Enterprises(unit)	46	46	0.0
建筑企业从业人员(人)	Number of Employee in Construction Enterprises(person)	23923	21527	-10.0
建筑业总产值(万元)	Gross Construction Output Value(10 000 yuan)	378805	474943	25.4
交通运输邮电通信业	**Transportation,Post & Telecommunications**			
公路里程(公里)	Total Length of Highways(km)			
邮电业务总量(万元)	Business Volume of Post & Telecoms(10 000 yuan)			
本地电话用户(户)	Number of Subscribers of Local Telephone(Household)			
国内贸易	**Demestic Trade**			
社会消费品零售总额(万元)	Total Retail Sales of Consumer Goods(10 000 yuan)	775783	897283	15.7
# 贸易业(万元)	Wholesale & Retail Sales Trades(10 000 yuan)	585260	679497	16.1
餐饮业(万元)	Catering Trade(10 000 yuan)	182237	207453	13.8
科技教育卫生	**Science,Education & Public Health**			
各类专业技术人员(人)	Speccial Technical Personnel(person)	3870	4006	3.5
幼儿园数(所)	Number of Kindergartens(unit)	5	5	0.0
学龄儿童入学率(%)	Percentage of School-Age Children Enrolled(%)	100.0	100.0	0.0
小学学校数(所)	Number of Primary Schools(unit)	62	56	-9.7
小学专任教师数(人)	Number of Full-time Teachers of Primary Schools(person)	1779	1669	-6.2
小学在校学生数(人)	Number of Student Enrollment of Primary Schools(person)	34548	34135	-1.2
普通中学学校数(所)	Number of Regular Secondary Schools(unit)	22	23	4.5
普通中学专任教师数(人)	Number of Teachers of Secondary Shools(person)	1541	1642	6.6
初中在校学生数(人)	Number of Student in Junior Secondary Schools(person)	17576	15651	-11.0
高中在校学生数(人)	Number of Student in Senior Secondary Schools(person)	8271	10060	21.6
卫生机构数(所)	Number of Health Institutions(unit)	21	20	-4.8
# 医院(所)	Hospitals(unit)	9	9	0.0
卫生院(所)	Township Hospitals(unit)	2	2	0.0
床位数(张)	Number of Beds(unit)	1377	1422	3.3
# 医院(张)	Hospitals(unit)	1373	1406	2.4
卫生院(张)	Township Hospitals(unit)	4	14	250.0
卫生技术人员(人)	Medical Technical Presonnel(person)	1500	1440	-4.0
# 医院(人)	Hospitals(person)	1121	1161	3.6
卫生院(人)	Township Hospitals(person)	22	23	4.5

23-9 呼和浩特市回民区

指 标	Item	2004	2005	2005年比上年增长% Increase Rate in 2005 Over 2004(%)
行政区域土地面积(平方公里)	**Area of Administration(Sq.km)**	**175**	**175**	**0.0**
人口和就业	**Population & Employment**			
年末总人口(人)	Total Population Year-end(person)	219584	220810	0.6
# 男性(人)	Male(person)	111504	111889	0.3
# 乡村人口(人)	Rural(person)	44055	31693	-28.1
年末总户数(户)	Total Number of Households at the Year-end(Household)	73519	74722	1.6
# 乡村户数(户)	Number of Rural Household(Household)	9933	8921	-10.2
出生人口(人)	Births(person)	1642	1687	2.7
死亡人口(人)	Deaths(person)	1060	1015	-4.2
全社会就业人员(人)	Employment(person)	52428	56270	7.3
第一产业(人)	Primary Industry(person)	4820	3808	-21.0
第二产业(人)	Secondary Industry(person)	12201	12658	3.7
第三产业(人)	Tertiary Industry(person)	35407	39804	12.4
在岗职工人数(人)	Number of Staff & Workers Employed in(person)	11109	9890	-11.0
乡村劳动力(人)	Number of Rural Laborers(person)	20084	16770	-16.5
# 农林牧渔业(人)	Farming,Forestry,Animal Husbandry & Fishery(person)	4820	3808	-21.0
国民经济综合指标	**Summary Item on the National Economy**			
生产总值(万元)	Gross Domestic Product(10 000 yuan)	771444	958527	17.8
第一产业(万元)	Primary Industry(10 000 yuan)	4384	5521	22.8
第二产业(万元)	Secondary Industry(10 000 yuan)	169889	176353	3.4
# 工业(万元)	Industry(10 000 yuan)	131197	135262	2.9
第三产业(万元)	Tertiary Industry(10 000 yuan)	597171	776653	21.3
人均生产总值(元)	Per Capita GDP(yuan)	35007	43530	17.9
全社会固定资产投资(万元)	Total Investment in Fixed Assets(10 000 yuan)	120046	293000	144.1
按登记注册类型分	Grouped by Registered Type			
# 国有(万元)	State-owned Enterprises(10 000 yuan)	49029	113682	131.9
集体(万元)	Collective-owned Enterprises(10 000 yuan)	1100		
有限责任公司(万元)	Limited Liability Corporations(10 000 yuan)	26560	59779	125.1
股份有限公司(万元)	Share Holding Enterprises(10 000 yuan)	27201	5340	-80.4
私营企业(万元)	Private Enterprises(10 000 yuan)	12140	13156	8.4
外商及港澳台投资企业(万元)	Funds from HK,Macao,Taiwan & Foreign(10 000 yuan)		11348	
按管理渠道分	Grouped by Channel of Management			
# 基本建设(万元)	Capital Construction(10 000 yuan)	64140	126765	97.6
更新改造(万元)	Innovation(10 000 yuan)	4973	49453	894.4
房地产开发(万元)	Real Estate Development(10 000 yuan)	33755	71475	111.7
地方财政收入(万元)	Local Governments Revenue(10 000 yuan)	29250	39743	35.9
地方财政支出(万元)	Local Governments Expenditures(10 000 yuan)	20833	31689	52.1
城乡居民储蓄存款余额(万元)	Resident Saving Deposit in Urban & Rural(10 000 yuan)			
在岗职工工资总额(万元)	Total Wages of Staff & Workers Empioyed in(10 000 yuan)	13540	16423	21.3
在岗职工平均工资(元)	Average Wage of Staff & Workers Employed in(yuan)	12649	15541	22.9
农牧民人均纯收入(元)	Per Capita Net Income of Peasant & Herdsman(yuan)	5473	6338	15.8
农村牧区经济	**Economic Development in Rural & Pastoral Area**			
耕地面积(公顷)	Cultivated Area(hectare)	1418	1388	-2.1
农作物总播种面积(公顷)	Total Sown Area(hectare)	1433	1207	-15.8
# 粮食作物播种面积(公顷)	Sown Area of Grain Crops(hectare)	930	801	-13.9
有效灌溉面积(公顷)	Irrigated Area(hectare)	700	720	2.9
农牧业机械总动力(万千瓦)	Total Power of Agricultural Machinery(10 000 kw)	1.26	1.06	-15.9
化肥施用折纯量(吨)	Consumption of Chemical Fertilizer(ton)	387	356	-8.0
农村用电量(万千瓦小时)	Electricity Consumed in Rural Area(10 000 kwh)	1341	1365	1.8
农林牧渔业总产值(万元)	Gross Output of Farming,Forestry,Animal Husbandry & Fishery(10 000 yuan)	7386	8931	16.8
粮食产量(吨)	Yield of Grain(ton)	4941	4168	-15.6
油料产量(吨)	Yield of Oil-bearing Grops(ton)	15		
甜菜产量(吨)	Yield of Beetroots(ton)			
猪牛羊肉产量(吨)	Output of Pork, Beef & Mutton(ton)	877	1022	16.5
# 猪肉产量(吨)	Output of Pork(ton)	757	820	8.3
牛肉产量(吨)	Output of Beef(ton)	66	79	19.7
羊肉产量(吨)	Output of Mutton(ton)	54	80	48.1

23-9 Huimin District in Hohhot City

指 标	Item	2004	2005	2005年比上年增长% Increase Rate in 2005 Over 2004(%)
羊毛产量(吨)	Output of Wool(ton)	6	12	100.0
年末牲畜存栏头数(万头只)	Total Livestock at the Year-end(10 000 heads)	1.51	1.55	2.6
# 大牲畜(万头只)	Large Animals(10 000 heads)	0.56	0.65	16.1
羊(万只)	Sheep & Goats(10 000 heads)	0.44	0.40	-9.1
猪(万头)	Hogs(10 000 heads)	0.50	0.50	0.0
规模以上工业	**Industry with Independent Accounting System**			
工业企业单位数(个)	Number of Industrial Enterprises(unit)	27	28	3.7
# 内资企业(个)	Civil Funded Enterprises(unit)	26	27	3.8
工业总产值(万元)	Gross Industrial Output Value(10 000 yuan)	255777	265807	3.9
内资企业(万元)	Civil Funded Enterprises(10 000 yuan)	203389	210829	3.7
国有企业(万元)	State-owned Enterprises(10 000 yuan)	11687	17795	52.3
集体企业(万元)	Collective-owned Enterprises(10 000 yuan)			
股份合作企业(万元)	Share Holding Enterprises(10 000 yuan)			
联营企业(万元)	Joint Owned Enterprises(10 000 yuan)			
有限责任公司(万元)	Limited Company(10 000 yuan)	113194	107822	-4.7
股份有限公司(万元)	Share Holding Limited Company(10 000 yuan)	65027	62926	-3.2
私营企业(万元)	Privately Owned Enterprises(10 000 yuan)	13481	22286	65.3
其他企业(万元)	Enterprises of Other Ownership(10 000 yuan)			
港澳台商投资企业(万元)	Funds from HK,Macao & Taiwan(10 000 yuan)	52388	54978	4.9
外商投资企业(万元)	Foreign Funded Enterprises(10 000 yuan)			
工业企业增加值(万元)	Value Added of Industrial Enterprises(10 000 yuan)	108155	103255	1.1
工业企业资产总计(万元)	Total Assets of Industrial Enterprises(10 000 yuan)	454760	448811	-1.3
工业企业负债合计(万元)	Total Liabilities of Industrial Enterprises(10 000 yuan)	313891	341267	8.7
工业企业产品销售收入(万元)	Sales of Revenue Industrial Enterprises(10 000 yuan)	242456	165796	-31.6
工业企业利润总额(万元)	Total Profits of Industrial Enterprises(10 000 yuan)	12702	2935	-76.9
建筑业	**Construction**			
建筑企业单位数(个)	Number of Construction Enterprises(unit)	31	31	0.0
建筑企业从业人员(人)	Number of Employee in Construction Enterprises(person)	11405	11694	2.5
建筑业总产值(万元)	Gross Construction Output Value(10 000 yuan)	174059	185829	6.8
交通运输邮电通信业	**Transportation,Post & Telecommunications**			
公路里程(公里)	Total Length of Highways(km)			
邮电业务总量(万元)	Business Volume of Post & Telecoms(10 000 yuan)			
本地电话用户(户)	Number of Subscribers of Local Telephone(Household)			
国内贸易	**Demestic Trade**			
社会消费品零售总额(万元)	Total Retail Sales of Consumer Goods(10 000 yuan)	788441	910148	15.4
# 贸易业(万元)	Wholesale & Retail Sales Trades(10 000 yuan)	634832	734924	15.8
餐饮业(万元)	Catering Trade(10 000 yuan)	146347	166076	13.5
科技教育卫生	**Science,Education & Public Health**			
各类专业技术人员(人)	Speccial Technical Personnel(person)	3797	4326	13.9
幼儿园数(所)	Number of Kindergartens(unit)	27	27	0.0
学龄儿童入学率(%)	Percentage of School-Age Children Enrolled(%)	100.0	100.0	0.0
小学学校数(所)	Number of Primary Schools(unit)	40	40	0.0
小学专任教师数(人)	Number of Full-time Teachers of Primary Schools(person)	988	946	-4.3
小学在校学生数(人)	Number of Student Enrollment of Primary Schools(person)	20591	20229	-1.8
普通中学学校数(所)	Number of Regular Secondary Schools(unit)	24	20	-16.7
普通中学专任教师数(人)	Number of Teachers of Secondary Shools(person)	1614	1515	-6.1
初中在校学生数(人)	Number of Student in Junior Secondary Schools(person)	15339	14098	-8.1
高中在校学生数(人)	Number of Student in Senior Secondary Schools(person)	10827	11055	2.1
卫生机构数(所)	Number of Health Institutions(unit)	19	16	-15.8
# 医院(所)	Hospitals(unit)	10	10	0.0
卫生院(所)	Township Hospitals(unit)	1	1	0.0
床位数(张)	Number of Beds(unit)	2342	3442	47.0
# 医院(张)	Hospitals(unit)	2076	3176	53.0
卫生院(张)	Township Hospitals(unit)	12	12	0.0
卫生技术人员(人)	Medical Technical Presonnel(person)	3584	3614	0.8
# 医院(人)	Hospitals(person)	2356	2386	1.3
卫生院(人)	Township Hospitals(person)	17	18	5.9

23-10 呼和浩特市玉泉区

指 标	Item	2004	2005	2005年比上年增长% Increase Rate in 2005 Over 2004(%)
行政区域土地面积(平方公里)	**Area of Administration(Sq.km)**	**270**	**270**	**0.0**
人口和就业	**Population & Employment**			
年末总人口(人)	Total Population Year-end(person)	189780	185389	-2.3
# 男性(人)	Male(person)	99631	94467	-5.2
# 乡村人口(人)	Rural(person)	47205	43233	-8.4
年末总户数(户)	Total Number of Households at the Year-end(Household)	66564	67827	1.9
# 乡村户数(户)	Number of Rural Household(Household)	13756	12450	-9.5
出生人口(人)	Births(person)	1777	1860	4.7
死亡人口(人)	Deaths(person)	813	1497	84.1
全社会就业人员(人)	Employment(person)	60635	61706	1.8
第一产业(人)	Primary Industry(person)	13821	12992	-6.0
第二产业(人)	Secondary Industry(person)	21617	22438	3.8
第三产业(人)	Tertiary Industry(person)	25197	26276	4.3
在岗职工人数(人)	Number of Staff & Workers Employed in(person)	5838	5710	-2.2
乡村劳动力(人)	Number of Rural Laborers(person)	20832	19591	-6.0
# 农林牧渔业(人)	Farming,Forestry,Animal Husbandry & Fishery(person)	13821	12947	-6.3
国民经济综合指标	**Summary Item on the National Economy**			
生产总值(万元)	Gross Domestic Product(10 000 yuan)	494172	607897	16.4
第一产业(万元)	Primary Industry(10 000 yuan)	14720	20203	33.8
第二产业(万元)	Secondary Industry(10 000 yuan)	203750	249359	16.1
# 工业(万元)	Industry(10 000 yuan)	176373	205630	12.1
第三产业(万元)	Tertiary Industry(10 000 yuan)	275702	338335	15.4
人均生产总值(元)	Per Capita GDP(yuan)	25968	32406	18.1
全社会固定资产投资(万元)	Total Investment in Fixed Assets(10 000 yuan)	83433	251000	200.8
按登记注册类型分	Grouped by Registered Type			
# 国有(万元)	State-owned Enterprises(10 000 yuan)	31287	97446	211.5
集体(万元)	Collective-owned Enterprises(10 000 yuan)	400		
有限责任公司(万元)	Limited Liability Corporations(10 000 yuan)	31298	45039	43.9
股份有限公司(万元)	Share Holding Enterprises(10 000 yuan)	14701	29600	101.3
私营企业(万元)	Private Enterprises(10 000 yuan)	5147	16277	216.2
外商及港澳台投资企业(万元)	Funds from HK,Macao,Taiwan & Foreign(10 000 yuan)			
按管理渠道分	Grouped by Channel of Management			
# 基本建设(万元)	Capital Construction(10 000 yuan)	66992	123100	83.8
更新改造(万元)	Innovation(10 000 yuan)	10274	66164	544.0
房地产开发(万元)	Real Estate Development(10 000 yuan)			
地方财政收入(万元)	Local Governments Revenue(10 000 yuan)	24030	30950	28.8
地方财政支出(万元)	Local Governments Expenditures(10 000 yuan)	20946	19598	-6.4
城乡居民储蓄存款余额(万元)	Resident Saving Deposit in Urban & Rural(10 000 yuan)			
在岗职工工资总额(万元)	Total Wages of Staff & Workers Empioyed in(10 000 yuan)	8751	9513	8.7
在岗职工平均工资(元)	Average Wage of Staff & Workers Employed in(yuan)	14908	16838	12.9
农牧民人均纯收入(元)	Per Capita Net Income of Peasant & Herdsman(yuan)	5289	6157	16.4
农村牧区经济	**Economic Development in Rural & Pastoral Area**			
耕地面积(公顷)	Cultivated Area(hectare)	5921	5241	-11.5
农作物总播种面积(公顷)	Total Sown Area(hectare)	6049	5442	-10.0
# 粮食作物播种面积(公顷)	Sown Area of Grain Crops(hectare)	4133	3757	-9.1
有效灌溉面积(公顷)	Irrigated Area(hectare)	5233	4721	-9.8
农牧业机械总动力(万千瓦)	Total Power of Agricultural Machinery(10 000 kw)	5.38	5.68	5.6
化肥施用折纯量(吨)	Consumption of Chemical Fertilizer(ton)	1472	773	-47.5
农村用电量(万千瓦小时)	Electricity Consumed in Rural Area(10 000 kwh)	1182	1119	-5.3
农林牧渔业总产值(万元)	Gross Output of Farming,Forestry,Animal Husbandry & Fishery(10 000 yuan)	24916	33947	31.7
粮食产量(吨)	Yield of Grain(ton)	34308	35814	4.4
油料产量(吨)	Yield of Oil-bearing Grops(ton)	108	62	-42.6
甜菜产量(吨)	Yield of Beetroots(ton)			
猪牛羊肉产量(吨)	Output of Pork, Beef & Mutton(ton)	1415	1200	-15.2
# 猪肉产量(吨)	Output of Pork(ton)	866	684	-21.0
牛肉产量(吨)	Output of Beef(ton)	448	422	-5.8
羊肉产量(吨)	Output of Mutton(ton)	101	94	-6.9

23-10 Yuquan District in Hohhot City

指 标	Item	2004	2005	2005年比上年增长% Increase Rate in 2005 Over 2004(%)
羊毛产量(吨)	Output of Wool(ton)	10	10	0.0
年末牲畜存栏头数(万头只)	Total Livestock at the Year-end(10 000 heads)	3.99	4.46	11.8
# 大牲畜(万头只)	Large Animals(10 000 heads)	3.06	3.31	8.2
羊(万只)	Sheep & Goats(10 000 heads)	0.63	0.75	19.0
猪(万头)	Hogs(10 000 heads)	0.30	0.40	33.3
规模以上工业	**Industry with Independent Accounting System**			
工业企业单位数(个)	Number of Industrial Enterprises(unit)	18	19	5.6
# 内资企业(个)	Civil Funded Enterprises(unit)	17	18	5.9
工业总产值(万元)	Gross Industrial Output Value(10 000 yuan)	170485	216837	27.2
内资企业(万元)	Civil Funded Enterprises(10 000 yuan)	168865	214924	27.3
国有企业(万元)	State-owned Enterprises(10 000 yuan)	119776	149955	25.2
集体企业(万元)	Collective-owned Enterprises(10 000 yuan)	1007	1197	18.9
股份合作企业(万元)	Share Holding Enterprises(10 000 yuan)			
联营企业(万元)	Joint Owned Enterprises(10 000 yuan)			
有限责任公司(万元)	Limited Company(10 000 yuan)	8398	4740	-43.6
股份有限公司(万元)	Share Holding Limited Company(10 000 yuan)	32756	39498	20.6
私营企业(万元)	Privately Owned Enterprises(10 000 yuan)	6928	19534	182.0
其他企业(万元)	Enterprises of Other Ownership(10 000 yuan)			
港澳台商投资企业(万元)	Funds from HK,Macao & Taiwan(10 000 yuan)			
外商投资企业(万元)	Foreign Funded Enterprises(10 000 yuan)	1620	1913	18.1
工业企业增加值(万元)	Value Added of Industrial Enterprises(10 000 yuan)	113677	132821	11.2
工业企业资产总计(万元)	Total Assets of Industrial Enterprises(10 000 yuan)	188354	205372	9.0
工业企业负债合计(万元)	Total Liabilities of Industrial Enterprises(10 000 yuan)	77932	92778	19.0
工业企业产品销售收入(万元)	Sales of Revenue Industrial Enterprises(10 000 yuan)	162292	205909	26.9
工业企业利润总额(万元)	Total Profits of Industrial Enterprises(10 000 yuan)	18706	24062	28.6
建筑业	**Construction**			
建筑企业单位数(个)	Number of Construction Enterprises(unit)	19	19	0.0
建筑企业从业人员(人)	Number of Employee in Construction Enterprises(person)	8769	6160	-29.8
建筑业总产值(万元)	Gross Construction Output Value(10 000 yuan)	51417	49412	-3.9
交通运输邮电通信业	**Transportation,Post & Telecommunications**			
公路里程(公里)	Total Length of Highways(km)			
邮电业务总量(万元)	Business Volume of Post & Telecoms(10 000 yuan)			
本地电话用户(户)	Number of Subscribers of Local Telephone(Household)			
国内贸易	**Demestic Trade**			
社会消费品零售总额(万元)	Total Retail Sales of Consumer Goods(10 000 yuan)	344459	396172	15.0
# 贸易业(万元)	Wholesale & Retail Sales Trades(10 000 yuan)	240266	275568	14.7
餐饮业(万元)	Catering Trade(10 000 yuan)	97994	113157	15.5
科技教育卫生	**Science,Education & Public Health**			
各类专业技术人员(人)	Speccial Technical Personnel(person)	2177	1900	-12.7
幼儿园数(所)	Number of Kindergartens(unit)	16	15	-6.2
学龄儿童入学率(%)	Percentage of School-Age Children Enrolled(%)	100.0	100.0	0.0
小学学校数(所)	Number of Primary Schools(unit)	56	48	-14.3
小学专任教师数(人)	Number of Full-time Teachers of Primary Schools(person)	1224	1093	-10.7
小学在校学生数(人)	Number of Student Enrollment of Primary Schools(person)	23684	22533	-4.9
普通中学学校数(所)	Number of Regular Secondary Schools(unit)	12	13	8.3
普通中学专任教师数(人)	Number of Teachers of Secondary Shools(person)	685	717	4.7
初中在校学生数(人)	Number of Student in Junior Secondary Schools(person)	8366	8624	3.1
高中在校学生数(人)	Number of Student in Senior Secondary Schools(person)	1992	2727	36.9
卫生机构数(所)	Number of Health Institutions(unit)	12	12	0.0
# 医院(所)	Hospitals(unit)	2	2	0.0
卫生院(所)	Township Hospitals(unit)	3	3	0.0
床位数(张)	Number of Beds(unit)	149	130	-12.8
# 医院(张)	Hospitals(unit)	130	130	0.0
卫生院(张)	Township Hospitals(unit)			
卫生技术人员(人)	Medical Technical Presonnel(person)	289	311	7.6
# 医院(人)	Hospitals(person)	108	110	1.9
卫生院(人)	Township Hospitals(person)	29	22	-24.1

23-11 呼和浩特市赛罕区

指 标	Item	2004	2005	2005年比上年增长% Increase Rate in 2005 Over 2004(%)
行政区域土地面积(平方公里)	**Area of Administration(Sq.km)**	**1013**	**1013**	**0.0**
人口和就业	**Population & Employment**			
年末总人口(人)	Total Population Year-end(person)	364718	363280	-0.4
# 男性(人)	Male(person)	186217	186320	0.1
# 乡村人口(人)	Rural(person)	133209	135525	1.7
年末总户数(户)	Total Number of Households at the Year-end(Household)	112035	116190	3.7
# 乡村户数(户)	Number of Rural Household(Household)	38041	39079	2.7
出生人口(人)	Births(person)	3464	3786	9.3
死亡人口(人)	Deaths(person)	747	1346	80.2
全社会就业人员(人)	Employment(person)	107595	115696	7.5
第一产业(人)	Primary Industry(person)	50514	52764	4.5
第二产业(人)	Secondary Industry(person)	16308	16820	3.1
第三产业(人)	Tertiary Industry(person)	40773	46112	13.1
在岗职工人数(人)	Number of Staff & Workers Employed in(person)	13188	12741	-3.4
乡村劳动力(人)	Number of Rural Laborers(person)	65495	67963	3.8
# 农林牧渔业(人)	Farming,Forestry,Animal Husbandry & Fishery(person)	50747	52764	4.0
国民经济综合指标	**Summary Item on the National Economy**			
生产总值(万元)	Gross Domestic Product(10 000 yuan)	933623	1142172	15.1
第一产业(万元)	Primary Industry(10 000 yuan)	71197	88524	21.2
第二产业(万元)	Secondary Industry(10 000 yuan)	224327	249420	5.9
# 工业(万元)	Industry(10 000 yuan)	152969	168101	4.0
第三产业(万元)	Tertiary Industry(10 000 yuan)	638099	804228	17.8
人均生产总值(元)	Per Capita GDP(yuan)	25752	31378	14.6
全社会固定资产投资(万元)	Total Investment in Fixed Assets(10 000 yuan)	269276	471634	75.1
按登记注册类型分	Grouped by Registered Type			
# 国有(万元)	State-owned Enterprises(10 000 yuan)	214606	323766	50.9
集体(万元)	Collective-owned Enterprises(10 000 yuan)	6100	28186	362.1
有限责任公司(万元)	Limited Liability Corporations(10 000 yuan)	23656	79854	237.6
股份有限公司(万元)	Share Holding Enterprises(10 000 yuan)	11709	17974	53.5
私营企业(万元)	Private Enterprises(10 000 yuan)	12635	9469	-25.1
外商及港澳台投资企业(万元)	Funds from HK,Macao,Taiwan & Foreign(10 000 yuan)	450	1400	211.1
按管理渠道分	Grouped by Channel of Management			
# 基本建设(万元)	Capital Construction(10 000 yuan)	234019	435479	86.1
更新改造(万元)	Innovation(10 000 yuan)	14235	27755	95.0
房地产开发(万元)	Real Estate Development(10 000 yuan)			
地方财政收入(万元)	Local Governments Revenue(10 000 yuan)	69535	70158	0.9
地方财政支出(万元)	Local Governments Expenditures(10 000 yuan)	64929	68145	5.0
城乡居民储蓄存款余额(万元)	Resident Saving Deposit in Urban & Rural(10 000 yuan)			
在岗职工工资总额(万元)	Total Wages of Staff & Workers Empioyed in(10 000 yuan)	18826	22678	20.5
在岗职工平均工资(元)	Average Wage of Staff & Workers Employed in(yuan)	14545	17792	22.3
农牧民人均纯收入(元)	Per Capita Net Income of Peasant & Herdsman(yuan)	5056	5898	16.7
农村牧区经济	**Economic Development in Rural & Pastoral Area**			
耕地面积(公顷)	Cultivated Area(hectare)	44166	44062	-0.2
农作物总播种面积(公顷)	Total Sown Area(hectare)	27163	28878	6.3
# 粮食作物播种面积(公顷)	Sown Area of Grain Crops(hectare)	19832	22400	12.9
有效灌溉面积(公顷)	Irrigated Area(hectare)	19804	19906	0.5
农牧业机械总动力(万千瓦)	Total Power of Agricultural Machinery(10 000 kw)	16.20	21.11	30.3
化肥施用折纯量(吨)	Consumption of Chemical Fertilizer(ton)	9637	9662	0.3
农村用电量(万千瓦小时)	Electricity Consumed in Rural Area(10 000 kwh)	3916	4289	9.5
农林牧渔业总产值(万元)	Gross Output of Farming,Forestry,Animal Husbandry & Fishery(10 000 yuan)	124881	153387	18.8
粮食产量(吨)	Yield of Grain(ton)	117825	114919	-2.5
油料产量(吨)	Yield of Oil-bearing Grops(ton)	395	368	-6.8
甜菜产量(吨)	Yield of Beetroots(ton)			
猪牛羊肉产量(吨)	Output of Pork, Beef & Mutton(ton)	10587	8178	-22.8
# 猪肉产量(吨)	Output of Pork(ton)	7468	4644	-37.8
牛肉产量(吨)	Output of Beef(ton)	2496	3087	23.7
羊肉产量(吨)	Output of Mutton(ton)	623	447	-28.3

23-11 Saihan District in Hohhot City

指 标	Item	2004	2005	2005年比上年增长% Increase Rate in 2005 Over 2004(%)
羊毛产量(吨)	Output of Wool(ton)	127	100	-21.3
年末牲畜存栏头数(万头只)	Total Livestock at the Year-end(10 000 heads)	22.46	24.05	7.1
# 大牲畜(万头只)	Large Animals(10 000 heads)	15.36	17.12	11.5
羊(万只)	Sheep & Goats(10 000 heads)	2.75	2.82	2.5
猪(万头)	Hogs(10 000 heads)	4.03	4.11	2.0
规模以上工业	**Industry with Independent Accounting System**			
工业企业单位数(个)	Number of Industrial Enterprises(unit)	25	27	8.0
# 内资企业(个)	Civil Funded Enterprises(unit)	22	25	13.6
工业总产值(万元)	Gross Industrial Output Value(10 000 yuan)	526377	513713	-2.4
内资企业(万元)	Civil Funded Enterprises(10 000 yuan)	505031	491851	-2.6
国有企业(万元)	State-owned Enterprises(10 000 yuan)	346387	360254	4.0
集体企业(万元)	Collective-owned Enterprises(10 000 yuan)			
股份合作企业(万元)	Share Holding Enterprises(10 000 yuan)			
联营企业(万元)	Joint Owned Enterprises(10 000 yuan)			
有限责任公司(万元)	Limited Company(10 000 yuan)	104886	108494	3.4
股份有限公司(万元)	Share Holding Limited Company(10 000 yuan)	16529	11139	-32.6
私营企业(万元)	Privately Owned Enterprises(10 000 yuan)	37229	11964	-67.9
其他企业(万元)	Enterprises of Other Ownership(10 000 yuan)			
港澳台商投资企业(万元)	Funds from HK,Macao & Taiwan(10 000 yuan)	2725	4206	54.3
外商投资企业(万元)	Foreign Funded Enterprises(10 000 yuan)	18621	17656	-5.2
工业企业增加值(万元)	Value Added of Industrial Enterprises(10 000 yuan)	90831	113209	-22.4
工业企业资产总计(万元)	Total Assets of Industrial Enterprises(10 000 yuan)	725164	769978	6.2
工业企业负债合计(万元)	Total Liabilities of Industrial Enterprises(10 000 yuan)	360470	405083	12.4
工业企业产品销售收入(万元)	Sales of Revenue Industrial Enterprises(10 000 yuan)	539603	530798	-1.6
工业企业利润总额(万元)	Total Profits of Industrial Enterprises(10 000 yuan)	-9938	30083	
建筑业	**Construction**			
建筑企业单位数(个)	Number of Construction Enterprises(unit)	38	38	0.0
建筑企业从业人员(人)	Number of Employee in Construction Enterprises(person)	21696	15894	-26.7
建筑业总产值(万元)	Gross Construction Output Value(10 000 yuan)	368569	331052	-10.2
交通运输邮电通信业	**Transportation,Post & Telecommunications**			
公路里程(公里)	Total Length of Highways(km)			
邮电业务总量(万元)	Business Volume of Post & Telecoms(10 000 yuan)			
本地电话用户(户)	Number of Subscribers of Local Telephone(Household)			
国内贸易	**Demestic Trade**			
社会消费品零售总额(万元)	Total Retail Sales of Consumer Goods(10 000 yuan)	405930	462726	14.0
# 贸易业(万元)	Wholesale & Retail Sales Trades(10 000 yuan)	249674	267972	7.3
餐饮业(万元)	Catering Trade(10 000 yuan)	150805	187385	24.3
科技教育卫生	**Science,Education & Public Health**			
各类专业技术人员(人)	Speccial Technical Personnel(person)	4466	4970	11.3
幼儿园数(所)	Number of Kindergartens(unit)	17	17	0.0
学龄儿童入学率(%)	Percentage of School-Age Children Enrolled(%)	100.0	100.0	0.0
小学学校数(所)	Number of Primary Schools(unit)	90	88	-2.2
小学专任教师数(人)	Number of Full-time Teachers of Primary Schools(person)	1687	1687	0.0
小学在校学生数(人)	Number of Student Enrollment of Primary Schools(person)	33699	34626	2.8
普通中学学校数(所)	Number of Regular Secondary Schools(unit)	24	24	0.0
普通中学专任教师数(人)	Number of Teachers of Secondary Shools(person)	1454	1474	1.4
初中在校学生数(人)	Number of Student in Junior Secondary Schools(person)	18759	18539	-1.2
高中在校学生数(人)	Number of Student in Senior Secondary Schools(person)	8988	9817	9.2
卫生机构数(所)	Number of Health Institutions(unit)	39	46	17.9
# 医院(所)	Hospitals(unit)	17	23	35.3
卫生院(所)	Township Hospitals(unit)	7	7	0.0
床位数(张)	Number of Beds(unit)	2417	2474	2.4
# 医院(张)	Hospitals(unit)	2047	2412	17.8
卫生院(张)	Township Hospitals(unit)	48	44	-8.3
卫生技术人员(人)	Medical Technical Presonnel(person)	3142	3670	16.8
# 医院(人)	Hospitals(person)	2605	2997	15.0
卫生院(人)	Township Hospitals(person)	41	41	0.0

23-12 呼和浩特市土默特左旗

指 标	Item	2004	2005	2005年比上年增长% Increase Rate in 2005 Over 2004(%)
行政区域土地面积(平方公里)	**Area of Administration(Sq.km)**	**2712**	**2712**	**0.0**
人口和就业	**Population & Employment**			
年末总人口(人)	Total Population Year-end(person)	354792	349756	-1.4
# 男性(人)	Male(person)	187386	184564	-1.5
# 乡村人口(人)	Rural(person)	297106	300809	1.2
年末总户数(户)	Total Number of Households at the Year-end(Household)	101896	102464	0.6
# 乡村户数(户)	Number of Rural Household(Household)	75104	76964	2.5
出生人口(人)	Births(person)	5033	2710	-46.2
死亡人口(人)	Deaths(person)	2429	6573	170.6
全社会就业人员(人)	Employment(person)	170683	175180	2.6
第一产业(人)	Primary Industry(person)	112685	115990	2.9
第二产业(人)	Secondary Industry(person)	26791	27180	1.5
第三产业(人)	Tertiary Industry(person)	31207	32010	2.6
在岗职工人数(人)	Number of Staff & Workers Employed in(person)	16382	14966	-8.6
乡村劳动力(人)	Number of Rural Laborers(person)	142961	147236	3.0
# 农林牧渔业(人)	Farming,Forestry,Animal Husbandry & Fishery(person)	111837	113911	1.9
国民经济综合指标	**Summary Item on the National Economy**			
生产总值(万元)	Gross Domestic Product(10 000 yuan)	420646	540735	22.2
第一产业(万元)	Primary Industry(10 000 yuan)	110809	133694	17.7
第二产业(万元)	Secondary Industry(10 000 yuan)	135501	203545	40.8
# 工业(万元)	Industry(10 000 yuan)	118118	142365	16.1
第三产业(万元)	Tertiary Industry(10 000 yuan)	174336	203496	9.3
人均生产总值(元)	Per Capita GDP(yuan)	11918	15350	22.4
全社会固定资产投资(万元)	Total Investment in Fixed Assets(10 000 yuan)	169653	441000	159.9
按登记注册类型分	Grouped by Registered Type			
# 国有(万元)	State-owned Enterprises(10 000 yuan)	64347	219954	241.8
集体(万元)	Collective-owned Enterprises(10 000 yuan)		2190	
有限责任公司(万元)	Limited Liability Corporations(10 000 yuan)	42100	70400	67.2
股份有限公司(万元)	Share Holding Enterprises(10 000 yuan)	13709	30580	123.1
私营企业(万元)	Private Enterprises(10 000 yuan)	6199	15838	155.5
外商及港澳台投资企业(万元)	Funds from HK,Macao,Taiwan & Foreign(10 000 yuan)	2166	3334	53.9
按管理渠道分	Grouped by Channel of Management			
# 基本建设(万元)	Capital Construction(10 000 yuan)	89465	308627	245.0
更新改造(万元)	Innovation(10 000 yuan)	46425	80954	74.4
房地产开发(万元)	Real Estate Development(10 000 yuan)			
地方财政收入(万元)	Local Governments Revenue(10 000 yuan)	17703	27367	54.6
地方财政支出(万元)	Local Governments Expenditures(10 000 yuan)	37053	51388	38.7
城乡居民储蓄存款余额(万元)	Resident Saving Deposit in Urban & Rural(10 000 yuan)	78244	94690	21.0
在岗职工工资总额(万元)	Total Wages of Staff & Workers Empioyed in(10 000 yuan)	18917	20131	6.4
在岗职工平均工资(元)	Average Wage of Staff & Workers Employed in(yuan)	11873	12917	8.8
农牧民人均纯收入(元)	Per Capita Net Income of Peasant & Herdsman(yuan)	4405	5258	19.4
农村牧区经济	**Economic Development in Rural & Pastoral Area**			
耕地面积(公顷)	Cultivated Area(hectare)	113889	114307	0.4
农作物总播种面积(公顷)	Total Sown Area(hectare)	64967	68045	4.7
# 粮食作物播种面积(公顷)	Sown Area of Grain Crops(hectare)	42664	50285	17.9
有效灌溉面积(公顷)	Irrigated Area(hectare)	78460	83013	5.8
农牧业机械总动力(万千瓦)	Total Power of Agricultural Machinery(10 000 kw)	38.00	39.32	3.5
化肥施用折纯量(吨)	Consumption of Chemical Fertilizer(ton)	12301	12763	3.8
农村用电量(万千瓦小时)	Electricity Consumed in Rural Area(10 000 kwh)	6791	7120	4.8
农林牧渔业总产值(万元)	Gross Output of Farming,Forestry,Animal Husbandry & Fishery(10 000 yuan)	191732	230431	16.2
粮食产量(吨)	Yield of Grain(ton)	306015	367199	20.0
油料产量(吨)	Yield of Oil-bearing Grops(ton)	9696	6167	-36.4
甜菜产量(吨)	Yield of Beetroots(ton)	6138	15926	159.5
猪牛羊肉产量(吨)	Output of Pork, Beef & Mutton(ton)	30802	36320	17.9
# 猪肉产量(吨)	Output of Pork(ton)	24931	30001	20.3
牛肉产量(吨)	Output of Beef(ton)	3607	3794	5.2
羊肉产量(吨)	Output of Mutton(ton)	2264	2525	11.5

23-12 Tumotezuo Banner in Hohhot City

指 标	Item	2004	2005	2005年比上年增长% Increase Rate in 2005 Over 2004(%)
羊毛产量(吨)	Output of Wool(ton)	264	298	12.9
年末牲畜存栏头数(万头只)	Total Livestock at the Year-end(10 000 heads)	39.20	43.43	10.8
# 大牲畜(万头只)	Large Animals(10 000 heads)	17.02	22.18	30.3
羊(万只)	Sheep & Goats(10 000 heads)	11.49	10.84	-5.7
猪(万头)	Hogs(10 000 heads)	10.69	10.41	-2.6
规模以上工业	**Industry with Independent Accounting System**			
工业企业单位数(个)	Number of Industrial Enterprises(unit)	17	21	23.5
# 内资企业(个)	Civil Funded Enterprises(unit)	14	17	21.4
工业总产值(万元)	Gross Industrial Output Value(10 000 yuan)	61271	90414	47.6
内资企业(万元)	Civil Funded Enterprises(10 000 yuan)	39937	61390	53.7
国有企业(万元)	State-owned Enterprises(10 000 yuan)	249	577	131.7
集体企业(万元)	Collective-owned Enterprises(10 000 yuan)			
股份合作企业(万元)	Share Holding Enterprises(10 000 yuan)			
联营企业(万元)	Joint Owned Enterprises(10 000 yuan)			
有限责任公司(万元)	Limited Company(10 000 yuan)	17706	24340	37.5
股份有限公司(万元)	Share Holding Limited Company(10 000 yuan)		2007	
私营企业(万元)	Privately Owned Enterprises(10 000 yuan)	21982	34466	56.8
其他企业(万元)	Enterprises of Other Ownership(10 000 yuan)			
港澳台商投资企业(万元)	Funds from HK,Macao & Taiwan(10 000 yuan)	8729	6370	-27.0
外商投资企业(万元)	Foreign Funded Enterprises(10 000 yuan)	12605	22654	79.7
工业企业增加值(万元)	Value Added of Industrial Enterprises(10 000 yuan)	22972	33185	37.5
工业企业资产总计(万元)	Total Assets of Industrial Enterprises(10 000 yuan)	75542	87093	15.3
工业企业负债合计(万元)	Total Liabilities of Industrial Enterprises(10 000 yuan)	43118	48669	12.9
工业企业产品销售收入(万元)	Sales of Revenue Industrial Enterprises(10 000 yuan)	59327	85518	44.1
工业企业利润总额(万元)	Total Profits of Industrial Enterprises(10 000 yuan)	3688	4681	26.9
建筑业	**Construction**			
建筑企业单位数(个)	Number of Construction Enterprises(unit)	3	3	0.0
建筑企业从业人员(人)	Number of Employee in Construction Enterprises(person)	1308	656	-49.8
建筑业总产值(万元)	Gross Construction Output Value(10 000 yuan)	4550	2940	-35.4
交通运输邮电通信业	**Transportation,Post & Telecommunications**			
公路里程(公里)	Total Length of Highways(km)	1206	1206	0.0
邮电业务总量(万元)	Business Volume of Post & Telecoms(10 000 yuan)	4734	5504	16.3
本地电话用户(户)	Number of Subscribers of Local Telephone(Household)	38865	32577	-16.2
国内贸易	**Demestic Trade**			
社会消费品零售总额(万元)	Total Retail Sales of Consumer Goods(10 000 yuan)	119647	132208	10.5
# 贸易业(万元)	Wholesale & Retail Sales Trades(10 000 yuan)	110012	122668	11.5
餐饮业(万元)	Catering Trade(10 000 yuan)	8615	8415	-2.3
科技教育卫生	**Science,Education & Public Health**			
各类专业技术人员(人)	Speccial Technical Personnel(person)	3896	4598	18.0
幼儿园数(所)	Number of Kindergartens(unit)	11	9	-18.2
学龄儿童入学率(%)	Percentage of School-Age Children Enrolled(%)	100.0	100.0	0.0
小学学校数(所)	Number of Primary Schools(unit)	123	115	-6.5
小学专任教师数(人)	Number of Full-time Teachers of Primary Schools(person)	1886	1823	-3.3
小学在校学生数(人)	Number of Student Enrollment of Primary Schools(person)	28895	27001	-6.6
普通中学学校数(所)	Number of Regular Secondary Schools(unit)	31	26	-16.1
普通中学专任教师数(人)	Number of Teachers of Secondary Shools(person)	909	931	2.4
初中在校学生数(人)	Number of Student in Junior Secondary Schools(person)	11866	11913	0.4
高中在校学生数(人)	Number of Student in Senior Secondary Schools(person)	4295	5648	31.5
卫生机构数(所)	Number of Health Institutions(unit)	23	23	0.0
# 医院(所)	Hospitals(unit)	2	2	0.0
卫生院(所)	Township Hospitals(unit)	16	16	0.0
床位数(张)	Number of Beds(unit)	294	296	0.7
# 医院(张)	Hospitals(unit)	146	146	0.0
卫生院(张)	Township Hospitals(unit)	148	150	1.4
卫生技术人员(人)	Medical Technical Presonnel(person)	536	552	3.0
# 医院(人)	Hospitals(person)	193	210	8.8
卫生院(人)	Township Hospitals(person)	265	265	0.0

23-13 呼和浩特市托克托县

指 标	Item	2004	2005	2005年比上年增长% Increase Rate in 2005 Over 2004(%)
行政区域土地面积(平方公里)	**Area of Administration(Sq.km)**	**1313**	**1313**	**0.0**
人口和就业	**Population & Employment**			
年末总人口(人)	Total Population Year-end(person)	196581	195879	-0.4
# 男性(人)	Male(person)	102109	101304	-0.8
# 乡村人口(人)	Rural(person)	153170	144733	-5.5
年末总户数(户)	Total Number of Households at the Year-end(Household)	57820	61163	5.8
# 乡村户数(户)	Number of Rural Household(Household)	39995	38763	-3.1
出生人口(人)	Births(person)	2125	2401	13.0
死亡人口(人)	Deaths(person)	778	2656	241.4
全社会就业人员(人)	Employment(person)	110283	113338	2.8
第一产业(人)	Primary Industry(person)	65256	63470	-2.7
第二产业(人)	Secondary Industry(person)	18086	22119	22.3
第三产业(人)	Tertiary Industry(person)	26941	27749	3.0
在岗职工人数(人)	Number of Staff & Workers Employed in(person)	10769	13239	22.9
乡村劳动力(人)	Number of Rural Laborers(person)	87571	85283	-2.6
# 农林牧渔业(人)	Farming,Forestry,Animal Husbandry & Fishery(person)	64512	62670	-2.9
国民经济综合指标	**Summary Item on the National Economy**			
生产总值(万元)	Gross Domestic Product(10 000 yuan)	442789	635897	36.1
第一产业(万元)	Primary Industry(10 000 yuan)	52553	66219	22.8
第二产业(万元)	Secondary Industry(10 000 yuan)	304282	458709	43.0
# 工业(万元)	Industry(10 000 yuan)	235204	357410	43.8
第三产业(万元)	Tertiary Industry(10 000 yuan)	85954	110969	19.5
人均生产总值(元)	Per Capita GDP(yuan)	21846	32464	36.0
全社会固定资产投资(万元)	Total Investment in Fixed Assets(10 000 yuan)	687865	953000	38.5
按登记注册类型分	Grouped by Registered Type			
# 国有(万元)	State-owned Enterprises(10 000 yuan)	69162	116093	67.9
集体(万元)	Collective-owned Enterprises(10 000 yuan)	391	8126	1978.3
有限责任公司(万元)	Limited Liability Corporations(10 000 yuan)	507488	776439	53.0
股份有限公司(万元)	Share Holding Enterprises(10 000 yuan)		34537	
私营企业(万元)	Private Enterprises(10 000 yuan)	3261	6600	102.4
外商及港澳台投资企业(万元)	Funds from HK,Macao,Taiwan & Foreign(10 000 yuan)	100632	9768	-90.3
按管理渠道分	Grouped by Channel of Management			
# 基本建设(万元)	Capital Construction(10 000 yuan)	663328	926074	39.6
更新改造(万元)	Innovation(10 000 yuan)	12244	19548	59.7
房地产开发(万元)	Real Estate Development(10 000 yuan)			
地方财政收入(万元)	Local Governments Revenue(10 000 yuan)	30117	51585	71.3
地方财政支出(万元)	Local Governments Expenditures(10 000 yuan)	54325	72830	34.1
城乡居民储蓄存款余额(万元)	Resident Saving Deposit in Urban & Rural(10 000 yuan)	58643	75946	29.5
在岗职工工资总额(万元)	Total Wages of Staff & Workers Empioyed in(10 000 yuan)	18945	24708	30.4
在岗职工平均工资(元)	Average Wage of Staff & Workers Employed in(yuan)	14844	18257	23.0
农牧民人均纯收入(元)	Per Capita Net Income of Peasant & Herdsman(yuan)	4057	4907	21.0
农村牧区经济	**Economic Development in Rural & Pastoral Area**			
耕地面积(公顷)	Cultivated Area(hectare)	40400	42828	6.0
农作物总播种面积(公顷)	Total Sown Area(hectare)	44998	48056	6.8
# 粮食作物播种面积(公顷)	Sown Area of Grain Crops(hectare)	28317	33698	19.0
有效灌溉面积(公顷)	Irrigated Area(hectare)	31654	32554	2.8
农牧业机械总动力(万千瓦)	Total Power of Agricultural Machinery(10 000 kw)	16.66	18.20	9.2
化肥施用折纯量(吨)	Consumption of Chemical Fertilizer(ton)	25998	30744	18.3
农村用电量(万千瓦小时)	Electricity Consumed in Rural Area(10 000 kwh)	3299	4544	37.7
农林牧渔业总产值(万元)	Gross Output of Farming,Forestry,Animal Husbandry & Fishery(10 000 yuan)	89960	112014	22.8
粮食产量(吨)	Yield of Grain(ton)	173802	203498	17.1
油料产量(吨)	Yield of Oil-bearing Grops(ton)	6591	6761	2.6
甜菜产量(吨)	Yield of Beetroots(ton)	6507	10341	58.9
猪牛羊肉产量(吨)	Output of Pork, Beef & Mutton(ton)	13002	15087	16.0
# 猪肉产量(吨)	Output of Pork(ton)	6176	8988	45.5
牛肉产量(吨)	Output of Beef(ton)	3870	3593	-7.2
羊肉产量(吨)	Output of Mutton(ton)	2956	2506	-15.2

23-13 Tuoketuo County in Hohhot City

指 标	Item	2004	2005	2005年比上年增长% Increase Rate in 2005 Over 2004(%)
羊毛产量(吨)	Output of Wool(ton)	705	708	0.4
年末牲畜存栏头数(万头只)	Total Livestock at the Year-end(10 000 heads)	28.23	30.06	6.5
# 大牲畜(万头只)	Large Animals(10 000 heads)	7.85	9.61	22.4
羊(万只)	Sheep & Goats(10 000 heads)	15.17	14.70	-3.1
猪(万头)	Hogs(10 000 heads)	5.20	5.74	10.4
规模以上工业	**Industry with Independent Accounting System**			
工业企业单位数(个)	Number of Industrial Enterprises(unit)	11	16	45.5
# 内资企业(个)	Civil Funded Enterprises(unit)	11	14	27.3
工业总产值(万元)	Gross Industrial Output Value(10 000 yuan)	362128	731594	102.0
内资企业(万元)	Civil Funded Enterprises(10 000 yuan)	362128	649334	79.3
国有企业(万元)	State-owned Enterprises(10 000 yuan)	1424	1943	36.4
集体企业(万元)	Collective-owned Enterprises(10 000 yuan)			
股份合作企业(万元)	Share Holding Enterprises(10 000 yuan)			
联营企业(万元)	Joint Owned Enterprises(10 000 yuan)			
有限责任公司(万元)	Limited Company(10 000 yuan)	352039	618721	75.8
股份有限公司(万元)	Share Holding Limited Company(10 000 yuan)			
私营企业(万元)	Privately Owned Enterprises(10 000 yuan)	8665	28670	230.9
其他企业(万元)	Enterprises of Other Ownership(10 000 yuan)			
港澳台商投资企业(万元)	Funds from HK,Macao & Taiwan(10 000 yuan)			
外商投资企业(万元)	Foreign Funded Enterprises(10 000 yuan)		82260	
工业企业增加值(万元)	Value Added of Industrial Enterprises(10 000 yuan)	194563	311742	76.3
工业企业资产总计(万元)	Total Assets of Industrial Enterprises(10 000 yuan)	1153162	1534420	33.1
工业企业负债合计(万元)	Total Liabilities of Industrial Enterprises(10 000 yuan)	860909	1131364	31.4
工业企业产品销售收入(万元)	Sales of Revenue Industrial Enterprises(10 000 yuan)	340558	675400	98.3
工业企业利润总额(万元)	Total Profits of Industrial Enterprises(10 000 yuan)	87918	143470	63.2
建筑业	**Construction**			
建筑企业单位数(个)	Number of Construction Enterprises(unit)	6	6	0.0
建筑企业从业人员(人)	Number of Employee in Construction Enterprises(person)	1096	1279	16.7
建筑业总产值(万元)	Gross Construction Output Value(10 000 yuan)	17431	14568	-16.4
交通运输邮电通信业	**Transportation,Post & Telecommunications**			
公路里程(公里)	Total Length of Highways(km)	584	910	55.8
邮电业务总量(万元)	Business Volume of Post & Telecoms(10 000 yuan)			
本地电话用户(户)	Number of Subscribers of Local Telephone(Household)	30274	26460	-12.6
国内贸易	**Demestic Trade**			
社会消费品零售总额(万元)	Total Retail Sales of Consumer Goods(10 000 yuan)	96421	111015	15.1
# 贸易业(万元)	Wholesale & Retail Sales Trades(10 000 yuan)	90833	104698	15.3
餐饮业(万元)	Catering Trade(10 000 yuan)	4817	5433	12.8
科技教育卫生	**Science,Education & Public Health**			
各类专业技术人员(人)	Speccial Technical Personnel(person)	3871	4209	8.7
幼儿园数(所)	Number of Kindergartens(unit)	8	8	0.0
学龄儿童入学率(%)	Percentage of School-Age Children Enrolled(%)	100.0	100.0	0.0
小学学校数(所)	Number of Primary Schools(unit)	80	64	-20.0
小学专任教师数(人)	Number of Full-time Teachers of Primary Schools(person)	1045	995	-4.8
小学在校学生数(人)	Number of Student Enrollment of Primary Schools(person)	16103	16028	-0.5
普通中学学校数(所)	Number of Regular Secondary Schools(unit)	13	8	-38.5
普通中学专任教师数(人)	Number of Teachers of Secondary Shools(person)	698	751	7.6
初中在校学生数(人)	Number of Student in Junior Secondary Schools(person)	9411	10592	12.5
高中在校学生数(人)	Number of Student in Senior Secondary Schools(person)	4952	5433	9.7
卫生机构数(所)	Number of Health Institutions(unit)	16	15	-6.2
# 医院(所)	Hospitals(unit)	2	2	0.0
卫生院(所)	Township Hospitals(unit)	10	9	-10.0
床位数(张)	Number of Beds(unit)	232	260	12.1
# 医院(张)	Hospitals(unit)	128	156	21.9
卫生院(张)	Township Hospitals(unit)	104	104	0.0
卫生技术人员(人)	Medical Technical Presonnel(person)	360	430	19.4
# 医院(人)	Hospitals(person)	134	190	41.8
卫生院(人)	Township Hospitals(person)	174	240	37.9

23-14 呼和浩特市和林格尔县

指 标	Item	2004	2005	2005年比上年增长% Increase Rate in 2005 Over 2004(%)
行政区域土地面积(平方公里)	**Area of Administration(Sq.km)**	**3401**	**3401**	**0.0**
人口和就业	**Population & Employment**			
年末总人口(人)	Total Population Year-end(person)	189908	184249	-3.0
# 男性(人)	Male(person)	101959	97890	-4.0
# 乡村人口(人)	Rural(person)	161517	157574	-2.4
年末总户数(户)	Total Number of Households at the Year-end(Household)	52257	55411	6.0
# 乡村户数(户)	Number of Rural Household(Household)	40958	39390	-3.8
出生人口(人)	Births(person)	1840	2295	24.7
死亡人口(人)	Deaths(person)	1052	8004	660.8
全社会就业人员(人)	Employment(person)	93642	97673	4.3
第一产业(人)	Primary Industry(person)	64005	63543	-0.7
第二产业(人)	Secondary Industry(person)	13195	15718	19.1
第三产业(人)	Tertiary Industry(person)	16442	18412	12.0
在岗职工人数(人)	Number of Staff & Workers Employed in(person)	12811	17304	35.1
乡村劳动力(人)	Number of Rural Laborers(person)	72162	73224	1.5
# 农林牧渔业(人)	Farming,Forestry,Animal Husbandry & Fishery(person)	64005	63543	-0.7
国民经济综合指标	**Summary Item on the National Economy**			
生产总值(万元)	Gross Domestic Product(10 000 yuan)	401144	600572	35.4
第一产业(万元)	Primary Industry(10 000 yuan)	71156	94404	29.4
第二产业(万元)	Secondary Industry(10 000 yuan)	240172	401382	45.6
# 工业(万元)	Industry(10 000 yuan)	209023	348827	45.0
第三产业(万元)	Tertiary Industry(10 000 yuan)	89816	104786	12.8
人均生产总值(元)	Per Capita GDP(yuan)	21168	32103	38.4
全社会固定资产投资(万元)	Total Investment in Fixed Assets(10 000 yuan)	232209	362000	55.9
按登记注册类型分	Grouped by Registered Type			
# 国有(万元)	State-owned Enterprises(10 000 yuan)	60023	128347	113.8
集体(万元)	Collective-owned Enterprises(10 000 yuan)			
有限责任公司(万元)	Limited Liability Corporations(10 000 yuan)	85482	170133	99.0
股份有限公司(万元)	Share Holding Enterprises(10 000 yuan)			
私营企业(万元)	Private Enterprises(10 000 yuan)			
外商及港澳台投资企业(万元)	Funds from HK,Macao,Taiwan & Foreign(10 000 yuan)	55027	63520	15.4
按管理渠道分	Grouped by Channel of Management			
# 基本建设(万元)	Capital Construction(10 000 yuan)	157427		
更新改造(万元)	Innovation(10 000 yuan)	74782		
房地产开发(万元)	Real Estate Development(10 000 yuan)			
地方财政收入(万元)	Local Governments Revenue(10 000 yuan)	24022	33720	40.4
地方财政支出(万元)	Local Governments Expenditures(10 000 yuan)	44621	56133	25.8
城乡居民储蓄存款余额(万元)	Resident Saving Deposit in Urban & Rural(10 000 yuan)	49496	58855	18.9
在岗职工工资总额(万元)	Total Wages of Staff & Workers Empioyed in(10 000 yuan)	14907	21137	41.8
在岗职工平均工资(元)	Average Wage of Staff & Workers Employed in(yuan)	12168	15196	24.9
农牧民人均纯收入(元)	Per Capita Net Income of Peasant & Herdsman(yuan)	3529	4379	24.1
农村牧区经济	**Economic Development in Rural & Pastoral Area**			
耕地面积(公顷)	Cultivated Area(hectare)	106458	105929	-0.5
农作物总播种面积(公顷)	Total Sown Area(hectare)	64576	65968	2.2
# 粮食作物播种面积(公顷)	Sown Area of Grain Crops(hectare)	41751	43555	4.3
有效灌溉面积(公顷)	Irrigated Area(hectare)	16718	17385	4.0
农牧业机械总动力(万千瓦)	Total Power of Agricultural Machinery(10 000 kw)	26.73	30.74	15.0
化肥施用折纯量(吨)	Consumption of Chemical Fertilizer(ton)	7497	7805	4.1
农村用电量(万千瓦小时)	Electricity Consumed in Rural Area(10 000 kwh)	2179	2336	7.2
农林牧渔业总产值(万元)	Gross Output of Farming,Forestry,Animal Husbandry & Fishery(10 000 yuan)	120509	145692	16.9
粮食产量(吨)	Yield of Grain(ton)	200160	191549	-4.3
油料产量(吨)	Yield of Oil-bearing Grops(ton)	7364	4485	-39.1
甜菜产量(吨)	Yield of Beetroots(ton)			
猪牛羊肉产量(吨)	Output of Pork, Beef & Mutton(ton)	14315	18417	28.7
# 猪肉产量(吨)	Output of Pork(ton)	9084	9405	3.5
牛肉产量(吨)	Output of Beef(ton)	1603	2708	68.9
羊肉产量(吨)	Output of Mutton(ton)	3628	6304	73.8

23-14 Helingeer County in Hohhot City

指 标	Item	2004	2005	2005年比上年增长% Increase Rate in 2005 Over 2004(%)
羊毛产量(吨)	Output of Wool(ton)	500	755	51.0
年末牲畜存栏头数(万头只)	Total Livestock at the Year-end(10 000 heads)	40.91	44.99	10.0
# 大牲畜(万头只)	Large Animals(10 000 heads)	11.63	13.85	19.1
羊(万只)	Sheep & Goats(10 000 heads)	25.90	27.62	6.6
猪(万头)	Hogs(10 000 heads)	3.38	3.51	3.8
规模以上工业	**Industry with Independent Accounting System**			
工业企业单位数(个)	Number of Industrial Enterprises(unit)	10	13	30.0
# 内资企业(个)	Civil Funded Enterprises(unit)	6	9	50.0
工业总产值(万元)	Gross Industrial Output Value(10 000 yuan)	696304	1007032	44.6
内资企业(万元)	Civil Funded Enterprises(10 000 yuan)	30153	155560	415.9
国有企业(万元)	State-owned Enterprises(10 000 yuan)			
集体企业(万元)	Collective-owned Enterprises(10 000 yuan)			
股份合作企业(万元)	Share Holding Enterprises(10 000 yuan)			
联营企业(万元)	Joint Owned Enterprises(10 000 yuan)			
有限责任公司(万元)	Limited Company(10 000 yuan)	6435	30170	368.8
股份有限公司(万元)	Share Holding Limited Company(10 000 yuan)			
私营企业(万元)	Privately Owned Enterprises(10 000 yuan)	23718	125390	428.7
其他企业(万元)	Enterprises of Other Ownership(10 000 yuan)			
港澳台商投资企业(万元)	Funds from HK,Macao & Taiwan(10 000 yuan)			
外商投资企业(万元)	Foreign Funded Enterprises(10 000 yuan)	666151	851472	27.8
工业企业增加值(万元)	Value Added of Industrial Enterprises(10 000 yuan)	183630	320293	48.6
工业企业资产总计(万元)	Total Assets of Industrial Enterprises(10 000 yuan)	437757	524569	19.8
工业企业负债合计(万元)	Total Liabilities of Industrial Enterprises(10 000 yuan)	172600	202805	17.5
工业企业产品销售收入(万元)	Sales of Revenue Industrial Enterprises(10 000 yuan)	632294	946080	49.6
工业企业利润总额(万元)	Total Profits of Industrial Enterprises(10 000 yuan)	45123	92679	105.4
建筑业	**Construction**			
建筑企业单位数(个)	Number of Construction Enterprises(unit)	2	2	0.0
建筑企业从业人员(人)	Number of Employee in Construction Enterprises(person)	193	100	-48.2
建筑业总产值(万元)	Gross Construction Output Value(10 000 yuan)	2535	2708	6.8
交通运输邮电通信业	**Transportation,Post & Telecommunications**			
公路里程(公里)	Total Length of Highways(km)	560	560	0.0
邮电业务总量(万元)	Business Volume of Post & Telecoms(10 000 yuan)	4326	5260	21.6
本地电话用户(户)	Number of Subscribers of Local Telephone(Household)	25243	26036	3.1
国内贸易	**Demestic Trade**			
社会消费品零售总额(万元)	Total Retail Sales of Consumer Goods(10 000 yuan)	44823	51607	15.1
# 贸易业(万元)	Wholesale & Retail Sales Trades(10 000 yuan)	39700	45824	15.4
餐饮业(万元)	Catering Trade(10 000 yuan)	4021	4515	12.3
科技教育卫生	**Science,Education & Public Health**			
各类专业技术人员(人)	Speccial Technical Personnel(person)	2792	2459	-11.9
幼儿园数(所)	Number of Kindergartens(unit)	2	2	0.0
学龄儿童入学率(%)	Percentage of School-Age Children Enrolled(%)	99.6	100.0	0.4
小学学校数(所)	Number of Primary Schools(unit)	133	119	-10.5
小学专任教师数(人)	Number of Full-time Teachers of Primary Schools(person)	737	710	-3.7
小学在校学生数(人)	Number of Student Enrollment of Primary Schools(person)	10270	9823	-4.4
普通中学学校数(所)	Number of Regular Secondary Schools(unit)	8	8	0.0
普通中学专任教师数(人)	Number of Teachers of Secondary Shools(person)	510	535	4.9
初中在校学生数(人)	Number of Student in Junior Secondary Schools(person)	7530	7615	1.1
高中在校学生数(人)	Number of Student in Senior Secondary Schools(person)	3433	4018	17.0
卫生机构数(所)	Number of Health Institutions(unit)	17	17	0.0
# 医院(所)	Hospitals(unit)	1	1	0.0
卫生院(所)	Township Hospitals(unit)	13	13	0.0
床位数(张)	Number of Beds(unit)	226	226	0.0
# 医院(张)	Hospitals(unit)	100	100	0.0
卫生院(张)	Township Hospitals(unit)	117	117	0.0
卫生技术人员(人)	Medical Technical Presonnel(person)	349	355	1.7
# 医院(人)	Hospitals(person)	104	110	5.8
卫生院(人)	Township Hospitals(person)	161	165	2.5

23-15 呼和浩特市清水河县

指 标	Item	2004	2005	2005年比上年增长% Increase Rate in 2005 Over 2004(%)
行政区域土地面积(平方公里)	**Area of Administration(Sq.km)**	**2859**	**2859**	**0.0**
人口和就业	**Population & Employment**			
年末总人口(人)	Total Population Year-end(person)	136717	136826	0.1
# 男性(人)	Male(person)	70896	71343	0.6
# 乡村人口(人)	Rural(person)	106192	99463	-6.3
年末总户数(户)	Total Number of Households at the Year-end(Household)	37890	38151	0.7
# 乡村户数(户)	Number of Rural Household(Household)	27092	25880	-4.5
出生人口(人)	Births(person)	1124	1567	39.4
死亡人口(人)	Deaths(person)	413	720	74.3
全社会就业人员(人)	Employment(person)	57667	53618	-7.0
第一产业(人)	Primary Industry(person)	37744	33123	-12.2
第二产业(人)	Secondary Industry(person)	10287	10377	0.9
第三产业(人)	Tertiary Industry(person)	9636	10118	5.0
在岗职工人数(人)	Number of Staff & Workers Employed in(person)	8213	7769	-5.4
乡村劳动力(人)	Number of Rural Laborers(person)	49959	45141	-9.6
# 农林牧渔业(人)	Farming,Forestry,Animal Husbandry & Fishery(person)	37744	33123	-12.2
国民经济综合指标	**Summary Item on the National Economy**			
生产总值(万元)	Gross Domestic Product(10 000 yuan)	100866	122987	15.4
第一产业(万元)	Primary Industry(10 000 yuan)	33107	30924	-8.9
第二产业(万元)	Secondary Industry(10 000 yuan)	24430	40003	55.6
# 工业(万元)	Industry(10 000 yuan)	16886	26764	49.9
第三产业(万元)	Tertiary Industry(10 000 yuan)	43329	52060	11.3
人均生产总值(元)	Per Capita GDP(yuan)	7384	8983	15.3
全社会固定资产投资(万元)	Total Investment in Fixed Assets(10 000 yuan)	62285	101720	63.3
按登记注册类型分	Grouped by Registered Type			
# 国有(万元)	State-owned Enterprises(10 000 yuan)	19332	33768	74.7
集体(万元)	Collective-owned Enterprises(10 000 yuan)			
有限责任公司(万元)	Limited Liability Corporations(10 000 yuan)	27410	57600	110.1
股份有限公司(万元)	Share Holding Enterprises(10 000 yuan)	10813	580	-94.6
私营企业(万元)	Private Enterprises(10 000 yuan)	2070	2845	37.4
外商及港澳台投资企业(万元)	Funds from HK,Macao,Taiwan & Foreign(10 000 yuan)	2660		
按管理渠道分	Grouped by Channel of Management			
# 基本建设(万元)	Capital Construction(10 000 yuan)	46607	101720	118.3
更新改造(万元)	Innovation(10 000 yuan)	2010		
房地产开发(万元)	Real Estate Development(10 000 yuan)			
地方财政收入(万元)	Local Governments Revenue(10 000 yuan)	3201	4376	36.7
地方财政支出(万元)	Local Governments Expenditures(10 000 yuan)	15938	18378	15.3
城乡居民储蓄存款余额(万元)	Resident Saving Deposit in Urban & Rural(10 000 yuan)	51656	64513	24.9
在岗职工工资总额(万元)	Total Wages of Staff & Workers Empioyed in(10 000 yuan)	8174	9595	17.4
在岗职工平均工资(元)	Average Wage of Staff & Workers Employed in(yuan)	9691	12017	24.0
农牧民人均纯收入(元)	Per Capita Net Income of Peasant & Herdsman(yuan)	2582	3282	27.1
农村牧区经济	**Economic Development in Rural & Pastoral Area**			
耕地面积(公顷)	Cultivated Area(hectare)	54459	54459	0.0
农作物总播种面积(公顷)	Total Sown Area(hectare)	43408	47337	9.1
# 粮食作物播种面积(公顷)	Sown Area of Grain Crops(hectare)	25409	27046	6.4
有效灌溉面积(公顷)	Irrigated Area(hectare)	3148	3148	0.0
农牧业机械总动力(万千瓦)	Total Power of Agricultural Machinery(10 000 kw)	7.26	7.50	3.3
化肥施用折纯量(吨)	Consumption of Chemical Fertilizer(ton)	8776	10276	17.1
农村用电量(万千瓦小时)	Electricity Consumed in Rural Area(10 000 kwh)	498	671	34.7
农林牧渔业总产值(万元)	Gross Output of Farming,Forestry,Animal Husbandry & Fishery(10 000 yuan)	55165	48201	-15.6
粮食产量(吨)	Yield of Grain(ton)	70250	70501	0.4
油料产量(吨)	Yield of Oil-bearing Grops(ton)	8416	8166	-3.0
甜菜产量(吨)	Yield of Beetroots(ton)			
猪牛羊肉产量(吨)	Output of Pork, Beef & Mutton(ton)	14967	13732	-8.3
# 猪肉产量(吨)	Output of Pork(ton)	11983	10709	-10.6
牛肉产量(吨)	Output of Beef(ton)	487	752	54.4
羊肉产量(吨)	Output of Mutton(ton)	2497	2271	-9.1

23-15 Qingshuihe County in Hohhot City

指 标	Item	2004	2005	2005年比上年增长% Increase Rate in 2005 Over 2004(%)
羊毛产量(吨)	Output of Wool(ton)	292	307	5.1
年末牲畜存栏头数(万头只)	Total Livestock at the Year-end(10 000 heads)	16.98	25.47	50.0
# 大牲畜(万头只)	Large Animals(10 000 heads)	2.62	2.57	-1.9
羊(万只)	Sheep & Goats(10 000 heads)	11.49	20.10	74.9
猪(万头)	Hogs(10 000 heads)	2.87	2.80	-2.4
规模以上工业	**Industry with Independent Accounting System**			
工业企业单位数(个)	Number of Industrial Enterprises(unit)	11	15	36.4
# 内资企业(个)	Civil Funded Enterprises(unit)	10	14	40.0
工业总产值(万元)	Gross Industrial Output Value(10 000 yuan)	21498	45578	112.0
内资企业(万元)	Civil Funded Enterprises(10 000 yuan)	18408	42986	133.5
国有企业(万元)	State-owned Enterprises(10 000 yuan)	727	108	-85.1
集体企业(万元)	Collective-owned Enterprises(10 000 yuan)	964	815	-15.5
股份合作企业(万元)	Share Holding Enterprises(10 000 yuan)			
联营企业(万元)	Joint Owned Enterprises(10 000 yuan)			
有限责任公司(万元)	Limited Company(10 000 yuan)	8659	13218	52.7
股份有限公司(万元)	Share Holding Limited Company(10 000 yuan)		13508	
私营企业(万元)	Privately Owned Enterprises(10 000 yuan)	8058	15337	90.3
其他企业(万元)	Enterprises of Other Ownership(10 000 yuan)			
港澳台商投资企业(万元)	Funds from HK,Macao & Taiwan(10 000 yuan)	3090	2592	-16.1
外商投资企业(万元)	Foreign Funded Enterprises(10 000 yuan)			
工业企业增加值(万元)	Value Added of Industrial Enterprises(10 000 yuan)	8283	19992	129.7
工业企业资产总计(万元)	Total Assets of Industrial Enterprises(10 000 yuan)	45089	70367	56.1
工业企业负债合计(万元)	Total Liabilities of Industrial Enterprises(10 000 yuan)	28681	41705	45.4
工业企业产品销售收入(万元)	Sales of Revenue Industrial Enterprises(10 000 yuan)	20059	42494	111.8
工业企业利润总额(万元)	Total Profits of Industrial Enterprises(10 000 yuan)	-55	-453	
建筑业	**Construction**			
建筑企业单位数(个)	Number of Construction Enterprises(unit)	1	1	0.0
建筑企业从业人员(人)	Number of Employee in Construction Enterprises(person)	192	6	-96.9
建筑业总产值(万元)	Gross Construction Output Value(10 000 yuan)	670	112	-83.3
交通运输邮电通信业	**Transportation,Post & Telecommunications**			
公路里程(公里)	Total Length of Highways(km)	637	637	0.0
邮电业务总量(万元)	Business Volume of Post & Telecoms(10 000 yuan)	2859	4152	45.2
本地电话用户(户)	Number of Subscribers of Local Telephone(Household)	15618	17516	12.2
国内贸易	**Demestic Trade**			
社会消费品零售总额(万元)	Total Retail Sales of Consumer Goods(10 000 yuan)	14429	15800	9.5
# 贸易业(万元)	Wholesale & Retail Sales Trades(10 000 yuan)	11716	12720	8.6
餐饮业(万元)	Catering Trade(10 000 yuan)	2620	2978	13.7
科技教育卫生	**Science,Education & Public Health**			
各类专业技术人员(人)	Speccial Technical Personnel(person)	2911	2947	1.2
幼儿园数(所)	Number of Kindergartens(unit)	3	3	0.0
学龄儿童入学率(%)	Percentage of School-Age Children Enrolled(%)	100.0	100.0	0.0
小学学校数(所)	Number of Primary Schools(unit)	98	85	-13.3
小学专任教师数(人)	Number of Full-time Teachers of Primary Schools(person)	655	679	3.7
小学在校学生数(人)	Number of Student Enrollment of Primary Schools(person)	13095	11780	-10.0
普通中学学校数(所)	Number of Regular Secondary Schools(unit)	9	8	-11.1
普通中学专任教师数(人)	Number of Teachers of Secondary Shools(person)	325	311	-4.3
初中在校学生数(人)	Number of Student in Junior Secondary Schools(person)	7818	7603	-2.8
高中在校学生数(人)	Number of Student in Senior Secondary Schools(person)	1474	1352	-8.3
卫生机构数(所)	Number of Health Institutions(unit)	18	18	0.0
# 医院(所)	Hospitals(unit)	1	1	0.0
卫生院(所)	Township Hospitals(unit)	14	14	0.0
床位数(张)	Number of Beds(unit)	200	200	0.0
# 医院(张)	Hospitals(unit)	100	100	0.0
卫生院(张)	Township Hospitals(unit)	100	100	0.0
卫生技术人员(人)	Medical Technical Presonnel(person)	349	349	0.0
# 医院(人)	Hospitals(person)	81	81	0.0
卫生院(人)	Township Hospitals(person)	102	102	0.0

23-16 呼和浩特市武川县

指 标	Item	2004	2005	2005年比上年增长% Increase Rate in 2005 Over 2004(%)
行政区域土地面积(平方公里)	**Area of Administration(Sq.km)**	**4885**	**4885**	**0.0**
人口和就业	**Population & Employment**			
年末总人口(人)	Total Population Year-end(person)	171783	172003	0.1
#男性(人)	Male(person)	92010	91797	-0.2
#乡村人口(人)	Rural(person)	138559	135818	-2.0
年末总户数(户)	Total Number of Households at the Year-end(Household)	50340	50641	0.6
#乡村户数(户)	Number of Rural Household(Household)	34292	34520	0.7
出生人口(人)	Births(person)	2490	2114	-15.1
死亡人口(人)	Deaths(person)	1296	1675	29.2
全社会就业人员(人)	Employment(person)	86654	86969	0.4
第一产业(人)	Primary Industry(person)	66047	67528	2.2
第二产业(人)	Secondary Industry(person)	5085	5895	15.9
第三产业(人)	Tertiary Industry(person)	15522	13546	-12.7
在岗职工人数(人)	Number of Staff & Workers Employed in(person)	7812	7762	-0.6
乡村劳动力(人)	Number of Rural Laborers(person)	76090	79061	3.9
#农林牧渔业(人)	Farming,Forestry,Animal Husbandry & Fishery(person)	66047	67528	2.2
国民经济综合指标	**Summary Item on the National Economy**			
生产总值(万元)	Gross Domestic Product(10 000 yuan)	165116	192238	13.3
第一产业(万元)	Primary Industry(10 000 yuan)	61251	45894	-26.9
第二产业(万元)	Secondary Industry(10 000 yuan)	61053	91762	49.0
#工业(万元)	Industry(10 000 yuan)	48081	61273	28.0
第三产业(万元)	Tertiary Industry(10 000 yuan)	42812	54582	19.5
人均生产总值(元)	Per Capita GDP(yuan)	9633	10984	13.2
全社会固定资产投资(万元)	Total Investment in Fixed Assets(10 000 yuan)	81151	183252	125.8
按登记注册类型分	Grouped by Registered Type			
#国有(万元)	State-owned Enterprises(10 000 yuan)	41610	39398	-5.3
集体(万元)	Collective-owned Enterprises(10 000 yuan)			
有限责任公司(万元)	Limited Liability Corporations(10 000 yuan)	6930	6589	-4.9
股份有限公司(万元)	Share Holding Enterprises(10 000 yuan)	20122	120192	497.3
私营企业(万元)	Private Enterprises(10 000 yuan)	8467	17073	101.6
外商及港澳台投资企业(万元)	Funds from HK,Macao,Taiwan & Foreign(10 000 yuan)			
按管理渠道分	Grouped by Channel of Management			
#基本建设(万元)	Capital Construction(10 000 yuan)	63792	182072	185.4
更新改造(万元)	Innovation(10 000 yuan)	5770	220	-96.2
房地产开发(万元)	Real Estate Development(10 000 yuan)		960	
地方财政收入(万元)	Local Governments Revenue(10 000 yuan)	3795	4681	23.3
地方财政支出(万元)	Local Governments Expenditures(10 000 yuan)	19624	21796	11.1
城乡居民储蓄存款余额(万元)	Resident Saving Deposit in Urban & Rural(10 000 yuan)	54475	63968	17.4
在岗职工工资总额(万元)	Total Wages of Staff & Workers Empioyed in(10 000 yuan)	8325	10008	20.2
在岗职工平均工资(元)	Average Wage of Staff & Workers Employed in(yuan)	11346	12934	14.0
农牧民人均纯收入(元)	Per Capita Net Income of Peasant & Herdsman(yuan)	2976	2372	-20.3
农村牧区经济	**Economic Development in Rural & Pastoral Area**			
耕地面积(公顷)	Cultivated Area(hectare)	130989	130323	-0.5
农作物总播种面积(公顷)	Total Sown Area(hectare)	129506	134692	4.0
#粮食作物播种面积(公顷)	Sown Area of Grain Crops(hectare)	72250	83205	15.2
有效灌溉面积(公顷)	Irrigated Area(hectare)	11600	11670	0.6
农牧业机械总动力(万千瓦)	Total Power of Agricultural Machinery(10 000 kw)	24.84	25.06	0.9
化肥施用折纯量(吨)	Consumption of Chemical Fertilizer(ton)	10700	10748	0.4
农村用电量(万千瓦小时)	Electricity Consumed in Rural Area(10 000 kwh)	2042	2050	0.4
农林牧渔业总产值(万元)	Gross Output of Farming,Forestry,Animal Husbandry & Fishery(10 000 yuan)	94948	76898	-22.0
粮食产量(吨)	Yield of Grain(ton)	223495	139577	-37.5
油料产量(吨)	Yield of Oil-bearing Grops(ton)	70813	34306	-51.6
甜菜产量(吨)	Yield of Beetroots(ton)			
猪牛羊肉产量(吨)	Output of Pork, Beef & Mutton(ton)	6846	7499	9.5
#猪肉产量(吨)	Output of Pork(ton)	4100	3648	-11.0
牛肉产量(吨)	Output of Beef(ton)	260	429	65.0
羊肉产量(吨)	Output of Mutton(ton)	2486	3422	37.7

23-16 Wuchuan County in Hohhot City

指 标	Item	2004	2005	2005年比上年增长% Increase Rate in 2005 Over 2004(%)
羊毛产量(吨)	Output of Wool(ton)	263	274	4.2
年末牲畜存栏头数(万头只)	Total Livestock at the Year-end(10 000 heads)	22.15	20.94	-5.5
# 大牲畜(万头只)	Large Animals(10 000 heads)	4.73	4.75	0.4
羊(万只)	Sheep & Goats(10 000 heads)	14.75	13.79	-6.5
猪(万头)	Hogs(10 000 heads)	2.67	2.40	-10.1
规模以上工业	**Industry with Independent Accounting System**			
工业企业单位数(个)	Number of Industrial Enterprises(unit)	25	26	4.0
# 内资企业(个)	Civil Funded Enterprises(unit)	25	26	4.0
工业总产值(万元)	Gross Industrial Output Value(10 000 yuan)	27569	46950	70.3
内资企业(万元)	Civil Funded Enterprises(10 000 yuan)	27569	46950	70.3
国有企业(万元)	State-owned Enterprises(10 000 yuan)	6396	6656	4.1
集体企业(万元)	Collective-owned Enterprises(10 000 yuan)			
股份合作企业(万元)	Share Holding Enterprises(10 000 yuan)			
联营企业(万元)	Joint Owned Enterprises(10 000 yuan)			
有限责任公司(万元)	Limited Company(10 000 yuan)	257	506	96.9
股份有限公司(万元)	Share Holding Limited Company(10 000 yuan)		615	
私营企业(万元)	Privately Owned Enterprises(10 000 yuan)	20406	39173	92.0
其他企业(万元)	Enterprises of Other Ownership(10 000 yuan)			
港澳台商投资企业(万元)	Funds from HK,Macao & Taiwan(10 000 yuan)			
外商投资企业(万元)	Foreign Funded Enterprises(10 000 yuan)			
工业企业增加值(万元)	Value Added of Industrial Enterprises(10 000 yuan)	11053	23926	106.0
工业企业资产总计(万元)	Total Assets of Industrial Enterprises(10 000 yuan)	41263	37894	-8.2
工业企业负债合计(万元)	Total Liabilities of Industrial Enterprises(10 000 yuan)	23358	22509	-3.6
工业企业产品销售收入(万元)	Sales of Revenue Industrial Enterprises(10 000 yuan)	28262	48998	73.4
工业企业利润总额(万元)	Total Profits of Industrial Enterprises(10 000 yuan)	940	495	-47.3
建筑业	**Construction**			
建筑企业单位数(个)	Number of Construction Enterprises(unit)	3	3	0.0
建筑企业从业人员(人)	Number of Employee in Construction Enterprises(person)	86	25	-70.9
建筑业总产值(万元)	Gross Construction Output Value(10 000 yuan)	1698	1215	-28.4
交通运输邮电通信业	**Transportation,Post & Telecommunications**			
公路里程(公里)	Total Length of Highways(km)	511	511	0.0
邮电业务总量(万元)	Business Volume of Post & Telecoms(10 000 yuan)	1056	1617	53.1
本地电话用户(户)	Number of Subscribers of Local Telephone(Household)	20246	21437	5.9
国内贸易	**Demestic Trade**			
社会消费品零售总额(万元)	Total Retail Sales of Consumer Goods(10 000 yuan)	26686	30725	15.1
# 贸易业(万元)	Wholesale & Retail Sales Trades(10 000 yuan)	21933	25254	15.1
餐饮业(万元)	Catering Trade(10 000 yuan)	4568	5259	15.1
科技教育卫生	**Science,Education & Public Health**			
各类专业技术人员(人)	Speccial Technical Personnel(person)	2081	2103	1.1
幼儿园数(所)	Number of Kindergartens(unit)	16	17	6.2
学龄儿童入学率(%)	Percentage of School-Age Children Enrolled(%)	99.9	99.9	0.0
小学学校数(所)	Number of Primary Schools(unit)	42	33	-21.4
小学专任教师数(人)	Number of Full-time Teachers of Primary Schools(person)	734	726	-1.1
小学在校学生数(人)	Number of Student Enrollment of Primary Schools(person)	9574	9125	-4.7
普通中学学校数(所)	Number of Regular Secondary Schools(unit)	23	23	0.0
普通中学专任教师数(人)	Number of Teachers of Secondary Shools(person)	545	524	-3.9
初中在校学生数(人)	Number of Student in Junior Secondary Schools(person)	7834	6871	-12.3
高中在校学生数(人)	Number of Student in Senior Secondary Schools(person)	2285	3877	69.7
卫生机构数(所)	Number of Health Institutions(unit)	26	26	0.0
# 医院(所)	Hospitals(unit)	2	2	0.0
卫生院(所)	Township Hospitals(unit)	19	19	0.0
床位数(张)	Number of Beds(unit)	210	208	-1.0
# 医院(张)	Hospitals(unit)	120	100	-16.7
卫生院(张)	Township Hospitals(unit)	90	99	10.0
卫生技术人员(人)	Medical Technical Presonnel(person)	458	451	-1.5
# 医院(人)	Hospitals(person)	141	129	-8.5
卫生院(人)	Township Hospitals(person)	188	218	16.0

23-17 包头市东河区

指 标	Item	2004	2005	2005年比上年增长% Increase Rate in 2005 Over 2004(%)
行政区域土地面积(平方公里)	**Area of Administration(Sq.km)**	**85**	**85**	**0.0**
人口和就业	**Population & Employment**			
年末总人口(人)	Total Population Year-end(person)	450155	454000	0.9
# 男性(人)	Male(person)	225700	227900	1.0
# 乡村人口(人)	Rural(person)			
年末总户数(户)	Total Number of Households at the Year-end(Household)	162470	166300	2.4
# 乡村户数(户)	Number of Rural Household(Household)			
出生人口(人)	Births(person)	2613	2393	-8.4
死亡人口(人)	Deaths(person)	2030	2031	0.0
全社会就业人员(人)	Employment(person)	179338	191328	6.7
第一产业(人)	Primary Industry(person)	5517	6328	14.7
第二产业(人)	Secondary Industry(person)	55326	56718	2.5
第三产业(人)	Tertiary Industry(person)	118495	128282	8.3
在岗职工人数(人)	Number of Staff & Workers Employed in(person)	52933	51740	-2.3
乡村劳动力(人)	Number of Rural Laborers(person)			
# 农林牧渔业(人)	Farming,Forestry,Animal Husbandry & Fishery(person)			
国民经济综合指标	**Summary Item on the National Economy**			
生产总值(万元)	Gross Domestic Product(10 000 yuan)	868924	1031452	14.6
第一产业(万元)	Primary Industry(10 000 yuan)	5199	6215	13.9
第二产业(万元)	Secondary Industry(10 000 yuan)	369790	435435	10.4
# 工业(万元)	Industry(10 000 yuan)	304422	340634	4.8
第三产业(万元)	Tertiary Industry(10 000 yuan)	493935	589802	17.6
人均生产总值(元)	Per Capita GDP(yuan)	19446	22817	13.3
全社会固定资产投资(万元)	Total Investment in Fixed Assets(10 000 yuan)	620000	900000	45.2
按登记注册类型分	Grouped by Registered Type			
# 国有(万元)	State-owned Enterprises(10 000 yuan)	128810	266684	107.0
集体(万元)	Collective-owned Enterprises(10 000 yuan)	11488	17542	52.7
有限责任公司(万元)	Limited Liability Corporations(10 000 yuan)	355853	381908	7.3
股份有限公司(万元)	Share Holding Enterprises(10 000 yuan)	31681	36881	16.4
私营企业(万元)	Private Enterprises(10 000 yuan)	27785	29534	6.3
外商及港澳台投资企业(万元)	Funds from HK,Macao,Taiwan & Foreign(10 000 yuan)	760	27472	3514.7
按管理渠道分	Grouped by Channel of Management			
# 基本建设(万元)	Capital Construction(10 000 yuan)	249353	408531	63.8
更新改造(万元)	Innovation(10 000 yuan)	178516	248261	39.1
房地产开发(万元)	Real Estate Development(10 000 yuan)	89849	104057	15.8
地方财政收入(万元)	Local Governments Revenue(10 000 yuan)	47537	61672	29.7
地方财政支出(万元)	Local Governments Expenditures(10 000 yuan)	48585	60097	23.7
城乡居民储蓄存款余额(万元)	Resident Saving Deposit in Urban & Rural(10 000 yuan)			
在岗职工工资总额(万元)	Total Wages of Staff & Workers Empioyed in(10 000 yuan)	70358	83041	18.0
在岗职工平均工资(元)	Average Wage of Staff & Workers Employed in(yuan)	13030	16052	23.2
农牧民人均纯收入(元)	Per Capita Net Income of Peasant & Herdsman(yuan)			
农村牧区经济	**Economic Development in Rural & Pastoral Area**			
耕地面积(公顷)	Cultivated Area(hectare)			
农作物总播种面积(公顷)	Total Sown Area(hectare)			
# 粮食作物播种面积(公顷)	Sown Area of Grain Crops(hectare)			
有效灌溉面积(公顷)	Irrigated Area(hectare)			
农牧业机械总动力(万千瓦)	Total Power of Agricultural Machinery(10 000 kw)			
化肥施用折纯量(吨)	Consumption of Chemical Fertilizer(ton)			
农村用电量(万千瓦小时)	Electricity Consumed in Rural Area(10 000 kwh)			
农林牧渔业总产值(万元)	Gross Output of Farming,Forestry,Animal Husbandry & Fishery(10 000 yuan)			
粮食产量(吨)	Yield of Grain(ton)			
油料产量(吨)	Yield of Oil-bearing Grops(ton)			
甜菜产量(吨)	Yield of Beetroots(ton)			
猪牛羊肉产量(吨)	Output of Pork, Beef & Mutton(ton)			
# 猪肉产量(吨)	Output of Pork(ton)			
牛肉产量(吨)	Output of Beef(ton)			
羊肉产量(吨)	Output of Mutton(ton)			

23-17 Donghe District in Baotou City

指 标	Item	2004	2005	2005年比上年增长% Increase Rate in 2005 Over 2004(%)
羊毛产量(吨)	Output of Wool(ton)			
年末牲畜存栏头数(万头只)	Total Livestock at the Year-end(10 000 heads)			
# 大牲畜(万头只)	Large Animals(10 000 heads)			
羊(万只)	Sheep & Goats(10 000 heads)			
猪(万头)	Hogs(10 000 heads)			
规模以上工业	**Industry with Independent Accounting System**			
工业企业单位数(个)	Number of Industrial Enterprises(unit)	38	41	7.9
# 内资企业(个)	Civil Funded Enterprises(unit)	36	39	8.3
工业总产值(万元)	Gross Industrial Output Value(10 000 yuan)	681145	823964	21.0
内资企业(万元)	Civil Funded Enterprises(10 000 yuan)	678657	821663	21.1
国有企业(万元)	State-owned Enterprises(10 000 yuan)	148484	191424	28.9
集体企业(万元)	Collective-owned Enterprises(10 000 yuan)	16826	13518	-19.7
股份合作企业(万元)	Share Holding Enterprises(10 000 yuan)	6811	16447	141.5
联营企业(万元)	Joint Owned Enterprises(10 000 yuan)			
有限责任公司(万元)	Limited Company(10 000 yuan)	401723	468375	16.6
股份有限公司(万元)	Share Holding Limited Company(10 000 yuan)	79506	96139	20.9
私营企业(万元)	Privately Owned Enterprises(10 000 yuan)	25307	35760	41.3
其他企业(万元)	Enterprises of Other Ownership(10 000 yuan)			
港澳台商投资企业(万元)	Funds from HK,Macao & Taiwan(10 000 yuan)		1161	
外商投资企业(万元)	Foreign Funded Enterprises(10 000 yuan)	2488	1140	-54.2
工业企业增加值(万元)	Value Added of Industrial Enterprises(10 000 yuan)	228846	282267	7.6
工业企业资产总计(万元)	Total Assets of Industrial Enterprises(10 000 yuan)	967791	1210680	25.1
工业企业负债合计(万元)	Total Liabilities of Industrial Enterprises(10 000 yuan)	608013	710977	16.9
工业企业产品销售收入(万元)	Sales of Revenue Industrial Enterprises(10 000 yuan)	700110	738116	5.4
工业企业利润总额(万元)	Total Profits of Industrial Enterprises(10 000 yuan)	13705	5571	-59.4
建筑业	**Construction**			
建筑企业单位数(个)	Number of Construction Enterprises(unit)	16	16	0.0
建筑企业从业人员(人)	Number of Employee in Construction Enterprises(person)	7570	4896	-35.3
建筑业总产值(万元)	Gross Construction Output Value(10 000 yuan)	55919	67720	21.1
交通运输邮电通信业	**Transportation,Post & Telecommunications**			
公路里程(公里)	Total Length of Highways(km)	324	151	-53.4
邮电业务总量(万元)	Business Volume of Post & Telecoms(10 000 yuan)	23138	28115	21.5
本地电话用户(户)	Number of Subscribers of Local Telephone(Household)	92960	92030	-1.0
国内贸易	**Demestic Trade**			
社会消费品零售总额(万元)	Total Retail Sales of Consumer Goods(10 000 yuan)	509219	587639	15.4
# 贸易业(万元)	Wholesale & Retail Sales Trades(10 000 yuan)	408177	467070	14.4
餐饮业(万元)	Catering Trade(10 000 yuan)	84141	105681	25.6
科技教育卫生	**Science,Education & Public Health**			
各类专业技术人员(人)	Speccial Technical Personnel(person)	13458	13461	0.0
幼儿园数(所)	Number of Kindergartens(unit)	13	14	7.7
学龄儿童入学率(%)	Percentage of School-Age Children Enrolled(%)	100.0	100.0	0.0
小学学校数(所)	Number of Primary Schools(unit)	38	36	-5.3
小学专任教师数(人)	Number of Full-time Teachers of Primary Schools(person)	1346	1302	-3.3
小学在校学生数(人)	Number of Student Enrollment of Primary Schools(person)	25137	22230	-11.6
普通中学学校数(所)	Number of Regular Secondary Schools(unit)	25	27	8.0
普通中学专任教师数(人)	Number of Teachers of Secondary Shools(person)	1879	1923	2.3
初中在校学生数(人)	Number of Student in Junior Secondary Schools(person)	22945	22034	-4.0
高中在校学生数(人)	Number of Student in Senior Secondary Schools(person)	9860	10596	7.5
卫生机构数(所)	Number of Health Institutions(unit)	22	22	0.0
# 医院(所)	Hospitals(unit)	13	13	0.0
卫生院(所)	Township Hospitals(unit)	9	9	0.0
床位数(张)	Number of Beds(unit)	2610	2610	0.0
# 医院(张)	Hospitals(unit)	2363	2363	0.0
卫生院(张)	Township Hospitals(unit)	247	247	0.0
卫生技术人员(人)	Medical Technical Presonnel(person)	2631	2631	0.0
# 医院(人)	Hospitals(person)	2441	2441	0.0
卫生院(人)	Township Hospitals(person)	190	190	0.0

23-18 包头市昆都仑区

指 标	Item	2004	2005	2005年比上年增长% Increase Rate in 2005 Over 2004(%)
行政区域土地面积(平方公里)	**Area of Administration(Sq.km)**	**103**	**103**	**0.0**
人口和就业	**Population & Employment**			
年末总人口(人)	Total Population Year-end(person)	557076	563200	1.1
# 男性(人)	Male(person)	277900	281700	1.4
# 乡村人口(人)	Rural(person)			
年末总户数(户)	Total Number of Households at the Year-end(Household)	205570	209150	1.7
# 乡村户数(户)	Number of Rural Household(Household)			
出生人口(人)	Births(person)	2536	2717	7.1
死亡人口(人)	Deaths(person)	1729	1391	-19.5
全社会就业人员(人)	Employment(person)	188911	190243	0.7
第一产业(人)	Primary Industry(person)	5272	5897	11.9
第二产业(人)	Secondary Industry(person)	96426	85970	-10.8
第三产业(人)	Tertiary Industry(person)	87213	98376	12.8
在岗职工人数(人)	Number of Staff & Workers Employed in(person)	123299	116086	-5.9
乡村劳动力(人)	Number of Rural Laborers(person)			
# 农林牧渔业(人)	Farming,Forestry,Animal Husbandry & Fishery(person)			
国民经济综合指标	**Summary Item on the National Economy**			
生产总值(万元)	Gross Domestic Product(10 000 yuan)	2162983	2871020	29.5
第一产业(万元)	Primary Industry(10 000 yuan)	1679	1679	-4.8
第二产业(万元)	Secondary Industry(10 000 yuan)	1280050	1754996	35.7
# 工业(万元)	Industry(10 000 yuan)	1203341	1656808	36.5
第三产业(万元)	Tertiary Industry(10 000 yuan)	881254	1114345	21.0
人均生产总值(元)	Per Capita GDP(yuan)	39118	51186	27.7
全社会固定资产投资(万元)	Total Investment in Fixed Assets(10 000 yuan)	770000	1060000	37.7
按登记注册类型分	Grouped by Registered Type			
# 国有(万元)	State-owned Enterprises(10 000 yuan)	180335	602845	234.3
集体(万元)	Collective-owned Enterprises(10 000 yuan)	6788	29551	335.3
有限责任公司(万元)	Limited Liability Corporations(10 000 yuan)	521981	161240	-69.1
股份有限公司(万元)	Share Holding Enterprises(10 000 yuan)	8213	60900	641.5
私营企业(万元)	Private Enterprises(10 000 yuan)	34318	4300	-87.5
外商及港澳台投资企业(万元)	Funds from HK,Macao,Taiwan & Foreign(10 000 yuan)	3806	5000	31.4
按管理渠道分	Grouped by Channel of Management			
# 基本建设(万元)	Capital Construction(10 000 yuan)	235840	334301	41.7
更新改造(万元)	Innovation(10 000 yuan)	350476	462412	31.9
房地产开发(万元)	Real Estate Development(10 000 yuan)	130334	40798	-68.7
地方财政收入(万元)	Local Governments Revenue(10 000 yuan)	63005	70075	11.2
地方财政支出(万元)	Local Governments Expenditures(10 000 yuan)	52227	60384	15.6
城乡居民储蓄存款余额(万元)	Resident Saving Deposit in Urban & Rural(10 000 yuan)	1163012	1502177	29.2
在岗职工工资总额(万元)	Total Wages of Staff & Workers Empioyed in(10 000 yuan)	221970	238033	7.2
在岗职工平均工资(元)	Average Wage of Staff & Workers Employed in(yuan)	17409	20423	17.3
农牧民人均纯收入(元)	Per Capita Net Income of Peasant & Herdsman(yuan)			
农村牧区经济	**Economic Development in Rural & Pastoral Area**			
耕地面积(公顷)	Cultivated Area(hectare)			
农作物总播种面积(公顷)	Total Sown Area(hectare)			
# 粮食作物播种面积(公顷)	Sown Area of Grain Crops(hectare)			
有效灌溉面积(公顷)	Irrigated Area(hectare)			
农牧业机械总动力(万千瓦)	Total Power of Agricultural Machinery(10 000 kw)			
化肥施用折纯量(吨)	Consumption of Chemical Fertilizer(ton)			
农村用电量(万千瓦小时)	Electricity Consumed in Rural Area(10 000 kwh)			
农林牧渔业总产值(万元)	Gross Output of Farming,Forestry,Animal Husbandry & Fishery(10 000 yuan)			
粮食产量(吨)	Yield of Grain(ton)			
油料产量(吨)	Yield of Oil-bearing Grops(ton)			
甜菜产量(吨)	Yield of Beetroots(ton)			
猪牛羊肉产量(吨)	Output of Pork, Beef & Mutton(ton)			
# 猪肉产量(吨)	Output of Pork(ton)			
牛肉产量(吨)	Output of Beef(ton)			
羊肉产量(吨)	Output of Mutton(ton)			

23-18 Kundulun District in Baotou City

指 标	Item	2004	2005	2005年比上年增长% Increase Rate in 2005 Over 2004(%)
羊毛产量(吨)	Output of Wool(ton)			
年末牲畜存栏头数(万头只)	Total Livestock at the Year-end(10 000 heads)			
# 大牲畜(万头只)	Large Animals(10 000 heads)			
羊(万只)	Sheep & Goats(10 000 heads)			
猪(万头)	Hogs(10 000 heads)			
规模以上工业	**Industry with Independent Accounting System**			
工业企业单位数(个)	Number of Industrial Enterprises(unit)	72	74	2.8
# 内资企业(个)	Civil Funded Enterprises(unit)	70	72	2.9
工业总产值(万元)	Gross Industrial Output Value(10 000 yuan)	3131355	4403789	40.6
内资企业(万元)	Civil Funded Enterprises(10 000 yuan)	3117898	4387463	40.7
国有企业(万元)	State-owned Enterprises(10 000 yuan)	19310	135040	599.3
集体企业(万元)	Collective-owned Enterprises(10 000 yuan)	58439	49521	-15.3
股份合作企业(万元)	Share Holding Enterprises(10 000 yuan)			
联营企业(万元)	Joint Owned Enterprises(10 000 yuan)	3728	2875	-22.9
有限责任公司(万元)	Limited Company(10 000 yuan)	1390406	2079711	49.6
股份有限公司(万元)	Share Holding Limited Company(10 000 yuan)	1643976	2118964	28.9
私营企业(万元)	Privately Owned Enterprises(10 000 yuan)	1529	1309	-14.4
其他企业(万元)	Enterprises of Other Ownership(10 000 yuan)	510	43	-91.6
港澳台商投资企业(万元)	Funds from HK,Macao & Taiwan(10 000 yuan)	11047	13696	24.0
外商投资企业(万元)	Foreign Funded Enterprises(10 000 yuan)	2410	2630	9.1
工业企业增加值(万元)	Value Added of Industrial Enterprises(10 000 yuan)	1193313	1594498	39.1
工业企业资产总计(万元)	Total Assets of Industrial Enterprises(10 000 yuan)	4232153	4516931	6.7
工业企业负债合计(万元)	Total Liabilities of Industrial Enterprises(10 000 yuan)	2246006	2229165	-0.7
工业企业产品销售收入(万元)	Sales of Revenue Industrial Enterprises(10 000 yuan)	3630702	4480185	23.4
工业企业利润总额(万元)	Total Profits of Industrial Enterprises(10 000 yuan)	138614	159328	14.9
建筑业	**Construction**			
建筑企业单位数(个)	Number of Construction Enterprises(unit)	16	18	12.5
建筑企业从业人员(人)	Number of Employee in Construction Enterprises(person)	15630	17570	12.4
建筑业总产值(万元)	Gross Construction Output Value(10 000 yuan)	244455	234938	-3.9
交通运输邮电通信业	**Transportation,Post & Telecommunications**			
公路里程(公里)	Total Length of Highways(km)	261	271	3.8
邮电业务总量(万元)	Business Volume of Post & Telecoms(10 000 yuan)	141163	171527	21.5
本地电话用户(户)	Number of Subscribers of Local Telephone(Household)	212821	209629	-1.5
国内贸易	**Demestic Trade**			
社会消费品零售总额(万元)	Total Retail Sales of Consumer Goods(10 000 yuan)	819693	949204	15.8
# 贸易业(万元)	Wholesale & Retail Sales Trades(10 000 yuan)	669305	786175	17.5
餐饮业(万元)	Catering Trade(10 000 yuan)	136384	148041	8.5
科技教育卫生	**Science,Education & Public Health**			
各类专业技术人员(人)	Speccial Technical Personnel(person)	30471	30598	0.4
幼儿园数(所)	Number of Kindergartens(unit)	28	29	3.6
学龄儿童入学率(%)	Percentage of School-Age Children Enrolled(%)	100.0	100.0	0.0
小学学校数(所)	Number of Primary Schools(unit)	47	44	-6.4
小学专任教师数(人)	Number of Full-time Teachers of Primary Schools(person)	2036	1997	-1.9
小学在校学生数(人)	Number of Student Enrollment of Primary Schools(person)	39531	38679	-2.2
普通中学学校数(所)	Number of Regular Secondary Schools(unit)	37	33	-10.8
普通中学专任教师数(人)	Number of Teachers of Secondary Shools(person)	2613	2630	0.7
初中在校学生数(人)	Number of Student in Junior Secondary Schools(person)	33838	33741	-0.3
高中在校学生数(人)	Number of Student in Senior Secondary Schools(person)	14586	16520	13.3
卫生机构数(所)	Number of Health Institutions(unit)	18	18	0.0
# 医院(所)	Hospitals(unit)	6	6	0.0
卫生院(所)	Township Hospitals(unit)	1	1	0.0
床位数(张)	Number of Beds(unit)	2066	2096	1.5
# 医院(张)	Hospitals(unit)	1985	2052	3.4
卫生院(张)	Township Hospitals(unit)		16	
卫生技术人员(人)	Medical Technical Presonnel(person)	3804	3769	-0.9
# 医院(人)	Hospitals(person)	3370	3400	0.9
卫生院(人)	Township Hospitals(person)	9	11	22.2

23-19 包头市青山区

指 标	Item	2004	2005	2005年比上年增长% Increase Rate in 2005 Over 2004(%)
行政区域土地面积(平方公里)	**Area of Administration(Sq.km)**	**67**	**67**	**0.0**
人口和就业	**Population & Employment**			
年末总人口(人)	Total Population Year-end(person)	393870	402800	2.3
# 男性(人)	Male(person)	199700	201782	1.0
# 乡村人口(人)	Rural(person)			
年末总户数(户)	Total Number of Households at the Year-end(Household)	145890	150936	3.5
# 乡村户数(户)	Number of Rural Household(Household)			
出生人口(人)	Births(person)	3249	2805	-13.7
死亡人口(人)	Deaths(person)	1469	1202	-18.2
全社会就业人员(人)	Employment(person)	162998	178762	9.7
第一产业(人)	Primary Industry(person)	4556	1200	-73.7
第二产业(人)	Secondary Industry(person)	83663	88076	5.3
第三产业(人)	Tertiary Industry(person)	74779	89486	19.7
在岗职工人数(人)	Number of Staff & Workers Employed in(person)	89912	93832	4.4
乡村劳动力(人)	Number of Rural Laborers(person)			
# 农林牧渔业(人)	Farming,Forestry,Animal Husbandry & Fishery(person)			
国民经济综合指标	**Summary Item on the National Economy**			
生产总值(万元)	Gross Domestic Product(10 000 yuan)	1093788	1346401	21.4
第一产业(万元)	Primary Industry(10 000 yuan)	3475	3500	-4.1
第二产业(万元)	Secondary Industry(10 000 yuan)	545491	659473	20.1
# 工业(万元)	Industry(10 000 yuan)	481529	564553	17.3
第三产业(万元)	Tertiary Industry(10 000 yuan)	544822	683428	22.7
人均生产总值(元)	Per Capita GDP(yuan)	28096	33799	18.6
全社会固定资产投资(万元)	Total Investment in Fixed Assets(10 000 yuan)	660000	980000	48.5
按登记注册类型分	Grouped by Registered Type			
# 国有(万元)	State-owned Enterprises(10 000 yuan)	108563	407510	275.4
集体(万元)	Collective-owned Enterprises(10 000 yuan)	24623	9738	-60.5
有限责任公司(万元)	Limited Liability Corporations(10 000 yuan)	245244	330612	34.8
股份有限公司(万元)	Share Holding Enterprises(10 000 yuan)	214790	37262	-82.7
私营企业(万元)	Private Enterprises(10 000 yuan)	2982	16592	456.4
外商及港澳台投资企业(万元)	Funds from HK,Macao,Taiwan & Foreign(10 000 yuan)	5365	23940	346.2
按管理渠道分	Grouped by Channel of Management			
# 基本建设(万元)	Capital Construction(10 000 yuan)	431300	601833	39.5
更新改造(万元)	Innovation(10 000 yuan)	116400	129251	11.0
房地产开发(万元)	Real Estate Development(10 000 yuan)	41784	94480	126.1
地方财政收入(万元)	Local Governments Revenue(10 000 yuan)	69866	93748	34.2
地方财政支出(万元)	Local Governments Expenditures(10 000 yuan)	58949	71267	20.9
城乡居民储蓄存款余额(万元)	Resident Saving Deposit in Urban & Rural(10 000 yuan)	647874	884622	36.5
在岗职工工资总额(万元)	Total Wages of Staff & Workers Empioyed in(10 000 yuan)	157899	194667	23.3
在岗职工平均工资(元)	Average Wage of Staff & Workers Employed in(yuan)	17282	20315	17.6
农牧民人均纯收入(元)	Per Capita Net Income of Peasant & Herdsman(yuan)			
农村牧区经济	**Economic Development in Rural & Pastoral Area**			
耕地面积(公顷)	Cultivated Area(hectare)			
农作物总播种面积(公顷)	Total Sown Area(hectare)			
# 粮食作物播种面积(公顷)	Sown Area of Grain Crops(hectare)			
有效灌溉面积(公顷)	Irrigated Area(hectare)			
农牧业机械总动力(万千瓦)	Total Power of Agricultural Machinery(10 000 kw)			
化肥施用折纯量(吨)	Consumption of Chemical Fertilizer(ton)			
农村用电量(万千瓦小时)	Electricity Consumed in Rural Area(10 000 kwh)			
农林牧渔业总产值(万元)	Gross Output of Farming,Forestry,Animal Husbandry & Fishery(10 000 yuan)			
粮食产量(吨)	Yield of Grain(ton)			
油料产量(吨)	Yield of Oil-bearing Grops(ton)			
甜菜产量(吨)	Yield of Beetroots(ton)			
猪牛羊肉产量(吨)	Output of Pork, Beef & Mutton(ton)			
# 猪肉产量(吨)	Output of Pork(ton)			
牛肉产量(吨)	Output of Beef(ton)			
羊肉产量(吨)	Output of Mutton(ton)			

23-19 Qingshan District in Baotou City

指 标	Item	2004	2005	2005年比上年增长% Increase Rate in 2005 Over 2004(%)
羊毛产量(吨)	Output of Wool(ton)			
年末牲畜存栏头数(万头只)	Total Livestock at the Year-end(10 000 heads)			
# 大牲畜(万头只)	Large Animals(10 000 heads)			
羊(万只)	Sheep & Goats(10 000 heads)			
猪(万头)	Hogs(10 000 heads)			
规模以上工业	**Industry with Independent Accounting System**			
工业企业单位数(个)	Number of Industrial Enterprises(unit)	28	30	7.1
# 内资企业(个)	Civil Funded Enterprises(unit)	26	26	0.0
工业总产值(万元)	Gross Industrial Output Value(10 000 yuan)	1426796	1726576	21.0
内资企业(万元)	Civil Funded Enterprises(10 000 yuan)	1421676	1637980	15.2
国有企业(万元)	State-owned Enterprises(10 000 yuan)	405242	494036	21.9
集体企业(万元)	Collective-owned Enterprises(10 000 yuan)	32926	28716	-12.8
股份合作企业(万元)	Share Holding Enterprises(10 000 yuan)			
联营企业(万元)	Joint Owned Enterprises(10 000 yuan)			
有限责任公司(万元)	Limited Company(10 000 yuan)	784238	972118	24.0
股份有限公司(万元)	Share Holding Limited Company(10 000 yuan)	188589	126122	-33.1
私营企业(万元)	Privately Owned Enterprises(10 000 yuan)	10681	16988	59.0
其他企业(万元)	Enterprises of Other Ownership(10 000 yuan)			
港澳台商投资企业(万元)	Funds from HK,Macao & Taiwan(10 000 yuan)	1117	8597	669.7
外商投资企业(万元)	Foreign Funded Enterprises(10 000 yuan)	4003	79999	1898.5
工业企业增加值(万元)	Value Added of Industrial Enterprises(10 000 yuan)	425554	461906	19.8
工业企业资产总计(万元)	Total Assets of Industrial Enterprises(10 000 yuan)	1820146	2059600	13.2
工业企业负债合计(万元)	Total Liabilities of Industrial Enterprises(10 000 yuan)	1144718	1448818	26.6
工业企业产品销售收入(万元)	Sales of Revenue Industrial Enterprises(10 000 yuan)	1340315	1617640	20.7
工业企业利润总额(万元)	Total Profits of Industrial Enterprises(10 000 yuan)	33475	13573	-59.5
建筑业	**Construction**			
建筑企业单位数(个)	Number of Construction Enterprises(unit)	29	28	-3.4
建筑企业从业人员(人)	Number of Employee in Construction Enterprises(person)	13986	12668	-9.4
建筑业总产值(万元)	Gross Construction Output Value(10 000 yuan)	301348	302022	0.2
交通运输邮电通信业	**Transportation,Post & Telecommunications**			
公路里程(公里)	Total Length of Highways(km)	255	256	0.4
邮电业务总量(万元)	Business Volume of Post & Telecoms(10 000 yuan)	19632	23855	21.5
本地电话用户(户)	Number of Subscribers of Local Telephone(Household)	84645	82362	-2.7
国内贸易	**Demestic Trade**			
社会消费品零售总额(万元)	Total Retail Sales of Consumer Goods(10 000 yuan)	661116	764300	15.6
# 贸易业(万元)	Wholesale & Retail Sales Trades(10 000 yuan)	547715	633200	15.6
餐饮业(万元)	Catering Trade(10 000 yuan)	99845	115400	15.6
科技教育卫生	**Science,Education & Public Health**			
各类专业技术人员(人)	Speccial Technical Personnel(person)	24721	25456	3.0
幼儿园数(所)	Number of Kindergartens(unit)	24	24	0.0
学龄儿童入学率(%)	Percentage of School-Age Children Enrolled(%)	100.0	100.0	0.0
小学学校数(所)	Number of Primary Schools(unit)	31	24	-22.6
小学专任教师数(人)	Number of Full-time Teachers of Primary Schools(person)	1228	1159	-5.6
小学在校学生数(人)	Number of Student Enrollment of Primary Schools(person)	25424	23774	-6.5
普通中学学校数(所)	Number of Regular Secondary Schools(unit)	18	17	-5.6
普通中学专任教师数(人)	Number of Teachers of Secondary Shools(person)	1589	1665	4.8
初中在校学生数(人)	Number of Student in Junior Secondary Schools(person)	21567	21969	1.9
高中在校学生数(人)	Number of Student in Senior Secondary Schools(person)	11739	12975	10.5
卫生机构数(所)	Number of Health Institutions(unit)	26	25	-3.8
# 医院(所)	Hospitals(unit)	10	10	0.0
卫生院(所)	Township Hospitals(unit)	1	1	0.0
床位数(张)	Number of Beds(unit)	2541	2641	3.9
# 医院(张)	Hospitals(unit)	2536	2635	3.9
卫生院(张)	Township Hospitals(unit)	5	5	0.0
卫生技术人员(人)	Medical Technical Presonnel(person)	3538	3433	-3.0
# 医院(人)	Hospitals(person)	3533	3428	-3.0
卫生院(人)	Township Hospitals(person)	5	5	0.0

23-20 包头市九原区

指 标	Item	2004	2005	2005年比上年增长% Increase Rate in 2005 Over 2004(%)
行政区域土地面积(平方公里)	**Area of Administration(Sq.km)**	**1700**	**1700**	**0.0**
人口和就业	**Population & Employment**			
年末总人口(人)	Total Population Year-end(person)	274691	277300	0.9
# 男性(人)	Male(person)	142200	143500	0.9
# 乡村人口(人)	Rural(person)	226098	228045	0.9
年末总户数(户)	Total Number of Households at the Year-end(Household)	89480	90620	1.3
# 乡村户数(户)	Number of Rural Household(Household)	76127	77096	1.3
出生人口(人)	Births(person)	2771	2752	-0.7
死亡人口(人)	Deaths(person)	1225	1200	-2.0
全社会就业人员(人)	Employment(person)	179411	182282	1.6
第一产业(人)	Primary Industry(person)	95244	96386	1.2
第二产业(人)	Secondary Industry(person)	46384	47126	1.6
第三产业(人)	Tertiary Industry(person)	37783	38770	2.6
在岗职工人数(人)	Number of Staff & Workers Employed in(person)	12328	12445	0.9
乡村劳动力(人)	Number of Rural Laborers(person)	122766	123823	0.9
# 农林牧渔业(人)	Farming,Forestry,Animal Husbandry & Fishery(person)	92095	92888	0.9
国民经济综合指标	**Summary Item on the National Economy**			
生产总值(万元)	Gross Domestic Product(10 000 yuan)	659797	842718	23.3
第一产业(万元)	Primary Industry(10 000 yuan)	75369	82193	3.9
第二产业(万元)	Secondary Industry(10 000 yuan)	286989	387249	27.3
# 工业(万元)	Industry(10 000 yuan)	233662	299511	21.1
第三产业(万元)	Tertiary Industry(10 000 yuan)	297439	373276	23.7
人均生产总值(元)	Per Capita GDP(yuan)	24129	30533	22.2
全社会固定资产投资(万元)	Total Investment in Fixed Assets(10 000 yuan)	540000	870000	61.1
按登记注册类型分	Grouped by Registered Type			
# 国有(万元)	State-owned Enterprises(10 000 yuan)	193009	398191	106.3
集体(万元)	Collective-owned Enterprises(10 000 yuan)	4178	28280	576.9
有限责任公司(万元)	Limited Liability Corporations(10 000 yuan)	271081	229510	-15.3
股份有限公司(万元)	Share Holding Enterprises(10 000 yuan)	700	1615	130.7
私营企业(万元)	Private Enterprises(10 000 yuan)	5186	23558	354.3
外商及港澳台投资企业 (万元)	Funds from HK,Macao,Taiwan & Foreign(10 000 yuan)		1800	
按管理渠道分	Grouped by Channel of Management			
# 基本建设(万元)	Capital Construction(10 000 yuan)	310397	506117	63.1
更新改造(万元)	Innovation(10 000 yuan)	73860	39268	-46.8
房地产开发(万元)	Real Estate Development(10 000 yuan)	3050	9285	204.4
地方财政收入(万元)	Local Governments Revenue(10 000 yuan)	42715	74037	73.3
地方财政支出(万元)	Local Governments Expenditures(10 000 yuan)	57896	86089	48.7
城乡居民储蓄存款余额(万元)	Resident Saving Deposit in Urban & Rural(10 000 yuan)	213911	289526	35.3
在岗职工工资总额(万元)	Total Wages of Staff & Workers Empioyed in(10 000 yuan)	20512	25901	26.3
在岗职工平均工资(元)	Average Wage of Staff & Workers Employed in(yuan)	16505	19956	20.9
农牧民人均纯收入(元)	Per Capita Net Income of Peasant & Herdsman(yuan)	4907	5540	12.9
农村牧区经济	**Economic Development in Rural & Pastoral Area**			
耕地面积(公顷)	Cultivated Area(hectare)	46066	46066	0.0
农作物总播种面积(公顷)	Total Sown Area(hectare)	29637	28667	-3.3
# 粮食作物播种面积(公顷)	Sown Area of Grain Crops(hectare)	17529	18340	4.6
有效灌溉面积(公顷)	Irrigated Area(hectare)	31284	31284	0.0
农牧业机械总动力(万千瓦)	Total Power of Agricultural Machinery(10 000 kw)	40.70	31.70	-22.1
化肥施用折纯量(吨)	Consumption of Chemical Fertilizer(ton)	10768	12474	15.8
农村用电量(万千瓦小时)	Electricity Consumed in Rural Area(10 000 kwh)	10265	11392	11.0
农林牧渔业总产值(万元)	Gross Output of Farming,Forestry,Animal Husbandry & Fishery(10 000 yuan)	131961	144216	9.3
粮食产量(吨)	Yield of Grain(ton)	128615	128094	-0.4
油料产量(吨)	Yield of Oil-bearing Grops(ton)	3915	2041	-47.9
甜菜产量(吨)	Yield of Beetroots(ton)	1980	5355	170.5
猪牛羊肉产量(吨)	Output of Pork, Beef & Mutton(ton)	10415	13832	32.8
# 猪肉产量(吨)	Output of Pork(ton)	8023	10083	25.7
牛肉产量(吨)	Output of Beef(ton)	668	1087	62.7
羊肉产量(吨)	Output of Mutton(ton)	1724	2662	54.4

23-20 Jiuyuan District in Baotou City

指 标	Item	2004	2005	2005年比上年增长% Increase Rate in 2005 Over 2004(%)
羊毛产量(吨)	Output of Wool(ton)	189	215	13.8
年末牲畜存栏头数(万头只)	Total Livestock at the Year-end(10 000 heads)	28.74	32.59	13.4
#大牲畜(万头只)	Large Animals(10 000 heads)	11.61	14.74	27.0
羊(万只)	Sheep & Goats(10 000 heads)	10.98	11.86	8.0
猪(万头)	Hogs(10 000 heads)	6.15	5.99	-2.6
规模以上工业	**Industry with Independent Accounting System**			
工业企业单位数(个)	Number of Industrial Enterprises(unit)	36	38	5.6
#内资企业(个)	Civil Funded Enterprises(unit)	34	36	5.9
工业总产值(万元)	Gross Industrial Output Value(10 000 yuan)	234928	273670	16.5
内资企业(万元)	Civil Funded Enterprises(10 000 yuan)	225026	265022	17.8
国有企业(万元)	State-owned Enterprises(10 000 yuan)	17044	59485	249.0
集体企业(万元)	Collective-owned Enterprises(10 000 yuan)	8827	5212	-41.0
股份合作企业(万元)	Share Holding Enterprises(10 000 yuan)			
联营企业(万元)	Joint Owned Enterprises(10 000 yuan)	7463		
有限责任公司(万元)	Limited Company(10 000 yuan)	65993	37467	-43.2
股份有限公司(万元)	Share Holding Limited Company(10 000 yuan)			
私营企业(万元)	Privately Owned Enterprises(10 000 yuan)	125699	162858	29.6
其他企业(万元)	Enterprises of Other Ownership(10 000 yuan)			
港澳台商投资企业(万元)	Funds from HK,Macao & Taiwan(10 000 yuan)			
外商投资企业(万元)	Foreign Funded Enterprises(10 000 yuan)	9902	8648	-12.7
工业企业增加值(万元)	Value Added of Industrial Enterprises(10 000 yuan)	86015	95428	13.7
工业企业资产总计(万元)	Total Assets of Industrial Enterprises(10 000 yuan)	202446	250468	23.7
工业企业负债合计(万元)	Total Liabilities of Industrial Enterprises(10 000 yuan)	155440	201082	29.4
工业企业产品销售收入(万元)	Sales of Revenue Industrial Enterprises(10 000 yuan)	230322	271844	18.0
工业企业利润总额(万元)	Total Profits of Industrial Enterprises(10 000 yuan)	186	-2485	
建筑业	**Construction**			
建筑企业单位数(个)	Number of Construction Enterprises(unit)	5	5	0.0
建筑企业从业人员(人)	Number of Employee in Construction Enterprises(person)	327	388	18.7
建筑业总产值(万元)	Gross Construction Output Value(10 000 yuan)	11394	10952	-3.9
交通运输邮电通信业	**Transportation,Post & Telecommunications**			
公路里程(公里)	Total Length of Highways(km)	1120	1120	0.0
邮电业务总量(万元)	Business Volume of Post & Telecoms(10 000 yuan)	6310	7668	21.5
本地电话用户(户)	Number of Subscribers of Local Telephone(Household)	36432	42879	17.7
国内贸易	**Demestic Trade**			
社会消费品零售总额(万元)	Total Retail Sales of Consumer Goods(10 000 yuan)	180554	203665	12.8
#贸易业(万元)	Wholesale & Retail Sales Trades(10 000 yuan)	124410	140335	12.8
餐饮业(万元)	Catering Trade(10 000 yuan)	54619	61610	12.8
科技教育卫生	**Science,Education & Public Health**			
各类专业技术人员(人)	Speccial Technical Personnel(person)	4373	4515	3.2
幼儿园数(所)	Number of Kindergartens(unit)	17	17	0.0
学龄儿童入学率(%)	Percentage of School-Age Children Enrolled(%)	100.0	100.0	0.0
小学学校数(所)	Number of Primary Schools(unit)	89	71	-20.2
小学专任教师数(人)	Number of Full-time Teachers of Primary Schools(person)	1163	1002	-13.8
小学在校学生数(人)	Number of Student Enrollment of Primary Schools(person)	19089	15375	-19.5
普通中学学校数(所)	Number of Regular Secondary Schools(unit)	22	18	-18.2
普通中学专任教师数(人)	Number of Teachers of Secondary Shools(person)	1141	1030	-9.7
初中在校学生数(人)	Number of Student in Junior Secondary Schools(person)	14984	13239	-11.6
高中在校学生数(人)	Number of Student in Senior Secondary Schools(person)	3623	3844	6.1
卫生机构数(所)	Number of Health Institutions(unit)	19	15	-21.1
#医院(所)	Hospitals(unit)	4	3	-25.0
卫生院(所)	Township Hospitals(unit)	12	10	-16.7
床位数(张)	Number of Beds(unit)	420	373	-11.2
#医院(张)	Hospitals(unit)	298	248	-16.8
卫生院(张)	Township Hospitals(unit)	114	117	2.6
卫生技术人员(人)	Medical Technical Presonnel(person)	527	487	-7.6
#医院(人)	Hospitals(person)	194	180	-7.2
卫生院(人)	Township Hospitals(person)	213	233	9.4

23-21 包头市石拐矿区

指 标	Item	2004	2005	2005年比上年增长% Increase Rate in 2005 Over 2004(%)
行政区域土地面积(平方公里)	**Area of Administration(Sq.km)**	**619**	**619**	**0.0**
人口和就业	**Population & Employment**			
年末总人口(人)	Total Population Year-end(person)	49120	48700	-0.9
#男性(人)	Male(person)	25200	25000	-0.8
#乡村人口(人)	Rural(person)	11013	11493	4.4
年末总户数(户)	Total Number of Households at the Year-end(Household)	18190	18100	-0.5
#乡村户数(户)	Number of Rural Household(Household)	3811	3801	-0.3
出生人口(人)	Births(person)	250	384	53.6
死亡人口(人)	Deaths(person)	271	429	58.3
全社会就业人员(人)	Employment(person)	21163	22494	6.3
第一产业(人)	Primary Industry(person)	5974	5511	-7.8
第二产业(人)	Secondary Industry(person)	10463	10768	2.9
第三产业(人)	Tertiary Industry(person)	4726	6215	31.5
在岗职工人数(人)	Number of Staff & Workers Employed in(person)	8235	7523	-8.6
乡村劳动力(人)	Number of Rural Laborers(person)	8854	8716	-1.6
#农林牧渔业(人)	Farming,Forestry,Animal Husbandry & Fishery(person)	5932	5475	-7.7
国民经济综合指标	**Summary Item on the National Economy**			
生产总值(万元)	Gross Domestic Product(10 000 yuan)	82931	153244	41.3
第一产业(万元)	Primary Industry(10 000 yuan)	2426	2359	-7.4
第二产业(万元)	Secondary Industry(10 000 yuan)	55808	124302	60.0
#工业(万元)	Industry(10 000 yuan)	46941	113066	67.4
第三产业(万元)	Tertiary Industry(10 000 yuan)	24697	26583	6.6
人均生产总值(元)	Per Capita GDP(yuan)	16921	31338	41.6
全社会固定资产投资(万元)	Total Investment in Fixed Assets(10 000 yuan)	100000	126000	26.0
按登记注册类型分	Grouped by Registered Type			
#国有(万元)	State-owned Enterprises(10 000 yuan)	14441	2613	-81.9
集体(万元)	Collective-owned Enterprises(10 000 yuan)			
有限责任公司(万元)	Limited Liability Corporations(10 000 yuan)	85559	29450	-65.6
股份有限公司(万元)	Share Holding Enterprises(10 000 yuan)			
私营企业(万元)	Private Enterprises(10 000 yuan)		77998	
外商及港澳台投资企业(万元)	Funds from HK,Macao,Taiwan & Foreign(10 000 yuan)			
按管理渠道分	Grouped by Channel of Management			
#基本建设(万元)	Capital Construction(10 000 yuan)	82791	108110	30.6
更新改造(万元)	Innovation(10 000 yuan)	210	1951	829.0
房地产开发(万元)	Real Estate Development(10 000 yuan)			
地方财政收入(万元)	Local Governments Revenue(10 000 yuan)	5806	8810	51.7
地方财政支出(万元)	Local Governments Expenditures(10 000 yuan)	11500	19954	73.5
城乡居民储蓄存款余额(万元)	Resident Saving Deposit in Urban & Rural(10 000 yuan)	45106	48033	6.5
在岗职工工资总额(万元)	Total Wages of Staff & Workers Empioyed in(10 000 yuan)	10619	11637	9.6
在岗职工平均工资(元)	Average Wage of Staff & Workers Employed in(yuan)	13008	15522	19.3
农牧民人均纯收入(元)	Per Capita Net Income of Peasant & Herdsman(yuan)	3292	3700	12.4
农村牧区经济	**Economic Development in Rural & Pastoral Area**			
耕地面积(公顷)	Cultivated Area(hectare)	5057	5027	-0.6
农作物总播种面积(公顷)	Total Sown Area(hectare)	1843	1892	2.7
#粮食作物播种面积(公顷)	Sown Area of Grain Crops(hectare)	1634	1553	-5.0
有效灌溉面积(公顷)	Irrigated Area(hectare)	1140	1140	0.0
农牧业机械总动力(万千瓦)	Total Power of Agricultural Machinery(10 000 kw)	0.42	0.42	0.0
化肥施用折纯量(吨)	Consumption of Chemical Fertilizer(ton)	607	637	4.9
农村用电量(万千瓦小时)	Electricity Consumed in Rural Area(10 000 kwh)	205	240	17.1
农林牧渔业总产值(万元)	Gross Output of Farming,Forestry,Animal Husbandry & Fishery(10 000 yuan)	4369	3747	-14.2
粮食产量(吨)	Yield of Grain(ton)	7112	4490	-36.9
油料产量(吨)	Yield of Oil-bearing Grops(ton)	99	24	-75.8
甜菜产量(吨)	Yield of Beetroots(ton)			
猪牛羊肉产量(吨)	Output of Pork, Beef & Mutton(ton)	617	693	12.3
#猪肉产量(吨)	Output of Pork(ton)	365	320	-12.3
牛肉产量(吨)	Output of Beef(ton)	10	142	1320.0
羊肉产量(吨)	Output of Mutton(ton)	242	231	-4.5

23-21 Shiguai District in Baotou City

指 标	Item	2004	2005	2005年比上年增长% Increase Rate in 2005 Over 2004(%)
羊毛产量(吨)	Output of Wool(ton)	31	34	9.7
年末牲畜存栏头数(万头只)	Total Livestock at the Year-end(10 000 heads)	4.69	5.50	17.3
# 大牲畜(万头只)	Large Animals(10 000 heads)	0.40	0.29	-27.5
羊(万只)	Sheep & Goats(10 000 heads)	4.06	4.92	21.2
猪(万头)	Hogs(10 000 heads)	0.23	0.29	26.1
规模以上工业	**Industry with Independent Accounting System**			
工业企业单位数(个)	Number of Industrial Enterprises(unit)	22	22	0.0
# 内资企业(个)	Civil Funded Enterprises(unit)	22	22	0.0
工业总产值(万元)	Gross Industrial Output Value(10 000 yuan)	104103	199452	91.6
内资企业(万元)	Civil Funded Enterprises(10 000 yuan)	104103	199452	91.6
国有企业(万元)	State-owned Enterprises(10 000 yuan)	50701	88488	74.5
集体企业(万元)	Collective-owned Enterprises(10 000 yuan)			
股份合作企业(万元)	Share Holding Enterprises(10 000 yuan)			
联营企业(万元)	Joint Owned Enterprises(10 000 yuan)			
有限责任公司(万元)	Limited Company(10 000 yuan)	867	646	-25.5
股份有限公司(万元)	Share Holding Limited Company(10 000 yuan)			
私营企业(万元)	Privately Owned Enterprises(10 000 yuan)	52535	110318	110.0
其他企业(万元)	Enterprises of Other Ownership(10 000 yuan)			
港澳台商投资企业(万元)	Funds from HK,Macao & Taiwan(10 000 yuan)			
外商投资企业(万元)	Foreign Funded Enterprises(10 000 yuan)			
工业企业增加值(万元)	Value Added of Industrial Enterprises(10 000 yuan)	43178	98539	75.1
工业企业资产总计(万元)	Total Assets of Industrial Enterprises(10 000 yuan)	89386	117341	31.3
工业企业负债合计(万元)	Total Liabilities of Industrial Enterprises(10 000 yuan)	83695	118678	41.8
工业企业产品销售收入(万元)	Sales of Revenue Industrial Enterprises(10 000 yuan)	110694	193668	75.0
工业企业利润总额(万元)	Total Profits of Industrial Enterprises(10 000 yuan)	-2618	-3181	
建筑业	**Construction**			
建筑企业单位数(个)	Number of Construction Enterprises(unit)	1	1	0.0
建筑企业从业人员(人)	Number of Employee in Construction Enterprises(person)	646	648	0.3
建筑业总产值(万元)	Gross Construction Output Value(10 000 yuan)	7216	6490	-10.1
交通运输邮电通信业	**Transportation,Post & Telecommunications**			
公路里程(公里)	Total Length of Highways(km)	70	70	0.0
邮电业务总量(万元)	Business Volume of Post & Telecoms(10 000 yuan)	1357	1312	-3.3
本地电话用户(户)	Number of Subscribers of Local Telephone(Household)	5612	4855	-13.5
国内贸易	**Demestic Trade**			
社会消费品零售总额(万元)	Total Retail Sales of Consumer Goods(10 000 yuan)	19832	21517	8.5
# 贸易业(万元)	Wholesale & Retail Sales Trades(10 000 yuan)	16481	16138	-2.1
餐饮业(万元)	Catering Trade(10 000 yuan)	3351	5379	60.5
科技教育卫生	**Science,Education & Public Health**			
各类专业技术人员(人)	Speccial Technical Personnel(person)	2423	2390	-1.4
幼儿园数(所)	Number of Kindergartens(unit)	2	2	0.0
学龄儿童入学率(%)	Percentage of School-Age Children Enrolled(%)	96.9	99.5	2.7
小学学校数(所)	Number of Primary Schools(unit)	10	5	-50.0
小学专任教师数(人)	Number of Full-time Teachers of Primary Schools(person)	335	317	-5.4
小学在校学生数(人)	Number of Student Enrollment of Primary Schools(person)	2468	1643	-33.4
普通中学学校数(所)	Number of Regular Secondary Schools(unit)	8	8	0.0
普通中学专任教师数(人)	Number of Teachers of Secondary Shools(person)	250	268	7.2
初中在校学生数(人)	Number of Student in Junior Secondary Schools(person)	2102	1646	-21.7
高中在校学生数(人)	Number of Student in Senior Secondary Schools(person)	498	432	-13.3
卫生机构数(所)	Number of Health Institutions(unit)	26	22	-15.4
# 医院(所)	Hospitals(unit)	2	2	0.0
卫生院(所)	Township Hospitals(unit)	2	2	0.0
床位数(张)	Number of Beds(unit)	516	480	-7.0
# 医院(张)	Hospitals(unit)	484	448	-7.4
卫生院(张)	Township Hospitals(unit)	32	32	0.0
卫生技术人员(人)	Medical Technical Presonnel(person)	383	416	8.6
# 医院(人)	Hospitals(person)	368	367	-0.3
卫生院(人)	Township Hospitals(person)	15	14	-6.7

23-22 包头市白云鄂博矿区

指 标	Item	2004	2005	2005年比上年增长% Increase Rate in 2005 Over 2004(%)
行政区域土地面积(平方公里)	**Area of Administration(Sq.km)**	**303**	**303**	**0.0**
人口和就业	**Population & Employment**			
年末总人口(人)	Total Population Year-end(person)	24163	24400	1.0
# 男性(人)	Male(person)	12100	12200	0.8
# 乡村人口(人)	Rural(person)			
年末总户数(户)	Total Number of Households at the Year-end(Household)	8340	8440	1.2
# 乡村户数(户)	Number of Rural Household(Household)			
出生人口(人)	Births(person)	109	156	43.1
死亡人口(人)	Deaths(person)	54	87	61.1
全社会就业人员(人)	Employment(person)	11646	13197	13.3
第一产业(人)	Primary Industry(person)	132	146	10.6
第二产业(人)	Secondary Industry(person)	8183	8442	3.2
第三产业(人)	Tertiary Industry(person)	3331	4609	38.4
在岗职工人数(人)	Number of Staff & Workers Employed in(person)	2860	3144	9.9
乡村劳动力(人)	Number of Rural Laborers(person)			
# 农林牧渔业(人)	Farming,Forestry,Animal Husbandry & Fishery(person)			
国民经济综合指标	**Summary Item on the National Economy**			
生产总值(万元)	Gross Domestic Product(10 000 yuan)	57770	76885	31.6
第一产业(万元)	Primary Industry(10 000 yuan)	186	186	-5.2
第二产业(万元)	Secondary Industry(10 000 yuan)	44040	59803	35.0
# 工业(万元)	Industry(10 000 yuan)	41948	55619	31.9
第三产业(万元)	Tertiary Industry(10 000 yuan)	13544	16896	23.1
人均生产总值(元)	Per Capita GDP(yuan)	23823	31640	31.3
全社会固定资产投资(万元)	Total Investment in Fixed Assets(10 000 yuan)	30000	53000	76.7
按登记注册类型分	Grouped by Registered Type			
# 国有(万元)	State-owned Enterprises(10 000 yuan)	13860	32870	137.2
集体(万元)	Collective-owned Enterprises(10 000 yuan)	10268	10822	5.4
有限责任公司(万元)	Limited Liability Corporations(10 000 yuan)			
股份有限公司(万元)	Share Holding Enterprises(10 000 yuan)			
私营企业(万元)	Private Enterprises(10 000 yuan)			
外商及港澳台投资企业(万元)	Funds from HK,Macao,Taiwan & Foreign(10 000 yuan)			
按管理渠道分	Grouped by Channel of Management			
# 基本建设(万元)	Capital Construction(10 000 yuan)	12598	27970	122.0
更新改造(万元)	Innovation(10 000 yuan)	11530	6965	-39.6
房地产开发(万元)	Real Estate Development(10 000 yuan)			
地方财政收入(万元)	Local Governments Revenue(10 000 yuan)	3653	7073	93.6
地方财政支出(万元)	Local Governments Expenditures(10 000 yuan)	5953	10686	79.5
城乡居民储蓄存款余额(万元)	Resident Saving Deposit in Urban & Rural(10 000 yuan)	33553	36050	7.4
在岗职工工资总额(万元)	Total Wages of Staff & Workers Empioyed in(10 000 yuan)	14957	18242	22.0
在岗职工平均工资(元)	Average Wage of Staff & Workers Employed in(yuan)	17814	21122	18.6
农牧民人均纯收入(元)	Per Capita Net Income of Peasant & Herdsman(yuan)			
农村牧区经济	**Economic Development in Rural & Pastoral Area**			
耕地面积(公顷)	Cultivated Area(hectare)			
农作物总播种面积(公顷)	Total Sown Area(hectare)			
# 粮食作物播种面积(公顷)	Sown Area of Grain Crops(hectare)			
有效灌溉面积(公顷)	Irrigated Area(hectare)			
农牧业机械总动力(万千瓦)	Total Power of Agricultural Machinery(10 000 kw)			
化肥施用折纯量(吨)	Consumption of Chemical Fertilizer(ton)			
农村用电量(万千瓦小时)	Electricity Consumed in Rural Area(10 000 kwh)			
农林牧渔业总产值(万元)	Gross Output of Farming,Forestry,Animal Husbandry & Fishery(10 000 yuan)			
粮食产量(吨)	Yield of Grain(ton)			
油料产量(吨)	Yield of Oil-bearing Grops(ton)			
甜菜产量(吨)	Yield of Beetroots(ton)			
猪牛羊肉产量(吨)	Output of Pork, Beef & Mutton(ton)			
# 猪肉产量(吨)	Output of Pork(ton)			
牛肉产量(吨)	Output of Beef(ton)			
羊肉产量(吨)	Output of Mutton(ton)			

23-22 Baiyun Mineral District in Baotou City

指 标	Item	2004	2005	2005年比上年增长% Increase Rate in 2005 Over 2004(%)
羊毛产量(吨)	Output of Wool(ton)			
年末牲畜存栏头数(万头只)	Total Livestock at the Year-end(10 000 heads)			
# 大牲畜(万头只)	Large Animals(10 000 heads)			
羊(万只)	Sheep & Goats(10 000 heads)			
猪(万头)	Hogs(10 000 heads)			
规模以上工业	**Industry with Independent Accounting System**			
工业企业单位数(个)	Number of Industrial Enterprises(unit)	3	3	0.0
# 内资企业(个)	Civil Funded Enterprises(unit)	3	3	0.0
工业总产值(万元)	Gross Industrial Output Value(10 000 yuan)	8360	8053	-3.7
内资企业(万元)	Civil Funded Enterprises(10 000 yuan)	8360	8053	-3.7
国有企业(万元)	State-owned Enterprises(10 000 yuan)			
集体企业(万元)	Collective-owned Enterprises(10 000 yuan)	4163	3924	-5.7
股份合作企业(万元)	Share Holding Enterprises(10 000 yuan)			
联营企业(万元)	Joint Owned Enterprises(10 000 yuan)			
有限责任公司(万元)	Limited Company(10 000 yuan)	4197	4129	-1.6
股份有限公司(万元)	Share Holding Limited Company(10 000 yuan)			
私营企业(万元)	Privately Owned Enterprises(10 000 yuan)			
其他企业(万元)	Enterprises of Other Ownership(10 000 yuan)			
港澳台商投资企业(万元)	Funds from HK,Macao & Taiwan(10 000 yuan)			
外商投资企业(万元)	Foreign Funded Enterprises(10 000 yuan)			
工业企业增加值(万元)	Value Added of Industrial Enterprises(10 000 yuan)	2516	3752	35.8
工业企业资产总计(万元)	Total Assets of Industrial Enterprises(10 000 yuan)	10939	11719	7.1
工业企业负债合计(万元)	Total Liabilities of Industrial Enterprises(10 000 yuan)	10409	11103	6.7
工业企业产品销售收入(万元)	Sales of Revenue Industrial Enterprises(10 000 yuan)	8480	8117	-4.3
工业企业利润总额(万元)	Total Profits of Industrial Enterprises(10 000 yuan)	26	237	811.5
建筑业	**Construction**			
建筑企业单位数(个)	Number of Construction Enterprises(unit)	1	1	0.0
建筑企业从业人员(人)	Number of Employee in Construction Enterprises(person)	155	155	0.0
建筑业总产值(万元)	Gross Construction Output Value(10 000 yuan)	1182	982	-16.9
交通运输邮电通信业	**Transportation,Post & Telecommunications**			
公路里程(公里)	Total Length of Highways(km)	77	77	0.0
邮电业务总量(万元)	Business Volume of Post & Telecoms(10 000 yuan)	1557	1629	4.6
本地电话用户(户)	Number of Subscribers of Local Telephone(Household)	18953	24700	30.3
国内贸易	**Demestic Trade**			
社会消费品零售总额(万元)	Total Retail Sales of Consumer Goods(10 000 yuan)	12379	13678	10.5
# 贸易业(万元)	Wholesale & Retail Sales Trades(10 000 yuan)	10027	11079	10.5
餐饮业(万元)	Catering Trade(10 000 yuan)	1903	2101	10.4
科技教育卫生	**Science,Education & Public Health**			
各类专业技术人员(人)	Speccial Technical Personnel(person)	330	1110	236.4
幼儿园数(所)	Number of Kindergartens(unit)	2	1	-50.0
学龄儿童入学率(%)	Percentage of School-Age Children Enrolled(%)	100.0	100.0	0.0
小学学校数(所)	Number of Primary Schools(unit)	4	4	0.0
小学专任教师数(人)	Number of Full-time Teachers of Primary Schools(person)	124	125	0.8
小学在校学生数(人)	Number of Student Enrollment of Primary Schools(person)	1923	1850	-3.8
普通中学学校数(所)	Number of Regular Secondary Schools(unit)	2	2	0.0
普通中学专任教师数(人)	Number of Teachers of Secondary Shools(person)	111	114	2.7
初中在校学生数(人)	Number of Student in Junior Secondary Schools(person)	1394	1350	-3.2
高中在校学生数(人)	Number of Student in Senior Secondary Schools(person)	212	275	29.7
卫生机构数(所)	Number of Health Institutions(unit)	11	10	-9.1
# 医院(所)	Hospitals(unit)	2	2	0.0
卫生院(所)	Township Hospitals(unit)			
床位数(张)	Number of Beds(unit)	190	100	-47.4
# 医院(张)	Hospitals(unit)	190	100	-47.4
卫生院(张)	Township Hospitals(unit)			
卫生技术人员(人)	Medical Technical Presonnel(person)	200	150	-25.0
# 医院(人)	Hospitals(person)	157	144	-8.3
卫生院(人)	Township Hospitals(person)			

23-23 包头市土默特右旗

指 标	Item	2004	2005	2005年比上年增长% Increase Rate in 2005 Over 2004(%)
行政区域土地面积(平方公里)	**Area of Administration(Sq.km)**	**2368**	**2368**	**0.0**
人口和就业	**Population & Employment**			
年末总人口(人)	Total Population Year-end(person)	317251	315300	-0.6
# 男性(人)	Male(person)	173400	172400	-0.6
# 乡村人口(人)	Rural(person)	240857	236235	-1.9
年末总户数(户)	Total Number of Households at the Year-end(Household)	100700	100400	-0.3
# 乡村户数(户)	Number of Rural Household(Household)	75980	74292	-2.2
出生人口(人)	Births(person)	3000	2868	-4.4
死亡人口(人)	Deaths(person)	1562	1538	-1.5
全社会就业人员(人)	Employment(person)	173065	173125	0.0
第一产业(人)	Primary Industry(person)	115453	113905	-1.3
第二产业(人)	Secondary Industry(person)	21785	22230	2.0
第三产业(人)	Tertiary Industry(person)	35827	36990	3.2
在岗职工人数(人)	Number of Staff & Workers Employed in(person)	14700	14648	-0.4
乡村劳动力(人)	Number of Rural Laborers(person)	146983	145741	-0.8
# 农林牧渔业(人)	Farming,Forestry,Animal Husbandry & Fishery(person)	116337	113905	-2.1
国民经济综合指标	**Summary Item on the National Economy**			
生产总值(万元)	Gross Domestic Product(10 000 yuan)	346833	427317	18.2
第一产业(万元)	Primary Industry(10 000 yuan)	104926	129817	17.8
第二产业(万元)	Secondary Industry(10 000 yuan)	101649	132630	21.9
# 工业(万元)	Industry(10 000 yuan)	80267	103170	19.4
第三产业(万元)	Tertiary Industry(10 000 yuan)	140258	164870	16.0
人均生产总值(元)	Per Capita GDP(yuan)	10920	13512	18.7
全社会固定资产投资(万元)	Total Investment in Fixed Assets(10 000 yuan)	220000	457000	107.7
按登记注册类型分	Grouped by Registered Type			
# 国有(万元)	State-owned Enterprises(10 000 yuan)	60030	70886	18.1
集体(万元)	Collective-owned Enterprises(10 000 yuan)		200	
有限责任公司(万元)	Limited Liability Corporations(10 000 yuan)	39231	137024	249.3
股份有限公司(万元)	Share Holding Enterprises(10 000 yuan)	17010	360	-97.9
私营企业(万元)	Private Enterprises(10 000 yuan)	67749	172894	155.2
外商及港澳台投资企业(万元)	Funds from HK,Macao,Taiwan & Foreign(10 000 yuan)			
按管理渠道分	Grouped by Channel of Management			
# 基本建设(万元)	Capital Construction(10 000 yuan)	158602	263314	66.0
更新改造(万元)	Innovation(10 000 yuan)	20518	122390	496.5
房地产开发(万元)	Real Estate Development(10 000 yuan)	4900	6410	30.8
地方财政收入(万元)	Local Governments Revenue(10 000 yuan)	16679	31039	86.1
地方财政支出(万元)	Local Governments Expenditures(10 000 yuan)	40620	50976	25.5
城乡居民储蓄存款余额(万元)	Resident Saving Deposit in Urban & Rural(10 000 yuan)	106700	126524	18.6
在岗职工工资总额(万元)	Total Wages of Staff & Workers Empioyed in(10 000 yuan)	17774	20418	14.9
在岗职工平均工资(元)	Average Wage of Staff & Workers Employed in(yuan)	12192	14111	15.7
农牧民人均纯收入(元)	Per Capita Net Income of Peasant & Herdsman(yuan)	4148	4803	15.8
农村牧区经济	**Economic Development in Rural & Pastoral Area**			
耕地面积(公顷)	Cultivated Area(hectare)	102982	102982	0.0
农作物总播种面积(公顷)	Total Sown Area(hectare)	88375	110674	25.2
# 粮食作物播种面积(公顷)	Sown Area of Grain Crops(hectare)	53666	73211	36.4
有效灌溉面积(公顷)	Irrigated Area(hectare)	82809	82998	0.2
农牧业机械总动力(万千瓦)	Total Power of Agricultural Machinery(10 000 kw)	25.20	25.60	1.6
化肥施用折纯量(吨)	Consumption of Chemical Fertilizer(ton)	25330	26418	4.3
农村用电量(万千瓦小时)	Electricity Consumed in Rural Area(10 000 kwh)	3744	4117	10.0
农林牧渔业总产值(万元)	Gross Output of Farming,Forestry,Animal Husbandry & Fishery(10 000 yuan)	190745	221701	16.2
粮食产量(吨)	Yield of Grain(ton)	461725	612335	32.6
油料产量(吨)	Yield of Oil-bearing Grops(ton)	22448	25817	15.0
甜菜产量(吨)	Yield of Beetroots(ton)	80812	169899	110.2
猪牛羊肉产量(吨)	Output of Pork, Beef & Mutton(ton)	24157	29626	22.6
# 猪肉产量(吨)	Output of Pork(ton)	12606	13742	9.0
牛肉产量(吨)	Output of Beef(ton)	6707	7877	17.4
羊肉产量(吨)	Output of Mutton(ton)	4844	8007	65.3

23-23 Tumoteyou Banner in Baotou City

指 标	Item	2004	2005	2005年比上年增长% Increase Rate in 2005 Over 2004(%)
羊毛产量(吨)	Output of Wool(ton)	555	550	-0.9
年末牲畜存栏头数(万头只)	Total Livestock at the Year-end(10 000 heads)	51.54	57.12	10.8
# 大牲畜(万头只)	Large Animals(10 000 heads)	16.17	20.00	23.7
羊(万只)	Sheep & Goats(10 000 heads)	25.12	26.58	5.8
猪(万头)	Hogs(10 000 heads)	10.25	10.54	2.8
规模以上工业	**Industry with Independent Accounting System**			
工业企业单位数(个)	Number of Industrial Enterprises(unit)	19	26	36.8
# 内资企业(个)	Civil Funded Enterprises(unit)	18	25	38.9
工业总产值(万元)	Gross Industrial Output Value(10 000 yuan)	35937	84489	135.1
内资企业(万元)	Civil Funded Enterprises(10 000 yuan)	33436	76177	127.8
国有企业(万元)	State-owned Enterprises(10 000 yuan)	130	131	0.8
集体企业(万元)	Collective-owned Enterprises(10 000 yuan)			
股份合作企业(万元)	Share Holding Enterprises(10 000 yuan)			
联营企业(万元)	Joint Owned Enterprises(10 000 yuan)			
有限责任公司(万元)	Limited Company(10 000 yuan)	28204	45978	63.0
股份有限公司(万元)	Share Holding Limited Company(10 000 yuan)			
私营企业(万元)	Privately Owned Enterprises(10 000 yuan)	5102	30068	489.3
其他企业(万元)	Enterprises of Other Ownership(10 000 yuan)			
港澳台商投资企业(万元)	Funds from HK,Macao & Taiwan(10 000 yuan)	2501	8312	232.3
外商投资企业(万元)	Foreign Funded Enterprises(10 000 yuan)			
工业企业增加值(万元)	Value Added of Industrial Enterprises(10 000 yuan)	14446	34322	117.7
工业企业资产总计(万元)	Total Assets of Industrial Enterprises(10 000 yuan)	31665	46332	46.3
工业企业负债合计(万元)	Total Liabilities of Industrial Enterprises(10 000 yuan)	19288	20912	8.4
工业企业产品销售收入(万元)	Sales of Revenue Industrial Enterprises(10 000 yuan)	35183	83176	136.4
工业企业利润总额(万元)	Total Profits of Industrial Enterprises(10 000 yuan)	2616	4455	70.3
建筑业	**Construction**			
建筑企业单位数(个)	Number of Construction Enterprises(unit)	7	7	0.0
建筑企业从业人员(人)	Number of Employee in Construction Enterprises(person)	1102	2577	133.8
建筑业总产值(万元)	Gross Construction Output Value(10 000 yuan)	15890	14584	-8.2
交通运输邮电通信业	**Transportation,Post & Telecommunications**			
公路里程(公里)	Total Length of Highways(km)	960	1032	7.5
邮电业务总量(万元)	Business Volume of Post & Telecoms(10 000 yuan)	4767	7099	48.9
本地电话用户(户)	Number of Subscribers of Local Telephone(Household)	26824	25991	-3.1
国内贸易	**Demestic Trade**			
社会消费品零售总额(万元)	Total Retail Sales of Consumer Goods(10 000 yuan)	102543	112993	10.2
# 贸易业(万元)	Wholesale & Retail Sales Trades(10 000 yuan)	88830	96137	8.2
餐饮业(万元)	Catering Trade(10 000 yuan)	12903	15802	22.5
科技教育卫生	**Science,Education & Public Health**			
各类专业技术人员(人)	Speccial Technical Personnel(person)	4906	4995	1.8
幼儿园数(所)	Number of Kindergartens(unit)	3	4	33.3
学龄儿童入学率(%)	Percentage of School-Age Children Enrolled(%)	95.1	99.8	5.0
小学学校数(所)	Number of Primary Schools(unit)	112	102	-8.9
小学专任教师数(人)	Number of Full-time Teachers of Primary Schools(person)	1194	1166	-2.3
小学在校学生数(人)	Number of Student Enrollment of Primary Schools(person)	18076	16923	-6.4
普通中学学校数(所)	Number of Regular Secondary Schools(unit)	23	22	-4.3
普通中学专任教师数(人)	Number of Teachers of Secondary Shools(person)	1133	1116	-1.5
初中在校学生数(人)	Number of Student in Junior Secondary Schools(person)	17610	15689	-10.9
高中在校学生数(人)	Number of Student in Senior Secondary Schools(person)	3755	4993	33.0
卫生机构数(所)	Number of Health Institutions(unit)	31	31	0.0
# 医院(所)	Hospitals(unit)	2	2	0.0
卫生院(所)	Township Hospitals(unit)	17	17	0.0
床位数(张)	Number of Beds(unit)	674	674	0.0
# 医院(张)	Hospitals(unit)	200	200	0.0
卫生院(张)	Township Hospitals(unit)	128	156	21.9
卫生技术人员(人)	Medical Technical Presonnel(person)	717	734	2.4
# 医院(人)	Hospitals(person)	174	210	20.7
卫生院(人)	Township Hospitals(person)	343	349	1.7

23-24 包头市固阳县

指 标	Item	2004	2005	2005年比上年增长% Increase Rate in 2005 Over 2004(%)
行政区域土地面积(平方公里)	**Area of Administration(Sq.km)**	**5021**	**5021**	**0.0**
人口和就业	**Population & Employment**			
年末总人口(人)	Total Population Year-end(person)	175591	176800	0.7
#男性(人)	Male(person)	98700	99400	0.7
#乡村人口(人)	Rural(person)	136469	136042	-0.3
年末总户数(户)	Total Number of Households at the Year-end(Household)	53700	54230	1.0
#乡村户数(户)	Number of Rural Household(Household)	40616	36173	-10.9
出生人口(人)	Births(person)	1412	1526	8.1
死亡人口(人)	Deaths(person)	965	911	-5.6
全社会就业人员(人)	Employment(person)	108713	107246	-1.3
第一产业(人)	Primary Industry(person)	75583	70464	-6.8
第二产业(人)	Secondary Industry(person)	23995	24709	3.0
第三产业(人)	Tertiary Industry(person)	9135	12073	32.2
在岗职工人数(人)	Number of Staff & Workers Employed in(person)	8772	9423	7.4
乡村劳动力(人)	Number of Rural Laborers(person)	78717	70467	-10.5
#农林牧渔业(人)	Farming,Forestry,Animal Husbandry & Fishery(person)	62001	57805	-6.8
国民经济综合指标	**Summary Item on the National Economy**			
生产总值(万元)	Gross Domestic Product(10 000 yuan)	194201	250418	23.2
第一产业(万元)	Primary Industry(10 000 yuan)	49983	42484	-24.6
第二产业(万元)	Secondary Industry(10 000 yuan)	97465	149336	43.5
#工业(万元)	Industry(10 000 yuan)	85020	118970	30.5
第三产业(万元)	Tertiary Industry(10 000 yuan)	46753	58598	19.4
人均生产总值(元)	Per Capita GDP(yuan)	11075	14212	22.6
全社会固定资产投资(万元)	Total Investment in Fixed Assets(10 000 yuan)	140000	321000	129.3
按登记注册类型分	Grouped by Registered Type			
#国有(万元)	State-owned Enterprises(10 000 yuan)	18500	26027	40.7
集体(万元)	Collective-owned Enterprises(10 000 yuan)	510		
有限责任公司(万元)	Limited Liability Corporations(10 000 yuan)	44890	174770	289.3
股份有限公司(万元)	Share Holding Enterprises(10 000 yuan)	3304		
私营企业(万元)	Private Enterprises(10 000 yuan)	25596	79722	211.5
外商及港澳台投资企业(万元)	Funds from HK,Macao,Taiwan & Foreign(10 000 yuan)	400		
按管理渠道分	Grouped by Channel of Management			
#基本建设(万元)	Capital Construction(10 000 yuan)	80837	271776	236.2
更新改造(万元)	Innovation(10 000 yuan)	12363		
房地产开发(万元)	Real Estate Development(10 000 yuan)		3670	
地方财政收入(万元)	Local Governments Revenue(10 000 yuan)	12267	23539	91.9
地方财政支出(万元)	Local Governments Expenditures(10 000 yuan)	27801	39685	42.7
城乡居民储蓄存款余额(万元)	Resident Saving Deposit in Urban & Rural(10 000 yuan)	47364	47632	0.6
在岗职工工资总额(万元)	Total Wages of Staff & Workers Empioyed in(10 000 yuan)	12461	15454	24.0
在岗职工平均工资(元)	Average Wage of Staff & Workers Employed in(yuan)	14164	16399	15.8
农牧民人均纯收入(元)	Per Capita Net Income of Peasant & Herdsman(yuan)	3357	3200	-4.7
农村牧区经济	**Economic Development in Rural & Pastoral Area**			
耕地面积(公顷)	Cultivated Area(hectare)	190985	190260	-0.4
农作物总播种面积(公顷)	Total Sown Area(hectare)	114393	107290	-6.2
#粮食作物播种面积(公顷)	Sown Area of Grain Crops(hectare)	68963	64363	-6.7
有效灌溉面积(公顷)	Irrigated Area(hectare)	13977	13310	-4.8
农牧业机械总动力(万千瓦)	Total Power of Agricultural Machinery(10 000 kw)	27.80	30.00	7.9
化肥施用折纯量(吨)	Consumption of Chemical Fertilizer(ton)	11920	12137	1.8
农村用电量(万千瓦小时)	Electricity Consumed in Rural Area(10 000 kwh)	4370	4492	2.8
农林牧渔业总产值(万元)	Gross Output of Farming,Forestry,Animal Husbandry & Fishery(10 000 yuan)	100602	75694	-24.8
粮食产量(吨)	Yield of Grain(ton)	181137	25611	-85.9
油料产量(吨)	Yield of Oil-bearing Grops(ton)	33049	1542	-95.3
甜菜产量(吨)	Yield of Beetroots(ton)	6984	2250	-67.8
猪牛羊肉产量(吨)	Output of Pork, Beef & Mutton(ton)	15799	22342	41.4
#猪肉产量(吨)	Output of Pork(ton)	6564	8759	33.4
牛肉产量(吨)	Output of Beef(ton)	768	497	-35.3
羊肉产量(吨)	Output of Mutton(ton)	8467	13086	54.6

23-24 Guyang County in Baotou City

指 标	Item	2004	2005	2005年比上年增长% Increase Rate in 2005 Over 2004(%)
羊毛产量(吨)	Output of Wool(ton)	497	709	42.7
年末牲畜存栏头数(万头只)	Total Livestock at the Year-end(10 000 heads)	41.10	43.65	6.2
#大牲畜(万头只)	Large Animals(10 000 heads)	3.37	3.71	10.1
羊(万只)	Sheep & Goats(10 000 heads)	33.43	35.62	6.6
猪(万头)	Hogs(10 000 heads)	4.30	4.32	0.5
规模以上工业	**Industry with Independent Accounting System**			
工业企业单位数(个)	Number of Industrial Enterprises(unit)	13	15	15.4
#内资企业(个)	Civil Funded Enterprises(unit)	13	15	15.4
工业总产值(万元)	Gross Industrial Output Value(10 000 yuan)	21842	54423	149.2
内资企业(万元)	Civil Funded Enterprises(10 000 yuan)	21842	54423	149.2
国有企业(万元)	State-owned Enterprises(10 000 yuan)	109	140	28.4
集体企业(万元)	Collective-owned Enterprises(10 000 yuan)			
股份合作企业(万元)	Share Holding Enterprises(10 000 yuan)			
联营企业(万元)	Joint Owned Enterprises(10 000 yuan)			
有限责任公司(万元)	Limited Company(10 000 yuan)	18750	43579	132.4
股份有限公司(万元)	Share Holding Limited Company(10 000 yuan)			
私营企业(万元)	Privately Owned Enterprises(10 000 yuan)	2983	10704	258.8
其他企业(万元)	Enterprises of Other Ownership(10 000 yuan)			
港澳台商投资企业(万元)	Funds from HK,Macao & Taiwan(10 000 yuan)			
外商投资企业(万元)	Foreign Funded Enterprises(10 000 yuan)			
工业企业增加值(万元)	Value Added of Industrial Enterprises(10 000 yuan)	10950	27340	100.4
工业企业资产总计(万元)	Total Assets of Industrial Enterprises(10 000 yuan)	28679	61073	113.0
工业企业负债合计(万元)	Total Liabilities of Industrial Enterprises(10 000 yuan)	14393	41944	191.4
工业企业产品销售收入(万元)	Sales of Revenue Industrial Enterprises(10 000 yuan)	21227	53502	152.0
工业企业利润总额(万元)	Total Profits of Industrial Enterprises(10 000 yuan)	781	1693	116.8
建筑业	**Construction**			
建筑企业单位数(个)	Number of Construction Enterprises(unit)	2	2	0.0
建筑企业从业人员(人)	Number of Employee in Construction Enterprises(person)	359	336	-6.4
建筑业总产值(万元)	Gross Construction Output Value(10 000 yuan)	4427	5703	28.8
交通运输邮电通信业	**Transportation,Post & Telecommunications**			
公路里程(公里)	Total Length of Highways(km)	1260	1260	0.0
邮电业务总量(万元)	Business Volume of Post & Telecoms(10 000 yuan)	1225	1422	16.1
本地电话用户(户)	Number of Subscribers of Local Telephone(Household)	8353	9500	13.7
国内贸易	**Demestic Trade**			
社会消费品零售总额(万元)	Total Retail Sales of Consumer Goods(10 000 yuan)	49463	53915	9.0
#贸易业(万元)	Wholesale & Retail Sales Trades(10 000 yuan)	37001	40328	9.0
餐饮业(万元)	Catering Trade(10 000 yuan)	11880	12940	8.9
科技教育卫生	**Science,Education & Public Health**			
各类专业技术人员(人)	Speccial Technical Personnel(person)	2945	2977	1.1
幼儿园数(所)	Number of Kindergartens(unit)	3	3	0.0
学龄儿童入学率(%)	Percentage of School-Age Children Enrolled(%)	97.7	99.3	1.6
小学学校数(所)	Number of Primary Schools(unit)	62	38	-38.7
小学专任教师数(人)	Number of Full-time Teachers of Primary Schools(person)	951	940	-1.2
小学在校学生数(人)	Number of Student Enrollment of Primary Schools(person)	8702	7760	-10.8
普通中学学校数(所)	Number of Regular Secondary Schools(unit)	9	9	0.0
普通中学专任教师数(人)	Number of Teachers of Secondary Shools(person)	627	635	1.3
初中在校学生数(人)	Number of Student in Junior Secondary Schools(person)	8860	8137	-8.2
高中在校学生数(人)	Number of Student in Senior Secondary Schools(person)	2004	2123	5.9
卫生机构数(所)	Number of Health Institutions(unit)	30	30	0.0
#医院(所)	Hospitals(unit)	2	2	0.0
卫生院(所)	Township Hospitals(unit)	12	12	0.0
床位数(张)	Number of Beds(unit)	470	470	0.0
#医院(张)	Hospitals(unit)	190	190	0.0
卫生院(张)	Township Hospitals(unit)	272	272	0.0
卫生技术人员(人)	Medical Technical Presonnel(person)	509	529	3.9
#医院(人)	Hospitals(person)	189	187	-1.1
卫生院(人)	Township Hospitals(person)	242	243	0.4

23-25 包头市达尔罕茂明安联合旗

指 标	Item	2004	2005	2005年比上年增长% Increase Rate in 2005 Over 2004(%)
行政区域土地面积(平方公里)	**Area of Administration(Sq.km)**	**17410**	**17410**	**0.0**
人口和就业	**Population & Employment**			
年末总人口(人)	Total Population Year-end(person)	101942	102229	0.3
#男性(人)	Male(person)	55300	55466	0.3
#乡村人口(人)	Rural(person)	76361	79850	4.6
年末总户数(户)	Total Number of Households at the Year-end(Household)	30970	30790	-0.6
#乡村户数(户)	Number of Rural Household(Household)	23424	20065	-14.3
出生人口(人)	Births(person)	841	836	-0.6
死亡人口(人)	Deaths(person)	472	1246	164.0
全社会就业人员(人)	Employment(person)	58235	60640	4.1
第一产业(人)	Primary Industry(person)	37412	38293	2.4
第二产业(人)	Secondary Industry(person)	6243	6667	6.8
第三产业(人)	Tertiary Industry(person)	14580	15680	7.5
在岗职工人数(人)	Number of Staff & Workers Employed in(person)	8484	8234	-2.9
乡村劳动力(人)	Number of Rural Laborers(person)	41080	43165	5.1
#农林牧渔业(人)	Farming,Forestry,Animal Husbandry & Fishery(person)	34449	36990	7.4
国民经济综合指标	**Summary Item on the National Economy**			
生产总值(万元)	Gross Domestic Product(10 000 yuan)	287732	386120	25.4
第一产业(万元)	Primary Industry(10 000 yuan)	44636	48044	2.2
第二产业(万元)	Secondary Industry(10 000 yuan)	161999	237528	32.6
#工业(万元)	Industry(10 000 yuan)	138177	185758	21.4
第三产业(万元)	Tertiary Industry(10 000 yuan)	81097	100548	22.2
人均生产总值(元)	Per Capita GDP(yuan)	28253	38060	25.9
全社会固定资产投资(万元)	Total Investment in Fixed Assets(10 000 yuan)	230000	460000	100.0
按登记注册类型分	Grouped by Registered Type			
#国有(万元)	State-owned Enterprises(10 000 yuan)	46131	141820	207.4
集体(万元)	Collective-owned Enterprises(10 000 yuan)			
有限责任公司(万元)	Limited Liability Corporations(10 000 yuan)	141238	214380	51.8
股份有限公司(万元)	Share Holding Enterprises(10 000 yuan)		6000	
私营企业(万元)	Private Enterprises(10 000 yuan)	4513	40100	788.5
外商及港澳台投资企业(万元)	Funds from HK,Macao,Taiwan & Foreign(10 000 yuan)			
按管理渠道分	Grouped by Channel of Management			
#基本建设(万元)	Capital Construction(10 000 yuan)	51931	151920	192.5
更新改造(万元)	Innovation(10 000 yuan)	137986	239830	73.8
房地产开发(万元)	Real Estate Development(10 000 yuan)	1965	6000	205.3
地方财政收入(万元)	Local Governments Revenue(10 000 yuan)	18114	42476	134.5
地方财政支出(万元)	Local Governments Expenditures(10 000 yuan)	36328	60332	66.1
城乡居民储蓄存款余额(万元)	Resident Saving Deposit in Urban & Rural(10 000 yuan)	40186	48152	19.8
在岗职工工资总额(万元)	Total Wages of Staff & Workers Empioyed in(10 000 yuan)	13607	15861	16.6
在岗职工平均工资(元)	Average Wage of Staff & Workers Employed in(yuan)	16038	19020	18.6
农牧民人均纯收入(元)	Per Capita Net Income of Peasant & Herdsman(yuan)	3981	4095	2.9
农村牧区经济	**Economic Development in Rural & Pastoral Area**			
耕地面积(公顷)	Cultivated Area(hectare)	78070	75017	-3.9
农作物总播种面积(公顷)	Total Sown Area(hectare)	45795	41983	-8.3
#粮食作物播种面积(公顷)	Sown Area of Grain Crops(hectare)	33471	30745	-8.1
有效灌溉面积(公顷)	Irrigated Area(hectare)	12600	12850	2.0
农牧业机械总动力(万千瓦)	Total Power of Agricultural Machinery(10 000 kw)	18.00	14.50	-19.4
化肥施用折纯量(吨)	Consumption of Chemical Fertilizer(ton)	4656	4735	1.7
农村用电量(万千瓦小时)	Electricity Consumed in Rural Area(10 000 kwh)	1031	1556	50.9
农林牧渔业总产值(万元)	Gross Output of Farming,Forestry,Animal Husbandry & Fishery(10 000 yuan)	83000	77835	-6.2
粮食产量(吨)	Yield of Grain(ton)	112251	60314	-46.3
油料产量(吨)	Yield of Oil-bearing Grops(ton)	5043	949	-81.2
甜菜产量(吨)	Yield of Beetroots(ton)			
猪牛羊肉产量(吨)	Output of Pork, Beef & Mutton(ton)	14092	20560	45.9
#猪肉产量(吨)	Output of Pork(ton)	3256	3440	5.7
牛肉产量(吨)	Output of Beef(ton)	1488	1775	19.3
羊肉产量(吨)	Output of Mutton(ton)	9348	15345	64.2

23-25 Daerhanmaomingan Union Banner in Baotou City

指 标	Item	2004	2005	2005年比上年增长% Increase Rate in 2005 Over 2004(%)
羊毛产量(吨)	Output of Wool(ton)	1228	1088	-11.4
年末牲畜存栏头数(万头只)	Total Livestock at the Year-end(10 000 heads)	63.76	56.45	-11.5
# 大牲畜(万头只)	Large Animals(10 000 heads)	7.04	7.76	10.2
羊(万只)	Sheep & Goats(10 000 heads)	54.69	46.45	-15.1
猪(万头)	Hogs(10 000 heads)	2.03	2.24	10.3
规模以上工业	**Industry with Independent Accounting System**			
工业企业单位数(个)	Number of Industrial Enterprises(unit)	18	18	0.0
# 内资企业(个)	Civil Funded Enterprises(unit)	18	18	0.0
工业总产值(万元)	Gross Industrial Output Value(10 000 yuan)	103718	195688	88.7
内资企业(万元)	Civil Funded Enterprises(10 000 yuan)	103718	195688	88.7
国有企业(万元)	State-owned Enterprises(10 000 yuan)	5626	12679	125.4
集体企业(万元)	Collective-owned Enterprises(10 000 yuan)			
股份合作企业(万元)	Share Holding Enterprises(10 000 yuan)			
联营企业(万元)	Joint Owned Enterprises(10 000 yuan)			
有限责任公司(万元)	Limited Company(10 000 yuan)	54562	74855	37.2
股份有限公司(万元)	Share Holding Limited Company(10 000 yuan)			
私营企业(万元)	Privately Owned Enterprises(10 000 yuan)	43530	108154	148.5
其他企业(万元)	Enterprises of Other Ownership(10 000 yuan)			
港澳台商投资企业(万元)	Funds from HK,Macao & Taiwan(10 000 yuan)			
外商投资企业(万元)	Foreign Funded Enterprises(10 000 yuan)			
工业企业增加值(万元)	Value Added of Industrial Enterprises(10 000 yuan)	55002	99390	68.0
工业企业资产总计(万元)	Total Assets of Industrial Enterprises(10 000 yuan)	92998	147048	58.1
工业企业负债合计(万元)	Total Liabilities of Industrial Enterprises(10 000 yuan)	52078	86072	65.3
工业企业产品销售收入(万元)	Sales of Revenue Industrial Enterprises(10 000 yuan)	101410	186828	84.2
工业企业利润总额(万元)	Total Profits of Industrial Enterprises(10 000 yuan)	16194	20659	27.6
建筑业	**Construction**			
建筑企业单位数(个)	Number of Construction Enterprises(unit)	2	2	0.0
建筑企业从业人员(人)	Number of Employee in Construction Enterprises(person)	260	175	-32.7
建筑业总产值(万元)	Gross Construction Output Value(10 000 yuan)	3817	6000	57.2
交通运输邮电通信业	**Transportation,Post & Telecommunications**			
公路里程(公里)	Total Length of Highways(km)	1260	1524	21.0
邮电业务总量(万元)	Business Volume of Post & Telecoms(10 000 yuan)	2147	2180	1.5
本地电话用户(户)	Number of Subscribers of Local Telephone(Household)	9158	9974	8.9
国内贸易	**Demestic Trade**			
社会消费品零售总额(万元)	Total Retail Sales of Consumer Goods(10 000 yuan)	49106	54024	10.0
# 贸易业(万元)	Wholesale & Retail Sales Trades(10 000 yuan)	35209	36733	4.3
餐饮业(万元)	Catering Trade(10 000 yuan)	13897	16453	18.4
科技教育卫生	**Science,Education & Public Health**			
各类专业技术人员(人)	Speccial Technical Personnel(person)	3204	3337	4.2
幼儿园数(所)	Number of Kindergartens(unit)	7	6	-14.3
学龄儿童入学率(%)	Percentage of School-Age Children Enrolled(%)	99.7	99.7	0.0
小学学校数(所)	Number of Primary Schools(unit)	44	32	-27.3
小学专任教师数(人)	Number of Full-time Teachers of Primary Schools(person)	704	633	-10.1
小学在校学生数(人)	Number of Student Enrollment of Primary Schools(person)	5790	5886	1.7
普通中学学校数(所)	Number of Regular Secondary Schools(unit)	13	7	-46.2
普通中学专任教师数(人)	Number of Teachers of Secondary Shools(person)	369	343	-7.0
初中在校学生数(人)	Number of Student in Junior Secondary Schools(person)	4476	4452	-0.5
高中在校学生数(人)	Number of Student in Senior Secondary Schools(person)	1034	1182	14.3
卫生机构数(所)	Number of Health Institutions(unit)	25	25	0.0
# 医院(所)	Hospitals(unit)	2	2	0.0
卫生院(所)	Township Hospitals(unit)	20	16	-20.0
床位数(张)	Number of Beds(unit)	248	261	5.2
# 医院(张)	Hospitals(unit)	131	133	1.5
卫生院(张)	Township Hospitals(unit)	117	128	9.4
卫生技术人员(人)	Medical Technical Presonnel(person)	361	416	15.2
# 医院(人)	Hospitals(person)	152	177	16.4
卫生院(人)	Township Hospitals(person)	141	131	-7.1

23-26 呼伦贝尔市海拉尔区

指 标	Item	2004	2005	2005年比上年增长% Increase Rate in 2005 Over 2004(%)
行政区域土地面积(平方公里)	**Area of Administration(Sq.km)**	**1440**	**1440**	**0.0**
人口和就业	**Population & Employment**			
年末总人口(人)	Total Population Year-end(person)	258177	256497	-0.7
#男性(人)	Male(person)	126779	128489	1.3
#乡村人口(人)	Rural(person)	15406	22548	46.4
年末总户数(户)	Total Number of Households at the Year-end(Household)	76688	77975	1.7
#乡村户数(户)	Number of Rural Household(Household)	4731	4857	2.7
出生人口(人)	Births(person)	1556	1532	-1.5
死亡人口(人)	Deaths(person)	1310	1304	-0.5
全社会就业人员(人)	Employment(person)	85015	69426	-18.3
第一产业(人)	Primary Industry(person)	7272	9263	27.4
第二产业(人)	Secondary Industry(person)	14797	11277	-23.8
第三产业(人)	Tertiary Industry(person)	62946	48886	-22.3
在岗职工人数(人)	Number of Staff & Workers Employed in(person)	43024	42525	-1.2
乡村劳动力(人)	Number of Rural Laborers(person)	7738	7918	2.3
#农林牧渔业(人)	Farming,Forestry,Animal Husbandry & Fishery(person)	5653	6038	6.8
国民经济综合指标	**Summary Item on the National Economy**			
生产总值(万元)	Gross Domestic Product(10 000 yuan)	352897	455418	27.1
第一产业(万元)	Primary Industry(10 000 yuan)	29293	38017	27.9
第二产业(万元)	Secondary Industry(10 000 yuan)	120663	171313	39.7
#工业(万元)	Industry(10 000 yuan)	91249	130286	41.1
第三产业(万元)	Tertiary Industry(10 000 yuan)	202941	246088	19.6
人均生产总值(元)	Per Capita GDP(yuan)	13785	17694	26.2
全社会固定资产投资(万元)	Total Investment in Fixed Assets(10 000 yuan)	165894	220700	33.0
按登记注册类型分	Grouped by Registered Type			
#国有(万元)	State-owned Enterprises(10 000 yuan)	113678	162002	42.5
集体(万元)	Collective-owned Enterprises(10 000 yuan)			
有限责任公司(万元)	Limited Liability Corporations(10 000 yuan)	35701	40539	13.6
股份有限公司(万元)	Share Holding Enterprises(10 000 yuan)	4500	9200	104.4
私营企业(万元)	Private Enterprises(10 000 yuan)	10381	2863	-72.4
外商及港澳台投资企业(万元)	Funds from HK,Macao,Taiwan & Foreign(10 000 yuan)	1000	2610	161.0
按管理渠道分	Grouped by Channel of Management			
#基本建设(万元)	Capital Construction(10 000 yuan)	63881	104720	63.9
更新改造(万元)	Innovation(10 000 yuan)	76424	90926	19.0
房地产开发(万元)	Real Estate Development(10 000 yuan)	23715	20884	-11.9
地方财政收入(万元)	Local Governments Revenue(10 000 yuan)	25017	24263	-3.0
地方财政支出(万元)	Local Governments Expenditures(10 000 yuan)	39007	37862	-2.9
城乡居民储蓄存款余额(万元)	Resident Saving Deposit in Urban & Rural(10 000 yuan)	448495	524621	17.0
在岗职工工资总额(万元)	Total Wages of Staff & Workers Empioyed in(10 000 yuan)	60297	68499	13.6
在岗职工平均工资(元)	Average Wage of Staff & Workers Employed in(yuan)	14896	16388	10.0
农牧民人均纯收入(元)	Per Capita Net Income of Peasant & Herdsman(yuan)	5640	6030	6.9
农村牧区经济	**Economic Development in Rural & Pastoral Area**			
耕地面积(公顷)	Cultivated Area(hectare)	34321	31276	-8.9
农作物总播种面积(公顷)	Total Sown Area(hectare)	21435	23500	9.6
#粮食作物播种面积(公顷)	Sown Area of Grain Crops(hectare)	10480	12094	15.4
有效灌溉面积(公顷)	Irrigated Area(hectare)	3660	4027	10.0
农牧业机械总动力(万千瓦)	Total Power of Agricultural Machinery(10 000 kw)	7.80	9.10	16.7
化肥施用折纯量(吨)	Consumption of Chemical Fertilizer(ton)	4531	4577	1.0
农村用电量(万千瓦小时)	Electricity Consumed in Rural Area(10 000 kwh)	582	580	-0.4
农林牧渔业总产值(万元)	Gross Output of Farming,Forestry,Animal Husbandry & Fishery(10 000 yuan)	41145	60344	46.7
粮食产量(吨)	Yield of Grain(ton)	15292	38436	151.3
油料产量(吨)	Yield of Oil-bearing Grops(ton)	2804	8622	207.5
甜菜产量(吨)	Yield of Beetroots(ton)			
猪牛羊肉产量(吨)	Output of Pork, Beef & Mutton(ton)	5617	5145	-8.4
#猪肉产量(吨)	Output of Pork(ton)	1941	1978	1.9
牛肉产量(吨)	Output of Beef(ton)	2291	2761	20.5
羊肉产量(吨)	Output of Mutton(ton)	292	406	39.0

23-26 Hailaer District in Hulunbeier City

指 标	Item	2004	2005	2005年比上年增长% Increase Rate in 2005 Over 2004(%)
羊毛产量(吨)	Output of Wool(ton)	67	90	34.3
年末牲畜存栏头数(万头只)	Total Livestock at the Year-end(10 000 heads)	8.08	9.54	18.1
# 大牲畜(万头只)	Large Animals(10 000 heads)	3.38	4.21	24.6
羊(万只)	Sheep & Goats(10 000 heads)	3.74	4.48	19.8
猪(万头)	Hogs(10 000 heads)	0.96	0.85	-11.5
规模以上工业	**Industry with Independent Accounting System**			
工业企业单位数(个)	Number of Industrial Enterprises(unit)	28	27	-3.6
# 内资企业(个)	Civil Funded Enterprises(unit)	26	25	-3.8
工业总产值(万元)	Gross Industrial Output Value(10 000 yuan)	112562	174124	54.7
内资企业(万元)	Civil Funded Enterprises(10 000 yuan)	96274	153127	59.1
国有企业(万元)	State-owned Enterprises(10 000 yuan)	22142	50210	126.8
集体企业(万元)	Collective-owned Enterprises(10 000 yuan)			
股份合作企业(万元)	Share Holding Enterprises(10 000 yuan)			
联营企业(万元)	Joint Owned Enterprises(10 000 yuan)			
有限责任公司(万元)	Limited Company(10 000 yuan)	65288	77418	18.6
股份有限公司(万元)	Share Holding Limited Company(10 000 yuan)		6525	
私营企业(万元)	Privately Owned Enterprises(10 000 yuan)	8844	18974	114.5
其他企业(万元)	Enterprises of Other Ownership(10 000 yuan)			
港澳台商投资企业(万元)	Funds from HK,Macao & Taiwan(10 000 yuan)	13945	19205	37.7
外商投资企业(万元)	Foreign Funded Enterprises(10 000 yuan)	2343	1792	-23.5
工业企业增加值(万元)	Value Added of Industrial Enterprises(10 000 yuan)	41649	77786	43.0
工业企业资产总计(万元)	Total Assets of Industrial Enterprises(10 000 yuan)	196177	257145	31.1
工业企业负债合计(万元)	Total Liabilities of Industrial Enterprises(10 000 yuan)	147617	198117	34.2
工业企业产品销售收入(万元)	Sales of Revenue Industrial Enterprises(10 000 yuan)	171303	118460	-30.8
工业企业利润总额(万元)	Total Profits of Industrial Enterprises(10 000 yuan)	-1176	8253	
建筑业	**Construction**			
建筑企业单位数(个)	Number of Construction Enterprises(unit)	20	19	-5.0
建筑企业从业人员(人)	Number of Employee in Construction Enterprises(person)	8558	10754	25.7
建筑业总产值(万元)	Gross Construction Output Value(10 000 yuan)	59970	69699	16.2
交通运输邮电通信业	**Transportation,Post & Telecommunications**			
公路里程(公里)	Total Length of Highways(km)	166	177	6.5
邮电业务总量(万元)	Business Volume of Post & Telecoms(10 000 yuan)	29514	30453	3.2
本地电话用户(户)	Number of Subscribers of Local Telephone(Household)	122306	164545	34.5
国内贸易	**Demestic Trade**			
社会消费品零售总额(万元)	Total Retail Sales of Consumer Goods(10 000 yuan)	209605	245905	17.3
# 贸易业(万元)	Wholesale & Retail Sales Trades(10 000 yuan)	152690	179513	17.6
餐饮业(万元)	Catering Trade(10 000 yuan)	30051	37542	24.9
科技教育卫生	**Science,Education & Public Health**			
各类专业技术人员(人)	Speccial Technical Personnel(person)	5062	5238	3.5
幼儿园数(所)	Number of Kindergartens(unit)	6	10	66.7
学龄儿童入学率(%)	Percentage of School-Age Children Enrolled(%)	99.8	100.0	0.2
小学学校数(所)	Number of Primary Schools(unit)	29	28	-3.4
小学专任教师数(人)	Number of Full-time Teachers of Primary Schools(person)	988	1042	5.5
小学在校学生数(人)	Number of Student Enrollment of Primary Schools(person)	16050	15502	-3.4
普通中学学校数(所)	Number of Regular Secondary Schools(unit)	30	24	-20.0
普通中学专任教师数(人)	Number of Teachers of Secondary Shools(person)	1570	1593	1.5
初中在校学生数(人)	Number of Student in Junior Secondary Schools(person)	12319	11525	-6.4
高中在校学生数(人)	Number of Student in Senior Secondary Schools(person)	11844	12527	5.8
卫生机构数(所)	Number of Health Institutions(unit)	81	139	71.6
# 医院(所)	Hospitals(unit)	12	15	25.0
卫生院(所)	Township Hospitals(unit)	5	5	0.0
床位数(张)	Number of Beds(unit)	1650	1832	11.0
# 医院(张)	Hospitals(unit)	1490	1664	11.7
卫生院(张)	Township Hospitals(unit)	40	40	0.0
卫生技术人员(人)	Medical Technical Presonnel(person)	2112	2385	12.9
# 医院(人)	Hospitals(person)	1553	1713	10.3
卫生院(人)	Township Hospitals(person)	33	34	3.0

23-27 呼伦贝尔市满洲里市

指 标	Item	2004	2005	2005年比上年增长% Increase Rate in 2005 Over 2004(%)
行政区域土地面积(平方公里)	**Area of Administration(Sq.km)**	**696**	**696**	**0.0**
人口和就业	**Population & Employment**			
年末总人口(人)	Total Population Year-end(person)	159731	160213	0.3
# 男性(人)	Male(person)	81165	81253	0.1
# 乡村人口(人)	Rural(person)			
年末总户数(户)	Total Number of Households at the Year-end(Household)	61005	61821	1.3
# 乡村户数(户)	Number of Rural Household(Household)			
出生人口(人)	Births(person)	1035	923	-10.8
死亡人口(人)	Deaths(person)	689	784	13.8
全社会就业人员(人)	Employment(person)	56700	67082	18.3
第一产业(人)	Primary Industry(person)	1000	950	-5.0
第二产业(人)	Secondary Industry(person)	15000	18102	20.7
第三产业(人)	Tertiary Industry(person)	40700	48030	18.0
在岗职工人数(人)	Number of Staff & Workers Employed in(person)	30800	31612	2.6
乡村劳动力(人)	Number of Rural Laborers(person)			
# 农林牧渔业(人)	Farming,Forestry,Animal Husbandry & Fishery(person)			
国民经济综合指标	**Summary Item on the National Economy**			
生产总值(万元)	Gross Domestic Product(10 000 yuan)	350787	600565	64.7
第一产业(万元)	Primary Industry(10 000 yuan)	12682	12700	-1.3
第二产业(万元)	Secondary Industry(10 000 yuan)	116068	300724	146.1
# 工业(万元)	Industry(10 000 yuan)	43201	102635	118.5
第三产业(万元)	Tertiary Industry(10 000 yuan)	222037	287141	26.6
人均生产总值(元)	Per Capita GDP(yuan)	22140	30028	49.9
全社会固定资产投资(万元)	Total Investment in Fixed Assets(10 000 yuan)	195089	580000	197.3
按登记注册类型分	Grouped by Registered Type			
# 国有(万元)	State-owned Enterprises(10 000 yuan)	70069	157464	124.7
集体(万元)	Collective-owned Enterprises(10 000 yuan)	8500	23511	176.6
有限责任公司(万元)	Limited Liability Corporations(10 000 yuan)	75526	241488	219.7
股份有限公司(万元)	Share Holding Enterprises(10 000 yuan)	34044	124667	266.2
私营企业(万元)	Private Enterprises(10 000 yuan)	2650	16630	527.5
外商及港澳台投资企业(万元)	Funds from HK,Macao,Taiwan & Foreign(10 000 yuan)	4300	16240	277.7
按管理渠道分	Grouped by Channel of Management			
# 基本建设(万元)	Capital Construction(10 000 yuan)	168396	420500	149.7
更新改造(万元)	Innovation(10 000 yuan)	5527	27400	395.7
房地产开发(万元)	Real Estate Development(10 000 yuan)	18142	101136	457.5
地方财政收入(万元)	Local Governments Revenue(10 000 yuan)	35755	55777	56.0
地方财政支出(万元)	Local Governments Expenditures(10 000 yuan)	64556	81579	26.4
城乡居民储蓄存款余额(万元)	Resident Saving Deposit in Urban & Rural(10 000 yuan)	379849	460034	21.1
在岗职工工资总额(万元)	Total Wages of Staff & Workers Empioyed in(10 000 yuan)	33500	41993	25.4
在岗职工平均工资(元)	Average Wage of Staff & Workers Employed in(yuan)	10812	13284	22.9
农牧民人均纯收入(元)	Per Capita Net Income of Peasant & Herdsman(yuan)			
农村牧区经济	**Economic Development in Rural & Pastoral Area**			
耕地面积(公顷)	Cultivated Area(hectare)	1839	1839	0.0
农作物总播种面积(公顷)	Total Sown Area(hectare)	1648	1723	4.6
# 粮食作物播种面积(公顷)	Sown Area of Grain Crops(hectare)	136	195	43.4
有效灌溉面积(公顷)	Irrigated Area(hectare)			
农牧业机械总动力(万千瓦)	Total Power of Agricultural Machinery(10 000 kw)			
化肥施用折纯量(吨)	Consumption of Chemical Fertilizer(ton)	96	96	0.0
农村用电量(万千瓦小时)	Electricity Consumed in Rural Area(10 000 kwh)	100	100	0.0
农林牧渔业总产值(万元)	Gross Output of Farming,Forestry,Animal Husbandry & Fishery(10 000 yuan)	20906	20159	-3.6
粮食产量(吨)	Yield of Grain(ton)	690	1024	48.4
油料产量(吨)	Yield of Oil-bearing Grops(ton)	180		
甜菜产量(吨)	Yield of Beetroots(ton)			
猪牛羊肉产量(吨)	Output of Pork, Beef & Mutton(ton)	2076	2033	-2.1
# 猪肉产量(吨)	Output of Pork(ton)	1225	1262	3.0
牛肉产量(吨)	Output of Beef(ton)	406	380	-6.4
羊肉产量(吨)	Output of Mutton(ton)	445	391	-12.1

23-27 Manzhouli City in Hulunbeier City

指 标	Item	2004	2005	2005年比上年增长% Increase Rate in 2005 Over 2004(%)
羊毛产量(吨)	Output of Wool(ton)	92	92	0.0
年末牲畜存栏头数(万头只)	Total Livestock at the Year-end(10 000 heads)	5.28	5.31	0.6
# 大牲畜(万头只)	Large Animals(10 000 heads)	0.43	0.43	0.0
羊(万只)	Sheep & Goats(10 000 heads)	3.80	3.80	0.0
猪(万头)	Hogs(10 000 heads)	1.05	1.08	2.9
规模以上工业	**Industry with Independent Accounting System**			
工业企业单位数(个)	Number of Industrial Enterprises(unit)	16	24	50.0
# 内资企业(个)	Civil Funded Enterprises(unit)	16	22	37.5
工业总产值(万元)	Gross Industrial Output Value(10 000 yuan)	88068	134795	53.1
内资企业(万元)	Civil Funded Enterprises(10 000 yuan)	85690	127495	48.8
国有企业(万元)	State-owned Enterprises(10 000 yuan)	63884	90232	41.2
集体企业(万元)	Collective-owned Enterprises(10 000 yuan)			
股份合作企业(万元)	Share Holding Enterprises(10 000 yuan)	1729	2011	16.3
联营企业(万元)	Joint Owned Enterprises(10 000 yuan)			
有限责任公司(万元)	Limited Company(10 000 yuan)	11120	20118	80.9
股份有限公司(万元)	Share Holding Limited Company(10 000 yuan)			
私营企业(万元)	Privately Owned Enterprises(10 000 yuan)	8957	15134	69.0
其他企业(万元)	Enterprises of Other Ownership(10 000 yuan)			
港澳台商投资企业(万元)	Funds from HK,Macao & Taiwan(10 000 yuan)	1507	6038	300.7
外商投资企业(万元)	Foreign Funded Enterprises(10 000 yuan)	871	1262	44.9
工业企业增加值(万元)	Value Added of Industrial Enterprises(10 000 yuan)	34085	61675	45.0
工业企业资产总计(万元)	Total Assets of Industrial Enterprises(10 000 yuan)	227673	273378	20.1
工业企业负债合计(万元)	Total Liabilities of Industrial Enterprises(10 000 yuan)	143125	176303	23.2
工业企业产品销售收入(万元)	Sales of Revenue Industrial Enterprises(10 000 yuan)	63246	103263	63.3
工业企业利润总额(万元)	Total Profits of Industrial Enterprises(10 000 yuan)	-3030	1975	
建筑业	**Construction**			
建筑企业单位数(个)	Number of Construction Enterprises(unit)	9	8	-11.1
建筑企业从业人员(人)	Number of Employee in Construction Enterprises(person)	1716	1688	-1.6
建筑业总产值(万元)	Gross Construction Output Value(10 000 yuan)	118025	192617	63.2
交通运输邮电通信业	**Transportation,Post & Telecommunications**			
公路里程(公里)	Total Length of Highways(km)	155	160	3.2
邮电业务总量(万元)	Business Volume of Post & Telecoms(10 000 yuan)	10246	12086	18.0
本地电话用户(户)	Number of Subscribers of Local Telephone(Household)	41183	45803	11.2
国内贸易	**Demestic Trade**			
社会消费品零售总额(万元)	Total Retail Sales of Consumer Goods(10 000 yuan)	202900	250600	23.5
# 贸易业(万元)	Wholesale & Retail Sales Trades(10 000 yuan)	160185	197843	23.5
餐饮业(万元)	Catering Trade(10 000 yuan)	20484	25300	23.5
科技教育卫生	**Science,Education & Public Health**			
各类专业技术人员(人)	Speccial Technical Personnel(person)	3150	3235	2.7
幼儿园数(所)	Number of Kindergartens(unit)	3	3	0.0
学龄儿童入学率(%)	Percentage of School-Age Children Enrolled(%)	99.5	100.0	0.5
小学学校数(所)	Number of Primary Schools(unit)	21	20	-4.8
小学专任教师数(人)	Number of Full-time Teachers of Primary Schools(person)	821	865	5.4
小学在校学生数(人)	Number of Student Enrollment of Primary Schools(person)	13859	13392	-3.4
普通中学学校数(所)	Number of Regular Secondary Schools(unit)	12	12	0.0
普通中学专任教师数(人)	Number of Teachers of Secondary Shools(person)	870	937	7.7
初中在校学生数(人)	Number of Student in Junior Secondary Schools(person)	10812	10091	-6.7
高中在校学生数(人)	Number of Student in Senior Secondary Schools(person)	2908	3199	10.0
卫生机构数(所)	Number of Health Institutions(unit)	105	111	5.7
# 医院(所)	Hospitals(unit)	16	15	-6.2
卫生院(所)	Township Hospitals(unit)	1	1	0.0
床位数(张)	Number of Beds(unit)	881	846	-4.0
# 医院(张)	Hospitals(unit)	871	836	-4.0
卫生院(张)	Township Hospitals(unit)	10	10	0.0
卫生技术人员(人)	Medical Technical Presonnel(person)	1144	1417	23.9
# 医院(人)	Hospitals(person)	1124	1397	24.3
卫生院(人)	Township Hospitals(person)	20	20	0.0

23-28 呼伦贝尔市扎兰屯市

指 标	Item	2004	2005	2005年比上年增长% Increase Rate in 2005 Over 2004(%)
行政区域土地面积(平方公里)	**Area of Administration(Sq.km)**	**16800**	**16800**	**0.0**
人口和就业	**Population & Employment**			
年末总人口(人)	Total Population Year-end(person)	435154	431013	-1.0
#男性(人)	Male(person)	223490	221376	-0.9
#乡村人口(人)	Rural(person)	297403	293903	-1.2
年末总户数(户)	Total Number of Households at the Year-end(Household)	130983	132508	1.2
#乡村户数(户)	Number of Rural Household(Household)	80357	81252	1.1
出生人口(人)	Births(person)	2999	3490	16.4
死亡人口(人)	Deaths(person)	2242	1484	-33.8
全社会就业人员(人)	Employment(person)	135683	139764	3.0
第一产业(人)	Primary Industry(person)	89155	92511	3.8
第二产业(人)	Secondary Industry(person)	14012	14537	3.7
第三产业(人)	Tertiary Industry(person)	32516	32716	0.6
在岗职工人数(人)	Number of Staff & Workers Employed in(person)	22617	24244	7.2
乡村劳动力(人)	Number of Rural Laborers(person)	104107	108387	4.1
#农林牧渔业(人)	Farming,Forestry,Animal Husbandry & Fishery(person)	85582	90589	5.9
国民经济综合指标	**Summary Item on the National Economy**			
生产总值(万元)	Gross Domestic Product(10 000 yuan)	254064	323433	23.9
第一产业(万元)	Primary Industry(10 000 yuan)	83584	115600	36.3
第二产业(万元)	Secondary Industry(10 000 yuan)	87629	115667	28.2
#工业(万元)	Industry(10 000 yuan)	51125	71037	34.4
第三产业(万元)	Tertiary Industry(10 000 yuan)	82851	92166	9.6
人均生产总值(元)	Per Capita GDP(yuan)	5835	7470	24.6
全社会固定资产投资(万元)	Total Investment in Fixed Assets(10 000 yuan)	101862	125083	22.8
按登记注册类型分	Grouped by Registered Type			
#国有(万元)	State-owned Enterprises(10 000 yuan)	52649	89567	70.1
集体(万元)	Collective-owned Enterprises(10 000 yuan)			
有限责任公司(万元)	Limited Liability Corporations(10 000 yuan)	17372	18525	6.6
股份有限公司(万元)	Share Holding Enterprises(10 000 yuan)	25795	9247	-64.2
私营企业(万元)	Private Enterprises(10 000 yuan)	260	2254	766.9
外商及港澳台投资企业(万元)	Funds from HK,Macao,Taiwan & Foreign(10 000 yuan)	4801	3600	-25.0
按管理渠道分	Grouped by Channel of Management			
#基本建设(万元)	Capital Construction(10 000 yuan)	47816	88508	85.1
更新改造(万元)	Innovation(10 000 yuan)	44285	29821	-32.7
房地产开发(万元)	Real Estate Development(10 000 yuan)	8809	4645	-47.3
地方财政收入(万元)	Local Governments Revenue(10 000 yuan)	14369	16191	12.7
地方财政支出(万元)	Local Governments Expenditures(10 000 yuan)	40143	52434	30.6
城乡居民储蓄存款余额(万元)	Resident Saving Deposit in Urban & Rural(10 000 yuan)	157518	179371	13.9
在岗职工工资总额(万元)	Total Wages of Staff & Workers Empioyed in(10 000 yuan)	25707	28360	10.3
在岗职工平均工资(元)	Average Wage of Staff & Workers Employed in(yuan)	10620	12907	21.5
农牧民人均纯收入(元)	Per Capita Net Income of Peasant & Herdsman(yuan)	2282	2760	20.9
农村牧区经济	**Economic Development in Rural & Pastoral Area**			
耕地面积(公顷)	Cultivated Area(hectare)	230165	227759	-1.0
农作物总播种面积(公顷)	Total Sown Area(hectare)	163137	213453	30.8
#粮食作物播种面积(公顷)	Sown Area of Grain Crops(hectare)	130189	159036	22.2
有效灌溉面积(公顷)	Irrigated Area(hectare)	4862	5513	13.4
农牧业机械总动力(万千瓦)	Total Power of Agricultural Machinery(10 000 kw)	40.00	43.81	9.5
化肥施用折纯量(吨)	Consumption of Chemical Fertilizer(ton)	20291	29805	46.9
农村用电量(万千瓦小时)	Electricity Consumed in Rural Area(10 000 kwh)	2910	2760	-5.2
农林牧渔业总产值(万元)	Gross Output of Farming,Forestry,Animal Husbandry & Fishery(10 000 yuan)	124155	187237	50.8
粮食产量(吨)	Yield of Grain(ton)	194063	501500	158.4
油料产量(吨)	Yield of Oil-bearing Grops(ton)	11133	55113	395.0
甜菜产量(吨)	Yield of Beetroots(ton)	3114	4292	37.8
猪牛羊肉产量(吨)	Output of Pork, Beef & Mutton(ton)	32295	34501	6.8
#猪肉产量(吨)	Output of Pork(ton)	20652	17854	-13.5
牛肉产量(吨)	Output of Beef(ton)	4429	5134	15.9
羊肉产量(吨)	Output of Mutton(ton)	7214	11513	59.6

23-28 Zhalantun City in Hulunbeier City

指 标	Item	2004	2005	2005年比上年增长% Increase Rate in 2005 Over 2004(%)
羊毛产量(吨)	Output of Wool(ton)	1881	2238	19.0
年末牲畜存栏头数(万头只)	Total Livestock at the Year-end(10 000 heads)	103.59	95.35	-8.0
# 大牲畜(万头只)	Large Animals(10 000 heads)	11.31	14.63	29.4
羊(万只)	Sheep & Goats(10 000 heads)	76.24	66.09	-13.3
猪(万头)	Hogs(10 000 heads)	16.04	14.63	-8.8
规模以上工业	**Industry with Independent Accounting System**			
工业企业单位数(个)	Number of Industrial Enterprises(unit)	20	25	25.0
# 内资企业(个)	Civil Funded Enterprises(unit)	18	23	27.8
工业总产值(万元)	Gross Industrial Output Value(10 000 yuan)	109613	162049	47.8
内资企业(万元)	Civil Funded Enterprises(10 000 yuan)	85751	130349	52.0
国有企业(万元)	State-owned Enterprises(10 000 yuan)	4777	11572	142.2
集体企业(万元)	Collective-owned Enterprises(10 000 yuan)	731		
股份合作企业(万元)	Share Holding Enterprises(10 000 yuan)	557		
联营企业(万元)	Joint Owned Enterprises(10 000 yuan)			
有限责任公司(万元)	Limited Company(10 000 yuan)	50881	118777	133.4
股份有限公司(万元)	Share Holding Limited Company(10 000 yuan)	15989		
私营企业(万元)	Privately Owned Enterprises(10 000 yuan)	12816		
其他企业(万元)	Enterprises of Other Ownership(10 000 yuan)			
港澳台商投资企业(万元)	Funds from HK,Macao & Taiwan(10 000 yuan)			
外商投资企业(万元)	Foreign Funded Enterprises(10 000 yuan)	23862	31700	32.8
工业企业增加值(万元)	Value Added of Industrial Enterprises(10 000 yuan)	41289	61573	40.2
工业企业资产总计(万元)	Total Assets of Industrial Enterprises(10 000 yuan)	114844	149168	29.9
工业企业负债合计(万元)	Total Liabilities of Industrial Enterprises(10 000 yuan)	74411	89875	20.8
工业企业产品销售收入(万元)	Sales of Revenue Industrial Enterprises(10 000 yuan)	82820	128878	55.6
工业企业利润总额(万元)	Total Profits of Industrial Enterprises(10 000 yuan)	3641	7748	112.8
建筑业	**Construction**			
建筑企业单位数(个)	Number of Construction Enterprises(unit)	7	7	0.0
建筑企业从业人员(人)	Number of Employee in Construction Enterprises(person)	1998	1119	-44.0
建筑业总产值(万元)	Gross Construction Output Value(10 000 yuan)	15386	9091	-40.9
交通运输邮电通信业	**Transportation,Post & Telecommunications**			
公路里程(公里)	Total Length of Highways(km)	1557	1557	0.0
邮电业务总量(万元)	Business Volume of Post & Telecoms(10 000 yuan)	8307	9520	14.6
本地电话用户(户)	Number of Subscribers of Local Telephone(Household)	62428	66984	7.3
国内贸易	**Demestic Trade**			
社会消费品零售总额(万元)	Total Retail Sales of Consumer Goods(10 000 yuan)	103159	120696	17.0
# 贸易业(万元)	Wholesale & Retail Sales Trades(10 000 yuan)	90155	105330	16.8
餐饮业(万元)	Catering Trade(10 000 yuan)	10751	12686	18.0
科技教育卫生	**Science,Education & Public Health**			
各类专业技术人员(人)	Speccial Technical Personnel(person)	7172	8505	18.6
幼儿园数(所)	Number of Kindergartens(unit)	50	47	-6.0
学龄儿童入学率(%)	Percentage of School-Age Children Enrolled(%)	97.9	100.0	2.1
小学学校数(所)	Number of Primary Schools(unit)	161	148	-8.1
小学专任教师数(人)	Number of Full-time Teachers of Primary Schools(person)	2145	2026	-5.5
小学在校学生数(人)	Number of Student Enrollment of Primary Schools(person)	23214	21152	-8.9
普通中学学校数(所)	Number of Regular Secondary Schools(unit)	36	37	2.8
普通中学专任教师数(人)	Number of Teachers of Secondary Shools(person)	1449	1256	-13.3
初中在校学生数(人)	Number of Student in Junior Secondary Schools(person)	18505	17031	-8.0
高中在校学生数(人)	Number of Student in Senior Secondary Schools(person)	4668	5352	14.7
卫生机构数(所)	Number of Health Institutions(unit)	261	271	3.8
# 医院(所)	Hospitals(unit)	9	9	0.0
卫生院(所)	Township Hospitals(unit)	24	24	0.0
床位数(张)	Number of Beds(unit)	1502	1537	2.3
# 医院(张)	Hospitals(unit)	800	804	0.5
卫生院(张)	Township Hospitals(unit)	330	326	-1.2
卫生技术人员(人)	Medical Technical Presonnel(person)	1494	1587	6.2
# 医院(人)	Hospitals(person)	824	827	0.4
卫生院(人)	Township Hospitals(person)	437	424	-3.0

23-29 呼伦贝尔市牙克石市

指 标	Item	2004	2005	2005年比上年增长% Increase Rate in 2005 Over 2004(%)
行政区域土地面积(平方公里)	**Area of Administration(Sq.km)**	**27590**	**27590**	**0.0**
人口和就业	**Population & Employment**			
年末总人口(人)	Total Population Year-end(person)	395448	389326	-1.5
#男性(人)	Male(person)	200259	197440	-1.4
#乡村人口(人)	Rural(person)	4519	4389	-2.9
年末总户数(户)	Total Number of Households at the Year-end(Household)	140403	141663	0.9
#乡村户数(户)	Number of Rural Household(Household)	1307	1284	-1.8
出生人口(人)	Births(person)	2111	2004	-5.1
死亡人口(人)	Deaths(person)	2141	2671	24.8
全社会就业人员(人)	Employment(person)	94997	92362	-2.8
第一产业(人)	Primary Industry(person)	36386	34841	-4.2
第二产业(人)	Secondary Industry(person)	14441	16538	14.5
第三产业(人)	Tertiary Industry(person)	44170	40983	-7.2
在岗职工人数(人)	Number of Staff & Workers Employed in(person)	25444	24995	-1.8
乡村劳动力(人)	Number of Rural Laborers(person)	3512	3399	-3.2
#农林牧渔业(人)	Farming,Forestry,Animal Husbandry & Fishery(person)	3171	3048	-3.9
国民经济综合指标	**Summary Item on the National Economy**			
生产总值(万元)	Gross Domestic Product(10 000 yuan)	281610	345113	17.9
第一产业(万元)	Primary Industry(10 000 yuan)	74130	98600	31.1
第二产业(万元)	Secondary Industry(10 000 yuan)	86797	108460	18.1
#工业(万元)	Industry(10 000 yuan)	53499	69388	20.9
第三产业(万元)	Tertiary Industry(10 000 yuan)	120683	138053	10.7
人均生产总值(元)	Per Capita GDP(yuan)	7068	8795	19.7
全社会固定资产投资(万元)	Total Investment in Fixed Assets(10 000 yuan)	47198	43042	-8.8
按登记注册类型分	Grouped by Registered Type			
#国有(万元)	State-owned Enterprises(10 000 yuan)	25315	16551	-34.6
集体(万元)	Collective-owned Enterprises(10 000 yuan)			
有限责任公司(万元)	Limited Liability Corporations(10 000 yuan)	21626	22600	4.5
股份有限公司(万元)	Share Holding Enterprises(10 000 yuan)		3891	
私营企业(万元)	Private Enterprises(10 000 yuan)			
外商及港澳台投资企业(万元)	Funds from HK,Macao,Taiwan & Foreign(10 000 yuan)			
按管理渠道分	Grouped by Channel of Management			
#基本建设(万元)	Capital Construction(10 000 yuan)	20889	14896	-28.7
更新改造(万元)	Innovation(10 000 yuan)	18674	8773	-53.0
房地产开发(万元)	Real Estate Development(10 000 yuan)	7378	19217	160.5
地方财政收入(万元)	Local Governments Revenue(10 000 yuan)	13105	13798	5.3
地方财政支出(万元)	Local Governments Expenditures(10 000 yuan)	33591	36290	8.0
城乡居民储蓄存款余额(万元)	Resident Saving Deposit in Urban & Rural(10 000 yuan)	371646	404245	8.8
在岗职工工资总额(万元)	Total Wages of Staff & Workers Empioyed in(10 000 yuan)	31996	33506	4.7
在岗职工平均工资(元)	Average Wage of Staff & Workers Employed in(yuan)	11440	13479	17.8
农牧民人均纯收入(元)	Per Capita Net Income of Peasant & Herdsman(yuan)	2367	2918	23.3
农村牧区经济	**Economic Development in Rural & Pastoral Area**			
耕地面积(公顷)	Cultivated Area(hectare)	111064	119934	8.0
农作物总播种面积(公顷)	Total Sown Area(hectare)	81148	92813	14.4
#粮食作物播种面积(公顷)	Sown Area of Grain Crops(hectare)	41148	56345	36.9
有效灌溉面积(公顷)	Irrigated Area(hectare)	2360	2760	16.9
农牧业机械总动力(万千瓦)	Total Power of Agricultural Machinery(10 000 kw)	20.75	20.87	0.6
化肥施用折纯量(吨)	Consumption of Chemical Fertilizer(ton)	10003	9986	-0.2
农村用电量(万千瓦小时)	Electricity Consumed in Rural Area(10 000 kwh)	2039	1979	-2.9
农林牧渔业总产值(万元)	Gross Output of Farming,Forestry,Animal Husbandry & Fishery(10 000 yuan)	124055	161639	25.9
粮食产量(吨)	Yield of Grain(ton)	112780	168248	49.2
油料产量(吨)	Yield of Oil-bearing Grops(ton)	26707	41778	56.4
甜菜产量(吨)	Yield of Beetroots(ton)	9705	13515	39.3
猪牛羊肉产量(吨)	Output of Pork, Beef & Mutton(ton)	11492	16030	39.5
#猪肉产量(吨)	Output of Pork(ton)	7343	7730	5.3
牛肉产量(吨)	Output of Beef(ton)	2297	4277	86.2
羊肉产量(吨)	Output of Mutton(ton)	1852	4023	117.2

23-29 Yakeshi City in Hulunbeier City

指 标	Item	2004	2005	2005年比上年增长% Increase Rate in 2005 Over 2004(%)
羊毛产量(吨)	Output of Wool(ton)	256	415	62.1
年末牲畜存栏头数(万头只)	Total Livestock at the Year-end(10 000 heads)	21.13	24.60	16.4
# 大牲畜(万头只)	Large Animals(10 000 heads)	5.75	6.33	10.1
羊(万只)	Sheep & Goats(10 000 heads)	11.45	14.23	24.3
猪(万头)	Hogs(10 000 heads)	3.93	4.04	2.8
规模以上工业	**Industry with Independent Accounting System**			
工业企业单位数(个)	Number of Industrial Enterprises(unit)	17	16	-5.9
# 内资企业(个)	Civil Funded Enterprises(unit)	17	15	-11.8
工业总产值(万元)	Gross Industrial Output Value(10 000 yuan)	69103	97810	41.5
内资企业(万元)	Civil Funded Enterprises(10 000 yuan)	69103	72810	5.4
国有企业(万元)	State-owned Enterprises(10 000 yuan)	7055	7971	13.0
集体企业(万元)	Collective-owned Enterprises(10 000 yuan)			
股份合作企业(万元)	Share Holding Enterprises(10 000 yuan)			
联营企业(万元)	Joint Owned Enterprises(10 000 yuan)			
有限责任公司(万元)	Limited Company(10 000 yuan)	42446	46680	10.0
股份有限公司(万元)	Share Holding Limited Company(10 000 yuan)	19602	18159	-7.4
私营企业(万元)	Privately Owned Enterprises(10 000 yuan)			
其他企业(万元)	Enterprises of Other Ownership(10 000 yuan)			
港澳台商投资企业(万元)	Funds from HK,Macao & Taiwan(10 000 yuan)		25000	
外商投资企业(万元)	Foreign Funded Enterprises(10 000 yuan)			
工业企业增加值(万元)	Value Added of Industrial Enterprises(10 000 yuan)	30432	37210	37.4
工业企业资产总计(万元)	Total Assets of Industrial Enterprises(10 000 yuan)	93451	138241	47.9
工业企业负债合计(万元)	Total Liabilities of Industrial Enterprises(10 000 yuan)	74458	106059	42.4
工业企业产品销售收入(万元)	Sales of Revenue Industrial Enterprises(10 000 yuan)	44011	75798	72.2
工业企业利润总额(万元)	Total Profits of Industrial Enterprises(10 000 yuan)	3254	2631	-19.1
建筑业	**Construction**			
建筑企业单位数(个)	Number of Construction Enterprises(unit)	8	8	0.0
建筑企业从业人员(人)	Number of Employee in Construction Enterprises(person)	1525	1090	-28.5
建筑业总产值(万元)	Gross Construction Output Value(10 000 yuan)	9097	10311	13.3
交通运输邮电通信业	**Transportation,Post & Telecommunications**			
公路里程(公里)	Total Length of Highways(km)	1046	1063	1.6
邮电业务总量(万元)	Business Volume of Post & Telecoms(10 000 yuan)	7264	12985	78.8
本地电话用户(户)	Number of Subscribers of Local Telephone(Household)	93376	117506	25.8
国内贸易	**Demestic Trade**			
社会消费品零售总额(万元)	Total Retail Sales of Consumer Goods(10 000 yuan)	98112	109642	11.8
# 贸易业(万元)	Wholesale & Retail Sales Trades(10 000 yuan)	72356	80039	10.6
餐饮业(万元)	Catering Trade(10 000 yuan)	23520	27411	16.5
科技教育卫生	**Science,Education & Public Health**			
各类专业技术人员(人)	Speccial Technical Personnel(person)	3769	3689	-2.1
幼儿园数(所)	Number of Kindergartens(unit)	17	25	47.1
学龄儿童入学率(%)	Percentage of School-Age Children Enrolled(%)	100.0	100.0	0.0
小学学校数(所)	Number of Primary Schools(unit)	36	38	5.6
小学专任教师数(人)	Number of Full-time Teachers of Primary Schools(person)	1580	1527	-3.4
小学在校学生数(人)	Number of Student Enrollment of Primary Schools(person)	22065	19294	-12.6
普通中学学校数(所)	Number of Regular Secondary Schools(unit)	41	41	0.0
普通中学专任教师数(人)	Number of Teachers of Secondary Shools(person)	1743	1719	-1.4
初中在校学生数(人)	Number of Student in Junior Secondary Schools(person)	17700	15378	-13.1
高中在校学生数(人)	Number of Student in Senior Secondary Schools(person)	8769	9968	13.7
卫生机构数(所)	Number of Health Institutions(unit)	258	252	-2.3
# 医院(所)	Hospitals(unit)	23	22	-4.3
卫生院(所)	Township Hospitals(unit)	15	15	0.0
床位数(张)	Number of Beds(unit)	2112	2129	0.8
# 医院(张)	Hospitals(unit)	1939	1957	0.9
卫生院(张)	Township Hospitals(unit)	146	143	-2.1
卫生技术人员(人)	Medical Technical Presonnel(person)	2895	2846	-1.7
# 医院(人)	Hospitals(person)	1986	2020	1.7
卫生院(人)	Township Hospitals(person)	196	195	-0.5

23-30 呼伦贝尔市额尔古纳市

指 标	Item	2004	2005	2005年比上年增长% Increase Rate in 2005 Over 2004(%)
行政区域土地面积(平方公里)	**Area of Administration(Sq.km)**	**28000**	**28000**	**0.0**
人口和就业	**Population & Employment**			
年末总人口(人)	Total Population Year-end(person)	85813	85363	-0.5
# 男性(人)	Male(person)	44216	43750	-1.1
# 乡村人口(人)	Rural(person)	1683	1683	0.0
年末总户数(户)	Total Number of Households at the Year-end(Household)	31193	31547	1.1
# 乡村户数(户)	Number of Rural Household(Household)	474	476	0.4
出生人口(人)	Births(person)	806	649	-19.5
死亡人口(人)	Deaths(person)	496	561	13.1
全社会就业人员(人)	Employment(person)	34643	44365	28.1
第一产业(人)	Primary Industry(person)	12475	20739	66.2
第二产业(人)	Secondary Industry(person)	6026	7676	27.4
第三产业(人)	Tertiary Industry(person)	16142	15950	-1.2
在岗职工人数(人)	Number of Staff & Workers Employed in(person)	14836	22761	53.4
乡村劳动力(人)	Number of Rural Laborers(person)	1029	1054	2.4
# 农林牧渔业(人)	Farming,Forestry,Animal Husbandry & Fishery(person)	664	649	-2.3
国民经济综合指标	**Summary Item on the National Economy**			
生产总值(万元)	Gross Domestic Product(10 000 yuan)	101089	124008	17.8
第一产业(万元)	Primary Industry(10 000 yuan)	49507	65600	30.6
第二产业(万元)	Secondary Industry(10 000 yuan)	22091	24207	1.2
# 工业(万元)	Industry(10 000 yuan)	13168	15650	6.6
第三产业(万元)	Tertiary Industry(10 000 yuan)	29491	34201	12.1
人均生产总值(元)	Per Capita GDP(yuan)	11588	14158	18.4
全社会固定资产投资(万元)	Total Investment in Fixed Assets(10 000 yuan)	33125	30667	-7.4
按登记注册类型分	Grouped by Registered Type			
# 国有(万元)	State-owned Enterprises(10 000 yuan)	22392	17331	-22.6
集体(万元)	Collective-owned Enterprises(10 000 yuan)		981	
有限责任公司(万元)	Limited Liability Corporations(10 000 yuan)		6552	
股份有限公司(万元)	Share Holding Enterprises(10 000 yuan)		500	
私营企业(万元)	Private Enterprises(10 000 yuan)		2671	
外商及港澳台投资企业(万元)	Funds from HK,Macao,Taiwan & Foreign(10 000 yuan)		2134	
按管理渠道分	Grouped by Channel of Management			
# 基本建设(万元)	Capital Construction(10 000 yuan)	22866	20418	-10.7
更新改造(万元)	Innovation(10 000 yuan)	915	2000	118.6
房地产开发(万元)	Real Estate Development(10 000 yuan)		1249	
地方财政收入(万元)	Local Governments Revenue(10 000 yuan)	3451	5380	55.9
地方财政支出(万元)	Local Governments Expenditures(10 000 yuan)	12433	16779	35.0
城乡居民储蓄存款余额(万元)	Resident Saving Deposit in Urban & Rural(10 000 yuan)	76334	87935	15.2
在岗职工工资总额(万元)	Total Wages of Staff & Workers Empioyed in(10 000 yuan)	15581	19235	23.5
在岗职工平均工资(元)	Average Wage of Staff & Workers Employed in(yuan)	9288	12613	35.8
农牧民人均纯收入(元)	Per Capita Net Income of Peasant & Herdsman(yuan)	4920	5514	12.1
农村牧区经济	**Economic Development in Rural & Pastoral Area**			
耕地面积(公顷)	Cultivated Area(hectare)	152304	166339	9.2
农作物总播种面积(公顷)	Total Sown Area(hectare)	94756	97800	3.2
# 粮食作物播种面积(公顷)	Sown Area of Grain Crops(hectare)	27759	41067	47.9
有效灌溉面积(公顷)	Irrigated Area(hectare)			
农牧业机械总动力(万千瓦)	Total Power of Agricultural Machinery(10 000 kw)	13.20	14.30	8.3
化肥施用折纯量(吨)	Consumption of Chemical Fertilizer(ton)	9746	10696	9.7
农村用电量(万千瓦小时)	Electricity Consumed in Rural Area(10 000 kwh)	1015	1104	8.8
农林牧渔业总产值(万元)	Gross Output of Farming,Forestry,Animal Husbandry & Fishery(10 000 yuan)	82707	105082	27.1
粮食产量(吨)	Yield of Grain(ton)	67754	161441	138.3
油料产量(吨)	Yield of Oil-bearing Grops(ton)	83771	101224	20.8
甜菜产量(吨)	Yield of Beetroots(ton)			
猪牛羊肉产量(吨)	Output of Pork, Beef & Mutton(ton)	2854	3445	20.7
# 猪肉产量(吨)	Output of Pork(ton)	856	910	6.3
牛肉产量(吨)	Output of Beef(ton)	1392	1793	28.8
羊肉产量(吨)	Output of Mutton(ton)	606	742	22.4

23-30 Eerguna City in Hulunbeier City

指 标	Item	2004	2005	2005年比上年增长% Increase Rate in 2005 Over 2004(%)
羊毛产量(吨)	Output of Wool(ton)	222	252	13.5
年末牲畜存栏头数(万头只)	Total Livestock at the Year-end(10 000 heads)	25.05	26.89	7.3
# 大牲畜(万头只)	Large Animals(10 000 heads)	5.92	7.44	25.7
羊(万只)	Sheep & Goats(10 000 heads)	17.99	18.58	3.3
猪(万头)	Hogs(10 000 heads)	1.14	0.87	-23.7
规模以上工业	**Industry with Independent Accounting System**			
工业企业单位数(个)	Number of Industrial Enterprises(unit)	9	9	0.0
# 内资企业(个)	Civil Funded Enterprises(unit)	8	8	0.0
工业总产值(万元)	Gross Industrial Output Value(10 000 yuan)	19918	27586	38.5
内资企业(万元)	Civil Funded Enterprises(10 000 yuan)	16174	18820	16.4
国有企业(万元)	State-owned Enterprises(10 000 yuan)	8313	8573	3.1
集体企业(万元)	Collective-owned Enterprises(10 000 yuan)	1039	1681	61.8
股份合作企业(万元)	Share Holding Enterprises(10 000 yuan)			
联营企业(万元)	Joint Owned Enterprises(10 000 yuan)			
有限责任公司(万元)	Limited Company(10 000 yuan)	6822	8566	25.6
股份有限公司(万元)	Share Holding Limited Company(10 000 yuan)			
私营企业(万元)	Privately Owned Enterprises(10 000 yuan)			
其他企业(万元)	Enterprises of Other Ownership(10 000 yuan)			
港澳台商投资企业(万元)	Funds from HK,Macao & Taiwan(10 000 yuan)			
外商投资企业(万元)	Foreign Funded Enterprises(10 000 yuan)	3744	8766	134.1
工业企业增加值(万元)	Value Added of Industrial Enterprises(10 000 yuan)	8552	12013	29.7
工业企业资产总计(万元)	Total Assets of Industrial Enterprises(10 000 yuan)	21502	24413	13.5
工业企业负债合计(万元)	Total Liabilities of Industrial Enterprises(10 000 yuan)	13910	13087	-5.9
工业企业产品销售收入(万元)	Sales of Revenue Industrial Enterprises(10 000 yuan)	19283	25864	34.1
工业企业利润总额(万元)	Total Profits of Industrial Enterprises(10 000 yuan)	-248	377	
建筑业	**Construction**			
建筑企业单位数(个)	Number of Construction Enterprises(unit)	2	2	0.0
建筑企业从业人员(人)	Number of Employee in Construction Enterprises(person)	804	570	-29.1
建筑业总产值(万元)	Gross Construction Output Value(10 000 yuan)	3202	3778	18.0
交通运输邮电通信业	**Transportation,Post & Telecommunications**			
公路里程(公里)	Total Length of Highways(km)	2766	2766	0.0
邮电业务总量(万元)	Business Volume of Post & Telecoms(10 000 yuan)	2939	3270	11.3
本地电话用户(户)	Number of Subscribers of Local Telephone(Household)	24468	25634	4.8
国内贸易	**Demestic Trade**			
社会消费品零售总额(万元)	Total Retail Sales of Consumer Goods(10 000 yuan)	27182	30533	12.3
# 贸易业(万元)	Wholesale & Retail Sales Trades(10 000 yuan)	22772	25201	10.7
餐饮业(万元)	Catering Trade(10 000 yuan)	3849	4161	8.1
科技教育卫生	**Science,Education & Public Health**			
各类专业技术人员(人)	Speccial Technical Personnel(person)	1656	1686	1.8
幼儿园数(所)	Number of Kindergartens(unit)	9	8	-11.1
学龄儿童入学率(%)	Percentage of School-Age Children Enrolled(%)	100.0	100.0	0.0
小学学校数(所)	Number of Primary Schools(unit)	13	11	-15.4
小学专任教师数(人)	Number of Full-time Teachers of Primary Schools(person)	514	520	1.2
小学在校学生数(人)	Number of Student Enrollment of Primary Schools(person)	5803	5417	-6.7
普通中学学校数(所)	Number of Regular Secondary Schools(unit)	11	11	0.0
普通中学专任教师数(人)	Number of Teachers of Secondary Shools(person)	479	476	-0.6
初中在校学生数(人)	Number of Student in Junior Secondary Schools(person)	4506	4450	-1.2
高中在校学生数(人)	Number of Student in Senior Secondary Schools(person)	1155	1147	-0.7
卫生机构数(所)	Number of Health Institutions(unit)	112	108	-3.6
# 医院(所)	Hospitals(unit)	7	7	0.0
卫生院(所)	Township Hospitals(unit)	3	3	0.0
床位数(张)	Number of Beds(unit)	422	394	-6.6
# 医院(张)	Hospitals(unit)	362	328	-9.4
卫生院(张)	Township Hospitals(unit)	60	60	0.0
卫生技术人员(人)	Medical Technical Presonnel(person)	724	737	1.8
# 医院(人)	Hospitals(person)	537	542	0.9
卫生院(人)	Township Hospitals(person)	61	57	-6.6

23-31 呼伦贝尔市根河市

指 标	Item	2004	2005	2005年比上年增长% Increase Rate in 2005 Over 2004(%)
行政区域土地面积(平方公里)	**Area of Administration(Sq.km)**	**19659**	**19659**	**0.0**
人口和就业	**Population & Employment**			
年末总人口(人)	Total Population Year-end(person)	169107	167228	-1.1
# 男性(人)	Male(person)	86024	85060	-1.1
# 乡村人口(人)	Rural(person)			
年末总户数(户)	Total Number of Households at the Year-end(Household)	53217	54024	1.5
# 乡村户数(户)	Number of Rural Household(Household)			
出生人口(人)	Births(person)	936	849	-9.3
死亡人口(人)	Deaths(person)	907	1174	29.4
全社会就业人员(人)	Employment(person)	42385	44774	5.6
第一产业(人)	Primary Industry(person)	10540	11057	4.9
第二产业(人)	Secondary Industry(person)	9324	11506	23.4
第三产业(人)	Tertiary Industry(person)	22521	22211	-1.4
在岗职工人数(人)	Number of Staff & Workers Employed in(person)	36350	37703	3.7
乡村劳动力(人)	Number of Rural Laborers(person)			
# 农林牧渔业(人)	Farming,Forestry,Animal Husbandry & Fishery(person)			
国民经济综合指标	**Summary Item on the National Economy**			
生产总值(万元)	Gross Domestic Product(10 000 yuan)	200800	213988	3.8
第一产业(万元)	Primary Industry(10 000 yuan)	53100	34868	-35.3
第二产业(万元)	Secondary Industry(10 000 yuan)	56000	78405	31.0
# 工业(万元)	Industry(10 000 yuan)	41600	51463	16.1
第三产业(万元)	Tertiary Industry(10 000 yuan)	91700	100715	6.4
人均生产总值(元)	Per Capita GDP(yuan)	11787	12685	5.4
全社会固定资产投资(万元)	Total Investment in Fixed Assets(10 000 yuan)	22549	26000	15.3
按登记注册类型分	Grouped by Registered Type			
# 国有(万元)	State-owned Enterprises(10 000 yuan)	4737	7230	52.6
集体(万元)	Collective-owned Enterprises(10 000 yuan)	680		
有限责任公司(万元)	Limited Liability Corporations(10 000 yuan)	14491	15770	8.8
股份有限公司(万元)	Share Holding Enterprises(10 000 yuan)	1406	3000	113.4
私营企业(万元)	Private Enterprises(10 000 yuan)	80		
外商及港澳台投资企业(万元)	Funds from HK,Macao,Taiwan & Foreign(10 000 yuan)			
按管理渠道分	Grouped by Channel of Management			
# 基本建设(万元)	Capital Construction(10 000 yuan)	8773	18680	112.9
更新改造(万元)	Innovation(10 000 yuan)	4000	5400	35.0
房地产开发(万元)	Real Estate Development(10 000 yuan)	7861	1920	-75.6
地方财政收入(万元)	Local Governments Revenue(10 000 yuan)	5048	4439	-12.1
地方财政支出(万元)	Local Governments Expenditures(10 000 yuan)	15413	16820	9.1
城乡居民储蓄存款余额(万元)	Resident Saving Deposit in Urban & Rural(10 000 yuan)	181722	190280	4.7
在岗职工工资总额(万元)	Total Wages of Staff & Workers Empioyed in(10 000 yuan)	13197	12668	-4.0
在岗职工平均工资(元)	Average Wage of Staff & Workers Employed in(yuan)	16551	17179	3.8
农牧民人均纯收入(元)	Per Capita Net Income of Peasant & Herdsman(yuan)			
农村牧区经济	**Economic Development in Rural & Pastoral Area**			
耕地面积(公顷)	Cultivated Area(hectare)	2168	3697	70.5
农作物总播种面积(公顷)	Total Sown Area(hectare)	2160	2198	1.8
# 粮食作物播种面积(公顷)	Sown Area of Grain Crops(hectare)	758	892	17.7
有效灌溉面积(公顷)	Irrigated Area(hectare)			
农牧业机械总动力(万千瓦)	Total Power of Agricultural Machinery(10 000 kw)	1.40	1.43	2.1
化肥施用折纯量(吨)	Consumption of Chemical Fertilizer(ton)	342	478	39.8
农村用电量(万千瓦小时)	Electricity Consumed in Rural Area(10 000 kwh)			
农林牧渔业总产值(万元)	Gross Output of Farming,Forestry,Animal Husbandry & Fishery(10 000 yuan)	86347	56499	-30.9
粮食产量(吨)	Yield of Grain(ton)	2020	2783	37.8
油料产量(吨)	Yield of Oil-bearing Grops(ton)	1585	1491	-5.9
甜菜产量(吨)	Yield of Beetroots(ton)			
猪牛羊肉产量(吨)	Output of Pork, Beef & Mutton(ton)	3536	2677	-24.3
# 猪肉产量(吨)	Output of Pork(ton)	2570	2012	-21.7
牛肉产量(吨)	Output of Beef(ton)	795	479	-39.7
羊肉产量(吨)	Output of Mutton(ton)	171	186	8.8

23-31 Genhe City in Hulunbeier City

指 标	Item	2004	2005	2005年比上年增长% Increase Rate in 2005 Over 2004(%)
羊毛产量(吨)	Output of Wool(ton)	7	6	-14.3
年末牲畜存栏头数(万头只)	Total Livestock at the Year-end(10 000 heads)	2.52	3.55	40.9
# 大牲畜(万头只)	Large Animals(10 000 heads)	0.29	0.39	34.5
羊(万只)	Sheep & Goats(10 000 heads)	0.88	1.38	56.8
猪(万头)	Hogs(10 000 heads)	1.34	1.78	32.8
规模以上工业	**Industry with Independent Accounting System**			
工业企业单位数(个)	Number of Industrial Enterprises(unit)	3	3	0.0
# 内资企业(个)	Civil Funded Enterprises(unit)	3	3	0.0
工业总产值(万元)	Gross Industrial Output Value(10 000 yuan)	24874	22046	-11.4
内资企业(万元)	Civil Funded Enterprises(10 000 yuan)	24874	22046	-11.4
国有企业(万元)	State-owned Enterprises(10 000 yuan)	20372	18364	-9.9
集体企业(万元)	Collective-owned Enterprises(10 000 yuan)			
股份合作企业(万元)	Share Holding Enterprises(10 000 yuan)			
联营企业(万元)	Joint Owned Enterprises(10 000 yuan)			
有限责任公司(万元)	Limited Company(10 000 yuan)			
股份有限公司(万元)	Share Holding Limited Company(10 000 yuan)			
私营企业(万元)	Privately Owned Enterprises(10 000 yuan)			
其他企业(万元)	Enterprises of Other Ownership(10 000 yuan)	4502	3682	-18.2
港澳台商投资企业(万元)	Funds from HK,Macao & Taiwan(10 000 yuan)			
外商投资企业(万元)	Foreign Funded Enterprises(10 000 yuan)			
工业企业增加值(万元)	Value Added of Industrial Enterprises(10 000 yuan)	11270	11249	-4.6
工业企业资产总计(万元)	Total Assets of Industrial Enterprises(10 000 yuan)	28360	28906	1.9
工业企业负债合计(万元)	Total Liabilities of Industrial Enterprises(10 000 yuan)	29149	32117	10.2
工业企业产品销售收入(万元)	Sales of Revenue Industrial Enterprises(10 000 yuan)	19165	12795	-33.2
工业企业利润总额(万元)	Total Profits of Industrial Enterprises(10 000 yuan)	-1321	-851	
建筑业	**Construction**			
建筑企业单位数(个)	Number of Construction Enterprises(unit)	3	3	0.0
建筑企业从业人员(人)	Number of Employee in Construction Enterprises(person)	523	284	-45.7
建筑业总产值(万元)	Gross Construction Output Value(10 000 yuan)	1400	1239	-11.5
交通运输邮电通信业	**Transportation,Post & Telecommunications**			
公路里程(公里)	Total Length of Highways(km)	905	980	8.3
邮电业务总量(万元)	Business Volume of Post & Telecoms(10 000 yuan)	4030	4062	0.8
本地电话用户(户)	Number of Subscribers of Local Telephone(Household)	31107	41088	32.1
国内贸易	**Demestic Trade**			
社会消费品零售总额(万元)	Total Retail Sales of Consumer Goods(10 000 yuan)	42354	47420	12.0
# 贸易业(万元)	Wholesale & Retail Sales Trades(10 000 yuan)	31852	35662	12.0
餐饮业(万元)	Catering Trade(10 000 yuan)	9676	10833	12.0
科技教育卫生	**Science,Education & Public Health**			
各类专业技术人员(人)	Speccial Technical Personnel(person)	1433	1573	9.8
幼儿园数(所)	Number of Kindergartens(unit)	10	10	0.0
学龄儿童入学率(%)	Percentage of School-Age Children Enrolled(%)	100.0	100.0	0.0
小学学校数(所)	Number of Primary Schools(unit)	14	14	0.0
小学专任教师数(人)	Number of Full-time Teachers of Primary Schools(person)	954	972	1.9
小学在校学生数(人)	Number of Student Enrollment of Primary Schools(person)	9426	8398	-10.9
普通中学学校数(所)	Number of Regular Secondary Schools(unit)	18	16	-11.1
普通中学专任教师数(人)	Number of Teachers of Secondary Shools(person)	825	821	-0.5
初中在校学生数(人)	Number of Student in Junior Secondary Schools(person)	6320	5568	-11.9
高中在校学生数(人)	Number of Student in Senior Secondary Schools(person)	2897	2911	0.5
卫生机构数(所)	Number of Health Institutions(unit)	121	99	-18.2
# 医院(所)	Hospitals(unit)	9	9	0.0
卫生院(所)	Township Hospitals(unit)	5	5	0.0
床位数(张)	Number of Beds(unit)	732	724	-1.1
# 医院(张)	Hospitals(unit)	700	693	-1.0
卫生院(张)	Township Hospitals(unit)	26	28	7.7
卫生技术人员(人)	Medical Technical Presonnel(person)	1185	1036	-12.6
# 医院(人)	Hospitals(person)	814	824	1.2
卫生院(人)	Township Hospitals(person)	62	65	4.8

23-32 呼伦贝尔市阿荣旗

指 标	Item	2004	2005	2005年比上年增长% Increase Rate in 2005 Over 2004(%)
行政区域土地面积(平方公里)	**Area of Administration(Sq.km)**	**12063**	**12063**	**0.0**
人口和就业	**Population & Employment**			
年末总人口(人)	Total Population Year-end(person)	319509	319054	-0.1
# 男性(人)	Male(person)	163263	164066	0.5
# 乡村人口(人)	Rural(person)	237912	239001	0.5
年末总户数(户)	Total Number of Households at the Year-end(Household)	88401	92911	5.1
# 乡村户数(户)	Number of Rural Household(Household)	56879	57319	0.8
出生人口(人)	Births(person)	3101	2870	-7.4
死亡人口(人)	Deaths(person)	1486	1080	-27.3
全社会就业人员(人)	Employment(person)	119594	137585	15.0
第一产业(人)	Primary Industry(person)	94015	105401	12.1
第二产业(人)	Secondary Industry(person)	7970	8588	7.8
第三产业(人)	Tertiary Industry(person)	17609	23596	34.0
在岗职工人数(人)	Number of Staff & Workers Employed in(person)	20208	18767	-7.1
乡村劳动力(人)	Number of Rural Laborers(person)	95574	96597	1.1
# 农林牧渔业(人)	Farming,Forestry,Animal Husbandry & Fishery(person)	93536	86142	-7.9
国民经济综合指标	**Summary Item on the National Economy**			
生产总值(万元)	Gross Domestic Product(10 000 yuan)	212200	275726	27.7
第一产业(万元)	Primary Industry(10 000 yuan)	133300	172100	27.2
第二产业(万元)	Secondary Industry(10 000 yuan)	40800	59227	43.0
# 工业(万元)	Industry(10 000 yuan)	22600	29654	28.4
第三产业(万元)	Tertiary Industry(10 000 yuan)	38100	44399	15.3
人均生产总值(元)	Per Capita GDP(yuan)	6671	8642	27.8
全社会固定资产投资(万元)	Total Investment in Fixed Assets(10 000 yuan)	63608	87288	37.2
按登记注册类型分	Grouped by Registered Type			
# 国有(万元)	State-owned Enterprises(10 000 yuan)	29672	42772	44.1
集体(万元)	Collective-owned Enterprises(10 000 yuan)	300		
有限责任公司(万元)	Limited Liability Corporations(10 000 yuan)	20335	30643	50.7
股份有限公司(万元)	Share Holding Enterprises(10 000 yuan)	845	9810	1060.9
私营企业(万元)	Private Enterprises(10 000 yuan)	9321	1491	-84.0
外商及港澳台投资企业(万元)	Funds from HK,Macao,Taiwan & Foreign(10 000 yuan)			
按管理渠道分	Grouped by Channel of Management			
# 基本建设(万元)	Capital Construction(10 000 yuan)	29936	63102	110.8
更新改造(万元)	Innovation(10 000 yuan)	22121	17630	-20.3
房地产开发(万元)	Real Estate Development(10 000 yuan)		2190	
地方财政收入(万元)	Local Governments Revenue(10 000 yuan)	8141	7780	-4.4
地方财政支出(万元)	Local Governments Expenditures(10 000 yuan)	35212	40384	14.7
城乡居民储蓄存款余额(万元)	Resident Saving Deposit in Urban & Rural(10 000 yuan)	67330	84806	26.0
在岗职工工资总额(万元)	Total Wages of Staff & Workers Empioyed in(10 000 yuan)	18981	22680	19.5
在岗职工平均工资(元)	Average Wage of Staff & Workers Employed in(yuan)	9118	10970	20.3
农牧民人均纯收入(元)	Per Capita Net Income of Peasant & Herdsman(yuan)	2780	3338	20.1
农村牧区经济	**Economic Development in Rural & Pastoral Area**			
耕地面积(公顷)	Cultivated Area(hectare)	290410	290497	0.0
农作物总播种面积(公顷)	Total Sown Area(hectare)	290410	290497	0.0
# 粮食作物播种面积(公顷)	Sown Area of Grain Crops(hectare)	268091	265073	-1.1
有效灌溉面积(公顷)	Irrigated Area(hectare)	38200	39800	4.2
农牧业机械总动力(万千瓦)	Total Power of Agricultural Machinery(10 000 kw)	26.63	26.79	0.6
化肥施用折纯量(吨)	Consumption of Chemical Fertilizer(ton)	10837	13583	25.3
农村用电量(万千瓦小时)	Electricity Consumed in Rural Area(10 000 kwh)	2970	3093	4.1
农林牧渔业总产值(万元)	Gross Output of Farming,Forestry,Animal Husbandry & Fishery(10 000 yuan)	206673	277581	34.3
粮食产量(吨)	Yield of Grain(ton)	521991	750500	43.8
油料产量(吨)	Yield of Oil-bearing Grops(ton)	8677	17327	99.7
甜菜产量(吨)	Yield of Beetroots(ton)	12121	15610	28.8
猪牛羊肉产量(吨)	Output of Pork, Beef & Mutton(ton)	34825	34623	-0.6
# 猪肉产量(吨)	Output of Pork(ton)	20085	17302	-13.9
牛肉产量(吨)	Output of Beef(ton)	4049	4197	3.7
羊肉产量(吨)	Output of Mutton(ton)	10691	13124	22.8

23-32 Arong Banner in Hulunbeier City

指 标	Item	2004	2005	2005年比上年增长% Increase Rate in 2005 Over 2004(%)
羊毛产量(吨)	Output of Wool(ton)	1930	3750	94.3
年末牲畜存栏头数(万头只)	Total Livestock at the Year-end(10 000 heads)	127.81	193.58	51.5
#大牲畜(万头只)	Large Animals(10 000 heads)	9.06	12.98	43.3
羊(万只)	Sheep & Goats(10 000 heads)	102.80	161.26	56.9
猪(万头)	Hogs(10 000 heads)	15.93	19.34	21.4
规模以上工业	**Industry with Independent Accounting System**			
工业企业单位数(个)	Number of Industrial Enterprises(unit)	16	15	-5.3
#内资企业(个)	Civil Funded Enterprises(unit)	16	15	-6.2
工业总产值(万元)	Gross Industrial Output Value(10 000 yuan)	59443	87800	47.7
内资企业(万元)	Civil Funded Enterprises(10 000 yuan)	59443	87800	47.7
国有企业(万元)	State-owned Enterprises(10 000 yuan)	2726	3174	16.4
集体企业(万元)	Collective-owned Enterprises(10 000 yuan)			
股份合作企业(万元)	Share Holding Enterprises(10 000 yuan)			
联营企业(万元)	Joint Owned Enterprises(10 000 yuan)			
有限责任公司(万元)	Limited Company(10 000 yuan)	39714	60658	52.7
股份有限公司(万元)	Share Holding Limited Company(10 000 yuan)	1481		
私营企业(万元)	Privately Owned Enterprises(10 000 yuan)	15522	23968	54.4
其他企业(万元)	Enterprises of Other Ownership(10 000 yuan)			
港澳台商投资企业(万元)	Funds from HK,Macao & Taiwan(10 000 yuan)			
外商投资企业(万元)	Foreign Funded Enterprises(10 000 yuan)			
工业企业增加值(万元)	Value Added of Industrial Enterprises(10 000 yuan)	20453	27770	71.6
工业企业资产总计(万元)	Total Assets of Industrial Enterprises(10 000 yuan)	36334	40074	10.3
工业企业负债合计(万元)	Total Liabilities of Industrial Enterprises(10 000 yuan)	24035	25003	4.0
工业企业产品销售收入(万元)	Sales of Revenue Industrial Enterprises(10 000 yuan)		80665	
工业企业利润总额(万元)	Total Profits of Industrial Enterprises(10 000 yuan)	-467	-477	
建筑业	**Construction**			
建筑企业单位数(个)	Number of Construction Enterprises(unit)	4	4	0.0
建筑企业从业人员(人)	Number of Employee in Construction Enterprises(person)	1533	1840	20.0
建筑业总产值(万元)	Gross Construction Output Value(10 000 yuan)	6504	12976	99.5
交通运输邮电通信业	**Transportation,Post & Telecommunications**			
公路里程(公里)	Total Length of Highways(km)	1713	1747	2.0
邮电业务总量(万元)	Business Volume of Post & Telecoms(10 000 yuan)	3239	3127	-3.5
本地电话用户(户)	Number of Subscribers of Local Telephone(Household)	33515	37495	11.9
国内贸易	**Demestic Trade**			
社会消费品零售总额(万元)	Total Retail Sales of Consumer Goods(10 000 yuan)	58713	68405	16.5
#贸易业(万元)	Wholesale & Retail Sales Trades(10 000 yuan)	50580	58672	16.0
餐饮业(万元)	Catering Trade(10 000 yuan)	7211	8673	20.3
科技教育卫生	**Science,Education & Public Health**			
各类专业技术人员(人)	Speccial Technical Personnel(person)	4624	5223	13.0
幼儿园数(所)	Number of Kindergartens(unit)	14	14	0.0
学龄儿童入学率(%)	Percentage of School-Age Children Enrolled(%)	100.0	100.0	0.0
小学学校数(所)	Number of Primary Schools(unit)	168	155	-7.7
小学专任教师数(人)	Number of Full-time Teachers of Primary Schools(person)	1642	1635	-0.4
小学在校学生数(人)	Number of Student Enrollment of Primary Schools(person)	18433	15910	-13.7
普通中学学校数(所)	Number of Regular Secondary Schools(unit)	24	23	-4.2
普通中学专任教师数(人)	Number of Teachers of Secondary Shools(person)	1188	1199	0.9
初中在校学生数(人)	Number of Student in Junior Secondary Schools(person)	15314	14061	-8.2
高中在校学生数(人)	Number of Student in Senior Secondary Schools(person)	3670	3854	5.0
卫生机构数(所)	Number of Health Institutions(unit)	113	124	9.7
#医院(所)	Hospitals(unit)	4	4	0.0
卫生院(所)	Township Hospitals(unit)	17	17	0.0
床位数(张)	Number of Beds(unit)	430	440	2.3
#医院(张)	Hospitals(unit)	277	277	0.0
卫生院(张)	Township Hospitals(unit)	135	135	0.0
卫生技术人员(人)	Medical Technical Presonnel(person)	859	730	-15.0
#医院(人)	Hospitals(person)	380	371	-2.4
卫生院(人)	Township Hospitals(person)	272	271	-0.4

23-33 呼伦贝尔市莫力达瓦达斡尔族自治旗

指 标	Item	2004	2005	2005年比上年增长% Increase Rate in 2005 Over 2004(%)
行政区域土地面积(平方公里)	**Area of Administration(Sq.km)**	**10500**	**10500**	**0.0**
人口和就业	**Population & Employment**			
年末总人口(人)	Total Population Year-end(person)	323522	325790	0.7
# 男性(人)	Male(person)	167429	168881	0.9
# 乡村人口(人)	Rural(person)	242890	233350	-3.9
年末总户数(户)	Total Number of Households at the Year-end(Household)	96000	100728	4.9
# 乡村户数(户)	Number of Rural Household(Household)	57340	59619	4.0
出生人口(人)	Births(person)	4512	4274	-5.3
死亡人口(人)	Deaths(person)	1657	2553	54.1
全社会就业人员(人)	Employment(person)	119007	122070	2.6
第一产业(人)	Primary Industry(person)	102463	102657	0.2
第二产业(人)	Secondary Industry(person)	1831	2279	24.5
第三产业(人)	Tertiary Industry(person)	14713	17134	16.5
在岗职工人数(人)	Number of Staff & Workers Employed in(person)	24557	22732	-7.4
乡村劳动力(人)	Number of Rural Laborers(person)	94822	110877	16.9
# 农林牧渔业(人)	Farming,Forestry,Animal Husbandry & Fishery(person)	85259	91314	7.1
国民经济综合指标	**Summary Item on the National Economy**			
生产总值(万元)	Gross Domestic Product(10 000 yuan)	269965	283754	3.2
第一产业(万元)	Primary Industry(10 000 yuan)	136816	152500	9.9
第二产业(万元)	Secondary Industry(10 000 yuan)	90111	82807	-9.2
# 工业(万元)	Industry(10 000 yuan)	20575	29174	38.9
第三产业(万元)	Tertiary Industry(10 000 yuan)	43038	48447	9.5
人均生产总值(元)	Per Capita GDP(yuan)	8459	8740	1.4
全社会固定资产投资(万元)	Total Investment in Fixed Assets(10 000 yuan)	205887	146304	-28.9
按登记注册类型分	Grouped by Registered Type			
# 国有(万元)	State-owned Enterprises(10 000 yuan)	41812	11570	-72.3
集体(万元)	Collective-owned Enterprises(10 000 yuan)			
有限责任公司(万元)	Limited Liability Corporations(10 000 yuan)	122585	118978	-2.9
股份有限公司(万元)	Share Holding Enterprises(10 000 yuan)			
私营企业(万元)	Private Enterprises(10 000 yuan)	24942	15756	-36.8
外商及港澳台投资企业(万元)	Funds from HK,Macao,Taiwan & Foreign(10 000 yuan)			
按管理渠道分	Grouped by Channel of Management			
# 基本建设(万元)	Capital Construction(10 000 yuan)	164397	129478	-21.2
更新改造(万元)	Innovation(10 000 yuan)			
房地产开发(万元)	Real Estate Development(10 000 yuan)	1290	210	-83.7
地方财政收入(万元)	Local Governments Revenue(10 000 yuan)	17246	10949	-36.5
地方财政支出(万元)	Local Governments Expenditures(10 000 yuan)	36968	40717	10.1
城乡居民储蓄存款余额(万元)	Resident Saving Deposit in Urban & Rural(10 000 yuan)	57078	71698	25.6
在岗职工工资总额(万元)	Total Wages of Staff & Workers Empioyed in(10 000 yuan)	29000	29597	2.1
在岗职工平均工资(元)	Average Wage of Staff & Workers Employed in(yuan)	11677	12639	8.2
农牧民人均纯收入(元)	Per Capita Net Income of Peasant & Herdsman(yuan)	2451	2185	-10.9
农村牧区经济	**Economic Development in Rural & Pastoral Area**			
耕地面积(公顷)	Cultivated Area(hectare)	459333	459333	0.0
农作物总播种面积(公顷)	Total Sown Area(hectare)	440238	459333	4.3
# 粮食作物播种面积(公顷)	Sown Area of Grain Crops(hectare)	400599	368482	-8.0
有效灌溉面积(公顷)	Irrigated Area(hectare)	11939	12956	8.5
农牧业机械总动力(万千瓦)	Total Power of Agricultural Machinery(10 000 kw)	36.40	37.00	1.6
化肥施用折纯量(吨)	Consumption of Chemical Fertilizer(ton)	21970	37215	69.4
农村用电量(万千瓦小时)	Electricity Consumed in Rural Area(10 000 kwh)	2717	3168	16.6
农林牧渔业总产值(万元)	Gross Output of Farming,Forestry,Animal Husbandry & Fishery(10 000 yuan)	233166	247003	5.9
粮食产量(吨)	Yield of Grain(ton)	750419	815053	8.6
油料产量(吨)	Yield of Oil-bearing Grops(ton)	13205	7835	-40.7
甜菜产量(吨)	Yield of Beetroots(ton)	3022	420	-86.1
猪牛羊肉产量(吨)	Output of Pork, Beef & Mutton(ton)	18378	18964	3.2
# 猪肉产量(吨)	Output of Pork(ton)	11061	9845	-11.0
牛肉产量(吨)	Output of Beef(ton)	3804	3319	-12.7
羊肉产量(吨)	Output of Mutton(ton)	3513	5800	65.1

23-33 Molidawadawoer National Autonomous Banner in Hulunbeier City

指 标	Item	2004	2005	2005年比上年增长% Increase Rate in 2005 Over 2004(%)
羊毛产量(吨)	Output of Wool(ton)	1600	2572	60.8
年末牲畜存栏头数(万头只)	Total Livestock at the Year-end(10 000 heads)	102.00	162.73	59.5
# 大牲畜(万头只)	Large Animals(10 000 heads)	12.00	12.93	7.7
羊(万只)	Sheep & Goats(10 000 heads)	76.00	134.95	77.6
猪(万头)	Hogs(10 000 heads)	14.00	14.85	6.1
规模以上工业	**Industry with Independent Accounting System**			
工业企业单位数(个)	Number of Industrial Enterprises(unit)	10	11	10.0
# 内资企业(个)	Civil Funded Enterprises(unit)	10	11	10.0
工业总产值(万元)	Gross Industrial Output Value(10 000 yuan)	35696	62339	74.6
内资企业(万元)	Civil Funded Enterprises(10 000 yuan)	35696	62339	74.6
国有企业(万元)	State-owned Enterprises(10 000 yuan)	3695	4095	10.8
集体企业(万元)	Collective-owned Enterprises(10 000 yuan)	532	1657	211.5
股份合作企业(万元)	Share Holding Enterprises(10 000 yuan)			
联营企业(万元)	Joint Owned Enterprises(10 000 yuan)			
有限责任公司(万元)	Limited Company(10 000 yuan)	5897	7573	28.4
股份有限公司(万元)	Share Holding Limited Company(10 000 yuan)			
私营企业(万元)	Privately Owned Enterprises(10 000 yuan)	25572	49014	91.7
其他企业(万元)	Enterprises of Other Ownership(10 000 yuan)			
港澳台商投资企业(万元)	Funds from HK,Macao & Taiwan(10 000 yuan)			
外商投资企业(万元)	Foreign Funded Enterprises(10 000 yuan)			
工业企业增加值(万元)	Value Added of Industrial Enterprises(10 000 yuan)	12109	23164	62.1
工业企业资产总计(万元)	Total Assets of Industrial Enterprises(10 000 yuan)	44074	51004	15.7
工业企业负债合计(万元)	Total Liabilities of Industrial Enterprises(10 000 yuan)	23885	28423	19.0
工业企业产品销售收入(万元)	Sales of Revenue Industrial Enterprises(10 000 yuan)	34929	60277	72.6
工业企业利润总额(万元)	Total Profits of Industrial Enterprises(10 000 yuan)	1682	5619	234.1
建筑业	**Construction**			
建筑企业单位数(个)	Number of Construction Enterprises(unit)	3	3	0.0
建筑企业从业人员(人)	Number of Employee in Construction Enterprises(person)	1015	853	-16.0
建筑业总产值(万元)	Gross Construction Output Value(10 000 yuan)	6627	7852	18.5
交通运输邮电通信业	**Transportation,Post & Telecommunications**			
公路里程(公里)	Total Length of Highways(km)	1116	1142	2.3
邮电业务总量(万元)	Business Volume of Post & Telecoms(10 000 yuan)	2713	2632	-3.0
本地电话用户(户)	Number of Subscribers of Local Telephone(Household)	27887	34709	24.5
国内贸易	**Demestic Trade**			
社会消费品零售总额(万元)	Total Retail Sales of Consumer Goods(10 000 yuan)	58916	69032	17.2
# 贸易业(万元)	Wholesale & Retail Sales Trades(10 000 yuan)	33141	53091	60.2
、餐饮业(万元)	Catering Trade(10 000 yuan)	25775	9818	-61.9
科技教育卫生	**Science,Education & Public Health**			
各类专业技术人员(人)	Speccial Technical Personnel(person)	4298	5531	28.7
幼儿园数(所)	Number of Kindergartens(unit)	3	3	0.0
学龄儿童入学率(%)	Percentage of School-Age Children Enrolled(%)	96.4	91.9	-4.7
小学学校数(所)	Number of Primary Schools(unit)	198	159	-19.7
小学专任教师数(人)	Number of Full-time Teachers of Primary Schools(person)	1943	1986	2.2
小学在校学生数(人)	Number of Student Enrollment of Primary Schools(person)	21665	20066	-7.4
普通中学学校数(所)	Number of Regular Secondary Schools(unit)	29	28	-3.4
普通中学专任教师数(人)	Number of Teachers of Secondary Shools(person)	1165	1195	2.6
初中在校学生数(人)	Number of Student in Junior Secondary Schools(person)	14016	13456	-4.0
高中在校学生数(人)	Number of Student in Senior Secondary Schools(person)	2980	3358	12.7
卫生机构数(所)	Number of Health Institutions(unit)	29	29	0.0
# 医院(所)	Hospitals(unit)	6	6	0.0
卫生院(所)	Township Hospitals(unit)	19	19	0.0
床位数(张)	Number of Beds(unit)	476	453	-4.8
# 医院(张)	Hospitals(unit)	299	276	-7.7
卫生院(张)	Township Hospitals(unit)	165	167	1.2
卫生技术人员(人)	Medical Technical Presonnel(person)	675	655	-3.0
# 医院(人)	Hospitals(person)	338	323	-4.4
卫生院(人)	Township Hospitals(person)	267	259	-3.0

23-34 呼伦贝尔市鄂伦春自治旗

指 标	Item	2004	2005	2005年比上年增长% Increase Rate in 2005 Over 2004(%)
行政区域土地面积(平方公里)	**Area of Administration(Sq.km)**	**59800**	**59800**	**0.0**
人口和就业	**Population & Employment**			
年末总人口(人)	Total Population Year-end(person)	282228	279718	-0.9
#男性(人)	Male(person)	143563	142998	-0.4
#乡村人口(人)	Rural(person)	59656	59775	0.2
年末总户数(户)	Total Number of Households at the Year-end(Household)	95326	95587	0.3
#乡村户数(户)	Number of Rural Household(Household)	15412	15397	-0.1
出生人口(人)	Births(person)	2406	2344	-2.6
死亡人口(人)	Deaths(person)	1253	1527	21.9
全社会就业人员(人)	Employment(person)	86471	83821	-3.1
第一产业(人)	Primary Industry(person)	44081	45812	3.9
第二产业(人)	Secondary Industry(person)	24305	19641	-19.2
第三产业(人)	Tertiary Industry(person)	18085	18368	1.6
在岗职工人数(人)	Number of Staff & Workers Employed in(person)	16555	15447	-6.7
乡村劳动力(人)	Number of Rural Laborers(person)	36955	39786	7.7
#农林牧渔业(人)	Farming,Forestry,Animal Husbandry & Fishery(person)	35323	37850	7.2
国民经济综合指标	**Summary Item on the National Economy**			
生产总值(万元)	Gross Domestic Product(10 000 yuan)	141147	169695	18.1
第一产业(万元)	Primary Industry(10 000 yuan)	74338	91300	21.1
第二产业(万元)	Secondary Industry(10 000 yuan)	20392	25037	19.2
#工业(万元)	Industry(10 000 yuan)	12084	15463	24.8
第三产业(万元)	Tertiary Industry(10 000 yuan)	46417	53358	13.4
人均生产总值(元)	Per Capita GDP(yuan)	5001	6067	19.2
全社会固定资产投资(万元)	Total Investment in Fixed Assets(10 000 yuan)	23773	30100	26.6
按登记注册类型分	Grouped by Registered Type			
#国有(万元)	State-owned Enterprises(10 000 yuan)	11360	17092	50.5
集体(万元)	Collective-owned Enterprises(10 000 yuan)		280	
有限责任公司(万元)	Limited Liability Corporations(10 000 yuan)	5348	8826	65.0
股份有限公司(万元)	Share Holding Enterprises(10 000 yuan)			
私营企业(万元)	Private Enterprises(10 000 yuan)	3190	2410	-24.5
外商及港澳台投资企业(万元)	Funds from HK,Macao,Taiwan & Foreign(10 000 yuan)			
按管理渠道分	Grouped by Channel of Management			
#基本建设(万元)	Capital Construction(10 000 yuan)	15698	24045	53.2
更新改造(万元)	Innovation(10 000 yuan)	350	4575	1207.1
房地产开发(万元)	Real Estate Development(10 000 yuan)			
地方财政收入(万元)	Local Governments Revenue(10 000 yuan)	7736	6127	-20.8
地方财政支出(万元)	Local Governments Expenditures(10 000 yuan)	25863	29455	13.9
城乡居民储蓄存款余额(万元)	Resident Saving Deposit in Urban & Rural(10 000 yuan)	155428	164610	5.9
在岗职工工资总额(万元)	Total Wages of Staff & Workers Empioyed in(10 000 yuan)	17964	18474	2.8
在岗职工平均工资(元)	Average Wage of Staff & Workers Employed in(yuan)	11077	11742	6.0
农牧民人均纯收入(元)	Per Capita Net Income of Peasant & Herdsman(yuan)	2269	2625	15.7
农村牧区经济	**Economic Development in Rural & Pastoral Area**			
耕地面积(公顷)	Cultivated Area(hectare)	190688	190919	0.1
农作物总播种面积(公顷)	Total Sown Area(hectare)	190666	191791	0.6
#粮食作物播种面积(公顷)	Sown Area of Grain Crops(hectare)	184760	184039	-0.4
有效灌溉面积(公顷)	Irrigated Area(hectare)			
农牧业机械总动力(万千瓦)	Total Power of Agricultural Machinery(10 000 kw)	18.41	25.60	39.1
化肥施用折纯量(吨)	Consumption of Chemical Fertilizer(ton)	11800	13938	18.1
农村用电量(万千瓦小时)	Electricity Consumed in Rural Area(10 000 kwh)	690	721	4.5
农林牧渔业总产值(万元)	Gross Output of Farming,Forestry,Animal Husbandry & Fishery(10 000 yuan)	112061	147878	30.5
粮食产量(吨)	Yield of Grain(ton)	261410	326662	25.0
油料产量(吨)	Yield of Oil-bearing Grops(ton)	1342	1061	-20.9
甜菜产量(吨)	Yield of Beetroots(ton)			
猪牛羊肉产量(吨)	Output of Pork, Beef & Mutton(ton)	8665	14218	64.1
#猪肉产量(吨)	Output of Pork(ton)	4016	5710	42.2
牛肉产量(吨)	Output of Beef(ton)	2288	3621	58.3
羊肉产量(吨)	Output of Mutton(ton)	2361	4887	107.0

23-34 Elunchun National Autonomous Banner in Hulunbeier City

指 标	Item	2004	2005	2005年比上年增长% Increase Rate in 2005 Over 2004(%)
羊毛产量(吨)	Output of Wool(ton)	285	420	47.4
年末牲畜存栏头数(万头只)	Total Livestock at the Year-end(10 000 heads)	51.53	66.46	29.0
# 大牲畜(万头只)	Large Animals(10 000 heads)	5.35	6.62	23.7
羊(万只)	Sheep & Goats(10 000 heads)	41.03	54.33	32.4
猪(万头)	Hogs(10 000 heads)	5.14	5.51	7.2
规模以上工业	**Industry with Independent Accounting System**			
工业企业单位数(个)	Number of Industrial Enterprises(unit)	6	8	33.3
# 内资企业(个)	Civil Funded Enterprises(unit)	6	8	33.3
工业总产值(万元)	Gross Industrial Output Value(10 000 yuan)	19677	30067	52.8
内资企业(万元)	Civil Funded Enterprises(10 000 yuan)	19677	30067	52.8
国有企业(万元)	State-owned Enterprises(10 000 yuan)			
集体企业(万元)	Collective-owned Enterprises(10 000 yuan)			
股份合作企业(万元)	Share Holding Enterprises(10 000 yuan)	19677	30067	52.8
联营企业(万元)	Joint Owned Enterprises(10 000 yuan)			
有限责任公司(万元)	Limited Company(10 000 yuan)			
股份有限公司(万元)	Share Holding Limited Company(10 000 yuan)			
私营企业(万元)	Privately Owned Enterprises(10 000 yuan)			
其他企业(万元)	Enterprises of Other Ownership(10 000 yuan)			
港澳台商投资企业(万元)	Funds from HK,Macao & Taiwan(10 000 yuan)			
外商投资企业(万元)	Foreign Funded Enterprises(10 000 yuan)			
工业企业增加值(万元)	Value Added of Industrial Enterprises(10 000 yuan)	6415	9957	44.6
工业企业资产总计(万元)	Total Assets of Industrial Enterprises(10 000 yuan)	10965	18764	71.1
工业企业负债合计(万元)	Total Liabilities of Industrial Enterprises(10 000 yuan)	6746	10978	62.7
工业企业产品销售收入(万元)	Sales of Revenue Industrial Enterprises(10 000 yuan)	16874	27135	60.8
工业企业利润总额(万元)	Total Profits of Industrial Enterprises(10 000 yuan)	178	177	-0.6
建筑业	**Construction**			
建筑企业单位数(个)	Number of Construction Enterprises(unit)	1	1	0.0
建筑企业从业人员(人)	Number of Employee in Construction Enterprises(person)	309	329	6.5
建筑业总产值(万元)	Gross Construction Output Value(10 000 yuan)	2100	3400	61.9
交通运输邮电通信业	**Transportation,Post & Telecommunications**			
公路里程(公里)	Total Length of Highways(km)	1214	1214	0.0
邮电业务总量(万元)	Business Volume of Post & Telecoms(10 000 yuan)	6355	7038	10.7
本地电话用户(户)	Number of Subscribers of Local Telephone(Household)	85995	105599	22.8
国内贸易	**Demestic Trade**			
社会消费品零售总额(万元)	Total Retail Sales of Consumer Goods(10 000 yuan)	57468	65535	14.0
# 贸易业(万元)	Wholesale & Retail Sales Trades(10 000 yuan)	50081	57137	14.1
餐饮业(万元)	Catering Trade(10 000 yuan)	6119	6988	14.2
科技教育卫生	**Science,Education & Public Health**			
各类专业技术人员(人)	Speccial Technical Personnel(person)	2561	3041	18.7
幼儿园数(所)	Number of Kindergartens(unit)	8	8	0.0
学龄儿童入学率(%)	Percentage of School-Age Children Enrolled(%)	100.0	100.0	0.0
小学学校数(所)	Number of Primary Schools(unit)	91	83	-8.8
小学专任教师数(人)	Number of Full-time Teachers of Primary Schools(person)	1726	1704	-1.3
小学在校学生数(人)	Number of Student Enrollment of Primary Schools(person)	22609	20022	-11.4
普通中学学校数(所)	Number of Regular Secondary Schools(unit)	27	27	0.0
普通中学专任教师数(人)	Number of Teachers of Secondary Shools(person)	1210	1314	8.6
初中在校学生数(人)	Number of Student in Junior Secondary Schools(person)	12697	11824	-6.9
高中在校学生数(人)	Number of Student in Senior Secondary Schools(person)	5847	6145	5.1
卫生机构数(所)	Number of Health Institutions(unit)	98	98	0.0
# 医院(所)	Hospitals(unit)	16	14	-12.5
卫生院(所)	Township Hospitals(unit)	9	9	0.0
床位数(张)	Number of Beds(unit)	1006	975	-3.1
# 医院(张)	Hospitals(unit)	936	880	-6.0
卫生院(张)	Township Hospitals(unit)	56	81	44.6
卫生技术人员(人)	Medical Technical Presonnel(person)	1578	1617	2.5
# 医院(人)	Hospitals(person)	1199	1058	-11.8
卫生院(人)	Township Hospitals(person)	98	95	-3.1

23-35 呼伦贝尔市鄂温克族自治旗

指 标	Item	2004	2005	2005年比上年增长% Increase Rate in 2005 Over 2004(%)
行政区域土地面积(平方公里)	**Area of Administration(Sq.km)**	**19111**	**19111**	**0.0**
人口和就业	**Population & Employment**			
年末总人口(人)	Total Population Year-end(person)	144976	142791	-1.5
#男性(人)	Male(person)	75774	74588	-1.6
#乡村人口(人)	Rural(person)	22541	21089	-6.4
年末总户数(户)	Total Number of Households at the Year-end(Household)	47338	48259	1.9
#乡村户数(户)	Number of Rural Household(Household)	5922	5717	-3.5
出生人口(人)	Births(person)	1141	1092	-4.3
死亡人口(人)	Deaths(person)	776	778	0.3
全社会就业人员(人)	Employment(person)	42880	47884	11.7
第一产业(人)	Primary Industry(person)	11407	12541	9.9
第二产业(人)	Secondary Industry(person)	19793	22848	15.4
第三产业(人)	Tertiary Industry(person)	11680	12495	7.0
在岗职工人数(人)	Number of Staff & Workers Employed in(person)	26689	30365	13.8
乡村劳动力(人)	Number of Rural Laborers(person)	12703	12277	-3.4
#农林牧渔业(人)	Farming,Forestry,Animal Husbandry & Fishery(person)	11407	10880	-4.6
国民经济综合指标	**Summary Item on the National Economy**			
生产总值(万元)	Gross Domestic Product(10 000 yuan)	231322	274187	16.8
第一产业(万元)	Primary Industry(10 000 yuan)	35778	40808	12.4
第二产业(万元)	Secondary Industry(10 000 yuan)	135874	159052	15.8
#工业(万元)	Industry(10 000 yuan)	96948	110721	6.5
第三产业(万元)	Tertiary Industry(10 000 yuan)	59670	74327	20.7
人均生产总值(元)	Per Capita GDP(yuan)	15996	19056	17.4
全社会固定资产投资(万元)	Total Investment in Fixed Assets(10 000 yuan)	138585	201453	45.4
按登记注册类型分	Grouped by Registered Type			
#国有(万元)	State-owned Enterprises(10 000 yuan)	42099	70315	67.0
集体(万元)	Collective-owned Enterprises(10 000 yuan)			
有限责任公司(万元)	Limited Liability Corporations(10 000 yuan)	93530	125515	34.2
股份有限公司(万元)	Share Holding Enterprises(10 000 yuan)	110		
私营企业(万元)	Private Enterprises(10 000 yuan)	2200	4170	89.5
外商及港澳台投资企业(万元)	Funds from HK,Macao,Taiwan & Foreign(10 000 yuan)			
按管理渠道分	Grouped by Channel of Management			
#基本建设(万元)	Capital Construction(10 000 yuan)	124110	163239	31.5
更新改造(万元)	Innovation(10 000 yuan)	8800	34041	286.8
房地产开发(万元)	Real Estate Development(10 000 yuan)	2829	2480	-12.3
地方财政收入(万元)	Local Governments Revenue(10 000 yuan)	20188	23719	17.5
地方财政支出(万元)	Local Governments Expenditures(10 000 yuan)	29238	34348	17.5
城乡居民储蓄存款余额(万元)	Resident Saving Deposit in Urban & Rural(10 000 yuan)	102077	114096	11.8
在岗职工工资总额(万元)	Total Wages of Staff & Workers Empioyed in(10 000 yuan)	38301	46328	21.0
在岗职工平均工资(元)	Average Wage of Staff & Workers Employed in(yuan)	14875	17820	19.8
农牧民人均纯收入(元)	Per Capita Net Income of Peasant & Herdsman(yuan)	4478	4781	6.8
农村牧区经济	**Economic Development in Rural & Pastoral Area**			
耕地面积(公顷)	Cultivated Area(hectare)	30273	13666	-54.9
农作物总播种面积(公顷)	Total Sown Area(hectare)	29726	27488	-7.5
#粮食作物播种面积(公顷)	Sown Area of Grain Crops(hectare)	12823	17317	35.0
有效灌溉面积(公顷)	Irrigated Area(hectare)			
农牧业机械总动力(万千瓦)	Total Power of Agricultural Machinery(10 000 kw)	7.01	7.30	4.1
化肥施用折纯量(吨)	Consumption of Chemical Fertilizer(ton)	6177	6046	-2.1
农村用电量(万千瓦小时)	Electricity Consumed in Rural Area(10 000 kwh)	46	53	15.2
农林牧渔业总产值(万元)	Gross Output of Farming,Forestry,Animal Husbandry & Fishery(10 000 yuan)	62248	62781	0.9
粮食产量(吨)	Yield of Grain(ton)	29284	55931	91.0
油料产量(吨)	Yield of Oil-bearing Grops(ton)	8962	7423	-17.2
甜菜产量(吨)	Yield of Beetroots(ton)		5085	
猪牛羊肉产量(吨)	Output of Pork, Beef & Mutton(ton)	9596	11384	18.6
#猪肉产量(吨)	Output of Pork(ton)	1888	2273	20.4
牛肉产量(吨)	Output of Beef(ton)	5424	5704	5.2
羊肉产量(吨)	Output of Mutton(ton)	2284	3407	49.2

23-35 Ewenke National Autonomous Banner in Hulunbeier City

指 标	Item	2004	2005	2005年比上年增长% Increase Rate in 2005 Over 2004(%)
羊毛产量(吨)	Output of Wool(ton)	761	968	27.2
年末牲畜存栏头数(万头只)	Total Livestock at the Year-end(10 000 heads)	52.71	65.42	24.1
# 大牲畜(万头只)	Large Animals(10 000 heads)	11.47	13.84	20.7
羊(万只)	Sheep & Goats(10 000 heads)	40.71	51.12	25.6
猪(万头)	Hogs(10 000 heads)	0.53	0.46	-13.2
规模以上工业	**Industry with Independent Accounting System**			
工业企业单位数(个)	Number of Industrial Enterprises(unit)	10	10	0.0
# 内资企业(个)	Civil Funded Enterprises(unit)	9	9	0.0
工业总产值(万元)	Gross Industrial Output Value(10 000 yuan)	227298	253551	11.6
内资企业(万元)	Civil Funded Enterprises(10 000 yuan)	221130	246694	11.6
国有企业(万元)	State-owned Enterprises(10 000 yuan)	109		
集体企业(万元)	Collective-owned Enterprises(10 000 yuan)			
股份合作企业(万元)	Share Holding Enterprises(10 000 yuan)			
联营企业(万元)	Joint Owned Enterprises(10 000 yuan)			
有限责任公司(万元)	Limited Company(10 000 yuan)	215842	240854	11.6
股份有限公司(万元)	Share Holding Limited Company(10 000 yuan)			
私营企业(万元)	Privately Owned Enterprises(10 000 yuan)	5180	5840	12.7
其他企业(万元)	Enterprises of Other Ownership(10 000 yuan)			
港澳台商投资企业(万元)	Funds from HK,Macao & Taiwan(10 000 yuan)			
外商投资企业(万元)	Foreign Funded Enterprises(10 000 yuan)	6167	6857	11.2
工业企业增加值(万元)	Value Added of Industrial Enterprises(10 000 yuan)	95080	107602	8.5
工业企业资产总计(万元)	Total Assets of Industrial Enterprises(10 000 yuan)	1041081	1113382	6.9
工业企业负债合计(万元)	Total Liabilities of Industrial Enterprises(10 000 yuan)	1247413	994222	-20.3
工业企业产品销售收入(万元)	Sales of Revenue Industrial Enterprises(10 000 yuan)	204649	223815	9.4
工业企业利润总额(万元)	Total Profits of Industrial Enterprises(10 000 yuan)	-3439	11822	
建筑业	**Construction**			
建筑企业单位数(个)	Number of Construction Enterprises(unit)	8	4	-50.0
建筑企业从业人员(人)	Number of Employee in Construction Enterprises(person)	4761	3648	-23.4
建筑业总产值(万元)	Gross Construction Output Value(10 000 yuan)	38632	43607	12.9
交通运输邮电通信业	**Transportation,Post & Telecommunications**			
公路里程(公里)	Total Length of Highways(km)	357	367	2.8
邮电业务总量(万元)	Business Volume of Post & Telecoms(10 000 yuan)	3185	3382	6.2
本地电话用户(户)	Number of Subscribers of Local Telephone(Household)	33295	41707	25.3
国内贸易	**Demestic Trade**			
社会消费品零售总额(万元)	Total Retail Sales of Consumer Goods(10 000 yuan)	30749	34568	12.4
# 贸易业(万元)	Wholesale & Retail Sales Trades(10 000 yuan)	22520	26767	18.9
餐饮业(万元)	Catering Trade(10 000 yuan)	6737	7801	15.8
科技教育卫生	**Science,Education & Public Health**			
各类专业技术人员(人)	Speccial Technical Personnel(person)	3184	3439	8.0
幼儿园数(所)	Number of Kindergartens(unit)	5	5	0.0
学龄儿童入学率(%)	Percentage of School-Age Children Enrolled(%)	100.0	100.0	0.0
小学学校数(所)	Number of Primary Schools(unit)	22	20	-9.1
小学专任教师数(人)	Number of Full-time Teachers of Primary Schools(person)	874	890	1.8
小学在校学生数(人)	Number of Student Enrollment of Primary Schools(person)	9247	8281	-10.4
普通中学学校数(所)	Number of Regular Secondary Schools(unit)	18	16	-11.1
普通中学专任教师数(人)	Number of Teachers of Secondary Shools(person)	849	866	2.0
初中在校学生数(人)	Number of Student in Junior Secondary Schools(person)	8492	7221	-15.0
高中在校学生数(人)	Number of Student in Senior Secondary Schools(person)	2513	2769	10.2
卫生机构数(所)	Number of Health Institutions(unit)	76	76	0.0
# 医院(所)	Hospitals(unit)	6	6	0.0
卫生院(所)	Township Hospitals(unit)	10	10	0.0
床位数(张)	Number of Beds(unit)	718	697	-2.9
# 医院(张)	Hospitals(unit)	508	506	-0.4
卫生院(张)	Township Hospitals(unit)	100	99	-1.0
卫生技术人员(人)	Medical Technical Presonnel(person)	893	876	-1.9
# 医院(人)	Hospitals(person)	545	520	-4.6
卫生院(人)	Township Hospitals(person)	110	118	7.3

23-36 呼伦贝尔市新巴尔虎右旗

指 标	Item	2004	2005	2005年比上年增长% Increase Rate in 2005 Over 2004(%)
行政区域土地面积(平方公里)	**Area of Administration(Sq.km)**	**25102**	**25102**	**0.0**
人口和就业	**Population & Employment**			
年末总人口(人)	Total Population Year-end(person)	34512	33539	-2.8
#男性(人)	Male(person)	17431	16942	-2.8
#乡村人口(人)	Rural(person)	15721	15415	-1.9
年末总户数(户)	Total Number of Households at the Year-end(Household)	11100	11501	3.6
#乡村户数(户)	Number of Rural Household(Household)	4137	4389	6.1
出生人口(人)	Births(person)	271	338	24.7
死亡人口(人)	Deaths(person)	263	339	28.9
全社会就业人员(人)	Employment(person)	16191	17866	10.3
第一产业(人)	Primary Industry(person)	7323	9368	27.9
第二产业(人)	Secondary Industry(person)	4298	3640	-15.3
第三产业(人)	Tertiary Industry(person)	4570	4858	6.3
在岗职工人数(人)	Number of Staff & Workers Employed in(person)	7033	6364	-9.5
乡村劳动力(人)	Number of Rural Laborers(person)	8675	12945	49.2
#农林牧渔业(人)	Farming,Forestry,Animal Husbandry & Fishery(person)	7280	9065	24.5
国民经济综合指标	**Summary Item on the National Economy**			
生产总值(万元)	Gross Domestic Product(10 000 yuan)	89493	115099	6.4
第一产业(万元)	Primary Industry(10 000 yuan)	27744	22598	-19.6
第二产业(万元)	Secondary Industry(10 000 yuan)	49361	72744	17.1
#工业(万元)	Industry(10 000 yuan)	32760	56795	32.8
第三产业(万元)	Tertiary Industry(10 000 yuan)	12388	19757	14.8
人均生产总值(元)	Per Capita GDP(yuan)	25514	33337	7.7
全社会固定资产投资(万元)	Total Investment in Fixed Assets(10 000 yuan)	84111	85000	1.1
按登记注册类型分	Grouped by Registered Type			
#国有(万元)	State-owned Enterprises(10 000 yuan)	61473	76119	23.8
集体(万元)	Collective-owned Enterprises(10 000 yuan)			
有限责任公司(万元)	Limited Liability Corporations(10 000 yuan)	16091	5731	-64.4
股份有限公司(万元)	Share Holding Enterprises(10 000 yuan)	4000	1500	-62.5
私营企业(万元)	Private Enterprises(10 000 yuan)	1500	1600	6.7
外商及港澳台投资企业(万元)	Funds from HK,Macao,Taiwan & Foreign(10 000 yuan)	300		
按管理渠道分	Grouped by Channel of Management			
#基本建设(万元)	Capital Construction(10 000 yuan)	77690	83350	7.3
更新改造(万元)	Innovation(10 000 yuan)	3000		
房地产开发(万元)	Real Estate Development(10 000 yuan)	1174		
地方财政收入(万元)	Local Governments Revenue(10 000 yuan)	6671	10341	55.0
地方财政支出(万元)	Local Governments Expenditures(10 000 yuan)	15815	19588	23.9
城乡居民储蓄存款余额(万元)	Resident Saving Deposit in Urban & Rural(10 000 yuan)	12971	15926	22.8
在岗职工工资总额(万元)	Total Wages of Staff & Workers Empioyed in(10 000 yuan)	9247	10966	18.6
在岗职工平均工资(元)	Average Wage of Staff & Workers Employed in(yuan)	13294	16273	22.4
农牧民人均纯收入(元)	Per Capita Net Income of Peasant & Herdsman(yuan)	3839	4265	11.1
农村牧区经济	**Economic Development in Rural & Pastoral Area**			
耕地面积(公顷)	Cultivated Area(hectare)	320	320	0.0
农作物总播种面积(公顷)	Total Sown Area(hectare)	790	2668	237.7
#粮食作物播种面积(公顷)	Sown Area of Grain Crops(hectare)	210	282	34.3
有效灌溉面积(公顷)	Irrigated Area(hectare)			
农牧业机械总动力(万千瓦)	Total Power of Agricultural Machinery(10 000 kw)	2.63	2.80	6.5
化肥施用折纯量(吨)	Consumption of Chemical Fertilizer(ton)	9	57	533.3
农村用电量(万千瓦小时)	Electricity Consumed in Rural Area(10 000 kwh)	112	145	29.5
农林牧渔业总产值(万元)	Gross Output of Farming,Forestry,Animal Husbandry & Fishery(10 000 yuan)	38668	32750	-16.4
粮食产量(吨)	Yield of Grain(ton)	63	1200	1804.8
油料产量(吨)	Yield of Oil-bearing Grops(ton)			
甜菜产量(吨)	Yield of Beetroots(ton)			
猪牛羊肉产量(吨)	Output of Pork, Beef & Mutton(ton)	20139	13424	-33.3
#猪肉产量(吨)	Output of Pork(ton)	13	7	-46.2
牛肉产量(吨)	Output of Beef(ton)	3511	2326	-33.8
羊肉产量(吨)	Output of Mutton(ton)	16615	11091	-33.2

23-36 Xinbaerhuyou Banner in Hulunbeier City

指 标	Item	2004	2005	2005年比上年增长% Increase Rate in 2005 Over 2004(%)
羊毛产量(吨)	Output of Wool(ton)	2014	1899	-5.7
年末牲畜存栏头数(万头只)	Total Livestock at the Year-end(10 000 heads)	100.23	123.95	23.7
# 大牲畜(万头只)	Large Animals(10 000 heads)	4.88	4.64	-4.9
羊(万只)	Sheep & Goats(10 000 heads)	95.33	119.24	25.1
猪(万头)	Hogs(10 000 heads)	0.02	0.02	0.0
规模以上工业	**Industry with Independent Accounting System**			
工业企业单位数(个)	Number of Industrial Enterprises(unit)	7	7	0
# 内资企业(个)	Civil Funded Enterprises(unit)	7	7	0
工业总产值(万元)	Gross Industrial Output Value(10 000 yuan)	95455	171703	79.9
内资企业(万元)	Civil Funded Enterprises(10 000 yuan)	95455	171703	79.9
国有企业(万元)	State-owned Enterprises(10 000 yuan)			
集体企业(万元)	Collective-owned Enterprises(10 000 yuan)			
股份合作企业(万元)	Share Holding Enterprises(10 000 yuan)			
联营企业(万元)	Joint Owned Enterprises(10 000 yuan)			
有限责任公司(万元)	Limited Company(10 000 yuan)	95455	171703	79.9
股份有限公司(万元)	Share Holding Limited Company(10 000 yuan)			
私营企业(万元)	Privately Owned Enterprises(10 000 yuan)			
其他企业(万元)	Enterprises of Other Ownership(10 000 yuan)			
港澳台商投资企业(万元)	Funds from HK,Macao & Taiwan(10 000 yuan)			
外商投资企业(万元)	Foreign Funded Enterprises(10 000 yuan)			
工业企业增加值(万元)	Value Added of Industrial Enterprises(10 000 yuan)	66897	56044	32.3
工业企业资产总计(万元)	Total Assets of Industrial Enterprises(10 000 yuan)	170715	381628	123.5
工业企业负债合计(万元)	Total Liabilities of Industrial Enterprises(10 000 yuan)	38437	60209	56.6
工业企业产品销售收入(万元)	Sales of Revenue Industrial Enterprises(10 000 yuan)	96567	168057	74.0
工业企业利润总额(万元)	Total Profits of Industrial Enterprises(10 000 yuan)	52043	88170	69.4
建筑业	**Construction**			
建筑企业单位数(个)	Number of Construction Enterprises(unit)	1		
建筑企业从业人员(人)	Number of Employee in Construction Enterprises(person)	4		
建筑业总产值(万元)	Gross Construction Output Value(10 000 yuan)	21		
交通运输邮电通信业	**Transportation,Post & Telecommunications**			
公路里程(公里)	Total Length of Highways(km)	426	487	14.3
邮电业务总量(万元)	Business Volume of Post & Telecoms(10 000 yuan)	1588	1826	15.0
本地电话用户(户)	Number of Subscribers of Local Telephone(Household)	4831	4731	-2.1
国内贸易	**Demestic Trade**			
社会消费品零售总额(万元)	Total Retail Sales of Consumer Goods(10 000 yuan)	11130	12586	13.1
# 贸易业(万元)	Wholesale & Retail Sales Trades(10 000 yuan)	9411	10539	12.0
餐饮业(万元)	Catering Trade(10 000 yuan)	1559	1871	20.0
科技教育卫生	**Science,Education & Public Health**			
各类专业技术人员(人)	Speccial Technical Personnel(person)	1116	1131	1.3
幼儿园数(所)	Number of Kindergartens(unit)	4	4	0.0
学龄儿童入学率(%)	Percentage of School-Age Children Enrolled(%)	100.0	100.0	0.0
小学学校数(所)	Number of Primary Schools(unit)	12	9	-25.0
小学专任教师数(人)	Number of Full-time Teachers of Primary Schools(person)	326	300	-8.0
小学在校学生数(人)	Number of Student Enrollment of Primary Schools(person)	2396	2117	-11.6
普通中学学校数(所)	Number of Regular Secondary Schools(unit)	2	2	0.0
普通中学专任教师数(人)	Number of Teachers of Secondary Shools(person)	122	152	24.6
初中在校学生数(人)	Number of Student in Junior Secondary Schools(person)	1675	1765	5.4
高中在校学生数(人)	Number of Student in Senior Secondary Schools(person)			
卫生机构数(所)	Number of Health Institutions(unit)	25	25	0.0
# 医院(所)	Hospitals(unit)	2	2	0.0
卫生院(所)	Township Hospitals(unit)	13	13	0.0
床位数(张)	Number of Beds(unit)	154	154	0.0
# 医院(张)	Hospitals(unit)	77	77	0.0
卫生院(张)	Township Hospitals(unit)	48	48	0.0
卫生技术人员(人)	Medical Technical Presonnel(person)	260	248	-4.6
# 医院(人)	Hospitals(person)	118	107	-9.3
卫生院(人)	Township Hospitals(person)	72	73	1.4

23-37 呼伦贝尔市新巴尔虎左旗

指 标	Item	2004	2005	2005年比上年增长% Increase Rate in 2005 Over 2004(%)
行政区域土地面积(平方公里)	**Area of Administration(Sq.km)**	**22000**	**22000**	**0.0**
人口和就业	**Population & Employment**			
年末总人口(人)	Total Population Year-end(person)	41489	40163	-3.2
#男性(人)	Male(person)	21212	20509	-3.3
#乡村人口(人)	Rural(person)	20103	20440	1.7
年末总户数(户)	Total Number of Households at the Year-end(Household)	13183	13851	5.1
#乡村户数(户)	Number of Rural Household(Household)	5111	5208	1.9
出生人口(人)	Births(person)	334	482	44.3
死亡人口(人)	Deaths(person)	252	630	150.0
全社会就业人员(人)	Employment(person)	19942	20682	3.7
第一产业(人)	Primary Industry(person)	13254	13511	1.9
第二产业(人)	Secondary Industry(person)	880	1069	21.5
第三产业(人)	Tertiary Industry(person)	5808	6102	5.1
在岗职工人数(人)	Number of Staff & Workers Employed in(person)	5857	6028	2.9
乡村劳动力(人)	Number of Rural Laborers(person)	12206	12723	4.2
#农林牧渔业(人)	Farming,Forestry,Animal Husbandry & Fishery(person)	10911	11036	1.1
国民经济综合指标	**Summary Item on the National Economy**			
生产总值(万元)	Gross Domestic Product(10 000 yuan)	74593	88680	16.3
第一产业(万元)	Primary Industry(10 000 yuan)	32122	36738	14.8
第二产业(万元)	Secondary Industry(10 000 yuan)	22948	30671	27.3
#工业(万元)	Industry(10 000 yuan)	4117	6044	33.5
第三产业(万元)	Tertiary Industry(10 000 yuan)	19523	21271	6.3
人均生产总值(元)	Per Capita GDP(yuan)	17510	20817	16.3
全社会固定资产投资(万元)	Total Investment in Fixed Assets(10 000 yuan)	48532	61078	25.9
按登记注册类型分	Grouped by Registered Type			
#国有(万元)	State-owned Enterprises(10 000 yuan)	41051	60892	48.3
集体(万元)	Collective-owned Enterprises(10 000 yuan)			
有限责任公司(万元)	Limited Liability Corporations(10 000 yuan)			
股份有限公司(万元)	Share Holding Enterprises(10 000 yuan)			
私营企业(万元)	Private Enterprises(10 000 yuan)			
外商及港澳台投资企业(万元)	Funds from HK,Macao,Taiwan & Foreign(10 000 yuan)			
按管理渠道分	Grouped by Channel of Management			
#基本建设(万元)	Capital Construction(10 000 yuan)	47526	60892	28.1
更新改造(万元)	Innovation(10 000 yuan)			
房地产开发(万元)	Real Estate Development(10 000 yuan)	400		
地方财政收入(万元)	Local Governments Revenue(10 000 yuan)	3605	2160	-40.1
地方财政支出(万元)	Local Governments Expenditures(10 000 yuan)	12218	15100	23.6
城乡居民储蓄存款余额(万元)	Resident Saving Deposit in Urban & Rural(10 000 yuan)	8860	9622	8.6
在岗职工工资总额(万元)	Total Wages of Staff & Workers Empioyed in(10 000 yuan)	6876	7450	8.3
在岗职工平均工资(元)	Average Wage of Staff & Workers Employed in(yuan)	11605	12373	6.6
农牧民人均纯收入(元)	Per Capita Net Income of Peasant & Herdsman(yuan)	3731	4257	14.1
农村牧区经济	**Economic Development in Rural & Pastoral Area**			
耕地面积(公顷)	Cultivated Area(hectare)	30000	30000	0.0
农作物总播种面积(公顷)	Total Sown Area(hectare)	19313	21313	10.4
#粮食作物播种面积(公顷)	Sown Area of Grain Crops(hectare)	8031	14031	74.7
有效灌溉面积(公顷)	Irrigated Area(hectare)			
农牧业机械总动力(万千瓦)	Total Power of Agricultural Machinery(10 000 kw)	5.39	5.71	5.9
化肥施用折纯量(吨)	Consumption of Chemical Fertilizer(ton)	618	620	0.3
农村用电量(万千瓦小时)	Electricity Consumed in Rural Area(10 000 kwh)	212	293	38.2
农林牧渔业总产值(万元)	Gross Output of Farming,Forestry,Animal Husbandry & Fishery(10 000 yuan)	40453	56521	39.7
粮食产量(吨)	Yield of Grain(ton)	15054	47304	214.2
油料产量(吨)	Yield of Oil-bearing Grops(ton)	7500	9000	20.0
甜菜产量(吨)	Yield of Beetroots(ton)			
猪牛羊肉产量(吨)	Output of Pork, Beef & Mutton(ton)	15980	19583	22.5
#猪肉产量(吨)	Output of Pork(ton)	80	89	11.2
牛肉产量(吨)	Output of Beef(ton)	4584	5329	16.3
羊肉产量(吨)	Output of Mutton(ton)	11316	14165	25.2

23-37 Xinbaerhuzuo Banner in Hulunbeier City

指 标	Item	2004	2005	2005年比上年增长% Increase Rate in 2005 Over 2004(%)
羊毛产量(吨)	Output of Wool(ton)	2969	3437	15.8
年末牲畜存栏头数(万头只)	Total Livestock at the Year-end(10 000 heads)	118.10	100.82	-14.6
# 大牲畜(万头只)	Large Animals(10 000 heads)	9.16	8.94	-2.4
羊(万只)	Sheep & Goats(10 000 heads)	108.84	91.78	-15.7
猪(万头)	Hogs(10 000 heads)	0.09	0.09	0.0
规模以上工业	**Industry with Independent Accounting System**			
工业企业单位数(个)	Number of Industrial Enterprises(unit)	4	4	0.0
# 内资企业(个)	Civil Funded Enterprises(unit)	4	4	0.0
工业总产值(万元)	Gross Industrial Output Value(10 000 yuan)	10717	16114	50.4
内资企业(万元)	Civil Funded Enterprises(10 000 yuan)	10717	16114	50.4
国有企业(万元)	State-owned Enterprises(10 000 yuan)	609	642	5.4
集体企业(万元)	Collective-owned Enterprises(10 000 yuan)			
股份合作企业(万元)	Share Holding Enterprises(10 000 yuan)			
联营企业(万元)	Joint Owned Enterprises(10 000 yuan)			
有限责任公司(万元)	Limited Company(10 000 yuan)	10108	15472	53.1
股份有限公司(万元)	Share Holding Limited Company(10 000 yuan)			
私营企业(万元)	Privately Owned Enterprises(10 000 yuan)			
其他企业(万元)	Enterprises of Other Ownership(10 000 yuan)			
港澳台商投资企业(万元)	Funds from HK,Macao & Taiwan(10 000 yuan)			
外商投资企业(万元)	Foreign Funded Enterprises(10 000 yuan)			
工业企业增加值(万元)	Value Added of Industrial Enterprises(10 000 yuan)	5758	5685	40.8
工业企业资产总计(万元)	Total Assets of Industrial Enterprises(10 000 yuan)	72641	84412	16.2
工业企业负债合计(万元)	Total Liabilities of Industrial Enterprises(10 000 yuan)	17755	8342	-53.0
工业企业产品销售收入(万元)	Sales of Revenue Industrial Enterprises(10 000 yuan)	10687	14355	34.3
工业企业利润总额(万元)	Total Profits of Industrial Enterprises(10 000 yuan)	1474	1462	-0.8
建筑业	**Construction**			
建筑企业单位数(个)	Number of Construction Enterprises(unit)			
建筑企业从业人员(人)	Number of Employee in Construction Enterprises(person)			
建筑业总产值(万元)	Gross Construction Output Value(10 000 yuan)			
交通运输邮电通信业	**Transportation,Post & Telecommunications**			
公路里程(公里)	Total Length of Highways(km)	380	402	5.8
邮电业务总量(万元)	Business Volume of Post & Telecoms(10 000 yuan)	1745	2011	15.2
本地电话用户(户)	Number of Subscribers of Local Telephone(Household)	6782	6570	-3.1
国内贸易	**Demestic Trade**			
社会消费品零售总额(万元)	Total Retail Sales of Consumer Goods(10 000 yuan)	12949	14602	12.8
# 贸易业(万元)	Wholesale & Retail Sales Trades(10 000 yuan)	10382	11732	13.0
餐饮业(万元)	Catering Trade(10 000 yuan)	2567	2870	11.8
科技教育卫生	**Science,Education & Public Health**			
各类专业技术人员(人)	Speccial Technical Personnel(person)	1514	1553	2.6
幼儿园数(所)	Number of Kindergartens(unit)	6	10	66.7
学龄儿童入学率(%)	Percentage of School-Age Children Enrolled(%)	100.0	100.0	0.0
小学学校数(所)	Number of Primary Schools(unit)	12	10	-16.7
小学专任教师数(人)	Number of Full-time Teachers of Primary Schools(person)	384	405	5.5
小学在校学生数(人)	Number of Student Enrollment of Primary Schools(person)	2876	2519	-12.4
普通中学学校数(所)	Number of Regular Secondary Schools(unit)	5	5	0.0
普通中学专任教师数(人)	Number of Teachers of Secondary Shools(person)	166	163	-1.8
初中在校学生数(人)	Number of Student in Junior Secondary Schools(person)	1775	1641	-7.5
高中在校学生数(人)	Number of Student in Senior Secondary Schools(person)			
卫生机构数(所)	Number of Health Institutions(unit)	31	31	0.0
# 医院(所)	Hospitals(unit)	2	2	0.0
卫生院(所)	Township Hospitals(unit)	15	15	0.0
床位数(张)	Number of Beds(unit)	147	147	0.0
# 医院(张)	Hospitals(unit)	85	85	0.0
卫生院(张)	Township Hospitals(unit)	62	62	0.0
卫生技术人员(人)	Medical Technical Presonnel(person)	277	277	0.0
# 医院(人)	Hospitals(person)	185	187	1.1
卫生院(人)	Township Hospitals(person)	92	90	-2.2

23-38 呼伦贝尔市陈巴尔虎旗

指 标	Item	2004	2005	2005年比上年增长% Increase Rate in 2005 Over 2004(%)
行政区域土地面积(平方公里)	**Area of Administration(Sq.km)**	**21192**	**21192**	**0.0**
人口和就业	**Population & Employment**			
年末总人口(人)	Total Population Year-end(person)	59187	59035	-0.3
#男性(人)	Male(person)	24116	30491	26.4
#乡村人口(人)	Rural(person)	12700	12800	0.8
年末总户数(户)	Total Number of Households at the Year-end(Household)	20403	21318	4.5
#乡村户数(户)	Number of Rural Household(Household)	3539	3566	0.8
出生人口(人)	Births(person)	562	507	-9.8
死亡人口(人)	Deaths(person)	318	385	21.1
全社会就业人员(人)	Employment(person)	24012	25121	4.6
第一产业(人)	Primary Industry(person)	13652	14187	3.9
第二产业(人)	Secondary Industry(person)	3977	3551	-10.7
第三产业(人)	Tertiary Industry(person)	6383	7383	15.7
在岗职工人数(人)	Number of Staff & Workers Employed in(person)	14582	15963	9.5
乡村劳动力(人)	Number of Rural Laborers(person)	5582	5660	1.4
#农林牧渔业(人)	Farming,Forestry,Animal Husbandry & Fishery(person)	5247	5335	1.7
国民经济综合指标	**Summary Item on the National Economy**			
生产总值(万元)	Gross Domestic Product(10 000 yuan)	96187	162775	45.6
第一产业(万元)	Primary Industry(10 000 yuan)	33695	39400	28.2
第二产业(万元)	Secondary Industry(10 000 yuan)	36464	76494	97.8
#工业(万元)	Industry(10 000 yuan)	19360	33123	50.7
第三产业(万元)	Tertiary Industry(10 000 yuan)	26028	46881	11.8
人均生产总值(元)	Per Capita GDP(yuan)	16251	27573	45.9
全社会固定资产投资(万元)	Total Investment in Fixed Assets(10 000 yuan)	86002	150000	74.4
按登记注册类型分	Grouped by Registered Type			
#国有(万元)	State-owned Enterprises(10 000 yuan)	18848	21835	15.8
集体(万元)	Collective-owned Enterprises(10 000 yuan)			
有限责任公司(万元)	Limited Liability Corporations(10 000 yuan)			
股份有限公司(万元)	Share Holding Enterprises(10 000 yuan)			
私营企业(万元)	Private Enterprises(10 000 yuan)			
外商及港澳台投资企业(万元)	Funds from HK,Macao,Taiwan & Foreign(10 000 yuan)			
按管理渠道分	Grouped by Channel of Management			
#基本建设(万元)	Capital Construction(10 000 yuan)	76162	131264	72.3
更新改造(万元)	Innovation(10 000 yuan)	3613		
房地产开发(万元)	Real Estate Development(10 000 yuan)	445	500	12.4
地方财政收入(万元)	Local Governments Revenue(10 000 yuan)	6613	10217	54.5
地方财政支出(万元)	Local Governments Expenditures(10 000 yuan)	15909	22941	44.2
城乡居民储蓄存款余额(万元)	Resident Saving Deposit in Urban & Rural(10 000 yuan)	42360	33315	-21.4
在岗职工工资总额(万元)	Total Wages of Staff & Workers Empioyed in(10 000 yuan)	17916	18437	2.9
在岗职工平均工资(元)	Average Wage of Staff & Workers Employed in(yuan)	11716	11606	-0.9
农牧民人均纯收入(元)	Per Capita Net Income of Peasant & Herdsman(yuan)	3974	4433	11.6
农村牧区经济	**Economic Development in Rural & Pastoral Area**			
耕地面积(公顷)	Cultivated Area(hectare)	112732	87914	-22.0
农作物总播种面积(公顷)	Total Sown Area(hectare)	61608	64373	4.5
#粮食作物播种面积(公顷)	Sown Area of Grain Crops(hectare)	24117	33747	39.9
有效灌溉面积(公顷)	Irrigated Area(hectare)			
农牧业机械总动力(万千瓦)	Total Power of Agricultural Machinery(10 000 kw)	12.25	12.70	3.7
化肥施用折纯量(吨)	Consumption of Chemical Fertilizer(ton)	4850	7208	48.6
农村用电量(万千瓦小时)	Electricity Consumed in Rural Area(10 000 kwh)	886	947	6.9
农林牧渔业总产值(万元)	Gross Output of Farming,Forestry,Animal Husbandry & Fishery(10 000 yuan)	59858	77101	28.8
粮食产量(吨)	Yield of Grain(ton)	49464	107198	116.7
油料产量(吨)	Yield of Oil-bearing Grops(ton)	30079	38522	28.1
甜菜产量(吨)	Yield of Beetroots(ton)			
猪牛羊肉产量(吨)	Output of Pork, Beef & Mutton(ton)	13019	13762	5.7
#猪肉产量(吨)	Output of Pork(ton)	823	531	-35.5
牛肉产量(吨)	Output of Beef(ton)	6549	7018	7.2
羊肉产量(吨)	Output of Mutton(ton)	5301	6213	17.2

23-38 Chenbaerhu Banner in Hulunbeier City

指 标	Item	2004	2005	2005年比上年增长% Increase Rate in 2005 Over 2004(%)
羊毛产量(吨)	Output of Wool(ton)	639	704	10.2
年末牲畜存栏头数(万头只)	Total Livestock at the Year-end(10 000 heads)	59.68	69.74	16.9
# 大牲畜(万头只)	Large Animals(10 000 heads)	10.26	12.55	22.3
羊(万只)	Sheep & Goats(10 000 heads)	49.20	56.96	15.8
猪(万头)	Hogs(10 000 heads)	0.19	0.21	10.5
规模以上工业	**Industry with Independent Accounting System**			
工业企业单位数(个)	Number of Industrial Enterprises(unit)	6	7	16.7
# 内资企业(个)	Civil Funded Enterprises(unit)	6	7	16.7
工业总产值(万元)	Gross Industrial Output Value(10 000 yuan)	34170	58137	70.1
内资企业(万元)	Civil Funded Enterprises(10 000 yuan)	34170	58137	70.1
国有企业(万元)	State-owned Enterprises(10 000 yuan)	28438	52089	83.2
集体企业(万元)	Collective-owned Enterprises(10 000 yuan)			
股份合作企业(万元)	Share Holding Enterprises(10 000 yuan)			
联营企业(万元)	Joint Owned Enterprises(10 000 yuan)			
有限责任公司(万元)	Limited Company(10 000 yuan)		723	
股份有限公司(万元)	Share Holding Limited Company(10 000 yuan)	2262	1030	-54.5
私营企业(万元)	Privately Owned Enterprises(10 000 yuan)	2879	4295	49.2
其他企业(万元)	Enterprises of Other Ownership(10 000 yuan)	591		
港澳台商投资企业(万元)	Funds from HK,Macao & Taiwan(10 000 yuan)			
外商投资企业(万元)	Foreign Funded Enterprises(10 000 yuan)			
工业企业增加值(万元)	Value Added of Industrial Enterprises(10 000 yuan)	15394	28068	68.0
工业企业资产总计(万元)	Total Assets of Industrial Enterprises(10 000 yuan)	69282	110093	58.9
工业企业负债合计(万元)	Total Liabilities of Industrial Enterprises(10 000 yuan)	30073	51864	72.5
工业企业产品销售收入(万元)	Sales of Revenue Industrial Enterprises(10 000 yuan)	24302	56745	133.5
工业企业利润总额(万元)	Total Profits of Industrial Enterprises(10 000 yuan)	2286	10297	350.4
建筑业	**Construction**			
建筑企业单位数(个)	Number of Construction Enterprises(unit)	1	1	0.0
建筑企业从业人员(人)	Number of Employee in Construction Enterprises(person)	260	116	-55.4
建筑业总产值(万元)	Gross Construction Output Value(10 000 yuan)	635	760	19.7
交通运输邮电通信业	**Transportation,Post & Telecommunications**			
公路里程(公里)	Total Length of Highways(km)	307	307	0.0
邮电业务总量(万元)	Business Volume of Post & Telecoms(10 000 yuan)	2049	2173	6.1
本地电话用户(户)	Number of Subscribers of Local Telephone(Household)	26142	34240	31.0
国内贸易	**Demestic Trade**			
社会消费品零售总额(万元)	Total Retail Sales of Consumer Goods(10 000 yuan)	11049	11681	5.7
# 贸易业(万元)	Wholesale & Retail Sales Trades(10 000 yuan)	6998	7398	5.7
餐饮业(万元)	Catering Trade(10 000 yuan)	108	114	5.6
科技教育卫生	**Science,Education & Public Health**			
各类专业技术人员(人)	Speccial Technical Personnel(person)	1128	1531	35.7
幼儿园数(所)	Number of Kindergartens(unit)	1	1	0.0
学龄儿童入学率(%)	Percentage of School-Age Children Enrolled(%)	100.0	100.0	0.0
小学学校数(所)	Number of Primary Schools(unit)	9	8	-11.1
小学专任教师数(人)	Number of Full-time Teachers of Primary Schools(person)	443	380	-14.2
小学在校学生数(人)	Number of Student Enrollment of Primary Schools(person)	4477	4072	-9.0
普通中学学校数(所)	Number of Regular Secondary Schools(unit)	7	7	0.0
普通中学专任教师数(人)	Number of Teachers of Secondary Shools(person)	276	295	6.9
初中在校学生数(人)	Number of Student in Junior Secondary Schools(person)	3461	3480	0.5
高中在校学生数(人)	Number of Student in Senior Secondary Schools(person)	238	209	-12.2
卫生机构数(所)	Number of Health Institutions(unit)	14	14	0.0
# 医院(所)	Hospitals(unit)	6	6	0.0
卫生院(所)	Township Hospitals(unit)	6	6	0.0
床位数(张)	Number of Beds(unit)	197	203	3.0
# 医院(张)	Hospitals(unit)	150	146	-2.7
卫生院(张)	Township Hospitals(unit)	40	50	25.0
卫生技术人员(人)	Medical Technical Presonnel(person)	306	401	31.0
# 医院(人)	Hospitals(person)	168	254	51.2
卫生院(人)	Township Hospitals(person)	48	57	18.8

23-39 兴安盟乌兰浩特市

指 标	Item	2004	2005	2005年比上年增长% Increase Rate in 2005 Over 2004(%)
行政区域土地面积(平方公里)	**Area of Administration(Sq.km)**	**772**	**772**	**0.0**
人口和就业	**Population & Employment**			
年末总人口(人)	Total Population Year-end(person)	285968	286833	0.3
#男性(人)	Male(person)	142375	142709	0.2
#乡村人口(人)	Rural(person)	62895	63546	1.0
年末总户数(户)	Total Number of Households at the Year-end(Household)	92479	94382	2.1
#乡村户数(户)	Number of Rural Household(Household)	16258	16523	1.6
出生人口(人)	Births(person)	1573	1911	21.5
死亡人口(人)	Deaths(person)	1165	2000	71.7
全社会就业人员(人)	Employment(person)	107947	106251	-1.6
第一产业(人)	Primary Industry(person)	25297	25815	2.0
第二产业(人)	Secondary Industry(person)	24826	23680	-4.6
第三产业(人)	Tertiary Industry(person)	57824	56756	-1.8
在岗职工人数(人)	Number of Staff & Workers Employed in(person)	40322	38306	-5.0
乡村劳动力(人)	Number of Rural Laborers(person)	31450	31859	1.3
#农林牧渔业(人)	Farming,Forestry,Animal Husbandry & Fishery(person)	24135	24736	2.5
国民经济综合指标	**Summary Item on the National Economy**			
生产总值(万元)	Gross Domestic Product(10 000 yuan)	342042	402639	18.8
第一产业(万元)	Primary Industry(10 000 yuan)	32430	38731	16.1
第二产业(万元)	Secondary Industry(10 000 yuan)	147225	168830	22.5
#工业(万元)	Industry(10 000 yuan)	122468	146128	29.2
第三产业(万元)	Tertiary Industry(10 000 yuan)	162387	195078	16.0
人均生产总值(元)	Per Capita GDP(yuan)	12028	14059	18.0
全社会固定资产投资(万元)	Total Investment in Fixed Assets(10 000 yuan)	273315	273753	0.2
按登记注册类型分	Grouped by Registered Type			
#国有(万元)	State-owned Enterprises(10 000 yuan)	223552	212370	-5.0
集体(万元)	Collective-owned Enterprises(10 000 yuan)	950	610	-35.8
有限责任公司(万元)	Limited Liability Corporations(10 000 yuan)	19874	19319	-2.8
股份有限公司(万元)	Share Holding Enterprises(10 000 yuan)	1370		
私营企业(万元)	Private Enterprises(10 000 yuan)	21879	37337	70.7
外商及港澳台投资企业(万元)	Funds from HK,Macao,Taiwan & Foreign(10 000 yuan)	200	2230	1015.0
按管理渠道分	Grouped by Channel of Management			
#基本建设(万元)	Capital Construction(10 000 yuan)	217103	223876	3.1
更新改造(万元)	Innovation(10 000 yuan)	13652	9995	-26.8
房地产开发(万元)	Real Estate Development(10 000 yuan)	22856	25080	9.7
地方财政收入(万元)	Local Governments Revenue(10 000 yuan)	15161	15859	4.6
地方财政支出(万元)	Local Governments Expenditures(10 000 yuan)	36544	35643	-2.5
城乡居民储蓄存款余额(万元)	Resident Saving Deposit in Urban & Rural(10 000 yuan)	254906	304118	19.3
在岗职工工资总额(万元)	Total Wages of Staff & Workers Empioyed in(10 000 yuan)	51696	54145	4.7
在岗职工平均工资(元)	Average Wage of Staff & Workers Employed in(yuan)	12465	13747	10.3
农牧民人均纯收入(元)	Per Capita Net Income of Peasant & Herdsman(yuan)	3203	3803	18.7
农村牧区经济	**Economic Development in Rural & Pastoral Area**			
耕地面积(公顷)	Cultivated Area(hectare)	25234	25863	2.5
农作物总播种面积(公顷)	Total Sown Area(hectare)	17777	20433	14.9
#粮食作物播种面积(公顷)	Sown Area of Grain Crops(hectare)	14169	16530	16.7
有效灌溉面积(公顷)	Irrigated Area(hectare)	9103	9102	0.0
农牧业机械总动力(万千瓦)	Total Power of Agricultural Machinery(10 000 kw)	8.54	9.10	6.6
化肥施用折纯量(吨)	Consumption of Chemical Fertilizer(ton)	3746	4552	21.5
农村用电量(万千瓦小时)	Electricity Consumed in Rural Area(10 000 kwh)	1301	1447	11.2
农林牧渔业总产值(万元)	Gross Output of Farming,Forestry,Animal Husbandry & Fishery(10 000 yuan)	54911	65481	19.2
粮食产量(吨)	Yield of Grain(ton)	50134	72998	45.6
油料产量(吨)	Yield of Oil-bearing Grops(ton)	591	2145	262.9
甜菜产量(吨)	Yield of Beetroots(ton)	200		
猪牛羊肉产量(吨)	Output of Pork, Beef & Mutton(ton)	7905	8638	9.3
#猪肉产量(吨)	Output of Pork(ton)	6299	6847	8.7
牛肉产量(吨)	Output of Beef(ton)	440	555	26.1
羊肉产量(吨)	Output of Mutton(ton)	1166	1236	6.0

23-39 Wulanhaote City in Xingan League

指 标	Item	2004	2005	2005年比上年增长% Increase Rate in 2005 Over 2004(%)
羊毛产量(吨)	Output of Wool(ton)	183	164	-10.4
年末牲畜存栏头数(万头只)	Total Livestock at the Year-end(10 000 heads)	15.10	17.17	13.7
#大牲畜(万头只)	Large Animals(10 000 heads)	5.42	6.18	14.0
羊(万只)	Sheep & Goats(10 000 heads)	5.40	6.61	22.4
猪(万头)	Hogs(10 000 heads)	4.28	4.38	2.3
规模以上工业	**Industry with Independent Accounting System**			
工业企业单位数(个)	Number of Industrial Enterprises(unit)	33	31	-6.1
#内资企业(个)	Civil Funded Enterprises(unit)	31	29	-6.5
工业总产值(万元)	Gross Industrial Output Value(10 000 yuan)	293473	373745	27.4
内资企业(万元)	Civil Funded Enterprises(10 000 yuan)	287414	364244	26.7
国有企业(万元)	State-owned Enterprises(10 000 yuan)	65032	91100	40.1
集体企业(万元)	Collective-owned Enterprises(10 000 yuan)	1193	1378	15.5
股份合作企业(万元)	Share Holding Enterprises(10 000 yuan)			
联营企业(万元)	Joint Owned Enterprises(10 000 yuan)			
有限责任公司(万元)	Limited Company(10 000 yuan)	206479	253245	22.6
股份有限公司(万元)	Share Holding Limited Company(10 000 yuan)	7587	6746	-11.1
私营企业(万元)	Privately Owned Enterprises(10 000 yuan)	7123	11775	65.3
其他企业(万元)	Enterprises of Other Ownership(10 000 yuan)			
港澳台商投资企业(万元)	Funds from HK,Macao & Taiwan(10 000 yuan)	1039	2491	139.7
外商投资企业(万元)	Foreign Funded Enterprises(10 000 yuan)	5020	7010	39.6
工业企业增加值(万元)	Value Added of Industrial Enterprises(10 000 yuan)	109632	134088	16.4
工业企业资产总计(万元)	Total Assets of Industrial Enterprises(10 000 yuan)	282790	343758	21.6
工业企业负债合计(万元)	Total Liabilities of Industrial Enterprises(10 000 yuan)	202992	254718	25.5
工业企业产品销售收入(万元)	Sales of Revenue Industrial Enterprises(10 000 yuan)	269313	293449	9.0
工业企业利润总额(万元)	Total Profits of Industrial Enterprises(10 000 yuan)	3656	12328	237.2
建筑业	**Construction**			
建筑企业单位数(个)	Number of Construction Enterprises(unit)	14	15	7.1
建筑企业从业人员(人)	Number of Employee in Construction Enterprises(person)	2940	2958	0.6
建筑业总产值(万元)	Gross Construction Output Value(10 000 yuan)	39013	25792	-33.9
交通运输邮电通信业	**Transportation,Post & Telecommunications**			
公路里程(公里)	Total Length of Highways(km)	178	204	14.6
邮电业务总量(万元)	Business Volume of Post & Telecoms(10 000 yuan)	17852	16323	-8.6
本地电话用户(户)	Number of Subscribers of Local Telephone(Household)	123267	135099	9.6
国内贸易	**Demestic Trade**			
社会消费品零售总额(万元)	Total Retail Sales of Consumer Goods(10 000 yuan)	209201	250089	19.5
#贸易业(万元)	Wholesale & Retail Sales Trades(10 000 yuan)	167743	201296	20.0
餐饮业(万元)	Catering Trade(10 000 yuan)	31338	38060	21.4
科技教育卫生	**Science,Education & Public Health**			
各类专业技术人员(人)	Speccial Technical Personnel(person)	9563	8912	-6.8
幼儿园数(所)	Number of Kindergartens(unit)	67	89	32.8
学龄儿童入学率(%)	Percentage of School-Age Children Enrolled(%)	100.0	100.0	0.0
小学学校数(所)	Number of Primary Schools(unit)	55	45	-18.2
小学专任教师数(人)	Number of Full-time Teachers of Primary Schools(person)	1562	1315	-15.8
小学在校学生数(人)	Number of Student Enrollment of Primary Schools(person)	20706	19815	-4.3
普通中学学校数(所)	Number of Regular Secondary Schools(unit)	20	20	0.0
普通中学专任教师数(人)	Number of Teachers of Secondary Shools(person)	1533	1478	-3.6
初中在校学生数(人)	Number of Student in Junior Secondary Schools(person)	14533	14372	-1.1
高中在校学生数(人)	Number of Student in Senior Secondary Schools(person)	10511	11432	8.8
卫生机构数(所)	Number of Health Institutions(unit)	143	150	4.9
#医院(所)	Hospitals(unit)	10	11	10.0
卫生院(所)	Township Hospitals(unit)	3	3	0.0
床位数(张)	Number of Beds(unit)	1206	1276	5.8
#医院(张)	Hospitals(unit)	1152	1207	4.8
卫生院(张)	Township Hospitals(unit)	44	35	-20.5
卫生技术人员(人)	Medical Technical Presonnel(person)	1763	1722	-2.3
#医院(人)	Hospitals(person)	1125	1056	-6.1
卫生院(人)	Township Hospitals(person)	55	39	-29.1

23-40 兴安盟阿尔山市

指 标	Item	2004	2005	2005年比上年增长% Increase Rate in 2005 Over 2004(%)
行政区域土地面积(平方公里)	**Area of Administration(Sq.km)**	**7409**	**7409**	**0.0**
人口和就业	**Population & Employment**			
年末总人口(人)	Total Population Year-end(person)	50182	47198	-5.9
#男性(人)	Male(person)	26268	24728	-5.9
#乡村人口(人)	Rural(person)	1160	960	-17.2
年末总户数(户)	Total Number of Households at the Year-end(Household)	17923	17977	0.3
#乡村户数(户)	Number of Rural Household(Household)	396	358	-9.6
出生人口(人)	Births(person)	247	250	1.2
死亡人口(人)	Deaths(person)	148	207	39.9
全社会就业人员(人)	Employment(person)	12708	13713	7.9
第一产业(人)	Primary Industry(person)	7153	8412	17.6
第二产业(人)	Secondary Industry(person)	570	349	-38.8
第三产业(人)	Tertiary Industry(person)	4985	4952	-0.7
在岗职工人数(人)	Number of Staff & Workers Employed in(person)	5417	5355	-1.1
乡村劳动力(人)	Number of Rural Laborers(person)	553	462	-16.5
#农林牧渔业(人)	Farming,Forestry,Animal Husbandry & Fishery(person)	508	440	-13.4
国民经济综合指标	**Summary Item on the National Economy**			
生产总值(万元)	Gross Domestic Product(10 000 yuan)	36541	45782	21.1
第一产业(万元)	Primary Industry(10 000 yuan)	12916	14257	7.3
第二产业(万元)	Secondary Industry(10 000 yuan)	5764	6114	8.4
#工业(万元)	Industry(10 000 yuan)	1315	1460	39.5
第三产业(万元)	Tertiary Industry(10 000 yuan)	17861	25411	34.3
人均生产总值(元)	Per Capita GDP(yuan)	7280	9403	24.9
全社会固定资产投资(万元)	Total Investment in Fixed Assets(10 000 yuan)	45026	55142	22.5
按登记注册类型分	Grouped by Registered Type			
#国有(万元)	State-owned Enterprises(10 000 yuan)	11112	27124	144.1
集体(万元)	Collective-owned Enterprises(10 000 yuan)	0	0	
有限责任公司(万元)	Limited Liability Corporations(10 000 yuan)	620	4600	641.9
股份有限公司(万元)	Share Holding Enterprises(10 000 yuan)	5420	9250	70.7
私营企业(万元)	Private Enterprises(10 000 yuan)	21240	6570	-69.1
外商及港澳台投资企业(万元)	Funds from HK,Macao,Taiwan & Foreign(10 000 yuan)			
按管理渠道分	Grouped by Channel of Management			
#基本建设(万元)	Capital Construction(10 000 yuan)	16532	39144	136.8
更新改造(万元)	Innovation(10 000 yuan)	260		
房地产开发(万元)	Real Estate Development(10 000 yuan)	360		
地方财政收入(万元)	Local Governments Revenue(10 000 yuan)	3894	3226	-17.2
地方财政支出(万元)	Local Governments Expenditures(10 000 yuan)	9327	7896	-15.3
城乡居民储蓄存款余额(万元)	Resident Saving Deposit in Urban & Rural(10 000 yuan)	30569	34450	12.7
在岗职工工资总额(万元)	Total Wages of Staff & Workers Empioyed in(10 000 yuan)	5152	5460	6.0
在岗职工平均工资(元)	Average Wage of Staff & Workers Employed in(yuan)	9740	9719	-0.2
农牧民人均纯收入(元)	Per Capita Net Income of Peasant & Herdsman(yuan)	2459	2867	16.6
农村牧区经济	**Economic Development in Rural & Pastoral Area**			
耕地面积(公顷)	Cultivated Area(hectare)	16084	16084	0.0
农作物总播种面积(公顷)	Total Sown Area(hectare)	12717	12237	-3.8
#粮食作物播种面积(公顷)	Sown Area of Grain Crops(hectare)	6943	8254	18.9
有效灌溉面积(公顷)	Irrigated Area(hectare)			
农牧业机械总动力(万千瓦)	Total Power of Agricultural Machinery(10 000 kw)	4.61	5.00	8.5
化肥施用折纯量(吨)	Consumption of Chemical Fertilizer(ton)	2142	1995	-6.9
农村用电量(万千瓦小时)	Electricity Consumed in Rural Area(10 000 kwh)	10	8	-20.0
农林牧渔业总产值(万元)	Gross Output of Farming,Forestry,Animal Husbandry & Fishery(10 000 yuan)	20985	25344	20.8
粮食产量(吨)	Yield of Grain(ton)	19509	31207	60.0
油料产量(吨)	Yield of Oil-bearing Grops(ton)	3134	1666	-46.8
甜菜产量(吨)	Yield of Beetroots(ton)			
猪牛羊肉产量(吨)	Output of Pork, Beef & Mutton(ton)	1704	2377	39.5
#猪肉产量(吨)	Output of Pork(ton)	190	211	11.1
牛肉产量(吨)	Output of Beef(ton)	729	1103	51.3
羊肉产量(吨)	Output of Mutton(ton)	785	1063	35.4

23-40 Aershan City in Xingan League

指 标	Item	2004	2005	2005年比上年增长% Increase Rate in 2005 Over 2004(%)
羊毛产量(吨)	Output of Wool(ton)	334	387	15.9
年末牲畜存栏头数(万头只)	Total Livestock at the Year-end(10 000 heads)	12.61	13.39	6.2
# 大牲畜(万头只)	Large Animals(10 000 heads)	0.90	0.93	3.3
羊(万只)	Sheep & Goats(10 000 heads)	11.34	12.05	6.3
猪(万头)	Hogs(10 000 heads)	0.37	0.41	10.8
规模以上工业	**Industry with Independent Accounting System**			
工业企业单位数(个)	Number of Industrial Enterprises(unit)			
# 内资企业(个)	Civil Funded Enterprises(unit)			
工业总产值(万元)	Gross Industrial Output Value(10 000 yuan)			
内资企业(万元)	Civil Funded Enterprises(10 000 yuan)			
国有企业(万元)	State-owned Enterprises(10 000 yuan)			
集体企业(万元)	Collective-owned Enterprises(10 000 yuan)			
股份合作企业(万元)	Share Holding Enterprises(10 000 yuan)			
联营企业(万元)	Joint Owned Enterprises(10 000 yuan)			
有限责任公司(万元)	Limited Company(10 000 yuan)			
股份有限公司(万元)	Share Holding Limited Company(10 000 yuan)			
私营企业(万元)	Privately Owned Enterprises(10 000 yuan)			
其他企业(万元)	Enterprises of Other Ownership(10 000 yuan)			
港澳台商投资企业(万元)	Funds from HK,Macao & Taiwan(10 000 yuan)			
外商投资企业(万元)	Foreign Funded Enterprises(10 000 yuan)			
工业企业增加值(万元)	Value Added of Industrial Enterprises(10 000 yuan)			
工业企业资产总计(万元)	Total Assets of Industrial Enterprises(10 000 yuan)			
工业企业负债合计(万元)	Total Liabilities of Industrial Enterprises(10 000 yuan)			
工业企业产品销售收入(万元)	Sales of Revenue Industrial Enterprises(10 000 yuan)			
工业企业利润总额(万元)	Total Profits of Industrial Enterprises(10 000 yuan)			
建筑业	**Construction**			
建筑企业单位数(个)	Number of Construction Enterprises(unit)			
建筑企业从业人员(人)	Number of Employee in Construction Enterprises(person)			
建筑业总产值(万元)	Gross Construction Output Value(10 000 yuan)			
交通运输邮电通信业	**Transportation,Post & Telecommunications**			
公路里程(公里)	Total Length of Highways(km)	566	565	-0.2
邮电业务总量(万元)	Business Volume of Post & Telecoms(10 000 yuan)	2100	2079	-1.0
本地电话用户(户)	Number of Subscribers of Local Telephone(Household)	10184	17226	69.1
国内贸易	**Demestic Trade**			
社会消费品零售总额(万元)	Total Retail Sales of Consumer Goods(10 000 yuan)	20541	23253	13.2
# 贸易业(万元)	Wholesale & Retail Sales Trades(10 000 yuan)	11161	12614	13.0
餐饮业(万元)	Catering Trade(10 000 yuan)	4586	5365	17.0
科技教育卫生	**Science,Education & Public Health**			
各类专业技术人员(人)	Speccial Technical Personnel(person)	173	236	36.4
幼儿园数(所)	Number of Kindergartens(unit)	2	2	0.0
学龄儿童入学率(%)	Percentage of School-Age Children Enrolled(%)	100.0	100.0	0.0
小学学校数(所)	Number of Primary Schools(unit)	8	7	-12.5
小学专任教师数(人)	Number of Full-time Teachers of Primary Schools(person)	254	244	-3.9
小学在校学生数(人)	Number of Student Enrollment of Primary Schools(person)	3111	2739	-12.0
普通中学学校数(所)	Number of Regular Secondary Schools(unit)	4	4	0.0
普通中学专任教师数(人)	Number of Teachers of Secondary Shools(person)	164	166	1.2
初中在校学生数(人)	Number of Student in Junior Secondary Schools(person)	1699	1587	-6.6
高中在校学生数(人)	Number of Student in Senior Secondary Schools(person)	334	447	33.8
卫生机构数(所)	Number of Health Institutions(unit)	24	25	4.2
# 医院(所)	Hospitals(unit)	4	4	0.0
卫生院(所)	Township Hospitals(unit)	1	1	0.0
床位数(张)	Number of Beds(unit)	677	667	-1.5
# 医院(张)	Hospitals(unit)	144	140	-2.8
卫生院(张)	Township Hospitals(unit)	18	12	-33.3
卫生技术人员(人)	Medical Technical Presonnel(person)	272	283	4.0
# 医院(人)	Hospitals(person)	192	162	-15.6
卫生院(人)	Township Hospitals(person)	13	12	-7.7

23-41 兴安盟科尔沁右翼前旗

指 标	Item	2004	2005	2005年比上年增长% Increase Rate in 2005 Over 2004(%)
行政区域土地面积(平方公里)	**Area of Administration(Sq.km)**	**19375**	**19375**	**0.0**
人口和就业	**Population & Employment**			
年末总人口(人)	Total Population Year-end(person)	359152	356591	-0.7
#男性(人)	Male(person)	185173	184041	-0.6
#乡村人口(人)	Rural(person)	297981	297994	0.0
年末总户数(户)	Total Number of Households at the Year-end(Household)	101020	100589	-0.4
#乡村户数(户)	Number of Rural Household(Household)	87753	87779	0.0
出生人口(人)	Births(person)	3248	3152	-3.0
死亡人口(人)	Deaths(person)	1182	2233	88.9
全社会就业人员(人)	Employment(person)	133064	131777	-1.0
第一产业(人)	Primary Industry(person)	105727	105390	-0.3
第二产业(人)	Secondary Industry(person)	5287	5485	3.7
第三产业(人)	Tertiary Industry(person)	22050	20902	-5.2
在岗职工人数(人)	Number of Staff & Workers Employed in(person)	21664	19962	-7.9
乡村劳动力(人)	Number of Rural Laborers(person)	106038	106038	0.0
#农林牧渔业(人)	Farming,Forestry,Animal Husbandry & Fishery(person)	98791	98791	0.0
国民经济综合指标	**Summary Item on the National Economy**			
生产总值(万元)	Gross Domestic Product(10 000 yuan)	169252	218849	27.4
第一产业(万元)	Primary Industry(10 000 yuan)	83851	113745	31.9
第二产业(万元)	Secondary Industry(10 000 yuan)	33674	47533	50.2
#工业(万元)	Industry(10 000 yuan)	26339	40180	66.1
第三产业(万元)	Tertiary Industry(10 000 yuan)	51727	57571	6.9
人均生产总值(元)	Per Capita GDP(yuan)	4708	6115	28.0
全社会固定资产投资(万元)	Total Investment in Fixed Assets(10 000 yuan)	56392	76171	35.1
按登记注册类型分	Grouped by Registered Type			
#国有(万元)	State-owned Enterprises(10 000 yuan)	21461	36733	71.2
集体(万元)	Collective-owned Enterprises(10 000 yuan)			
有限责任公司(万元)	Limited Liability Corporations(10 000 yuan)	18935	8385	-55.7
股份有限公司(万元)	Share Holding Enterprises(10 000 yuan)	1000		
私营企业(万元)	Private Enterprises(10 000 yuan)	12103	28030	131.6
外商及港澳台投资企业(万元)	Funds from HK,Macao,Taiwan & Foreign(10 000 yuan)			
按管理渠道分	Grouped by Channel of Management			
#基本建设(万元)	Capital Construction(10 000 yuan)	34503	38015	10.2
更新改造(万元)	Innovation(10 000 yuan)	3000	6535	117.8
房地产开发(万元)	Real Estate Development(10 000 yuan)	2800		
地方财政收入(万元)	Local Governments Revenue(10 000 yuan)	8308	9382	12.9
地方财政支出(万元)	Local Governments Expenditures(10 000 yuan)	37319	43634	16.9
城乡居民储蓄存款余额(万元)	Resident Saving Deposit in Urban & Rural(10 000 yuan)	30047	29860	-0.6
在岗职工工资总额(万元)	Total Wages of Staff & Workers Empioyed in(10 000 yuan)	19742	19677	-0.3
在岗职工平均工资(元)	Average Wage of Staff & Workers Employed in(yuan)	8841	9458	7.0
农牧民人均纯收入(元)	Per Capita Net Income of Peasant & Herdsman(yuan)	1840	2087	13.4
农村牧区经济	**Economic Development in Rural & Pastoral Area**			
耕地面积(公顷)	Cultivated Area(hectare)	152667	152667	0.0
农作物总播种面积(公顷)	Total Sown Area(hectare)	165970	176800	6.5
#粮食作物播种面积(公顷)	Sown Area of Grain Crops(hectare)	127370	130529	2.5
有效灌溉面积(公顷)	Irrigated Area(hectare)	52783	54449	3.2
农牧业机械总动力(万千瓦)	Total Power of Agricultural Machinery(10 000 kw)	39.07	41.50	6.2
化肥施用折纯量(吨)	Consumption of Chemical Fertilizer(ton)	31611	31881	0.9
农村用电量(万千瓦小时)	Electricity Consumed in Rural Area(10 000 kwh)	3827	3838	0.3
农林牧渔业总产值(万元)	Gross Output of Farming,Forestry,Animal Husbandry & Fishery(10 000 yuan)	152742	193567	26.7
粮食产量(吨)	Yield of Grain(ton)	350029	585644	67.3
油料产量(吨)	Yield of Oil-bearing Grops(ton)	12725	31740	149.4
甜菜产量(吨)	Yield of Beetroots(ton)	11242	9720	-13.5
猪牛羊肉产量(吨)	Output of Pork, Beef & Mutton(ton)	47590	45086	-5.3
#猪肉产量(吨)	Output of Pork(ton)	21409	21243	-0.8
牛肉产量(吨)	Output of Beef(ton)	5931	5967	0.6
羊肉产量(吨)	Output of Mutton(ton)	20250	17876	-11.7

23-41 Keerqinyouyiqian Banner in Xingan League

指 标	Item	2004	2005	2005年比上年增长% Increase Rate in 2005 Over 2004(%)
羊毛产量(吨)	Output of Wool(ton)	5702	6603	15.8
年末牲畜存栏头数(万头只)	Total Livestock at the Year-end(10 000 heads)	254.00	219.20	-13.7
# 大牲畜(万头只)	Large Animals(10 000 heads)	10.09	10.86	7.6
羊(万只)	Sheep & Goats(10 000 heads)	230.77	195.13	-15.4
猪(万头)	Hogs(10 000 heads)	13.14	13.21	0.5
规模以上工业	**Industry with Independent Accounting System**			
工业企业单位数(个)	Number of Industrial Enterprises(unit)	11	12	9.1
# 内资企业(个)	Civil Funded Enterprises(unit)	10	11	10.0
工业总产值(万元)	Gross Industrial Output Value(10 000 yuan)	52144	88408	69.5
内资企业(万元)	Civil Funded Enterprises(10 000 yuan)	50612	87001	71.9
国有企业(万元)	State-owned Enterprises(10 000 yuan)	1820	2032	11.6
集体企业(万元)	Collective-owned Enterprises(10 000 yuan)			
股份合作企业(万元)	Share Holding Enterprises(10 000 yuan)			
联营企业(万元)	Joint Owned Enterprises(10 000 yuan)			
有限责任公司(万元)	Limited Company(10 000 yuan)	19922	42208	111.9
股份有限公司(万元)	Share Holding Limited Company(10 000 yuan)			
私营企业(万元)	Privately Owned Enterprises(10 000 yuan)	28870	42761	48.1
其他企业(万元)	Enterprises of Other Ownership(10 000 yuan)			
港澳台商投资企业(万元)	Funds from HK,Macao & Taiwan(10 000 yuan)			
外商投资企业(万元)	Foreign Funded Enterprises(10 000 yuan)	1532	1407	-8.2
工业企业增加值(万元)	Value Added of Industrial Enterprises(10 000 yuan)	22003	32350	39.9
工业企业资产总计(万元)	Total Assets of Industrial Enterprises(10 000 yuan)	35059	54105	54.3
工业企业负债合计(万元)	Total Liabilities of Industrial Enterprises(10 000 yuan)	18863	35205	86.6
工业企业产品销售收入(万元)	Sales of Revenue Industrial Enterprises(10 000 yuan)	53650	84932	58.3
工业企业利润总额(万元)	Total Profits of Industrial Enterprises(10 000 yuan)	5189	2345	-54.8
建筑业	**Construction**			
建筑企业单位数(个)	Number of Construction Enterprises(unit)	2	2	0.0
建筑企业从业人员(人)	Number of Employee in Construction Enterprises(person)	178	195	9.6
建筑业总产值(万元)	Gross Construction Output Value(10 000 yuan)	2734	3138	14.8
交通运输邮电通信业	**Transportation,Post & Telecommunications**			
公路里程(公里)	Total Length of Highways(km)	1376	1416	2.9
邮电业务总量(万元)	Business Volume of Post & Telecoms(10 000 yuan)	2192	2629	19.9
本地电话用户(户)	Number of Subscribers of Local Telephone(Household)	19899	21761	9.4
国内贸易	**Demestic Trade**			
社会消费品零售总额(万元)	Total Retail Sales of Consumer Goods(10 000 yuan)	46588	52130	11.9
# 贸易业(万元)	Wholesale & Retail Sales Trades(10 000 yuan)	40898	45850	12.1
餐饮业(万元)	Catering Trade(10 000 yuan)	3309	3728	12.7
科技教育卫生	**Science,Education & Public Health**			
各类专业技术人员(人)	Speccial Technical Personnel(person)	7320	7633	4.3
幼儿园数(所)	Number of Kindergartens(unit)	9	13	44.4
学龄儿童入学率(%)	Percentage of School-Age Children Enrolled(%)	100.0	100.0	0.0
小学学校数(所)	Number of Primary Schools(unit)	253	220	-13.0
小学专任教师数(人)	Number of Full-time Teachers of Primary Schools(person)	2670	2042	-23.5
小学在校学生数(人)	Number of Student Enrollment of Primary Schools(person)	24797	23155	-6.6
普通中学学校数(所)	Number of Regular Secondary Schools(unit)	31	30	-3.2
普通中学专任教师数(人)	Number of Teachers of Secondary Shools(person)	1466	1503	2.5
初中在校学生数(人)	Number of Student in Junior Secondary Schools(person)	14916	14877	-0.3
高中在校学生数(人)	Number of Student in Senior Secondary Schools(person)	3056	3248	6.3
卫生机构数(所)	Number of Health Institutions(unit)	32	32	0.0
# 医院(所)	Hospitals(unit)	1	1	0.0
卫生院(所)	Township Hospitals(unit)	28	28	0.0
床位数(张)	Number of Beds(unit)	661	598	-9.5
# 医院(张)	Hospitals(unit)	302	207	-31.5
卫生院(张)	Township Hospitals(unit)	339	371	9.4
卫生技术人员(人)	Medical Technical Presonnel(person)	1258	1268	0.8
# 医院(人)	Hospitals(person)	289	310	7.3
卫生院(人)	Township Hospitals(person)	807	782	-3.1

23-42 兴安盟科尔沁右翼中旗

指 标	Item	2004	2005	2005年比上年增长% Increase Rate in 2005 Over 2004(%)
行政区域土地面积(平方公里)	**Area of Administration(Sq.km)**	**15613**	**15613**	**0.0**
人口和就业	**Population & Employment**			
年末总人口(人)	Total Population Year-end(person)	246848	247167	0.1
#男性(人)	Male(person)	125752	125529	-0.2
#乡村人口(人)	Rural(person)	169949	170155	0.1
年末总户数(户)	Total Number of Households at the Year-end(Household)	60885	60618	-0.4
#乡村户数(户)	Number of Rural Household(Household)	39236	39687	1.1
出生人口(人)	Births(person)	2393	2497	4.3
死亡人口(人)	Deaths(person)	921	1596	73.3
全社会就业人员(人)	Employment(person)	90861	98547	8.5
第一产业(人)	Primary Industry(person)	70353	73773	4.9
第二产业(人)	Secondary Industry(person)	5013	6240	24.5
第三产业(人)	Tertiary Industry(person)	15495	18534	19.6
在岗职工人数(人)	Number of Staff & Workers Employed in(person)	15424	16314	5.8
乡村劳动力(人)	Number of Rural Laborers(person)	72450	77174	6.5
#农林牧渔业(人)	Farming,Forestry,Animal Husbandry & Fishery(person)	66182	69534	5.1
国民经济综合指标	**Summary Item on the National Economy**			
生产总值(万元)	Gross Domestic Product(10 000 yuan)	102576	135908	27.1
第一产业(万元)	Primary Industry(10 000 yuan)	42117	62954	45.3
第二产业(万元)	Secondary Industry(10 000 yuan)	19548	26048	28.8
#工业(万元)	Industry(10 000 yuan)	12541	18915	45.9
第三产业(万元)	Tertiary Industry(10 000 yuan)	40911	46906	8.3
人均生产总值(元)	Per Capita GDP(yuan)	4165	5502	26.8
全社会固定资产投资(万元)	Total Investment in Fixed Assets(10 000 yuan)	50591	65035	28.6
按登记注册类型分	Grouped by Registered Type			
#国有(万元)	State-owned Enterprises(10 000 yuan)	15767	28567	81.2
集体(万元)	Collective-owned Enterprises(10 000 yuan)		234	
有限责任公司(万元)	Limited Liability Corporations(10 000 yuan)		750	
股份有限公司(万元)	Share Holding Enterprises(10 000 yuan)	4546	7567	66.5
私营企业(万元)	Private Enterprises(10 000 yuan)	12720	17169	35.0
外商及港澳台投资企业(万元)	Funds from HK,Macao,Taiwan & Foreign(10 000 yuan)	200	960	380.0
按管理渠道分	Grouped by Channel of Management			
#基本建设(万元)	Capital Construction(10 000 yuan)	16957	33548	97.8
更新改造(万元)	Innovation(10 000 yuan)			
房地产开发(万元)	Real Estate Development(10 000 yuan)	2996	4860	62.2
地方财政收入(万元)	Local Governments Revenue(10 000 yuan)	6311	6722	6.5
地方财政支出(万元)	Local Governments Expenditures(10 000 yuan)	26712	38008	42.3
城乡居民储蓄存款余额(万元)	Resident Saving Deposit in Urban & Rural(10 000 yuan)	29058	35512	22.2
在岗职工工资总额(万元)	Total Wages of Staff & Workers Empioyed in(10 000 yuan)	14235	15958	12.1
在岗职工平均工资(元)	Average Wage of Staff & Workers Employed in(yuan)	9189	9746	6.1
农牧民人均纯收入(元)	Per Capita Net Income of Peasant & Herdsman(yuan)	1698	1890	11.3
农村牧区经济	**Economic Development in Rural & Pastoral Area**			
耕地面积(公顷)	Cultivated Area(hectare)	99419	99419	0.0
农作物总播种面积(公顷)	Total Sown Area(hectare)	105177	108478	3.1
#粮食作物播种面积(公顷)	Sown Area of Grain Crops(hectare)	81745	89894	10.0
有效灌溉面积(公顷)	Irrigated Area(hectare)	46348	46348	0.0
农牧业机械总动力(万千瓦)	Total Power of Agricultural Machinery(10 000 kw)	23.22	24.60	5.9
化肥施用折纯量(吨)	Consumption of Chemical Fertilizer(ton)	9088	11850	30.4
农村用电量(万千瓦小时)	Electricity Consumed in Rural Area(10 000 kwh)	1408	1568	11.4
农林牧渔业总产值(万元)	Gross Output of Farming,Forestry,Animal Husbandry & Fishery(10 000 yuan)	77930	117587	50.9
粮食产量(吨)	Yield of Grain(ton)	152500	227621	49.3
油料产量(吨)	Yield of Oil-bearing Grops(ton)	9687	17319	78.8
甜菜产量(吨)	Yield of Beetroots(ton)			
猪牛羊肉产量(吨)	Output of Pork, Beef & Mutton(ton)	24535	23466	-4.4
#猪肉产量(吨)	Output of Pork(ton)	9114	9270	1.7
牛肉产量(吨)	Output of Beef(ton)	7668	7334	-4.4
羊肉产量(吨)	Output of Mutton(ton)	7753	6862	-11.5

23-42 Keerqinyouyizhong Banner in Xingan League

指 标	Item	2004	2005	2005年比上年增长% Increase Rate in 2005 Over 2004(%)
羊毛产量(吨)	Output of Wool(ton)	2152	2651	23.2
年末牲畜存栏头数(万头只)	Total Livestock at the Year-end(10 000 heads)	150.70	160.52	6.5
# 大牲畜(万头只)	Large Animals(10 000 heads)	20.99	15.97	-23.9
羊(万只)	Sheep & Goats(10 000 heads)	114.74	128.90	12.3
猪(万头)	Hogs(10 000 heads)	14.97	15.65	4.5
规模以上工业	**Industry with Independent Accounting System**			
工业企业单位数(个)	Number of Industrial Enterprises(unit)	10	12	20.0
# 内资企业(个)	Civil Funded Enterprises(unit)	9	11	22.2
工业总产值(万元)	Gross Industrial Output Value(10 000 yuan)	19273	31868	65.4
内资企业(万元)	Civil Funded Enterprises(10 000 yuan)	18631	30119	61.7
国有企业(万元)	State-owned Enterprises(10 000 yuan)	2221	2539	14.3
集体企业(万元)	Collective-owned Enterprises(10 000 yuan)	6561	12095	84.3
股份合作企业(万元)	Share Holding Enterprises(10 000 yuan)	4960		
联营企业(万元)	Joint Owned Enterprises(10 000 yuan)			
有限责任公司(万元)	Limited Company(10 000 yuan)	645	5070	686.0
股份有限公司(万元)	Share Holding Limited Company(10 000 yuan)			
私营企业(万元)	Privately Owned Enterprises(10 000 yuan)	4244	10415	145.4
其他企业(万元)	Enterprises of Other Ownership(10 000 yuan)			
港澳台商投资企业(万元)	Funds from HK,Macao & Taiwan(10 000 yuan)			
外商投资企业(万元)	Foreign Funded Enterprises(10 000 yuan)	642	1749	172.4
工业企业增加值(万元)	Value Added of Industrial Enterprises(10 000 yuan)	5991	12807	103.4
工业企业资产总计(万元)	Total Assets of Industrial Enterprises(10 000 yuan)	13134	15273	16.3
工业企业负债合计(万元)	Total Liabilities of Industrial Enterprises(10 000 yuan)	5325	6011	12.9
工业企业产品销售收入(万元)	Sales of Revenue Industrial Enterprises(10 000 yuan)	19215	31863	65.8
工业企业利润总额(万元)	Total Profits of Industrial Enterprises(10 000 yuan)	130	618	375.4
建筑业	**Construction**			
建筑企业单位数(个)	Number of Construction Enterprises(unit)			
建筑企业从业人员(人)	Number of Employee in Construction Enterprises(person)			
建筑业总产值(万元)	Gross Construction Output Value(10 000 yuan)			
交通运输邮电通信业	**Transportation,Post & Telecommunications**			
公路里程(公里)	Total Length of Highways(km)	721	776	7.6
邮电业务总量(万元)	Business Volume of Post & Telecoms(10 000 yuan)	3817	3542	-7.2
本地电话用户(户)	Number of Subscribers of Local Telephone(Household)	30421	29309	-3.7
国内贸易	**Demestic Trade**			
社会消费品零售总额(万元)	Total Retail Sales of Consumer Goods(10 000 yuan)	39524	44079	11.5
# 贸易业(万元)	Wholesale & Retail Sales Trades(10 000 yuan)	30402	33971	11.7
餐饮业(万元)	Catering Trade(10 000 yuan)	3609	4096	13.5
科技教育卫生	**Science,Education & Public Health**			
各类专业技术人员(人)	Speccial Technical Personnel(person)	5652	5610	-0.7
幼儿园数(所)	Number of Kindergartens(unit)	2	2	0.0
学龄儿童入学率(%)	Percentage of School-Age Children Enrolled(%)	99.7	100.0	0.3
小学学校数(所)	Number of Primary Schools(unit)	56	30	-46.4
小学专任教师数(人)	Number of Full-time Teachers of Primary Schools(person)	1959	1736	-11.4
小学在校学生数(人)	Number of Student Enrollment of Primary Schools(person)	20582	19194	-6.7
普通中学学校数(所)	Number of Regular Secondary Schools(unit)	28	25	-10.7
普通中学专任教师数(人)	Number of Teachers of Secondary Shools(person)	1018	1057	3.8
初中在校学生数(人)	Number of Student in Junior Secondary Schools(person)	10422	10390	-0.3
高中在校学生数(人)	Number of Student in Senior Secondary Schools(person)	3494	3638	4.1
卫生机构数(所)	Number of Health Institutions(unit)	46	46	0.0
# 医院(所)	Hospitals(unit)	4	5	25.0
卫生院(所)	Township Hospitals(unit)	20	19	-5.0
床位数(张)	Number of Beds(unit)	566	572	1.1
# 医院(张)	Hospitals(unit)	270	335	24.1
卫生院(张)	Township Hospitals(unit)	282	223	-20.9
卫生技术人员(人)	Medical Technical Presonnel(person)	1042	1034	-0.8
# 医院(人)	Hospitals(person)	389	494	27.0
卫生院(人)	Township Hospitals(person)	476	366	-23.1

23-43 兴安盟扎赉特旗

指 标	Item	2004	2005	2005年比上年增长% Increase Rate in 2005 Over 2004(%)
行政区域土地面积(平方公里)	**Area of Administration(Sq.km)**	**11837**	**11837**	**0.0**
人口和就业	**Population & Employment**			
年末总人口(人)	Total Population Year-end(person)	394446	391831	-0.7
# 男性(人)	Male(person)	206850	204313	-1.2
# 乡村人口(人)	Rural(person)	308164	305745	-0.8
年末总户数(户)	Total Number of Households at the Year-end(Household)	112222	115506	2.9
# 乡村户数(户)	Number of Rural Household(Household)	73235	74048	1.1
出生人口(人)	Births(person)	4012	4820	20.1
死亡人口(人)	Deaths(person)	2505	2963	18.3
全社会就业人员(人)	Employment(person)	179419	184593	2.9
第一产业(人)	Primary Industry(person)	149706	152253	1.7
第二产业(人)	Secondary Industry(person)	5571	8272	48.5
第三产业(人)	Tertiary Industry(person)	24142	24068	-0.3
在岗职工人数(人)	Number of Staff & Workers Employed in(person)	21172	20664	-2.4
乡村劳动力(人)	Number of Rural Laborers(person)	155512	160401	3.1
# 农林牧渔业(人)	Farming,Forestry,Animal Husbandry & Fishery(person)	143854	146451	1.8
国民经济综合指标	**Summary Item on the National Economy**			
生产总值(万元)	Gross Domestic Product(10 000 yuan)	166538	204802	19.5
第一产业(万元)	Primary Industry(10 000 yuan)	78800	102489	26.4
第二产业(万元)	Secondary Industry(10 000 yuan)	19812	25933	27.8
# 工业(万元)	Industry(10 000 yuan)	11516	16940	47.5
第三产业(万元)	Tertiary Industry(10 000 yuan)	67926	76380	8.8
人均生产总值(元)	Per Capita GDP(yuan)	4223	5209	19.9
全社会固定资产投资(万元)	Total Investment in Fixed Assets(10 000 yuan)	52989	71325	34.6
按登记注册类型分	Grouped by Registered Type			
# 国有(万元)	State-owned Enterprises(10 000 yuan)	37745	41350	9.6
集体(万元)	Collective-owned Enterprises(10 000 yuan)			
有限责任公司(万元)	Limited Liability Corporations(10 000 yuan)	2100	15132	620.6
股份有限公司(万元)	Share Holding Enterprises(10 000 yuan)	5163	3330	-35.5
私营企业(万元)	Private Enterprises(10 000 yuan)	3729	4439	19.0
外商及港澳台投资企业(万元)	Funds from HK,Macao,Taiwan & Foreign(10 000 yuan)			
按管理渠道分	Grouped by Channel of Management			
# 基本建设(万元)	Capital Construction(10 000 yuan)	30473	34166	12.1
更新改造(万元)	Innovation(10 000 yuan)	9400	18761	99.6
房地产开发(万元)	Real Estate Development(10 000 yuan)	3183	4050	27.2
地方财政收入(万元)	Local Governments Revenue(10 000 yuan)	7985	8199	2.7
地方财政支出(万元)	Local Governments Expenditures(10 000 yuan)	37501	49315	31.5
城乡居民储蓄存款余额(万元)	Resident Saving Deposit in Urban & Rural(10 000 yuan)	61504	73429	19.4
在岗职工工资总额(万元)	Total Wages of Staff & Workers Empioyed in(10 000 yuan)	17540	21103	20.3
在岗职工平均工资(元)	Average Wage of Staff & Workers Employed in(yuan)	8285	10154	22.6
农牧民人均纯收入(元)	Per Capita Net Income of Peasant & Herdsman(yuan)	1772	1886	6.4
农村牧区经济	**Economic Development in Rural & Pastoral Area**			
耕地面积(公顷)	Cultivated Area(hectare)	208695	253613	21.5
农作物总播种面积(公顷)	Total Sown Area(hectare)	212388	216201	1.8
# 粮食作物播种面积(公顷)	Sown Area of Grain Crops(hectare)	196636	200989	2.2
有效灌溉面积(公顷)	Irrigated Area(hectare)	61880	77253	24.8
农牧业机械总动力(万千瓦)	Total Power of Agricultural Machinery(10 000 kw)	37.26	39.30	5.5
化肥施用折纯量(吨)	Consumption of Chemical Fertilizer(ton)	25462	29039	14.0
农村用电量(万千瓦小时)	Electricity Consumed in Rural Area(10 000 kwh)	3046	2831	-7.1
农林牧渔业总产值(万元)	Gross Output of Farming,Forestry,Animal Husbandry & Fishery(10 000 yuan)	114643	160000	39.6
粮食产量(吨)	Yield of Grain(ton)	450839	633294	40.5
油料产量(吨)	Yield of Oil-bearing Grops(ton)	5371	11597	115.9
甜菜产量(吨)	Yield of Beetroots(ton)			
猪牛羊肉产量(吨)	Output of Pork, Beef & Mutton(ton)	15678	24207	54.4
# 猪肉产量(吨)	Output of Pork(ton)	7512	7672	2.1
牛肉产量(吨)	Output of Beef(ton)	1995	3589	79.9
羊肉产量(吨)	Output of Mutton(ton)	6171	12946	109.8

23-43 Zhalaite Banner in Xingan League

指 标	Item	2004	2005	2005年比上年增长% Increase Rate in 2005 Over 2004(%)
羊毛产量(吨)	Output of Wool(ton)	3849	4350	13.0
年末牲畜存栏头数(万头只)	Total Livestock at the Year-end(10 000 heads)	160.40	100.78	-37.2
# 大牲畜(万头只)	Large Animals(10 000 heads)	8.19	10.25	25.2
羊(万只)	Sheep & Goats(10 000 heads)	139.94	77.47	-44.6
猪(万头)	Hogs(10 000 heads)	12.27	13.06	6.4
规模以上工业	**Industry with Independent Accounting System**			
工业企业单位数(个)	Number of Industrial Enterprises(unit)	12	14	16.7
# 内资企业(个)	Civil Funded Enterprises(unit)	12	14	16.7
工业总产值(万元)	Gross Industrial Output Value(10 000 yuan)	16959	34736	104.8
内资企业(万元)	Civil Funded Enterprises(10 000 yuan)	16959	34736	104.8
国有企业(万元)	State-owned Enterprises(10 000 yuan)	4244	5716	34.7
集体企业(万元)	Collective-owned Enterprises(10 000 yuan)		689	
股份合作企业(万元)	Share Holding Enterprises(10 000 yuan)			
联营企业(万元)	Joint Owned Enterprises(10 000 yuan)			
有限责任公司(万元)	Limited Company(10 000 yuan)	5951	17979	202.1
股份有限公司(万元)	Share Holding Limited Company(10 000 yuan)			
私营企业(万元)	Privately Owned Enterprises(10 000 yuan)	6764	10352	53.0
其他企业(万元)	Enterprises of Other Ownership(10 000 yuan)			
港澳台商投资企业(万元)	Funds from HK,Macao & Taiwan(10 000 yuan)			
外商投资企业(万元)	Foreign Funded Enterprises(10 000 yuan)			
工业企业增加值(万元)	Value Added of Industrial Enterprises(10 000 yuan)	5573	11316	93.2
工业企业资产总计(万元)	Total Assets of Industrial Enterprises(10 000 yuan)	16160	31321	93.8
工业企业负债合计(万元)	Total Liabilities of Industrial Enterprises(10 000 yuan)	7868	16616	111.2
工业企业产品销售收入(万元)	Sales of Revenue Industrial Enterprises(10 000 yuan)	14998	31706	111.4
工业企业利润总额(万元)	Total Profits of Industrial Enterprises(10 000 yuan)	428	1088	154.2
建筑业	**Construction**			
建筑企业单位数(个)	Number of Construction Enterprises(unit)	1	1	0.0
建筑企业从业人员(人)	Number of Employee in Construction Enterprises(person)	625	650	4.0
建筑业总产值(万元)	Gross Construction Output Value(10 000 yuan)	2642	3819	44.5
交通运输邮电通信业	**Transportation,Post & Telecommunications**			
公路里程(公里)	Total Length of Highways(km)	1204	1208	0.3
邮电业务总量(万元)	Business Volume of Post & Telecoms(10 000 yuan)	5701	4859	-14.8
本地电话用户(户)	Number of Subscribers of Local Telephone(Household)	43733	40203	-8.1
国内贸易	**Demestic Trade**			
社会消费品零售总额(万元)	Total Retail Sales of Consumer Goods(10 000 yuan)	59333	66067	11.3
# 贸易业(万元)	Wholesale & Retail Sales Trades(10 000 yuan)	49861	55459	11.2
餐饮业(万元)	Catering Trade(10 000 yuan)	5324	6256	17.5
科技教育卫生	**Science,Education & Public Health**			
各类专业技术人员(人)	Speccial Technical Personnel(person)	6885	6885	0.0
幼儿园数(所)	Number of Kindergartens(unit)	13	15	15.4
学龄儿童入学率(%)	Percentage of School-Age Children Enrolled(%)	99.0	99.2	0.2
小学学校数(所)	Number of Primary Schools(unit)	176	148	-15.9
小学专任教师数(人)	Number of Full-time Teachers of Primary Schools(person)	2369	2035	-14.1
小学在校学生数(人)	Number of Student Enrollment of Primary Schools(person)	22004	20020	-9.0
普通中学学校数(所)	Number of Regular Secondary Schools(unit)	33	33	0.0
普通中学专任教师数(人)	Number of Teachers of Secondary Shools(person)	1393	1420	1.9
初中在校学生数(人)	Number of Student in Junior Secondary Schools(person)	17357	14718	-15.2
高中在校学生数(人)	Number of Student in Senior Secondary Schools(person)	3235	3259	0.7
卫生机构数(所)	Number of Health Institutions(unit)	40	39	-2.5
# 医院(所)	Hospitals(unit)	5	5	0.0
卫生院(所)	Township Hospitals(unit)	21	21	0.0
床位数(张)	Number of Beds(unit)	567	569	0.4
# 医院(张)	Hospitals(unit)	364	364	0.0
卫生院(张)	Township Hospitals(unit)	199	199	0.0
卫生技术人员(人)	Medical Technical Presonnel(person)	924	903	-2.3
# 医院(人)	Hospitals(person)	423	432	2.1
卫生院(人)	Township Hospitals(person)	352	325	-7.7

23-44 兴安盟突泉县

指 标	Item	2004	2005	2005年比上年增长% Increase Rate in 2005 Over 2004(%)
行政区域土地面积(平方公里)	**Area of Administration(Sq.km)**	**4800**	**4800**	**0.0**
人口和就业	**Population & Employment**			
年末总人口(人)	Total Population Year-end(person)	308193	307153	-0.3
#男性(人)	Male(person)	158629	157880	-0.5
#乡村人口(人)	Rural(person)	243725	238149	-2.3
年末总户数(户)	Total Number of Households at the Year-end(Household)	87110	89412	2.6
#乡村户数(户)	Number of Rural Household(Household)	60052	58973	-1.8
出生人口(人)	Births(person)	2804	3358	19.8
死亡人口(人)	Deaths(person)	1082	4330	300.2
全社会就业人员(人)	Employment(person)	143258	150188	4.8
第一产业(人)	Primary Industry(person)	115025	119276	3.7
第二产业(人)	Secondary Industry(person)	10151	12577	23.9
第三产业(人)	Tertiary Industry(person)	18082	18335	1.4
在岗职工人数(人)	Number of Staff & Workers Employed in(person)	12800	12746	-0.4
乡村劳动力(人)	Number of Rural Laborers(person)	125528	133166	6.1
#农林牧渔业(人)	Farming,Forestry,Animal Husbandry & Fishery(person)	112506	116651	3.7
国民经济综合指标	**Summary Item on the National Economy**			
生产总值(万元)	Gross Domestic Product(10 000 yuan)	145650	188303	23.2
第一产业(万元)	Primary Industry(10 000 yuan)	71021	84000	14.8
第二产业(万元)	Secondary Industry(10 000 yuan)	37096	60463	50.8
#工业(万元)	Industry(10 000 yuan)	26920	42268	42.2
第三产业(万元)	Tertiary Industry(10 000 yuan)	37533	43840	13.0
人均生产总值(元)	Per Capita GDP(yuan)	4746	6120	22.9
全社会固定资产投资(万元)	Total Investment in Fixed Assets(10 000 yuan)	51767	75528	45.9
按登记注册类型分	Grouped by Registered Type			
#国有(万元)	State-owned Enterprises(10 000 yuan)	12516	25663	105.0
集体(万元)	Collective-owned Enterprises(10 000 yuan)			
有限责任公司(万元)	Limited Liability Corporations(10 000 yuan)	2012	13245	558.3
股份有限公司(万元)	Share Holding Enterprises(10 000 yuan)	10440	23640	126.4
私营企业(万元)	Private Enterprises(10 000 yuan)	21337	11030	-48.3
外商及港澳台投资企业(万元)	Funds from HK,Macao,Taiwan & Foreign(10 000 yuan)			
按管理渠道分	Grouped by Channel of Management			
#基本建设(万元)	Capital Construction(10 000 yuan)	13138	42193	221.2
更新改造(万元)	Innovation(10 000 yuan)	9912	1600	-83.9
房地产开发(万元)	Real Estate Development(10 000 yuan)	7408	8640	16.6
地方财政收入(万元)	Local Governments Revenue(10 000 yuan)	6654	7773	16.8
地方财政支出(万元)	Local Governments Expenditures(10 000 yuan)	30596	36986	20.9
城乡居民储蓄存款余额(万元)	Resident Saving Deposit in Urban & Rural(10 000 yuan)	51626	58815	13.9
在岗职工工资总额(万元)	Total Wages of Staff & Workers Empioyed in(10 000 yuan)	10433	11476	10.0
在岗职工平均工资(元)	Average Wage of Staff & Workers Employed in(yuan)	8156	9008	10.4
农牧民人均纯收入(元)	Per Capita Net Income of Peasant & Herdsman(yuan)	1954	2155	10.3
农村牧区经济	**Economic Development in Rural & Pastoral Area**			
耕地面积(公顷)	Cultivated Area(hectare)	110242	145234	31.7
农作物总播种面积(公顷)	Total Sown Area(hectare)	116391	119783	2.9
#粮食作物播种面积(公顷)	Sown Area of Grain Crops(hectare)	105266	108056	2.7
有效灌溉面积(公顷)	Irrigated Area(hectare)	45707	59547	30.3
农牧业机械总动力(万千瓦)	Total Power of Agricultural Machinery(10 000 kw)	21.80	22.70	4.1
化肥施用折纯量(吨)	Consumption of Chemical Fertilizer(ton)	13530	25084	85.4
农村用电量(万千瓦小时)	Electricity Consumed in Rural Area(10 000 kwh)	565	764	35.2
农林牧渔业总产值(万元)	Gross Output of Farming,Forestry,Animal Husbandry & Fishery(10 000 yuan)	102692	134036	30.5
粮食产量(吨)	Yield of Grain(ton)	357970	550104	53.7
油料产量(吨)	Yield of Oil-bearing Grops(ton)	3942	5821	47.7
甜菜产量(吨)	Yield of Beetroots(ton)	45	951	2013.3
猪牛羊肉产量(吨)	Output of Pork, Beef & Mutton(ton)	16147	16911	4.7
#猪肉产量(吨)	Output of Pork(ton)	10125	10489	3.6
牛肉产量(吨)	Output of Beef(ton)	1374	1726	25.6
羊肉产量(吨)	Output of Mutton(ton)	4648	4696	1.0

23-44 Tuquan County in Xingan League

指标	Item	2004	2005	2005年比上年增长% Increase Rate in 2005 Over 2004(%)
羊毛产量(吨)	Output of Wool(ton)	865	942	8.9
年末牲畜存栏头数(万头只)	Total Livestock at the Year-end(10 000 heads)	57.57	64.55	12.1
# 大牲畜(万头只)	Large Animals(10 000 heads)	5.45	6.48	18.9
羊(万只)	Sheep & Goats(10 000 heads)	41.42	47.31	14.2
猪(万头)	Hogs(10 000 heads)	10.70	10.76	0.6
规模以上工业	**Industry with Independent Accounting System**			
工业企业单位数(个)	Number of Industrial Enterprises(unit)	17	17	0.0
# 内资企业(个)	Civil Funded Enterprises(unit)	17	17	0.0
工业总产值(万元)	Gross Industrial Output Value(10 000 yuan)	45777	83578	82.6
内资企业(万元)	Civil Funded Enterprises(10 000 yuan)	45777	83578	82.6
国有企业(万元)	State-owned Enterprises(10 000 yuan)	4201	3242	-22.8
集体企业(万元)	Collective-owned Enterprises(10 000 yuan)		780	
股份合作企业(万元)	Share Holding Enterprises(10 000 yuan)	7076	11104	56.9
联营企业(万元)	Joint Owned Enterprises(10 000 yuan)			
有限责任公司(万元)	Limited Company(10 000 yuan)	4442	9404	111.7
股份有限公司(万元)	Share Holding Limited Company(10 000 yuan)	8974	12507	39.4
私营企业(万元)	Privately Owned Enterprises(10 000 yuan)	11297	39472	249.4
其他企业(万元)	Enterprises of Other Ownership(10 000 yuan)	9787	7069	-27.8
港澳台商投资企业(万元)	Funds from HK,Macao & Taiwan(10 000 yuan)			
外商投资企业(万元)	Foreign Funded Enterprises(10 000 yuan)			
工业企业增加值(万元)	Value Added of Industrial Enterprises(10 000 yuan)	15863	30556	83.3
工业企业资产总计(万元)	Total Assets of Industrial Enterprises(10 000 yuan)	21017	48864	132.5
工业企业负债合计(万元)	Total Liabilities of Industrial Enterprises(10 000 yuan)	10803	26741	147.5
工业企业产品销售收入(万元)	Sales of Revenue Industrial Enterprises(10 000 yuan)	42633	79628	86.8
工业企业利润总额(万元)	Total Profits of Industrial Enterprises(10 000 yuan)	488	2016	313.1
建筑业	**Construction**			
建筑企业单位数(个)	Number of Construction Enterprises(unit)	1	1	0.0
建筑企业从业人员(人)	Number of Employee in Construction Enterprises(person)	1125	1023	-9.1
建筑业总产值(万元)	Gross Construction Output Value(10 000 yuan)	8661	10855	25.3
交通运输邮电通信业	**Transportation,Post & Telecommunications**			
公路里程(公里)	Total Length of Highways(km)	583	653	12.0
邮电业务总量(万元)	Business Volume of Post & Telecoms(10 000 yuan)	5806	3975	-31.5
本地电话用户(户)	Number of Subscribers of Local Telephone(Household)	22522	32904	46.1
国内贸易	**Demestic Trade**			
社会消费品零售总额(万元)	Total Retail Sales of Consumer Goods(10 000 yuan)	48362	53993	11.6
# 贸易业(万元)	Wholesale & Retail Sales Trades(10 000 yuan)	40952	47297	15.5
餐饮业(万元)	Catering Trade(10 000 yuan)	4260	4855	14.0
科技教育卫生	**Science,Education & Public Health**			
各类专业技术人员(人)	Speccial Technical Personnel(person)	4844	5049	4.2
幼儿园数(所)	Number of Kindergartens(unit)	5	6	20.0
学龄儿童入学率(%)	Percentage of School-Age Children Enrolled(%)	99.9	99.0	-0.9
小学学校数(所)	Number of Primary Schools(unit)	158	105	-33.5
小学专任教师数(人)	Number of Full-time Teachers of Primary Schools(person)	1273	1322	3.8
小学在校学生数(人)	Number of Student Enrollment of Primary Schools(person)	21154	22084	4.4
普通中学学校数(所)	Number of Regular Secondary Schools(unit)	17	12	-29.4
普通中学专任教师数(人)	Number of Teachers of Secondary Shools(person)	890	774	-13.0
初中在校学生数(人)	Number of Student in Junior Secondary Schools(person)	11330	8958	-20.9
高中在校学生数(人)	Number of Student in Senior Secondary Schools(person)	3685	3865	4.9
卫生机构数(所)	Number of Health Institutions(unit)	33	31	-6.1
# 医院(所)	Hospitals(unit)	3	3	0.0
卫生院(所)	Township Hospitals(unit)	12	12	0.0
床位数(张)	Number of Beds(unit)	393	396	0.8
# 医院(张)	Hospitals(unit)	230	230	0.0
卫生院(张)	Township Hospitals(unit)	153	156	2.0
卫生技术人员(人)	Medical Technical Presonnel(person)	795	789	-0.8
# 医院(人)	Hospitals(person)	357	361	1.1
卫生院(人)	Township Hospitals(person)	294	270	-8.2

23-45 通辽市科尔沁区

指 标	Item	2004	2005	2005年比上年增长% Increase Rate in 2005 Over 2004(%)
行政区域土地面积(平方公里)	**Area of Administration(Sq.km)**	**3212**	**3212**	**0.0**
人口和就业	**Population & Employment**			
年末总人口(人)	Total Population Year-end(person)	807012	805208	-0.2
# 男性(人)	Male(person)	410429	405797	-1.1
# 乡村人口(人)	Rural(person)	441839	443917	0.5
年末总户数(户)	Total Number of Households at the Year-end(Household)	254219	255941	0.7
# 乡村户数(户)	Number of Rural Household(Household)	121637	122240	0.5
出生人口(人)	Births(person)	7452	6484	-13.0
死亡人口(人)	Deaths(person)	4436	4148	-6.5
全社会就业人员(人)	Employment(person)	324861	339348	4.5
第一产业(人)	Primary Industry(person)	202863	204520	0.8
第二产业(人)	Secondary Industry(person)	43713	48886	11.8
第三产业(人)	Tertiary Industry(person)	78285	85942	9.8
在岗职工人数(人)	Number of Staff & Workers Employed in(person)	90163	91225	1.2
乡村劳动力(人)	Number of Rural Laborers(person)	192619	209696	8.9
# 农林牧渔业(人)	Farming,Forestry,Animal Husbandry & Fishery(person)	151172	150140	-0.7
国民经济综合指标	**Summary Item on the National Economy**			
生产总值(万元)	Gross Domestic Product(10 000 yuan)	1064160	1279865	17.0
第一产业(万元)	Primary Industry(10 000 yuan)	209171	230936	7.2
第二产业(万元)	Secondary Industry(10 000 yuan)	485460	612275	21.1
# 工业(万元)	Industry(10 000 yuan)	362608	460437	21.6
第三产业(万元)	Tertiary Industry(10 000 yuan)	369529	436654	16.7
人均生产总值(元)	Per Capita GDP(yuan)	13220	15880	16.8
全社会固定资产投资(万元)	Total Investment in Fixed Assets(10 000 yuan)	793946	1128925	42.2
按登记注册类型分	Grouped by Registered Type			
# 国有(万元)	State-owned Enterprises(10 000 yuan)	556597	743839	33.6
集体(万元)	Collective-owned Enterprises(10 000 yuan)		880	
有限责任公司(万元)	Limited Liability Corporations(10 000 yuan)	122782	202439	64.9
股份有限公司(万元)	Share Holding Enterprises(10 000 yuan)	75370	135331	79.6
私营企业(万元)	Private Enterprises(10 000 yuan)	35335	16442	-53.5
外商及港澳台投资企业(万元)	Funds from HK,Macao,Taiwan & Foreign(10 000 yuan)	3120	21874	601.1
按管理渠道分	Grouped by Channel of Management			
# 基本建设(万元)	Capital Construction(10 000 yuan)	373002	431258	15.6
更新改造(万元)	Innovation(10 000 yuan)	379029	595448	57.1
房地产开发(万元)	Real Estate Development(10 000 yuan)	40429	58453	44.6
地方财政收入(万元)	Local Governments Revenue(10 000 yuan)	24124	58993	144.5
地方财政支出(万元)	Local Governments Expenditures(10 000 yuan)	55872	73480	31.5
城乡居民储蓄存款余额(万元)	Resident Saving Deposit in Urban & Rural(10 000 yuan)	233834	595768	154.8
在岗职工工资总额(万元)	Total Wages of Staff & Workers Empioyed in(10 000 yuan)	102708	114379	11.4
在岗职工平均工资(元)	Average Wage of Staff & Workers Employed in(yuan)	11236	12612	12.2
农牧民人均纯收入(元)	Per Capita Net Income of Peasant & Herdsman(yuan)	3874	4276	10.4
农村牧区经济	**Economic Development in Rural & Pastoral Area**			
耕地面积(公顷)	Cultivated Area(hectare)	122545	123282	0.6
农作物总播种面积(公顷)	Total Sown Area(hectare)	131956	138405	4.9
# 粮食作物播种面积(公顷)	Sown Area of Grain Crops(hectare)	97476	105353	8.1
有效灌溉面积(公顷)	Irrigated Area(hectare)	116282	118174	1.6
农牧业机械总动力(万千瓦)	Total Power of Agricultural Machinery(10 000 kw)	43.90	46.30	5.5
化肥施用折纯量(吨)	Consumption of Chemical Fertilizer(ton)	58528	54226	-7.4
农村用电量(万千瓦小时)	Electricity Consumed in Rural Area(10 000 kwh)	16035	16705	4.2
农林牧渔业总产值(万元)	Gross Output of Farming,Forestry,Animal Husbandry & Fishery(10 000 yuan)	355787	381523	4.1
粮食产量(吨)	Yield of Grain(ton)	851694	860552	1.0
油料产量(吨)	Yield of Oil-bearing Grops(ton)	1804	6428	256.3
甜菜产量(吨)	Yield of Beetroots(ton)		75	
猪牛羊肉产量(吨)	Output of Pork, Beef & Mutton(ton)	92419	98307	6.4
# 猪肉产量(吨)	Output of Pork(ton)	59398	65269	9.9
牛肉产量(吨)	Output of Beef(ton)	30674	30459	-0.7
羊肉产量(吨)	Output of Mutton(ton)	2347	2579	9.9

23-45 Keerqin District in Tongliao City

指 标	Item	2004	2005	2005年比上年增长% Increase Rate in 2005 Over 2004(%)
羊毛产量(吨)	Output of Wool(ton)	405	663	63.7
年末牲畜存栏头数(万头只)	Total Livestock at the Year-end(10 000 heads)	115.31	132.62	15.0
# 大牲畜(万头只)	Large Animals(10 000 heads)	22.67	25.80	13.8
羊(万只)	Sheep & Goats(10 000 heads)	25.20	30.04	19.2
猪(万头)	Hogs(10 000 heads)	67.44	76.78	13.8
规模以上工业	**Industry with Independent Accounting System**			
工业企业单位数(个)	Number of Industrial Enterprises(unit)	59	85	44.1
# 内资企业(个)	Civil Funded Enterprises(unit)	55	77	40.0
工业总产值(万元)	Gross Industrial Output Value(10 000 yuan)	811153	1146383	41.3
内资企业(万元)	Civil Funded Enterprises(10 000 yuan)	658718	810767	23.1
国有企业(万元)	State-owned Enterprises(10 000 yuan)	278129	242427	-12.8
集体企业(万元)	Collective-owned Enterprises(10 000 yuan)	7495	9518	27.0
股份合作企业(万元)	Share Holding Enterprises(10 000 yuan)	104349		
联营企业(万元)	Joint Owned Enterprises(10 000 yuan)			
有限责任公司(万元)	Limited Company(10 000 yuan)	40779	239198	486.6
股份有限公司(万元)	Share Holding Limited Company(10 000 yuan)	161432	198655	23.1
私营企业(万元)	Privately Owned Enterprises(10 000 yuan)	66534	120970	81.8
其他企业(万元)	Enterprises of Other Ownership(10 000 yuan)			
港澳台商投资企业(万元)	Funds from HK,Macao & Taiwan(10 000 yuan)	603	429	-28.9
外商投资企业(万元)	Foreign Funded Enterprises(10 000 yuan)	151832	335187	120.8
工业企业增加值(万元)	Value Added of Industrial Enterprises(10 000 yuan)	315766	415432	30.8
工业企业资产总计(万元)	Total Assets of Industrial Enterprises(10 000 yuan)	727847	815276	12.0
工业企业负债合计(万元)	Total Liabilities of Industrial Enterprises(10 000 yuan)	504348	463101	-8.2
工业企业产品销售收入(万元)	Sales of Revenue Industrial Enterprises(10 000 yuan)	737919	1096623	48.6
工业企业利润总额(万元)	Total Profits of Industrial Enterprises(10 000 yuan)	39623	167956	323.9
建筑业	**Construction**			
建筑企业单位数(个)	Number of Construction Enterprises(unit)	21	20	-4.8
建筑企业从业人员(人)	Number of Employee in Construction Enterprises(person)	17925	13638	-23.9
建筑业总产值(万元)	Gross Construction Output Value(10 000 yuan)	93500	1011814	950.6
交通运输邮电通信业	**Transportation,Post & Telecommunications**			
公路里程(公里)	Total Length of Highways(km)	496	551	11.0
邮电业务总量(万元)	Business Volume of Post & Telecoms(10 000 yuan)	27374	30395	11.0
本地电话用户(户)	Number of Subscribers of Local Telephone(Household)	279055	279426	0.1
国内贸易	**Demestic Trade**			
社会消费品零售总额(万元)	Total Retail Sales of Consumer Goods(10 000 yuan)	349578	414293	18.5
# 贸易业(万元)	Wholesale & Retail Sales Trades(10 000 yuan)	318316	376939	18.4
餐饮业(万元)	Catering Trade(10 000 yuan)	30751	35770	16.3
科技教育卫生	**Science,Education & Public Health**			
各类专业技术人员(人)	Speccial Technical Personnel(person)	20783	20341	-2.1
幼儿园数(所)	Number of Kindergartens(unit)	4	6	50.0
学龄儿童入学率(%)	Percentage of School-Age Children Enrolled(%)	100.0	100.0	0.0
小学学校数(所)	Number of Primary Schools(unit)	225	202	-10.2
小学专任教师数(人)	Number of Full-time Teachers of Primary Schools(person)	3695	3766	1.9
小学在校学生数(人)	Number of Student Enrollment of Primary Schools(person)	55467	57347	3.4
普通中学学校数(所)	Number of Regular Secondary Schools(unit)	50	49	-2.0
普通中学专任教师数(人)	Number of Teachers of Secondary Shools(person)	2467	3431	39.1
初中在校学生数(人)	Number of Student in Junior Secondary Schools(person)	36088	38865	7.7
高中在校学生数(人)	Number of Student in Senior Secondary Schools(person)	18041	25173	39.5
卫生机构数(所)	Number of Health Institutions(unit)	45	45	0.0
# 医院(所)	Hospitals(unit)	12	13	8.3
卫生院(所)	Township Hospitals(unit)	22	22	0.0
床位数(张)	Number of Beds(unit)	2923	2933	0.3
# 医院(张)	Hospitals(unit)	2441	2453	0.5
卫生院(张)	Township Hospitals(unit)	365	364	-0.3
卫生技术人员(人)	Medical Technical Presonnel(person)	5053	5077	0.5
# 医院(人)	Hospitals(person)	3459	3512	1.5
卫生院(人)	Township Hospitals(person)	790	805	1.9

23-46 通辽市霍林郭勒市

指 标	Item	2004	2005	2005年比上年增长% Increase Rate in 2005 Over 2004(%)
行政区域土地面积(平方公里)	**Area of Administration(Sq.km)**	**585**	**585**	**0.0**
人口和就业	**Population & Employment**			
年末总人口(人)	Total Population Year-end(person)	71845	72549	1.0
# 男性(人)	Male(person)	36913	37400	1.3
# 乡村人口(人)	Rural(person)	8204	8465	3.2
年末总户数(户)	Total Number of Households at the Year-end(Household)	22798	22925	0.6
# 乡村户数(户)	Number of Rural Household(Household)	2114	2124	0.5
出生人口(人)	Births(person)	579	734	26.8
死亡人口(人)	Deaths(person)	162	251	54.9
全社会就业人员(人)	Employment(person)	26518	26652	0.5
第一产业(人)	Primary Industry(person)	3960	4000	1.0
第二产业(人)	Secondary Industry(person)	11168	11201	0.3
第三产业(人)	Tertiary Industry(person)	11390	11451	0.5
在岗职工人数(人)	Number of Staff & Workers Employed in(person)	12254	11909	-2.8
乡村劳动力(人)	Number of Rural Laborers(person)	4273	5516	29.1
# 农林牧渔业(人)	Farming,Forestry,Animal Husbandry & Fishery(person)	2433	1938	-20.3
国民经济综合指标	**Summary Item on the National Economy**			
生产总值(万元)	Gross Domestic Product(10 000 yuan)	178380	264630	38.7
第一产业(万元)	Primary Industry(10 000 yuan)	4868	5582	11.3
第二产业(万元)	Secondary Industry(10 000 yuan)	116101	189996	50.5
# 工业(万元)	Industry(10 000 yuan)	96081	157383	48.9
第三产业(万元)	Tertiary Industry(10 000 yuan)	57411	69052	17.2
人均生产总值(元)	Per Capita GDP(yuan)	25124	36654	36.4
全社会固定资产投资(万元)	Total Investment in Fixed Assets(10 000 yuan)	184935	340669	84.2
按登记注册类型分	Grouped by Registered Type			
# 国有(万元)	State-owned Enterprises(10 000 yuan)	43359	54421	25.5
集体(万元)	Collective-owned Enterprises(10 000 yuan)		10376	
有限责任公司(万元)	Limited Liability Corporations(10 000 yuan)	138743	233627	68.4
股份有限公司(万元)	Share Holding Enterprises(10 000 yuan)	2000	40219	1911.0
私营企业(万元)	Private Enterprises(10 000 yuan)			
外商及港澳台投资企业(万元)	Funds from HK,Macao,Taiwan & Foreign(10 000 yuan)	700	2026	189.4
按管理渠道分	Grouped by Channel of Management			
# 基本建设(万元)	Capital Construction(10 000 yuan)	14814	14771	-0.3
更新改造(万元)	Innovation(10 000 yuan)	164121	315475	92.2
房地产开发(万元)	Real Estate Development(10 000 yuan)	6000	10423	73.7
地方财政收入(万元)	Local Governments Revenue(10 000 yuan)	11230	18861	68.0
地方财政支出(万元)	Local Governments Expenditures(10 000 yuan)	17509	24588	40.4
城乡居民储蓄存款余额(万元)	Resident Saving Deposit in Urban & Rural(10 000 yuan)	60518	73064	20.7
在岗职工工资总额(万元)	Total Wages of Staff & Workers Empioyed in(10 000 yuan)	22301	23863	7.0
在岗职工平均工资(元)	Average Wage of Staff & Workers Employed in(yuan)	18570	20204	8.8
农牧民人均纯收入(元)	Per Capita Net Income of Peasant & Herdsman(yuan)	3040	3715	22.2
农村牧区经济	**Economic Development in Rural & Pastoral Area**			
耕地面积(公顷)	Cultivated Area(hectare)	13105	13105	0.0
农作物总播种面积(公顷)	Total Sown Area(hectare)	7312	7321	0.1
# 粮食作物播种面积(公顷)	Sown Area of Grain Crops(hectare)	3114	3257	4.6
有效灌溉面积(公顷)	Irrigated Area(hectare)	433	433	0.0
农牧业机械总动力(万千瓦)	Total Power of Agricultural Machinery(10 000 kw)	1.30	2.00	53.8
化肥施用折纯量(吨)	Consumption of Chemical Fertilizer(ton)	646	705	9.1
农村用电量(万千瓦小时)	Electricity Consumed in Rural Area(10 000 kwh)	433	461	6.5
农林牧渔业总产值(万元)	Gross Output of Farming,Forestry,Animal Husbandry & Fishery(10 000 yuan)	8387	9577	10.9
粮食产量(吨)	Yield of Grain(ton)	8878	11047	24.4
油料产量(吨)	Yield of Oil-bearing Grops(ton)	1137	1180	3.8
甜菜产量(吨)	Yield of Beetroots(ton)			
猪牛羊肉产量(吨)	Output of Pork, Beef & Mutton(ton)	2965	3548	19.7
# 猪肉产量(吨)	Output of Pork(ton)	1368	1260	-7.9
牛肉产量(吨)	Output of Beef(ton)	337	688	104.2
羊肉产量(吨)	Output of Mutton(ton)	1260	1600	27.0

23-46 Huolinguole City in Tongliao City

指 标	Item	2004	2005	2005年比上年增长% Increase Rate in 2005 Over 2004(%)
羊毛产量(吨)	Output of Wool(ton)	380	400	5.3
年末牲畜存栏头数(万头只)	Total Livestock at the Year-end(10 000 heads)	11.05	10.85	-1.8
# 大牲畜(万头只)	Large Animals(10 000 heads)	0.74	0.90	21.6
羊(万只)	Sheep & Goats(10 000 heads)	9.68	8.57	-11.5
猪(万头)	Hogs(10 000 heads)	0.63	0.70	11.1
规模以上工业	**Industry with Independent Accounting System**			
工业企业单位数(个)	Number of Industrial Enterprises(unit)	10	19	90.0
# 内资企业(个)	Civil Funded Enterprises(unit)	10	18	80.0
工业总产值(万元)	Gross Industrial Output Value(10 000 yuan)	147893	316914	114.3
内资企业(万元)	Civil Funded Enterprises(10 000 yuan)	147893	244674	65.4
国有企业(万元)	State-owned Enterprises(10 000 yuan)			
集体企业(万元)	Collective-owned Enterprises(10 000 yuan)	3569		
股份合作企业(万元)	Share Holding Enterprises(10 000 yuan)			
联营企业(万元)	Joint Owned Enterprises(10 000 yuan)			
有限责任公司(万元)	Limited Company(10 000 yuan)	73006	38345	-47.5
股份有限公司(万元)	Share Holding Limited Company(10 000 yuan)	70143	161147	129.7
私营企业(万元)	Privately Owned Enterprises(10 000 yuan)		45182	
其他企业(万元)	Enterprises of Other Ownership(10 000 yuan)	1175		
港澳台商投资企业(万元)	Funds from HK,Macao & Taiwan(10 000 yuan)			
外商投资企业(万元)	Foreign Funded Enterprises(10 000 yuan)		72240	
工业企业增加值(万元)	Value Added of Industrial Enterprises(10 000 yuan)	80428	144356	63.2
工业企业资产总计(万元)	Total Assets of Industrial Enterprises(10 000 yuan)	849281	792676	-6.7
工业企业负债合计(万元)	Total Liabilities of Industrial Enterprises(10 000 yuan)	420023	590202	40.5
工业企业产品销售收入(万元)	Sales of Revenue Industrial Enterprises(10 000 yuan)	191937	273092	42.3
工业企业利润总额(万元)	Total Profits of Industrial Enterprises(10 000 yuan)	22037	49911	126.5
建筑业	**Construction**			
建筑企业单位数(个)	Number of Construction Enterprises(unit)	5	5	0.0
建筑企业从业人员(人)	Number of Employee in Construction Enterprises(person)	1177	2026	72.1
建筑业总产值(万元)	Gross Construction Output Value(10 000 yuan)	17962	29784	61.0
交通运输邮电通信业	**Transportation,Post & Telecommunications**			
公路里程(公里)	Total Length of Highways(km)	65	65	0.2
邮电业务总量(万元)	Business Volume of Post & Telecoms(10 000 yuan)	2828	3623	28.1
本地电话用户(户)	Number of Subscribers of Local Telephone(Household)	25800	23340	-9.5
国内贸易	**Demestic Trade**			
社会消费品零售总额(万元)	Total Retail Sales of Consumer Goods(10 000 yuan)	42482	51143	20.4
# 贸易业(万元)	Wholesale & Retail Sales Trades(10 000 yuan)	30489	37824	24.1
餐饮业(万元)	Catering Trade(10 000 yuan)	11977	12889	7.6
科技教育卫生	**Science,Education & Public Health**			
各类专业技术人员(人)	Speccial Technical Personnel(person)	1317	1285	-2.4
幼儿园数(所)	Number of Kindergartens(unit)	6	6	0.0
学龄儿童入学率(%)	Percentage of School-Age Children Enrolled(%)	100.0	100.0	0.0
小学学校数(所)	Number of Primary Schools(unit)	13	11	-15.4
小学专任教师数(人)	Number of Full-time Teachers of Primary Schools(person)	352	345	-2.0
小学在校学生数(人)	Number of Student Enrollment of Primary Schools(person)	5791	6479	11.9
普通中学学校数(所)	Number of Regular Secondary Schools(unit)	8	7	-12.5
普通中学专任教师数(人)	Number of Teachers of Secondary Shools(person)	531	519	-2.3
初中在校学生数(人)	Number of Student in Junior Secondary Schools(person)	4817	3713	-22.9
高中在校学生数(人)	Number of Student in Senior Secondary Schools(person)	2895	3704	27.9
卫生机构数(所)	Number of Health Institutions(unit)	4	5	25.0
# 医院(所)	Hospitals(unit)	2	5	150.0
卫生院(所)	Township Hospitals(unit)	1		
床位数(张)	Number of Beds(unit)	238	238	0.0
# 医院(张)	Hospitals(unit)	218	238	9.2
卫生院(张)	Township Hospitals(unit)	20		
卫生技术人员(人)	Medical Technical Presonnel(person)	314	317	1.0
# 医院(人)	Hospitals(person)	251	317	26.3
卫生院(人)	Township Hospitals(person)	63		

23-47 通辽市科尔沁左翼中旗

指 标	Item	2004	2005	2005年比上年增长% Increase Rate in 2005 Over 2004(%)
行政区域土地面积(平方公里)	**Area of Administration(Sq.km)**	**9811**	**9811**	**0.0**
人口和就业	**Population & Employment**			
年末总人口(人)	Total Population Year-end(person)	528324	520816	-1.4
#男性(人)	Male(person)	268978	264314	-1.7
#乡村人口(人)	Rural(person)	439356	439614	0.1
年末总户数(户)	Total Number of Households at the Year-end(Household)	136783	134828	-1.4
#乡村户数(户)	Number of Rural Household(Household)	101713	101973	0.3
出生人口(人)	Births(person)	4884	4557	-6.7
死亡人口(人)	Deaths(person)	3049	6159	102.0
全社会就业人员(人)	Employment(person)	213542	224327	5.1
第一产业(人)	Primary Industry(person)	152802	156452	2.4
第二产业(人)	Secondary Industry(person)	9657	14413	49.2
第三产业(人)	Tertiary Industry(person)	51083	53462	4.7
在岗职工人数(人)	Number of Staff & Workers Employed in(person)	26671	26105	-2.1
乡村劳动力(人)	Number of Rural Laborers(person)	180292	200403	11.2
#农林牧渔业(人)	Farming,Forestry,Animal Husbandry & Fishery(person)	139734	143475	2.7
国民经济综合指标	**Summary Item on the National Economy**			
生产总值(万元)	Gross Domestic Product(10 000 yuan)	268427	325492	18.2
第一产业(万元)	Primary Industry(10 000 yuan)	108518	127557	14.1
第二产业(万元)	Secondary Industry(10 000 yuan)	46908	65462	33.4
#工业(万元)	Industry(10 000 yuan)	40487	53494	25.8
第三产业(万元)	Tertiary Industry(10 000 yuan)	113001	132473	15.8
人均生产总值(元)	Per Capita GDP(yuan)	5089	6205	18.9
全社会固定资产投资(万元)	Total Investment in Fixed Assets(10 000 yuan)	59000	80000	35.6
按登记注册类型分	Grouped by Registered Type			
#国有(万元)	State-owned Enterprises(10 000 yuan)	24802	36406	46.8
集体(万元)	Collective-owned Enterprises(10 000 yuan)			
有限责任公司(万元)	Limited Liability Corporations(10 000 yuan)	23818	26590	11.6
股份有限公司(万元)	Share Holding Enterprises(10 000 yuan)	2103	4094	94.7
私营企业(万元)	Private Enterprises(10 000 yuan)	7373	3548	-51.9
外商及港澳台投资企业(万元)	Funds from HK,Macao,Taiwan & Foreign(10 000 yuan)			
按管理渠道分	Grouped by Channel of Management			
#基本建设(万元)	Capital Construction(10 000 yuan)	31907	38263	19.9
更新改造(万元)	Innovation(10 000 yuan)	23678	30593	29.2
房地产开发(万元)	Real Estate Development(10 000 yuan)		5047	
地方财政收入(万元)	Local Governments Revenue(10 000 yuan)	8838	8710	-1.4
地方财政支出(万元)	Local Governments Expenditures(10 000 yuan)	39465	50477	27.9
城乡居民储蓄存款余额(万元)	Resident Saving Deposit in Urban & Rural(10 000 yuan)	47753	60190	26.0
在岗职工工资总额(万元)	Total Wages of Staff & Workers Empioyed in(10 000 yuan)	25019	25708	2.8
在岗职工平均工资(元)	Average Wage of Staff & Workers Employed in(yuan)	9238	9740	5.4
农牧民人均纯收入(元)	Per Capita Net Income of Peasant & Herdsman(yuan)	2687	3089	15.0
农村牧区经济	**Economic Development in Rural & Pastoral Area**			
耕地面积(公顷)	Cultivated Area(hectare)	189078	196999	4.2
农作物总播种面积(公顷)	Total Sown Area(hectare)	178767	190998	6.8
#粮食作物播种面积(公顷)	Sown Area of Grain Crops(hectare)	125918	125487	-0.3
有效灌溉面积(公顷)	Irrigated Area(hectare)	77626	90148	16.1
农牧业机械总动力(万千瓦)	Total Power of Agricultural Machinery(10 000 kw)	44.80	46.00	2.7
化肥施用折纯量(吨)	Consumption of Chemical Fertilizer(ton)	30100	35836	19.1
农村用电量(万千瓦小时)	Electricity Consumed in Rural Area(10 000 kwh)	5889	6085	3.3
农林牧渔业总产值(万元)	Gross Output of Farming,Forestry,Animal Husbandry & Fishery(10 000 yuan)	177149	208223	14.1
粮食产量(吨)	Yield of Grain(ton)	678929	840500	23.8
油料产量(吨)	Yield of Oil-bearing Grops(ton)	16372	41105	151.1
甜菜产量(吨)	Yield of Beetroots(ton)	8406	13846	64.7
猪牛羊肉产量(吨)	Output of Pork, Beef & Mutton(ton)	40612	51673	27.2
#猪肉产量(吨)	Output of Pork(ton)	25200	24557	-2.6
牛肉产量(吨)	Output of Beef(ton)	11252	21036	87.0
羊肉产量(吨)	Output of Mutton(ton)	4160	6080	46.2

23-47 Keerqinzuoyizhong Banner in Tongliao City

指 标	Item	2004	2005	2005年比上年增长% Increase Rate in 2005 Over 2004(%)
羊毛产量(吨)	Output of Wool(ton)	1085	1175	8.3
年末牲畜存栏头数(万头只)	Total Livestock at the Year-end(10 000 heads)	96.81	113.10	16.8
#大牲畜(万头只)	Large Animals(10 000 heads)	21.75	25.36	16.6
羊(万只)	Sheep & Goats(10 000 heads)	40.04	49.92	24.7
猪(万头)	Hogs(10 000 heads)	35.02	37.82	8.0
规模以上工业	**Industry with Independent Accounting System**			
工业企业单位数(个)	Number of Industrial Enterprises(unit)	15	17	13.3
#内资企业(个)	Civil Funded Enterprises(unit)	15	17	13.3
工业总产值(万元)	Gross Industrial Output Value(10 000 yuan)	61859	100273	62.1
内资企业(万元)	Civil Funded Enterprises(10 000 yuan)	61859	100273	62.1
国有企业(万元)	State-owned Enterprises(10 000 yuan)	1813	3727	105.6
集体企业(万元)	Collective-owned Enterprises(10 000 yuan)	13426	16911	26.0
股份合作企业(万元)	Share Holding Enterprises(10 000 yuan)	3792	8153	115.0
联营企业(万元)	Joint Owned Enterprises(10 000 yuan)			
有限责任公司(万元)	Limited Company(10 000 yuan)		4134	
股份有限公司(万元)	Share Holding Limited Company(10 000 yuan)	14922	7213	-51.7
私营企业(万元)	Privately Owned Enterprises(10 000 yuan)		60135	
其他企业(万元)	Enterprises of Other Ownership(10 000 yuan)	27906		
港澳台商投资企业(万元)	Funds from HK,Macao & Taiwan(10 000 yuan)			
外商投资企业(万元)	Foreign Funded Enterprises(10 000 yuan)			
工业企业增加值(万元)	Value Added of Industrial Enterprises(10 000 yuan)	25471	51936	94.2
工业企业资产总计(万元)	Total Assets of Industrial Enterprises(10 000 yuan)	53449	100887	88.8
工业企业负债合计(万元)	Total Liabilities of Industrial Enterprises(10 000 yuan)	30008	57982	93.2
工业企业产品销售收入(万元)	Sales of Revenue Industrial Enterprises(10 000 yuan)	51465	73787	43.4
工业企业利润总额(万元)	Total Profits of Industrial Enterprises(10 000 yuan)	3496	19110	446.6
建筑业	**Construction**			
建筑企业单位数(个)	Number of Construction Enterprises(unit)			
建筑企业从业人员(人)	Number of Employee in Construction Enterprises(person)			
建筑业总产值(万元)	Gross Construction Output Value(10 000 yuan)			
交通运输邮电通信业	**Transportation,Post & Telecommunications**			
公路里程(公里)	Total Length of Highways(km)	552	552	0.0
邮电业务总量(万元)	Business Volume of Post & Telecoms(10 000 yuan)	5175	6179	19.4
本地电话用户(户)	Number of Subscribers of Local Telephone(Household)	82835	90068	8.7
国内贸易	**Demestic Trade**			
社会消费品零售总额(万元)	Total Retail Sales of Consumer Goods(10 000 yuan)	70218	80095	14.1
#贸易业(万元)	Wholesale & Retail Sales Trades(10 000 yuan)	61637	58643	-4.9
餐饮业(万元)	Catering Trade(10 000 yuan)	8576	18449	115.1
科技教育卫生	**Science,Education & Public Health**			
各类专业技术人员(人)	Speccial Technical Personnel(person)	6698	6945	3.7
幼儿园数(所)	Number of Kindergartens(unit)	1	1	0.0
学龄儿童入学率(%)	Percentage of School-Age Children Enrolled(%)	100.0	100.0	0.0
小学学校数(所)	Number of Primary Schools(unit)	210	182	-13.3
小学专任教师数(人)	Number of Full-time Teachers of Primary Schools(person)	3320	3126	-5.8
小学在校学生数(人)	Number of Student Enrollment of Primary Schools(person)	38091	35655	-6.4
普通中学学校数(所)	Number of Regular Secondary Schools(unit)	38	41	7.9
普通中学专任教师数(人)	Number of Teachers of Secondary Shools(person)	1749	1944	11.1
初中在校学生数(人)	Number of Student in Junior Secondary Schools(person)	19737	20650	4.6
高中在校学生数(人)	Number of Student in Senior Secondary Schools(person)	6098	6218	2.0
卫生机构数(所)	Number of Health Institutions(unit)	35	37	5.7
#医院(所)	Hospitals(unit)	3	3	0.0
卫生院(所)	Township Hospitals(unit)	28	29	3.6
床位数(张)	Number of Beds(unit)	409	418	2.2
#医院(张)	Hospitals(unit)	240	231	-3.8
卫生院(张)	Township Hospitals(unit)	161	179	11.2
卫生技术人员(人)	Medical Technical Presonnel(person)	1050	1022	-2.7
#医院(人)	Hospitals(person)	309	292	-5.5
卫生院(人)	Township Hospitals(person)	587	585	-0.3

23-48 通辽市科尔沁左翼后旗

指 标	Item	2004	2005	2005年比上年增长% Increase Rate in 2005 Over 2004(%)
行政区域土地面积(平方公里)	**Area of Administration(Sq.km)**	**11481**	**11481**	**0.0**
人口和就业	**Population & Employment**			
年末总人口(人)	Total Population Year-end(person)	397401	393732	-0.9
# 男性(人)	Male(person)	204504	201755	-1.3
# 乡村人口(人)	Rural(person)	295000	295668	0.2
年末总户数(户)	Total Number of Households at the Year-end(Household)	111720	115076	3.0
# 乡村户数(户)	Number of Rural Household(Household)	76738	76738	0.0
出生人口(人)	Births(person)	4601	3904	-15.1
死亡人口(人)	Deaths(person)	2728	5901	116.3
全社会就业人员(人)	Employment(person)	163118	167063	2.4
第一产业(人)	Primary Industry(person)	123296	127233	3.2
第二产业(人)	Secondary Industry(person)	8402	8408	0.1
第三产业(人)	Tertiary Industry(person)	31420	31422	0.0
在岗职工人数(人)	Number of Staff & Workers Employed in(person)	22156	21609	-2.5
乡村劳动力(人)	Number of Rural Laborers(person)	123296	127233	3.2
# 农林牧渔业(人)	Farming,Forestry,Animal Husbandry & Fishery(person)	107003	107761	0.7
国民经济综合指标	**Summary Item on the National Economy**			
生产总值(万元)	Gross Domestic Product(10 000 yuan)	300847	379831	20.1
第一产业(万元)	Primary Industry(10 000 yuan)	97272	118576	18.4
第二产业(万元)	Secondary Industry(10 000 yuan)	61930	80605	24.2
# 工业(万元)	Industry(10 000 yuan)	44320	59055	26.3
第三产业(万元)	Tertiary Industry(10 000 yuan)	141645	180650	19.5
人均生产总值(元)	Per Capita GDP(yuan)	7597	9602	20.2
全社会固定资产投资(万元)	Total Investment in Fixed Assets(10 000 yuan)	93305	114747	23.0
按登记注册类型分	Grouped by Registered Type			
# 国有(万元)	State-owned Enterprises(10 000 yuan)	62630	72840	16.3
集体(万元)	Collective-owned Enterprises(10 000 yuan)	4129		
有限责任公司(万元)	Limited Liability Corporations(10 000 yuan)	3867	7406	91.5
股份有限公司(万元)	Share Holding Enterprises(10 000 yuan)	528	4270	708.7
私营企业(万元)	Private Enterprises(10 000 yuan)	10603	29591	179.1
外商及港澳台投资企业(万元)	Funds from HK,Macao,Taiwan & Foreign(10 000 yuan)			
按管理渠道分	Grouped by Channel of Management			
# 基本建设(万元)	Capital Construction(10 000 yuan)	68151	46233	-32.2
更新改造(万元)	Innovation(10 000 yuan)	7855	38635	391.9
房地产开发(万元)	Real Estate Development(10 000 yuan)	5032	3746	-25.6
地方财政收入(万元)	Local Governments Revenue(10 000 yuan)	9190	9598	4.4
地方财政支出(万元)	Local Governments Expenditures(10 000 yuan)	38188	48873	28.0
城乡居民储蓄存款余额(万元)	Resident Saving Deposit in Urban & Rural(10 000 yuan)	56097	58694	4.6
在岗职工工资总额(万元)	Total Wages of Staff & Workers Empioyed in(10 000 yuan)	22485	23723	5.5
在岗职工平均工资(元)	Average Wage of Staff & Workers Employed in(yuan)	10012	10869	8.6
农牧民人均纯收入(元)	Per Capita Net Income of Peasant & Herdsman(yuan)	2395	2800	16.9
农村牧区经济	**Economic Development in Rural & Pastoral Area**			
耕地面积(公顷)	Cultivated Area(hectare)	185712	188400	1.4
农作物总播种面积(公顷)	Total Sown Area(hectare)	176606	180437	2.2
# 粮食作物播种面积(公顷)	Sown Area of Grain Crops(hectare)	154233	159435	3.4
有效灌溉面积(公顷)	Irrigated Area(hectare)	70720	77167	9.1
农牧业机械总动力(万千瓦)	Total Power of Agricultural Machinery(10 000 kw)	27.90	29.40	5.4
化肥施用折纯量(吨)	Consumption of Chemical Fertilizer(ton)	34500	49873	44.6
农村用电量(万千瓦小时)	Electricity Consumed in Rural Area(10 000 kwh)	3120	3402	9.0
农林牧渔业总产值(万元)	Gross Output of Farming,Forestry,Animal Husbandry & Fishery(10 000 yuan)	150946	187428	20.6
粮食产量(吨)	Yield of Grain(ton)	605592	737500	21.8
油料产量(吨)	Yield of Oil-bearing Grops(ton)	18902	12285	-35.0
甜菜产量(吨)	Yield of Beetroots(ton)			
猪牛羊肉产量(吨)	Output of Pork, Beef & Mutton(ton)	24793	29699	19.8
# 猪肉产量(吨)	Output of Pork(ton)	14848	14850	0.0
牛肉产量(吨)	Output of Beef(ton)	8220	12119	47.4
羊肉产量(吨)	Output of Mutton(ton)	1725	2730	58.3

23-48 Keerqinzuoyihou Banner in Tongliao City

指 标	Item	2004	2005	2005年比上年增长% Increase Rate in 2005 Over 2004(%)
羊毛产量(吨)	Output of Wool(ton)	530	724	36.6
年末牲畜存栏头数(万头只)	Total Livestock at the Year-end(10 000 heads)	93.87	104.73	11.6
# 大牲畜(万头只)	Large Animals(10 000 heads)	35.17	37.53	6.7
羊(万只)	Sheep & Goats(10 000 heads)	36.82	45.64	24.0
猪(万头)	Hogs(10 000 heads)	21.88	21.56	-1.5
规模以上工业	**Industry with Independent Accounting System**			
工业企业单位数(个)	Number of Industrial Enterprises(unit)	11	13	18.2
# 内资企业(个)	Civil Funded Enterprises(unit)	11	13	18.2
工业总产值(万元)	Gross Industrial Output Value(10 000 yuan)	77191	120583	56.2
内资企业(万元)	Civil Funded Enterprises(10 000 yuan)	77191	120583	56.2
国有企业(万元)	State-owned Enterprises(10 000 yuan)	11153	26867	140.9
集体企业(万元)	Collective-owned Enterprises(10 000 yuan)	1898	2321	22.3
股份合作企业(万元)	Share Holding Enterprises(10 000 yuan)			
联营企业(万元)	Joint Owned Enterprises(10 000 yuan)			
有限责任公司(万元)	Limited Company(10 000 yuan)	59422	31897	-46.3
股份有限公司(万元)	Share Holding Limited Company(10 000 yuan)		24038	
私营企业(万元)	Privately Owned Enterprises(10 000 yuan)	4718	35461	651.6
其他企业(万元)	Enterprises of Other Ownership(10 000 yuan)			
港澳台商投资企业(万元)	Funds from HK,Macao & Taiwan(10 000 yuan)			
外商投资企业(万元)	Foreign Funded Enterprises(10 000 yuan)			
工业企业增加值(万元)	Value Added of Industrial Enterprises(10 000 yuan)	32691	48224	40.5
工业企业资产总计(万元)	Total Assets of Industrial Enterprises(10 000 yuan)	142210	130174	-8.5
工业企业负债合计(万元)	Total Liabilities of Industrial Enterprises(10 000 yuan)	97342	78958	-18.9
工业企业产品销售收入(万元)	Sales of Revenue Industrial Enterprises(10 000 yuan)	98312	123210	25.3
工业企业利润总额(万元)	Total Profits of Industrial Enterprises(10 000 yuan)	4189	6570	56.8
建筑业	**Construction**			
建筑企业单位数(个)	Number of Construction Enterprises(unit)	1	1	0.0
建筑企业从业人员(人)	Number of Employee in Construction Enterprises(person)	50	408	716.0
建筑业总产值(万元)	Gross Construction Output Value(10 000 yuan)	2103	3246	49.9
交通运输邮电通信业	**Transportation,Post & Telecommunications**			
公路里程(公里)	Total Length of Highways(km)	1389	1389	0.0
邮电业务总量(万元)	Business Volume of Post & Telecoms(10 000 yuan)	5008	6050	20.8
本地电话用户(户)	Number of Subscribers of Local Telephone(Household)	39849	39090	-1.9
国内贸易	**Demestic Trade**			
社会消费品零售总额(万元)	Total Retail Sales of Consumer Goods(10 000 yuan)	76655	88153	15.0
# 贸易业(万元)	Wholesale & Retail Sales Trades(10 000 yuan)	64180	74050	15.4
餐饮业(万元)	Catering Trade(10 000 yuan)	12475	14103	13.1
科技教育卫生	**Science,Education & Public Health**			
各类专业技术人员(人)	Speccial Technical Personnel(person)	8675	8114	-6.5
幼儿园数(所)	Number of Kindergartens(unit)	3	2	-33.3
学龄儿童入学率(%)	Percentage of School-Age Children Enrolled(%)	100.0	100.0	0.0
小学学校数(所)	Number of Primary Schools(unit)	146	117	-19.9
小学专任教师数(人)	Number of Full-time Teachers of Primary Schools(person)	2662	2578	-3.2
小学在校学生数(人)	Number of Student Enrollment of Primary Schools(person)	26646	26156	-1.8
普通中学学校数(所)	Number of Regular Secondary Schools(unit)	37	28	-24.3
普通中学专任教师数(人)	Number of Teachers of Secondary Shools(person)	1506	1506	0.0
初中在校学生数(人)	Number of Student in Junior Secondary Schools(person)	16022	15095	-5.8
高中在校学生数(人)	Number of Student in Senior Secondary Schools(person)	4414	5000	13.3
卫生机构数(所)	Number of Health Institutions(unit)	37	39	5.4
# 医院(所)	Hospitals(unit)	5	5	0.0
卫生院(所)	Township Hospitals(unit)	27	28	3.7
床位数(张)	Number of Beds(unit)	555	609	9.7
# 医院(张)	Hospitals(unit)	267	276	3.4
卫生院(张)	Township Hospitals(unit)	256	299	16.8
卫生技术人员(人)	Medical Technical Presonnel(person)	976	1006	3.1
# 医院(人)	Hospitals(person)	429	413	-3.7
卫生院(人)	Township Hospitals(person)	365	418	14.5

23-49 通辽市开鲁县

指 标	Item	2004	2005	2005年比上年增长% Increase Rate in 2005 Over 2004(%)
行政区域土地面积(平方公里)	**Area of Administration(Sq.km)**	**4488**	**4488**	**0.0**
人口和就业	**Population & Employment**			
年末总人口(人)	Total Population Year-end(person)	392434	389799	-0.7
# 男性(人)	Male(person)	200491	198223	-1.1
# 乡村人口(人)	Rural(person)	305514	306557	0.3
年末总户数(户)	Total Number of Households at the Year-end(Household)	116415	116083	-0.3
# 乡村户数(户)	Number of Rural Household(Household)	82549	82817	0.3
出生人口(人)	Births(person)	4497	3533	-21.4
死亡人口(人)	Deaths(person)	1748	5162	195.3
全社会就业人员(人)	Employment(person)	196859	198911	1.0
第一产业(人)	Primary Industry(person)	131922	129628	-1.7
第二产业(人)	Secondary Industry(person)	25165	29334	16.6
第三产业(人)	Tertiary Industry(person)	39772	39949	0.4
在岗职工人数(人)	Number of Staff & Workers Employed in(person)	21725	21315	-1.9
乡村劳动力(人)	Number of Rural Laborers(person)	162728	179535	10.3
# 农林牧渔业(人)	Farming,Forestry,Animal Husbandry & Fishery(person)	131922	129628	-1.7
国民经济综合指标	**Summary Item on the National Economy**			
生产总值(万元)	Gross Domestic Product(10 000 yuan)	312667	368905	16.3
第一产业(万元)	Primary Industry(10 000 yuan)	154265	176085	11.4
第二产业(万元)	Secondary Industry(10 000 yuan)	40402	52270	27.0
# 工业(万元)	Industry(10 000 yuan)	24692	32750	28.8
第三产业(万元)	Tertiary Industry(10 000 yuan)	118000	140550	19.1
人均生产总值(元)	Per Capita GDP(yuan)	8003	9432	16.2
全社会固定资产投资(万元)	Total Investment in Fixed Assets(10 000 yuan)	121000	139000	14.9
按登记注册类型分	Grouped by Registered Type			
# 国有(万元)	State-owned Enterprises(10 000 yuan)	71049	43623	-38.6
集体(万元)	Collective-owned Enterprises(10 000 yuan)	420	486	15.7
有限责任公司(万元)	Limited Liability Corporations(10 000 yuan)	15719	47803	204.1
股份有限公司(万元)	Share Holding Enterprises(10 000 yuan)	1500	13700	813.3
私营企业(万元)	Private Enterprises(10 000 yuan)	350	13055	3630.0
外商及港澳台投资企业(万元)	Funds from HK,Macao,Taiwan & Foreign(10 000 yuan)	1200	500	-58.3
按管理渠道分	Grouped by Channel of Management			
# 基本建设(万元)	Capital Construction(10 000 yuan)	24377	29534	21.2
更新改造(万元)	Innovation(10 000 yuan)	62641	74478	18.9
房地产开发(万元)	Real Estate Development(10 000 yuan)	3000	1825	-39.2
地方财政收入(万元)	Local Governments Revenue(10 000 yuan)	7797	8839	13.4
地方财政支出(万元)	Local Governments Expenditures(10 000 yuan)	28654	42007	46.6
城乡居民储蓄存款余额(万元)	Resident Saving Deposit in Urban & Rural(10 000 yuan)	76231	91381	19.9
在岗职工工资总额(万元)	Total Wages of Staff & Workers Empioyed in(10 000 yuan)	20467	22873	11.8
在岗职工平均工资(元)	Average Wage of Staff & Workers Employed in(yuan)	9345	10425	11.6
农牧民人均纯收入(元)	Per Capita Net Income of Peasant & Herdsman(yuan)	3808	4212	10.6
农村牧区经济	**Economic Development in Rural & Pastoral Area**			
耕地面积(公顷)	Cultivated Area(hectare)	103213	103375	0.2
农作物总播种面积(公顷)	Total Sown Area(hectare)	111072	116436	4.8
# 粮食作物播种面积(公顷)	Sown Area of Grain Crops(hectare)	74038	74353	0.4
有效灌溉面积(公顷)	Irrigated Area(hectare)	80080	82871	3.5
农牧业机械总动力(万千瓦)	Total Power of Agricultural Machinery(10 000 kw)	42.59	49.89	17.1
化肥施用折纯量(吨)	Consumption of Chemical Fertilizer(ton)	18438	20364	10.4
农村用电量(万千瓦小时)	Electricity Consumed in Rural Area(10 000 kwh)	6787	6968	2.7
农林牧渔业总产值(万元)	Gross Output of Farming,Forestry,Animal Husbandry & Fishery(10 000 yuan)	251419	286317	10.6
粮食产量(吨)	Yield of Grain(ton)	752927	761500	1.1
油料产量(吨)	Yield of Oil-bearing Grops(ton)	2502	2408	-3.8
甜菜产量(吨)	Yield of Beetroots(ton)	2472	6192	150.5
猪牛羊肉产量(吨)	Output of Pork, Beef & Mutton(ton)	44136	47181	6.9
# 猪肉产量(吨)	Output of Pork(ton)	33006	31346	-5.0
牛肉产量(吨)	Output of Beef(ton)	8230	11304	37.4
羊肉产量(吨)	Output of Mutton(ton)	2900	4531	56.2

23-49 Kailu County in Tongliao City

指 标	Item	2004	2005	2005年比上年增长% Increase Rate in 2005 Over 2004(%)
羊毛产量(吨)	Output of Wool(ton)	952	1628	71.0
年末牲畜存栏头数(万头只)	Total Livestock at the Year-end(10 000 heads)	101.79	114.69	12.7
# 大牲畜(万头只)	Large Animals(10 000 heads)	13.23	13.93	5.3
羊(万只)	Sheep & Goats(10 000 heads)	52.56	61.70	17.4
猪(万头)	Hogs(10 000 heads)	36.00	39.05	8.5
规模以上工业	**Industry with Independent Accounting System**			
工业企业单位数(个)	Number of Industrial Enterprises(unit)	13	15	15.4
# 内资企业(个)	Civil Funded Enterprises(unit)	13	15	15.4
工业总产值(万元)	Gross Industrial Output Value(10 000 yuan)	31261	65321	109.0
内资企业(万元)	Civil Funded Enterprises(10 000 yuan)	31261	65321	109.0
国有企业(万元)	State-owned Enterprises(10 000 yuan)	2300	7597	230.3
集体企业(万元)	Collective-owned Enterprises(10 000 yuan)	851		
股份合作企业(万元)	Share Holding Enterprises(10 000 yuan)	3139	2975	-5.2
联营企业(万元)	Joint Owned Enterprises(10 000 yuan)			
有限责任公司(万元)	Limited Company(10 000 yuan)			
股份有限公司(万元)	Share Holding Limited Company(10 000 yuan)	14075	1867	-86.7
私营企业(万元)	Privately Owned Enterprises(10 000 yuan)	10896	52882	385.3
其他企业(万元)	Enterprises of Other Ownership(10 000 yuan)			
港澳台商投资企业(万元)	Funds from HK,Macao & Taiwan(10 000 yuan)			
外商投资企业(万元)	Foreign Funded Enterprises(10 000 yuan)			
工业企业增加值(万元)	Value Added of Industrial Enterprises(10 000 yuan)	12324	25538	101.2
工业企业资产总计(万元)	Total Assets of Industrial Enterprises(10 000 yuan)	53678	68055	26.8
工业企业负债合计(万元)	Total Liabilities of Industrial Enterprises(10 000 yuan)	27138	34412	26.8
工业企业产品销售收入(万元)	Sales of Revenue Industrial Enterprises(10 000 yuan)	32894	63784	93.9
工业企业利润总额(万元)	Total Profits of Industrial Enterprises(10 000 yuan)	601	2114	251.8
建筑业	**Construction**			
建筑企业单位数(个)	Number of Construction Enterprises(unit)	3	3	0.0
建筑企业从业人员(人)	Number of Employee in Construction Enterprises(person)	1141	1028	-9.9
建筑业总产值(万元)	Gross Construction Output Value(10 000 yuan)	8201	9021	10.0
交通运输邮电通信业	**Transportation,Post & Telecommunications**			
公路里程(公里)	Total Length of Highways(km)	2947	2987	1.4
邮电业务总量(万元)	Business Volume of Post & Telecoms(10 000 yuan)	6163	7248	17.6
本地电话用户(户)	Number of Subscribers of Local Telephone(Household)	42069	48000	14.1
国内贸易	**Demestic Trade**			
社会消费品零售总额(万元)	Total Retail Sales of Consumer Goods(10 000 yuan)	76932	90225	17.3
# 贸易业(万元)	Wholesale & Retail Sales Trades(10 000 yuan)	68866	80769	17.3
餐饮业(万元)	Catering Trade(10 000 yuan)	8033	9419	17.3
科技教育卫生	**Science,Education & Public Health**			
各类专业技术人员(人)	Speccial Technical Personnel(person)	6412	5874	-8.4
幼儿园数(所)	Number of Kindergartens(unit)	1		
学龄儿童入学率(%)	Percentage of School-Age Children Enrolled(%)	100.0	100.0	0.0
小学学校数(所)	Number of Primary Schools(unit)	160	156	-2.5
小学专任教师数(人)	Number of Full-time Teachers of Primary Schools(person)	2508	2529	0.8
小学在校学生数(人)	Number of Student Enrollment of Primary Schools(person)	34126	31847	-6.7
普通中学学校数(所)	Number of Regular Secondary Schools(unit)	29	26	-10.3
普通中学专任教师数(人)	Number of Teachers of Secondary Shools(person)	1609	1704	5.9
初中在校学生数(人)	Number of Student in Junior Secondary Schools(person)	18353	18372	0.1
高中在校学生数(人)	Number of Student in Senior Secondary Schools(person)	4269	4820	12.9
卫生机构数(所)	Number of Health Institutions(unit)	28	26	-7.1
# 医院(所)	Hospitals(unit)	4	4	0.0
卫生院(所)	Township Hospitals(unit)	18	18	0.0
床位数(张)	Number of Beds(unit)	409	418	2.2
# 医院(张)	Hospitals(unit)	212	218	2.8
卫生院(张)	Township Hospitals(unit)	177	176	-0.6
卫生技术人员(人)	Medical Technical Presonnel(person)	916	889	-2.9
# 医院(人)	Hospitals(person)	365	365	0.0
卫生院(人)	Township Hospitals(person)	423	408	-3.5

23-50 通辽市库伦旗

指 标	Item	2004	2005	2005年比上年增长% Increase Rate in 2005 Over 2004(%)
行政区域土地面积(平方公里)	**Area of Administration(Sq.km)**	**4650**	**4650**	**0.0**
人口和就业	**Population & Employment**			
年末总人口(人)	Total Population Year-end(person)	176075	175266	-0.5
# 男性(人)	Male(person)	90925	90555	-0.4
# 乡村人口(人)	Rural(person)	140713	140724	0.0
年末总户数(户)	Total Number of Households at the Year-end(Household)	45670	46416	1.6
# 乡村户数(户)	Number of Rural Household(Household)	34712	34103	-1.8
出生人口(人)	Births(person)	1750	1718	-1.8
死亡人口(人)	Deaths(person)	369	1678	354.7
全社会就业人员(人)	Employment(person)	84285	87697	4.0
第一产业(人)	Primary Industry(person)	63616	63560	-0.1
第二产业(人)	Secondary Industry(person)	6559	9434	43.8
第三产业(人)	Tertiary Industry(person)	14110	14703	4.2
在岗职工人数(人)	Number of Staff & Workers Employed in(person)	10064	10169	1.0
乡村劳动力(人)	Number of Rural Laborers(person)	67865	71494	5.3
# 农林牧渔业(人)	Farming,Forestry,Animal Husbandry & Fishery(person)	61887	61756	-0.2
国民经济综合指标	**Summary Item on the National Economy**			
生产总值(万元)	Gross Domestic Product(10 000 yuan)	101002	121426	16.4
第一产业(万元)	Primary Industry(10 000 yuan)	35499	39767	8.8
第二产业(万元)	Secondary Industry(10 000 yuan)	25493	34139	28.4
# 工业(万元)	Industry(10 000 yuan)	17163	22637	25.6
第三产业(万元)	Tertiary Industry(10 000 yuan)	40010	47520	15.5
人均生产总值(元)	Per Capita GDP(yuan)	5756	6912	16.3
全社会固定资产投资(万元)	Total Investment in Fixed Assets(10 000 yuan)	57084	75110	31.6
按登记注册类型分	Grouped by Registered Type			
# 国有(万元)	State-owned Enterprises(10 000 yuan)	34589	37746	9.1
集体(万元)	Collective-owned Enterprises(10 000 yuan)	235		
有限责任公司(万元)	Limited Liability Corporations(10 000 yuan)	3400	1000	-70.6
股份有限公司(万元)	Share Holding Enterprises(10 000 yuan)	11868	16898	42.4
私营企业(万元)	Private Enterprises(10 000 yuan)	1832	18040	884.7
外商及港澳台投资企业(万元)	Funds from HK,Macao,Taiwan & Foreign(10 000 yuan)			
按管理渠道分	Grouped by Channel of Management			
# 基本建设(万元)	Capital Construction(10 000 yuan)	32048	40370	26.0
更新改造(万元)	Innovation(10 000 yuan)	19876	34740	74.8
房地产开发(万元)	Real Estate Development(10 000 yuan)			
地方财政收入(万元)	Local Governments Revenue(10 000 yuan)	4032	5218	29.4
地方财政支出(万元)	Local Governments Expenditures(10 000 yuan)	21989	29343	33.4
城乡居民储蓄存款余额(万元)	Resident Saving Deposit in Urban & Rural(10 000 yuan)	27757	32018	15.4
在岗职工工资总额(万元)	Total Wages of Staff & Workers Empioyed in(10 000 yuan)	10769	11566	7.4
在岗职工平均工资(元)	Average Wage of Staff & Workers Employed in(yuan)	10812	11474	6.1
农牧民人均纯收入(元)	Per Capita Net Income of Peasant & Herdsman(yuan)	2100	2520	20.0
农村牧区经济	**Economic Development in Rural & Pastoral Area**			
耕地面积(公顷)	Cultivated Area(hectare)	99582	98098	-1.5
农作物总播种面积(公顷)	Total Sown Area(hectare)	78806	77588	-1.5
# 粮食作物播种面积(公顷)	Sown Area of Grain Crops(hectare)	61235	62780	2.5
有效灌溉面积(公顷)	Irrigated Area(hectare)	20890	6970	-66.6
农牧业机械总动力(万千瓦)	Total Power of Agricultural Machinery(10 000 kw)	12.30	15.03	22.2
化肥施用折纯量(吨)	Consumption of Chemical Fertilizer(ton)	27695	23525	-15.1
农村用电量(万千瓦小时)	Electricity Consumed in Rural Area(10 000 kwh)	1970	1309	-33.6
农林牧渔业总产值(万元)	Gross Output of Farming,Forestry,Animal Husbandry & Fishery(10 000 yuan)	56734	64662	10.7
粮食产量(吨)	Yield of Grain(ton)	169096	267036	57.9
油料产量(吨)	Yield of Oil-bearing Grops(ton)	9550	11698	22.5
甜菜产量(吨)	Yield of Beetroots(ton)			
猪牛羊肉产量(吨)	Output of Pork, Beef & Mutton(ton)	15830	18690	18.1
# 猪肉产量(吨)	Output of Pork(ton)	9068	11070	22.1
牛肉产量(吨)	Output of Beef(ton)	4509	5332	18.3
羊肉产量(吨)	Output of Mutton(ton)	2253	2288	1.6

23-50 Kulun Banner in Tongliao City

指 标	Item	2004	2005	2005年比上年增长% Increase Rate in 2005 Over 2004(%)
羊毛产量(吨)	Output of Wool(ton)	246	336	36.6
年末牲畜存栏头数(万头只)	Total Livestock at the Year-end(10 000 heads)	40.53	47.86	18.1
# 大牲畜(万头只)	Large Animals(10 000 heads)	13.72	14.64	6.7
羊(万只)	Sheep & Goats(10 000 heads)	16.42	22.00	34.0
猪(万头)	Hogs(10 000 heads)	10.39	11.22	8.0
规模以上工业	**Industry with Independent Accounting System**			
工业企业单位数(个)	Number of Industrial Enterprises(unit)	7	9	28.6
# 内资企业(个)	Civil Funded Enterprises(unit)	7	9	28.6
工业总产值(万元)	Gross Industrial Output Value(10 000 yuan)	28320	48088	69.8
内资企业(万元)	Civil Funded Enterprises(10 000 yuan)	28320	48088	69.8
国有企业(万元)	State-owned Enterprises(10 000 yuan)	7880	10240	29.9
集体企业(万元)	Collective-owned Enterprises(10 000 yuan)	5253		
股份合作企业(万元)	Share Holding Enterprises(10 000 yuan)			
联营企业(万元)	Joint Owned Enterprises(10 000 yuan)			
有限责任公司(万元)	Limited Company(10 000 yuan)	8657	18940	118.8
股份有限公司(万元)	Share Holding Limited Company(10 000 yuan)		18908	
私营企业(万元)	Privately Owned Enterprises(10 000 yuan)	6530		
其他企业(万元)	Enterprises of Other Ownership(10 000 yuan)			
港澳台商投资企业(万元)	Funds from HK,Macao & Taiwan(10 000 yuan)			
外商投资企业(万元)	Foreign Funded Enterprises(10 000 yuan)			
工业企业增加值(万元)	Value Added of Industrial Enterprises(10 000 yuan)	11026	17931	54.9
工业企业资产总计(万元)	Total Assets of Industrial Enterprises(10 000 yuan)	22158	33344	50.5
工业企业负债合计(万元)	Total Liabilities of Industrial Enterprises(10 000 yuan)	14917	19358	29.8
工业企业产品销售收入(万元)	Sales of Revenue Industrial Enterprises(10 000 yuan)	26320	47554	80.7
工业企业利润总额(万元)	Total Profits of Industrial Enterprises(10 000 yuan)	1141	4846	324.7
建筑业	**Construction**			
建筑企业单位数(个)	Number of Construction Enterprises(unit)	1	1	0.0
建筑企业从业人员(人)	Number of Employee in Construction Enterprises(person)	130	130	0.0
建筑业总产值(万元)	Gross Construction Output Value(10 000 yuan)	300	681	120.4
交通运输邮电通信业	**Transportation,Post & Telecommunications**			
公路里程(公里)	Total Length of Highways(km)	1300	1300	0.0
邮电业务总量(万元)	Business Volume of Post & Telecoms(10 000 yuan)	2518	2873	14.1
本地电话用户(户)	Number of Subscribers of Local Telephone(Household)	41972	48038	14.5
国内贸易	**Demestic Trade**			
社会消费品零售总额(万元)	Total Retail Sales of Consumer Goods(10 000 yuan)	27660	31098	12.4
# 贸易业(万元)	Wholesale & Retail Sales Trades(10 000 yuan)	22209	25193	13.4
餐饮业(万元)	Catering Trade(10 000 yuan)	5451	3706	-32.0
科技教育卫生	**Science,Education & Public Health**			
各类专业技术人员(人)	Speccial Technical Personnel(person)	3913	3771	-3.6
幼儿园数(所)	Number of Kindergartens(unit)	3	3	0.0
学龄儿童入学率(%)	Percentage of School-Age Children Enrolled(%)	100.0	100.0	0.0
小学学校数(所)	Number of Primary Schools(unit)	39	30	-23.1
小学专任教师数(人)	Number of Full-time Teachers of Primary Schools(person)	1625	1514	-6.8
小学在校学生数(人)	Number of Student Enrollment of Primary Schools(person)	12649	12692	0.3
普通中学学校数(所)	Number of Regular Secondary Schools(unit)	12	11	-8.3
普通中学专任教师数(人)	Number of Teachers of Secondary Shools(person)	751	748	-0.4
初中在校学生数(人)	Number of Student in Junior Secondary Schools(person)	7050	6233	-11.6
高中在校学生数(人)	Number of Student in Senior Secondary Schools(person)	3536	3667	3.7
卫生机构数(所)	Number of Health Institutions(unit)	15	16	6.7
# 医院(所)	Hospitals(unit)	2	2	0.0
卫生院(所)	Township Hospitals(unit)	10	10	0.0
床位数(张)	Number of Beds(unit)	304	304	0.0
# 医院(张)	Hospitals(unit)	160	160	0.0
卫生院(张)	Township Hospitals(unit)	131	131	0.0
卫生技术人员(人)	Medical Technical Presonnel(person)	482	469	-2.7
# 医院(人)	Hospitals(person)	188	180	-4.3
卫生院(人)	Township Hospitals(person)	211	203	-3.8

23-51 通辽市奈曼旗

指 标	Item	2004	2005	2005年比上年增长% Increase Rate in 2005 Over 2004(%)
行政区域土地面积(平方公里)	**Area of Administration(Sq.km)**	**8120**	**8120**	**0.0**
人口和就业	**Population & Employment**			
年末总人口(人)	Total Population Year-end(person)	431536	433573	0.5
# 男性(人)	Male(person)	220961	222006	0.5
# 乡村人口(人)	Rural(person)	370946	371984	0.3
年末总户数(户)	Total Number of Households at the Year-end(Household)	119798	121592	1.5
# 乡村户数(户)	Number of Rural Household(Household)	92057	92163	0.1
出生人口(人)	Births(person)	4323	4446	2.8
死亡人口(人)	Deaths(person)	3199	2267	-29.1
全社会就业人员(人)	Employment(person)	190385	213476	12.1
第一产业(人)	Primary Industry(person)	134130	153161	14.2
第二产业(人)	Secondary Industry(person)	9249	24314	162.9
第三产业(人)	Tertiary Industry(person)	47006	36001	-23.4
在岗职工人数(人)	Number of Staff & Workers Employed in(person)	18709	18831	0.7
乡村劳动力(人)	Number of Rural Laborers(person)	163668	199953	22.2
# 农林牧渔业(人)	Farming,Forestry,Animal Husbandry & Fishery(person)	129865	148877	14.6
国民经济综合指标	**Summary Item on the National Economy**			
生产总值(万元)	Gross Domestic Product(10 000 yuan)	218156	266542	19.3
第一产业(万元)	Primary Industry(10 000 yuan)	81909	96760	14.7
第二产业(万元)	Secondary Industry(10 000 yuan)	30307	44653	41.2
# 工业(万元)	Industry(10 000 yuan)	21179	31001	39.4
第三产业(万元)	Tertiary Industry(10 000 yuan)	105940	125129	16.6
人均生产总值(元)	Per Capita GDP(yuan)	5056	6162	19.0
全社会固定资产投资(万元)	Total Investment in Fixed Assets(10 000 yuan)	87148	120572	38.4
按登记注册类型分	Grouped by Registered Type			
# 国有(万元)	State-owned Enterprises(10 000 yuan)	22717	22963	1.1
集体(万元)	Collective-owned Enterprises(10 000 yuan)	130		
有限责任公司(万元)	Limited Liability Corporations(10 000 yuan)	26322	38378	45.8
股份有限公司(万元)	Share Holding Enterprises(10 000 yuan)	12288	7150	-41.8
私营企业(万元)	Private Enterprises(10 000 yuan)	11022	24804	125.0
外商及港澳台投资企业(万元)	Funds from HK,Macao,Taiwan & Foreign(10 000 yuan)		4000	
按管理渠道分	Grouped by Channel of Management			
# 基本建设(万元)	Capital Construction(10 000 yuan)	26142	17052	-34.8
更新改造(万元)	Innovation(10 000 yuan)	43424	100850	132.2
房地产开发(万元)	Real Estate Development(10 000 yuan)	5482	2670	-51.3
地方财政收入(万元)	Local Governments Revenue(10 000 yuan)	7115	10215	43.6
地方财政支出(万元)	Local Governments Expenditures(10 000 yuan)	39131	51772	32.3
城乡居民储蓄存款余额(万元)	Resident Saving Deposit in Urban & Rural(10 000 yuan)	64988	84020	29.3
在岗职工工资总额(万元)	Total Wages of Staff & Workers Empioyed in(10 000 yuan)	18754	20150	7.4
在岗职工平均工资(元)	Average Wage of Staff & Workers Employed in(yuan)	10145	10800	6.5
农牧民人均纯收入(元)	Per Capita Net Income of Peasant & Herdsman(yuan)	2200	2619	19.1
农村牧区经济	**Economic Development in Rural & Pastoral Area**			
耕地面积(公顷)	Cultivated Area(hectare)	94760	127924	35.0
农作物总播种面积(公顷)	Total Sown Area(hectare)	118300	122590	3.6
# 粮食作物播种面积(公顷)	Sown Area of Grain Crops(hectare)	86453	94279	9.1
有效灌溉面积(公顷)	Irrigated Area(hectare)	43491	84200	93.6
农牧业机械总动力(万千瓦)	Total Power of Agricultural Machinery(10 000 kw)	37.69	41.11	9.1
化肥施用折纯量(吨)	Consumption of Chemical Fertilizer(ton)	52650	55707	5.8
农村用电量(万千瓦小时)	Electricity Consumed in Rural Area(10 000 kwh)	5939	6823	14.9
农林牧渔业总产值(万元)	Gross Output of Farming,Forestry,Animal Husbandry & Fishery(10 000 yuan)	131665	157334	16.0
粮食产量(吨)	Yield of Grain(ton)	366008	489500	33.7
油料产量(吨)	Yield of Oil-bearing Grops(ton)	6009	19780	229.2
甜菜产量(吨)	Yield of Beetroots(ton)	45	2625	5733.3
猪牛羊肉产量(吨)	Output of Pork, Beef & Mutton(ton)	35643	42043	18.0
# 猪肉产量(吨)	Output of Pork(ton)	27892	30084	7.9
牛肉产量(吨)	Output of Beef(ton)	5684	9000	58.3
羊肉产量(吨)	Output of Mutton(ton)	2067	2959	43.2

23-51 Naiman Banner in Tongliao City

指 标	Item	2004	2005	2005年比上年增长% Increase Rate in 2005 Over 2004(%)
羊毛产量(吨)	Output of Wool(ton)	1264	1476	16.8
年末牲畜存栏头数(万头只)	Total Livestock at the Year-end(10 000 heads)	96.73	113.42	17.3
# 大牲畜(万头只)	Large Animals(10 000 heads)	18.41	19.48	5.8
羊(万只)	Sheep & Goats(10 000 heads)	50.31	63.69	26.6
猪(万头)	Hogs(10 000 heads)	28.01	30.25	8.0
规模以上工业	**Industry with Independent Accounting System**			
工业企业单位数(个)	Number of Industrial Enterprises(unit)	10	12	20.0
# 内资企业(个)	Civil Funded Enterprises(unit)	8	12	50.0
工业总产值(万元)	Gross Industrial Output Value(10 000 yuan)	31207	55813	78.8
内资企业(万元)	Civil Funded Enterprises(10 000 yuan)	31207	55813	78.8
国有企业(万元)	State-owned Enterprises(10 000 yuan)	1452	5902	306.5
集体企业(万元)	Collective-owned Enterprises(10 000 yuan)			
股份合作企业(万元)	Share Holding Enterprises(10 000 yuan)			
联营企业(万元)	Joint Owned Enterprises(10 000 yuan)			
有限责任公司(万元)	Limited Company(10 000 yuan)	10087	22414	122.2
股份有限公司(万元)	Share Holding Limited Company(10 000 yuan)			
私营企业(万元)	Privately Owned Enterprises(10 000 yuan)	19668	27497	39.8
其他企业(万元)	Enterprises of Other Ownership(10 000 yuan)			
港澳台商投资企业(万元)	Funds from HK,Macao & Taiwan(10 000 yuan)			
外商投资企业(万元)	Foreign Funded Enterprises(10 000 yuan)			
工业企业增加值(万元)	Value Added of Industrial Enterprises(10 000 yuan)	11223	22924	94.6
工业企业资产总计(万元)	Total Assets of Industrial Enterprises(10 000 yuan)	36208	50517	39.5
工业企业负债合计(万元)	Total Liabilities of Industrial Enterprises(10 000 yuan)	29955	41628	39.0
工业企业产品销售收入(万元)	Sales of Revenue Industrial Enterprises(10 000 yuan)	37104	53849	45.1
工业企业利润总额(万元)	Total Profits of Industrial Enterprises(10 000 yuan)	1885	2638	40.0
建筑业	**Construction**			
建筑企业单位数(个)	Number of Construction Enterprises(unit)	3	3	0.0
建筑企业从业人员(人)	Number of Employee in Construction Enterprises(person)	410	190	-53.7
建筑业总产值(万元)	Gross Construction Output Value(10 000 yuan)	5908	6911	13.6
交通运输邮电通信业	**Transportation,Post & Telecommunications**			
公路里程(公里)	Total Length of Highways(km)	2550	2550	0.0
邮电业务总量(万元)	Business Volume of Post & Telecoms(10 000 yuan)	2400	2396	-0.2
本地电话用户(户)	Number of Subscribers of Local Telephone(Household)	75319	80600	7.0
国内贸易	**Demestic Trade**			
社会消费品零售总额(万元)	Total Retail Sales of Consumer Goods(10 000 yuan)	68251	78041	14.3
# 贸易业(万元)	Wholesale & Retail Sales Trades(10 000 yuan)	57647	66725	15.7
餐饮业(万元)	Catering Trade(10 000 yuan)	10601	11310	6.7
科技教育卫生	**Science,Education & Public Health**			
各类专业技术人员(人)	Speccial Technical Personnel(person)	7625	7957	4.4
幼儿园数(所)	Number of Kindergartens(unit)	3	2	-33.3
学龄儿童入学率(%)	Percentage of School-Age Children Enrolled(%)	100.0	100.0	0.0
小学学校数(所)	Number of Primary Schools(unit)	174	163	-6.3
小学专任教师数(人)	Number of Full-time Teachers of Primary Schools(person)	2432	2419	-0.5
小学在校学生数(人)	Number of Student Enrollment of Primary Schools(person)	33766	30765	-8.9
普通中学学校数(所)	Number of Regular Secondary Schools(unit)	28	27	-3.6
普通中学专任教师数(人)	Number of Teachers of Secondary Shools(person)	1403	1431	2.0
初中在校学生数(人)	Number of Student in Junior Secondary Schools(person)	19654	18524	-5.7
高中在校学生数(人)	Number of Student in Senior Secondary Schools(person)	6721	7896	17.5
卫生机构数(所)	Number of Health Institutions(unit)	26	28	7.7
# 医院(所)	Hospitals(unit)	2	3	50.0
卫生院(所)	Township Hospitals(unit)	21	21	0.0
床位数(张)	Number of Beds(unit)	468	560	19.7
# 医院(张)	Hospitals(unit)	148	165	11.5
卫生院(张)	Township Hospitals(unit)	276	357	29.3
卫生技术人员(人)	Medical Technical Presonnel(person)	964	975	1.1
# 医院(人)	Hospitals(person)	246	270	9.8
卫生院(人)	Township Hospitals(person)	616	607	-1.5

23-52 通辽市扎鲁特旗

指 标	Item	2004	2005	2005年比上年增长% Increase Rate in 2005 Over 2004(%)
行政区域土地面积(平方公里)	**Area of Administration(Sq.km)**	**17193**	**17193**	**0.0**
人口和就业	**Population & Employment**			
年末总人口(人)	Total Population Year-end(person)	304514	302424	-0.7
# 男性(人)	Male(person)	154970	153350	-1.0
# 乡村人口(人)	Rural(person)	237416	239926	1.1
年末总户数(户)	Total Number of Households at the Year-end(Household)	84713	88916	5.0
# 乡村户数(户)	Number of Rural Household(Household)	59116	59156	0.1
出生人口(人)	Births(person)	2998	2386	-20.4
死亡人口(人)	Deaths(person)	961	1530	59.2
全社会就业人员(人)	Employment(person)	128836	135819	5.4
第一产业(人)	Primary Industry(person)	89200	93715	5.1
第二产业(人)	Secondary Industry(person)	9382	9780	4.2
第三产业(人)	Tertiary Industry(person)	30254	32324	6.8
在岗职工人数(人)	Number of Staff & Workers Employed in(person)	22479	22724	1.1
乡村劳动力(人)	Number of Rural Laborers(person)	102106	111334	9.0
# 农林牧渔业(人)	Farming,Forestry,Animal Husbandry & Fishery(person)	88200	87635	-0.6
国民经济综合指标	**Summary Item on the National Economy**			
生产总值(万元)	Gross Domestic Product(10 000 yuan)	210651	264164	20.5
第一产业(万元)	Primary Industry(10 000 yuan)	86638	106046	18.8
第二产业(万元)	Secondary Industry(10 000 yuan)	30961	41303	27.1
# 工业(万元)	Industry(10 000 yuan)	20141	27783	30.1
第三产业(万元)	Tertiary Industry(10 000 yuan)	93052	116815	20.0
人均生产总值(元)	Per Capita GDP(yuan)	6930	8705	20.7
全社会固定资产投资(万元)	Total Investment in Fixed Assets(10 000 yuan)	105000	157000	49.5
按登记注册类型分	Grouped by Registered Type			
# 国有(万元)	State-owned Enterprises(10 000 yuan)	31982	44179	38.1
集体(万元)	Collective-owned Enterprises(10 000 yuan)	5476	6000	9.6
有限责任公司(万元)	Limited Liability Corporations(10 000 yuan)	10247	26040	154.1
股份有限公司(万元)	Share Holding Enterprises(10 000 yuan)	18829	17670	-6.2
私营企业(万元)	Private Enterprises(10 000 yuan)	7030	17580	150.1
外商及港澳台投资企业(万元)	Funds from HK,Macao,Taiwan & Foreign(10 000 yuan)			
按管理渠道分	Grouped by Channel of Management			
# 基本建设(万元)	Capital Construction(10 000 yuan)	65083	52389	-19.5
更新改造(万元)	Innovation(10 000 yuan)	22847	50500	121.0
房地产开发(万元)	Real Estate Development(10 000 yuan)			
地方财政收入(万元)	Local Governments Revenue(10 000 yuan)	9963	11320	13.6
地方财政支出(万元)	Local Governments Expenditures(10 000 yuan)	36761	45227	23.0
城乡居民储蓄存款余额(万元)	Resident Saving Deposit in Urban & Rural(10 000 yuan)	57889	67003	15.7
在岗职工工资总额(万元)	Total Wages of Staff & Workers Empioyed in(10 000 yuan)	20631	21909	6.2
在岗职工平均工资(元)	Average Wage of Staff & Workers Employed in(yuan)	9178	9652	5.2
农牧民人均纯收入(元)	Per Capita Net Income of Peasant & Herdsman(yuan)	2785	3205	15.1
农村牧区经济	**Economic Development in Rural & Pastoral Area**			
耕地面积(公顷)	Cultivated Area(hectare)	106445	126050	18.4
农作物总播种面积(公顷)	Total Sown Area(hectare)	109456	113191	3.4
# 粮食作物播种面积(公顷)	Sown Area of Grain Crops(hectare)	84921	87801	3.4
有效灌溉面积(公顷)	Irrigated Area(hectare)	55853	56053	0.4
农牧业机械总动力(万千瓦)	Total Power of Agricultural Machinery(10 000 kw)	33.42	34.54	3.4
化肥施用折纯量(吨)	Consumption of Chemical Fertilizer(ton)	12474	19503	56.3
农村用电量(万千瓦小时)	Electricity Consumed in Rural Area(10 000 kwh)	2645	2816	6.5
农林牧渔业总产值(万元)	Gross Output of Farming,Forestry,Animal Husbandry & Fishery(10 000 yuan)	144770	176498	18.3
粮食产量(吨)	Yield of Grain(ton)	243477	352102	44.6
油料产量(吨)	Yield of Oil-bearing Grops(ton)	7256	8348	15.0
甜菜产量(吨)	Yield of Beetroots(ton)		7	
猪牛羊肉产量(吨)	Output of Pork, Beef & Mutton(ton)	36324	44855	23.5
# 猪肉产量(吨)	Output of Pork(ton)	9757	10869	11.4
牛肉产量(吨)	Output of Beef(ton)	14636	16786	14.7
羊肉产量(吨)	Output of Mutton(ton)	11931	17200	44.2

23-52 Zhalute Banner in Tongliao City

指 标	Item	2004	2005	2005年比上年增长% Increase Rate in 2005 Over 2004(%)
羊毛产量(吨)	Output of Wool(ton)	1588	2145	35.1
年末牲畜存栏头数(万头只)	Total Livestock at the Year-end(10 000 heads)	156.44	207.80	32.8
# 大牲畜(万头只)	Large Animals(10 000 heads)	18.05	23.53	30.4
羊(万只)	Sheep & Goats(10 000 heads)	125.30	170.45	36.0
猪(万头)	Hogs(10 000 heads)	13.09	13.14	0.4
规模以上工业	**Industry with Independent Accounting System**			
工业企业单位数(个)	Number of Industrial Enterprises(unit)	9	11	22.2
# 内资企业(个)	Civil Funded Enterprises(unit)	9	11	22.2
工业总产值(万元)	Gross Industrial Output Value(10 000 yuan)	33213	53702	61.7
内资企业(万元)	Civil Funded Enterprises(10 000 yuan)	33213	53702	61.7
国有企业(万元)	State-owned Enterprises(10 000 yuan)	1591	4316	171.3
集体企业(万元)	Collective-owned Enterprises(10 000 yuan)	1417		
股份合作企业(万元)	Share Holding Enterprises(10 000 yuan)	5532	8009	44.8
联营企业(万元)	Joint Owned Enterprises(10 000 yuan)			
有限责任公司(万元)	Limited Company(10 000 yuan)	16114	27338	69.7
股份有限公司(万元)	Share Holding Limited Company(10 000 yuan)	2725	2449	-10.1
私营企业(万元)	Privately Owned Enterprises(10 000 yuan)	5834	11589	98.7
其他企业(万元)	Enterprises of Other Ownership(10 000 yuan)			
港澳台商投资企业(万元)	Funds from HK,Macao & Taiwan(10 000 yuan)			
外商投资企业(万元)	Foreign Funded Enterprises(10 000 yuan)			
工业企业增加值(万元)	Value Added of Industrial Enterprises(10 000 yuan)	16182	26248	53.0
工业企业资产总计(万元)	Total Assets of Industrial Enterprises(10 000 yuan)	26870	39300	46.3
工业企业负债合计(万元)	Total Liabilities of Industrial Enterprises(10 000 yuan)	18569	30374	63.6
工业企业产品销售收入(万元)	Sales of Revenue Industrial Enterprises(10 000 yuan)	25567	41381	61.9
工业企业利润总额(万元)	Total Profits of Industrial Enterprises(10 000 yuan)	275	825	199.9
建筑业	**Construction**			
建筑企业单位数(个)	Number of Construction Enterprises(unit)	1	2	100.0
建筑企业从业人员(人)	Number of Employee in Construction Enterprises(person)	25	117	368.0
建筑业总产值(万元)	Gross Construction Output Value(10 000 yuan)	1892	3111	59.6
交通运输邮电通信业	**Transportation,Post & Telecommunications**			
公路里程(公里)	Total Length of Highways(km)	1171	1308	11.7
邮电业务总量(万元)	Business Volume of Post & Telecoms(10 000 yuan)	4493	5642	25.6
本地电话用户(户)	Number of Subscribers of Local Telephone(Household)	70154	73562	4.9
国内贸易	**Demestic Trade**			
社会消费品零售总额(万元)	Total Retail Sales of Consumer Goods(10 000 yuan)	68160	78320	14.9
# 贸易业(万元)	Wholesale & Retail Sales Trades(10 000 yuan)	56905	67845	19.2
餐饮业(万元)	Catering Trade(10 000 yuan)	11253	10430	-7.3
科技教育卫生	**Science,Education & Public Health**			
各类专业技术人员(人)	Speccial Technical Personnel(person)	6768	6782	0.2
幼儿园数(所)	Number of Kindergartens(unit)	2	2	0.0
学龄儿童入学率(%)	Percentage of School-Age Children Enrolled(%)	100.0	100.0	0.0
小学学校数(所)	Number of Primary Schools(unit)	84	84	0.0
小学专任教师数(人)	Number of Full-time Teachers of Primary Schools(person)	2540	2500	-1.6
小学在校学生数(人)	Number of Student Enrollment of Primary Schools(person)	23588	21940	-7.0
普通中学学校数(所)	Number of Regular Secondary Schools(unit)	35	33	-5.7
普通中学专任教师数(人)	Number of Teachers of Secondary Shools(person)	1309	1314	0.4
初中在校学生数(人)	Number of Student in Junior Secondary Schools(person)	15822	13811	-12.7
高中在校学生数(人)	Number of Student in Senior Secondary Schools(person)	3931	5283	34.4
卫生机构数(所)	Number of Health Institutions(unit)	32	33	3.1
# 医院(所)	Hospitals(unit)	2	2	0.0
卫生院(所)	Township Hospitals(unit)	26	26	0.0
床位数(张)	Number of Beds(unit)	368	370	0.5
# 医院(张)	Hospitals(unit)	170	170	0.0
卫生院(张)	Township Hospitals(unit)	184	200	8.7
卫生技术人员(人)	Medical Technical Presonnel(person)	785	782	-0.4
# 医院(人)	Hospitals(person)	260	258	-0.8
卫生院(人)	Township Hospitals(person)	419	396	-5.5

23-53 赤峰市红山区

指 标	Item	2004	2005	2005年比上年增长% Increase Rate in 2005 Over 2004(%)
行政区域土地面积（平方公里）	**Area of Administration(Sq.km)**	**170**	**170**	**0.0**
人口和就业	**Population & Employment**			
年末总人口(人)	Total Population Year-end(person)	303846	305281	0.5
#男性(人)	Male(person)	150863	152150	0.9
#乡村人口(人)	Rural(person)	49903	49778	-0.3
年末总户数(户)	Total Number of Households at the Year-end(Household)	109037	110297	1.2
#乡村户数(户)	Number of Rural Household(Household)	15688	15685	0.0
出生人口(人)	Births(person)	2302	2367	2.8
死亡人口(人)	Deaths(person)	698	1070	53.3
全社会就业人员(人)	Employment(person)	149462	129634	-13.3
第一产业(人)	Primary Industry(person)	9768	9732	-0.4
第二产业(人)	Secondary Industry(person)	31037	31579	1.7
第三产业(人)	Tertiary Industry(person)	108657	88323	-18.7
在岗职工人数(人)	Number of Staff & Workers Employed in(person)	53578	49754	-7.1
乡村劳动力(人)	Number of Rural Laborers(person)	26277	26334	0.2
#农林牧渔业(人)	Farming,Forestry,Animal Husbandry & Fishery(person)	11426	10939	-4.3
国民经济综合指标	**Summary Item on the National Economy**			
生产总值(万元)	Gross Domestic Product(10 000 yuan)	416020	515423	22.5
第一产业(万元)	Primary Industry(10 000 yuan)	15219	17367	11.2
第二产业(万元)	Secondary Industry(10 000 yuan)	157686	202105	24.1
#工业(万元)	Industry(10 000 yuan)	137901	178670	25.5
第三产业(万元)	Tertiary Industry(10 000 yuan)	243115	295951	22.1
人均生产总值(元)	Per Capita GDP(yuan)	13692	16884	21.2
全社会固定资产投资(万元)	Total Investment in Fixed Assets(10 000 yuan)	156977	221457	41.1
按登记注册类型分	Grouped by Registered Type			
#国有(万元)	State-owned Enterprises(10 000 yuan)	33564	49929	48.8
集体(万元)	Collective-owned Enterprises(10 000 yuan)	4785	2478	-48.2
有限责任公司(万元)	Limited Liability Corporations(10 000 yuan)	49964	107944	116.0
股份有限公司(万元)	Share Holding Enterprises(10 000 yuan)	36596	18024	-50.7
私营企业(万元)	Private Enterprises(10 000 yuan)	16342	34462	110.9
外商及港澳台投资企业(万元)	Funds from HK,Macao,Taiwan & Foreign(10 000 yuan)	13720	7970	-41.9
按管理渠道分	Grouped by Channel of Management			
#基本建设(万元)	Capital Construction(10 000 yuan)	76834	78582	2.3
更新改造(万元)	Innovation(10 000 yuan)	11066	52086	370.7
房地产开发(万元)	Real Estate Development(10 000 yuan)	62672	72704	16.0
地方财政收入(万元)	Local Governments Revenue(10 000 yuan)	27186	34636	27.4
地方财政支出(万元)	Local Governments Expenditures(10 000 yuan)	29060	33279	14.5
城乡居民储蓄存款余额(万元)	Resident Saving Deposit in Urban & Rural(10 000 yuan)			
在岗职工工资总额(万元)	Total Wages of Staff & Workers Empioyed in(10 000 yuan)	64955	64963	0.0
在岗职工平均工资(元)	Average Wage of Staff & Workers Employed in(yuan)	12240	13382	9.3
农牧民人均纯收入(元)	Per Capita Net Income of Peasant & Herdsman(yuan)	4587	5157	12.4
农村牧区经济	**Economic Development in Rural & Pastoral Area**			
耕地面积(公顷)	Cultivated Area(hectare)	2814	2734	-2.8
农作物总播种面积(公顷)	Total Sown Area(hectare)	3728	3575	-4.1
#粮食作物播种面积(公顷)	Sown Area of Grain Crops(hectare)	2216	2042	-7.9
有效灌溉面积(公顷)	Irrigated Area(hectare)	2660	2532	-4.8
农牧业机械总动力(万千瓦)	Total Power of Agricultural Machinery(10 000 kw)	4.53	4.54	0.2
化肥施用折纯量(吨)	Consumption of Chemical Fertilizer(ton)	1956	1947	-0.5
农村用电量(万千瓦小时)	Electricity Consumed in Rural Area(10 000 kwh)	1433	1459	1.8
农林牧渔业总产值(万元)	Gross Output of Farming,Forestry,Animal Husbandry & Fishery(10 000 yuan)	27916	28970	11.0
粮食产量(吨)	Yield of Grain(ton)	22509	21399	-4.9
油料产量(吨)	Yield of Oil-bearing Grops(ton)	49	51	4.1
甜菜产量(吨)	Yield of Beetroots(ton)			
猪牛羊肉产量(吨)	Output of Pork, Beef & Mutton(ton)	5588	4852	-13.2
#猪肉产量(吨)	Output of Pork(ton)	1858	1653	-11.0
牛肉产量(吨)	Output of Beef(ton)	3306	2756	-16.6
羊肉产量(吨)	Output of Mutton(ton)	424	443	4.5

23-53 Hongshan District in Chifeng City

指 标	Item	2004	2005	2005年比上年增长% Increase Rate in 2005 Over 2004(%)
羊毛产量(吨)	Output of Wool(ton)	23	24	4.3
年末牲畜存栏头数(万头只)	Total Livestock at the Year-end(10 000 heads)	3.61	4.23	17.2
# 大牲畜(万头只)	Large Animals(10 000 heads)	1.25	1.30	4.0
羊(万只)	Sheep & Goats(10 000 heads)	1.36	1.95	43.4
猪(万头)	Hogs(10 000 heads)	1.00	0.98	-2.0
规模以上工业	**Industry with Independent Accounting System**			
工业企业单位数(个)	Number of Industrial Enterprises(unit)	31	31	0.0
# 内资企业(个)	Civil Funded Enterprises(unit)	26	26	0.0
工业总产值(万元)	Gross Industrial Output Value(10 000 yuan)	296363	425897	43.7
内资企业(万元)	Civil Funded Enterprises(10 000 yuan)	210715	321207	52.4
国有企业(万元)	State-owned Enterprises(10 000 yuan)	67501	119050	76.4
集体企业(万元)	Collective-owned Enterprises(10 000 yuan)			
股份合作企业(万元)	Share Holding Enterprises(10 000 yuan)	4871	29309	501.7
联营企业(万元)	Joint Owned Enterprises(10 000 yuan)			
有限责任公司(万元)	Limited Company(10 000 yuan)	131143	140017	6.8
股份有限公司(万元)	Share Holding Limited Company(10 000 yuan)	7200	32831	356.0
私营企业(万元)	Privately Owned Enterprises(10 000 yuan)			
其他企业(万元)	Enterprises of Other Ownership(10 000 yuan)			
港澳台商投资企业(万元)	Funds from HK,Macao & Taiwan(10 000 yuan)	33007	34276	3.8
外商投资企业(万元)	Foreign Funded Enterprises(10 000 yuan)	52641	70414	33.8
工业企业增加值(万元)	Value Added of Industrial Enterprises(10 000 yuan)	99175	130474	24.8
工业企业资产总计(万元)	Total Assets of Industrial Enterprises(10 000 yuan)	683302	553535	-19.0
工业企业负债合计(万元)	Total Liabilities of Industrial Enterprises(10 000 yuan)	354189	262853	-25.8
工业企业产品销售收入(万元)	Sales of Revenue Industrial Enterprises(10 000 yuan)	308495	434378	40.8
工业企业利润总额(万元)	Total Profits of Industrial Enterprises(10 000 yuan)	10122	19222	89.9
建筑业	**Construction**			
建筑企业单位数(个)	Number of Construction Enterprises(unit)	22	22	0.0
建筑企业从业人员(人)	Number of Employee in Construction Enterprises(person)	5626	11427	103.1
建筑业总产值(万元)	Gross Construction Output Value(10 000 yuan)	58327	83930	36.4
交通运输邮电通信业	**Transportation,Post & Telecommunications**			
公路里程(公里)	Total Length of Highways(km)	112	112	0.0
邮电业务总量(万元)	Business Volume of Post & Telecoms(10 000 yuan)			
本地电话用户(户)	Number of Subscribers of Local Telephone(Household)	81920	82100	0.2
国内贸易	**Demestic Trade**			
社会消费品零售总额(万元)	Total Retail Sales of Consumer Goods(10 000 yuan)	285490	337948	18.4
# 贸易业(万元)	Wholesale & Retail Sales Trades(10 000 yuan)	238976	284469	19.0
餐饮业(万元)	Catering Trade(10 000 yuan)	23721	26110	10.1
科技教育卫生	**Science,Education & Public Health**			
各类专业技术人员(人)	Speccial Technical Personnel(person)	5502	5456	-0.8
幼儿园数(所)	Number of Kindergartens(unit)	36	34	-5.6
学龄儿童入学率(%)	Percentage of School-Age Children Enrolled(%)	100.0	100.0	0.0
小学学校数(所)	Number of Primary Schools(unit)	33	33	0.0
小学专任教师数(人)	Number of Full-time Teachers of Primary Schools(person)	1788	1791	0.2
小学在校学生数(人)	Number of Student Enrollment of Primary Schools(person)	23090	23167	0.3
普通中学学校数(所)	Number of Regular Secondary Schools(unit)	22	21	-4.5
普通中学专任教师数(人)	Number of Teachers of Secondary Shools(person)	2039	1999	-2.0
初中在校学生数(人)	Number of Student in Junior Secondary Schools(person)	12864	12070	-6.2
高中在校学生数(人)	Number of Student in Senior Secondary Schools(person)	16688	17243	3.3
卫生机构数(所)	Number of Health Institutions(unit)	19	19	0.0
# 医院(所)	Hospitals(unit)	7	7	0.0
卫生院(所)	Township Hospitals(unit)	2	2	0.0
床位数(张)	Number of Beds(unit)	2337	2392	2.4
# 医院(张)	Hospitals(unit)	2228	2259	1.4
卫生院(张)	Township Hospitals(unit)	59	63	6.8
卫生技术人员(人)	Medical Technical Presonnel(person)	2918	2941	0.8
# 医院(人)	Hospitals(person)	2756	2778	0.8
卫生院(人)	Township Hospitals(person)	51	55	7.8

23-54 赤峰市元宝山区

指 标	Item	2004	2005	2005年比上年增长% Increase Rate in 2005 Over 2004(%)
行政区域土地面积(平方公里)	**Area of Administration(Sq.km)**	**887**	**887**	**0.0**
人口和就业	**Population & Employment**			
年末总人口(人)	Total Population Year-end(person)	290996	291219	0.1
#男性(人)	Male(person)	148219	148213	0.0
#乡村人口(人)	Rural(person)	126352	127365	0.8
年末总户数(户)	Total Number of Households at the Year-end(Household)	98171	99164	1.0
#乡村户数(户)	Number of Rural Household(Household)	34181	34679	1.5
出生人口(人)	Births(person)	2506	2466	-1.6
死亡人口(人)	Deaths(person)	1153	1320	14.5
全社会就业人员(人)	Employment(person)	134894	141773	5.1
第一产业(人)	Primary Industry(person)	31599	32799	3.8
第二产业(人)	Secondary Industry(person)	71706	74701	4.2
第三产业(人)	Tertiary Industry(person)	31589	34273	8.5
在岗职工人数(人)	Number of Staff & Workers Employed in(person)	41566	40630	-2.3
乡村劳动力(人)	Number of Rural Laborers(person)	64463	66705	3.5
#农林牧渔业(人)	Farming,Forestry,Animal Husbandry & Fishery(person)	31446	32641	3.8
国民经济综合指标	**Summary Item on the National Economy**			
生产总值(万元)	Gross Domestic Product(10 000 yuan)	424798	556485	27.5
第一产业(万元)	Primary Industry(10 000 yuan)	35473	55450	52.4
第二产业(万元)	Secondary Industry(10 000 yuan)	241238	325571	29.9
#工业(万元)	Industry(10 000 yuan)	218345	300022	32.2
第三产业(万元)	Tertiary Industry(10 000 yuan)	148087	175464	18.4
人均生产总值(元)	Per Capita GDP(yuan)	14594	19116	27.5
全社会固定资产投资(万元)	Total Investment in Fixed Assets(10 000 yuan)	177829	246106	38.4
按登记注册类型分	Grouped by Registered Type			
#国有(万元)	State-owned Enterprises(10 000 yuan)	57103	106408	86.3
集体(万元)	Collective-owned Enterprises(10 000 yuan)	35565	30672	-13.8
有限责任公司(万元)	Limited Liability Corporations(10 000 yuan)	40861	62785	53.7
股份有限公司(万元)	Share Holding Enterprises(10 000 yuan)	3990	9345	134.2
私营企业(万元)	Private Enterprises(10 000 yuan)	750	3637	384.9
外商及港澳台投资企业(万元)	Funds from HK,Macao,Taiwan & Foreign(10 000 yuan)			
按管理渠道分	Grouped by Channel of Management			
#基本建设(万元)	Capital Construction(10 000 yuan)	70423	129084	83.3
更新改造(万元)	Innovation(10 000 yuan)		17055	
房地产开发(万元)	Real Estate Development(10 000 yuan)	8416	29656	252.4
地方财政收入(万元)	Local Governments Revenue(10 000 yuan)	22728	28452	25.2
地方财政支出(万元)	Local Governments Expenditures(10 000 yuan)	28906	37420	29.5
城乡居民储蓄存款余额(万元)	Resident Saving Deposit in Urban & Rural(10 000 yuan)	282529	350280	24.0
在岗职工工资总额(万元)	Total Wages of Staff & Workers Empioyed in(10 000 yuan)	50776	67881	33.7
在岗职工平均工资(元)	Average Wage of Staff & Workers Employed in(yuan)	11339	15164	33.7
农牧民人均纯收入(元)	Per Capita Net Income of Peasant & Herdsman(yuan)	4006	4580	14.3
农村牧区经济	**Economic Development in Rural & Pastoral Area**			
耕地面积(公顷)	Cultivated Area(hectare)	20180	20141	-0.2
农作物总播种面积(公顷)	Total Sown Area(hectare)	20475	21194	3.5
#粮食作物播种面积(公顷)	Sown Area of Grain Crops(hectare)	16530	10664	-35.5
有效灌溉面积(公顷)	Irrigated Area(hectare)	10165	10928	7.5
农牧业机械总动力(万千瓦)	Total Power of Agricultural Machinery(10 000 kw)	9.60	9.70	1.0
化肥施用折纯量(吨)	Consumption of Chemical Fertilizer(ton)	5967	6441	7.9
农村用电量(万千瓦小时)	Electricity Consumed in Rural Area(10 000 kwh)	17291	19877	15.0
农林牧渔业总产值(万元)	Gross Output of Farming,Forestry,Animal Husbandry & Fishery(10 000 yuan)	68177	92496	32.3
粮食产量(吨)	Yield of Grain(ton)	90268	100544	11.4
油料产量(吨)	Yield of Oil-bearing Grops(ton)	305	1009	230.8
甜菜产量(吨)	Yield of Beetroots(ton)	720	230	-68.1
猪牛羊肉产量(吨)	Output of Pork, Beef & Mutton(ton)	11616	11935	2.7
#猪肉产量(吨)	Output of Pork(ton)	3761	3936	4.7
牛肉产量(吨)	Output of Beef(ton)	6652	6394	-3.9
羊肉产量(吨)	Output of Mutton(ton)	1203	1605	33.4

23-54 Yuanbaoshan District in Chifeng City

指 标	Item	2004	2005	2005年比上年增长% Increase Rate in 2005 Over 2004(%)
羊毛产量(吨)	Output of Wool(ton)	159	355	123.3
年末牲畜存栏头数(万头只)	Total Livestock at the Year-end(10 000 heads)	16.88	19.11	13.2
# 大牲畜(万头只)。	Large Animals(10 000 heads)	5.42	6.88	26.9
羊(万只)	Sheep & Goats(10 000 heads)	7.95	8.92	12.2
猪(万头)	Hogs(10 000 heads)	3.51	3.31	-5.7
规模以上工业	**Industry with Independent Accounting System**			
工业企业单位数(个)	Number of Industrial Enterprises(unit)	32	32	0.0
# 内资企业(个)	Civil Funded Enterprises(unit)	32	32	0.0
工业总产值(万元)	Gross Industrial Output Value(10 000 yuan)	565166	720034	27.4
内资企业(万元)	Civil Funded Enterprises(10 000 yuan)	565166	720034	27.4
国有企业(万元)	State-owned Enterprises(10 000 yuan)	92519	120052	29.8
集体企业(万元)	Collective-owned Enterprises(10 000 yuan)	33391	38402	15.0
股份合作企业(万元)	Share Holding Enterprises(10 000 yuan)			
联营企业(万元)	Joint Owned Enterprises(10 000 yuan)			
有限责任公司(万元)	Limited Company(10 000 yuan)	225084	337403	49.9
股份有限公司(万元)	Share Holding Limited Company(10 000 yuan)	214172	222463	3.9
私营企业(万元)	Privately Owned Enterprises(10 000 yuan)		1714	
其他企业(万元)	Enterprises of Other Ownership(10 000 yuan)			
港澳台商投资企业(万元)	Funds from HK,Macao & Taiwan(10 000 yuan)			
外商投资企业(万元)	Foreign Funded Enterprises(10 000 yuan)			
工业企业增加值(万元)	Value Added of Industrial Enterprises(10 000 yuan)	188483	266231	29.2
工业企业资产总计(万元)	Total Assets of Industrial Enterprises(10 000 yuan)	1256300	1586341	26.3
工业企业负债合计(万元)	Total Liabilities of Industrial Enterprises(10 000 yuan)	849694	970295	14.2
工业企业产品销售收入(万元)	Sales of Revenue Industrial Enterprises(10 000 yuan)	577449	706083	22.3
工业企业利润总额(万元)	Total Profits of Industrial Enterprises(10 000 yuan)	10777	19088	77.1
建筑业	**Construction**			
建筑企业单位数(个)	Number of Construction Enterprises(unit)	11	9	-18.2
建筑企业从业人员(人)	Number of Employee in Construction Enterprises(person)	6199	3053	-50.8
建筑业总产值(万元)	Gross Construction Output Value(10 000 yuan)	31352	33469	2.2
交通运输邮电通信业	**Transportation,Post & Telecommunications**			
公路里程(公里)	Total Length of Highways(km)	299	301	0.7
邮电业务总量(万元)	Business Volume of Post & Telecoms(10 000 yuan)	7231	9638	33.3
本地电话用户(户)	Number of Subscribers of Local Telephone(Household)	62248	65492	5.2
国内贸易	**Demestic Trade**			
社会消费品零售总额(万元)	Total Retail Sales of Consumer Goods(10 000 yuan)	173850	204449	17.6
# 贸易业(万元)	Wholesale & Retail Sales Trades(10 000 yuan)	146105	170395	16.6
餐饮业(万元)	Catering Trade(10 000 yuan)	21360	26839	25.7
科技教育卫生	**Science,Education & Public Health**			
各类专业技术人员(人)	Speccial Technical Personnel(person)	4808	5108	6.2
幼儿园数(所)	Number of Kindergartens(unit)	29	29	0.0
学龄儿童入学率(%)	Percentage of School-Age Children Enrolled(%)	100.0	100.0	0.0
小学学校数(所)	Number of Primary Schools(unit)	60	60	0.0
小学专任教师数(人)	Number of Full-time Teachers of Primary Schools(person)	1948	1966	0.9
小学在校学生数(人)	Number of Student Enrollment of Primary Schools(person)	23098	23401	1.3
普通中学学校数(所)	Number of Regular Secondary Schools(unit)	21	21	0.0
普通中学专任教师数(人)	Number of Teachers of Secondary Shools(person)	1750	1677	-4.2
初中在校学生数(人)	Number of Student in Junior Secondary Schools(person)	16219	15906	-1.9
高中在校学生数(人)	Number of Student in Senior Secondary Schools(person)	10381	10794	4.0
卫生机构数(所)	Number of Health Institutions(unit)	36	36	0.0
# 医院(所)	Hospitals(unit)	2	2	0.0
卫生院(所)	Township Hospitals(unit)	9	9	0.0
床位数(张)	Number of Beds(unit)	509	543	6.7
# 医院(张)	Hospitals(unit)	270	327	21.1
卫生院(张)	Township Hospitals(unit)	187	189	1.1
卫生技术人员(人)	Medical Technical Presonnel(person)	582	695	19.4
# 医院(人)	Hospitals(person)	260	314	20.8
卫生院(人)	Township Hospitals(person)	198	218	10.1

23-55 赤峰市松山区

指 标	Item	2004	2005	2005年比上年增长% Increase Rate in 2005 Over 2004(%)
行政区域土地面积(平方公里)	**Area of Administration(Sq.km)**	**5955**	**5955**	**0.0**
人口和就业	**Population & Employment**			
年末总人口(人)	Total Population Year-end(person)	539454	541369	0.4
# 男性(人)	Male(person)	279472	279678	0.1
# 乡村人口(人)	Rural(person)	458108	460700	0.6
年末总户数(户)	Total Number of Households at the Year-end(Household)	159944	162175	1.4
# 乡村户数(户)	Number of Rural Household(Household)	117872	117899	0.0
出生人口(人)	Births(person)	6686	5643	-15.6
死亡人口(人)	Deaths(person)	3143	2024	-35.6
全社会就业人员(人)	Employment(person)	263520	272300	3.3
第一产业(人)	Primary Industry(person)	137639	144085	4.7
第二产业(人)	Secondary Industry(person)	50252	51628	2.7
第三产业(人)	Tertiary Industry(person)	75629	76587	1.3
在岗职工人数(人)	Number of Staff & Workers Employed in(person)	23171	24954	7.7
乡村劳动力(人)	Number of Rural Laborers(person)	231355	237384	2.6
# 农林牧渔业(人)	Farming,Forestry,Animal Husbandry & Fishery(person)	137639	144085	4.7
国民经济综合指标	**Summary Item on the National Economy**			
生产总值(万元)	Gross Domestic Product(10 000 yuan)	338613	419194	22.3
第一产业(万元)	Primary Industry(10 000 yuan)	121346	141009	13.3
第二产业(万元)	Secondary Industry(10 000 yuan)	107250	142599	30.1
# 工业(万元)	Industry(10 000 yuan)	71367	109151	49.0
第三产业(万元)	Tertiary Industry(10 000 yuan)	110017	135586	23.5
人均生产总值(元)	Per Capita GDP(yuan)	6292	7749	21.8
全社会固定资产投资(万元)	Total Investment in Fixed Assets(10 000 yuan)	343285	353584	3.0
按登记注册类型分	Grouped by Registered Type			
# 国有(万元)	State-owned Enterprises(10 000 yuan)	199618	158767	-20.5
集体(万元)	Collective-owned Enterprises(10 000 yuan)			
有限责任公司(万元)	Limited Liability Corporations(10 000 yuan)		22821	
股份有限公司(万元)	Share Holding Enterprises(10 000 yuan)		32300	
私营企业(万元)	Private Enterprises(10 000 yuan)		4898	
外商及港澳台投资企业(万元)	Funds from HK,Macao,Taiwan & Foreign(10 000 yuan)			
按管理渠道分	Grouped by Channel of Management			
# 基本建设(万元)	Capital Construction(10 000 yuan)	237028	241342	1.8
更新改造(万元)	Innovation(10 000 yuan)	5074	3500	-31.0
房地产开发(万元)	Real Estate Development(10 000 yuan)	20769	49694	139.3
地方财政收入(万元)	Local Governments Revenue(10 000 yuan)	11807	15711	33.1
地方财政支出(万元)	Local Governments Expenditures(10 000 yuan)	47391	67002	41.4
城乡居民储蓄存款余额(万元)	Resident Saving Deposit in Urban & Rural(10 000 yuan)	198962	245917	23.6
在岗职工工资总额(万元)	Total Wages of Staff & Workers Empioyed in(10 000 yuan)	26210	34229	30.6
在岗职工平均工资(元)	Average Wage of Staff & Workers Employed in(yuan)	11348	13795	21.6
农牧民人均纯收入(元)	Per Capita Net Income of Peasant & Herdsman(yuan)	2660	3220	21.1
农村牧区经济	**Economic Development in Rural & Pastoral Area**			
耕地面积(公顷)	Cultivated Area(hectare)	156803	151510	-3.4
农作物总播种面积(公顷)	Total Sown Area(hectare)	152515	157857	3.5
# 粮食作物播种面积(公顷)	Sown Area of Grain Crops(hectare)	116184	117335	1.0
有效灌溉面积(公顷)	Irrigated Area(hectare)	61730	58245	-5.6
农牧业机械总动力(万千瓦)	Total Power of Agricultural Machinery(10 000 kw)	36.80	37.04	0.7
化肥施用折纯量(吨)	Consumption of Chemical Fertilizer(ton)	26580	30670	15.4
农村用电量(万千瓦小时)	Electricity Consumed in Rural Area(10 000 kwh)	12216	10675	-12.6
农林牧渔业总产值(万元)	Gross Output of Farming,Forestry,Animal Husbandry & Fishery(10 000 yuan)	200798	235217	13.1
粮食产量(吨)	Yield of Grain(ton)	535060	572733	7.0
油料产量(吨)	Yield of Oil-bearing Grops(ton)	20352	32212	58.3
甜菜产量(吨)	Yield of Beetroots(ton)	116761	165099	41.4
猪牛羊肉产量(吨)	Output of Pork, Beef & Mutton(ton)	36497	39829	9.1
# 猪肉产量(吨)	Output of Pork(ton)	20325	21296	4.8
牛肉产量(吨)	Output of Beef(ton)	13311	15538	16.7
羊肉产量(吨)	Output of Mutton(ton)	2861	2995	4.7

23-55 Songshan District in Chifeng City

指 标	Item	2004	2005	2005年比上年增长% Increase Rate in 2005 Over 2004(%)
羊毛产量(吨)	Output of Wool(ton)	722	868	20.2
年末牲畜存栏头数(万头只)	Total Livestock at the Year-end(10 000 heads)	49.69	50.84	2.3
#大牲畜(万头只)	Large Animals(10 000 heads)	16.35	16.64	1.8
羊(万只)	Sheep & Goats(10 000 heads)	19.45	19.82	1.9
猪(万头)	Hogs(10 000 heads)	13.89	14.38	3.5
规模以上工业	**Industry with Independent Accounting System**			
工业企业单位数(个)	Number of Industrial Enterprises(unit)	33	35	6.1
#内资企业(个)	Civil Funded Enterprises(unit)	33	35	6.1
工业总产值(万元)	Gross Industrial Output Value(10 000 yuan)	114931	202626	76.3
内资企业(万元)	Civil Funded Enterprises(10 000 yuan)	114931	202626	76.3
国有企业(万元)	State-owned Enterprises(10 000 yuan)	9950	10502	5.5
集体企业(万元)	Collective-owned Enterprises(10 000 yuan)	1361	2026	48.9
股份合作企业(万元)	Share Holding Enterprises(10 000 yuan)	1509	1488	-1.4
联营企业(万元)	Joint Owned Enterprises(10 000 yuan)			
有限责任公司(万元)	Limited Company(10 000 yuan)	25238	48180	90.9
股份有限公司(万元)	Share Holding Limited Company(10 000 yuan)	24932	30421	22.0
私营企业(万元)	Privately Owned Enterprises(10 000 yuan)	51941	110009	111.8
其他企业(万元)	Enterprises of Other Ownership(10 000 yuan)			
港澳台商投资企业(万元)	Funds from HK,Macao & Taiwan(10 000 yuan)			
外商投资企业(万元)	Foreign Funded Enterprises(10 000 yuan)			
工业企业增加值(万元)	Value Added of Industrial Enterprises(10 000 yuan)	33099	65870	90.5
工业企业资产总计(万元)	Total Assets of Industrial Enterprises(10 000 yuan)	307633	297005	-3.5
工业企业负债合计(万元)	Total Liabilities of Industrial Enterprises(10 000 yuan)	116329	108488	-6.7
工业企业产品销售收入(万元)	Sales of Revenue Industrial Enterprises(10 000 yuan)	108882	201461	85.0
工业企业利润总额(万元)	Total Profits of Industrial Enterprises(10 000 yuan)	9929	22265	124.2
建筑业	**Construction**			
建筑企业单位数(个)	Number of Construction Enterprises(unit)	22	16	-27.3
建筑企业从业人员(人)	Number of Employee in Construction Enterprises(person)	19886	15717	-21.0
建筑业总产值(万元)	Gross Construction Output Value(10 000 yuan)	42848	48844	9.1
交通运输邮电通信业	**Transportation,Post & Telecommunications**			
公路里程(公里)	Total Length of Highways(km)	1332	1514	13.7
邮电业务总量(万元)	Business Volume of Post & Telecoms(10 000 yuan)			
本地电话用户(户)	Number of Subscribers of Local Telephone(Household)	80949	97825	20.8
国内贸易	**Demestic Trade**			
社会消费品零售总额(万元)	Total Retail Sales of Consumer Goods(10 000 yuan)	128646	150830	17.2
#贸易业(万元)	Wholesale & Retail Sales Trades(10 000 yuan)	101822	120220	18.1
餐饮业(万元)	Catering Trade(10 000 yuan)	25395	29128	14.7
科技教育卫生	**Science,Education & Public Health**			
各类专业技术人员(人)	Speccial Technical Personnel(person)	10794	10874	0.7
幼儿园数(所)	Number of Kindergartens(unit)	218	49	-77.5
学龄儿童入学率(%)	Percentage of School-Age Children Enrolled(%)	100.0	100.0	0.0
小学学校数(所)	Number of Primary Schools(unit)	224	184	-17.9
小学专任教师数(人)	Number of Full-time Teachers of Primary Schools(person)	2629	2471	-6.0
小学在校学生数(人)	Number of Student Enrollment of Primary Schools(person)	38343	37509	-2.2
普通中学学校数(所)	Number of Regular Secondary Schools(unit)	45	41	-8.9
普通中学专任教师数(人)	Number of Teachers of Secondary Shools(person)	2392	2429	1.5
初中在校学生数(人)	Number of Student in Junior Secondary Schools(person)	28852	25917	-10.2
高中在校学生数(人)	Number of Student in Senior Secondary Schools(person)	13599	15941	17.2
卫生机构数(所)	Number of Health Institutions(unit)	43	39	-9.3
#医院(所)	Hospitals(unit)	3	3	0.0
卫生院(所)	Township Hospitals(unit)	29	28	-3.4
床位数(张)	Number of Beds(unit)	652	632	-3.1
#医院(张)	Hospitals(unit)	180	183	1.7
卫生院(张)	Township Hospitals(unit)	437	419	-4.1
卫生技术人员(人)	Medical Technical Presonnel(person)	939	668	-28.9
#医院(人)	Hospitals(person)	249	213	-14.5
卫生院(人)	Township Hospitals(person)	601	389	-35.3

23-56 赤峰市阿鲁科尔沁旗

指 标	Item	2004	2005	2005年比上年增长% Increase Rate in 2005 Over 2004(%)
行政区域土地面积(平方公里)	**Area of Administration(Sq.km)**	**14555**	**14555**	**0.0**
人口和就业	**Population & Employment**			
年末总人口(人)	Total Population Year-end(person)	299702	300587	0.3
# 男性(人)	Male(person)	151833	151402	-0.3
# 乡村人口(人)	Rural(person)	256477	257476	0.4
年末总户数(户)	Total Number of Households at the Year-end(Household)	92336	94889	2.8
# 乡村户数(户)	Number of Rural Household(Household)	69049	71013	2.8
出生人口(人)	Births(person)	3093	3091	-0.1
死亡人口(人)	Deaths(person)	1592	1336	-16.1
全社会就业人员(人)	Employment(person)	142828	148337	3.9
第一产业(人)	Primary Industry(person)	95322	92110	-3.4
第二产业(人)	Secondary Industry(person)	11205	14840	32.4
第三产业(人)	Tertiary Industry(person)	36301	41387	14.0
在岗职工人数(人)	Number of Staff & Workers Employed in(person)	21002	21337	1.6
乡村劳动力(人)	Number of Rural Laborers(person)	121147	127373	5.1
# 农林牧渔业(人)	Farming,Forestry,Animal Husbandry & Fishery(person)	75670	87549	15.7
国民经济综合指标	**Summary Item on the National Economy**			
生产总值(万元)	Gross Domestic Product(10 000 yuan)	146700	182118	21.7
第一产业(万元)	Primary Industry(10 000 yuan)	46272	61450	29.5
第二产业(万元)	Secondary Industry(10 000 yuan)	30851	41019	29.1
# 工业(万元)	Industry(10 000 yuan)	19866	26528	30.5
第三产业(万元)	Tertiary Industry(10 000 yuan)	69577	79649	14.0
人均生产总值(元)	Per Capita GDP(yuan)	4903	6070	21.2
全社会固定资产投资(万元)	Total Investment in Fixed Assets(10 000 yuan)	100020	150000	50.0
按登记注册类型分	Grouped by Registered Type			
# 国有(万元)	State-owned Enterprises(10 000 yuan)	76312	103708	35.9
集体(万元)	Collective-owned Enterprises(10 000 yuan)	512	1309	155.7
有限责任公司(万元)	Limited Liability Corporations(10 000 yuan)	2650	44983	1597.5
股份有限公司(万元)	Share Holding Enterprises(10 000 yuan)	1100		
私营企业(万元)	Private Enterprises(10 000 yuan)	1300		
外商及港澳台投资企业(万元)	Funds from HK,Macao,Taiwan & Foreign(10 000 yuan)			
按管理渠道分	Grouped by Channel of Management			
# 基本建设(万元)	Capital Construction(10 000 yuan)	86934	149167	71.6
更新改造(万元)	Innovation(10 000 yuan)	5094	833	-83.6
房地产开发(万元)	Real Estate Development(10 000 yuan)			
地方财政收入(万元)	Local Governments Revenue(10 000 yuan)	5266	7727	46.7
地方财政支出(万元)	Local Governments Expenditures(10 000 yuan)	43334	50042	15.5
城乡居民储蓄存款余额(万元)	Resident Saving Deposit in Urban & Rural(10 000 yuan)	55659	64453	15.8
在岗职工工资总额(万元)	Total Wages of Staff & Workers Empioyed in(10 000 yuan)	20168	23260	15.3
在岗职工平均工资(元)	Average Wage of Staff & Workers Employed in(yuan)	9577	10882	13.6
农牧民人均纯收入(元)	Per Capita Net Income of Peasant & Herdsman(yuan)	1965	2378	21.0
农村牧区经济	**Economic Development in Rural & Pastoral Area**			
耕地面积(公顷)	Cultivated Area(hectare)	84154	89499	6.4
农作物总播种面积(公顷)	Total Sown Area(hectare)	93882	107927	15.0
# 粮食作物播种面积(公顷)	Sown Area of Grain Crops(hectare)	80692	90846	12.6
有效灌溉面积(公顷)	Irrigated Area(hectare)	23590	23133	-1.9
农牧业机械总动力(万千瓦)	Total Power of Agricultural Machinery(10 000 kw)	23.59	30.30	28.4
化肥施用折纯量(吨)	Consumption of Chemical Fertilizer(ton)	6366	8041	26.3
农村用电量(万千瓦小时)	Electricity Consumed in Rural Area(10 000 kwh)	2688	3091	15.0
农林牧渔业总产值(万元)	Gross Output of Farming,Forestry,Animal Husbandry & Fishery(10 000 yuan)	76569	102505	30.6
粮食产量(吨)	Yield of Grain(ton)	149910	192747	28.6
油料产量(吨)	Yield of Oil-bearing Grops(ton)	1216	1760	44.7
甜菜产量(吨)	Yield of Beetroots(ton)	9722	382	-96.1
猪牛羊肉产量(吨)	Output of Pork, Beef & Mutton(ton)	26648	30885	15.9
# 猪肉产量(吨)	Output of Pork(ton)	5462	6310	15.5
牛肉产量(吨)	Output of Beef(ton)	12698	14226	12.0
羊肉产量(吨)	Output of Mutton(ton)	8488	10349	21.9

23-56 Alukeerqin Banner in Chifeng City

指 标	Item	2004	2005	2005年比上年增长% Increase Rate in 2005 Over 2004(%)
羊毛产量(吨)	Output of Wool(ton)	1839	1651	-10.2
年末牲畜存栏头数(万头只)	Total Livestock at the Year-end(10 000 heads)	129.05	143.10	10.9
# 大牲畜(万头只)	Large Animals(10 000 heads)	23.72	24.89	4.9
羊(万只)	Sheep & Goats(10 000 heads)	97.34	108.97	11.9
猪(万头)	Hogs(10 000 heads)	7.99	9.23	15.5
规模以上工业	**Industry with Independent Accounting System**			
工业企业单位数(个)	Number of Industrial Enterprises(unit)	20	20	0.0
# 内资企业(个)	Civil Funded Enterprises(unit)	20	20	0.0
工业总产值(万元)	Gross Industrial Output Value(10 000 yuan)	27663	44055	59.3
内资企业(万元)	Civil Funded Enterprises(10 000 yuan)	27663	44055	59.3
国有企业(万元)	State-owned Enterprises(10 000 yuan)	3872	4443	14.7
集体企业(万元)	Collective-owned Enterprises(10 000 yuan)	3355	4355	29.8
股份合作企业(万元)	Share Holding Enterprises(10 000 yuan)			
联营企业(万元)	Joint Owned Enterprises(10 000 yuan)			
有限责任公司(万元)	Limited Company(10 000 yuan)	11680	13158	12.7
股份有限公司(万元)	Share Holding Limited Company(10 000 yuan)		4709	
私营企业(万元)	Privately Owned Enterprises(10 000 yuan)	8756	17390	98.6
其他企业(万元)	Enterprises of Other Ownership(10 000 yuan)			
港澳台商投资企业(万元)	Funds from HK,Macao & Taiwan(10 000 yuan)			
外商投资企业(万元)	Foreign Funded Enterprises(10 000 yuan)			
工业企业增加值(万元)	Value Added of Industrial Enterprises(10 000 yuan)	8153	13902	52.9
工业企业资产总计(万元)	Total Assets of Industrial Enterprises(10 000 yuan)	33506	43902	31.0
工业企业负债合计(万元)	Total Liabilities of Industrial Enterprises(10 000 yuan)	19108	25693	34.5
工业企业产品销售收入(万元)	Sales of Revenue Industrial Enterprises(10 000 yuan)	28022	44804	59.9
工业企业利润总额(万元)	Total Profits of Industrial Enterprises(10 000 yuan)	1302	2809	115.7
建筑业	**Construction**			
建筑企业单位数(个)	Number of Construction Enterprises(unit)	3	3	0.0
建筑企业从业人员(人)	Number of Employee in Construction Enterprises(person)	1302	858	-34.1
建筑业总产值(万元)	Gross Construction Output Value(10 000 yuan)	5561	5783	2.5
交通运输邮电通信业	**Transportation,Post & Telecommunications**			
公路里程(公里)	Total Length of Highways(km)	966	1721	78.2
邮电业务总量(万元)	Business Volume of Post & Telecoms(10 000 yuan)	2799	4883	74.5
本地电话用户(户)	Number of Subscribers of Local Telephone(Household)	26996	37163	37.7
国内贸易	**Demestic Trade**			
社会消费品零售总额(万元)	Total Retail Sales of Consumer Goods(10 000 yuan)	61294	61726	0.7
# 贸易业(万元)	Wholesale & Retail Sales Trades(10 000 yuan)	55654	54193	-2.6
餐饮业(万元)	Catering Trade(10 000 yuan)	5639	6671	18.3
科技教育卫生	**Science,Education & Public Health**			
各类专业技术人员(人)	Speccial Technical Personnel(person)	7058	6752	-4.3
幼儿园数(所)	Number of Kindergartens(unit)	11	9	-18.2
学龄儿童入学率(%)	Percentage of School-Age Children Enrolled(%)	100.0	100.0	0.0
小学学校数(所)	Number of Primary Schools(unit)	137	20	-85.4
小学专任教师数(人)	Number of Full-time Teachers of Primary Schools(person)	1556	1551	-0.3
小学在校学生数(人)	Number of Student Enrollment of Primary Schools(person)	21914	21554	-1.6
普通中学学校数(所)	Number of Regular Secondary Schools(unit)	29	15	-48.3
普通中学专任教师数(人)	Number of Teachers of Secondary Shools(person)	1158	1072	-7.4
初中在校学生数(人)	Number of Student in Junior Secondary Schools(person)	14839	12516	-15.7
高中在校学生数(人)	Number of Student in Senior Secondary Schools(person)	5562	5874	5.6
卫生机构数(所)	Number of Health Institutions(unit)	30	30	0.0
# 医院(所)	Hospitals(unit)	2	2	0.0
卫生院(所)	Township Hospitals(unit)	23	23	0.0
床位数(张)	Number of Beds(unit)	609	612	0.5
# 医院(张)	Hospitals(unit)	220	210	-4.5
卫生院(张)	Township Hospitals(unit)	357	372	4.2
卫生技术人员(人)	Medical Technical Presonnel(person)	564	532	-5.7
# 医院(人)	Hospitals(person)	241	224	-7.1
卫生院(人)	Township Hospitals(person)	214	201	-6.1

23-57 赤峰市巴林左旗

指 标	Item	2004	2005	2005年比上年增长% Increase Rate in 2005 Over 2004(%)
行政区域土地面积(平方公里)	**Area of Administration(Sq.km)**	**6713**	**6713**	**0.0**
人口和就业	**Population & Employment**			
年末总人口(人)	Total Population Year-end(person)	354643	353418	-0.3
# 男性(人)	Male(person)	180920	180295	-0.3
# 乡村人口(人)	Rural(person)	302118	300918	-0.4
年末总户数(户)	Total Number of Households at the Year-end(Household)	105886	106036	0.1
# 乡村户数(户)	Number of Rural Household(Household)	76855	77895	1.4
出生人口(人)	Births(person)	3685	4131	12.1
死亡人口(人)	Deaths(person)	1696	1472	-13.2
全社会就业人员(人)	Employment(person)	180274	188590	4.6
第一产业(人)	Primary Industry(person)	110436	120625	9.2
第二产业(人)	Secondary Industry(person)	18188	19729	8.5
第三产业(人)	Tertiary Industry(person)	51650	48236	-6.6
在岗职工人数(人)	Number of Staff & Workers Employed in(person)	21024	20571	-2.2
乡村劳动力(人)	Number of Rural Laborers(person)	157745	158980	0.8
# 农林牧渔业(人)	Farming,Forestry,Animal Husbandry & Fishery(person)	110436	119428	8.1
国民经济综合指标	**Summary Item on the National Economy**			
生产总值(万元)	Gross Domestic Product(10 000 yuan)	179475	214697	16.5
第一产业(万元)	Primary Industry(10 000 yuan)	49308	74450	47.2
第二产业(万元)	Secondary Industry(10 000 yuan)	62005	63484	-0.1
# 工业(万元)	Industry(10 000 yuan)	49176	55321	9.2
第三产业(万元)	Tertiary Industry(10 000 yuan)	68162	76763	12.0
人均生产总值(元)	Per Capita GDP(yuan)	5021	6064	16.9
全社会固定资产投资(万元)	Total Investment in Fixed Assets(10 000 yuan)	148158	95140	-35.8
按登记注册类型分	Grouped by Registered Type			
# 国有(万元)	State-owned Enterprises(10 000 yuan)	120188	51481	-57.2
集体(万元)	Collective-owned Enterprises(10 000 yuan)	4189	4850	15.8
有限责任公司(万元)	Limited Liability Corporations(10 000 yuan)			
股份有限公司(万元)	Share Holding Enterprises(10 000 yuan)			
私营企业(万元)	Private Enterprises(10 000 yuan)			
外商及港澳台投资企业(万元)	Funds from HK,Macao,Taiwan & Foreign(10 000 yuan)			
按管理渠道分	Grouped by Channel of Management			
# 基本建设(万元)	Capital Construction(10 000 yuan)	129798	66111	-49.1
更新改造(万元)	Innovation(10 000 yuan)	3625	2750	-24.1
房地产开发(万元)	Real Estate Development(10 000 yuan)	2265	3065	35.3
地方财政收入(万元)	Local Governments Revenue(10 000 yuan)	7316	8081	10.5
地方财政支出(万元)	Local Governments Expenditures(10 000 yuan)	44755	46792	4.6
城乡居民储蓄存款余额(万元)	Resident Saving Deposit in Urban & Rural(10 000 yuan)	81404	99381	22.1
在岗职工工资总额(万元)	Total Wages of Staff & Workers Empioyed in(10 000 yuan)	24107	25994	7.8
在岗职工平均工资(元)	Average Wage of Staff & Workers Employed in(yuan)	11348	12475	9.9
农牧民人均纯收入(元)	Per Capita Net Income of Peasant & Herdsman(yuan)	2398	2828	17.9
农村牧区经济	**Economic Development in Rural & Pastoral Area**			
耕地面积(公顷)	Cultivated Area(hectare)	103578	105770	2.1
农作物总播种面积(公顷)	Total Sown Area(hectare)	103578	106274	2.6
# 粮食作物播种面积(公顷)	Sown Area of Grain Crops(hectare)	79803	80903	1.4
有效灌溉面积(公顷)	Irrigated Area(hectare)	28817	31695	10.0
农牧业机械总动力(万千瓦)	Total Power of Agricultural Machinery(10 000 kw)	23.90	27.45	14.9
化肥施用折纯量(吨)	Consumption of Chemical Fertilizer(ton)	9246	12870	39.2
农村用电量(万千瓦小时)	Electricity Consumed in Rural Area(10 000 kwh)	4283	4800	12.1
农林牧渔业总产值(万元)	Gross Output of Farming,Forestry,Animal Husbandry & Fishery(10 000 yuan)	94090	124189	46.9
粮食产量(吨)	Yield of Grain(ton)	243656	281491	15.5
油料产量(吨)	Yield of Oil-bearing Grops(ton)	2205	3611	63.8
甜菜产量(吨)	Yield of Beetroots(ton)	4000	3841	-4.0
猪牛羊肉产量(吨)	Output of Pork, Beef & Mutton(ton)	18783	23674	26.0
# 猪肉产量(吨)	Output of Pork(ton)	12465	13585	9.0
牛肉产量(吨)	Output of Beef(ton)	868	1961	125.9
羊肉产量(吨)	Output of Mutton(ton)	5450	8128	49.1

23-57 Balinzuo Banner in Chifeng City

指 标	Item	2004	2005	2005年比上年增长% Increase Rate in 2005 Over 2004(%)
羊毛产量(吨)	Output of Wool(ton)	609	734	20.5
年末牲畜存栏头数(万头只)	Total Livestock at the Year-end(10 000 heads)	78.07	85.45	9.5
# 大牲畜(万头只)	Large Animals(10 000 heads)	11.34	12.70	12.0
羊(万只)	Sheep & Goats(10 000 heads)	52.84	57.35	8.5
猪(万头)	Hogs(10 000 heads)	13.89	15.39	10.8
规模以上工业	**Industry with Independent Accounting System**			
工业企业单位数(个)	Number of Industrial Enterprises(unit)	13	16	23.1
# 内资企业(个)	Civil Funded Enterprises(unit)	12	15	25.0
工业总产值(万元)	Gross Industrial Output Value(10 000 yuan)	73391	109462	49.1
内资企业(万元)	Civil Funded Enterprises(10 000 yuan)	72562	109038	50.3
国有企业(万元)	State-owned Enterprises(10 000 yuan)	42962	69956	62.8
集体企业(万元)	Collective-owned Enterprises(10 000 yuan)	3665	6921	88.8
股份合作企业(万元)	Share Holding Enterprises(10 000 yuan)			
联营企业(万元)	Joint Owned Enterprises(10 000 yuan)			
有限责任公司(万元)	Limited Company(10 000 yuan)	17328	22005	27.0
股份有限公司(万元)	Share Holding Limited Company(10 000 yuan)	8607	10156	18.0
私营企业(万元)	Privately Owned Enterprises(10 000 yuan)			
其他企业(万元)	Enterprises of Other Ownership(10 000 yuan)			
港澳台商投资企业(万元)	Funds from HK,Macao & Taiwan(10 000 yuan)	829	424	-48.9
外商投资企业(万元)	Foreign Funded Enterprises(10 000 yuan)			
工业企业增加值(万元)	Value Added of Industrial Enterprises(10 000 yuan)	32626	37426	7.3
工业企业资产总计(万元)	Total Assets of Industrial Enterprises(10 000 yuan)	130812	159203	21.7
工业企业负债合计(万元)	Total Liabilities of Industrial Enterprises(10 000 yuan)	57903	84358	45.7
工业企业产品销售收入(万元)	Sales of Revenue Industrial Enterprises(10 000 yuan)	77746	83091	6.9
工业企业利润总额(万元)	Total Profits of Industrial Enterprises(10 000 yuan)	8438	9921	17.6
建筑业	**Construction**			
建筑企业单位数(个)	Number of Construction Enterprises(unit)	2	2	0.0
建筑企业从业人员(人)	Number of Employee in Construction Enterprises(person)	1505	1133	-24.7
建筑业总产值(万元)	Gross Construction Output Value(10 000 yuan)	6126	5776	-9.8
交通运输邮电通信业	**Transportation,Post & Telecommunications**			
公路里程(公里)	Total Length of Highways(km)	970	992	2.3
邮电业务总量(万元)	Business Volume of Post & Telecoms(10 000 yuan)	4421	5051	14.3
本地电话用户(户)	Number of Subscribers of Local Telephone(Household)	28943	31313	8.2
国内贸易	**Demestic Trade**			
社会消费品零售总额(万元)	Total Retail Sales of Consumer Goods(10 000 yuan)	70012	79433	13.5
# 贸易业(万元)	Wholesale & Retail Sales Trades(10 000 yuan)	57409	65850	14.7
餐饮业(万元)	Catering Trade(10 000 yuan)	9025	9681	7.3
科技教育卫生	**Science,Education & Public Health**			
各类专业技术人员(人)	Speccial Technical Personnel(person)	7445	7698	3.4
幼儿园数(所)	Number of Kindergartens(unit)	10	9	-10.0
学龄儿童入学率(%)	Percentage of School-Age Children Enrolled(%)	100.0	99.9	-0.1
小学学校数(所)	Number of Primary Schools(unit)	130	120	-7.7
小学专任教师数(人)	Number of Full-time Teachers of Primary Schools(person)	2170	2131	-1.8
小学在校学生数(人)	Number of Student Enrollment of Primary Schools(person)	23977	23109	-3.6
普通中学学校数(所)	Number of Regular Secondary Schools(unit)	25	24	-4.0
普通中学专任教师数(人)	Number of Teachers of Secondary Shools(person)	1442	1467	1.7
初中在校学生数(人)	Number of Student in Junior Secondary Schools(person)	18934	16617	-12.2
高中在校学生数(人)	Number of Student in Senior Secondary Schools(person)	5564	5473	-1.6
卫生机构数(所)	Number of Health Institutions(unit)	29	30	3.4
# 医院(所)	Hospitals(unit)	2	2	0.0
卫生院(所)	Township Hospitals(unit)	22	22	0.0
床位数(张)	Number of Beds(unit)	592	593	0.2
# 医院(张)	Hospitals(unit)	280	280	0.0
卫生院(张)	Township Hospitals(unit)	292	293	0.3
卫生技术人员(人)	Medical Technical Presonnel(person)	956	946	-1.0
# 医院(人)	Hospitals(person)	402	399	-0.7
卫生院(人)	Township Hospitals(person)	440	488	10.9

23-58 赤峰市巴林右旗

指 标	Item	2004	2005	2005年比上年增长% Increase Rate in 2005 Over 2004(%)
行政区域土地面积(平方公里)	**Area of Administration(Sq.km)**	**9837**	**9837**	**0.0**
人口和就业	**Population & Employment**			
年末总人口(人)	Total Population Year-end(person)	178052	178105	0.0
# 男性(人)	Male(person)	91001	91054	0.1
# 乡村人口(人)	Rural(person)	123506	122969	-0.4
年末总户数(户)	Total Number of Households at the Year-end(Household)	61078	60337	-1.2
# 乡村户数(户)	Number of Rural Household(Household)	31109	31198	0.3
出生人口(人)	Births(person)	1481	1577	6.5
死亡人口(人)	Deaths(person)	2158	1315	-39.1
全社会就业人员(人)	Employment(person)	76122	76643	0.7
第一产业(人)	Primary Industry(person)	42573	41081	-3.5
第二产业(人)	Secondary Industry(person)	6553	6946	6.0
第三产业(人)	Tertiary Industry(person)	26996	28616	6.0
在岗职工人数(人)	Number of Staff & Workers Employed in(person)	16546	16428	-0.7
乡村劳动力(人)	Number of Rural Laborers(person)	47182	45998	-2.5
# 农林牧渔业(人)	Farming,Forestry,Animal Husbandry & Fishery(person)	42573	41081	-3.5
国民经济综合指标	**Summary Item on the National Economy**			
生产总值(万元)	Gross Domestic Product(10 000 yuan)	101656	121415	17.2
第一产业(万元)	Primary Industry(10 000 yuan)	31034	37796	18.7
第二产业(万元)	Secondary Industry(10 000 yuan)	29210	34834	16.2
# 工业(万元)	Industry(10 000 yuan)	19342	25225	27.1
第三产业(万元)	Tertiary Industry(10 000 yuan)	41412	48785	16.8
人均生产总值(元)	Per Capita GDP(yuan)	5700	6817	17.1
全社会固定资产投资(万元)	Total Investment in Fixed Assets(10 000 yuan)	86359	111205	28.8
按登记注册类型分	Grouped by Registered Type			
# 国有(万元)	State-owned Enterprises(10 000 yuan)	61653	50757	-17.7
集体(万元)	Collective-owned Enterprises(10 000 yuan)			
有限责任公司(万元)	Limited Liability Corporations(10 000 yuan)	6200	29688	378.8
股份有限公司(万元)	Share Holding Enterprises(10 000 yuan)	5915	10360	75.1
私营企业(万元)	Private Enterprises(10 000 yuan)			
外商及港澳台投资企业(万元)	Funds from HK,Macao,Taiwan & Foreign(10 000 yuan)			
按管理渠道分	Grouped by Channel of Management			
# 基本建设(万元)	Capital Construction(10 000 yuan)	73868	84145	13.9
更新改造(万元)	Innovation(10 000 yuan)			
房地产开发(万元)	Real Estate Development(10 000 yuan)	5780	6660	15.2
地方财政收入(万元)	Local Governments Revenue(10 000 yuan)	5360	8157	52.2
地方财政支出(万元)	Local Governments Expenditures(10 000 yuan)	42566	46809	10.0
城乡居民储蓄存款余额(万元)	Resident Saving Deposit in Urban & Rural(10 000 yuan)	49981	61124	22.3
在岗职工工资总额(万元)	Total Wages of Staff & Workers Empioyed in(10 000 yuan)	18016	19858	10.2
在岗职工平均工资(元)	Average Wage of Staff & Workers Employed in(yuan)	10450	11739	12.3
农牧民人均纯收入(元)	Per Capita Net Income of Peasant & Herdsman(yuan)	2441	2903	18.9
农村牧区经济	**Economic Development in Rural & Pastoral Area**			
耕地面积(公顷)	Cultivated Area(hectare)	39664	39534	-0.3
农作物总播种面积(公顷)	Total Sown Area(hectare)	34016	45377	33.4
# 粮食作物播种面积(公顷)	Sown Area of Grain Crops(hectare)	32934	32863	-0.2
有效灌溉面积(公顷)	Irrigated Area(hectare)	11717	12413	5.9
农牧业机械总动力(万千瓦)	Total Power of Agricultural Machinery(10 000 kw)	15.70	19.57	24.6
化肥施用折纯量(吨)	Consumption of Chemical Fertilizer(ton)	1355	3672	171.0
农村用电量(万千瓦小时)	Electricity Consumed in Rural Area(10 000 kwh)	912	1592	74.6
农林牧渔业总产值(万元)	Gross Output of Farming,Forestry,Animal Husbandry & Fishery(10 000 yuan)	59219	63048	18.5
粮食产量(吨)	Yield of Grain(ton)	108231	125544	16.0
油料产量(吨)	Yield of Oil-bearing Grops(ton)	1158	6294	443.5
甜菜产量(吨)	Yield of Beetroots(ton)			
猪牛羊肉产量(吨)	Output of Pork, Beef & Mutton(ton)	15976	21132	32.3
# 猪肉产量(吨)	Output of Pork(ton)	2580	3215	24.6
牛肉产量(吨)	Output of Beef(ton)	5763	5868	1.8
羊肉产量(吨)	Output of Mutton(ton)	7633	12049	57.9

23-58 Balinyou Banner in Chifeng City

指 标	Item	2004	2005	2005年比上年增长% Increase Rate in 2005 Over 2004(%)
羊毛产量(吨)	Output of Wool(ton)	1239	1767	42.6
年末牲畜存栏头数(万头只)	Total Livestock at the Year-end(10 000 heads)	103.60	104.47	0.8
#大牲畜(万头只)	Large Animals(10 000 heads)	9.66	10.70	10.8
羊(万只)	Sheep & Goats(10 000 heads)	91.26	91.43	0.2
猪(万头)	Hogs(10 000 heads)	2.67	2.34	-12.4
规模以上工业	**Industry with Independent Accounting System**			
工业企业单位数(个)	Number of Industrial Enterprises(unit)	9	9	0.0
#内资企业(个)	Civil Funded Enterprises(unit)	9	9	0.0
工业总产值(万元)	Gross Industrial Output Value(10 000 yuan)	24374	47023	92.9
内资企业(万元)	Civil Funded Enterprises(10 000 yuan)	24374	47023	92.9
国有企业(万元)	State-owned Enterprises(10 000 yuan)	2721	3235	18.9
集体企业(万元)	Collective-owned Enterprises(10 000 yuan)			
股份合作企业(万元)	Share Holding Enterprises(10 000 yuan)	0	3302	
联营企业(万元)	Joint Owned Enterprises(10 000 yuan)			
有限责任公司(万元)	Limited Company(10 000 yuan)	16709	9386	-43.8
股份有限公司(万元)	Share Holding Limited Company(10 000 yuan)	3423	4731	38.2
私营企业(万元)	Privately Owned Enterprises(10 000 yuan)	1521	26369	1633.7
其他企业(万元)	Enterprises of Other Ownership(10 000 yuan)			
港澳台商投资企业(万元)	Funds from HK,Macao & Taiwan(10 000 yuan)			
外商投资企业(万元)	Foreign Funded Enterprises(10 000 yuan)			
工业企业增加值(万元)	Value Added of Industrial Enterprises(10 000 yuan)	10427	15124	38.8
工业企业资产总计(万元)	Total Assets of Industrial Enterprises(10 000 yuan)	59711	70090	17.4
工业企业负债合计(万元)	Total Liabilities of Industrial Enterprises(10 000 yuan)	36658	46547	27.0
工业企业产品销售收入(万元)	Sales of Revenue Industrial Enterprises(10 000 yuan)	22263	47119	111.6
工业企业利润总额(万元)	Total Profits of Industrial Enterprises(10 000 yuan)	1817	3203	76.3
建筑业	**Construction**			
建筑企业单位数(个)	Number of Construction Enterprises(unit)	8	8	0.0
建筑企业从业人员(人)	Number of Employee in Construction Enterprises(person)	1788	1915	7.1
建筑业总产值(万元)	Gross Construction Output Value(10 000 yuan)	14400	13470	-16.9
交通运输邮电通信业	**Transportation,Post & Telecommunications**			
公路里程(公里)	Total Length of Highways(km)	1527	1572	2.9
邮电业务总量(万元)	Business Volume of Post & Telecoms(10 000 yuan)	3540	4347	22.8
本地电话用户(户)	Number of Subscribers of Local Telephone(Household)	19000	19716	3.8
国内贸易	**Demestic Trade**			
社会消费品零售总额(万元)	Total Retail Sales of Consumer Goods(10 000 yuan)	46160	52576	13.9
#贸易业(万元)	Wholesale & Retail Sales Trades(10 000 yuan)	32959	36786	11.6
餐饮业(万元)	Catering Trade(10 000 yuan)	12731	15278	20.0
科技教育卫生	**Science,Education & Public Health**			
各类专业技术人员(人)	Speccial Technical Personnel(person)	5817	5524	-5.0
幼儿园数(所)	Number of Kindergartens(unit)	5	8	60.0
学龄儿童入学率(%)	Percentage of School-Age Children Enrolled(%)	100.0	100.0	0.0
小学学校数(所)	Number of Primary Schools(unit)	56	38	-32.1
小学专任教师数(人)	Number of Full-time Teachers of Primary Schools(person)	1433	1438	0.3
小学在校学生数(人)	Number of Student Enrollment of Primary Schools(person)	14515	13935	-4.0
普通中学学校数(所)	Number of Regular Secondary Schools(unit)	16	15	-6.2
普通中学专任教师数(人)	Number of Teachers of Secondary Shools(person)	712	555	-22.1
初中在校学生数(人)	Number of Student in Junior Secondary Schools(person)	10530	9544	-9.4
高中在校学生数(人)	Number of Student in Senior Secondary Schools(person)	3699	4466	20.7
卫生机构数(所)	Number of Health Institutions(unit)	36	37	2.8
#医院(所)	Hospitals(unit)	5	5	0.0
卫生院(所)	Township Hospitals(unit)	28	29	3.6
床位数(张)	Number of Beds(unit)	506	496	-2.0
#医院(张)	Hospitals(unit)	308	287	-6.8
卫生院(张)	Township Hospitals(unit)	198	209	5.6
卫生技术人员(人)	Medical Technical Presonnel(person)	624	614	-1.6
#医院(人)	Hospitals(person)	304	360	18.4
卫生院(人)	Township Hospitals(person)	306	240	-21.6

23-59 赤峰市林西县

指 标	Item	2004	2005	2005年比上年增长% Increase Rate in 2005 Over 2004(%)
行政区域土地面积(平方公里)	**Area of Administration(Sq.km)**	**3933**	**3933**	**0.0**
人口和就业	**Population & Employment**			
年末总人口(人)	Total Population Year-end(person)	236375	235690	-0.3
#男性(人)	Male(person)	120755	120154	-0.5
#乡村人口(人)	Rural(person)	172119	185064	7.5
年末总户数(户)	Total Number of Households at the Year-end(Household)	78009	79355	1.7
#乡村户数(户)	Number of Rural Household(Household)	52265	53076	1.6
出生人口(人)	Births(person)	1956	2169	10.9
死亡人口(人)	Deaths(person)	1327	1258	-5.2
全社会就业人员(人)	Employment(person)	116036	122914	5.9
第一产业(人)	Primary Industry(person)	40342	57116	41.6
第二产业(人)	Secondary Industry(person)	9774	11307	15.7
第三产业(人)	Tertiary Industry(person)	65920	54491	-17.3
在岗职工人数(人)	Number of Staff & Workers Employed in(person)	20533	20825	1.4
乡村劳动力(人)	Number of Rural Laborers(person)	90294	93225	3.2
#农林牧渔业(人)	Farming,Forestry,Animal Husbandry & Fishery(person)	40342	57116	41.6
国民经济综合指标	**Summary Item on the National Economy**			
生产总值(万元)	Gross Domestic Product(10 000 yuan)	129328	144403	10.3
第一产业(万元)	Primary Industry(10 000 yuan)	39850	39850	-2.5
第二产业(万元)	Secondary Industry(10 000 yuan)	40236	45831	10.9
#工业(万元)	Industry(10 000 yuan)	31863	37270	14.0
第三产业(万元)	Tertiary Industry(10 000 yuan)	49242	58722	18.9
人均生产总值(元)	Per Capita GDP(yuan)	5480	6127	10.4
全社会固定资产投资(万元)	Total Investment in Fixed Assets(10 000 yuan)	91500	100000	9.3
按登记注册类型分	Grouped by Registered Type			
#国有(万元)	State-owned Enterprises(10 000 yuan)	10151	47670	369.6
集体(万元)	Collective-owned Enterprises(10 000 yuan)	195	3950	1925.6
有限责任公司(万元)	Limited Liability Corporations(10 000 yuan)	12200	6175	-49.4
股份有限公司(万元)	Share Holding Enterprises(10 000 yuan)	26907	7700	-71.4
私营企业(万元)	Private Enterprises(10 000 yuan)	1270	9380	638.6
外商及港澳台投资企业(万元)	Funds from HK,Macao,Taiwan & Foreign(10 000 yuan)			
按管理渠道分	Grouped by Channel of Management			
#基本建设(万元)	Capital Construction(10 000 yuan)	58757	34638	-41.0
更新改造(万元)	Innovation(10 000 yuan)	8009	23206	189.7
房地产开发(万元)	Real Estate Development(10 000 yuan)	14335	660	-95.4
地方财政收入(万元)	Local Governments Revenue(10 000 yuan)	5511	8317	50.9
地方财政支出(万元)	Local Governments Expenditures(10 000 yuan)	33804	42105	24.6
城乡居民储蓄存款余额(万元)	Resident Saving Deposit in Urban & Rural(10 000 yuan)	62366	74802	19.9
在岗职工工资总额(万元)	Total Wages of Staff & Workers Empioyed in(10 000 yuan)	19665	21160	7.6
在岗职工平均工资(元)	Average Wage of Staff & Workers Employed in(yuan)	9710	10466	7.8
农牧民人均纯收入(元)	Per Capita Net Income of Peasant & Herdsman(yuan)	2212	2616	18.3
农村牧区经济	**Economic Development in Rural & Pastoral Area**			
耕地面积(公顷)	Cultivated Area(hectare)	64946	61219	-5.7
农作物总播种面积(公顷)	Total Sown Area(hectare)	69710	66199	-5.0
#粮食作物播种面积(公顷)	Sown Area of Grain Crops(hectare)	43333	41149	-5.0
有效灌溉面积(公顷)	Irrigated Area(hectare)	24310	24682	1.5
农牧业机械总动力(万千瓦)	Total Power of Agricultural Machinery(10 000 kw)	18.50	19.60	5.9
化肥施用折纯量(吨)	Consumption of Chemical Fertilizer(ton)	5863	5679	-3.1
农村用电量(万千瓦小时)	Electricity Consumed in Rural Area(10 000 kwh)	3707	4357	17.5
农林牧渔业总产值(万元)	Gross Output of Farming,Forestry,Animal Husbandry & Fishery(10 000 yuan)	76042	76513	-2.5
粮食产量(吨)	Yield of Grain(ton)	148153	169056	14.1
油料产量(吨)	Yield of Oil-bearing Grops(ton)	8908	16149	81.3
甜菜产量(吨)	Yield of Beetroots(ton)	93940	125736	33.8
猪牛羊肉产量(吨)	Output of Pork, Beef & Mutton(ton)	17929	17917	-0.1
#猪肉产量(吨)	Output of Pork(ton)	6566	7800	18.8
牛肉产量(吨)	Output of Beef(ton)	6760	5663	-16.2
羊肉产量(吨)	Output of Mutton(ton)	4603	4454	-3.2

23-59 Linxi County in Chifeng City

指 标	Item	2004	2005	2005年比上年增长% Increase Rate in 2005 Over 2004(%)
羊毛产量(吨)	Output of Wool(ton)	467	917	96.4
年末牲畜存栏头数(万头只)	Total Livestock at the Year-end(10 000 heads)	54.50	56.18	3.1
# 大牲畜(万头只)	Large Animals(10 000 heads)	7.80	8.32	6.7
羊(万只)	Sheep & Goats(10 000 heads)	38.50	39.46	2.5
猪(万头)	Hogs(10 000 heads)	8.20	8.40	2.4
规模以上工业	**Industry with Independent Accounting System**			
工业企业单位数(个)	Number of Industrial Enterprises(unit)	36	36	0.0
# 内资企业(个)	Civil Funded Enterprises(unit)	36	36	0.0
工业总产值(万元)	Gross Industrial Output Value(10 000 yuan)	47194	66888	41.7
内资企业(万元)	Civil Funded Enterprises(10 000 yuan)	47194	66888	41.7
国有企业(万元)	State-owned Enterprises(10 000 yuan)	12260	16471	34.3
集体企业(万元)	Collective-owned Enterprises(10 000 yuan)			
股份合作企业(万元)	Share Holding Enterprises(10 000 yuan)		1587	
联营企业(万元)	Joint Owned Enterprises(10 000 yuan)			
有限责任公司(万元)	Limited Company(10 000 yuan)	4013	22871	469.9
股份有限公司(万元)	Share Holding Limited Company(10 000 yuan)	28074	22301	-20.6
私营企业(万元)	Privately Owned Enterprises(10 000 yuan)	2847	3658	28.5
其他企业(万元)	Enterprises of Other Ownership(10 000 yuan)			
港澳台商投资企业(万元)	Funds from HK,Macao & Taiwan(10 000 yuan)			
外商投资企业(万元)	Foreign Funded Enterprises(10 000 yuan)			
工业企业增加值(万元)	Value Added of Industrial Enterprises(10 000 yuan)	18025	21713	14.8
工业企业资产总计(万元)	Total Assets of Industrial Enterprises(10 000 yuan)	39462	90301	128.8
工业企业负债合计(万元)	Total Liabilities of Industrial Enterprises(10 000 yuan)	32295	54609	69.1
工业企业产品销售收入(万元)	Sales of Revenue Industrial Enterprises(10 000 yuan)	46074	68252	48.1
工业企业利润总额(万元)	Total Profits of Industrial Enterprises(10 000 yuan)	1605	5778	260.0
建筑业	**Construction**			
建筑企业单位数(个)	Number of Construction Enterprises(unit)	2	2	0.0
建筑企业从业人员(人)	Number of Employee in Construction Enterprises(person)	252	475	88.5
建筑业总产值(万元)	Gross Construction Output Value(10 000 yuan)	4610	5302	10.1
交通运输邮电通信业	**Transportation,Post & Telecommunications**			
公路里程(公里)	Total Length of Highways(km)	527	527	0.0
邮电业务总量(万元)	Business Volume of Post & Telecoms(10 000 yuan)	1667	2194	31.6
本地电话用户(户)	Number of Subscribers of Local Telephone(Household)	23227	26853	15.6
国内贸易	**Demestic Trade**			
社会消费品零售总额(万元)	Total Retail Sales of Consumer Goods(10 000 yuan)	57618	65627	13.9
# 贸易业(万元)	Wholesale & Retail Sales Trades(10 000 yuan)	45679	52174	14.2
餐饮业(万元)	Catering Trade(10 000 yuan)	8334	9660	15.9
科技教育卫生	**Science,Education & Public Health**			
各类专业技术人员(人)	Speccial Technical Personnel(person)	4889	4927	0.8
幼儿园数(所)	Number of Kindergartens(unit)	16	12	-25.0
学龄儿童入学率(%)	Percentage of School-Age Children Enrolled(%)	100.0	100.0	0.0
小学学校数(所)	Number of Primary Schools(unit)	87	63	-27.6
小学专任教师数(人)	Number of Full-time Teachers of Primary Schools(person)	1442	1360	-5.7
小学在校学生数(人)	Number of Student Enrollment of Primary Schools(person)	19299	18108	-6.2
普通中学学校数(所)	Number of Regular Secondary Schools(unit)	14	12	-14.3
普通中学专任教师数(人)	Number of Teachers of Secondary Shools(person)	756	685	-9.4
初中在校学生数(人)	Number of Student in Junior Secondary Schools(person)	8106	7986	-1.5
高中在校学生数(人)	Number of Student in Senior Secondary Schools(person)	4717	4426	-6.2
卫生机构数(所)	Number of Health Institutions(unit)	43	43	0.0
# 医院(所)	Hospitals(unit)	4	4	0.0
卫生院(所)	Township Hospitals(unit)	19	19	0.0
床位数(张)	Number of Beds(unit)	476	516	8.4
# 医院(张)	Hospitals(unit)	300	340	13.3
卫生院(张)	Township Hospitals(unit)	156	156	0.0
卫生技术人员(人)	Medical Technical Presonnel(person)	802	790	-1.5
# 医院(人)	Hospitals(person)	411	408	-0.7
卫生院(人)	Township Hospitals(person)	235	232	-1.3

23-60 赤峰市克什克腾旗

指 标	Item	2004	2005	2005年比上年增长% Increase Rate in 2005 Over 2004(%)
行政区域土地面积(平方公里)	**Area of Administration(Sq.km)**	**20673**	**20673**	**0.0**
人口和就业	**Population & Employment**			
年末总人口(人)	Total Population Year-end(person)	246457	241675	-1.9
#男性(人)	Male(person)	125705	123266	-1.9
#乡村人口(人)	Rural(person)	191004	195182	2.2
年末总户数(户)	Total Number of Households at the Year-end(Household)	74680	74680	0.0
#乡村户数(户)	Number of Rural Household(Household)	52125	53137	1.9
出生人口(人)	Births(person)	1373	1373	0.0
死亡人口(人)	Deaths(person)	1685	1685	0.0
全社会就业人员(人)	Employment(person)	114962	100771	-12.3
第一产业(人)	Primary Industry(person)	84802	81604	-3.8
第二产业(人)	Secondary Industry(person)	7856	3585	-54.4
第三产业(人)	Tertiary Industry(person)	22304	15582	-30.1
在岗职工人数(人)	Number of Staff & Workers Employed in(person)	13882	12455	-10.3
乡村劳动力(人)	Number of Rural Laborers(person)	101998	121360	19.0
#农林牧渔业(人)	Farming,Forestry,Animal Husbandry & Fishery(person)	79802	83022	4.0
国民经济综合指标	**Summary Item on the National Economy**			
生产总值(万元)	Gross Domestic Product(10 000 yuan)	150201	188070	22.3
第一产业(万元)	Primary Industry(10 000 yuan)	49505	60404	18.9
第二产业(万元)	Secondary Industry(10 000 yuan)	54210	74939	32.8
#工业(万元)	Industry(10 000 yuan)	43445	53691	20.0
第三产业(万元)	Tertiary Industry(10 000 yuan)	46486	52727	13.3
人均生产总值(元)	Per Capita GDP(yuan)	6066	7706	24.0
全社会固定资产投资(万元)	Total Investment in Fixed Assets(10 000 yuan)	102775	215793	110.0
按登记注册类型分	Grouped by Registered Type			
#国有(万元)	State-owned Enterprises(10 000 yuan)	34357	51524	50.0
集体(万元)	Collective-owned Enterprises(10 000 yuan)		180	
有限责任公司(万元)	Limited Liability Corporations(10 000 yuan)	44628	120627	170.3
股份有限公司(万元)	Share Holding Enterprises(10 000 yuan)	6240	15471	147.9
私营企业(万元)	Private Enterprises(10 000 yuan)	2950	15353	420.4
外商及港澳台投资企业(万元)	Funds from HK,Macao,Taiwan & Foreign(10 000 yuan)			
按管理渠道分	Grouped by Channel of Management			
#基本建设(万元)	Capital Construction(10 000 yuan)	74280	188257	153.4
更新改造(万元)	Innovation(10 000 yuan)	11815	4192	-64.5
房地产开发(万元)	Real Estate Development(10 000 yuan)			
地方财政收入(万元)	Local Governments Revenue(10 000 yuan)	6410	9943	55.1
地方财政支出(万元)	Local Governments Expenditures(10 000 yuan)	38051	49551	30.2
城乡居民储蓄存款余额(万元)	Resident Saving Deposit in Urban & Rural(10 000 yuan)	51394	63557	23.7
在岗职工工资总额(万元)	Total Wages of Staff & Workers Empioyed in(10 000 yuan)	14869	17149	15.3
在岗职工平均工资(元)	Average Wage of Staff & Workers Employed in(yuan)	10711	12263	14.5
农牧民人均纯收入(元)	Per Capita Net Income of Peasant & Herdsman(yuan)	2248	2800	24.6
农村牧区经济	**Economic Development in Rural & Pastoral Area**			
耕地面积(公顷)	Cultivated Area(hectare)	58580	55965	-4.5
农作物总播种面积(公顷)	Total Sown Area(hectare)	62735	56659	-9.7
#粮食作物播种面积(公顷)	Sown Area of Grain Crops(hectare)	46739	40719	-12.9
有效灌溉面积(公顷)	Irrigated Area(hectare)	11675	11909	2.0
农牧业机械总动力(万千瓦)	Total Power of Agricultural Machinery(10 000 kw)	14.70	15.60	6.1
化肥施用折纯量(吨)	Consumption of Chemical Fertilizer(ton)	6439	4450	-30.9
农村用电量(万千瓦小时)	Electricity Consumed in Rural Area(10 000 kwh)	3017	3861	28.0
农林牧渔业总产值(万元)	Gross Output of Farming,Forestry,Animal Husbandry & Fishery(10 000 yuan)	81918	100760	20.0
粮食产量(吨)	Yield of Grain(ton)	138530	124054	-10.4
油料产量(吨)	Yield of Oil-bearing Grops(ton)	2379	3044	28.0
甜菜产量(吨)	Yield of Beetroots(ton)	9476	4881	-48.5
猪牛羊肉产量(吨)	Output of Pork, Beef & Mutton(ton)	22045	25580	16.0
#猪肉产量(吨)	Output of Pork(ton)	4778	4262	-10.8
牛肉产量(吨)	Output of Beef(ton)	10037	10666	6.3
羊肉产量(吨)	Output of Mutton(ton)	7230	10652	47.3

23-60 Keshiketeng Banner in Chifeng City

指 标	Item	2004	2005	2005年比上年增长% Increase Rate in 2005 Over 2004(%)
羊毛产量(吨)	Output of Wool(ton)	5252	4712	-10.3
年末牲畜存栏头数(万头只)	Total Livestock at the Year-end(10 000 heads)	132.94	126.31	-5.0
# 大牲畜(万头只)	Large Animals(10 000 heads)	19.44	18.51	-4.8
羊(万只)	Sheep & Goats(10 000 heads)	107.40	101.72	-5.3
猪(万头)	Hogs(10 000 heads)	6.10	6.08	-0.3
规模以上工业	**Industry with Independent Accounting System**			
工业企业单位数(个)	Number of Industrial Enterprises(unit)	9	9	0.0
# 内资企业(个)	Civil Funded Enterprises(unit)	9	9	0.0
工业总产值(万元)	Gross Industrial Output Value(10 000 yuan)	42776	84110	96.6
内资企业(万元)	Civil Funded Enterprises(10 000 yuan)	42776	84110	96.6
国有企业(万元)	State-owned Enterprises(10 000 yuan)	5527	6316	14.3
集体企业(万元)	Collective-owned Enterprises(10 000 yuan)			
股份合作企业(万元)	Share Holding Enterprises(10 000 yuan)			
联营企业(万元)	Joint Owned Enterprises(10 000 yuan)			
有限责任公司(万元)	Limited Company(10 000 yuan)	32484	70654	117.5
股份有限公司(万元)	Share Holding Limited Company(10 000 yuan)			
私营企业(万元)	Privately Owned Enterprises(10 000 yuan)	4765	7140	49.8
其他企业(万元)	Enterprises of Other Ownership(10 000 yuan)			
港澳台商投资企业(万元)	Funds from HK,Macao & Taiwan(10 000 yuan)			
外商投资企业(万元)	Foreign Funded Enterprises(10 000 yuan)			
工业企业增加值(万元)	Value Added of Industrial Enterprises(10 000 yuan)	27819	35999	23.9
工业企业资产总计(万元)	Total Assets of Industrial Enterprises(10 000 yuan)	109394	135962	24.3
工业企业负债合计(万元)	Total Liabilities of Industrial Enterprises(10 000 yuan)	64580	66846	3.5
工业企业产品销售收入(万元)	Sales of Revenue Industrial Enterprises(10 000 yuan)	42546	82944	95.0
工业企业利润总额(万元)	Total Profits of Industrial Enterprises(10 000 yuan)	15049	21666	44.0
建筑业	**Construction**			
建筑企业单位数(个)	Number of Construction Enterprises(unit)	4	4	0.0
建筑企业从业人员(人)	Number of Employee in Construction Enterprises(person)	3100	2753	-11.2
建筑业总产值(万元)	Gross Construction Output Value(10 000 yuan)	11638	16220	31.2
交通运输邮电通信业	**Transportation,Post & Telecommunications**			
公路里程(公里)	Total Length of Highways(km)	1187	1323	11.4
邮电业务总量(万元)	Business Volume of Post & Telecoms(10 000 yuan)	307	393	27.8
本地电话用户(户)	Number of Subscribers of Local Telephone(Household)	23941	25106	4.9
国内贸易	**Demestic Trade**			
社会消费品零售总额(万元)	Total Retail Sales of Consumer Goods(10 000 yuan)	58613	68108	16.2
# 贸易业(万元)	Wholesale & Retail Sales Trades(10 000 yuan)	46428	53602	15.5
餐饮业(万元)	Catering Trade(10 000 yuan)	11015	13208	19.9
科技教育卫生	**Science,Education & Public Health**			
各类专业技术人员(人)	Speccial Technical Personnel(person)	5012	5205	3.9
幼儿园数(所)	Number of Kindergartens(unit)	3	3	0.0
学龄儿童入学率(%)	Percentage of School-Age Children Enrolled(%)	100.0	100.0	0.0
小学学校数(所)	Number of Primary Schools(unit)	96	93	-3.1
小学专任教师数(人)	Number of Full-time Teachers of Primary Schools(person)	1215	1265	4.1
小学在校学生数(人)	Number of Student Enrollment of Primary Schools(person)	17722	17168	-3.1
普通中学学校数(所)	Number of Regular Secondary Schools(unit)	15	14	-6.7
普通中学专任教师数(人)	Number of Teachers of Secondary Shools(person)	816	835	2.3
初中在校学生数(人)	Number of Student in Junior Secondary Schools(person)	11920	9271	-22.2
高中在校学生数(人)	Number of Student in Senior Secondary Schools(person)	5565	6400	15.0
卫生机构数(所)	Number of Health Institutions(unit)	27	28	3.7
# 医院(所)	Hospitals(unit)	2	2	0.0
卫生院(所)	Township Hospitals(unit)	21	21	0.0
床位数(张)	Number of Beds(unit)	738	782	6.0
# 医院(张)	Hospitals(unit)	200	200	0.0
卫生院(张)	Township Hospitals(unit)	278	312	12.2
卫生技术人员(人)	Medical Technical Presonnel(person)	691	763	10.4
# 医院(人)	Hospitals(person)	281	285	1.4
卫生院(人)	Township Hospitals(person)	260	329	26.5

23-61 赤峰市翁牛特旗

指 标	Item	2004	2005	2005年比上年增长% Increase Rate in 2005 Over 2004(%)
行政区域土地面积(平方公里)	**Area of Administration(Sq.km)**	**11882**	**11882**	**0.0**
人口和就业	**Population & Employment**			
年末总人口(人)	Total Population Year-end(person)	469759	466296	-0.7
#男性(人)	Male(person)	241931	240193	-0.7
#乡村人口(人)	Rural(person)	411738	416267	1.1
年末总户数(户)	Total Number of Households at the Year-end(Household)	130632	131868	0.9
#乡村户数(户)	Number of Rural Household(Household)	104822	105949	1.1
出生人口(人)	Births(person)	4368	4580	4.9
死亡人口(人)	Deaths(person)	1824	4975	172.8
全社会就业人员(人)	Employment(person)	200824	210768	5.0
第一产业(人)	Primary Industry(person)	125429	126934	1.2
第二产业(人)	Secondary Industry(person)	19085	19524	2.3
第三产业(人)	Tertiary Industry(person)	56310	64310	14.2
在岗职工人数(人)	Number of Staff & Workers Employed in(person)	21781	20933	-3.9
乡村劳动力(人)	Number of Rural Laborers(person)	178856	211713	18.4
#农林牧渔业(人)	Farming,Forestry,Animal Husbandry & Fishery(person)	121255	142488	17.5
国民经济综合指标	**Summary Item on the National Economy**			
生产总值(万元)	Gross Domestic Product(10 000 yuan)	245151	296806	18.7
第一产业(万元)	Primary Industry(10 000 yuan)	113573	138550	18.9
第二产业(万元)	Secondary Industry(10 000 yuan)	63316	78173	20.1
#工业(万元)	Industry(10 000 yuan)	50314	63201	22.5
第三产业(万元)	Tertiary Industry(10 000 yuan)	68262	80083	17.1
人均生产总值(元)	Per Capita GDP(yuan)	5224	6342	22.1
全社会固定资产投资(万元)	Total Investment in Fixed Assets(10 000 yuan)	115206	144126	25.1
按登记注册类型分	Grouped by Registered Type			
#国有(万元)	State-owned Enterprises(10 000 yuan)	47883	44868	-6.3
集体(万元)	Collective-owned Enterprises(10 000 yuan)			
有限责任公司(万元)	Limited Liability Corporations(10 000 yuan)	10474	14781	41.1
股份有限公司(万元)	Share Holding Enterprises(10 000 yuan)	3200	17730	454.1
私营企业(万元)	Private Enterprises(10 000 yuan)	24382	24572	0.8
外商及港澳台投资企业(万元)	Funds from HK,Macao,Taiwan & Foreign(10 000 yuan)		1000	
按管理渠道分	Grouped by Channel of Management			
#基本建设(万元)	Capital Construction(10 000 yuan)	60188	58211	-3.3
更新改造(万元)	Innovation(10 000 yuan)	7090	3019	-57.4
房地产开发(万元)	Real Estate Development(10 000 yuan)	4870	7503	54.1
地方财政收入(万元)	Local Governments Revenue(10 000 yuan)	6065	7484	23.4
地方财政支出(万元)	Local Governments Expenditures(10 000 yuan)	44976	57050	26.8
城乡居民储蓄存款余额(万元)	Resident Saving Deposit in Urban & Rural(10 000 yuan)	96246	119640	24.3
在岗职工工资总额(万元)	Total Wages of Staff & Workers Empioyed in(10 000 yuan)	21737	24362	12.1
在岗职工平均工资(元)	Average Wage of Staff & Workers Employed in(yuan)	9590	11686	21.9
农牧民人均纯收入(元)	Per Capita Net Income of Peasant & Herdsman(yuan)	2156	2703	25.4
农村牧区经济	**Economic Development in Rural & Pastoral Area**			
耕地面积(公顷)	Cultivated Area(hectare)	139977	145505	3.9
农作物总播种面积(公顷)	Total Sown Area(hectare)	140267	156284	11.4
#粮食作物播种面积(公顷)	Sown Area of Grain Crops(hectare)	101800	122831	20.7
有效灌溉面积(公顷)	Irrigated Area(hectare)	51516	55371	7.5
农牧业机械总动力(万千瓦)	Total Power of Agricultural Machinery(10 000 kw)	30.00	27.30	-9.0
化肥施用折纯量(吨)	Consumption of Chemical Fertilizer(ton)	13881	14687	5.8
农村用电量(万千瓦小时)	Electricity Consumed in Rural Area(10 000 kwh)	5891	5940	0.8
农林牧渔业总产值(万元)	Gross Output of Farming,Forestry,Animal Husbandry & Fishery(10 000 yuan)	187935	231115	18.7
粮食产量(吨)	Yield of Grain(ton)	530011	560503	5.8
油料产量(吨)	Yield of Oil-bearing Grops(ton)	20054	27213	35.7
甜菜产量(吨)	Yield of Beetroots(ton)	85966	97850	13.8
猪牛羊肉产量(吨)	Output of Pork, Beef & Mutton(ton)	31159	36553	17.3
#猪肉产量(吨)	Output of Pork(ton)	20731	22602	9.0
牛肉产量(吨)	Output of Beef(ton)	6355	6128	-3.6
羊肉产量(吨)	Output of Mutton(ton)	4073	7823	92.1

23-61 Wengniute Banner in Chifeng City

指 标	Item	2004	2005	2005年比上年增长% Increase Rate in 2005 Over 2004(%)
羊毛产量(吨)	Output of Wool(ton)	1080	1602	48.3
年末牲畜存栏头数(万头只)	Total Livestock at the Year-end(10 000 heads)	122.48	138.54	13.1
# 大牲畜(万头只)	Large Animals(10 000 heads)	19.56	21.60	10.4
羊(万只)	Sheep & Goats(10 000 heads)	86.59	97.63	12.7
猪(万头)	Hogs(10 000 heads)	16.33	19.31	18.2
规模以上工业	**Industry with Independent Accounting System**			
工业企业单位数(个)	Number of Industrial Enterprises(unit)	18	18	0.0
# 内资企业(个)	Civil Funded Enterprises(unit)	17	17	0.0
工业总产值(万元)	Gross Industrial Output Value(10 000 yuan)	68795	116872	69.9
内资企业(万元)	Civil Funded Enterprises(10 000 yuan)	61976	109795	77.2
国有企业(万元)	State-owned Enterprises(10 000 yuan)	15736	33824	114.9
集体企业(万元)	Collective-owned Enterprises(10 000 yuan)			
股份合作企业(万元)	Share Holding Enterprises(10 000 yuan)	915	2614	185.7
联营企业(万元)	Joint Owned Enterprises(10 000 yuan)			
有限责任公司(万元)	Limited Company(10 000 yuan)	20790	29343	41.1
股份有限公司(万元)	Share Holding Limited Company(10 000 yuan)	20298	30907	52.3
私营企业(万元)	Privately Owned Enterprises(10 000 yuan)	4237	13107	209.3
其他企业(万元)	Enterprises of Other Ownership(10 000 yuan)			
港澳台商投资企业(万元)	Funds from HK,Macao & Taiwan(10 000 yuan)	6819	7077	3.8
外商投资企业(万元)	Foreign Funded Enterprises(10 000 yuan)			
工业企业增加值(万元)	Value Added of Industrial Enterprises(10 000 yuan)	26723	36493	30.7
工业企业资产总计(万元)	Total Assets of Industrial Enterprises(10 000 yuan)	51711	66710	29.0
工业企业负债合计(万元)	Total Liabilities of Industrial Enterprises(10 000 yuan)	34213	41723	22.0
工业企业产品销售收入(万元)	Sales of Revenue Industrial Enterprises(10 000 yuan)	69158	116573	68.6
工业企业利润总额(万元)	Total Profits of Industrial Enterprises(10 000 yuan)	3674	6441	75.3
建筑业	**Construction**			
建筑企业单位数(个)	Number of Construction Enterprises(unit)	6	6	0.0
建筑企业从业人员(人)	Number of Employee in Construction Enterprises(person)	9778	7434	-24.0
建筑业总产值(万元)	Gross Construction Output Value(10 000 yuan)	37471	37656	3.6
交通运输邮电通信业	**Transportation,Post & Telecommunications**			
公路里程(公里)	Total Length of Highways(km)	2710	3279	21.0
邮电业务总量(万元)	Business Volume of Post & Telecoms(10 000 yuan)	3231	5950	84.2
本地电话用户(户)	Number of Subscribers of Local Telephone(Household)	34010	44119	29.7
国内贸易	**Demestic Trade**			
社会消费品零售总额(万元)	Total Retail Sales of Consumer Goods(10 000 yuan)	78360	91054	16.2
# 贸易业(万元)	Wholesale & Retail Sales Trades(10 000 yuan)	67864	77883	14.8
餐饮业(万元)	Catering Trade(10 000 yuan)	9762	11326	16.0
科技教育卫生	**Science,Education & Public Health**			
各类专业技术人员(人)	Speccial Technical Personnel(person)	7989	8356	4.6
幼儿园数(所)	Number of Kindergartens(unit)	21	23	9.5
学龄儿童入学率(%)	Percentage of School-Age Children Enrolled(%)	99.7	99.7	0.0
小学学校数(所)	Number of Primary Schools(unit)	234	164	-29.9
小学专任教师数(人)	Number of Full-time Teachers of Primary Schools(person)	2899	2822	-2.7
小学在校学生数(人)	Number of Student Enrollment of Primary Schools(person)	32963	30074	-8.8
普通中学学校数(所)	Number of Regular Secondary Schools(unit)	35	33	-5.7
普通中学专任教师数(人)	Number of Teachers of Secondary Shools(person)	1833	1866	1.8
初中在校学生数(人)	Number of Student in Junior Secondary Schools(person)	26769	21744	-18.8
高中在校学生数(人)	Number of Student in Senior Secondary Schools(person)	10473	10010	-4.4
卫生机构数(所)	Number of Health Institutions(unit)	35	35	0.0
# 医院(所)	Hospitals(unit)	3	3	0.0
卫生院(所)	Township Hospitals(unit)	26	26	0.0
床位数(张)	Number of Beds(unit)	626	626	0.0
# 医院(张)	Hospitals(unit)	245	240	-2.0
卫生院(张)	Township Hospitals(unit)	370	370	0.0
卫生技术人员(人)	Medical Technical Presonnel(person)	1037	1075	3.7
# 医院(人)	Hospitals(person)	340	369	8.5
卫生院(人)	Township Hospitals(person)	467	462	-1.1

23-62 赤峰市喀喇沁旗

指 标	Item	2004	2005	2005年比上年增长% Increase Rate in 2005 Over 2004(%)
行政区域土地面积(平方公里)	**Area of Administration(Sq.km)**	**3050**	**3050**	**0.0**
人口和就业	**Population & Employment**			
年末总人口(人)	Total Population Year-end(person)	337115	333605	-1.0
# 男性(人)	Male(person)	175236	173833	-0.8
# 乡村人口(人)	Rural(person)	300324	301406	0.4
年末总户数(户)	Total Number of Households at the Year-end(Household)	81215	79011	-2.7
# 乡村户数(户)	Number of Rural Household(Household)	78809	78327	-0.6
出生人口(人)	Births(person)	2372	2020	-14.8
死亡人口(人)	Deaths(person)	1721	1725	0.2
全社会就业人员(人)	Employment(person)	147859	146884	-0.7
第一产业(人)	Primary Industry(person)	84966	84195	-0.9
第二产业(人)	Secondary Industry(person)	23121	26555	14.9
第三产业(人)	Tertiary Industry(person)	39772	36134	-9.1
在岗职工人数(人)	Number of Staff & Workers Employed in(person)	15103	15616	3.4
乡村劳动力(人)	Number of Rural Laborers(person)	147213	150147	2.0
# 农林牧渔业(人)	Farming,Forestry,Animal Husbandry & Fishery(person)	84066	83298	-0.9
国民经济综合指标	**Summary Item on the National Economy**			
生产总值(万元)	Gross Domestic Product(10 000 yuan)	122337	148469	18.4
第一产业(万元)	Primary Industry(10 000 yuan)	36380	43833	17.5
第二产业(万元)	Secondary Industry(10 000 yuan)	36108	49237	31.1
# 工业(万元)	Industry(10 000 yuan)	31757	41748	26.9
第三产业(万元)	Tertiary Industry(10 000 yuan)	49849	55399	9.9
人均生产总值(元)	Per Capita GDP(yuan)	3630	4427	19.0
全社会固定资产投资(万元)	Total Investment in Fixed Assets(10 000 yuan)	77858	91633	17.7
按登记注册类型分	Grouped by Registered Type			
# 国有(万元)	State-owned Enterprises(10 000 yuan)	24504	23101	-5.7
集体(万元)	Collective-owned Enterprises(10 000 yuan)	110	2776	2423.6
有限责任公司(万元)	Limited Liability Corporations(10 000 yuan)	33314	21952	-34.1
股份有限公司(万元)	Share Holding Enterprises(10 000 yuan)		2825	
私营企业(万元)	Private Enterprises(10 000 yuan)	3892	19088	390.4
外商及港澳台投资企业(万元)	Funds from HK,Macao,Taiwan & Foreign(10 000 yuan)			
按管理渠道分	Grouped by Channel of Management			
# 基本建设(万元)	Capital Construction(10 000 yuan)	54197	38156	-29.6
更新改造(万元)	Innovation(10 000 yuan)		102	
房地产开发(万元)	Real Estate Development(10 000 yuan)			
地方财政收入(万元)	Local Governments Revenue(10 000 yuan)	5201	7260	39.6
地方财政支出(万元)	Local Governments Expenditures(10 000 yuan)	32747	42680	30.3
城乡居民储蓄存款余额(万元)	Resident Saving Deposit in Urban & Rural(10 000 yuan)	86799	102407	18.0
在岗职工工资总额(万元)	Total Wages of Staff & Workers Empioyed in(10 000 yuan)	17284	18824	8.9
在岗职工平均工资(元)	Average Wage of Staff & Workers Employed in(yuan)	10303	10574	2.6
农牧民人均纯收入(元)	Per Capita Net Income of Peasant & Herdsman(yuan)	1988	2438	22.6
农村牧区经济	**Economic Development in Rural & Pastoral Area**			
耕地面积(公顷)	Cultivated Area(hectare)	44055	43787	-0.6
农作物总播种面积(公顷)	Total Sown Area(hectare)	44150	44861	1.6
# 粮食作物播种面积(公顷)	Sown Area of Grain Crops(hectare)	32862	33029	0.5
有效灌溉面积(公顷)	Irrigated Area(hectare)	15374	15483	0.7
农牧业机械总动力(万千瓦)	Total Power of Agricultural Machinery(10 000 kw)	16.94	17.50	3.3
化肥施用折纯量(吨)	Consumption of Chemical Fertilizer(ton)	13710	13339	-2.7
农村用电量(万千瓦小时)	Electricity Consumed in Rural Area(10 000 kwh)	4829	5057	4.7
农林牧渔业总产值(万元)	Gross Output of Farming,Forestry,Animal Husbandry & Fishery(10 000 yuan)	60200	73123	18.4
粮食产量(吨)	Yield of Grain(ton)	160221	160350	0.1
油料产量(吨)	Yield of Oil-bearing Grops(ton)	3210	3234	0.7
甜菜产量(吨)	Yield of Beetroots(ton)	3589	9154	155.1
猪牛羊肉产量(吨)	Output of Pork, Beef & Mutton(ton)	9522	8573	-10.0
# 猪肉产量(吨)	Output of Pork(ton)	6683	5406	-19.1
牛肉产量(吨)	Output of Beef(ton)	1437	1323	-7.9
羊肉产量(吨)	Output of Mutton(ton)	1402	1844	31.5

23-62 Kalaqin Banner in Chifeng City

指 标	Item	2004	2005	2005年比上年增长% Increase Rate in 2005 Over 2004(%)
羊毛产量(吨)	Output of Wool(ton)	228	385	68.9
年末牲畜存栏头数(万头只)	Total Livestock at the Year-end(10 000 heads)	26.58	28.16	5.9
#大牲畜(万头只)	Large Animals(10 000 heads)	6.22	6.81	9.5
羊(万只)	Sheep & Goats(10 000 heads)	14.05	14.86	5.8
猪(万头)	Hogs(10 000 heads)	6.31	6.49	2.9
规模以上工业	**Industry with Independent Accounting System**			
工业企业单位数(个)	Number of Industrial Enterprises(unit)	15	16	6.7
#内资企业(个)	Civil Funded Enterprises(unit)	14	15	7.1
工业总产值(万元)	Gross Industrial Output Value(10 000 yuan)	73952	107772	45.7
内资企业(万元)	Civil Funded Enterprises(10 000 yuan)	73252	106997	46.1
国有企业(万元)	State-owned Enterprises(10 000 yuan)	5216	5525	5.9
集体企业(万元)	Collective-owned Enterprises(10 000 yuan)			
股份合作企业(万元)	Share Holding Enterprises(10 000 yuan)			
联营企业(万元)	Joint Owned Enterprises(10 000 yuan)			
有限责任公司(万元)	Limited Company(10 000 yuan)	13009	25339	94.8
股份有限公司(万元)	Share Holding Limited Company(10 000 yuan)	52402	73350	40.0
私营企业(万元)	Privately Owned Enterprises(10 000 yuan)	2625	2783	6.0
其他企业(万元)	Enterprises of Other Ownership(10 000 yuan)			
港澳台商投资企业(万元)	Funds from HK,Macao & Taiwan(10 000 yuan)			
外商投资企业(万元)	Foreign Funded Enterprises(10 000 yuan)	700	775	10.7
工业企业增加值(万元)	Value Added of Industrial Enterprises(10 000 yuan)	24014	34102	42.2
工业企业资产总计(万元)	Total Assets of Industrial Enterprises(10 000 yuan)	109180	140439	28.6
工业企业负债合计(万元)	Total Liabilities of Industrial Enterprises(10 000 yuan)	70623	95776	35.6
工业企业产品销售收入(万元)	Sales of Revenue Industrial Enterprises(10 000 yuan)	73824	107533	45.7
工业企业利润总额(万元)	Total Profits of Industrial Enterprises(10 000 yuan)	4594	10830	135.7
建筑业	**Construction**			
建筑企业单位数(个)	Number of Construction Enterprises(unit)	7	7	0.0
建筑企业从业人员(人)	Number of Employee in Construction Enterprises(person)	2074	2042	-1.5
建筑业总产值(万元)	Gross Construction Output Value(10 000 yuan)	19905	25525	22.7
交通运输邮电通信业	**Transportation,Post & Telecommunications**			
公路里程(公里)	Total Length of Highways(km)	675	694	2.8
邮电业务总量(万元)	Business Volume of Post & Telecoms(10 000 yuan)	2260	2406	6.5
本地电话用户(户)	Number of Subscribers of Local Telephone(Household)	38176	41830	9.6
国内贸易	**Demestic Trade**			
社会消费品零售总额(万元)	Total Retail Sales of Consumer Goods(10 000 yuan)	47286	54190	14.6
#贸易业(万元)	Wholesale & Retail Sales Trades(10 000 yuan)	43908	50095	14.1
餐饮业(万元)	Catering Trade(10 000 yuan)	3110	3801	22.2
科技教育卫生	**Science,Education & Public Health**			
各类专业技术人员(人)	Speccial Technical Personnel(person)	5431	5530	1.8
幼儿园数(所)	Number of Kindergartens(unit)	5	8	60.0
学龄儿童入学率(%)	Percentage of School-Age Children Enrolled(%)	100.0	100.0	0.0
小学学校数(所)	Number of Primary Schools(unit)	151	147	-2.6
小学专任教师数(人)	Number of Full-time Teachers of Primary Schools(person)	1808	1859	2.8
小学在校学生数(人)	Number of Student Enrollment of Primary Schools(person)	20455	20792	1.6
普通中学学校数(所)	Number of Regular Secondary Schools(unit)	24	20	-16.7
普通中学专任教师数(人)	Number of Teachers of Secondary Shools(person)	1454	1356	-6.7
初中在校学生数(人)	Number of Student in Junior Secondary Schools(person)	14641	11013	-24.8
高中在校学生数(人)	Number of Student in Senior Secondary Schools(person)	8490	9096	7.1
卫生机构数(所)	Number of Health Institutions(unit)	41	44	7.3
#医院(所)	Hospitals(unit)	3	3	0.0
卫生院(所)	Township Hospitals(unit)	17	17	0.0
床位数(张)	Number of Beds(unit)	770	770	0.0
#医院(张)	Hospitals(unit)	240	240	0.0
卫生院(张)	Township Hospitals(unit)	500	500	0.0
卫生技术人员(人)	Medical Technical Presonnel(person)	766	750	-2.1
#医院(人)	Hospitals(person)	239	233	-2.5
卫生院(人)	Township Hospitals(person)	374	355	-5.1

23-63 赤峰市宁城县

指 标	Item	2004	2005	2005年比上年增长% Increase Rate in 2005 Over 2004(%)
行政区域土地面积(平方公里)	**Area of Administration(Sq.km)**	**4305**	**4305**	**0.0**
人口和就业	**Population & Employment**			
年末总人口(人)	Total Population Year-end(person)	597992	592939	-0.8
#男性(人)	Male(person)	309704	307375	-0.8
#乡村人口(人)	Rural(person)	528588	529191	0.1
年末总户数(户)	Total Number of Households at the Year-end(Household)	174169	170050	-2.4
#乡村户数(户)	Number of Rural Household(Household)	140333	140718	0.3
出生人口(人)	Births(person)	6230	6043	-3.0
死亡人口(人)	Deaths(person)	4793	3478	-27.4
全社会就业人员(人)	Employment(person)	275326	270535	-1.7
第一产业(人)	Primary Industry(person)	139729	146494	4.8
第二产业(人)	Secondary Industry(person)	33196	41154	24.0
第三产业(人)	Tertiary Industry(person)	102401	82887	-19.1
在岗职工人数(人)	Number of Staff & Workers Employed in(person)	30618	29310	-4.3
乡村劳动力(人)	Number of Rural Laborers(person)	244528	241225	-1.4
#农林牧渔业(人)	Farming,Forestry,Animal Husbandry & Fishery(person)	139610	145937	4.5
国民经济综合指标	**Summary Item on the National Economy**			
生产总值(万元)	Gross Domestic Product(10 000 yuan)	249352	309295	21.9
第一产业(万元)	Primary Industry(10 000 yuan)	94048	109293	13.3
第二产业(万元)	Secondary Industry(10 000 yuan)	65278	91433	35.6
#工业(万元)	Industry(10 000 yuan)	51896	72839	36.2
第三产业(万元)	Tertiary Industry(10 000 yuan)	90026	108569	20.1
人均生产总值(元)	Per Capita GDP(yuan)	4175	5194	22.3
全社会固定资产投资(万元)	Total Investment in Fixed Assets(10 000 yuan)	155389	204125	31.4
按登记注册类型分	Grouped by Registered Type			
#国有(万元)	State-owned Enterprises(10 000 yuan)	62448	95655	53.2
集体(万元)	Collective-owned Enterprises(10 000 yuan)	260		
有限责任公司(万元)	Limited Liability Corporations(10 000 yuan)	40295	60700	50.6
股份有限公司(万元)	Share Holding Enterprises(10 000 yuan)	2060	6201	201.0
私营企业(万元)	Private Enterprises(10 000 yuan)	15194	17111	12.6
外商及港澳台投资企业(万元)	Funds from HK,Macao,Taiwan & Foreign(10 000 yuan)			
按管理渠道分	Grouped by Channel of Management			
#基本建设(万元)	Capital Construction(10 000 yuan)	130652	168066	28.6
更新改造(万元)	Innovation(10 000 yuan)	7160	9805	36.9
房地产开发(万元)	Real Estate Development(10 000 yuan)	4370	6125	40.2
地方财政收入(万元)	Local Governments Revenue(10 000 yuan)	8201	10553	28.7
地方财政支出(万元)	Local Governments Expenditures(10 000 yuan)	43982	54869	24.8
城乡居民储蓄存款余额(万元)	Resident Saving Deposit in Urban & Rural(10 000 yuan)	168762	206199	22.2
在岗职工工资总额(万元)	Total Wages of Staff & Workers Empioyed in(10 000 yuan)	32493	35463	9.1
在岗职工平均工资(元)	Average Wage of Staff & Workers Employed in(yuan)	10653	12101	13.6
农牧民人均纯收入(元)	Per Capita Net Income of Peasant & Herdsman(yuan)	2229	2700	21.1
农村牧区经济	**Economic Development in Rural & Pastoral Area**			
耕地面积(公顷)	Cultivated Area(hectare)	85137	83581	-1.8
农作物总播种面积(公顷)	Total Sown Area(hectare)	96206	93940	-2.4
#粮食作物播种面积(公顷)	Sown Area of Grain Crops(hectare)	75361	76421	1.4
有效灌溉面积(公顷)	Irrigated Area(hectare)	33937	34733	2.3
农牧业机械总动力(万千瓦)	Total Power of Agricultural Machinery(10 000 kw)	27.90	29.00	3.9
化肥施用折纯量(吨)	Consumption of Chemical Fertilizer(ton)	31099	30651	-1.4
农村用电量(万千瓦小时)	Electricity Consumed in Rural Area(10 000 kwh)	5965	6109	2.4
农林牧渔业总产值(万元)	Gross Output of Farming,Forestry,Animal Husbandry & Fishery(10 000 yuan)	155626	182311	13.1
粮食产量(吨)	Yield of Grain(ton)	501500	520500	3.8
油料产量(吨)	Yield of Oil-bearing Grops(ton)	1608	1876	16.7
甜菜产量(吨)	Yield of Beetroots(ton)	21503	41227	91.7
猪牛羊肉产量(吨)	Output of Pork, Beef & Mutton(ton)	20296	21317	5.0
#猪肉产量(吨)	Output of Pork(ton)	12223	11444	-6.4
牛肉产量(吨)	Output of Beef(ton)	6032	7462	23.7
羊肉产量(吨)	Output of Mutton(ton)	2041	2411	18.1

23-63 Ningcheng County in Chifeng City

指 标	Item	2004	2005	2005年比上年增长% Increase Rate in 2005 Over 2004(%)
羊毛产量(吨)	Output of Wool(ton)	1132	702	-38.0
年末牲畜存栏头数(万头只)	Total Livestock at the Year-end(10 000 heads)	45.17	49.98	10.6
# 大牲畜(万头只)	Large Animals(10 000 heads)	16.58	18.06	8.9
羊(万只)	Sheep & Goats(10 000 heads)	18.11	19.82	9.4
猪(万头)	Hogs(10 000 heads)	10.48	12.10	15.5
规模以上工业	**Industry with Independent Accounting System**			
工业企业单位数(个)	Number of Industrial Enterprises(unit)	14	17	21.4
# 内资企业(个)	Civil Funded Enterprises(unit)	14	17	21.4
工业总产值(万元)	Gross Industrial Output Value(10 000 yuan)	95569	178112	86.4
内资企业(万元)	Civil Funded Enterprises(10 000 yuan)	95569	178112	86.4
国有企业(万元)	State-owned Enterprises(10 000 yuan)	2150	9454	339.7
集体企业(万元)	Collective-owned Enterprises(10 000 yuan)		3158	
股份合作企业(万元)	Share Holding Enterprises(10 000 yuan)			
联营企业(万元)	Joint Owned Enterprises(10 000 yuan)			
有限责任公司(万元)	Limited Company(10 000 yuan)	93419	163078	74.6
股份有限公司(万元)	Share Holding Limited Company(10 000 yuan)			
私营企业(万元)	Privately Owned Enterprises(10 000 yuan)			
其他企业(万元)	Enterprises of Other Ownership(10 000 yuan)		2422	
港澳台商投资企业(万元)	Funds from HK,Macao & Taiwan(10 000 yuan)			
外商投资企业(万元)	Foreign Funded Enterprises(10 000 yuan)			
工业企业增加值(万元)	Value Added of Industrial Enterprises(10 000 yuan)	31525	49826	51.3
工业企业资产总计(万元)	Total Assets of Industrial Enterprises(10 000 yuan)	102115	120343	17.9
工业企业负债合计(万元)	Total Liabilities of Industrial Enterprises(10 000 yuan)	52318	63436	21.3
工业企业产品销售收入(万元)	Sales of Revenue Industrial Enterprises(10 000 yuan)	93295	170786	83.1
工业企业利润总额(万元)	Total Profits of Industrial Enterprises(10 000 yuan)	2511	5608	123.3
建筑业	**Construction**			
建筑企业单位数(个)	Number of Construction Enterprises(unit)	9	10	11.1
建筑企业从业人员(人)	Number of Employee in Construction Enterprises(person)	1240	4622	272.7
建筑业总产值(万元)	Gross Construction Output Value(10 000 yuan)	21953	18589	-17.8
交通运输邮电通信业	**Transportation,Post & Telecommunications**			
公路里程(公里)	Total Length of Highways(km)	1504	1504	0.0
邮电业务总量(万元)	Business Volume of Post & Telecoms(10 000 yuan)	3719	3829	3.0
本地电话用户(户)	Number of Subscribers of Local Telephone(Household)	64252	66633	3.7
国内贸易	**Demestic Trade**			
社会消费品零售总额(万元)	Total Retail Sales of Consumer Goods(10 000 yuan)	112185	128003	14.1
# 贸易业(万元)	Wholesale & Retail Sales Trades(10 000 yuan)	101641	114954	13.1
餐饮业(万元)	Catering Trade(10 000 yuan)	10328	12792	23.9
科技教育卫生	**Science,Education & Public Health**			
各类专业技术人员(人)	Speccial Technical Personnel(person)	19057	20500	7.6
幼儿园数(所)	Number of Kindergartens(unit)	21	20	-4.8
学龄儿童入学率(%)	Percentage of School-Age Children Enrolled(%)	100.0	100.0	0.0
小学学校数(所)	Number of Primary Schools(unit)	227	202	-11.0
小学专任教师数(人)	Number of Full-time Teachers of Primary Schools(person)	2761	2734	-1.0
小学在校学生数(人)	Number of Student Enrollment of Primary Schools(person)	36894	35665	-3.3
普通中学学校数(所)	Number of Regular Secondary Schools(unit)	48	50	4.2
普通中学专任教师数(人)	Number of Teachers of Secondary Shools(person)	2401	2332	-2.9
初中在校学生数(人)	Number of Student in Junior Secondary Schools(person)	31255	25557	-18.2
高中在校学生数(人)	Number of Student in Senior Secondary Schools(person)	10891	11916	9.4
卫生机构数(所)	Number of Health Institutions(unit)	37	38	2.7
# 医院(所)	Hospitals(unit)	4	4	0.0
卫生院(所)	Township Hospitals(unit)	26	27	3.8
床位数(张)	Number of Beds(unit)	1177	1176	-0.1
# 医院(张)	Hospitals(unit)	545	564	3.5
卫生院(张)	Township Hospitals(unit)	532	558	4.9
卫生技术人员(人)	Medical Technical Presonnel(person)	1459	1499	2.7
# 医院(人)	Hospitals(person)	556	583	4.9
卫生院(人)	Township Hospitals(person)	707	744	5.2

23-64 赤峰市敖汉旗

指 标	Item	2004	2005	2005年比上年增长% Increase Rate in 2005 Over 2004(%)
行政区域土地面积(平方公里)	**Area of Administration(Sq.km)**	**8294**	**8294**	**0.0**
人口和就业	**Population & Employment**			
年末总人口(人)	Total Population Year-end(person)	585852	583742	-0.4
# 男性(人)	Male(person)	304228	302599	-0.5
# 乡村人口(人)	Rural(person)	523581	520440	-0.6
年末总户数(户)	Total Number of Households at the Year-end(Household)	164149	166009	1.1
# 乡村户数(户)	Number of Rural Household(Household)	134823	135680	0.6
出生人口(人)	Births(person)	4815	5851	21.5
死亡人口(人)	Deaths(person)	3593	4893	36.2
全社会就业人员(人)	Employment(person)	296712	310398	4.6
第一产业(人)	Primary Industry(person)	164483	171252	4.1
第二产业(人)	Secondary Industry(person)	22361	26098	16.7
第三产业(人)	Tertiary Industry(person)	109868	113048	2.9
在岗职工人数(人)	Number of Staff & Workers Employed in(person)	24279	22579	-7.0
乡村劳动力(人)	Number of Rural Laborers(person)	294296	300926	2.3
# 农林牧渔业(人)	Farming,Forestry,Animal Husbandry & Fishery(person)	164483	171230	4.1
国民经济综合指标	**Summary Item on the National Economy**			
生产总值(万元)	Gross Domestic Product(10 000 yuan)	261165	305685	14.8
第一产业(万元)	Primary Industry(10 000 yuan)	123066	141910	12.4
第二产业(万元)	Secondary Industry(10 000 yuan)	56186	70573	21.7
# 工业(万元)	Industry(10 000 yuan)	44884	55177	19.7
第三产业(万元)	Tertiary Industry(10 000 yuan)	81913	93202	13.3
人均生产总值(元)	Per Capita GDP(yuan)	4453	5227	15.1
全社会固定资产投资(万元)	Total Investment in Fixed Assets(10 000 yuan)	103164	160106	55.2
按登记注册类型分	Grouped by Registered Type			
# 国有(万元)	State-owned Enterprises(10 000 yuan)	56069	52046	-7.2
集体(万元)	Collective-owned Enterprises(10 000 yuan)			
有限责任公司(万元)	Limited Liability Corporations(10 000 yuan)			
股份有限公司(万元)	Share Holding Enterprises(10 000 yuan)			
私营企业(万元)	Private Enterprises(10 000 yuan)			
外商及港澳台投资企业(万元)	Funds from HK,Macao,Taiwan & Foreign(10 000 yuan)			
按管理渠道分	Grouped by Channel of Management			
# 基本建设(万元)	Capital Construction(10 000 yuan)	82177	98106	19.4
更新改造(万元)	Innovation(10 000 yuan)			
房地产开发(万元)	Real Estate Development(10 000 yuan)			
地方财政收入(万元)	Local Governments Revenue(10 000 yuan)	8598	11076	28.8
地方财政支出(万元)	Local Governments Expenditures(10 000 yuan)	47705	63180	32.4
城乡居民储蓄存款余额(万元)	Resident Saving Deposit in Urban & Rural(10 000 yuan)	104874	138738	32.3
在岗职工工资总额(万元)	Total Wages of Staff & Workers Empioyed in(10 000 yuan)	25226	27553	9.2
在岗职工平均工资(元)	Average Wage of Staff & Workers Employed in(yuan)	10537	12256	16.3
农牧民人均纯收入(元)	Per Capita Net Income of Peasant & Herdsman(yuan)	2120	2626	23.9
农村牧区经济	**Economic Development in Rural & Pastoral Area**			
耕地面积(公顷)	Cultivated Area(hectare)	177763	169992	-4.4
农作物总播种面积(公顷)	Total Sown Area(hectare)	166836	194332	16.5
# 粮食作物播种面积(公顷)	Sown Area of Grain Crops(hectare)	141334	162189	14.8
有效灌溉面积(公顷)	Irrigated Area(hectare)	50861	56582	11.2
农牧业机械总动力(万千瓦)	Total Power of Agricultural Machinery(10 000 kw)	29.90	32.60	9.0
化肥施用折纯量(吨)	Consumption of Chemical Fertilizer(ton)	27529	41155	49.5
农村用电量(万千瓦小时)	Electricity Consumed in Rural Area(10 000 kwh)	11761	12528	6.5
农林牧渔业总产值(万元)	Gross Output of Farming,Forestry,Animal Husbandry & Fishery(10 000 yuan)	203644	236719	15.9
粮食产量(吨)	Yield of Grain(ton)	510000	553000	8.4
油料产量(吨)	Yield of Oil-bearing Grops(ton)	6872	20015	191.3
甜菜产量(吨)	Yield of Beetroots(ton)	7932	52687	564.2
猪牛羊肉产量(吨)	Output of Pork, Beef & Mutton(ton)	72940	68746	-5.7
# 猪肉产量(吨)	Output of Pork(ton)	59422	54246	-8.7
牛肉产量(吨)	Output of Beef(ton)	2216	3821	72.4
羊肉产量(吨)	Output of Mutton(ton)	11302	10679	-5.5

23-64 Aohan Banner in Chifeng City

指 标	Item	2004	2005	2005年比上年增长% Increase Rate in 2005 Over 2004(%)
羊毛产量(吨)	Output of Wool(ton)	1618	3406	110.5
年末牲畜存栏头数(万头只)	Total Livestock at the Year-end(10 000 heads)	146.40	148.40	1.4
# 大牲畜(万头只)	Large Animals(10 000 heads)	20.50	22.80	11.2
羊(万只)	Sheep & Goats(10 000 heads)	83.40	80.40	-3.6
猪(万头)	Hogs(10 000 heads)	42.50	45.20	6.4
规模以上工业	**Industry with Independent Accounting System**			
工业企业单位数(个)	Number of Industrial Enterprises(unit)	22	23	4.5
# 内资企业(个)	Civil Funded Enterprises(unit)	22	23	4.5
工业总产值(万元)	Gross Industrial Output Value(10 000 yuan)	47805	86796	81.6
内资企业(万元)	Civil Funded Enterprises(10 000 yuan)	47805	86796	81.6
国有企业(万元)	State-owned Enterprises(10 000 yuan)	11001	14332	30.3
集体企业(万元)	Collective-owned Enterprises(10 000 yuan)			
股份合作企业(万元)	Share Holding Enterprises(10 000 yuan)			
联营企业(万元)	Joint Owned Enterprises(10 000 yuan)			
有限责任公司(万元)	Limited Company(10 000 yuan)	16833	29974	78.1
股份有限公司(万元)	Share Holding Limited Company(10 000 yuan)	12503	16008	28.0
私营企业(万元)	Privately Owned Enterprises(10 000 yuan)	7468	26482	254.6
其他企业(万元)	Enterprises of Other Ownership(10 000 yuan)			
港澳台商投资企业(万元)	Funds from HK,Macao & Taiwan(10 000 yuan)			
外商投资企业(万元)	Foreign Funded Enterprises(10 000 yuan)			
工业企业增加值(万元)	Value Added of Industrial Enterprises(10 000 yuan)	25714	42200	59.9
工业企业资产总计(万元)	Total Assets of Industrial Enterprises(10 000 yuan)	59919	64552	7.7
工业企业负债合计(万元)	Total Liabilities of Industrial Enterprises(10 000 yuan)	33125	40462	22.1
工业企业产品销售收入(万元)	Sales of Revenue Industrial Enterprises(10 000 yuan)	47486	85328	79.7
工业企业利润总额(万元)	Total Profits of Industrial Enterprises(10 000 yuan)	4557	5224	14.6
建筑业	**Construction**			
建筑企业单位数(个)	Number of Construction Enterprises(unit)	4	4	0.0
建筑企业从业人员(人)	Number of Employee in Construction Enterprises(person)	3314	4815	45.3
建筑业总产值(万元)	Gross Construction Output Value(10 000 yuan)	14117	16527	15.9
交通运输邮电通信业	**Transportation,Post & Telecommunications**			
公路里程(公里)	Total Length of Highways(km)	2407	2407	0.0
邮电业务总量(万元)	Business Volume of Post & Telecoms(10 000 yuan)	5271	6548	24.2
本地电话用户(户)	Number of Subscribers of Local Telephone(Household)	52064	56130	7.8
国内贸易	**Demestic Trade**			
社会消费品零售总额(万元)	Total Retail Sales of Consumer Goods(10 000 yuan)	68759	78454	14.1
# 贸易业(万元)	Wholesale & Retail Sales Trades(10 000 yuan)	59680	68253	14.4
餐饮业(万元)	Catering Trade(10 000 yuan)	9079	10201	12.4
科技教育卫生	**Science,Education & Public Health**			
各类专业技术人员(人)	Speccial Technical Personnel(person)	7982	8129	1.8
幼儿园数(所)	Number of Kindergartens(unit)	42	39	-7.1
学龄儿童入学率(%)	Percentage of School-Age Children Enrolled(%)	100.0	100.0	0.0
小学学校数(所)	Number of Primary Schools(unit)	231	194	-16.0
小学专任教师数(人)	Number of Full-time Teachers of Primary Schools(person)	3094	3011	-2.7
小学在校学生数(人)	Number of Student Enrollment of Primary Schools(person)	43697	40886	-6.4
普通中学学校数(所)	Number of Regular Secondary Schools(unit)	42	43	2.4
普通中学专任教师数(人)	Number of Teachers of Secondary Shools(person)	2093	2151	2.8
初中在校学生数(人)	Number of Student in Junior Secondary Schools(person)	33759	31197	-7.6
高中在校学生数(人)	Number of Student in Senior Secondary Schools(person)	9996	11666	16.7
卫生机构数(所)	Number of Health Institutions(unit)	38	38	0.0
# 医院(所)	Hospitals(unit)	4	4	0.0
卫生院(所)	Township Hospitals(unit)	28	28	0.0
床位数(张)	Number of Beds(unit)	1108	1513	36.6
# 医院(张)	Hospitals(unit)	575	799	39.0
卫生院(张)	Township Hospitals(unit)	403	609	51.1
卫生技术人员(人)	Medical Technical Presonnel(person)	1472	1496	1.6
# 医院(人)	Hospitals(person)	529	549	3.8
卫生院(人)	Township Hospitals(person)	717	827	15.3

23-65 锡林郭勒盟二连浩特市

指 标	Item	2004	2005	2005年比上年增长% Increase Rate in 2005 Over 2004(%)
行政区域土地面积(平方公里)	**Area of Administration(Sq.km)**	**4015**	**4015**	**0.0**
人口和就业	**Population & Employment**			
年末总人口(人)	Total Population Year-end(person)	23049	23779	3.2
# 男性(人)	Male(person)	11896	12232	2.8
# 乡村人口(人)	Rural(person)	1258	1289	2.5
年末总户数(户)	Total Number of Households at the Year-end(Household)	9205	9269	0.7
# 乡村户数(户)	Number of Rural Household(Household)	370	378	2.2
出生人口(人)	Births(person)	209	227	8.6
死亡人口(人)	Deaths(person)	26	88	238.5
全社会就业人员(人)	Employment(person)	18975	20702	9.1
第一产业(人)	Primary Industry(person)	916	892	-2.6
第二产业(人)	Secondary Industry(person)	1335	1566	17.3
第三产业(人)	Tertiary Industry(person)	16724	18244	9.1
在岗职工人数(人)	Number of Staff & Workers Employed in(person)	4111	4559	10.9
乡村劳动力(人)	Number of Rural Laborers(person)	937	970	3.5
# 农林牧渔业(人)	Farming,Forestry,Animal Husbandry & Fishery(person)	916	892	-2.6
国民经济综合指标	**Summary Item on the National Economy**			
生产总值(万元)	Gross Domestic Product(10 000 yuan)	110761	151070	29.8
第一产业(万元)	Primary Industry(10 000 yuan)	1312	1436	7.2
第二产业(万元)	Secondary Industry(10 000 yuan)	15222	27455	65.9
# 工业(万元)	Industry(10 000 yuan)	5422	16407	171.5
第三产业(万元)	Tertiary Industry(10 000 yuan)	94227	122179	24.2
人均生产总值(元)	Per Capita GDP(yuan)	15691	21004	27.4
全社会固定资产投资(万元)	Total Investment in Fixed Assets(10 000 yuan)	79954	100637	25.9
按登记注册类型分	Grouped by Registered Type			
# 国有(万元)	State-owned Enterprises(10 000 yuan)	55101	64751	17.5
集体(万元)	Collective-owned Enterprises(10 000 yuan)			
有限责任公司(万元)	Limited Liability Corporations(10 000 yuan)			
股份有限公司(万元)	Share Holding Enterprises(10 000 yuan)	1650	11610	603.6
私营企业(万元)	Private Enterprises(10 000 yuan)	11225	24276	116.3
外商及港澳台投资企业(万元)	Funds from HK,Macao,Taiwan & Foreign(10 000 yuan)			
按管理渠道分	Grouped by Channel of Management			
# 基本建设(万元)	Capital Construction(10 000 yuan)	55187	20069	-63.6
更新改造(万元)	Innovation(10 000 yuan)			
房地产开发(万元)	Real Estate Development(10 000 yuan)	4767	15110	217.0
地方财政收入(万元)	Local Governments Revenue(10 000 yuan)	12860	13575	5.6
地方财政支出(万元)	Local Governments Expenditures(10 000 yuan)	20338	23194	14.0
城乡居民储蓄存款余额(万元)	Resident Saving Deposit in Urban & Rural(10 000 yuan)	82358	100611	22.2
在岗职工工资总额(万元)	Total Wages of Staff & Workers Empioyed in(10 000 yuan)	7874	9642	22.5
在岗职工平均工资(元)	Average Wage of Staff & Workers Employed in(yuan)	19233	21177	10.1
农牧民人均纯收入(元)	Per Capita Net Income of Peasant & Herdsman(yuan)		2580	
农村牧区经济	**Economic Development in Rural & Pastoral Area**			
耕地面积(公顷)	Cultivated Area(hectare)	330	330	0.0
农作物总播种面积(公顷)	Total Sown Area(hectare)	330	330	0.0
# 粮食作物播种面积(公顷)	Sown Area of Grain Crops(hectare)			
有效灌溉面积(公顷)	Irrigated Area(hectare)	330	330	0.0
农牧业机械总动力(万千瓦)	Total Power of Agricultural Machinery(10 000 kw)	0.83	0.87	4.8
化肥施用折纯量(吨)	Consumption of Chemical Fertilizer(ton)	82	83	1.2
农村用电量(万千瓦小时)	Electricity Consumed in Rural Area(10 000 kwh)	11	11	0.0
农林牧渔业总产值(万元)	Gross Output of Farming,Forestry,Animal Husbandry & Fishery(10 000 yuan)	2014	3100	53.9
粮食产量(吨)	Yield of Grain(ton)			
油料产量(吨)	Yield of Oil-bearing Grops(ton)			
甜菜产量(吨)	Yield of Beetroots(ton)			
猪牛羊肉产量(吨)	Output of Pork, Beef & Mutton(ton)	420	557	32.6
# 猪肉产量(吨)	Output of Pork(ton)			
牛肉产量(吨)	Output of Beef(ton)	29	161	455.2
羊肉产量(吨)	Output of Mutton(ton)	391	368	-5.9

23-65 Erlianhaote City in Xilinguole League

指 标	Item	2004	2005	2005年比上年增长% Increase Rate in 2005 Over 2004(%)
羊毛产量(吨)	Output of Wool(ton)	45	50	11.1
年末牲畜存栏头数(万头只)	Total Livestock at the Year-end(10 000 heads)	4.50	4.71	4.7
# 大牲畜(万头只)	Large Animals(10 000 heads)	0.30	0.30	0.0
羊(万只)	Sheep & Goats(10 000 heads)	4.19	4.41	5.3
猪(万头)	Hogs(10 000 heads)			
规模以上工业	**Industry with Independent Accounting System**			
工业企业单位数(个)	Number of Industrial Enterprises(unit)	6	8	33.3
# 内资企业(个)	Civil Funded Enterprises(unit)	6	8	33.3
工业总产值(万元)	Gross Industrial Output Value(10 000 yuan)	7529	39138	419.8
内资企业(万元)	Civil Funded Enterprises(10 000 yuan)	7529	39138	419.8
国有企业(万元)	State-owned Enterprises(10 000 yuan)	3946	4859	23.1
集体企业(万元)	Collective-owned Enterprises(10 000 yuan)			
股份合作企业(万元)	Share Holding Enterprises(10 000 yuan)			
联营企业(万元)	Joint Owned Enterprises(10 000 yuan)			
有限责任公司(万元)	Limited Company(10 000 yuan)			
股份有限公司(万元)	Share Holding Limited Company(10 000 yuan)			
私营企业(万元)	Privately Owned Enterprises(10 000 yuan)	3583	34279	856.7
其他企业(万元)	Enterprises of Other Ownership(10 000 yuan)			
港澳台商投资企业(万元)	Funds from HK,Macao & Taiwan(10 000 yuan)			
外商投资企业(万元)	Foreign Funded Enterprises(10 000 yuan)			
工业企业增加值(万元)	Value Added of Industrial Enterprises(10 000 yuan)	3103	13456	283.2
工业企业资产总计(万元)	Total Assets of Industrial Enterprises(10 000 yuan)	11979	15750	31.5
工业企业负债合计(万元)	Total Liabilities of Industrial Enterprises(10 000 yuan)	5551	5147	-7.3
工业企业产品销售收入(万元)	Sales of Revenue Industrial Enterprises(10 000 yuan)	7327	38986	432.1
工业企业利润总额(万元)	Total Profits of Industrial Enterprises(10 000 yuan)	1844	7408	301.7
建筑业	**Construction**			
建筑企业单位数(个)	Number of Construction Enterprises(unit)			
建筑企业从业人员(人)	Number of Employee in Construction Enterprises(person)			
建筑业总产值(万元)	Gross Construction Output Value(10 000 yuan)			
交通运输邮电通信业	**Transportation,Post & Telecommunications**			
公路里程(公里)	Total Length of Highways(km)	211	215	1.9
邮电业务总量(万元)	Business Volume of Post & Telecoms(10 000 yuan)	4016	5734	42.8
本地电话用户(户)	Number of Subscribers of Local Telephone(Household)	18159	19765	8.8
国内贸易	**Demestic Trade**			
社会消费品零售总额(万元)	Total Retail Sales of Consumer Goods(10 000 yuan)	57947	65593	13.2
# 贸易业(万元)	Wholesale & Retail Sales Trades(10 000 yuan)	45738	53002	15.9
餐饮业(万元)	Catering Trade(10 000 yuan)	11328	11597	2.4
科技教育卫生	**Science,Education & Public Health**			
各类专业技术人员(人)	Speccial Technical Personnel(person)	492	651	32.3
幼儿园数(所)	Number of Kindergartens(unit)	8	7	-12.5
学龄儿童入学率(%)	Percentage of School-Age Children Enrolled(%)	100.0	100.0	0.0
小学学校数(所)	Number of Primary Schools(unit)	5	4	-20.0
小学专任教师数(人)	Number of Full-time Teachers of Primary Schools(person)	243	228	-6.2
小学在校学生数(人)	Number of Student Enrollment of Primary Schools(person)	6104	5707	-6.5
普通中学学校数(所)	Number of Regular Secondary Schools(unit)	4	4	0.0
普通中学专任教师数(人)	Number of Teachers of Secondary Shools(person)	147	145	-1.4
初中在校学生数(人)	Number of Student in Junior Secondary Schools(person)	2971	2845	-4.2
高中在校学生数(人)	Number of Student in Senior Secondary Schools(person)	411	593	44.3
卫生机构数(所)	Number of Health Institutions(unit)	6	4	-33.3
# 医院(所)	Hospitals(unit)	2	1	-50.0
卫生院(所)	Township Hospitals(unit)	1	1	0.0
床位数(张)	Number of Beds(unit)	115	97	-15.7
# 医院(张)	Hospitals(unit)	92	80	-13.0
卫生院(张)	Township Hospitals(unit)	2	1	-50.0
卫生技术人员(人)	Medical Technical Presonnel(person)	177	179	1.1
# 医院(人)	Hospitals(person)	114	120	5.3
卫生院(人)	Township Hospitals(person)	5	5	0.0

23-66 锡林郭勒盟锡林浩特市

指 标	Item	2004	2005	2005年比上年增长% Increase Rate in 2005 Over 2004(%)
行政区域土地面积(平方公里)	**Area of Administration(Sq.km)**	**14592**	**14592**	**0.0**
人口和就业	**Population & Employment**			
年末总人口(人)	Total Population Year-end(person)	153032	155901	1.9
# 男性(人)	Male(person)	77141	78445	1.7
# 乡村人口(人)	Rural(person)	9798	9695	-1.1
年末总户数(户)	Total Number of Households at the Year-end(Household)	50900	53280	4.7
# 乡村户数(户)	Number of Rural Household(Household)	2348	2324	-1.0
出生人口(人)	Births(person)	1258	1259	0.1
死亡人口(人)	Deaths(person)	268	652	143.3
全社会就业人员(人)	Employment(person)	61956	65152	5.2
第一产业(人)	Primary Industry(person)	5726	5506	-3.8
第二产业(人)	Secondary Industry(person)	16352	14413	-11.9
第三产业(人)	Tertiary Industry(person)	39878	45233	13.4
在岗职工人数(人)	Number of Staff & Workers Employed in(person)	38658	38764	0.3
乡村劳动力(人)	Number of Rural Laborers(person)	6000	5957	-0.7
# 农林牧渔业(人)	Farming,Forestry,Animal Husbandry & Fishery(person)	5726	5506	-3.8
国民经济综合指标	**Summary Item on the National Economy**			
生产总值(万元)	Gross Domestic Product(10 000 yuan)	396100	508828	16.9
第一产业(万元)	Primary Industry(10 000 yuan)	33211	34398	7.1
第二产业(万元)	Secondary Industry(10 000 yuan)	242125	326722	16.1
# 工业(万元)	Industry(10 000 yuan)	193277	271179	14.9
第三产业(万元)	Tertiary Industry(10 000 yuan)	120764	147708	21.1
人均生产总值(元)	Per Capita GDP(yuan)	24226	30938	17.0
全社会固定资产投资(万元)	Total Investment in Fixed Assets(10 000 yuan)	250533	411572	64.3
按登记注册类型分	Grouped by Registered Type			
# 国有(万元)	State-owned Enterprises(10 000 yuan)	240486	49149	-79.6
集体(万元)	Collective-owned Enterprises(10 000 yuan)			
有限责任公司(万元)	Limited Liability Corporations(10 000 yuan)			
股份有限公司(万元)	Share Holding Enterprises(10 000 yuan)			
私营企业(万元)	Private Enterprises(10 000 yuan)	55094	82731	50.2
外商及港澳台投资企业(万元)	Funds from HK,Macao,Taiwan & Foreign(10 000 yuan)			
按管理渠道分	Grouped by Channel of Management			
# 基本建设(万元)	Capital Construction(10 000 yuan)	199759	311339	55.9
更新改造(万元)	Innovation(10 000 yuan)	889	5173	481.9
房地产开发(万元)	Real Estate Development(10 000 yuan)	10460	35963	243.8
地方财政收入(万元)	Local Governments Revenue(10 000 yuan)	12699	18319	44.3
地方财政支出(万元)	Local Governments Expenditures(10 000 yuan)	26908	33853	25.8
城乡居民储蓄存款余额(万元)	Resident Saving Deposit in Urban & Rural(10 000 yuan)	191501	237190	23.9
在岗职工工资总额(万元)	Total Wages of Staff & Workers Empioyed in(10 000 yuan)	54920	62204	13.3
在岗职工平均工资(元)	Average Wage of Staff & Workers Employed in(yuan)	13725	15513	13.0
农牧民人均纯收入(元)	Per Capita Net Income of Peasant & Herdsman(yuan)	3551	4145	16.7
农村牧区经济	**Economic Development in Rural & Pastoral Area**			
耕地面积(公顷)	Cultivated Area(hectare)	14480	15600	7.7
农作物总播种面积(公顷)	Total Sown Area(hectare)	10290	10410	1.2
# 粮食作物播种面积(公顷)	Sown Area of Grain Crops(hectare)	3160	3440	8.9
有效灌溉面积(公顷)	Irrigated Area(hectare)	2200	2850	29.5
农牧业机械总动力(万千瓦)	Total Power of Agricultural Machinery(10 000 kw)	4.99	5.18	3.8
化肥施用折纯量(吨)	Consumption of Chemical Fertilizer(ton)	925	852	-7.9
农村用电量(万千瓦小时)	Electricity Consumed in Rural Area(10 000 kwh)	298	340	14.1
农林牧渔业总产值(万元)	Gross Output of Farming,Forestry,Animal Husbandry & Fishery(10 000 yuan)	53594	60348	12.6
粮食产量(吨)	Yield of Grain(ton)	8822	13805	56.5
油料产量(吨)	Yield of Oil-bearing Grops(ton)	562	616	9.6
甜菜产量(吨)	Yield of Beetroots(ton)			
猪牛羊肉产量(吨)	Output of Pork, Beef & Mutton(ton)	13234	13134	-0.8
# 猪肉产量(吨)	Output of Pork(ton)	282	380	34.8
牛肉产量(吨)	Output of Beef(ton)	1268	1424	12.3
羊肉产量(吨)	Output of Mutton(ton)	11684	11330	-3.0

23-66 Xilinhaote City in Xilinguole League

指 标	Item	2004	2005	2005年比上年增长% Increase Rate in 2005 Over 2004(%)
羊毛产量(吨)	Output of Wool(ton)	1201	1213	1.0
年末牲畜存栏头数(万头只)	Total Livestock at the Year-end(10 000 heads)	87.93	84.89	-3.5
# 大牲畜(万头只)	Large Animals(10 000 heads)	3.26	3.67	12.6
羊(万只)	Sheep & Goats(10 000 heads)	84.48	81.04	-4.1
猪(万头)	Hogs(10 000 heads)	0.19	0.18	-5.3
规模以上工业	**Industry with Independent Accounting System**			
工业企业单位数(个)	Number of Industrial Enterprises(unit)	40	51	27.5
# 内资企业(个)	Civil Funded Enterprises(unit)	39	50	28.2
工业总产值(万元)	Gross Industrial Output Value(10 000 yuan)	257295	367185	42.7
内资企业(万元)	Civil Funded Enterprises(10 000 yuan)	256420	366173	42.8
国有企业(万元)	State-owned Enterprises(10 000 yuan)	50689	55313	9.1
集体企业(万元)	Collective-owned Enterprises(10 000 yuan)	1381	5461	295.4
股份合作企业(万元)	Share Holding Enterprises(10 000 yuan)	591	702	18.8
联营企业(万元)	Joint Owned Enterprises(10 000 yuan)			
有限责任公司(万元)	Limited Company(10 000 yuan)	28305	26624	-5.9
股份有限公司(万元)	Share Holding Limited Company(10 000 yuan)	150365	229437	52.6
私营企业(万元)	Privately Owned Enterprises(10 000 yuan)	25089	48636	93.9
其他企业(万元)	Enterprises of Other Ownership(10 000 yuan)			
港澳台商投资企业(万元)	Funds from HK,Macao & Taiwan(10 000 yuan)			
外商投资企业(万元)	Foreign Funded Enterprises(10 000 yuan)	875	1012	15.7
工业企业增加值(万元)	Value Added of Industrial Enterprises(10 000 yuan)	183358	260458	42.1
工业企业资产总计(万元)	Total Assets of Industrial Enterprises(10 000 yuan)	441193	543548	23.2
工业企业负债合计(万元)	Total Liabilities of Industrial Enterprises(10 000 yuan)	182039	259782	42.7
工业企业产品销售收入(万元)	Sales of Revenue Industrial Enterprises(10 000 yuan)	247125	297885	20.5
工业企业利润总额(万元)	Total Profits of Industrial Enterprises(10 000 yuan)	4579	2412	-47.3
建筑业	**Construction**			
建筑企业单位数(个)	Number of Construction Enterprises(unit)	14	14	0.0
建筑企业从业人员(人)	Number of Employee in Construction Enterprises(person)	4173	3334	-20.1
建筑业总产值(万元)	Gross Construction Output Value(10 000 yuan)	56877	58849	3.5
交通运输邮电通信业	**Transportation,Post & Telecommunications**			
公路里程(公里)	Total Length of Highways(km)	626	636	1.6
邮电业务总量(万元)	Business Volume of Post & Telecoms(10 000 yuan)	12000	16678	39.0
本地电话用户(户)	Number of Subscribers of Local Telephone(Household)	69708	83400	19.6
国内贸易	**Demestic Trade**			
社会消费品零售总额(万元)	Total Retail Sales of Consumer Goods(10 000 yuan)	115512	123921	7.3
# 贸易业(万元)	Wholesale & Retail Sales Trades(10 000 yuan)	91582	99658	8.8
餐饮业(万元)	Catering Trade(10 000 yuan)	19811	23401	18.1
科技教育卫生	**Science,Education & Public Health**			
各类专业技术人员(人)	Speccial Technical Personnel(person)	2104	2624	24.7
幼儿园数(所)	Number of Kindergartens(unit)	3	3	0.0
学龄儿童入学率(%)	Percentage of School-Age Children Enrolled(%)	100.0	100.0	0.0
小学学校数(所)	Number of Primary Schools(unit)	18	18	0.0
小学专任教师数(人)	Number of Full-time Teachers of Primary Schools(person)	900	901	0.1
小学在校学生数(人)	Number of Student Enrollment of Primary Schools(person)	13486	13560	0.5
普通中学学校数(所)	Number of Regular Secondary Schools(unit)	12	11	-8.3
普通中学专任教师数(人)	Number of Teachers of Secondary Shools(person)	1038	1007	-3.0
初中在校学生数(人)	Number of Student in Junior Secondary Schools(person)	11434	10837	-5.2
高中在校学生数(人)	Number of Student in Senior Secondary Schools(person)	10447	11412	9.2
卫生机构数(所)	Number of Health Institutions(unit)	23	24	4.3
# 医院(所)	Hospitals(unit)	9	9	0.0
卫生院(所)	Township Hospitals(unit)	5	5	0.0
床位数(张)	Number of Beds(unit)	1011	853	-15.6
# 医院(张)	Hospitals(unit)	669	659	-1.5
卫生院(张)	Township Hospitals(unit)	30	30	0.0
卫生技术人员(人)	Medical Technical Presonnel(person)	1217	1201	-1.3
# 医院(人)	Hospitals(person)	740	732	-1.1
卫生院(人)	Township Hospitals(person)	35	33	-5.7

23-67 锡林郭勒盟阿巴嘎旗

指 标	Item	2004	2005	2005年比上年增长% Increase Rate in 2005 Over 2004(%)
行政区域土地面积(平方公里)	**Area of Administration(Sq.km)**	**27494**	**27494**	**0.0**
人口和就业	**Population & Employment**			
年末总人口(人)	Total Population Year-end(person)	43977	43038	-2.1
#男性(人)	Male(person)	22860	21822	-4.5
#乡村人口(人)	Rural(person)	20985	19992	-4.7
年末总户数(户)	Total Number of Households at the Year-end(Household)	13435	13478	0.3
#乡村户数(户)	Number of Rural Household(Household)	5758	5712	-0.8
出生人口(人)	Births(person)	410	549	33.9
死亡人口(人)	Deaths(person)	171	1306	663.7
全社会就业人员(人)	Employment(person)	20729	19591	-5.5
第一产业(人)	Primary Industry(person)	13760	12973	-5.7
第二产业(人)	Secondary Industry(person)	1441	1119	-22.3
第三产业(人)	Tertiary Industry(person)	5528	5499	-0.5
在岗职工人数(人)	Number of Staff & Workers Employed in(person)	3183	3241	1.8
乡村劳动力(人)	Number of Rural Laborers(person)	14268	13395	-6.1
#农林牧渔业(人)	Farming,Forestry,Animal Husbandry & Fishery(person)	13760	12973	-5.7
国民经济综合指标	**Summary Item on the National Economy**			
生产总值(万元)	Gross Domestic Product(10 000 yuan)	58494	77275	30.7
第一产业(万元)	Primary Industry(10 000 yuan)	24492	25742	7.4
第二产业(万元)	Secondary Industry(10 000 yuan)	17453	26868	64.9
#工业(万元)	Industry(10 000 yuan)	11748	15651	52.4
第三产业(万元)	Tertiary Industry(10 000 yuan)	16549	24665	29.6
人均生产总值(元)	Per Capita GDP(yuan)	13301	17955	33.6
全社会固定资产投资(万元)	Total Investment in Fixed Assets(10 000 yuan)	42012	76282	81.6
按登记注册类型分	Grouped by Registered Type			
#国有(万元)	State-owned Enterprises(10 000 yuan)	15191	47972	215.8
集体(万元)	Collective-owned Enterprises(10 000 yuan)			
有限责任公司(万元)	Limited Liability Corporations(10 000 yuan)			
股份有限公司(万元)	Share Holding Enterprises(10 000 yuan)			
私营企业(万元)	Private Enterprises(10 000 yuan)	4942	28310	472.8
外商及港澳台投资企业(万元)	Funds from HK,Macao,Taiwan & Foreign(10 000 yuan)			
按管理渠道分	Grouped by Channel of Management			
#基本建设(万元)	Capital Construction(10 000 yuan)	30451	38280	25.7
更新改造(万元)	Innovation(10 000 yuan)	1070	1330	24.3
房地产开发(万元)	Real Estate Development(10 000 yuan)	9131	1600	-82.5
地方财政收入(万元)	Local Governments Revenue(10 000 yuan)	2015	4476	122.1
地方财政支出(万元)	Local Governments Expenditures(10 000 yuan)	11106	15133	36.3
城乡居民储蓄存款余额(万元)	Resident Saving Deposit in Urban & Rural(10 000 yuan)	26040	28615	9.9
在岗职工工资总额(万元)	Total Wages of Staff & Workers Empioyed in(10 000 yuan)	4073	4621	13.5
在岗职工平均工资(元)	Average Wage of Staff & Workers Employed in(yuan)	12813	14255	11.3
农牧民人均纯收入(元)	Per Capita Net Income of Peasant & Herdsman(yuan)	3094	3638	17.6
农村牧区经济	**Economic Development in Rural & Pastoral Area**			
耕地面积(公顷)	Cultivated Area(hectare)	820	1310	59.8
农作物总播种面积(公顷)	Total Sown Area(hectare)	3020	19670	551.3
#粮食作物播种面积(公顷)	Sown Area of Grain Crops(hectare)			
有效灌溉面积(公顷)	Irrigated Area(hectare)	820	1310	59.8
农牧业机械总动力(万千瓦)	Total Power of Agricultural Machinery(10 000 kw)	3.64	3.75	3.0
化肥施用折纯量(吨)	Consumption of Chemical Fertilizer(ton)			
农村用电量(万千瓦小时)	Electricity Consumed in Rural Area(10 000 kwh)	32	28	-12.5
农林牧渔业总产值(万元)	Gross Output of Farming,Forestry,Animal Husbandry & Fishery(10 000 yuan)	41485	43934	5.9
粮食产量(吨)	Yield of Grain(ton)			
油料产量(吨)	Yield of Oil-bearing Grops(ton)			
甜菜产量(吨)	Yield of Beetroots(ton)			
猪牛羊肉产量(吨)	Output of Pork, Beef & Mutton(ton)	20016	21820	9.0
#猪肉产量(吨)	Output of Pork(ton)	17	15	-11.8
牛肉产量(吨)	Output of Beef(ton)	4260	6303	48.0
羊肉产量(吨)	Output of Mutton(ton)	15739	15502	-1.5

23-67 Abaga Banner in Xilinguole League

指 标	Item	2004	2005	2005年比上年增长% Increase Rate in 2005 Over 2004(%)
羊毛产量(吨)	Output of Wool(ton)	1295	1176	-9.2
年末牲畜存栏头数(万头只)	Total Livestock at the Year-end(10 000 heads)	110.83	106.33	-4.1
# 大牲畜(万头只)	Large Animals(10 000 heads)	8.05	7.19	-10.7
羊(万只)	Sheep & Goats(10 000 heads)	102.75	99.12	-3.5
猪(万头)	Hogs(10 000 heads)	0.02	0.02	0.0
规模以上工业	**Industry with Independent Accounting System**			
工业企业单位数(个)	Number of Industrial Enterprises(unit)	9	9	0.0
# 内资企业(个)	Civil Funded Enterprises(unit)	9	9	0.0
工业总产值(万元)	Gross Industrial Output Value(10 000 yuan)	17425	27654	58.7
内资企业(万元)	Civil Funded Enterprises(10 000 yuan)	17425	27654	58.7
国有企业(万元)	State-owned Enterprises(10 000 yuan)	4836	5729	18.5
集体企业(万元)	Collective-owned Enterprises(10 000 yuan)	2895	4880	68.6
股份合作企业(万元)	Share Holding Enterprises(10 000 yuan)			
联营企业(万元)	Joint Owned Enterprises(10 000 yuan)			
有限责任公司(万元)	Limited Company(10 000 yuan)	1524	1919	25.9
股份有限公司(万元)	Share Holding Limited Company(10 000 yuan)	3264	5465	67.4
私营企业(万元)	Privately Owned Enterprises(10 000 yuan)	4906	9661	96.9
其他企业(万元)	Enterprises of Other Ownership(10 000 yuan)			
港澳台商投资企业(万元)	Funds from HK,Macao & Taiwan(10 000 yuan)			
外商投资企业(万元)	Foreign Funded Enterprises(10 000 yuan)			
工业企业增加值(万元)	Value Added of Industrial Enterprises(10 000 yuan)	6443	11987	49.0
工业企业资产总计(万元)	Total Assets of Industrial Enterprises(10 000 yuan)	6477	7400	14.3
工业企业负债合计(万元)	Total Liabilities of Industrial Enterprises(10 000 yuan)	1623	1839	13.3
工业企业产品销售收入(万元)	Sales of Revenue Industrial Enterprises(10 000 yuan)	15055	27561	83.1
工业企业利润总额(万元)	Total Profits of Industrial Enterprises(10 000 yuan)	732	877	19.8
建筑业	**Construction**			
建筑企业单位数(个)	Number of Construction Enterprises(unit)	1		
建筑企业从业人员(人)	Number of Employee in Construction Enterprises(person)	25		
建筑业总产值(万元)	Gross Construction Output Value(10 000 yuan)	298		
交通运输邮电通信业	**Transportation,Post & Telecommunications**			
公路里程(公里)	Total Length of Highways(km)	761	760	-0.1
邮电业务总量(万元)	Business Volume of Post & Telecoms(10 000 yuan)	841	1739	106.8
本地电话用户(户)	Number of Subscribers of Local Telephone(Household)	11138	11836	6.3
国内贸易	**Demestic Trade**			
社会消费品零售总额(万元)	Total Retail Sales of Consumer Goods(10 000 yuan)	18414	25274	37.3
# 贸易业(万元)	Wholesale & Retail Sales Trades(10 000 yuan)	11607	21941	89.0
餐饮业(万元)	Catering Trade(10 000 yuan)	3512	2535	-27.8
科技教育卫生	**Science,Education & Public Health**			
各类专业技术人员(人)	Speccial Technical Personnel(person)	707	915	29.4
幼儿园数(所)	Number of Kindergartens(unit)	3	3	0.0
学龄儿童入学率(%)	Percentage of School-Age Children Enrolled(%)	100.0	100.0	0.0
小学学校数(所)	Number of Primary Schools(unit)	8	3	-62.5
小学专任教师数(人)	Number of Full-time Teachers of Primary Schools(person)	247	249	0.8
小学在校学生数(人)	Number of Student Enrollment of Primary Schools(person)	2975	2826	-5.0
普通中学学校数(所)	Number of Regular Secondary Schools(unit)	2	2	0.0
普通中学专任教师数(人)	Number of Teachers of Secondary Shools(person)	168	166	-1.2
初中在校学生数(人)	Number of Student in Junior Secondary Schools(person)	1927	1721	-10.7
高中在校学生数(人)	Number of Student in Senior Secondary Schools(person)	86	122	41.9
卫生机构数(所)	Number of Health Institutions(unit)	17	17	0.0
# 医院(所)	Hospitals(unit)	2	2	0.0
卫生院(所)	Township Hospitals(unit)	12	12	0.0
床位数(张)	Number of Beds(unit)	163	147	-9.8
# 医院(张)	Hospitals(unit)	82	74	-9.8
卫生院(张)	Township Hospitals(unit)	67	61	-9.0
卫生技术人员(人)	Medical Technical Presonnel(person)	234	244	4.3
# 医院(人)	Hospitals(person)	119	112	-5.9
卫生院(人)	Township Hospitals(person)	70	86	22.9

23-68 锡林郭勒盟苏尼特左旗

指 标	Item	2004	2005	2005年比上年增长% Increase Rate in 2005 Over 2004(%)
行政区域土地面积(平方公里)	**Area of Administration(Sq.km)**	**34251**	**34251**	**0.0**
人口和就业	**Population & Employment**			
年末总人口(人)	Total Population Year-end(person)	33210	33134	-0.2
# 男性(人)	Male(person)	16652	16591	-0.4
# 乡村人口(人)	Rural(person)	17490	17490	0.0
年末总户数(户)	Total Number of Households at the Year-end(Household)	10123	10362	2.4
# 乡村户数(户)	Number of Rural Household(Household)	4849	4849	0.0
出生人口(人)	Births(person)	336	376	11.9
死亡人口(人)	Deaths(person)	266	384	44.4
全社会就业人员(人)	Employment(person)	16369	16340	-0.2
第一产业(人)	Primary Industry(person)	9999	10004	0.1
第二产业(人)	Secondary Industry(person)	1594	1344	-15.7
第三产业(人)	Tertiary Industry(person)	4776	4992	4.5
在岗职工人数(人)	Number of Staff & Workers Employed in(person)	2925	2849	-2.6
乡村劳动力(人)	Number of Rural Laborers(person)	10815	10820	0.0
# 农林牧渔业(人)	Farming,Forestry,Animal Husbandry & Fishery(person)	9999	10004	0.1
国民经济综合指标	**Summary Item on the National Economy**			
生产总值(万元)	Gross Domestic Product(10 000 yuan)	48813	81756	39.9
第一产业(万元)	Primary Industry(10 000 yuan)	17873	16297	4.0
第二产业(万元)	Secondary Industry(10 000 yuan)	17169	48802	94.8
# 工业(万元)	Industry(10 000 yuan)	11506	41069	134.0
第三产业(万元)	Tertiary Industry(10 000 yuan)	13771	16657	15.2
人均生产总值(元)	Per Capita GDP(yuan)	14108	23629	39.9
全社会固定资产投资(万元)	Total Investment in Fixed Assets(10 000 yuan)	41542	52040	25.3
按登记注册类型分	Grouped by Registered Type			
# 国有(万元)	State-owned Enterprises(10 000 yuan)	28070	19449	-30.7
集体(万元)	Collective-owned Enterprises(10 000 yuan)			
有限责任公司(万元)	Limited Liability Corporations(10 000 yuan)			
股份有限公司(万元)	Share Holding Enterprises(10 000 yuan)			
私营企业(万元)	Private Enterprises(10 000 yuan)	2700	2200	-18.5
外商及港澳台投资企业(万元)	Funds from HK,Macao,Taiwan & Foreign(10 000 yuan)			
按管理渠道分	Grouped by Channel of Management			
# 基本建设(万元)	Capital Construction(10 000 yuan)	28662	50150	75.0
更新改造(万元)	Innovation(10 000 yuan)	230	1890	721.7
房地产开发(万元)	Real Estate Development(10 000 yuan)	520		
地方财政收入(万元)	Local Governments Revenue(10 000 yuan)	994	3425	244.6
地方财政支出(万元)	Local Governments Expenditures(10 000 yuan)	10046	14079	40.1
城乡居民储蓄存款余额(万元)	Resident Saving Deposit in Urban & Rural(10 000 yuan)	14726	15648	6.3
在岗职工工资总额(万元)	Total Wages of Staff & Workers Empioyed in(10 000 yuan)	3880	4008	3.3
在岗职工平均工资(元)	Average Wage of Staff & Workers Employed in(yuan)	13266	14097	6.3
农牧民人均纯收入(元)	Per Capita Net Income of Peasant & Herdsman(yuan)	2015	2282	13.3
农村牧区经济	**Economic Development in Rural & Pastoral Area**			
耕地面积(公顷)	Cultivated Area(hectare)	2000	2000	0.0
农作物总播种面积(公顷)	Total Sown Area(hectare)	2120	1970	-7.1
# 粮食作物播种面积(公顷)	Sown Area of Grain Crops(hectare)			
有效灌溉面积(公顷)	Irrigated Area(hectare)	2000	2000	0.0
农牧业机械总动力(万千瓦)	Total Power of Agricultural Machinery(10 000 kw)	5.22	6.12	17.2
化肥施用折纯量(吨)	Consumption of Chemical Fertilizer(ton)	16	17	6.2
农村用电量(万千瓦小时)	Electricity Consumed in Rural Area(10 000 kwh)	12	10	-16.7
农林牧渔业总产值(万元)	Gross Output of Farming,Forestry,Animal Husbandry & Fishery(10 000 yuan)	30056	30346	1.0
粮食产量(吨)	Yield of Grain(ton)			
油料产量(吨)	Yield of Oil-bearing Grops(ton)			
甜菜产量(吨)	Yield of Beetroots(ton)			
猪牛羊肉产量(吨)	Output of Pork, Beef & Mutton(ton)	13854	15031	8.5
# 猪肉产量(吨)	Output of Pork(ton)	24	47	95.8
牛肉产量(吨)	Output of Beef(ton)	2128	3148	47.9
羊肉产量(吨)	Output of Mutton(ton)	11702	11836	1.1

23-68 Sunitezuo Banner in Xilinguole League

指 标	Item	2004	2005	2005年比上年增长% Increase Rate in 2005 Over 2004(%)
羊毛产量(吨)	Output of Wool(ton)	689	660	-4.2
年末牲畜存栏头数(万头只)	Total Livestock at the Year-end(10 000 heads)	78.64	69.53	-11.6
# 大牲畜(万头只)	Large Animals(10 000 heads)	5.95	5.75	-3.4
羊(万只)	Sheep & Goats(10 000 heads)	72.65	63.76	-12.2
猪(万头)	Hogs(10 000 heads)	0.04	0.02	-50.0
规模以上工业	**Industry with Independent Accounting System**			
工业企业单位数(个)	Number of Industrial Enterprises(unit)	16	20	25.0
# 内资企业(个)	Civil Funded Enterprises(unit)	16	20	25.0
工业总产值(万元)	Gross Industrial Output Value(10 000 yuan)	23034	61517	167.1
内资企业(万元)	Civil Funded Enterprises(10 000 yuan)	23034	61517	167.1
国有企业(万元)	State-owned Enterprises(10 000 yuan)	5247	7932	51.2
集体企业(万元)	Collective-owned Enterprises(10 000 yuan)			
股份合作企业(万元)	Share Holding Enterprises(10 000 yuan)			
联营企业(万元)	Joint Owned Enterprises(10 000 yuan)			
有限责任公司(万元)	Limited Company(10 000 yuan)	3162	38505	1117.7
股份有限公司(万元)	Share Holding Limited Company(10 000 yuan)	4735	5711	20.6
私营企业(万元)	Privately Owned Enterprises(10 000 yuan)	9890	9369	-5.3
其他企业(万元)	Enterprises of Other Ownership(10 000 yuan)			
港澳台商投资企业(万元)	Funds from HK,Macao & Taiwan(10 000 yuan)			
外商投资企业(万元)	Foreign Funded Enterprises(10 000 yuan)			
工业企业增加值(万元)	Value Added of Industrial Enterprises(10 000 yuan)	9506	38005	173.9
工业企业资产总计(万元)	Total Assets of Industrial Enterprises(10 000 yuan)	13290	45216	240.2
工业企业负债合计(万元)	Total Liabilities of Industrial Enterprises(10 000 yuan)	7612	24817	226.0
工业企业产品销售收入(万元)	Sales of Revenue Industrial Enterprises(10 000 yuan)	22630	60103	165.6
工业企业利润总额(万元)	Total Profits of Industrial Enterprises(10 000 yuan)	604	5553	819.4
建筑业	**Construction**			
建筑企业单位数(个)	Number of Construction Enterprises(unit)	3		
建筑企业从业人员(人)	Number of Employee in Construction Enterprises(person)	122		
建筑业总产值(万元)	Gross Construction Output Value(10 000 yuan)	388		
交通运输邮电通信业	**Transportation,Post & Telecommunications**			
公路里程(公里)	Total Length of Highways(km)	1042	1042	0.0
邮电业务总量(万元)	Business Volume of Post & Telecoms(10 000 yuan)	1008	1094	8.5
本地电话用户(户)	Number of Subscribers of Local Telephone(Household)	13318	10765	-19.2
国内贸易	**Demestic Trade**			
社会消费品零售总额(万元)	Total Retail Sales of Consumer Goods(10 000 yuan)	14484	15929	10.0
# 贸易业(万元)	Wholesale & Retail Sales Trades(10 000 yuan)	8948	12378	38.3
餐饮业(万元)	Catering Trade(10 000 yuan)	2498	2760	10.5
科技教育卫生	**Science,Education & Public Health**			
各类专业技术人员(人)	Speccial Technical Personnel(person)	743	1098	47.8
幼儿园数(所)	Number of Kindergartens(unit)	3	3	0.0
学龄儿童入学率(%)	Percentage of School-Age Children Enrolled(%)	100.0	100.0	0.0
小学学校数(所)	Number of Primary Schools(unit)	7	7	0.0
小学专任教师数(人)	Number of Full-time Teachers of Primary Schools(person)	260	259	-0.4
小学在校学生数(人)	Number of Student Enrollment of Primary Schools(person)	2173	2015	-7.3
普通中学学校数(所)	Number of Regular Secondary Schools(unit)	2	2	0.0
普通中学专任教师数(人)	Number of Teachers of Secondary Shools(person)	127	127	0.0
初中在校学生数(人)	Number of Student in Junior Secondary Schools(person)	1530	1432	-6.4
高中在校学生数(人)	Number of Student in Senior Secondary Schools(person)			
卫生机构数(所)	Number of Health Institutions(unit)	13	14	7.7
# 医院(所)	Hospitals(unit)	2	2	0.0
卫生院(所)	Township Hospitals(unit)	9	9	0.0
床位数(张)	Number of Beds(unit)	77	79	2.6
# 医院(张)	Hospitals(unit)	46	46	0.0
卫生院(张)	Township Hospitals(unit)	27	31	14.8
卫生技术人员(人)	Medical Technical Presonnel(person)	186	185	-0.5
# 医院(人)	Hospitals(person)	84	85	1.2
卫生院(人)	Township Hospitals(person)	55	55	0.0

23-69 锡林郭勒盟苏尼特右旗

指 标	Item	2004	2005	2005年比上年增长% Increase Rate in 2005 Over 2004(%)
行政区域土地面积(平方公里)	**Area of Administration(Sq.km)**	**22461**	**22461**	**0.0**
人口和就业	**Population & Employment**			
年末总人口(人)	Total Population Year-end(person)	68438	68402	-0.1
# 男性(人)	Male(person)	34839	34684	-0.4
# 乡村人口(人)	Rural(person)	30139	29805	-1.1
年末总户数(户)	Total Number of Households at the Year-end(Household)	22513	22846	1.5
# 乡村户数(户)	Number of Rural Household(Household)	8199	8281	1.0
出生人口(人)	Births(person)	494	736	49.0
死亡人口(人)	Deaths(person)	340	737	116.8
全社会就业人员(人)	Employment(person)	35889	35532	-1.0
第一产业(人)	Primary Industry(person)	17489	17648	0.9
第二产业(人)	Secondary Industry(person)	7046	6181	-12.3
第三产业(人)	Tertiary Industry(person)	11354	11703	3.1
在岗职工人数(人)	Number of Staff & Workers Employed in(person)	7021	7087	0.9
乡村劳动力(人)	Number of Rural Laborers(person)	21230	21457	1.1
# 农林牧渔业(人)	Farming,Forestry,Animal Husbandry & Fishery(person)	17489	17648	0.9
国民经济综合指标	**Summary Item on the National Economy**			
生产总值(万元)	Gross Domestic Product(10 000 yuan)	89981	116998	15.6
第一产业(万元)	Primary Industry(10 000 yuan)	15423	15455	4.3
第二产业(万元)	Secondary Industry(10 000 yuan)	46732	68240	19.3
# 工业(万元)	Industry(10 000 yuan)	38648	58026	21.2
第三产业(万元)	Tertiary Industry(10 000 yuan)	27826	33303	15.3
人均生产总值(元)	Per Capita GDP(yuan)	11304	14661	15.4
全社会固定资产投资(万元)	Total Investment in Fixed Assets(10 000 yuan)	72737	74141	1.9
按登记注册类型分	Grouped by Registered Type			
# 国有(万元)	State-owned Enterprises(10 000 yuan)	21547	63652	195.4
集体(万元)	Collective-owned Enterprises(10 000 yuan)			
有限责任公司(万元)	Limited Liability Corporations(10 000 yuan)	1167		
股份有限公司(万元)	Share Holding Enterprises(10 000 yuan)			
私营企业(万元)	Private Enterprises(10 000 yuan)	35546	7420	-79.1
外商及港澳台投资企业(万元)	Funds from HK,Macao,Taiwan & Foreign(10 000 yuan)			
按管理渠道分	Grouped by Channel of Management			
# 基本建设(万元)	Capital Construction(10 000 yuan)	41407	45675	10.3
更新改造(万元)	Innovation(10 000 yuan)	1766	3936	122.9
房地产开发(万元)	Real Estate Development(10 000 yuan)	1837	2844	54.8
地方财政收入(万元)	Local Governments Revenue(10 000 yuan)	5876	9496	61.6
地方财政支出(万元)	Local Governments Expenditures(10 000 yuan)	19575	24300	24.1
城乡居民储蓄存款余额(万元)	Resident Saving Deposit in Urban & Rural(10 000 yuan)	47875	54130	13.1
在岗职工工资总额(万元)	Total Wages of Staff & Workers Empioyed in(10 000 yuan)	9871	12323	24.8
在岗职工平均工资(元)	Average Wage of Staff & Workers Employed in(yuan)	13366	16662	24.7
农牧民人均纯收入(元)	Per Capita Net Income of Peasant & Herdsman(yuan)	1580	1864	18.0
农村牧区经济	**Economic Development in Rural & Pastoral Area**			
耕地面积(公顷)	Cultivated Area(hectare)	2550	2830	11.0
农作物总播种面积(公顷)	Total Sown Area(hectare)	2360	2860	21.2
# 粮食作物播种面积(公顷)	Sown Area of Grain Crops(hectare)	650	667	2.6
有效灌溉面积(公顷)	Irrigated Area(hectare)	1580	1860	17.7
农牧业机械总动力(万千瓦)	Total Power of Agricultural Machinery(10 000 kw)	4.96	4.96	0.0
化肥施用折纯量(吨)	Consumption of Chemical Fertilizer(ton)	127	90	-29.1
农村用电量(万千瓦小时)	Electricity Consumed in Rural Area(10 000 kwh)	167	166	-0.6
农林牧渔业总产值(万元)	Gross Output of Farming,Forestry,Animal Husbandry & Fishery(10 000 yuan)	25851	27114	4.9
粮食产量(吨)	Yield of Grain(ton)	1005		
油料产量(吨)	Yield of Oil-bearing Grops(ton)	190		
甜菜产量(吨)	Yield of Beetroots(ton)			
猪牛羊肉产量(吨)	Output of Pork, Beef & Mutton(ton)	10300	14196	37.8
# 猪肉产量(吨)	Output of Pork(ton)	126	165	31.0
牛肉产量(吨)	Output of Beef(ton)	695	1584	127.9
羊肉产量(吨)	Output of Mutton(ton)	9479	12447	31.3

23-69 Suniteyou Banner in Xilinguole League

指 标	Item	2004	2005	2005年比上年增长% Increase Rate in 2005 Over 2004(%)
羊毛产量(吨)	Output of Wool(ton)	678	682	0.6
年末牲畜存栏头数(万头只)	Total Livestock at the Year-end(10 000 heads)	77.03	51.76	-32.8
# 大牲畜(万头只)	Large Animals(10 000 heads)	1.69	1.18	-30.2
羊(万只)	Sheep & Goats(10 000 heads)	75.23	50.49	-32.9
猪(万头)	Hogs(10 000 heads)	0.11	0.09	-18.2
规模以上工业	**Industry with Independent Accounting System**			
工业企业单位数(个)	Number of Industrial Enterprises(unit)	16	19	18.8
# 内资企业(个)	Civil Funded Enterprises(unit)	15	18	20.0
工业总产值(万元)	Gross Industrial Output Value(10 000 yuan)	71336	117102	64.2
内资企业(万元)	Civil Funded Enterprises(10 000 yuan)	70485	115895	64.4
国有企业(万元)	State-owned Enterprises(10 000 yuan)	5581	14461	159.1
集体企业(万元)	Collective-owned Enterprises(10 000 yuan)			
股份合作企业(万元)	Share Holding Enterprises(10 000 yuan)	1284	120	-90.7
联营企业(万元)	Joint Owned Enterprises(10 000 yuan)			
有限责任公司(万元)	Limited Company(10 000 yuan)	40874	53055	29.8
股份有限公司(万元)	Share Holding Limited Company(10 000 yuan)			
私营企业(万元)	Privately Owned Enterprises(10 000 yuan)	22746	48259	112.2
其他企业(万元)	Enterprises of Other Ownership(10 000 yuan)			
港澳台商投资企业(万元)	Funds from HK,Macao & Taiwan(10 000 yuan)			
外商投资企业(万元)	Foreign Funded Enterprises(10 000 yuan)	851	1207	41.8
工业企业增加值(万元)	Value Added of Industrial Enterprises(10 000 yuan)	35078	53725	53.2
工业企业资产总计(万元)	Total Assets of Industrial Enterprises(10 000 yuan)	112194	127469	13.6
工业企业负债合计(万元)	Total Liabilities of Industrial Enterprises(10 000 yuan)	56267	64337	14.3
工业企业产品销售收入(万元)	Sales of Revenue Industrial Enterprises(10 000 yuan)	68997	113854	65.0
工业企业利润总额(万元)	Total Profits of Industrial Enterprises(10 000 yuan)	5797	6077	4.8
建筑业	**Construction**			
建筑企业单位数(个)	Number of Construction Enterprises(unit)	1	2	100.0
建筑企业从业人员(人)	Number of Employee in Construction Enterprises(person)	76	328	331.6
建筑业总产值(万元)	Gross Construction Output Value(10 000 yuan)	1102	1109	0.6
交通运输邮电通信业	**Transportation,Post & Telecommunications**			
公路里程(公里)	Total Length of Highways(km)	651	651	0.0
邮电业务总量(万元)	Business Volume of Post & Telecoms(10 000 yuan)	2427	2945	21.3
本地电话用户(户)	Number of Subscribers of Local Telephone(Household)	11680	12000	2.7
国内贸易	**Demestic Trade**			
社会消费品零售总额(万元)	Total Retail Sales of Consumer Goods(10 000 yuan)	33184	36288	9.4
# 贸易业(万元)	Wholesale & Retail Sales Trades(10 000 yuan)	26454	30882	16.7
餐饮业(万元)	Catering Trade(10 000 yuan)	4830	3667	-24.1
科技教育卫生	**Science,Education & Public Health**			
各类专业技术人员(人)	Speccial Technical Personnel(person)	893	1195	33.8
幼儿园数(所)	Number of Kindergartens(unit)	3	4	33.3
学龄儿童入学率(%)	Percentage of School-Age Children Enrolled(%)	100.0	100.0	0.0
小学学校数(所)	Number of Primary Schools(unit)	10	8	-20.0
小学专任教师数(人)	Number of Full-time Teachers of Primary Schools(person)	298	333	11.7
小学在校学生数(人)	Number of Student Enrollment of Primary Schools(person)	5236	5393	3.0
普通中学学校数(所)	Number of Regular Secondary Schools(unit)	4	3	-25.0
普通中学专任教师数(人)	Number of Teachers of Secondary Shools(person)	233	255	9.4
初中在校学生数(人)	Number of Student in Junior Secondary Schools(person)	3250	3443	5.9
高中在校学生数(人)	Number of Student in Senior Secondary Schools(person)	572	706	23.4
卫生机构数(所)	Number of Health Institutions(unit)	18	18	0.0
# 医院(所)	Hospitals(unit)	3	3	0.0
卫生院(所)	Township Hospitals(unit)	12	12	0.0
床位数(张)	Number of Beds(unit)	171	174	1.8
# 医院(张)	Hospitals(unit)	122	122	0.0
卫生院(张)	Township Hospitals(unit)	34	37	8.8
卫生技术人员(人)	Medical Technical Presonnel(person)	298	282	-5.4
# 医院(人)	Hospitals(person)	147	143	-2.7
卫生院(人)	Township Hospitals(person)	79	74	-6.3

23-70 锡林郭勒盟东乌珠穆沁旗

指标	Item	2004	2005	2005年比上年增长% Increase Rate in 2005 Over 2004(%)
行政区域土地面积(平方公里)	**Area of Administration(Sq.km)**	**47259**	**47259**	**0.0**
人口和就业	**Population & Employment**			
年末总人口(人)	Total Population Year-end(person)	70459	70731	0.4
#男性(人)	Male(person)	36286	36266	-0.1
#乡村人口(人)	Rural(person)	30495	31001	1.7
年末总户数(户)	Total Number of Households at the Year-end(Household)	21424	21593	0.8
#乡村户数(户)	Number of Rural Household(Household)	7413	7557	1.9
出生人口(人)	Births(person)	898	779	-13.3
死亡人口(人)	Deaths(person)	401	740	84.5
全社会就业人员(人)	Employment(person)	36378	39874	9.6
第一产业(人)	Primary Industry(person)	18103	19480	7.6
第二产业(人)	Secondary Industry(person)	6572	6873	4.6
第三产业(人)	Tertiary Industry(person)	11703	13521	15.5
在岗职工人数(人)	Number of Staff & Workers Employed in(person)	9112	8798	-3.4
乡村劳动力(人)	Number of Rural Laborers(person)	19751	21172	7.2
#农林牧渔业(人)	Farming,Forestry,Animal Husbandry & Fishery(person)	18103	19480	7.6
国民经济综合指标	**Summary Item on the National Economy**			
生产总值(万元)	Gross Domestic Product(10 000 yuan)	152532	181929	19.6
第一产业(万元)	Primary Industry(10 000 yuan)	61666	62546	4.8
第二产业(万元)	Secondary Industry(10 000 yuan)	59774	82162	36.3
#工业(万元)	Industry(10 000 yuan)	49923	66409	29.5
第三产业(万元)	Tertiary Industry(10 000 yuan)	31092	37221	16.5
人均生产总值(元)	Per Capita GDP(yuan)	21185	25192	19.2
全社会固定资产投资(万元)	Total Investment in Fixed Assets(10 000 yuan)	74195	128623	73.4
按登记注册类型分	Grouped by Registered Type			
#国有(万元)	State-owned Enterprises(10 000 yuan)	40129	74155	84.8
集体(万元)	Collective-owned Enterprises(10 000 yuan)	200		
有限责任公司(万元)	Limited Liability Corporations(10 000 yuan)	550		
股份有限公司(万元)	Share Holding Enterprises(10 000 yuan)	7454		
私营企业(万元)	Private Enterprises(10 000 yuan)	16832	4448	-73.6
外商及港澳台投资企业(万元)	Funds from HK,Macao,Taiwan & Foreign(10 000 yuan)			
按管理渠道分	Grouped by Channel of Management			
#基本建设(万元)	Capital Construction(10 000 yuan)	58512	113850	94.6
更新改造(万元)	Innovation(10 000 yuan)	5677	4216	-25.7
房地产开发(万元)	Real Estate Development(10 000 yuan)	1270	3125	146.1
地方财政收入(万元)	Local Governments Revenue(10 000 yuan)	6619	13351	101.7
地方财政支出(万元)	Local Governments Expenditures(10 000 yuan)	22495	28290	25.8
城乡居民储蓄存款余额(万元)	Resident Saving Deposit in Urban & Rural(10 000 yuan)	39185	43751	11.7
在岗职工工资总额(万元)	Total Wages of Staff & Workers Employed in(10 000 yuan)	9112	13208	45.0
在岗职工平均工资(元)	Average Wage of Staff & Workers Employed in(yuan)	12318	15568	26.4
农牧民人均纯收入(元)	Per Capita Net Income of Peasant & Herdsman(yuan)	6059	6880	13.6
农村牧区经济	**Economic Development in Rural & Pastoral Area**			
耕地面积(公顷)	Cultivated Area(hectare)	17800	28140	58.1
农作物总播种面积(公顷)	Total Sown Area(hectare)	15640	23220	48.5
#粮食作物播种面积(公顷)	Sown Area of Grain Crops(hectare)	5430	9637	77.5
有效灌溉面积(公顷)	Irrigated Area(hectare)	1450	1530	5.5
农牧业机械总动力(万千瓦)	Total Power of Agricultural Machinery(10 000 kw)	10.83	11.20	3.4
化肥施用折纯量(吨)	Consumption of Chemical Fertilizer(ton)	2155	2875	33.4
农村用电量(万千瓦小时)	Electricity Consumed in Rural Area(10 000 kwh)	140	202	44.3
农林牧渔业总产值(万元)	Gross Output of Farming,Forestry,Animal Husbandry & Fishery(10 000 yuan)	103683	114231	10.2
粮食产量(吨)	Yield of Grain(ton)	8614	32244	274.3
油料产量(吨)	Yield of Oil-bearing Grops(ton)	3286	5806	76.7
甜菜产量(吨)	Yield of Beetroots(ton)			
猪牛羊肉产量(吨)	Output of Pork, Beef & Mutton(ton)	44342	37367	-15.7
#猪肉产量(吨)	Output of Pork(ton)	234	291	24.4
牛肉产量(吨)	Output of Beef(ton)	7617	6326	-16.9
羊肉产量(吨)	Output of Mutton(ton)	36491	30750	-15.7

23-70 Dongwuzhumuqin Banner in Xilinguole League

指 标	Item	2004	2005	2005年比上年增长% Increase Rate in 2005 Over 2004(%)
羊毛产量(吨)	Output of Wool(ton)	2822	2601	-7.8
年末牲畜存栏头数(万头只)	Total Livestock at the Year-end(10 000 heads)	226.96	220.60	-2.8
# 大牲畜(万头只)	Large Animals(10 000 heads)	9.14	8.11	-11.3
羊(万只)	Sheep & Goats(10 000 heads)	217.72	212.40	-2.4
猪(万头)	Hogs(10 000 heads)	0.10	0.09	-10.0
规模以上工业	**Industry with Independent Accounting System**			
工业企业单位数(个)	Number of Industrial Enterprises(unit)	30	34	13.3
# 内资企业(个)	Civil Funded Enterprises(unit)	30	34	13.3
工业总产值(万元)	Gross Industrial Output Value(10 000 yuan)	77191	107877	39.8
内资企业(万元)	Civil Funded Enterprises(10 000 yuan)	77191	107877	39.8
国有企业(万元)	State-owned Enterprises(10 000 yuan)	18975	38875	104.9
集体企业(万元)	Collective-owned Enterprises(10 000 yuan)			
股份合作企业(万元)	Share Holding Enterprises(10 000 yuan)			
联营企业(万元)	Joint Owned Enterprises(10 000 yuan)			
有限责任公司(万元)	Limited Company(10 000 yuan)	3859	3692	-4.3
股份有限公司(万元)	Share Holding Limited Company(10 000 yuan)	19571	22988	17.5
私营企业(万元)	Privately Owned Enterprises(10 000 yuan)	34786	42322	21.7
其他企业(万元)	Enterprises of Other Ownership(10 000 yuan)			
港澳台商投资企业(万元)	Funds from HK,Macao & Taiwan(10 000 yuan)			
外商投资企业(万元)	Foreign Funded Enterprises(10 000 yuan)			
工业企业增加值(万元)	Value Added of Industrial Enterprises(10 000 yuan)	43446	58680	31.8
工业企业资产总计(万元)	Total Assets of Industrial Enterprises(10 000 yuan)	78584	80247	2.1
工业企业负债合计(万元)	Total Liabilities of Industrial Enterprises(10 000 yuan)	45731	42263	-7.6
工业企业产品销售收入(万元)	Sales of Revenue Industrial Enterprises(10 000 yuan)	71779	106293	48.1
工业企业利润总额(万元)	Total Profits of Industrial Enterprises(10 000 yuan)	8217	12968	57.8
建筑业	**Construction**			
建筑企业单位数(个)	Number of Construction Enterprises(unit)	1	1	0.0
建筑企业从业人员(人)	Number of Employee in Construction Enterprises(person)	49	280	471.4
建筑业总产值(万元)	Gross Construction Output Value(10 000 yuan)	436	1041	138.8
交通运输邮电通信业	**Transportation,Post & Telecommunications**			
公路里程(公里)	Total Length of Highways(km)	1256	1263	0.6
邮电业务总量(万元)	Business Volume of Post & Telecoms(10 000 yuan)	2835	3356	18.4
本地电话用户(户)	Number of Subscribers of Local Telephone(Household)	21151	16094	-23.9
国内贸易	**Demestic Trade**			
社会消费品零售总额(万元)	Total Retail Sales of Consumer Goods(10 000 yuan)	49649	56344	13.5
# 贸易业(万元)	Wholesale & Retail Sales Trades(10 000 yuan)	40864	46851	14.7
餐饮业(万元)	Catering Trade(10 000 yuan)	6804	7708	13.3
科技教育卫生	**Science,Education & Public Health**			
各类专业技术人员(人)	Speccial Technical Personnel(person)	1256	2200	75.2
幼儿园数(所)	Number of Kindergartens(unit)	1	2	100.0
学龄儿童入学率(%)	Percentage of School-Age Children Enrolled(%)	99.3	100.0	0.7
小学学校数(所)	Number of Primary Schools(unit)	18	13	-27.8
小学专任教师数(人)	Number of Full-time Teachers of Primary Schools(person)	447	432	-3.4
小学在校学生数(人)	Number of Student Enrollment of Primary Schools(person)	6998	6408	-8.4
普通中学学校数(所)	Number of Regular Secondary Schools(unit)	4	4	0.0
普通中学专任教师数(人)	Number of Teachers of Secondary Shools(person)	246	303	23.2
初中在校学生数(人)	Number of Student in Junior Secondary Schools(person)	3653	3264	-10.6
高中在校学生数(人)	Number of Student in Senior Secondary Schools(person)	1105	911	-17.6
卫生机构数(所)	Number of Health Institutions(unit)	25	25	0.0
# 医院(所)	Hospitals(unit)	3	3	0.0
卫生院(所)	Township Hospitals(unit)	18	18	0.0
床位数(张)	Number of Beds(unit)	237	233	-1.7
# 医院(张)	Hospitals(unit)	140	135	-3.6
卫生院(张)	Township Hospitals(unit)	79	80	1.3
卫生技术人员(人)	Medical Technical Presonnel(person)	368	339	-7.9
# 医院(人)	Hospitals(person)	209	188	-10.0
卫生院(人)	Township Hospitals(person)	95	92	-3.2

23-71 锡林郭勒盟西乌珠穆沁旗

指 标	Item	2004	2005	2005年比上年增长% Increase Rate in 2005 Over 2004(%)
行政区域土地面积(平方公里)	**Area of Administration(Sq.km)**	**22435**	**22435**	**0.0**
人口和就业	**Population & Employment**			
年末总人口(人)	Total Population Year-end(person)	72588	72376	-0.3
# 男性(人)	Male(person)	36815	36579	-0.6
# 乡村人口(人)	Rural(person)	35172	35395	0.6
年末总户数(户)	Total Number of Households at the Year-end(Household)	20018	20509	2.5
# 乡村户数(户)	Number of Rural Household(Household)	8835	9283	5.1
出生人口(人)	Births(person)	809	683	-15.6
死亡人口(人)	Deaths(person)	359	978	172.4
全社会就业人员(人)	Employment(person)	29771	30517	2.5
第一产业(人)	Primary Industry(person)	18324	19100	4.2
第二产业(人)	Secondary Industry(person)	4022	4087	1.6
第三产业(人)	Tertiary Industry(person)	7425	7330	-1.3
在岗职工人数(人)	Number of Staff & Workers Employed in(person)	5834	9368	60.6
乡村劳动力(人)	Number of Rural Laborers(person)	18959	19572	3.2
# 农林牧渔业(人)	Farming,Forestry,Animal Husbandry & Fishery(person)	18324	19100	4.2
国民经济综合指标	**Summary Item on the National Economy**			
生产总值(万元)	Gross Domestic Product(10 000 yuan)	98556	132701	23.0
第一产业(万元)	Primary Industry(10 000 yuan)	44435	43507	2.8
第二产业(万元)	Secondary Industry(10 000 yuan)	29283	55402	62.3
# 工业(万元)	Industry(10 000 yuan)	19434	32896	61.9
第三产业(万元)	Tertiary Industry(10 000 yuan)	24838	33792	15.1
人均生产总值(元)	Per Capita GDP(yuan)	14508	18335	16.0
全社会固定资产投资(万元)	Total Investment in Fixed Assets(10 000 yuan)	74826	169056	125.9
按登记注册类型分	Grouped by Registered Type			
# 国有(万元)	State-owned Enterprises(10 000 yuan)	47656	80255	68.4
集体(万元)	Collective-owned Enterprises(10 000 yuan)			
有限责任公司(万元)	Limited Liability Corporations(10 000 yuan)			
股份有限公司(万元)	Share Holding Enterprises(10 000 yuan)	14307		
私营企业(万元)	Private Enterprises(10 000 yuan)	5451	5000	-8.3
外商及港澳台投资企业(万元)	Funds from HK,Macao,Taiwan & Foreign(10 000 yuan)			
按管理渠道分	Grouped by Channel of Management			
# 基本建设(万元)	Capital Construction(10 000 yuan)	51019	68234	33.7
更新改造(万元)	Innovation(10 000 yuan)	7700	3310	-57.0
房地产开发(万元)	Real Estate Development(10 000 yuan)	1437	1177	-18.1
地方财政收入(万元)	Local Governments Revenue(10 000 yuan)	5039	11090	120.1
地方财政支出(万元)	Local Governments Expenditures(10 000 yuan)	17813	24208	35.9
城乡居民储蓄存款余额(万元)	Resident Saving Deposit in Urban & Rural(10 000 yuan)	26170	31643	20.9
在岗职工工资总额(万元)	Total Wages of Staff & Workers Empioyed in(10 000 yuan)	7338	9816	33.8
在岗职工平均工资(元)	Average Wage of Staff & Workers Employed in(yuan)	12887	15444	19.8
农牧民人均纯收入(元)	Per Capita Net Income of Peasant & Herdsman(yuan)	3656	4283	17.1
农村牧区经济	**Economic Development in Rural & Pastoral Area**			
耕地面积(公顷)	Cultivated Area(hectare)	1980	1980	0.0
农作物总播种面积(公顷)	Total Sown Area(hectare)	4040	4410	9.2
# 粮食作物播种面积(公顷)	Sown Area of Grain Crops(hectare)	20	25	25.0
有效灌溉面积(公顷)	Irrigated Area(hectare)	1960	1960	0.0
农牧业机械总动力(万千瓦)	Total Power of Agricultural Machinery(10 000 kw)	5.03	5.37	6.8
化肥施用折纯量(吨)	Consumption of Chemical Fertilizer(ton)	306	86	-71.9
农村用电量(万千瓦小时)	Electricity Consumed in Rural Area(10 000 kwh)	178	298	67.4
农林牧渔业总产值(万元)	Gross Output of Farming,Forestry,Animal Husbandry & Fishery(10 000 yuan)	76840	71829	-6.5
粮食产量(吨)	Yield of Grain(ton)	362	79	-78.2
油料产量(吨)	Yield of Oil-bearing Grops(ton)			
甜菜产量(吨)	Yield of Beetroots(ton)			
猪牛羊肉产量(吨)	Output of Pork, Beef & Mutton(ton)	30447	24291	-20.2
# 猪肉产量(吨)	Output of Pork(ton)	27	25	-7.4
牛肉产量(吨)	Output of Beef(ton)	5099	6413	25.8
羊肉产量(吨)	Output of Mutton(ton)	25321	17853	-29.5

23-71 xiwuzhumuqin Banner in Xilinguole League

指 标	Item	2004	2005	2005年比上年增长% Increase Rate in 2005 Over 2004(%)
羊毛产量(吨)	Output of Wool(ton)	1862	1782	-4.3
年末牲畜存栏头数(万头只)	Total Livestock at the Year-end(10 000 heads)	139.75	130.84	-6.4
# 大牲畜(万头只)	Large Animals(10 000 heads)	9.78	8.67	-11.3
羊(万只)	Sheep & Goats(10 000 heads)	129.92	122.15	-6.0
猪(万头)	Hogs(10 000 heads)	0.05	0.02	-60.0
规模以上工业	**Industry with Independent Accounting System**			
工业企业单位数(个)	Number of Industrial Enterprises(unit)	19	20	5.3
# 内资企业(个)	Civil Funded Enterprises(unit)	19	20	5.3
工业总产值(万元)	Gross Industrial Output Value(10 000 yuan)	30972	73083	136.0
内资企业(万元)	Civil Funded Enterprises(10 000 yuan)	30972	73083	136.0
国有企业(万元)	State-owned Enterprises(10 000 yuan)	12069	9876	-18.2
集体企业(万元)	Collective-owned Enterprises(10 000 yuan)			
股份合作企业(万元)	Share Holding Enterprises(10 000 yuan)			
联营企业(万元)	Joint Owned Enterprises(10 000 yuan)			
有限责任公司(万元)	Limited Company(10 000 yuan)	672	956	42.3
股份有限公司(万元)	Share Holding Limited Company(10 000 yuan)	10655	54736	413.7
私营企业(万元)	Privately Owned Enterprises(10 000 yuan)	7576	7515	-0.8
其他企业(万元)	Enterprises of Other Ownership(10 000 yuan)			
港澳台商投资企业(万元)	Funds from HK,Macao & Taiwan(10 000 yuan)			
外商投资企业(万元)	Foreign Funded Enterprises(10 000 yuan)			
工业企业增加值(万元)	Value Added of Industrial Enterprises(10 000 yuan)	15404	28591	71.0
工业企业资产总计(万元)	Total Assets of Industrial Enterprises(10 000 yuan)	25129	62270	147.8
工业企业负债合计(万元)	Total Liabilities of Industrial Enterprises(10 000 yuan)	16099	33572	108.5
工业企业产品销售收入(万元)	Sales of Revenue Industrial Enterprises(10 000 yuan)	31355	62144	98.2
工业企业利润总额(万元)	Total Profits of Industrial Enterprises(10 000 yuan)	6963		
建筑业	**Construction**			
建筑企业单位数(个)	Number of Construction Enterprises(unit)	1	1	0.0
建筑企业从业人员(人)	Number of Employee in Construction Enterprises(person)	292	300	2.7
建筑业总产值(万元)	Gross Construction Output Value(10 000 yuan)	1031	1204	16.8
交通运输邮电通信业	**Transportation,Post & Telecommunications**			
公路里程(公里)	Total Length of Highways(km)	746	746	0.0
邮电业务总量(万元)	Business Volume of Post & Telecoms(10 000 yuan)	1169	1201	2.7
本地电话用户(户)	Number of Subscribers of Local Telephone(Household)	15256	12417	-18.6
国内贸易	**Demestic Trade**			
社会消费品零售总额(万元)	Total Retail Sales of Consumer Goods(10 000 yuan)	29355	40951	39.5
# 贸易业(万元)	Wholesale & Retail Sales Trades(10 000 yuan)	24131	37939	57.2
餐饮业(万元)	Catering Trade(10 000 yuan)	4334	2952	-31.9
科技教育卫生	**Science,Education & Public Health**			
各类专业技术人员(人)	Speccial Technical Personnel(person)	1201	1326	10.4
幼儿园数(所)	Number of Kindergartens(unit)	6	5	-16.7
学龄儿童入学率(%)	Percentage of School-Age Children Enrolled(%)	100.0	100.0	0.0
小学学校数(所)	Number of Primary Schools(unit)	16	12	-25.0
小学专任教师数(人)	Number of Full-time Teachers of Primary Schools(person)	388	302	-22.2
小学在校学生数(人)	Number of Student Enrollment of Primary Schools(person)	4528	4445	-1.8
普通中学学校数(所)	Number of Regular Secondary Schools(unit)	3	3	0.0
普通中学专任教师数(人)	Number of Teachers of Secondary Shools(person)	256	228	-10.9
初中在校学生数(人)	Number of Student in Junior Secondary Schools(person)	2943	2439	-17.1
高中在校学生数(人)	Number of Student in Senior Secondary Schools(person)	433	618	42.7
卫生机构数(所)	Number of Health Institutions(unit)	20	20	0.0
# 医院(所)	Hospitals(unit)	3	2	-33.3
卫生院(所)	Township Hospitals(unit)	14	15	7.1
床位数(张)	Number of Beds(unit)	233	233	0.0
# 医院(张)	Hospitals(unit)	130	120	-7.7
卫生院(张)	Township Hospitals(unit)	84	94	11.9
卫生技术人员(人)	Medical Technical Presonnel(person)	418	414	-1.0
# 医院(人)	Hospitals(person)	179	168	-6.1
卫生院(人)	Township Hospitals(person)	152	158	3.9

23-72 锡林郭勒盟太仆寺旗

指 标	Item	2004	2005	2005年比上年增长% Increase Rate in 2005 Over 2004(%)
行政区域土地面积(平方公里)	**Area of Administration(Sq.km)**	**3479**	**3479**	**0.0**
人口和就业	**Population & Employment**			
年末总人口(人)	Total Population Year-end(person)	202244	202987	0.4
# 男性(人)	Male(person)	106537	106228	-0.3
# 乡村人口(人)	Rural(person)	143216	142278	-0.7
年末总户数(户)	Total Number of Households at the Year-end(Household)	64253	66519	3.5
# 乡村户数(户)	Number of Rural Household(Household)	37996	37826	-0.4
出生人口(人)	Births(person)	1315	1466	11.5
死亡人口(人)	Deaths(person)	1006	1009	0.3
全社会就业人员(人)	Employment(person)	92703	89690	-3.3
第一产业(人)	Primary Industry(person)	65865	66165	0.5
第二产业(人)	Secondary Industry(person)	8465	6350	-25.0
第三产业(人)	Tertiary Industry(person)	18373	17175	-6.5
在岗职工人数(人)	Number of Staff & Workers Employed in(person)	7527	6559	-12.9
乡村劳动力(人)	Number of Rural Laborers(person)	82565	83545	1.2
# 农林牧渔业(人)	Farming,Forestry,Animal Husbandry & Fishery(person)	65865	66165	0.5
国民经济综合指标	**Summary Item on the National Economy**			
生产总值(万元)	Gross Domestic Product(10 000 yuan)	97698	117779	19.0
第一产业(万元)	Primary Industry(10 000 yuan)	44296	49088	11.8
第二产业(万元)	Secondary Industry(10 000 yuan)	24389	30390	34.6
# 工业(万元)	Industry(10 000 yuan)	18907	23087	29.4
第三产业(万元)	Tertiary Industry(10 000 yuan)	29013	38301	15.8
人均生产总值(元)	Per Capita GDP(yuan)	4825	5813	18.9
全社会固定资产投资(万元)	Total Investment in Fixed Assets(10 000 yuan)	39316	50731	29.0
按登记注册类型分	Grouped by Registered Type			
# 国有(万元)	State-owned Enterprises(10 000 yuan)	16619	29189	75.6
集体(万元)	Collective-owned Enterprises(10 000 yuan)			
有限责任公司(万元)	Limited Liability Corporations(10 000 yuan)	666		
股份有限公司(万元)	Share Holding Enterprises(10 000 yuan)	1424		
私营企业(万元)	Private Enterprises(10 000 yuan)	7928	9450	19.2
外商及港澳台投资企业(万元)	Funds from HK,Macao,Taiwan & Foreign(10 000 yuan)			
按管理渠道分	Grouped by Channel of Management			
# 基本建设(万元)	Capital Construction(10 000 yuan)	21477	31109	44.8
更新改造(万元)	Innovation(10 000 yuan)	1855	3070	65.5
房地产开发(万元)	Real Estate Development(10 000 yuan)	3500	13482	285.2
地方财政收入(万元)	Local Governments Revenue(10 000 yuan)	2028	4047	99.6
地方财政支出(万元)	Local Governments Expenditures(10 000 yuan)	25161	28272	12.4
城乡居民储蓄存款余额(万元)	Resident Saving Deposit in Urban & Rural(10 000 yuan)	43665	49515	13.4
在岗职工工资总额(万元)	Total Wages of Staff & Workers Empioyed in(10 000 yuan)	8896	10991	23.5
在岗职工平均工资(元)	Average Wage of Staff & Workers Employed in(yuan)	11760	15810	34.4
农牧民人均纯收入(元)	Per Capita Net Income of Peasant & Herdsman(yuan)	1858	2117	13.9
农村牧区经济	**Economic Development in Rural & Pastoral Area**			
耕地面积(公顷)	Cultivated Area(hectare)	55790	52320	-6.2
农作物总播种面积(公顷)	Total Sown Area(hectare)	61550	54220	-11.9
# 粮食作物播种面积(公顷)	Sown Area of Grain Crops(hectare)	22420	22126	-1.3
有效灌溉面积(公顷)	Irrigated Area(hectare)	10620	11750	10.6
农牧业机械总动力(万千瓦)	Total Power of Agricultural Machinery(10 000 kw)	16.39	16.79	2.4
化肥施用折纯量(吨)	Consumption of Chemical Fertilizer(ton)	3180	3032	-4.7
农村用电量(万千瓦小时)	Electricity Consumed in Rural Area(10 000 kwh)	686	693	1.0
农林牧渔业总产值(万元)	Gross Output of Farming,Forestry,Animal Husbandry & Fishery(10 000 yuan)	72078	82611	14.6
粮食产量(吨)	Yield of Grain(ton)	64515	31857	-50.6
油料产量(吨)	Yield of Oil-bearing Grops(ton)	4272	4614	8.0
甜菜产量(吨)	Yield of Beetroots(ton)			
猪牛羊肉产量(吨)	Output of Pork, Beef & Mutton(ton)	4510	9505	110.8
# 猪肉产量(吨)	Output of Pork(ton)	950	1777	87.1
牛肉产量(吨)	Output of Beef(ton)	904	2721	201.0
羊肉产量(吨)	Output of Mutton(ton)	2656	5007	88.5

23-72 Taipusi Banner in Xilinguole League

指 标	Item	2004	2005	2005年比上年增长% Increase Rate in 2005 Over 2004(%)
羊毛产量(吨)	Output of Wool(ton)	684	878	28.4
年末牲畜存栏头数(万头只)	Total Livestock at the Year-end(10 000 heads)	32.79	30.15	-8.1
# 大牲畜(万头只)	Large Animals(10 000 heads)	3.45	3.01	-12.8
羊(万只)	Sheep & Goats(10 000 heads)	27.82	25.62	-7.9
猪(万头)	Hogs(10 000 heads)	1.52	1.52	0.0
规模以上工业	**Industry with Independent Accounting System**			
工业企业单位数(个)	Number of Industrial Enterprises(unit)	13	16	23.1
# 内资企业(个)	Civil Funded Enterprises(unit)	13	16	23.1
工业总产值(万元)	Gross Industrial Output Value(10 000 yuan)	16495	33525	103.2
内资企业(万元)	Civil Funded Enterprises(10 000 yuan)	16495	33525	103.2
国有企业(万元)	State-owned Enterprises(10 000 yuan)	1625	1902	17.0
集体企业(万元)	Collective-owned Enterprises(10 000 yuan)			
股份合作企业(万元)	Share Holding Enterprises(10 000 yuan)		6625	
联营企业(万元)	Joint Owned Enterprises(10 000 yuan)			
有限责任公司(万元)	Limited Company(10 000 yuan)	9751	14395	47.6
股份有限公司(万元)	Share Holding Limited Company(10 000 yuan)			
私营企业(万元)	Privately Owned Enterprises(10 000 yuan)	5119	10603	107.1
其他企业(万元)	Enterprises of Other Ownership(10 000 yuan)			
港澳台商投资企业(万元)	Funds from HK,Macao & Taiwan(10 000 yuan)			
外商投资企业(万元)	Foreign Funded Enterprises(10 000 yuan)			
工业企业增加值(万元)	Value Added of Industrial Enterprises(10 000 yuan)	8642	13363	14.4
工业企业资产总计(万元)	Total Assets of Industrial Enterprises(10 000 yuan)	12515	18869	50.8
工业企业负债合计(万元)	Total Liabilities of Industrial Enterprises(10 000 yuan)	6737	9707	44.1
工业企业产品销售收入(万元)	Sales of Revenue Industrial Enterprises(10 000 yuan)	15441	32954	113.4
工业企业利润总额(万元)	Total Profits of Industrial Enterprises(10 000 yuan)	819	849	3.7
建筑业	**Construction**			
建筑企业单位数(个)	Number of Construction Enterprises(unit)	3	3	0.0
建筑企业从业人员(人)	Number of Employee in Construction Enterprises(person)	1437	995	-30.8
建筑业总产值(万元)	Gross Construction Output Value(10 000 yuan)	4007	4057	1.3
交通运输邮电通信业	**Transportation,Post & Telecommunications**			
公路里程(公里)	Total Length of Highways(km)	785	796	1.4
邮电业务总量(万元)	Business Volume of Post & Telecoms(10 000 yuan)	2000	2300	15.0
本地电话用户(户)	Number of Subscribers of Local Telephone(Household)	25000	25000	0.0
国内贸易	**Demestic Trade**			
社会消费品零售总额(万元)	Total Retail Sales of Consumer Goods(10 000 yuan)	30122	41870	39.0
# 贸易业(万元)	Wholesale & Retail Sales Trades(10 000 yuan)	24727	34370	39.0
餐饮业(万元)	Catering Trade(10 000 yuan)	3640	4516	24.1
科技教育卫生	**Science,Education & Public Health**			
各类专业技术人员(人)	Speccial Technical Personnel(person)	2585	2688	4.0
幼儿园数(所)	Number of Kindergartens(unit)	1	1	0.0
学龄儿童入学率(%)	Percentage of School-Age Children Enrolled(%)	99.9	100.0	0.1
小学学校数(所)	Number of Primary Schools(unit)	43	36	-16.3
小学专任教师数(人)	Number of Full-time Teachers of Primary Schools(person)	1131	754	-33.3
小学在校学生数(人)	Number of Student Enrollment of Primary Schools(person)	9940	9592	-3.5
普通中学学校数(所)	Number of Regular Secondary Schools(unit)	10	10	0.0
普通中学专任教师数(人)	Number of Teachers of Secondary Shools(person)	672	547	-18.6
初中在校学生数(人)	Number of Student in Junior Secondary Schools(person)	7009	5488	-21.7
高中在校学生数(人)	Number of Student in Senior Secondary Schools(person)	2335	2504	7.2
卫生机构数(所)	Number of Health Institutions(unit)	15	15	0.0
# 医院(所)	Hospitals(unit)	2	2	0.0
卫生院(所)	Township Hospitals(unit)	11	11	0.0
床位数(张)	Number of Beds(unit)	171	184	7.6
# 医院(张)	Hospitals(unit)	110	115	4.5
卫生院(张)	Township Hospitals(unit)	47	49	4.3
卫生技术人员(人)	Medical Technical Presonnel(person)	350	294	-16.0
# 医院(人)	Hospitals(person)	186	141	-24.2
卫生院(人)	Township Hospitals(person)	84	79	-6.0

23-73 锡林郭勒盟镶黄旗

指 标	Item	2004	2005	2005年比上年增长% Increase Rate in 2005 Over 2004(%)
行政区域土地面积(平方公里)	**Area of Administration(Sq.km)**	**5144**	**5144**	**0.0**
人口和就业	**Population & Employment**			
年末总人口(人)	Total Population Year-end(person)	28848	29204	1.2
# 男性(人)	Male(person)	14456	14670	1.5
# 乡村人口(人)	Rural(person)	15074	15122	0.3
年末总户数(户)	Total Number of Households at the Year-end(Household)	9599	9816	2.3
# 乡村户数(户)	Number of Rural Household(Household)	4150	4193	1.0
出生人口(人)	Births(person)	254	250	-1.6
死亡人口(人)	Deaths(person)	174	295	69.5
全社会就业人员(人)	Employment(person)	12137	13622	12.2
第一产业(人)	Primary Industry(person)	6437	6506	1.1
第二产业(人)	Secondary Industry(person)	1413	2120	50.0
第三产业(人)	Tertiary Industry(person)	4287	4996	16.5
在岗职工人数(人)	Number of Staff & Workers Employed in(person)	2497	2603	4.2
乡村劳动力(人)	Number of Rural Laborers(person)	7383	7088	-4.0
# 农林牧渔业(人)	Farming,Forestry,Animal Husbandry & Fishery(person)	6437	6506	1.1
国民经济综合指标	**Summary Item on the National Economy**			
生产总值(万元)	Gross Domestic Product(10 000 yuan)	21697	50453	66.1
第一产业(万元)	Primary Industry(10 000 yuan)	8583	13238	7.4
第二产业(万元)	Secondary Industry(10 000 yuan)	4636	24118	228.9
# 工业(万元)	Industry(10 000 yuan)	3281	16070	230.5
第三产业(万元)	Tertiary Industry(10 000 yuan)	8478	13097	32.8
人均生产总值(元)	Per Capita GDP(yuan)	7521	17276	64.1
全社会固定资产投资(万元)	Total Investment in Fixed Assets(10 000 yuan)	18807	48443	157.6
按登记注册类型分	Grouped by Registered Type			
# 国有(万元)	State-owned Enterprises(10 000 yuan)	12535	34147	172.4
集体(万元)	Collective-owned Enterprises(10 000 yuan)			
有限责任公司(万元)	Limited Liability Corporations(10 000 yuan)			
股份有限公司(万元)	Share Holding Enterprises(10 000 yuan)			
私营企业(万元)	Private Enterprises(10 000 yuan)	5340	337	-93.7
外商及港澳台投资企业(万元)	Funds from HK,Macao,Taiwan & Foreign(10 000 yuan)			
按管理渠道分	Grouped by Channel of Management			
# 基本建设(万元)	Capital Construction(10 000 yuan)	9207	32259	250.4
更新改造(万元)	Innovation(10 000 yuan)	2360	750	-68.2
房地产开发(万元)	Real Estate Development(10 000 yuan)			
地方财政收入(万元)	Local Governments Revenue(10 000 yuan)	2151	4348	102.1
地方财政支出(万元)	Local Governments Expenditures(10 000 yuan)	12095	15256	26.1
城乡居民储蓄存款余额(万元)	Resident Saving Deposit in Urban & Rural(10 000 yuan)	9722	10967	12.8
在岗职工工资总额(万元)	Total Wages of Staff & Workers Empioyed in(10 000 yuan)	2996	4033	34.6
在岗职工平均工资(元)	Average Wage of Staff & Workers Employed in(yuan)	11955	15557	30.1
农牧民人均纯收入(元)	Per Capita Net Income of Peasant & Herdsman(yuan)	1586	1887	19.0
农村牧区经济	**Economic Development in Rural & Pastoral Area**			
耕地面积(公顷)	Cultivated Area(hectare)	2250	2250	0.0
农作物总播种面积(公顷)	Total Sown Area(hectare)	3050	3920	28.5
# 粮食作物播种面积(公顷)	Sown Area of Grain Crops(hectare)	120	179	49.2
有效灌溉面积(公顷)	Irrigated Area(hectare)	420	420	0.0
农牧业机械总动力(万千瓦)	Total Power of Agricultural Machinery(10 000 kw)	2.00	2.12	6.0
化肥施用折纯量(吨)	Consumption of Chemical Fertilizer(ton)	3	6	100.0
农村用电量(万千瓦小时)	Electricity Consumed in Rural Area(10 000 kwh)	61	61	0.0
农林牧渔业总产值(万元)	Gross Output of Farming,Forestry,Animal Husbandry & Fishery(10 000 yuan)	14044	17963	27.9
粮食产量(吨)	Yield of Grain(ton)	89	33	-62.9
油料产量(吨)	Yield of Oil-bearing Grops(ton)	70	11	-84.3
甜菜产量(吨)	Yield of Beetroots(ton)			
猪牛羊肉产量(吨)	Output of Pork, Beef & Mutton(ton)	4448	7678	72.6
# 猪肉产量(吨)	Output of Pork(ton)	24	9	-62.5
牛肉产量(吨)	Output of Beef(ton)	767	1715	123.6
羊肉产量(吨)	Output of Mutton(ton)	3657	5954	62.8

23-73 Xianghuang Banner in Xilinguole League

指 标	Item	2004	2005	2005年比上年增长% Increase Rate in 2005 Over 2004(%)
羊毛产量(吨)	Output of Wool(ton)	657	893	35.9
年末牲畜存栏头数(万头只)	Total Livestock at the Year-end(10 000 heads)	40.97	30.85	-24.7
# 大牲畜(万头只)	Large Animals(10 000 heads)	1.76	1.37	-22.2
羊(万只)	Sheep & Goats(10 000 heads)	39.19	29.46	-24.8
猪(万头)	Hogs(10 000 heads)	0.02	0.02	0.0
规模以上工业	**Industry with Independent Accounting System**			
工业企业单位数(个)	Number of Industrial Enterprises(unit)	4	8	100.0
# 内资企业(个)	Civil Funded Enterprises(unit)	4	8	100.0
工业总产值(万元)	Gross Industrial Output Value(10 000 yuan)	3487	33201	852.1
内资企业(万元)	Civil Funded Enterprises(10 000 yuan)	3487	33201	852.1
国有企业(万元)	State-owned Enterprises(10 000 yuan)	784	1389	77.2
集体企业(万元)	Collective-owned Enterprises(10 000 yuan)			
股份合作企业(万元)	Share Holding Enterprises(10 000 yuan)			
联营企业(万元)	Joint Owned Enterprises(10 000 yuan)			
有限责任公司(万元)	Limited Company(10 000 yuan)	2003	8688	333.7
股份有限公司(万元)	Share Holding Limited Company(10 000 yuan)			
私营企业(万元)	Privately Owned Enterprises(10 000 yuan)	700	23124	3203.4
其他企业(万元)	Enterprises of Other Ownership(10 000 yuan)			
港澳台商投资企业(万元)	Funds from HK,Macao & Taiwan(10 000 yuan)			
外商投资企业(万元)	Foreign Funded Enterprises(10 000 yuan)			
工业企业增加值(万元)	Value Added of Industrial Enterprises(10 000 yuan)	1582	11604	452.1
工业企业资产总计(万元)	Total Assets of Industrial Enterprises(10 000 yuan)	4860	9483	95.1
工业企业负债合计(万元)	Total Liabilities of Industrial Enterprises(10 000 yuan)	598	1281	114.2
工业企业产品销售收入(万元)	Sales of Revenue Industrial Enterprises(10 000 yuan)	3359	33163	887.3
工业企业利润总额(万元)	Total Profits of Industrial Enterprises(10 000 yuan)	482	2514	421.6
建筑业	**Construction**			
建筑企业单位数(个)	Number of Construction Enterprises(unit)			
建筑企业从业人员(人)	Number of Employee in Construction Enterprises(person)			
建筑业总产值(万元)	Gross Construction Output Value(10 000 yuan)			
交通运输邮电通信业	**Transportation,Post & Telecommunications**			
公路里程(公里)	Total Length of Highways(km)	311	311	0.0
邮电业务总量(万元)	Business Volume of Post & Telecoms(10 000 yuan)	458	818	78.6
本地电话用户(户)	Number of Subscribers of Local Telephone(Household)	3084	6359	106.2
国内贸易	**Demestic Trade**			
社会消费品零售总额(万元)	Total Retail Sales of Consumer Goods(10 000 yuan)	11649	12131	4.1
# 贸易业(万元)	Wholesale & Retail Sales Trades(10 000 yuan)	9835	11059	12.4
餐饮业(万元)	Catering Trade(10 000 yuan)	1106	913	-17.5
科技教育卫生	**Science,Education & Public Health**			
各类专业技术人员(人)	Speccial Technical Personnel(person)	825	1454	76.2
幼儿园数(所)	Number of Kindergartens(unit)	2	1	-50.0
学龄儿童入学率(%)	Percentage of School-Age Children Enrolled(%)	100.0	100.0	0.0
小学学校数(所)	Number of Primary Schools(unit)	4	4	0.0
小学专任教师数(人)	Number of Full-time Teachers of Primary Schools(person)	126	124	-1.6
小学在校学生数(人)	Number of Student Enrollment of Primary Schools(person)	1565	1552	-0.8
普通中学学校数(所)	Number of Regular Secondary Schools(unit)	2	2	0.0
普通中学专任教师数(人)	Number of Teachers of Secondary Shools(person)	143	140	-2.1
初中在校学生数(人)	Number of Student in Junior Secondary Schools(person)	1231	1086	-11.8
高中在校学生数(人)	Number of Student in Senior Secondary Schools(person)	210	319	51.9
卫生机构数(所)	Number of Health Institutions(unit)	8	8	0.0
# 医院(所)	Hospitals(unit)	2	2	0.0
卫生院(所)	Township Hospitals(unit)	3	3	0.0
床位数(张)	Number of Beds(unit)	80	70	-12.5
# 医院(张)	Hospitals(unit)	56	46	-17.9
卫生院(张)	Township Hospitals(unit)	14	14	0.0
卫生技术人员(人)	Medical Technical Presonnel(person)	220	226	2.7
# 医院(人)	Hospitals(person)	91	95	4.4
卫生院(人)	Township Hospitals(person)	65	61	-6.2

23-74 锡林郭勒盟正镶白旗

指 标	Item	2004	2005	2005年比上年增长% Increase Rate in 2005 Over 2004(%)
行政区域土地面积(平方公里)	**Area of Administration(Sq.km)**	**6215**	**6215**	**0.0**
人口和就业	**Population & Employment**			
年末总人口(人)	Total Population Year-end(person)	71602	70374	-1.7
# 男性(人)	Male(person)	37242	36509	-2.0
# 乡村人口(人)	Rural(person)	54038	53737	-0.6
年末总户数(户)	Total Number of Households at the Year-end(Household)	21662	21982	1.5
# 乡村户数(户)	Number of Rural Household(Household)	14270	14192	-0.5
出生人口(人)	Births(person)	403	629	56.1
死亡人口(人)	Deaths(person)	166	1438	766.3
全社会就业人员(人)	Employment(person)	36039	35562	-1.3
第一产业(人)	Primary Industry(person)	27342	27197	-0.5
第二产业(人)	Secondary Industry(person)	1864	1894	1.6
第三产业(人)	Tertiary Industry(person)	6833	6471	-5.3
在岗职工人数(人)	Number of Staff & Workers Employed in(person)	3750	3477	-7.3
乡村劳动力(人)	Number of Rural Laborers(person)	28744	28385	-1.2
# 农林牧渔业(人)	Farming,Forestry,Animal Husbandry & Fishery(person)	27342	27197	-0.5
国民经济综合指标	**Summary Item on the National Economy**			
生产总值(万元)	Gross Domestic Product(10 000 yuan)	48652	61402	18.3
第一产业(万元)	Primary Industry(10 000 yuan)	16473	17266	5.1
第二产业(万元)	Secondary Industry(10 000 yuan)	13416	19065	28.7
# 工业(万元)	Industry(10 000 yuan)	8656	13334	38.3
第三产业(万元)	Tertiary Industry(10 000 yuan)	18763	25071	22.7
人均生产总值(元)	Per Capita GDP(yuan)	48652	61402	18.3
全社会固定资产投资(万元)	Total Investment in Fixed Assets(10 000 yuan)	51566	46283	-10.2
按登记注册类型分	Grouped by Registered Type			
# 国有(万元)	State-owned Enterprises(10 000 yuan)	16296	36878	126.3
集体(万元)	Collective-owned Enterprises(10 000 yuan)			
有限责任公司(万元)	Limited Liability Corporations(10 000 yuan)	1960		
股份有限公司(万元)	Share Holding Enterprises(10 000 yuan)	1109		
私营企业(万元)	Private Enterprises(10 000 yuan)	6909	7862	13.8
外商及港澳台投资企业(万元)	Funds from HK,Macao,Taiwan & Foreign(10 000 yuan)			
按管理渠道分	Grouped by Channel of Management			
# 基本建设(万元)	Capital Construction(10 000 yuan)	41438	45045	8.7
更新改造(万元)	Innovation(10 000 yuan)	1460		
房地产开发(万元)	Real Estate Development(10 000 yuan)	1954	1238	-36.6
地方财政收入(万元)	Local Governments Revenue(10 000 yuan)	2679	4035	50.6
地方财政支出(万元)	Local Governments Expenditures(10 000 yuan)	16310	18101	11.0
城乡居民储蓄存款余额(万元)	Resident Saving Deposit in Urban & Rural(10 000 yuan)	27962	23075	-17.5
在岗职工工资总额(万元)	Total Wages of Staff & Workers Empioyed in(10 000 yuan)	4891	5903	20.7
在岗职工平均工资(元)	Average Wage of Staff & Workers Employed in(yuan)	13264	14775	11.4
农牧民人均纯收入(元)	Per Capita Net Income of Peasant & Herdsman(yuan)	1474	1796	21.8
农村牧区经济	**Economic Development in Rural & Pastoral Area**			
耕地面积(公顷)	Cultivated Area(hectare)	15730	14350	-8.8
农作物总播种面积(公顷)	Total Sown Area(hectare)	10690	11790	10.3
# 粮食作物播种面积(公顷)	Sown Area of Grain Crops(hectare)	2960	3254	9.9
有效灌溉面积(公顷)	Irrigated Area(hectare)	3580	5460	52.5
农牧业机械总动力(万千瓦)	Total Power of Agricultural Machinery(10 000 kw)	6.19	6.57	6.1
化肥施用折纯量(吨)	Consumption of Chemical Fertilizer(ton)	393	375	-4.6
农村用电量(万千瓦小时)	Electricity Consumed in Rural Area(10 000 kwh)	243	169	-30.5
农林牧渔业总产值(万元)	Gross Output of Farming,Forestry,Animal Husbandry & Fishery(10 000 yuan)	27523	30293	10.1
粮食产量(吨)	Yield of Grain(ton)	5973	3774	-36.8
油料产量(吨)	Yield of Oil-bearing Grops(ton)	2070	258	-87.5
甜菜产量(吨)	Yield of Beetroots(ton)			
猪牛羊肉产量(吨)	Output of Pork, Beef & Mutton(ton)	6898	10262	48.8
# 猪肉产量(吨)	Output of Pork(ton)	73	130	78.1
牛肉产量(吨)	Output of Beef(ton)	1946	4169	114.2
羊肉产量(吨)	Output of Mutton(ton)	4879	5963	22.2

23-74 Zhengxiangbai Banner in Xilinguole League

指 标	Item	2004	2005	2005年比上年增长% Increase Rate in 2005 Over 2004(%)
羊毛产量(吨)	Output of Wool(ton)	906	1016	12.1
年末牲畜存栏头数(万头只)	Total Livestock at the Year-end(10 000 heads)	44.56	40.72	-8.6
# 大牲畜(万头只)	Large Animals(10 000 heads)	4.22	3.79	-10.2
羊(万只)	Sheep & Goats(10 000 heads)	40.25	36.84	-8.5
猪(万头)	Hogs(10 000 heads)	0.10	0.09	-10.0
规模以上工业	**Industry with Independent Accounting System**			
工业企业单位数(个)	Number of Industrial Enterprises(unit)	6	7	16.7
# 内资企业(个)	Civil Funded Enterprises(unit)	6	7	16.7
工业总产值(万元)	Gross Industrial Output Value(10 000 yuan)	12180	21120	73.4
内资企业(万元)	Civil Funded Enterprises(10 000 yuan)	12180	21120	73.4
国有企业(万元)	State-owned Enterprises(10 000 yuan)	1130	1449	28.2
集体企业(万元)	Collective-owned Enterprises(10 000 yuan)			
股份合作企业(万元)	Share Holding Enterprises(10 000 yuan)			
联营企业(万元)	Joint Owned Enterprises(10 000 yuan)			
有限责任公司(万元)	Limited Company(10 000 yuan)		2220	
股份有限公司(万元)	Share Holding Limited Company(10 000 yuan)	6863	4620	-32.7
私营企业(万元)	Privately Owned Enterprises(10 000 yuan)	4187	12831	206.4
其他企业(万元)	Enterprises of Other Ownership(10 000 yuan)			
港澳台商投资企业(万元)	Funds from HK,Macao & Taiwan(10 000 yuan)			
外商投资企业(万元)	Foreign Funded Enterprises(10 000 yuan)			
工业企业增加值(万元)	Value Added of Industrial Enterprises(10 000 yuan)	5256	9002	61.7
工业企业资产总计(万元)	Total Assets of Industrial Enterprises(10 000 yuan)	10096	15896	57.4
工业企业负债合计(万元)	Total Liabilities of Industrial Enterprises(10 000 yuan)	6594	11396	72.8
工业企业产品销售收入(万元)	Sales of Revenue Industrial Enterprises(10 000 yuan)	11636	20981	80.3
工业企业利润总额(万元)	Total Profits of Industrial Enterprises(10 000 yuan)	190	310	63.2
建筑业	**Construction**			
建筑企业单位数(个)	Number of Construction Enterprises(unit)	1	1	0.0
建筑企业从业人员(人)	Number of Employee in Construction Enterprises(person)	80	135	68.8
建筑业总产值(万元)	Gross Construction Output Value(10 000 yuan)	934	1200	28.5
交通运输邮电通信业	**Transportation,Post & Telecommunications**			
公路里程(公里)	Total Length of Highways(km)	348	413	18.7
邮电业务总量(万元)	Business Volume of Post & Telecoms(10 000 yuan)	1572	1850	17.7
本地电话用户(户)	Number of Subscribers of Local Telephone(Household)			
国内贸易	**Demestic Trade**			
社会消费品零售总额(万元)	Total Retail Sales of Consumer Goods(10 000 yuan)	17044	18408	8.0
# 贸易业(万元)	Wholesale & Retail Sales Trades(10 000 yuan)	13450	13894	3.3
餐饮业(万元)	Catering Trade(10 000 yuan)	3148	3667	16.5
科技教育卫生	**Science,Education & Public Health**			
各类专业技术人员(人)	Speccial Technical Personnel(person)	942	1439	52.8
幼儿园数(所)	Number of Kindergartens(unit)	2	2	0.0
学龄儿童入学率(%)	Percentage of School-Age Children Enrolled(%)	100.0	100.0	0.0
小学学校数(所)	Number of Primary Schools(unit)	9	6	-33.3
小学专任教师数(人)	Number of Full-time Teachers of Primary Schools(person)	269	158	-41.3
小学在校学生数(人)	Number of Student Enrollment of Primary Schools(person)	3956	3788	-4.2
普通中学学校数(所)	Number of Regular Secondary Schools(unit)	3	3	0.0
普通中学专任教师数(人)	Number of Teachers of Secondary Shools(person)	207	217	4.8
初中在校学生数(人)	Number of Student in Junior Secondary Schools(person)	2575	2026	-21.3
高中在校学生数(人)	Number of Student in Senior Secondary Schools(person)	332	289	-13.0
卫生机构数(所)	Number of Health Institutions(unit)	15	15	0.0
# 医院(所)	Hospitals(unit)	2	2	0.0
卫生院(所)	Township Hospitals(unit)	11	11	0.0
床位数(张)	Number of Beds(unit)	163	165	1.2
# 医院(张)	Hospitals(unit)	110	110	0.0
卫生院(张)	Township Hospitals(unit)	43	45	4.7
卫生技术人员(人)	Medical Technical Presonnel(person)	240	252	5.0
# 医院(人)	Hospitals(person)	127	134	5.5
卫生院(人)	Township Hospitals(person)	56	59	5.4

23-75 锡林郭勒盟正蓝旗

指 标	Item	2004	2005	2005年比上年增长% Increase Rate in 2005 Over 2004(%)
行政区域土地面积(平方公里)	**Area of Administration(Sq.km)**	**10278**	**10278**	**0.0**
人口和就业	**Population & Employment**			
年末总人口(人)	Total Population Year-end(person)	78226	78745	0.7
#男性(人)	Male(person)	39903	40004	0.3
#乡村人口(人)	Rural(person)	54038	52114	-3.6
年末总户数(户)	Total Number of Households at the Year-end(Household)	22851	22642	-0.9
#乡村户数(户)	Number of Rural Household(Household)	14270	13226	-7.3
出生人口(人)	Births(person)	598	799	33.6
死亡人口(人)	Deaths(person)	320	827	158.4
全社会就业人员(人)	Employment(person)	36386	37933	4.3
第一产业(人)	Primary Industry(person)	24228	23383	-3.5
第二产业(人)	Secondary Industry(person)	4384	3485	-20.5
第三产业(人)	Tertiary Industry(person)	7774	11065	42.3
在岗职工人数(人)	Number of Staff & Workers Employed in(person)	7210	7482	3.8
乡村劳动力(人)	Number of Rural Laborers(person)	30281	38211	26.2
#农林牧渔业(人)	Farming,Forestry,Animal Husbandry & Fishery(person)	24228	23383	-3.5
国民经济综合指标	**Summary Item on the National Economy**			
生产总值(万元)	Gross Domestic Product(10 000 yuan)	80781	123860	32.8
第一产业(万元)	Primary Industry(10 000 yuan)	24001	23656	5.0
第二产业(万元)	Secondary Industry(10 000 yuan)	38626	76049	57.2
#工业(万元)	Industry(10 000 yuan)	19662	30097	46.3
第三产业(万元)	Tertiary Industry(10 000 yuan)	18154	24155	18.8
人均生产总值(元)	Per Capita GDP(yuan)	10356	15879	32.8
全社会固定资产投资(万元)	Total Investment in Fixed Assets(10 000 yuan)	208308	443048	112.7
按登记注册类型分	Grouped by Registered Type			
#国有(万元)	State-owned Enterprises(10 000 yuan)	126929	417564	229.0
集体(万元)	Collective-owned Enterprises(10 000 yuan)			
有限责任公司(万元)	Limited Liability Corporations(10 000 yuan)	5934		
股份有限公司(万元)	Share Holding Enterprises(10 000 yuan)	4420		
私营企业(万元)	Private Enterprises(10 000 yuan)	1180		
外商及港澳台投资企业(万元)	Funds from HK,Macao,Taiwan & Foreign(10 000 yuan)			
按管理渠道分	Grouped by Channel of Management			
#基本建设(万元)	Capital Construction(10 000 yuan)	199737	431840	116.2
更新改造(万元)	Innovation(10 000 yuan)			
房地产开发(万元)	Real Estate Development(10 000 yuan)	3060		
地方财政收入(万元)	Local Governments Revenue(10 000 yuan)	6777	14051	107.3
地方财政支出(万元)	Local Governments Expenditures(10 000 yuan)	20740	26504	27.8
城乡居民储蓄存款余额(万元)	Resident Saving Deposit in Urban & Rural(10 000 yuan)	23054	30280	31.3
在岗职工工资总额(万元)	Total Wages of Staff & Workers Empioyed in(10 000 yuan)	8237	11215	36.2
在岗职工平均工资(元)	Average Wage of Staff & Workers Employed in(yuan)	11385	15014	31.9
农牧民人均纯收入(元)	Per Capita Net Income of Peasant & Herdsman(yuan)	1970	2302	16.9
农村牧区经济	**Economic Development in Rural & Pastoral Area**			
耕地面积(公顷)	Cultivated Area(hectare)	17680	17550	-0.7
农作物总播种面积(公顷)	Total Sown Area(hectare)	21010	17230	-18.0
#粮食作物播种面积(公顷)	Sown Area of Grain Crops(hectare)	9290	9838	5.9
有效灌溉面积(公顷)	Irrigated Area(hectare)	3170	4210	32.8
农牧业机械总动力(万千瓦)	Total Power of Agricultural Machinery(10 000 kw)	10.11	10.24	1.3
化肥施用折纯量(吨)	Consumption of Chemical Fertilizer(ton)	925	140	-84.9
农村用电量(万千瓦小时)	Electricity Consumed in Rural Area(10 000 kwh)	513	612	19.3
农林牧渔业总产值(万元)	Gross Output of Farming,Forestry,Animal Husbandry & Fishery(10 000 yuan)	40454	41501	2.6
粮食产量(吨)	Yield of Grain(ton)	29965	17669	-41.0
油料产量(吨)	Yield of Oil-bearing Grops(ton)	1728	1310	-24.2
甜菜产量(吨)	Yield of Beetroots(ton)			
猪牛羊肉产量(吨)	Output of Pork, Beef & Mutton(ton)	8860	8778	-0.9
#猪肉产量(吨)	Output of Pork(ton)	140	334	138.6
牛肉产量(吨)	Output of Beef(ton)	5863	5823	-0.7
羊肉产量(吨)	Output of Mutton(ton)	2857	2621	-8.3

23-75 Zhenglan Banner in Xilinguole League

指 标	Item	2004	2005	2005年比上年增长% Increase Rate in 2005 Over 2004(%)
羊毛产量(吨)	Output of Wool(ton)	922	703	-23.8
年末牲畜存栏头数(万头只)	Total Livestock at the Year-end(10 000 heads)	39.70	38.01	-4.3
# 大牲畜(万头只)	Large Animals(10 000 heads)	11.10	10.57	-4.8
羊(万只)	Sheep & Goats(10 000 heads)	28.38	27.10	-4.5
猪(万头)	Hogs(10 000 heads)	0.22	0.34	54.5
规模以上工业	**Industry with Independent Accounting System**			
工业企业单位数(个)	Number of Industrial Enterprises(unit)	10	13	30.0
# 内资企业(个)	Civil Funded Enterprises(unit)	10	13	30.0
工业总产值(万元)	Gross Industrial Output Value(10 000 yuan)	29275	60883	108.0
内资企业(万元)	Civil Funded Enterprises(10 000 yuan)	29275	60883	108.0
国有企业(万元)	State-owned Enterprises(10 000 yuan)	496	1363	174.8
集体企业(万元)	Collective-owned Enterprises(10 000 yuan)			
股份合作企业(万元)	Share Holding Enterprises(10 000 yuan)	5012	6149	22.7
联营企业(万元)	Joint Owned Enterprises(10 000 yuan)			
有限责任公司(万元)	Limited Company(10 000 yuan)	14434	44377	207.4
股份有限公司(万元)	Share Holding Limited Company(10 000 yuan)			
私营企业(万元)	Privately Owned Enterprises(10 000 yuan)	4636	8994	94.0
其他企业(万元)	Enterprises of Other Ownership(10 000 yuan)	4697		
港澳台商投资企业(万元)	Funds from HK,Macao & Taiwan(10 000 yuan)			
外商投资企业(万元)	Foreign Funded Enterprises(10 000 yuan)			
工业企业增加值(万元)	Value Added of Industrial Enterprises(10 000 yuan)	13941	23505	60.7
工业企业资产总计(万元)	Total Assets of Industrial Enterprises(10 000 yuan)	19043	23071	21.2
工业企业负债合计(万元)	Total Liabilities of Industrial Enterprises(10 000 yuan)	11239	13006	15.7
工业企业产品销售收入(万元)	Sales of Revenue Industrial Enterprises(10 000 yuan)	28738	61755	114.9
工业企业利润总额(万元)	Total Profits of Industrial Enterprises(10 000 yuan)	964	797	-17.3
建筑业	**Construction**			
建筑企业单位数(个)	Number of Construction Enterprises(unit)			
建筑企业从业人员(人)	Number of Employee in Construction Enterprises(person)			
建筑业总产值(万元)	Gross Construction Output Value(10 000 yuan)			
交通运输邮电通信业	**Transportation,Post & Telecommunications**			
公路里程(公里)	Total Length of Highways(km)	507	649	28.0
邮电业务总量(万元)	Business Volume of Post & Telecoms(10 000 yuan)	1007	1661	64.9
本地电话用户(户)	Number of Subscribers of Local Telephone(Household)	9608	8711	-9.3
国内贸易	**Demestic Trade**			
社会消费品零售总额(万元)	Total Retail Sales of Consumer Goods(10 000 yuan)	19671	26500	34.7
# 贸易业(万元)	Wholesale & Retail Sales Trades(10 000 yuan)	13528	18895	39.7
餐饮业(万元)	Catering Trade(10 000 yuan)	4423	5476	23.8
科技教育卫生	**Science,Education & Public Health**			
各类专业技术人员(人)	Speccial Technical Personnel(person)	1018	1266	24.4
幼儿园数(所)	Number of Kindergartens(unit)	2	2	0.0
学龄儿童入学率(%)	Percentage of School-Age Children Enrolled(%)	100.0	100.0	0.0
小学学校数(所)	Number of Primary Schools(unit)	15	11	-26.7
小学专任教师数(人)	Number of Full-time Teachers of Primary Schools(person)	399	364	-8.8
小学在校学生数(人)	Number of Student Enrollment of Primary Schools(person)	4414	4123	-6.6
普通中学学校数(所)	Number of Regular Secondary Schools(unit)	6	6	0.0
普通中学专任教师数(人)	Number of Teachers of Secondary Shools(person)	239	252	5.4
初中在校学生数(人)	Number of Student in Junior Secondary Schools(person)	3194	2774	-13.1
高中在校学生数(人)	Number of Student in Senior Secondary Schools(person)	392	394	0.5
卫生机构数(所)	Number of Health Institutions(unit)	17	17	0.0
# 医院(所)	Hospitals(unit)	2	2	0.0
卫生院(所)	Township Hospitals(unit)	13	13	0.0
床位数(张)	Number of Beds(unit)	158	174	10.1
# 医院(张)	Hospitals(unit)	86	86	0.0
卫生院(张)	Township Hospitals(unit)	67	68	1.5
卫生技术人员(人)	Medical Technical Presonnel(person)	222	217	-2.3
# 医院(人)	Hospitals(person)	100	99	-1.0
卫生院(人)	Township Hospitals(person)	86	83	-3.5

23-76 锡林郭勒盟多伦县

指 标	Item	2004	2005	2005年比上年增长% Increase Rate in 2005 Over 2004(%)
行政区域土地面积(平方公里)	**Area of Administration(Sq.km)**	**3871**	**3871**	**0.0**
人口和就业	**Population & Employment**			
年末总人口(人)	Total Population Year-end(person)	100916	94541	-6.3
# 男性(人)	Male(person)	51877	49315	-4.9
# 乡村人口(人)	Rural(person)	70870	70930	0.1
年末总户数(户)	Total Number of Households at the Year-end(Household)	29846	30617	2.6
# 乡村户数(户)	Number of Rural Household(Household)	18453	18659	1.1
出生人口(人)	Births(person)	784	681	-13.1
死亡人口(人)	Deaths(person)	498	1841	269.7
全社会就业人员(人)	Employment(person)	49472	50584	2.2
第一产业(人)	Primary Industry(person)	34808	35364	1.6
第二产业(人)	Secondary Industry(person)	3008	2951	-1.9
第三产业(人)	Tertiary Industry(person)	11656	12269	5.3
在岗职工人数(人)	Number of Staff & Workers Employed in(person)	4874	4775	-2.0
乡村劳动力(人)	Number of Rural Laborers(person)	43142	43376	0.5
# 农林牧渔业(人)	Farming,Forestry,Animal Husbandry & Fishery(person)	34808	35364	1.6
国民经济综合指标	**Summary Item on the National Economy**			
生产总值(万元)	Gross Domestic Product(10 000 yuan)	75106	92736	17.0
第一产业(万元)	Primary Industry(10 000 yuan)	37273	39102	4.8
第二产业(万元)	Secondary Industry(10 000 yuan)	13465	22104	41.1
# 工业(万元)	Industry(10 000 yuan)	8346	12596	41.6
第三产业(万元)	Tertiary Industry(10 000 yuan)	24368	31530	20.7
人均生产总值(元)	Per Capita GDP(yuan)	7447	9489	20.8
全社会固定资产投资(万元)	Total Investment in Fixed Assets(10 000 yuan)	38811	63982	64.9
按登记注册类型分	Grouped by Registered Type			
# 国有(万元)	State-owned Enterprises(10 000 yuan)	17828	30577	71.5
集体(万元)	Collective-owned Enterprises(10 000 yuan)			
有限责任公司(万元)	Limited Liability Corporations(10 000 yuan)	8210		
股份有限公司(万元)	Share Holding Enterprises(10 000 yuan)			
私营企业(万元)	Private Enterprises(10 000 yuan)	8669	7150	-17.5
外商及港澳台投资企业(万元)	Funds from HK,Macao,Taiwan & Foreign(10 000 yuan)			
按管理渠道分	Grouped by Channel of Management			
# 基本建设(万元)	Capital Construction(10 000 yuan)	32457	60926	87.7
更新改造(万元)	Innovation(10 000 yuan)	200		
房地产开发(万元)	Real Estate Development(10 000 yuan)	200	2000	900.0
地方财政收入(万元)	Local Governments Revenue(10 000 yuan)	2690	5536	105.8
地方财政支出(万元)	Local Governments Expenditures(10 000 yuan)	21765	26931	23.7
城乡居民储蓄存款余额(万元)	Resident Saving Deposit in Urban & Rural(10 000 yuan)	25958	29378	13.2
在岗职工工资总额(万元)	Total Wages of Staff & Workers Empioyed in(10 000 yuan)	6069	7316	20.5
在岗职工平均工资(元)	Average Wage of Staff & Workers Employed in(yuan)	12261	15119	23.3
农牧民人均纯收入(元)	Per Capita Net Income of Peasant & Herdsman(yuan)	1872	2108	12.6
农村牧区经济	**Economic Development in Rural & Pastoral Area**			
耕地面积(公顷)	Cultivated Area(hectare)	56670	50740	-10.5
农作物总播种面积(公顷)	Total Sown Area(hectare)	53330	53850	1.0
# 粮食作物播种面积(公顷)	Sown Area of Grain Crops(hectare)	32130	30900	-3.8
有效灌溉面积(公顷)	Irrigated Area(hectare)	3730	4670	25.2
农牧业机械总动力(万千瓦)	Total Power of Agricultural Machinery(10 000 kw)	8.02	10.13	26.3
化肥施用折纯量(吨)	Consumption of Chemical Fertilizer(ton)	1700	1843	8.4
农村用电量(万千瓦小时)	Electricity Consumed in Rural Area(10 000 kwh)	388	596	53.6
农林牧渔业总产值(万元)	Gross Output of Farming,Forestry,Animal Husbandry & Fishery(10 000 yuan)	60946	65861	8.1
粮食产量(吨)	Yield of Grain(ton)	85140	74370	-12.6
油料产量(吨)	Yield of Oil-bearing Grops(ton)	1300	1482	14.0
甜菜产量(吨)	Yield of Beetroots(ton)			
猪牛羊肉产量(吨)	Output of Pork, Beef & Mutton(ton)	8105	10860	34.0
# 猪肉产量(吨)	Output of Pork(ton)	2136	2702	26.5
牛肉产量(吨)	Output of Beef(ton)	2325	5119	120.2
羊肉产量(吨)	Output of Mutton(ton)	3644	3039	-16.6

23-76 Duolun County in Xilinguole League

指 标	Item	2004	2005	2005年比上年增长% Increase Rate in 2005 Over 2004(%)
羊毛产量(吨)	Output of Wool(ton)	1176	969	-17.6
年末牲畜存栏头数(万头只)	Total Livestock at the Year-end(10 000 heads)	21.11	22.29	5.6
# 大牲畜(万头只)	Large Animals(10 000 heads)	4.97	7.42	49.3
羊(万只)	Sheep & Goats(10 000 heads)	14.74	13.21	-10.4
猪(万头)	Hogs(10 000 heads)	1.40	1.66	18.6
规模以上工业	**Industry with Independent Accounting System**			
工业企业单位数(个)	Number of Industrial Enterprises(unit)	8	10	25.0
# 内资企业(个)	Civil Funded Enterprises(unit)	8	10	25.0
工业总产值(万元)	Gross Industrial Output Value(10 000 yuan)	4900	15582	218.0
内资企业(万元)	Civil Funded Enterprises(10 000 yuan)	4900	15582	218.0
国有企业(万元)	State-owned Enterprises(10 000 yuan)	1169	932	-20.3
集体企业(万元)	Collective-owned Enterprises(10 000 yuan)			
股份合作企业(万元)	Share Holding Enterprises(10 000 yuan)			
联营企业(万元)	Joint Owned Enterprises(10 000 yuan)			
有限责任公司(万元)	Limited Company(10 000 yuan)	994	1353	36.1
股份有限公司(万元)	Share Holding Limited Company(10 000 yuan)		1287	
私营企业(万元)	Privately Owned Enterprises(10 000 yuan)	2737	12010	338.8
其他企业(万元)	Enterprises of Other Ownership(10 000 yuan)			
港澳台商投资企业(万元)	Funds from HK,Macao & Taiwan(10 000 yuan)			
外商投资企业(万元)	Foreign Funded Enterprises(10 000 yuan)			
工业企业增加值(万元)	Value Added of Industrial Enterprises(10 000 yuan)	2214	7391	65.2
工业企业资产总计(万元)	Total Assets of Industrial Enterprises(10 000 yuan)	14943	27349	83.0
工业企业负债合计(万元)	Total Liabilities of Industrial Enterprises(10 000 yuan)	10299	14681	42.5
工业企业产品销售收入(万元)	Sales of Revenue Industrial Enterprises(10 000 yuan)	4716	15502	228.7
工业企业利润总额(万元)	Total Profits of Industrial Enterprises(10 000 yuan)	154	875	468.2
建筑业	**Construction**			
建筑企业单位数(个)	Number of Construction Enterprises(unit)	1		
建筑企业从业人员(人)	Number of Employee in Construction Enterprises(person)	125		
建筑业总产值(万元)	Gross Construction Output Value(10 000 yuan)	615		
交通运输邮电通信业	**Transportation,Post & Telecommunications**			
公路里程(公里)	Total Length of Highways(km)	520	520	0.0
邮电业务总量(万元)	Business Volume of Post & Telecoms(10 000 yuan)	1568	1804	15.1
本地电话用户(户)	Number of Subscribers of Local Telephone(Household)	11921	12212	2.4
国内贸易	**Demestic Trade**			
社会消费品零售总额(万元)	Total Retail Sales of Consumer Goods(10 000 yuan)	27925	31416	12.5
# 贸易业(万元)	Wholesale & Retail Sales Trades(10 000 yuan)	23756	30250	27.3
餐饮业(万元)	Catering Trade(10 000 yuan)	3779	1122	-70.3
科技教育卫生	**Science,Education & Public Health**			
各类专业技术人员(人)	Speccial Technical Personnel(person)	1326	1534	15.7
幼儿园数(所)	Number of Kindergartens(unit)	3	4	33.3
学龄儿童入学率(%)	Percentage of School-Age Children Enrolled(%)	100.0	100.0	0.0
小学学校数(所)	Number of Primary Schools(unit)	24	22	-8.3
小学专任教师数(人)	Number of Full-time Teachers of Primary Schools(person)	566	528	-6.7
小学在校学生数(人)	Number of Student Enrollment of Primary Schools(person)	6324	5957	-5.8
普通中学学校数(所)	Number of Regular Secondary Schools(unit)	6	3	-50.0
普通中学专任教师数(人)	Number of Teachers of Secondary Shools(person)	355	304	-14.4
初中在校学生数(人)	Number of Student in Junior Secondary Schools(person)	4681	4255	-9.1
高中在校学生数(人)	Number of Student in Senior Secondary Schools(person)	1260	1330	5.6
卫生机构数(所)	Number of Health Institutions(unit)	14	14	0.0
# 医院(所)	Hospitals(unit)	2	2	0.0
卫生院(所)	Township Hospitals(unit)	10	10	0.0
床位数(张)	Number of Beds(unit)	127	130	2.4
# 医院(张)	Hospitals(unit)	90	90	0.0
卫生院(张)	Township Hospitals(unit)	29	30	3.4
卫生技术人员(人)	Medical Technical Presonnel(person)	220	218	-0.9
# 医院(人)	Hospitals(person)	106	103	-2.8
卫生院(人)	Township Hospitals(person)	52	57	9.6

23-77 乌兰察布市集宁区

指 标	Item	2004	2005	2005年比上年增长% Increase Rate in 2005 Over 2004(%)
行政区域土地面积(平方公里)	**Area of Administration(Sq.km)**	**418**	**418**	**0.0**
人口和就业	**Population & Employment**			
年末总人口(人)	Total Population Year-end(person)	261218	290711	11.3
#男性(人)	Male(person)	133618	148608	11.2
#乡村人口(人)	Rural(person)	59171	54726	-7.5
年末总户数(户)	Total Number of Households at the Year-end(Household)	86398	95865	11.0
#乡村户数(户)	Number of Rural Household(Household)	17600	18088	2.8
出生人口(人)	Births(person)	1814	2342	29.1
死亡人口(人)	Deaths(person)	495	716	44.6
全社会就业人员(人)	Employment(person)	131993	132152	0.1
第一产业(人)	Primary Industry(person)	13084	13098	0.1
第二产业(人)	Secondary Industry(person)	34628	34693	0.2
第三产业(人)	Tertiary Industry(person)	84281	84361	0.1
在岗职工人数(人)	Number of Staff & Workers Employed in(person)	43784	50993	16.5
乡村劳动力(人)	Number of Rural Laborers(person)	34378	42369	23.2
#农林牧渔业(人)	Farming,Forestry,Animal Husbandry & Fishery(person)	16743	22476	34.2
国民经济综合指标	**Summary Item on the National Economy**			
生产总值(万元)	Gross Domestic Product(10 000 yuan)	350811	399764	15.9
第一产业(万元)	Primary Industry(10 000 yuan)	10064	21125	94.9
第二产业(万元)	Secondary Industry(10 000 yuan)	134044	140987	11.3
#工业(万元)	Industry(10 000 yuan)	75584	92094	28.7
第三产业(万元)	Tertiary Industry(10 000 yuan)	206703	237652	15.4
人均生产总值(元)	Per Capita GDP(yuan)	12549	13751	11.2
全社会固定资产投资(万元)	Total Investment in Fixed Assets(10 000 yuan)	428747	510079	19.0
按登记注册类型分	Grouped by Registered Type			
#国有(万元)	State-owned Enterprises(10 000 yuan)	367876	392103	6.6
集体(万元)	Collective-owned Enterprises(10 000 yuan)			
有限责任公司(万元)	Limited Liability Corporations(10 000 yuan)		74011	
股份有限公司(万元)	Share Holding Enterprises(10 000 yuan)			
私营企业(万元)	Private Enterprises(10 000 yuan)		43965	
外商及港澳台投资企业(万元)	Funds from HK,Macao,Taiwan & Foreign(10 000 yuan)			
按管理渠道分	Grouped by Channel of Management			
#基本建设(万元)	Capital Construction(10 000 yuan)	358886	146979	-59.0
更新改造(万元)	Innovation(10 000 yuan)	38476	13280	-65.5
房地产开发(万元)	Real Estate Development(10 000 yuan)	21726	14430	-33.6
地方财政收入(万元)	Local Governments Revenue(10 000 yuan)	18078	23150	28.1
地方财政支出(万元)	Local Governments Expenditures(10 000 yuan)	31510	40184	27.5
城乡居民储蓄存款余额(万元)	Resident Saving Deposit in Urban & Rural(10 000 yuan)	447424	532855	19.1
在岗职工工资总额(万元)	Total Wages of Staff & Workers Empioyed in(10 000 yuan)	60377	77037	27.6
在岗职工平均工资(元)	Average Wage of Staff & Workers Employed in(yuan)	13804	15077	9.2
农牧民人均纯收入(元)	Per Capita Net Income of Peasant & Herdsman(yuan)	3494	3755	7.5
农村牧区经济	**Economic Development in Rural & Pastoral Area**			
耕地面积(公顷)	Cultivated Area(hectare)	7850	7850	0.0
农作物总播种面积(公顷)	Total Sown Area(hectare)	1202	5806	383.0
#粮食作物播种面积(公顷)	Sown Area of Grain Crops(hectare)	434	2528	482.5
有效灌溉面积(公顷)	Irrigated Area(hectare)	840	1670	98.8
农牧业机械总动力(万千瓦)	Total Power of Agricultural Machinery(10 000 kw)	6.80	6.80	0.0
化肥施用折纯量(吨)	Consumption of Chemical Fertilizer(ton)	1806	1886	4.4
农村用电量(万千瓦小时)	Electricity Consumed in Rural Area(10 000 kwh)	1296	1470	13.4
农林牧渔业总产值(万元)	Gross Output of Farming,Forestry,Animal Husbandry & Fishery(10 000 yuan)	18780	25301	32.1
粮食产量(吨)	Yield of Grain(ton)	1543	6846	343.7
油料产量(吨)	Yield of Oil-bearing Grops(ton)	113	1254	1009.7
甜菜产量(吨)	Yield of Beetroots(ton)		3000	
猪牛羊肉产量(吨)	Output of Pork, Beef & Mutton(ton)	3595	3749	4.3
#猪肉产量(吨)	Output of Pork(ton)	2622	2517	-4.0
牛肉产量(吨)	Output of Beef(ton)	411	450	9.5
羊肉产量(吨)	Output of Mutton(ton)	562	782	39.1

23-77 Jining District in Wulanchabu City

指 标	Item	2004	2005	2005年比上年增长% Increase Rate in 2005 Over 2004(%)
羊毛产量(吨)	Output of Wool(ton)	88	87	-1.1
年末牲畜存栏头数(万头只)	Total Livestock at the Year-end(10 000 heads)	7.41	5.46	-26.3
# 大牲畜(万头只)	Large Animals(10 000 heads)	1.20	1.20	0.0
羊(万只)	Sheep & Goats(10 000 heads)	4.11	3.12	-24.1
猪(万头)	Hogs(10 000 heads)	2.11	1.14	-46.0
规模以上工业	**Industry with Independent Accounting System**			
工业企业单位数(个)	Number of Industrial Enterprises(unit)	24	30	25.0
# 内资企业(个)	Civil Funded Enterprises(unit)	21	27	28.6
工业总产值(万元)	Gross Industrial Output Value(10 000 yuan)	117397	256013	118.1
内资企业(万元)	Civil Funded Enterprises(10 000 yuan)	94980	233776	146.1
国有企业(万元)	State-owned Enterprises(10 000 yuan)	29991	131614	338.8
集体企业(万元)	Collective-owned Enterprises(10 000 yuan)	354		
股份合作企业(万元)	Share Holding Enterprises(10 000 yuan)		2863	
联营企业(万元)	Joint Owned Enterprises(10 000 yuan)			
有限责任公司(万元)	Limited Company(10 000 yuan)	36499	44820	22.8
股份有限公司(万元)	Share Holding Limited Company(10 000 yuan)	17300	27551	59.3
私营企业(万元)	Privately Owned Enterprises(10 000 yuan)	10836	26928	148.5
其他企业(万元)	Enterprises of Other Ownership(10 000 yuan)			
港澳台商投资企业(万元)	Funds from HK,Macao & Taiwan(10 000 yuan)	652	4446	581.9
外商投资企业(万元)	Foreign Funded Enterprises(10 000 yuan)		17791	
工业企业增加值(万元)	Value Added of Industrial Enterprises(10 000 yuan)	43102	74682	57.4
工业企业资产总计(万元)	Total Assets of Industrial Enterprises(10 000 yuan)	224015	288062	28.6
工业企业负债合计(万元)	Total Liabilities of Industrial Enterprises(10 000 yuan)	183657	218321	18.9
工业企业产品销售收入(万元)	Sales of Revenue Industrial Enterprises(10 000 yuan)	86243	267537	210.2
工业企业利润总额(万元)	Total Profits of Industrial Enterprises(10 000 yuan)	1033	9622	831.5
建筑业	**Construction**			
建筑企业单位数(个)	Number of Construction Enterprises(unit)	19	18	-5.3
建筑企业从业人员(人)	Number of Employee in Construction Enterprises(person)	5240	13720	161.8
建筑业总产值(万元)	Gross Construction Output Value(10 000 yuan)	88000	94105	6.9
交通运输邮电通信业	**Transportation,Post & Telecommunications**			
公路里程(公里)	Total Length of Highways(km)	174	174	0.0
邮电业务总量(万元)	Business Volume of Post & Telecoms(10 000 yuan)	9998	13654	36.6
本地电话用户(户)	Number of Subscribers of Local Telephone(Household)	71400	73218	2.5
国内贸易	**Demestic Trade**			
社会消费品零售总额(万元)	Total Retail Sales of Consumer Goods(10 000 yuan)	142873	161500	13.0
# 贸易业(万元)	Wholesale & Retail Sales Trades(10 000 yuan)	113618	122738	8.0
餐饮业(万元)	Catering Trade(10 000 yuan)	26320	35529	35.0
科技教育卫生	**Science,Education & Public Health**			
各类专业技术人员(人)	Speccial Technical Personnel(person)	1358	1467	8.0
幼儿园数(所)	Number of Kindergartens(unit)	4	7	75.0
学龄儿童入学率(%)	Percentage of School-Age Children Enrolled(%)	100.0	100.0	0.0
小学学校数(所)	Number of Primary Schools(unit)	31	31	0.0
小学专任教师数(人)	Number of Full-time Teachers of Primary Schools(person)	1320	1498	13.5
小学在校学生数(人)	Number of Student Enrollment of Primary Schools(person)	24200	24527	1.4
普通中学学校数(所)	Number of Regular Secondary Schools(unit)	18	17	-5.6
普通中学专任教师数(人)	Number of Teachers of Secondary Shools(person)	1305	1491	14.3
初中在校学生数(人)	Number of Student in Junior Secondary Schools(person)	14994	15179	1.2
高中在校学生数(人)	Number of Student in Senior Secondary Schools(person)	15892	18221	14.7
卫生机构数(所)	Number of Health Institutions(unit)	22	22	0.0
# 医院(所)	Hospitals(unit)	7	7	0.0
卫生院(所)	Township Hospitals(unit)	5	5	0.0
床位数(张)	Number of Beds(unit)	1409	1421	0.9
# 医院(张)	Hospitals(unit)	1324	1345	1.6
卫生院(张)	Township Hospitals(unit)	39	41	5.1
卫生技术人员(人)	Medical Technical Presonnel(person)	2653	2671	0.7
# 医院(人)	Hospitals(person)	1941	1975	1.8
卫生院(人)	Township Hospitals(person)	60	64	6.7

23-78 乌兰察布市丰镇市

指 标	Item	2004	2005	2005年比上年增长% Increase Rate in 2005 Over 2004(%)
行政区域土地面积(平方公里)	**Area of Administration(Sq.km)**	**2704**	**2704**	**0.0**
人口和就业	**Population & Employment**			
年末总人口(人)	Total Population Year-end(person)	312703	312586	0.0
#男性(人)	Male(person)	168737	167601	-0.7
#乡村人口(人)	Rural(person)	239781	232823	-2.9
年末总户数(户)	Total Number of Households at the Year-end(Household)	97879	99691	1.9
#乡村户数(户)	Number of Rural Household(Household)	48719	48903	0.4
出生人口(人)	Births(person)	2034	2586	27.1
死亡人口(人)	Deaths(person)	1087	2174	100.0
全社会就业人员(人)	Employment(person)	169131	169070	0.0
第一产业(人)	Primary Industry(person)	66025	65974	-0.1
第二产业(人)	Secondary Industry(person)	34032	34001	-0.1
第三产业(人)	Tertiary Industry(person)	69074	69095	0.0
在岗职工人数(人)	Number of Staff & Workers Employed in(person)	13625	13709	0.6
乡村劳动力(人)	Number of Rural Laborers(person)	92147	80925	-12.2
#农林牧渔业(人)	Farming,Forestry,Animal Husbandry & Fishery(person)	55906	52119	-6.8
国民经济综合指标	**Summary Item on the National Economy**			
生产总值(万元)	Gross Domestic Product(10 000 yuan)	295987	374368	22.4
第一产业(万元)	Primary Industry(10 000 yuan)	62210	75082	19.3
第二产业(万元)	Secondary Industry(10 000 yuan)	162205	214677	25.0
#工业(万元)	Industry(10 000 yuan)	113551	149933	22.0
第三产业(万元)	Tertiary Industry(10 000 yuan)	71573	84609	18.8
人均生产总值(元)	Per Capita GDP(yuan)	10203	11976	18.2
全社会固定资产投资(万元)	Total Investment in Fixed Assets(10 000 yuan)	250102	440695	76.2
按登记注册类型分	Grouped by Registered Type			
#国有(万元)	State-owned Enterprises(10 000 yuan)	159782	386673	142.0
集体(万元)	Collective-owned Enterprises(10 000 yuan)			
有限责任公司(万元)	Limited Liability Corporations(10 000 yuan)		52904	
股份有限公司(万元)	Share Holding Enterprises(10 000 yuan)			
私营企业(万元)	Private Enterprises(10 000 yuan)			
外商及港澳台投资企业(万元)	Funds from HK,Macao,Taiwan & Foreign(10 000 yuan)			
按管理渠道分	Grouped by Channel of Management			
#基本建设(万元)	Capital Construction(10 000 yuan)	159782	387443	142.5
更新改造(万元)	Innovation(10 000 yuan)			
房地产开发(万元)	Real Estate Development(10 000 yuan)	5340	8785	64.5
地方财政收入(万元)	Local Governments Revenue(10 000 yuan)	20185	27447	36.0
地方财政支出(万元)	Local Governments Expenditures(10 000 yuan)	45007	56067	24.6
城乡居民储蓄存款余额(万元)	Resident Saving Deposit in Urban & Rural(10 000 yuan)	115450	134390	16.4
在岗职工工资总额(万元)	Total Wages of Staff & Workers Empioyed in(10 000 yuan)	27991	32006	14.3
在岗职工平均工资(元)	Average Wage of Staff & Workers Employed in(yuan)	20549	23265	13.2
农牧民人均纯收入(元)	Per Capita Net Income of Peasant & Herdsman(yuan)	2735	3132	14.5
农村牧区经济	**Economic Development in Rural & Pastoral Area**			
耕地面积(公顷)	Cultivated Area(hectare)	54930	51900	-5.5
农作物总播种面积(公顷)	Total Sown Area(hectare)	50011	50006	0.0
#粮食作物播种面积(公顷)	Sown Area of Grain Crops(hectare)	46424	43470	-6.4
有效灌溉面积(公顷)	Irrigated Area(hectare)	5110	4820	-5.7
农牧业机械总动力(万千瓦)	Total Power of Agricultural Machinery(10 000 kw)	9.60	10.31	7.4
化肥施用折纯量(吨)	Consumption of Chemical Fertilizer(ton)	3723	3740	0.5
农村用电量(万千瓦小时)	Electricity Consumed in Rural Area(10 000 kwh)	1212	1106	-8.8
农林牧渔业总产值(万元)	Gross Output of Farming,Forestry,Animal Husbandry & Fishery(10 000 yuan)	97206	106840	9.2
粮食产量(吨)	Yield of Grain(ton)	151972	152331	0.2
油料产量(吨)	Yield of Oil-bearing Grops(ton)	729	4695	544.0
甜菜产量(吨)	Yield of Beetroots(ton)	990		
猪牛羊肉产量(吨)	Output of Pork, Beef & Mutton(ton)	27636	25872	-6.4
#猪肉产量(吨)	Output of Pork(ton)	10412	10172	-2.3
牛肉产量(吨)	Output of Beef(ton)	1436	1992	38.7
羊肉产量(吨)	Output of Mutton(ton)	15788	13708	-13.2

23-78 Fengzhen City in Wulanchabu City

指 标	Item	2004	2005	2005年比上年增长% Increase Rate in 2005 Over 2004(%)
羊毛产量(吨)	Output of Wool(ton)	677	955	41.1
年末牲畜存栏头数(万头只)	Total Livestock at the Year-end(10 000 heads)	61.62	66.42	7.8
# 大牲畜(万头只)	Large Animals(10 000 heads)	4.69	4.65	-0.9
羊(万只)	Sheep & Goats(10 000 heads)	53.43	58.03	8.6
猪(万头)	Hogs(10 000 heads)	3.50	3.74	6.9
规模以上工业	**Industry with Independent Accounting System**			
工业企业单位数(个)	Number of Industrial Enterprises(unit)	24	28	16.7
# 内资企业(个)	Civil Funded Enterprises(unit)	23	28	21.7
工业总产值(万元)	Gross Industrial Output Value(10 000 yuan)	225574	310364	37.6
内资企业(万元)	Civil Funded Enterprises(10 000 yuan)	221934	310364	39.8
国有企业(万元)	State-owned Enterprises(10 000 yuan)	6154	180619	2835.0
集体企业(万元)	Collective-owned Enterprises(10 000 yuan)	3974	5719	43.9
股份合作企业(万元)	Share Holding Enterprises(10 000 yuan)	1800	7219	301.1
联营企业(万元)	Joint Owned Enterprises(10 000 yuan)			
有限责任公司(万元)	Limited Company(10 000 yuan)	29004	88947	206.7
股份有限公司(万元)	Share Holding Limited Company(10 000 yuan)	163971		
私营企业(万元)	Privately Owned Enterprises(10 000 yuan)	17031	27860	63.6
其他企业(万元)	Enterprises of Other Ownership(10 000 yuan)			
港澳台商投资企业(万元)	Funds from HK,Macao & Taiwan(10 000 yuan)	3640		
外商投资企业(万元)	Foreign Funded Enterprises(10 000 yuan)			
工业企业增加值(万元)	Value Added of Industrial Enterprises(10 000 yuan)	88095	114163	44.8
工业企业资产总计(万元)	Total Assets of Industrial Enterprises(10 000 yuan)	300193	307589	2.5
工业企业负债合计(万元)	Total Liabilities of Industrial Enterprises(10 000 yuan)	190915	287971	50.8
工业企业产品销售收入(万元)	Sales of Revenue Industrial Enterprises(10 000 yuan)	56460	307677	444.9
工业企业利润总额(万元)	Total Profits of Industrial Enterprises(10 000 yuan)	210	2134	916.4
建筑业	**Construction**			
建筑企业单位数(个)	Number of Construction Enterprises(unit)	3	2	-33.3
建筑企业从业人员(人)	Number of Employee in Construction Enterprises(person)	1091	841	-22.9
建筑业总产值(万元)	Gross Construction Output Value(10 000 yuan)	4177	4260	2.0
交通运输邮电通信业	**Transportation,Post & Telecommunications**			
公路里程(公里)	Total Length of Highways(km)	118	118	0.0
邮电业务总量(万元)	Business Volume of Post & Telecoms(10 000 yuan)	3654	5411	48.1
本地电话用户(户)	Number of Subscribers of Local Telephone(Household)	38908	39017	0.3
国内贸易	**Demestic Trade**			
社会消费品零售总额(万元)	Total Retail Sales of Consumer Goods(10 000 yuan)	64137	72638	13.3
# 贸易业(万元)	Wholesale & Retail Sales Trades(10 000 yuan)	50586	57273	13.2
餐饮业(万元)	Catering Trade(10 000 yuan)	8786	10170	15.8
科技教育卫生	**Science,Education & Public Health**			
各类专业技术人员(人)	Speccial Technical Personnel(person)	721	741	2.8
幼儿园数(所)	Number of Kindergartens(unit)	4	3	-25.0
学龄儿童入学率(%)	Percentage of School-Age Children Enrolled(%)	99.9	99.9	0.0
小学学校数(所)	Number of Primary Schools(unit)	60	60	0.0
小学专任教师数(人)	Number of Full-time Teachers of Primary Schools(person)	1517	1560	2.8
小学在校学生数(人)	Number of Student Enrollment of Primary Schools(person)	15812	14296	-9.6
普通中学学校数(所)	Number of Regular Secondary Schools(unit)	12	12	0.0
普通中学专任教师数(人)	Number of Teachers of Secondary Shools(person)	940	758	-19.4
初中在校学生数(人)	Number of Student in Junior Secondary Schools(person)	10228	9730	-4.9
高中在校学生数(人)	Number of Student in Senior Secondary Schools(person)	3882	4062	4.6
卫生机构数(所)	Number of Health Institutions(unit)	27	27	0.0
# 医院(所)	Hospitals(unit)	3	3	0.0
卫生院(所)	Township Hospitals(unit)	20	20	0.0
床位数(张)	Number of Beds(unit)	349	361	3.4
# 医院(张)	Hospitals(unit)	219	230	5.0
卫生院(张)	Township Hospitals(unit)	129	130	0.8
卫生技术人员(人)	Medical Technical Presonnel(person)	535	541	1.1
# 医院(人)	Hospitals(person)	272	283	4.0
卫生院(人)	Township Hospitals(person)	108	110	1.9

23-79 乌兰察布市卓资县

指 标	Item	2004	2005	2005年比上年增长% Increase Rate in 2005 Over 2004(%)
行政区域土地面积(平方公里)	**Area of Administration(Sq.km)**	**3119**	**3119**	**0.0**
人口和就业	**Population & Employment**			
年末总人口(人)	Total Population Year-end(person)	226694	223906	-1.2
#男性(人)	Male(person)	120654	119779	-0.7
#乡村人口(人)	Rural(person)	187324	183806	-1.9
年末总户数(户)	Total Number of Households at the Year-end(Household)	74878	76183	1.7
#乡村户数(户)	Number of Rural Household(Household)	36246	34198	-5.7
出生人口(人)	Births(person)	1966	1422	-27.7
死亡人口(人)	Deaths(person)	1381	2021	46.3
全社会就业人员(人)	Employment(person)	149878	149335	-0.4
第一产业(人)	Primary Industry(person)	67837	67325	-0.8
第二产业(人)	Secondary Industry(person)	23915	23996	0.3
第三产业(人)	Tertiary Industry(person)	58126	58014	-0.2
在岗职工人数(人)	Number of Staff & Workers Employed in(person)	5447	5221	-4.1
乡村劳动力(人)	Number of Rural Laborers(person)	84406	74762	-11.4
#农林牧渔业(人)	Farming,Forestry,Animal Husbandry & Fishery(person)	57604	57137	-0.8
国民经济综合指标	**Summary Item on the National Economy**			
生产总值(万元)	Gross Domestic Product(10 000 yuan)	128248	175723	35.3
第一产业(万元)	Primary Industry(10 000 yuan)	34920	42542	19.6
第二产业(万元)	Secondary Industry(10 000 yuan)	44655	79370	71.9
#工业(万元)	Industry(10 000 yuan)	33096	53678	55.5
第三产业(万元)	Tertiary Industry(10 000 yuan)	48674	53811	12.6
人均生产总值(元)	Per Capita GDP(yuan)	6666	7848	16.9
全社会固定资产投资(万元)	Total Investment in Fixed Assets(10 000 yuan)	54853	129138	135.4
按登记注册类型分	Grouped by Registered Type			
#国有(万元)	State-owned Enterprises(10 000 yuan)	25876	10288	-60.2
集体(万元)	Collective-owned Enterprises(10 000 yuan)			
有限责任公司(万元)	Limited Liability Corporations(10 000 yuan)		107010	
股份有限公司(万元)	Share Holding Enterprises(10 000 yuan)		6520	
私营企业(万元)	Private Enterprises(10 000 yuan)		5320	
外商及港澳台投资企业(万元)	Funds from HK,Macao,Taiwan & Foreign(10 000 yuan)			
按管理渠道分	Grouped by Channel of Management			
#基本建设(万元)	Capital Construction(10 000 yuan)	26142	111236	325.5
更新改造(万元)	Innovation(10 000 yuan)	3373		
房地产开发(万元)	Real Estate Development(10 000 yuan)	5738	882	-84.6
地方财政收入(万元)	Local Governments Revenue(10 000 yuan)	5747	7155	24.5
地方财政支出(万元)	Local Governments Expenditures(10 000 yuan)	25876	28120	8.7
城乡居民储蓄存款余额(万元)	Resident Saving Deposit in Urban & Rural(10 000 yuan)	56925	65251	14.6
在岗职工工资总额(万元)	Total Wages of Staff & Workers Empioyed in(10 000 yuan)	6482	6963	7.4
在岗职工平均工资(元)	Average Wage of Staff & Workers Employed in(yuan)	11912	13335	11.9
农牧民人均纯收入(元)	Per Capita Net Income of Peasant & Herdsman(yuan)	2308	2602	12.7
农村牧区经济	**Economic Development in Rural & Pastoral Area**			
耕地面积(公顷)	Cultivated Area(hectare)	44020	44020	0.0
农作物总播种面积(公顷)	Total Sown Area(hectare)	42384	43660	3.0
#粮食作物播种面积(公顷)	Sown Area of Grain Crops(hectare)	39450	38523	-2.3
有效灌溉面积(公顷)	Irrigated Area(hectare)	6340	6340	0.0
农牧业机械总动力(万千瓦)	Total Power of Agricultural Machinery(10 000 kw)	6.10	8.37	37.2
化肥施用折纯量(吨)	Consumption of Chemical Fertilizer(ton)	2812	2546	-9.5
农村用电量(万千瓦小时)	Electricity Consumed in Rural Area(10 000 kwh)	1462	743	-49.2
农林牧渔业总产值(万元)	Gross Output of Farming,Forestry,Animal Husbandry & Fishery(10 000 yuan)	61301	85030	35.4
粮食产量(吨)	Yield of Grain(ton)	124404	87218	-29.9
油料产量(吨)	Yield of Oil-bearing Grops(ton)	2257	1064	-52.9
甜菜产量(吨)	Yield of Beetroots(ton)		36	
猪牛羊肉产量(吨)	Output of Pork, Beef & Mutton(ton)	13813	19337	40.0
#猪肉产量(吨)	Output of Pork(ton)	7191	10340	43.8
牛肉产量(吨)	Output of Beef(ton)	1196	1518	26.9
羊肉产量(吨)	Output of Mutton(ton)	5426	7479	37.8

23-79 Zhuozi County in Wulanchabu City

指 标	Item	2004	2005	2005年比上年增长% Increase Rate in 2005 Over 2004(%)
羊毛产量(吨)	Output of Wool(ton)	667	779	16.8
年末牲畜存栏头数(万头只)	Total Livestock at the Year-end(10 000 heads)	51.81	55.93	8.0
#大牲畜(万头只)	Large Animals(10 000 heads)	5.88	5.86	-0.3
羊(万只)	Sheep & Goats(10 000 heads)	41.94	46.09	9.9
猪(万头)	Hogs(10 000 heads)	3.99	3.98	-0.3
规模以上工业	**Industry with Independent Accounting System**			
工业企业单位数(个)	Number of Industrial Enterprises(unit)	22	25	13.6
#内资企业(个)	Civil Funded Enterprises(unit)	22	25	13.6
工业总产值(万元)	Gross Industrial Output Value(10 000 yuan)	69455	115210	65.9
内资企业(万元)	Civil Funded Enterprises(10 000 yuan)	69455	115210	65.9
国有企业(万元)	State-owned Enterprises(10 000 yuan)	2070	3690	78.3
集体企业(万元)	Collective-owned Enterprises(10 000 yuan)			
股份合作企业(万元)	Share Holding Enterprises(10 000 yuan)			
联营企业(万元)	Joint Owned Enterprises(10 000 yuan)			
有限责任公司(万元)	Limited Company(10 000 yuan)	1192	9907	731.1
股份有限公司(万元)	Share Holding Limited Company(10 000 yuan)	5343	5400	1.1
私营企业(万元)	Privately Owned Enterprises(10 000 yuan)	60850	96213	58.1
其他企业(万元)	Enterprises of Other Ownership(10 000 yuan)			
港澳台商投资企业(万元)	Funds from HK,Macao & Taiwan(10 000 yuan)			
外商投资企业(万元)	Foreign Funded Enterprises(10 000 yuan)			
工业企业增加值(万元)	Value Added of Industrial Enterprises(10 000 yuan)	21111	39144	66.2
工业企业资产总计(万元)	Total Assets of Industrial Enterprises(10 000 yuan)	21172	30118	42.3
工业企业负债合计(万元)	Total Liabilities of Industrial Enterprises(10 000 yuan)	11027	7763	-29.6
工业企业产品销售收入(万元)	Sales of Revenue Industrial Enterprises(10 000 yuan)	68804	119648	73.9
工业企业利润总额(万元)	Total Profits of Industrial Enterprises(10 000 yuan)	142	689	385.2
建筑业	**Construction**			
建筑企业单位数(个)	Number of Construction Enterprises(unit)	2	2	0.0
建筑企业从业人员(人)	Number of Employee in Construction Enterprises(person)	785	1093	39.2
建筑业总产值(万元)	Gross Construction Output Value(10 000 yuan)	4457	38973	774.4
交通运输邮电通信业	**Transportation,Post & Telecommunications**			
公路里程(公里)	Total Length of Highways(km)	670	695	3.7
邮电业务总量(万元)	Business Volume of Post & Telecoms(10 000 yuan)	1199	1538	28.3
本地电话用户(户)	Number of Subscribers of Local Telephone(Household)	13712	13726	0.1
国内贸易	**Demestic Trade**			
社会消费品零售总额(万元)	Total Retail Sales of Consumer Goods(10 000 yuan)	34136	40963	20.0
#贸易业(万元)	Wholesale & Retail Sales Trades(10 000 yuan)	25280	30336	20.0
餐饮业(万元)	Catering Trade(10 000 yuan)	8078	9693	20.0
科技教育卫生	**Science,Education & Public Health**			
各类专业技术人员(人)	Speccial Technical Personnel(person)	408	471	15.4
幼儿园数(所)	Number of Kindergartens(unit)	12	12	0.0
学龄儿童入学率(%)	Percentage of School-Age Children Enrolled(%)	99.9	100.0	0.1
小学学校数(所)	Number of Primary Schools(unit)	33	33	0.0
小学专任教师数(人)	Number of Full-time Teachers of Primary Schools(person)	816	702	-14.0
小学在校学生数(人)	Number of Student Enrollment of Primary Schools(person)	9250	9220	-0.3
普通中学学校数(所)	Number of Regular Secondary Schools(unit)	9	7	-22.2
普通中学专任教师数(人)	Number of Teachers of Secondary Shools(person)	769	555	-27.8
初中在校学生数(人)	Number of Student in Junior Secondary Schools(person)	5707	5796	1.6
高中在校学生数(人)	Number of Student in Senior Secondary Schools(person)	3129	3179	1.6
卫生机构数(所)	Number of Health Institutions(unit)	22	22	0.0
#医院(所)	Hospitals(unit)	1	1	0.0
卫生院(所)	Township Hospitals(unit)	19	19	0.0
床位数(张)	Number of Beds(unit)	208	208	0.0
#医院(张)	Hospitals(unit)	103	103	0.0
卫生院(张)	Township Hospitals(unit)	104	104	0.0
卫生技术人员(人)	Medical Technical Presonnel(person)	247	249	0.8
#医院(人)	Hospitals(person)	90	89	-1.1
卫生院(人)	Township Hospitals(person)	105	107	1.9

23-80 乌兰察布市化德县

指 标	Item	2004	2005	2005年比上年增长% Increase Rate in 2005 Over 2004(%)
行政区域土地面积(平方公里)	**Area of Administration(Sq.km)**	**2527**	**2527**	**0.0**
人口和就业	**Population & Employment**			
年末总人口(人)	Total Population Year-end(person)	157225	157562	0.2
# 男性(人)	Male(person)	82764	82803	0.0
# 乡村人口(人)	Rural(person)	136476	134065	-1.8
年末总户数(户)	Total Number of Households at the Year-end(Household)	51983	52630	1.2
# 乡村户数(户)	Number of Rural Household(Household)	27930	38153	36.6
出生人口(人)	Births(person)	1036	1270	22.6
死亡人口(人)	Deaths(person)	711	539	-24.2
全社会就业人员(人)	Employment(person)	79648	79552	-0.1
第一产业(人)	Primary Industry(person)	48904	48821	-0.2
第二产业(人)	Secondary Industry(person)	5746	5731	-0.3
第三产业(人)	Tertiary Industry(person)	24998	25000	0.0
在岗职工人数(人)	Number of Staff & Workers Employed in(person)	5686	5652	-0.6
乡村劳动力(人)	Number of Rural Laborers(person)	69027	56047	-18.8
# 农林牧渔业(人)	Farming,Forestry,Animal Husbandry & Fishery(person)	56720	45737	-19.4
国民经济综合指标	**Summary Item on the National Economy**			
生产总值(万元)	Gross Domestic Product(10 000 yuan)	83714	105235	23.2
第一产业(万元)	Primary Industry(10 000 yuan)	36123	35431	-3.0
第二产业(万元)	Secondary Industry(10 000 yuan)	30737	49503	52.6
# 工业(万元)	Industry(10 000 yuan)	26904	40724	42.3
第三产业(万元)	Tertiary Industry(10 000 yuan)	16854	20301	19.2
人均生产总值(元)	Per Capita GDP(yuan)	5930	6679	13.4
全社会固定资产投资(万元)	Total Investment in Fixed Assets(10 000 yuan)	37527	50156	33.7
按登记注册类型分	Grouped by Registered Type			
# 国有(万元)	State-owned Enterprises(10 000 yuan)	22647	45256	99.8
集体(万元)	Collective-owned Enterprises(10 000 yuan)			
有限责任公司(万元)	Limited Liability Corporations(10 000 yuan)		600	
股份有限公司(万元)	Share Holding Enterprises(10 000 yuan)			
私营企业(万元)	Private Enterprises(10 000 yuan)		4300	
外商及港澳台投资企业(万元)	Funds from HK,Macao,Taiwan & Foreign(10 000 yuan)			
按管理渠道分	Grouped by Channel of Management			
# 基本建设(万元)	Capital Construction(10 000 yuan)	22647	44095	94.7
更新改造(万元)	Innovation(10 000 yuan)	3500		
房地产开发(万元)	Real Estate Development(10 000 yuan)		600	
地方财政收入(万元)	Local Governments Revenue(10 000 yuan)	3980	3349	-15.9
地方财政支出(万元)	Local Governments Expenditures(10 000 yuan)	28204	26625	-5.6
城乡居民储蓄存款余额(万元)	Resident Saving Deposit in Urban & Rural(10 000 yuan)	38339	45740	19.3
在岗职工工资总额(万元)	Total Wages of Staff & Workers Empioyed in(10 000 yuan)	63900	67832	6.2
在岗职工平均工资(元)	Average Wage of Staff & Workers Employed in(yuan)	11238	12053	7.3
农牧民人均纯收入(元)	Per Capita Net Income of Peasant & Herdsman(yuan)	2285	2300	0.7
农村牧区经济	**Economic Development in Rural & Pastoral Area**			
耕地面积(公顷)	Cultivated Area(hectare)	61400	55500	-9.6
农作物总播种面积(公顷)	Total Sown Area(hectare)	46878	46026	-1.8
# 粮食作物播种面积(公顷)	Sown Area of Grain Crops(hectare)	32417	29738	-8.3
有效灌溉面积(公顷)	Irrigated Area(hectare)	2440	2500	2.5
农牧业机械总动力(万千瓦)	Total Power of Agricultural Machinery(10 000 kw)	10.40	10.40	0.0
化肥施用折纯量(吨)	Consumption of Chemical Fertilizer(ton)	1831	1913	4.5
农村用电量(万千瓦小时)	Electricity Consumed in Rural Area(10 000 kwh)	508	656	29.1
农林牧渔业总产值(万元)	Gross Output of Farming,Forestry,Animal Husbandry & Fishery(10 000 yuan)	61473	57119	-6.1
粮食产量(吨)	Yield of Grain(ton)	87874	23440	-73.3
油料产量(吨)	Yield of Oil-bearing Grops(ton)	8423	1600	-81.0
甜菜产量(吨)	Yield of Beetroots(ton)			
猪牛羊肉产量(吨)	Output of Pork, Beef & Mutton(ton)	16097	89088	453.4
# 猪肉产量(吨)	Output of Pork(ton)	8870	10029	13.1
牛肉产量(吨)	Output of Beef(ton)	1199	1298	8.3
羊肉产量(吨)	Output of Mutton(ton)	6028	7761	28.7

23-80 Huade County in Wulanchabu City

指 标	Item	2004	2005	2005年比上年增长% Increase Rate in 2005 Over 2004(%)
羊毛产量(吨)	Output of Wool(ton)	379	606	59.9
年末牲畜存栏头数(万头只)	Total Livestock at the Year-end(10 000 heads)	39.05	37.76	-3.3
# 大牲畜(万头只)	Large Animals(10 000 heads)	2.42	2.44	0.8
羊(万只)	Sheep & Goats(10 000 heads)	33.10	31.65	-4.4
猪(万头)	Hogs(10 000 heads)	3.52	3.67	4.3
规模以上工业	**Industry with Independent Accounting System**			
工业企业单位数(个)	Number of Industrial Enterprises(unit)	17	21	23.5
# 内资企业(个)	Civil Funded Enterprises(unit)	17	21	23.5
工业总产值(万元)	Gross Industrial Output Value(10 000 yuan)	64964	100447	54.6
内资企业(万元)	Civil Funded Enterprises(10 000 yuan)	64964	100447	54.6
国有企业(万元)	State-owned Enterprises(10 000 yuan)	949	1490	57.0
集体企业(万元)	Collective-owned Enterprises(10 000 yuan)			
股份合作企业(万元)	Share Holding Enterprises(10 000 yuan)	4528		
联营企业(万元)	Joint Owned Enterprises(10 000 yuan)			
有限责任公司(万元)	Limited Company(10 000 yuan)	3995		
股份有限公司(万元)	Share Holding Limited Company(10 000 yuan)	1104	2473	124.0
私营企业(万元)	Privately Owned Enterprises(10 000 yuan)	54388	96484	77.4
其他企业(万元)	Enterprises of Other Ownership(10 000 yuan)			
港澳台商投资企业(万元)	Funds from HK,Macao & Taiwan(10 000 yuan)			
外商投资企业(万元)	Foreign Funded Enterprises(10 000 yuan)			
工业企业增加值(万元)	Value Added of Industrial Enterprises(10 000 yuan)	21012	34196	51.6
工业企业资产总计(万元)	Total Assets of Industrial Enterprises(10 000 yuan)	34201	46798	36.8
工业企业负债合计(万元)	Total Liabilities of Industrial Enterprises(10 000 yuan)	21955	25652	16.8
工业企业产品销售收入(万元)	Sales of Revenue Industrial Enterprises(10 000 yuan)	62382	99895	60.1
工业企业利润总额(万元)	Total Profits of Industrial Enterprises(10 000 yuan)	576	2949	412.0
建筑业	**Construction**			
建筑企业单位数(个)	Number of Construction Enterprises(unit)	2	2	0.0
建筑企业从业人员(人)	Number of Employee in Construction Enterprises(person)	706	642	-9.1
建筑业总产值(万元)	Gross Construction Output Value(10 000 yuan)	1626	3481	114.1
交通运输邮电通信业	**Transportation,Post & Telecommunications**			
公路里程(公里)	Total Length of Highways(km)	412	412	0.0
邮电业务总量(万元)	Business Volume of Post & Telecoms(10 000 yuan)	1509	1600	6.0
本地电话用户(户)	Number of Subscribers of Local Telephone(Household)	17826	17878	0.3
国内贸易	**Demestic Trade**			
社会消费品零售总额(万元)	Total Retail Sales of Consumer Goods(10 000 yuan)	24521	27980	14.1
# 贸易业(万元)	Wholesale & Retail Sales Trades(10 000 yuan)	20522	23383	13.9
餐饮业(万元)	Catering Trade(10 000 yuan)	2501	2975	19.0
科技教育卫生	**Science,Education & Public Health**			
各类专业技术人员(人)	Speccial Technical Personnel(person)	431	452	4.9
幼儿园数(所)	Number of Kindergartens(unit)	12	12	0.0
学龄儿童入学率(%)	Percentage of School-Age Children Enrolled(%)	100.0	100.0	0.0
小学学校数(所)	Number of Primary Schools(unit)	20	20	0.0
小学专任教师数(人)	Number of Full-time Teachers of Primary Schools(person)	776	707	-8.9
小学在校学生数(人)	Number of Student Enrollment of Primary Schools(person)	9145	8197	-10.4
普通中学学校数(所)	Number of Regular Secondary Schools(unit)	8	8	0.0
普通中学专任教师数(人)	Number of Teachers of Secondary Shools(person)	514	510	-0.8
初中在校学生数(人)	Number of Student in Junior Secondary Schools(person)	6104	5607	-8.1
高中在校学生数(人)	Number of Student in Senior Secondary Schools(person)	1889	2229	18.0
卫生机构数(所)	Number of Health Institutions(unit)	17	17	0.0
# 医院(所)	Hospitals(unit)	2	2	0.0
卫生院(所)	Township Hospitals(unit)	12	12	0.0
床位数(张)	Number of Beds(unit)	156	167	7.1
# 医院(张)	Hospitals(unit)	81	84	3.7
卫生院(张)	Township Hospitals(unit)	62	66	6.5
卫生技术人员(人)	Medical Technical Presonnel(person)	295	299	1.4
# 医院(人)	Hospitals(person)	97	99	2.1
卫生院(人)	Township Hospitals(person)	86	87	1.2

23-81 乌兰察布市商都县

指 标	Item	2004	2005	2005年比上年增长% Increase Rate in 2005 Over 2004(%)
行政区域土地面积(平方公里)	**Area of Administration(Sq.km)**	**4304**	**4304**	**0.0**
人口和就业	**Population & Employment**			
年末总人口(人)	Total Population Year-end(person)	338351	338332	0.0
#男性(人)	Male(person)	175958	175263	-0.4
#乡村人口(人)	Rural(person)	287048	280806	-2.2
年末总户数(户)	Total Number of Households at the Year-end(Household)	115330	118098	2.4
#乡村户数(户)	Number of Rural Household(Household)	53616	53569	-0.1
出生人口(人)	Births(person)	5473	6964	27.2
死亡人口(人)	Deaths(person)	1251	4751	279.8
全社会就业人员(人)	Employment(person)	178898	177845	-0.6
第一产业(人)	Primary Industry(person)	100927	100124	-0.8
第二产业(人)	Secondary Industry(person)	16932	16978	0.3
第三产业(人)	Tertiary Industry(person)	61039	60743	-0.5
在岗职工人数(人)	Number of Staff & Workers Employed in(person)	9446	9226	-2.3
乡村劳动力(人)	Number of Rural Laborers(person)	141929	131296	-7.5
#农林牧渔业(人)	Farming,Forestry,Animal Husbandry & Fishery(person)	106331	106128	-0.2
国民经济综合指标	**Summary Item on the National Economy**			
生产总值(万元)	Gross Domestic Product(10 000 yuan)	118147	161114	31.6
第一产业(万元)	Primary Industry(10 000 yuan)	56241	62082	4.5
第二产业(万元)	Secondary Industry(10 000 yuan)	21895	44416	100.9
#工业(万元)	Industry(10 000 yuan)	15649	33644	112.0
第三产业(万元)	Tertiary Industry(10 000 yuan)	40011	54616	28.3
人均生产总值(元)	Per Capita GDP(yuan)	3996	4762	18.3
全社会固定资产投资(万元)	Total Investment in Fixed Assets(10 000 yuan)	61934	80458	29.9
按登记注册类型分	Grouped by Registered Type			
#国有(万元)	State-owned Enterprises(10 000 yuan)	40696	38243	-6.0
集体(万元)	Collective-owned Enterprises(10 000 yuan)	378		
有限责任公司(万元)	Limited Liability Corporations(10 000 yuan)		27580	
股份有限公司(万元)	Share Holding Enterprises(10 000 yuan)		10660	
私营企业(万元)	Private Enterprises(10 000 yuan)		2405	
外商及港澳台投资企业(万元)	Funds from HK,Macao,Taiwan & Foreign(10 000 yuan)			
按管理渠道分	Grouped by Channel of Management			
#基本建设(万元)	Capital Construction(10 000 yuan)	40616	37993	-6.5
更新改造(万元)	Innovation(10 000 yuan)	2930	2400	-18.1
房地产开发(万元)	Real Estate Development(10 000 yuan)	1010	6000	494.1
地方财政收入(万元)	Local Governments Revenue(10 000 yuan)	3847	4918	27.8
地方财政支出(万元)	Local Governments Expenditures(10 000 yuan)	32105	32413	1.0
城乡居民储蓄存款余额(万元)	Resident Saving Deposit in Urban & Rural(10 000 yuan)	54439	60299	10.8
在岗职工工资总额(万元)	Total Wages of Staff & Workers Empioyed in(10 000 yuan)	10535	11208	6.4
在岗职工平均工资(元)	Average Wage of Staff & Workers Employed in(yuan)	11202	12163	8.6
农牧民人均纯收入(元)	Per Capita Net Income of Peasant & Herdsman(yuan)	2389	2398	0.4
农村牧区经济	**Economic Development in Rural & Pastoral Area**			
耕地面积(公顷)	Cultivated Area(hectare)	161710	153850	-4.9
农作物总播种面积(公顷)	Total Sown Area(hectare)	74997	86789	15.7
#粮食作物播种面积(公顷)	Sown Area of Grain Crops(hectare)	51772	60204	16.3
有效灌溉面积(公顷)	Irrigated Area(hectare)	22670	21220	-6.4
农牧业机械总动力(万千瓦)	Total Power of Agricultural Machinery(10 000 kw)	14.80	18.29	23.6
化肥施用折纯量(吨)	Consumption of Chemical Fertilizer(ton)	4600	4972	8.1
农村用电量(万千瓦小时)	Electricity Consumed in Rural Area(10 000 kwh)	1655	1863	12.6
农林牧渔业总产值(万元)	Gross Output of Farming,Forestry,Animal Husbandry & Fishery(10 000 yuan)	94963	110000	14.7
粮食产量(吨)	Yield of Grain(ton)	135062	72189	-46.6
油料产量(吨)	Yield of Oil-bearing Grops(ton)	21840	7129	-67.4
甜菜产量(吨)	Yield of Beetroots(ton)	69134	38530	-44.3
猪牛羊肉产量(吨)	Output of Pork, Beef & Mutton(ton)	26817	39806	48.4
#猪肉产量(吨)	Output of Pork(ton)	20288	26081	28.6
牛肉产量(吨)	Output of Beef(ton)	1216	1828	50.3
羊肉产量(吨)	Output of Mutton(ton)	5313	11897	123.9

23-81 Shangdu County in Wulanchabu City

指 标	Item	2004	2005	2005年比上年增长% Increase Rate in 2005 Over 2004(%)
羊毛产量(吨)	Output of Wool(ton)	406	737	81.5
年末牲畜存栏头数(万头只)	Total Livestock at the Year-end(10 000 heads)	45.98	42.77	-7.0
# 大牲畜(万头只)	Large Animals(10 000 heads)	3.20	3.19	-0.3
羊(万只)	Sheep & Goats(10 000 heads)	37.98	33.90	-10.7
猪(万头)	Hogs(10 000 heads)	4.80	5.67	18.1
规模以上工业	**Industry with Independent Accounting System**			
工业企业单位数(个)	Number of Industrial Enterprises(unit)	9	16	77.8
# 内资企业(个)	Civil Funded Enterprises(unit)	9	16	77.8
工业总产值(万元)	Gross Industrial Output Value(10 000 yuan)	18247	61247	235.7
内资企业(万元)	Civil Funded Enterprises(10 000 yuan)	18247	61247	235.7
国有企业(万元)	State-owned Enterprises(10 000 yuan)	1214	2320	91.1
集体企业(万元)	Collective-owned Enterprises(10 000 yuan)			
股份合作企业(万元)	Share Holding Enterprises(10 000 yuan)			
联营企业(万元)	Joint Owned Enterprises(10 000 yuan)			
有限责任公司(万元)	Limited Company(10 000 yuan)	6427	4173	-35.1
股份有限公司(万元)	Share Holding Limited Company(10 000 yuan)	4654		
私营企业(万元)	Privately Owned Enterprises(10 000 yuan)	5952	54754	819.9
其他企业(万元)	Enterprises of Other Ownership(10 000 yuan)			
港澳台商投资企业(万元)	Funds from HK,Macao & Taiwan(10 000 yuan)			
外商投资企业(万元)	Foreign Funded Enterprises(10 000 yuan)			
工业企业增加值(万元)	Value Added of Industrial Enterprises(10 000 yuan)	8232	24302	164.4
工业企业资产总计(万元)	Total Assets of Industrial Enterprises(10 000 yuan)	11212	24770	120.9
工业企业负债合计(万元)	Total Liabilities of Industrial Enterprises(10 000 yuan)	6295	12337	96.0
工业企业产品销售收入(万元)	Sales of Revenue Industrial Enterprises(10 000 yuan)	18083	60743	235.9
工业企业利润总额(万元)	Total Profits of Industrial Enterprises(10 000 yuan)	320	1105	245.3
建筑业	**Construction**			
建筑企业单位数(个)	Number of Construction Enterprises(unit)	1	1	0.0
建筑企业从业人员(人)	Number of Employee in Construction Enterprises(person)	139	443	218.7
建筑业总产值(万元)	Gross Construction Output Value(10 000 yuan)	2419	2620	8.3
交通运输邮电通信业	**Transportation,Post & Telecommunications**			
公路里程(公里)	Total Length of Highways(km)	700	700	0.0
邮电业务总量(万元)	Business Volume of Post & Telecoms(10 000 yuan)	1552	1712	10.3
本地电话用户(户)	Number of Subscribers of Local Telephone(Household)	19576	32000	63.5
国内贸易	**Demestic Trade**			
社会消费品零售总额(万元)	Total Retail Sales of Consumer Goods(10 000 yuan)	96236	106200	10.4
# 贸易业(万元)	Wholesale & Retail Sales Trades(10 000 yuan)	92040	99670	8.3
餐饮业(万元)	Catering Trade(10 000 yuan)	3150	5180	64.4
科技教育卫生	**Science,Education & Public Health**			
各类专业技术人员(人)	Speccial Technical Personnel(person)	710	724	2.0
幼儿园数(所)	Number of Kindergartens(unit)	4	5	25.0
学龄儿童入学率(%)	Percentage of School-Age Children Enrolled(%)	100.0	100.0	0.0
小学学校数(所)	Number of Primary Schools(unit)	48	43	-10.4
小学专任教师数(人)	Number of Full-time Teachers of Primary Schools(person)	1245	1074	-13.7
小学在校学生数(人)	Number of Student Enrollment of Primary Schools(person)	15738	16314	3.7
普通中学学校数(所)	Number of Regular Secondary Schools(unit)	16	15	-6.2
普通中学专任教师数(人)	Number of Teachers of Secondary Shools(person)	718	635	-11.6
初中在校学生数(人)	Number of Student in Junior Secondary Schools(person)	9616	9706	0.9
高中在校学生数(人)	Number of Student in Senior Secondary Schools(person)	3587	3661	2.1
卫生机构数(所)	Number of Health Institutions(unit)	21	21	0.0
# 医院(所)	Hospitals(unit)	2	2	0.0
卫生院(所)	Township Hospitals(unit)	15	15	0.0
床位数(张)	Number of Beds(unit)	321	346	7.8
# 医院(张)	Hospitals(unit)	220	228	3.6
卫生院(张)	Township Hospitals(unit)	84	91	8.3
卫生技术人员(人)	Medical Technical Presonnel(person)	542	543	0.2
# 医院(人)	Hospitals(person)	260	261	0.4
卫生院(人)	Township Hospitals(person)	170	170	0.0

23-82 乌兰察布市兴和县

指 标	Item	2004	2005	2005年比上年增长% Increase Rate in 2005 Over 2004(%)
行政区域土地面积(平方公里)	**Area of Administration(Sq.km)**	**3518**	**3518**	**0.0**
人口和就业	**Population & Employment**			
年末总人口(人)	Total Population Year-end(person)	294685	305064	3.5
#男性(人)	Male(person)	155998	160749	3.0
#乡村人口(人)	Rural(person)	259304	264897	2.2
年末总户数(户)	Total Number of Households at the Year-end(Household)	81028	95641	18.0
#乡村户数(户)	Number of Rural Household(Household)	53373	53975	1.1
出生人口(人)	Births(person)	2363	5341	126.0
死亡人口(人)	Deaths(person)	1152	3251	182.2
全社会就业人员(人)	Employment(person)	190832	189945	-0.5
第一产业(人)	Primary Industry(person)	94927	93814	-1.2
第二产业(人)	Secondary Industry(person)	23004	23106	0.4
第三产业(人)	Tertiary Industry(person)	72901	73025	0.2
在岗职工人数(人)	Number of Staff & Workers Employed in(person)	9376	9517	1.5
乡村劳动力(人)	Number of Rural Laborers(person)	136358	120143	-11.9
#农林牧渔业(人)	Farming,Forestry,Animal Husbandry & Fishery(person)	84927	83704	-1.4
国民经济综合指标	**Summary Item on the National Economy**			
生产总值(万元)	Gross Domestic Product(10 000 yuan)	149360	172306	18.4
第一产业(万元)	Primary Industry(10 000 yuan)	59842	63933	5.6
第二产业(万元)	Secondary Industry(10 000 yuan)	42341	52933	36.0
#工业(万元)	Industry(10 000 yuan)	32103	33022	17.2
第三产业(万元)	Tertiary Industry(10 000 yuan)	47177	55440	17.8
人均生产总值(元)	Per Capita GDP(yuan)	4236	5648	24.5
全社会固定资产投资(万元)	Total Investment in Fixed Assets(10 000 yuan)	117452	162387	38.3
按登记注册类型分	Grouped by Registered Type			
#国有(万元)	State-owned Enterprises(10 000 yuan)	36095	64737	79.4
集体(万元)	Collective-owned Enterprises(10 000 yuan)			
有限责任公司(万元)	Limited Liability Corporations(10 000 yuan)		38900	
股份有限公司(万元)	Share Holding Enterprises(10 000 yuan)		3800	
私营企业(万元)	Private Enterprises(10 000 yuan)		18540	
外商及港澳台投资企业(万元)	Funds from HK,Macao,Taiwan & Foreign(10 000 yuan)			
按管理渠道分	Grouped by Channel of Management			
#基本建设(万元)	Capital Construction(10 000 yuan)	51295	45019	-12.2
更新改造(万元)	Innovation(10 000 yuan)	10047	3100	-69.1
房地产开发(万元)	Real Estate Development(10 000 yuan)	1790	11700	553.6
地方财政收入(万元)	Local Governments Revenue(10 000 yuan)	8159	11804	44.7
地方财政支出(万元)	Local Governments Expenditures(10 000 yuan)	34422	38346	11.4
城乡居民储蓄存款余额(万元)	Resident Saving Deposit in Urban & Rural(10 000 yuan)	51958	58581	12.7
在岗职工工资总额(万元)	Total Wages of Staff & Workers Empioyed in(10 000 yuan)	10083	11908	18.1
在岗职工平均工资(元)	Average Wage of Staff & Workers Employed in(yuan)	10757	12512	16.3
农牧民人均纯收入(元)	Per Capita Net Income of Peasant & Herdsman(yuan)	2430	2456	1.1
农村牧区经济	**Economic Development in Rural & Pastoral Area**			
耕地面积(公顷)	Cultivated Area(hectare)	110980	103640	-6.6
农作物总播种面积(公顷)	Total Sown Area(hectare)	69670	66005	-5.3
#粮食作物播种面积(公顷)	Sown Area of Grain Crops(hectare)	42896	42824	-0.2
有效灌溉面积(公顷)	Irrigated Area(hectare)	24550	24810	1.1
农牧业机械总动力(万千瓦)	Total Power of Agricultural Machinery(10 000 kw)	12.10	11.35	-6.2
化肥施用折纯量(吨)	Consumption of Chemical Fertilizer(ton)	6873	5902	-14.1
农村用电量(万千瓦小时)	Electricity Consumed in Rural Area(10 000 kwh)	2005	1874	-6.5
农林牧渔业总产值(万元)	Gross Output of Farming,Forestry,Animal Husbandry & Fishery(10 000 yuan)	98777	125991	26.4
粮食产量(吨)	Yield of Grain(ton)	144138	99388	-31.0
油料产量(吨)	Yield of Oil-bearing Grops(ton)	16080	4592	-71.4
甜菜产量(吨)	Yield of Beetroots(ton)	22900	7325	-68.0
猪牛羊肉产量(吨)	Output of Pork, Beef & Mutton(ton)	26168	35336	35.0
#猪肉产量(吨)	Output of Pork(ton)	15356	18908	23.1
牛肉产量(吨)	Output of Beef(ton)	3607	4925	36.5
羊肉产量(吨)	Output of Mutton(ton)	7205	11503	59.7

23-82 Xinghe County in Wulanchabu City

指 标	Item	2004	2005	2005年比上年增长% Increase Rate in 2005 Over 2004(%)
羊毛产量(吨)	Output of Wool(ton)	934	1175	25.8
年末牲畜存栏头数(万头只)	Total Livestock at the Year-end(10 000 heads)	77.63	79.40	2.3
# 大牲畜(万头只)	Large Animals(10 000 heads)	6.03	6.38	5.8
羊(万只)	Sheep & Goats(10 000 heads)	65.06	67.89	4.3
猪(万头)	Hogs(10 000 heads)	6.54	5.13	-21.6
规模以上工业	**Industry with Independent Accounting System**			
工业企业单位数(个)	Number of Industrial Enterprises(unit)	11	11	0.0
# 内资企业(个)	Civil Funded Enterprises(unit)	11	11	0.0
工业总产值(万元)	Gross Industrial Output Value(10 000 yuan)	57414	65504	14.1
内资企业(万元)	Civil Funded Enterprises(10 000 yuan)	57414	65504	14.1
国有企业(万元)	State-owned Enterprises(10 000 yuan)	2348	4037	71.9
集体企业(万元)	Collective-owned Enterprises(10 000 yuan)			
股份合作企业(万元)	Share Holding Enterprises(10 000 yuan)	6534	5579	-14.6
联营企业(万元)	Joint Owned Enterprises(10 000 yuan)	17548	6629	-62.2
有限责任公司(万元)	Limited Company(10 000 yuan)		13422	
股份有限公司(万元)	Share Holding Limited Company(10 000 yuan)			
私营企业(万元)	Privately Owned Enterprises(10 000 yuan)	30984	35837	15.7
其他企业(万元)	Enterprises of Other Ownership(10 000 yuan)			
港澳台商投资企业(万元)	Funds from HK,Macao & Taiwan(10 000 yuan)			
外商投资企业(万元)	Foreign Funded Enterprises(10 000 yuan)			
工业企业增加值(万元)	Value Added of Industrial Enterprises(10 000 yuan)	17041	22101	48.3
工业企业资产总计(万元)	Total Assets of Industrial Enterprises(10 000 yuan)	56574	70047	23.8
工业企业负债合计(万元)	Total Liabilities of Industrial Enterprises(10 000 yuan)	33181	38733	16.7
工业企业产品销售收入(万元)	Sales of Revenue Industrial Enterprises(10 000 yuan)	54252	63193	16.5
工业企业利润总额(万元)	Total Profits of Industrial Enterprises(10 000 yuan)	948	1085	14.5
建筑业	**Construction**			
建筑企业单位数(个)	Number of Construction Enterprises(unit)	1	1	0.0
建筑企业从业人员(人)	Number of Employee in Construction Enterprises(person)	155	881	468.4
建筑业总产值(万元)	Gross Construction Output Value(10 000 yuan)	2540	3620	42.5
交通运输邮电通信业	**Transportation,Post & Telecommunications**			
公路里程(公里)	Total Length of Highways(km)	1008	1099	9.0
邮电业务总量(万元)	Business Volume of Post & Telecoms(10 000 yuan)	1605	1441	-10.2
本地电话用户(户)	Number of Subscribers of Local Telephone(Household)	21373	14581	-31.8
国内贸易	**Demestic Trade**			
社会消费品零售总额(万元)	Total Retail Sales of Consumer Goods(10 000 yuan)	43521	52257	20.1
# 贸易业(万元)	Wholesale & Retail Sales Trades(10 000 yuan)	38866	49014	26.1
餐饮业(万元)	Catering Trade(10 000 yuan)	3480	1977	-43.2
科技教育卫生	**Science,Education & Public Health**			
各类专业技术人员(人)	Speccial Technical Personnel(person)	614	628	2.3
幼儿园数(所)	Number of Kindergartens(unit)	1	1	0.0
学龄儿童入学率(%)	Percentage of School-Age Children Enrolled(%)	100.0	100.0	0.1
小学学校数(所)	Number of Primary Schools(unit)	42	40	-4.8
小学专任教师数(人)	Number of Full-time Teachers of Primary Schools(person)	1268	1150	-9.3
小学在校学生数(人)	Number of Student Enrollment of Primary Schools(person)	19418	18737	-3.5
普通中学学校数(所)	Number of Regular Secondary Schools(unit)	8	5	-37.5
普通中学专任教师数(人)	Number of Teachers of Secondary Shools(person)	428	492	15.0
初中在校学生数(人)	Number of Student in Junior Secondary Schools(person)	4104	6868	67.3
高中在校学生数(人)	Number of Student in Senior Secondary Schools(person)	2409	2629	9.1
卫生机构数(所)	Number of Health Institutions(unit)	27	27	0.0
# 医院(所)	Hospitals(unit)	3	3	0.0
卫生院(所)	Township Hospitals(unit)	20	20	0.0
床位数(张)	Number of Beds(unit)	210	225	7.1
# 医院(张)	Hospitals(unit)	100	104	4.0
卫生院(张)	Township Hospitals(unit)	101	107	5.9
卫生技术人员(人)	Medical Technical Presonnel(person)	484	483	-0.2
# 医院(人)	Hospitals(person)	221	220	-0.5
卫生院(人)	Township Hospitals(person)	155	155	0.0

23-83 乌兰察布市凉城县

指 标	Item	2004	2005	2005年比上年增长% Increase Rate in 2005 Over 2004(%)
行政区域土地面积(平方公里)	**Area of Administration(Sq.km)**	**3451**	**3451**	**0.0**
人口和就业	**Population & Employment**			
年末总人口(人)	Total Population Year-end(person)	234327	236604	1.0
#男性(人)	Male(person)	126664	127582	0.7
#乡村人口(人)	Rural(person)	203019	203481	0.2
年末总户数(户)	Total Number of Households at the Year-end(Household)	77491	78775	1.7
#乡村户数(户)	Number of Rural Household(Household)	45196	48589	7.5
出生人口(人)	Births(person)	2548	2490	-2.3
死亡人口(人)	Deaths(person)	1539	1410	-8.4
全社会就业人员(人)	Employment(person)	193728	193029	-0.4
第一产业(人)	Primary Industry(person)	82735	81528	-1.5
第二产业(人)	Secondary Industry(person)	29762	29847	0.3
第三产业(人)	Tertiary Industry(person)	81231	81654	0.5
在岗职工人数(人)	Number of Staff & Workers Employed in(person)	8008	8598	7.4
乡村劳动力(人)	Number of Rural Laborers(person)	97179	88389	-9.0
#农林牧渔业(人)	Farming,Forestry,Animal Husbandry & Fishery(person)	70972	67496	-4.9
国民经济综合指标	**Summary Item on the National Economy**			
生产总值(万元)	Gross Domestic Product(10 000 yuan)	170228	244913	39.7
第一产业(万元)	Primary Industry(10 000 yuan)	50177	71898	37.3
第二产业(万元)	Secondary Industry(10 000 yuan)	70292	116164	59.9
#工业(万元)	Industry(10 000 yuan)	23008	49122	96.8
第三产业(万元)	Tertiary Industry(10 000 yuan)	49759	56851	15.0
人均生产总值(元)	Per Capita GDP(yuan)	7540	10351	76.4
全社会固定资产投资(万元)	Total Investment in Fixed Assets(10 000 yuan)	234995	248699	5.8
按登记注册类型分	Grouped by Registered Type			
#国有(万元)	State-owned Enterprises(10 000 yuan)	21220	41220	94.3
集体(万元)	Collective-owned Enterprises(10 000 yuan)	500	540	8.0
有限责任公司(万元)	Limited Liability Corporations(10 000 yuan)		26020	
股份有限公司(万元)	Share Holding Enterprises(10 000 yuan)		178079	
私营企业(万元)	Private Enterprises(10 000 yuan)		840	
外商及港澳台投资企业(万元)	Funds from HK,Macao,Taiwan & Foreign(10 000 yuan)			
按管理渠道分	Grouped by Channel of Management			
#基本建设(万元)	Capital Construction(10 000 yuan)	231495	216639	-6.4
更新改造(万元)	Innovation(10 000 yuan)	2000	600	-70.0
房地产开发(万元)	Real Estate Development(10 000 yuan)			
地方财政收入(万元)	Local Governments Revenue(10 000 yuan)	10943	14244	30.2
地方财政支出(万元)	Local Governments Expenditures(10 000 yuan)	29465	37071	25.8
城乡居民储蓄存款余额(万元)	Resident Saving Deposit in Urban & Rural(10 000 yuan)	63908	66448	4.0
在岗职工工资总额(万元)	Total Wages of Staff & Workers Empioyed in(10 000 yuan)	9171	11895	29.7
在岗职工平均工资(元)	Average Wage of Staff & Workers Employed in(yuan)	11802	14322	21.4
农牧民人均纯收入(元)	Per Capita Net Income of Peasant & Herdsman(yuan)	2556	3218	25.9
农村牧区经济	**Economic Development in Rural & Pastoral Area**			
耕地面积(公顷)	Cultivated Area(hectare)	60600	60600	0.0
农作物总播种面积(公顷)	Total Sown Area(hectare)	60586	60600	0.0
#粮食作物播种面积(公顷)	Sown Area of Grain Crops(hectare)	46714	47812	2.4
有效灌溉面积(公顷)	Irrigated Area(hectare)	16700	16700	0.0
农牧业机械总动力(万千瓦)	Total Power of Agricultural Machinery(10 000 kw)	10.10	11.14	10.3
化肥施用折纯量(吨)	Consumption of Chemical Fertilizer(ton)	10127	10565	4.3
农村用电量(万千瓦小时)	Electricity Consumed in Rural Area(10 000 kwh)	2651	2651	0.0
农林牧渔业总产值(万元)	Gross Output of Farming,Forestry,Animal Husbandry & Fishery(10 000 yuan)	85422	86387	1.6
粮食产量(吨)	Yield of Grain(ton)	193187	210537	9.0
油料产量(吨)	Yield of Oil-bearing Grops(ton)	4493	3779	-15.9
甜菜产量(吨)	Yield of Beetroots(ton)	10293	24772	140.7
猪牛羊肉产量(吨)	Output of Pork, Beef & Mutton(ton)	19636	30310	54.4
#猪肉产量(吨)	Output of Pork(ton)	12200	16789	37.6
牛肉产量(吨)	Output of Beef(ton)	1696	2971	75.2
羊肉产量(吨)	Output of Mutton(ton)	5740	10550	83.8

23-83 Liangcheng County in Wulanchabu City

指 标	Item	2004	2005	2005年比上年增长% Increase Rate in 2005 Over 2004(%)
羊毛产量(吨)	Output of Wool(ton)	330	732	121.8
年末牲畜存栏头数(万头只)	Total Livestock at the Year-end(10 000 heads)	51.54	54.89	6.5
#大牲畜(万头只)	Large Animals(10 000 heads)	7.98	8.11	1.6
羊(万只)	Sheep & Goats(10 000 heads)	39.75	42.93	8.0
猪(万头)	Hogs(10 000 heads)	3.81	3.85	1.0
规模以上工业	**Industry with Independent Accounting System**			
工业企业单位数(个)	Number of Industrial Enterprises(unit)	10	11	10.0
#内资企业(个)	Civil Funded Enterprises(unit)	9	10	11.1
工业总产值(万元)	Gross Industrial Output Value(10 000 yuan)	40652	109959	170.5
内资企业(万元)	Civil Funded Enterprises(10 000 yuan)	40652	107995	165.7
国有企业(万元)	State-owned Enterprises(10 000 yuan)	1335	1315	-1.5
集体企业(万元)	Collective-owned Enterprises(10 000 yuan)			
股份合作企业(万元)	Share Holding Enterprises(10 000 yuan)	8463	4135	-51.1
联营企业(万元)	Joint Owned Enterprises(10 000 yuan)			
有限责任公司(万元)	Limited Company(10 000 yuan)	23212	89107	283.9
股份有限公司(万元)	Share Holding Limited Company(10 000 yuan)		6265	
私营企业(万元)	Privately Owned Enterprises(10 000 yuan)	7642	7173	-6.1
其他企业(万元)	Enterprises of Other Ownership(10 000 yuan)			
港澳台商投资企业(万元)	Funds from HK,Macao & Taiwan(10 000 yuan)			
外商投资企业(万元)	Foreign Funded Enterprises(10 000 yuan)		1964	
工业企业增加值(万元)	Value Added of Industrial Enterprises(10 000 yuan)	20170	41808	116.0
工业企业资产总计(万元)	Total Assets of Industrial Enterprises(10 000 yuan)	33257	454401	1266.3
工业企业负债合计(万元)	Total Liabilities of Industrial Enterprises(10 000 yuan)	15407	358032	2223.8
工业企业产品销售收入(万元)	Sales of Revenue Industrial Enterprises(10 000 yuan)	47108	112489	138.8
工业企业利润总额(万元)	Total Profits of Industrial Enterprises(10 000 yuan)	7131	17866	150.5
建筑业	**Construction**			
建筑企业单位数(个)	Number of Construction Enterprises(unit)	3	3	0.0
建筑企业从业人员(人)	Number of Employee in Construction Enterprises(person)	150	472	214.7
建筑业总产值(万元)	Gross Construction Output Value(10 000 yuan)	5535	6199	12.0
交通运输邮电通信业	**Transportation,Post & Telecommunications**			
公路里程(公里)	Total Length of Highways(km)	1107	1107	0.0
邮电业务总量(万元)	Business Volume of Post & Telecoms(10 000 yuan)	1693	1700	0.4
本地电话用户(户)	Number of Subscribers of Local Telephone(Household)	21875	22000	0.6
国内贸易	**Demestic Trade**			
社会消费品零售总额(万元)	Total Retail Sales of Consumer Goods(10 000 yuan)	43982	50100	13.9
#贸易业(万元)	Wholesale & Retail Sales Trades(10 000 yuan)	36702	40103	9.3
餐饮业(万元)	Catering Trade(10 000 yuan)	5524	7165	29.7
科技教育卫生	**Science,Education & Public Health**			
各类专业技术人员(人)	Speccial Technical Personnel(person)	751	68	-90.9
幼儿园数(所)	Number of Kindergartens(unit)	3	2	-33.3
学龄儿童入学率(%)	Percentage of School-Age Children Enrolled(%)	100.0	100.0	0.0
小学学校数(所)	Number of Primary Schools(unit)	60	54	-10.0
小学专任教师数(人)	Number of Full-time Teachers of Primary Schools(person)	1036	947	-8.6
小学在校学生数(人)	Number of Student Enrollment of Primary Schools(person)	12877	12948	0.6
普通中学学校数(所)	Number of Regular Secondary Schools(unit)	11	11	0.0
普通中学专任教师数(人)	Number of Teachers of Secondary Shools(person)	760	622	-18.2
初中在校学生数(人)	Number of Student in Junior Secondary Schools(person)	9343	8274	-11.4
高中在校学生数(人)	Number of Student in Senior Secondary Schools(person)	3621	3802	5.0
卫生机构数(所)	Number of Health Institutions(unit)	24	24	0.0
#医院(所)	Hospitals(unit)	1	1	0.0
卫生院(所)	Township Hospitals(unit)	19	19	0.0
床位数(张)	Number of Beds(unit)	256	256	0.0
#医院(张)	Hospitals(unit)	130	137	5.4
卫生院(张)	Township Hospitals(unit)	118	118	0.0
卫生技术人员(人)	Medical Technical Presonnel(person)	319	318	-0.3
#医院(人)	Hospitals(person)	136	135	-0.7
卫生院(人)	Township Hospitals(person)	115	115	0.0

23-84 乌兰察布市察哈尔右翼前旗

指 标	Item	2004	2005	2005年比上年增长% Increase Rate in 2005 Over 2004(%)
行政区域土地面积(平方公里)	**Area of Administration(Sq.km)**	**2430**	**2430**	**0.0**
人口和就业	**Population & Employment**			
年末总人口(人)	Total Population Year-end(person)	263988	234253	-11.3
#男性(人)	Male(person)	138097	121808	-11.8
#乡村人口(人)	Rural(person)	222504	195010	-12.4
年末总户数(户)	Total Number of Households at the Year-end(Household)	83014	78680	-5.2
#乡村户数(户)	Number of Rural Household(Household)	44814	42768	-4.6
出生人口(人)	Births(person)	2551	1432	-43.9
死亡人口(人)	Deaths(person)	1512	1240	-18.0
全社会就业人员(人)	Employment(person)	124799	123932	-0.7
第一产业(人)	Primary Industry(person)	70286	69258	-1.5
第二产业(人)	Secondary Industry(person)	19386	19428	0.2
第三产业(人)	Tertiary Industry(person)	35127	35246	0.3
在岗职工人数(人)	Number of Staff & Workers Employed in(person)	8520	11660	36.9
乡村劳动力(人)	Number of Rural Laborers(person)	96764	86042	-11.1
#农林牧渔业(人)	Farming,Forestry,Animal Husbandry & Fishery(person)	69023	72232	4.6
国民经济综合指标	**Summary Item on the National Economy**			
生产总值(万元)	Gross Domestic Product(10 000 yuan)	168144	210482	21.2
第一产业(万元)	Primary Industry(10 000 yuan)	56512	63476	11.0
第二产业(万元)	Secondary Industry(10 000 yuan)	65046	91431	30.4
#工业(万元)	Industry(10 000 yuan)	51557	71797	26.8
第三产业(万元)	Tertiary Industry(10 000 yuan)	46585	55575	19.4
人均生产总值(元)	Per Capita GDP(yuan)	7144	8985	36.8
全社会固定资产投资(万元)	Total Investment in Fixed Assets(10 000 yuan)	56739	162533	186.5
按登记注册类型分	Grouped by Registered Type			
#国有(万元)	State-owned Enterprises(10 000 yuan)	43449	49395	13.7
集体(万元)	Collective-owned Enterprises(10 000 yuan)		650	
有限责任公司(万元)	Limited Liability Corporations(10 000 yuan)		15120	
股份有限公司(万元)	Share Holding Enterprises(10 000 yuan)		64283	
私营企业(万元)	Private Enterprises(10 000 yuan)		23815	
外商及港澳台投资企业(万元)	Funds from HK,Macao,Taiwan & Foreign(10 000 yuan)			
按管理渠道分	Grouped by Channel of Management			
#基本建设(万元)	Capital Construction(10 000 yuan)	43539	36419	-16.4
更新改造(万元)	Innovation(10 000 yuan)	240	11346	4627.5
房地产开发(万元)	Real Estate Development(10 000 yuan)	880	200	-77.3
地方财政收入(万元)	Local Governments Revenue(10 000 yuan)	7877	9562	21.4
地方财政支出(万元)	Local Governments Expenditures(10 000 yuan)	32726	33097	1.1
城乡居民储蓄存款余额(万元)	Resident Saving Deposit in Urban & Rural(10 000 yuan)	42255	63273	49.7
在岗职工工资总额(万元)	Total Wages of Staff & Workers Empioyed in(10 000 yuan)	7329	12267	67.4
在岗职工平均工资(元)	Average Wage of Staff & Workers Employed in(yuan)	12499	11255	-10.0
农牧民人均纯收入(元)	Per Capita Net Income of Peasant & Herdsman(yuan)	2604	3101	19.1
农村牧区经济	**Economic Development in Rural & Pastoral Area**			
耕地面积(公顷)	Cultivated Area(hectare)	73490	73390	-0.1
农作物总播种面积(公顷)	Total Sown Area(hectare)	50667	44668	-11.8
#粮食作物播种面积(公顷)	Sown Area of Grain Crops(hectare)	32667	28667	-12.2
有效灌溉面积(公顷)	Irrigated Area(hectare)	18400	19550	6.2
农牧业机械总动力(万千瓦)	Total Power of Agricultural Machinery(10 000 kw)	10.90	11.31	3.8
化肥施用折纯量(吨)	Consumption of Chemical Fertilizer(ton)	6918	6556	-5.2
农村用电量(万千瓦小时)	Electricity Consumed in Rural Area(10 000 kwh)	1344	1417	5.4
农林牧渔业总产值(万元)	Gross Output of Farming,Forestry,Animal Husbandry & Fishery(10 000 yuan)	94221	126346	32.1
粮食产量(吨)	Yield of Grain(ton)	131500	130505	-0.8
油料产量(吨)	Yield of Oil-bearing Grops(ton)	750	1000	33.3
甜菜产量(吨)	Yield of Beetroots(ton)	90000	180000	100.0
猪牛羊肉产量(吨)	Output of Pork, Beef & Mutton(ton)	28275	34454	21.9
#猪肉产量(吨)	Output of Pork(ton)	16301	16345	0.3
牛肉产量(吨)	Output of Beef(ton)	3884	4184	7.7
羊肉产量(吨)	Output of Mutton(ton)	8090	13925	72.1

23-84 Chahaeryouyiqian Banner in Wulanchabu City

指 标	Item	2004	2005	2005年比上年增长% Increase Rate in 2005 Over 2004(%)
羊毛产量(吨)	Output of Wool(ton)	565	703	24.4
年末牲畜存栏头数(万头只)	Total Livestock at the Year-end(10 000 heads)	51.89	55.22	6.4
# 大牲畜(万头只)	Large Animals(10 000 heads)	4.86	4.70	-3.3
羊(万只)	Sheep & Goats(10 000 heads)	39.59	44.57	12.6
猪(万头)	Hogs(10 000 heads)	7.44	5.95	-20.0
规模以上工业	**Industry with Independent Accounting System**			
工业企业单位数(个)	Number of Industrial Enterprises(unit)	22	58	163.6
# 内资企业(个)	Civil Funded Enterprises(unit)	22	27	22.7
工业总产值(万元)	Gross Industrial Output Value(10 000 yuan)	125076	184408	47.4
内资企业(万元)	Civil Funded Enterprises(10 000 yuan)	125076	181951	45.5
国有企业(万元)	State-owned Enterprises(10 000 yuan)	2254	1792	-20.5
集体企业(万元)	Collective-owned Enterprises(10 000 yuan)	5475		
股份合作企业(万元)	Share Holding Enterprises(10 000 yuan)	2302		
联营企业(万元)	Joint Owned Enterprises(10 000 yuan)			
有限责任公司(万元)	Limited Company(10 000 yuan)	22505	56988	153.2
股份有限公司(万元)	Share Holding Limited Company(10 000 yuan)	9089		
私营企业(万元)	Privately Owned Enterprises(10 000 yuan)	83451	123171	47.6
其他企业(万元)	Enterprises of Other Ownership(10 000 yuan)			
港澳台商投资企业(万元)	Funds from HK,Macao & Taiwan(10 000 yuan)		2457	
外商投资企业(万元)	Foreign Funded Enterprises(10 000 yuan)			
工业企业增加值(万元)	Value Added of Industrial Enterprises(10 000 yuan)	41662	60929	37.4
工业企业资产总计(万元)	Total Assets of Industrial Enterprises(10 000 yuan)	71838	86830	20.9
工业企业负债合计(万元)	Total Liabilities of Industrial Enterprises(10 000 yuan)	47314	57052	20.6
工业企业产品销售收入(万元)	Sales of Revenue Industrial Enterprises(10 000 yuan)	114764	186461	62.5
工业企业利润总额(万元)	Total Profits of Industrial Enterprises(10 000 yuan)	1302	3293	152.9
建筑业	**Construction**			
建筑企业单位数(个)	Number of Construction Enterprises(unit)	2	2	0.0
建筑企业从业人员(人)	Number of Employee in Construction Enterprises(person)	1240	1162	-6.3
建筑业总产值(万元)	Gross Construction Output Value(10 000 yuan)	4961	4936	-0.5
交通运输邮电通信业	**Transportation,Post & Telecommunications**			
公路里程(公里)	Total Length of Highways(km)	672	690	2.7
邮电业务总量(万元)	Business Volume of Post & Telecoms(10 000 yuan)	1428	1453	1.8
本地电话用户(户)	Number of Subscribers of Local Telephone(Household)	18790	19890	5.9
国内贸易	**Demestic Trade**			
社会消费品零售总额(万元)	Total Retail Sales of Consumer Goods(10 000 yuan)	20080	26800	33.5
# 贸易业(万元)	Wholesale & Retail Sales Trades(10 000 yuan)	15651	21725	38.8
餐饮业(万元)	Catering Trade(10 000 yuan)	2484	2933	18.1
科技教育卫生	**Science,Education & Public Health**			
各类专业技术人员(人)	Speccial Technical Personnel(person)	884	894	1.1
幼儿园数(所)	Number of Kindergartens(unit)	8	9	12.5
学龄儿童入学率(%)	Percentage of School-Age Children Enrolled(%)	100.0	100.0	0.0
小学学校数(所)	Number of Primary Schools(unit)	52	52	0.0
小学专任教师数(人)	Number of Full-time Teachers of Primary Schools(person)	1065	953	-10.5
小学在校学生数(人)	Number of Student Enrollment of Primary Schools(person)	14086	13586	-3.5
普通中学学校数(所)	Number of Regular Secondary Schools(unit)	8	7	-12.5
普通中学专任教师数(人)	Number of Teachers of Secondary Shools(person)	604	480	-20.5
初中在校学生数(人)	Number of Student in Junior Secondary Schools(person)	7756	7656	-1.3
高中在校学生数(人)	Number of Student in Senior Secondary Schools(person)	3153	3032	-3.8
卫生机构数(所)	Number of Health Institutions(unit)	24	25	4.2
# 医院(所)	Hospitals(unit)	1	1	0.0
卫生院(所)	Township Hospitals(unit)	20	21	5.0
床位数(张)	Number of Beds(unit)	226	226	0.0
# 医院(张)	Hospitals(unit)	80	80	0.0
卫生院(张)	Township Hospitals(unit)	136	136	0.0
卫生技术人员(人)	Medical Technical Presonnel(person)	448	448	0.0
# 医院(人)	Hospitals(person)	140	140	0.0
卫生院(人)	Township Hospitals(person)	228	228	0.0

23-85 乌兰察布市察哈尔右翼中旗

指 标	Item	2004	2005	2005年比上年增长% Increase Rate in 2005 Over 2004(%)
行政区域土地面积(平方公里)	**Area of Administration(Sq.km)**	**4200**	**4200**	**0.0**
人口和就业	**Population & Employment**			
年末总人口(人)	Total Population Year-end(person)	213970	212719	-0.6
# 男性(人)	Male(person)	113219	112933	-0.3
# 乡村人口(人)	Rural(person)	187034	183077	-2.1
年末总户数(户)	Total Number of Households at the Year-end(Household)	62328	62611	0.5
# 乡村户数(户)	Number of Rural Household(Household)	41216	42823	3.9
出生人口(人)	Births(person)	1287	1678	30.4
死亡人口(人)	Deaths(person)	880	1373	56.0
全社会就业人员(人)	Employment(person)	123658	124193	0.4
第一产业(人)	Primary Industry(person)	77547	77948	0.5
第二产业(人)	Secondary Industry(person)	9828	9917	0.9
第三产业(人)	Tertiary Industry(person)	36283	36328	0.1
在岗职工人数(人)	Number of Staff & Workers Employed in(person)	5790	6167	6.5
乡村劳动力(人)	Number of Rural Laborers(person)	101896	104310	2.4
# 农林牧渔业(人)	Farming,Forestry,Animal Husbandry & Fishery(person)	73346	85078	16.0
国民经济综合指标	**Summary Item on the National Economy**			
生产总值(万元)	Gross Domestic Product(10 000 yuan)	103867	118256	15.5
第一产业(万元)	Primary Industry(10 000 yuan)	53597	51388	-3.9
第二产业(万元)	Secondary Industry(10 000 yuan)	16657	28430	71.1
# 工业(万元)	Industry(10 000 yuan)	13773	20529	50.6
第三产业(万元)	Tertiary Industry(10 000 yuan)	33613	38438	15.2
人均生产总值(元)	Per Capita GDP(yuan)	4633	5559	18.7
全社会固定资产投资(万元)	Total Investment in Fixed Assets(10 000 yuan)	56739	82103	44.7
按登记注册类型分	Grouped by Registered Type			
# 国有(万元)	State-owned Enterprises(10 000 yuan)	43449	65633	51.1
集体(万元)	Collective-owned Enterprises(10 000 yuan)			
有限责任公司(万元)	Limited Liability Corporations(10 000 yuan)			
股份有限公司(万元)	Share Holding Enterprises(10 000 yuan)		90	
私营企业(万元)	Private Enterprises(10 000 yuan)		8280	
外商及港澳台投资企业(万元)	Funds from HK,Macao,Taiwan & Foreign(10 000 yuan)			
按管理渠道分	Grouped by Channel of Management			
# 基本建设(万元)	Capital Construction(10 000 yuan)	43539	65633	50.7
更新改造(万元)	Innovation(10 000 yuan)	240	500	108.3
房地产开发(万元)	Real Estate Development(10 000 yuan)	880	100	-88.6
地方财政收入(万元)	Local Governments Revenue(10 000 yuan)	2564	3458	34.9
地方财政支出(万元)	Local Governments Expenditures(10 000 yuan)	26869	27995	4.2
城乡居民储蓄存款余额(万元)	Resident Saving Deposit in Urban & Rural(10 000 yuan)	42255	40841	-3.3
在岗职工工资总额(万元)	Total Wages of Staff & Workers Empioyed in(10 000 yuan)	7329	8309	13.4
在岗职工平均工资(元)	Average Wage of Staff & Workers Employed in(yuan)	12499	13502	8.0
农牧民人均纯收入(元)	Per Capita Net Income of Peasant & Herdsman(yuan)	2246	2434	8.4
农村牧区经济	**Economic Development in Rural & Pastoral Area**			
耕地面积(公顷)	Cultivated Area(hectare)	88590	87920	-0.8
农作物总播种面积(公顷)	Total Sown Area(hectare)	60988	61645	1.1
# 粮食作物播种面积(公顷)	Sown Area of Grain Crops(hectare)	47057	50013	6.3
有效灌溉面积(公顷)	Irrigated Area(hectare)	15240	15240	0.0
农牧业机械总动力(万千瓦)	Total Power of Agricultural Machinery(10 000 kw)	14.10	14.08	-0.1
化肥施用折纯量(吨)	Consumption of Chemical Fertilizer(ton)	3007	2903	-3.5
农村用电量(万千瓦小时)	Electricity Consumed in Rural Area(10 000 kwh)	693	2700	289.6
农林牧渔业总产值(万元)	Gross Output of Farming,Forestry,Animal Husbandry & Fishery(10 000 yuan)	90278	92872	2.1
粮食产量(吨)	Yield of Grain(ton)	14355	24953	73.8
油料产量(吨)	Yield of Oil-bearing Grops(ton)	8161		
甜菜产量(吨)	Yield of Beetroots(ton)		2400	
猪牛羊肉产量(吨)	Output of Pork, Beef & Mutton(ton)	15681	16106	2.7
# 猪肉产量(吨)	Output of Pork(ton)	5284	3897	-26.2
牛肉产量(吨)	Output of Beef(ton)	852	1488	74.6
羊肉产量(吨)	Output of Mutton(ton)	9545	10721	12.3

23-85 Chahaeryouyizhong Banner in Wulanchabu City

指 标	Item	2004	2005	2005年比上年增长% Increase Rate in 2005 Over 2004(%)
羊毛产量(吨)	Output of Wool(ton)	578	628	8.7
年末牲畜存栏头数(万头只)	Total Livestock at the Year-end(10 000 heads)	44.77	47.17	5.4
# 大牲畜(万头只)	Large Animals(10 000 heads)	4.08	4.12	1.0
羊(万只)	Sheep & Goats(10 000 heads)	36.47	39.01	7.0
猪(万头)	Hogs(10 000 heads)	4.22	4.04	-4.3
规模以上工业	**Industry with Independent Accounting System**			
工业企业单位数(个)	Number of Industrial Enterprises(unit)	12	14	16.7
# 内资企业(个)	Civil Funded Enterprises(unit)	12	14	16.7
工业总产值(万元)	Gross Industrial Output Value(10 000 yuan)	25062	45431	81.3
内资企业(万元)	Civil Funded Enterprises(10 000 yuan)	25062	45431	81.3
国有企业(万元)	State-owned Enterprises(10 000 yuan)	2558	7847	206.8
集体企业(万元)	Collective-owned Enterprises(10 000 yuan)			
股份合作企业(万元)	Share Holding Enterprises(10 000 yuan)			
联营企业(万元)	Joint Owned Enterprises(10 000 yuan)	853	861	0.9
有限责任公司(万元)	Limited Company(10 000 yuan)	9926	12488	25.8
股份有限公司(万元)	Share Holding Limited Company(10 000 yuan)		8713	
私营企业(万元)	Privately Owned Enterprises(10 000 yuan)	11725	15522	32.4
其他企业(万元)	Enterprises of Other Ownership(10 000 yuan)			
港澳台商投资企业(万元)	Funds from HK,Macao & Taiwan(10 000 yuan)			
外商投资企业(万元)	Foreign Funded Enterprises(10 000 yuan)			
工业企业增加值(万元)	Value Added of Industrial Enterprises(10 000 yuan)	9798	16221	121.8
工业企业资产总计(万元)	Total Assets of Industrial Enterprises(10 000 yuan)	58058	75263	29.6
工业企业负债合计(万元)	Total Liabilities of Industrial Enterprises(10 000 yuan)	34464	51372	49.1
工业企业产品销售收入(万元)	Sales of Revenue Industrial Enterprises(10 000 yuan)	15727	46294	194.4
工业企业利润总额(万元)	Total Profits of Industrial Enterprises(10 000 yuan)	1204	2383	97.9
建筑业	**Construction**			
建筑企业单位数(个)	Number of Construction Enterprises(unit)	1	1	0.0
建筑企业从业人员(人)	Number of Employee in Construction Enterprises(person)	540	510	-5.6
建筑业总产值(万元)	Gross Construction Output Value(10 000 yuan)	1920	1900	-1.0
交通运输邮电通信业	**Transportation,Post & Telecommunications**			
公路里程(公里)	Total Length of Highways(km)	748	758	1.3
邮电业务总量(万元)	Business Volume of Post & Telecoms(10 000 yuan)	1270	1030	-18.9
本地电话用户(户)	Number of Subscribers of Local Telephone(Household)	18307	22000	20.2
国内贸易	**Demestic Trade**			
社会消费品零售总额(万元)	Total Retail Sales of Consumer Goods(10 000 yuan)	22473	29390	30.8
# 贸易业(万元)	Wholesale & Retail Sales Trades(10 000 yuan)	18478	25412	37.5
餐饮业(万元)	Catering Trade(10 000 yuan)	2407	2461	2.2
科技教育卫生	**Science,Education & Public Health**			
各类专业技术人员(人)	Speccial Technical Personnel(person)	740	748	1.1
幼儿园数(所)	Number of Kindergartens(unit)	3	2	-33.3
学龄儿童入学率(%)	Percentage of School-Age Children Enrolled(%)	99.8	100.0	0.2
小学学校数(所)	Number of Primary Schools(unit)	28	25	-10.7
小学专任教师数(人)	Number of Full-time Teachers of Primary Schools(person)	921	789	-14.3
小学在校学生数(人)	Number of Student Enrollment of Primary Schools(person)	8409	7941	-5.6
普通中学学校数(所)	Number of Regular Secondary Schools(unit)	5	5	0.0
普通中学专任教师数(人)	Number of Teachers of Secondary Shools(person)	547	466	-14.8
初中在校学生数(人)	Number of Student in Junior Secondary Schools(person)	5256	5575	6.1
高中在校学生数(人)	Number of Student in Senior Secondary Schools(person)	2764	2829	2.4
卫生机构数(所)	Number of Health Institutions(unit)	29	30	3.4
# 医院(所)	Hospitals(unit)	1	1	0.0
卫生院(所)	Township Hospitals(unit)	26	26	0.0
床位数(张)	Number of Beds(unit)	231	225	-2.6
# 医院(张)	Hospitals(unit)	102	99	-2.9
卫生院(张)	Township Hospitals(unit)	119	119	0.0
卫生技术人员(人)	Medical Technical Presonnel(person)	286	289	1.0
# 医院(人)	Hospitals(person)	112	111	-0.9
卫生院(人)	Township Hospitals(person)	109	108	-0.9

23-86 乌兰察布市察哈尔右翼后旗

指 标	Item	2004	2005	2005年比上年增长% Increase Rate in 2005 Over 2004(%)
行政区域土地面积(平方公里)	**Area of Administration(Sq.km)**	**3803**	**3803**	**0.0**
人口和就业	**Population & Employment**			
年末总人口(人)	Total Population Year-end(person)	208086	209355	0.6
#男性(人)	Male(person)	110676	111716	0.9
#乡村人口(人)	Rural(person)	174031	170506	-2.0
年末总户数(户)	Total Number of Households at the Year-end(Household)	66479	67544	1.6
#乡村户数(户)	Number of Rural Household(Household)	34345	31057	-9.6
出生人口(人)	Births(person)	2208	3095	40.2
死亡人口(人)	Deaths(person)	666	1500	125.2
全社会就业人员(人)	Employment(person)	94641	93582	-1.1
第一产业(人)	Primary Industry(person)	52267	51624	-1.2
第二产业(人)	Secondary Industry(person)	12937	12957	0.2
第三产业(人)	Tertiary Industry(person)	29437	29001	-1.5
在岗职工人数(人)	Number of Staff & Workers Employed in(person)	8068	8622	6.9
乡村劳动力(人)	Number of Rural Laborers(person)	95385	75500	-20.8
#农林牧渔业(人)	Farming,Forestry,Animal Husbandry & Fishery(person)	61632	6284	-89.8
国民经济综合指标	**Summary Item on the National Economy**			
生产总值(万元)	Gross Domestic Product(10 000 yuan)	151707	181794	18.1
第一产业(万元)	Primary Industry(10 000 yuan)	50605	49792	-2.7
第二产业(万元)	Secondary Industry(10 000 yuan)	58790	85604	36.2
#工业(万元)	Industry(10 000 yuan)	53234	70807	23.4
第三产业(万元)	Tertiary Industry(10 000 yuan)	42312	46398	14.8
人均生产总值(元)	Per Capita GDP(yuan)	7499	8684	14.6
全社会固定资产投资(万元)	Total Investment in Fixed Assets(10 000 yuan)	75625	113731	50.4
按登记注册类型分	Grouped by Registered Type			
#国有(万元)	State-owned Enterprises(10 000 yuan)	29907	45041	50.6
集体(万元)	Collective-owned Enterprises(10 000 yuan)			
有限责任公司(万元)	Limited Liability Corporations(10 000 yuan)		3816	
股份有限公司(万元)	Share Holding Enterprises(10 000 yuan)		44110	
私营企业(万元)	Private Enterprises(10 000 yuan)		15054	
外商及港澳台投资企业(万元)	Funds from HK,Macao,Taiwan & Foreign(10 000 yuan)			
按管理渠道分	Grouped by Channel of Management			
#基本建设(万元)	Capital Construction(10 000 yuan)	57052	77440	35.7
更新改造(万元)	Innovation(10 000 yuan)		2900	
房地产开发(万元)	Real Estate Development(10 000 yuan)		3000	
地方财政收入(万元)	Local Governments Revenue(10 000 yuan)	7117	10834	52.2
地方财政支出(万元)	Local Governments Expenditures(10 000 yuan)	32752	32294	-1.4
城乡居民储蓄存款余额(万元)	Resident Saving Deposit in Urban & Rural(10 000 yuan)	51513	56990	10.6
在岗职工工资总额(万元)	Total Wages of Staff & Workers Empioyed in(10 000 yuan)	8979	10596	18.0
在岗职工平均工资(元)	Average Wage of Staff & Workers Employed in(yuan)	11136	12543	12.6
农牧民人均纯收入(元)	Per Capita Net Income of Peasant & Herdsman(yuan)	2741	2488	-9.2
农村牧区经济	**Economic Development in Rural & Pastoral Area**			
耕地面积(公顷)	Cultivated Area(hectare)	53390	51320	-3.9
农作物总播种面积(公顷)	Total Sown Area(hectare)	48755	48665	-0.2
#粮食作物播种面积(公顷)	Sown Area of Grain Crops(hectare)	43091	37498	-13.0
有效灌溉面积(公顷)	Irrigated Area(hectare)	2700	2480	-8.1
农牧业机械总动力(万千瓦)	Total Power of Agricultural Machinery(10 000 kw)	8.70	9.84	13.1
化肥施用折纯量(吨)	Consumption of Chemical Fertilizer(ton)	4614	3987	-13.6
农村用电量(万千瓦小时)	Electricity Consumed in Rural Area(10 000 kwh)	1296	1383	6.7
农林牧渔业总产值(万元)	Gross Output of Farming,Forestry,Animal Husbandry & Fishery(10 000 yuan)	85848	77209	-7.4
粮食产量(吨)	Yield of Grain(ton)	119836	24291	-79.7
油料产量(吨)	Yield of Oil-bearing Grops(ton)	2873	149	-94.8
甜菜产量(吨)	Yield of Beetroots(ton)			
猪牛羊肉产量(吨)	Output of Pork, Beef & Mutton(ton)	17576	21297	21.2
#猪肉产量(吨)	Output of Pork(ton)	7312	7660	4.8
牛肉产量(吨)	Output of Beef(ton)	527	815	54.6
羊肉产量(吨)	Output of Mutton(ton)	9737	12822	31.7

23-86 Chahaeryouyihou Banner in Wulanchabu City

指 标	Item	2004	2005	2005年比上年增长% Increase Rate in 2005 Over 2004(%)
羊毛产量(吨)	Output of Wool(ton)	1127	766	-32.0
年末牲畜存栏头数(万头只)	Total Livestock at the Year-end(10 000 heads)	41.99	35.18	-16.2
# 大牲畜(万头只)	Large Animals(10 000 heads)	2.67	2.64	-1.1
羊(万只)	Sheep & Goats(10 000 heads)	37.67	31.10	-17.4
猪(万头)	Hogs(10 000 heads)	1.65	1.44	-12.7
规模以上工业	**Industry with Independent Accounting System**			
工业企业单位数(个)	Number of Industrial Enterprises(unit)	17	25	47.1
# 内资企业(个)	Civil Funded Enterprises(unit)	17	25	47.1
工业总产值(万元)	Gross Industrial Output Value(10 000 yuan)	104127	163707	57.2
内资企业(万元)	Civil Funded Enterprises(10 000 yuan)	104127	163707	57.2
国有企业(万元)	State-owned Enterprises(10 000 yuan)	3478	3025	-13.0
集体企业(万元)	Collective-owned Enterprises(10 000 yuan)			
股份合作企业(万元)	Share Holding Enterprises(10 000 yuan)	1373		
联营企业(万元)	Joint Owned Enterprises(10 000 yuan)			
有限责任公司(万元)	Limited Company(10 000 yuan)	37770	55627	47.3
股份有限公司(万元)	Share Holding Limited Company(10 000 yuan)	33698	37589	11.5
私营企业(万元)	Privately Owned Enterprises(10 000 yuan)	27808	67466	142.6
其他企业(万元)	Enterprises of Other Ownership(10 000 yuan)			
港澳台商投资企业(万元)	Funds from HK,Macao & Taiwan(10 000 yuan)			
外商投资企业(万元)	Foreign Funded Enterprises(10 000 yuan)			
工业企业增加值(万元)	Value Added of Industrial Enterprises(10 000 yuan)	37430	64264	46.1
工业企业资产总计(万元)	Total Assets of Industrial Enterprises(10 000 yuan)	190450	313154	64.4
工业企业负债合计(万元)	Total Liabilities of Industrial Enterprises(10 000 yuan)	102337	183191	79.0
工业企业产品销售收入(万元)	Sales of Revenue Industrial Enterprises(10 000 yuan)	96235	160307	66.6
工业企业利润总额(万元)	Total Profits of Industrial Enterprises(10 000 yuan)	6164	6508	5.6
建筑业	**Construction**			
建筑企业单位数(个)	Number of Construction Enterprises(unit)	3	3	0.0
建筑企业从业人员(人)	Number of Employee in Construction Enterprises(person)	1658	1793	8.1
建筑业总产值(万元)	Gross Construction Output Value(10 000 yuan)	5451	8231	51.0
交通运输邮电通信业	**Transportation,Post & Telecommunications**			
公路里程(公里)	Total Length of Highways(km)	825	825	0.0
邮电业务总量(万元)	Business Volume of Post & Telecoms(10 000 yuan)	1440	1432	-0.6
本地电话用户(户)	Number of Subscribers of Local Telephone(Household)	21119	22189	5.1
国内贸易	**Demestic Trade**			
社会消费品零售总额(万元)	Total Retail Sales of Consumer Goods(10 000 yuan)	45462	48235	6.1
# 贸易业(万元)	Wholesale & Retail Sales Trades(10 000 yuan)	36774	39018	6.1
餐饮业(万元)	Catering Trade(10 000 yuan)	6693	7100	6.1
科技教育卫生	**Science,Education & Public Health**			
各类专业技术人员(人)	Speccial Technical Personnel(person)	583	590	1.2
幼儿园数(所)	Number of Kindergartens(unit)	2	3	50.0
学龄儿童入学率(%)	Percentage of School-Age Children Enrolled(%)	100.0	100.0	0.0
小学学校数(所)	Number of Primary Schools(unit)	16	16	0.0
小学专任教师数(人)	Number of Full-time Teachers of Primary Schools(person)	755	645	-14.6
小学在校学生数(人)	Number of Student Enrollment of Primary Schools(person)	11444	10569	-7.6
普通中学学校数(所)	Number of Regular Secondary Schools(unit)	9	9	0.0
普通中学专任教师数(人)	Number of Teachers of Secondary Shools(person)	591	412	-30.3
初中在校学生数(人)	Number of Student in Junior Secondary Schools(person)	5523	5815	5.3
高中在校学生数(人)	Number of Student in Senior Secondary Schools(person)	1802	1471	-18.4
卫生机构数(所)	Number of Health Institutions(unit)	26	26	0.0
# 医院(所)	Hospitals(unit)	2	2	0.0
卫生院(所)	Township Hospitals(unit)	21	21	0.0
床位数(张)	Number of Beds(unit)	219	215	-1.8
# 医院(张)	Hospitals(unit)	112	111	-0.9
卫生院(张)	Township Hospitals(unit)	100	100	0.0
卫生技术人员(人)	Medical Technical Presonnel(person)	362	361	-0.3
# 医院(人)	Hospitals(person)	134	134	0.0
卫生院(人)	Township Hospitals(person)	146	145	-0.7

23-87 乌兰察布市四子王旗

指 标	Item	2004	2005	2005年比上年增长% Increase Rate in 2005 Over 2004(%)
行政区域土地面积(平方公里)	**Area of Administration(Sq.km)**	**24016**	**24016**	**0.0**
人口和就业	**Population & Employment**			
年末总人口(人)	Total Population Year-end(person)	204996	204111	-0.4
#男性(人)	Male(person)	107466	107177	-0.3
#乡村人口(人)	Rural(person)	169976	163999	-3.5
年末总户数(户)	Total Number of Households at the Year-end(Household)	62399	62880	0.8
#乡村户数(户)	Number of Rural Household(Household)	36775	37213	1.2
出生人口(人)	Births(person)	1637	2442	49.2
死亡人口(人)	Deaths(person)	853	2782	226.1
全社会就业人员(人)	Employment(person)	110331	111590	1.1
第一产业(人)	Primary Industry(person)	81236	81759	0.6
第二产业(人)	Secondary Industry(person)	6932	6988	0.8
第三产业(人)	Tertiary Industry(person)	22163	22843	3.1
在岗职工人数(人)	Number of Staff & Workers Employed in(person)	6609	6665	0.8
乡村劳动力(人)	Number of Rural Laborers(person)	96575	91893	-4.8
#农林牧渔业(人)	Farming,Forestry,Animal Husbandry & Fishery(person)	80145	80195	0.1
国民经济综合指标	**Summary Item on the National Economy**			
生产总值(万元)	Gross Domestic Product(10 000 yuan)	157998	162175	10.7
第一产业(万元)	Primary Industry(10 000 yuan)	75590	60069	-12.0
第二产业(万元)	Secondary Industry(10 000 yuan)	37887	51833	39.6
#工业(万元)	Industry(10 000 yuan)	30381	40110	35.9
第三产业(万元)	Tertiary Industry(10 000 yuan)	44520	50273	18.7
人均生产总值(元)	Per Capita GDP(yuan)	7364	7945	24.3
全社会固定资产投资(万元)	Total Investment in Fixed Assets(10 000 yuan)	37459	60021	60.2
按登记注册类型分	Grouped by Registered Type			
#国有(万元)	State-owned Enterprises(10 000 yuan)	24955	24598	-1.4
集体(万元)	Collective-owned Enterprises(10 000 yuan)			
有限责任公司(万元)	Limited Liability Corporations(10 000 yuan)		2142	
股份有限公司(万元)	Share Holding Enterprises(10 000 yuan)			
私营企业(万元)	Private Enterprises(10 000 yuan)		33281	
外商及港澳台投资企业(万元)	Funds from HK,Macao,Taiwan & Foreign(10 000 yuan)			
按管理渠道分	Grouped by Channel of Management			
#基本建设(万元)	Capital Construction(10 000 yuan)	20042	36539	82.3
更新改造(万元)	Innovation(10 000 yuan)			
房地产开发(万元)	Real Estate Development(10 000 yuan)	2599	2803	7.8
地方财政收入(万元)	Local Governments Revenue(10 000 yuan)	3900	3753	-3.8
地方财政支出(万元)	Local Governments Expenditures(10 000 yuan)	46786	39669	-15.2
城乡居民储蓄存款余额(万元)	Resident Saving Deposit in Urban & Rural(10 000 yuan)	90827	59415	-34.6
在岗职工工资总额(万元)	Total Wages of Staff & Workers Empioyed in(10 000 yuan)	8443	9186	8.8
在岗职工平均工资(元)	Average Wage of Staff & Workers Employed in(yuan)	12770	13763	7.8
农牧民人均纯收入(元)	Per Capita Net Income of Peasant & Herdsman(yuan)	2511	2890	15.1
农村牧区经济	**Economic Development in Rural & Pastoral Area**			
耕地面积(公顷)	Cultivated Area(hectare)	114680	109720	-4.3
农作物总播种面积(公顷)	Total Sown Area(hectare)	82889	69421	-16.2
#粮食作物播种面积(公顷)	Sown Area of Grain Crops(hectare)	57718	53983	-6.5
有效灌溉面积(公顷)	Irrigated Area(hectare)	20220	21860	8.1
农牧业机械总动力(万千瓦)	Total Power of Agricultural Machinery(10 000 kw)	28.10	28.31	0.7
化肥施用折纯量(吨)	Consumption of Chemical Fertilizer(ton)	8333	8333	0.0
农村用电量(万千瓦小时)	Electricity Consumed in Rural Area(10 000 kwh)	1465	1466	0.0
农林牧渔业总产值(万元)	Gross Output of Farming,Forestry,Animal Husbandry & Fishery(10 000 yuan)	91829	91158	0.4
粮食产量(吨)	Yield of Grain(ton)	185310	55015	-70.3
油料产量(吨)	Yield of Oil-bearing Grops(ton)	9915	2020	-79.6
甜菜产量(吨)	Yield of Beetroots(ton)			
猪牛羊肉产量(吨)	Output of Pork, Beef & Mutton(ton)	22539	26060	15.6
#猪肉产量(吨)	Output of Pork(ton)	9936	8490	-14.6
牛肉产量(吨)	Output of Beef(ton)	527	728	38.1
羊肉产量(吨)	Output of Mutton(ton)	12076	16842	39.5

23-87 Siziwang Banner in Wulanchabu City

指 标	Item	2004	2005	2005年比上年增长% Increase Rate in 2005 Over 2004(%)
羊毛产量(吨)	Output of Wool(ton)	1754	2373	35.3
年末牲畜存栏头数(万头只)	Total Livestock at the Year-end(10 000 heads)	103.64	84.48	-18.5
# 大牲畜(万头只)	Large Animals(10 000 heads)	1.93	1.93	0.0
羊(万只)	Sheep & Goats(10 000 heads)	100.12	81.16	-18.9
猪(万头)	Hogs(10 000 heads)	1.59	1.39	-12.6
规模以上工业	**Industry with Independent Accounting System**			
工业企业单位数(个)	Number of Industrial Enterprises(unit)	21	28	33.3
# 内资企业(个)	Civil Funded Enterprises(unit)	21	28	33.3
工业总产值(万元)	Gross Industrial Output Value(10 000 yuan)	49693	68043	36.9
内资企业(万元)	Civil Funded Enterprises(10 000 yuan)	49693	68043	36.9
国有企业(万元)	State-owned Enterprises(10 000 yuan)	2024	2843	40.5
集体企业(万元)	Collective-owned Enterprises(10 000 yuan)			
股份合作企业(万元)	Share Holding Enterprises(10 000 yuan)			
联营企业(万元)	Joint Owned Enterprises(10 000 yuan)			
有限责任公司(万元)	Limited Company(10 000 yuan)	4744	4433	-6.6
股份有限公司(万元)	Share Holding Limited Company(10 000 yuan)			
私营企业(万元)	Privately Owned Enterprises(10 000 yuan)	42925	60767	41.6
其他企业(万元)	Enterprises of Other Ownership(10 000 yuan)			
港澳台商投资企业(万元)	Funds from HK,Macao & Taiwan(10 000 yuan)			
外商投资企业(万元)	Foreign Funded Enterprises(10 000 yuan)			
工业企业增加值(万元)	Value Added of Industrial Enterprises(10 000 yuan)	17012	27546	30.1
工业企业资产总计(万元)	Total Assets of Industrial Enterprises(10 000 yuan)	42111	52535	24.8
工业企业负债合计(万元)	Total Liabilities of Industrial Enterprises(10 000 yuan)	26138	33772	29.2
工业企业产品销售收入(万元)	Sales of Revenue Industrial Enterprises(10 000 yuan)	49719	39630	-20.3
工业企业利润总额(万元)	Total Profits of Industrial Enterprises(10 000 yuan)	3261	5174	58.7
建筑业	**Construction**			
建筑企业单位数(个)	Number of Construction Enterprises(unit)	1	1	0.0
建筑企业从业人员(人)	Number of Employee in Construction Enterprises(person)	165	337	104.2
建筑业总产值(万元)	Gross Construction Output Value(10 000 yuan)	1956	1978	1.1
交通运输邮电通信业	**Transportation,Post & Telecommunications**			
公路里程(公里)	Total Length of Highways(km)	1250	1360	8.8
邮电业务总量(万元)	Business Volume of Post & Telecoms(10 000 yuan)	1474	1747	18.5
本地电话用户(户)	Number of Subscribers of Local Telephone(Household)	21169	23211	9.6
国内贸易	**Demestic Trade**			
社会消费品零售总额(万元)	Total Retail Sales of Consumer Goods(10 000 yuan)	37341	48550	30.0
# 贸易业(万元)	Wholesale & Retail Sales Trades(10 000 yuan)	28826	37400	29.7
餐饮业(万元)	Catering Trade(10 000 yuan)	7174	9320	29.9
科技教育卫生	**Science,Education & Public Health**			
各类专业技术人员(人)	Speccial Technical Personnel(person)	539	548	1.7
幼儿园数(所)	Number of Kindergartens(unit)	4	4	0.0
学龄儿童入学率(%)	Percentage of School-Age Children Enrolled(%)	99.9	100.0	0.1
小学学校数(所)	Number of Primary Schools(unit)	68	56	-17.6
小学专任教师数(人)	Number of Full-time Teachers of Primary Schools(person)	1170	958	-18.1
小学在校学生数(人)	Number of Student Enrollment of Primary Schools(person)	12399	11162	-10.0
普通中学学校数(所)	Number of Regular Secondary Schools(unit)	8	7	-12.5
普通中学专任教师数(人)	Number of Teachers of Secondary Shools(person)	490	584	19.2
初中在校学生数(人)	Number of Student in Junior Secondary Schools(person)	7983	8797	10.2
高中在校学生数(人)	Number of Student in Senior Secondary Schools(person)	3300	3877	17.5
卫生机构数(所)	Number of Health Institutions(unit)	30	30	0.0
# 医院(所)	Hospitals(unit)	1	1	0.0
卫生院(所)	Township Hospitals(unit)	26	26	0.0
床位数(张)	Number of Beds(unit)	262	273	4.2
# 医院(张)	Hospitals(unit)	149	141	-5.4
卫生院(张)	Township Hospitals(unit)	94	96	2.1
卫生技术人员(人)	Medical Technical Presonnel(person)	396	396	0.0
# 医院(人)	Hospitals(person)	170	170	0.0
卫生院(人)	Township Hospitals(person)	187	187	0.0

23-88 鄂尔多斯市东胜区

指 标	Item	2004	2005	2005年比上年增长% Increase Rate in 2005 Over 2004(%)
行政区域土地面积(平方公里)	**Area of Administration(Sq.km)**	**2530**	**2530**	**0.0**
人口和就业	**Population & Employment**			
年末总人口(人)	Total Population Year-end(person)	226285	230579	1.9
#男性(人)	Male(person)	114487	116436	1.7
#乡村人口(人)	Rural(person)	42006	41757	-0.6
年末总户数(户)	Total Number of Households at the Year-end(Household)	65135	69277	6.4
#乡村户数(户)	Number of Rural Household(Household)	12355	12388	0.3
出生人口(人)	Births(person)	1817	2892	59.2
死亡人口(人)	Deaths(person)	235	982	317.9
全社会就业人员(人)	Employment(person)	188532	221234	17.3
第一产业(人)	Primary Industry(person)	19014	15032	-20.9
第二产业(人)	Secondary Industry(person)	76921	79090	2.8
第三产业(人)	Tertiary Industry(person)	92597	127112	37.3
在岗职工人数(人)	Number of Staff & Workers Employed in(person)	47139	49194	4.4
乡村劳动力(人)	Number of Rural Laborers(person)	30368	31265	3.0
#农林牧渔业(人)	Farming,Forestry,Animal Husbandry & Fishery(person)	19014	15032	-20.9
国民经济综合指标	**Summary Item on the National Economy**			
生产总值(万元)	Gross Domestic Product(10 000 yuan)	940979	1271114	31.1
第一产业(万元)	Primary Industry(10 000 yuan)	18951	16029	-16.2
第二产业(万元)	Secondary Industry(10 000 yuan)	445720	492732	19.5
#工业(万元)	Industry(10 000 yuan)	405620	444572	16.2
第三产业(万元)	Tertiary Industry(10 000 yuan)	476308	762353	41.5
人均生产总值(元)	Per Capita GDP(yuan)	41583	55645	29.9
全社会固定资产投资(万元)	Total Investment in Fixed Assets(10 000 yuan)	414008	650047	57.0
按登记注册类型分	Grouped by Registered Type			
#国有(万元)	State-owned Enterprises(10 000 yuan)	204000	229586	12.5
集体(万元)	Collective-owned Enterprises(10 000 yuan)	420		
有限责任公司(万元)	Limited Liability Corporations(10 000 yuan)	44029	172959	292.8
股份有限公司(万元)	Share Holding Enterprises(10 000 yuan)	35687	104974	194.2
私营企业(万元)	Private Enterprises(10 000 yuan)	76410	111755	46.3
外商及港澳台投资企业(万元)	Funds from HK,Macao,Taiwan & Foreign(10 000 yuan)	6388	4200	-34.3
按管理渠道分	Grouped by Channel of Management			
#基本建设(万元)	Capital Construction(10 000 yuan)	271909	359557	32.2
更新改造(万元)	Innovation(10 000 yuan)	16968		
房地产开发(万元)	Real Estate Development(10 000 yuan)	45624	100723	120.8
地方财政收入(万元)	Local Governments Revenue(10 000 yuan)	52857	133390	152.4
地方财政支出(万元)	Local Governments Expenditures(10 000 yuan)	59098	82236	39.2
城乡居民储蓄存款余额(万元)	Resident Saving Deposit in Urban & Rural(10 000 yuan)	543668	819160	50.7
在岗职工工资总额(万元)	Total Wages of Staff & Workers Empioyed in(10 000 yuan)	73272	108932	48.7
在岗职工平均工资(元)	Average Wage of Staff & Workers Employed in(yuan)	15560	22143	42.3
农牧民人均纯收入(元)	Per Capita Net Income of Peasant & Herdsman(yuan)	3940	4716	19.7
农村牧区经济	**Economic Development in Rural & Pastoral Area**			
耕地面积(公顷)	Cultivated Area(hectare)	35140	34780	-1.0
农作物总播种面积(公顷)	Total Sown Area(hectare)	14751	13174	-10.7
#粮食作物播种面积(公顷)	Sown Area of Grain Crops(hectare)	8194	7291	-11.0
有效灌溉面积(公顷)	Irrigated Area(hectare)	2809	3590	27.8
农牧业机械总动力(万千瓦)	Total Power of Agricultural Machinery(10 000 kw)	13.10	14.20	8.4
化肥施用折纯量(吨)	Consumption of Chemical Fertilizer(ton)	2408	1829	-24.0
农村用电量(万千瓦小时)	Electricity Consumed in Rural Area(10 000 kwh)	1651	903	-45.3
农林牧渔业总产值(万元)	Gross Output of Farming,Forestry,Animal Husbandry & Fishery(10 000 yuan)	30778	27288	-15.6
粮食产量(吨)	Yield of Grain(ton)	48386	25883	-46.5
油料产量(吨)	Yield of Oil-bearing Grops(ton)	5497	4565	-17.0
甜菜产量(吨)	Yield of Beetroots(ton)	1610	998	-38.0
猪牛羊肉产量(吨)	Output of Pork, Beef & Mutton(ton)	4988	5064	1.5
#猪肉产量(吨)	Output of Pork(ton)	3568	3293	-7.7
牛肉产量(吨)	Output of Beef(ton)	241	334	38.6
羊肉产量(吨)	Output of Mutton(ton)	1179	1437	21.9

23-88 Dongsheng District in Erdos City

指 标	Item	2004	2005	2005年比上年增长% Increase Rate in 2005 Over 2004(%)
羊毛产量(吨)	Output of Wool(ton)	199	151	-24.1
年末牲畜存栏头数(万头只)	Total Livestock at the Year-end(10 000 heads)	20.64	22.14	7.3
# 大牲畜(万头只)	Large Animals(10 000 heads)	1.29	1.31	1.6
羊(万只)	Sheep & Goats(10 000 heads)	16.69	17.48	4.7
猪(万头)	Hogs(10 000 heads)	2.66	3.35	25.9
规模以上工业	**Industry with Independent Accounting System**			
工业企业单位数(个)	Number of Industrial Enterprises(unit)	75	76	1.3
# 内资企业(个)	Civil Funded Enterprises(unit)	57	57	0.0
工业总产值(万元)	Gross Industrial Output Value(10 000 yuan)	821371	973233	18.5
内资企业(万元)	Civil Funded Enterprises(10 000 yuan)	333536	513509	54.0
国有企业(万元)	State-owned Enterprises(10 000 yuan)	96365	148752	54.4
集体企业(万元)	Collective-owned Enterprises(10 000 yuan)	2112	11388	439.2
股份合作企业(万元)	Share Holding Enterprises(10 000 yuan)	6255	8079	29.2
联营企业(万元)	Joint Owned Enterprises(10 000 yuan)			
有限责任公司(万元)	Limited Company(10 000 yuan)	197128	281680	42.9
股份有限公司(万元)	Share Holding Limited Company(10 000 yuan)	1604	1822	13.6
私营企业(万元)	Privately Owned Enterprises(10 000 yuan)	30072	61788	105.5
其他企业(万元)	Enterprises of Other Ownership(10 000 yuan)			
港澳台商投资企业(万元)	Funds from HK,Macao & Taiwan(10 000 yuan)	34031	42236	24.1
外商投资企业(万元)	Foreign Funded Enterprises(10 000 yuan)	453804	417488	-8.0
工业企业增加值(万元)	Value Added of Industrial Enterprises(10 000 yuan)	331604	388572	15.2
工业企业资产总计(万元)	Total Assets of Industrial Enterprises(10 000 yuan)	1593392	1796363	12.7
工业企业负债合计(万元)	Total Liabilities of Industrial Enterprises(10 000 yuan)	877609	943654	7.5
工业企业产品销售收入(万元)	Sales of Revenue Industrial Enterprises(10 000 yuan)	962283	1303517	35.5
工业企业利润总额(万元)	Total Profits of Industrial Enterprises(10 000 yuan)	103675	269894	160.3
建筑业	**Construction**			
建筑企业单位数(个)	Number of Construction Enterprises(unit)	35	38	8.6
建筑企业从业人员(人)	Number of Employee in Construction Enterprises(person)	28282	30865	9.1
建筑业总产值(万元)	Gross Construction Output Value(10 000 yuan)	311014	460789	48.2
交通运输邮电通信业	**Transportation,Post & Telecommunications**			
公路里程(公里)	Total Length of Highways(km)	540	664	23.0
邮电业务总量(万元)	Business Volume of Post & Telecoms(10 000 yuan)	48294	59281	22.8
本地电话用户(户)	Number of Subscribers of Local Telephone(Household)	123200	125600	1.9
国内贸易	**Demestic Trade**			
社会消费品零售总额(万元)	Total Retail Sales of Consumer Goods(10 000 yuan)	571684	669111	17.0
# 贸易业(万元)	Wholesale & Retail Sales Trades(10 000 yuan)	480845	562328	16.9
餐饮业(万元)	Catering Trade(10 000 yuan)	88712	102273	15.3
科技教育卫生	**Science,Education & Public Health**			
各类专业技术人员(人)	Speccial Technical Personnel(person)	9723	9794	0.7
幼儿园数(所)	Number of Kindergartens(unit)	11	11	0.0
学龄儿童入学率(%)	Percentage of School-Age Children Enrolled(%)	100.0	100.0	0.0
小学学校数(所)	Number of Primary Schools(unit)	22	23	4.5
小学专任教师数(人)	Number of Full-time Teachers of Primary Schools(person)	1038	1148	10.6
小学在校学生数(人)	Number of Student Enrollment of Primary Schools(person)	20577	24513	19.1
普通中学学校数(所)	Number of Regular Secondary Schools(unit)	18	19	5.6
普通中学专任教师数(人)	Number of Teachers of Secondary Shools(person)	1124	1505	33.9
初中在校学生数(人)	Number of Student in Junior Secondary Schools(person)	13187	15239	15.6
高中在校学生数(人)	Number of Student in Senior Secondary Schools(person)	9578	11652	21.7
卫生机构数(所)	Number of Health Institutions(unit)	23	26	13.0
# 医院(所)	Hospitals(unit)	10	10	0.0
卫生院(所)	Township Hospitals(unit)	7	7	0.0
床位数(张)	Number of Beds(unit)	1681	1868	11.1
# 医院(张)	Hospitals(unit)	1573	1753	11.4
卫生院(张)	Township Hospitals(unit)	84	90	7.1
卫生技术人员(人)	Medical Technical Presonnel(person)	1772	2032	14.7
# 医院(人)	Hospitals(person)	1248	1543	23.6
卫生院(人)	Township Hospitals(person)	83	85	2.4

23-89 鄂尔多斯市达拉特旗

指 标	Item	2004	2005	2005年比上年增长% Increase Rate in 2005 Over 2004(%)
行政区域土地面积(平方公里)	**Area of Administration(Sq.km)**	**8192**	**8192**	**0.0**
人口和就业	**Population & Employment**			
年末总人口(人)	Total Population Year-end(person)	333135	336455	1.0
#男性(人)	Male(person)	174121	176099	1.1
#乡村人口(人)	Rural(person)	221213	199984	-9.6
年末总户数(户)	Total Number of Households at the Year-end(Household)	108741	112310	3.3
#乡村户数(户)	Number of Rural Household(Household)	67313	63128	-6.2
出生人口(人)	Births(person)	2622	3667	39.9
死亡人口(人)	Deaths(person)	1709	1738	1.7
全社会就业人员(人)	Employment(person)	188479	191976	1.9
第一产业(人)	Primary Industry(person)	109458	91054	-16.8
第二产业(人)	Secondary Industry(person)	26121	33587	28.6
第三产业(人)	Tertiary Industry(person)	52900	67335	27.3
在岗职工人数(人)	Number of Staff & Workers Employed in(person)	18155	18456	1.7
乡村劳动力(人)	Number of Rural Laborers(person)	156600	124171	-20.7
#农林牧渔业(人)	Farming,Forestry,Animal Husbandry & Fishery(person)	108480	91054	-16.1
国民经济综合指标	**Summary Item on the National Economy**			
生产总值(万元)	Gross Domestic Product(10 000 yuan)	640351	894961	30.7
第一产业(万元)	Primary Industry(10 000 yuan)	131824	142988	15.5
第二产业(万元)	Secondary Industry(10 000 yuan)	280160	431847	35.4
#工业(万元)	Industry(10 000 yuan)	249960	368669	27.6
第三产业(万元)	Tertiary Industry(10 000 yuan)	228367	320126	32.2
人均生产总值(元)	Per Capita GDP(yuan)	19230	26600	29.4
全社会固定资产投资(万元)	Total Investment in Fixed Assets(10 000 yuan)	401389	658135	64.0
按登记注册类型分	Grouped by Registered Type			
#国有(万元)	State-owned Enterprises(10 000 yuan)	220195	291631	32.4
集体(万元)	Collective-owned Enterprises(10 000 yuan)	600		
有限责任公司(万元)	Limited Liability Corporations(10 000 yuan)	60142	89244	48.4
股份有限公司(万元)	Share Holding Enterprises(10 000 yuan)	3450	25390	635.9
私营企业(万元)	Private Enterprises(10 000 yuan)	5360	11775	119.7
外商及港澳台投资企业(万元)	Funds from HK,Macao,Taiwan & Foreign(10 000 yuan)	14362	18470	28.6
按管理渠道分	Grouped by Channel of Management			
#基本建设(万元)	Capital Construction(10 000 yuan)	292566	614565	110.1
更新改造(万元)	Innovation(10 000 yuan)	5554	4877	-12.2
房地产开发(万元)	Real Estate Development(10 000 yuan)	6654	24354	266.0
地方财政收入(万元)	Local Governments Revenue(10 000 yuan)	26851	40776	51.9
地方财政支出(万元)	Local Governments Expenditures(10 000 yuan)	51251	61191	19.4
城乡居民储蓄存款余额(万元)	Resident Saving Deposit in Urban & Rural(10 000 yuan)	135220	161157	19.2
在岗职工工资总额(万元)	Total Wages of Staff & Workers Empioyed in(10 000 yuan)	32915	41560	26.3
在岗职工平均工资(元)	Average Wage of Staff & Workers Employed in(yuan)	18235	22519	23.5
农牧民人均纯收入(元)	Per Capita Net Income of Peasant & Herdsman(yuan)	3822	4655	21.8
农村牧区经济	**Economic Development in Rural & Pastoral Area**			
耕地面积(公顷)	Cultivated Area(hectare)	120640	120640	0.0
农作物总播种面积(公顷)	Total Sown Area(hectare)	99243	111200	12.0
#粮食作物播种面积(公顷)	Sown Area of Grain Crops(hectare)	55563	74038	33.3
有效灌溉面积(公顷)	Irrigated Area(hectare)	100000	70670	-29.3
农牧业机械总动力(万千瓦)	Total Power of Agricultural Machinery(10 000 kw)	38.20	41.20	7.9
化肥施用折纯量(吨)	Consumption of Chemical Fertilizer(ton)	23538	28073	19.3
农村用电量(万千瓦小时)	Electricity Consumed in Rural Area(10 000 kwh)	11184	18481	65.2
农林牧渔业总产值(万元)	Gross Output of Farming,Forestry,Animal Husbandry & Fishery(10 000 yuan)	226294	238967	6.2
粮食产量(吨)	Yield of Grain(ton)	461483	575239	24.7
油料产量(吨)	Yield of Oil-bearing Grops(ton)	16729	17077	2.1
甜菜产量(吨)	Yield of Beetroots(ton)	83569	123150	47.4
猪牛羊肉产量(吨)	Output of Pork, Beef & Mutton(ton)	51828	51952	0.2
#猪肉产量(吨)	Output of Pork(ton)	35039	25576	-27.0
牛肉产量(吨)	Output of Beef(ton)	2415	2610	8.1
羊肉产量(吨)	Output of Mutton(ton)	14374	23766	65.3

23-89 Dalate Banner in Erdos City

指 标	Item	2004	2005	2005年比上年增长% Increase Rate in 2005 Over 2004(%)
羊毛产量(吨)	Output of Wool(ton)	922	2174	135.8
年末牲畜存栏头数(万头只)	Total Livestock at the Year-end(10 000 heads)	218.80	210.30	-3.9
# 大牲畜(万头只)	Large Animals(10 000 heads)	7.00	8.06	15.1
羊(万只)	Sheep & Goats(10 000 heads)	194.70	186.77	-4.1
猪(万头)	Hogs(10 000 heads)	17.10	15.47	-9.5
规模以上工业	**Industry with Independent Accounting System**			
工业企业单位数(个)	Number of Industrial Enterprises(unit)	12	22	83.3
# 内资企业(个)	Civil Funded Enterprises(unit)	12	22	83.3
工业总产值(万元)	Gross Industrial Output Value(10 000 yuan)	435578	652187	49.7
内资企业(万元)	Civil Funded Enterprises(10 000 yuan)	435578	652187	49.7
国有企业(万元)	State-owned Enterprises(10 000 yuan)			
集体企业(万元)	Collective-owned Enterprises(10 000 yuan)			
股份合作企业(万元)	Share Holding Enterprises(10 000 yuan)			
联营企业(万元)	Joint Owned Enterprises(10 000 yuan)			
有限责任公司(万元)	Limited Company(10 000 yuan)			
股份有限公司(万元)	Share Holding Limited Company(10 000 yuan)	434601	651736	50.0
私营企业(万元)	Privately Owned Enterprises(10 000 yuan)			
其他企业(万元)	Enterprises of Other Ownership(10 000 yuan)	977	451	-53.8
港澳台商投资企业(万元)	Funds from HK,Macao & Taiwan(10 000 yuan)			
外商投资企业(万元)	Foreign Funded Enterprises(10 000 yuan)			
工业企业增加值(万元)	Value Added of Industrial Enterprises(10 000 yuan)	194196	277669	39.0
工业企业资产总计(万元)	Total Assets of Industrial Enterprises(10 000 yuan)	803494	801581	-0.2
工业企业负债合计(万元)	Total Liabilities of Industrial Enterprises(10 000 yuan)	523620	461238	-11.9
工业企业产品销售收入(万元)	Sales of Revenue Industrial Enterprises(10 000 yuan)	395292	651981	64.9
工业企业利润总额(万元)	Total Profits of Industrial Enterprises(10 000 yuan)	76060	129543	70.3
建筑业	**Construction**			
建筑企业单位数(个)	Number of Construction Enterprises(unit)	8	9	12.5
建筑企业从业人员(人)	Number of Employee in Construction Enterprises(person)	2318	6637	186.3
建筑业总产值(万元)	Gross Construction Output Value(10 000 yuan)	94821	126716	33.6
交通运输邮电通信业	**Transportation,Post & Telecommunications**			
公路里程(公里)	Total Length of Highways(km)	2704	2829	4.6
邮电业务总量(万元)	Business Volume of Post & Telecoms(10 000 yuan)	7229	9006	24.6
本地电话用户(户)	Number of Subscribers of Local Telephone(Household)	63050	49973	-20.7
国内贸易	**Demestic Trade**			
社会消费品零售总额(万元)	Total Retail Sales of Consumer Goods(10 000 yuan)	143460	152723	6.5
# 贸易业(万元)	Wholesale & Retail Sales Trades(10 000 yuan)	113018	118360	4.7
餐饮业(万元)	Catering Trade(10 000 yuan)	26257	28080	6.9
科技教育卫生	**Science,Education & Public Health**			
各类专业技术人员(人)	Speccial Technical Personnel(person)	5626	5826	3.6
幼儿园数(所)	Number of Kindergartens(unit)	23	49	113.0
学龄儿童入学率(%)	Percentage of School-Age Children Enrolled(%)	100.0	100.0	0.0
小学学校数(所)	Number of Primary Schools(unit)	73	49	-32.9
小学专任教师数(人)	Number of Full-time Teachers of Primary Schools(person)	1046	942	-9.9
小学在校学生数(人)	Number of Student Enrollment of Primary Schools(person)	18650	18050	-3.2
普通中学学校数(所)	Number of Regular Secondary Schools(unit)	11	27	145.5
普通中学专任教师数(人)	Number of Teachers of Secondary Shools(person)	938	1031	9.9
初中在校学生数(人)	Number of Student in Junior Secondary Schools(person)	11935	19209	60.9
高中在校学生数(人)	Number of Student in Senior Secondary Schools(person)	8221	9018	9.7
卫生机构数(所)	Number of Health Institutions(unit)	29	28	-3.4
# 医院(所)	Hospitals(unit)	3	2	-33.3
卫生院(所)	Township Hospitals(unit)	23	23	0.0
床位数(张)	Number of Beds(unit)	623	616	-1.1
# 医院(张)	Hospitals(unit)	416	351	-15.6
卫生院(张)	Township Hospitals(unit)	207	265	28.0
卫生技术人员(人)	Medical Technical Presonnel(person)	891	772	-13.4
# 医院(人)	Hospitals(person)	424	378	-10.8
卫生院(人)	Township Hospitals(person)	387	329	-15.0

23-90 鄂尔多斯市准格尔旗

指 标	Item	2004	2005	2005年比上年增长% Increase Rate in 2005 Over 2004(%)
行政区域土地面积(平方公里)	**Area of Administration(Sq.km)**	**7535**	**7535**	**0.0**
人口和就业	**Population & Employment**			
年末总人口(人)	Total Population Year-end(person)	269460	271623	0.8
#男性(人)	Male(person)	143835	144490	0.5
#乡村人口(人)	Rural(person)	171450	160352	-6.5
年末总户数(户)	Total Number of Households at the Year-end(Household)	91285	94811	3.9
#乡村户数(户)	Number of Rural Household(Household)	50279	49079	-2.4
出生人口(人)	Births(person)	2801	3067	9.5
死亡人口(人)	Deaths(person)	1141	1110	-2.7
全社会就业人员(人)	Employment(person)	154868	155637	0.5
第一产业(人)	Primary Industry(person)	51140	49317	-3.6
第二产业(人)	Secondary Industry(person)	49892	50120	0.5
第三产业(人)	Tertiary Industry(person)	53836	56200	4.4
在岗职工人数(人)	Number of Staff & Workers Employed in(person)	21881	21758	-0.6
乡村劳动力(人)	Number of Rural Laborers(person)	85827	85567	-0.3
#农林牧渔业(人)	Farming,Forestry,Animal Husbandry & Fishery(person)	51140	49317	-3.6
国民经济综合指标	**Summary Item on the National Economy**			
生产总值(万元)	Gross Domestic Product(10 000 yuan)	916763	1308235	35.1
第一产业(万元)	Primary Industry(10 000 yuan)	41601	44197	3.5
第二产业(万元)	Secondary Industry(10 000 yuan)	540152	815294	42.2
#工业(万元)	Industry(10 000 yuan)	474453	734417	45.5
第三产业(万元)	Tertiary Industry(10 000 yuan)	335010	448744	27.9
人均生产总值(元)	Per Capita GDP(yuan)	34022	48164	36.2
全社会固定资产投资(万元)	Total Investment in Fixed Assets(10 000 yuan)	604420	779034	28.9
按登记注册类型分	Grouped by Registered Type			
#国有(万元)	State-owned Enterprises(10 000 yuan)	171984	171218	-0.4
集体(万元)	Collective-owned Enterprises(10 000 yuan)	270	1310	385.2
有限责任公司(万元)	Limited Liability Corporations(10 000 yuan)	171404	268975	56.9
股份有限公司(万元)	Share Holding Enterprises(10 000 yuan)	92229	195987	112.5
私营企业(万元)	Private Enterprises(10 000 yuan)	41710	37795	-9.4
外商及港澳台投资企业(万元)	Funds from HK,Macao,Taiwan & Foreign(10 000 yuan)			
按管理渠道分	Grouped by Channel of Management			
#基本建设(万元)	Capital Construction(10 000 yuan)	312062	517042	65.7
更新改造(万元)	Innovation(10 000 yuan)	107147	137564	28.4
房地产开发(万元)	Real Estate Development(10 000 yuan)	2880	37813	1213.0
地方财政收入(万元)	Local Governments Revenue(10 000 yuan)	64111	130105	102.9
地方财政支出(万元)	Local Governments Expenditures(10 000 yuan)	85844	129293	50.6
城乡居民储蓄存款余额(万元)	Resident Saving Deposit in Urban & Rural(10 000 yuan)	205487	318900	55.2
在岗职工工资总额(万元)	Total Wages of Staff & Workers Empioyed in(10 000 yuan)	44856	55837	24.5
在岗职工平均工资(元)	Average Wage of Staff & Workers Employed in(yuan)	20999	25201	20.0
农牧民人均纯收入(元)	Per Capita Net Income of Peasant & Herdsman(yuan)	3891	4705	20.9
农村牧区经济	**Economic Development in Rural & Pastoral Area**			
耕地面积(公顷)	Cultivated Area(hectare)	83771	85040	1.5
农作物总播种面积(公顷)	Total Sown Area(hectare)	68555	66367	-3.2
#粮食作物播种面积(公顷)	Sown Area of Grain Crops(hectare)	37733	36327	-3.7
有效灌溉面积(公顷)	Irrigated Area(hectare)	9986	10085	1.0
农牧业机械总动力(万千瓦)	Total Power of Agricultural Machinery(10 000 kw)	36.07	40.51	12.3
化肥施用折纯量(吨)	Consumption of Chemical Fertilizer(ton)	5953	6721	12.9
农村用电量(万千瓦小时)	Electricity Consumed in Rural Area(10 000 kwh)	2153	2562	19.0
农林牧渔业总产值(万元)	Gross Output of Farming,Forestry,Animal Husbandry & Fishery(10 000 yuan)	70986	75245	3.5
粮食产量(吨)	Yield of Grain(ton)	142882	110900	-22.4
油料产量(吨)	Yield of Oil-bearing Grops(ton)	4852	3770	-22.3
甜菜产量(吨)	Yield of Beetroots(ton)	2651	1864	-29.7
猪牛羊肉产量(吨)	Output of Pork, Beef & Mutton(ton)	15596	18289	17.3
#猪肉产量(吨)	Output of Pork(ton)	11872	12079	1.7
牛肉产量(吨)	Output of Beef(ton)	190	556	192.6
羊肉产量(吨)	Output of Mutton(ton)	3534	5654	60.0

23-90 Zhungeer Banner in Erdos City

指 标	Item	2004	2005	2005年比上年增长% Increase Rate in 2005 Over 2004(%)
羊毛产量(吨)	Output of Wool(ton)	463	438	-5.4
年末牲畜存栏头数(万头只)	Total Livestock at the Year-end(10 000 heads)	59.25	59.24	0.0
# 大牲畜(万头只)	Large Animals(10 000 heads)	2.62	2.58	-1.5
羊(万只)	Sheep & Goats(10 000 heads)	48.41	47.98	-0.9
猪(万头)	Hogs(10 000 heads)	8.22	8.68	5.6
规模以上工业	**Industry with Independent Accounting System**			
工业企业单位数(个)	Number of Industrial Enterprises(unit)	82	106	29.3
# 内资企业(个)	Civil Funded Enterprises(unit)	82	106	29.3
工业总产值(万元)	Gross Industrial Output Value(10 000 yuan)	525215	1184718	125.6
内资企业(万元)	Civil Funded Enterprises(10 000 yuan)	525215	1184718	125.6
国有企业(万元)	State-owned Enterprises(10 000 yuan)	31009	75294	142.8
集体企业(万元)	Collective-owned Enterprises(10 000 yuan)	15833	12245	-22.7
股份合作企业(万元)	Share Holding Enterprises(10 000 yuan)	25417	161404	535.0
联营企业(万元)	Joint Owned Enterprises(10 000 yuan)			
有限责任公司(万元)	Limited Company(10 000 yuan)			
股份有限公司(万元)	Share Holding Limited Company(10 000 yuan)	411752	869718	111.2
私营企业(万元)	Privately Owned Enterprises(10 000 yuan)			
其他企业(万元)	Enterprises of Other Ownership(10 000 yuan)	41204	66057	60.3
港澳台商投资企业(万元)	Funds from HK,Macao & Taiwan(10 000 yuan)			
外商投资企业(万元)	Foreign Funded Enterprises(10 000 yuan)			
工业企业增加值(万元)	Value Added of Industrial Enterprises(10 000 yuan)	252103	584400	109.6
工业企业资产总计(万元)	Total Assets of Industrial Enterprises(10 000 yuan)	1592834	1906833	19.7
工业企业负债合计(万元)	Total Liabilities of Industrial Enterprises(10 000 yuan)	613543	679365	10.7
工业企业产品销售收入(万元)	Sales of Revenue Industrial Enterprises(10 000 yuan)	700750	1213252	73.1
工业企业利润总额(万元)	Total Profits of Industrial Enterprises(10 000 yuan)	99231	344139	246.8
建筑业	**Construction**			
建筑企业单位数(个)	Number of Construction Enterprises(unit)	6	8	33.3
建筑企业从业人员(人)	Number of Employee in Construction Enterprises(person)	1140	1890	65.8
建筑业总产值(万元)	Gross Construction Output Value(10 000 yuan)	22009	38616	75.5
交通运输邮电通信业	**Transportation,Post & Telecommunications**			
公路里程(公里)	Total Length of Highways(km)	2700	2700	0.0
邮电业务总量(万元)	Business Volume of Post & Telecoms(10 000 yuan)	14552	18223	25.2
本地电话用户(户)	Number of Subscribers of Local Telephone(Household)	43300	57110	31.9
国内贸易	**Demestic Trade**			
社会消费品零售总额(万元)	Total Retail Sales of Consumer Goods(10 000 yuan)	210172	242206	15.2
# 贸易业(万元)	Wholesale & Retail Sales Trades(10 000 yuan)	156240	177219	13.4
餐饮业(万元)	Catering Trade(10 000 yuan)	47902	53186	11.0
科技教育卫生	**Science,Education & Public Health**			
各类专业技术人员(人)	Speccial Technical Personnel(person)	4344	4432	2.0
幼儿园数(所)	Number of Kindergartens(unit)	16	11	-31.2
学龄儿童入学率(%)	Percentage of School-Age Children Enrolled(%)	100.0	100.0	0.0
小学学校数(所)	Number of Primary Schools(unit)	61	50	-18.0
小学专任教师数(人)	Number of Full-time Teachers of Primary Schools(person)	1384	1343	-3.0
小学在校学生数(人)	Number of Student Enrollment of Primary Schools(person)	20097	19826	-1.3
普通中学学校数(所)	Number of Regular Secondary Schools(unit)	16	23	43.8
普通中学专任教师数(人)	Number of Teachers of Secondary Shools(person)	746	1294	73.5
初中在校学生数(人)	Number of Student in Junior Secondary Schools(person)	9456	15666	65.7
高中在校学生数(人)	Number of Student in Senior Secondary Schools(person)	3715	4373	17.7
卫生机构数(所)	Number of Health Institutions(unit)	152	152	0.0
# 医院(所)	Hospitals(unit)	3	3	0.0
卫生院(所)	Township Hospitals(unit)	22	22	0.0
床位数(张)	Number of Beds(unit)	1210	1211	0.1
# 医院(张)	Hospitals(unit)	1002	1003	0.1
卫生院(张)	Township Hospitals(unit)	208	208	0.0
卫生技术人员(人)	Medical Technical Presonnel(person)	779	773	-0.8
# 医院(人)	Hospitals(person)	651	663	1.8
卫生院(人)	Township Hospitals(person)	128	110	-14.1

23-91 鄂尔多斯市鄂托克前旗

指 标	Item	2004	2005	2005年比上年增长% Increase Rate in 2005 Over 2004(%)
行政区域土地面积(平方公里)	**Area of Administration(Sq.km)**	**12318**	**12318**	**0.0**
人口和就业	**Population & Employment**			
年末总人口(人)	Total Population Year-end(person)	73902	72415	-2.0
#男性(人)	Male(person)	37993	37281	-1.9
#乡村人口(人)	Rural(person)	39470	35134	-11.0
年末总户数(户)	Total Number of Households at the Year-end(Household)	25423	25074	-1.4
#乡村户数(户)	Number of Rural Household(Household)	11029	11208	1.6
出生人口(人)	Births(person)	852	907	6.5
死亡人口(人)	Deaths(person)	479	302	-37.0
全社会就业人员(人)	Employment(person)	37529	42070	12.1
第一产业(人)	Primary Industry(person)	22478	25645	14.1
第二产业(人)	Secondary Industry(person)	5030	5180	3.0
第三产业(人)	Tertiary Industry(person)	10021	11245	12.2
在岗职工人数(人)	Number of Staff & Workers Employed in(person)	4617	4315	-6.5
乡村劳动力(人)	Number of Rural Laborers(person)	24777	27673	11.7
#农林牧渔业(人)	Farming,Forestry,Animal Husbandry & Fishery(person)	22478	25645	14.1
国民经济综合指标	**Summary Item on the National Economy**			
生产总值(万元)	Gross Domestic Product(10 000 yuan)	108791	139402	24.1
第一产业(万元)	Primary Industry(10 000 yuan)	35340	41172	13.5
第二产业(万元)	Secondary Industry(10 000 yuan)	24331	32993	33.1
#工业(万元)	Industry(10 000 yuan)	15031	19005	25.7
第三产业(万元)	Tertiary Industry(10 000 yuan)	49120	65237	26.7
人均生产总值(元)	Per Capita GDP(yuan)	15276	20195	28.1
全社会固定资产投资(万元)	Total Investment in Fixed Assets(10 000 yuan)	88805	134027	50.9
按登记注册类型分	Grouped by Registered Type			
#国有(万元)	State-owned Enterprises(10 000 yuan)	31549	53432	69.4
集体(万元)	Collective-owned Enterprises(10 000 yuan)			
有限责任公司(万元)	Limited Liability Corporations(10 000 yuan)	2915	4878	67.3
股份有限公司(万元)	Share Holding Enterprises(10 000 yuan)	15265	21887	43.4
私营企业(万元)	Private Enterprises(10 000 yuan)	18643	53830	188.7
外商及港澳台投资企业(万元)	Funds from HK,Macao,Taiwan & Foreign(10 000 yuan)			
按管理渠道分	Grouped by Channel of Management			
#基本建设(万元)	Capital Construction(10 000 yuan)	63206	124740	97.4
更新改造(万元)	Innovation(10 000 yuan)	1930	9287	381.2
房地产开发(万元)	Real Estate Development(10 000 yuan)			
地方财政收入(万元)	Local Governments Revenue(10 000 yuan)	4843	10192	110.4
地方财政支出(万元)	Local Governments Expenditures(10 000 yuan)	20901	27666	32.4
城乡居民储蓄存款余额(万元)	Resident Saving Deposit in Urban & Rural(10 000 yuan)	20282	26218	29.3
在岗职工工资总额(万元)	Total Wages of Staff & Workers Empioyed in(10 000 yuan)	6446	7197	11.7
在岗职工平均工资(元)	Average Wage of Staff & Workers Employed in(yuan)	14048	15645	11.4
农牧民人均纯收入(元)	Per Capita Net Income of Peasant & Herdsman(yuan)	4135	4796	16.0
农村牧区经济	**Economic Development in Rural & Pastoral Area**			
耕地面积(公顷)	Cultivated Area(hectare)	20000	23300	16.5
农作物总播种面积(公顷)	Total Sown Area(hectare)	20721	24155	16.6
#粮食作物播种面积(公顷)	Sown Area of Grain Crops(hectare)	10512	9512	-9.5
有效灌溉面积(公顷)	Irrigated Area(hectare)	20000	23300	16.5
农牧业机械总动力(万千瓦)	Total Power of Agricultural Machinery(10 000 kw)	11.32	11.68	3.2
化肥施用折纯量(吨)	Consumption of Chemical Fertilizer(ton)	2536	4598	81.3
农村用电量(万千瓦小时)	Electricity Consumed in Rural Area(10 000 kwh)	1078	1607	49.1
农林牧渔业总产值(万元)	Gross Output of Farming,Forestry,Animal Husbandry & Fishery(10 000 yuan)	66361	70809	4.5
粮食产量(吨)	Yield of Grain(ton)	96199	87032	-9.5
油料产量(吨)	Yield of Oil-bearing Grops(ton)	565	712	26.0
甜菜产量(吨)	Yield of Beetroots(ton)	414		
猪牛羊肉产量(吨)	Output of Pork, Beef & Mutton(ton)	14977	19172	28.0
#猪肉产量(吨)	Output of Pork(ton)	5880	5825	-0.9
牛肉产量(吨)	Output of Beef(ton)	636	2234	251.3
羊肉产量(吨)	Output of Mutton(ton)	8461	11113	31.3

23-91 Etuokeqian Banner in Erdos City

指 标	Item	2004	2005	2005年比上年增长% Increase Rate in 2005 Over 2004(%)
羊毛产量(吨)	Output of Wool(ton)	1581	2085	31.9
年末牲畜存栏头数(万头只)	Total Livestock at the Year-end(10 000 heads)	98.01	94.07	-4.0
# 大牲畜(万头只)	Large Animals(10 000 heads)	3.76	4.23	12.5
羊(万只)	Sheep & Goats(10 000 heads)	90.79	86.45	-4.8
猪(万头)	Hogs(10 000 heads)	3.46	3.39	-2.0
规模以上工业	**Industry with Independent Accounting System**			
工业企业单位数(个)	Number of Industrial Enterprises(unit)	9	10	11.1
# 内资企业(个)	Civil Funded Enterprises(unit)	9	10	11.1
工业总产值(万元)	Gross Industrial Output Value(10 000 yuan)	15963	27623	73.0
内资企业(万元)	Civil Funded Enterprises(10 000 yuan)	15963	27623	73.0
国有企业(万元)	State-owned Enterprises(10 000 yuan)	1404	2349	67.3
集体企业(万元)	Collective-owned Enterprises(10 000 yuan)			
股份合作企业(万元)	Share Holding Enterprises(10 000 yuan)			
联营企业(万元)	Joint Owned Enterprises(10 000 yuan)			
有限责任公司(万元)	Limited Company(10 000 yuan)			
股份有限公司(万元)	Share Holding Limited Company(10 000 yuan)	10096	18898	87.2
私营企业(万元)	Privately Owned Enterprises(10 000 yuan)	4463	6376	42.9
其他企业(万元)	Enterprises of Other Ownership(10 000 yuan)			
港澳台商投资企业(万元)	Funds from HK,Macao & Taiwan(10 000 yuan)			
外商投资企业(万元)	Foreign Funded Enterprises(10 000 yuan)			
工业企业增加值(万元)	Value Added of Industrial Enterprises(10 000 yuan)	6610	9805	42.5
工业企业资产总计(万元)	Total Assets of Industrial Enterprises(10 000 yuan)	35250	44740	26.9
工业企业负债合计(万元)	Total Liabilities of Industrial Enterprises(10 000 yuan)	13039	18607	42.7
工业企业产品销售收入(万元)	Sales of Revenue Industrial Enterprises(10 000 yuan)	14113	27053	91.7
工业企业利润总额(万元)	Total Profits of Industrial Enterprises(10 000 yuan)	396	1324	234.3
建筑业	**Construction**			
建筑企业单位数(个)	Number of Construction Enterprises(unit)	3	3	0.0
建筑企业从业人员(人)	Number of Employee in Construction Enterprises(person)	527	1070	103.0
建筑业总产值(万元)	Gross Construction Output Value(10 000 yuan)	5822	7940	36.4
交通运输邮电通信业	**Transportation,Post & Telecommunications**			
公路里程(公里)	Total Length of Highways(km)	1600	1650	3.1
邮电业务总量(万元)	Business Volume of Post & Telecoms(10 000 yuan)	2060	2618	27.1
本地电话用户(户)	Number of Subscribers of Local Telephone(Household)	9470	7840	-17.2
国内贸易	**Demestic Trade**			
社会消费品零售总额(万元)	Total Retail Sales of Consumer Goods(10 000 yuan)	35980	42975	19.4
# 贸易业(万元)	Wholesale & Retail Sales Trades(10 000 yuan)	26748	32539	21.7
餐饮业(万元)	Catering Trade(10 000 yuan)	7277	8265	13.6
科技教育卫生	**Science,Education & Public Health**			
各类专业技术人员(人)	Speccial Technical Personnel(person)	1606	1641	2.2
幼儿园数(所)	Number of Kindergartens(unit)	12	11	-8.3
学龄儿童入学率(%)	Percentage of School-Age Children Enrolled(%)	100.0	100.0	0.0
小学学校数(所)	Number of Primary Schools(unit)	11	11	0.0
小学专任教师数(人)	Number of Full-time Teachers of Primary Schools(person)	319	342	7.2
小学在校学生数(人)	Number of Student Enrollment of Primary Schools(person)	4615	4344	-5.9
普通中学学校数(所)	Number of Regular Secondary Schools(unit)	6	5	-16.7
普通中学专任教师数(人)	Number of Teachers of Secondary Shools(person)	361	342	-5.3
初中在校学生数(人)	Number of Student in Junior Secondary Schools(person)	4284	4221	-1.5
高中在校学生数(人)	Number of Student in Senior Secondary Schools(person)	1335	1390	4.1
卫生机构数(所)	Number of Health Institutions(unit)	29	46	58.6
# 医院(所)	Hospitals(unit)	2	2	0.0
卫生院(所)	Township Hospitals(unit)	9	9	0.0
床位数(张)	Number of Beds(unit)	224	225	0.4
# 医院(张)	Hospitals(unit)	132	125	-5.3
卫生院(张)	Township Hospitals(unit)	80	85	6.2
卫生技术人员(人)	Medical Technical Presonnel(person)	285	316	10.9
# 医院(人)	Hospitals(person)	118	103	-12.7
卫生院(人)	Township Hospitals(person)	91	100	9.9

23-92 鄂尔多斯市鄂托克旗

指 标	Item	2004	2005	2005年比上年增长% Increase Rate in 2005 Over 2004(%)
行政区域土地面积(平方公里)	**Area of Administration(Sq.km)**	**20064**	**20064**	**0.0**
人口和就业	**Population & Employment**			
年末总人口(人)	Total Population Year-end(person)	92023	92838	0.9
# 男性(人)	Male(person)	47884	47953	0.1
# 乡村人口(人)	Rural(person)	41650	40050	-3.8
年末总户数(户)	Total Number of Households at the Year-end(Household)	32454	33027	1.8
# 乡村户数(户)	Number of Rural Household(Household)	11759	11503	-2.2
出生人口(人)	Births(person)	819	1001	22.2
死亡人口(人)	Deaths(person)	409	691	68.9
全社会就业人员(人)	Employment(person)	65743	71208	8.3
第一产业(人)	Primary Industry(person)	21634	20653	-4.5
第二产业(人)	Secondary Industry(person)	25772	28917	12.2
第三产业(人)	Tertiary Industry(person)	18337	21638	18.0
在岗职工人数(人)	Number of Staff & Workers Employed in(person)	9783	11705	19.6
乡村劳动力(人)	Number of Rural Laborers(person)	28160	27618	-1.9
# 农林牧渔业(人)	Farming,Forestry,Animal Husbandry & Fishery(person)	24147	23897	-1.0
国民经济综合指标	**Summary Item on the National Economy**			
生产总值(万元)	Gross Domestic Product(10 000 yuan)	380497	537464	35.0
第一产业(万元)	Primary Industry(10 000 yuan)	23866	27635	12.9
第二产业(万元)	Secondary Industry(10 000 yuan)	279559	405604	37.9
# 工业(万元)	Industry(10 000 yuan)	226359	327826	37.1
第三产业(万元)	Tertiary Industry(10 000 yuan)	77072	104225	30.7
人均生产总值(元)	Per Capita GDP(yuan)	41348	57893	33.8
全社会固定资产投资(万元)	Total Investment in Fixed Assets(10 000 yuan)	425426	667926	57.0
按登记注册类型分	Grouped by Registered Type			
# 国有(万元)	State-owned Enterprises(10 000 yuan)	63237	5000	-92.1
集体(万元)	Collective-owned Enterprises(10 000 yuan)		320	
有限责任公司(万元)	Limited Liability Corporations(10 000 yuan)	77789	212115	172.7
股份有限公司(万元)	Share Holding Enterprises(10 000 yuan)	246556	359504	45.8
私营企业(万元)	Private Enterprises(10 000 yuan)	17736	4630	-73.9
外商及港澳台投资企业(万元)	Funds from HK,Macao,Taiwan & Foreign(10 000 yuan)			
按管理渠道分	Grouped by Channel of Management			
# 基本建设(万元)	Capital Construction(10 000 yuan)	380017		
更新改造(万元)	Innovation(10 000 yuan)	7350		
房地产开发(万元)	Real Estate Development(10 000 yuan)	3200	2800	-12.5
地方财政收入(万元)	Local Governments Revenue(10 000 yuan)	19879	32944	65.7
地方财政支出(万元)	Local Governments Expenditures(10 000 yuan)	41710	56663	35.8
城乡居民储蓄存款余额(万元)	Resident Saving Deposit in Urban & Rural(10 000 yuan)	106202	111687	5.2
在岗职工工资总额(万元)	Total Wages of Staff & Workers Empioyed in(10 000 yuan)	17300	24300	40.5
在岗职工平均工资(元)	Average Wage of Staff & Workers Employed in(yuan)	13908	20742	49.1
农牧民人均纯收入(元)	Per Capita Net Income of Peasant & Herdsman(yuan)	3700	4609	24.6
农村牧区经济	**Economic Development in Rural & Pastoral Area**			
耕地面积(公顷)	Cultivated Area(hectare)	11619	13850	19.2
农作物总播种面积(公顷)	Total Sown Area(hectare)	11900	10242	-13.9
# 粮食作物播种面积(公顷)	Sown Area of Grain Crops(hectare)	7000	6064	-13.4
有效灌溉面积(公顷)	Irrigated Area(hectare)	11619	13850	19.2
农牧业机械总动力(万千瓦)	Total Power of Agricultural Machinery(10 000 kw)	14.26	14.77	3.6
化肥施用折纯量(吨)	Consumption of Chemical Fertilizer(ton)	2654	2384	-10.2
农村用电量(万千瓦小时)	Electricity Consumed in Rural Area(10 000 kwh)	597	609	2.0
农林牧渔业总产值(万元)	Gross Output of Farming,Forestry,Animal Husbandry & Fishery(10 000 yuan)	38973	47484	20.5
粮食产量(吨)	Yield of Grain(ton)	53879	45231	-16.1
油料产量(吨)	Yield of Oil-bearing Grops(ton)	2135	1502	-29.6
甜菜产量(吨)	Yield of Beetroots(ton)			
猪牛羊肉产量(吨)	Output of Pork, Beef & Mutton(ton)	9835	14087	43.2
# 猪肉产量(吨)	Output of Pork(ton)	2298	2971	29.3
牛肉产量(吨)	Output of Beef(ton)	353	521	47.6
羊肉产量(吨)	Output of Mutton(ton)	7184	10595	47.5

23-92 Etuoke Banner in Erdos City

指 标	Item	2004	2005	2005年比上年增长% Increase Rate in 2005 Over 2004(%)
羊毛产量(吨)	Output of Wool(ton)	1039	1034	-0.5
年末牲畜存栏头数(万头只)	Total Livestock at the Year-end(10 000 heads)	114.23	107.69	-5.7
# 大牲畜(万头只)	Large Animals(10 000 heads)	1.73	1.76	1.7
羊(万只)	Sheep & Goats(10 000 heads)	110.06	103.67	-5.8
猪(万头)	Hogs(10 000 heads)	2.44	2.26	-7.4
规模以上工业	**Industry with Independent Accounting System**			
工业企业单位数(个)	Number of Industrial Enterprises(unit)	44	61	38.6
# 内资企业(个)	Civil Funded Enterprises(unit)	44	61	38.6
工业总产值(万元)	Gross Industrial Output Value(10 000 yuan)	397771	602892	51.6
内资企业(万元)	Civil Funded Enterprises(10 000 yuan)	397771	602892	51.6
国有企业(万元)	State-owned Enterprises(10 000 yuan)	7858	12536	59.5
集体企业(万元)	Collective-owned Enterprises(10 000 yuan)	5474	5519	0.8
股份合作企业(万元)	Share Holding Enterprises(10 000 yuan)	4627	2596	-43.9
联营企业(万元)	Joint Owned Enterprises(10 000 yuan)			
有限责任公司(万元)	Limited Company(10 000 yuan)	16810	14623	-13.0
股份有限公司(万元)	Share Holding Limited Company(10 000 yuan)	113264	270879	139.2
私营企业(万元)	Privately Owned Enterprises(10 000 yuan)	249738	296739	18.8
其他企业(万元)	Enterprises of Other Ownership(10 000 yuan)			
港澳台商投资企业(万元)	Funds from HK,Macao & Taiwan(10 000 yuan)			
外商投资企业(万元)	Foreign Funded Enterprises(10 000 yuan)			
工业企业增加值(万元)	Value Added of Industrial Enterprises(10 000 yuan)	179658	274026	38.3
工业企业资产总计(万元)	Total Assets of Industrial Enterprises(10 000 yuan)	786279	1207260	53.5
工业企业负债合计(万元)	Total Liabilities of Industrial Enterprises(10 000 yuan)	483965	850002	75.6
工业企业产品销售收入(万元)	Sales of Revenue Industrial Enterprises(10 000 yuan)	391773	549798	40.3
工业企业利润总额(万元)	Total Profits of Industrial Enterprises(10 000 yuan)	60456	25815	-57.3
建筑业	**Construction**			
建筑企业单位数(个)	Number of Construction Enterprises(unit)	4	4	0.0
建筑企业从业人员(人)	Number of Employee in Construction Enterprises(person)	1936	1323	-31.7
建筑业总产值(万元)	Gross Construction Output Value(10 000 yuan)	29196	19979	-31.6
交通运输邮电通信业	**Transportation,Post & Telecommunications**			
公路里程(公里)	Total Length of Highways(km)	1288	1488	15.5
邮电业务总量(万元)	Business Volume of Post & Telecoms(10 000 yuan)	11820	15150	28.2
本地电话用户(户)	Number of Subscribers of Local Telephone(Household)	29733	32704	10.0
国内贸易	**Demestic Trade**			
社会消费品零售总额(万元)	Total Retail Sales of Consumer Goods(10 000 yuan)	110179	127624	15.8
# 贸易业(万元)	Wholesale & Retail Sales Trades(10 000 yuan)	77912	87828	12.7
餐饮业(万元)	Catering Trade(10 000 yuan)	29739	36180	21.7
科技教育卫生	**Science,Education & Public Health**			
各类专业技术人员(人)	Speccial Technical Personnel(person)	2700	2762	2.3
幼儿园数(所)	Number of Kindergartens(unit)	11	10	-9.1
学龄儿童入学率(%)	Percentage of School-Age Children Enrolled(%)	100.0	100.0	0.0
小学学校数(所)	Number of Primary Schools(unit)	18	16	-11.1
小学专任教师数(人)	Number of Full-time Teachers of Primary Schools(person)	637	654	2.7
小学在校学生数(人)	Number of Student Enrollment of Primary Schools(person)	7634	7509	-1.6
普通中学学校数(所)	Number of Regular Secondary Schools(unit)	6	7	16.7
普通中学专任教师数(人)	Number of Teachers of Secondary Shools(person)	476	542	13.9
初中在校学生数(人)	Number of Student in Junior Secondary Schools(person)	5758	5582	-3.1
高中在校学生数(人)	Number of Student in Senior Secondary Schools(person)	1490	1753	17.7
卫生机构数(所)	Number of Health Institutions(unit)	104	140	34.6
# 医院(所)	Hospitals(unit)	3	6	100.0
卫生院(所)	Township Hospitals(unit)	13	13	0.0
床位数(张)	Number of Beds(unit)	275	463	68.4
# 医院(张)	Hospitals(unit)	110	305	177.3
卫生院(张)	Township Hospitals(unit)	165	158	-4.2
卫生技术人员(人)	Medical Technical Presonnel(person)	263	261	-0.8
# 医院(人)	Hospitals(person)	112	181	61.6
卫生院(人)	Township Hospitals(person)	151	80	-47.0

23-93 鄂尔多斯市杭锦旗

指 标	Item	2004	2005	2005年比上年增长% Increase Rate in 2005 Over 2004(%)
行政区域土地面积(平方公里)	**Area of Administration(Sq.km)**	**18903**	**18903**	**0.0**
人口和就业	**Population & Employment**			
年末总人口(人)	Total Population Year-end(person)	133714	133732	0.0
#男性(人)	Male(person)	70215	70262	0.1
#乡村人口(人)	Rural(person)	76575	71520	-6.6
年末总户数(户)	Total Number of Households at the Year-end(Household)	43428	45847	5.6
#乡村户数(户)	Number of Rural Household(Household)	22946	21111	-8.0
出生人口(人)	Births(person)	1327	1315	-0.9
死亡人口(人)	Deaths(person)	1152	576	-50.0
全社会就业人员(人)	Employment(person)	71985	72903	1.3
第一产业(人)	Primary Industry(person)	51594	49102	-4.8
第二产业(人)	Secondary Industry(person)	10695	12205	14.1
第三产业(人)	Tertiary Industry(person)	9696	11596	19.6
在岗职工人数(人)	Number of Staff & Workers Employed in(person)	9803	9804	0.0
乡村劳动力(人)	Number of Rural Laborers(person)	57528	53730	-6.6
#农林牧渔业(人)	Farming,Forestry,Animal Husbandry & Fishery(person)	45298	41055	-9.4
国民经济综合指标	**Summary Item on the National Economy**			
生产总值(万元)	Gross Domestic Product(10 000 yuan)	180148	230322	17.4
第一产业(万元)	Primary Industry(10 000 yuan)	44664	52791	15.2
第二产业(万元)	Secondary Industry(10 000 yuan)	83685	111375	14.4
#工业(万元)	Industry(10 000 yuan)	70985	96630	14.7
第三产业(万元)	Tertiary Industry(10 000 yuan)	51799	66156	24.0
人均生产总值(元)	Per Capita GDP(yuan)	13473	17224	26.6
全社会固定资产投资(万元)	Total Investment in Fixed Assets(10 000 yuan)	112800	133708	18.5
按登记注册类型分	Grouped by Registered Type			
#国有(万元)	State-owned Enterprises(10 000 yuan)	75148	99087	31.9
集体(万元)	Collective-owned Enterprises(10 000 yuan)			
有限责任公司(万元)	Limited Liability Corporations(10 000 yuan)	3388		
股份有限公司(万元)	Share Holding Enterprises(10 000 yuan)	17800		
私营企业(万元)	Private Enterprises(10 000 yuan)	510		
外商及港澳台投资企业(万元)	Funds from HK,Macao,Taiwan & Foreign(10 000 yuan)			
按管理渠道分	Grouped by Channel of Management			
#基本建设(万元)	Capital Construction(10 000 yuan)	96068	120722	25.7
更新改造(万元)	Innovation(10 000 yuan)			
房地产开发(万元)	Real Estate Development(10 000 yuan)	838	800	-4.5
地方财政收入(万元)	Local Governments Revenue(10 000 yuan)	8318	10131	21.8
地方财政支出(万元)	Local Governments Expenditures(10 000 yuan)	43340	40039	-7.6
城乡居民储蓄存款余额(万元)	Resident Saving Deposit in Urban & Rural(10 000 yuan)	47718	56479	18.4
在岗职工工资总额(万元)	Total Wages of Staff & Workers Empioyed in(10 000 yuan)	11876	12918	8.8
在岗职工平均工资(元)	Average Wage of Staff & Workers Employed in(yuan)	12307	13204	7.3
农牧民人均纯收入(元)	Per Capita Net Income of Peasant & Herdsman(yuan)	3578	4136	15.6
农村牧区经济	**Economic Development in Rural & Pastoral Area**			
耕地面积(公顷)	Cultivated Area(hectare)	57016	58688	2.9
农作物总播种面积(公顷)	Total Sown Area(hectare)	42490	50919	19.8
#粮食作物播种面积(公顷)	Sown Area of Grain Crops(hectare)	19331	15466	-20.0
有效灌溉面积(公顷)	Irrigated Area(hectare)	44102	45894	4.1
农牧业机械总动力(万千瓦)	Total Power of Agricultural Machinery(10 000 kw)	24.32	26.00	6.9
化肥施用折纯量(吨)	Consumption of Chemical Fertilizer(ton)	48103	50147	4.2
农村用电量(万千瓦小时)	Electricity Consumed in Rural Area(10 000 kwh)	2576	2613	1.4
农林牧渔业总产值(万元)	Gross Output of Farming,Forestry,Animal Husbandry & Fishery(10 000 yuan)	75918	89000	16.4
粮食产量(吨)	Yield of Grain(ton)	165700	115061	-30.6
油料产量(吨)	Yield of Oil-bearing Grops(ton)	18398	47431	157.8
甜菜产量(吨)	Yield of Beetroots(ton)	12756	11219	-12.0
猪牛羊肉产量(吨)	Output of Pork, Beef & Mutton(ton)	15286	19019	24.4
#猪肉产量(吨)	Output of Pork(ton)	6227	4189	-32.7
牛肉产量(吨)	Output of Beef(ton)	955	592	-38.0
羊肉产量(吨)	Output of Mutton(ton)	8104	14238	75.7

23-93 Hangjin Banner in Erdos City

指 标	Item	2004	2005	2005年比上年增长% Increase Rate in 2005 Over 2004(%)
羊毛产量(吨)	Output of Wool(ton)	910	738	-18.9
年末牲畜存栏头数(万头只)	Total Livestock at the Year-end(10 000 heads)	128.14	128.51	0.3
# 大牲畜(万头只)	Large Animals(10 000 heads)	1.94	1.88	-3.1
羊(万只)	Sheep & Goats(10 000 heads)	121.90	122.76	0.7
猪(万头)	Hogs(10 000 heads)	4.30	3.87	-10.0
规模以上工业	**Industry with Independent Accounting System**			
工业企业单位数(个)	Number of Industrial Enterprises(unit)	22	22	0.0
# 内资企业(个)	Civil Funded Enterprises(unit)	22	22	0.0
工业总产值(万元)	Gross Industrial Output Value(10 000 yuan)	133229	185117	38.9
内资企业(万元)	Civil Funded Enterprises(10 000 yuan)	133229	185117	38.9
国有企业(万元)	State-owned Enterprises(10 000 yuan)	5844	10799	84.8
集体企业(万元)	Collective-owned Enterprises(10 000 yuan)			
股份合作企业(万元)	Share Holding Enterprises(10 000 yuan)			
联营企业(万元)	Joint Owned Enterprises(10 000 yuan)			
有限责任公司(万元)	Limited Company(10 000 yuan)	122735	174318	42.0
股份有限公司(万元)	Share Holding Limited Company(10 000 yuan)			
私营企业(万元)	Privately Owned Enterprises(10 000 yuan)	4650		
其他企业(万元)	Enterprises of Other Ownership(10 000 yuan)			
港澳台商投资企业(万元)	Funds from HK,Macao & Taiwan(10 000 yuan)			
外商投资企业(万元)	Foreign Funded Enterprises(10 000 yuan)			
工业企业增加值(万元)	Value Added of Industrial Enterprises(10 000 yuan)	55228	79230	17.5
工业企业资产总计(万元)	Total Assets of Industrial Enterprises(10 000 yuan)	141570	172540	21.9
工业企业负债合计(万元)	Total Liabilities of Industrial Enterprises(10 000 yuan)	114176	135812	18.9
工业企业产品销售收入(万元)	Sales of Revenue Industrial Enterprises(10 000 yuan)	129778	172558	33.0
工业企业利润总额(万元)	Total Profits of Industrial Enterprises(10 000 yuan)	4462	11831	165.2
建筑业	**Construction**			
建筑企业单位数(个)	Number of Construction Enterprises(unit)	2	2	0.0
建筑企业从业人员(人)	Number of Employee in Construction Enterprises(person)	511	433	-15.3
建筑业总产值(万元)	Gross Construction Output Value(10 000 yuan)	3241	3343	3.1
交通运输邮电通信业	**Transportation,Post & Telecommunications**			
公路里程(公里)	Total Length of Highways(km)	1421	1488	4.7
邮电业务总量(万元)	Business Volume of Post & Telecoms(10 000 yuan)	2336	3100	32.7
本地电话用户(户)	Number of Subscribers of Local Telephone(Household)	18336	11420	-37.7
国内贸易	**Demestic Trade**			
社会消费品零售总额(万元)	Total Retail Sales of Consumer Goods(10 000 yuan)	72898	87355	19.8
# 贸易业(万元)	Wholesale & Retail Sales Trades(10 000 yuan)	48504	55663	14.8
餐饮业(万元)	Catering Trade(10 000 yuan)	22756	26985	18.6
科技教育卫生	**Science,Education & Public Health**			
各类专业技术人员(人)	Speccial Technical Personnel(person)	3209	3210	0.0
幼儿园数(所)	Number of Kindergartens(unit)	10	7	-30.0
学龄儿童入学率(%)	Percentage of School-Age Children Enrolled(%)	100.0	100.0	0.0
小学学校数(所)	Number of Primary Schools(unit)	25	23	-8.0
小学专任教师数(人)	Number of Full-time Teachers of Primary Schools(person)	546	536	-1.8
小学在校学生数(人)	Number of Student Enrollment of Primary Schools(person)	6933	6413	-7.5
普通中学学校数(所)	Number of Regular Secondary Schools(unit)	3	3	0.0
普通中学专任教师数(人)	Number of Teachers of Secondary Shools(person)	320	313	-2.2
初中在校学生数(人)	Number of Student in Junior Secondary Schools(person)	3297	3065	-7.0
高中在校学生数(人)	Number of Student in Senior Secondary Schools(person)	1422	1448	1.8
卫生机构数(所)	Number of Health Institutions(unit)	58	60	3.4
# 医院(所)	Hospitals(unit)	2	2	0.0
卫生院(所)	Township Hospitals(unit)	12	12	0.0
床位数(张)	Number of Beds(unit)	390	400	2.6
# 医院(张)	Hospitals(unit)	240	250	4.2
卫生院(张)	Township Hospitals(unit)	150	150	0.0
卫生技术人员(人)	Medical Technical Presonnel(person)	359	427	18.9
# 医院(人)	Hospitals(person)	255	310	21.6
卫生院(人)	Township Hospitals(person)	104	117	12.5

23-94 鄂尔多斯市乌审旗

指 标	Item	2004	2005	2005年比上年增长% Increase Rate in 2005 Over 2004(%)
行政区域土地面积（平方公里）	**Area of Administration(Sq.km)**	**11645**	**11645**	**0.0**
人口和就业	**Population & Employment**			
年末总人口(人)	Total Population Year-end(person)	97023	97236	0.2
#男性(人)	Male(person)	50708	50722	0.0
#乡村人口(人)	Rural(person)	63068	59746	-5.3
年末总户数(户)	Total Number of Households at the Year-end(Household)	30137	30811	2.2
#乡村户数(户)	Number of Rural Household(Household)	18040	17722	-1.8
出生人口(人)	Births(person)	1251	943	-24.6
死亡人口(人)	Deaths(person)	590	828	40.3
全社会就业人员(人)	Employment(person)	61751	63075	2.1
第一产业(人)	Primary Industry(person)	40720	40204	-1.3
第二产业(人)	Secondary Industry(person)	8751	9351	6.9
第三产业(人)	Tertiary Industry(person)	12280	13520	10.1
在岗职工人数(人)	Number of Staff & Workers Employed in(person)	6754	6582	-2.5
乡村劳动力(人)	Number of Rural Laborers(person)	43201	40204	-6.9
#农林牧渔业(人)	Farming,Forestry,Animal Husbandry & Fishery(person)	39290	36001	-8.4
国民经济综合指标	**Summary Item on the National Economy**			
生产总值(万元)	Gross Domestic Product(10 000 yuan)	180931	294623	49.9
第一产业(万元)	Primary Industry(10 000 yuan)	45482	50041	10.1
第二产业(万元)	Secondary Industry(10 000 yuan)	100566	191782	76.8
#工业(万元)	Industry(10 000 yuan)	85066	160766	81.0
第三产业(万元)	Tertiary Industry(10 000 yuan)	34883	52800	23.8
人均生产总值(元)	Per Capita GDP(yuan)	18649	30299	49.6
全社会固定资产投资(万元)	Total Investment in Fixed Assets(10 000 yuan)	164409	322721	96.3
按登记注册类型分	Grouped by Registered Type			
#国有(万元)	State-owned Enterprises(10 000 yuan)	18805	176896	840.7
集体(万元)	Collective-owned Enterprises(10 000 yuan)	300	70	-76.7
有限责任公司(万元)	Limited Liability Corporations(10 000 yuan)	56660	30609	-46.0
股份有限公司(万元)	Share Holding Enterprises(10 000 yuan)	52093	73499	41.1
私营企业(万元)	Private Enterprises(10 000 yuan)	1610	3284	104.0
外商及港澳台投资企业(万元)	Funds from HK,Macao,Taiwan & Foreign(10 000 yuan)	9350	24000	156.7
按管理渠道分	Grouped by Channel of Management			
#基本建设(万元)	Capital Construction(10 000 yuan)	139208	301519	116.6
更新改造(万元)	Innovation(10 000 yuan)	385	8320	2061.0
房地产开发(万元)	Real Estate Development(10 000 yuan)		513	
地方财政收入(万元)	Local Governments Revenue(10 000 yuan)	12463	19680	57.9
地方财政支出(万元)	Local Governments Expenditures(10 000 yuan)	29669	42862	44.5
城乡居民储蓄存款余额(万元)	Resident Saving Deposit in Urban & Rural(10 000 yuan)	31033	36512	17.7
在岗职工工资总额(万元)	Total Wages of Staff & Workers Empioyed in(10 000 yuan)	8912	10495	17.8
在岗职工平均工资(元)	Average Wage of Staff & Workers Employed in(yuan)	12591	15991	27.0
农牧民人均纯收入(元)	Per Capita Net Income of Peasant & Herdsman(yuan)	4130	4783	15.8
农村牧区经济	**Economic Development in Rural & Pastoral Area**			
耕地面积(公顷)	Cultivated Area(hectare)	30710	34704	13.0
农作物总播种面积(公顷)	Total Sown Area(hectare)	32740	34704	6.0
#粮食作物播种面积(公顷)	Sown Area of Grain Crops(hectare)	15444	15311	-0.9
有效灌溉面积(公顷)	Irrigated Area(hectare)	29075	33069	13.7
农牧业机械总动力(万千瓦)	Total Power of Agricultural Machinery(10 000 kw)	21.70	25.88	19.3
化肥施用折纯量(吨)	Consumption of Chemical Fertilizer(ton)	4405	4694	6.6
农村用电量(万千瓦小时)	Electricity Consumed in Rural Area(10 000 kwh)	1245	1536	23.4
农林牧渔业总产值(万元)	Gross Output of Farming,Forestry,Animal Husbandry & Fishery(10 000 yuan)	75785	83630	3.3
粮食产量(吨)	Yield of Grain(ton)	111228	111359	0.1
油料产量(吨)	Yield of Oil-bearing Grops(ton)	1007	1010	0.3
甜菜产量(吨)	Yield of Beetroots(ton)			
猪牛羊肉产量(吨)	Output of Pork, Beef & Mutton(ton)	22647	34592	52.7
#猪肉产量(吨)	Output of Pork(ton)	14669	20017	36.5
牛肉产量(吨)	Output of Beef(ton)	3134	4800	53.2
羊肉产量(吨)	Output of Mutton(ton)	4844	9775	101.8

23-94 Wushen Banner in Erdos City

指 标	Item	2004	2005	2005年比上年增长% Increase Rate in 2005 Over 2004(%)
羊毛产量(吨)	Output of Wool(ton)	3184	2629	-17.4
年末牲畜存栏头数(万头只)	Total Livestock at the Year-end(10 000 heads)	102.99	105.12	2.1
# 大牲畜(万头只)	Large Animals(10 000 heads)	7.56	8.56	13.2
羊(万只)	Sheep & Goats(10 000 heads)	83.69	84.83	1.4
猪(万头)	Hogs(10 000 heads)	11.74	11.73	-0.1
规模以上工业	**Industry with Independent Accounting System**			
工业企业单位数(个)	Number of Industrial Enterprises(unit)	13	16	23.1
# 内资企业(个)	Civil Funded Enterprises(unit)	13	15	15.4
工业总产值(万元)	Gross Industrial Output Value(10 000 yuan)	174501	362842	107.9
内资企业(万元)	Civil Funded Enterprises(10 000 yuan)	174501	321164	84.0
国有企业(万元)	State-owned Enterprises(10 000 yuan)	862	1444	67.5
集体企业(万元)	Collective-owned Enterprises(10 000 yuan)			
股份合作企业(万元)	Share Holding Enterprises(10 000 yuan)			
联营企业(万元)	Joint Owned Enterprises(10 000 yuan)			
有限责任公司(万元)	Limited Company(10 000 yuan)			
股份有限公司(万元)	Share Holding Limited Company(10 000 yuan)	170601	317809	86.3
私营企业(万元)	Privately Owned Enterprises(10 000 yuan)			
其他企业(万元)	Enterprises of Other Ownership(10 000 yuan)	3038	1911	-37.1
港澳台商投资企业(万元)	Funds from HK,Macao & Taiwan(10 000 yuan)			
外商投资企业(万元)	Foreign Funded Enterprises(10 000 yuan)		41678	
工业企业增加值(万元)	Value Added of Industrial Enterprises(10 000 yuan)	82069	155266	85.4
工业企业资产总计(万元)	Total Assets of Industrial Enterprises(10 000 yuan)	114819	152002	32.4
工业企业负债合计(万元)	Total Liabilities of Industrial Enterprises(10 000 yuan)	68608	92078	34.2
工业企业产品销售收入(万元)	Sales of Revenue Industrial Enterprises(10 000 yuan)	168431	352149	109.1
工业企业利润总额(万元)	Total Profits of Industrial Enterprises(10 000 yuan)	15577	54960	252.8
建筑业	**Construction**			
建筑企业单位数(个)	Number of Construction Enterprises(unit)	2	2	0.0
建筑企业从业人员(人)	Number of Employee in Construction Enterprises(person)	1003	1165	16.2
建筑业总产值(万元)	Gross Construction Output Value(10 000 yuan)	12040	14871	23.5
交通运输邮电通信业	**Transportation,Post & Telecommunications**			
公路里程(公里)	Total Length of Highways(km)	1624	1624	0.0
邮电业务总量(万元)	Business Volume of Post & Telecoms(10 000 yuan)	2430	3517	44.7
本地电话用户(户)	Number of Subscribers of Local Telephone(Household)	14757	14757	0.0
国内贸易	**Demestic Trade**			
社会消费品零售总额(万元)	Total Retail Sales of Consumer Goods(10 000 yuan)	70266	81320	15.7
# 贸易业(万元)	Wholesale & Retail Sales Trades(10 000 yuan)	50966	57320	12.5
餐饮业(万元)	Catering Trade(10 000 yuan)	17790	20510	15.3
科技教育卫生	**Science,Education & Public Health**			
各类专业技术人员(人)	Speccial Technical Personnel(person)	2576	2137	-17.0
幼儿园数(所)	Number of Kindergartens(unit)	3	3	0.0
学龄儿童入学率(%)	Percentage of School-Age Children Enrolled(%)	100.0	100.0	0.0
小学学校数(所)	Number of Primary Schools(unit)	23	22	-4.3
小学专任教师数(人)	Number of Full-time Teachers of Primary Schools(person)	633	544	-14.1
小学在校学生数(人)	Number of Student Enrollment of Primary Schools(person)	6118	6267	2.4
普通中学学校数(所)	Number of Regular Secondary Schools(unit)	9	9	0.0
普通中学专任教师数(人)	Number of Teachers of Secondary Shools(person)	676	518	-23.4
初中在校学生数(人)	Number of Student in Junior Secondary Schools(person)	4814	5135	6.7
高中在校学生数(人)	Number of Student in Senior Secondary Schools(person)	1666	1688	1.3
卫生机构数(所)	Number of Health Institutions(unit)	50	50	0.0
# 医院(所)	Hospitals(unit)	2	2	0.0
卫生院(所)	Township Hospitals(unit)	13	13	0.0
床位数(张)	Number of Beds(unit)	266	298	12.0
# 医院(张)	Hospitals(unit)	100	118	18.0
卫生院(张)	Township Hospitals(unit)	157	152	-3.2
卫生技术人员(人)	Medical Technical Presonnel(person)	259	233	-10.0
# 医院(人)	Hospitals(person)	87	77	-11.5
卫生院(人)	Township Hospitals(person)	118	99	-16.1

23-95 鄂尔多斯市伊金霍洛旗

指 标	Item	2004	2005	2005年比上年增长% Increase Rate in 2005 Over 2004(%)
行政区域土地面积(平方公里)	**Area of Administration(Sq.km)**	**5565**	**5565**	**0.0**
人口和就业	**Population & Employment**			
年末总人口(人)	Total Population Year-end(person)	143171	143718	0.4
#男性(人)	Male(person)	76552	76266	-0.4
#乡村人口(人)	Rural(person)	64405	61979	-3.8
年末总户数(户)	Total Number of Households at the Year-end(Household)	48695	49802	2.3
#乡村户数(户)	Number of Rural Household(Household)	20127	19579	-2.7
出生人口(人)	Births(person)	1524	1948	27.8
死亡人口(人)	Deaths(person)	631	1590	152.0
全社会就业人员(人)	Employment(person)	106637	115957	8.7
第一产业(人)	Primary Industry(person)	34094	32876	-3.6
第二产业(人)	Secondary Industry(person)	41689	43568	4.5
第三产业(人)	Tertiary Industry(person)	30854	39513	28.1
在岗职工人数(人)	Number of Staff & Workers Employed in(person)	18689	16503	-11.7
乡村劳动力(人)	Number of Rural Laborers(person)	46819	45520	-2.8
#农林牧渔业(人)	Farming,Forestry,Animal Husbandry & Fishery(person)	34094	32876	-3.6
国民经济综合指标	**Summary Item on the National Economy**			
生产总值(万元)	Gross Domestic Product(10 000 yuan)	683020	896781	25.9
第一产业(万元)	Primary Industry(10 000 yuan)	34482	37979	7.3
第二产业(万元)	Secondary Industry(10 000 yuan)	260876	364835	32.3
#工业(万元)	Industry(10 000 yuan)	215676	294007	28.4
第三产业(万元)	Tertiary Industry(10 000 yuan)	387662	493967	23.2
人均生产总值(元)	Per Capita GDP(yuan)	47975	62518	25.1
全社会固定资产投资(万元)	Total Investment in Fixed Assets(10 000 yuan)	421261	691269	64.1
按登记注册类型分	Grouped by Registered Type			
#国有(万元)	State-owned Enterprises(10 000 yuan)	196435	389118	98.1
集体(万元)	Collective-owned Enterprises(10 000 yuan)	3313	4560	37.6
有限责任公司(万元)	Limited Liability Corporations(10 000 yuan)	79810	101622	27.3
股份有限公司(万元)	Share Holding Enterprises(10 000 yuan)	6940	69251	897.9
私营企业(万元)	Private Enterprises(10 000 yuan)	26654	16532	-38.0
外商及港澳台投资企业(万元)	Funds from HK,Macao,Taiwan & Foreign(10 000 yuan)			
按管理渠道分	Grouped by Channel of Management			
#基本建设(万元)	Capital Construction(10 000 yuan)	297399	618398	107.9
更新改造(万元)	Innovation(10 000 yuan)	15753	25300	60.6
房地产开发(万元)	Real Estate Development(10 000 yuan)		4010	
地方财政收入(万元)	Local Governments Revenue(10 000 yuan)	38061	68731	80.6
地方财政支出(万元)	Local Governments Expenditures(10 000 yuan)	53600	83235	55.3
城乡居民储蓄存款余额(万元)	Resident Saving Deposit in Urban & Rural(10 000 yuan)	131745	188385	43.0
在岗职工工资总额(万元)	Total Wages of Staff & Workers Empioyed in(10 000 yuan)	38021	42946	13.0
在岗职工平均工资(元)	Average Wage of Staff & Workers Employed in(yuan)	20344	25308	24.4
农牧民人均纯收入(元)	Per Capita Net Income of Peasant & Herdsman(yuan)	3986	4742	19.0
农村牧区经济	**Economic Development in Rural & Pastoral Area**			
耕地面积(公顷)	Cultivated Area(hectare)	39471	32180	-18.5
农作物总播种面积(公顷)	Total Sown Area(hectare)	32634	32163	-1.4
#粮食作物播种面积(公顷)	Sown Area of Grain Crops(hectare)	19476	18079	-7.2
有效灌溉面积(公顷)	Irrigated Area(hectare)	19930	33638	68.8
农牧业机械总动力(万千瓦)	Total Power of Agricultural Machinery(10 000 kw)	19.70	21.20	7.6
化肥施用折纯量(吨)	Consumption of Chemical Fertilizer(ton)	2823	3220	14.1
农村用电量(万千瓦小时)	Electricity Consumed in Rural Area(10 000 kwh)	2042	2086	2.2
农林牧渔业总产值(万元)	Gross Output of Farming,Forestry,Animal Husbandry & Fishery(10 000 yuan)	57016	58429	6.7
粮食产量(吨)	Yield of Grain(ton)	111854	104275	-6.8
油料产量(吨)	Yield of Oil-bearing Grops(ton)	2444	2819	15.3
甜菜产量(吨)	Yield of Beetroots(ton)	4615	2906	-37.0
猪牛羊肉产量(吨)	Output of Pork, Beef & Mutton(ton)	13706	17554	28.1
#猪肉产量(吨)	Output of Pork(ton)	8527	9124	7.0
牛肉产量(吨)	Output of Beef(ton)	321	377	17.4
羊肉产量(吨)	Output of Mutton(ton)	4858	8053	65.8

23-95 Yijinhuoluo Banner in Erdos City

指 标	Item	2004	2005	2005年比上年增长% Increase Rate in 2005 Over 2004(%)
羊毛产量(吨)	Output of Wool(ton)	9849	1114	-88.7
年末牲畜存栏头数(万头只)	Total Livestock at the Year-end(10 000 heads)	66.89	68.04	1.7
# 大牲畜(万头只)	Large Animals(10 000 heads)	2.18	2.01	-7.8
羊(万只)	Sheep & Goats(10 000 heads)	60.05	61.22	1.9
猪(万头)	Hogs(10 000 heads)	4.66	4.81	3.2
规模以上工业	**Industry with Independent Accounting System**			
工业企业单位数(个)	Number of Industrial Enterprises(unit)	19	20	5.3
# 内资企业(个)	Civil Funded Enterprises(unit)	18	19	5.6
工业总产值(万元)	Gross Industrial Output Value(10 000 yuan)	330657	504289	52.5
内资企业(万元)	Civil Funded Enterprises(10 000 yuan)	326647	499949	53.1
国有企业(万元)	State-owned Enterprises(10 000 yuan)	15716	8429	-46.4
集体企业(万元)	Collective-owned Enterprises(10 000 yuan)			
股份合作企业(万元)	Share Holding Enterprises(10 000 yuan)			
联营企业(万元)	Joint Owned Enterprises(10 000 yuan)			
有限责任公司(万元)	Limited Company(10 000 yuan)	305996	491007	60.5
股份有限公司(万元)	Share Holding Limited Company(10 000 yuan)			
私营企业(万元)	Privately Owned Enterprises(10 000 yuan)	4734		
其他企业(万元)	Enterprises of Other Ownership(10 000 yuan)	201	513	155.2
港澳台商投资企业(万元)	Funds from HK,Macao & Taiwan(10 000 yuan)			
外商投资企业(万元)	Foreign Funded Enterprises(10 000 yuan)	4010	4340	8.2
工业企业增加值(万元)	Value Added of Industrial Enterprises(10 000 yuan)	166843	244200	31.5
工业企业资产总计(万元)	Total Assets of Industrial Enterprises(10 000 yuan)	832173	1062087	27.6
工业企业负债合计(万元)	Total Liabilities of Industrial Enterprises(10 000 yuan)	715636	854513	19.4
工业企业产品销售收入(万元)	Sales of Revenue Industrial Enterprises(10 000 yuan)	342525	551023	60.9
工业企业利润总额(万元)	Total Profits of Industrial Enterprises(10 000 yuan)	18697	77555	314.8
建筑业	**Construction**			
建筑企业单位数(个)	Number of Construction Enterprises(unit)	3	3	0.0
建筑企业从业人员(人)	Number of Employee in Construction Enterprises(person)	800	155	-80.6
建筑业总产值(万元)	Gross Construction Output Value(10 000 yuan)	4457	12616	183.1
交通运输邮电通信业	**Transportation,Post & Telecommunications**			
公路里程(公里)	Total Length of Highways(km)	1200	1300	8.3
邮电业务总量(万元)	Business Volume of Post & Telecoms(10 000 yuan)	1893	2095	10.7
本地电话用户(户)	Number of Subscribers of Local Telephone(Household)	22211	25231	13.6
国内贸易	**Demestic Trade**			
社会消费品零售总额(万元)	Total Retail Sales of Consumer Goods(10 000 yuan)	98848	113563	14.9
# 贸易业(万元)	Wholesale & Retail Sales Trades(10 000 yuan)	75014	85017	13.3
餐饮业(万元)	Catering Trade(10 000 yuan)	21880	25327	15.8
科技教育卫生	**Science,Education & Public Health**			
各类专业技术人员(人)	Speccial Technical Personnel(person)	5320	4776	-10.2
幼儿园数(所)	Number of Kindergartens(unit)	8	8	0.0
学龄儿童入学率(%)	Percentage of School-Age Children Enrolled(%)	100.0	100.0	0.0
小学学校数(所)	Number of Primary Schools(unit)	24	18	-25.0
小学专任教师数(人)	Number of Full-time Teachers of Primary Schools(person)	656	657	0.2
小学在校学生数(人)	Number of Student Enrollment of Primary Schools(person)	9191	9083	-1.2
普通中学学校数(所)	Number of Regular Secondary Schools(unit)	8	8	0.0
普通中学专任教师数(人)	Number of Teachers of Secondary Shools(person)	584	775	32.7
初中在校学生数(人)	Number of Student in Junior Secondary Schools(person)	6374	6485	1.7
高中在校学生数(人)	Number of Student in Senior Secondary Schools(person)	2954	2970	0.5
卫生机构数(所)	Number of Health Institutions(unit)	26	26	0.0
# 医院(所)	Hospitals(unit)	1	1	0.0
卫生院(所)	Township Hospitals(unit)	16	16	0.0
床位数(张)	Number of Beds(unit)	284	273	-3.9
# 医院(张)	Hospitals(unit)	100	112	12.0
卫生院(张)	Township Hospitals(unit)	167	153	-8.4
卫生技术人员(人)	Medical Technical Presonnel(person)	438	408	-6.8
# 医院(人)	Hospitals(person)	303	312	3.0
卫生院(人)	Township Hospitals(person)	46	42	-8.7

23-96 巴彦淖尔市临河区

指 标	Item	2004	2005	2005年比上年增长% Increase Rate in 2005 Over 2004(%)
行政区域土地面积(平方公里)	**Area of Administration(Sq.km)**	**2354**	**2354**	**0.0**
人口和就业	**Population & Employment**			
年末总人口(人)	Total Population Year-end(person)	545601	532584	-2.4
# 男性(人)	Male(person)	272287	267023	-1.9
# 乡村人口(人)	Rural(person)	255418	251005	-1.7
年末总户数(户)	Total Number of Households at the Year-end(Household)	150774	152215	1.0
# 乡村户数(户)	Number of Rural Household(Household)	60795	60147	-1.1
出生人口(人)	Births(person)	3073	4204	36.8
死亡人口(人)	Deaths(person)	1075	1665	54.9
全社会就业人员(人)	Employment(person)	270138	271218	0.4
第一产业(人)	Primary Industry(person)	120152	116315	-3.2
第二产业(人)	Secondary Industry(person)	27670	28973	4.7
第三产业(人)	Tertiary Industry(person)	122316	125930	3.0
在岗职工人数(人)	Number of Staff & Workers Employed in(person)	58584	61115	4.3
乡村劳动力(人)	Number of Rural Laborers(person)	136008	146719	7.9
# 农林牧渔业(人)	Farming,Forestry,Animal Husbandry & Fishery(person)	120152	116315	-3.2
国民经济综合指标	**Summary Item on the National Economy**			
生产总值(万元)	Gross Domestic Product(10 000 yuan)	561746	713475	24.5
第一产业(万元)	Primary Industry(10 000 yuan)	155961	184920	16.5
第二产业(万元)	Secondary Industry(10 000 yuan)	150582	232821	46.3
# 工业(万元)	Industry(10 000 yuan)	116726	173091	39.9
第三产业(万元)	Tertiary Industry(10 000 yuan)	255203	295734	15.0
人均生产总值(元)	Per Capita GDP(yuan)	10967	13235	27.5
全社会固定资产投资(万元)	Total Investment in Fixed Assets(10 000 yuan)	230603	412771	79.0
按登记注册类型分	Grouped by Registered Type			
# 国有(万元)	State-owned Enterprises(10 000 yuan)	90543	105147	16.1
集体(万元)	Collective-owned Enterprises(10 000 yuan)		203	
有限责任公司(万元)	Limited Liability Corporations(10 000 yuan)	53802	207912	286.4
股份有限公司(万元)	Share Holding Enterprises(10 000 yuan)		1995	
私营企业(万元)	Private Enterprises(10 000 yuan)	49385	66433	34.5
外商及港澳台投资企业(万元)	Funds from HK,Macao,Taiwan & Foreign(10 000 yuan)	5130	11627	126.6
按管理渠道分	Grouped by Channel of Management			
# 基本建设(万元)	Capital Construction(10 000 yuan)	115260		
更新改造(万元)	Innovation(10 000 yuan)	27232		
房地产开发(万元)	Real Estate Development(10 000 yuan)	21745	73588	238.4
地方财政收入(万元)	Local Governments Revenue(10 000 yuan)	27429	32642	19.0
地方财政支出(万元)	Local Governments Expenditures(10 000 yuan)	43208	50186	16.1
城乡居民储蓄存款余额(万元)	Resident Saving Deposit in Urban & Rural(10 000 yuan)	491237	595700	21.3
在岗职工工资总额(万元)	Total Wages of Staff & Workers Empioyed in(10 000 yuan)	78253	90681	15.9
在岗职工平均工资(元)	Average Wage of Staff & Workers Employed in(yuan)	11041	12300	11.4
农牧民人均纯收入(元)	Per Capita Net Income of Peasant & Herdsman(yuan)	3904	4748	21.6
农村牧区经济	**Economic Development in Rural & Pastoral Area**			
耕地面积(公顷)	Cultivated Area(hectare)	127550	127550	0.0
农作物总播种面积(公顷)	Total Sown Area(hectare)	105847	103741	-2.0
# 粮食作物播种面积(公顷)	Sown Area of Grain Crops(hectare)	54216	56819	4.8
有效灌溉面积(公顷)	Irrigated Area(hectare)	127550	127550	0.0
农牧业机械总动力(万千瓦)	Total Power of Agricultural Machinery(10 000 kw)	48.10	51.12	6.3
化肥施用折纯量(吨)	Consumption of Chemical Fertilizer(ton)	57456	57544	0.2
农村用电量(万千瓦小时)	Electricity Consumed in Rural Area(10 000 kwh)	5600	5842	4.3
农林牧渔业总产值(万元)	Gross Output of Farming,Forestry,Animal Husbandry & Fishery(10 000 yuan)	268049	312632	16.5
粮食产量(吨)	Yield of Grain(ton)	422262	444435	5.3
油料产量(吨)	Yield of Oil-bearing Grops(ton)	81101	91922	13.3
甜菜产量(吨)	Yield of Beetroots(ton)	17185	35527	106.7
猪牛羊肉产量(吨)	Output of Pork, Beef & Mutton(ton)	68636	76606	11.6
# 猪肉产量(吨)	Output of Pork(ton)	23781	24389	2.6
牛肉产量(吨)	Output of Beef(ton)	2341	1716	-26.7
羊肉产量(吨)	Output of Mutton(ton)	42514	50501	18.8

23-96 Linhe District in Bayannaoer City

指 标	Item	2004	2005	2005年比上年增长% Increase Rate in 2005 Over 2004(%)
羊毛产量(吨)	Output of Wool(ton)	1618	1680	3.8
年末牲畜存栏头数(万头只)	Total Livestock at the Year-end(10 000 heads)	209.91	212.77	1.4
# 大牲畜(万头只)	Large Animals(10 000 heads)	7.86	8.83	12.3
羊(万只)	Sheep & Goats(10 000 heads)	179.87	180.63	0.4
猪(万头)	Hogs(10 000 heads)	22.18	23.31	5.1
规模以上工业	**Industry with Independent Accounting System**			
工业企业单位数(个)	Number of Industrial Enterprises(unit)	40	44	10.0
# 内资企业(个)	Civil Funded Enterprises(unit)	36	41	13.9
工业总产值(万元)	Gross Industrial Output Value(10 000 yuan)	238086	461353	93.8
内资企业(万元)	Civil Funded Enterprises(10 000 yuan)	195555	407657	108.5
国有企业(万元)	State-owned Enterprises(10 000 yuan)	30769	120055	290.2
集体企业(万元)	Collective-owned Enterprises(10 000 yuan)			
股份合作企业(万元)	Share Holding Enterprises(10 000 yuan)			
联营企业(万元)	Joint Owned Enterprises(10 000 yuan)			
有限责任公司(万元)	Limited Company(10 000 yuan)		86705	
股份有限公司(万元)	Share Holding Limited Company(10 000 yuan)	163703		
私营企业(万元)	Privately Owned Enterprises(10 000 yuan)		200897	
其他企业(万元)	Enterprises of Other Ownership(10 000 yuan)	1083		
港澳台商投资企业(万元)	Funds from HK,Macao & Taiwan(10 000 yuan)	22793	30581	34.2
外商投资企业(万元)	Foreign Funded Enterprises(10 000 yuan)	19738	23115	17.1
工业企业增加值(万元)	Value Added of Industrial Enterprises(10 000 yuan)	104440	157462	42.5
工业企业资产总计(万元)	Total Assets of Industrial Enterprises(10 000 yuan)	424836	449862	5.9
工业企业负债合计(万元)	Total Liabilities of Industrial Enterprises(10 000 yuan)	330457	348521	5.5
工业企业产品销售收入(万元)	Sales of Revenue Industrial Enterprises(10 000 yuan)	195760	340461	73.9
工业企业利润总额(万元)	Total Profits of Industrial Enterprises(10 000 yuan)	7183	7732	7.6
建筑业	**Construction**			
建筑企业单位数(个)	Number of Construction Enterprises(unit)	35	35	0.0
建筑企业从业人员(人)	Number of Employee in Construction Enterprises(person)	8484	8650	2.0
建筑业总产值(万元)	Gross Construction Output Value(10 000 yuan)	145432	166569	11.7
交通运输邮电通信业	**Transportation,Post & Telecommunications**			
公路里程(公里)	Total Length of Highways(km)	1015	1023	0.8
邮电业务总量(万元)	Business Volume of Post & Telecoms(10 000 yuan)	44800	52200	16.5
本地电话用户(户)	Number of Subscribers of Local Telephone(Household)	106820	146200	36.9
国内贸易	**Demestic Trade**			
社会消费品零售总额(万元)	Total Retail Sales of Consumer Goods(10 000 yuan)	183585	216998	18.2
# 贸易业(万元)	Wholesale & Retail Sales Trades(10 000 yuan)	125654	150659	19.9
餐饮业(万元)	Catering Trade(10 000 yuan)	32599	37945	16.4
科技教育卫生	**Science,Education & Public Health**			
各类专业技术人员(人)	Speccial Technical Personnel(person)	17263	17660	2.3
幼儿园数(所)	Number of Kindergartens(unit)	33	35	6.1
学龄儿童入学率(%)	Percentage of School-Age Children Enrolled(%)	100.0	100.0	0.0
小学学校数(所)	Number of Primary Schools(unit)	128	101	-21.1
小学专任教师数(人)	Number of Full-time Teachers of Primary Schools(person)	2368	2229	-5.9
小学在校学生数(人)	Number of Student Enrollment of Primary Schools(person)	37583	39669	5.6
普通中学学校数(所)	Number of Regular Secondary Schools(unit)	24	22	-8.3
普通中学专任教师数(人)	Number of Teachers of Secondary Shools(person)	1928	1888	-2.1
初中在校学生数(人)	Number of Student in Junior Secondary Schools(person)	25399	21176	-16.6
高中在校学生数(人)	Number of Student in Senior Secondary Schools(person)	16561	19469	17.6
卫生机构数(所)	Number of Health Institutions(unit)	45	46	2.2
# 医院(所)	Hospitals(unit)	8	10	25.0
卫生院(所)	Township Hospitals(unit)	26	25	-3.8
床位数(张)	Number of Beds(unit)	2236	2469	10.4
# 医院(张)	Hospitals(unit)	1459	1707	17.0
卫生院(张)	Township Hospitals(unit)	523	491	-6.1
卫生技术人员(人)	Medical Technical Presonnel(person)	2785	2767	-0.6
# 医院(人)	Hospitals(person)	1530	1561	2.0
卫生院(人)	Township Hospitals(person)	663	553	-16.6

23-97 巴彦淖尔市五原县

指 标	Item	2004	2005	2005年比上年增长% Increase Rate in 2005 Over 2004(%)
行政区域土地面积(平方公里)	**Area of Administration(Sq.km)**	**2493**	**2493**	**0.0**
人口和就业	**Population & Employment**			
年末总人口(人)	Total Population Year-end(person)	276059	271942	-1.5
# 男性(人)	Male(person)	142346	140024	-1.6
# 乡村人口(人)	Rural(person)	211690	209846	-0.9
年末总户数(户)	Total Number of Households at the Year-end(Household)	76616	77260	0.8
# 乡村户数(户)	Number of Rural Household(Household)	49815	49354	-0.9
出生人口(人)	Births(person)	1912	2405	25.8
死亡人口(人)	Deaths(person)	1247	3279	163.0
全社会就业人员(人)	Employment(person)	133312	147751	10.8
第一产业(人)	Primary Industry(person)	88626	102762	16.0
第二产业(人)	Secondary Industry(person)	14688	14781	0.6
第三产业(人)	Tertiary Industry(person)	29998	30208	0.7
在岗职工人数(人)	Number of Staff & Workers Employed in(person)	11888	11660	-1.9
乡村劳动力(人)	Number of Rural Laborers(person)	122376	122403	0.0
# 农林牧渔业(人)	Farming,Forestry,Animal Husbandry & Fishery(person)	87148	86381	-0.9
国民经济综合指标	**Summary Item on the National Economy**			
生产总值(万元)	Gross Domestic Product(10 000 yuan)	232914	289185	23.0
第一产业(万元)	Primary Industry(10 000 yuan)	99977	118611	17.0
第二产业(万元)	Secondary Industry(10 000 yuan)	55473	81970	47.3
# 工业(万元)	Industry(10 000 yuan)	29571	38546	36.3
第三产业(万元)	Tertiary Industry(10 000 yuan)	77464	88604	14.1
人均生产总值(元)	Per Capita GDP(yuan)	9000	10554	24.8
全社会固定资产投资(万元)	Total Investment in Fixed Assets(10 000 yuan)	123150	209488	70.1
按登记注册类型分	Grouped by Registered Type			
# 国有(万元)	State-owned Enterprises(10 000 yuan)	83079	110094	32.5
集体(万元)	Collective-owned Enterprises(10 000 yuan)		2227	
有限责任公司(万元)	Limited Liability Corporations(10 000 yuan)		9784	
股份有限公司(万元)	Share Holding Enterprises(10 000 yuan)	205	15600	7509.8
私营企业(万元)	Private Enterprises(10 000 yuan)	30899	49402	59.9
外商及港澳台投资企业(万元)	Funds from HK,Macao,Taiwan & Foreign(10 000 yuan)			
按管理渠道分	Grouped by Channel of Management			
# 基本建设(万元)	Capital Construction(10 000 yuan)	83105		
更新改造(万元)	Innovation(10 000 yuan)			
房地产开发(万元)	Real Estate Development(10 000 yuan)	3446	15197	341.0
地方财政收入(万元)	Local Governments Revenue(10 000 yuan)	13026	16525	26.9
地方财政支出(万元)	Local Governments Expenditures(10 000 yuan)	29266	36558	24.9
城乡居民储蓄存款余额(万元)	Resident Saving Deposit in Urban & Rural(10 000 yuan)	120479	146458	21.6
在岗职工工资总额(万元)	Total Wages of Staff & Workers Empioyed in(10 000 yuan)	12953	14989	15.7
在岗职工平均工资(元)	Average Wage of Staff & Workers Employed in(yuan)	10879	12922	18.8
农牧民人均纯收入(元)	Per Capita Net Income of Peasant & Herdsman(yuan)	3441	4237	23.1
农村牧区经济	**Economic Development in Rural & Pastoral Area**			
耕地面积(公顷)	Cultivated Area(hectare)	115125	119890	4.1
农作物总播种面积(公顷)	Total Sown Area(hectare)	118195	130447	10.4
# 粮食作物播种面积(公顷)	Sown Area of Grain Crops(hectare)	52000	59113	13.7
有效灌溉面积(公顷)	Irrigated Area(hectare)	115125	119890	4.1
农牧业机械总动力(万千瓦)	Total Power of Agricultural Machinery(10 000 kw)	60.10	62.10	3.3
化肥施用折纯量(吨)	Consumption of Chemical Fertilizer(ton)	47115	57446	21.9
农村用电量(万千瓦小时)	Electricity Consumed in Rural Area(10 000 kwh)	5124	5144	0.4
农林牧渔业总产值(万元)	Gross Output of Farming,Forestry,Animal Husbandry & Fishery(10 000 yuan)	165463	199864	17.0
粮食产量(吨)	Yield of Grain(ton)	327703	370051	12.9
油料产量(吨)	Yield of Oil-bearing Grops(ton)	120502	153415	27.3
甜菜产量(吨)	Yield of Beetroots(ton)	80569	95576	18.6
猪牛羊肉产量(吨)	Output of Pork, Beef & Mutton(ton)	21518	23081	7.3
# 猪肉产量(吨)	Output of Pork(ton)	11370	11823	4.0
牛肉产量(吨)	Output of Beef(ton)	192	529	175.5
羊肉产量(吨)	Output of Mutton(ton)	9956	10729	7.8

23-97 Wuyuan County in Bayannaoer City

指 标	Item	2004	2005	2005年比上年增长% Increase Rate in 2005 Over 2004(%)
羊毛产量(吨)	Output of Wool(ton)	1134	1247	10.0
年末牲畜存栏头数(万头只)	Total Livestock at the Year-end(10 000 heads)	111.91	113.74	1.6
# 大牲畜(万头只)	Large Animals(10 000 heads)	3.26	3.19	-2.1
羊(万只)	Sheep & Goats(10 000 heads)	96.87	97.75	0.9
猪(万头)	Hogs(10 000 heads)	11.78	12.80	8.7
规模以上工业	**Industry with Independent Accounting System**			
工业企业单位数(个)	Number of Industrial Enterprises(unit)	14	21	50.0
# 内资企业(个)	Civil Funded Enterprises(unit)	14	21	50.0
工业总产值(万元)	Gross Industrial Output Value(10 000 yuan)	52530	102406	94.9
内资企业(万元)	Civil Funded Enterprises(10 000 yuan)	52530	102406	94.9
国有企业(万元)	State-owned Enterprises(10 000 yuan)	241	273	13.3
集体企业(万元)	Collective-owned Enterprises(10 000 yuan)			
股份合作企业(万元)	Share Holding Enterprises(10 000 yuan)			
联营企业(万元)	Joint Owned Enterprises(10 000 yuan)			
有限责任公司(万元)	Limited Company(10 000 yuan)		36502	
股份有限公司(万元)	Share Holding Limited Company(10 000 yuan)	52289	7604	-85.5
私营企业(万元)	Privately Owned Enterprises(10 000 yuan)		58027	
其他企业(万元)	Enterprises of Other Ownership(10 000 yuan)			
港澳台商投资企业(万元)	Funds from HK,Macao & Taiwan(10 000 yuan)			
外商投资企业(万元)	Foreign Funded Enterprises(10 000 yuan)			
工业企业增加值(万元)	Value Added of Industrial Enterprises(10 000 yuan)	21243	30218	42.0
工业企业资产总计(万元)	Total Assets of Industrial Enterprises(10 000 yuan)	40398	82600	104.5
工业企业负债合计(万元)	Total Liabilities of Industrial Enterprises(10 000 yuan)	27275	57960	112.5
工业企业产品销售收入(万元)	Sales of Revenue Industrial Enterprises(10 000 yuan)	52995	96324	81.8
工业企业利润总额(万元)	Total Profits of Industrial Enterprises(10 000 yuan)	407	613	50.6
建筑业	**Construction**			
建筑企业单位数(个)	Number of Construction Enterprises(unit)	5	4	-20.0
建筑企业从业人员(人)	Number of Employee in Construction Enterprises(person)	450	614	36.4
建筑业总产值(万元)	Gross Construction Output Value(10 000 yuan)	10268	5460	-49.6
交通运输邮电通信业	**Transportation,Post & Telecommunications**			
公路里程(公里)	Total Length of Highways(km)	602	637	5.8
邮电业务总量(万元)	Business Volume of Post & Telecoms(10 000 yuan)	6770	8600	27.0
本地电话用户(户)	Number of Subscribers of Local Telephone(Household)	28800	34921	21.3
国内贸易	**Demestic Trade**			
社会消费品零售总额(万元)	Total Retail Sales of Consumer Goods(10 000 yuan)	58407	67694	15.9
# 贸易业(万元)	Wholesale & Retail Sales Trades(10 000 yuan)	47329	56322	19.0
餐饮业(万元)	Catering Trade(10 000 yuan)	6079	6103	0.4
科技教育卫生	**Science,Education & Public Health**			
各类专业技术人员(人)	Speccial Technical Personnel(person)	4646	4968	6.9
幼儿园数(所)	Number of Kindergartens(unit)	11	11	0.0
学龄儿童入学率(%)	Percentage of School-Age Children Enrolled(%)	100.0	100.0	0.0
小学学校数(所)	Number of Primary Schools(unit)	121	108	-10.7
小学专任教师数(人)	Number of Full-time Teachers of Primary Schools(person)	1393	1340	-3.8
小学在校学生数(人)	Number of Student Enrollment of Primary Schools(person)	20406	19859	-2.7
普通中学学校数(所)	Number of Regular Secondary Schools(unit)	10	9	-10.0
普通中学专任教师数(人)	Number of Teachers of Secondary Shools(person)	821	800	-2.6
初中在校学生数(人)	Number of Student in Junior Secondary Schools(person)	11759	11319	-3.7
高中在校学生数(人)	Number of Student in Senior Secondary Schools(person)	6215	6919	11.3
卫生机构数(所)	Number of Health Institutions(unit)	25	25	0.0
# 医院(所)	Hospitals(unit)	3	3	0.0
卫生院(所)	Township Hospitals(unit)	17	17	0.0
床位数(张)	Number of Beds(unit)	580	574	-1.0
# 医院(张)	Hospitals(unit)	280	318	13.6
卫生院(张)	Township Hospitals(unit)	240	192	-20.0
卫生技术人员(人)	Medical Technical Presonnel(person)	656	671	2.3
# 医院(人)	Hospitals(person)	337	341	1.2
卫生院(人)	Township Hospitals(person)	176	177	0.6

23-98 巴彦淖尔市磴口县

指 标	Item	2004	2005	2005年比上年增长% Increase Rate in 2005 Over 2004(%)
行政区域土地面积(平方公里)	**Area of Administration(Sq.km)**	**4167**	**4167**	**0.0**
人口和就业	**Population & Employment**			
年末总人口(人)	Total Population Year-end(person)	123340	122676	-0.5
#男性(人)	Male(person)	63237	62684	-0.9
#乡村人口(人)	Rural(person)	56683	56183	-0.9
年末总户数(户)	Total Number of Households at the Year-end(Household)	37339	37523	0.5
#乡村户数(户)	Number of Rural Household(Household)	14765	14593	-1.2
出生人口(人)	Births(person)	1291	1484	14.9
死亡人口(人)	Deaths(person)	1281	1249	-2.5
全社会就业人员(人)	Employment(person)	60098	60344	0.4
第一产业(人)	Primary Industry(person)	42300	34495	-18.5
第二产业(人)	Secondary Industry(person)	5626	10054	78.7
第三产业(人)	Tertiary Industry(person)	12172	15795	29.8
在岗职工人数(人)	Number of Staff & Workers Employed in(person)	12979	12589	-3.0
乡村劳动力(人)	Number of Rural Laborers(person)	34144	40847	19.6
#农林牧渔业(人)	Farming,Forestry,Animal Husbandry & Fishery(person)	29974	29769	-0.7
国民经济综合指标	**Summary Item on the National Economy**			
生产总值(万元)	Gross Domestic Product(10 000 yuan)	133918	168810	23.2
第一产业(万元)	Primary Industry(10 000 yuan)	33073	38769	15.6
第二产业(万元)	Secondary Industry(10 000 yuan)	63478	87887	34.8
#工业(万元)	Industry(10 000 yuan)	46470	69984	46.7
第三产业(万元)	Tertiary Industry(10 000 yuan)	37367	42154	10.1
人均生产总值(元)	Per Capita GDP(yuan)	11740	13724	23.9
全社会固定资产投资(万元)	Total Investment in Fixed Assets(10 000 yuan)	122708	131030	6.8
按登记注册类型分	Grouped by Registered Type			
#国有(万元)	State-owned Enterprises(10 000 yuan)	63298	66142	4.5
集体(万元)	Collective-owned Enterprises(10 000 yuan)	320	760	137.5
有限责任公司(万元)	Limited Liability Corporations(10 000 yuan)	9801	28339	189.1
股份有限公司(万元)	Share Holding Enterprises(10 000 yuan)	22706	10000	-56.0
私营企业(万元)	Private Enterprises(10 000 yuan)	5817	5380	-7.5
外商及港澳台投资企业(万元)	Funds from HK,Macao,Taiwan & Foreign(10 000 yuan)	5000	3000	-40.0
按管理渠道分	Grouped by Channel of Management			
#基本建设(万元)	Capital Construction(10 000 yuan)	86049		
更新改造(万元)	Innovation(10 000 yuan)	4782		
房地产开发(万元)	Real Estate Development(10 000 yuan)	1180	350	-70.3
地方财政收入(万元)	Local Governments Revenue(10 000 yuan)	8134	9363	15.1
地方财政支出(万元)	Local Governments Expenditures(10 000 yuan)	19589	23120	18.0
城乡居民储蓄存款余额(万元)	Resident Saving Deposit in Urban & Rural(10 000 yuan)	79763	87332	9.5
在岗职工工资总额(万元)	Total Wages of Staff & Workers Empioyed in(10 000 yuan)	12231	13787	12.7
在岗职工平均工资(元)	Average Wage of Staff & Workers Employed in(yuan)	9054	10899	20.4
农牧民人均纯收入(元)	Per Capita Net Income of Peasant & Herdsman(yuan)	3647	4425	21.3
农村牧区经济	**Economic Development in Rural & Pastoral Area**			
耕地面积(公顷)	Cultivated Area(hectare)	41500	40182	-3.2
农作物总播种面积(公顷)	Total Sown Area(hectare)	26746	26541	-0.8
#粮食作物播种面积(公顷)	Sown Area of Grain Crops(hectare)	13597	13983	2.8
有效灌溉面积(公顷)	Irrigated Area(hectare)	41500	38950	-6.1
农牧业机械总动力(万千瓦)	Total Power of Agricultural Machinery(10 000 kw)	16.00	16.53	3.3
化肥施用折纯量(吨)	Consumption of Chemical Fertilizer(ton)	8627	9466	9.7
农村用电量(万千瓦小时)	Electricity Consumed in Rural Area(10 000 kwh)	838	903	7.8
农林牧渔业总产值(万元)	Gross Output of Farming,Forestry,Animal Husbandry & Fishery(10 000 yuan)	52585	59538	15.6
粮食产量(吨)	Yield of Grain(ton)	96631	100746	4.3
油料产量(吨)	Yield of Oil-bearing Grops(ton)	14959	17014	13.7
甜菜产量(吨)	Yield of Beetroots(ton)	462	30625	6528.8
猪牛羊肉产量(吨)	Output of Pork, Beef & Mutton(ton)	7224	7646	5.8
#猪肉产量(吨)	Output of Pork(ton)	3330	3159	-5.1
牛肉产量(吨)	Output of Beef(ton)	343	334	-2.6
羊肉产量(吨)	Output of Mutton(ton)	3551	4153	17.0

23-98 Dengkou County in Bayannaoer City

指 标	Item	2004	2005	2005年比上年增长% Increase Rate in 2005 Over 2004(%)
羊毛产量(吨)	Output of Wool(ton)	286	315	10.1
年末牲畜存栏头数(万头只)	Total Livestock at the Year-end(10 000 heads)	38.85	39.88	2.7
# 大牲畜(万头只)	Large Animals(10 000 heads)	2.68	3.33	24.3
羊(万只)	Sheep & Goats(10 000 heads)	32.85	33.23	1.2
猪(万头)	Hogs(10 000 heads)	3.32	3.32	0.0
规模以上工业	**Industry with Independent Accounting System**			
工业企业单位数(个)	Number of Industrial Enterprises(unit)	11	17	54.5
# 内资企业(个)	Civil Funded Enterprises(unit)	9	15	66.7
工业总产值(万元)	Gross Industrial Output Value(10 000 yuan)	105366	187274	77.7
内资企业(万元)	Civil Funded Enterprises(10 000 yuan)	44356	102982	132.2
国有企业(万元)	State-owned Enterprises(10 000 yuan)	7025	10139	44.3
集体企业(万元)	Collective-owned Enterprises(10 000 yuan)	1848	3107	68.1
股份合作企业(万元)	Share Holding Enterprises(10 000 yuan)			
联营企业(万元)	Joint Owned Enterprises(10 000 yuan)			
有限责任公司(万元)	Limited Company(10 000 yuan)		43463	
股份有限公司(万元)	Share Holding Limited Company(10 000 yuan)	26663	17806	-33.2
私营企业(万元)	Privately Owned Enterprises(10 000 yuan)		28467	
其他企业(万元)	Enterprises of Other Ownership(10 000 yuan)	8820		
港澳台商投资企业(万元)	Funds from HK,Macao & Taiwan(10 000 yuan)			
外商投资企业(万元)	Foreign Funded Enterprises(10 000 yuan)	61010	84292	38.2
工业企业增加值(万元)	Value Added of Industrial Enterprises(10 000 yuan)	40094	63608	60.0
工业企业资产总计(万元)	Total Assets of Industrial Enterprises(10 000 yuan)	64142	98487	53.5
工业企业负债合计(万元)	Total Liabilities of Industrial Enterprises(10 000 yuan)	38470	47144	22.5
工业企业产品销售收入(万元)	Sales of Revenue Industrial Enterprises(10 000 yuan)	95444	159792	67.4
工业企业利润总额(万元)	Total Profits of Industrial Enterprises(10 000 yuan)	5242	10743	104.9
建筑业	**Construction**			
建筑企业单位数(个)	Number of Construction Enterprises(unit)	1	1	0.0
建筑企业从业人员(人)	Number of Employee in Construction Enterprises(person)	50	50	0.0
建筑业总产值(万元)	Gross Construction Output Value(10 000 yuan)	2100	2665	29.7
交通运输邮电通信业	**Transportation,Post & Telecommunications**			
公路里程(公里)	Total Length of Highways(km)	339	376	10.9
邮电业务总量(万元)	Business Volume of Post & Telecoms(10 000 yuan)	2946	3744	27.1
本地电话用户(户)	Number of Subscribers of Local Telephone(Household)	26570	30402	14.4
国内贸易	**Demestic Trade**			
社会消费品零售总额(万元)	Total Retail Sales of Consumer Goods(10 000 yuan)	35466	40680	14.7
# 贸易业(万元)	Wholesale & Retail Sales Trades(10 000 yuan)	31092	35694	14.8
餐饮业(万元)	Catering Trade(10 000 yuan)	2808	3162	12.6
科技教育卫生	**Science,Education & Public Health**			
各类专业技术人员(人)	Speccial Technical Personnel(person)	3551	3255	-8.3
幼儿园数(所)	Number of Kindergartens(unit)	9	8	-11.1
学龄儿童入学率(%)	Percentage of School-Age Children Enrolled(%)	100.0	100.0	0.0
小学学校数(所)	Number of Primary Schools(unit)	36	32	-11.1
小学专任教师数(人)	Number of Full-time Teachers of Primary Schools(person)	570	537	-5.8
小学在校学生数(人)	Number of Student Enrollment of Primary Schools(person)	7756	7829	0.9
普通中学学校数(所)	Number of Regular Secondary Schools(unit)	9	9	0.0
普通中学专任教师数(人)	Number of Teachers of Secondary Shools(person)	364	388	6.6
初中在校学生数(人)	Number of Student in Junior Secondary Schools(person)	4717	4504	-4.5
高中在校学生数(人)	Number of Student in Senior Secondary Schools(person)	2571	2506	-2.5
卫生机构数(所)	Number of Health Institutions(unit)	12	11	-8.3
# 医院(所)	Hospitals(unit)	2	2	0.0
卫生院(所)	Township Hospitals(unit)	8	7	-12.5
床位数(张)	Number of Beds(unit)	338	325	-3.8
# 医院(张)	Hospitals(unit)	212	212	0.0
卫生院(张)	Township Hospitals(unit)	91	74	-18.7
卫生技术人员(人)	Medical Technical Presonnel(person)	395	364	-7.8
# 医院(人)	Hospitals(person)	231	234	1.3
卫生院(人)	Township Hospitals(person)	90	52	-42.2

23-99 巴彦淖尔市乌拉特前旗

指 标	Item	2004	2005	2005年比上年增长% Increase Rate in 2005 Over 2004(%)
行政区域土地面积(平方公里)	**Area of Administration(Sq.km)**	**7476**	**7476**	**0.0**
人口和就业	**Population & Employment**			
年末总人口(人)	Total Population Year-end(person)	335614	334004	-0.5
# 男性(人)	Male(person)	174522	172659	-1.1
# 乡村人口(人)	Rural(person)	239800	239071	-0.3
年末总户数(户)	Total Number of Households at the Year-end(Household)	97731	100918	3.3
# 乡村户数(户)	Number of Rural Household(Household)	56107	56074	-0.1
出生人口(人)	Births(person)	2220	2662	19.9
死亡人口(人)	Deaths(person)	4017	1636	-59.3
全社会就业人员(人)	Employment(person)	173065	150699	-12.9
第一产业(人)	Primary Industry(person)	105594	103875	-1.6
第二产业(人)	Secondary Industry(person)	27118	16192	-40.3
第三产业(人)	Tertiary Industry(person)	40353	30632	-24.1
在岗职工人数(人)	Number of Staff & Workers Employed in(person)	27396	27051	-1.3
乡村劳动力(人)	Number of Rural Laborers(person)	125629	138479	10.2
# 农林牧渔业(人)	Farming,Forestry,Animal Husbandry & Fishery(person)	93993	93611	-0.4
国民经济综合指标	**Summary Item on the National Economy**			
生产总值(万元)	Gross Domestic Product(10 000 yuan)	325462	409252	23.6
第一产业(万元)	Primary Industry(10 000 yuan)	99722	120516	19.2
第二产业(万元)	Secondary Industry(10 000 yuan)	125550	173591	35.1
# 工业(万元)	Industry(10 000 yuan)	78120	112866	40.0
第三产业(万元)	Tertiary Industry(10 000 yuan)	100190	115145	14.0
人均生产总值(元)	Per Capita GDP(yuan)	10980	12223	24.2
全社会固定资产投资(万元)	Total Investment in Fixed Assets(10 000 yuan)	281669	365764	29.9
按登记注册类型分	Grouped by Registered Type			
# 国有(万元)	State-owned Enterprises(10 000 yuan)	184957	155167	-16.1
集体(万元)	Collective-owned Enterprises(10 000 yuan)	120	600	400.0
有限责任公司(万元)	Limited Liability Corporations(10 000 yuan)	20049	26149	30.4
股份有限公司(万元)	Share Holding Enterprises(10 000 yuan)	19548	105506	439.7
私营企业(万元)	Private Enterprises(10 000 yuan)	35578	58565	64.6
外商及港澳台投资企业(万元)	Funds from HK,Macao,Taiwan & Foreign(10 000 yuan)			
按管理渠道分	Grouped by Channel of Management			
# 基本建设(万元)	Capital Construction(10 000 yuan)	214314		
更新改造(万元)	Innovation(10 000 yuan)	14720		
房地产开发(万元)	Real Estate Development(10 000 yuan)	4538	4670	2.9
地方财政收入(万元)	Local Governments Revenue(10 000 yuan)	17008	21058	23.8
地方财政支出(万元)	Local Governments Expenditures(10 000 yuan)	38588	47639	23.5
城乡居民储蓄存款余额(万元)	Resident Saving Deposit in Urban & Rural(10 000 yuan)	159218	198123	24.4
在岗职工工资总额(万元)	Total Wages of Staff & Workers Empioyed in(10 000 yuan)	31519	35316	12.0
在岗职工平均工资(元)	Average Wage of Staff & Workers Employed in(yuan)	11427	12834	12.3
农牧民人均纯收入(元)	Per Capita Net Income of Peasant & Herdsman(yuan)	3445	4239	23.0
农村牧区经济	**Economic Development in Rural & Pastoral Area**			
耕地面积(公顷)	Cultivated Area(hectare)	142465	142580	0.1
农作物总播种面积(公顷)	Total Sown Area(hectare)	104023	111770	7.4
# 粮食作物播种面积(公顷)	Sown Area of Grain Crops(hectare)	46965	55268	17.7
有效灌溉面积(公顷)	Irrigated Area(hectare)	106181	107696	1.4
农牧业机械总动力(万千瓦)	Total Power of Agricultural Machinery(10 000 kw)	59.60	64.74	8.6
化肥施用折纯量(吨)	Consumption of Chemical Fertilizer(ton)	27095	27767	2.5
农村用电量(万千瓦小时)	Electricity Consumed in Rural Area(10 000 kwh)	10308	10886	5.6
农林牧渔业总产值(万元)	Gross Output of Farming,Forestry,Animal Husbandry & Fishery(10 000 yuan)	168427	201431	19.2
粮食产量(吨)	Yield of Grain(ton)	315981	359287	13.7
油料产量(吨)	Yield of Oil-bearing Grops(ton)	84281	92150	9.3
甜菜产量(吨)	Yield of Beetroots(ton)	41173	38891	-5.5
猪牛羊肉产量(吨)	Output of Pork, Beef & Mutton(ton)	21786	27212	24.9
# 猪肉产量(吨)	Output of Pork(ton)	10539	10646	1.0
牛肉产量(吨)	Output of Beef(ton)	622	727	16.9
羊肉产量(吨)	Output of Mutton(ton)	10625	15839	49.1

23-99 Wulateqian Banner in Bayannaoer City

指 标	Item	2004	2005	2005年比上年增长% Increase Rate in 2005 Over 2004(%)
羊毛产量(吨)	Output of Wool(ton)	1413	1430	1.2
年末牲畜存栏头数(万头只)	Total Livestock at the Year-end(10 000 heads)	131.67	138.60	5.3
# 大牲畜(万头只)	Large Animals(10 000 heads)	2.16	2.03	-6.0
羊(万只)	Sheep & Goats(10 000 heads)	119.31	126.22	5.8
猪(万头)	Hogs(10 000 heads)	10.20	10.34	1.4
规模以上工业	**Industry with Independent Accounting System**			
工业企业单位数(个)	Number of Industrial Enterprises(unit)	30	34	13.3
# 内资企业(个)	Civil Funded Enterprises(unit)	28	32	14.3
工业总产值(万元)	Gross Industrial Output Value(10 000 yuan)	190401	314795	65.3
内资企业(万元)	Civil Funded Enterprises(10 000 yuan)	186914	310860	66.3
国有企业(万元)	State-owned Enterprises(10 000 yuan)	245	1206	392.2
集体企业(万元)	Collective-owned Enterprises(10 000 yuan)			
股份合作企业(万元)	Share Holding Enterprises(10 000 yuan)			
联营企业(万元)	Joint Owned Enterprises(10 000 yuan)			
有限责任公司(万元)	Limited Company(10 000 yuan)		187308	
股份有限公司(万元)	Share Holding Limited Company(10 000 yuan)	186669	66834	-64.2
私营企业(万元)	Privately Owned Enterprises(10 000 yuan)		55512	
其他企业(万元)	Enterprises of Other Ownership(10 000 yuan)			
港澳台商投资企业(万元)	Funds from HK,Macao & Taiwan(10 000 yuan)			
外商投资企业(万元)	Foreign Funded Enterprises(10 000 yuan)	3487	3935	12.8
工业企业增加值(万元)	Value Added of Industrial Enterprises(10 000 yuan)	68835	103581	42.5
工业企业资产总计(万元)	Total Assets of Industrial Enterprises(10 000 yuan)	245306	334625	36.4
工业企业负债合计(万元)	Total Liabilities of Industrial Enterprises(10 000 yuan)	132600	205837	55.2
工业企业产品销售收入(万元)	Sales of Revenue Industrial Enterprises(10 000 yuan)	144753	253552	75.2
工业企业利润总额(万元)	Total Profits of Industrial Enterprises(10 000 yuan)	10235	24152	136.0
建筑业	**Construction**			
建筑企业单位数(个)	Number of Construction Enterprises(unit)	8	7	-12.5
建筑企业从业人员(人)	Number of Employee in Construction Enterprises(person)	422	427	1.2
建筑业总产值(万元)	Gross Construction Output Value(10 000 yuan)	8433	6629	-24.2
交通运输邮电通信业	**Transportation,Post & Telecommunications**			
公路里程(公里)	Total Length of Highways(km)	938	1078	14.9
邮电业务总量(万元)	Business Volume of Post & Telecoms(10 000 yuan)	3277	8779	167.9
本地电话用户(户)	Number of Subscribers of Local Telephone(Household)	49033	46425	-5.3
国内贸易	**Demestic Trade**			
社会消费品零售总额(万元)	Total Retail Sales of Consumer Goods(10 000 yuan)	65274	76175	16.7
# 贸易业(万元)	Wholesale & Retail Sales Trades(10 000 yuan)	52787	61286	16.1
餐饮业(万元)	Catering Trade(10 000 yuan)	7992	8272	3.5
科技教育卫生	**Science,Education & Public Health**			
各类专业技术人员(人)	Speccial Technical Personnel(person)	6890	7028	2.0
幼儿园数(所)	Number of Kindergartens(unit)	36	37	2.8
学龄儿童入学率(%)	Percentage of School-Age Children Enrolled(%)	100.0	100.0	0.0
小学学校数(所)	Number of Primary Schools(unit)	115	97	-15.7
小学专任教师数(人)	Number of Full-time Teachers of Primary Schools(person)	1671	1507	-9.8
小学在校学生数(人)	Number of Student Enrollment of Primary Schools(person)	19790	19318	-2.4
普通中学学校数(所)	Number of Regular Secondary Schools(unit)	25	23	-8.0
普通中学专任教师数(人)	Number of Teachers of Secondary Shools(person)	1293	1252	-3.2
初中在校学生数(人)	Number of Student in Junior Secondary Schools(person)	17410	15189	-12.8
高中在校学生数(人)	Number of Student in Senior Secondary Schools(person)	7101	8987	26.6
卫生机构数(所)	Number of Health Institutions(unit)	25	25	0.0
# 医院(所)	Hospitals(unit)	4	4	0.0
卫生院(所)	Township Hospitals(unit)	19	19	0.0
床位数(张)	Number of Beds(unit)	757	769	1.6
# 医院(张)	Hospitals(unit)	388	388	0.0
卫生院(张)	Township Hospitals(unit)	309	306	-1.0
卫生技术人员(人)	Medical Technical Presonnel(person)	958	985	2.8
# 医院(人)	Hospitals(person)	357	362	1.4
卫生院(人)	Township Hospitals(person)	408	427	4.7

23-100 巴彦淖尔市乌拉特中旗

指 标	Item	2004	2005	2005年比上年增长% Increase Rate in 2005 Over 2004(%)
行政区域土地面积(平方公里)	**Area of Administration(Sq.km)**	**23096**	**23096**	**0.0**
人口和就业	**Population & Employment**			
年末总人口(人)	Total Population Year-end(person)	139867	137481	-1.7
# 男性(人)	Male(person)	71819	70712	-1.5
# 乡村人口(人)	Rural(person)	98533	98133	-0.4
年末总户数(户)	Total Number of Households at the Year-end(Household)	43405	44015	1.4
# 乡村户数(户)	Number of Rural Household(Household)	24215	24108	-0.4
出生人口(人)	Births(person)	1147	1151	0.3
死亡人口(人)	Deaths(person)	1521	581	-61.8
全社会就业人员(人)	Employment(person)	67837	69254	2.1
第一产业(人)	Primary Industry(person)	48466	48380	-0.2
第二产业(人)	Secondary Industry(person)	6523	7388	13.3
第三产业(人)	Tertiary Industry(person)	12848	13486	5.0
在岗职工人数(人)	Number of Staff & Workers Employed in(person)	9470	10206	7.8
乡村劳动力(人)	Number of Rural Laborers(person)	49317	59198	20.0
# 农林牧渔业(人)	Farming,Forestry,Animal Husbandry & Fishery(person)	46754	46645	-0.2
国民经济综合指标	**Summary Item on the National Economy**			
生产总值(万元)	Gross Domestic Product(10 000 yuan)	123289	163901	23.0
第一产业(万元)	Primary Industry(10 000 yuan)	53005	62823	16.9
第二产业(万元)	Secondary Industry(10 000 yuan)	45723	67048	35.2
# 工业(万元)	Industry(10 000 yuan)	32315	46248	36.5
第三产业(万元)	Tertiary Industry(10 000 yuan)	24561	34030	15.0
人均生产总值(元)	Per Capita GDP(yuan)	9400	11819	25.1
全社会固定资产投资(万元)	Total Investment in Fixed Assets(10 000 yuan)	98534	134012	36.0
按登记注册类型分	Grouped by Registered Type			
# 国有(万元)	State-owned Enterprises(10 000 yuan)	54257	90251	66.3
集体(万元)	Collective-owned Enterprises(10 000 yuan)			
有限责任公司(万元)	Limited Liability Corporations(10 000 yuan)	19460	15267	-21.5
股份有限公司(万元)	Share Holding Enterprises(10 000 yuan)	1400		
私营企业(万元)	Private Enterprises(10 000 yuan)	1418	9153	545.5
外商及港澳台投资企业(万元)	Funds from HK,Macao,Taiwan & Foreign(10 000 yuan)	6190	11590	87.2
按管理渠道分	Grouped by Channel of Management			
# 基本建设(万元)	Capital Construction(10 000 yuan)	81025		
更新改造(万元)	Innovation(10 000 yuan)			
房地产开发(万元)	Real Estate Development(10 000 yuan)			
地方财政收入(万元)	Local Governments Revenue(10 000 yuan)	6989	8877	27.0
地方财政支出(万元)	Local Governments Expenditures(10 000 yuan)	28087	34041	21.2
城乡居民储蓄存款余额(万元)	Resident Saving Deposit in Urban & Rural(10 000 yuan)	57428	68767	19.7
在岗职工工资总额(万元)	Total Wages of Staff & Workers Empioyed in(10 000 yuan)	11699	12789	9.3
在岗职工平均工资(元)	Average Wage of Staff & Workers Employed in(yuan)	11528	12562	9.0
农牧民人均纯收入(元)	Per Capita Net Income of Peasant & Herdsman(yuan)	3012	3387	12.5
农村牧区经济	**Economic Development in Rural & Pastoral Area**			
耕地面积(公顷)	Cultivated Area(hectare)	67553	68364	1.2
农作物总播种面积(公顷)	Total Sown Area(hectare)	42335	45445	7.3
# 粮食作物播种面积(公顷)	Sown Area of Grain Crops(hectare)	22833	24828	8.7
有效灌溉面积(公顷)	Irrigated Area(hectare)	47188	47841	1.4
农牧业机械总动力(万千瓦)	Total Power of Agricultural Machinery(10 000 kw)	23.60	23.76	0.7
化肥施用折纯量(吨)	Consumption of Chemical Fertilizer(ton)	4768	5123	7.4
农村用电量(万千瓦小时)	Electricity Consumed in Rural Area(10 000 kwh)	4263	4772	11.9
农林牧渔业总产值(万元)	Gross Output of Farming,Forestry,Animal Husbandry & Fishery(10 000 yuan)	82319	97739	16.9
粮食产量(吨)	Yield of Grain(ton)	139043	145357	4.5
油料产量(吨)	Yield of Oil-bearing Grops(ton)	21694	30829	42.1
甜菜产量(吨)	Yield of Beetroots(ton)	1421	1054	-25.8
猪牛羊肉产量(吨)	Output of Pork, Beef & Mutton(ton)	17823	19394	8.8
# 猪肉产量(吨)	Output of Pork(ton)	2946	3633	23.3
牛肉产量(吨)	Output of Beef(ton)	176	290	64.8
羊肉产量(吨)	Output of Mutton(ton)	14701	15471	5.2

23-100 Wulatezhong Banner in Bayannaoer City

指 标	Item	2004	2005	2005年比上年增长% Increase Rate in 2005 Over 2004(%)
羊毛产量(吨)	Output of Wool(ton)	1226	1279	4.3
年末牲畜存栏头数(万头只)	Total Livestock at the Year-end(10 000 heads)	144.53	131.42	-9.1
# 大牲畜(万头只)	Large Animals(10 000 heads)	0.82	0.84	2.4
羊(万只)	Sheep & Goats(10 000 heads)	139.92	126.84	-9.3
猪(万头)	Hogs(10 000 heads)	3.79	3.74	-1.3
规模以上工业	**Industry with Independent Accounting System**			
工业企业单位数(个)	Number of Industrial Enterprises(unit)	17	18	5.9
# 内资企业(个)	Civil Funded Enterprises(unit)	16	18	12.5
工业总产值(万元)	Gross Industrial Output Value(10 000 yuan)	57163	97887	71.2
内资企业(万元)	Civil Funded Enterprises(10 000 yuan)	52164	97887	87.7
国有企业(万元)	State-owned Enterprises(10 000 yuan)	8716	140	-98.4
集体企业(万元)	Collective-owned Enterprises(10 000 yuan)	2101	3800	80.9
股份合作企业(万元)	Share Holding Enterprises(10 000 yuan)			
联营企业(万元)	Joint Owned Enterprises(10 000 yuan)			
有限责任公司(万元)	Limited Company(10 000 yuan)		65843	
股份有限公司(万元)	Share Holding Limited Company(10 000 yuan)	41347	16502	-60.1
私营企业(万元)	Privately Owned Enterprises(10 000 yuan)		11602	
其他企业(万元)	Enterprises of Other Ownership(10 000 yuan)			
港澳台商投资企业(万元)	Funds from HK,Macao & Taiwan(10 000 yuan)	4999		
外商投资企业(万元)	Foreign Funded Enterprises(10 000 yuan)			
工业企业增加值(万元)	Value Added of Industrial Enterprises(10 000 yuan)	23210	37143	42.0
工业企业资产总计(万元)	Total Assets of Industrial Enterprises(10 000 yuan)	59747	71798	20.2
工业企业负债合计(万元)	Total Liabilities of Industrial Enterprises(10 000 yuan)	30638	29877	-2.5
工业企业产品销售收入(万元)	Sales of Revenue Industrial Enterprises(10 000 yuan)	43109	91277	111.7
工业企业利润总额(万元)	Total Profits of Industrial Enterprises(10 000 yuan)	4312	7704	78.7
建筑业	**Construction**			
建筑企业单位数(个)	Number of Construction Enterprises(unit)	3	3	0.0
建筑企业从业人员(人)	Number of Employee in Construction Enterprises(person)	165	262	58.8
建筑业总产值(万元)	Gross Construction Output Value(10 000 yuan)	1846	1703	-10.5
交通运输邮电通信业	**Transportation,Post & Telecommunications**			
公路里程(公里)	Total Length of Highways(km)	1294	1294	0.0
邮电业务总量(万元)	Business Volume of Post & Telecoms(10 000 yuan)	1529	1628	6.5
本地电话用户(户)	Number of Subscribers of Local Telephone(Household)	27000	28197	4.4
国内贸易	**Demestic Trade**			
社会消费品零售总额(万元)	Total Retail Sales of Consumer Goods(10 000 yuan)	35916	41338	15.1
# 贸易业(万元)	Wholesale & Retail Sales Trades(10 000 yuan)	31116	35782	15.0
餐饮业(万元)	Catering Trade(10 000 yuan)	3421	4012	17.3
科技教育卫生	**Science,Education & Public Health**			
各类专业技术人员(人)	Speccial Technical Personnel(person)	2764	1851	-33.0
幼儿园数(所)	Number of Kindergartens(unit)	17	12	-29.4
学龄儿童入学率(%)	Percentage of School-Age Children Enrolled(%)	100.0	100.0	0.0
小学学校数(所)	Number of Primary Schools(unit)	30	17	-43.3
小学专任教师数(人)	Number of Full-time Teachers of Primary Schools(person)	889	644	-27.6
小学在校学生数(人)	Number of Student Enrollment of Primary Schools(person)	8144	7521	-7.6
普通中学学校数(所)	Number of Regular Secondary Schools(unit)	8	6	-25.0
普通中学专任教师数(人)	Number of Teachers of Secondary Shools(person)	454	392	-13.7
初中在校学生数(人)	Number of Student in Junior Secondary Schools(person)	5146	4115	-20.0
高中在校学生数(人)	Number of Student in Senior Secondary Schools(person)	1260	1017	-19.3
卫生机构数(所)	Number of Health Institutions(unit)	19	19	0.0
# 医院(所)	Hospitals(unit)	2	2	0.0
卫生院(所)	Township Hospitals(unit)	15	15	0.0
床位数(张)	Number of Beds(unit)	294	309	5.1
# 医院(张)	Hospitals(unit)	147	147	0.0
卫生院(张)	Township Hospitals(unit)	127	131	3.1
卫生技术人员(人)	Medical Technical Presonnel(person)	452	423	-6.4
# 医院(人)	Hospitals(person)	178	172	-3.4
卫生院(人)	Township Hospitals(person)	184	168	-8.7

23-101 巴彦淖尔市乌拉特后旗

指 标	Item	2004	2005	2005年比上年增长% Increase Rate in 2005 Over 2004(%)
行政区域土地面积(平方公里)	**Area of Administration(Sq.km)**	**24925**	**24925**	**0.0**
人口和就业	**Population & Employment**			
年末总人口(人)	Total Population Year-end(person)	56332	55121	-2.1
# 男性(人)	Male(person)	29336	28764	-1.9
# 乡村人口(人)	Rural(person)	20630	20428	-1.0
年末总户数(户)	Total Number of Households at the Year-end(Household)	18840	18679	-0.9
# 乡村户数(户)	Number of Rural Household(Household)	5201	5171	-0.6
出生人口(人)	Births(person)	304	365	20.1
死亡人口(人)	Deaths(person)	216	383	77.3
全社会就业人员(人)	Employment(person)	22175	21888	-1.3
第一产业(人)	Primary Industry(person)	11736	11723	-0.1
第二产业(人)	Secondary Industry(person)	4729	4191	-11.4
第三产业(人)	Tertiary Industry(person)	5710	5974	4.6
在岗职工人数(人)	Number of Staff & Workers Employed in(person)	7093	7264	2.4
乡村劳动力(人)	Number of Rural Laborers(person)	11520	12546	8.9
# 农林牧渔业(人)	Farming,Forestry,Animal Husbandry & Fishery(person)	10846	10782	-0.6
国民经济综合指标	**Summary Item on the National Economy**			
生产总值(万元)	Gross Domestic Product(10 000 yuan)	91289	136175	31.7
第一产业(万元)	Primary Industry(10 000 yuan)	9587	11365	16.9
第二产业(万元)	Secondary Industry(10 000 yuan)	51374	88795	48.1
# 工业(万元)	Industry(10 000 yuan)	42310	76753	52.7
第三产业(万元)	Tertiary Industry(10 000 yuan)	30328	36015	12.0
人均生产总值(元)	Per Capita GDP(yuan)	16733	24436	34.6
全社会固定资产投资(万元)	Total Investment in Fixed Assets(10 000 yuan)	87406	117818	34.8
按登记注册类型分	Grouped by Registered Type			
# 国有(万元)	State-owned Enterprises(10 000 yuan)	35061	28735	-18.0
集体(万元)	Collective-owned Enterprises(10 000 yuan)			
有限责任公司(万元)	Limited Liability Corporations(10 000 yuan)	44371	41288	-6.9
股份有限公司(万元)	Share Holding Enterprises(10 000 yuan)		45038	
私营企业(万元)	Private Enterprises(10 000 yuan)	5350		
外商及港澳台投资企业(万元)	Funds from HK,Macao,Taiwan & Foreign(10 000 yuan)			
按管理渠道分	Grouped by Channel of Management			
# 基本建设(万元)	Capital Construction(10 000 yuan)	72811		
更新改造(万元)	Innovation(10 000 yuan)	281		
房地产开发(万元)	Real Estate Development(10 000 yuan)			
地方财政收入(万元)	Local Governments Revenue(10 000 yuan)	6425	12285	91.2
地方财政支出(万元)	Local Governments Expenditures(10 000 yuan)	19181	28950	50.9
城乡居民储蓄存款余额(万元)	Resident Saving Deposit in Urban & Rural(10 000 yuan)	28131	35056	24.6
在岗职工工资总额(万元)	Total Wages of Staff & Workers Empioyed in(10 000 yuan)	8193	10769	31.4
在岗职工平均工资(元)	Average Wage of Staff & Workers Employed in(yuan)	11405	14047	23.2
农牧民人均纯收入(元)	Per Capita Net Income of Peasant & Herdsman(yuan)	1816	2097	15.5
农村牧区经济	**Economic Development in Rural & Pastoral Area**			
耕地面积(公顷)	Cultivated Area(hectare)	5741	5741	0.0
农作物总播种面积(公顷)	Total Sown Area(hectare)	3726	4236	13.7
# 粮食作物播种面积(公顷)	Sown Area of Grain Crops(hectare)	2896	3262	12.6
有效灌溉面积(公顷)	Irrigated Area(hectare)	5420	4236	-21.8
农牧业机械总动力(万千瓦)	Total Power of Agricultural Machinery(10 000 kw)	4.20	4.19	-0.2
化肥施用折纯量(吨)	Consumption of Chemical Fertilizer(ton)	1500	1552	3.5
农村用电量(万千瓦小时)	Electricity Consumed in Rural Area(10 000 kwh)	1093	1136	3.9
农林牧渔业总产值(万元)	Gross Output of Farming,Forestry,Animal Husbandry & Fishery(10 000 yuan)	14836	15994	16.9
粮食产量(吨)	Yield of Grain(ton)	20074	22534	12.3
油料产量(吨)	Yield of Oil-bearing Grops(ton)	851	1228	44.3
甜菜产量(吨)	Yield of Beetroots(ton)		32	
猪牛羊肉产量(吨)	Output of Pork, Beef & Mutton(ton)	3633	4298	18.3
# 猪肉产量(吨)	Output of Pork(ton)	267	356	33.3
牛肉产量(吨)	Output of Beef(ton)	37	62	67.6
羊肉产量(吨)	Output of Mutton(ton)	3329	3880	16.6

23-101 Wulatehou Banner in Bayannaoer City

指 标	Item	2004	2005	2005年比上年增长% Increase Rate in 2005 Over 2004(%)
羊毛产量(吨)	Output of Wool(ton)	134	144	7.5
年末牲畜存栏头数(万头只)	Total Livestock at the Year-end(10 000 heads)	47.21	48.33	2.4
# 大牲畜(万头只)	Large Animals(10 000 heads)	0.73	0.77	5.5
羊(万只)	Sheep & Goats(10 000 heads)	46.18	47.26	2.3
猪(万头)	Hogs(10 000 heads)	0.30	0.30	0.0
规模以上工业	**Industry with Independent Accounting System**			
工业企业单位数(个)	Number of Industrial Enterprises(unit)	17	25	47.1
# 内资企业(个)	Civil Funded Enterprises(unit)	17	25	47.1
工业总产值(万元)	Gross Industrial Output Value(10 000 yuan)	84566	179341	112.1
内资企业(万元)	Civil Funded Enterprises(10 000 yuan)	84566	179341	112.1
国有企业(万元)	State-owned Enterprises(10 000 yuan)	1476	10410	605.3
集体企业(万元)	Collective-owned Enterprises(10 000 yuan)			
股份合作企业(万元)	Share Holding Enterprises(10 000 yuan)			
联营企业(万元)	Joint Owned Enterprises(10 000 yuan)			
有限责任公司(万元)	Limited Company(10 000 yuan)			
股份有限公司(万元)	Share Holding Limited Company(10 000 yuan)	82286	168931	105.3
私营企业(万元)	Privately Owned Enterprises(10 000 yuan)			
其他企业(万元)	Enterprises of Other Ownership(10 000 yuan)	804		
港澳台商投资企业(万元)	Funds from HK,Macao & Taiwan(10 000 yuan)			
外商投资企业(万元)	Foreign Funded Enterprises(10 000 yuan)			
工业企业增加值(万元)	Value Added of Industrial Enterprises(10 000 yuan)	38509	72952	55.5
工业企业资产总计(万元)	Total Assets of Industrial Enterprises(10 000 yuan)	123376	199581	61.8
工业企业负债合计(万元)	Total Liabilities of Industrial Enterprises(10 000 yuan)	36812	76347	107.4
工业企业产品销售收入(万元)	Sales of Revenue Industrial Enterprises(10 000 yuan)	78350	186818	138.4
工业企业利润总额(万元)	Total Profits of Industrial Enterprises(10 000 yuan)	14330	52077	263.4
建筑业	**Construction**			
建筑企业单位数(个)	Number of Construction Enterprises(unit)			
建筑企业从业人员(人)	Number of Employee in Construction Enterprises(person)			
建筑业总产值(万元)	Gross Construction Output Value(10 000 yuan)			
交通运输邮电通信业	**Transportation,Post & Telecommunications**			
公路里程(公里)	Total Length of Highways(km)	886	886	0.0
邮电业务总量(万元)	Business Volume of Post & Telecoms(10 000 yuan)	630	719	14.1
本地电话用户(户)	Number of Subscribers of Local Telephone(Household)	6999	5950	-15.0
国内贸易	**Demestic Trade**			
社会消费品零售总额(万元)	Total Retail Sales of Consumer Goods(10 000 yuan)	9404	10720	14.0
# 贸易业(万元)	Wholesale & Retail Sales Trades(10 000 yuan)	6764	7576	12.0
餐饮业(万元)	Catering Trade(10 000 yuan)	1430	1659	16.0
科技教育卫生	**Science,Education & Public Health**			
各类专业技术人员(人)	Speccial Technical Personnel(person)	1994	2054	3.0
幼儿园数(所)	Number of Kindergartens(unit)	1	1	0.0
学龄儿童入学率(%)	Percentage of School-Age Children Enrolled(%)	100.0	100.0	0.0
小学学校数(所)	Number of Primary Schools(unit)	14	11	-21.4
小学专任教师数(人)	Number of Full-time Teachers of Primary Schools(person)	454	375	-17.4
小学在校学生数(人)	Number of Student Enrollment of Primary Schools(person)	2601	2623	0.8
普通中学学校数(所)	Number of Regular Secondary Schools(unit)	4	4	0.0
普通中学专任教师数(人)	Number of Teachers of Secondary Shools(person)	225	224	-0.4
初中在校学生数(人)	Number of Student in Junior Secondary Schools(person)	1744	1704	-2.3
高中在校学生数(人)	Number of Student in Senior Secondary Schools(person)	335	340	1.5
卫生机构数(所)	Number of Health Institutions(unit)	14	14	0.0
# 医院(所)	Hospitals(unit)	2	2	0.0
卫生院(所)	Township Hospitals(unit)	10	10	0.0
床位数(张)	Number of Beds(unit)	142	142	0.0
# 医院(张)	Hospitals(unit)	62	62	0.0
卫生院(张)	Township Hospitals(unit)	74	74	0.0
卫生技术人员(人)	Medical Technical Presonnel(person)	200	215	7.5
# 医院(人)	Hospitals(person)	71	66	-7.0
卫生院(人)	Township Hospitals(person)	95	115	21.1

23-102 巴彦淖尔市杭锦后旗

指 标	Item	2004	2005	2005年比上年增长% Increase Rate in 2005 Over 2004(%)
行政区域土地面积(平方公里)	**Area of Administration(Sq.km)**	**1767**	**1767**	**0.0**
人口和就业	**Population & Employment**			
年末总人口(人)	Total Population Year-end(person)	302349	304853	0.8
# 男性(人)	Male(person)	153491	154085	0.4
# 乡村人口(人)	Rural(person)	223006	219845	-1.4
年末总户数(户)	Total Number of Households at the Year-end(Household)	80898	84848	4.9
# 乡村户数(户)	Number of Rural Household(Household)	51828	51230	-1.2
出生人口(人)	Births(person)	1335	1716	28.5
死亡人口(人)	Deaths(person)	1925	1228	-36.2
全社会就业人员(人)	Employment(person)	133251	134851	1.2
第一产业(人)	Primary Industry(person)	97608	97754	0.1
第二产业(人)	Secondary Industry(person)	10489	11893	13.4
第三产业(人)	Tertiary Industry(person)	25154	25204	0.2
在岗职工人数(人)	Number of Staff & Workers Employed in(person)	13108	14103	7.6
乡村劳动力(人)	Number of Rural Laborers(person)	111090	116799	5.1
# 农林牧渔业(人)	Farming,Forestry,Animal Husbandry & Fishery(person)	97119	97259	0.1
国民经济综合指标	**Summary Item on the National Economy**			
生产总值(万元)	Gross Domestic Product(10 000 yuan)	281308	348981	23.6
第一产业(万元)	Primary Industry(10 000 yuan)	107414	118360	16.6
第二产业(万元)	Secondary Industry(10 000 yuan)	76846	118992	42.9
# 工业(万元)	Industry(10 000 yuan)	57229	79376	38.3
第三产业(万元)	Tertiary Industry(10 000 yuan)	97048	111629	15.5
人均生产总值(元)	Per Capita GDP(yuan)	10576	11495	22.6
全社会固定资产投资(万元)	Total Investment in Fixed Assets(10 000 yuan)	132800	212869	60.3
按登记注册类型分	Grouped by Registered Type			
# 国有(万元)	State-owned Enterprises(10 000 yuan)	47529	108685	128.7
集体(万元)	Collective-owned Enterprises(10 000 yuan)	8500		
有限责任公司(万元)	Limited Liability Corporations(10 000 yuan)	15870	10980	-30.8
股份有限公司(万元)	Share Holding Enterprises(10 000 yuan)	6890	33772	390.2
私营企业(万元)	Private Enterprises(10 000 yuan)	22167	37685	70.0
外商及港澳台投资企业(万元)	Funds from HK,Macao,Taiwan & Foreign(10 000 yuan)			
按管理渠道分	Grouped by Channel of Management			
# 基本建设(万元)	Capital Construction(10 000 yuan)	60605		
更新改造(万元)	Innovation(10 000 yuan)	3814		
房地产开发(万元)	Real Estate Development(10 000 yuan)	10740	15250	42.0
地方财政收入(万元)	Local Governments Revenue(10 000 yuan)	14411	18987	31.8
地方财政支出(万元)	Local Governments Expenditures(10 000 yuan)	35991	43795	21.7
城乡居民储蓄存款余额(万元)	Resident Saving Deposit in Urban & Rural(10 000 yuan)	142677	159580	11.8
在岗职工工资总额(万元)	Total Wages of Staff & Workers Empioyed in(10 000 yuan)	15125	17407	15.1
在岗职工平均工资(元)	Average Wage of Staff & Workers Employed in(yuan)	11253	12591	11.9
农牧民人均纯收入(元)	Per Capita Net Income of Peasant & Herdsman(yuan)	3589	4418	23.1
农村牧区经济	**Economic Development in Rural & Pastoral Area**			
耕地面积(公顷)	Cultivated Area(hectare)	85510	85510	0.0
农作物总播种面积(公顷)	Total Sown Area(hectare)	84348	83092	-1.5
# 粮食作物播种面积(公顷)	Sown Area of Grain Crops(hectare)	48932	49580	1.3
有效灌溉面积(公顷)	Irrigated Area(hectare)	85510	85510	0.0
农牧业机械总动力(万千瓦)	Total Power of Agricultural Machinery(10 000 kw)	39.90	41.65	4.4
化肥施用折纯量(吨)	Consumption of Chemical Fertilizer(ton)	49987	48809	-2.4
农村用电量(万千瓦小时)	Electricity Consumed in Rural Area(10 000 kwh)	3307	3561	7.7
农林牧渔业总产值(万元)	Gross Output of Farming,Forestry,Animal Husbandry & Fishery(10 000 yuan)	178891	208148	16.6
粮食产量(吨)	Yield of Grain(ton)	396643	405329	2.2
油料产量(吨)	Yield of Oil-bearing Grops(ton)	28520	23155	-18.8
甜菜产量(吨)	Yield of Beetroots(ton)	920	2220	141.3
猪牛羊肉产量(吨)	Output of Pork, Beef & Mutton(ton)	32676	36899	12.9
# 猪肉产量(吨)	Output of Pork(ton)	17168	18068	5.2
牛肉产量(吨)	Output of Beef(ton)	787	1567	99.1
羊肉产量(吨)	Output of Mutton(ton)	14721	17264	17.3

23-102 Hangjinhou Banner in Bayannaoer City

指 标	Item	2004	2005	2005年比上年增长% Increase Rate in 2005 Over 2004(%)
羊毛产量(吨)	Output of Wool(ton)	1201	1681	40.0
年末牲畜存栏头数(万头只)	Total Livestock at the Year-end(10 000 heads)	165.58	171.23	3.4
# 大牲畜(万头只)	Large Animals(10 000 heads)	8.05	8.19	1.7
羊(万只)	Sheep & Goats(10 000 heads)	140.85	146.35	3.9
猪(万头)	Hogs(10 000 heads)	16.68	16.69	0.1
规模以上工业	**Industry with Independent Accounting System**			
工业企业单位数(个)	Number of Industrial Enterprises(unit)	17	17	0.0
# 内资企业(个)	Civil Funded Enterprises(unit)	16	16	0.0
工业总产值(万元)	Gross Industrial Output Value(10 000 yuan)	127161	214330	68.6
内资企业(万元)	Civil Funded Enterprises(10 000 yuan)	120099	201902	68.1
国有企业(万元)	State-owned Enterprises(10 000 yuan)	9327	23346	150.3
集体企业(万元)	Collective-owned Enterprises(10 000 yuan)	2001	5831	191.4
股份合作企业(万元)	Share Holding Enterprises(10 000 yuan)			
联营企业(万元)	Joint Owned Enterprises(10 000 yuan)			
有限责任公司(万元)	Limited Company(10 000 yuan)		49319	
股份有限公司(万元)	Share Holding Limited Company(10 000 yuan)	108771	61049	-43.9
私营企业(万元)	Privately Owned Enterprises(10 000 yuan)		62357	
其他企业(万元)	Enterprises of Other Ownership(10 000 yuan)			
港澳台商投资企业(万元)	Funds from HK,Macao & Taiwan(10 000 yuan)	7062	12428	76.0
外商投资企业(万元)	Foreign Funded Enterprises(10 000 yuan)			
工业企业增加值(万元)	Value Added of Industrial Enterprises(10 000 yuan)	47810	67694	42.5
工业企业资产总计(万元)	Total Assets of Industrial Enterprises(10 000 yuan)	120184	144374	20.1
工业企业负债合计(万元)	Total Liabilities of Industrial Enterprises(10 000 yuan)	74810	89487	19.6
工业企业产品销售收入(万元)	Sales of Revenue Industrial Enterprises(10 000 yuan)	106027	205024	93.4
工业企业利润总额(万元)	Total Profits of Industrial Enterprises(10 000 yuan)	11446	12552	9.7
建筑业	**Construction**			
建筑企业单位数(个)	Number of Construction Enterprises(unit)	2	2	0.0
建筑企业从业人员(人)	Number of Employee in Construction Enterprises(person)	224	242	8.0
建筑业总产值(万元)	Gross Construction Output Value(10 000 yuan)	6758	6761	-2.8
交通运输邮电通信业	**Transportation,Post & Telecommunications**			
公路里程(公里)	Total Length of Highways(km)	426	426	0.0
邮电业务总量(万元)	Business Volume of Post & Telecoms(10 000 yuan)	5833	7653	31.2
本地电话用户(户)	Number of Subscribers of Local Telephone(Household)	28001	25800	-7.9
国内贸易	**Demestic Trade**			
社会消费品零售总额(万元)	Total Retail Sales of Consumer Goods(10 000 yuan)	60723	70742	16.5
# 贸易业(万元)	Wholesale & Retail Sales Trades(10 000 yuan)	48792	55428	13.6
餐饮业(万元)	Catering Trade(10 000 yuan)	8163	9240	13.2
科技教育卫生	**Science,Education & Public Health**			
各类专业技术人员(人)	Speccial Technical Personnel(person)	2402	3305	37.6
幼儿园数(所)	Number of Kindergartens(unit)	7	7	0.0
学龄儿童入学率(%)	Percentage of School-Age Children Enrolled(%)	100.0	100.0	0.0
小学学校数(所)	Number of Primary Schools(unit)	138	118	-14.5
小学专任教师数(人)	Number of Full-time Teachers of Primary Schools(person)	1434	1466	2.2
小学在校学生数(人)	Number of Student Enrollment of Primary Schools(person)	21036	19852	-5.6
普通中学学校数(所)	Number of Regular Secondary Schools(unit)	19	13	-31.6
普通中学专任教师数(人)	Number of Teachers of Secondary Shools(person)	1082	985	-9.0
初中在校学生数(人)	Number of Student in Junior Secondary Schools(person)	12521	11280	-9.9
高中在校学生数(人)	Number of Student in Senior Secondary Schools(person)	6117	5803	-5.1
卫生机构数(所)	Number of Health Institutions(unit)	23	23	0.0
# 医院(所)	Hospitals(unit)	2	3	50.0
卫生院(所)	Township Hospitals(unit)	18	17	-5.6
床位数(张)	Number of Beds(unit)	503	523	4.0
# 医院(张)	Hospitals(unit)	230	250	8.7
卫生院(张)	Township Hospitals(unit)	208	208	0.0
卫生技术人员(人)	Medical Technical Presonnel(person)	703	702	-0.1
# 医院(人)	Hospitals(person)	314	360	14.6
卫生院(人)	Township Hospitals(person)	175	144	-17.7

23-103 乌海市海勃湾区

指 标	Item	2004	2005	2005年比上年增长% Increase Rate in 2005 Over 2004(%)
行政区域土地面积(平方公里)	**Area of Administration(Sq.km)**	**529**	**529**	**0.0**
人口和就业	**Population & Employment**			
年末总人口(人)	Total Population Year-end(person)	220800	224000	1.4
#男性(人)	Male(person)	113800	116400	2.3
#乡村人口(人)	Rural(person)	6662	6431	-3.5
年末总户数(户)	Total Number of Households at the Year-end(Household)	76662	78039	1.8
#乡村户数(户)	Number of Rural Household(Household)	2082	2075	-0.3
出生人口(人)	Births(person)	2450	2489	1.6
死亡人口(人)	Deaths(person)	2136	2200	3.0
全社会就业人员(人)	Employment(person)	82461	90199	9.4
第一产业(人)	Primary Industry(person)	11692	12789	9.4
第二产业(人)	Secondary Industry(person)	30916	33817	9.4
第三产业(人)	Tertiary Industry(person)	39853	43593	9.4
在岗职工人数(人)	Number of Staff & Workers Employed in(person)	47116	48447	2.8
乡村劳动力(人)	Number of Rural Laborers(person)	18322	13508	-26.3
#农林牧渔业(人)	Farming,Forestry,Animal Husbandry & Fishery(person)	9355	8158	-12.8
国民经济综合指标	**Summary Item on the National Economy**			
生产总值(万元)	Gross Domestic Product(10 000 yuan)	344846	449655	24.7
第一产业(万元)	Primary Industry(10 000 yuan)	5156	5974	9.3
第二产业(万元)	Secondary Industry(10 000 yuan)	169483	223571	29.2
#工业(万元)	Industry(10 000 yuan)	140180	189464	32.5
第三产业(万元)	Tertiary Industry(10 000 yuan)	170207	220110	21.1
人均生产总值(元)	Per Capita GDP(yuan)	17755	22295	20.1
全社会固定资产投资(万元)	Total Investment in Fixed Assets(10 000 yuan)	232440	339017	45.9
按登记注册类型分	Grouped by Registered Type			
#国有(万元)	State-owned Enterprises(10 000 yuan)	88112	128089	45.4
集体(万元)	Collective-owned Enterprises(10 000 yuan)			
有限责任公司(万元)	Limited Liability Corporations(10 000 yuan)	82140	123033	49.8
股份有限公司(万元)	Share Holding Enterprises(10 000 yuan)		2160	
私营企业(万元)	Private Enterprises(10 000 yuan)	4700	8265	75.9
外商及港澳台投资企业(万元)	Funds from HK,Macao,Taiwan & Foreign(10 000 yuan)	57488	77170	34.2
按管理渠道分	Grouped by Channel of Management			
#基本建设(万元)	Capital Construction(10 000 yuan)	94898	134975	42.2
更新改造(万元)	Innovation(10 000 yuan)	78797	129601	64.5
房地产开发(万元)	Real Estate Development(10 000 yuan)	55634	68912	23.9
地方财政收入(万元)	Local Governments Revenue(10 000 yuan)	10370	16367	57.8
地方财政支出(万元)	Local Governments Expenditures(10 000 yuan)	18036	23668	31.2
城乡居民储蓄存款余额(万元)	Resident Saving Deposit in Urban & Rural(10 000 yuan)	272657	345472	26.7
在岗职工工资总额(万元)	Total Wages of Staff & Workers Empioyed in(10 000 yuan)	62110	76680	23.5
在岗职工平均工资(元)	Average Wage of Staff & Workers Employed in(yuan)	13182	15828	20.1
农牧民人均纯收入(元)	Per Capita Net Income of Peasant & Herdsman(yuan)	3990	4840	21.3
农村牧区经济	**Economic Development in Rural & Pastoral Area**			
耕地面积(公顷)	Cultivated Area(hectare)	1952	1892	-3.1
农作物总播种面积(公顷)	Total Sown Area(hectare)	1960	2077	6.0
#粮食作物播种面积(公顷)	Sown Area of Grain Crops(hectare)	1192	1241	4.1
有效灌溉面积(公顷)	Irrigated Area(hectare)	1952	1892	-3.1
农牧业机械总动力(万千瓦)	Total Power of Agricultural Machinery(10 000 kw)	3.75	3.93	4.8
化肥施用折纯量(吨)	Consumption of Chemical Fertilizer(ton)	2444	2472	1.1
农村用电量(万千瓦小时)	Electricity Consumed in Rural Area(10 000 kwh)	1100	1160	5.5
农林牧渔业总产值(万元)	Gross Output of Farming,Forestry,Animal Husbandry & Fishery(10 000 yuan)	11488	9943	12.9
粮食产量(吨)	Yield of Grain(ton)	7672	9448	23.1
油料产量(吨)	Yield of Oil-bearing Grops(ton)	47	79	68.1
甜菜产量(吨)	Yield of Beetroots(ton)			
猪牛羊肉产量(吨)	Output of Pork, Beef & Mutton(ton)	2345	3028	29.1
#猪肉产量(吨)	Output of Pork(ton)	1898	2420	27.5
牛肉产量(吨)	Output of Beef(ton)	144	156	8.3
羊肉产量(吨)	Output of Mutton(ton)	303	452	49.2

23-103 Haibowan District in Wuhai City

指 标	Item	2004	2005	2005年比上年增长% Increase Rate in 2005 Over 2004(%)
羊毛产量(吨)	Output of Wool(ton)	38	39	2.6
年末牲畜存栏头数(万头只)	Total Livestock at the Year-end(10 000 heads)	5.00	4.48	-10.4
# 大牲畜(万头只)	Large Animals(10 000 heads)	0.23	0.20	-13.0
羊(万只)	Sheep & Goats(10 000 heads)	2.87	2.56	-10.8
猪(万头)	Hogs(10 000 heads)	1.90	1.72	-9.5
规模以上工业	**Industry with Independent Accounting System**			
工业企业单位数(个)	Number of Industrial Enterprises(unit)	27	34	25.9
# 内资企业(个)	Civil Funded Enterprises(unit)	27	34	25.9
工业总产值(万元)	Gross Industrial Output Value(10 000 yuan)	344047	442805	28.7
内资企业(万元)	Civil Funded Enterprises(10 000 yuan)	344047	442805	28.7
国有企业(万元)	State-owned Enterprises(10 000 yuan)	81092	144828	78.6
集体企业(万元)	Collective-owned Enterprises(10 000 yuan)			
股份合作企业(万元)	Share Holding Enterprises(10 000 yuan)	13458		
联营企业(万元)	Joint Owned Enterprises(10 000 yuan)			
有限责任公司(万元)	Limited Company(10 000 yuan)	184993	119821	-35.2
股份有限公司(万元)	Share Holding Limited Company(10 000 yuan)	27783	23676	-14.8
私营企业(万元)	Privately Owned Enterprises(10 000 yuan)	36721	154480	320.7
其他企业(万元)	Enterprises of Other Ownership(10 000 yuan)			
港澳台商投资企业(万元)	Funds from HK,Macao & Taiwan(10 000 yuan)			
外商投资企业(万元)	Foreign Funded Enterprises(10 000 yuan)			
工业企业增加值(万元)	Value Added of Industrial Enterprises(10 000 yuan)	126947	175164	35.5
工业企业资产总计(万元)	Total Assets of Industrial Enterprises(10 000 yuan)	446975	663758	48.5
工业企业负债合计(万元)	Total Liabilities of Industrial Enterprises(10 000 yuan)	222925	498596	123.7
工业企业产品销售收入(万元)	Sales of Revenue Industrial Enterprises(10 000 yuan)	177719	254493	43.2
工业企业利润总额(万元)	Total Profits of Industrial Enterprises(10 000 yuan)	10138	7989	-21.2
建筑业	**Construction**			
建筑企业单位数(个)	Number of Construction Enterprises(unit)	31	27	-12.9
建筑企业从业人员(人)	Number of Employee in Construction Enterprises(person)	6698	23381	249.1
建筑业总产值(万元)	Gross Construction Output Value(10 000 yuan)	128500	142551	10.9
交通运输邮电通信业	**Transportation,Post & Telecommunications**			
公路里程(公里)	Total Length of Highways(km)	316	453	43.4
邮电业务总量(万元)	Business Volume of Post & Telecoms(10 000 yuan)	2341	2560	9.4
本地电话用户(户)	Number of Subscribers of Local Telephone(Household)	93878	104439	11.2
国内贸易	**Demestic Trade**			
社会消费品零售总额(万元)	Total Retail Sales of Consumer Goods(10 000 yuan)	164259	193826	18.0
# 贸易业(万元)	Wholesale & Retail Sales Trades(10 000 yuan)	138950	162710	17.1
餐饮业(万元)	Catering Trade(10 000 yuan)	25050	29860	19.2
科技教育卫生	**Science,Education & Public Health**			
各类专业技术人员(人)	Speccial Technical Personnel(person)	11856	16975	43.2
幼儿园数(所)	Number of Kindergartens(unit)	8	17	112.5
学龄儿童入学率(%)	Percentage of School-Age Children Enrolled(%)	100.0	100.0	0.0
小学学校数(所)	Number of Primary Schools(unit)	18	18	0.0
小学专任教师数(人)	Number of Full-time Teachers of Primary Schools(person)	1034	1068	3.3
小学在校学生数(人)	Number of Student Enrollment of Primary Schools(person)	19107	19247	0.7
普通中学学校数(所)	Number of Regular Secondary Schools(unit)	18	17	-5.6
普通中学专任教师数(人)	Number of Teachers of Secondary Shools(person)	990	1088	9.9
初中在校学生数(人)	Number of Student in Junior Secondary Schools(person)	11201	10826	-3.3
高中在校学生数(人)	Number of Student in Senior Secondary Schools(person)	6582	6911	5.0
卫生机构数(所)	Number of Health Institutions(unit)	133	154	15.8
# 医院(所)	Hospitals(unit)	8	8	0.0
卫生院(所)	Township Hospitals(unit)	2	2	0.0
床位数(张)	Number of Beds(unit)	1046	1054	0.8
# 医院(张)	Hospitals(unit)	951	958	0.7
卫生院(张)	Township Hospitals(unit)	22	22	0.0
卫生技术人员(人)	Medical Technical Presonnel(person)	1280	1370	7.0
# 医院(人)	Hospitals(person)	899	962	7.0
卫生院(人)	Township Hospitals(person)	15	16	6.7

23-104 乌海市海南区

指 标	Item	2004	2005	2005年比上年增长% Increase Rate in 2005 Over 2004(%)
行政区域土地面积(平方公里)	**Area of Administration(Sq.km)**	**1005**	**1005**	**0.0**
人口和就业	**Population & Employment**			
年末总人口(人)	Total Population Year-end(person)	100800	110000	9.1
# 男性(人)	Male(person)	56400	57000	1.1
# 乡村人口(人)	Rural(person)	16024	15470	-3.5
年末总户数(户)	Total Number of Households at the Year-end(Household)	34998	38323	9.5
# 乡村户数(户)	Number of Rural Household(Household)	5008	4990	-0.4
出生人口(人)	Births(person)	1114	1106	-0.7
死亡人口(人)	Deaths(person)	561	580	3.4
全社会就业人员(人)	Employment(person)	56685	65941	16.3
第一产业(人)	Primary Industry(person)	15619	3557	-77.2
第二产业(人)	Secondary Industry(person)	31311	26814	-14.4
第三产业(人)	Tertiary Industry(person)	9755	35570	264.6
在岗职工人数(人)	Number of Staff & Workers Employed in(person)	26497	27245	2.8
乡村劳动力(人)	Number of Rural Laborers(person)	14330	12142	-15.3
# 农林牧渔业(人)	Farming,Forestry,Animal Husbandry & Fishery(person)	9967	8586	-13.9
国民经济综合指标	**Summary Item on the National Economy**			
生产总值(万元)	Gross Domestic Product(10 000 yuan)	345259	409888	14.5
第一产业(万元)	Primary Industry(10 000 yuan)	7033	7792	4.5
第二产业(万元)	Secondary Industry(10 000 yuan)	243213	282945	13.9
# 工业(万元)	Industry(10 000 yuan)	212109	251306	16.0
第三产业(万元)	Tertiary Industry(10 000 yuan)	95013	119151	16.7
人均生产总值(元)	Per Capita GDP(yuan)	30323	43025	14.4
全社会固定资产投资(万元)	Total Investment in Fixed Assets(10 000 yuan)	283103	314489	11.1
按登记注册类型分	Grouped by Registered Type			
# 国有(万元)	State-owned Enterprises(10 000 yuan)	66122	35171	-46.8
集体(万元)	Collective-owned Enterprises(10 000 yuan)			
有限责任公司(万元)	Limited Liability Corporations(10 000 yuan)	199881	261101	30.6
股份有限公司(万元)	Share Holding Enterprises(10 000 yuan)	1280	1483	15.9
私营企业(万元)	Private Enterprises(10 000 yuan)	12700	15734	23.9
外商及港澳台投资企业(万元)	Funds from HK,Macao,Taiwan & Foreign(10 000 yuan)			
按管理渠道分	Grouped by Channel of Management			
# 基本建设(万元)	Capital Construction(10 000 yuan)	227571	239393	5.2
更新改造(万元)	Innovation(10 000 yuan)	35959	44759	24.5
房地产开发(万元)	Real Estate Development(10 000 yuan)	3120	8677	178.1
地方财政收入(万元)	Local Governments Revenue(10 000 yuan)	9659	14878	54.0
地方财政支出(万元)	Local Governments Expenditures(10 000 yuan)	19671	25624	30.3
城乡居民储蓄存款余额(万元)	Resident Saving Deposit in Urban & Rural(10 000 yuan)	153186	193743	26.5
在岗职工工资总额(万元)	Total Wages of Staff & Workers Empioyed in(10 000 yuan)	35327	43614	23.5
在岗职工平均工资(元)	Average Wage of Staff & Workers Employed in(yuan)	13332	16008	20.1
农牧民人均纯收入(元)	Per Capita Net Income of Peasant & Herdsman(yuan)	3601	4470	24.1
农村牧区经济	**Economic Development in Rural & Pastoral Area**			
耕地面积(公顷)	Cultivated Area(hectare)	2173	2593	19.3
农作物总播种面积(公顷)	Total Sown Area(hectare)	2951	3072	4.1
# 粮食作物播种面积(公顷)	Sown Area of Grain Crops(hectare)	2248	2286	1.7
有效灌溉面积(公顷)	Irrigated Area(hectare)	2173	2593	19.3
农牧业机械总动力(万千瓦)	Total Power of Agricultural Machinery(10 000 kw)	7.48	7.85	4.9
化肥施用折纯量(吨)	Consumption of Chemical Fertilizer(ton)	2565	3046	18.8
农村用电量(万千瓦小时)	Electricity Consumed in Rural Area(10 000 kwh)	1119	938	-16.2
农林牧渔业总产值(万元)	Gross Output of Farming,Forestry,Animal Husbandry & Fishery(10 000 yuan)	11612	12969	8.1
粮食产量(吨)	Yield of Grain(ton)	15712	16702	6.3
油料产量(吨)	Yield of Oil-bearing Grops(ton)	299	709	137.1
甜菜产量(吨)	Yield of Beetroots(ton)	368	0	-100.0
猪牛羊肉产量(吨)	Output of Pork, Beef & Mutton(ton)	4911	5352	9.0
# 猪肉产量(吨)	Output of Pork(ton)	4210	4287	1.8
牛肉产量(吨)	Output of Beef(ton)	10	17	70.0
羊肉产量(吨)	Output of Mutton(ton)	691	1048	51.7

23-104 Hainan District in Wuhai City

指 标	Item	2004	2005	2005年比上年增长% Increase Rate in 2005 Over 2004(%)
羊毛产量(吨)	Output of Wool(ton)	100	86	-14.0
年末牲畜存栏头数(万头只)	Total Livestock at the Year-end(10 000 heads)	6.86	8.00	16.6
# 大牲畜(万头只)	Large Animals(10 000 heads)	0.34	0.38	11.8
羊(万只)	Sheep & Goats(10 000 heads)	5.00	6.12	22.4
猪(万头)	Hogs(10 000 heads)	1.52	1.49	-2.0
规模以上工业	**Industry with Independent Accounting System**			
工业企业单位数(个)	Number of Industrial Enterprises(unit)	64	64	0.0
# 内资企业(个)	Civil Funded Enterprises(unit)	62	61	-1.6
工业总产值(万元)	Gross Industrial Output Value(10 000 yuan)	338276	460562	36.1
内资企业(万元)	Civil Funded Enterprises(10 000 yuan)	330985	446479	34.9
国有企业(万元)	State-owned Enterprises(10 000 yuan)	1195	1092	-8.6
集体企业(万元)	Collective-owned Enterprises(10 000 yuan)			
股份合作企业(万元)	Share Holding Enterprises(10 000 yuan)	1229	12249	896.7
联营企业(万元)	Joint Owned Enterprises(10 000 yuan)			
有限责任公司(万元)	Limited Company(10 000 yuan)	95155	105739	11.1
股份有限公司(万元)	Share Holding Limited Company(10 000 yuan)	55699	121088	117.4
私营企业(万元)	Privately Owned Enterprises(10 000 yuan)	177707	206311	16.1
其他企业(万元)	Enterprises of Other Ownership(10 000 yuan)			
港澳台商投资企业(万元)	Funds from HK,Macao & Taiwan(10 000 yuan)	7291	4979	-31.7
外商投资企业(万元)	Foreign Funded Enterprises(10 000 yuan)		9104	
工业企业增加值(万元)	Value Added of Industrial Enterprises(10 000 yuan)	197933	220406	16.1
工业企业资产总计(万元)	Total Assets of Industrial Enterprises(10 000 yuan)	472779	85959	-81.8
工业企业负债合计(万元)	Total Liabilities of Industrial Enterprises(10 000 yuan)	250262	577845	130.9
工业企业产品销售收入(万元)	Sales of Revenue Industrial Enterprises(10 000 yuan)	321596	376189	17.0
工业企业利润总额(万元)	Total Profits of Industrial Enterprises(10 000 yuan)	22829	11087	-51.4
建筑业	**Construction**			
建筑企业单位数(个)	Number of Construction Enterprises(unit)	2	2	0.0
建筑企业从业人员(人)	Number of Employee in Construction Enterprises(person)	205	535	161.0
建筑业总产值(万元)	Gross Construction Output Value(10 000 yuan)	2342	2759	17.8
交通运输邮电通信业	**Transportation,Post & Telecommunications**			
公路里程(公里)	Total Length of Highways(km)	110	184	67.3
邮电业务总量(万元)	Business Volume of Post & Telecoms(10 000 yuan)	357	390	9.2
本地电话用户(户)	Number of Subscribers of Local Telephone(Household)	32172	35792	11.3
国内贸易	**Demestic Trade**			
社会消费品零售总额(万元)	Total Retail Sales of Consumer Goods(10 000 yuan)	34158	38244	12.0
# 贸易业(万元)	Wholesale & Retail Sales Trades(10 000 yuan)	30821	34495	11.9
餐饮业(万元)	Catering Trade(10 000 yuan)	3337	3749	12.3
科技教育卫生	**Science,Education & Public Health**			
各类专业技术人员(人)	Speccial Technical Personnel(person)	1910	3535	85.1
幼儿园数(所)	Number of Kindergartens(unit)	4	9	125.0
学龄儿童入学率(%)	Percentage of School-Age Children Enrolled(%)	100.0	100.0	0.0
小学学校数(所)	Number of Primary Schools(unit)	16	14	-12.5
小学专任教师数(人)	Number of Full-time Teachers of Primary Schools(person)	641	620	-3.3
小学在校学生数(人)	Number of Student Enrollment of Primary Schools(person)	9231	9012	-2.4
普通中学学校数(所)	Number of Regular Secondary Schools(unit)	9	9	0.0
普通中学专任教师数(人)	Number of Teachers of Secondary Shools(person)	305	321	5.2
初中在校学生数(人)	Number of Student in Junior Secondary Schools(person)	4185	4087	-2.3
高中在校学生数(人)	Number of Student in Senior Secondary Schools(person)	182	224	23.1
卫生机构数(所)	Number of Health Institutions(unit)	69	88	27.5
# 医院(所)	Hospitals(unit)	3	3	0.0
卫生院(所)	Township Hospitals(unit)	3	3	0.0
床位数(张)	Number of Beds(unit)	378	371	-1.9
# 医院(张)	Hospitals(unit)	351	347	-1.1
卫生院(张)	Township Hospitals(unit)	25	24	-4.0
卫生技术人员(人)	Medical Technical Presonnel(person)	260	385	48.1
# 医院(人)	Hospitals(person)	159	349	119.5
卫生院(人)	Township Hospitals(person)	24	36	50.0

23-105 乌海市乌达区

指 标	Item	2004	2005	2005年比上年增长% Increase Rate in 2005 Over 2004(%)
行政区域土地面积(平方公里)	**Area of Administration(Sq.km)**	**220**	**220**	**0.0**
人口和就业	**Population & Employment**			
年末总人口(人)	Total Population Year-end(person)	127200	131000	3.0
# 男性(人)	Male(person)	67100	67300	0.3
# 乡村人口(人)	Rural(person)	2691	2598	-3.5
年末总户数(户)	Total Number of Households at the Year-end(Household)	44163	45638	3.3
# 乡村户数(户)	Number of Rural Household(Household)	841	838	-0.4
出生人口(人)	Births(person)	1063	1007	-5.3
死亡人口(人)	Deaths(person)	658	666	1.2
全社会就业人员(人)	Employment(person)	53254	58255	9.4
第一产业(人)	Primary Industry(person)	6151	6729	9.4
第二产业(人)	Secondary Industry(person)	32666	35734	9.4
第三产业(人)	Tertiary Industry(person)	14437	15792	9.4
在岗职工人数(人)	Number of Staff & Workers Employed in(person)	25298	19792	-21.8
乡村劳动力(人)	Number of Rural Laborers(person)	6070	6268	3.3
# 农林牧渔业(人)	Farming,Forestry,Animal Husbandry & Fishery(person)	5680	5600	-1.4
国民经济综合指标	**Summary Item on the National Economy**			
生产总值(万元)	Gross Domestic Product(10 000 yuan)	243758	335554	27.7
第一产业(万元)	Primary Industry(10 000 yuan)	4453	5061	7.2
第二产业(万元)	Secondary Industry(10 000 yuan)	157921	231440	36.1
# 工业(万元)	Industry(10 000 yuan)	135519	206568	40.4
第三产业(万元)	Tertiary Industry(10 000 yuan)	81384	99053	14.1
人均生产总值(元)	Per Capita GDP(yuan)	15149	25826	27.0
全社会固定资产投资(万元)	Total Investment in Fixed Assets(10 000 yuan)	191770	247216	28.9
按登记注册类型分	Grouped by Registered Type			
# 国有(万元)	State-owned Enterprises(10 000 yuan)	25466	69205	171.8
集体(万元)	Collective-owned Enterprises(10 000 yuan)			
有限责任公司(万元)	Limited Liability Corporations(10 000 yuan)	123416	176485	43.0
股份有限公司(万元)	Share Holding Enterprises(10 000 yuan)	37772	500	-98.7
私营企业(万元)	Private Enterprises(10 000 yuan)		726	
外商及港澳台投资企业(万元)	Funds from HK,Macao,Taiwan & Foreign(10 000 yuan)		300	
按管理渠道分	Grouped by Channel of Management			
# 基本建设(万元)	Capital Construction(10 000 yuan)	152270	210970	38.5
更新改造(万元)	Innovation(10 000 yuan)	34113	31359	-8.1
房地产开发(万元)	Real Estate Development(10 000 yuan)	5116	5077	-0.8
地方财政收入(万元)	Local Governments Revenue(10 000 yuan)	6686	11952	78.8
地方财政支出(万元)	Local Governments Expenditures(10 000 yuan)	17582	22943	30.5
城乡居民储蓄存款余额(万元)	Resident Saving Deposit in Urban & Rural(10 000 yuan)	200945	254485	26.6
在岗职工工资总额(万元)	Total Wages of Staff & Workers Empioyed in(10 000 yuan)	30475	37624	23.5
在岗职工平均工资(元)	Average Wage of Staff & Workers Employed in(yuan)	12046	14464	20.1
农牧民人均纯收入(元)	Per Capita Net Income of Peasant & Herdsman(yuan)	4139	4810	16.2
农村牧区经济	**Economic Development in Rural & Pastoral Area**			
耕地面积(公顷)	Cultivated Area(hectare)	1950	1829	-6.2
农作物总播种面积(公顷)	Total Sown Area(hectare)	1854	1901	2.5
# 粮食作物播种面积(公顷)	Sown Area of Grain Crops(hectare)	821	906	10.4
有效灌溉面积(公顷)	Irrigated Area(hectare)	1950	1829	-6.2
农牧业机械总动力(万千瓦)	Total Power of Agricultural Machinery(10 000 kw)	6.88	7.22	4.9
化肥施用折纯量(吨)	Consumption of Chemical Fertilizer(ton)	949	943	-0.6
农村用电量(万千瓦小时)	Electricity Consumed in Rural Area(10 000 kwh)	837	850	1.6
农林牧渔业总产值(万元)	Gross Output of Farming,Forestry,Animal Husbandry & Fishery(10 000 yuan)	7943	8423	6.0
粮食产量(吨)	Yield of Grain(ton)	5163	5515	6.8
油料产量(吨)	Yield of Oil-bearing Grops(ton)	475	1029	116.6
甜菜产量(吨)	Yield of Beetroots(ton)			
猪牛羊肉产量(吨)	Output of Pork, Beef & Mutton(ton)	1471	1803	22.6
# 猪肉产量(吨)	Output of Pork(ton)	1280	1568	22.5
牛肉产量(吨)	Output of Beef(ton)	3	10	233.3
羊肉产量(吨)	Output of Mutton(ton)	188	225	19.7

23-105 Wuda District in Wuhai City

指 标	Item	2004	2005	2005年比上年增长% Increase Rate in 2005 Over 2004(%)
羊毛产量(吨)	Output of Wool(ton)	24	21	-12.5
年末牲畜存栏头数(万头只)	Total Livestock at the Year-end(10 000 heads)	1.86	1.88	1.1
# 大牲畜(万头只)	Large Animals(10 000 heads)	0.12	0.13	8.3
羊(万只)	Sheep & Goats(10 000 heads)	0.94	0.81	-13.8
猪(万头)	Hogs(10 000 heads)	0.80	0.94	17.5
规模以上工业	**Industry with Independent Accounting System**			
工业企业单位数(个)	Number of Industrial Enterprises(unit)	37	50	35.1
# 内资企业(个)	Civil Funded Enterprises(unit)	37	49	32.4
工业总产值(万元)	Gross Industrial Output Value(10 000 yuan)	271911	433337	59.4
内资企业(万元)	Civil Funded Enterprises(10 000 yuan)	271911	432097	58.9
国有企业(万元)	State-owned Enterprises(10 000 yuan)	431	618	43.4
集体企业(万元)	Collective-owned Enterprises(10 000 yuan)			
股份合作企业(万元)	Share Holding Enterprises(10 000 yuan)			
联营企业(万元)	Joint Owned Enterprises(10 000 yuan)			
有限责任公司(万元)	Limited Company(10 000 yuan)	137346	173467	26.3
股份有限公司(万元)	Share Holding Limited Company(10 000 yuan)	36481	66870	83.3
私营企业(万元)	Privately Owned Enterprises(10 000 yuan)	97653	191142	95.7
其他企业(万元)	Enterprises of Other Ownership(10 000 yuan)			
港澳台商投资企业(万元)	Funds from HK,Macao & Taiwan(10 000 yuan)			
外商投资企业(万元)	Foreign Funded Enterprises(10 000 yuan)		1240	
工业企业增加值(万元)	Value Added of Industrial Enterprises(10 000 yuan)	143025	194468	36.0
工业企业资产总计(万元)	Total Assets of Industrial Enterprises(10 000 yuan)	462055	750913	62.5
工业企业负债合计(万元)	Total Liabilities of Industrial Enterprises(10 000 yuan)	300964	405669	34.8
工业企业产品销售收入(万元)	Sales of Revenue Industrial Enterprises(10 000 yuan)	220626	378736	71.7
工业企业利润总额(万元)	Total Profits of Industrial Enterprises(10 000 yuan)	18106	29142	61.0
建筑业	**Construction**			
建筑企业单位数(个)	Number of Construction Enterprises(unit)	2	2	0.0
建筑企业从业人员(人)	Number of Employee in Construction Enterprises(person)	3863	5084	31.6
建筑业总产值(万元)	Gross Construction Output Value(10 000 yuan)	18232	31290	71.6
交通运输邮电通信业	**Transportation,Post & Telecommunications**			
公路里程(公里)	Total Length of Highways(km)	54	81	50.0
邮电业务总量(万元)	Business Volume of Post & Telecoms(10 000 yuan)	502	550	9.6
本地电话用户(户)	Number of Subscribers of Local Telephone(Household)	34849	38769	11.2
国内贸易	**Demestic Trade**			
社会消费品零售总额(万元)	Total Retail Sales of Consumer Goods(10 000 yuan)	47192	57655	22.2
# 贸易业(万元)	Wholesale & Retail Sales Trades(10 000 yuan)	42628	51890	21.7
餐饮业(万元)	Catering Trade(10 000 yuan)	4450	5189	16.6
科技教育卫生	**Science,Education & Public Health**			
各类专业技术人员(人)	Speccial Technical Personnel(person)	2995	4371	45.9
幼儿园数(所)	Number of Kindergartens(unit)	6	13	116.7
学龄儿童入学率(%)	Percentage of School-Age Children Enrolled(%)	100.0	100.0	0.0
小学学校数(所)	Number of Primary Schools(unit)	16	14	-12.5
小学专任教师数(人)	Number of Full-time Teachers of Primary Schools(person)	736	721	-2.0
小学在校学生数(人)	Number of Student Enrollment of Primary Schools(person)	9953	9735	-2.2
普通中学学校数(所)	Number of Regular Secondary Schools(unit)	11	10	-9.1
普通中学专任教师数(人)	Number of Teachers of Secondary Shools(person)	544	580	6.6
初中在校学生数(人)	Number of Student in Junior Secondary Schools(person)	5276	5013	-5.0
高中在校学生数(人)	Number of Student in Senior Secondary Schools(person)	3330	3468	4.1
卫生机构数(所)	Number of Health Institutions(unit)	74	89	20.3
# 医院(所)	Hospitals(unit)	6	6	0.0
卫生院(所)	Township Hospitals(unit)	6	6	0.0
床位数(张)	Number of Beds(unit)	686	701	2.2
# 医院(张)	Hospitals(unit)	574	589	2.6
卫生院(张)	Township Hospitals(unit)	12	12	0.0
卫生技术人员(人)	Medical Technical Presonnel(person)	865	927	7.2
# 医院(人)	Hospitals(person)	512	547	6.8
卫生院(人)	Township Hospitals(person)	40	43	7.5

23-106 阿拉善盟阿拉善左旗

指标	Item	2004	2005	2005年比上年增长% Increase Rate in 2005 Over 2004(%)
行政区域土地面积(平方公里)	**Area of Administration(Sq.km)**	**80412**	**80412**	**0.0**
人口和就业	**Population & Employment**			
年末总人口(人)	Total Population Year-end(person)	141602	139903	-1.2
#男性(人)	Male(person)	72390	71500	-1.2
#乡村人口(人)	Rural(person)	46805	45718	-2.3
年末总户数(户)	Total Number of Households at the Year-end(Household)	53325	53570	0.5
#乡村户数(户)	Number of Rural Household(Household)	13627	13168	-3.4
出生人口(人)	Births(person)	1463	1620	10.7
死亡人口(人)	Deaths(person)	858	1887	119.9
全社会就业人员(人)	Employment(person)	70641	71645	1.4
第一产业(人)	Primary Industry(person)	32258	30394	-5.8
第二产业(人)	Secondary Industry(person)	14862	17107	15.1
第三产业(人)	Tertiary Industry(person)	23521	24144	2.6
在岗职工人数(人)	Number of Staff & Workers Employed in(person)	26395	27547	4.4
乡村劳动力(人)	Number of Rural Laborers(person)	37156	35579	-4.2
#农林牧渔业(人)	Farming,Forestry,Animal Husbandry & Fishery(person)	30746	29092	-5.4
国民经济综合指标	**Summary Item on the National Economy**			
生产总值(万元)	Gross Domestic Product(10 000 yuan)	352011	460011	20.5
第一产业(万元)	Primary Industry(10 000 yuan)	24858	26872	5.4
第二产业(万元)	Secondary Industry(10 000 yuan)	240911	300174	25.3
#工业(万元)	Industry(10 000 yuan)	174440	241663	22.3
第三产业(万元)	Tertiary Industry(10 000 yuan)	86242	132965	12.8
人均生产总值(元)	Per Capita GDP(yuan)	24859	31967	18.6
全社会固定资产投资(万元)	Total Investment in Fixed Assets(10 000 yuan)	328551	451672	37.5
按登记注册类型分	Grouped by Registered Type			
#国有(万元)	State-owned Enterprises(10 000 yuan)	172838	199643	15.5
集体(万元)	Collective-owned Enterprises(10 000 yuan)			
有限责任公司(万元)	Limited Liability Corporations(10 000 yuan)	54754	41603	-24.0
股份有限公司(万元)	Share Holding Enterprises(10 000 yuan)	94225	148927	58.1
私营企业(万元)	Private Enterprises(10 000 yuan)	3400	26718	685.8
外商及港澳台投资企业(万元)	Funds from HK,Macao,Taiwan & Foreign(10 000 yuan)			
按管理渠道分	Grouped by Channel of Management			
#基本建设(万元)	Capital Construction(10 000 yuan)	267424	358191	33.9
更新改造(万元)	Innovation(10 000 yuan)	52120	62315	19.6
房地产开发(万元)	Real Estate Development(10 000 yuan)	3813	6329	66.0
地方财政收入(万元)	Local Governments Revenue(10 000 yuan)	14724	24624	67.2
地方财政支出(万元)	Local Governments Expenditures(10 000 yuan)	43501	62038	42.6
城乡居民储蓄存款余额(万元)	Resident Saving Deposit in Urban & Rural(10 000 yuan)	203216	248263	22.2
在岗职工工资总额(万元)	Total Wages of Staff & Workers Employed in(10 000 yuan)	41270	53224	29.0
在岗职工平均工资(元)	Average Wage of Staff & Workers Employed in(yuan)	15968	19563	22.5
农牧民人均纯收入(元)	Per Capita Net Income of Peasant & Herdsman(yuan)	3126	3532	13.0
农村牧区经济	**Economic Development in Rural & Pastoral Area**			
耕地面积(公顷)	Cultivated Area(hectare)	21657	22632	4.5
农作物总播种面积(公顷)	Total Sown Area(hectare)	19647	21964	11.8
#粮食作物播种面积(公顷)	Sown Area of Grain Crops(hectare)	10109	12432	23.0
有效灌溉面积(公顷)	Irrigated Area(hectare)	23400	23810	1.8
农牧业机械总动力(万千瓦)	Total Power of Agricultural Machinery(10 000 kw)	13.67	13.94	2.0
化肥施用折纯量(吨)	Consumption of Chemical Fertilizer(ton)	4565	7484	63.9
农村用电量(万千瓦小时)	Electricity Consumed in Rural Area(10 000 kwh)	5349	6921	29.4
农林牧渔业总产值(万元)	Gross Output of Farming,Forestry,Animal Husbandry & Fishery(10 000 yuan)	41299	44836	4.2
粮食产量(吨)	Yield of Grain(ton)	76252	88938	16.6
油料产量(吨)	Yield of Oil-bearing Grops(ton)	19511	19394	-0.6
甜菜产量(吨)	Yield of Beetroots(ton)	500	261	-47.8
猪牛羊肉产量(吨)	Output of Pork, Beef & Mutton(ton)	7058	7871	11.5
#猪肉产量(吨)	Output of Pork(ton)	393	440	12.0
牛肉产量(吨)	Output of Beef(ton)	156	132	-15.4
羊肉产量(吨)	Output of Mutton(ton)	6509	7299	12.1

23-106 Alashanzuo Banner in Alashan League

指标	Item	2004	2005	2005年比上年增长% Increase Rate in 2005 Over 2004(%)
羊毛产量(吨)	Output of Wool(ton)	839	682	-18.7
年末牲畜存栏头数(万头只)	Total Livestock at the Year-end(10 000 heads)	115.85	129.13	11.5
#大牲畜(万头只)	Large Animals(10 000 heads)	4.22	7.71	82.7
羊(万只)	Sheep & Goats(10 000 heads)	111.23	120.73	8.5
猪(万头)	Hogs(10 000 heads)	0.40	0.68	70.0
规模以上工业	**Industry above Designated Size**			
工业企业单位数(个)	Number of Industrial Enterprises(unit)	43	48	11.6
#内资企业(个)	Civil Funded Enterprises(unit)	43	46	7.0
工业总产值(万元)	Gross Industrial Output Value(10 000 yuan)	295661	479946	62.3
内资企业(万元)	Civil Funded Enterprises(10 000 yuan)	295661	453836	53.5
国有企业(万元)	State-owned Enterprises(10 000 yuan)	36981	52457	41.8
集体企业(万元)	Collective-owned Enterprises(10 000 yuan)		482	
股份合作企业(万元)	Share Holding Enterprises(10 000 yuan)	2914		
联营企业(万元)	Joint Owned Enterprises(10 000 yuan)			
有限责任公司(万元)	Limited Company(10 000 yuan)		98891	
股份有限公司(万元)	Share Holding Limited Company(10 000 yuan)	254712	173581	-31.9
私营企业(万元)	Privately Owned Enterprises(10 000 yuan)		123033	
其他企业(万元)	Enterprises of Other Ownership(10 000 yuan)	1054	5392	411.6
港澳台商投资企业(万元)	Funds from HK,Macao & Taiwan(10 000 yuan)			
外商投资企业(万元)	Foreign Funded Enterprises(10 000 yuan)		26110	
工业企业增加值(万元)	Value Added of Industrial Enterprises(10 000 yuan)	155120	225363	22.7
工业企业资产总计(万元)	Total Assets of Industrial Enterprises(10 000 yuan)	578776	893699	54.4
工业企业负债合计(万元)	Total Liabilities of Industrial Enterprises(10 000 yuan)	367615	583903	58.8
工业企业产品销售收入(万元)	Sales of Revenue Industrial Enterprises(10 000 yuan)	304514	448468	47.3
工业企业利润总额(万元)	Total Profits of Industrial Enterprises(10 000 yuan)	24506	36684	49.7
建筑业	**Construction**			
建筑企业单位数(个)	Number of Construction Enterprises(unit)	8	7	-12.5
建筑企业从业人员(人)	Number of Employee in Construction Enterprises(person)	1720	958	-44.3
建筑业总产值(万元)	Gross Construction Output Value(10 000 yuan)	15435	24157	56.5
交通运输邮电通信业	**Transportation,Post & Telecommunications**			
公路里程(公里)	Total Length of Highways(km)	2121	2522	18.9
邮电业务总量(万元)	Business Volume of Post & Telecoms(10 000 yuan)	18203	22097	21.4
本地电话用户(户)	Number of Subscribers of Local Telephone(Household)	57681	85910	48.9
国内贸易	**Domestic Trade**			
社会消费品零售总额(万元)	Total Retail Sales of Consumer Goods(10 000 yuan)	94788	106701	12.6
#贸易业(万元)	Wholesale & Retail Sales Trades(10 000 yuan)	68586	79592	16.1
餐饮业(万元)	Catering Trade(10 000 yuan)	22079	22704	2.8
科技教育卫生	**Science,Education & Public Health**			
各类专业技术人员(人)	Special Technical Personnel(person)			
幼儿园数(所)	Number of Kindergartens(unit)	6	6	0.0
学龄儿童入学率(%)	Percentage of School-Age Children Enrolled(%)	100.0	100.0	0.0
小学学校数(所)	Number of Primary Schools(unit)	26	26	0.0
小学专任教师数(人)	Number of Full-time Teachers of Primary Schools(person)	864	712	-17.6
小学在校学生数(人)	Number of Student Enrollment of Primary Schools(person)	10067	10026	-0.4
普通中学学校数(所)	Number of Regular Secondary Schools(unit)	13	13	0.0
普通中学专任教师数(人)	Number of Teachers of Secondary Shools(person)	881	842	-4.4
初中在校学生数(人)	Number of Student in Junior Secondary Schools(person)	8308	8061	-3.0
高中在校学生数(人)	Number of Student in Senior Secondary Schools(person)	3252	3620	11.3
卫生机构数(所)	Number of Health Institutions(unit)	46	46	0.0
#医院(所)	Hospitals(unit)	9	9	0.0
卫生院(所)	Township Hospitals(unit)	29	29	0.0
床位数(张)	Number of Beds(unit)	576	565	-1.9
#医院(张)	Hospitals(unit)	392	398	1.5
卫生院(张)	Township Hospitals(unit)	150	133	-11.3
卫生技术人员(人)	Medical Technical Presonnel(person)	1034	1026	-0.8
#医院(人)	Hospitals(person)	617	641	3.9
卫生院(人)	Township Hospitals(person)	188	185	-1.6

23-107 阿拉善盟阿拉善右旗

指 标	Item	2004	2005	2005 年比上年增长% Increase Rate in 2005 Over 2004(%)
行政区域土地面积(平方公里)	**Area of Administration(Sq.km)**	**75226**	**75226**	**0.0**
人口和就业	**Population & Employment**			
年末总人口(人)	Total Population Year-end(person)	24071	23729	-1.4
# 男性(人)	Male(person)	12301	11979	-2.6
# 乡村人口(人)	Rural(person)	8137	7624	-6.3
年末总户数(户)	Total Number of Households at the Year-end(Household)	9151	8814	-3.7
# 乡村户数(户)	Number of Rural Household(Household)	2260	2174	-3.8
出生人口(人)	Births(person)	238	153	-35.7
死亡人口(人)	Deaths(person)	133	209	57.1
全社会就业人员(人)	Employment(person)	13110	12805	-2.3
第一产业(人)	Primary Industry(person)	5261	4387	-16.6
第二产业(人)	Secondary Industry(person)	3865	3878	0.3
第三产业(人)	Tertiary Industry(person)	3984	4540	14.0
在岗职工人数(人)	Number of Staff & Workers Employed in(person)	5270	4744	-10.0
乡村劳动力(人)	Number of Rural Laborers(person)	5935	5064	-14.7
# 农林牧渔业(人)	Farming,Forestry,Animal Husbandry & Fishery(person)	5046	4176	-17.2
国民经济综合指标	**Summary Item on the National Economy**			
生产总值(万元)	Gross Domestic Product(10 000 yuan)	55012	76002	24.9
第一产业(万元)	Primary Industry(10 000 yuan)	7863	9662	15.1
第二产业(万元)	Secondary Industry(10 000 yuan)	35629	46022	31.1
# 工业(万元)	Industry(10 000 yuan)	26122	36570	26.8
第三产业(万元)	Tertiary Industry(10 000 yuan)	11520	20318	16.2
人均生产总值(元)	Per Capita GDP(yuan)	22854	32029	40.2
全社会固定资产投资(万元)	Total Investment in Fixed Assets(10 000 yuan)	34514	58760	70.2
按登记注册类型分	Grouped by Registered Type			
# 国有(万元)	State-owned Enterprises(10 000 yuan)	18705	9246	-50.6
集体(万元)	Collective-owned Enterprises(10 000 yuan)			
有限责任公司(万元)	Limited Liability Corporations(10 000 yuan)	13568	7714	-43.1
股份有限公司(万元)	Share Holding Enterprises(10 000 yuan)			
私营企业(万元)	Private Enterprises(10 000 yuan)	2241	41800	1765.2
外商及港澳台投资企业 (万元)	Funds from HK,Macao,Taiwan & Foreign(10 000 yuan)			
按管理渠道分	Grouped by Channel of Management			
# 基本建设(万元)	Capital Construction(10 000 yuan)	30342	52736	73.8
更新改造(万元)	Innovation(10 000 yuan)	3540	3693	4.3
房地产开发(万元)	Real Estate Development(10 000 yuan)	632	2331	268.8
地方财政收入(万元)	Local Governments Revenue(10 000 yuan)	3041	4242	39.5
地方财政支出(万元)	Local Governments Expenditures(10 000 yuan)	17033	25847	51.7
城乡居民储蓄存款余额(万元)	Resident Saving Deposit in Urban & Rural(10 000 yuan)	31469	35947	14.2
在岗职工工资总额(万元)	Total Wages of Staff & Workers Employed in(10 000 yuan)	7631	8559	12.2
在岗职工平均工资(元)	Average Wage of Staff & Workers Employed in(yuan)	14499	18077	24.7
农牧民人均纯收入(元)	Per Capita Net Income of Peasant & Herdsman(yuan)	3626	4178	15.2
农村牧区经济	**Economic Development in Rural & Pastoral Area**			
耕地面积(公顷)	Cultivated Area(hectare)	3109	3140	1.0
农作物总播种面积(公顷)	Total Sown Area(hectare)	2552	2678	4.9
# 粮食作物播种面积(公顷)	Sown Area of Grain Crops(hectare)	1074	1603	49.3
有效灌溉面积(公顷)	Irrigated Area(hectare)	3340	3460	3.6
农牧业机械总动力(万千瓦)	Total Power of Agricultural Machinery(10 000 kw)	1.65	1.88	13.9
化肥施用折纯量(吨)	Consumption of Chemical Fertilizer(ton)	288	282	-2.1
农村用电量(万千瓦小时)	Electricity Consumed in Rural Area(10 000 kwh)	245	254	3.7
农林牧渔业总产值(万元)	Gross Output of Farming,Forestry,Animal Husbandry & Fishery(10 000 yuan)	13061	14839	2.8
粮食产量(吨)	Yield of Grain(ton)	7886	14459	83.4
油料产量(吨)	Yield of Oil-bearing Grops(ton)	49	28	-42.9
甜菜产量(吨)	Yield of Beetroots(ton)			
猪牛羊肉产量(吨)	Output of Pork, Beef & Mutton(ton)	3033	3066	1.1
# 猪肉产量(吨)	Output of Pork(ton)	31	26	-16.1
牛肉产量(吨)	Output of Beef(ton)	6	5	-16.7
羊肉产量(吨)	Output of Mutton(ton)	2996	3035	1.3

23-107 Alashanyou Banner in Alashan League

指 标	Item	2004	2005	2005 年比上年增长% Increase Rate in 2005 Over 2004(%)
羊毛产量(吨)	Output of Wool(ton)	154	102	-33.8
年末牲畜存栏头数(万头只)	Total Livestock at the Year-end(10 000 heads)	21.60	18.55	-14.2
# 大牲畜(万头只)	Large Animals(10 000 heads)	1.61	1.75	8.7
羊(万只)	Sheep & Goats(10 000 heads)	19.98	16.76	-16.1
猪(万头)	Hogs(10 000 heads)	0.01	0.04	300.0
规模以上工业	**Industry above Designated Size**			
工业企业单位数(个)	Number of Industrial Enterprises(unit)	10	15	50.0
# 内资企业(个)	Civil Funded Enterprises(unit)	9	14	55.6
工业总产值(万元)	Gross Industrial Output Value(10 000 yuan)	37640	58223	54.7
内资企业(万元)	Civil Funded Enterprises(10 000 yuan)	35135	58223	65.7
国有企业(万元)	State-owned Enterprises(10 000 yuan)		99	
集体企业(万元)	Collective-owned Enterprises(10 000 yuan)		81	
股份合作企业(万元)	Share Holding Enterprises(10 000 yuan)		1411	
联营企业(万元)	Joint Owned Enterprises(10 000 yuan)			
有限责任公司(万元)	Limited Company(10 000 yuan)		20277	
股份有限公司(万元)	Share Holding Limited Company(10 000 yuan)	35135	11177	-68.2
私营企业(万元)	Privately Owned Enterprises(10 000 yuan)		25178	
其他企业(万元)	Enterprises of Other Ownership(10 000 yuan)			
港澳台商投资企业(万元)	Funds from HK,Macao & Taiwan(10 000 yuan)	2505		-100.0
外商投资企业(万元)	Foreign Funded Enterprises(10 000 yuan)			
工业企业增加值(万元)	Value Added of Industrial Enterprises(10 000 yuan)	21922	33970	55.0
工业企业资产总计(万元)	Total Assets of Industrial Enterprises(10 000 yuan)	55641	112437	102.1
工业企业负债合计(万元)	Total Liabilities of Industrial Enterprises(10 000 yuan)	38438	64376	67.5
工业企业产品销售收入(万元)	Sales of Revenue Industrial Enterprises(10 000 yuan)	30711	52428	70.7
工业企业利润总额(万元)	Total Profits of Industrial Enterprises(10 000 yuan)	1959	5465	179.0
建筑业	**Construction**			
建筑企业单位数(个)	Number of Construction Enterprises(unit)	1	1	0.0
建筑企业从业人员(人)	Number of Employee in Construction Enterprises(person)	168	200	19.0
建筑业总产值(万元)	Gross Construction Output Value(10 000 yuan)	515	1712	232.4
交通运输邮电通信业	**Transportation,Post & Telecommunications**			
公路里程(公里)	Total Length of Highways(km)	1262	1711	35.6
邮电业务总量(万元)	Business Volume of Post & Telecoms(10 000 yuan)	2969	3683	24.0
本地电话用户(户)	Number of Subscribers of Local Telephone(Household)	10190	15825	55.3
国内贸易	**Domestic Trade**			
社会消费品零售总额(万元)	Total Retail Sales of Consumer Goods(10 000 yuan)	11580	15741	35.9
# 贸易业(万元)	Wholesale & Retail Sales Trades(10 000 yuan)	9992	11505	15.1
餐饮业(万元)	Catering Trade(10 000 yuan)	1277	2882	125.7
科技教育卫生	**Science,Education & Public Health**			
各类专业技术人员(人)	Special Technical Personnel(person)	875	896	2.4
幼儿园数(所)	Number of Kindergartens(unit)	2	2	0.0
学龄儿童入学率(%)	Percentage of School-Age Children Enrolled(%)	100.0	100.0	0.0
小学学校数(所)	Number of Primary Schools(unit)	6	5	-16.7
小学专任教师数(人)	Number of Full-time Teachers of Primary Schools(person)	190	176	-7.4
小学在校学生数(人)	Number of Student Enrollment of Primary Schools(person)	1874	1685	-10.1
普通中学学校数(所)	Number of Regular Secondary Schools(unit)	4	4	0.0
普通中学专任教师数(人)	Number of Teachers of Secondary Shools(person)	131	121	-7.6
初中在校学生数(人)	Number of Student in Junior Secondary Schools(person)	899	849	-5.6
高中在校学生数(人)	Number of Student in Senior Secondary Schools(person)	351	439	25.1
卫生机构数(所)	Number of Health Institutions(unit)	12	13	8.3
# 医院(所)	Hospitals(unit)	2	2	0.0
卫生院(所)	Township Hospitals(unit)	8	9	12.5
床位数(张)	Number of Beds(unit)	100	102	2.0
# 医院(张)	Hospitals(unit)	68	68	0.0
卫生院(张)	Township Hospitals(unit)	26	28	7.7
卫生技术人员(人)	Medical Technical Presonnel(person)	217	223	2.8
# 医院(人)	Hospitals(person)	109	109	0.0
卫生院(人)	Township Hospitals(person)	65	71	9.2

23-108 阿拉善盟额济纳旗

指 标	Item	2004	2005	2005 年比上年增长% Increase Rate in 2005 Over 2004(%)
行政区域土地面积(平方公里)	**Area of Administration(Sq.km)**	**114606**	**114606**	**0.0**
人口和就业	**Population & Employment**			
年末总人口(人)	Total Population Year-end(person)	16874	16888	0.1
#男性(人)	Male(person)	8602	8577	-0.3
#乡村人口(人)	Rural(person)	3441	4073	18.4
年末总户数(户)	Total Number of Households at the Year-end(Household)	6220	6287	1.1
#乡村户数(户)	Number of Rural Household(Household)	1095	1467	34.0
出生人口(人)	Births(person)	113	144	27.4
死亡人口(人)	Deaths(person)	82	151	84.1
全社会就业人员(人)	Employment(person)	8351	9768	17.0
第一产业(人)	Primary Industry(person)	3254	3552	9.2
第二产业(人)	Secondary Industry(person)	1555	2277	46.4
第三产业(人)	Tertiary Industry(person)	3542	3939	11.2
在岗职工人数(人)	Number of Staff & Workers Employed in(person)	4163	4151	-0.3
乡村劳动力(人)	Number of Rural Laborers(person)	2774	3038	9.5
#农林牧渔业(人)	Farming,Forestry,Animal Husbandry & Fishery(person)	2636	2936	11.4
国民经济综合指标	**Summary Item on the National Economy**			
生产总值(万元)	Gross Domestic Product(10 000 yuan)	104727	135011	25.9
第一产业(万元)	Primary Industry(10 000 yuan)	5069	5857	13.3
第二产业(万元)	Secondary Industry(10 000 yuan)	35111	48150	30.4
#工业(万元)	Industry(10 000 yuan)	21653	30135	17.3
第三产业(万元)	Tertiary Industry(10 000 yuan)	64547	81004	24.9
人均生产总值(元)	Per Capita GDP(yuan)	28215	30318	20.8
全社会固定资产投资(万元)	Total Investment in Fixed Assets(10 000 yuan)	82263	151357	84.0
按登记注册类型分	Grouped by Registered Type			
#国有(万元)	State-owned Enterprises(10 000 yuan)	24522	126642	416.4
集体(万元)	Collective-owned Enterprises(10 000 yuan)		2610	
有限责任公司(万元)	Limited Liability Corporations(10 000 yuan)	53798	4700	-91.3
股份有限公司(万元)	Share Holding Enterprises(10 000 yuan)	558	5272	844.8
私营企业(万元)	Private Enterprises(10 000 yuan)	1565	1248	-20.3
外商及港澳台投资企业 (万元)	Funds from HK,Macao,Taiwan & Foreign(10 000 yuan)	550		
按管理渠道分	Grouped by Channel of Management			
#基本建设(万元)	Capital Construction(10 000 yuan)	71648	141991	98.2
更新改造(万元)	Innovation(10 000 yuan)	1870	4700	151.3
房地产开发(万元)	Real Estate Development(10 000 yuan)	1200	1410	17.5
地方财政收入(万元)	Local Governments Revenue(10 000 yuan)	3265	6642	103.4
地方财政支出(万元)	Local Governments Expenditures(10 000 yuan)	14594	23719	62.5
城乡居民储蓄存款余额(万元)	Resident Saving Deposit in Urban & Rural(10 000 yuan)	24110	28788	19.4
在岗职工工资总额(万元)	Total Wages of Staff & Workers Employed in(10 000 yuan)	6395	7324	14.5
在岗职工平均工资(元)	Average Wage of Staff & Workers Employed in(yuan)	14442	18337	27.0
农牧民人均纯收入(元)	Per Capita Net Income of Peasant & Herdsman(yuan)	3857	4444	15.2
农村牧区经济	**Economic Development in Rural & Pastoral Area**			
耕地面积(公顷)	Cultivated Area(hectare)	2875	3257	13.3
农作物总播种面积(公顷)	Total Sown Area(hectare)	2792	3024	8.3
#粮食作物播种面积(公顷)	Sown Area of Grain Crops(hectare)	232	236	1.7
有效灌溉面积(公顷)	Irrigated Area(hectare)	6190	6460	4.4
农牧业机械总动力(万千瓦)	Total Power of Agricultural Machinery(10 000 kw)	1.45	1.56	7.6
化肥施用折纯量(吨)	Consumption of Chemical Fertilizer(ton)	1173	1163	-0.9
农村用电量(万千瓦小时)	Electricity Consumed in Rural Area(10 000 kwh)	173	290	67.6
农林牧渔业总产值(万元)	Gross Output of Farming,Forestry,Animal Husbandry & Fishery(10 000 yuan)	8422	9979	7.0
粮食产量(吨)	Yield of Grain(ton)	1348	1455	7.9
油料产量(吨)	Yield of Oil-bearing Grops(ton)			
甜菜产量(吨)	Yield of Beetroots(ton)	16		
猪牛羊肉产量(吨)	Output of Pork, Beef & Mutton(ton)	1726	1398	-19.0
#猪肉产量(吨)	Output of Pork(ton)	565	643	13.8
牛肉产量(吨)	Output of Beef(ton)	16	15	-6.2
羊肉产量(吨)	Output of Mutton(ton)	1145	740	-35.4

23-108 Ejina Banner in Alashan League

指 标	Item	2004	2005	2005 年比上年增长% Increase Rate in 2005 Over 2004(%)
羊毛产量(吨)	Output of Wool(ton)	39	32	-17.9
年末牲畜存栏头数(万头只)	Total Livestock at the Year-end(10 000 heads)	8.51	7.96	-6.5
# 大牲畜(万头只)	Large Animals(10 000 heads)	1.40	1.41	0.7
羊(万只)	Sheep & Goats(10 000 heads)	7.00	6.33	-9.6
猪(万头)	Hogs(10 000 heads)	0.11	0.22	100.0
规模以上工业	**Industry above Designated Size**			
工业企业单位数(个)	Number of Industrial Enterprises(unit)	8	8	0.0
# 内资企业(个)	Civil Funded Enterprises(unit)	8	8	0.0
工业总产值(万元)	Gross Industrial Output Value(10 000 yuan)	36173	54316	50.2
内资企业(万元)	Civil Funded Enterprises(10 000 yuan)	36173	54316	50.2
国有企业(万元)	State-owned Enterprises(10 000 yuan)	288	1031	258.0
集体企业(万元)	Collective-owned Enterprises(10 000 yuan)			
股份合作企业(万元)	Share Holding Enterprises(10 000 yuan)			
联营企业(万元)	Joint Owned Enterprises(10 000 yuan)			
有限责任公司(万元)	Limited Company(10 000 yuan)		17903	
股份有限公司(万元)	Share Holding Limited Company(10 000 yuan)	35885	28401	-20.9
私营企业(万元)	Privately Owned Enterprises(10 000 yuan)		6981	
其他企业(万元)	Enterprises of Other Ownership(10 000 yuan)			
港澳台商投资企业(万元)	Funds from HK,Macao & Taiwan(10 000 yuan)			
外商投资企业(万元)	Foreign Funded Enterprises(10 000 yuan)			
工业企业增加值(万元)	Value Added of Industrial Enterprises(10 000 yuan)	19973	33940	69.9
工业企业资产总计(万元)	Total Assets of Industrial Enterprises(10 000 yuan)	32303	53057	64.2
工业企业负债合计(万元)	Total Liabilities of Industrial Enterprises(10 000 yuan)	20913	32610	55.9
工业企业产品销售收入(万元)	Sales of Revenue Industrial Enterprises(10 000 yuan)	30237	53719	77.7
工业企业利润总额(万元)	Total Profits of Industrial Enterprises(10 000 yuan)	5572	4159	-25.4
建筑业	**Construction**			
建筑企业单位数(个)	Number of Construction Enterprises(unit)	1	1	0.0
建筑企业从业人员(人)	Number of Employee in Construction Enterprises(person)	350	183	-47.7
建筑业总产值(万元)	Gross Construction Output Value(10 000 yuan)	1788	982	-45.1
交通运输邮电通信业	**Transportation,Post & Telecommunications**			
公路里程(公里)	Total Length of Highways(km)	1904	2165	13.7
邮电业务总量(万元)	Business Volume of Post & Telecoms(10 000 yuan)	2149	2550	18.7
本地电话用户(户)	Number of Subscribers of Local Telephone(Household)	7576	11304	49.2
国内贸易	**Domestic Trade**			
社会消费品零售总额(万元)	Total Retail Sales of Consumer Goods(10 000 yuan)	20748	24120	16.3
# 贸易业(万元)	Wholesale & Retail Sales Trades(10 000 yuan)	13784	17267	25.3
餐饮业(万元)	Catering Trade(10 000 yuan)	3675	3133	-14.7
科技教育卫生	**Science,Education & Public Health**			
各类专业技术人员(人)	Special Technical Personnel(person)	707	850	20.2
幼儿园数(所)	Number of Kindergartens(unit)	3	3	0.0
学龄儿童入学率(%)	Percentage of School-Age Children Enrolled(%)	100.0	100.0	0.0
小学学校数(所)	Number of Primary Schools(unit)	3	3	0.0
小学专任教师数(人)	Number of Full-time Teachers of Primary Schools(person)	128	120	-6.3
小学在校学生数(人)	Number of Student Enrollment of Primary Schools(person)	1258	1259	0.1
普通中学学校数(所)	Number of Regular Secondary Schools(unit)	2	2	0.0
普通中学专任教师数(人)	Number of Teachers of Secondary Shools(person)	88	84	-4.5
初中在校学生数(人)	Number of Student in Junior Secondary Schools(person)	719	648	-9.9
高中在校学生数(人)	Number of Student in Senior Secondary Schools(person)	356	418	17.4
卫生机构数(所)	Number of Health Institutions(unit)	12	12	0.0
# 医院(所)	Hospitals(unit)	3	3	0.0
卫生院(所)	Township Hospitals(unit)	7	7	0.0
床位数(张)	Number of Beds(unit)	155	163	5.2
# 医院(张)	Hospitals(unit)	110	110	0.0
卫生院(张)	Township Hospitals(unit)	37	45	21.6
卫生技术人员(人)	Medical Technical Presonnel(person)	167	168	0.6
# 医院(人)	Hospitals(person)	102	105	2.9
卫生院(人)	Township Hospitals(person)	32	38	18.8

二十四　企业资料

STATISTICS OF ENTERPRISES

资料整理　杨文武　云俊生　王亦兵　高志宇　李姗　蔡雨成

Arranged by Yang Wenwu, Yun Junsheng, Wang Yibing, Gao Zhiyu, Li Shan, Cai Yucheng

24-1 全区资产总计最大的100家大中型工业企业(2005年)

Autonomous Regional Top 100 Large-scale and Medium-scale Industrial Enterprises of Total Assets(2005)

位次 Order	企业名称	Name of Enterprise	资产总计(万元) Total Assets (10 000 yuan)
1	包头钢铁（集团）有限责任公司	Baotou Iron & Steel (Group) Co.,Ltd	2434049
2	内蒙古包钢钢联股份有限公司	Inner Mongolia Baotou Steel Union Co.,Ltd	1294896
3	内蒙古大唐国际托克托发电有限责任公司	Inner Mongolia Datang Tuoketuo Power Co.,Ltd	1252257
4	华能伊敏煤电有限责任公司	Yiminhe DongDian Coal & Electricity Co.,Ltd	939620
5	神华集团准格尔能源有限责任公司	ShenHua Group Zhungeer Coal Industry Co.,Ltd	887898
6	神东集团神府东胜煤炭有限责任公司	Shen Dong Group Dongsheng Coal Industry Co.,Ltd	881556
7	鄂尔多斯羊绒制品股份有限公司	Eedos Cashmere Product Share-Holding Co.,Ltd	566188
8	内蒙古伊利实业集团股份有限公司	Inner Mongolia YiLi Industrial Group Co.,Ltd	561537
9	内蒙第一机械制造集团有限公司	Inner Mongolia No.1 Machinery Co.,Ltd	551358
10	内蒙古平庄煤业集团有限责任公司	Pingzhuang Coal Industry Group Co.,Ltd	527528
11	内蒙古鄂尔多斯电力冶金股份有限公司	Inner Mongolia Erdos Electricity & Metallurgy Share-Holding Co.,Ltd	517093
12	元宝山发电厂有限责任公司	Yuanbaoshan Power Plant Co.,Ltd	441664
13	内蒙古北方重工集团有限公司	Inner Mongolia North Heavy Industry Group Co.,Ltd	422048
14	内蒙古蒙牛乳业(集团)股份有限公司	Inner Mongolia MengNiu Milk Industry (Group) Share-Holding Co.,Ltd	420535
15	包头铝业（集团）有限责任公司	Baotou Aluminium Industry (Group) Co.,Ltd	397590
16	内蒙古霍煤鸿骏铝电有限责任公司	Inner Mongolia Huolinhe Coal Industry HongJun Aluminium and Power Co.,Ltd	376419
17	内蒙古草原兴发股份有限公司	Inner Mongolia Prairie Xingfa Share-Holding Co.,Ltd	376391
18	内蒙古伊泰煤炭股份有限公司	Inner Mongolia Yi Tai Coal Industry Co.,Ltd	375998
19	东方希望包头稀土铝业有限责任公司	East Hope Baotou Rare-earth & Al Industry Co.,Ltd	370690
20	内蒙古天野化工(集团)有限责任公司	Inner Mongolia TianYe Chemical Industry(Group) Co.,Ltd	361177
21	大庆油田有限责任公司呼伦贝尔分公司	Daqing Oilfield Co.,Ltd Hulunbeier Branch	331015
22	包头北方奔驰重型汽车有限公司	Baotou North Benz Heavy-duty Automobile Co.,Ltd	298306
23	包头明天科技股份有限公司	Baotou Tomorrow Technology Share-Holding Co.,Ltd	282556
24	内蒙古乌兰水泥有限责任公司	Inner Mongolia Wu Lan Cement Co.,Ltd	256489
25	内蒙古蒙电华能丰镇发电厂	Inner Mongolia MengDian HuaNeng Fengzhen Power Plant	251726
26	内蒙古霍林河露天煤业股份有限公司	Inner Mongolia Huolinhe Coal Industry Co.,Ltd	229922
27	内蒙古海吉氯碱化工股份有限责任公司	Inner Mongolia Haiji Chorine-Alkai Chemical Share-Holding Co.,Ltd	221403
28	中国石油华北油田二连分公司	Erlian Branch of North Oilfield Petroleum China	211885
29	包头供电局	Baotou Power Supply Bureau	210393
30	中石油呼和浩特石化分公司	Petroleum China Hohhot Branch	210115
31	赤峰大地基础产业股份有限公司	Chifeng Da Di Basic Industry Share-Holding Co.,Ltd	207931
32	内蒙古鹿王羊绒有限公司	Inner Mongolia King Deer Cashmere Group	201433
33	内蒙蒙电华能包头二电厂	Inner Mongolia MenDian HuaNeng Power Share-Holding Co.,Ltd Baotou No.2 Heat and Power Plant	191162

24-1 续表 1 continued

位次 Order	企业名称	Name of Enterprise	资产总计(万元) Total Assets (10 000 yuan)
34	包头华资实业股份有限公司	Baotou HuaZi Industry Share-Holding Co.,Ltd	190487
35	乌兰察布电业局	Wulanchabu Electric Power Bureau	189930
36	通辽发电总厂	Tongliao General Power Plant	185438
37	内蒙古东达蒙古王集团公司	Dongda Mongolia King Cashmere Group Co.,Ltd	173033
38	内蒙古兰太实业股份有限公司	Inner Mongolia LanTai Industrial Co.,Ltd	164921
39	神华集团乌达矿业有限责任公司	ShenHua Group Wuda Mining Industry Co.,Ltd	163775
40	内蒙古北方重型汽车股份有限公司	Inner Mongolia North Heavy-duty Automobile Share-Holding Co.,Ltd	163599
41	东方希望包头热电有限责任公司	East Hope Baotou Heat & Power Industry Co.,Ltd	161162
42	呼和浩特市自来水公司	Hohhot City Piped Water Corporation	155461
43	大雁煤业有限责任公司	Inner Mongolia DaYan Coal Industry Co.,Ltd	150026
44	内蒙古蒙电华能包头第一热厂	Inner Mongolia MengDian HuaNeng Baotou No.1 Power Plant	149124
45	中核包头光华化学工业公司	China National Nuclear Baotou Guang Hua Chemical Industry Co.,Ltd	147568
46	内蒙古包钢稀土高科股份有限公司	Inner Mongolia Baotou Steel Rare-earth Hi-tech Share-Holding Co.,Ltd	146297
47	神华集团海勃湾矿业有限责任公司	Shenhua Group Haibowan Mining Industry Co.,Ltd	145674
48	扎赉诺尔煤业有限责任公司	Zhalainuoer Coal Industry Co.,Ltd	145040
49	内蒙古蒙西高新材料股份有限公司	Inner Mongolia MengXi High-tech Material Co.,Ltd	140716
50	包头东恒热电有限责任公司	Baotou Dong Heng Power Co.,Ltd	133998
51	内蒙古鄂尔多斯酒业有限责任公司	Inner Mongolia Erdos Wine Industry Co.,Ltd	124721
52	内蒙古昆明卷烟有限责任公司	Inner Mongolia KunMing Cigarette Co.,Ltd	123076
53	内蒙古太西煤集团股份有限责任公司	Inner Mongolia Taixi Coal Group Co.,Ltd	122921
54	内蒙古伊东煤炭集团有限责任公司	Inner Mongolia Yi Dong Coal Group Co.,Ltd	118395
55	内蒙古西水创业股份有限公司	Inner Mongolia Xi Shui Chuangyie Co.,Ltd	117988
56	内蒙古吉兰太碱业有限责任公司	Inner Mongolai Jilantai Alkali Industry Co.,Ltd	117758
57	包头北方创业股份有限公司	Baotou North Strong Year Share-Holding Co., Ltd	110434
58	内蒙古满世煤炭运销有限责任公司	Inner Mongolia ManShi Coal Transport & Selling Co.,Ltd	104090
59	通辽梅花生物科技有限公司	Tongliao Meihua Bio-technology Co.,Ltd	102774
60	汉鼎光电(内蒙古)有限公司	Cyber Home (Inner Mongolia) Co.,Ltd	101645
61	内蒙古通顺铝业股份有限公司	Inner Mongolia TongShun Aluminium Industry Share-Holding Co.,Ltd	99975
62	赤峰制药集团	Chifeng City Pharmaceutical Group Co.,Ltd	96876
63	宝日希勒煤业有限责任公司	Baorixile Coal Industry Co.,Ltd	96675
64	内蒙古华业特钢有限公司	Inner Mongolia Huaye Special Steel Co.,Ltd	96502
65	赤峰市电业局	Chifeng City Electric Power Bureau	94235

24-1 续表 2 continued

位次 Order	企业名称	Name of Enterprise	资产总计(万元) Total Assets (10 000 yuan)
66	元宝山发电厂	Yuanbaoshan Power Plant	89703
67	中国神华能源万利煤炭分公司	ShenHua Energy WanLi Coal Branch	87681
68	内蒙古乌拉山化肥有限责任公司	Inner Mongolia Wulashan Fertilizer Co.,Ltd	87272
69	通辽电业局	Tongliao City Electric Power Bureau	87256
70	乌兰浩特钢铁有限责任公司	Wulanhaote Iron & Steel Co.,Ltd	87044
71	内蒙古星光煤炭集团有限责任公司	Inner Mongolia Xing Guang Coal Group Co.,Ltd	86877
72	金河集团实业有限公司	Inner Mongolia Jinhe Group Industry Co.,Ltd	85293
73	赤峰市白音诺尔铅锌矿	Chifeng City Baiyinnuoer Lead and Zinc Mineral	79800
74	赤峰热电厂	Chifeng City Heat and Power Plant	79025
75	石药集团中润制药(内蒙古)有限公司	ShiJiaZhuang Medicine Group ZhongRun Medicine(Inner Mongolia)Co.,Ltd	78595
76	内蒙古塞外星华章纸业股份有限公司	Inner MongoliaSaiWaiXing HuaZhang Papper Industry Group Share-Holding Co.,Ltd	76609
77	包头市热力总公司	Baotou City General Heat Corporation	74427
78	内蒙古河套酒业集团股份有限公司	Inner Mongolia HeTao Liquor Industrial Group Share-Holding Co.,Ltd	70706
79	苏尼特右旗碱业有限责任公司	Suniteyou Banner Alkali Industry Co.,Ltd	67376
80	呼和浩特市煤气有限公司	Hohhot Gas Co.,Ltd	66450
81	神华集团包头矿业有限责任公司	ShenHua Baotou Mining Industry Co.,Ltd	66229
82	赤峰库博红烨锌业有限公司	Chifeng City Kubuo HongYe Zinc Smelt Co.,Ltd	66067
83	内蒙古利民煤焦有限责任公司	Inner Mongolia Li Min Coal Coke Co.,Ltd	65526
84	金宝屯煤矿	Jinbaotun Coal Mining	64024
85	神华蒙西煤化股份有限公司	ShenHua MengXi Coal & Chemical Co.,Ltd	61953
86	鄂尔多斯市乌兰煤炭集团有限责任公司	Erdos City Wulan Coal Group Co.,Ltd	59521
87	鄂尔多斯市新华结晶硅有限责任公司	Erdos City Xin Hua Crystalling Silicon Co.,Ltd	59379
88	内蒙古塞飞亚集团有限责任公司	Inner Mongolia Saifeiya Group Co.,Ltd	59170
89	包头市达茂旗石宝钢铁集团有限责任公司	Baotou City Damao Union Banner Shibao Iron & Steel Group Co.,Ltd	56414
90	阿特拉斯工程机械有限公司	Atelasi Engineering Machinery Co.,Ltd	54827
91	乌海市千里山钢铁有限责任公司	Wuhai City QianLi Shan Iron & Steel Co.,Ltd	54415
92	TCL移动通信(呼和浩特)有限公司	TCL Mobile Comunication Co.,Ltd Hohhot Branch	53965
93	根河板业有限责任公司	GenHe Synthetic Board Industrial Co.,Ltd	53141
94	神东天隆集团有限责任公司	Shen Dong Tianlong Group Co.,Ltd	52303
95	石药集团中禾制药（内蒙古）有限公司	Shi Jia Zhuang Medicine Group Zhonghe Medicine(Inner Mongolia)Co.,Ltd	52140
96	鄂尔多斯市蒙泰煤电有限责任公司	Erdos City Meng Tai Coal & Electricity Co.,Ltd	52120
97	海拉尔蒙西水泥有限公司	Hailaer Meng Xi Cement Co.,Ltd	51985
98	东升庙矿业有限责任公司	Dongshengmiao Mining Industry Co.,Ltd	51924
99	内蒙古红峡化工厂	Inner Mongolia Hongxia Chemical Plant	50931
100	内蒙古黄岗矿业有限责任公司	Inner Mongolia Huanggang Mining Industry Co.,Ltd	50817

24-2 全区工业总产值最大的100家大中型工业企业(2005年)

Autonomous Regional Top 100 Large-scale and Medium-scale Industrial Enterprise of Gross Output Value(2005)

位次 Order	企业名称	Name of Enterprise	工业总产值(万元) Gross Industrial Output Value (10 000 yuan)
1	包头钢铁(集团)有限责任公司	Baotou Iron & Steel (Group) Co.,Ltd	1965417
2	内蒙古包钢钢联股份有限公司	Inner Mongolia Baotou Steel Union Share-Holding Co.,Ltd	1897748
3	内蒙古蒙牛乳业(集团)股份有限公司	Inner Mongolia MengNiu Milk Industry (Group) Co.,Ltd	781000
4	内蒙古伊利实业集团股份有限公司	Inner Mongolia YiLi Industrial Group Co.,Ltd	711406
5	内蒙第一机械制造集团有限公司	Inner Mongolia No.1 Machinery Co.,Ltd	459683
6	包头供电局	Baotou City Power Supply Bureau	409497
7	内蒙古大唐国际托克托发电有限责任公司	Inner Mongolia Datang Tuoketuo Power Generation Company	402529
8	神华集团准格尔能源有限责任公司	ShenHua Group Zhungeer Energy Industry Co.,Ltd	380342
9	包头铝业(集团)有限责任公司	Baotou Aluminium Industry Group Co.,Ltd	376102
10	中石油呼和浩特石化分公司	Petroleum China Hohhot Branch	316138
11	神东集团神府东胜煤炭有限责任公司	ShenHua Group Dongsheng Coal Industry Co.,Ltd	303114
12	内蒙古北方重工集团有限公司	Inner Mongolia North Heavy Industry Group Co.,Ltd	274685
13	内蒙古伊泰煤炭股份有限公司	Inner Mongolia YiTai Coal Industry Co.,Ltd	255136
14	汉鼎光电(内蒙古)有限公司	Cyber Home (Inner Mongolia) Co.,Ltd	252938
15	内蒙古东达蒙古王集团公司	Inner Mongolia Dongda Mongolia King Cashmere Group Co.,Ltd	244749
16	包头北方奔驰重型汽车有限公司	Baotou North Benz Heavy-duty Automobile Co.,Ltd	224056
17	内蒙古草原兴发股份有限公司	Inner Mongolia Prairie Xingfa Co.,Ltd	222463
18	中国石油华北油田二连分公司	North China Oilfield of Petroleum China Erlian Branch	219436
19	东方希望包头稀土铝业有限责任公司	East Hope Group Baotou Rare-earth & Aluminium Industry Co.,Ltd	216260
20	内蒙古TCL王牌电器有限公司	Inner Mongolia TCL King Electric Co.	209693
21	华能伊敏煤电有限责任公司	Yimin HuaNeng Group Coal & Electricity Co.,Ltd	198953
22	内蒙古平庄煤业集团有限责任公司	Inner Mongolia Pingzhuang Coal Industry Group Co.,Ltd	190236
23	内蒙古鹿王羊绒有限公司	Inner Mongolia King deer Cashmere Group	180552
24	内蒙古蒙电华能丰镇发电厂	Inner Mongolia Meng Dian Hua Neng Group Fengzhen Power Plant	180377
25	通辽金锣食品有限责任公司	Tongliao City Jinluo Food Co.,Ltd	175736
26	金河集团实业有限公司	Inner Mongolia Jinhe Industry Group	167748
27	内蒙古霍林河露天煤业股份有限公司	Inner Mongolia Huolinhe Coal Industry Co.,Ltd	159164
28	神华集团海勃湾矿业有限责任公司	Shenhua Group Haibowan Mining Industry Co.,Ltd	153036
29	内蒙古伊东煤炭集团有限责任公司	Inner Mongolia Yi Dong Coal Group Co.,Ltd	145380
30	内蒙古昆明卷烟有限责任公司	Inner Mongolia Kun Ming Cigarette Co.,Ltd	144221
31	通辽发电总厂	Tongliao Power General Plant	133699
32	乌兰察布电业局	Wulanchabu City Electric Power Bureau	127930
33	大庆油田有限责任公司呼伦贝尔分公司	Daqing Oilfield Co.,Ltd Hulunbeier Branch	125976

24-2 续表 1 continued

位次 Order	企业名称	Name of Enterprise	工业总产值 (万元) Gross Industrial Output Value (10 000 yuan)
34	神华集团乌达矿业有限责任公司	Shenhua Group Wuda Mining Industry Co.,Ltd	123886
35	包钢（集团）公司友谊轧钢厂	Baotou Iron & Steel (Group) YouYi Rolling Mill	119891
36	元宝山发电厂	Yuanbaoshan Power Plant	116122
37	内蒙古塞飞亚集团有限责任公司	Inner Mongolia Saifeiya Group Co.,Ltd	110220
38	乌兰浩特钢铁有限责任公司	Wulanhaote Iron & Steel Co.,Ltd	107948
39	包头北方创业股份有限公司	Baotou North ChuangYie Share-Holding Co., Ltd	100308
40	包头伊利乳业有限责任公司	Baotou YiLi Milk Industry Co.,Ltd	100002
41	内蒙古兰太实业股份有限公司	Inner Mongolia LanTai Industrial Co.,Ltd	99101
42	赤峰市电业局	Chifeng Electric Power Bureau	96514
43	通辽电业局	Tongliao City Electric Power Bureau	95900
44	TCL移动通信(呼和浩特)有限公司	TCL Co.,Ltd Hohhot Branch	90461
45	神华集团包头矿业有限责任公司	ShenHua Group Baotou Mining Industry Co.,Ltd	88488
46	元宝山发电厂有限责任公司	Yuanbaoshan Power Co.,Ltd	87373
47	内蒙古满世煤炭运销有限责任公司	Inner Mongolia ManShi Coal Transport and Selling Co.,Ltd	86779
48	鄂尔多斯羊绒制品股份有限公司	Erdos Cashmere Product Share-Holding Co.,Ltd	85488
49	中国神华能源万利煤炭分公司	ShenHua Energy Share-Holding Wan Li Coal Branch	84734
50	赤峰金剑铜业有限责任公司	Chifeng City JinJian Copper Industry Co.,Ltd	83206
51	内蒙蒙电华能包头二电厂	Inner Mongolia MenDianHuaNeng Baotou No.2 Power Plant	81191
52	通辽岳泰股份有限公司	Tongliao Yue Tai Share-Holding Co.,Ltd	78961
53	鄂尔多斯市新华结晶硅有限责任公司	Erdos City XinHua Crystalling Silicon Co.,Ltd	78804
54	内蒙古蒙牛乳业包头有限责任公司	Inner Mongolia MengNiu Co.,Ltd Baotou Branch	77080
55	鄂尔多斯市蒙泰煤电有限责任公司	Erdos City Meng Tai Coal & Electricity Co.,Ltd	75776
56	鄂尔多斯市乌兰煤炭集团有限责任公司	Erdos City Wu Lan Coal Group Co.,Ltd	75150
57	内蒙古通顺铝业股份有限公司	Inner Mongolia Tong Shun Aluminium Industry Share-Holding Co.,Ltd	74082
58	内蒙古星光煤炭集团有限责任公司	Inner Mongolia Xin Guang Coal (Group) Co.,Ltd	73858
59	内蒙古华业特钢有限公司	Inner Mongolia Huaye Special Steel Co.,Ltd	73101
60	内蒙古霍煤鸿骏铝电有限责任公司	Inner Mongolia Huolinhe Coal Industry Hong Jun Aluminium & Power Co.,Ltd	72240
61	赤峰金峰铜业有限公司	Chifeng Jin Feng Copper Industry Co.,Ltd	71745
62	内蒙古蒙电华能包头第一热厂	Inner Mongolia MenDianHuaNeng Baotou No.1 Heat and Power Plant	71429
63	内蒙古天野化工（集团）有限责任公司	Inner Mongolia Tianye Chemical Industry (Group) Co.,Ltd	71020
64	蒙牛乳业（磴口巴彦高勒）有限责任公司	MengNiu (Dengkoubayangaole) Milk Industry Co.,Ltd	71007
65	包头华资实业股份有限公司	Baotou Hua Zi Industry Share-Holding Co.,Ltd	69816

24-2 续表 2 continued

位次 Order	企业名称	Name of Enterprise	工业总产值(万元) Gross Output Value (10 000 yuan)
66	内蒙古利民煤焦有限责任公司	Inner Mongolia Liming Coking Coal Co.,Ltd	67374
67	神华蒙西煤化股份有限公司	ShenHua Group MengXi Coal Chemical Co.,Ltd	66761
68	神东天隆集团有限责任公司	Shen Dong TianLong Group Co.,Ltd	65067
69	内蒙古蒙西高新材料股份有限公司	Inner Mongolia Meng Xi Hi-tech Material Co.,Ltd	64516
70	内蒙古太西煤集团股份有限责任公司	Inner Mongolia Taixi Group Share-Holding Co.,Ltd	64019
71	内蒙古三联化工股份有限公司	Inner Mongolia San Lian Chemical Industry Share-Holding Co.,Ltd	62926
72	赤峰市白音诺尔铅锌矿	Chifeng City Baiyinnuoer Lead and Zinc Mineral	62757
73	扎赉诺尔煤业有限责任公司	Inner Mongolia Zhalainuoer Coal Industry Co.,Ltd	62065
74	赤峰库博红烨锌业有限公司	Chifeng City Kubuo HongYe Zinc Smelt Co.,Ltd	61406
75	中核包头光华化学工业公司	China National Nuclear Baotou GuangHua Chemical Industry Co.,Ltd	61379
76	内蒙古河套酒业集团股份有限公司	Inner Mongolia He Tao Liquor Industrial Group Share-Holding Co.,Ltd	61049
77	内蒙古北方重型汽车股份有限公司	Inner Mongolia North Heavy-duty Automobile Share-Holding Co.,Ltd	60512
78	蒙牛乳业(乌兰浩特)有限责任公司	Inner Mongolia MengNiu (Wulanhaote) Co.,Ltd	59702
79	内蒙古鄂尔多斯电力冶金股份有限公司	Inner Mongolia Erdos Electric Power Metallurgy Share-Holding Co.,Ltd	58976
80	包头明天科技股份有限公司	Baotou MinDian Technology Co.,Ltd	54439
81	石药集团中润制药（内蒙古）有限公司	Shi Jia Zhuang Pharma Group Zhongrun Pharmaceutical(Inner Mongolia)Co.,Ltd	53446
82	赤峰制药集团	Chifeng City Pharmaceutical Group Co.,Ltd	53287
83	内蒙古乌兰水泥有限责任公司	Inner Mongolia Wulan Cement Co.,Ltd	52546
84	包头华鼎铜业发展有限公司	Baotou HuaDing Copper Industry Co.,Ltd	52016
85	通辽梅花生物科技有限公司	Tongliao Meihua Bio-technology Co.,Ltd	51939
86	内蒙古黄岗矿业有限责任公司	Inner Mongolia Huanggang Mining Industry Co.,Ltd	50139
87	苏尼特右旗碱业有限责任公司	Suniteyou Banner Alkali Industry Co.,Ltd	50081
88	内蒙古兆旺羊绒制品有限责任公司	Inner Mongolia ZhaoWang Cashmere Co.,Ltd	50000
89	内蒙古乌拉山化肥有限责任公司	Inner Mongolia Wulashan Fertilizer Co.,Ltd	48912
90	乌兰浩特卷烟厂	Wulanhaote Cigarette Factory	48060
91	内蒙古春雪羊绒有限公司	Inner Mongolia Chun Xue Cashmere Co.,Ltd	47637
92	宝日希勒煤业有限责任公司	Baorixile Coal Industry Co.,Ltd	45832
93	内蒙古蒙牛乳业有限责任公司	Inner Mongolia Mengniu Milk Industrial Co.,Ltd	45700
94	包头市达茂旗石宝钢铁集团有限责任公司	Baotou City Damao Union Banner Shibao Iron & Steel Group Co.,Ltd	42469
95	内蒙古生物药品厂	Inner Mongolia Bio-Pharmaceuticals Factory	39498
96	内蒙古吉兰太碱业有限责任公司	Inner Mongolia Jilantai Alkali Industry Co.,Ltd	38804
97	内蒙古塞外星华章纸业股份有限公司	Inner MongoliaSaiWaiXing Hua Zhang Papper Industry (Group) Share-Holding Co.,Ltd	38670
98	内蒙古双河羊绒集团有限公司	Inner Mongolia Shuang He Cashmere Group Co.,Ltd	38253
99	通辽市通华蓖麻化工有限责任公司	Tongliao Tonghua Cast Oil Industry Co.,Ltd	38000
100	内蒙古海吉氯碱化工股份有限责任公司	Inner Mongolia Haiji Chorine-Alkai Chemical Share-Holding Co.,Ltd	37763

24-3 全区工业主营业务收入最大的100家大中型工业企业(2005年)

Autonomous Regional Top 100 Large-scale and Medium-scale Industrial Enterprises of Main Business Revenue(2005)

位次 Order	企业名称	Name of Enterprise	主营业务收入 (万元) Revenues of Main Business (10 000 yuan)
1	包头钢铁（集团）有限责任公司	Baotou Iron & Steel (Group) Co.,Ltd	2110000
2	内蒙古包钢钢联股份有限公司	Inner Mongolia Baotou Steel Union Co.,Ltd	1838103
3	内蒙古蒙牛乳业（集团）股份有限公司	Inner Mongolia MengNiu Milk Industry Group Co.,Ltd	741285
4	内蒙古伊利实业集团股份有限公司	Inner Mongolia YiLi Industrial Group Co.,Ltd	703119
5	神华集团准格尔能源有限责任公司	ShenHua Group Zhungeer Co.,Ltd	453046
6	内蒙第一机械制造集团有限公司	Inner Mongolia No.1 Machinery Co.,Ltd	429611
7	包头供电局	Baotou City Power Suppy Bureau	403976
8	内蒙古大唐国际托克托发电有限责任公司	Inner Mongolia Datang International Tuoketuo Power Plant	398649
9	包头铝业（集团）有限责任公司	Baotou Aluminium Industry Group Co.,Ltd	374078
10	内蒙古伊泰煤炭股份有限公司	Inner Mongolia Yi Tai Coal Industry Co.,Ltd	346352
11	中石油呼和浩特石化分公司	Petro-China Hohhot Branch	323406
12	神东集团神府东胜煤炭有限责任公司	ShenDong Shenfu Dongsheng Coal Industry Co.,Ltd	319236
13	鄂尔多斯羊绒制品股份有限公司	Erdos Cashmere Product Share-Holding Co.,Ltd	242107
14	内蒙古北方重工集团有限公司	Inner Mongolia North Industry Group Co.,Ltd	240834
15	内蒙古东达蒙古王集团公司	Inner Mongolia Dongda MongoliaKing Cashmere Group Co.,Ltd	234468
16	汉鼎光电(内蒙古)有限公司	Cyber Home (Inner Mongolia) Co.,Ltd	232557
17	内蒙古草原兴发股份有限公司	Inner Mongolia Prairie Xingfa Co.,Ltd	217613
18	东方希望包头稀土铝业有限责任公司	East Hope group Baotou Rare Eath & Aluminum Industry Co.,Ltd	210422
19	内蒙古TCL王牌电器有限公司	Inner Mongolia TCL King Electric Co.,Ltd	209693
20	中石油华北油田二连分公司	North China Oilfield Erlian Branch of Petro-China	198179
21	包头北方奔驰重型汽车有限公司	Baotou Nor. Benz Heavy-duty Automobile Co.,Ltd	194537
22	内蒙古平庄煤业集团有限责任公司	Inner Mongolia Pingzhuang Coal Industry Co.,Ltd	185075
23	内蒙古蒙电华能丰镇发电厂	Inner Mongolia MengDian HuaNeng Fengzhen Power Plant	180377
24	华能伊敏煤电有限责任公司	Yiminhe HuaNeng Coal & Electricity Co.,Ltd	174492
25	神华集团海勃湾矿业有限责任公司	Shenhua Group Haibowan Mining Industry Co.,Ltd	171975
26	内蒙古霍林河露天煤业股份有限公司	Inner Mongolia Huolinhe Coal Industry Co.,Ltd	158858
27	通辽金锣食品有限责任公司	Tongliao JinLuo Foods Co.,Ltd	157442
28	内蒙古伊东煤炭集团有限责任公司	Inner Mongolia YiDong Coal Group Co.,Ltd	150284
29	金河集团实业有限公司	Inner Mongolia Jinhe Co.,Ltd	148793
30	内蒙古昆明卷烟有限责任公司	Inner Mongolia Kunming Cigarette Co.,Ltd	144530
31	通辽发电总厂	Tongliao General Power Plant	133698
32	乌兰察布电业局	Wulanchabu City Electric Power Bureau	127616
33	大庆油田有限责任公司呼伦贝尔分公司	Daqing Oilfield Co.,Ltd Hulunbeier Branch	122739

24-3 续表 1 continued

位次 Order	企业名称	Name of Enterprise	主营业务收入（万元） Revenues of Main Business (10 000 yuan)
34	内蒙古鹿王羊绒有限公司	Inner Mongolia King Deer Cashmere Group	112352
35	元宝山发电厂	Yuanbaoshan Power Plant	108344
36	神华集团乌达矿业有限责任公司	ShenHua Group Wuda Mining Industry Co.,Ltd	108045
37	包钢(集团)公司友谊轧钢厂	Baotou Iron & Steel (Group) YouYi Steel Rolling Mill	106152
38	内蒙古塞飞亚集团有限责任公司	Inner Mongolia Saifeiya Group Co.,Ltd	104976
39	赤峰市电业局	Chifeng City Electric Power Bureau	101201
40	乌兰浩特钢铁有限责任公司	Wulanhaote Iron & Steel Co.,Ltd	99070
41	神华集团包头矿业有限责任公司	ShenHua Group Baotou Mining Industry Co.,Ltd	98388
42	神华集团金烽煤炭公司东胜煤矿	Shenhua Group Jinfeng Dongsheng Coal Mine	97466
43	内蒙古满世煤炭运销有限责任公司	Inner Mongolia ManShi Coal Transport and selling Co.,Ltd	96650
44	通辽电业局	Tongliao City Electric Power Bureau	95975
45	包头北方创业股份有限公司	Baotou North StrongYear Share-Holding Co.,Ltd	95103
46	元宝山发电厂有限责任公司	Yuanbaoshan Electric Power Co.,Ltd	93562
47	包头伊利乳业有限责任公司	Baotou YiLi Milk Industry Co.,Ltd	91379
48	内蒙古兰太实业股份有限公司	Inner Mongolia LanTai Industrial Co.,Ltd	91352
49	神东天隆集团有限责任公司	ShenDong Tianlong Group Co.,Ltd	89477
50	TCL移动通信(呼和浩特)有限公司	TCL Mobile Co.,Ltd Hohhot Branch	83604
51	赤峰金剑铜业有限责任公司	Chifeng JinJian Copper Industry Co.,Ltd	83206
52	鄂尔多斯市乌兰煤炭集团有限责任公司	Erdos City Wu Lan Coal Group Co.,Ltd	82118
53	内蒙蒙电华能包头二电厂	Inner Mongalia MengDian HuaNeng Baotou No.2 Power Plant	82086
54	鄂尔多斯市新华结晶硅有限责任公司	Erdos XingHua Crystaleing Silicon Co.,Ltd	78930
55	中国神华能源万利煤炭分公司	ShenHua Energy Share-Holding Wan Li Coal Branch	77838
56	内蒙古蒙牛乳业包头有限责任公司	Inner Mongolia MengNiu milk Baotou Co.,Ltd	76510
57	通辽岳泰股份有限公司	Tongliao Yue Tai Share-Holding Co.,Ltd	76040
58	鄂尔多斯市蒙泰煤电有限责任公司	Erdos City MengTai Coal & Electricity Co.,Ltd	75776
59	内蒙古天野化工集团有限责任公司	Inner Mongolia Tianye Chemical Industry Co.,Ltd	75003
60	赤峰金峰铜业有限公司	Chifeng City Jin Feng Copper Industry Co.,Ltd	72977
61	内蒙古通顺铝业股份有限公司	Inner Mongolia Tongshun Aluminum Industry Co.,Ltd	71092
62	内蒙古蒙电华能包头第一热厂	Inner Mongalia MengDian HuaNeng Baotou No.1 Heat Energy Plant	69739
63	包头华资实业股份有限公司	Baotou Hua Zi Industry Share-Holding Co.,Ltd	67856
64	内蒙古星光煤炭集团有限责任公司	Inner Mongolia XingGuang Coal Group Co.,Ltd	67715
65	内蒙古华业特钢有限公司	Inner Mongolia Huaye Special Steel Co.,Ltd	67664

24-3 续表 2 continued

位次 Order	企业名称	Name of Enterprise	主营业务收入(万元) Revenues of Main Business (10 000 yuan)
66	神华蒙西煤化股份有限公司	ShenHua Mengxi Coal Co.,Ltd	65709
67	内蒙古霍煤鸿骏铝电有限责任公司	Inner Mongolia Huolinhe Coal Industry Hong Jun Aluminium & Power Co.,Ltd	65540
68	扎赉诺尔煤业有限责任公司	Inner Mongolia Zhalainuoer Coal Industry Co.,Ltd	65128
69	赤峰库博红烨锌业有限公司	Chifeng Kubo Hong Ye Zinc Industry Co.,Ltd	62823
70	内蒙古北方重型汽车股份有限公司	Inner Mongolia North Heavy-duty Automobile Share-Holding Co.,Ltd	62397
71	内蒙古三联化工股份有限公司	Inner Mongolia SanLian Chemical Industry Co.,Ltd	60468
72	赤峰制药集团	Chifeng Pharmaceutical Group Co.,Ltd	59798
73	蒙牛乳业(磴口巴彦高勒)有限责任公司	MengNiu Milk Industry (Bayangaole Denkou) Co.,Ltd	56978
74	包头明天科技股份有限公司	Baotou Tomorrow Technology Co.,Ltd	54948
75	内蒙古蒙西高新材料股份有限公司	Inner Mongolia Meng Xi Hi-tech Material Co.,Ltd	54207
76	内蒙古乌兰水泥有限责任公司	Inner Mongolia WuLan Cement Fertilizer Co.,Ltd	52518
77	内蒙古河套酒业集团股份有限公司	Inner Mongolia HeTao Liquor Industrial Group Co.,Ltd	51928
78	通辽梅花生物科技有限公司	Tongliao Meihua Bio-technology Co.,Ltd	50372
79	内蒙古黄岗矿业有限责任公司	Inner Mongolia Huanggang Mining Industry Co.,Ltd	49931
80	苏尼特右旗碱业有限责任公司	Suniteyou Banner Alkali Industry Co.,Ltd	49354
81	内蒙古利民煤焦有限责任公司	Inner Mongolia Liming Coking Coal Co.,Ltd	48544
82	蒙牛乳业(乌兰浩特)有限责任公司	Inner Mongolia MengNiu Milk Co.,Ltd Wulanhaote Branch	47805
83	内蒙古鄂尔多斯电力冶金股份有限公司	Inner Mongolia Erdos Electric Power Co.,Ltd	47353
84	包头华鼎铜业发展有限公司	Baotou HuaDing Copper Industry Co.,Ltd	46604
85	宝日希勒煤业有限责任公司	Baorixile Coal Industry Co.,Ltd	46559
86	赤峰市白音诺尔铅锌矿	Chifeng City Baiyinnuoer Lead and Zinc Mineral	44242
87	中核包头光华化学工业公司	China National Nuclear Baotou GuangHua Chemical Industry Co.,Ltd	42905
88	内蒙古兆旺羊绒制品有限责任公司	Inner Mongolia Zhaowang Cashmere Co.,Ltd	41778
89	内蒙古太西煤集团股份有限责任公司	Inner Mongolia Taixi Coal Group Share-Holding Share-Holding Co.,Ltd	41723
90	内蒙古乌拉山化肥有限责任公司	Inner Mongolia Wulashan Chemical Co.,Ltd	41684
91	内蒙古蒙牛乳业有限责任公司	Inner Mongolia MengNiu Milk Co.,Ltd	41612
92	包头市达茂旗石宝钢铁集团有限责任公司	Baotou City Damao Union Banner Shibao Iron & Steel Group Co.,Ltd	39962
93	石药集团中润制药(内蒙古)有限公司	Shi Jia Zhuang Medicine Group Zhongrun Medicin(Inner Mongolia) Co.,Ltd	39898
94	乌兰浩特卷烟厂	Wulanhaote Cigarette Factory	39344
95	内蒙古吉兰太碱业有限责任公司	Inner Mongolia Jilantai Alkali Industry Co.,Ltd	38842
96	内蒙古春雪羊绒有限公司	Inner Mongolia Chunxue Cashmere Co.,Ltd	38704
97	内蒙古塞外星华章纸业股份有限公司	Inner Mongolia SaiWaiXing HuaZhang Papper Co.,Ltd	38449
98	东升庙矿业有限责任公司	Dongshengmiao Mining Industry Co.,Ltd	37706
99	西部矿业有限公司巴彦淖尔分公司	Westen Mining Industry Co.,Ltd Barannaoer Branch	37673
100	内蒙古白雁湖化工股份有限公司	Inner Mongolia Baiyan Lake Chemical Industry Co.,Ltd	37212

24-4 全区实现利税总额最大的100家大中型工业企业(2005年)

Autonomous Regional Top 100 Large-scale and Medium-scale Industrial Enterprises of Profit and Taxes(2005)

位次 Order	企业名称	Name of Enterprise	利税总额 (万元) Profit & Taxes (10 000 yuan)
1	包头钢铁(集团)有限责任公司	Baotou Iron & Steel (Group) Co.,Ltd	244429
2	内蒙古大唐国际托克托发电有限责任公司	Inner Mongolia Datang International Tuoketuo Power Plant	191796
3	神华集团准格尔能源有限责任公司	ShenHua Group Zhungeer Co.,Ltd	154172
4	内蒙古伊泰煤炭股份有限公司	Inner Mongolia Yi Tai Coal Industry Share-Holding Co.,Ltd	122577
5	内蒙古包钢钢联股份有限公司	Inner Mongolia Baotou Steel Union Co.,Ltd	117520
6	乌兰察布电业局	Wulanchabu City Electric Power Bureau	97595
7	内蒙古昆明卷烟有限责任公司	Inner Mongolia Kunming Cigarette Co.,Ltd	94094
8	内蒙古蒙牛乳业(集团)股份有限公司	Inner Mongolia MengNiu Milk Industry (Group) Share-Holding Co.,Ltd	93653
9	大庆油田有限责任公司呼伦贝尔分公司	Daqing Oilfield Co.,Ltd Hulunbeier Branch	79316
10	内蒙古伊利实业集团股份有限公司	Inner Mongolia YiLi Industrial Group Co.,Ltd	76995
11	包头供电局	Baotou City Power Suppy Bureau	73414
12	神东集团神府东胜煤炭有限责任公司	ShenDong Shenfu Dongsheng Coal Industrial Co.,Ltd	65325
13	内蒙古霍林河露天煤业股份有限公司	Inner Mongolia Huolinhe Coal Industry Share-Holding Co.,Ltd	64965
14	内蒙古伊东煤炭集团有限责任公司	Inner Mongolia YiDong Coal Industry Group Co.,Ltd	56266
15	内蒙古东达蒙古王集团公司	Inner Mongolia Dongda MongoliaKing Cashmere Group Co.,Ltd	52630
16	通辽金锣食品有限责任公司	Tongliao JinLuo Foods Co.,Ltd	49532
17	鄂尔多斯市乌兰煤炭集团有限责任公司	Erdos City Wu Lan Coal Group Co.,Ltd	45160
18	神华集团海勃湾矿业有限责任公司	Shenhua Group Haibowan Mining Industry Co.,Ltd	44821
19	内蒙古蒙电华能丰镇发电厂	Inner Mongolia MengDian HuaNeng Fengzhen Power Plant	40938
20	华能伊敏煤电有限责任公司	Yiminhe HuaNeng Coal Co.,Ltd	38215
21	内蒙古天野化工(集团)有限责任公司	Inner Mongolia Tianye Chemical Industry (Group) Co.,Ltd	31869
22	内蒙古TCL王牌电器有限公司	Inner Mongolia TCL King Electric Co.,Ltd	29328
23	东升庙矿业有限责任公司	Dongshengmiao Mining Industry Co.,Ltd	29286
24	内蒙古兰太实业股份有限公司	Inner Mongolia LanTai Industrial Co.,Ltd	29229
25	神华集团乌达矿业有限责任公司	ShenHua Group Wuda Mining Industry Co.,Ltd	28703
26	中国石油华北油田二连分公司	North China Oilfield of Petro-China Erlian Branch	28614
27	通辽发电总厂	Tongliao General Power Plant	28431
28	东方希望包头稀土铝业有限责任公司	East Hope Group Baotou Rare Eath & Aluminum Industry Co.,Ltd	28379
29	内蒙古平庄煤业集团有限责任公司	Inner Mongolia Pingzhuang Coal Co.,Ltd	25226
30	元宝山发电厂	Yuanbaoshan Power Plant	24466
31	中国神华万利煤炭分公司	ShenHua Energy WanLi Coal Branch	23398
32	鄂尔多斯羊绒制品股份有限公司	Erdos Cashmere Product Share-Holding Co.,Ltd	22850
33	准格尔旗弓家塔宝平湾煤炭有限责任公司	Zhungeer Banner Gongjiatabaopingwan Coal Co.,Ltd	22846

24-4 续表 1 continued

位次 Order	企业名称	Name of Enterprise	利税总额 (万元) Profit & Taxes (10 000 yuan)
34	内蒙古河套酒业集团股份有限公司	Inner Mongolia HeTao Liquor Group Co.,Ltd	22829
35	内蒙古黄岗矿业有限责任公司	Inner Mongolia Huanggang Mining Industry Co.,Ltd	21489
36	乌兰浩特卷烟厂	Wulanhaote Cigarette Factory	21181
37	神东天隆集团有限责任公司	Shen Dong TianLong Group Co.,Ltd	20837
38	包头市达茂旗石宝钢铁集团有限责任公司	Baotou City Damao Union Banner Shibao Iron & Steel Group Co.,Ltd	20045
39	内蒙古蒙牛乳业包头有限责任公司	Inner Mongolia MengNiu milk Industry Baotou Co.,Ltd	19249
40	通辽电业局	Tongliao City Electric Power Bureau	19073
41	内蒙古满世煤炭运销有限责任公司	Inner Mongolia ManShi Coal Transport and selling Co.,Ltd	18836
42	赤峰市电业局	Chifeng City Electric Power Bureau	18745
43	中石油呼和浩特石化分公司	Petro-China Hohhot Branch	17469
44	宝日希勒煤业有限责任公司	Baorixile Coal Industry Co.,Ltd	16883
45	西部矿业有限公司巴彦淖尔分公司	Western Mining Co.,Ltd Barannaoer Branch	16776
46	包头铝业（集团）有限责任公司	Baotou Aluminium Industry (Group) Co.,Ltd	16420
47	内蒙古兆旺羊绒制品有限责任公司	Inner Mongolia Zhaowang Cashmere Co.,Ltd	13608
48	神华蒙西煤化股份有限公司	ShenHua MengXi Coal Chemical Industry Co.,Ltd	13578
49	神华集团金烽煤炭公司东胜煤矿	ShenHua Jinfeng Coal Co.Dongsheng Coal Mine	13281
50	赤峰金峰铜业有限公司	Chifeng City Jin Feng Copper Industry Co.,Ltd	13093
51	内蒙古通顺铝业股份有限公司	Inner Mongolia Tongshun Aluminum Industry Share-Holding Co.,Ltd	12555
52	内蒙古乌兰水泥有限责任公司	Inner Mongolia WuLan Cement Fertilizer Co.,Ltd	12073
53	通辽市通华蓖麻化工有限责任公司	Tongliao Tonghua Oil Industrial Co.,Ltd	12028
54	金河集团实业有限公司	Inner Mongolia Jinhe Co.,Ltd	11069
55	赤峰市碾子沟矿业有限责任公司	Chifeng City Nianzigou Mining Industry Co.,Ltd	10809
56	鄂尔多斯市蒙泰煤电有限责任公司	Erdos City MengTai Coal & Electricity Co.,Ltd	10640
57	内蒙古蒙西高新材料股份有限公司	Inner Mongolia MengXi Hi-tech Material Share-Holding Co.,Ltd	10636
58	内蒙古西蒙煤炭公司弓家塔煤矿	Inner Mongolia Ximeng Gongjiata Coal Mine	10208
59	内蒙古蒙牛乳业有限责任公司	Inner Mongolia MengNiu Milk Industry Co.,Ltd	10207
60	汉鼎光电(内蒙古)有限公司	Cyber Home (Inner Mongolia) Co.,Ltd	9812
61	扎赉诺尔煤业有限责任公司	Inner Mongolia Zhalainuoer Coal Industry Co.,Ltd	9802
62	赤峰库博红烨锌业有限公司	Chifeng Kubo Hong Ye Zinc Industry Co.,Ltd	9399
63	元宝山发电厂有限责任公司	Yuanbaoshan Electric Power Co.,Ltd	9388
64	内蒙古乌拉山化肥有限责任公司	Inner Mongolia Wulashan Fertilizer Co.,Ltd	9321
65	内蒙古西水创业股份有限公司	Inner Mongolia XiShui ChuangYie Co.,Ltd	8704

24-4 续表 2 continued

位次 Order	企业名称	Name of Enterprise	利税总额(万元) Profit and Taxes (10 000yuan)
66	乌兰浩特钢铁有限责任公司	Wulanhaote Iron & Steel Co.,Ltd	8659
67	内蒙古生物药品厂	Inner Mongolia Bio-pharmaceutical Factory	8557
68	新巴尔虎右旗甲乌拉矿业有限责任公司	Xinbaerhuyou Banner Jiawula Mining Industrial Co.,Ltd	8481
69	燕京啤酒(包头雪鹿)股份有限公司	Yan Jing Beer (Baotou Snow Deer) Co.,Ltd	8327
70	内蒙古吉兰太碱业有限责任公司	Inner Mongolia Jilantai Alkali Industry Co.,Ltd	8281
71	通辽岳泰股份有限公司	Inner Mongolia Tongliao YueTai Co.,Ltd	7981
72	乌拉特中旗天宝矿业有限责任公司	Wulatezhong Banner TianBao Mining Industrial Co.,Ltd	7927
73	赤峰金剑铜业有限责任公司	Chifeng JinJian Copper Industry Co.,Ltd	7721
74	玖龙兴安浆纸(内蒙古)有限公司	Jiulong Xingan Paper Pulp (Inner Mongolia) Co.,Ltd	7654
75	赤峰市白音诺尔铅锌矿	Chifeng City Baiyinnuoer Lead and Zinc Mineral	7520
76	通辽梅花生物科技有限公司	Tongliao Meihua Bio-technology Co.,Ltd	7504
77	赤峰制药集团	Chifeng Pharmaceutical Group Co.,Ltd	7476
78	内蒙古牙克石五九煤炭(集团)有限公司	Inner Mongolia Yakeshi 59 Coal Industry Co.,Ltd	7329
79	苏尼特右旗碱业有限责任公司	Suniteyou Banner Alkali Industry Co.,Ltd	7209
80	内蒙古大中矿业有限责任公司	Inner Mongolia Dazhong Mining Industry Co.,Ltd	7191
81	额济纳旗康达公司	Ejina Banner Kangda Company	7189
82	燕京啤酒（赤峰）有限责任公司	Yan Jing Beer (ChiFeng) Co.,Ltd	6628
83	内蒙古三联化工股份有限公司	Inner Mongolia SanLian Chemical Industry Co.,Ltd	6595
84	大雁煤业有限责任公司	Dayan Coal Industry Co.,Ltd	6447
85	凉城县鸿茅集团公司	Liangcheng County Hongmao Group Co.,Ltd	6417
86	蒙牛乳业(乌兰浩特)有限责任公司	Inner Mongolia MengNiu Milk Co.,Ltd Wulanhaote Branch	6300
87	内蒙古兴业集团东乌旗多金属矿	Inner Mongolia XinYe Group Share-Holding Co.,Ltd Dongwu Banner Polymetal	6117
88	内蒙第一机械制造集团有限公司	Inner Mongolia No.1 Machinery Co.,Ltd	6077
89	内蒙古星光煤炭集团有限责任公司	Inner Mongolia XingGuang Coal Group Co.,Ltd	6075
90	内蒙古利民煤焦有限责任公司	Inner Mongolia Li Min Coal Coke Co.,Ltd	6054
91	蒙牛乳业(磴口巴彦高勒)有限责任公司	MengNiu Milk Industry (Bayangaole Denkou) Co.,Ltd	5890
92	包头华资实业股份有限公司	Baotou Hua Zi Industry Share-Holding Co.,Ltd	5865
93	内蒙古太西煤集团股份有限责任公司	Inner Mongolia Taixi Coal Group Co.,Ltd	5792
94	内蒙古宇航人高技术产业有限责任公司	Inner Mongolia Yuhangren Hi-Tech Industrial Co., Ltd.,	5639
95	海拉尔蒙西水泥有限公司	Hailaer City Meng Xi Cement Co.,Ltd	5378
96	内蒙古铁骑纺织有限责任公司	Inner Mongolia Tie Qi Textile Co.,Ltd	5246
97	内蒙古鄂尔多斯酒业有限责任公司	Inner Mongolia Erdos Liquor Industrial Group Co.,Ltd	5192
98	内蒙古北方重型汽车股份有限公司	Inner Mongolia North Heavy-duty Automobile Share-Holding Co.,Ltd	5174
99	神华集团包头矿业有限责任公司	ShenHua Group Baotou Mining Industrial Co.,Ltd	5147
100	包头明天科技股份有限公司	Baotou Tomorrow Technology Co.,Ltd	5129

24-5 全区实现利润最大的100家大中型工业企业(2005年)

Autonomous Regional Top 100 Large-scale and Medium-scale Industrial Enterprises of Total Profit(2005)

位次 Order	企业名称	Name of Enterprise	利润总额 (万元) Total Profit (10 000yuan)
1	内蒙古大唐国际托克托发电有限责任公司	Inner Mongolia Datang Electric Power Co.Ltd Tuoketuo Power Plant	133382
2	神华集团准格尔能源有限责任公司	ShenHua Group Zhungeer Energy Co.,Ltd	112959
3	内蒙古伊泰煤炭股份有限公司	Inner Mongolia YiTai Coal Industry Co.,Ltd	92659
4	乌兰察布电业局	Wulanchabu City Electric Power Bureau	92201
5	内蒙古包钢钢联股份有限公司	Inner Mongolia Baotou Steel Union Co.,Ltd	88277
6	包头钢铁(集团)有限责任公司	Baotou Iron & Steel (Group) Co.,Ltd	85000
7	大庆油田有限责任公司呼伦贝尔分公司	Daqing Oilfield Co.,Ltd Hulunbeier Branch	68426
8	内蒙古蒙牛乳业(集团)股份有限公司	Inner Mongolia MenNiu Milk Industrial (Group) Share-Holding Co.,Ltd	63915
9	内蒙古霍林河露天煤业股份有限公司	Inner Mongolia Huolinhe Coal Industry Co.,Ltd	50057
10	内蒙古伊东煤炭集团有限责任公司	Inner Mongolia Yidong Coal Co.,Ltd	44385
11	通辽金锣食品有限责任公司	Tongliao JinLuo Foods Co.,Ltd	43699
12	内蒙古伊利实业集团股份有限公司	Inner Mongolia YiLi Industrial Group Co.,Ltd	36633
13	内蒙古东达蒙古王集团公司	Inner Mongolia Dongda Mongolia King Cashmere Group Co.,Ltd	30876
14	内蒙古天野化工(集团)有限责任公司	Inner Mongolia TianYe Chemical Industry (Group) Co.,Ltd	28457
15	神华集团海勃湾矿业有限责任公司	ShenHua Haibowan Mining Industrial Co.,Ltd	28155
16	鄂尔多斯市乌兰煤炭集团有限责任公司	Erdos City Wu Lan Coal(Group)Co.,Ltd	27903
17	内蒙古TCL王牌电器有限公司	Inner Mongolia TCL King Electric Appliance Co.,Ltd	25902
18	东升庙矿业有限责任公司	Dongshengmiao Mining Industry Co.,Ltd	24799
19	神东集团神府东胜煤炭有限责任公司	ShenDongShenfu Dongsheng Coal Industry Co.,Ltd	24519
20	鄂尔多斯羊绒制品股份有限公司	Erdos Cashmere Product Share-Holding Co.,Ltd	21482
21	内蒙古蒙电华能丰镇发电厂	Inner Mongolia MengDian HuaNeng Fengzhen Power Plant	21198
22	神华集团乌达矿业有限责任公司	ShenHua Group Wuda Mining Industrial Co.,Ltd	20010
23	东方希望包头稀土铝业有限责任公司	East Hope Group Baotou Rare-eath & Aluminum Industry Co.,Ltd	18887
24	准格尔旗弓家塔宝平湾煤炭有限责任公司	Zhungeer Banner Gongjiatabaopingwan Coal Co.,Ltd	18624
25	内蒙古兰太实业股份有限公司	Inner Mongolia LanTai Industrial Share-Holding Co.,Ltd	18196
26	内蒙古昆明卷烟有限责任公司	Inner Mongolia Kunming Cigarette Co.,Ltd	17350
27	内蒙古黄岗矿业有限责任公司	Inner Mongolia Huanggang Mining Industry Co., Ltd	16906
28	包头市达茂旗石宝钢铁集团有限责任公司	Baotou City Damao Union Banner Shibao Iron Mine Co.,Ltd	14721
29	神东天隆集团有限责任公司	ShenDong TianLong Group Co.,Ltd	14638
30	中国神华能源万利煤炭分公司	ShenHua Wan Li Coal Branch	14311
31	通辽发电总厂	Tongliao General Power Plant	13884
32	西部矿业有限公司巴彦淖尔分公司	Westen Mining Industry Co.,Ltd Barannaoer Branch	13130
33	元宝山发电厂	Yuanbaoshan Power Plant	12853

24-5 续表 1 continued

位次 Order	企 业 名 称	Name of Enterprise	利润总额 (万元) Total Profit (10 000yuan)
34	内蒙古满世煤炭运销有限责任公司	Inner Mongolia ManShi Coal Transport and Selling Co.,Ltd	12377
35	内蒙古河套酒业集团股份有限公司	Inner Mongolia He Tao Liquor Industry Group Share-Holding Co.,Ltd	12262
36	华能伊敏煤电有限责任公司	Yiminhe HuaNeng Coal & Electricity Co.,Ltd	10513
37	宝日希勒煤业有限责任公司	Baorixile Coal Industry Group Co.,Ltd	10500
38	金河集团实业有限公司	Inner Mongolia Jinhe Group Industrial Co.,Ltd	9896
39	汉鼎光电(内蒙古)有限公司	Cyber Home (Inner Mongolia) Co.,Ltd	9812
40	内蒙古蒙牛乳业有限责任公司	Inner Mongolia MengNiu Milk Industrial Co.,Ltd	9803
41	赤峰金峰铜业有限公司	Chifeng City JinFeng Copper Co.,Ltd	9588
42	通辽市通华蓖麻化工有限责任公司	Tongliao Tonghua Oil Chemical Industry Co.,Ltd	9152
43	赤峰市碾子沟矿业有限责任公司	Chifeng City Nianzigou Ming Industrial Co.,Ltd	8943
44	内蒙古兆旺羊绒制品有限责任公司	Inner Mongolia ZhaoWang Cashmere Co.,Ltd	8838
45	内蒙古西蒙煤炭公司弓家塔煤矿	Inner Mongolia Ximeng Gongjiata Coal Mine	8609
46	神华蒙西煤化股份有限公司	ShenHua MengXi Coal Chemical Industry Co.,Ltd	8436
47	神华集团金烽煤炭公司东胜煤矿	ShenHua Jinfeng Coal Co.Dongsheng Coal Mine	7828
48	通辽岳泰股份有限公司	Tongliao YueTai Co.,Ltd	7461
49	内蒙古乌拉山化肥有限责任公司	Inner Mongolia Wulashan Fertilizer Co.,Ltd	7353
50	内蒙古蒙牛乳业包头有限责任公司	Inner Mongolia MengNiu Milk Co.,Ltd Baotou Branch	7192
51	内蒙古通顺铝业股份有限公司	Inner Mongolia Tongshun Aluminum Industry Co.,Ltd	6933
52	新巴尔虎右旗甲乌拉矿业有限责任公司	Xinbaerhuyou Banner Jiawula Mining Industry Co.,Ltd	6796
53	鄂尔多斯市蒙泰煤电有限责任公司	Erdos City MengTai Coal & Electricity Co.,Ltd	6645
54	乌中旗天宝矿业有限责任公司	Wulatezhong Banner Tianbao Mining Industry Co.,Ltd	6594
55	内蒙古生物药品厂	Inner Mongolia Bio-pharmaceutical Factory	6554
56	赤峰库博红烨锌业有限公司	Chifeng Kubo Hong Ye Zinc Industry Co.,Ltd	5664
57	内蒙古乌兰水泥有限责任公司	Inner Mongolia WuLan Cement Co.,Ltd	5602
58	赤峰金剑铜业有限责任公司	Chifeng City Jinjian Copper Co.,Ltd	5583
59	赤峰市白音诺尔铅锌矿	Chifeng City Baiyinnuoer Lead and Zinc Mineral	5307
60	内蒙古蒙西高新材料股份有限公司	Inner Mongolia MengXi Hi-tech Material Share-Holding Co.,Ltd	5300
61	赤峰市电业局	Chifeng Electric Power Bureau	5289
62	蒙牛乳业(乌兰浩特)有限责任公司	MengNiu Milk Industry (Wulanhaote) Co.,Ltd	5230
63	包头铝业（集团）有限责任公司	Baotou Aluminium Industry Group Co.,Ltd	5094
64	内蒙古铁骑纺织有限责任公司	Inner Mongolia TieQi Textile Co.,Ltd	5091
65	蒙牛乳业(磴口巴彦高勒)有限责任公司	MengNiu Milk Industry (bayangaoleDengkou) Co.,Ltd	4994

24-5 续表 2 continued

位次 Order	企业名称	Name of Enterprise	利润总额 (万元) Total Profit (10 000 yuan)
66	内蒙古牙克石五九煤炭(集团)有限公司	Inner Mongolia Yakeshi 59 Coal Industry Co.,Ltd	4901
67	通辽梅花生物科技有限公司	Tongliao Meihua Bio-technology Co.,Ltd	4872
68	玖龙兴安浆纸(内蒙古)有限公司	Jiulong Xingan Paper Pulp (Inner Mongolia) Co.,Ltd	4757
69	内蒙古西水创业股份有限公司	Inner Mongolia XiShui ChuangYie Co.,Ltd	4734
70	内蒙古大中矿业有限责任公司	Inner Mongolia Dazhong Mining Industrial Co.,Ltd	4693
71	内蒙古兴业集团股份有限公司东乌旗多金属矿	Inner Mongolia Xinye Group Dongwuzhumuqin Banner Polymetal	4582
72	内蒙古电力（集团）有限责任公司	Inner Mongolia Power (Group) Co.,Ltd	4517
73	额济纳旗康达公司	Ejina Banner Kangda Company	4200
74	内蒙第一机械制造集团有限公司	Inner Mongolia No.1 Machinery Co.,Ltd	3861
75	TCL移动通信(呼和浩特)有限公司	TCL Mobile Telecommunication Co.,Ltd Hohhot Branch	3845
76	西乌珠穆沁旗鑫源矿业开发有限责任公司	Xiwuzhumuqin Banner Xin Yuan Mining Industry Development Co.,Ltd	3744
77	内蒙古源源集团有限责任公司	Inner Mongolia Yuanyuan Group Co.,Ltd	3705
78	内蒙古北方重型汽车股份有限公司	Inner Mongolia North Heavy-dutyTruck Group Share-Holding Co.,Ltd	3663
79	内蒙古吉兰太碱业有限责任公司	Inner Mongolai Jilantai Alkali Industry Co.,Ltd	3600
80	内蒙古乌拉特前旗临海化工有限责任公司	Inner Mongolia Wulate Chemical Industry Co.,Ltd	3562
81	赤峰制药集团	Chifeng City Pharmaceutical Group Co.,Ltd	3558
82	内蒙古三联化工股份有限公司	Inner Mongolia San Lian Chemical Industry Share-Holding Co.,Ltd	3545
83	海拉尔蒙西水泥有限公司	Hailaer City MengXi Cement Co.,Ltd	3420
84	鄂尔多斯市新华结晶硅有限责任公司	Erdos Xinhua Crystalling Silion Co.,Ltd	3357
85	包头华资实业股份有限公司	Baotou HuaZi Industry Share-Holding Co.,Ltd	3341
86	内蒙古李家塔煤矿	Inner Mongolia Lijiata Coal Mine	3269
87	维信羊绒股份有限公司	WeiXin Cashmere Share-Holding Co.,Ltd	3205
88	内蒙古太西煤集团股份有限责任公司	Inner Mongolia Taixi Coal Industrial Group Share-Holding Co.,Ltd	3069
89	内蒙古鄂尔多斯酒业有限责任公司	Inner Mongolia Erdos Wine Industry Co.,Ltd	3063
90	乌兰浩特钢铁有限责任公司	Wulanhaote Iron & Steel Co.,Ltd	3061
91	内蒙古东昊羊绒制品有限公司	Inner Mongolia Dong Hao Cashmere Product Co.,Ltd	3056
92	燕京啤酒(包头雪鹿)股份有限公司	Yanjing Beer (Baotou Snow Deer) Share-Holding Co.,Ltd	3031
93	内蒙古万世宝羊绒制品有限公司	Inner Mongolia Wan Shi Bao Cashmere Co.,Ltd	3026
94	内蒙古金陶股份有限责任公司	Inner Mongolia JinTao Share-Holding Co.,Ltd	3022
95	包头明天科技股份有限公司	Baotou Tomorrow Technology Share-Holding Co.,Ltd	3000
96	天蒙羊绒有限公司	TianMeng Cashmere Co.,Ltd	2997
97	内蒙古平庄煤业集团有限责任公司	Inner Mongolia Pingzhuang Coal Group Co.,Ltd	2851
98	包头晶牛浮法股份有限公司	Baotou Jingniufufa Share-Holding Co.,Ltd	2825
99	赤峰大地基础产业股份有限公司	Chifeng DaDi Basic Industry Co.,Ltd	2820
100	新巴尔虎右旗荣达矿业有限责任公司	Xinbaerhuyou Banner Rong Da Mining Industry Co.,Ltd	2816

24-6 全区施工产值最大的50家建筑企业(2005年)

The Autonomous Regional 50 Construction Enterprises by Gross Output Value of Construction(2005)

位次 Order	企业名称	Name of Enterprise	施工产值(万元) Gross Output Value (10 000 yuan)
1	中国第二冶金建设有限责任公司	The 2nd Metallurgical Construction Co.,Ltd	159751
2	内蒙古送变电有限责任公司	Inner Mongolia Transmission & Transformation Co., Ltd	150800
3	内蒙古第二电力建设工程有限责任公司	Inner Mongolia No.2 Electric Power Construction Co.	124980
4	内蒙古公路工程局	Inner Mongolia Railway Engineering Bureau	117659
5	中铁六局集团呼和浩特铁路建设有限公司	China Railway Sixth Group Huhhot Railway Construcion Co.,Ltd	101961
6	鄂尔多斯市东方路桥集团股份有限公司	Erdos City DongFang Road & Bridge Co.,Ltd	90096
7	内蒙古第三电力建设工程有限责任公司	Inner Mongolia No.3 Electric Power Construction Co.	88464
8	内蒙古第一电力建设有限责任公司	Inner Mongolia No.1 Electric Power Construction Co.,Ltd	78513
9	中国内蒙古森林工业集团森天建设有限公司	Inner Mongolia Forest Group Sentian Construction Co.,Ltd	64871
10	内蒙古煤炭建设工程(集团)总公司	Inner Mongolia Coal Construction Engineering (Group) Co.	64767
11	达拉特旗万通路桥有限责任公司	Dalate Banner WanTong Road & Bridge Co.,Ltd	52150
12	内蒙古联手路桥有限责任公司	Inner Mongolia LianShou Road & Bridge Co.,Ltd	46156
13	内蒙古亨元路桥有限责任公司	Inner Mongolia HengYuanRoad & Bridge Co.,Ltd	46021
14	内蒙古黄河辽河工程局股份有限公司	Yellow & Liao River Engineering Bureau of Inner Mongolia Co.,Ltd	44580
15	鄂尔多斯市通源水利市政工程公司	Erdos City Tong Yuan Water Conse wancy & Municipal Engineering Co.,Ltd	43357
16	内蒙古兴泰建筑有限责任公司	Inner Mongolia XingTai Construction Co.,Ltd	40595
17	内蒙古广厦建安工程有限责任公司	Inner Mongolia Guang Sha Construction & Installation Engineering Co.,Ltd	38920
18	内蒙古第二建设股份有限公司	Inner Mongolia No.2 Construction Co.,Ltd	34688
19	内蒙古包头市兴业集团股份有限公司	Inner Mongolia Baotou XingYe Group Co.,Ltd	31803
20	内蒙古神华建筑安装有限责任公司	Inner Mongolia ShenHua Construction & Installation Co.,Ltd	30540
21	内蒙古自治区第三建筑工程公司	Inner Mongolia No.3 Construction Co.	30122
22	内蒙古巨华集团大华建筑安装有限责任公司	Inner Mongolia Juhua Group Dahua Construction & Installation Co.,Ltd	29997
23	呼市建筑工程有限责任公司	Hohhot City Construction Engineering Co.,Ltd	29000
24	鄂尔多斯市恒安建筑安装有限责任公司	Erdos City Heng An Construction & Installation Co.,Ltd	28868
25	通辽市交通工程局	Tongliao City Traffic Engineering Bureau	27928

24-6 续表 continued

位次 Order	企业名称	Name of Enterprise	施工产值(万元) Gross Output Value (10 000 yuan)
26	鄂尔多斯市大华建筑(集团)有限责任公司	Erdos City Dahua Construction (Group) Co.	26847
27	包头市公路工程股份有限公司	Baotou City Highway Engineering Co.	26415
28	鄂尔多斯市东联建筑集团有限责任公司	Erdos City DongLian Construction (Group) Co.,Ltd	25080
29	内蒙古鑫隆有限公司	Inner Mongolia XinLong Co.,Ltd	25000
30	鄂尔多斯市亿利建筑路桥(集团)有限责任公司	Erdos City Yili Construction Road & Bridge (Group) Co.,Ltd	24829
31	中铁十六局铁运工程有限公司	China Railway Nineteeth Group forth Engineering Co.,Ltd	23993
32	包头市市政公路工程股份有限公司	Baotou City Municipal Highway Engineering Co.,Ltd	22494
33	内蒙古荣联路桥工程有限责任公司	Inner Mongolia RongLian Road & Bridge Co.,Ltd	20960
34	中国二冶(包头)环泰建筑工程有限公司	The 2nd Metallurgical (Baotou) Huan Tai Construction Engineering Co.,Ltd	20614
35	呼伦贝尔天成建筑安装工程有限公司	Hulunbeier City Tiancheng Construction & Installation Co.,Ltd	20570
36	赤峰建设建筑有限责任公司	Chifeng City JianShe Construction Engineering Co.,Ltd	20540
37	内蒙古鄂温克旗雁达矿业建筑安装工程公司	Inner Mongolia Ewenke Banner Yanda Mining Industry Construction & Installation Co.,Ltd	20300
38	呼伦贝尔大雁建筑安装工程有限责任公司	Hulunbeier City Dayan Construction & Installation Co.,Ltd	20216
39	内蒙古天骄公路工程有限责任公司	Inner Mongolia TianJiaoHighway Engineering Co.,Ltd	19856
40	包钢集团凯捷建设工程有限公司	Baotou Iron & Steel Group Kai Jie Construction Engineering Co.,Ltd	19310
41	呼伦贝尔道路桥梁建筑有限责任公司	Hulunbeier City Road & Bridge Construction Co.,Ltd	18794
42	内蒙古蒙建建筑安装工程有限公司	Inner Mongolia MongJian Construction & Installation Co.,Ltd	18765
43	锡林郭勒汇通路桥有限责任公司	Xilinguole League Hui Tong Road & Bridge Co.,Ltd	18654
44	呼和浩特公路工程责任公司	Hohhot City Highway Engineering Co., Ltd	18158
45	内蒙古自治区安装公司	Inner Mongolia Installation Engineering Co.	17902
46	包头市第一建筑工程股份有限公司	Baotou City No.1 Construction Engineering Co.,Ltd	17871
47	霍林郭勒市泰丰建功实业有限责任公司	Huoliguole City Tai Feng Construction & Engineering Industry Co.,Ltd	17271
48	内蒙古经纬建设有限公司	Inner Mongolia Jing Wei Construction Co.,Ltd	17140
49	内蒙古辰村建设工程有限公司	Inner Mongolia ChenCun Construction & Engineering Co.,Ltd	15274
50	锡盟建筑安装有限责任公司	Xilinguole League Construction & Installation Co.,Ltd	14749

24-7 全区商品销售总额最大的50家批发零售贸易企业(2005年)
Autonomous Regional 50 Top Wholesale & Retail Enteprises of Sales Volume(2005)

位次 Order	企业名称	Name of Enterprise	商品销售总额(万元) Sales Volume (10 000 yuan)
1	神华煤炭运销公司结算部	Department of Settling of Shenhua Coal Transport and Sale Co.	1271736
2	中石油赤峰销售分公司	Petro-China Chifeng City Sales Co.	187899
3	中石油呼伦贝尔销售分公司	Petro-China Hulunbeier City Sales Co.	173592
4	中石油呼和浩特销售分公司	Petro-China Hohhot City Branch	147096
5	内蒙古自治区烟草公司呼和浩特分公司	Huhhot Tobacco Branch Co.	140817
6	中石油鄂尔多斯销售分公司	Petro-China Erdos City Sales Co.	140508
7	内蒙古圣际达商贸有限责任公司	Inner Mongolia ShengJiDa Trade Co.,Ltd	127635
8	内蒙古铁鑫煤化有限公司	Inner Mongolia Tie Xin Coal Chemical Co.,Ltd	119785
9	中石油包头销售分公司	Petro-China Baotou City Sales Co.	116321
10	内蒙古利丰集团有限公司	Inner Mongolia Lifeng Enterprises Group Co.,Ltd	114710
11	内蒙古自治区烟草公司包头分公司	Inner Mongolia Tobacco Co.Baotou Branch	110814
12	包头神华煤业有限责任公司	Baotou City Shenhua Coal Industry Co.,Ltd	106915
13	内蒙古西蒙煤炭有限责任公司	Inner Mongolia Ximeng Coal Co.,Ltd	101680
14	内蒙古自治区卷烟销售公司	Inner Mongolia Tobacco & Cigarettee Sales Corporation	99032
15	中石油乌兰察布销售分公司	Petro-China Wulanchabu City Sales Co.	97564
16	内蒙古民族商场有限责任公司	Inner Mongolia National Commercial Building Co.,Ltd	90737
17	内蒙古农牧业生产资料股份有限公司	Inner Mongolia Agricultural Means of Production Stocks Co.,Ltd	88386
18	中石油巴彦淖尔销售分公司	Petro-China Bayannaoer Sales Co.	87793
19	神华乌海市煤焦化有限责任公司	Shenhua GroupWuhai City Coking Coal & Chemical Co.,Ltd	85515
20	满洲里恒吉贸易有限公司	Manzhouli City Heng Ji Trade Co.,Ltd	83491
21	中石油锡林郭勒销售分公司	Petro-China Xilingguole League Sales Co.,	83049
22	包头市宁鹿石油有限公司	Baotou City Ninglu Petroleum Sales Co.	78081
23	鄂尔多斯欣华汽车商贸有限公司	Erdos Xinhua Automobile Commercial & Trad Co.,Ltd	77157
24	中石油兴安销售分公司	Petro-China Xingan League Sales Co.	76887
25	内蒙古交通物资有限责任公司	Inner Mongolia Transport and Meterial Co.,Ltd	74654

24-7 续表 continued

位次 Order	企业名称	Name of Enterprise	商品销售总额(万元) Sales Volume (10 000 yuan)
26	内蒙古蒙粮粮油股份有限公司	Inner Monglia Foodstaff Share-Holding Co.,Ltd	68944
27	内蒙古自治区烟草公司乌兰察布分公司	Inner Mongolia Tobacco Co.Wulanchabu League Branch	68609
28	内蒙古高新控股有限公司	Inner Mongolia High and New Techique Hold Co.,Ltd	68358
29	内蒙古自治区烟草公司赤峰分公司	Inner Mongolia Tobacco Co. Chifeng City Branch	68030
30	包头市东宝煤炭物流配送中心有限公司	Inner Mongolia Baotou City Dong Bao Coal and Material Issue Centre	61142
31	中石油乌海市销售分公司	Petro-China Wuhai City Sales Co.	58848
32	呼和浩特铁路局多种经营总公司包头多种经营分公司	Hohhot Railway Bureau Diversified Economy Head Co.Baotou Branch	58631
33	内蒙古自治区烟草公司呼伦贝尔分公司	Hulunbaier Tobacco Branch Co.	57869
34	中国石化西北公司内蒙古分公司	Petro & Chemical of China North-West Company Inner Mongolia Branch	57638
35	内蒙古自治区烟草公司鄂尔多斯分公司	Erdos Tobacco Branch Co.	56249
36	通辽东方电力燃料有限公司	Tongliao East Electric Power & Fuel Co.,Ltd	56053
37	包头市金荣装饰建材城有限责任公司	Baotou City Jin Rong Center Of Decorative Building Material Co.,Ltd	53536
38	二连浩特市宏基贸易有限责任公司	Erlian City Hong Ji Trade Co.,Ltd	53216
39	内蒙古河套酒业集团销售有限责任公司	Inner Monglia He Tao Liquor Industry Group Sale Co.	51928
40	内蒙古自治区烟草公司巴彦淖尔分公司	Inner Mongolia Tobacco Co.Bayannaoer Branch	51188
41	二连金太贸易有限责任公司	Erlian City Jin Tai Trade Co.,Ltd	51122
42	通辽市东明电力燃料有限公司	Tongliao Dongming Electric Power & Fuel Co.,Ltd	50622
43	中石油通辽销售分公司	Petro-China Tongliao Branch	50397
44	包头市华银工程机械有限公司	Baotou City Huayin Engineering Machine Co.,Ltd	49897
45	赤峰市信源对外经贸有限公司	Chifeng City Xinyuan Economy & Trade Co.,Ltd	48886
46	神华集团包头矿业有限责任公司运销处	Shenhua Group Baotou Mining Industry Co.,Ltd Transport&Selling Department	47187
47	包头鹿城工程机械商城有限公司	Baotou City Lucheng Engineering Machine Co.,Ltd	45323
48	包头西北汽车商城有限公司	Baotou City North-West Automobile Commercial Center Co.,Ltd	42611
49	内蒙古新蒙煤炭有限责任公司	Inner Mongolia Xinmeng Coal Co.,Ltd	40024
50	内蒙古恒通金安股份有限公司	Inner Monglia Hengtong Jinan Share-Holding Co.,Ltd	39791

24-8 全区企业集团按主营业务收入排序(2005年)

Arranging in Main Business Revenue of Autonomous Regional Enterprise

位次 Order	企业名称	Name of Enterprise	主营业务收入(万元) Revenues of Main Business (10 000 yuan)
1	包钢（集团）公司	Baotou Iron & Steel (Group) Co.,Ltd	2806448
2	内蒙古伊利实业集团股份有限公司	Inner Mongolia YiLi Industrial Group Co.,Ltd	1217526
3	内蒙古蒙牛乳业（集团）股份有限公司	Inner Mongolia MengNiu Milk Industry (Group) Co.,Ltd	1082495
4	内蒙古第一机械制造（集团）有限公司	Inner Mongolia No.1 Machinery (Group) Co.,Ltd	606635
5	内蒙古鄂尔多斯羊绒集团有限责任公司	Erdos Cashmere Product Co.,Ltd	521868
6	内蒙古伊泰集团有限公司	Inner Mongolia YiTai Coal Industry Co.,Ltd	506526
7	内蒙古草原兴发集团	Inner Mongolia Prairie Xingfa Group	464976
8	包头铝业（集团）有限责任公司	Baotou Aluminium Industry (Group) Corp.,Ltd	413021
9	内蒙古北方重工业集团有限公司	Inner Mongolia North Heavy Industry Group Corp.,Ltd	319829
10	中国内蒙古森林工业集团有限责任公司	China Inner Mongolia Forest Industry Group Corp.,Ltd	237938
11	内蒙古东达蒙古王集团有限公司	Dongda Mongolia King Cashmere Group Co.,Ltd	234468
12	亿利资源集团公司	Erdos City Elion Resource Group Co.	229496
13	内蒙古平庄煤业（集团）有限责任公司	Inner Mongolia Pingzhuang Coal (Group) Co., Ltd	185075
14	中盐吉兰泰盐化集团有限公司	Inner Mongolia Jilantai Salt & Chemical Industry Group	164307
15	金河集团实业有限公司	Inner Mongolia Jinhe Group	152379
16	内蒙古伊化集团	Inner Mongolia Yihua Chemical Industry Group	120900
17	内蒙古塞飞亚集团有限责任公司	Inner Mongolia Saifeiya Group	104976
18	内蒙古蒙西高新技术集团有限公司	Inner Mongolia Meng Xi High-tech Group Co.	94721
19	鄂尔多斯市兴泰置业集团有限公司	Erdos City Xing Tai Construction Group	90963
20	鄂尔多斯东方路桥集团	Erdos City Dong Fang Road & Bridge Group	90096
21	鄂尔多斯市乌兰煤炭集团有限责任公司	Erdos City Wu Lan Coal Group Co., Ltd	82117
22	包头草原糖业集团	Baotou Grassland Sugar Industry Group Co., Ltd	81746
23	内蒙古河套酒业集团股份有限公司	Inner Mongolia He Tao Liquor Industrial Group Co., Ltd	76391
24	内蒙古庆华集团	Inner Mongolia Qing Hua Group	74895
25	内蒙古三联化工集团	Inner Mongolia San Lian Chemical Industry Co.,LTD	67250
26	内蒙古金宇集团股份有限公司	Inner Mongolia Jin Yu Group Co., Ltd	55260
27	内蒙古太西煤集团股份有限公司	Inner Mongolia Taixi Coal Group Co., Ltd	54467

24-8 续表 continued

位次 Order	企业名称	Name of Enterprise	主营业务收入 (万元) Revenues of Main Business (10 000 yuan)
28	包头市粮油（集团）有限公司	Baotou City Foodstuff (Group) Co., Ltd	47916
29	内蒙古奈伦（集团）有限责任公司	Inner Mongolia Nai Lun (Group) Co., Ltd	44153
30	包头市恒通（集团）有限责任公司	Baotou City Heng Tong (Group) Co., Ltd	42317
31	内蒙古巨华集团	Inner Mongolia Ju Hua Group	42295
32	赤峰富龙公用（集团）有限责任公司	Chifeng Fulong Public (Group) Co., Ltd	40031
33	包头市百货大楼集团公司	Baotou Department Store Building Group Corp.	38810
34	内蒙古新华书店集团有限责任公司	Inner Mongolia Xinhua Book Store Group Co., Ltd	36749
35	内蒙古五九煤炭（集团）有限责任公司	Inner Mongolia 59 Coal (Group)	29757
36	鄂尔多斯市大华建筑集团	Erdos City Da hua Construction Group Co., Ltd	26847
37	鄂尔多斯市东联建筑集团有限责任公司	Erdos City Donglian Construction Group Co., Ltd	25080
38	呼和浩特众环（集团）有限责任公司	Hohhot Zhong Huan (Group) Co., Ltd	18420
39	海拉尔啤酒（集团）有限责任公司	Hailaer Beer (Group) Co., Ltd	16837
40	内蒙古仕奇集团有限责任公司	Inner Mongolia ShiQi Group Co., Ltd	15255
41	包头市公交运输集团有限责任公司	Baotou City Public Transportation Group Co., Ltd	14886
42	内蒙古元和（集团）有限责任公司	Inner Mongolia Yuan He (Group) Co., Ltd	12436
43	内蒙古恒茂（集团）有限责任公司	Inner Mongolia Heng Mao (Group) Co., Ltd	12365
44	驰誉科工贸（集团）有限总公司	Chiyu Scientific Industry & Trade (Group) Co., Ltd	12000
45	内蒙古盘古集团有限责任公司	Inner Mongolia Pan Gu Cashmere Group	11254
46	内蒙古自治区民航机场集团有限责任公司	Inner Mongolia Civil Aviation Airport Group Co.,Ltd	7910
47	内蒙古力仁集团有限公司	Inner Mongolia Li Ren Group Co., Ltd	4860
48	内蒙古海德实业集团有限公司	Inner Mongolia Hai De Industry (Group) Co.	1297
49	中油内蒙古爱力蒙集团有限责任公司	Petro-China Inner Mongolia Ailimeng Group Co., Ltd	874

24-9 全区企业集团按资产排序(2005年)
Autonomous Regional Enterprise Groups Ranked by Total Assets(2005)

位次 Order	企业名称	Name of Enterprise	年末资产总计(万元) Total Assets at Yearend (10 000 yuan)
1	包钢(集团)公司	Baotou Iron & Steel (Group) Co., Ltd	3662259
2	内蒙古鄂尔多斯羊绒集团有限责任公司	Inner Mongolia Erdos Cashmere Product Group Co.,Ltd	1334990
3	中国内蒙古森林工业集团有限责任公司	China Inner Mongolia Forest Industry Group Corp.,LTD	1191575
4	内蒙古第一机械制造(集团)有限公司	Inner Mongolia No.1Machinery (Group) Co.,Ltd	817787
5	内蒙古蒙牛乳业(集团)股份有限公司	Inner Mongolia MengNiu Milk Industry (Group) Co.,Ltd	599064
6	内蒙古北方重工业集团有限公司	Inner Mongolia North Heavy Industry Group Co., Ltd	564960
7	内蒙古伊利实业集团股份有限公司	Inner Mongolia YiLi Industry Co., Ltd	545046
8	内蒙古平庄煤业(集团)有限责任公司	Inner Mongolia Pingzhuang Coal (Group) Co., Ltd	527528
9	内蒙古伊泰集团有限公司	Inner Mongolia Yi Tai Group Co., Ltd	492367
10	亿利资源集团公司	Erdos City Elion Resource Group Co.	484501
11	包头铝业(集团)有限责任公司	Baotou A1uminium Industry (Group) Corp.Ltd	425656
12	内蒙古草原兴发集团	Inner Mongolia Prairie Xingfa Group	415396
13	内蒙古伊化集团	Inner Mongolia Yihua Chemical Industry Group	330959
14	中盐吉兰泰盐化集团有限公司	Inner Mongolia Jilantai Salt & Chemical Industry Group	314880
15	赤峰富龙公用(集团)有限责任公司	Chifeng City Fulong Public (Group) Co., Ltd	308515
16	内蒙古蒙西高新技术集团有限公司	Inner Mongolia MengXi High-tech Group Co.	297545
17	包头草原糖业集团	Baotou City Grassland Sugar Industry Group Co., Ltd	251903
18	鄂尔多斯东方路桥集团	Erdos City DongFang Road & Bridge Group	177636
19	内蒙古东达蒙古王集团有限公司	Inner Mongolia Dongda Mongolia King Cashmere Group	173033
20	内蒙古庆华集团	Inner Mongolia QingHua Group	158382
21	内蒙古奈伦(集团)有限责任公司	Inner Mongolia NaiLun (Group) Co., Ltd	148097
22	鄂尔多斯市兴泰置业集团有限公司	Erdos City XingTai Construction Group	133273
23	内蒙古太西煤集团股份有限公司	Inner Mongolia Taixi Coal Group Co., Ltd	127456
24	内蒙古巨华集团	Inner Mongolia JuHua Group	106528
25	内蒙古金宇集团股份有限公司	Inner Mongolia JinYu Group Co., Ltd	104417
26	金河集团实业有限公司	Inner Mongolia JinHe Group	102769
27	内蒙古河套酒业集团股份有限公司	Inner Mongolia HeTao Liquor Industrial Group Co., Ltd	92328

24-9 续表 continued

位次 Order	企业名称	Name of Enterprise	年末资产总计(万元) Total Assets at Yearend (10 000 yuan)
28	内蒙古盘古集团有限责任公司	Inner Mongolia PanGu Cashmere Group	84460
29	内蒙古仕奇集团有限责任公司	Inner Mongolia ShiQi Group Co., Ltd	81388
30	内蒙古新华书店集团有限责任公司	Inner Mongolia Xinhua Book Store Group Co., Ltd	67433
31	内蒙古自治区民航机场集团有限责任公司	Inner Mongolia Civil Aviation Airport Group Co.,Ltd	67153
32	内蒙古三联化工集团	Inner Mongolia Sanlian Chemical Industry Group	66188
33	包头市恒通（集团）有限责任公司	Baotou City HengTong (Group) Co., Ltd	63025
34	鄂尔多斯市乌兰煤炭集团有限责任公司	Erdos City WuLan Coal Group Co., Ltd	59521
35	内蒙古塞飞亚集团有限责任公司	Inner Mongolia Saifeiya Group	59170
36	内蒙古元和（集团）有限责任公司	Inner Mongolia YuanHe (Group) Co., Ltd	55972
37	内蒙古海德实业集团有限公司	Inner Mongolia HaiDe Industry (Group) Co.	47365
38	呼和浩特众环（集团）有限责任公司	Hohhot ZhongHuan (Group) Co., Ltd	38740
39	内蒙古力仁集团有限公司	Inner Mongolia LiRen Group Co., Ltd	36060
40	鄂尔多斯市东联建筑集团有限责任公司	Erdos City Donglian Construction Group Co., Ltd	30706
41	包头市粮油（集团）有限公司	Baotou City Foodstuff (Group) Co., Ltd	28891
42	内蒙古五九煤炭（集团）有限责任公司	Inner Mongolia 59 Coal (Group) Co.,Ltd	28066
43	驰誉科工贸（集团）有限总公司	Chiyu Scientific Industry & Trade (Group) Co., Ltd	25730
44	海拉尔啤酒（集团）有限责任公司	Hailaer Beer (Group) Co., Ltd	24681
45	鄂尔多斯市大华建筑集团	Erdos City Da hua Construction Group Co., Ltd	23528
46	包头市公交运输集团有限责任公司	Baotou City Public Transportation Group Co., Ltd	21678
47	包头市百货大楼集团公司	Baotou City Department Store Building Group Corp.	19858
48	内蒙古恒茂（集团）有限责任公司	Inner Mongolia HengMao (Group) Co., Ltd	10717
49	中油内蒙古爱力蒙集团有限责任公司	Petro China Inner Mongolia Ailimeng Group Co., Ltd	3011

24-10 上市公司发展基本情况(2005年)

上市公司名称	Name of Listed Companies
内蒙古蒙电华能热电股份有限公司(内蒙华电)	Inner Mongolia Meng Dian Hua Neng Co.,Ltd
鄂尔多斯羊绒制品股份有限公司(鄂绒B股)	Inner Mongolia Erdos Cashmere Products Co.,Ltd
鄂尔多斯羊绒制品股份有限公司(鄂尔多斯A股)	Inner Mongolia Erdos Cashmere Products Co.,Ltd
内蒙古伊利实业股份有限公司(伊利股份)	Inner Mongolia YiLi Industrial Group Co.,Ltd
内蒙古宏峰实业股份有限公司(内蒙宏峰)	Inner Mongolia Hong Feng Industry Co.,Ltd
赤峰大地基础产业股份有限公司(大地基础)	Chifeng DaDi Jichu Production Co.,Ltd
内蒙古远兴天然碱股份有限公司(天然碱)	Inner Mongolia Yuan Xing Natural Alkali Co.,Ltd
内蒙古草原兴发股份有限公司(草原兴发)	Inner Mongolia Prairie Xingfa Co.,Ltd
包头明天科技股份有限公司(明天科技)	Baotou Tomorrow Technology Co.,Ltd
内蒙古伊泰煤炭股份有限公司(伊煤B股)	Inner Mongolia Yi Tai Coal Industry Co.,Ltd
内蒙古包钢稀土高科技股份有限公司(稀土高科)	Inner Mongolia Baotou Steel Rare-earth Hi-tech Co.,Ltd
包头华资实业股份有限公司(华资实业)	Baotou Hua Zi Industry Sale-Holding Co.,Ltd
内蒙古金宇集团股份有限公司(金宇集团)	Inner Mongolia Jin Yu Group Co.,Ltd
内蒙古仕奇实业股份有限公司(仕奇实业)	Inner Mongolia ShiQi Industrial Co.,Ltd
北方重型股份有限公司(北方股份)	North Heavy-duty Automobile Co.,Ltd
内蒙古亿利科技实业股份有限公司(亿利科技)	Inner Mongolia YiLi Science and Technological Industry Co.,Ltd
内蒙古西水创业股份有限公司(西水股份)	Xishui Strong Year Co.,Ltd Inner Mongolia
内蒙古兰太实业股份有限公司(兰太实业)	Inner Mongolia LanTai Industrial Co.,Ltd
内蒙古包钢钢联股份有限公司(包钢股份)	Inner Mongolia Baotou Steel Union Co.,Ltd
内蒙古时代科技股份有限公司(时代科技)	Inner Mongolia ShiDai Science and Technological Co.,Ltd
包头北方创业股份有限公司(北方创业)	Baotou Beifang Chuangye Co.,Ltd
包头铝业股份有限公司(包头铝业)	Baotou Aluminium Industry Co.,Ltd

Inner Mongolia Autonomous Regional Development of Listed Companies(2005)

股票类别	Classification of Shares	行业划分	Classification of Industries
上证A股	A Shares of Shanghai Stock Exchange	电力、煤气及水的生产和供应业	Production & Supply of Elec. Power Gas & Water
上证B股	B Shares of Shanghai Stock Exchange	纺织、服装、皮毛	Textile Clothes and Furs
上证A股	A Shares of Shanghai Stock Exchange		
上证A股	A Shares of Shanghai Stock Exchange	食品、饮料	Foodstuff, Drinks
深证A股	A Shares of Shenzhen Stock Exchange	采掘业	Mining
深证A股	A Shares of Shenzhen Stock Exchange	电力、煤气及水的生产和供应业	Production & Supply of Elec. Power Gas & Water
深证A股	A Shares of Shenzhen Stock Exchange	石油、化学、塑胶、塑料	Petroleum, Chemical, Synthetic Resin Plastics
深证A股	A Shares of Shenzhen Stock Exchange	食品、饮料	Foodstuff, Drinks
上证A股	A Shares of Shanghai Stock Exchange	石油、化学、塑胶、塑料	Petroleum, Chemical, Synthetic Resin Plastics
上证B股	B Shares of Shanghai Stock Exchange	采掘业	Mining
上证A股	A Shares of Shanghai Stock Exchange	金属、非金属	Metal and Nonmetal
上证A股	A Shares of Shanghai Stock Exchange	食品、饮料	Foodstuff, Drinks
上证A股	A Shares of Shanghai Stock Exchange	医药、生物制品	Biological Pharmacy
上证A股	A Shares of Shanghai Stock Exchange	房地产业	Real Estate
上证A股	A Shares of Shanghai Stock Exchange	机械、设备、仪表	Machinery, Equipment and Meter
上证A股	A Shares of Shanghai Stock Exchange	石油、化学、塑胶、塑料	Petroleum, Chemical, Synthetic Resin Plastics
上证A股	A Shares of Shanghai Stock Exchange	金属、非金属	Metal and Nonmetal
上证A股	A Shares of Shanghai Stock Exchange	石油、化学、塑胶、塑料	Petroleum, Chemical, Synthetic Resin Plastics
上证A股	A Shares of Shanghai Stock Exchange	金属、非金属	Metal and Nonmetal
深证A股	A Shares of Shenzhen Stock Exchange	机械、设备、仪表	Machinery, Equipment and Meter
上证A股	A Shares of Shanghai Stock Exchange	机械、设备、仪表	Machinery, Equipment and Meter
上证A股	A Shares of Shanghai Stock Exchange	金属、非金属	Metal and Nonmetal

24-10 续表 1

上市公司名称	Name of Listed Companies
总计	**Total**
内蒙古蒙电华能热电股份有限公司(内蒙华电)	Inner Mongolia Meng Dian Hua Neng Co.,Ltd
鄂尔多斯羊绒制品股份有限公司(鄂绒B股)	Inner Mongolia Erdos Cashmere Products Co.,Ltd
鄂尔多斯羊绒制品股份有限公司(鄂尔多斯A股)	Inner Mongolia Erdos Cashmere Products Co.,Ltd
内蒙古伊利实业股份有限公司(伊利股份)	Inner Mongolia YiLi Industrial Group Co.,Ltd
内蒙古伊利实业股份有限公司(伊利股份)	Inner Mongolia YiLi Industrial Group Co.,Ltd
内蒙古宏峰实业股份有限公司(内蒙宏峰)	Inner Mongolia Hong Feng Industry Co.,Ltd
赤峰大地基础产业股份有限公司(大地基础)	Chifeng DaDi Jichu Production Co.,Ltd
内蒙古远兴天然碱股份有限公司(天然碱)	Inner Mongolia Yuan Xing Natural Alkali Co.,Ltd
内蒙古草原兴发股份有限公司(草原兴发)	Inner Mongolia Prairie Xingfa Co.,Ltd
包头明天科技股份有限公司(明天科技)	Baotou Tomorrow Technology Co.,Ltd
包头明天科技股份有限公司(明天科技)	Baotou Tomorrow Technology Co.,Ltd
内蒙古伊泰煤炭股份有限公司(伊煤B股)	Inner Mongolia Yi Tai Coal Industry Co.,Ltd
内蒙古包钢稀土高科技股份有限公司(稀土高科)	Inner Mongolia Baotou Steel Rare earth Hi tech Co.,Ltd
包头华资实业股份有限公司(华资实业)	Baotou Hua Zi Industry Co.,Ltd
内蒙古金宇集团股份有限公司(金宇集团)	Inner Mongolia JinYu Group Co.,Ltd
内蒙古仕奇实业股份有限公司(仕奇实业)	Inner Mongolia ShiQi Industrial Co.,Ltd
北方重型股份有限公司(北方股份)	North Heavy duty Automobile Co.,Ltd
内蒙古亿利科技实业股份有限公司(亿利科技)	Inner Mongolia YiLi Science and Technological Industry Co.,Ltd
内蒙古西水创业股份有限公司(西水股份)	Xishui Strong Year Co.,Ltd Inner Mongolia
内蒙古兰太实业股份有限公司(兰太实业)	Inner Mongolia LanTai Industrial Co.,Ltd
内蒙古包钢钢联股份有限公司(包钢股份)	Inner Mongolia Baotou Steel Union Co.,Ltd
内蒙古时代科技股份有限公司(时代科技)	Inner Mongolia ShiDai Science and Technological Co.,Ltd
包头北方创业股份有限公司(北方创业)	Baotou Beifang Chuangye Co.Ltd
包头铝业股份有限公司(包头铝业)	Baotou Aluminium Industry Co.,Ltd

continued

2005年末股本结构(万股) Composition of Capital at the End of 2005 (10 000 shares)		股票发行情况 Issuing Summary for Stocks			
总股本 Total Issued Capital	流通股 Negotiable Shares	发行日期 Issuing Date	发行价格(元/股) Price of Issuing (yuan/share)	发行量(万股) Amount Issued (10 000 shares)	股票发行筹资额(亿元) Raised Capital (100 million yuan)
198122		1994-03-30	3.90	5000	1.95
42000(流通B股)		1995-09-25	3.98	11000	4.38
103200（A/B股总股本）		2001-03-26	16.80	8000	13.44
39126		1996-01-25	5.98	1800	1.02
		2002-08-28	16.85	增发A股4896	8.25
56112		1989-09-04		1820	0.50
26621		1996-08-01	5.88	1370	0.81
46900		1997-01-13	5.11	6500	3.32
40912		1997-05-19	5.66	4000	2.16
33653		1997-06-13	5.28	3700	1.95
		2002-06-06	8.82	增发A股11000	9.70
36600		1997-07-18	3.38	16600	5.24
40367		1997-08-28	4.43	8000	3.40
30308		1998-11-02	4.30	5600	3.01
21843		1998-12-02	6.83	3500	2.39
17500		2000-05-16	8.00	7500	6.00
17000		2000-06-09	8.00	5500	4.40
17380		2000-07-04	8.88	5800	5.15
16000		2000-07-13	6.38	6000	3.83
35912		2000-11-30	7.88	6000	4.52
286039		2001-02-14	5.18	35000	17.57
17504		1996-09-20	6.48	1850	1.20
13000		2004-04-26	7.20	5000	3.49
43100		2005-04-19	3.50	14000	4.68

上市公司名称	Name of Listed Companies
总 计	**Total**
内蒙古蒙电华能热电股份有限公司(内蒙华电)	Inner Mongolia Meng Dian Hua Neng Co.,Ltd
鄂尔多斯羊绒制品股份有限公司(鄂绒B股)	Inner Mongolia Erdos Cashmere Products Co.,Ltd
鄂尔多斯羊绒制品股份有限公司(鄂尔多斯A股)	Inner Mongolia Erdos Cashmere Products Co.,Ltd
内蒙古伊利实业股份有限公司(伊利股份)	Inner Mongolia YiLi Industrial Group Co.,Ltd
内蒙古宏峰实业股份有限公司(内蒙宏峰)	Inner Mongolia Hong Feng Industry Co.,Ltd
赤峰大地基础产业股份有限公司(大地基础)	Chifeng DaDi Jichu Production Co.,Ltd
内蒙古远兴天然碱股份有限公司(天然碱)	Inner Mongolia Yuan Xing Natural Alkali Co.,Ltd
内蒙古草原兴发股份有限公司(草原兴发)	Inner Mongolia Prairie Xingfa Co.,Ltd
包头明天科技股份有限公司(明天科技)	Baotou Tomorrow Technology Co.,Ltd
内蒙古伊泰煤炭股份有限公司(伊煤B股)	Inner Mongolia Yi Tai Coal Industry Co.,Ltd
内蒙古包钢稀土高科技股份有限公司(稀土高科)	Inner Mongolia Rare-earth Hi-tech Co.,Ltd
包头华资实业股份有限公司(华资实业)	Baotou Hua Zi Industry Co.,Ltd
内蒙古金宇集团股份有限公司(金宇集团)	Inner Mongolia Jin Yu Group Co.,Ltd
内蒙古仕奇实业股份有限公司(仕奇实业)	Inner Mongolia ShiQi Industrial Co.,Ltd
北方重型股份有限公司(北方股份)	North Heavy-duty Automobile Co.,Ltd
内蒙古亿利科技实业股份有限公司(亿利科技)	Inner Mongolia YiLi Science and Technological Industry Co.,Ltd
内蒙古西水创业股份有限公司(西水股份)	Xishui Strong Year Co.,Ltd Inner Mongolia
内蒙古兰太实业股份有限公司(兰太实业)	Inner Mongolia LanTai Industrial Co.,Ltd
内蒙古包钢钢联股份有限公司(包钢股份)	Inner Mongolia Baotou Steel Union Co.,Ltd
内蒙古时代科技股份有限公司(时代科技)	Inner Mongolia ShiDai Science and Technological Co.,Ltd
包头北方创业股份有限公司(北方创业)	Baotou Beifang Chuangye Co.Ltd
包头铝业股份有限公司(包头铝业)	Baotou Aluminium Industry Co.,Ltd

continued

股票上市情况 Listed Summary for Stocks		股票配售情况 Distribution of Stocks				股票筹资总额(亿元) Total Raised Capital (100 million yuan)
上市日期 Listed Date	上市价格(元/股) Listed Price Per Share (yuan/share)	配股时间 Date of Distribution	配股价格(元/股) Price of Distribution Per Share (yuan/share)	配股比例 Proportion of Distribution	配股筹资额(亿元) Raised Capital Owing to Distribution (100 million yuan)	
1994-05-20	5.18	1996-11-25	4.00	10∶3	0.60	6.29
		1998-12-17	5.00	10∶8	3.74	
1995-10-20	USD0.518		6.88	10000股(share)	6.88	11.26
2001-04-26						13.44
1996-03-12	9.00	1997-04-12	6.80	10∶3	2.04	14.17
		1998-11-08	15.00	10∶3	2.86	
1996-03-20	10.08	1999-03-19	5.00	10∶8	3.78	4.28
1996-08-29	10.32	1998-05-11	8.00	10∶4	3.51	6.59
		2001-05-03	13.20	10∶3	2.27	
1997-01-31	11.80	1998-08-07	8.60	10∶3	3.35	6.67
1997-06-06	15.49	1999-08-31	8.00	10∶3	2.50	12.50
		2003-10-01	6.43	10∶7	7.84	
1997-07-04	8.18	1999-12-10	14.23	10∶3	3.43	15.08
1997-08-08	USD0.4073					5.61
1997-09-24	7.38	2000-03-08	7.60	10∶3	2.98	6.38
1998-12-10	7.80	2000-09-28	15.00	10∶3	3.50	6.51
1999-01-15	13.68	2000-12-29	17.00	10∶3	2.00	4.39
2000-06-28	17.00					6.00
2000-06-30	15.70					4.40
2000-07-25	18.18					5.15
2000-07-31	12.12					3.83
2000-12-22	17.78					4.72
2001-09-03						18.13
1996-10-08	10.68	1998-12-11	4.28	10.: 2.5	0.89	2.09
2004-05-18	10.00					3.49
2005-05-09	3.61					4.68

24-10 续表 3

上市公司名称	Name of Listed Companies
总 计	**Total**
内蒙古蒙电华能热电股份有限公司(内蒙华电)	Inner Mongolia Meng Dian Hua Neng Co.,Ltd
鄂尔多斯羊绒制品股份有限公司(鄂绒B股、A股)	Inner Mongolia Erdos Cashmere Products Co.,Ltd
内蒙古伊利实业股份有限公司(伊利股份)	Inner Mongolia YiLi Industrial Group Co.,Ltd
内蒙古宏峰实业股份有限公司(内蒙宏峰)	Inner Mongolia Hong Feng Industry Co.,Ltd
赤峰大地基础产业股份有限公司(大地基础)	Chifeng DaDi Jichu Production Co.,Ltd
内蒙古远兴天然碱股份有限公司(天然碱)	Inner Mongolia Yuan Xing Natural Alkali Co.,Ltd
内蒙古草原兴发股份有限公司(草原兴发)	Inner Mongolia Prairie Xingfa Co.,Ltd
包头明天科技股份有限公司(明天科技)	Baotou Tomorrow Technology Co.,Ltd
内蒙古伊泰煤炭股份有限公司(伊煤B股)	Inner Mongolia Yi Tai Coal Industry Co.,Ltd
内蒙古包钢稀土高科技股份有限公司(稀土高科)	Inner Mongolia Baotou Steel Rare-earth Hi-tech Co.,Ltd
包头华资实业股份有限公司(华资实业)	Baotou Hua Zi Industry Co.,Ltd
内蒙古金宇集团股份有限公司(金宇集团)	Inner Mongolia Jin Yu Group Co.,Ltd
内蒙古仕奇实业股份有限公司(仕奇实业)	Inner Mongolia ShiQi Industrial Co.,Ltd
北方重型股份有限公司(北方股份)	North Heavy-duty Automobile Co.,Ltd
内蒙古亿利科技实业股份有限公司(亿利科技)	Inner Mongolia YiLi Science and Technological Industry Co.,Ltd
内蒙古西水创业股份有限公司(西水股份)	Xishui Strong Year Co.,Ltd Inner Mongolia
内蒙古兰太实业股份有限公司(兰太实业)	Inner Mongolia LanTai Industrial Co.,Ltd
内蒙古包钢钢联股份有限公司(包钢股份)	Inner Mongolia Baotou Steel Union Co.,Ltd continued
内蒙古时代科技股份有限公司(时代科技)	Inner Mongolia ShiDai Science and Technological Co.,Ltd
包头北方创业股份有限公司(北方创业)	Baotou Beifang Chuangye Co.Ltd
包头铝业股份有限公司(包头铝业)	Baotou Aluminium Industry Co.,Ltd

continued

主营业务收入(万元) Main Business Revenue(10 000 yuan)		利润总额(万元) Total Profit(10 000 yuan)		净利润(万元) Net Profit(10 000 yuan)	
2004	2005	2004	2005	2004	2005
411379	519723	39195	26809	29002	6797
221502	293992	21761	26517	16242	18165
873499	1217526	37888	49161	23913	29339
27662	47376	7524	8139	4535	4555
30691	37925	2534	2645	1889	2380
102407	119991	-18101	11626	-21983	4131
28789	257704	4428	-39167	4405	-38867
80465	77740	7491	-1956	7231	1076
256890	350792	40925	85078	34867	70538
79523	88059	3607	1945	2188	1305
105988	65579	8142	2883	7033	2630
46690	55260	4446	2798	4420	1228
2832	1484	1195	925	1249	1136
36036	62213	1610	2836	1565	2957
133688	133397	5519	5491	3776	3848
80446	54196	5490	1026	4647	760
56178	81844	5610	12751	4585	8601
1624616	1897097	97641	112751	87809	100642
	21618		2196		2228
99507	82374	2488	-1084	2179	-1048
	369660		10087		8958

24-10 续表 4

上市公司名称	Name of Listed Companies
总计	**Total**
内蒙古蒙电华能热电股份有限公司(内蒙华电)	Inner Mongolia Meng Dian Hua Neng Co.,Ltd
鄂尔多斯羊绒制品股份有限公司(鄂绒B、A股)	Inner Mongolia Erdos Cashmere Products Co.,Ltd
内蒙古伊利实业股份有限公司(伊利股份)	Inner Mongolia YiLi Industrial Group Co.,Ltd
内蒙古宏峰实业股份有限公司(内蒙宏峰)	Inner Mongolia Hong Feng Industry Co.,Ltd
赤峰大地基础产业股份有限公司(大地基础)	Chifeng DaDi Jichu Production Co.,Ltd
内蒙古远兴天然碱股份有限公司(天然碱)	Inner Mongolia Yuan Xing Natural Alkali Co.,Ltd
内蒙古草原兴发股份有限公司(草原兴发)	Inner Mongolia Prairie Xingfa Co.,Ltd
包头明天科技股份有限公司(明天科技)	Baotou Tomorrow Technology Co.,Ltd
内蒙古伊泰煤炭股份有限公司(伊煤B股)	Inner Mongolia Yi Tai Coal Industry Co.,Ltd
内蒙古包钢稀土高科技股份有限公司(稀土高科)	Inner Mongolia Baotou Steel Rare earth Hi tech Co.,Ltd
包头华资实业股份有限公司(华资实业)	Baotou Hua Zi Industry Co.,Ltd
内蒙古金宇集团股份有限公司(金宇集团)	Inner Mongolia Jin Yu Group Co.,Ltd
内蒙古仕奇实业股份有限公司(仕奇实业)	Inner Mongolia ShiQi Industrial Co.,Ltd
北方重型股份有限公司(北方股份)	North Heavy-duty Automobile Co.,Ltd
内蒙古亿利科技实业股份有限公司(亿利科技)	Inner Mongolia YiLi Science and Technological Industry Co.,Ltd
内蒙古西水创业股份有限公司(西水股份)	Xishui Strong Year Co.,Ltd Inner Mongolia
内蒙古兰太实业股份有限公司(兰太实业)	Inner Mongolia LanTai Industrial Co.,Ltd
内蒙古包钢钢联股份有限公司(包钢股份)	Inner Mongolia Baotou Steel Union Co.,Ltd
内蒙古时代科技股份有限公司(时代科技)	Inner Mongolia ShiDai Science and Technological Co.,Ltd
包头北方创业股份有限公司(北方创业)	Baotou Beifang Chuangye Co.Ltd
包头铝业股份有限公司(包头铝业)	Baotou Aluminium Industry Co.,Ltd

continued

总资产(万元) Total Assets(10 000 yuan)		股东权益(万元) Shareholder's Eguity(10 000 yuan)		资产负债率(%) Assets-Liability Ratio(%)	
2004	2005	2004	2005	2004	2005
1567346	1833571	444086	428605	71.7	68.1
475041	636778	308728	322596	35.0	46.6
485039	545046	206745	227061	57.3	52.4
148643	145171	79915	84470	46.2	36.9
319870	259948	126647	129305	60.4	48.1
251072	195278	52396	30402	79.1	80.2
420091	398344	195001	157638	53.6	58.8
285942	464587	193119	191393	32.5	45.4
295206	371229	120507	165112	54.9	51.8
205612	201971	112562	114445	45.3	35.0
222520	201524	125917	128547	43.4	31.0
105396	104418	60645	57515	42.5	44.7
89704	136427	59288	60545	33.9	46.7
117378	163305	59653	63236	49.2	58.7
227852	220411	78975	82823	65.3	58.4
123494	126425	67552	68313	45.3	44.3
165186	172265	72883	81485	55.9	52.6
1284463	1220901	491920	638741	61.7	47.7
	61010		34376		39.5
97939	109321	49558	47210	49.4	56.1
	369799		134305		63.6

24-10 续表 5

上市公司名称	Name of Listed Companies
总计	**Total**
内蒙古蒙电华能热电股份有限公司(内蒙华电)	Inner Mongolia Meng Dian Hua Neng Co.,Ltd
鄂尔多斯羊绒制品股份有限公司(鄂绒B、A股)	Inner Mongolia Erdos Cashmere Products Co.,Ltd
内蒙古伊利实业股份有限公司(伊利股份)	Inner Mongolia YiLi Industrial Group Co.,Ltd
内蒙古宏峰实业股份有限公司(内蒙宏峰)	Inner Mongolia Hong Feng Industry Co.,Ltd
赤峰大地基础产业股份有限公司(大地基础)	Chifeng DaDi Jichu Production Co.,Ltd
内蒙古远兴天然碱股份有限公司(天然碱)	Inner Mongolia Yuan Xing Natural Alkali Co.,Ltd
内蒙古草原兴发股份有限公司(草原兴发)	Inner Mongolia Prairie Xingfa Co.,Ltd
包头明天科技股份有限公司(明天科技)	Baotou Tomorrow Technology Co.,Ltd
内蒙古伊泰煤炭股份有限公司(伊煤B股)	Inner Mongolia Yi Tai Coal Industry Co.,Ltd
内蒙古包钢稀土高科技股份有限公司(稀土高科)	Inner Mongolia Baotou Steel Rare-earth Hi-tech Co.,Ltd
包头华资实业股份有限公司(华资实业)	Baotou Hua Zi Industry Co.,Ltd
内蒙古金宇集团股份有限公司(金宇集团)	Inner Mongolia Jin Yu Group Co.,Ltd
内蒙古仕奇实业股份有限公司(仕奇实业)	Inner Mongolia ShiQi Industrial Co.,Ltd
北方重型股份有限公司(北方股份)	North Heavy-duty Automobile Co.,Ltd
内蒙古亿利科技实业股份有限公司(亿利科技)	Inner Mongolia YiLi Science and Technological Industry Co.,Ltd
内蒙古西水创业股份有限公司(西水股份)	Xishui Strong Year Co.,Ltd Inner Mongolia
内蒙古兰太实业股份有限公司(兰太实业)	Inner Mongolia LanTai Industrial Co.,Ltd
内蒙古包钢钢联股份有限公司(包钢股份)	Inner Mongolia Baotou Steel Union Co.,Ltd
内蒙古时代科技股份有限公司(时代科技)	Inner Mongolia ShiDai Science and Technological Co.,Ltd
包头北方创业股份有限公司(北方创业)	Baotou Beifang Chuangye Co.Ltd
包头铝业股份有限公司(包头铝业)	Baotou Aluminium Industry Co.,Ltd

continued

每股收益(元) Profit Per Share(yuan)		每股净资产(元) Net Assets Per Share(yuan)		净资产收益率(%) Ratio of Net Assets' Per Profit(%)	
2004	2005	2004	2005	2004	2005
0.15	0.03	2.24	2.16	6.53	1.59
0.16	0.18	3.07	3.13	5.14	5.63
0.61	0.75	5.28	5.80	11.57	12.92
0.08	0.08	1.32	1.51	5.67	5.39
0.07	0.09	4.76	4.86	1.49	1.84
-0.47	0.09	0.56	0.65	-83.71	13.59
0.11	-0.95	4.77	3.85	2.26	-24.66
0.21	0.03	5.74	5.69	3.74	0.56
0.95	1.93	3.29	4.51	28.93	42.72
0.05	0.03	2.79	2.84	1.94	1.14
0.23	0.09	4.15	4.24	5.71	2.05
0.20	0.06	2.78	2.63	7.29	2.14
0.07	0.06	3.39	3.46	2.11	1.88
0.09	0.17	3.15	3.72	2.62	4.68
0.22	0.22	4.54	4.77	4.78	4.65
0.29	0.05	4.22	4.27	6.88	1.11
0.13	0.24	2.03	2.27	6.29	10.56
0.70	0.35	3.94	2.23	17.85	15.76
	0.13		1.96		6.48
0.19	-0.08	3.81	3.63	5.02	-2.22
	0.31		2.73		11.27

二十五 附录

APPENDIX

资料整理 张晶 蔡雨成

Arranged by Zhang Jing , Cai Yucheng

25-1 内蒙古自治区国民经济主要指标占全国的比重(2005年)

Inner Mongolia Main Indicators of National Economy as Percentage of Whole Nation(2005)

指标	Item	全国 Whole Nation	内蒙古 Inner Mongolia	内蒙古占全国的比重(%) Inner Mongolia as Percentage of Whole Nation (%)
土地面积(万平方公里)	Land Area(10 000 sq.km)	960.0	118.3	12.3
年末总人口数(万人)	Population at the Year-end(10 000 persons)	130756.0	2386.4	1.8
社会从业人员(万人)	Employment(10 000 persons)	75825.0	1041.1	1.4
# 城镇	Urban	27331.0	350.3	1.3
生产总值(当年价)(亿元)	Gross Domestic Product(current pirces) (100 million yuan)	182321.0	3895.6	2.0
第一产业	Primary Industry	22718.0	589.6	2.6
第二产业	Secondray industry	86208.0	1773.2	1.8
# 工业	Industry	76189.6	1477.9	1.9
第三产业	Tertiary Industry	73395.0	1532.8	2.0
规模以上工业增加值(亿元)	Added Value of Industry above Designated Size (100 million yuan)	66425.2	1135.5	1.7
# 国有及国有控股	State-owned & State Holding	26063.4	506.1	1.9
集体	Collective-owned	2581.0	13.2	0.5
农林牧渔业总产值(当年价)(亿元)	Gross Output Value of Farming, Forestry, Animal Husbandry & Fishery (current prices)(100 million yuan)	39450.9	980.2	2.5
农业	Farming	19613.4	473.9	2.4
林业	Forestry	1425.5	39.8	2.8
牧业	Animal Husbandry	13310.8	444.6	3.3
渔业	Fishery	4016.1	7.2	0.2
工农业主要产品产量	Output of Major Farm & Industrial Products			
钢(万吨)	Steel(10 000 tons)	35239.4	805.5	2.3
原煤(万吨)	Coal(10 000 tons)	219000.0	25607.7	11.7
发电量(亿千瓦小时)	Electricity(10 000 million Kwh)	24747.0	1056.6	4.3
汽车(万辆)	Motor Vehicles(10 000 vehicles)	571.0	0.7	0.1
粮食(万吨)	Grain(10 000 vehiches)	48401.0	1662.2	3.4
油料(万吨)	Oil-bearing Crops(10 000 tons)	3077.1	122.2	4.0
货物运输总量(万吨)	Total Freight Traffic(10 000 tons)	1862066	68808.0	3.7
客运总量(万人次)	Total Passenger Traffic(10 000 Person-times)	1847018	31721.0	1.7
邮电业务总量(亿元)	Total Business Revenue of Postal & Telecommunication Services(100 million yuan)	12199.0	276.1	2.3
社会消费品零售总额(亿元)	Retail Sales of Consumer Goods (100 million yuan)	67177.0	1344.1	2.0
全社会固定资产投资(亿元)	Total Investment in Fixed Assets (100 million yuan)	88604.3	2687.8	3.0
# 基本建设	Capital Construction		1860.9	
更新改造	Innovation		385.7	
房地产开发	Real Estate Development	15759.3	162.1	1.0
地方财政收入(亿元)	Local Financial Revenue(100 million yuan)	15092.0	335.1	2.2
年末城乡居民储蓄余额(亿元)	Year-end Saving Deposits of Urban & Rural Residents(100 million yuan)	147054.0	1973.6	1.3

25-2 西部地区国民经济和社会发展主要指标(2005年)

指标	Item	内蒙古 Inner Mongolia	广西 Guangxi	重庆 Chongqing
土地面积(万平方公里)	Land Area(10 000 sq.km)	118.3	23.7	8.2
年末总人口(万人)	Population at the Year-end(10 000 persons)	2386	4660	2798
人口自然增长率(‰)	Natural Growth Rate of Population(‰)	4.62	8.16	3.00
人口密度(人/平方公里)	Population Density (persons/sq.km)	20	197	341
在岗职工人数(万人)	Staff and Workers at Post(10 000 persons)	239.6	268.6	209.7
生产总值(亿元)	Gross Domestic Product(100 million yuan)	3895.6	4063.3	3069.1
第一产业	Primary Industry	589.6	902.6	463.4
第二产业	Secondray industry	1773.2	1505.0	1258.3
# 工业	Industry	1477.9	1263.0	1023.4
第三产业	Tertiary Industry	1532.8	1655.7	1347.4
人均生产总值(元)	Per Capita GDP(yuan)	16331	8746	11002
生产总值指数(上年=100)	Indices of Gross Domestic Product (preceding year=100)	123.8	112.7	111.5
第一产业	Primary Industry	109.1	106.9	104.5
第二产业	Secondray industry	134.9	118.5	112.9
# 工业	Industry	138.5	118.9	114.0
第三产业	Tertiary Industry	118.1	110.2	112.3
全社会固定资产投资(亿元)	Total Investment in Fixed Assets (100 million yuan)	2687.84	1775.94	2006.32
# 基本建设	Capital Construction	1860.93	904.54	
更新改造	Innovation	385.68	275.77	
房地产开发	Real Estate Development	162.10	287.02	517.73
全社会固定资产投资指数(上年=100)	Indices of Gross Total Investment in Fixed Assets(preceding year=100)	148.6	141.5	124.6
# 基本建设	Capital Construction	152.1	144.3	
更新改造	Innovation	146.4	138.9	
房地产开发	Real Estate Development	146.0	135.6	127.8
地方财政一般预算收入(亿元)	Local Financial General Budgetary Revenue (100 million yuan)	277.45	283.06	256.39
地方财政一般预算支出(亿元)	Local Financial General Budgetary Expenditures (100 million yuan)	681.65	606.25	488.15
金融机构人民币存款余额(亿元)	RMB Deposit Balance(100 million yuan)	3298.15	4202.84	4727.72
# 储蓄存款余额	Saving Deposits of Urban and Rural Residents	1973.60	2561.34	2545.85
金融机构人民币贷款余额(亿元)	RMB Loan Balance(100 million yuan)	2588.57	3056.86	3719.52
粮食产量(万吨)	Grain(10 000 tons)	1662.15	1487.30	1168.20
油料产量(万吨)	Oil-bearing Crops(10 000 tons)	122.17	61.56	43.10
糖料产量(万吨)	Sugar(10 000 tons)	138.3	5154.7	11.5
肉类总产量(万吨)	Output of Meat(10 000 tons)	229.91	418.60	178.39
# 猪肉	Pork	87.6	186.0	143.8
牛肉	Beef	33.6	16.9	5.8
羊肉	Mutton	72.4	3.8	3.6
奶类产量(万吨)	Milk(10 000 tons)	696.9	5.4	8.6
规模以上工业增加值(亿元)	Value Added of Industry(100 million yuan)	1135.5	833.1	716.4
规模以上工业增加值指数(上年=100)	Indices of Value Added of Industry (preceding year=100)	130.9	122.8	117.1
规模以上工业产品销售收入(亿元)	Sales Revenus above Designated Size	2973.8	2448.7	2516.4
规模以上工业产品税金总额(亿元)	Total Tax above Designated Size	192.1	156.7	141.0
规模以上工业产品利润总额(亿元)	Total profit above Designated Size	225.93	132.66	112.06

注：本表数据来源于各地区2005年统计公报初步统计数。

Main Indicators of National Economic and Social Development of Western Region(2005)

四川 Sichuan	贵州 Guizhou	云南 Yunnan	西藏 Tibet	陕西 Shanxi	甘肃 Gansu	青海 Qinghai	宁夏 Ningxia	新疆 Xinjiang
48.5	17.6	39.4	122.8	20.6	45.4	72.1	5.2	166.0
8212	3730	4450	277	3720	2594	543	596	2010
2.90	7.38	7.97	10.79	4.01	6.02	9.49	10.98	11.38
169	212	113	2	181	57	8	115	12
492.8	202.0	235.7	16.3	323.2	188.5	40.9	57.4	237.8
7385.1	1942.0	3472.3	250.6	3674.8	1928.1	543.2	599.4	2639.6
1495.7	359.2	656.2	47.9	418.6	300.0	62.8	69.8	506.2
3052.7	822.8	1449.7	59.5	1849.0	836.6	264.6	277.8	1225.5
2512.6	711.9	1200.1	17.4	1555.0	685.8	203.9	228.3	992.3
2836.7	760.0	1366.5	143.3	1407.2	791.6	215.8	251.8	908.0
9020	5222	7826	9074	9908	7455	10030	10087	13184
112.6	111.5	109.5	112.2	112.6	111.7	112.2	110.3	110.2
105.8	105.1	106.3	104.8	107.9	105.8	105.3	103.3	106.5
117.8	113.1	108.5	113.5	115.9	112.9	115.9	114.3	113.4
119.9	114.8	107.7	114.9		115.3	121.0	116.8	117.0
110.7	113.3	110.8	114.9	110.0	112.8	110.0	108.3	108.5
3462.10	1014.63	1743.00	196.19	1980.52	874.53	367.15	444.73	1352.32
1618.2	530.41							
713.3	181.14						60.71	
699.3	153.31	233.80	6.02	297.94	85.75	29.11	74.68	101.66
130.7	117.0	131.0	116.5	128.3	115.7	115.4	117.1	116.6
125.5	112.3							
135.0	119.4						114.2	
137.1	126.0	143.3	88.4	128.9	119.0	110.9	109.3	90.3
479.53	182.41	312.55	12.03	274.99	123.38	33.76	47.71	180.32
1082.23	520.49	766.02	185.45	641.10	428.04	169.68	158.74	517.02
9905.3	2777.50	5140.50	455.11	6446.48	2895.86	733.05	985.34	3427.48
	1350.90	2430.28		3533.97	1586.66			
6743.00	2303.90	3987.58	178.63	3983.19	1923.46	638.57	833.90	2272.08
3211.1	1152.06	1514.90	93.40	1043.00	836.89	93.30	299.80	876.60
232.30	84.89	36.29	6.05	45.35	50.31	31.85	12.20	39.02
133.2	67.8	1415.9		0.3	14.5		0.1	419.1
949.20	187.01	300.04	21.46	134.11	85.95	25.75	25.85	141.00
513.7	136.7	244.2	1.2	68.4	50.5	8.6	10.7	26.2
28.5	12.5	21.7	12.8	11.9	12.8	7.4	5.2	34.2
20.0	5.5	10.1	7.5	9.3	12.5	9.2	6.4	59.9
59.0	3.8	32.7	27.0	141.7	31.7	25.0	57.9	159.8
2034.4	561.6	1018.1	17.4	1267.2	601.8	179.5	202.3	933.3
123.0	117.0	108.4	114.9	118.7	118.6	122.7	118.5	117.8
5928.1	1501.1	2532.6	22.1	3175.6	1924.3	450.0	639.2	2102.9
326.4	154.8	415.4	2.4	236.4	120.3	36.5	33.4	165.3
321.89	75.29	223.18	3.68	385.90	63.01	69.29	20.07	388.64

a)Data in the table are obtained from every regional statistical bulletin in Western Region,and are the preliminary statistics.

25-2 续表

指标	Item	内蒙古 Inner Mongolia	广西 Guangxi	重庆 Chongqing
原煤产量(万吨)	Coal(10 000 tons)	25607.69	637.37	1957.79
发电量(亿千瓦时)	Electricity(100 million Kwh)	1056.59	417.22	234.03
钢(万吨)	Stee(10 000 tons)	805.49	496.20	272.10
生铁(万吨)	Pig Iron(10 000 tons)	876.9	482.9	243.6
成品钢材(万吨)	Steel Products(10 000 tons)	747.8	515.5	294.7
水泥(万吨)	Cement(10 000 tons)	1519.1	3177.5	2100.7
化肥(万吨)	Chemical Fertilizer(10 000 tons)	64.6	81.4	118.0
汽车(万辆)	Motor Vehicles(10 000 vehicles)	0.7	37.7	42.2
建筑业增加值(亿元)	Construction(100 million yuan)	294.2	242.0	235.0
建筑业增加值指数(上年=100)	(preceding year=100)	123.2	116.8	107.9
建筑业施工面积(万平方米)	Floor Space under Construction(10 000 sq.m)	2796.8	5309.5	10775.7
建筑业竣工面积(万平方米)	Floor Space Completed(10 000 sq.m)	1388.9	2126.4	4816.8
交通运输货运量(万吨)	Total Freight Troffic(10 000 tons)	68808	37516	39447
# 铁路	Railway	17788	5013	2173
公路	Highway	51020	27861	33378
交通运输客运量(万人次)	Passenger Traffic(10 000 persons-times)	31721	51388	63757
# 铁路	Railway	3117	1765	1781
公路	Highway	28604	48740	60588
邮电业务总量(亿元)	Business Volume of Postal and Telecommun -ication Services(100 million yuan)	276.10	327.62	211.87
社会消费品零售总额(亿元)	Retail Sales of Goods(100 Million yuan)	1344.1	1397.0	1215.8
对外贸易进出口总额(亿美元)	Total Imports and Exports(USD 100 million)	48.8	51.8	42.9
# 出口总额	Imports	17.7	28.8	25.2
# 实际外商直接投资额	Actually Foreign Direct Investment	11.86	3.79	5.16
国际旅游人数(万人次)	International Tourists(10 000 person-times)	100.2	147.7	52.4
旅游外汇收入(亿美元)	Foreign Exchange Earning from International Tourism(USD 100 million)	3.52	3.59	2.64
在校学生数(万人)	Student Enrolment(10 000 persons)			
普通高等学校	Colleges and Universities	23.09	33.83	35.80
普通中学	Secondary Schools	160.97	303.87	173.52
小学	Primary Schools	159.64	452.79	260.98
广播人口覆盖率(%)	Listener Rating(%)	92.64	88.70	
电视人口覆盖率(%)	Viewer Rating(%)	90.15	93.50	96.00
卫生机构个数(个)	Number of Health Care Institutions(unit)	3774	9291	2447
医疗卫生单位床位数(万张)	Hospitals Beds(10 000 beds)	6.94	8.70	6.44
执业医师和助理医师数(万人)	Doctors(10 000 persons)	5.03	5.47	3.73
在岗职工平均工资(元)	Annual Average Wages of Staff and Wokrers at Post(yuan)	15985	15461	16630
城镇居民人均可支配收入(元)	Urban Households Per Capita Average Disposable Income(yuan)	9137	9287	10243
城镇居民人均消费性支出(元)	Urban Households Per Capita Expen -ditures for Consumptiom(yuan)	6929	7033	8623
农村居民人均纯收入(元)	Rural Huseholds Per Capita Average Net Income(yuan)	2989	2490	2809
农村居民人均生活消费支出(元)	Rural Households Per Capita Living Expen -ditures for Consumption(yuan)	2446	2350	2142

continued

四川 Sichuan	贵州 Guizhou	云南 Yunnan	西藏 Tibet	陕西 Shanxi	甘肃 Gansu	青海 Qinghai	宁夏 Ningxia	新疆 Xinjiang
5219.05	10615.16	2190.18	3.35	10810.72	3326.77	554.85	2589.77	2435.07
958.03	786.78	578.50	13.34	504.94	485.07	213.15	312.87	290.46
1094.50	237.80	512.80		307.30	458.40	50.50	0.60	306.30
1060.5	249.6	816.0		314.5	468.5	6.1	24.1	253.0
1172.7	214.9	480.1		337.1	452.3	48.5	9.2	322.3
4194.7	1558.0	2644.4	128.2	1972.1	1326.0	370.6	567.6	1201.6
428.8	268.3	263.1		122.9	85.4	158.9	83.9	99.8
4.8		5.1		4.1				0.1
540.2	111.0	249.6	42.0	294.0	150.8	60.7	49.5	233.2
	104.8	112.5	112.9		103.1	102.1	104.2	
17710.7	3104.7	4466.1	138.0	4936.7	2892.7	400.0	1079.2	2773.1
9070.3	1039.8	2325.5	55.1	1584.1	1439.5	190.1	551.7	1273.3
67854	21275	64036	356	39381	26653	6816	8529	30041
8274	5673	7098		5985	4085	1325	2881	5353
56594	15082	56702	356	33282	22520	5491	5648	24688
168035	64591	40793	385	38534	17804	4886	7066	24309
4742	2332	1783		3410	1316	349	309	1084
159450	61414	38509	385	34780	16247	4525	6757	23225
460.90	175.00	272.16	16.41	349.55	137.77	31.43	48.60	174.35
2981.4	606.9	1034.4	73.1	1322.4	632.8	160.5	174.3	637.8
79.0	14.0	47.4	2.1	45.8	26.3	4.1	9.7	79.4
47.0	8.6	26.4	1.7	30.8	10.9	3.2	6.9	50.4
8.87	1.08	1.65		6.28	0.20	3.56	0.67	0.48
106.3	27.6	150.3	12.1	92.8	28.9	3.5	0.8	33.1
3.16	1.01	5.28	0.44	4.46	0.59	0.11	0.02	1.00
82.40	20.68	25.47	1.90	72.53	24.44	3.34	5.01	18.87
485.50	258.61	238.89	15.40		194.39	32.75	40.64	154.13
714.50	473.76	441.23	32.75	340.08	303.58	50.69	69.32	214.38
95.40	83.30	91.00	84.90	93.21	90.47	86.50	91.42	93.10
96.70	90.50	92.50	86.00	94.36	90.77	92.50	92.82	92.80
24208		10110	1378	5366	11855	5692	1463	8087
20.20	6.00	9.88	0.68	10.67	5.99	1.60	1.78	7.98
11.40	3.80			6.04	3.58	0.84	1.06	4.14
15826	14344	16140	28950	14796	14939	19084	17211	15558
8386	8151	9266	9431	8272	8087	8058	8094	7990
6891	6159	6997	8617	6657	6529	6245	6404	6208
2803	1877	2042	2075	2052	1980	2165	2509	2475
2274	1552	1789	1724	1897	1820	1976	2095	1924

西部概况

中国西部地区包括内蒙古、广西、重庆、四川、云南、贵州、西藏、陕西、甘肃、宁夏、青海和新疆等 12 个省、市、自治区。其土地面积 687.1 万平方公里，占全国陆地面积的 71.6%；2005 年末人口总数 3.60 亿人，占全国总人数的 27.5%；全年实现国内生产总值 33463 亿元，占全国的 17.0%。

西部地区拥有辽阔的疆域，丰富的自然资源和人力资源，具有极大的开发潜力，是我国国民经济长期持续发展的重要后备基地。

西部地区是我国的四条主要河流，即长江、黄河、珠江、雅鲁藏布江的发源地和主要流域所在地，水能蕴藏量达 5.57 亿千瓦，占全国水能蕴藏量的 82.5%，目前已开发利用的尚不足 1%，开发潜力十分可观，全国规划中的十大水电基地有 7 个分布在西部。西部地区的地质条件复杂，矿产资源极为丰富。在全国已探明的 140 多种矿产资源中，西部地区有 120 多种，其中煤炭储量占全国的 39.4%，石油储量占 27.8%，天然气储量占 87.5%，一些稀有金属的储量名列全国乃至世界前茅。如内蒙古稀土储量居世界之首，煤炭储量居全国第二，特别是新探明的内蒙古鄂尔多斯盆地苏里格天然气田，是迄今我国发现的几个为数不多的世界级陆上特大整装气田。

西部是我国目前自然风貌保持最完好的地区，旅游资源得天独厚。气势恢宏的秦兵马俑，享誉世界的敦煌莫高窟，人间仙境九寨沟、黄龙寺，驰名中外的长江三峡，独具魅力的内蒙古草原文化旅游。可以预见，在不久的将来，旅游产业将作为西部地区的支柱产业而焕发出勃勃生机。

西部地区地广人稀，经济发展相对缓慢，剩余劳动力较多，每年都有大量劳动力向外转移，劳动力供给丰富，成本低廉，具有人力资源方面的独特优势。

西部地区边境线漫长，与周边国家交流频繁，是中国向西、向北和向南亚国家开放的门户地区，具有特殊的区位优势。西部地区有 20 多个少数民族与邻国属同一民族，各民族族缘关系悠久，语言文字相通，习俗相近，很多民族有着共同的宗教信仰，与周边各国有着传统的经济文化联系，在资源结构和经济技术结构方面与周边国家存在很强的互补性。西部地区在历史上曾出现过“丝绸之路”时期的开放繁荣，随着国家对外开放由东向西推进，西部将发展成为我国对外开放的“前沿”地区。

新中国成立 50 多年来，中国西部地区经济社会有了较大的发展，积累了较强的经济技术基础。“三线”建设时期，由于国家的重点投入，西部各省、市、自治区建立起了 2000 多个大中型企业，形成了一批专业化程度高，幅射能力强的行业，培养了一批专业技术人才，积累了较强的技术力量，不少领域的技术水平领先于全国甚至全世界，从而确立了西部地区在全国工业布局中的重要地位。此外，西部各省、市、自治区还依托本地资源优势，大力发展特色工业，使西部地区在电力、有色金属采选、航空航天、冶炼及压延加工业，通讯设备制造、煤炭、烟草加工等行业形成优势。

西部地区在中国历史上有过耀眼的辉煌。如今，西部又面临着前所未有的机遇。随着西部大开发进军号角的奏响，西部地区各项事业的发展必将进入一个崭新的阶段。

General Introduction of Western Region

The western region embraces six provinces of Shanxi, Gansu, Qinghai, Sichuan, Yunnan and Guizhou, five autonomous regions of Inner Mongolia, Guangxi, Ningxia, Xinjiang and Tibet, and Chongqing Municipality that is directly under the administration of the Central Government. The region, covering 6. 87 million square km, takes up 71. 6 percent of the country's total land areas. In 2005, there are 0. 36 billion persons living in the region, which is home to 27. 5 percent of the nation's total population. In 2005 GDP of the western region was 3346.3 billion yuan, contributing 17.0 percent of the national GDP.

The region enjoys vast territory, rich natural resources and plentiful labor power. With tremendous developing potential, the region is the key reserve base for sustainable development of national economy.

As the source and main valley of four major rivers in China: Yangtze, Yellow, Pearl and Yarlung Zangbo Rivers, hydropower capacity of the western region amounts 0. 56 billion kw, accounting for 82. 5 percent of national total. However, developed and utilized hydropower is less than 1 percent. 7 of 10 hydropower bases in plan are located in the region for substantial developing potential. Physical features are very complicated, abundant mineral resources are contained in the region. Among 140 sorts of surveyed mineral resources, more than 120 sorts of mineral resources have been found in the western region. Of this total, coal is as much as 39. 4 percent of national total; petroleum, 27. 8 percent; and natural gas, 87. 5 percent. Capacities of some rare metals are top in China, even in the world. Such as in Inner Mongolia, the reserve of rare-earth is the first in the world, the coal reserves is the second in China. Recently discovered natural gas field in Sulige Erdos of Inner Mongolia is a few world level super scale whole field of natural gas in China. Natural appearances of the region are preserved best in China at present, so that it is rich in tourism resources. It is famous for grand Majesty Terra-cotta Army. World-famous Macao Grottoes, wonderland Jiuzhai-Huanglong, well-known the Three Gorges, and Mongolian grassland cultural tourism. It can be foreseen that tourism will be the pillar industry of the western region and is to be vigorous in the future.

With vast territory and low population density, the region's economic development is relatively slow. There are many spare labor forces, and most of them transfer to outside every year. It has the unique advantage on labor power for rich supply and low cost.

The region has long boundary. Exchanges with neighboring countries are frequent. As the door opening to west, to north and to South Asia, the western region enjoys special territorial advantage. More than 20 minority nationalities in the western region are part of the same tribe as the citizen of neighboring countries.

With long history of relationship, they share the same language and character, and close custom. Most of minority nationalities believe the same religion, and traditional economic and cultural relations with neighboring countries are kept well for a long time. So complementarities with neighboring countries in the structures of resources, economy and technology are available. The western region was booming in the period of the silk Road. While the opening police is carried out from east to west, the western region is bound to be another foreland area opening to outside.

Since the foundation of PRC, the social and economic development of the region has advanced greatly, and laid tough basis of economy and technology. During the Period of constructing remote regions away from the coastal areas, with the emphasized input by the state, more than 2000 large and medium sized enterprises had been set up in every province (municipality, autonomous region) . A batch of industries of high specialty and strong influence has been formed. Lots of competent persons of specialized techniques have been brought up. Technical level in some fields is at the top of the state even of the world. The western region is regarded as the important role in the national industrial distribution. Besides, in support of rich resources, provinces (municipalities, autonomous regions) of the region made great efforts to develop characteristic industry, forming advanced industries of electricity, nonferrous metals mining and dressing, aviation and aerospace technology, smelting and pressing, communication facility manufacturing, coal and tobacco processing.

The western region once was brilliant in history. Today the region faces unprecedented opportunity. While westward bound is brought into effect, development of all causes in the region will enter a new phase.

中国统计出版社最新资料书简目

(仅供参考,以最后出书为准)

中国统计年鉴-2006
中国统计摘要-2006
2006中国发展报告
中国城市统计年鉴-2005
中国劳动统计年鉴-2006
中国人口统计年鉴-2006
中国工业经济统计年鉴-2006
中国市场统计年鉴-2006
2005中国经济景气年鉴
中国建筑业统计年鉴-2005
中国城市调查年鉴-2006
中国商品交易市场统计年鉴-2006
中国连锁餐饮企业统计年鉴-2005、2006
中国连锁零售业统计年鉴-2005、2006
中国能源统计年鉴-2004、2005
全国农产品成本收益资料汇编-2005
国际统计年鉴-2006
中国对外经济贸易统计年鉴-2005
中国基本单位统计年鉴-2005
中国民政统计年鉴-2006
中国高技术产业统计年鉴-2006
中国房地产行业名录
中国农村统计年鉴-2006
中国农村住户调查年鉴-2006（中文）
中国农村住户调查年鉴-2006（英文）
中国乡镇统计资料-2006
中国县（市）社会经济调查年鉴-2006
中国西部农村统计资料-2006
中国建制镇统计资料-2006
中国农产品价格调查年鉴-2006
中国国民经济核算年鉴-2006
中国经济普查年鉴-2004
中国棉花年鉴-2004、2005
中国百强县（市）发展年鉴-2006
中国教育经费统计年鉴-2005

北京统计年鉴-2006
天津统计年鉴-2006
河北经济年鉴-2006
山西统计年鉴-2006
内蒙古统计年鉴-2006
辽宁统计年鉴-2006
吉林统计年鉴-2006
黑龙江统计年鉴-2006
上海统计年鉴-2006
江苏统计年鉴-2006
浙江统计年鉴-2006

安徽统计年鉴-2006
福建统计年鉴-2006
江西统计年鉴-2006
山东统计年鉴-2006
河南统计年鉴-2006
湖北统计年鉴-2006
湖南统计年鉴-2006
广东统计年鉴-2006
广西统计年鉴-2006
海南统计年鉴-2006
重庆统计年鉴-2006
四川统计年鉴-2006
贵州统计年鉴-2006
云南统计年鉴-2006
西藏统计年鉴-2006
陕西统计年鉴-2006
甘肃年鉴-2006
青海统计年鉴-2006
宁夏统计年鉴-2006
新疆统计年鉴-2006
新疆生产建设兵团统计年鉴-2006
石家庄统计年鉴-2006
唐山统计年鉴-2006
邯郸统计年鉴-2006
张家口统计年鉴-2006
朔州统计年鉴-2006
呼和浩特经济统计年鉴-2006
鄂尔多斯市统计年鉴-2006
包头统计年鉴-2006
沈阳年鉴-2006
大连统计年鉴-2006
鞍山统计年鉴-2006
长春统计年鉴-2006
吉林市社会经济统计年鉴-2006
四平统计年鉴-2006
延吉统计年鉴-2006
哈尔滨统计年鉴-2006
齐齐哈尔经济统计年鉴-2006
黑龙江垦区统计年鉴-2006
上海浦东新区统计年鉴-2006
南京统计年鉴-2006
苏州统计年鉴-2006
无锡统计年鉴-2006
常州统计年鉴-2006
徐州统计年鉴-2006
南通统计年鉴-2006
盐城统计年鉴-2006
镇江统计年鉴-2006
江阴统计年鉴-2006

杭州统计年鉴-2006
宁波统计年鉴-2006
绍兴统计年鉴-2006
台州统计年鉴-2006
舟山统计年鉴-2006
温州统计年鉴-2006
金华统计年鉴-2006
嘉兴统计年鉴-2006
安庆经济统计年鉴-2006
福州统计年鉴-2006
福州年鉴-2006
厦门经济特区年鉴-2006
福州经济技术开发区年鉴-2006
南昌经济社会统计年鉴-2006
上饶经济社会统计年鉴-2006
九江经济统计年鉴-2006
济南统计年鉴-2006
青岛统计年鉴-2006
潍坊统计年鉴-2006
淄博统计年鉴-2006
郑州统计年鉴-2006
洛阳统计年鉴-2006
三门峡统计年鉴-2006
南阳经济统计年鉴-2006
武汉统计年鉴-2006
宜昌统计年鉴-2006
十堰统计年鉴-2006
荆州统计年鉴-2006
长沙统计年鉴-2006
广州统计年鉴-2006
东莞统计年鉴-2006
惠州统计年鉴-2006
深圳统计年鉴-2006
南宁统计年鉴-2006
桂林经济社会统计年鉴-2006
柳州经济统计年鉴-2006
来宾统计年鉴-2006
河池地区经济社会统计年鉴-2006
海口统计年鉴-2006
成都统计年鉴-2006
贵阳统计年鉴-2006
昆明统计年鉴-2006
西安统计年鉴-2006
兰州年鉴-2006
西宁统计年鉴-2006
银川统计年鉴-2006
乌鲁木齐统计年鉴-2006
巴音郭楞统计年鉴-2006
吐鲁番统计年鉴-2006

编辑部电话：（010）63376859 63376860 63376867 63376871
欲购以上图书请与中国统计出版社发行部联系。电话：（010）63376907　同榍行书店电话：68783171
通讯地址：北京市西城区三里河月坛南街75号　邮政编码：100826

内蒙古自治区建设工程造价管理总站

内蒙古自治区建设工程造价管理总站于 1984 年 3 月 20 日内蒙古自治区党委、内蒙古自治区人民政府批准成立。

内蒙古自治区建设工程造价管理总站的主要职能是：受自治区建设行政主管部门委托，履行工程建设技术经济立法、监督、检查和协调仲裁的职能。其主要任务是：贯彻执行国家有关建设工程造价管理的方针、政策。编制和制定自治区建设工程计价依据和管理办法，指导全区工程造价管理工作。具体职能包括：一、工程造价管理、咨询、鉴定、仲裁；二、工程标底、概、预、结算编制或审查；三、定额编制、发行、解释和补充；四、工程造价计算机软件开发和管理；五、工程造价咨询单位资质管理；六、工程造价专业人员培训考核及资格证书管理。

二十多年来，在内蒙古自治区党委、政府的关怀下，在国家建设部、自治区建设厅等各级建设行政主管部门的领导和支持下，全区各级工程造价管理部门认真贯彻执行国家和自治区有关建设工程造价管理的方针政策，为内蒙古自治区建设工程合理确定和有效控制工程造价，促进全区建设工程计价活动健康、有序发展和规范建设市场秩序做出一定贡献。

工程造价管理工作任重道远，我们要总结二十多年的工作经验，进一步解放思想、转变观念、与时俱进、开拓创新，努力开创全区工程造价管理的新局面，为内蒙古自治区的建设设事业和经济发展做出新的、更大的贡献。

建设工程造价管理总站站长 刘 文

建设工程造价管理总站副站长 张文效

建设工程造价管理总站副站长 董晓东

建设工程造价管理总站全体人员

发展中的内蒙古自治区建设工程造价管理总站

内蒙古滨海投资股份有限公司

内蒙古滨海投资股份有限公司，成立于2005年6月23日，注册资金1亿元人民币。经营范围包括市政基础设施投资与建设、景观设计与工程、房地产开发与销售、物业管理以及住宅小区供热、能源、旅游等行业的投资与建设。公司宗旨是以发展和经营城市为使命，以市场需求为导向，以人为本，建立现代企业管理制度，积极致力于新型城市运营理念的倡导与实践。公司将在五年或者更长的时间将公司的产业结构建设为：以市政建设为龙头产业，以土地为资源平台，并结合配套经营、科技产业，共同形成城市开发的核心业务。

滨海公司自成立以来致力于成吉思汗大街特色景观区的建设，规划将其打造成为一个核心服务基地、休闲消费目的地、生活服务中心、商务投资焦点、怡人的理想居所。规划项目有住宅片区滨海新城（在建的有天骄领域、阳光诺卡、泰和·尚都），配套公建包括呼和浩特市体育场、内蒙古体育馆、呼和浩特市第二中学、成吉思汗公园、铁木真广场、酒店式公寓、大岛酒楼、呼和浩特高尔夫球场等。作为成吉思汗大街特色景观区的延伸，滨海将对东河两岸进行大规模改造。在文体事业上，滨海出资成立呼和浩特市滨海足球俱乐部，创办《IN生活》杂志，丰富群众业余生活。

在未来的日子里，滨海誓将秉持"创新、整合、互补"的企业文化理念，与日成长。

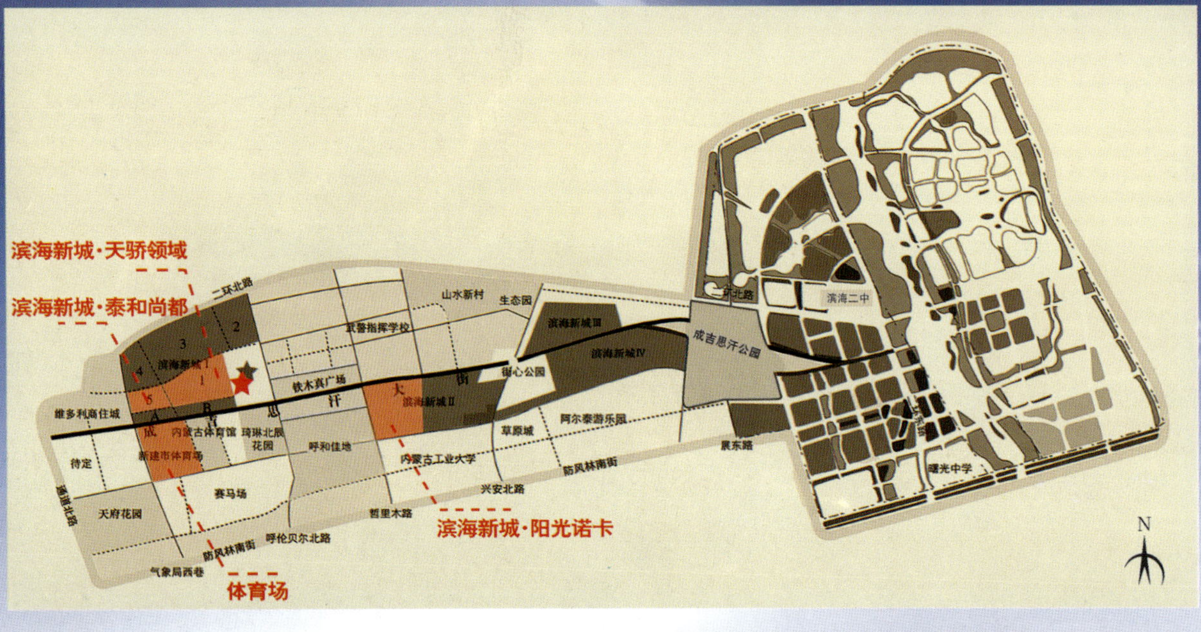

成吉思汗大街特色景观区

THE GENGHIS KHAN'S AVENUE

世界级手笔城市规划巨作

THE WORLD CLASS HANDWRITING
CITY PLANNING IS HUGE TO MAKE

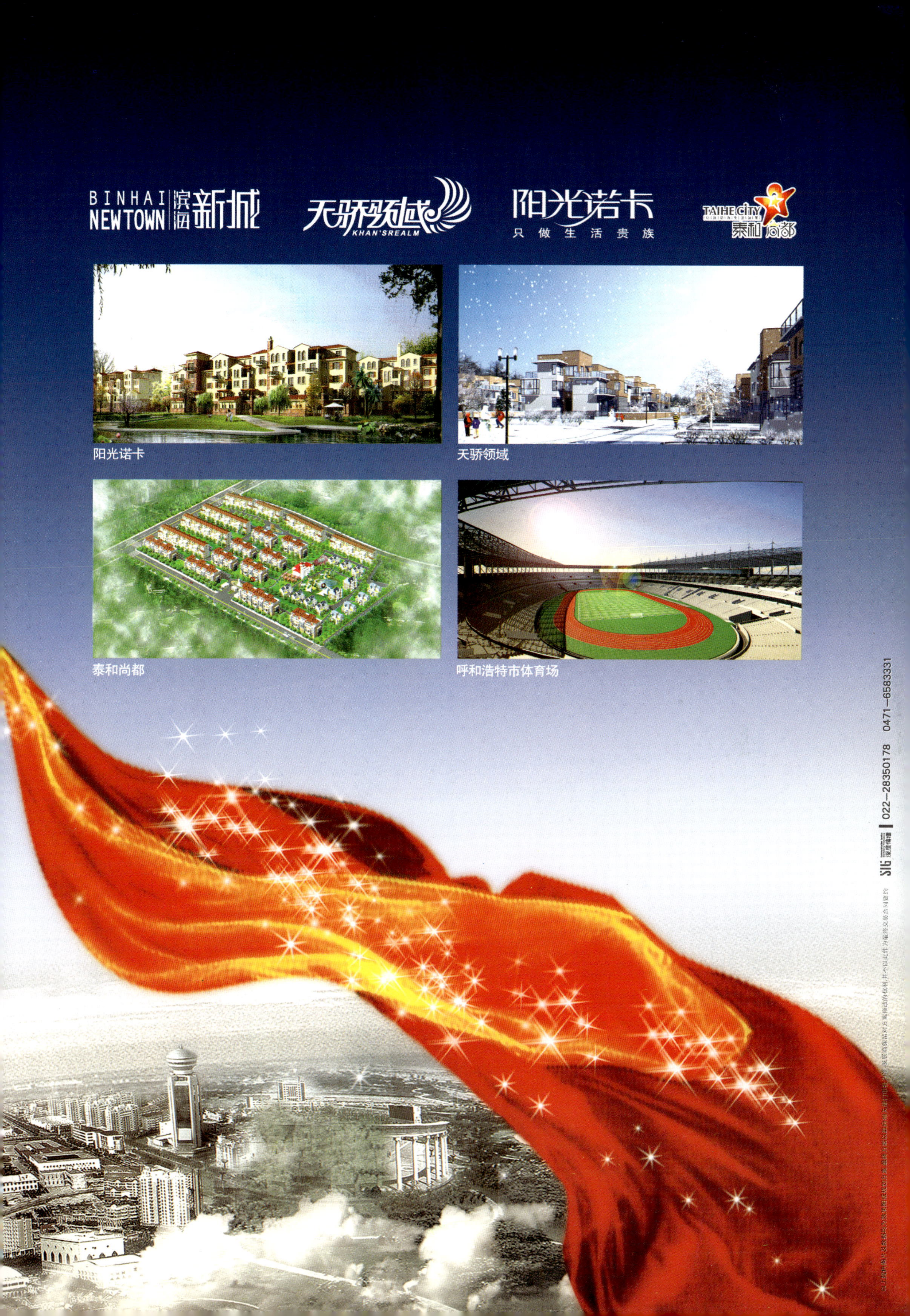
BINHAI NEWTOWN 滨海新城
天骄领域 KHAN'SREALM
阳光诺卡
只做生活贵族
TAIHE CITY 泰和尚都
阳光诺卡
天骄领域
泰和尚都
呼和浩特市体育场
022-28350178 0471-6583331

走向高科技国际化的中

ZOU XIANG GAO KE JI GUO JI HUA DE ZHON

中国建设银行股份有限公司内蒙古分行行长李英俊

中国建行行长常振明在“包钢龙卡”发卡仪式上致辞

中国建设银行内蒙古分行在致力于国民经济发展的同时还致力于民众生活的进步，不懈地追求创新，使得业务不断发展，功能不断丰富。

到目前，一般性存款余额达585亿元，发放各类人民币贷款余额达525亿元，成为实力雄厚、功能齐全、服务手段先进的国有商业银行，电脑化的业务功能与服务机制遍布全区、通往全国、走向世界。

改革开放以来，建设银行内蒙古分行累计经办和发放各类贷款2000多亿元，为内蒙古自治区的经济社会发展做出了卓越的贡献。

以巨额投资将电算化应用于全行各分支机构和储蓄网点，形成了庞大的信息网络处理系统，前台服务电脑化涵盖对公、储蓄和信用卡等多项业务，实现了存款、取款、贷款、汇划等各项业务品种的自动化操作，ATM、POS机24小时营业。网络已经延伸到了联通、证券、大专院校、车站、保险、电力等合作企业和人流量大的地段。实现了结算、汇划、兑帐一日清，个人电子汇款系统在全国300个城市开通，形成了覆盖全国20000个营业网点的综合性大型集成网络，使企事业单位、个人的资金在信息网的高速公路上安全、准确、快捷地到达目的地。

手机银行把人工接听、语音服务和转帐交易融为一体，电话银行联通了千家万户，网络银行联通了九洲大地，办理帐户查询、帐户管理、个人理财、证券资金转帐、代收代付业务，把客户带进了银行的网络时代。自助银行全天候营业，24小时为客户提供服务。“缴费通”系统下的储蓄卡将代发工资、代收税款、水费、电费、保险费、煤气费、电话费、有线电视收费、保管箱业务、代理社会养老保险业务、代理医疗保险等业务融为一体，从街道、企事业单位一直服务到了寻常百姓家庭。

个人耐用品消费贷款、个人住房装修贷款、额度贷款业务和个人助学贷款业务，形成了建设银行独特的现代化国际化金融服务体系。随着个人投资领域拓展，储户用款行为日益多领域、多样化，建设银行适时开办个人理财业务，联通卡应运而生。贷计卡、借计卡、名企卡把消费者带进了免付利息具有一定透支额度的新兴消费时代。

国际金融业务包括外汇存款、外汇贷款、外汇担保、外汇汇款、贸易与非贸易国际结算、外币兑换、代客买卖外汇、资信调查、咨询与见证业务。在50个国家开立了多个币种的资金清算帐户，建立了境外代理行500多家，还建立了海外分行和办事处。通过与境外银行通讯的SWIFT网络系统，迅速处理各种国际间银行业务，客户不论在世界哪个国家，建设银行都能迅速提供方便、快捷、周到的金融服务。

国建设银行内蒙古分行

UO JIAN SHE YIN HANG NEI MENG GU FEN HAN

中国建设银行股份有限公司内蒙古分行副行长裴晶才代表全行职工与兴安盟副盟长杨秉谦为巴彦珠日嘎查捐款通电、打井开工剪彩

中国建设银行股份有限公司行长常振明和内蒙古自治区副主席余德辉为“包钢龙卡”金卡揭卡

中国建设银行股份有限公司内蒙古分行支持贫困灾区建设社会主义新农村

中国建设银行股份有限公司内蒙古分行全行系统干部职工为巴彦珠日嘎查捐赠50万元扶贫款，自治区分行副行长裴晶才在捐赠仪式上讲话

中国建设银行股份有限公司内蒙古分行行长李英俊陪同中国建设银行股份有限公司行长常振明参观包钢薄板坯连铸连扎生产线

中国人寿保险股份有限公司内蒙古分公司

ZHONG GUO REN SHOU BAO XIAN GU FEN YOU XIAN GONG SI NEI MENG GU FEN GONG SI

中国人寿内蒙古分公司是中国人寿保险股份有限公司派驻内蒙古自治区的授权经营单位。“十五”期间，随着中国人寿改革与发展步伐的不断加快，内蒙古分公司呈现出良好的发展态势。2005年实现保费收入35.04亿元，占全区寿险市场的82.08%；公司现有旗县级以上分支机构119家，农村网点515个，兼业代理机构696家，销售网络遍布全区所有旗县乡镇；现有员工2000余人，个人代理人近2万人；目前开办有人寿保险、人身意外险、健康保险和分红保险等4大类100多个险种；2005年末，公司资产达到74亿元；全年支出各类赔款、满期给付8.77亿元；公司的经营管理能力、信息技术支持能力、客户服务能力、风险管控能力及员工队伍建设、企业文化建设等方面也均迈上了新的台阶。2003年，公司被自治区党委宣传部、总工会、质量技术监督局等六部门评为全区“服务质量月活动”用户满意单位；2003、2004连续两年被内蒙古工商行政管理局授予年度营业执照免检企业；2004年，在内蒙古自治区知名企业信用评价中获得最高级——五星级评价。2005年，公司在全区30强企业排名中名列第12位；在内蒙古日报等五家区级报纸开展的百家行业满意度评比中，以85%的满意度在同业公司中名列前茅。同年，又被自治区党委评为扶贫先进单位，被自治区公益事业协会授予《2005年度支持公益事业先进单位》称号。

“十五”期间公司实现了数据省级集中，为向客户提供统一、规范和优质的服务奠定了坚实基础。公司将提高客户服务水平作为公司发展主要目标，通过运用现代信息技术和不断创新客户服务内容，在经营管理的每个细节都较好地体现了客户至上的服务理念。公司先后推广了理赔绿色通道、银行邮政代收保费、95519客服专线电话和移动95519短信等服务业务，受到了广大客户的认可。在2002年丰镇“9.23”学生踩踏事件、2003年“非典”疫情和包头“11.21”空难等重大事件中，公司积极发挥人寿保险保障作用，积极、迅速地开展理赔工作，充分发挥了保险社会稳定器作用。

随着中国人寿保险股份有限公司的成立、公司股份制改革的进一步实施，中国人寿巨大的发展潜力将得到不断释放。在“十一五”期间，中国人寿内蒙古分公司将牢牢抓住发展机遇，以更饱满的热情、更坚定的信念、更强的责任感，融入到做大做强中国人寿、做大做强中国保险业的雄伟乐章中，为自治区经济建设、各族人民安居乐业提供更高水准、更高效率、更高品质的中国人寿品牌服务。

中国人寿内蒙古分公司向防治“非典”指挥部捐款

“非典”期间协助自治区少工委举办全区少先队空中队会

“11.21”空难家属签字领取赔款

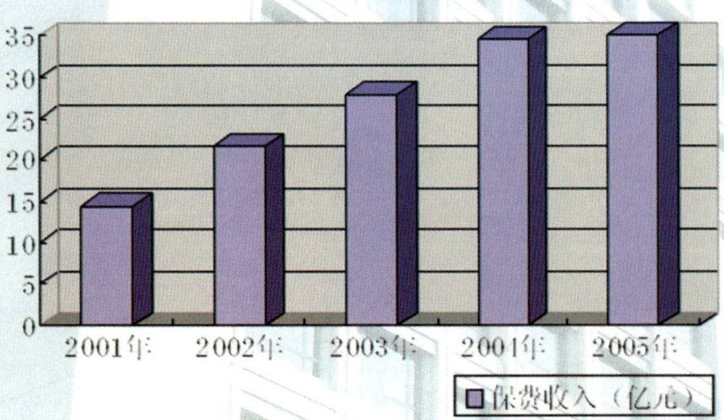

期间公司保费收入增长情况

遍布全区服务网络

中国人民财产保险股份有限公司

内蒙古分公司

公司党委书记、总经理云珍在2006年全区系统工作会议上作工作报告

荣获总公司、各级党委、政府和有关部门授予的多项荣誉称号。图为公司“荣誉墙”一景

为客户提供周到、快速的理赔服务。图为查勘定损人员在为受损车辆核定损失项目

公司办公大楼外景

不断加强理赔基础硬件建设。图为公司2004年增配的60余辆理赔查勘用车

2005年，巴彦淖尔市12.24交通事故发生后，公司立即组织有关人员参与事故施救、处理工作，并在第一时间支付赔款140万，捐款20万元。图为事故打捞现场

中国华融资产管理公司呼和浩特办事处

办事处党委书记、总经理　陈胜

开展保先教育动员大会

全体员工集体宣誓仪式

先进个人、先进集体

签约仪式

呼和浩特办事处，是中国华融资产管理公司的分支机构之一，于2000年初筹建，于同年4月26日挂牌成立，专门负责从中国工商银行内蒙古自治区分行剥离出来的不良资产的管理和处置任务。办事处现有正式员工41人，短期用工37人。办事处组建初，从工行内蒙分行收购不良贷款1126户、资产83.03亿元，其中：收购债权转股权贷款12户、资产38.73亿元；收购逾期、呆滞贷款331户、资产21.62亿元(含表内利息3.44亿元)；收购呆帐贷款783户、资产22.68亿元。此外，还收购表外利息10.3亿元。

2005年，共处置各类资产涉及企业93户、账面资产72735.09万元，收回现金7514.84万元。其中：处置政策性债权类资产涉及企业49户，账面资产45919.93万元，收回现金2746.26万元。经过近6年的处置，首次收购工行债权1117户企业、463981.54万元的资产，已累计处置1070户、资产426226.19万元，分别完成总户数的95.79%和总金额的91.86%。

华融呼和浩特办事处经营项目有

(1) 收购并经营中国工商银行内蒙古自治区分行剥离的不良资产；
(2) 债务追偿，资产置换、转让与销售；
(3) 债务重组及企业重组；
(4) 债权转股权及阶段性持股；
(5) 资产管理范围内企业上市、推荐及债券、股票承销；
(6) 直接投资；
(7) 发行债券、企业借款；
(8) 向金融机构借款和向人民银行再贷款；
(9) 投资及法律咨询与顾问；
(10) 资产及项目评估；
(11) 企业审计与破产清算；
(12) 经中国人民银行、中国证券监督管理委员会批准的其他业务

欢迎广大客户垂询。　联系电话(传真)：6967697

中国长城资产管理公司 呼和浩特办事处

中国长城资产管理公司保持
共产党员先进性教育活动电视电话会议现场

中国长城资产管理公司是经国务院批准成立的、具有独立法人代表资格的国有独资非银行金融机构。中国长城资产管理公司呼和浩特办事处为中国长城资产管理公司的派出机构，成立于2000年2月18日，主要任务是收购、管理和处置中国农业银行内蒙古自治区分行剥离的不良资产，目标是防范、化解金融风险，支持国企改革，以最大限度保全资产，减少损失。

办事处成立6年来，始终坚持贯彻执行一级法人授权经营的管理体制，坚持依法、稳健、开拓、效益的经营思想，围绕“突出一个中心，抓住两个重点，加大三个力度”的工作目标，以“三个代表”重要思想为指导，进一步解放思想，与时俱进，开拓创新，始终以抓班子、带队伍、夯基础、强管理、求发展、闯新路、育人才为主题，坚持以加快资产处置和提高回收率为中心，以依法和规范经营为主线，以全面完成任务为目标，强化基础管理，全力打造“三铁”。办事处倡导“严格、规范、谨慎、诚信、创新”十字新风，开展职业道德教育、警示教育、行风教育，弘扬正气，树立典型，增强风险观念，加强廉洁自律意识，坚持吃苦耐劳、忘我工作、不畏艰辛、勇挑重担的团队精神，促进了各项工作上水平、创一流，逐步探索和形成了适合长城公司特点的资产管理和经营模式，培养和造就了一支政治坚定、业务精通、开拓奋进的高素质员工队伍。

中国长城资产管理公司
呼和浩特办事处

内蒙古自治区农村信用社联合社

内蒙古自治区农村信用社联合社是由区内 88 家旗、县、市、区农村信用合作社联合社和 5 家独立法人农村信用社自愿入股组成，实行民主管理，具有独立企业法人资格的地方性金融机构。自治区联社于 2005 年 8 月 20 日挂牌成立，在自治区人民政府的领导和授权下，履行对全区农村信用社的管理、指导、协调和服务职能。自治区联社按照“自主经营、自我约束、自我发展、自担风险”的原则，认真贯彻国家金融方针政策和法律法规，坚持为我区“三农”和社员联社发展服务的宗旨。

截止 2005 年底，自治区联社辖内共有独立法人机构 1249 个，其中旗县联社 88 个，基层社 1161 个，非独立法人营业网点 1486 个，职工总数 18149 人；各项存款余额达到 391.2 亿元，比上年增加 73.1 亿元，增长了 23%；各项贷款余额 246 亿元，比上年增加 34.8 亿元，增长了 16.5%，其中农牧业贷款余额达到 150.2 亿元，占全区金融机构农牧业贷款总额的 90% 以上。

在自治区联社开业庆典，自治区主席杨晶与佟铁顺理事长亲切交谈

2005 年 7 月 21 日上午，自治区党委副主席杨利民参加自治区联社第一届理事会第一次会议，并发表重要讲话

自治区主席杨晶、政府顾问周德海、副主席余德辉和中国银监会合作部主任张功平为自治区联社揭牌

自治区联社党委书记、理事长佟铁顺在自治区联社开业庆典上致辞

2005 年 7 月 21 日，内蒙古自治区农村信用社联合社创立大会 暨第一届社员大会在呼和浩特市成功召开

在自治区农村信用社联合社创立大会暨第一届社员大会第一次会议上，自治区联社理事会聘任东方、巴勇。张建成为自治区联社副主任

内蒙古电信公司

公司领导

领导揭牌

公司员工来到革命圣地－西柏坡接受爱国主义教育

315 活动现场

内蒙古电信公司于 2002 年 11 月 8 日成立，是中国电信集团公司为适应国家电信体制改革，在内蒙古自治区设立的全资国有通信运营企业。

几年来，在自治区各级党委、政府及中国电信集团公司的正确领导和大力支持下，公司秉承集团公司“用户至上、用心服务”，的服务理念，以“学习、创新、执行、服务”为主线，不断提升服务，强化管理，凭借良好的品牌、优质的服务在社会中赢得了广大用户的信赖与支持，企业核心竞争力获得显著增强，并收到了较好的经济效益和社会效益。

一线员工

目前，公司已发展成为一个欣欣向荣、充满无限潜力的企业。在全区 12 个盟市设立了分公司，拥有一支朝气蓬勃、精干高效的员工队伍；网络通达全区重点商业单元，形成了“技术先进、功能齐全、布局合理、覆盖有效”的综合通信网络；在电信宽带、商务领航、号码百事通三大客户品牌带动下，实现了固定电话语音业务、数据业务、增值业务全面发展；中国电信的绿色动力网吧和 IP 话吧已经成为城市的一道风景，全区部分有影响的大客户由于信赖中国电信的品牌与服务，相继选择中国电信业务。

用户至上　用心服务

中国铁通内蒙古分公司

CHINA TIETONG INNER MONGOLIA BRANCH

李喜贵总经理

2001 年 2 月 28 日，中国铁通内蒙古分公司在电信市场的改革中挂牌成立。作为新兴的电信运营商，中国铁通内蒙古分公司依托全国性电信网络及基础设施资源为发展业务的有利条件，经过近几年的建设和发展，结合实际成立了 10 个地市分公司和 1 个铁道事业部，形成了公网与专网相分离的管理体制，造就和锻炼了一支技术力量雄厚、维护体系完备、高度统一指挥、服务经验丰富的电信运营管理维护队伍，已形成具有相当规模的长途通信网、本地固定电话网、数据通信网、寻呼网等电信运营网络，在网络的完整性、覆盖面、技术先进性等方面具有较强的优势，具有经营固定电话业务、电报传真通信业务、IP 电话业务、互联网高速接入业务、智能网业务、宽带综合服务业务、无线寻呼业务、可视电话会议等除移动业务以外的所有电信业务资格。

揭牌庆典仪式

中国铁通内蒙古分公司的成立，在为广大电信用户提供一个新的选择的基础上，促进了电信行业服务质量的提高和电信业务价位的降低，打破了电信行业的垄断格局，推动了内蒙古电信事业的发展，同时为内蒙古的电信注入了新的生机和活力。特别是经过近几年市场经验的积累，通过内部体制改革、实行绩效考核等一系列改革举措的实施，更加完善了内部的管理，使中国铁通内蒙古分公司取得了跨越式的发展，各项工作呈现出全新的发展态势。

集团公司张永平总经理视察工作

与呼和浩特铁路局领导座谈

与内蒙古通信管理局领导座谈

中国卫星通信集团公司内蒙古分公司

企业概况

中国卫星通信集团公司内蒙古分公司隶属中国卫星通信集团公司，国内六大基础电信运营企业之一。业务范围和业务种类有:“中卫星通” 长途电话业务(17971/17970)、“中寰无限”GPS 卫星导航定位业务、“全球星” 卫星移动电话业务、国内 VSAT 通信业务、IPSTAR 卫星宽带通信业务、卫星国际专线业务等电信业务。以上业务全部采用卫星传输与地面网相结合的技术，覆盖面广、保密性强、可靠性高。

中国卫星通信集团公司内蒙古分公司总经理佟锡林

经营管理

公司目前已建成了先进的以软交换技术为基础的可持续发展的下一代 NGN 网络，各项基础业务实现了全面的启动和发展，企业经营管理工作已逐步加强和规范，市场开拓能力迅速提高，网络运行质量保持畅通高效，企业实力显著提升。2005 年，公司主要业务指标比上年增长 171%，为社会提供了多种具有卫星通信特色的电信服务，得到了社会和广大用户的认同和信任。

中国卫通包头 GPS 监控机房

发展目标

中国卫星通信集团公司内蒙古分公司将秉承“天地一体、沟通无限、诚信服务、共创未来”的企业理念，全面建设以卫星通信技术为主体的业务体系，最终形成完整的天地一体化无缝隙覆盖的宽带信息服务网络，努力把中国卫通建设成具有卫星通信特色,亚太地区一流的综合电信运营企业。

中国卫通村通工程 VSAT 小站

THE RUYI AREA OF HOHHOT ECONOMIC AND TECHNICAL DEVELOPMENT

呼和浩特经济技术开发区如意区管委会

如意区党工委书记 樊继兵

如意区管委会主任 逯志强

呼和浩特经济技术开发区如意区辟建于1992年,1995年成为自治区级开发区,是自治区最早设立的经济技术开发区,2000年晋升为国家级经济技术开发区。2002年5月被科技部批准为国家火炬计划呼和浩特医药产业基地的中心区。2003年9月又被认定为自治区级高新技术产业开发区。2004年整体通过ISO14000环境体系认证。

开发区现有各类工商企业645户。其中制造业企业143家,外商投资企业33家。如意区形成了特色明显的四大支柱产业;电子及信息产业、生物医药产业、贵金属及新材料产业、精细纺织产业。2005年实现工业总产值100.3亿元,实现财政收入4.5亿元。

如意区大力推进留学生创业园、科技孵化器的建设,加大技术服务、咨询服务、信息服务等中介机构建设,累计投入1亿多元用于支持企业技术进步发展高新技术。如意区创业园已经被国家人事部批准为国家级留学生创业园。由于聚集了大批科技产业化人才,如意区已经成为了内蒙古自治区科技含量最高的开发区,共有国家、自治区高新技术企业13家,20多项科技成果实现产业化。

如意区的设立,为呼和浩特市改革开放,经济建设开辟了崭新的局面。经过10多年的建设发展,已成为呼和浩特市对外开放的窗口,技术创新的源泉,城市建设的亮点,经济增长的动力,是呼和浩特市重要的经济增长极。

站在新的历史起点,如意区将以崭新的姿态、饱满的热情,努力为各方客商打造优美的投资环境,提供优质真诚的服务,为企业构筑广阔的发展平台,促进区域经济持续增长,为首府经济腾飞做出贡献。

CTV-A

呼和浩特经济

金川区党工委副书记、管委会主任白海泉

呼和浩特经济开发区党委副书记、金川区党工委书记云俊义

呼和浩特市市长汤爱军视察伊利新工业园

呼和浩特市市委书记韩志然视察内蒙古合谦电子有限公司

金川区一角

开发区金川区

呼和浩特经济技术开发区金川区于 1992 年 8 月 8 日奠基成立，1995 年 7 月 31 日被自治区人民政府批准为自治区级开发区，1999 年 8 月 7 日被自治区科委批准为自治区民营科技工业园区，2000 年 7 月 2 日经国务院批准为国家级经济技术开发区。总体规划面积 11.97 平方公里，建成区面积达 8 平方公里。

金川区位于呼和浩特市西北大青山南麓土默川平原腹地，地处呼和浩特—包头—鄂尔多斯资源富集的金三角区域，是连接呼包两市工业走廊的桥头堡。金川区依托首府地区，交通便利，北接 110 国道和呼包高速公路，南靠京包铁路，东临呼准公路，距呼和浩特火车站仅 5 公里，距飞机场 20 公里，且呼和浩特火车站西站规划在金川区西区，是连接京、津、唐和西北地区的重要中转站，北可向蒙古和俄罗斯地区辐射，南可直接进入华北腹地，物流运输极为便利，具有得天独厚的交通网络优势和市场辐射优势。建区 13 年来，按照“七通一平”的要求，累计投资 29 亿元人民币，修筑道路 47 公里，铺装面积 136.8 万千方米，相继建成了日供水 4 万吨水厂一座，110KV 变电站一座，建成 70 蒸吨、30 蒸吨和 20 蒸吨集中供热供汽基地三处，污水处理厂一座，开通了 20000 门光缆程控电话，建成标准厂房、宾馆、学校、医院等配套服务设施 60 万平方米，全区绿化覆盖面积 156 公倾，逐步形成了以发展外向型经济和高新技术产业为主体集科研、工业、仓储、商贸住宅和文化娱乐为一体的多功能综合开发区。正在建设的呼和浩特出口加工区，座落在金川区西区，是经国务院批准在内蒙古设立的唯一的出口加工区，它的建成对进一步优化自治区投资环境，完善招商引资功能，充分利用境内、境外两种资源，加速西部开发进程，加快自治区扩大对外开放。将起到积极的促进作用。

共同打造金川区的产业支柱，有力地拉动金川区乃至首府的经济发展。2005 年，金川区招商引资工作始终保持较快发展势头，全年批准入区项目 62 个，其中工业项目 7 个；实际到位资金 21.74 亿元，完成全年任务 12.5 亿元的 173.92%，其中：自治区外资金到位 9.81 亿元。工业项目资金到位 11.32 亿元。新批外资项目 4 个，实际到位国(境)外资金 1940 万美元，完成全年任务 1500 万美元的 129.33%。截止 12 月底，金川区工业经济继续保持较快的增长态势，工业企业累计完成工业总产值 85.97 亿元，同比增长 53.08%。完成工业增加值 29.55 亿元，同比增长 53.41%。其中，规模以上工业企业累计完成工业总产值和工业增加值分别为 81.92 亿元和 28.34 亿元，同比分别增长 53.5%和 54.2%；产销衔接水平良好，全员劳动生产率、成本费用率、总资产贡献率等七项经济效益指标均远远高于国家标准值，企业出口创汇能力进一步得到提高，l 一 12 月份，出口创汇累计实现 8826.7 万美元，同比增长 93.65%。截止 12 月底，独立核算工业企业盈亏相抵后，预计实现利润总额 3.35 亿元，工业经济综合效益指数达到 297.31，同比增长 81.68%。

金川区的发展倍受党和国家领导人的亲切关怀。建区以来，胡锦涛、江泽民、贾庆霖、李长春等党和国家领导人曾亲临金川区视察指导工作，对金川区的发展提出了宝贵的意见。领导的亲切关怀与厚望，更加激励着金川人团结拼搏，与时俱进。

金川区管委会办公大楼

呼和浩特金桥开发区

呼和浩特金桥经济技术开发区位于内蒙古自治区首府呼和浩特市城区东南部，处于呼和浩特市的重点拓展方向上，与市区相连，2000 年 9 月创建，规划面积 13.6 平方公里，分为工业一区(高新技术产业区)和工业二区(石化工业区)，总体规划由国内甲级设计院规划设计，是经内蒙古自治区人民政府批准的自治区级(省级)开发区，是内蒙古自治区 20 家重点工业开发区之一。

金桥经济技术开发区享受国家西部大开发优惠政策、民族自治地区优惠政策、沿边城市优惠政策，享受内蒙古自治区、呼和浩特市两级人民政府赋予的各项优惠政策。

金桥经济技术开发区交通干线密集，纵横交错，形成四通八达的路网系统。北与市区贯通，经 110 国道、209 国道、109 国道可抵达北京、天津、环渤海经济圈和长江三角洲地区。开发区内年运输量达 200 万吨的铁路专用线，与京兰铁路线相通，辐射全国各地。呼和浩特市机场 40 余条航线通往国内外主要城市，新近开通的呼和浩特市至法兰克福的铁路大通道横跨欧亚大陆，18 天即可抵达目的地。

内蒙古自治区党委书记储波(中)，内蒙古自治区党委副书记、自治区主席杨晶(左)等领导视察金桥经济技术开发区

金桥经济技术开发区经过几年的开发建设，起步区基础设施达到“七通一平”，共引进项目 50 多项，投资规模达到 130 亿元。2004 年开发区实现财政收入 6.6 亿元，完成工业总产值 43 亿元，实现产品销售收入 41.7 亿元，工业增加值 11.5 亿元，注册企业 148 户，注册资金 4.63 亿元。

金桥经济技术开发区以内蒙古天野化工(集团)有限责任公司和中国石油天然气股份有限责任公司呼和浩特石化分公司的石油化工产品为主导产业发展方向，引进并形成以蒙康科技、凯蒙药业和北京凯风公司为主的高新技术产业；以伊思绒羊绒、翔泰羊绒为主的羊绒纺织业；以内蒙古日报社印务中心、内蒙占瑞德印务和内蒙古爱信达印务为主的印刷出版业；以内蒙古蒙奇药业和凯蒙药业为主的生物制药业；以云南红塔集团和呼和浩特卷烟厂•合资打造的卷烟制造业；以呼和浩特蒙牛酒业公司为主的营养酒生产业；以金阙金属和金诚水泥制品为主的新型建材产业等工业发展格局，具备了一定的档次和规模，呈现出良好的发展态势，成为呼和浩特市冶金化工、装备制造、煤化工、天然气化工为主的产业基地。

金桥经济技术开发区是首府“首”区赛罕区构筑大产业、培育大企业、发展大工业的发展载体，是集产、学、研、商贸、娱乐、仓储、金融保险、信息咨询等多功能、综合型、现代化的新型开发区。现具备承载 300-400 亿元大型项目建设的能力，发展潜力巨大，投资前景广阔。

金桥经济技术开发区管理机构健全，办事程序便捷，基础设施配套完善，生活区功能齐全，土地出让价格低廉，劳动力资源充足。开发区竭诚欢迎各界有识之士前来观光、洽谈、合作，这里将成为每一位投资者事业发展、壮大、腾飞的首选之地。

原内蒙古自治区党委常委、呼和浩特市委书记牛玉儒(中，已故)同内蒙古自治区人大常委会秘书长柳秀(左二)，呼和浩特市委副书记王振义(左一)，副市长高炜明(左四)在金桥经济技术开发区检查指导工作

鄂尔多斯市准格尔经济开发区

主任:范镇宇

书记:生格都仁

内蒙古准格尔经济开发区(原名内蒙古沙圪堵经济技术开发区)是1999年10月经内蒙古自治区人民政府批准成立的自治区级经济开发区。成立六年来,累计引进项目119个,涉及十多个门类;引进企业94家,引进资金29.6亿元;累计完成固定资产投资10.72亿元。目前,开发区正在形成"煤炭深加工、电石及下游产品、高岭土开发和物流业"为主的四大主导产业。开发区先后投入近1000万元进行了水源地勘探建设和供水管网改造;投资1.3亿元新建了杨四海220千伏输变电工程,使开发区的电力总负荷达到72万千伏安;投资400多万元对镇区部分电网进行了改造。截止目前,开发区共计投入1.5亿元,建成道路26.2公里,硬化面积54万平方米,改造、延伸和拓宽了市政道路,新修了工业园区道路和过境公路,完成开发面积31万平方米。2004年,开发区所在地沙圪堵镇被命名为国家级重点城镇。从2002年开发区财政开始独立运行以来,财政收入连年快速增长,2005年开发区完成财政收入1.1亿元,是1999年的27倍多。开发区的建设发展不仅产生了较好的经济效益,也收到了良好的社会效益,六年来累计安置城镇下岗职工1000多人,吸收安排农村剩余劳动力4000多人。开发区党委、管委会始终坚持以科学发展观为指导,以招商引资为龙头,以提高城镇化水平为切入点,全面提高工业化、产业化、城镇化进程。开发区已经呈现出经济建设快速发展、发展环境不断优化、社会事业整体推进、城镇功能日臻完善、生态工业园区和循环经济产业基地建设初见成效、人与自然和谐共处的可持续发展态势。开发区成立至今的六年,是艰苦创业的六年,是夯实基础的六年,也是为加快发展蓄势的六年。"天行健,君子以自强不息。"自强不息的开发区人在"十一五"建设的热潮中,将会成为一个更加富庶、文明、和谐、进步的准格尔经济开发区!

招商办公大楼

供电输送网

内蒙古大学

NEI MENG GU DA XUE

教育部副部长
吴启迪来校视察

综合教学楼

体育运动盛会

培育出自治区首例体细胞克隆牛

毕业典礼

内蒙古工业大学

NEI MEN GU GONG YE DA XUE

党委书记　苟黎明

党委副书记、校长　李含善

校园景观

内蒙古工业大学前身是始建于1951年的绥远省高级工业学校。1958年在清华大学等院校重点帮助下成立了内蒙古工学院。学校曾先后隶属二机部、农机部和机械工业部，1983年划归内蒙古自治区，1993年更名为内蒙古工业大学。学校坐落在内蒙古自治区首府呼和浩特市，是内蒙古自治区重点建设的高校之一。

风雨沧桑半世纪，薪火相传五十载。经过几代人呕心沥血、努力奋斗，如今，内蒙古工业大学已建设成为一所以工为主，工、理、文、管、经、法相结合的多科性大学。

学校现设有16个院（部、中心）；设有44个本科专业；有5个自治区级重点学科，4个博士学位授予学科，49个硕士学位授权学科，11个工程硕士专业学位授权领域，8个高校教师在职攻读硕士学位专业，19个在职人员以研究生毕业同等学历申请硕士学位学科，并具有工商管理硕士（MBA）专业学位、授予优秀本科生免试推荐攻读硕士学位资格权．形成了研究生、二学位、普通本科（含民族预科）、普通专科、高等职业教育、继续教育等多层次协调发展的办学格局。学校设有2个自治区级重点实验室，2个自治区级生产力促进中心，自治区新能源试验示范基地和内制造资源计划应用研究中心也设在我校；学校还是教育部批准设立的32个国家级大学生文化素质教育基地之一。学校现有专任教师1128人，其中教授、副教授392人，博士、硕士生导师247人，并聘请了中国工程院院士在内的一批国内外知名学者担任我校兼职教授。51%的教师获得博士、硕士学位；有44人次被授予国家级、自治区级有突出贡献中青年专家称号或者享受政府特殊津贴；有54人次入选全国“百千万人才工程”和自治区“321人才工程”及“111人才工程”；80多人担任省级以上专业学会、协会的理事长、秘书长和理事。学校现有85个实验室和38个科研院所，学校1997年联入中国教育与科研计算机网(CERNET)；全国外语水平考试呼和浩特中心、全国计算机等级考试内蒙古中心考点也设在我校。我校图书馆是自治区收藏和借阅科技文献的中心之一，也是首批开通专项咨询服务的中国学术期刊文献一级检索站。学校出版有《内蒙古工业大学学报》（其"自然科学版"2004年3月已入选"中国科技核心期刊"）、《高等教育研究》和《内蒙古工大报》等刊物。

第二教学楼

科技实验楼

目前，全日制在校生18000余人。在学校50多年的发展历程中，有5万余名学子从这里走出校园，奋斗在祖国各条战线上，他们以基础扎实、作风朴实、勇于奉献等特点受到社会各界的欢迎。他们以骄人的业绩、杰出的贡献为母校赢得了荣誉。学校重视加强与国内外交流与合作，与清华大学、天津大学等国内一批高校在学生培养、教师进修、学术交流、教学改革、科研协作等方面开展了富有成效的合作。与美国、加拿大、日本、俄罗斯、蒙古、新加坡等国的多所高校建立了长期校际合作关系。2003年，学校成为内蒙古自治区唯一一所实施《1-2-1中美人才培养计划》项目的高校。

内蒙古财经学院

学院党委书记刘振洪教授

学院院长张亚民教授

学院西校区教学楼

内蒙古财经学院是内蒙古自治区唯一一所独立设置的财经类高等院校。创办于1960年，1997年顺利通过了原国家教委本科教学工作合格评估，2000年与内蒙古经济管理干部学院合并为新的内蒙古财经学院。

学院坐落在自治区首府呼和浩特市，占地1350亩。设有12个系、5个教学部、5个研究机构、11个实验实训和教学科研辅助机构。有25个本科专业(其中有2个蒙语授课专业)。在校普通本专科、成人本专科、高职、函授、夜大学生14000多人。

经过46年的建设，内蒙古财经学院已形成了以经济和管理两大学科为主，法、文、理、工等学科相互支撑、协调发展，具有民族和地区特色的学科体系。其中，财政学、会计学被评为自治区级重点学科：统计学、企业管理、经济学三个学科被评为自治区级重点建设学科：企业管理、政治经济学、财政学、会计学、统计学五个学科取得硕士学位授予权。

新校区建设是内蒙古财经学院新世纪发展战略的重要举措。目前，占地面积达1000多亩的集教学、科研、生活与后勤服务为一体的新型多功能的高校园区正在建设中。按照我院确定的分三步走的战略目标，"十一五"期间我院的建设目标是：力争在2010年把我院建设成为以经济和管理学科为主体，经、管、法、文、理、工等学科协调发展的多科型财经大学。

校区一角　晨读

经济管理实验中心

东校区综合楼

内蒙古广播电视大学

NEI MEN GU GUANG BO DIAN SHI DA XUE

书记 孟和

校长 韩竞

领导实地考察电子阅览室

内蒙古广播电视大学于 1979 年经内蒙古自治区人民政府批准成立的一所自治区直属高等学校。经过 26 年的艰苦创业和不懈奋斗，现已形成了以内蒙古电大校部为中心，基本覆盖全区城乡的现代远程开放教育系统，在全区共设立开放教育教学点 93 个，其中分校级教学点 20 个，旗县教学点 73 个，校部设有 5 个直属二级学院。全区电大系统现有教职工 3877 人，其中专职教师 2637 人。截止到 2005 年 8 月，校本部内设 22 个处室(中心)，教职工总人数为 235 人，其中具有副高级以上专业技术职称 63 人。学校固定资产总值已达到 11.972 万元，其中教学仪器设备 1.652 万元，图书资料 10.2 万册，多媒体教学资源 25.158 盘。校园占地面积 60.560m2 总建筑面积 64.060 m2. 学校已开设理工、文经、政法、师范、农医等学科 135 个专业，招生 17 万人。

为自治区培养各类应用型合格人才 11 万人，开展非学历继续教育岗位培训约 16 万人次。自 2000 年秋开办开放教育试点以来，已开办开放教育本科专业 13 个，专科专业 27 个，学校现有各类学历教育在籍生 55.021 人(其中开放教育本科生 12.532 人；开放教育专科生 29.365 人；“一村一名大学生” 206 人；普通专科生 1145 人，蒙古语授课生 310 人，成人大专生 2839 人；注册视听生 5829 人；中专生 1795 人。

2002 年 9 月，顺利通过了教育部专家组对学校开展“人才培养模式改革和开放教育试点”项目的中期评估。2004 年，学校被自治区党委、自治区人民政府授予 “领导班子实绩突出单位”、“全区民族团结进步先进单”；被呼和浩特市委、市政府授予“市级精神文明建设单位”被自治区教育厅评为“维护稳定，完成社会治安综合治理目标”先进单位；学校工会被自治区教育工会评为“实绩考核突出单位”。

内蒙古农业大学

NEI MENG GU NONG YE DA XUE

内蒙古农业大学成立于1952年，是内蒙古自治区成立最早的本科高等学校，是国家西部大开发重点支持建设的大学，是国家大学生文化素质教育基地院校之一，是国家草业学会会长单位之一，是一所以农为主，具有农、工、理、经、管、文、教、法等8个学科门类、29个二级学科的多科性大学。学校下设的职业技术学院是全国高等职业教育示范院校建设单位。

学校设有动物科学与医学学院等19个学院、1个体育教学部，1个高等教育研究所。现有1个国家级重点学科（草业科学）、8个自治区级重点学科，1个农业部重点学科；2个教育部重点实验室，1个国家林业局重点实验室，1个国家野外观测站，3个自治区重点实验室，3个自治区工程技术研究中心。2个博士后科研流动站，6个一级学科博士学位授权点，33个二级学科博士学位授权点，有72个硕士学位授权点。有55个本科专业，其中蒙汉双语授课专业13个。截止2005年9月，在校学生总数2.3万余人，其中，硕士和博士研究生1500多人。

学校拥有素质优良、结构合理的教师队伍，学校现有专任教师1210人，其中，教授181名、副教授404名；博士生导师58名、硕士生导师268名；享受国家特殊津贴的专家71人；国家和自治区有突出贡献的中青年专家33人；有5人入选国家级百千万人才工程，37人入选自治区“321人才工程”第一，第二层次，21人为自治区高等教育人才培养”111工程”第一、第二层次人选。

学校现已形成一校三区办学格局，占地总面积911.78公顷，校舍建筑面积51万平方米。有标准田径场(馆)4个。图书馆建筑面积2.50万平方米，藏书131万册。教学仪器设备总值1.22亿元。

我校“乳品生物技术与工程”教育部重点实验室获得验收

自治区党委副书记杨利民同志来我校调研，指导先进性教育活动

自治区连辑副主席和教育厅厅长郭明伦视察我校

李畅游校长与美国佛蒙特大学郭明若教授签订聘任协议

2005届219名博士、硕士毕业生圆满完成学业

内蒙古化工职业学院

内蒙古化工职业学院直属内蒙古自治区教育厅，是内蒙古自治区惟一一所石化、建材类高等职业学院。建校30多年来，学院一贯坚持社会主义办学方向，与时俱进，锐意改革，经过历届党政领导和广大教职工的辛勤努力，现已成为国家重点建设示范性职业院校、全国职业教育先进单位和全国职业院校就业先进单位。

学院占地1100多亩，总建筑面积25万平方米。学院具有一流的办学条件，建有教学楼、实验实训楼、综合办公楼、图书馆等基建设施及其相关配套设施。拥有化工仿真、多媒体、计算机网络机房、电工、电教实验室、物检、化工仪表、微机原理实验室、数控实验室、分析测试中心等设施先进的实验室49个，另设立内蒙古电子、电工与仪表自动化实训基地和金工实习车间、产品检验站等实习场所，实践性教学设施齐备。可提供电子阅览和电子检索系统的现代图书馆，馆藏图书100多万册，报刊500余种；拥有闭路电视教学系统、数码语音室等现代化的教学设施，201电话均进入教室和学生宿舍。后勤保障条件完备，学生宿舍实行公寓化管理。

学院以高等职业教育为主体，保留中等职业教育和继续教育职能。实行院、系(部、处)两级管理体制，现设化学工程、测控与机电工程、材料工程、计算机与信息工程、管理工程等5个系。高等职业教育开设29个专业，2003年起还开办了初中起点五年制高职班。中专部设置六大类学科，开设21个专业。经过多年的探索和改革，学院积极搭建职业教育与普通教育和继续教育的立交桥，多层次、多形式的办学格局已经形成。与内蒙古工业大学、内蒙古科技大学签订专升本协议，与北京化工大学、武汉理工大学等院校联办本科函授班和研究生班，引入清华大学远程教育网，为广大学子进一步深造和就业创造了良好条件。

学院领导班子

共商学院发展大计

内蒙古大学職業技術學院

内蒙古大学职业技术学院位于内蒙古自治区首府呼和浩特市。其前身交通部呼和浩特交通学校是一所国家级重点中专学校，是交通部于 1956 年在边疆少数民族地区创办的一所工科学校。2000 年 3 月，根据学校管理体制改革和布局调整的需要，经内蒙古自治区人民政府批准，交通部呼和浩特交通学校并入内蒙古大学，组建成内蒙古大学职业技术学院，从参加全国普通高等学校入学统一考试的考生中招收学生。

经过近 50 年的建设与发展，学校积累了丰富的办学经验，具备了良好的办学条件。学院占地 56.65 万平方米（合 850 亩），校舍总面积 99333 平方米。

学院现设土木工程系、交通运输系、机械工程系、公共课教学部等教学机构。每个系都有独立的专业实验及实训基地，且设施完善，设备齐全，其中元山子汽车训练场与综合实习基地占地 700 亩，是全国职业技术院校中规模较大的实训基地之一。

学院现开设公路与桥梁工程技术、汽车检测与维修技术、工程机械运用与维护、高等级公路维护与管理等 14 个专业。公路与桥梁工程技术专业、汽车检测与维护技术专业分别于 1995 年和 1996 年被交通部评定为部级重点专业点。2002 年 3 月公路桥梁专业被教育部批准为第三批教学改革试点专业之一。2003 年 12 月，学院被教育部、交通部等列入承担汽车运用与维修专业领域技能型紧缺人才培养培训任务高等职业院校名单。2006 年 3 月，道路桥梁工程技术专业被教育厅批准为第一批自治区级品牌专业。

学院以行业发展需要和毕业生质量作为办学宗旨，不断强化教育服务意识，着力培养交通类高技能人才。学院非常重视毕业生就业工作，不断拓宽就业渠道，加强对毕业生的就业指导，已建立起相对完善的毕业生就业服务机制和相对稳定的就业市场，与国内公路交通企业建立了密切的合作关系。学院毕业生以基础扎实、动手能力强的特点深受用人单位好评，毕业生就业率高。毕业生遍及全国各地，为交通事业的建设与发展做出了积极贡献。

学院十分重视国际间的文化交流与合作。1993 年至 1995 年，学院曾参加“中国与加拿大高中后职业技术合作项目（CCCLP）”第二轮项目院校，并作为内蒙古网络组的牵头学校执行项目。1995 年 5 月，经交通部批准，我院与加拿大萨斯喀彻温应用科技学院结成姊妹关系学校。近年来，学院还与蒙古、德国、新加坡等国家及港澳地区开展教育交流活动。

学院正按照内蒙古大学党委的工作部署和要求，认真贯彻教育部有关高等职业教育的文件精神，以教育思想、观念改革为先导，以教学改革为核心，以教学基本建设为重点，注重质量，办出特色，锐意改革，开拓创新，为建设成为内蒙古地区高水平的、示范性的、特色鲜明的高等职业技术学院和内蒙古大学的重要工科基地而奋斗。

校园环境

图书馆

校园一角

电话：0471-6678292 6678240 6924183
传真：0471-6924183
地址：内蒙古呼和浩特市大学西街 70 号
邮编：010023
网址：www.jt.imu.edu.cn

元山子综合实训基地

内蒙古农业学校

内蒙古农业学校创建于 1924 年，是自治区建立最早的职业学校，系国家级重点中专。学校位于呼和浩特市玉泉区昭君路，占地 1236 亩，建筑面积 7 万余平方米，2005 年在校生近 3400 人，是自治区办学规模最大的中等专业学校之一。学校被确定为国家农业部职业技术教育培训示范基地和可再生能源培训基地，国家劳动和社会保障部农业行业特有工种职业技能鉴定站，内蒙古农业法制培训中心及内蒙古农村集体经济组织管理干部培训中心。

学校是一所集农业类、园艺类、畜牧兽医类、食品加工类、工程类、经济类、环保类、公关类为一体的中专学校。现有教职工 140 人，其中高级职称 32 人，中级职称 22 人；图书馆藏书 10 万余册。有标准化教学实验室 32 个，有农学、园艺实习基地、综合养殖场、食品加工厂、兽医院及名、特、优绿色蔬菜生产基地等规范化的校内实习基地 6 处，校外实习基地 8 处。拥有先进的计算机室、语音室、电教室、多功能厅，校园局域网已直接联通国际互联网，可进行多层次的电化教学。建校以来已累计为国家培养专业技术人员 2 万余人。学校教师在全国职教类学会、专业研究会中担任各类职务。“九五”、“十五”期间，学校教师承担省部级、盟市级科研项目 17 项，获农业部丰收三等奖等十余项奖项。2000 年由国家财政部、农业部投资共建的干花厂（呼和浩特卉达隆干燥花制品有限公司）已投入生产，年产能力 100 万束，其产品曾二次代表自治区参加中国花卉博览会和中国花卉交易会。

内蒙古农业学校始终遵循“依就业促招生、靠质量求发展”的办学理念，着力培养学生的综合素质，形成以中专学历教育为主，与高校、知名企业联办，与地方中学、职高、技校等合办的多形式多层次办学格局。沐浴着新世纪的曙光，内蒙古农业学校已度过八十二个春秋，面对我国社会经济全面发展和教育体制改革的新形势，内蒙古农业学校将把握时机，与时俱进，力争使改革和发展跨上新的台阶，创造新的辉煌。

校领导班子

学校教学楼

学生实验楼

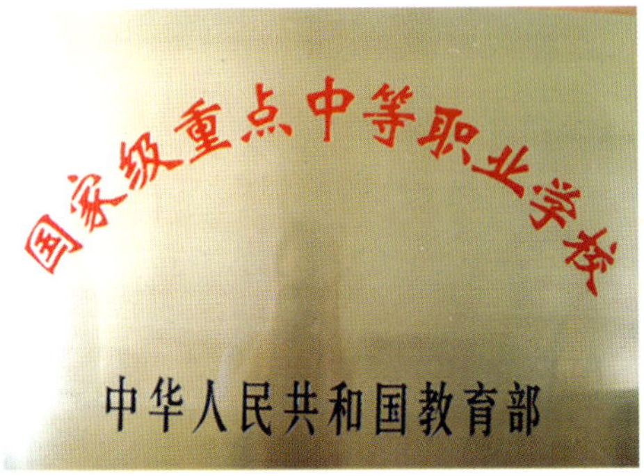

重点职业学校奖牌

内蒙古警察职业学院

团结奋进的学院党委领导班子

内蒙古警察职业学院是自治区唯一的公安政法类专科层次的高等职业院校，列入公安系列，面向全区公安、政法系统培养专科学历的实用人才，学制三年，同时兼挂内蒙古政法干部培训学院牌子，承担全区公安、政法系统的继续教育和在职培训任务。

学院的前身是1948年成立的内蒙古公安部直属训练科，1980年改建为内蒙古自治区公安干部学校、内蒙古自治区人民警察学校，2001年4月改建为内蒙古警察职业学院。2002年9月，内蒙古自治区法学校并入学院。

学院占地面积300多亩，建筑面积7万多平方米，具有比较完善的教学设施和现代化的教学设备；现有教职工308人，专兼职教师180人，其中教授、副教授等高级以上职称68人；内设处级机构17个，其中行政管理机构6个，教学和教学辅助机构11个；开设侦查、治安、交通管理、法律、公安文秘、计算机犯罪侦查、社区管理与服务等专业。

参加全区首次反恐怖综合演练

我院学员升旗

内蒙古农牧业科学院

内蒙古农牧业科学院是内蒙古自治区唯一的农牧业综合性研究机构。现有职工704人，其中专业技术人员456人，享受国务院特殊津贴31人，深入生产第一线做出突出贡献科技人员13人；博士生导师3人，硕士生导师19人；副高以上职称人员有200人；下设职能处室4个，科研所(中心)15个，科研示范基地6处，占地5万多亩。现拥有农畜产品检测、生物技术研究的世界先进、国内领先的实验仪器。近年来，获得成果81项，审认定新品种42个，其中，国家科技进步奖1项，国家农牧业丰收奖11项，自治区科技进步奖40项，自治区农牧业丰收奖9项，自治区农牧业厅科技进步奖14项，自治区农牧业厅科技承包奖5项，申请专利7项。审认定品种有：

春小麦品种7个，甜菜新品种3个，胡萝卜新品种3个，玉米新品种8个，亚麻新品种3个，燕麦新品种2个，青椒新品种2个，薄皮甜瓜新品种3个，牧草新品种6个。

驻澳大使傅莹引进项目合作

杨利民副书记与院班子负责人合影

内甜抗201

内蒙古林业勘察设计院

NEI MENG GU LIN YE KAN CHA SHE JI YUAN

院长滕晓光

林业勘察高设计院办公楼

内蒙古林业勘察设计院(内蒙古林业监测规划院)始建于 1950 年,隶属内蒙古林业厅。

该院是我区林业行业最大的具有国家林业调查设计甲 A 级资格证书等多种勘察(测)设计资质的综合设计院。承担的主体业务有:全国森林资源连续清查(Ⅰ类调查),森林资源规划设计调查(Ⅱ类调查),全国荒漠化、沙化土地监测,全区林业发展战略规划,野生动植物资源普查,林业重点生态建设工程规划设计,林业局(场)总体规划设计,城镇园林绿化规划设计,自然保护区规划设计;并负责全区林业区化、规划、造林核查、森林采伐限额编制和林业资源档案管理。兼有:林业地理信息数据管理;计算机软件开发、复制印刷等业务。

工作室

内蒙古林业勘察设计院是全国同行业最早建院的单位之一,现有科室设置:森林资源规划设计调查队、资源监测队、计算中心、规划设计一、二、三、四室等 10 个业务科室和党办、院办、生产技术、情报编辑、财务等 10 个管理科室。现有在岗职工 328 人。技术装备及应用均达到甲级设计单位水准。拥有大型绘图仪、彩色激光打印机、工程扫描仪等设备。引进开发 3S 技术,实现了卫星遥感数据处理,卫星定位调查和林业地理信息系统的初步建立。施工图 CAD 出图率 100%,可行性研究、方案设计等 CAD 技术应用率 90% 以上,实现工程项目、文件、图档计算机管理。

建院以来足迹遍及区内外的森林草原、高山大河、沙漠旷野,为祖国的林业建设创立了不朽功勋和业绩。近年来,随着国家林业六大工程的实施,各项业务突飞猛进。除完成常规业务外,还承担完成区内外生态建设调查规划设计项目近千余项;包括德国马克、澳元援建和日元贷款等涉外生态建设项目的可行性研究、总体规划、作业设计,城市大型广场规划设计、风景园林规划设计等。先后获得国家林业部科技进步奖 1 项、内蒙古自治区科技进步奖 1 项、全国工程建设优秀质量奖等二十余项。2004 年获全国野生动物、野生植物、湿地和大熊猫调查先进集体荣誉称号。

在新的历史时期,林业勘察设计院本着服务上级、服务基层的宗旨,立志在西部大开发、生态建设中,在林业调查监测、规划咨询、勘察设计、森林资产及环境评估以及社会相关领域做出更好更大的贡献。为国家、自治区及相关部门科学决策提供精确的数据和成果,为科学发展创建和谐社会提供美好蓝图。

呼和浩特市公安局交通警察支队

支队长郝映平

政委王凌江

担负着呼和浩特市道路交通管理工作任务的呼和浩特市公安局交通警察支队，近年来已发展成有着坚强战斗力的集体。目前支队有正式民警809人，下设14个部门、1个机动大队和9个旗（县、区）交警大队。现支队领导班子为：支队党委书记、支队长郝映平，支队党委副书记、政委王凌江，支队党委委员、副支队长富志刚、刘广义、孙志国、张树峰、张伟光、张青春、高瑞军，支队党委委员、政治处主任孔庆林、纪检委书记吕兰英、办公室主任畅芝兰。

近年来在支队的不懈努力下，呼和浩特市道路交通管理工作取得了优异的成绩，支队也获得了许多的荣誉。2]002年呼和浩特市交通管理畅通工程达到B类城市二等管理水平；1995年至今支队一直是自治区级文明单位；2003年被自治区党委、政府评为抗击非典先进集体；2004年被自治区公安厅评为全区公安科技先进集体；2005年被评为自治区首届文明满意的行政执法标兵单位；2005年被公安部政治部评为全国道路交通安全宣传“五进”工作先进集体；2006年被呼市市委市政府评为2005年度全市政法系统先进集体。

内蒙古新闻网

内蒙古新闻网是经国务院新闻办批准的、自治区党委和政府指定的、内蒙古党委宣传部、内蒙古党委外宣办主管的全区唯一——家重点新闻网站，是内蒙古的第四媒体。

内蒙古新闻网整合了包括内蒙古日报、内蒙古人民广播电台、内蒙古电视台在内的，区内多家盟市、行业传统媒体新闻资源，具有省级新闻门户网站的权威地位。在全面报道全球重大新闻的基础上，重点对本地区新闻进行多角度、多层面的综合报道，充分展现内蒙古在各个方面的发展进步。

内蒙古新闻网逐步整合全区信息资源，组织自治区各厅局、各盟市、旗县、乡镇的信息上网。现已开通了全区14个盟市频道和多个厅局、旗县乡镇频道，在充分占有信息资源的基础上，向全区各级行政、企事业单位提供广泛而专业的信息、网络服务。

内蒙古新闻网向广大网民提供了和谐沟通、短信互动、论坛、嘉宾访谈、电子邮件、网上调查等丰富的社区服务，网民可以尽情张扬个性，激情互动，充分体验网络家园丰富多彩的生活。

内蒙古新闻网将始终坚持宣传、服务并重的原则，全力搭建全区最大、最权威的信息资料库。向全国、全世界介绍内蒙古，让内蒙古走向全国、全世界。

图片频道

内蒙古城市规划市政设计研究院有限公司

INNER MONGOLIA URBAN PLANNING & MUNICIPAL ENGINEERING DESIGN RESEACH INSTITUTE CO., LTD

院长杨永胜

务实创新的院领导班子

内蒙古自治区城市规划市政设计研究院是经自治区党委、政府批准，于 1984 年成立的，隶属于自治区建设厅。2004 年按照有关政策，依据《中华人民共和国公司法》转制为科技型企业——内蒙古城市规划市政设计研究院有限公司。成为城市规划、市政公用行业、建筑工程及工程咨询四大主类、专业齐全的综合性甲级资质设计研究机构。主要从事城市规划、市政工程、建筑工程设计、技术咨询及项目可行性研究。

内设机构有：办公室、总工办、计划经营管理部、财务部、经济所、规划设计一所、二所、市政工程设计一所、二所、建筑工程设计一所、二所、园林设计所及工程咨询所等。全院现有职工 86 人，其中专业技术人员 74 人。注册城市规划师、一二级注册建筑师、一二级注册结构师、注册造价师、注册咨询师、注册公用设备师等具有注册资格的人员占 1/4，高级职称的人员占 1/3，专业技术人员结构级配合理。设计人员全部为大学本科以上学历，且部分人员有在国外工作和学习的经历，是一支由高素质人才组成的设计队伍。多次受到业内人士以及业主方的称赞和好评。

多年来我院在城市规划、市政工程设计、建筑工程设计、工程咨询等领域做了大量的工作，积累了丰富的工作经验。从而培养形成了一支品德好、技术水平高、认真负责的专业技术队伍。经过锻炼，多位成长为自治区知名专家，在设计领域具有独特的声誉和影响力。

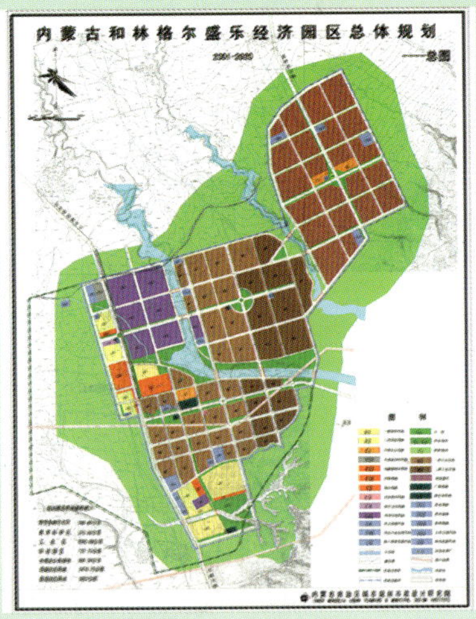

内蒙古乾坤金银集团工业园区办公楼（获自治区三等奖）

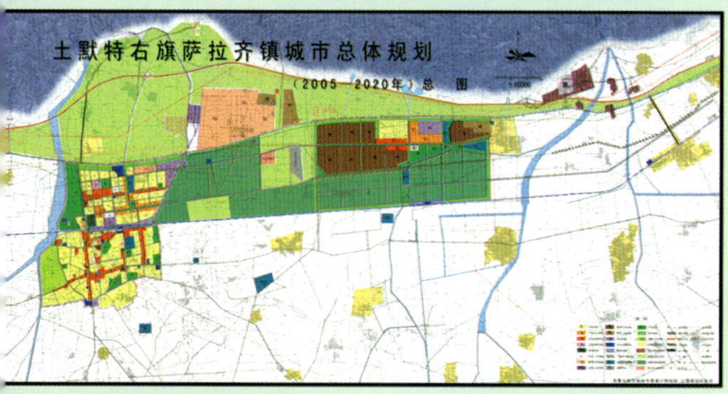

呼市如意广场

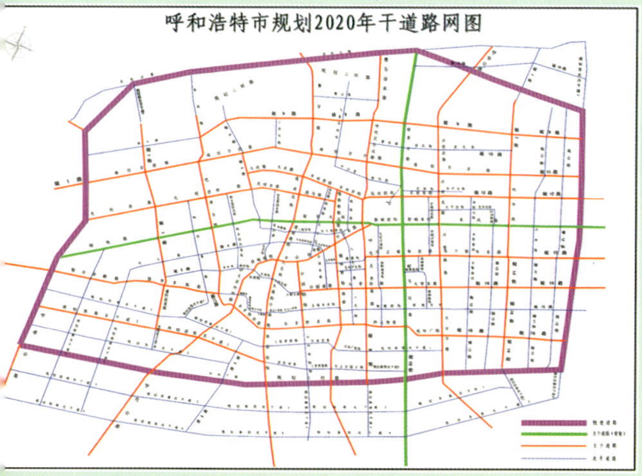

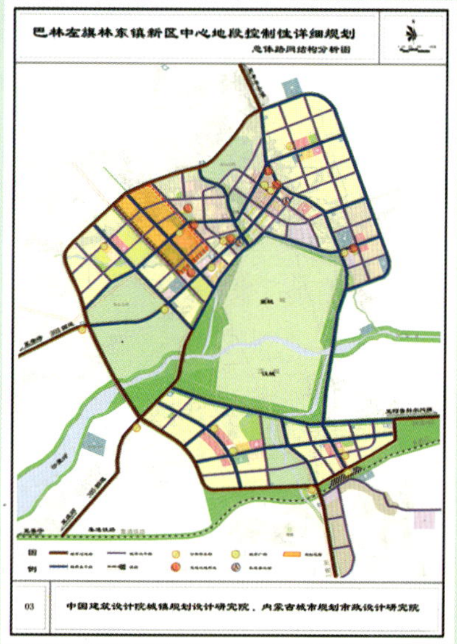

杭锦后旗科技文化会展中心

乌拉特后旗口岸办公楼

伊泰

内蒙古伊泰集团

综采工作

伊泰集团董事长:张双旺

内蒙古伊泰集团有限公司是以煤炭生产、经营为主业,以铁路运输、煤制油为产业延伸,以生物制药、膨润土、房地产、酒店等非煤产业开发为互补的大型企业。公司为中国企业500强、全国煤炭百强(第23位)企业、铁道部百家大客户和内蒙古自治区最大的地方煤炭企业。2004年初被内蒙古自治区人民政府确定为到2010年煤炭产销超过5000万吨的重点企业。2004年8月又被国务院列为全国规划建设的13个大型煤炭基地骨干企业之一。公司现有总资产近50亿元,下属内蒙古伊泰煤炭股份有限公司、内蒙古伊泰准东铁路有限责任公司、内蒙古伊泰煤制油有限责任公司、内蒙古伊泰药业有限责任公司、内蒙古伊泰非金属材料有限责任公司等13家子公司。下设2个事业部,10个部门。其中,伊泰煤炭股份有限公司为煤炭行业首家B股上市公司。

杨晶主席、赵双连副主席参加伊泰煤制油奠基

伊泰集团现有大中型煤矿14座，设计生产能力为1560万吨/年。现拥有全长72.6公里准东电气化铁路(运输能力3100万吨/年)和122公里曹羊公路(复线)。在秦皇岛、天津、京唐等港口设有货场和转运站,在北京、天津、上海、广州、秦皇岛等地设有销售机构,形成了产、运、销完整的体系。

煤炭运输

办公大楼

内蒙古满世煤炭集团公司

党员代表大会

满世煤炭集团公司办公大楼

内蒙古满世煤炭集团有限责任公司成立于 1997 年，是一家以煤炭生产、运输、销售，煤炭深加工及房地产开发、物流、百货等多业互补的地方大型综合性企业，拥有总资产 17.18 亿元，负债 4.52 亿元，所有者权益 12.66 亿元，资产负债率为 26.29%。

2001 年列入全国民营企业 500 强行列，2002 年列入内蒙古自治区重点培育的 20 户煤炭企业，2004 年度全国私营企业纳税 100 强第 51 位，2005 年列入全国煤炭工业 100 强第 86 位、内蒙古自治区民营企业 50 强第 9 位，并被授予“中国诚信企业”荣誉称号，多年来被金融部门评为“AAA”级信用企业，董事长刘满世同志被授予自治区“优秀民营企业家”称号。公司的直属煤矿，实现了原煤生产始终是百万吨死亡率为零的目标，并被准格尔旗人民政府评为“2005 年度全旗地方煤矿安全生产先进集体一等奖”。公司成立至今，累计为各种公益事业和灾区捐款 600 万元。

为了把满世集团打造成为百年企业，为社会做出更大的贡献，我们在坚持做强做大煤炭主业的同时，以房地产开发、商贸物流、路桥为辅，继续实施一业为主、多业并举的经营战略。依托资源，共创满世；以向社会提供低灰、低硫、低磷、高热量的优质煤炭产品和良好服务为基础，实现员工和股东利益最大化，带动地区经济的可持续发展。

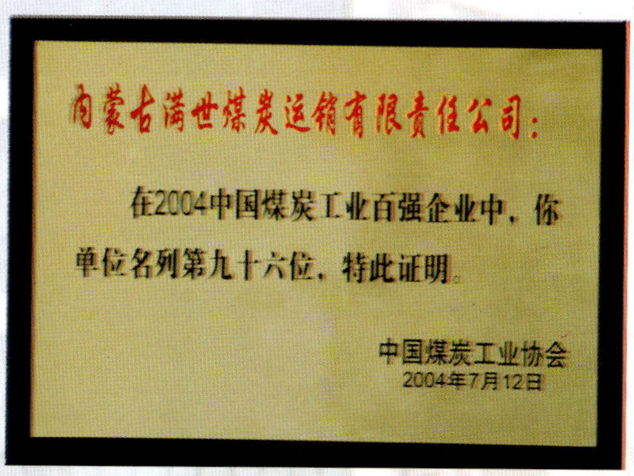

百强企业

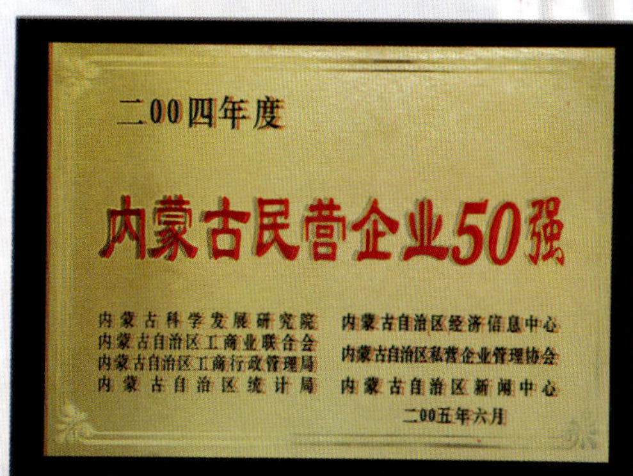

民营企业 50 强

河套酒业
HETAO LIQUOR
中国驰名商标

内蒙古河套酒业

河套酒业集团企业文化中心

内蒙古酒文化博物馆

内蒙古河套酒业集团创建于1952年，至今已走过50多年的发展历程。公司以“超越自我、追求完美”为企业精神，以“创名牌产品、建一流企业”为奋斗目标，全心全意为顾客提供“至纯至真”的产品和服务，现已发展成为占地80多万平方米，拥有员工5000多人的大型集团企业，旗下拥有10多个全资、参控股子公司，涉及包装物、制造、房地产开发、能源等多个行业产业，在国家统计局主持编订的《中国大企业集团》名录中河套酒业集团位居全国饮料制造业第35位白酒行业第9位，是内蒙古自治区20户大企业集团之一。

多年来，河套酒业始终坚持依靠科技进步推动产品质量稳步提高。公司拥有国家级白酒评委3人，自治区级评委10人，先后斥资购进了国际上最先进的惠普6890气相色谱仪和离子色谱仪等产品检测设备，加强了对产品的理化分析，确保了产品的质量。目前，公司优质纯粮白酒年生产能力达到5万吨，原酒储存能力达到5万吨。主导产品有以“河套王”系列、“河套老窖”系列为代表的浓香型白酒，以“河套宴酒”为代表的清香型白酒和以“御膳春”、“腾格里塔拉”为代表的营养保健型三大系列、300多个花色品种。其中，河套王酒连续5年被自治区政府确定为宴会接待指定用酒。2004年，“河套”商标荣膺“中国驰名商标”称号，公司被国家工商管理总局评为“国家级守合同重信用企业”。2005年6月份，公司顺利通过了国家级标准化良好行为企业专家组的评审，在国内第一批量生产获得了“标准化良好行为企业”AAAA级称号，同时成为同蒙古首家获得AAAA级殊荣的企业。公司创建的内蒙古第一家企业博物馆——内蒙古酒文化博物馆被国家旅游局确定为国家工业旅游示范景点。

在把白酒主业作酒业立足于内蒙地区的资源优势，经过缜密的市场调研和可行性论证，与新疆屯河投资公司合作开发了番茄制品深加工项目有力的推动了传统产业的升级和区域经济的发展。企业还在鄂尔多斯市投资购买了储量较丰富的煤炭资源，计划作为今后重点开发的项目。河套酒业集团计划到2010年，实现销售收入50亿元，其中白酒主业要实现20亿元。河套品牌实现由区域品牌向全国品牌的跨越，进入全国同行业第一梯队，使河套产品真正成为名副其实的中国名牌。

(集团）股份有限公司

内蒙古自治区党委书记储波视察河套酒业

呼和浩特第二中学

校长乔守玮

呼和浩特市第二中学是内蒙古、呼市两级重点中学，首批内蒙古自治区示范性普通高中。她的前身是私立奋斗中学，由爱国名将傅作义先生1942年创办于绥西（现巴盟杭锦后旗）。校址曾先后迁到呼和浩特市、张家口、北京，1950年迁回呼和浩特市。1952年更名为呼和浩特市第二中学。建校64年来，为高校输送了数以万计的优秀高中毕业生。

现有50个教学班，在校学生3000多人，教职工226人，其中特级教师3人，高级教师83人，一级教师68人。有自治区级教学能手14人，市级教学能手22人，自治区级学科带头人4人，市级学科带头人11人。获自治区级以上各类优质课评比共100多人次，获多学科竞赛优秀辅导教师40余人次。

呼市二中面对教育改革的浪潮，始终坚持教育发展规律，把学生的可持续发展放在第一位。立足实际，提出了“以学生为本，以适应和谐社会发展的需求为出发点，以德为先，和谐发展。培养具备终生学习的能力、独立生存能力和持续发展能力的多层次人才的办学思想。教育教学质量逐步提高，近几年，学校高考升学率始终名列自治区前茅，本科率达到90%以上，重点率达到65%以上，保送生人数名列自治区首位，各类优秀特长生人数逐年上升。近年来获国家级各类“先进学校”奖励20项，自治区级奖励80项，受到了社会的广泛赞誉。

学校与区内外60多所中学建立了校际关系，与俄罗斯、日本、美国、丹麦等一些国家的学校结为友好学校。2002年，成为全国首批七所中美基础教育交流校之一，并与美国俄亥俄州 Marietta College 签订了友好协议，2003年与日本崎玉县立不动冈高等学校结为姊妹学校，2005年与澳大利亚新南威尔士州 Macquaric Fields 高中结为姊妹学校，呼和浩特第二中学已成为内蒙古自治区教育对外开放的窗口。

领导视察

对外交流

庆“七.一”文艺晚会

校园景区

教学大楼

校景

呼和浩特市新城区人民政府

新城区位于呼和浩特市东北部的大青山脚下，迄今已有260多年的历史，是清代建造的“绥远城”，俗称“新城”而得名。是一个由蒙、汉、满、回等38个民族组成的满族相对集中的聚居区。辖区总面积700平方公里，其中城区25平方公里农区675平方公里总人口43万。区辖一镇、七个街道办事处、29个行政村、55个社区居委会。是自治区和呼和浩特市党政军机关、大中专院校、科研、新闻、出版、电信、海关、金融等单位的中心区。

2005年，全区完成生产总值180亿元，财政收入完成8亿元，城市居民人均可支配收入实现14228元，农民人均纯收入实现6009元，社会消费品零售总额完成66亿元，固定资产完成46.6亿元。非公有制经济迅猛发展，投资第三产业优势凸显，占我区国内生产总值的80%，第三产业增加位居自治区各旗县区之首。近年来，新城区先后被授予全国社区建设示范区、全国双拥工作模范区、全国科技进步先进区、全国科普示范城区、全国创建文明城市工作先进城区等荣誉称号。

依据“十一五’’规划纲要，我区科学地制定了“三产立区、二产强区、一产补区、科教兴区、城建靓区”的总体发展思路，并将围绕这一思路，突出重点，全力实施。

大力实施工业强区战略。目前，新城区工业园区已有16家企业入园投产，随着工业园区的发展壮大，借助园区距机场三公里、京包高速公路一公里、南临新客站的优越地理位置和便捷的交通优势，新城区以良好的投资环境、功能齐全的基础设施和全方位的跟踪服务，正在引进装备制造、生物制造等一批投资规模大、经济效益好、市场占有率高的高新技术企业入园，并本着互惠互利的原则，努力实现双赢。

区人大代表共商新城区未来

呼市领导来新城区视察调研

展示新城区宏伟蓝图

新城区政府办公大楼外景

呼和浩特市玉泉区人民政府

玉泉区区委书记云建东

玉泉区区长卢佳林

汇豪天下

南湖湿地公园

可汗宫大酒店：古列廷式的弧形建筑，蒙古包聚落而成的独特风格，濒临水面之草原上的四星级标准酒店，可同时供1500人就餐，500食宿，集旅游、会展、商务等功能为一体

玉泉区位于呼市西南部，全区面积258平方公里，总人口27万人，辖一乡一镇七个街道办事处，54个行政村和50个社区居委会，是一个以蒙古族为主体，包括汉、回、满、藏等25个民族的市辖区。

玉泉区是呼和浩特市的发祥地，有400多年的历史。区内古迹众多，召庙林立，素有“召庙浩特”之称，有大召、席力图召、五塔寺和见证民族团结进步历史的昭君墓，有展示明清时期建筑风格的“塞上老街”和正在开发建设的蒙古风情园和南湖公园。

近年来，玉泉区以加大招商引资为突破，以重点项目实施为载体，全面加快工业化、城市化、农牧业产业化进程，全区“三带”、“两园”、“一区”发展态势逐步显现，(“三带”是指以裕隆工业园区为核心向周边延伸拓展的工业带；大召寺至昭君墓一线的黄金旅游带；食全食美物流园、多凌新天地广场、北方药都一线的环形商贸物流集散带。“两园”是指蒙古风情园和南湖公园。“一区”是指北至二环路、南至大黑河、东至呼凉路、西至呼准铁路的新市区。)2000年以来，玉泉区进入建区以来发展速度较快时期；2005年，全区生产总值完成61亿元，比上年增长24.4%，财政总收入达到11.34亿元，比上年增长24.7%，其中地方财政收入达到3.10亿元，比上年增长28.8%。

在新一轮的经济发展浪潮中，玉泉区委、政府将以邓小平理论和“三个代表”重要思想为指导，以科学发展观统领经济社会发展全局，带领全区各族人民，进一步解放思想，大胆开拓，坚持把发展作为第一要务，紧紧围绕全面构建和谐社会的奋斗目标，加速推进全区工业化、城乡一体化、服务业产业化进程，加快社会主义新农村建设步伐，继续实施科教兴区和人才强区战略，统筹社会发展，改善政府公共服务，不断加大对外开放力度，以“三带、两园、一区”建设为着力点，逐步把玉泉区打造成为具有较高现代化水平和层次品位、创造良好环境质量和适宜人居、较高综合服务功能和辐射带动力及具有民族历史文化特色的“工贸旅游区”。

呼和浩特市赛罕区人民政府

汤爱军市长(左一)在李博宏书记、(左二)康存耀区长(左三)的陪同下,视察赛罕区城市建设

康存耀区长(左一)陪同储波书记、(右一)任亚平秘书长(右二)、韩志然书记(左二)视察金桥经济技术开发区

呼和浩特市赛罕区地处首府东南，总面积 1013.1 平方公里，人口 36.3 万人，是市四区中面积最大的城区。1999 年区划调整以来，赛罕区抓住西部大开发历史机遇，充分发挥区位优势，稳步实施“工业强区、菜奶兴农”战略，经济实现了跨越式发展，社会保持了繁荣稳定，超额完成了“十五”计划确定的各项目标任务。2005 年，全区地区生产总值实现 155 亿元，财政收入完成 14.3967 亿元，城镇居民人均可支配收入达到 12260 元，农民人均纯收入达到 5896 元。自治区级开发区一金桥经济技术开发区自 2000 年成立以来，13.6 平方公里规划区(工业一区 10 平方公里、工业二区 3.6 平方公里)基础设施日臻完善，达到“七通一平”，具备了承载 300—500 亿元的投资能力。先后引进金桥热电厂、蒙昆卷烟厂、天野化工甲醇、内蒙古日报社印务中心、凯蒙药业等投资项目，形成了以石化、电力、卷烟、制药、印务等为主的产业体系，构建了全区工业经济发展的主要平台。曾先后获得“全国科技进步示范区”、“全国科普示范区”、“全国残疾人工作先进区”等荣誉称号。展望“十一五”，赛罕区将以“奋力打造自治区第一区”为目标，在经济、社会、城市建设等各个方面再创辉煌，为建设现代化首府城市做出新贡献!

汤爱军市长(前排中)视察金桥经济技术开发区基础设施建设

自治区高等职业教育园区项目建设签字仪式，自治区副主席连辑(后排左三)市长汤爱军(后排左四)参加

赛罕区前不塔气无公害蔬菜生产基地

土默特左旗政府

——敕勒川风情草原旅游区

（哈素海旅游区）

金山开发区

蓬勃发展的金山经济技术开发区

“哈素海”蒙语译为玉海，又名哈拉乌素海，既圣洁的海。系古代河道变迁形成的牛轭湖，属天然淡水湖泊。她位于敕勒川平原中心腹地，南临黄河，北依阴山，东距内蒙古首府呼和浩特市 73 公里，西距草原钢城包头市 80 公里，京包铁路、110 国道、呼包高速公路从北侧穿过，交通便捷，气候宜人。

哈素海素有“塞外西湖”之美称。每年夏天，湖清水深，碧波荡漾、蒲苇丰茂，鸟飞鱼跃，水天一色。沿岸建有游乐园、凉亭水榭、假山牌楼、曲径回廊等现代和仿古建筑，游人可荡舟湖中，尽情欣赏湖光山色之美景。

这里主要盛产鲤鱼、鲢鱼、鲫鱼、草鱼、武昌鱼、河蟹、红虾等，2003 年哈素海被认证为无公害水产品基地。湖内有 1 万亩芦苇，呈片状生长。每年 4—10 月份，大量的鸟类来此栖居，种类有：大天鹅、灰雁、红嘴鸭、白尾海雕、秃鹰、银欧、小田鸡、白骨顶等百余种。全国人大常务委员副委员长布赫游哈素海时赋诗：“马达声响水鸟惊，船行推波摇山影，眺望海面天连碧，水畔萋萋芦苇葱”。形象的概括了哈素海的优美景色。

旅游区内有供游人就餐、住宿的金山玉海楼、宾馆楼、小型别墅楼、独立式休闲小木屋、蒙古包等；网球场、篮球场等球类场馆；有摩天轮、疯狂老鼠、双人飞天、激流勇进、迷宫赛车、水上世界、水滑梯、碰碰船、自控飞机、快艇、大船等游乐设施，以及夜总会、舞厅等游乐场所。旅游区内道路、用水、通讯等设施配套齐全，已有一定的综合接待和服务功能。

哈素海旅游度假村曾获得过多项荣誉称号，1997 年被自治区旅游局命名为“全区十佳旅游”1999 年被自治区文明委员会、自治区建设厅、治区旅游局命名为“全区首批文明旅游景区”；2000 年被团中央命名为“全国青年文明号”，2003 年国家旅游局命名为国家级 AAA 旅游景区。城镇建设全年城镇建没共完成投资 9555 万元，重点实施了察素齐镇敕勒川大街、长安东街和中山北路改造工程，共完成拆迁 3.3 万平方米，新增建筑面积 9.4 万平方米，硬化道路 3.1 万平方米，铺设雨水、污水管道 2990 米，新增绿化面积 3.67 万平方米[金山开发区]

全年完成基础设施建设投资 3.9 亿元，建成道路总长 27 公里，埋设供水管道 20.5 公里，架设输电线路 21.7 公里。供暖、通讯、绿化、美化、亮化工程日益完善。全年新引进项目，5 个，协议引进资金 13.4 亿元。实现工业总产值 12.8 亿元，完成工业增加值 4.2 亿元，固定资产投资完成 29.5 亿元，实现财政收入 12457 万元。目前已形成以电力、化工、建材、包装、乳业、生物制药、高新技术为主的主导产业。

鄂尔多斯市交通运输管理处

鄂尔多斯市运管处张平处长

执法人员在进行执法检查

鄂尔多斯人杰地灵，物华天宝。鄂尔多斯交通运输，四通八达，便捷高效。如今在鄂尔多斯高原条条运输线上一行行新型的货车拉运着能源等物资驰骋四方，高档新颖的客车点缀其间，城市中的出租车更换了新装，提升了品味，客货运输站场和维修厂家为了大动脉的畅通提供着可靠的保障，这一现代化的运输场景有序地运行，是道路运输规范管理的杰作，鄂尔多斯市交通运输管理处就是这一杰作的创造者和维护者。

根据《中华人民共和国运输管理条例》的授权，并依照有关法律法规，鄂尔多斯市交通运输管理处依法履行道路运输市场的监管职责。在市内垂直管辖各旗区 11 个运管所和专业培训管理机构，在以处长张平、书记柳峰为首的领导班子带领下，弘扬“团结奋进，勇于拼搏，依法治运，争先创优”的鄂尔多斯运管精神，服从我市大运输建设的大局，为“三化互动、四个超一”奋斗目标的实现，秉承公开、公正、公平、便民的服务宗旨，寓管理于服务之中，依法严厉处罚危害和破坏道路运输市场经济秩序的不法行为，维护和保障道路运输各方当事人的合法权益。以人为本，竭诚为广大道路运输经营者提供优质的服务，积极推行道路运输规模化、集约化经营方式，营造公平、公正的竞争环境。开展行业文明建设，运管系统各单位进入文明单位行列，并在运输行业推行诚信建设，实行文明服务。为我市两个文明建设做出了应有的贡献，共同促进道路运输市场的健康发展。二饼子大车慢慢走，毛驴车拉人晃悠悠的场景，已成为历史。如今鄂尔多斯快捷的交通运输已成为我市一道靓丽的风景，绚染着鄂尔多斯市快速发展的画面。鄂尔多斯市交通运输管理处位于东胜区伊金霍洛西街吉劳庆南路 6 号.

联系电话：0477—8337048　8337089

运管处荣誉榜

内蒙古基督教协会

内蒙古基督教、三自爱国委员会会长范承祖牧师

内蒙古基督教两会捐赠两万元帮助扎兰屯灾区人民恢复生产重建家园

基督教于十九世纪末由美国、英国、瑞典等传入内蒙古，受当时国人仇洋心理及东西文化差异的影响，人们对基督教并无好感。新中国成立后，随着中国基督教“三自”爱国运动的发起，基督教受到越来越多的民众的同情。

自上世纪 80 年代后，随着宗教信仰自由政策进一步贯彻落实，基督教在我区发展较快。现全区共有教堂 545 所，聚会点 1221 处，教职人员 409 位，信徒 17 余万人。本着“爱国爱教，荣神益人”的精神，全区教会共开办了 3 个幼儿园、3 个敬老院，赢得了社会的理解与尊重。56 位教职人员被推选为各级人大代表和政协委员，其中有全国政协委员、自治区政协常委和自治区人大代表。

在有关部门的支持下，我区基督教近年来共接待了来自二十多个国家和地区的基督教组织，对外宣传了我区宗教信仰自由政策和独立自主的办教原则。

为使基督教在新的历史条件下继续造福于草原人民，自治区基督教三自爱国运动委员会、自治区基督教协会致力于推动神学思想建设，加强教牧培训，为我区基督教服务社会奠定更加坚实的思想基础。

呼市基督教会举行妇女公祷会为世界和平祈祷

呼市基督教新城南街礼拜堂

呼和浩特市赛罕区农牧局

赛罕区农牧局位于呼伦南路272号，现有在职工265名。其中科技人员99名(高级职称10名，中级职称43名，初级职称46名)。下设18个站、所，分别负责管理全区农牧业推广、种子管理、植物检疫、家畜改良、动物防疫、动物防疫监督、兽药监督检查、农机管理、农村经营管理等工作。

农牧局领导按照十六大和十六届五中全会精神，以邓小平理论和“三个代表”的重要思想为指导，服务“三农”的原则，全心全意地为全区的农牧民做好技术服务。

2002年、2003年、2004年被赛罕区区委、政府评为年度成绩突出领导班子、赛罕区先进集体；

2003年度被市人民政府评为畜牧工作第二名、农村工作先进集体、奶业成绩突出单位、青贮先进单位。

2004年先后被农业部、自治区农业厅、市农业局授予全国农牧业丰收二等奖、优势畜产品基地建设先进旗县、农业示范园区建设先进单位，同年还被市委、市政府评为劳动模范先进集体、呼市第二届奶牛选美大赛组织一等奖。

鄂尔多斯市农牧局

鄂尔多斯市农牧局局长杨明

鄂尔多斯市农牧局党组书记白祥林

“十五”期间的鄂尔多斯市农牧业经济建设围绕“瞄准市场，调整结构、改善生态、增效增收，建设绿色大市、畜牧业强市”的创新工作。至2005年底，全市农业增加值20.9亿元，牧业增加值18.4亿元，渔业增加值0.4亿元，农牧民人均纯收入达4601元。

2005年底，全市实有耕地面积611万亩，其中粮食作物面积273.1万亩，总产量23.5亿斤，比上年增长17.7%，油料作物种植面积53.8万亩，总产量1.6亿斤，比上年增长52.8%；蔬菜种植面积9.4万亩，总产量4.7亿斤，比上年下降5.2%；粮经饲比例由上午的34:17:49调整为21:17:62。2005年牧业年度，全市牲畜存栏1383.2万头只，比上年同期增长26.4%。年底牲畜总头数794.7万头只，出栏率76.3%，肉类、奶类、羊绒、水产品产量分别为18.2万吨、30.9万吨、1723吨、5933万吨，分别比上年增长26.3%、14.2%、29%、6.5%。

紧张忙碌的青贮工作场面

过去的五年，是鄂尔多斯市解放以来生态环境恢复最好的时期，是农村牧区经济发展最快的时期，是农牧民收入增长最快得实惠最多的时期，是农牧民生活质量提高、观念转变最快的时期。

鄂尔多斯市农牧业局为全市农牧业经济建设行政主管部门，全局现有职工中具有研究生学历的10人，大学本科学历的100人，中专及以下学历的328人，专业技术人员227人，其中推广研究员8人，副高技术职务49人，中级技术职务的104人；技术工人317人，其中高级技师5人，技师50人，高级工及以下262人，是一支知识层次较高、业务水平较精的队伍。

鄂尔多斯市农牧业局
鄂尔多斯市东胜区林荫路14号

鄂尔多斯市煤炭局

全市煤炭工作会议

鄂尔多斯市煤炭局始建于1988年，主要职责为：贯彻执行国家、自治区关于煤炭工业管理的方针、政策、法律、法规并监督实施，对全市煤炭系统实行行业管理；负责全市煤炭工业的规划、开发、建设工作，对全市地方煤矿安全生产管理工作的监督和检查，依法整顿煤炭生产和经营秩序，关停违法开办的各类煤矿，取缔非法煤炭经营企业；负责全市地方煤炭销售市场管理工作。鄂尔多斯是地球上最原始的古大陆之一，历经沧海桑田的海陆变迁，境内蕴藏了十分丰富的煤炭资源，含煤面积约占全市总面积的70%，现探明煤炭储量1244亿吨，约占全国探明储量的1/6，占到自治区的53%。

现在全市保留矿井572座，国有重点及国有重点煤矿的矿办井20座，地方煤矿552座。在2003年，全市完成原煤产销量8100万吨，首次超跃山西省大同市成为我国地级产煤市之首。2004年，全市煤炭产销量达到1.17亿吨，地方煤矿完成6209万吨，成为我国第1个原煤产量过亿吨的地级市，原煤总产量占全国的1/19和内蒙古自治区的1/2以上。2005年，我市以煤炭资源整合与采煤方法改革为重点，全力推进提高地方煤矿资源回采率三年攻坚战的实施。

领导给先进工作者颁奖

郭局长下井检查井下安全生产工作

鄂尔多斯市气象局

鄂尔多斯市气象局，始建于1958年9月3日，1960年正式开始观测记录。本局现有在职人员103人，其中本科学历17人，大专学历36人，高级工程师5人，工程师53人。现任局领导有：党组书记、局长王前、副局长敖宝成、纪检组长何春雨、党组成员李贵斌。开展的主要业务：地面气象观测、高空气象探测、农业气象观测、牧业气象观测、太阳辐射观测、沙尘暴观测、气候生态环境监测，天气预测预报、情报、农气。气象科技服务有：气球礼仪服务、电视天气预报及广告服务、“12121”和手机短信气象咨询服务、防雷工程、避雷检测、防雷图纸审核服务。

领导班子

在地方政府的大力支持下，地方气象事业得到较快发展，全市防雹高炮发展到77门，地面增雨火箭21部，形成了地面“三七”高炮防雹、火箭增雨、空中飞机增雨三位一体的作业格局，每年全市有6万平方公里以上面积受益。

我市新建成的新一代大气宙达系统和DVB—S卫星遥感系统将实施联网监测，实现从地表到空中的立体交叉的监测网，大大提高气象部门提供的各种观测、预警预报、监测和气象情报信息的时空精度。为减轻气象灾害做出了应有贡献，受到广大农牧民的欢迎，同时满足了各级政府安排农牧业生产、抗旱防汛防灾减灾和恢复生态环境等方面决策的需要。

办公大楼

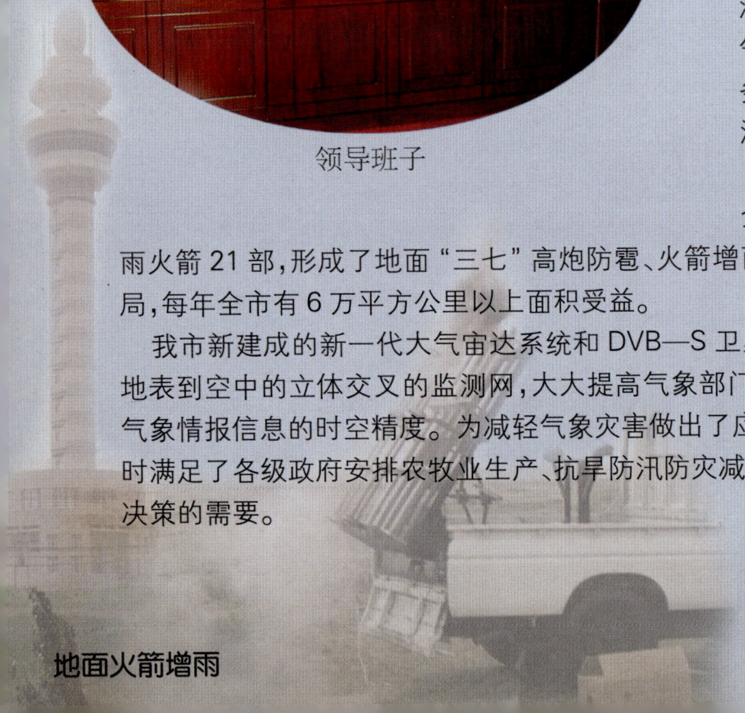

地面火箭增雨

内蒙古呼运(集团)有限责任公司

总经理 彭绍清

书记 赵角旗

内蒙古呼运(集团)有限责任公司，其前身为内蒙古呼和浩特运输公司，始建于一九五一年十二月，该公司是以经营公路运输为主的专业交通运输企业。

公司所属的经营企业有客运一分公司、客运二分公司、客运三分公司、客运五分公司、客运六分公司、高客分公司、城市快运分公司、王府饭店、交通大厦、地方铁路分公司、驾驶员培训学校、汽车修理厂、物流中心、汽车贸易分公司、旅行社等十五个。此外，联合经营的公司有包头祥鹿公司、二连浩特远顺公司、二连浩特鸿达公司、商都公司、前旗公司、兴和公司、清水河运输公司等七家公司构成了呼运(集团)公司的经济构架。

呼运(集团)公司客运各分公司拥有各类营运客车500辆。其中中高级客车158辆，经营客运班线240条，开通跨省班线91条，跨盟市班线100条，以呼和浩特长途汽车站为中心发往区外的定期班线有北京、天津、淄博、保定、五台山、大连、石家庄、临沂、太原、郑州、西安、银川、温州等，发往区内的定期班线有包头、鄂尔多斯、巴颜淖尔、乌海、阿左旗、乌兰察布、锡林浩特、二连、赤峰、通辽等，形成以呼市为中心，向周边、临近盟、市、省畅通的客运网络，为出行旅客提供舒适、便捷、安全的优质服务，取得良好的社会效益。

安全检查

内蒙古自治区住房资金管理中心

内蒙古自治区住房资金管理中心(以下简称中心)1996年成立以来，在上级主管部门的正确领导与大力支持下，经过全体职工十年的团结奋斗、艰苦创业，取得了突出的成绩：为1,100多个单位、近10万名职工建立了住房公积金制度，单位覆盖面达到97.9%，职工归集率达到93.9%，资金使用率达到75.95%，均位于全区乃至全国前列。截止到2005年底，中心累计归集住房公积金10.7亿元，为职工支取2.99亿元，归集余额7.71亿元。累计发放职工个人住房贷款9.1亿元，贷款余额5.86亿元。累计归集其它住房资金4.32亿元，归集余额1.83亿元。十年来，中心的工作得到了上级主管部门和社会各届的充分肯定，连续七年被评建设厅“实绩考核突出单位”，并获得了“全区房改先进单位”、“全区建设系统先进集体”“全区住房公积金管理先进单位”以及自治区和国家“青年文明号”、全国建设系统“基层思想政治工作先进集体”、自治区建设系统 “文明服务示范窗口”、“文明行业建设示范点”、“精神文明建设先进单位”等荣誉称号，为住房资金管理行业树立了良好的形象。

服务大厅

内蒙古体育彩票管理中心

内蒙古自治区体育彩票管理中心成立于1996年，是经自治区编委批准的直属自治区体育局的事业单位，负责全区体育彩票的销售管理工作。

2001年，为了迎接电脑体育彩票销售系统的开通，内蒙古自治区体育彩票管理中心着重加强自身建设，配置专业人员，中心内设办公室、业务科技术部、财务科、营销宣传部5个职能部门，并在全区12个盟市设立了分支管理站，形成了机构完善、管理高效、运行畅通的管理体系。

随着“中国体育彩票”的诞生，从1995年开始，中国体育彩票在自治区部分盟市试发行。1996年正式成立内蒙古自治区体育彩票管理中心。在历年的体育彩票销售过程中，内蒙古自治区体育彩票管理中心均出色地完成了销售任务，并连续被评为先进单位。彩票销售遍及全区12个盟市。67个市、旗县区。十年来，全区体育彩票工作人员按照有关彩票的各项政策和规定，严格管理、规范运作，较好地树立了体育彩票的信誉和公益形象。

截至2006年5月，共销售中国体育彩票累计销售金额9.1亿元，为国家筹集公益金3.15亿元，返还彩民奖金4.55亿元，先后产生百万元以上大奖30个，10万元以上大奖232个，万元以上大奖数以万计，代扣代缴中奖者个人偶然所得税2628万余元，有力地拉动了社会消费。

体育彩票同时带动了广告传媒、新闻、印刷、电信等相关行业的发展，为我区经济发展和社会稳定做出了积极贡献。

内蒙古自治区福利彩票发行中心

主任：杨文勇（中） 副主任：傅江（左） 李玉生（右）

内蒙古自治区福利彩票发行中心负责在内蒙古自治区区域内承销中国福利彩票，是全区福利彩票发行销售的管理机构，中心在自治区民政厅直接领导和中国福利彩票发行管理中心业务指导下开展工作。

中心的主要职能是：根据国家的有关规定，制定福利彩票在内蒙古自治区的发行、销售、开奖、兑奖规划；组织福利彩票的开奖、管理及检查、指导各地的销售活动；按规定收缴各项资金。中心秉承"扶老、助残、救孤、济困"的发行宗旨，遵循"公开、公正、公平"的发行原则，目的是筹集公益金，发展社会福利事业和其它公益事业，促进社会和谐稳定、健康发展。

中心自1989年成立以来到2006年3月，共发行福利彩票20.4亿元，筹集公益金达6.2亿元，有力地支持了社会福利事业的发展。中心现有员工23人，大专以上学历的管理和技术人员17名，占人员总数的74%，管理机构在工作实践中得到不断完善，中心内设五个部(室)，即：综合部、财务部、技术部、市场一部、市场二部。中心拥有国内先进的发行设施设备和电脑福利彩票热线销售系统，投注站遍布全区12个盟市，共计1400多个站点。

内蒙古自治区福利彩票有"内蒙古风采"35选7、22选5玩法，还有全国联销的双色球、3D游戏、中福在线即开等。多年来，通过不断加强领导班子和职工队伍建设，坚持"以民为本、为民解困"的民政工作方针，努力提高员工综合业务素质，建章立制，积极开拓进取，取得了优异的成绩，多次受到中国福利彩票发行中心和自治区民政厅的表彰。2005年顺利通过了ISO9001质量体系认证，为了满足顾客需求和法律法规要求，保障福利彩票事业健康发展、安全运行，中心建立适合规范化、科学化的运营机制，坚持与时俱进，为创建和谐内蒙古，发展社会福利事业努力做贡献。

薛家湾供电局

薛家湾供电局局长贾振国

薛家湾供电局党委书记张称心

2005 年是薛家湾供电局推进“大薛家湾供电区”建设的关键年，也是实现“十五”各项目标任务的决战年。一年来，在内蒙古电力公司的正确领导和关怀支持下.生产经营再创新高，在内蒙古电力公司经营压力十分艰巨的情况下，企业经济效益取得重大突破，历史性实现扭亏为盈。售电量在 2004 年完成 12.11 亿千瓦时的基础上，2005 年完成 19.35 亿千瓦时，同比增长 59.92%，完成内蒙古电力公司年计划 19.3 亿千瓦时的 100.3%；售电平均价完成 267.15 元 / 千千瓦时，同比增加 9.14 元 / 千千瓦时；全年上网电量完成 66.33 亿千瓦时，是 2004 年 19.12 亿千瓦时的 3.47 倍；销售收入全年累计完成 51693.9 万元，超额完成内蒙古电力公司年初下达计划，企业历史性的实现扭亏为盈，并实现内部利润 582 万元。截止 2005 年 12 月 31 日，薛家湾供电局实现跨年度 2206 天的长周期安全生产记录，全年开工建设 220 千伏输变电工程 7 项，建成投产 6 项，准大电厂接入已具备送电条件。其中新建 220 千伏变电站 1 座，新增 220 千伏变电容量 45 万千伏安，新增 220 千伏输电线路 43.06 千米：开工建设 110 千伏及以下输变电工程 7 项，建成投产 3 项，新增 110 千伏变电容量 26.3 万千伏安，新增 110 千伏输电线路 58.03 千米，伊东、伊泰、特弘电厂接入、巴汉图等一批 35——UO 千伏用户工程正按计划快速有序推进。2005 年企业固定资产投资近 4 亿元，创下了薛家湾供电局发展史上投资最高记录。

创新高效、追求卓越

为建设大薛家湾供电区而努力奋斗

内蒙古华利达科技发展股份有限公司

BCC

质量管理体系认证证书

内蒙古华利达科技发展股份有限公司

GB/T19001-2000 idt ISO9001:2000标准

计算机信息系统集成及通信网络工程的设计、安装、调试

北京新世纪认证有限公司

内蒙古华利达科技发展股份有限公司，成立于 1993 年 12 月，至今已运行 10 多年。经过十年发展，华利达公司已经成为一个面向全国的、专业化的通信技术服务企业。公司前身为内蒙古华利达电子工程有限公司，为了实现资本运营，于 2005 年 5 月完成股份制改制，公司名称变更为“内蒙古华利达科技发展股份有限公司”。

华利达公司拥有北京泰立威武通信技术有限公司、北京伟思利达科技发展有限公司两个控股公司，拥有员工 300 多人，员工的平均年龄为 28 岁，大学本科以上占 76%，工程技术人员占 77%。内蒙古华利达科技发展股份有限公司于 1997 年被科技主管部门认定为“高新技术企业”。于 2002 年 5 月成为内蒙古自治区首家通过国际 IS09001:2000 版质量体系认证的企业。2002 年取得通过国家信息产业部计算机信息系统集成三级资质。2002 年，获得内蒙古自治区通信管理局颁发的乙级通信工程施工资质。

华利达公司与众多的国际和国内通信设备制造商建立了直接的、良好的合作关系，开展了传输、交换、宽带、数通、无线、网络优化等工程技术和服务等方面的合作，特别是与华为公司的合作已经扩大到内蒙古、新疆、天津、四川、山西等省区以及海外。依靠高新技术带动企业高速发展，华利达集团公司在电信、金融、公安、军队、交通、教育等领域共完成通信、计算机网络、安全防范系统、地理信息系统等工程 600 多项，取得了显著的经济效益和社会效益，得到了社会各界广泛认同。

内蒙古立凯农业种植有限公司

农场自治区政府副主席 雷·额尔德尼视察基地

公司总经理 任建军

内蒙古立凯农业种植有限公司是由内蒙古纬天冷藏有限公司、内蒙古日信投资(集团)公司为投资主体，共同组建的以马铃薯种植业为主要经营项目的有限责任公司。公司下设两个农场，分别为呼和浩特市赛罕区金河农场、包头市达茂旗红井滩农场，总承包土地 15,000 亩，以脱毒种薯繁育、定单种植优质加工型马铃薯与青贮玉米饲料轮作的方式开展经营。

由于立凯公司在马铃薯种植方面的突出业绩，公司农场 2003 年被国家计委列为农业产业化示范园区。2004 年公司被呼和浩特市市委、市政府认定为“市级龙头企业”。

培育实验室

呼和浩特市赛罕区巧报镇双树村委会

双树村委会主任 王九润

双树村位于呼市赛罕区政府西北方，村庄占地面积176亩多，全村农业人口726人，人均住房面积68平米，2006年人均纯收入7900元，是一个集工、贸、商、客运等多种产业为支柱、蒙古族为主体、汉族占大多数的多民族聚居村。

近年来，我村新一届领导带动全村广大党员干部群众，坚持以改革开放和科技进步为动力，以城市发展和西部大开发为契机，以建设社会主义新农村为目标，立足紧连中心城区的地理环境优势，努力顺应城市发展的客观要求，尽力招商引资，“引久“新希望集团公司”，壮大了集体经济，为我村各项事业的发展奠定了坚实的基础。

引入“新希望集团公司”后，我村引入资金8900多万元，为村内办了以下几件大事。

首先，集体给每位村民发放了74400元土地生活安置费，共发放2935.97万元。

双树村双馨物业公司成立大会

第二，集体投入资金3941.84万元，建设了村民住宅一期、二期工程项目，现在一期工程项目村民已入住，二期工程项目八月底可完工，到时候我村的村民每人无偿享受46平米的住宅面积。

第三，集体投入资金850万元，建设了1993年以来的在建设工程项目“双龙大厦”，现已以每年100万元的价格租赁给承租者。

第四按照市政府及社保局的文件要求，集体投入173.86万元资金，为全村16岁(含16岁)以上的504名村民办理了养老保险，解决了离土农民的后顾之忧。

现在，“两委会”采取引集资的方式，正在建设一个百亩农贸市场，计划9月份完工。同时“两委”正筹划办一个“房地产开发公司”和“出租车公司”。

双树村联手企业签字仪式

这样，我村即能增加经济收入，又能合理安排一大批离土失业农民，有效落实党的“三农”政策和践行“三个代表”重要思想，取得了经济效益和社会效益双丰收，同时，为我村探索，开辟了一条长远的生存发展之路。